U0402465

国家出版基金项目
NATIONAL PUBLICATION FOUNDATION

# 國家出版基金項目

教育部哲學社會科學研究重大課題攻關項目

「十一五」「十二五」「十三五」
國家重點圖書出版規劃項目•重大工程出版規劃

「十四五」
國家重點出版物出版专項規劃項目•古籍出版規劃

國家社會科學基金重大項目

北京大學「九八五工程」重點項目

儒藏

精華編一三六册
史部編年類

# 儒藏

精華編

北京大學《儒藏》編纂與研究中心

#《儒藏》精華編第一三六册

首席總編纂　季羡林

項目首席專家　湯一介

總　編　纂　湯一介　龐　樸　孫欽善　安平秋（按年齡排序）

本册主編　張希清

# 《儒藏》精華編凡例

一、中國傳統文化以儒家思想爲中心。《儒藏》爲儒家經典和反映儒家思想、體現儒家經世做人原則的典籍的叢編。收書時限自先秦至清代結束。

二、《儒藏》精華編爲《儒藏》的一部分，選收《儒藏》中的精要書籍。

三、《儒藏》精華編所收書籍，包括傳世文獻和出土文獻。傳世文獻按《四庫全書總目》經史子集四部分類法分類，大類、小類基本參照《中國叢書綜録》和《中國古籍善本書目》，於個別處略作調整。凡單書已收入入選的個人叢書或全集者，僅存目録，並注明互見。出土文獻單列爲一個部類，原件以古文字書寫者一律收其釋文文本。韓國、日本、越南儒學者用漢文寫作的儒學著作，編爲海外文獻部類。

四、所收書籍的篇目卷次，一仍底本原貌，不選編，不改編，保持原書的完整性和獨立性。

五、對入選書籍進行簡要校勘。以對校爲主，確定内容完足、精確率高的版本爲底本，精選有校勘價值的版本爲校本。出校堅持少而精，以校正誤爲主，酌校異同。校記力求規範、精煉。

六、根據現行標點符號用法，結合古籍標點通例，進行規範化標點。專名號除書名號用角號（《》）外，其他一律省略。

七、對較長的篇章，根據文字内容，適當劃分段落。正文原已分段者，不作改動。千字以内的短文一般不分段。

八、各書卷端由整理者撰寫《校點説明》，簡要介紹作者生平、該書成書背景、主要内容及影響，以及整理時所確定的底本、校本（舉全稱後括注簡稱）及其他有關情況。重複出現的作者，其生平事蹟按出現順序前詳後略。

九、本書用繁體漢字豎排，小注一律排爲單行。

# 《儒藏》精華編第一三六册

## 史部編年類

# 續資治通鑑綱目

〔明〕商輅 等撰
邵育欣
李淑慧 校點
張素霞
張希清 覆校

# 目録

# 校點説明

《續資治通鑑綱目》二十七卷，明商輅等撰。商輅（一四一四—一四八六），字弘載，號素庵，嚴州淳安縣（今屬浙江）人。明宣宗宣德十年（一四三五）浙江鄉試第一名，次年赴京會試，意外落榜，乃入太學學習。明英宗正統十年（一四四五），再赴京應試，會試、殿試皆第一名，即連中三元，授翰林院編修。不久被選爲東閣學士，並侍經筵，爲侍讀學士，進入内閣。正統十四年（一四四九）八月，發生土木堡之變，英宗被俘，景宗繼位。明景宗景泰八年（一四五七），英宗復辟，冤殺于謙，商輅被削職爲民。明憲宗成化三年（一四六七），商輅奉詔入京，以兵部侍郎復入閣。自此，頗受憲宗信任，任學士十餘年，多所建樹。成化十三年（一四七七）六月致仕，至二十二年（一四八六）病逝，終年七十三歲。有《商文毅公集》十卷、《商文毅疏稿略》一卷等。

《續資治通鑑綱目》的修纂，頗多周折。明景宗景泰六年（一四五五）七月，曾下詔仿朱熹《資治通鑑綱目》體例，纂修《宋元資治通鑑綱目》，以陳循、商輅等爲總裁。景泰八年（一四五七），明英宗復辟，陳循謫戍，商輅除名，《宋元資治通鑑綱目》的纂修隨之中輟。明憲宗成化九年（一四七三）十一月，再次下詔遵朱熹《資治通鑑綱目》體例，纂修宋元二史，爲《續資治通鑑綱目》，以彭時、商輅等爲總裁。成化十一年三月，彭時去世。成化十二年十一月，《續資治通鑑綱目》修成，商輅上表奏進，憲宗御製序文。

《續資治通鑑綱目》是一部接續朱熹《資治通鑑綱目》的綱目體的史書。該書始于宋太祖建隆元年庚申（九六〇），迄於元順帝至正二十七年丁未（一三六七），凡四百零八年，共二十七卷。其體例具遵朱熹《資治通鑑綱目》凡例，「凡誅亂討逆，内夏外夷，扶天理而遏人欲，正名分以植綱常，亦庶幾得朱子之意，而可以羽翼乎聖經」。目的在於：「正大綱，舉萬目，隆世道於亨嘉；興教化，淑人心，保鴻圖於悠久。」也就是：「觀是編者，足以鑒前代之是非，知後來之得失，而因以勸於爲善，懲於爲惡，正道由是而明，風俗以之而厚，所謂以人文化成天下者，有不在茲乎？」（明憲宗《御製〈續資治通鑑綱目〉序》、商輅等《進〈續資治通鑑綱目〉表》）據該書《凡例》：「凡事迹悉據正史（謂宋、遼、金、元史及《皇明實録》），正史或有闕略異同，參取宋《長編》、元《經世大典》等書，增入訂正。」

《續資治通鑑綱目》的版本系統比較清晰。主要有兩個系統，一是商輅等撰畢刻本，現存有明憲宗成化十二年（一四七六）的内府刻本、明世宗嘉靖十年（一五三一）書林楊氏清江書堂刻題爲《續編資治宋元綱目大全》本、嘉靖三十六年（一五五七）吉澄刻題爲《續編資治宋元綱目大全》本、明思宗崇禎三年（一六三〇）與朱熹《資治通鑑綱目》、南軒《資治通鑑綱目前編》合刻本等。二是商輅等撰附有周禮《發明》、張時泰《廣義》的合刻本，現存有明孝宗弘治十七年（一五〇四）慎獨齋刻本、明武宗正德元年（一五〇六）清江書堂刻本、明世宗嘉靖七年（一五二八）書林宗文堂刻本、嘉靖十一年（一五三二）慎獨齋刻本、嘉靖三十九年（一五六〇）書林楊氏歸仁齋刻《通鑑綱目全書》本、明神宗萬曆二十一年（一五九三）蜀藩刻《通鑑綱目全書》本、萬曆二十八年（一六〇〇）蘇州朱燮元刻《資治通鑑綱目全書》本、萬曆金陵唐翀宇刻《重刻資治通鑑綱目全書》本、清康熙四十六年（一七〇七）内府刻《御批資治通鑑綱目全書》本及清乾隆《四庫全書》本等。本次點校整理即是以明憲宗成化十二年（一四七六）内府刻本爲底本，以明神宗萬曆二十一年（一五九三）蜀藩刻本、清乾隆《四庫全書》本爲對校本，以《續資治通鑑長編》、《建炎以來繫年要録》、《皇朝編年綱目備要》和《宋史》、《遼史》、《金史》、《元史》及有關文集爲參校本。《續資治通鑑長編》、《建炎以來繫年要録》、《皇朝編年綱目備要》及《宋史》、《遼史》、《金史》、《元史》均用中華書局點校本，文集則用通行本。《續資治通鑑綱目》卷一至卷十二即北宋部分，由邵育欣點校，張希清覆校；卷十三至卷二十二即南宋部分，由李淑慧點校，張希清覆校；卷二十三至卷二十七即元代部分，由張素霞點校，張希清覆校。這次點校整理由於水準所限及成於衆人之手，錯誤在所難免，敬希方家教正。

邵育欣　李淑慧　張素霞　校點

張希清　覆校

# 御製《續資治通鑑綱目》序

朕惟天地綱常之道載諸經，古今治亂之蹟備諸史，自昔帝王以人文化成天下，未始不資於經史焉。我太宗文皇帝表章五經、四書，輯成大全，綱常之道，粲然復明。後有作者，不可尚已。朕祇承丕緒，潛心經訓，服膺有年，間閱歷代史書，舛雜浩繁，不可殫紀。惟宋儒朱子因司馬氏《資治通鑑》著爲《綱目》，權度精切，筆削謹嚴，自周威烈王至於五季治亂之蹟，瞭然如指諸掌。蓋深有得於孔子《春秋》之心法者也。展玩之餘，因命儒臣重加校訂，鋟梓頒行。顧宋、元二代之史迄無定本，雖有《長編》、《續編》之作，然采擇不精，是非頗謬，概以朱子書法，未能盡合。乃申勑儒臣，發祕閣之載籍，參國史之本文，一遵朱子凡例，編纂二史，俾上接《通鑑綱目》，共爲一書。始於宋建隆庚申，終於元至正丁未，凡四百有八年，總二十有七卷，名曰《續資治通鑑綱目》。而凡誅亂討逆，内夏外夷，扶天理而遏人欲，正名分以植綱常，亦庶幾得朱子之意，而可以羽翼乎聖經。仍命梓行，嘉惠天下。

於戲！人不考古，無以證今。觀是編者，足以鑒前代之是非，知後來之得失，而因以勸於爲善，懲於爲惡，正道由是而明，風俗以之而厚，所謂以人文化成天下者，有不在兹乎？用述其概，冠於篇端，以垂示無窮焉。

成化十二年十一月十五日

# 《續資治通鑑綱目》凡例

凡提綱分目，悉遵朱子《凡例》。

凡事迹悉據正史，謂宋、遼、金、元史及《皇明實録》。正史或有闕畧異同，參取宋《長編》、元《經世大典》等書，增入訂正；或事有可疑，正史不載而傳聞彰著者，畧述於目之末，以圈隔之，或出「某人曰」以爲别，疑以傳疑也。

凡得天下有救世之功者，每進之。《綱目》於漢、唐皆然。宋得天下頗類唐，故開寶八年大書如武德七年例。

凡中國爲正統，夷狄不得紀元；遼、金、夏皆不紀，倣漢、唐例。及金、元得中原，然後分註紀年於宋年下。倣晉、魏例。

凡夷狄干統中國，正統未絶，猶繫之中國；及夷狄全有天下，謂元世祖。中國統絶，然後以統繫之，其間書法間亦有異；如中國有稱兵者不書反叛之類。及中國有義兵起，即夷之於列國。如秦、隋之末。

凡未踰年，不成君、不帝、不崩。如元明宗倣《春秋》王子猛及子野之例。

凡諸夷官名悉從簡畧；其人名更改異同者，依其初稱及本史爲據。

凡諸儒論斷，附於目中，皆稱姓名；其出於正史者，止稱史臣。

## 進《續資治通鑑綱目》表文❶

資德大夫、正治上卿、太子少保、吏部尚書兼文淵閣大學士臣商輅，資政大夫、户部尚書兼翰林院學士臣萬安等，兹者奉勑以宋、元二史編纂《續資治通鑑綱目》，今已成書，謹用繕寫裝潢進呈。臣輅等誠惶誠恐，稽首頓首上言。

伏以經以載道，闡萬世之文明；史以輔經，昭累朝之鑒戒。東魯大聖删述於前，考亭大儒祖述於後。此《春秋》爲經中之史，而《綱目》寔史中之經。嗣是以來，諸家並作，著宋史者，訖無定論，撰元書者，罔有折衷。或雜於遼、金而昧正統之歸，或成於草率而失繁簡之制，或善善惡惡之靡實，或是是非非之弗公，況其前後牴牾、予奪乖謬，衆説紛紜，卒未有能會于一者，是誠有待於今日也。

天啟皇明，誕膺景運。我太宗文皇帝崇儒重道，稽古右文，既表章乎經書，獨未遑於史鑑。恭惟皇帝陛下睿智聰明，聖神文武，重華協帝，於昭丕顯之謨；❷五福錫民，建用惟皇之極。咨詢治道，日御經筵，謂經史垂訓雖殊，道並行而不悖；綱目傳舊而作，詞愈約而益精。爰因書法同異之疑，嘗有儒臣校讐之命，鋟之文梓，賜諸廷臣，嘉惠及于萬年，文教敷于四海。

❶「進《續資治通鑑綱目》表文」，此表文原底本有抄配且數處有誤，今改以明萬曆二十一年刻本爲底本整理。

❷「丕顯之謨」，原作「丕顯之誠」，今據原底本明成化十二年内府刻本抄配表文改。

乃者載發九重之詔，俾續二代之編，跡宋、元之盛衰，法先儒之衮鉞。大開兩局，筆札給自尚方；務備一家，史官公於遴選。搜羅剔抉，存其信而傳其疑；討論研磨，詳其大而畧其細。惟趙宋自建隆之創業，積而爲慶曆之昇平；迨熙、豐之紛更，馴以致靖康之禍亂。比偏安於江左，竟訖籙於海南。其中命令之施，紀綱之布，國體安危之係，民生休戚之關，大書特書，咸據往牒；正例變例，悉本成規。彼契丹出自鮮卑，女真起于渤海，皆以桀黠之虜，割據於鄰壤，亦爲采摭其事，附見於當時。若胡元之主中華，尤世運之丁極否，冠履倒置，天地晦冥，三綱既淪，九法亦斁，第已成混一之勢，矧復延七八之傳，故不得已大書其年，亦未嘗無外夷之意。末紀天兵之征討，實彰帝業之輝煌。汛掃腥羶之風，復還禮樂之俗。謨邁三年鬼方之伐，威加六月玁狁之師。此我太祖高皇帝再闢乾坤，肇修人紀，巍巍功德，高五帝而冠百王者也。

臣輅等才不足以達經權之宜，學不足以盡古今之變。仰承隆命，愧乏良史之三長；俯竭微勞，已見星霜之再易。總以四百餘年之事，稡成二十七卷之書，上徹經幃，少塵睿覽。伏願正大綱，舉萬目，隆世道於亨嘉；興教化，淑人心，保鴻圖於悠久。臣等無任瞻天仰聖，激切屏營之至，謹奉表隨進以聞。

成化十二年十一月初九日，資德大夫、正治上卿、太子少保、吏部尚書兼文淵閣大學士臣商輅等謹上表

奉勑纂脩

資正大夫、正治上卿、太子少保、吏部尚書兼文淵閣大學士臣商輅

資政大夫、户部尚書兼翰林院學士臣萬安

通議大夫、吏部左侍郎兼翰林院學士臣劉珝

翰林院學士、奉政大夫臣王獻

翰林院侍讀學士、奉直大夫臣彭華

翰林院侍講學士、奉直大夫臣丘濬

奉政大夫、脩正庶尹、左春坊庶子臣黎淳

奉直大夫、左春坊左諭德臣謝一夔

右春坊右諭德臣劉健

右春坊右諭德臣汪諧

翰林院侍講、承直郎臣程敏政

翰林院脩撰、儒林郎臣鄭環



翰林院脩撰、儒林郎臣羅璟

翰林院編脩、文林郎臣陸簡

翰林院編脩、文林郎臣林瀚

進《續資治通鑑綱目》表畢

# 續資治通鑑綱目

第一❶　凡十五年

起庚申周恭帝元年、宋太祖建隆元年，盡甲戌宋太祖開寶七年。

第二　凡二十三年

起乙亥宋太祖開寶八年，盡丁酉宋太宗至道三年。

第三　凡二十五年

起戊戌宋真宗咸平元年，盡壬戌宋真宗乾興元年。

第四　凡二十一年

起癸亥宋仁宗天聖元年，盡癸未宋仁宗慶曆三年。

第五　凡二十年

起甲申宋仁宗慶曆四年，盡癸卯宋仁宗嘉祐八年。

第六　凡八年

起甲辰宋英宗治平元年，盡辛亥宋神宗熙寧四年。

第七　凡十四年

起壬子宋神宗熙寧五年，盡乙丑宋神宗元豐八年。

第八　凡十五年

起丙寅宋哲宗元祐元年，盡庚辰宋哲宗元符三年。

第九　凡十四年

起辛巳宋徽宗建中靖國元年，盡甲午宋徽宗政和四年。

第十　凡十一年

❶「第一」下，萬曆二十一年蜀藩刻本有「卷」字。下同。

起乙未宋徽宗政和五年，盡乙巳宋徽宗宣和七年。

第十一　凡二年

起丙午宋欽宗靖康元年，盡丁未宋高宗建炎元年。

第十二　凡三年

起戊申宋高宗建炎二年，盡庚戌宋高宗建炎四年。

第十三　凡七年

起辛亥宋高宗紹興元年，盡丁巳宋高宗紹興七年。

第十四　凡八年

起戊午宋高宗紹興八年，盡乙丑宋高宗紹興十五年。

第十五　凡十七年

起丙寅宋高宗紹興十六年，盡壬午宋高宗紹興三十二年。

第十六　凡二十七年

起癸未宋孝宗隆興元年，盡己酉宋孝宗淳熙十六年。

第十七　凡十八年

起庚戌宋光宗紹熙元年，盡丁卯宋寧宗開禧三年。

第十八　凡十七年

起戊辰宋寧宗嘉定元年，盡甲申宋寧宗嘉定十七年。

第十九　凡九年

起乙酉宋理宗寶慶元年，盡癸巳宋理宗紹定六年。

第二十　凡二十五年

起甲午宋理宗端平元年，盡戊午宋理宗寶祐六年。

第二十一　凡十六年

起己未宋理宗開慶元年，盡甲戌

宋度宗咸淳十年。

第二十二　凡五年

起乙亥宋帝㬎德祐元年，盡己卯宋帝昺祥興二年。

第二十三　凡十五年

起庚辰元世祖至元十七年，盡甲午元世祖至元三十一年。

第二十四　凡十七年

起乙未元成宗元貞元年，盡辛亥元武宗至大四年。

第二十五　凡十八年

起壬子元仁宗皇慶元年，盡己巳元文宗天曆二年。

第二十六　凡二十三年

起庚午元文宗至順元年，盡壬辰元順帝至正十二年。

第二十七　凡十五年

起癸巳元順帝至正十三年，盡丁未元順帝至正二十七年。

續資治通鑑綱目終

# 續資治通鑑綱目第一❶

起庚申周恭帝元年、宋太祖建隆元年，盡甲戌宋太祖開寶七年。凡十五年。

**庚申** 周恭帝宗訓元年、宋太祖神德皇帝趙匡胤建隆元年、○蜀主孟昶廣政二十三、南漢主劉鋹大寶三、北漢孝和帝劉鈞天會五、南唐元宗李景十八年○是歲，周亡。宋代新大國一，舊小國四，凡五國。吳越、荆南、湖南，凡三鎮。

春正月，周殿前都點檢趙匡胤稱皇帝，國號宋，廢周主宗訓爲鄭王。周侍衛副都指揮使韓通死之。匡胤，涿郡人。四世祖朓，唐幽都令；生珽，唐御史中丞。珽生敬，涿州刺史；敬生弘殷，周檢校司徒、岳州防禦使。弘殷娶杜氏，生匡胤於洛陽夾馬營，赤光繞室，異香經宿不散。及長，容貌雄偉，器度豁如，識者知其非常人。仕周，補東西班行首，累官殿前都指揮使，掌軍政凡六年；數從世宗征伐，荐立大功，人望歸之。世宗嘗於文書囊中得木長三尺餘，題云「點檢作天子」。時張永德爲殿前都點檢，乃命匡胤代之。及宗訓立，加檢校太尉、領歸德節度使。時主少國疑，中外密有推戴之意。顯德六年冬十一月，鎮、定二州言北漢會契丹兵入寇。正月辛丑朔，遣匡胤率兵禦之，殿前副都點檢慕容延釗將前軍先發。都下讙言：「將以出軍之日册點檢爲天子。」士民恐怖，争爲逃匿之計，惟内廷晏然不知。癸卯，大軍繼出。軍校苗訓號知天文，見日下復有一日，黑光摩盪者久之，指示匡胤親吏楚昭輔曰：「此天命也。」是夕，次陳橋驛，將士相聚謀曰：「主上幼弱，我輩出死力破敵，誰則知之？不如先册點檢爲天子，然後北征，未晚也。」都押衙李處耘具以事白匡胤弟供奉官都知匡義及歸德掌書記趙普。匡義、普部分諸將環列待旦，遣牙隊軍使郭延贇馳入京，報殿前都指揮使石守信、都虞候王審琦，二人皆素歸心匡胤者。甲辰黎明，將士逼匡胤寢所，匡義、普入帳中白之。匡胤時被酒卧，欠伸徐起，將校已露刃列庭，曰：「諸將無主，願册太尉爲皇帝。」匡胤未及

❶「第一」，萬曆本作「卷之一」，下同。

對，黃袍已加身矣。衆即羅拜，呼萬歲，掖之上馬，還汴。匡胤攬轡曰：「汝等貪富貴，能從我命則可，不然，我不能爲若主矣。」皆下馬曰：「願受命。」匡胤曰：「太后、主上，我北面事者，不得驚犯；公卿，皆我比肩，不得侵凌；朝市府庫，不得侵掠。用命有重賞，違，不汝貰也。」皆應曰：「諾。」遂肅隊而行。

乙巳，入汴。先遣楚昭輔慰安家人，又遣客省使潘美見執政論意。時早朝未罷，聞變，范質執王溥手曰：「倉卒遣將，吾輩之罪也。」爪入溥手，幾出血，溥噤不能對。侍衛親軍副都指揮使韓通自禁中遑遽而歸，謀帥衆禦之，軍校王彥昇逐焉。通馳入其第，未及闔門，爲彥昇所害，妻子俱死。匡胤進登明德門，令甲士歸營，而自退居公署。將士擁范質等至，匡胤見之，流涕曰：「吾受世宗厚恩，爲六軍所迫，一旦至此，慙負天地，將若之何？」質等未及對，列校羅彥瓌挺劍厲聲曰：「我輩無主，今日必得天子！」質等相顧不知所爲，溥降階先拜，質不得已亦拜。遂請匡胤詣崇元殿，行禪代禮。召百官，至晡時班定，猶未有禪詔，翰林承旨陶穀出諸袖中，遂用之。宣徽使引匡胤就庭北面拜受；已，乃掖升殿，服衮冕，即皇帝位。奉周主爲鄭王，符太后爲周太后，遷之西宮。大赦，改元。以所領歸德軍在宋州，國因號宋。遣使偏告郡國藩鎮，加官進爵有差。定國運以火德王，色尚赤，臘用戌。華山隱士陳摶聞宋主代周，曰：「天下自此定矣。」未幾，鎮州報北漢兵引還。

**宋贈周韓通爲中書令。**宋主贈通以旌其忠，仍詔以禮葬之。欲加王彥昇擅殺之罪，羣臣以建國之始，乞貰之，宋主猶怒，故終身不得節鉞。

**宋論翊戴功，加石守信等官爵。**石守信爲侍衛親軍馬步軍副都指揮使，高懷德爲殿前副都點檢，張令鐸爲馬步軍都虞候，王審琦爲殿前都指揮使，張光翰爲馬軍都指揮使，趙彥徽爲步軍都指揮使，並領節鎮。餘領軍者並進爵。時慕容延釗握重兵屯真定，韓令坤領兵巡北邊，宋主遣使諭意，許以便宜從事。兩人皆聽命，乃加延釗殿前都點檢，令坤亦加侍衛都指揮使。

**宋遣使分賑諸州。**

**○宋主以其弟光義爲殿前都虞候，趙普爲樞密直學士。**光義，即匡義也。

**宋立太廟，追帝其祖考。**宋主從兵部尚書張昭、判太常寺竇儀議，立四親廟，尊高祖朓爲僖祖、文獻皇帝，曾祖珽爲順祖、惠元皇帝，祖敬爲翼祖、簡恭皇帝。妣皆爲皇后。考弘殷爲宣祖、昭武皇帝。定制，歲以四孟月及季冬，凡五享，朔、望薦食、薦新。三年一祫，以孟冬；五年一禘，以孟夏。**宋主視學。**詔增葺祠宇，塑繪先聖、先賢像。自爲贊，書于孔、顔座端，令文臣分撰餘贊，屢臨幸焉。嘗謂侍臣曰：「朕欲盡令武臣讀書，知爲治之道。」於是臣庶始貴文學。**二月，宋主尊其母杜氏爲太后。**后，定州安喜人，治家嚴而有法。陳橋之變，后聞之曰：「吾兒素有大志，今果然矣。」及尊爲皇太后，宋主拜於殿上，羣臣稱賀，后愀然不樂，左右進曰：「臣聞『母以子貴』，今子爲天子，胡爲不樂？」后曰：「吾聞『爲君難』，天子置身兆庶之上，若治得其道，則此位可尊；苟或失馭，求爲匹夫不可得，是吾所以憂也。」宋主再拜曰：「謹受教。」**宋以范質、王溥、魏仁浦同平章事，吴廷祚爲樞密使。**質，加侍中；溥，司空；仁浦，右僕射，俱平章事如故。廷祚以父名璋避平章，特加同二品，仍爲樞密使。舊制，宰臣上殿，命坐而議大政，其進擬差除，但入熟狀，畫可，降出奉行而已。質等自以周朝舊臣，稍存形跡，且憚宋主英睿，乃請用劄子，面取旨，退各疏其事，同列書字以誌，宋主從之，坐論之禮遂廢。**三月，唐、吴越遣使如宋。**賀即位也。**南漢主鋹殺其弟桂王璇興。**宦者陳延壽謂鋹曰：「先帝所以得傳位於陛下者，由盡殺羣弟也。」勸鋹除去諸王。鋹以爲然，遂殺璇興。由是上下怨而紀綱大壞。**夏四月，周昭義節度使李筠起兵，會北漢伐宋。宋遣兵擊之。**宋遣使加筠中書令。既而使者至潞州，筠欲拒之，賓佐切諫，乃延使者，置酒。既而取周太祖畫像懸于壁，涕泣不已。賓佐惶駭，告使者曰：「令公被酒，失其常性，幸勿訝。」北漢主鈞聞之，乃以蠟書結筠同舉兵，筠長子守節泣諫，筠不聽。宋主手詔慰撫，且召守節爲皇城使，遣歸謂筠曰：「我未爲天子時，任汝自爲之；我既爲天子，汝獨不能小讓我邪？」守節歸以白筠，筠遂起兵。令幕府爲檄，數宋主罪；執監軍周光遜等送于北漢，以求濟師；又遣人殺澤州刺史張福，據其城。從事閭丘仲卿説筠曰：「公孤軍舉事，其勢甚危，雖倚河東之援，恐亦不得其力。大梁甲兵精鋭，難與爭鋒。不如西下太行，直抵懷、孟，塞虎牢，據洛邑，東向而爭天下，計之上也。」筠不能用。北漢主自帥兵赴筠，筠迎謁于太平驛，言受周太祖恩，不敢愛死。北漢主與周世讎，不悦其語，因使其宣徽使盧贊監其軍。筠見漢兵弱少，而贊又來監，心甚悔，謀多不協，乃留守節守潞，而自引衆南向。北漢主聞贇與筠異，復遣其平章事衛融和解之。宋主遣石守信、高懷德、慕容延釗、王全斌分道擊之，仍勑守信等曰：「勿縱筠下太行，急引兵扼其隘，破之必矣。」守信等敗筠兵于長平。

**五月朔，日食。○宋主以其弟光美爲嘉州防禦使。○宋遷周六廟于洛陽。○宋主自將圍澤州。六月，克其城，李筠死之。**

宋主自帥大衆討筠，山路險峻多石，宋主先於馬上負數石，將士因争負之，即日平爲大道。遂與守信等會，大敗筠衆於澤州南，殺盧贇。筠走保澤州，宋主列柵圍之。六月，宋將馬全義帥敢死士數十人攀堞而上，遂入其城，筠赴火死，獲衛融。融請死，宋主怒，以鐵撾擊其首，流血被面。融呼曰：「臣得死所矣。」宋主曰：「忠臣也。」釋之，以爲太府卿。北漢主懼，引師歸。宋主進攻潞州，守節以城降。宋主釋其罪，以爲單州團練使。

**秋七月，宋主還，以趙普爲樞密副使。○荆南節度使高保融卒，弟保勗嗣。**

保融迂緩，國事悉委于母弟保勗。及卒，保勗權知軍府，請命于宋，宋主授以節度使。

**冬十月，宋襲北漢汾州，不克。**

先是，昭義節度李繼勳焚北漢平遥縣，俘獲甚衆。至是，晉州鈐轄荆罕儒復率衆攻汾州，爲北漢大將郝貴超所襲，戰死。罕儒，驍將，宋主痛惜之，斬其部將不用命者二十餘人。

**周淮南節度使李重進謀起兵拒宋。十一月，宋主自將擊之。重進自焚死。**

重進，周太祖之甥，與宋主同事周室，分掌兵柄，常心憚宋主。宋主立，加重進中書令，移鎮青州。重進愈不自安，陰懷異志。及李筠舉兵，重進遣親吏翟守珣往潞陰結筠。守珣素識宋主，乃潛詣京師求見。宋主問曰：「我欲賜重進鐵券，彼信我乎？」守珣曰：「重進終無歸順之志。」宋主厚賜守珣，令說重進緩其謀，無令二兇並作，分我兵勢。守珣歸，勸重進未可輕發，重進信之。既而宋主遣六宅使陳思誨賜之鐵券，重進欲治裝隨思誨朝汴，左右沮之，猶豫不決。又自以周室懿親，恐不得全，遂拘思誨，治城繕兵，遣人求援于唐。唐主聞于宋，宋遣石守信、王審琦、李處耘、宋偓等分道討之。趙普勸宋主自行。十月，宋主發汴。十一月，至廣陵，即日拔之。城將陷，左右欲殺思誨，重進曰：「吾將舉族赴火死，殺此何益！」即盡室自焚，思誨亦被害。宋主入城，戮同謀者數百人。史臣曰：「韓通死於宋未受禪之頃，忠義之志明矣！李筠、李重進舊史書叛，叛與否，未易言也。洛邑所謂頑民，非殷之忠臣乎？或曰：三人者，嘗臣唐、晉、漢矣，曰：智氏之豫讓，非歟！」**唐主遣子朝宋主于揚州。十二月，宋主還汴。**宋主令諸軍習戰艦于迎鑾鎮，唐主大恐，遣使犒師，且使其子從鎰朝于揚州。唐臣杜著、薛良以罪奔宋，獻平南策。宋主惡其不忠，斬著于下蜀市，❶配良廬州牙校，遂還汴。**契丹兀律殺其叔父李胡。**李胡子宋王喜隱輕慓無恒，謀反事覺，辭連李胡，遂死于獄。尋追謚章肅皇帝。**宋以竇儀爲翰林學士。**翰林學士王著以酒失貶官，宋主謂宰相曰：「深嚴之地，當使宿儒處之。」范質等對曰：「竇儀清介重厚，然已自翰林遷端明矣。」宋主曰：「非斯人不可，卿當諭以朕意，勉令就職。」即日復入翰林。宋主嘗召儀草制，至苑門，儀見宋主岸幘跣足而坐，却立不肯進。宋主遽索冠帶而後召入。儀曰：「陛下創業垂統，宜以禮示天下，恐豪傑聞而解體。」宋主斂容謝之。自是，對近臣未嘗不冠帶。**宋主微行。**宋主欲察羣情向背，頗爲微行。或諫曰：「陛下新得天下，人心未安，今數輕出，萬一有不虞，其可悔乎！」宋主笑曰：「帝王之興，自有天命，求之亦不可得，拒之亦不能止。周世宗見諸將方面大耳者皆殺之，我終日侍側，亦不能害。若應爲天下主，誰能圖之。」微行愈數，曰：「有天命者，任自爲之，不汝禁也。」

**辛酉** 宋建隆二年〇是歲，凡五國三鎮。**春正月，宋度民田。**周世宗末年，嘗命官詣諸州度民田，而使者多不稱。至是，宋主謂侍臣曰：「度田蓋欲勤恤下民，而民敝愈甚。今當精擇其人。」遂分遣常參官詣諸州。尋詔州縣課民種植，長吏以春秋巡視，著爲令。又置義倉官，所收二税，每一石別輸一斗貯之，以備凶歉。**二月，宋遣使監輸民租。**先是，藩鎮率遣親吏視民租入，概量增溢，公取餘羨。符彥卿在天雄軍，取民尤悉。宋主聞之，即遣使諸州分主其事，民始不困。**唐徙都洪州。**唐主景屬中國多故，跨據江淮三十餘州，擅魚鹽之

❶「于」，原脱，據《續資治通鑑長編》（以下簡稱《長編》）卷一、《編年綱目備要》卷第一補。

利，即山鑄錢，物力富盛，頗有窺覦中原之志。及淮甸入于周，寖以衰弱。宋主既平揚州，景懼甚，乃遷豫章，以太子從嘉守建康。豫章城邑迫隘，羣臣日夜思歸，景怒，欲誅贊行者。**閏三月，宋以慕容延釗爲山南東道節度使。**時延釗自真定來朝，韓令坤亦從討李重進還，皆罷爲節度使。自是，殿前都點檢不復除授。**夏四月朔，日食。○六月，宋太后杜氏殂。**后疾，宋主侍藥餌不離左右。疾革，召趙普入受遺命，且問宋主曰：「汝知所以得天下乎？」宋主曰：「皆祖考及太后之餘慶也。」后曰：「不然。正由柴氏使幼兒主天下爾。若周有長君，汝安得至此？汝百歲後當傳位光義，光義傳光美，光美傳德昭。夫四海至廣，能立長君，社稷之福也。」宋主泣曰：「敢不如教。」后顧謂普曰：「爾同記吾言，不可違也。」普即榻前爲誓書，於紙尾署曰「臣普記」。藏之金匱，命謹密宮人掌之，遂殂。**秋七月，宋罷其侍衛都指揮使石守信等典禁兵。**石守信、王審琦等皆宋主故人，有功，典禁衛兵。普數以爲言，宋主曰：「彼等必不吾叛，卿何憂之深邪？」普曰：「臣亦不憂其叛也。然熟觀數人者，皆非統御才，恐不能制伏其下，則軍伍間萬一有作孽者，彼臨時亦不能自由爾。」宋主悟。一日，因晚朝，與守信等飲，酒酣，屏左右謂曰：「朕非卿等不及此。然天子亦大艱難，殊不若爲節度使之樂，朕終夕未嘗敢安枕卧也。」守信等請其故，宋主曰：「是不難知，此位誰不欲爲！」守信等頓首曰：「陛下何爲出此言？今天命已定，誰復有異心！」宋主曰：「卿等固然，其如麾下欲富貴何？一旦有以黄袍加汝身，汝雖欲不爲，其可得乎！」守信等泣謝曰：「臣等愚不及此，惟陛下哀矜，指示可生之途。」宋主曰：「人生如白駒過隙，所以好富貴者，不過欲多積金錢，厚自娱樂，使子孫無貧乏爾。卿等何不釋去兵權，出守大藩，擇便好田宅市之，爲子孫立永遠不可動之業，多置歌兒舞女，日夕飲酒相歡，以終天年。朕且與卿等約爲婚姻，君臣之間，兩無猜疑，上下相安，不亦善乎！」守信等皆謝曰：「陛下念臣等至此，所謂生死而肉骨也。」❶明日，皆稱疾，乞罷典兵。宋主從之，以守信爲天平節度使，高懷德爲歸德節度使，王審琦爲忠正節度使，張令鐸爲鎮寧節度使，皆罷宿衛就鎮，賜

❶「肉骨」，原作「骨肉」，據《長編》卷二、《編年綱目備要》卷一、《宋史》卷二五〇《石守信傳》改。

賚甚厚。唯守信兼職如故，其實兵權不在也。**宋主以其弟光義爲開封尹，光美爲興元尹。**○**宋以李漢超爲齊州防禦使。**尋命兼關南兵馬都監。漢超在關南，民有訟其彊娶己女爲妾，及貸民錢不償者。宋主召謂曰：「汝女可適何人？」對曰：「農家爾。」又問：「漢超未至關南時，契丹何如？」對曰：「歲苦侵暴。」曰：「今復爾邪？」對曰：「無也。」宋主曰：「漢超，朕之貴臣，汝女爲之妾，不猶愈爲農婦乎？且使漢超不在關南，汝家尚能保其所有貨財邪？」責其人而遣之，密使諭漢超曰：「亟還其女并所貸，朕姑貰汝，勿復爲也。不足於用，何不以告朕邪？」漢超感泣。由是益脩政理，吏民愛之。

**八月，宋襲執義武節度使孫行友。**❶行友繼其兄方簡鎮易、定，踰八年，狼山佛舍妖黨益盛。宋主即位，行友不自安，累表乞罷，不許。行友懼，乃繕甲兵，將棄其帑，還據山寨以叛。兵馬都監藥繼能密表其事，宋主遣武懷節馳騎會鎮、趙之兵，❷僞稱巡邊，直入定州。行友不之覺，既而出詔令舉族歸朝，行友蒼黃聽命。既至，訊之得實，制削奪其官爵，禁錮私第。**唐主景殂，子煜立于金陵。**景方議東還，以疾卒于南都。太子煜時留建康，遂即位。遣其户部尚書馮謐奉父遺表于宋，願追尊帝號，宋主許之。煜初名從嘉，聰悟好學，善屬文，工書畫，明音律。**女真入貢于宋。**女真之先，居古肅慎地。元魏時，號勿吉。至隋，改號靺鞨。唐初，有黑水、粟末兩部。後粟末盛彊，號渤海國，黑水因役屬之。渤海既滅，黑水部民在南者繫籍于契丹，號熟女真；在北者不籍于契丹，號生女真。至是，以馬入貢于宋，宋主詔蠲登州沙門島居民租賦，令專治舟船渡其所貢馬。**冬十一月，沙州入貢于宋。**沙州本漢燉煌故地，唐末，以張義潮爲瓜沙節度。至朱梁時，張氏絶，州人推長史曹義金爲帥。義金卒，子元忠繼有其地，周授歸義軍節度使。至是，入貢于宋。

## 壬戌

宋建隆三年，唐後主煜元年○是歲，凡五

---

❶「義武」，原作「武義」，據《長編》卷二、《宋史全文》卷一改。

❷「武懷節」，原作「李懷節」，據《長編》卷二、《編年綱目備要》卷一、《宋史》卷二五三《孫行友傳》改。

國、三鎮。春正月，宋廣東京城。宋主既廣汴城，且命有司畫洛陽宮殿，按圖脩之，以韓重贇董其役。營繕既畢，宋主坐寢殿，令洞開諸門，皆端直軒豁，無有壅蔽，謂左右曰：「此如我心，若有邪曲，人皆見之矣。」二月，宋初詔常參官轉對。每五日内殿起居，百官以次轉對，指陳時政得失。事關急切者，許非時上章。北漢侵宋晉、潞州。○宋令：大辟，諸州不得專決。宋主謂宰臣曰：「五代諸侯跋扈，有枉法殺人者，朝廷置而不問。人命至重，姑息藩鎮當如是邪？自今諸州決大辟，録案聞奏，付刑部詳覆之。」宋禁民火葬。○夏四月，清源節度使留從効卒。牙將陳洪進執其子紹鎡歸于唐，推副使張漢思爲留後。從効卒，子紹鎡典留務。會吴越聘使至，紹鎡夜召與燕。統軍使陳洪進誣紹鎡謀附吴越，執送建康，推副使張漢思爲留後，而自爲副使。宋以趙贊爲彰武節度使。贊至延州，前後分置步騎，使緜緜不絶。林莽之際，遠見旌旗，所部羌、渾來迎，莫測其數，相視奪氣，莫不畏服。宋主嘗注意于謀帥，命贊屯延州，姚内斌守慶州，董遵誨屯環州，王彦昇守原州，馮繼業鎮靈武，以備西夏；李漢超屯關南，馬仁瑀守瀛州，韓令坤鎮常山，❶賀惟忠守易州，何繼筠領棣州，❷以拒北敵；又以郭進控西山，武守琪戍晉州，李謙溥守隰州，李繼勳鎮昭義，以禦太原。其家族在京師者，撫之甚厚。郡中筦榷之利，悉與之，恣其圖回貿易，免所過征税，令召募驍勇以爲爪牙。凡軍中事，許從便宜。每來朝，必召對命坐，賜以飲食，錫賚殊異。由是邊臣皆富於財，得以養募死力，使爲間諜，洞知蕃情。每入寇，必能先知，預爲之備，設伏掩擊，多致克捷。自此，累年無西北之虞，得以盡力東南，取荆、湖、川、廣、吴、楚之地。冬十月，宋以趙普爲樞密使。吴廷祚罷，以普代之。宋主嘗謂普曰：「天下自唐季以來，數十年間，帝王凡易八姓，鬬戰不息，生民塗地，其故何也？吾欲息天下之兵，爲國家長久計，其道何如？」普對

❶「常山」，原作「常州」，據《宋史》卷二五一《韓令坤傳》改。

❷「棣州」，原作「隸州」，據萬曆本、《宋史》卷二七三《何繼筠傳》改。

曰：「此無他，方鎮太重，君弱臣彊而已。今欲治之，宜稍奪其權，制其錢穀，收其精兵，則天下自安矣！」語未畢，宋主曰：「卿勿復言，吾已諭矣。」朱熹曰：「趙韓王佐太祖，區處天下，收藩鎮之權，立國家二百年之安，豈不是仁者之功！」宋主匡胤遷鄭王宗訓于房州。〇武平節度使周行逢卒，子保權嗣。保權，年十一矣。十一月，荆南節度使高保勗卒，兄子繼冲嗣。繼冲，保融子也。十二月，湖南將張文表襲潭州，據之。初，周行逢病亟，召將校，屬其子保權曰：「吾部内兇狠者誅之畧盡，唯張文表在耳。我死，文表必亂，諸君善佐吾兒，無失土宇。必不得已，當舉族歸朝，無令陷于虎口。」及保權嗣位，文表聞之，怒曰：「我與行逢俱起微賤，立功名，今日安能北面事小兒乎！」會保權遣兵代永州戍，道出衡陽，文表遂驅之以襲潭州。知留後廖簡素易文表，不設備。文表兵徑入府中，簡方燕客醉，被殺，文表遂據潭州。又將取朗陵以滅周氏，❶保權遣楊師璠擊之，且求援于宋。蜀主鑄鐵錢，征逋税。蜀以用度不足，始鑄鐵錢。禁境内用鐵，凡器用須鐵爲之者，置塲榷之，以專其利。又遣使督諸路累年逋負租税。龍遊令田淳上疏言擾民犯天意，聚財損君道，語甚切直，蜀主不能用。淳好談治亂大畧，屢陳朝政闕失，嘗言王昭遠、伊審微、韓保正不可當大任。或勸以遜詞取貴仕，淳曰：「大丈夫豈能附狗鼠求進哉！」南漢誅其内侍監許彦真，以李托爲内太師。彦真既譖殺尚書右丞鍾允章，威權與龔澄樞等，澄樞忿其恣横。會有告彦真通先朝李麗姬者，澄樞將按之。彦真懼，與其子謀殺澄樞。澄樞使人告彦真謀反，下獄，族誅。南漢主以李托爲内太師、六軍觀軍容使。初，南漢主納托長女爲貴妃，次女爲美人。至是，詔邦政皆稟托而後行。

**癸亥**　宋乾德元年〇是歲，凡五國、一鎮。春正月，宋初以文臣知州事。五代諸侯彊盛，朝廷不能制，每移鎮受代，先命近臣諭旨，且發兵備之，尚有不奉詔者。宋初，異姓王及帶相印者不下數十人，宋主用趙

❶「朗陵」，宋無此地名，據《宋史》卷八八《地理志》，朗州治武陵縣，疑「朗陵」即「朗州」或「武陵」。

普謀，漸削其權。或因其卒，或因遷徙、致仕，或因遥領他職，皆以文臣代之。**宋遣慕容延釗、李處耘假道荆南，討張文表。二月，周保權執文表，誅之。處耘襲江陵，高繼冲以荆南降。**初，宋主遣盧懷忠使荆南，謂之曰：「江陵人情去就，山川向背，我欲盡知之。」懷忠還，言：「高繼冲甲兵雖整，而控弦不過三萬；年穀雖登，而民困于暴斂。南通長沙，東距建康，西迫巴、蜀，北奉朝廷，其勢日不暇給，取之易也。」及周保權使至，宋主謂范質等曰：「江陵四分五裂之國，今假道出師，因而下之，蔑不濟矣。」乃命慕容延釗爲都部署，樞密副使李處耘爲都監，率十州兵假道荆南，討文表。未至，楊師璠已破文表于平津亭，執文表，臠而食之，梟首朗陵市。處耘至襄州，遣丁德裕諭繼冲以假道之意。孫光憲因言于繼冲曰：「中國自周世宗時，已有混一天下之志。今宋主規模宏遠，不若早以疆土歸之，則可免禍，而公亦不失富貴矣。」繼冲乃遣其叔父保寅，奉牛酒犒師于荆門，且覘彊弱，處耘待之有加。繼冲聞之，以爲無虞。是夕，延釗召保寅宴飲帳中，處耘密遣輕騎數千倍道前進。繼冲但俟保寅還，遽聞宋師奄至，即惶怖出迎，遇處耘於江陵北十五里。處耘揖繼冲，令待延釗，而率親軍先入城。比繼冲還，則宋師已分據衝要。繼冲大懼，因盡籍其境内三州、十七縣，遣客將王昭濟奉表納于宋。宋主受之，以王仁贍爲荆南都巡檢使，而授繼冲荆南節度使如故，高氏親屬僚佐拜官有差，以光憲爲黄州刺史。**延釗進克潭州，周保權遣兵逆戰，敗走。延釗遂入朗，執保權以歸。**延釗進克潭州，將趨朗，周保權牙將張從富等以爲文表已誅，而宋師繼進不止，懼爲所襲，相與拒守。延釗至，不得入。宋主聞之，遣使諭從富等，不聽，以兵逆戰于澧江，宋師敗之。李處耘擇所俘體肥者數十人，令左右分啗，而黥其少健者，令先入朗。黥者入城，言被擒者爲宋師所啗，聞者皆恐，遂潰。延釗因長驅而進，遂克其城，執從富殺之。其大將汪端劫保權及家屬，亡匿江南岸僧寺中。處耘遣田守奇帥師渡江，獲之以歸。宋主釋其罪，以爲右千牛衛上將軍。汪端猶擁衆寇掠，宋師擊殺之，湖南悉平，得州十四、監一、縣六十六。宋主以户部侍郎吕餘慶權知潭州。**宋天雄節度使符彦卿入朝。**宋主欲使彦卿典兵，趙普屢諫，不聽。宣已出，復懷入，從容言之。宋主曰：「朕待彦卿厚，豈忍相負邪？」

普曰：「陛下何以能負周世宗？」宋主默然，事遂寢。**夏四月，宋初置諸州通判。**詔設通判于諸州，凡軍民之政皆統治之，事得專達，與長吏均禮，大州或置二員。又令節鎮所領支郡皆直隸京師，得自奏事，不屬諸藩，於是節度使之權始輕。用趙普之言也。**宋行《應天曆》。**王朴《欽天曆》推驗稍疎，司天少監王處訥製新曆上之。宋主自爲曆序，賜名《應天》，頒行之。**泉州將陳洪進幽其留後張漢思而代之。**漢思患洪進專，因設燕伏甲，將殺之。酒數行，地忽大震，棟宇傾側，坐立者不自持，同謀者懼，因以告洪進。洪進亟走出，甲士皆散。自是，更相爲備。一日，洪進袖大鎖，安步入府中，叱退直兵。漢思方坐内齋，洪進即合其户而鎖之。使人叩户，言曰：「郡中軍吏請副使知留務，衆情不可違，幸授之印。」漢思皇懼，不知所爲，即自門間出印與之。洪進遽召將吏曰：「留後授吾印以涖事。」衆皆賀。即日遷漢思别舍，以兵守之。遣使請命于唐，又遣牙將魏仁濟間道奉表告宋，且請制命。**宋初以常參官知縣事。**符彦卿久鎮大名，專恣不法，屬邑頗不治，故特選常參官彊幹者往涖之。自是，遂著爲令。**秋七月，宋主幸武成王廟，毁白起像。**宋主歷觀武成王廟兩廡，指白起曰：「起殺已降，不武之甚，豈宜受享？」命去之。**北漢主殺其樞密使段常。**北漢宿衛殿直王隱、劉昭、❶趙鑾等謀逆，伏誅，辭連常。北漢主出常爲汾州刺史，尋縊殺之。初，北漢主寵姬郭氏，醫僧之女也。僧與嫠婦通而生姬，有殊色。北漢主嬖之，將立爲妃，常以所出非偶，恐貽笑鄰國，北漢主乃止。姬之昆弟姻戚又多抑而不用，故咸怨常，因譖殺之。死非其罪，國人憐之。**八月，宋侵北漢，取樂平，契丹救之，不及。**宋將王全斌攻取北漢樂平，詔以爲平晉軍。**宋殺其殿前都虞候張瓊。**初，宋主爲周將，瓊隸帳下，嘗以身蔽宋主中弩矢，死而復蘇。及宋主即位，擢典禁兵。會殿前都虞候闕，宋主曰：「殿前衛士如狼虎者不啻萬人，非瓊不能統制。」即命瓊爲之，遷嘉州防禦使。時軍校史珪、石漢卿以數言外事得幸于宋主，瓊輕侮之。二人因譖瓊養部曲百

❶「劉昭」，《長編》卷四作「劉詔」。

餘人，擅威福。宋主召瓊面訊之，不伏。宋主怒，令擊之。漢卿即奮鐵撾擊其首，血流氣絶，乃曳出下吏。瓊自知不免，解所繫帶以遺母，即自殺。宋主旋聞瓊家無餘財，甚悔，責漢卿，厚恤其家。**九月，宋貶李處耘爲淄州刺史。**初，荆湖之役，處耘以近臣護軍，臨事專斷，不顧羣議，與慕容延釗大不協。由是，更相論奏。朝議以延釗宿將，貰其過，止罪處耘，責授淄州刺史，處耘懼，不敢自明。**北漢以契丹攻宋平晉軍，宋將郭進救却之。**進從征澤、潞，遷洺州防禦使、充西山巡檢，御下嚴毅。宋主遣戍卒，必諭之曰：「汝輩謹奉法，我猶貸汝，郭進殺汝矣。」嘗有軍校自西山詣汴，誣訟進不法事，宋主詰知其情，送進，令殺之。會北漢來伐，進語其人曰：「汝敢論我，信有膽氣。今貰汝罪，汝能掩殺敵兵，當即薦汝；如敗，可自投河東。」其人踴躍赴戰，大致克捷，進即以聞，乞遷其職，❶宋主從之。**冬十月，宋以高繼冲爲武寧節度使。○北漢以郭無爲同平章事。**北漢主自潞州之敗，日懼宋師至，以趙文度爲相，又召抱腹山人郭無爲及五臺山僧繼顒參預國事。未幾，文度、無爲議論不協，北漢主出文度守汾州，而無爲獨相，機事悉以委之。**十二月，宋黜鄭起、楊徽之爲縣令。**初，殿中侍御史鄭起在周，見宋主握禁兵，有人望，乃貽書范質，極言其事。右拾遺楊徽之亦嘗言於世宗，以爲宋主有人望，不宜典禁兵，宋主銜之。至是，左遷起爲西河令，徽之爲天長令。**宋折德扆侵北漢衛州，擒其刺史楊璘。○北漢遣侍衛親軍使劉繼文如契丹，契丹拘之。**契丹主以書責北漢主曰：「爾不稟我命，擅改年號，助李筠，殺段常，其罪有三。」北漢主引父爲子隱謝之。初，北漢與契丹歲使不絶，自是契丹使不來，而北漢使往則見留，羣臣悉以使北爲懼。北漢主乃命從子繼文請命，亦被拘。繼文，崇之嫡孫，魁梧有氣局，沉毅寡言，契丹主亦厚禮之。**溪州蠻附于宋。**北江蠻酋最大者曰彭氏，世有溪州。州有三，曰上、中、下溪，又有龍賜、忠順、保静、感化、天賜、永順六州，及懿、安、遠、新、給、富、來、寧、南、順、高十一州。至是，其酋彭允林以地附宋。於是各州悉置刺史，而以下溪州刺史兼都誓主以

❶「遷」，原作「還」，據《長編》卷四、《宋史》卷二七三《郭進傳》改。

統之，謂之晉下州。

**甲子**　宋乾德二年〇是歲，凡五國一鎮。　**春正月，宋范質、王溥、魏仁浦罷，以趙普同平章事。**普既相，以天下爲己任，宋主倚任之，事無大小，悉咨決焉。宋主數微行，過功臣家。普每退朝，不敢去衣冠。一日，大雪向夜，普意宋主不出。久之，聞叩門聲，普亟出，宋主立風雪中。普皇恐迎拜，宋主曰：「已約光義矣。」已而光義至，設重裀地坐堂中，熾炭燒肉。普妻行酒，宋主以嫂呼之，因與普計下太原。普曰：「太原當西北二面，太原既下，則我獨當之，不如姑俟削平諸國，則彈丸黑子之地，將安逃乎？」宋主曰：「吾意正如此，特試卿耳。」宋主又嘗以幽燕地圖示普，問進取之策，普曰：「圖必出曹翰。」宋主曰然，因曰：「翰可取否？」普曰：「翰可取，孰可守？」宋主曰：「以翰守之。」普曰：「翰死，孰可代？」宋主默然良久，曰：「卿可謂深慮矣。」普嘗薦某人爲某官，宋主不許；明日復奏，亦不許；明日又奏，宋主大怒，裂碎奏牘擲地，普顏色不變，跪而拾之以歸。他日，補綴舊牘，復奏如初，宋主乃悟，卒用其人。又有羣臣當遷官，宋主素惡其人，不與。普堅以爲請，宋主怒曰：「朕固不爲遷，卿若之何？」普曰：「刑賞，天下之刑賞，陛下豈得以喜怒專之！」宋主怒甚，起，普亦隨之。宋主入宮，普立宮門，久之不去，竟得俞允。其剛毅果斷類如此。然多忌克，屢以微時所不足者爲言，宋主曰：「若塵埃中可識天子、宰相，則人皆物色之矣。」自是，不復敢言。　**南漢侵宋潭州，防禦使潘美擊却之。〇二月，宋昭義節度使李繼勳侵北漢遼州，克之。**繼勳屢敗北漢兵。至是，宋主遣曹彬會繼勳，合兵入北漢境，攻其邊邑及遼、石州，繼勳大敗北漢兵于遼城下。北漢遼州刺史杜延韜危蹙，籍部下兵三千人降于繼勳。契丹以六萬騎來援，又擊走之。　**宋以陳洪進爲平海節度使。**宋改清源爲平海軍，仍授洪進節度。洪進歲貢多厚斂于民，二州甚苦之。　**夏四月，宋以薛居正、呂餘慶參知政事。**宋主以趙普獨相，欲置副而難其名稱，問翰林承旨陶穀曰：「下宰相一等，有何官？」對曰：「唐有參知政事。」乃以樞密直學士薛居正、兵部侍郎呂餘慶並以本官參知政事，不押班、宣制、知印，不預奏事，不升政事堂，止令就宣徽使廳上事，殿廷別設磚位，敕尾署銜降宰相，月俸雜給半之，未欲與普齊也。**宋以秦再雄爲辰州刺史。**辰州在唐，分爲錦、溪、巫、敘四郡。唐末，蠻酋分據之，各保險阻以自固，時出寇鈔。宋既平湖南，思得通蠻情、習地勢、沈勇智謀者，以鎮撫之。辰州徭人秦再雄武健有奇畧，蠻黨畏服。宋主召至汴，察其可任，擢爲刺史，使自辟吏，予以租賦。再雄感恩，誓以死報。至州，日訓士兵，得三千人，皆能被甲渡水、歷山飛塹，捷如猿猱。又選親校二十人分使諸蠻，以傳朝廷懷徠之意，莫不從風而靡，各得降表以聞。自是，荆、湘無復邊患。**六月，宋主以其子德昭爲貴州防禦使。**故事，皇子出閤即封王。宋主以德昭未冠，特殺其禮。**秋七月，宋頒《刑統》。**判大理寺竇儀所重定也。**八月，宋置榷貨務。**置于京師及沿江，令商旅入金帛京師，執引詣沿江給茶。後解鹽亦榷之。**九月，宋攻南漢郴州，克之。**宋潘美、尹崇珂帥兵攻南漢郴州，克之。初，南漢内常侍邵廷琄言于南漢主曰：「漢承唐亂，居此五十餘年，幸中國多故，干戈不及，而漢益驕于無事。今兵不識旗鼓，而人主不知存亡。夫天下亂久矣，亂久必治，請飭兵備，且遣使通好于宋。」南漢主懵然莫以爲慮。至是始懼，以廷琄爲招討使，屯洸口。宋既克郴，得南漢内侍余延業。❶宋主訪其國政，延業具言其主作燒煮、剥剔、刀山、劍樹之刑，或令罪人鬬虎抵象；又賦斂繁重，邕民入城者人輸一錢，瓊州斗米稅四五錢；置媚川都，定其課，令入海採珠；所居宫殿以珠、玳瑁飾之。内官陳延受作諸淫巧，日費數萬金；宫城左右離宫數十，遊幸常至月餘或旬日；以豪民爲課户，供宴犒之費。宋主驚駭曰：「吾當救此一方民。」時方謀下蜀，未遑也。**冬十一月，宋永安節度使折德扆卒。**德扆鎮府州，甚得蕃情，契丹畏之。至是，卒。宋主以其子御勳權知府州，尋加留後，自是世襲。**宋范質卒。**質遺命其子勿請謚、立碑。宋主弟光義嘗稱之曰：「宰輔中，能循規矩、慎名器、持廉節，無出質右者，但欠世宗一死，爲可惜爾。」**蜀約北漢侵宋，宋遣忠武節度使王全斌等伐之。**初，宋主欲謀伐蜀，以張暉爲鳳州團練使，暉盡得蜀虚實險易以聞，宋主

❶「余」，原作「餘」，據《長編》卷九、《宋史》卷四八一《劉鋹傳》改。

大悅。已而蜀山南節度判官張廷偉説知樞密院事王昭遠曰：「公素無勳業，一旦位至樞近，不自建立大功，何以塞時論？莫若通好并門，令發兵南下，我自黃花、子午谷出兵應之，使中原表裏受敵，則關右之地可撫而有。」昭遠然其言，勸蜀主遣趙彦韜等以蠟書間行，約北漢濟河，同舉兵。至汴，彦韜潛取其書以獻宋主，宋主得書，笑曰：「西討有名矣。」乃命王全斌爲西川行營都部署，劉光義、崔彦進副之，王仁贍、曹彬爲都監，將步騎六萬，分道伐蜀。且命爲蜀主治第於汴水之涯，凡五百餘間，供帳什物備具。召全斌謂曰：「凡克城寨，止籍其器甲、芻糧，悉以財帛分給將士。吾所欲得者，其土地耳。」全斌及彦進等由鳳州，光義及彬等由歸州進。蜀主聞之，以王昭遠爲都統，趙崇韜爲都監，韓保正爲招討使，李進副之，帥兵拒宋。命左僕射李昊餞于郊，昭遠酒酣，攘臂言曰：「吾此行非止克敵，取中原如反掌耳。」手執鐵如意指麾軍事，自方諸葛亮。

**十二月，宋王全斌入蜀興州，擒其招討使韓保正，蜀兵大潰。** 全斌等克萬仞、燕子二砦，遂取興州，連拔石圖等二十餘砦，獲糧四十萬。全斌先鋒將史延德與保正、李進等戰于三泉砦，❶敗之，擒保正及進等，獲糧三十萬。宋師至羅川，蜀師依江列陣以待，崔彦進遣張萬友等奪其橋，蜀人退保大漫天砦。彦進、萬友與康延澤分三道擊之，蜀人悉其精鋭逆戰，大敗而潰。王昭遠等復引兵迎敵，三戰皆敗，昭遠渡桔柏江，焚梁，退保劍門。

**宋將劉光義、曹彬克蜀夔州，蜀寧江制置使高彦儔死之。** 初，夔州有鎖江爲浮梁，上設敵棚三重，夾江列礮具。光義等行，宋主示以地圖，指鎖江曰：「我軍泝流至此，慎勿以舟師爭勝，當先以步騎陸行襲擊之。俟其勢却，即以戰櫂夾攻，取之必矣。」及師至夔，距鎖江三十里，舍舟步進，先奪浮梁，復牽舟而上。彦儔謂監軍武守謙曰：「北軍涉遠而來，利在速戰，不如堅壁以待之。」守謙不從，獨領麾下與光義騎將張廷翰戰，敗走。廷翰乘勝登城，彦儔力戰不勝，身被十餘創，左右皆散。彦儔奔歸府第，整衣冠，望西北再拜，縱火自焚死。後數日，光義得其骨於灰燼中，以禮葬之。

**宋命判太**

❶「延」，原作「進」，據《長編》卷五、《宋史》卷二五五《王全斌傳》、《名臣碑傳琬琰集》下卷一《王中書全斌傳》改。

**常寺和峴定雅樂。**宋主以雅樂聲高，近於哀思，不合中和，詔峴改定。峴以王朴律準較洛陽司天臺影表石尺，製律呂，音始和暢。**唐主募人爲僧。**唐主酷信浮屠法，出禁中金錢募人爲僧。時都下僧及萬人，皆仰給縣官。唐主退朝，與后服僧衣，誦佛書，拜跪，手足成贅。僧有罪，命禮佛而釋之。宋主聞其惑，乃選少年有口辯者，南渡見唐主，論性命之説。唐主信重，謂之「一佛出世」，由是不復以治國守邊爲意。

## 乙丑

宋乾德三年○是歲，宋滅蜀，凡四國一鎮。

**春正月，宋王全斌攻蜀劍門，克之，獲其都統王昭遠。**全斌進次益光，得降卒，言：「益光江東，越大山數重，有狹徑名來蘇，蜀人於江西置柵，對岸可渡。自此出劍門南二十里，至青彊，與官道合。若行此路，則劍門不足恃也。」乃分兵趨來蘇，跨江爲浮梁以濟。蜀人見之，棄寨而遁，遂進次青彊。王昭遠聞之，留其偏將守劍門，自引衆退屯漢源坡以待全斌。未至漢源，劍門已破，昭遠股慄失次。趙崇韜布陣出戰，昭遠據胡床不能起。全斌進擊，大破之，斬首萬餘級。昭遠走投東川，匿倉舍下，悲嗟流涕，目盡腫，俄而宋追騎至，與崇韜俱被執。**宋劉光義、曹彬取蜀五州。**光義克蜀萬、施、開、忠四州，峽中郡縣悉定，遂州知州陳愈以城降。時諸將所過咸欲屠戮以逞，獨曹彬禁止之，故峽路兵始終秋毫無犯。**蜀太子玄喆將兵禦宋，至緜州遁還。王全斌進次魏城，蜀主昶降。**蜀主聞昭遠敗，大懼，出金帛募兵，令太子玄喆統之，李廷珪、張惠安等爲之副，趨劍門以禦宋師。玄喆素不習武，廷珪、惠安皆庸懦無識。玄喆離成都，但携姬妾、樂器及伶人數十輩，晨夜嬉戲，不恤軍政。至緜州，聞已失劍門，遂遁還東川，所過焚廬舍、倉廩而去。蜀主皇駭，問計于左右，有老將石斌對曰：「宋師遠來，勢不能久，請聚兵固守以老之。」蜀主曰：「吾父子以豐衣美食養士四十年，及遇敵，不能爲我東向發一矢，今若固壘，何人爲我效命？」已而全斌進次魏城，蜀主命李昊草表請降。全斌受之，遂入城，劉光義等亦引兵來會。前蜀之亡也，降表亦昊爲之，蜀人夜書其門曰「世修降表李家」。宋師自發汴至受降，凡六十六日，得州四十五、縣百九十八。宋主以吕餘慶知成都府。初，全斌之伐蜀也，屬汴京大雪，宋主設氈帷于講武殿，衣紫貂裘帽以視事，忽謂左右曰：「我被服如此，體尚覺寒，念西征將士衝冒霜雪，何以堪處？」即解裘帽，遣中使馳賜全斌，仍諭諸將曰：「不能徧及也。」全斌拜賜感泣，故所向有功。

**三月，宋兩川軍亂。**王全斌、崔彦進、王仁贍等在蜀，晝夜宴飲，不恤軍務，縱部下掠子女，❶奪財物，蜀人苦之。曹彬屢請旋師，全斌等不從。既而宋主詔發蜀兵赴汴，並優給裝錢，全斌等擅減其數，仍縱部曲侵擾之，蜀兵憤怨思亂。三月，蜀兵行至緜州，遂作亂，刼屬邑，衆至十餘萬，自號興國軍，獲蜀文州刺史全師雄，推以爲帥。全斌遣朱光緒往招撫之，光緒盡滅師雄之族，納其愛女及橐裝。師雄怒，遂無歸志，率衆攻彭州，據之，自稱興蜀大王，開幕府，署節帥二十餘人，分據要害，兩川民爭應之。崔彦進、高彦暉等分道攻討，爲師雄所敗，彦暉戰死。全斌又遣張廷翰擊之，復不利，退保成都。師雄勢益張，遣兵分守緜、漢間，斷閣道，緣江置砦，聲言欲攻成都。於是邛、蜀、眉、雅、果、遂、渝、合、資、簡、昌、普、嘉、戎、榮、陵十六州及成都屬縣皆起兵應師雄，全斌等大懼。時成都城中降兵未遣者尚二萬七千，全斌慮其應賊，與諸將謀，誘致夾城中，盡殺之。

**宋初置諸路轉運使。**自唐天寳以來，藩鎮屯重兵，租税所入皆以自贍，名曰留使、留州，其上供者甚少。五代藩鎮益彊，率令部曲主場務，厚斂以入己，而輸貢有數。宋主素知其弊，趙普乞命諸州度支經費外，凡金帛悉送汴都，無得占留。每藩鎮帥缺，即令文臣權知；所在場務，間遣京朝官廷臣監臨。❷凡一路之財，置轉運使掌之，雖節度、防禦、團練、觀察諸使及刺史皆不預簽書金穀之籍。於是財利盡歸于上矣。吕中曰：「天下之所以四分五裂者，方鎮之專地也；干戈之所以交争互戰者，方鎮之專兵也；民之所以苦於賦繁役重者，方鎮之專利也；民之所以苦於刑苛法峻者，方鎮之專殺也；朝廷命令不得行於天下者，方鎮之繼襲也。太祖與趙普長慮却顧，知天下之弊源在乎此。於是以文臣知州，以朝官知縣，以京朝官監臨財賦，又置運使，置通判，皆所以漸取其權。朝廷以一紙下郡縣，如身使臂，如臂使指，無有留難，而天下之勢一矣。」

**夏六月，宋賜孟昶爵**

---

❶「子女」，原作「女子」，據《長編》卷六、《宋史》卷二五九《劉廷讓傳》改。

❷「間遣京朝官廷臣監臨」，原脱，據《長編》卷六、《編年綱目備要》卷一、《文獻通考》卷二二《土貢考》補。

**秦國公，尋卒。**蜀主昶舉族與官屬至汴，率子弟素服待罪闕下。宋主御崇元殿，備禮見之，賜賚甚厚。拜昶檢校太師兼中書令，封秦國公，子玄喆爲泰寧軍節度使，從臣、親屬授官有差。昶尋卒，宋主廢朝五日，追封楚王。昶母李氏，本唐莊宗宮妾也，至汴，宋主命肩輿入宮，謂之曰：「國母善自愛，無戚戚懷鄉土，異日當送母歸。」李氏曰：「妾本太原人，倘得歸老并土，妾之願也。」時宋主有北征意，❶聞其言甚喜。及昶卒，不肯哭，以酒酹地曰：「汝不死社稷，貪生以至今日。吾所以忍死者，以汝在爾；今汝既死，吾何用生爲！」不食數日亦死。宋主聞而傷之。宋主嘗見昶寶裝溺器，命撞碎之，曰：「以七寶飾此，當以何器貯食？所爲如是，不亡何待！」

**南漢主殺其招討使邵廷琄。**廷琄屯洸口以待宋師，招輯亡叛，訓士卒，修戰備，國人賴以少安。有投匿名書譖廷琄將圖不軌，南漢主信之，遣使賜廷琄死。士卒排軍門見使者，訴廷琄無反狀，請加考驗，弗許；乃相與立廟洸口，祠之。

**秋八月，宋選諸道兵入補禁衛。**先是，宋主詔殿前、侍衛二司各閱所掌兵，揀其驍勇者升爲上軍。至是，命諸州長吏擇本道兵驍勇者送都下，以補禁旅之闕。又選彊壯卒，定爲兵樣，分送諸道，召募教習，俟其精練，即送闕下。復立更戍法，分遣禁旅戍守邊城，使往來道路，以習勤苦，均勞佚。自是，將不得專其兵，而士卒不至于驕惰，趙普之謀也。

**宋置封樁庫。**宋主平荆湖、西蜀，收其金帛，別爲内庫儲之，號「封樁」。凡歲終用度之餘皆入之，以爲軍旅、饑饉之備。宋主嘗諭近臣曰：「石晉割幽燕以賂契丹，使一方獨限外境，朕甚憫之。欲俟斯庫所蓄滿三五百萬，❷遣使謀於彼，儻肯以地歸于我，則以此酬之。不然，朕當散滯財，募勇士，以圖攻取也。」尋又鑿大池於京城南，號「講武池」，選精卒習戰池中，宋主常臨觀之。

**丙寅** 宋乾德四年○是歲，凡四國一鎮。**春正月，北漢侵宋，宋敗之於靜陽。○夏五月，**

❶「主」，原作「王」，據萬曆本、四庫本、《資治通鑑續編》卷三改。

❷「百」，原脱，今據《王文正公筆録》、《石林燕語》卷三補；《長編》卷一九、《編年綱目備要》卷三作「十」。

**宋罷羡餘賞格。**初，三司請諸場院主吏，有羡餘粟及萬石、芻五萬束以上者，賞。知光化軍張全操上言：「此苟非倍取民租，私減軍食，何以致之？」乃詔自今勿復施行。**閏月，宋求遺書。○冬十一月，宋竇儀卒。**初，宋主將改元，諭宰相曰：「年號須擇前代所未有者。」及蜀平，蜀宫人入内，宋主見其鏡背有識「乾德四年鑄」者，召儀問之，儀對曰：「此必蜀物，蜀主王衍嘗有此號。」宋主大悦，曰：「宰相須用讀書人。」由是益重儒者。每對大臣言欲用儀爲相，趙普忌其剛直，陶穀等又相與排之，遂中輟。**十二月，宋兩川平。**宋主聞兩川兵起，命客省使丁德裕領兵往討之，以康延澤爲東川七州招安巡檢使。時全師雄屯新繁，劉光義、曹彬進擊，大破之。師雄退屯于郫，王全斌、王仁贍復攻之，師雄走灌口。水陸轉運使曹翰會仁贍圍賊呂翰於嘉州，翰棄城走。是夕，賊還結衆圍城，約以三鼓進攻，曹翰諜知之，戒掌漏者止擊二鼓，賊衆不集，至明而遁，追襲，大破之。全斌復破師雄於灌口，師雄走金堂，病死。其黨據銅山，推謝行本爲主，延澤旋拔之。德裕等分道招輯，賊衆悉平。西南諸夷多請附宋。**北漢復取宋遼州。○韃靼入貢于宋。**韃靼，本東北靺鞨之別種，唐元和後徙陰山，是歲來貢。

**丁卯**　宋乾德五年○是歲，凡四國一鎮。**春正月，宋王全斌等有罪，徵還，貶官有差，以曹彬爲宣徽南院使。**宋主自聞蜀兵亂，凡使者至，各令陳王全斌等不法事，因盡得其狀，乃皆徵還。以其初立功，不欲屬吏，但令中書問狀，全斌等具伏黷貨、殺降之罪。遂責降全斌崇義節度留後，崔彦進昭化節度留後，王仁贍右衛大將軍，以劉光義等廉謹，並進爵秩，復召呂餘慶參知政事。仁贍等歷詆諸將，冀以自免，獨曰：「清廉畏慎，不負陛下者，曹彬一人爾。」彬之還也，橐中惟圖書、衣衾，又能戢下，於是賞彬特優。彬入謝曰：「諸將皆獲罪，臣不敢奉詔。」宋主曰：「卿有茂功，又不矜伐。懲勸，國之常典，可無遜。」**二月，宋以沈義倫爲樞密副使。**義倫爲西川轉運使，❶隨軍入蜀，獨居佛寺，蔬食，有以珍異獻者皆却之；及歸，篋中惟書數卷而已。宋主嘗問曹彬

❶「西川」，原作「四川」，據《長編》卷七、《宋史全文》卷一改。

以官吏善否，彬曰：「臣止監軍旅，至於采察官吏，非所職也。」固問之，曰：「義倫可用。」宋主嘉之，故有是命。**宋罷其殿前都指揮使韓重贇。**時有譖重贇私取親兵爲腹心者，宋主怒，欲誅之。趙普諫曰：「若重贇以讒誅，即人人懼罪，❶誰敢爲陛下將者。」宋主乃止，出重贇爲彰德節度使。**三月，五星聚奎。**周顯德中，竇儼與盧多遜、楊徽之同爲諫官。儼善步星曆，嘗謂徽之等曰：「丁卯歲，五星聚奎，自此天下太平，二拾遺見之，儼不與也。」卒如其言。**夏六月朔，日食。〇秋九月，定難節度使李彝興卒，子克叡嗣。**彝興，即彝殷也。**宋以周保權爲右羽林將軍。**

## 戊辰

宋開寶元年、北漢王繼元廣運元年〇是歲，凡四國一鎮。**春二月，宋主立宋氏爲后。**宋主元配賀氏，早卒。建隆初，册繼室王氏爲后，乾德元年殂。至是，立宋氏爲后。后，左衛上將軍偓之女也。**三月，宋覆試貢士。**知貢舉王祜上進士合格者十一人，❷陶穀子邴，名在第六。宋主謂左右曰：「聞穀不能訓子，邴安得登第？」因詔自今舉人凡關食禄之家，悉委中書覆試。**夏五月，唐以韓熙載爲中書侍郎。**熙載，顯德中，入朝歸國。唐主景問中國大臣，熙載曰：「趙點檢顧視不常，不可測也。」宋主受禪，景益重之，欲以爲相，以帷簿不修而止。至是，拜中書侍郎。**六月，宋以董遵誨爲通遠軍使。**遵誨，父宗本，仕漢爲隨州刺史，宋主微時往依焉。遵誨憑藉父勢，嘗侮之。一日，謂宋主曰：「每見城上有紫雲如蓋，又夢登高臺，遇黑蛇約長百尺餘，俄化龍，飛騰東北去，雷電隨之。是何祥也？」宋主皆不對。他日論兵，遵誨理屈，拂衣起，宋主乃辭宗本去。及即位，遵誨被召，伏地請死，宋主諭之曰：「卿尚記曩日紫雲、黑蛇之事乎？」遵誨再拜，呼萬歲。俄而，部下卒訴其不法十餘事，遵誨皇恐待罪，宋主曰：「朕方赦過賞

---

❶「人人」，原作「人」，據《長編》卷八、《宋史》卷二五〇《韓重贇傳》補。

❷「王祜」，原作「王裕」，今據《宋會要輯稿·選舉》一之二、《長編》卷九改。「十一人」，原作「十八人」，今據《宋會要輯稿·選舉》一之一、《皇宋十朝綱要》卷一改。

功，豈念舊惡邪？」遵誨母在幽州，患難睽離，宋主厚賞邊民，購得之，仍加優賜。至是，以夏州近邊授通遠軍使。遵誨至鎮，召諸族酋長，諭以朝廷威德，衆皆感悦。後數月，復來擾邊，遵誨率兵深入其境，俘斬甚衆，獲羊馬數萬，夷落以定。

**秋七月，北漢主鈞殂，養子繼恩立。**

初，世祖女適薛釗，生繼恩；再適何氏，生繼元。二子俱幼孤，世祖以鈞無子，命養爲子。鈞嘗謂郭無爲曰：「繼恩巽軟，非濟世材，恐不能了我家事，將奈何？」無爲不對。至是，病篤，召無爲付以後事。繼恩既嗣位，怨無爲初不助己，且惡其專政，加守司空，外示優禮，内實疎之。

**八月，宋遣李繼勳將兵伐北漢。**

宋主嘗因諜者謂漢主曰：「君家與周世讎，宜不屈。今我與爾無所間，何爲困此一方人也？若有志中國，宜下太行以決勝負。」漢主遣諜者報曰：「河東土地甲兵不足以當中國，然我家世非叛者，區區守此，蓋懼漢氏之不血食也。」宋主哀其言，謂諜者曰：「爲我語鈞，開爾一生路。」故終鈞世不加兵。至是，聞其卒，遣李繼勳等以禁軍伐之。

**九月，北漢司空郭無爲弑其主繼恩，而立其弟繼元。**

繼恩欲逐郭無爲，畏懦不能決。月餘，供奉官侯霸榮率十餘人挺刃入閣，反扃其門，時繼恩獨處喪次，見之驚起，繞屏環走，霸榮以刃揕其胷，殺之。無爲使人梯屋入，殺霸榮。繼恩立才六十餘日，并人疑無爲授意于霸榮，亟殺之以滅口。無爲與羣臣議立繼恩之弟繼元，參議中書事張昭敏獨曰：「少主非劉氏，故嗣位不終。今宜立宗姓以慰民望。世祖嫡孫繼文，久留契丹，歷險阻，宜迎立之，可以固宗社，結虜援。」無爲不從，以繼元易制，遂立之。

**宋李繼勳敗北漢兵于銅鍋河，進薄太原。**

北漢主初立，宋兵已入其境，乃遣劉繼業、馬峯等領軍扼團柏谷。峯至銅鍋河，繼勳前鋒將何繼筠擊破之，斬首三千級，遂奪汾河橋，薄太原城下，焚延夏門，北漢主大懼。

**冬十月，宋貶雷德驤爲商州司户參軍。**

德驤判大理寺，寺之官屬與堂吏附會宰相趙普，增減刑名，德驤憤惋，求見宋主，面白其事。未及引對，即直詣講武殿奏，辭氣俱厲，并言普彊市人第宅，聚斂財賄。宋主怒，叱之曰：「鼎鐺尚有耳，汝不聞趙普吾社稷臣乎！」引柱斧擊折其上齶二齒，命左右曳出，詔處以極刑。既而怒解，止以闌入之罪黜之。

**十一月，契丹救北漢，宋李繼勳引還，北漢遂入宋晉、絳州。**

北漢主遣使告即位

于契丹，且乞師，契丹主遣撻烈將諸道兵救之。宋主亦遣使賚詔，諭北漢主令降，約以平盧節度使授之。又別賜郭無爲詔，許以邢州節度使。無爲得詔色動，勸北漢主納款，北漢主不從。初，宋主使諜者惠璘僞稱殿前指揮使，負罪奔北漢，無爲知其謀，使爲供奉官。及宋兵入境，璘即奔赴，至嵐谷，候吏獲，送太原。北漢主使無爲鞫之，無爲釋不問。有李超者，知璘姦狀，上告，無爲怒，并超斬之以滅口。李繼勳等聞契丹兵來，皆引歸，北漢因大掠宋晉、絳二州。**宋主享太廟，翌日郊。**初，宋主入太廟，見其所陳籩豆、簠簋，問曰：「此何物也？」左右以禮器對。宋主曰：「吾祖宗寧識此？」亟命撤去，進常膳如平生。既而曰：「古禮不可廢也。」命復設之。判太常寺和峴請遵唐故事，每室加常食一牙盤，從之。自是，三年而郊，郊必先享太廟。禮畢，加恩肆赦，以爲常制。**北漢主劉繼元弒其母郭氏。**繼元妻段氏嘗以小過爲孝和后郭氏所責，既而病卒，繼元疑后殺之。后方縗服哭孝和帝于柩前，繼元遣其嬖臣范超執而縊殺之，宮中嬪御遭詈逼辱，無復嫌間。世祖十子，鎬、錡、錫最有賢行，繼元聽羣小之譖，幽囚之，未踰年，皆死。**唐主立周氏爲后。**周氏，故后之妹也，美姿容，以姻戚往來，先得幸于唐主。后卒，遂册立之。唐主頗留意聲色，《霓裳羽衣曲》久絕不傳，后按譜盡得其聲調。唐主嘗欲以户部侍郎孟拱辰宅賜教坊袁承進，御史張憲上疏力諫，不聽。○初，唐宰相嚴續盡忠不貳，與執政議多不同，求罷政事，唐主許之。於是，百司政事皆歸于樞密院。樞密副使陳喬柔懦畏怯，猾吏潛結權倖，多爲非法，紀綱並壞。而張洎方以文學得幸，特授清輝殿學士，與太子太傅徐遼、太子太保徐遊別居澄心堂，密畫機務，中旨多自澄心堂出，遊從子元楀等宣行之。中書、密院俱同散地。

**己巳** 宋開寶二年○是歲，凡四國一鎮。**春二月，契丹弒其主兀律于懷州。**契丹主耽酒，好畋獵，嗜殺不已，嘗以虞人偵鵝失期，加炮烙、鐵梳之刑；又以獲鴨甚歡，除鷹坊刺面之令。刑政紊亂，國人怨之。至是，畋于懷州，獲熊，歡飲夜分，近侍小哥、盥人花哥、庖人辛古等弒之。**宋主自將擊北漢。三月，圍太原。**李繼勳等既還，宋主謀再舉，以問魏仁浦曰：「朕欲親征太原，何如？」仁浦曰：「欲速則不達，惟陛下重之。」

宋主不聽，命繼勳等將兵先赴太原，以光義爲東京留守，自將發汴。三月，至太原，築長連城圍之，立砦於城四面：繼勳軍於南，趙贊軍於西，曹彬軍於北，党進軍於東。北漢劉繼業等乘晦突門，犯東、西砦，戰敗而遁。宋主又命壅汾、晉二水以灌城，漢人大恐。郭無爲復勸北漢主出降，漢主不從。一日，因宴羣臣，無爲痛哭于庭，曰：「奈何以空城抗宋百萬之師乎！」引佩刀欲自刺，冀動衆心。漢主遽降階，執其手，引升坐而止。**契丹耶律賢立。**

賢，小字明扆，世宗次子，聞契丹主被弑，帥甲騎千人，馳赴懷州即位，改元保寧，號兀律曰穆宗。以蕭守興爲尚書令，納其女燕燕爲后。賢嬰風疾，國事皆燕燕決之。**夏四月，契丹復救北漢，宋韓重贇等擊敗之。**

初，宋主度契丹必由鎮、定救太原，使重贇倍道兼行赴之。又聞其分道，一自石嶺關入，召何繼筠逆擊，授以方畧。繼筠遇契丹兵于陽曲，大敗之，斬首千餘級。重贇亦先陣于嘉山，契丹兵自定州西入，見旗幟，大駭，欲遁，重贇急擊，大破之，禽其首領三十人。宋主命以所獲契丹俘示于城下，城中喪氣，憲州判官史昭文、嵐州刺史趙文度各以城降宋。**閏五月，宋主引還。**

時契丹主遣韓知璠册立北漢主。知璠習知戎備，在圍城中晝夜督察，盡心固守。宋命水軍載弩環攻，驍將石漢卿等多戰死，北漢兵亦屢敗。夜半，忽傳呼「漢主出降」，宋主將開壁門，八作使趙璲曰：「受降如受敵，詎可中夜輕出！」已而，果諜者。契丹復遣南大王者將兵援北漢，宋東西班都指揮使李懷忠曰：「敵勢已困，若選勁兵急攻，破在旦夕。」都虞候趙廷翰請先登，宋主壯之，俾率衆攻城，戰不利，懷忠中流矢幾死。時宋師頓于甘草地，會暑雨，軍士多疾。太常博士李光贊上書請班師，宋主以問趙普，普亦以爲然。乃分兵屯鎮、潞，徙北漢民萬餘户于山東、河南而還。北漢主籍宋所棄軍儲，得粟三十萬，茶、絹各數萬，喪敗之餘，賴此少濟。**北漢郭無爲伏誅。**

太原之圍，南城爲汾水所陷。郭無爲謀出降，因請自將夜擊宋。北漢主信之，選精甲千人付無爲，自登延夏門送之。❶無爲行至北橋，值風雨晦冥而止。至是，閹人衛德貴告其事，且言無爲獻地之謀蹤跡屢露，反狀明白，不可赦，北漢主乃殺之以徇。**冬**

❶「延」，原作「七」，據《長編》卷一〇、《太平治迹統類》卷二改。

**十月，宋罷王彥超等節度使。**鳳翔節度使王彥超及諸藩鎮入朝，宋主宴于後苑，酒酣，從容謂之曰：「卿等皆國家宿舊，久臨劇鎮，王事鞅掌，非朕所以優賢之意也。」彥超諭意，即前奏曰：「臣本無勳勞，久冒榮寵，今已衰朽，乞骸骨歸丘園，臣之願也。」安遠節度使武行德、護國節度使郭從義、定國節度使白重贊、保大節度使楊廷璋，競自陳攻戰閥閱及歷履艱苦，宋主曰：「此異代事，何足論？」明日，皆罷鎮，奉朝請。胡一桂曰：「太祖深思天下，唐末以來，生民塗炭，知所以處藩鎮、收兵權之道。既以從容盃酒之間解石守信等兵權，復以後苑之宴罷王彥超等節鎮。於是，宿衛、藩鎮不可除之痼疾，一朝而解矣。」

**庚午**　宋開寶三年○是歲，凡四國一鎮。

**春正月，契丹遣北漢使者劉繼文等歸。**契丹韓知璠自太原歸，言：「晉陽多梗，而劉繼元無輔。」政事令趙高勳亦言：「我與晉陽，父子之國。先君以一怒而盡拘其使，甚無謂也。」契丹主乃盡索北漢使者凡十六人，厚禮而遣之。仍命劉繼文爲平章事，李弼爲樞密使，俾輔繼元。繼文等久留契丹，復受其命，歸秉國政，左右皆譖毀之。北漢主出繼文爲代州刺史，李弼爲憲州刺史。

**宋徵處士王昭素爲國子博士。**昭素，酸棗人，有學行。宋主召見便殿，年已七十餘，問以治世養身之術，對曰：「治世莫若愛民，養身莫若寡慾。」宋主愛其言，書于屏几。

**夏四月朔，日食。**

**○宋除河北鹽禁。**

**○秋七月，宋省州縣官，增其俸。**詔曰：「吏員猥多，難以求治，俸祿鮮薄，未可責廉。與其冗員而重費，不若省官而益俸。諸州縣宜以户口爲率，差減其員，舊俸月增給五千。」

**九月，宋詔修前代帝王陵盜發者。**

**○宋遣潘美將兵伐南漢。冬十月，克賀、昭等州。**南漢主鋹舉兵侵宋，道州刺史王繼勳言：「鋹肆爲殘暴，數出寇邊，請南伐。」宋主未欲遽加兵，乃令南唐主爲書諭鋹，使稱臣，歸所侵湖南舊地。鋹囚唐使，而驛書答唐主，言甚不遜。唐主上其書，宋主乃以潘美爲賀州道行營都部署，❶

❶「賀州道」，原作「桂州道」，據《長編》卷一一、《玉海》卷一九三上、《宋會要輯稿·兵》七之二八改。

尹崇珂爲副以伐之。❶時南漢舊將多以讒構誅死，宗室剪滅殆盡，掌兵者惟宦官數輩。自南漢主晟以來，耽於遊宴，城壁濠隍，多飾爲宫館池沼，樓艦皆毁，兵器又腐。及聞有宋師，内外震恐，乃遣龔澄樞馳往賀州畫守禦策。宋前鋒至芳林，澄樞遁還，宋遂圍賀州。南漢諸大臣皆請起故將潘崇徹，南漢主不從，遣伍彦柔將兵援賀。潘美聞彦柔至，潛以奇兵伏南鄉岸。彦柔夜泊南鄉，艤舟岸側。遲明，挾彈登岸，踞胡牀指揮，而宋伏兵卒起，彦柔衆大亂，死者十七八。禽彦柔斬之，梟其首以示城中，城遂破。美督戰艦，聲言順流趨廣州，南漢主憂迫，計無所出，乃以潘崇徹爲都統，領衆三萬，屯賀江。會美徑趨昭州，崇徹但擁衆自保而已。美乘勝克昭州，進拔桂、連二州。南漢主聞之，謂左右曰：「昭、桂、連、賀本屬湖南，今北師取之足矣，吾知不復南也。」

**十一月，契丹入宋定州，宋將田欽祚戰却之。**契丹以六萬騎寇定州，宋主命田欽祚領兵三千禦之。欽祚與虜戰滿城，❷虜騎少却，乘勝至遂城。虜圍之數日，欽祚度城中糧少，整兵開南門突圍一角出，其夕至保塞，❸軍中不亡一矢。宋主喜，謂左右曰：「虜數犯邊，我以二十匹絹購一胡人首，其精兵不過十萬人，止費我二百萬匹絹，則虜盡矣。」自是益修邊備。

**十二月，南漢將李承渥帥兵拒宋，潘美進擊，大敗之，遂拔韶州。**南漢主以李承渥爲都統，將兵十餘萬，陣于蓮花峯下。南漢人教象爲陣，每象載十數人，皆執兵仗，凡戰必致陣前，以壯軍威。潘美集勁弩射之，象奔踶，乘者皆墜，反踐承渥軍，軍遂大敗，承渥僅以身免。美進拔韶州。韶，漢之北門也。鋹聞韶破，窮蹙不知爲計，始令塹廣州東壕。顧諸將無可使者，宫媪梁鸞真薦其養子郭崇岳可用，南漢主以爲招討使，與大將植廷曉統軍六萬，屯馬逕，以禦宋師。崇岳無謀勇，唯日禱于鬼神而已。

**北漢以僧繼顒爲太師兼中書令。**繼顒，本劉氏孽子，以宗姓授鴻臚卿。嘗遊華嚴，見地有寶氣，乃於團栢谷置銀場，募民鑿山，官收十之四，繼顒自

❶「尹崇珂」，原作「尹從珂」，據《隆平集》卷二、《長編》卷二及《宋史》卷二《太祖本紀》、卷二五九《尹崇珂傳》改。

❷「滿城」，原作「蒲城」，據萬曆本及《長編》卷一一、《文獻通考》卷三四六《契丹中》改。

❸「其」，《長編》卷一一、《編年綱目備要》卷二作「是」。

督，所獲即倍于民。時北漢主多内寵，繼顒獻首飾數百副，北漢主大喜，遂有是命。

**辛未** 宋開寶四年○是歲，宋滅南漢，唐改號江南。凡三國一鎮。

**春二月，宋潘美大破南漢兵于馬逕，遂克廣州，南漢主鋹降。** 潘美克英、雄二州，潘崇徹以其衆降。美進次瀧頭，漢主遣使請和，且求緩師。美不許，進兵馬逕，去廣城十里，砦于雙女山下。漢主聞之，取舶船十餘，載金寶、妃嬪，欲入海。未及發，宦者樂範與衛兵千餘盜舶船走。漢主懼，遣其左僕射蕭漼奉表詣軍門乞降，美即令人送漼赴汴。漢主欲遣其弟保興率百官出迎，郭崇岳止之，乃復爲扞禦之備，又遣保興率國内兵拒宋。植廷曉謂崇岳曰：「北軍乘席卷之勢，其鋒不可當。吾士旅雖衆，然皆傷疲之餘，今不驅策而前，亦坐受其斃矣。」廷曉乃領前軍據水而陣，令崇岳殿後。既而宋師濟水，廷曉力戰不勝，死于陣，崇岳奔還其柵。潘美謂諸將曰：「彼編竹木爲柵，若篝火焚之，必擾亂，因而夾擊之，此萬全之策也。」遂分遣丁夫，人持二炬，間道造其柵。會暮夜，萬炬俱發，天大風，煙埃紛起，南漢軍大敗，崇岳死于亂兵。龔澄樞、李托相與謀曰：「北軍之來，利吾國中珍寶爾。今盡焚之，使得空城，必不能久駐也。」乃縱火焚府庫、宫殿，一夕皆盡。明日，鋹出降，美入城，俘其宗室、官屬送汴。有宦者百餘輩盛服請見，美曰：「是椓人多矣，吾奉詔伐罪，正爲此等。」悉斬之。凡得州六十、縣二百十四。❶

**○夏六月，宋誅南漢宦者龔澄樞、李托，賜劉鋹爵恩赦侯。** 鋹至汴，宋主遣吕餘慶問鋹反覆及焚府庫之罪，鋹歸罪龔澄樞、李托。明日，有司以帛繫鋹及其官僚，獻于廟、社。宋主御明德門，遣刑部尚書盧多遜宣詔責鋹，鋹對曰：「臣年十六僭位，澄樞等皆先臣舊人，每事臣不得專。在國時臣是臣下，澄樞是國主。」遂伏地待罪。宋主命大理卿高繼申引澄樞、托，斬于千秋門外。釋鋹罪，賜襲衣、冠帶、器幣、鞍馬，授檢校太保、右千牛衛大將軍，封恩赦侯。鋹體質豐碩，眉目俱竦。有口辨，性絶巧，嘗以珠結鞍勒爲戲龍之狀，極其精妙，以獻。

❶「二百十四」，原作「一百四十」，據《長編》卷一二及《宋史》卷二《太祖本紀》、卷八五《地理志》改。

宋主謂左右曰：「鋹好工巧，習以成性，儻能移於治國，豈至滅亡哉！」鋹在國時，多置酖毒臣下。一日，從宋主幸講武池，從官未集，鋹先至，賜以巵酒。鋹疑有毒，泣曰：「臣承祖父基業，違拒朝廷，勞王師致討，罪固當誅。陛下既待臣以不死，願爲大梁布衣，觀太平之盛，未敢飲此酒。」宋主笑曰：「朕推赤心於人腹中，安有此事！」命取鋹酒自飲，而別酌以賜鋹，鋹大慙謝。**宋御史中丞劉温叟卒。**温叟爲中丞十二年，屢求解職，宋主難其代，不許。至是，卒。温叟重厚清介，好古執禮。一日，晚過明德門西闕前，宋主方與中黄門數人登樓，温叟知之，令傳呼依常而過。翌日，請對，且言：「人主非時登樓，則下必希望恩賞，臣所以呵導而過，欲示衆以陛下非時不登樓也。」宋主善之。**冬十月朔，日食。○十一月，唐貶國號曰江南，遣使朝宋。**唐主事宋甚謹，每聞宋有嘉慶、吉凶之事，必遣人貢獻弔賀。外示畏服，内實脩備。及南漢亡，懼甚，使其弟從善上表於宋，乞去國號，改印文爲江南國印，❶且請賜詔呼名，宋主許之。唐主乃貶損制度，下書稱教，改中書、門下省爲左、右内史府，尚書省爲司會府，其餘官稱多所更定。先是，唐主以銀五萬兩遺趙普，普以白宋主，宋主曰：「此不可不受，但以書答謝，少賂其使者可也。」普辭，宋主曰：「大國之體，不可自爲削弱，當使之弗測。」及從善來朝，常賜外，密賚白金如遺普之數。唐君臣皆震駭，服宋主之偉度。**河決澶州。**東匯于鄆、濮，壞民田廬。宋主怒官吏不即以聞，通判姚恕坐棄市。恕初爲開封判官，謁趙普，閽者不即爲通，恕怒而去，普由是憾之。竟坐法誅，投其尸于河。

**壬申** 宋開寳五年○是歲，凡三國一鎮。**春二月，江南主殺其南都留守林仁肇。**初，仁肇密陳：「淮南戍兵少，宋前已滅蜀，今又取嶺南，道遠師疲，願假臣兵數萬，自壽春徑渡，復江北舊境。彼縱來援，臣據淮禦之，勢不能敵。兵起日，請以臣叛聞于北朝。事成，國享其利，敗，則族臣家，明陛下無二心。」江南主不聽。又沿江巡檢盧絳募亡命習水戰，屢破吴越兵于海門，亦嘗説江南主曰：「吴越，仇讎也，他日必爲北朝掎角。臣請詐

❶「國印」，原作「國主」，據《長編》卷一二、《東都事略》卷二三《李煜傳》改。

以宣、歙叛，陛下聲言討臣，且乞兵吴越，至則躡而攻之，其國可取。」江南主亦不用。宋忌仁肇威名，賂其侍者竊取仁肇畫像，懸别室，引江南使者觀之，問何人，使者曰：「林仁肇也。」曰：「仁肇將來降，先持此爲信。」又指空館曰：「將以此賜仁肇。」使者歸白江南主，江南主不知其間，鴆殺仁肇。**夏五月，大雨，河決，宋主出官人。○秋九月朔，日食。○宋以辛仲甫爲四川兵馬都監。**宋主問趙普以文臣有武幹者，普以左補闕辛仲甫對，宋主遂用之，因謂普曰：「五代方鎮殘虐，民受其禍。朕今用儒臣幹事者百餘人分治大藩，縱皆貪濁，亦未及武臣一也。」

**癸酉** 宋開寶六年○是歲，凡三國一鎮。**春三月，鄭王郭宗訓卒，宋人葬之，謚曰周恭帝。**鄭王卒，宋主素服發哀，輟朝十日，謚曰周恭帝，還葬慶陵之側，號曰順陵。**宋初殿試貢士。**翰林學士李昉知貢舉，有進士徐士廉訴昉用情取舍，宋主乃擇終場下第并已舉者，親御講武殿，給紙筆别試。得進士、諸科百二十五人，皆賜及第，且賜錢二十萬，以張宴會。責昉爲太常少卿。殿試遂爲永制。**夏五月，宋行《開寶通禮》。**初，宋主命李昉、劉温叟重定《開元禮》，附以國朝制度，損益爲書二百卷，號「通禮」。至是，行之。**交州丁璉入貢于宋，宋封璉爲交阯郡王。**梁末，交州土豪曲承美乘中國之亂，據有十二州之地。南漢遣將李知順攻承美，執之，置交阯節度使。乾德初，節度使吴昌文死，其參謀吴處玶等争立。攝讙州刺史丁部領擊敗處玶等，自領交州帥，號大勝王，署其子璉爲節度使，尋遜璉位。漢既亡，璉入貢于宋，宋授璉静海軍節度使，加封爵。**宋武寧節度使高繼冲卒。○秋八月，宋趙普免。**普獨相十年，爲政頗專，嘗以私怨誣馮瓚、李美、李檝，以贓論死，廷臣多忌之。宋主嘗幸其第，會吴越遣使致書于普，及海物十瓶，置于廡下，未及發，而宋主至，倉卒不暇屏。宋主顧問何物，普以實對。宋主曰：「海物必佳。」即命啓之，皆瓜子金也。普皇恐，謝曰：「臣未發書，實不知。」宋主曰：「第受之。彼謂國家事皆由汝書生爾。」時官禁私販秦、隴大木，普遣親吏詣市屋材，聯巨筏至汴治第，吏因之竊貨大木，冒稱普市，貨粥都下。三司使趙玭以聞，宋主大怒，即欲逐普，王溥力爲救解，得止。盧多遜與普不協，數因入對短普，宋主滋不悦。初，雷德驤之貶商州也，知州奚嶼希普意，奏德驤怨望，坐削籍，流靈武。其子有鄰意普害之，擊登聞鼓訴中書不法事。宋主怒，悉下御史獄鞫實，始疑普，詔吕餘慶、薛居正與普更知印、押班奏事，以分其權。普不自安，求罷政，遂出爲河陽三城節度使，以有鄰爲祕書省正字，召德驤爲祕書丞。普至河陽，上表自訴曰：「外人謂臣輕議皇弟開封尹，皇弟忠孝全德，豈有間然？矧昭憲皇太后大漸之際，臣實預聞顧命。知臣者君，願賜昭鑒。」宋主手封其表，藏之金匱。○時吕餘慶以疾解職，宋主以薛居正、沈義倫同平章事。餘慶，宋主霸府元僚。趙普、李處耘先進用，餘慶恬然不以介意，及處耘與普得罪，餘慶悉爲明辨，時稱長者。

**宋主封其弟光義爲晉王，班宰相上。**又以弟光美兼侍中，子德昭同平章事。**冬十二月，宋起復盧多遜參知政事。**多遜敏給任數，謀多奇中。以翰林學士判史館，宋主好讀書，每取書館中，多遜預戒吏令必白己，知所取書，因通夕閲覽。及召對，宋主問書中事，應答無滯，同列皆服。拜參知政事，未幾，以父喪去位，詔起復之。多遜父億，有高識，惡其子所爲，曰：「趙普，元勳也，而小子毁之，我得早死，不見其敗，幸也。」

**北漢主殺其大内都點檢劉繼欽。**初，北漢主爲大内都點檢，父鈞以其幼弱，命繼欽副之，委以禁衛。北漢主立，親舊多所誅放，繼欽遂謝病請罷。北漢主曰：「繼欽但事先帝，豈肯爲我盡力邪？」乃黜居交城，尋遣人殺之。北漢主性殘忍，凡臣下有忤意，必族其家。自宋主親征及遣將攻伐，因之殺傷不可勝紀，大將張崇訓、鄭進、衛儔，故相張昭敏、樞密使高仲曦等，先後俱以讒見殺。

**甲戌**　宋開寶七年○是歲，凡三國一鎮。**春二月朔，日食。○夏五月，江南遣使如宋。**江南主天性友愛，弟從善使宋被留，江南主悲戀不已。歲時宴會皆罷，作《却登高文》以見意。❶至是，遣常州刺史陸昭符入貢，奉手疏求從善歸國，宋主不許。**秋九月，宋遣曹彬將兵伐江南。**宋主欲伐江南而無名，遣知制

❶「却」，原脱，據《長編》卷一五補。

詰李穆諭江南主入朝，江南主將從之，其門下侍郎陳喬曰：「臣與陛下俱受元宗顧命，今往必見留，其若社稷何！臣雖死，無以見元宗於九泉矣。」內史舍人張洎亦勸其主無入朝。時喬與洎掌機密，江南主信之，遂稱疾固辭，且言：「謹事大朝，冀全濟也。今若此，有死而已。」穆曰：「朝與否，國主自處之。然朝廷甲兵精鋭，物力富雄，恐不易當也，宜熟思之，無貽後悔。」江南主不從，而遣使求封册，宋主不許。命梁逈復使，諷之入朝，江南主不答，逈還。宋主乃命曹彬爲西南路行營都部署，潘美爲都監，曹翰爲先鋒，將兵十萬以伐之。自王全斌平蜀多殺降卒，宋主每恨之。至是，彬等入辭，宋主戒彬曰：「江南之事，一以委卿，切勿暴掠生民，務廣威信，使自歸順，不煩急擊也。」又曰：「城陷之日，慎無殺戮，設若困鬭，則李煜一門不可加害。」且以劍授彬曰：「副將而下不用命者斬之。」潘美等皆失色。彬自荆南發戰艦東下，江南屯戍皆謂每歲宋所遣巡兵，但閉壁自守，奉牛酒犒師。尋覺異于他日，池州將戈彦棄城走，彬入池州。敗江南兵于銅陵，進次采石磯。

**冬十月，宋加吴越王俶昇州東南行營招撫制置使。**先是，俶使判官黄夷簡入貢于宋，宋主謂之曰：「江南彊倔不朝，我將討之，元帥當助我，無惑人言云『皮之不存，毛將安傅』。」尋密告以師期。至是，加俶招撫制置使。

**十一月，宋潘美渡江，江南將鄭彦華等拒戰，敗走。**初，江南池州人樊若冰舉進士不第，❶因謀歸宋，乃漁釣於采石江上，乘小舟，載絲繩其中，維南岸，疾棹抵北岸，凡十數往返，得其江之廣狹。因詣汴，上書言江南可取狀，請造浮梁以濟師，宋主然之，以爲右贊善大夫。遣使往荆湖，造黄黑龍船數千艘，又以大艦載巨竹絙，自荆渚而下。或謂江闊水深，古未有浮梁而濟者。乃先試於石牌口，移置采石，三日而成，不差尺寸。潘美因帥步兵渡江，若履平地。時江南久不用兵，老將皆没，主兵者多新進，以功名自負。聞兵興，踴躍言利害者日數十人。江南主以鎮海節度使、同平章事鄭彦華督水軍萬人，都虞候杜真領步軍萬人，同逆宋師。將行，江南主誡之曰：「兩軍水陸相濟，無不捷矣。」彦華以戰艦鳴鼓，泝流而上，急趨浮梁，潘美麾兵擊敗之。真以所部接戰，

❶「冰」，萬曆本、《編年綱目備要》卷二、《宋史》卷四七八《李煜傳》作「水」。

彦華不能救，亦敗。金陵始戒嚴，下令去開寶之號，益募民爲兵，民以財粟獻者官爵之。宋始修《日曆》。史館修撰扈蒙請修《日曆》，宋主從之，命宰輔日録時政送史館，仍以盧多遜專其職。

續資治通鑑綱目第一

# 續資治通鑑綱目第二

起乙亥宋太祖開寶八年，盡丁酉宋太宗至道三年。

**凡二十三年。**

**乙亥　宋太祖神德皇帝開寶八年，**是歲，江南亡。唯北漢至太平興國四年乃亡。**春二月，曹彬大敗江南兵于秦淮，進圍金陵。**彬連破江南兵于白鷺洲、新林港，遣田欽祚攻溧水。江南統軍使李雄謂諸子曰：「吾必死于國難，爾曹勉之！」父子八人皆没于陳，欽祚遂克溧水。彬大軍進次秦淮，江南兵水陸十萬陳于城下。時舟楫未具，潘美率兵先赴，令曰：「美提驍果數萬人，戰勝攻取，豈限此一衣帶水而不徑渡乎？」遂涉水，大軍隨之，江南兵大敗。馬軍都虞候李漢瓊率所部取巨艦，實以葭葦，乘風縱火，拔其城南水寨，又拔關城，守陴者争遁，溺死千計。**江南誅其將皇甫繼勳。**

初，陳喬、張洎爲江南主謀，請所在堅壁以老宋師。江南主弗憂也，日於後苑引僧及道士誦經、講《易》，高談不恤政事。軍書告急，非徐元楀等莫得通，宋師駐城下累月，江南主猶不知。時兵事皆屬神衛統軍都指揮使皇甫繼勳。繼勳素貴驕，初無效死意，但欲其主速降，而口不敢發，每與衆言，輒云：「北軍彊勁，誰能敵之！」聞兵敗，則喜曰：「吾固知其不勝也。」偏裨有募死士欲夜出邀宋師者，繼勳必杖其背，拘囚之。一日，江南主自出巡城，見宋師列栅，旌旗滿野，知爲左右所蔽，始驚懼。收繼勳付獄殺之，遣使召神衛軍都虞候朱令贇，以上江兵入援。**三月，契丹遣使來通好。**契丹涿州刺史耶律琮貽書宋知雄州孫全興，請通好。全興以聞，宋主命答書許之。契丹乃遣使詣宋，復遣人告北漢以通好于宋，無妄侵伐。北漢主聞命慟哭，謀出兵攻契丹，宣徽使馬峯固諫乃止。

**夏四月，吴越王俶取江南常州。**俶既受宋命，以沈承禮權知國務而自率兵五萬攻常州。丞相沈虎子諫曰：「江南，國之藩蔽。今大王自撤其藩蔽，將何以衛社稷乎？」不聽。進兵拔其關城，又敗其軍于北界，遣兵攻江陰、宜興，皆下之，遂拔常州。江南主貽俶書曰：「今日無我，明日豈有君？一旦明天子易地酬勳，王亦大梁一布衣耳。」俶不答，以書上宋，宋主優詔褒之。**彗星見東方。○秋七月朔，日食。○遣使如契丹。**呂中曰：「和，非中國得已之計也。然和出於彼，則和可堅；和出於我，則和易敗。太祖專任邊將，來則拒之，去則禦之，且未嘗遣一騎出境，亦未嘗命一使通和。必待其邊臣貽書，而後命邊臣以答之；必待其來聘有禮，而後遣通和之使以報之，得中國之體矣！」**冬十月，江南主使徐鉉來乞緩師，不許。**江南都虞候劉澄以潤州降，江南主危迫，遣學士承旨徐鉉求緩師。鉉至，言于宋主曰：「李煜無罪，陛下兵出無名。煜以小事大，如子事父，未有過失，奈何見伐？」宋主曰：「爾謂父子爲兩家，可乎？」鉉不能對而還。踰月，江南主復遣鉉乞緩師，以全一邦之命。鉉見宋主，論辨不已。宋主按劍，怒曰：「不須多言！江南亦有何罪，但天下一家，卧榻之側，豈容他人鼾睡邪！」鉉皇恐，辭歸。**曹彬將王明大破江南兵于皖口，獲其都虞候朱令贇。**朱令贇自湖口入援，衆號十五萬，順流而下，將焚采石浮梁。彬聞之，遣戰櫂都部署王明，密令人樹長木於洲渚間，若帆檣之狀。令贇望見，疑有伏，逗撓不敢進，明因移檄諸將，掎角襲之。令贇乘大航，建大將旗鼓，至皖口，明合步軍將劉遇急攻之。令贇勢促，因縱火拒戰，會北風甚，火反及之，衆大潰，遂擒令贇。金陵獨恃此援，由是孤城愈危蹙矣。**十一月，曹彬克金陵，江南主煜降，門下侍郎陳喬死之。**彬遣人謂江南主曰：「事勢如此，所惜者，一城生聚耳。若能歸命，策之上也。某日城必破，宜早爲之所。」江南主不聽。一日，彬忽稱疾不視事，諸將皆來問疾，彬曰：「余之疾非藥石所能愈，惟須諸君誠心自誓，以克城之日，不妄殺一人，則自愈矣。」諸將許諾，共焚香爲誓。明日，彬即稱愈。又明日，城陷。初，陳喬、張洎約同死社稷，然洎實無死志。至是，喬徑入白江南主曰：「今日國亡，願加顯戮，以謝國人。」江南主曰：「此乃曆數，卿死無益也。」喬曰：「縱不殺臣，臣何面目以見士人乎！」遂自經死。勤政殿學士鍾倩朝服坐于家，兵及門，亦舉族死之。江南主率臣僚詣軍門請罪，彬慰安之，待以賓禮，請煜入宮治裝，彬以數騎待宮門外。左右密謂彬曰：「煜入，或不測，奈何？」彬笑曰：「煜素愞無斷，既已降，必不能自引決。」煜治裝畢，遂與其宰相湯悅等四十五人赴汴京。彬自出師至凱旋，士衆畏服，無敢輕肆，克城之日，兵不血刃。凡得州十九、軍三、縣一百八十。捷至，羣臣稱賀。宋主泣曰：「宇縣分割，民受其禍，攻城之際，必有橫罹鋒刃者，實可哀也。」命出米十萬，賑䘏之。徐一夔曰：「蘇軾有云：『正統者，猶云有天下云爾。宋太祖既受周禪，平荆湖、蜀、漢、江南、吴越，恐悚待命，所未臣者，獨河東一彈丸地，可以謂之有天下矣。』朱子乃曰：『如以正統，則秦、晉、隋初未可當，必并六國，滅吴、陳而後歸之。如本朝亦必并河東而後可。』據朱子之説，而以當時大勢度之，六國之衆，可以敵秦初之秦；吴、陳帝有江南，可以敵晉初之晉、隋初之隋。區區河東，而欲敵宋初之宋，以一敵九，小大不敵，昭然可見。此蓋一時答問云然，非其終身不易之定論也。」

**丙子** 九年，十二月太宗皇帝太平興國元年。

**春正月，曹彬振旅而還。詔賜李煜爵違命侯。**彬俘江南主李煜還汴。帝御明德門，以煜嘗奉正朔，命勿宣露布，止令煜君臣白衣、紗帽，至樓下待罪。詔並釋之，賜冠帶、器幣、鞍馬有差，授煜檢校太傅、右千牛衛上將軍，封違命侯，子姓從官皆録用之，因赦天下。帝責張洎曰：「汝教煜不降，使至今日。」因出洎所草召上江援兵蠟丸書示之。洎謝曰：「書實臣所爲。犬吠非其主，此其一耳，他尚多。今得死，臣之分也。」帝奇之，以爲太子中允。史臣曰：「張洎初勸李煜勿降，既而不能死之。犬吠非主之對，徒以辨舌，僥倖得免。厥後揣摩百端，讒毁正直。利口之士，鮮不爲反覆小人也。」**二月，以曹彬爲樞密使。**初，彬之伐江南也，帝謂曰：「俟克李煜，當以卿爲使相。」潘美預以爲賀，彬曰：「不然。夫是行也，仗天威，遵廟謨，乃能成事，吾何功哉！况使相極品乎？」美曰：「何謂也？」彬曰：「太原未平耳。」及還，帝謂曰：「本授卿使相，然劉繼元未下，❶姑少待之。」美視彬微笑。帝詰之，美以實對，帝亦大笑，乃賜彬錢五十萬。彬退，曰：「人生何必使相，好官不過多得錢耳。」未幾，乃拜樞密使。**吴越王俶來朝。**帝謂吴越使者曰：「元帥克毗陵，有大功，竢平江南，可暫來與朕一相見，以慰延

❶「劉繼元」，原作「劉繼恩」，據《東都事略》卷二七《曹彬傳》、《宋史》卷二五八《曹彬傳》改。

想，即當復還。朕三執圭幣以見上帝，豈食言乎？」至是，俶與妻孫氏、子惟濬入朝，帝賜禮賢宅以居，親幸宴之，賞賚甚厚，賜俶劍履上殿，書詔不名。命與晉王敘昆弟之禮，俶固辭，乃止。留兩月，遣還，賜以一黄袱，封識甚固，戒俶曰：「途中宜密觀。」及啓之，則皆羣臣乞留俶章疏也，俶益感懼。**三月，以子德芳爲貴州團練使。**

**○帝如西京。夏四月，郊，大赦。**帝以江表底定，方内大同，欲西幸以行郊禮。三月，如西京，次鞏縣，遂拜安陵，賜河南今年田租之半，奉陵户復一年。至洛陽，四月，祭天地于南郊。都民垂白者相謂曰：「我輩少經亂離，不圖今日復覩太平天子儀衛。」有泣下者。祭畢，大赦，宴賜親王、羣臣有差。**還宮。**帝欲留都洛陽，羣臣咸諫，弗聽。晉王光義言其非便，帝曰：「遷河南未已，終當居長安耳。」光義問其故，帝曰：「吾欲西遷，據山河之勝，以去冗兵，循周、漢故事，以安天下也。」光義曰：「在德不在險。」力請還汴。帝不得已從之，因嘆曰：「不出百年，天下民力殫矣。」**曹翰屠江州，殺江南守將胡則。**江南州郡皆降，獨江州指揮使胡則殺刺史謝彦實，集衆固守。曹翰圍之四月餘，則力屈被執，翰殺之，因縱兵悉取貲財而屠其民。**秋八月，遣侍衛都指揮使党進率兵伐漢。九月，敗漢兵于太原，契丹救之。**帝命党進、潘美、楊光美、牛思進、米文義率兵分五道以攻太原，又遣郭進等分攻忻、代、汾、沁、遼、石等州。諸將所向克捷，進敗北漢兵於太原城。北漢主急求救於契丹，契丹主遣其相耶律沙救之。**帝幸晉王光義第。**帝友愛光義，數幸其第，恩禮甚厚。光義嘗有疾，親爲灼艾，光義覺痛，帝亦取艾自灸。每對近臣言：「光義龍行虎步，他日必爲太平天子，福德非吾所及也。」**冬十月，帝崩，晉王光義即位。**癸丑，帝崩。甲寅，晉王即位。號宋后爲開寳皇后，遷之西宮。○李燾云：上不豫，夜召晉王屬以後事。左右皆不得聞，但遥見燭影下晉王時或離席，若有所遜避之狀，既而上引柱斧戳地，大聲謂晉王曰：「好爲之。」已而，帝崩。顧命，大事也。《實録》、正史皆不能記，惜哉！○帝享年五十。性孝友節儉，質任自然，不事矯飾。一日，罷朝，坐便殿，不樂者久之。左右請其故，曰：「爾謂天子容易爲邪？早作乘快誤决一事，故不樂耳。」宮中葦簾緣用青布，常服之衣，澣濯至再。永康公主嘗衣貼繡鋪翠襦，帝曰：「汝服此，衆必相傚。」禁之。主一日勸帝以黃金飾肩輿，帝曰：「我以四海之富，宮殿飾以金銀，力亦可辦。但念我爲天下守財耳，豈可妄用！」初，頗好獵。一日，逐兔，馬蹶墜地，因引佩刀刺馬殺之。既而，悔，曰：「吾爲天下主，輕事田獵，又何罪馬哉！」自是，不復獵。尤注意刑辟，嘗讀二《典》，嘆曰：「堯、舜之罪四凶，止從投竄，何近代法網之密邪！」故定爲折杖法，以遞減流、徒、杖、笞之刑。自開寶以來，犯大辟，非情理深害者，多得貸死；惟贓吏棄市，則未嘗貰。史臣曰：「太祖得國，視晉、漢、周亦豈甚相絶哉！及其發號施令，名藩大將俯首聽命，四方列國次第削平。建隆以來，釋藩鎮兵權，繩贓吏重法，以塞禍亂之源。州郡司牧，下至幕職，躬自引對。務農興學，慎罰薄斂，與世休息，迄於丕平。治定功成，制禮作樂，傳之子孫，世有典則。遂使三代而降，考論聲明文物之治，道德仁義之風，無讓於漢、唐，規模可謂遠矣！」**以弟廷美爲開封尹，封齊王；兄子德昭封武功郡王，德芳爲興元尹。**廷美，即光美也。尋詔太祖、廷美子女並稱皇子、皇女，以示一體。**以盧多遜同平章事，楚昭輔爲樞密使。○十一月，進封劉鋹衛國公，李煜隴西郡公。○十二月，大赦，改元。○詔羣臣論列者，即時引對。**富弼曰：「太宗求治之切，故詔羣臣論事，欲面奏者，即時引對，此言路所以無壅也。自後臣僚非差遣合上殿者不得對，亦有朝臣乞上殿敷奏邊事，踰月不得報。邊事尚拘常例，况他事乎！」**初，詔諸道轉運使糾察官吏。○罷河東兵。**

**丁丑　太宗皇帝太平興國二年，春正月，賜禮部進士呂蒙正等及第。**初，太祖幸洛陽，張齊賢以布衣獻策，條陳十事，内四説稱旨，齊賢堅執其餘策皆善，太祖怒，令武士拽出之。及還，語帝曰：「我幸西都，唯得一張齊賢，我不欲爵之以官，異時可使輔汝爲相也。」至是，齊賢亦在選中，有司失於掄擇，寘於下第，帝不悦，故一牓自呂蒙正以下盡賜及第。**二月，帝更名炅。○夏四月，葬永昌陵。**契丹遣耶律敞會葬，尋遣辛仲甫報謝之。契丹主問曰：「聞中朝有党進者，真驍將。」仲甫曰：「名將甚多，如進鷹犬之材，何可勝數！」契丹主頗欲留之，仲甫曰：「信以成命，義不可留，有死而已。」契丹主厚禮遣還。

**秋九月，容州初貢珠。** 初，南漢置「媚川都」，令人入海五百尺採珠，無日不溺死者。嶺南平，太祖詔廢之，仍禁民採珠。未幾，官復自採。容州海渚亦産珠，置官掌之。至是，始貢珠百斤，賜負擔者銀帶、衣服。

**冬十月，初榷酒酤。○十一月朔，日食，既。**

**戊寅　三年，春二月，立崇文院。** 初，置三館于長慶門北，謂之西館。帝臨幸，惡其陋，命有司於昇龍門東北剏立三館。至是，成，賜名崇文院。遷西館書貯焉，凡八萬卷。

**夏四月，陳洪進獻漳、泉二州，以洪進爲武寧節度使。** 洪進來朝，因獻漳、泉二州，縣十四，詔授洪進武寧節度使、同平章事，留之汴京。諸子皆授要郡，遣之官。

**五月，吴越王俶以其地來歸，詔封俶爲淮海國王。** 俶朝于汴，會陳洪進納土而懼，上表乞罷所封吴越國王及解天下兵馬大元帥，并書詔不名之命，歸其兵甲，求還，帝不許。其臣崔仁冀曰：「朝廷意可知矣，大王不速納土，禍且至。」俶左右争言不可，仁冀厲聲曰：「今已在人掌握，且去國千里，惟有羽翼乃能飛去耳！」俶遂決策，上表獻其境内十三州、一軍、八十六縣。俶朝退，將吏始知之，皆慟哭曰：「吾王不歸矣！」詔封俶爲淮海國王，授俶弟儀、信並觀察使，俶子惟濬、惟治並節度使，惟演、惟灝及族屬、僚佐授官有差。又授其將校孫承祐、沈承禮、崔仁冀並爲節度使，賜賚待遇，冠絶當時。尋令兩浙發俶緦麻以上親及管内官吏，悉至汴京，凡千四十四艘。以范旻權知兩浙諸州軍事，旻上言：「俶在國日，徭賦繁苛，乞盡蠲其弊。」從之。

**定難節度使李克叡卒，子繼筠嗣。○秋七月，隴西公李煜卒。** 初，曹彬令煜治裝，煜方以亡國爲念，不及多取，留汴貧不自給，帝命增給月俸，仍賜錢三百萬。至是，卒，追封吴王。

**以孔宜襲封文宣公。** 宜，知星子縣回，獻所爲文，帝召問孔子世嗣，遂命襲封。宜因言歷代以聖人之後不預庸調，周顯德中，遣使均田，遂抑爲編户。詔特復其家。

**冬十月，置内藏庫。** 帝幸左藏庫，語薛居正曰：「此金帛如山，用何能盡，先帝每焦心勞慮，以經費爲念，何其過也！」詔改爲内藏庫，并以封樁庫屬焉。

**己卯　四年，春正月，以潘美爲北路都招討使。**帝議伐漢，薛居正等多以爲不可，惟曹彬力贊之，帝意遂決。乃以潘美爲北路都招討使，帥崔彦進、李漢瓊、劉遇、曹翰、米信、田重進軍，分四面攻太原城。又以郭進爲太原石嶺關都部署，以斷燕、薊援師。契丹遣撻馬長壽來言曰：「何名而伐漢也？」帝曰：「河東逆命，所當問罪。若北朝不援，和約如故，不然，惟有戰耳。」**初以石熙載簽書樞密院事。○新渾儀成。**司天監生張思訓，本唐李淳風、梁令瓚之法，創式以獻，製於禁中，日月行度成於自然，不假人運，比舊制尤爲精妙。命置文明殿東南鼓樓，擢思訓爲渾儀丞。**二月，帝自將伐漢。**帝欲以齊王廷美掌留務，開封判官呂端言於廷美曰：「上櫛風沐雨，以申弔伐，王地處親賢，當表率扈從，若掌留務，非所宜也。」廷美遂請行，帝許之。以沈倫爲東京留守，王仁贍爲大内都部署。**三月，契丹救漢，都部署郭進邀擊于白馬嶺，大敗之。**漢求救于契丹，契丹遣耶律沙爲都統，敵烈爲監軍，帥師赴之。至白馬嶺，與郭進遇，沙欲阻澗以待後軍，敵烈不從，渡澗迎戰，未成列，進薄之，契丹大敗，敵烈等皆死。會耶律斜軫兵至，進引師退，沙得免。田欽祚護石嶺屯軍，恣爲姦利，進不能禁，屢形于言，欽祚憾之。進武人，剛烈，戰功高，欽祚數加陵侮，進不能堪，遂縊而死，欽祚以卒中風眩聞。帝悼惜良久，贈安國節度使。左右皆知，而無敢言者。尋詔以牛思進代之。**夏四月，行營都監折御卿取漢岢嵐軍。**御卿分兵攻岢嵐軍，下之，遂取嵐州。**以石熙載爲樞密副使。○漢城隆州，威勝軍使解暉等攻破之。**漢人於隆州依險築城以拒，帝遣解暉、折彦贇等先發兵圍之，繼遣尹勳往，城遂陷。**帝至太原，督諸軍圍城。五月，漢主繼元降，詔賜爵彭城郡公。**潘美等屢敗漢兵，進築長連城圍太原，矢石交下如雨，漢外援不至，餉道又絶，城中大懼。帝至，督戰益急，城無完堞。帝慮城陷，殺傷者衆，詔諭繼元降，使者至城，守陴者不納。帝親督諸將士進薄城下，列陣于前，蹲甲交射，矢集城上如蝟毛。五月，漢指揮使郭萬超踰城出降，繼元親信之臣多亡，城中危急。帝復詔諭繼元速降，當保終始貴富。詔雖入城，而諸將鋭攻不可遏。帝猶慮城陷害良民，麾兵少却。繼元乃夜遣客省使李勳奉表乞降，詔許之，因至城北張樂宴從臣於城臺。明日，繼元率官屬縞衣紗帽待罪臺下，帝釋之，賜襲衣、玉帶，召使升臺。繼元叩首謝罪，詔授特進、檢校太師、右衛上將軍，封彭城郡公，賜賚甚厚。命劉保勛知太原府。凡得州十、軍一、縣四十一。帝作《平晉詩》，命從臣和。又授漢相李惲以下官有差。**徙太原民于并州。**詔毁太原舊城，改爲平晉縣，以榆次縣爲并州。遣使分部徙太原民居之，縱火焚太原廬舍，老幼趨城門不及，焚死者甚衆。**漢劉繼文奔契丹，契丹封爲彭城郡王。**

**○帝發太原，六月，遂伐契丹，圍幽州。秋七月，與契丹耶律休哥大戰于高梁河，敗績，乃還。**帝既滅漢，欲乘勝取幽、薊，諸將以師罷餉匱不欲行。崔翰獨曰：「所當乘者，勢也；不可失者，時也。取之易。」帝意決，遂發太原。六月，次東易州，契丹刺史劉宇以城降，留千兵守之。涿州判官劉原德亦以城降，進次幽州城南。契丹將耶律奚底軍于城北，帝攻走之。命宋渥、崔彦進、劉遇、孟玄喆分兵四面攻城，圍之三周，以潘美知幽州行府事，契丹將多降。七月，契丹順州、薊州皆降。耶律學古時守燕，悉力禦之，不能支，城中大懼，契丹遣耶律休哥救燕。時帝與契丹將耶律沙大戰于高梁河，沙敗將遁，休哥兵適至，與耶律斜軫分左右翼以進，復戰，帝大敗，死者萬餘人。帝引師南還，休哥追至涿州，帝急，乘驢車走免，喪資械不可勝計。乃命孟玄喆屯定州，崔彦進屯關南，劉廷翰、李漢瓊屯真定而還。以石守信、劉遇從征失律，貶之。自是，契丹之好遂絶。**定難留後李繼筠卒，弟繼捧嗣。○八月，皇子武功王德昭自殺。**初，德昭從帝征幽州，軍中嘗夜驚，不知帝所在，有謀立德昭者，帝聞不悦。及還，以征北不利，久不行太原之賞。德昭以爲言，帝大怒，曰：「待汝自爲之，賞未晚也！」德昭退而自刎。帝聞之，驚悔，往抱其尸哭曰：「癡兒，何至此耶！」追封魏王，謚曰懿。**九月，契丹寇鎮州，都鈐轄劉廷翰等合擊，大破之。**契丹遣南京留守韓匡嗣與耶律沙、耶律休哥侵鎮州，報圍燕之役，軍于滿城西。方陣，官軍詐降，匡嗣欲納之，休哥曰：「彼氣甚鋭，疑誘我也，可整衆待之。」匡嗣不聽。俄而，劉廷翰陣于前，崔彦進潛師躡其後，李漢瓊、崔翰、趙延進兵繼至，合擊之，契丹軍大潰，追至遂城，斬獲萬計，匡嗣棄旗鼓遁去，獨休哥整兵而退。**以楊業爲代州刺史。**業，本漢建雄節度使劉繼業。帝克太原，聞其勇，召見，復楊姓，以其老於邊事，拜代州刺史。業善戰，號楊無敵。**冬十月，進封齊王廷美爲秦王。**論平漢功也，文武諸臣進秩有差。

**庚辰　五年，春二月，定差役法。**太祖因前代之制，以衙前主官物，以里正、户長、鄉書手課督賦税，以耆長、弓手、❶壯丁逐捕盜賊，以承符、人力、手力、❷散從官給使令，後有貧富，隨時升降。至是，從京西轉運使程能請，定諸州户爲九等，上四等充役，下五等免之。**三月，衛公劉鋹卒。**鋹有口辨，帝之將伐北漢也，宴近臣于禁中，鋹進言曰：「朝廷威靈及遠，四方僭僞之主，今日盡在坐中，旦夕平太原，劉繼元又至。臣率先來朝，願得執梃，爲諸國降王長。」帝大笑。至是，卒，追封南越王。**楊業敗契丹于鴈門，殺其將蕭咄李。**契丹兵十萬寇鴈門，業領麾下數百騎自西陘出，至鴈門北口，南向擊之，契丹兵大敗，殺其節度使、駙馬侍中蕭咄李。自是，契丹畏業，每望見旌旗即引去。主將多嫉之，或潛上謗書，帝皆不問，封其書付業。**交州亂，秋七月，命蘭州團練使孫全興等將兵討之。**交州丁部領及其子璉相繼死，璉弟璿權行軍府事，年尚幼，大將黎桓幽璿別館，而代領其衆。時知邕州侯仁寶，趙普女弟之夫也，盧多遜與普有隙，出仁寶於邕，九年不代。仁寶恐因循死嶺外，乃上言：「交州亂，可以偏師取之。願乘傳詣闕，面陳其狀。」帝喜，將驛召仁寶，多遜遽奏曰：「交州内擾，此實天亡之秋，但先召仁寶，其謀必泄，蠻寇預爲之備，未易取也。不如密令仁寶經度其事，發兵長驅，勢必萬全。」帝以爲然，以仁寶爲交州水陸轉運使，孫全興、劉澄、賈湜等並爲部署，將兵討之。全興等由邕州，澄、湜等由廉州進。桓聞，乃遣使爲璿上表求襲位，帝不許。**冬十月，契丹寇瓦橋關。十一月，帝自將禦**

❶「弓手」，原作「工手」，據《宋史》卷一七七《食貨志》改。

❷「力」，原脱，據《宋史》卷一七七《食貨志》補。

之，次于大名，契丹軍退，乃還。契丹主賢圍瓦橋關，耶律休哥帥精騎渡水而戰，官軍大敗，休哥追至莫州。十一月，帝自將禦之。時關南諸將已破契丹，帝次大名，諸軍復戰于莫州，敗績。會契丹主引去，帝欲遂取幽州，李昉力陳其未可，乃詔曹翰部署諸將而還。帝既還京，議者皆言宜速取幽、薊。張齊賢上疏曰：「聖人舉事，動在萬全，百戰百勝，不若不戰而勝。自古疆埸之難，非盡由戎狄，亦多邊吏擾而致之。若緣邊諸軍撫御得人，但使峻壘深溝，畜力養鋭，以逸自處，則邊鄙寧而河北之民獲休息矣。臣又聞家六合者以天下爲心，豈止爭尺寸之土，角戎狄之勢而已！是故聖人先本而後末，安内以養外。堯舜之道無他，廣推恩於天下之民爾。民既安利，則戎狄斂衽而至矣。」吕中曰：「齊賢之論，其知本矣；然徒知遼未可伐，而不知燕、薊在所當取。豈惟齊賢，雖趙普、田錫、王禹偁亦不之知也。蓋燕、薊之所當取者有二：一則中國之民陷於左衽，一則中國之險移於夷狄。燕、薊不收，則河北之地不固；河北不固，則河南不可高枕而卧也。特太宗時未有其機耳。」十二月，契丹以耶律休哥爲于越。于越，契丹至貴之職也。休哥智畧宏遠，料敵如神，每戰勝，讓功諸將，故士卒樂爲之用。

辛巳　六年，春三月，皇子興元尹德芳卒。贈中書令、岐王。罷交州兵，徵孫全興，棄市。交州行營破賊于白藤江口，獲戰艦二百。於是知邕州侯仁寶率軍先進，全興等頓兵不行，仁寶戰死。會炎瘴，軍士多死，轉運使許仲宣以聞。詔班師，斬劉澄、賈湜于軍，徵全興，棄市。夏六月，薛居正卒。居正輔相十八年，寬簡不苛察，衆論賢之。因服丹砂遇毒，方奏事，疾作，輿歸，遂卒。帝親臨其喪，爲之流涕。居正子惟吉素無行，帝存問其家，因曰：「不肖子安在？頗改節否？不克負荷先業，奈何？」惟吉伏喪側，懼赧不敢起。自是，盡革故態，讀書，親賢士，修飭爲善。其後，帝數委以大藩，所至稱治。秋七月，遣使如渤海。渤海，本高麗之别種，契丹嘗取其扶餘城爲東丹府。帝將大舉伐契丹，遣使賜其王詔書，令發兵以應，約滅遼之日，幽、薊土宇復歸中朝，朔漠之外悉與渤海。然渤海竟無至者。九月朔，日食。○罷左拾遺田錫。時盧多遜專政，羣臣章奏，必先白多遜，然後敢通。又必於閤門署狀云：「不敢妄陳利便，希望恩榮。」錫貽書多遜，乞免署狀，多遜不悅，出錫爲河北南路轉運副使。錫因入辭，直進封事，言朝廷大體者四：其一，「乞修德以來遠，宜罷交州屯兵」。其二言：「今諫官不聞廷争，給事中不聞封駁，左右史不聞升陛記言動，御史不敢彈奏，中書舍人未嘗訪以政事，集賢院雖有書籍而無職官，祕書省雖有職官而無圖籍。願擇才任人，使各司其局。」其三言：「邇者寓縣平寧，京師富庶，軍營、馬監靡不恢崇，佛寺、道宫悉皆輪奐。又闢西苑，廣御池，而尚書省湫隘，郎官無本局，尚書無聽事，九寺、三監寓天街之兩廊，貢院就武成王廟，是豈太平之制度邪？願别修省寺，用列職官。」其四言：「按獄官令，枷、杻、鉗、鎖皆有定式，今以鐵爲枷，於法所無，去之可也。」帝覽疏，優詔褒答，賜錢五十萬。**以趙普爲司徒兼侍中。**普奉朝請累年，盧多遜益毁之，謂普初無立上意，普鬱鬱不得志。會晉邸舊僚柴禹錫、趙鎔、楊守一告秦王廷美驕恣，將有陰謀竊發。帝疑以問普，普因言：「願備樞軸以察姦變。」且自陳曰：「臣忝舊臣，爲權倖所沮。」遂備道預聞昭憲太后顧命及前朝上表自訴等事，帝發金匱得誓書，及覽普前表，因召見，謂曰：「人誰無過，朕不待五十，已知四十九年非矣。」乃拜普司徒兼侍中，封梁國公。**置京朝官差遣院。**舊制，京朝官屬吏部，國初以來皆出中書。至是，詔京朝官奉使從政於外受代而歸者，並令中書舍人考校勞績，品量材器，以中書所下闕員引對而授之，謂之差遣院。**以石熙載爲樞密使。冬十一月，楚昭輔罷。○女真遣使來貢。**帝欲伐契丹，乃以詔賜定安國王，令張掎角之勢。定安，本馬韓之種也。其王烏玄明，亦怨契丹侵侮不已，欲依中國以攄宿憤，得詔大喜。因女真遣使朝貢，道出定安，附表來上。帝優詔答之，付女真使者，令齎以賜焉。

**壬午　七年，春三月朔，日食。○罷秦王廷美爲西京留守。夏四月，以柴禹錫爲樞密副使。**或又告廷美欲因帝幸西池爲亂，遂罷廷美開封尹，以上變進禹錫樞密副使，楊守一樞密都承旨，趙鎔東上閤門使。初，昭憲太后遺命太祖傳位于帝，意欲帝傳之廷美，以及德昭。故帝即位之初，命廷美尹開封，而德昭、德恭等皆稱皇子。及德昭不得其死，德芳相繼夭沒，廷美始不自安。他日，帝以傳國意訪之趙普，普對曰：「太祖已誤，陛下豈容再誤！」廷美遂得罪。**以竇偁、郭贄參知政事。**初，帝尹開封，偁爲判官，以推官賈琰佞諛，於坐叱之曰：「賈氏子巧言令色，豈不愧於心哉？」衆皆失色，帝因重偁之直。至是，謂偁曰：「賞卿之叱賈琰也。」**勒秦王廷美就第，流盧多遜于崖州。**趙普復相，多遜不自安，普屢諷令引退，而多遜貪固權位，不能決。會普廉得多遜交通秦王事，帝大怒，責授兵部尚書。越二日，下御史獄，命翰林承旨李昉等雜治之，多遜具伏：累遣中書守當官趙白以機事密告廷美，且云：「願宫車晏駕，盡力事大王。」廷美亦遣小吏樊德明報多遜云：「承旨言正會我意。」因遺之弓箭，多遜受之。獄上，詔文武集議，王溥等奏廷美、多遜詛呪顧望，大逆不道，宜正刑章。詔削奪多遜官爵，流崖州，并徙其家屬、親于遠裔；趙白、樊德明等悉斬于都門外；廷美勒歸私第，復其子爲皇姪，女落皇女公主之號。**沈倫罷。**坐與盧多遜同列，不能覺察，降授工部尚書。倫，清介謹厚，每車駕出，必令居守。然爲相十年，無所建明，縉紳少之。

**五月，貶秦王廷美爲涪陵縣公，安置房州。**趙普又以廷美居西京非便，諷知開封府李符上言：「廷美不悔過而怨望，乞徙遠郡，以防他變。」詔降封廷美爲涪陵縣公，房州安置。以閻彦進知房州，袁廓通判州事，以伺察之。普又恐符言泄，乃坐符他事，貶寧國司馬。**定難留後李繼捧入朝，獻銀、夏、綏、宥四州。六月，繼捧弟繼遷叛，走地斤澤。**夏州自李思恭以來，未嘗親朝中國。至是，繼捧率其族入朝，帝嘉之，賜賚甚厚。繼捧陳其諸父、昆弟多相懟怨，乞納其境内夏、綏、銀、宥四州，留京居之，帝爲遣使如夏州，護緦麻已上親赴闕，以曹光實爲四州都巡檢使。時繼捧族弟定難軍都知蕃落使繼遷留居銀州，聞使至，乃詐言乳母死，出葬于郊，遂與其黨數十人奔入地斤澤，出其祖像以示戎人，戎人拜泣，從者日衆。澤距夏州東北三百里。**秋九月，契丹耶律賢死，子隆緒立。**契丹主賢幸雲州，至焦山，有疾，命韓德讓、耶律斜軫受遺詔，立長子梁王隆緒而卒。隆緒，小字文殊奴，生十二年矣，既嗣位，謚賢曰孝成皇帝，廟號景宗，尊母蕭氏爲太后，專國事，復國號曰大契丹，改元統和。后以德讓爲政事令兼樞密使，總宿衛兵，勃古哲總領山西諸州事，耶律休哥爲南面行軍都統。冬十月，竇偁卒。○十一月，以李繼捧爲彰德節度使。帝嘗問繼捧曰：「汝在夏州，用何道以制諸部？」對曰：「羌人鷙悍，但羈縻而已，非能制也。」十二月朔，日食。

癸未　八年，春正月，罷樞密使曹彬，以王顯、弭德超爲樞密副使。酒坊使弭德超有寵于帝，覬代曹彬之位，乃自鎮州乘傳以急變聞，曰：「彬秉政久，得士心，將爲不利。」且誣以事爲徵，帝信之。郭贄極言救解，不聽，遂出彬爲天平節度使，而以顯、德超並爲副使。二月朔，日食。○以宋琪參知政事。○三月，宴進士于瓊林苑。帝親試禮部貢士于講武殿，始分三甲，錫宴于瓊林苑，寵之以詩，遂爲定制。夏四月，弭德超有罪，流瓊州。德超以不得樞密使，怨望，居常怏怏。一日，詬王顯、柴禹錫曰：「我言國家大事，有安社稷功，止得綫許大官，汝等何人，反在吾上，我實耻之。」言頗侵帝。顯奏之，詔鞫問，德超具伏，遂奪官秩，禁錮瓊州而死。帝始悟曹彬之誣，待之加厚。德超始因李符薦，得事上，符貶寧國司馬，德超屢稱其冤。德超貶，帝惡其朋黨，令徙符嶺表。初，盧多遜之貶崖州也，符白趙普曰：「春州雖近，至者必死，不若令多遜處之。」普不答。至是，以處符，歲餘卒。五月，河決滑州。河大決滑州之韓村，汎、澶、濮、曹、濟諸州，壞民田廬，東南流至彭城入于淮。詔發丁夫十餘萬塞之。六月，以王顯爲樞密使。帝語顯曰：「卿世家本儒，少遭兵亂失學。今典機務，無暇博覽羣書，能熟讀《軍戒》三篇，亦可免於面牆。」因取賜之。秋七月，大水。江河、漢睢、穀洛、瀍澗水溢，溺死者以萬計。郭贄免，以李昉參知政事。贄嘗因論事，奏曰：「臣遭不次之遇，誓以愚直上報。」帝曰：「愚直何益于事？」贄對曰：「雖然，猶勝姦邪。」至是，以入對宿酲未解，出知荆南府。八月，石熙載罷。○冬十月，以姚坦爲益王府翊善。王，帝第五子元傑也，嘗作假山，召僚屬置酒，衆皆褒美，坦獨俛首，王彊使視之，坦曰：「但見血山，安得假山！」王驚問故，坦曰：「坦在田舍時，見州縣督稅，上下相急，父子兄弟，鞭笞苦楚，血流滿身。此假山皆民租所出，非血山而何？」時帝亦爲假山，未成，聞之，亟毁焉。王每有過失，坦輒盡言規正。左右教王稱疾，帝憂甚，召乳母問狀，乳母曰：「王本無疾，徒以姚坦檢束，不得自便耳。」帝怒曰：「吾選端士輔王爲善，今乃欲使我逐正人。王年少，豈解此也，必爾輩教之。」杖乳母于後園。召坦慰諭之。**趙普罷。**普罷爲武勝軍節度使，帝作詩餞之，賜宴長春殿，普奉詩泣曰：「陛下賜臣詩，當刻石與臣朽骨同葬泉下。」帝爲之動容。翌日，帝謂宰相曰：「普有功國家，朕昔與游，今齒髮衰矣，不欲煩以樞務，擇善地處之。因詩以導意，普感激泣下，朕亦爲之墮淚。」宋琪對曰：「昨普至中書，執御詩涕泣，謂臣曰：『此生餘年無階上答，庶希來世得効犬馬力。』臣昨聞普言，今復聞宣諭，君臣始終，可謂兩全。」**十一月，以宋琪、李昉同平章事，李穆、吕蒙正、李至參知政事，張齊賢、王沔簽書樞密院事。**昉初與盧多遜善，多遜屢譖昉，人或以告，昉曰：「盧與我厚，不當爾。」帝嘗語及多遜事，昉頗爲解釋，帝曰：「多遜居常毁卿不直一錢。」昉始悟，帝由此益重之，遂與琪並相。帝又謂蒙正曰：「古所謂君臣道合者，情無間耳。凡士未達，見當世之務戾于理者，則怏怏于心。及列于位，得以獻可替否，當盡其所藴，言或未中，亦當僉議而更之，俾協于道。朕固不以崇高自恃，使人不敢言也。」蒙正初入朝堂，有朝士指之曰：「此子亦參政耶？」蒙正佯爲不聞而過之，同列不能平，詰其姓名，蒙正遽止之曰：「若一知其姓名，則終身不能忘，不若弗知之爲愈。」時人服其量。**以吕文仲爲翰林侍讀，王著爲侍書。**帝勤于讀書，自巳至申，然後釋卷。詔史館修《太平御覽》一千卷，日進三卷。❶宋琪以勞瘁諫，帝曰：「開卷有益，不爲勞也，朕欲周歲讀遍是書耳。」每暇日，則問文仲以經義，著以筆法。

**甲申　雍熙元年，春正月，求遺書。**時三館所貯遺佚尚多，乃詔募中外，有以書來上及三百卷，當議甄録酬奬，餘第卷帙之數，等級優賜，不願送官者，借其本寫之。由是，四方之書間出矣。**涪陵公廷美以**

❶「三」，原作「二」，據《春明退朝録》卷下、《長編》卷二四、《玉海》卷五四改。

**憂卒。**廷美至房州，憂悸成疾，薨，年三十八。追封涪王，謚曰悼，以其子德恭、德隆爲刺史。**李穆卒。**帝臨其喪，哭謂侍臣曰：「穆操履純正，真不易得。朕方倚用，遽爾淪没，非穆之不幸，乃朕之不幸也。」**夏四月，羣臣請封禪，許之。五月，乾元、文明殿災。六月，詔求直言，罷封禪。**帝既詔以十一月有事于泰山，命翰林學士扈蒙等詳定儀注矣。五月，乾元、文明二殿災，詔求直言，遣使按察淮、浙、蜀、廣獄，遂罷封禪。知睦州田錫上疏，畧曰：「給事中不得其人，左右補遺不舉其職，致陛下有朝令夕改、捨近謀遠之事。」又言：「時久升平，天下混一，故左取右奉，致陛下以功業自多。然臨御九年，四方雖寧，而刑罰未甚措，水旱未甚調。陛下謂之太平，誰敢不謂之太平；陛下謂之至理，誰敢不謂之至理！」又言：「宰相不得用人而委員郎差遣，近臣不專受責而求令録封章。」又言：「聽用太廣則條制必繁，條制既繁則依從者少。自今凡有奏陳，幸令大臣議而行之，毋使垂之空言，示之寡信。」又言：「宰相若賢，當信而用之；宰相非賢，當擇而任之。何以置之爲具臣，而疑之若衆人也！」**冬十月，華山隱士陳摶入朝。**帝之即位也，召摶入見，待之甚厚。至是，復至。帝謂宰臣曰：「摶獨善其身，不干勢利，方外之士也。」遣中使送至中書，宋琪等從容問曰：「先生得玄默修養之道，可以教人乎？」摶曰：「摶，山野之人，於時無用，亦不知神仙黄白之事、吐納養生之理，非有方術可傳。假令白日上升，亦何益于世？今聖上龍顔秀異，有天日之表，博達古今，深究治亂，真有道仁聖之主也。正君臣協心同德、興化致治之秋，勤行修煉，無出于此。」琪等以聞，帝益重之，賜號「希夷先生」。還華山，尋卒。**知夏州尹憲襲李繼遷，破走之。**憲與曹光實襲繼遷於地斤澤，大破之，斬首五百級，焚四百餘帳，繼遷與其弟繼冲遁免，獲其母、妻而還。**十二月，立妃李氏爲皇后。**后，淄州刺史處耘之女。**賜京師大酺三日。○封陳洪進爲岐國公。**

**乙酉　二年，春二月，李繼遷誘殺都巡檢使曹光實，遂襲銀州，據之。**繼遷自地斤澤敗，轉徙無常，漸以彊大。西人以李氏世著恩德，多歸之。於是，率衆攻麟州，使人紿都巡檢曹光實曰：「我數奔北，勢窘，願講甥舅之禮，期日會于葭蘆川納降。」光實信之，且欲擅其功，故不與人謀。至期，繼遷設伏，止領數十人近城迎光實，光實從百騎赴之，繼遷前導北行，至其地，忽舉手揮鞭，伏兵盡起，光實被害，遂襲據銀州。**禁增置寺觀。**京城外有僧積薪將自焚，帝聞之，惡其惑衆，令配流惡處，仍毀其所居。因謂宰相曰：「近多請建置寺觀，屋才十數間，輒求名額，大抵誑惑閭閻，藏隱姦弊耳。」詔天下寺觀，非籍所存，無得建置。**遣知秦州田仁朗等將兵討李繼遷。○夏四月，江南飢。**遣使振之。**宴羣臣于後苑。**先是，帝召宰相、近臣賞花于後苑，謂之曰：「春氣暄和，萬物暢茂，四方無事，朕以天下之樂爲樂，宜令侍從詞臣賦詩。」至是，召輔臣、三司使、翰林、樞密直學士、尚書省四品、兩省五品以上、三館學士宴于後苑，賞花釣魚，命羣臣賦詩，因習射水心殿。賞花、曲宴自此始。**徵田仁朗還。五月，副將王侁擊李繼遷走之。銀、麟、夏州蕃内附。**繼遷既殺曹光實，遂圍三族砦。砦將折遇乜殺監軍使者，與繼遷合。仁朗行次綏州，請益兵，留月餘俟報。時繼遷乘勝進攻撫寧砦，仁朗聞之，喜曰：「戎人常烏合寇邊，勝則進，敗則走，不可窮其巢穴。今繼遷嘯聚數萬，盡鋭以攻孤壘，撫寧小而固，非旬浹所能破。我俟其困，以大兵臨之，分遣彊弩三百，邀其歸路，虜成禽矣。」部署已定，仁朗欲示閑暇，縱酒摴蒱，侁等因媒孽之。帝聞三族已陷，大怒，徵仁朗還，下御史獄，劾問請益兵及陷三族狀，仁朗對曰：「銀、綏、夏三州兵，皆以城守爲辭不遣，三族去綏州遠，非元詔所救也。臣已定禽繼遷策，會詔至，不果。」因言：「繼遷得羌戎情，願優詔懷來，或以厚利啖部落酋長令圖之。不爾，他日大爲邊患。」帝愈怒，特貸死，竄商州。是月，侁等出銀州北，破悉利諸砦，梟其代州刺史折羅遇。麟州諸番皆請納馬贖罪，助討繼遷，侁遂與所部兵入濁輪川，斬賊首五千級，繼遷及遇乜遁去。時詔郭守文與侁同領邊事，守文復與知夏州尹憲擊鹽城諸番，焚千餘帳，由是銀、麟、夏三州番百二十五族悉内附，户萬六千餘。**秋九月，廢楚王元佐爲庶人。**元佐，帝長子，少聰警，貌類帝，帝鍾愛之。廷美遷房州，元佐嘗力救。及廷美死，遂發狂疾，至以小過操梃刃傷侍人。疾少間，帝爲赦天下，會重九召諸王宴射苑中，元佐以新瘥不預。及諸王宴歸，暮過元佐，元佐恚曰：「若等侍上宴，我獨不預，是棄我也。」因發忿被酒，夜縱火焚其宮。帝大怒，廢爲庶人，均州安置。宋琪率百官三上表，請留之京師，帝許之。行至黄山召還，居于南宮。右羽林統軍周保權卒。◯遣使如高麗。時議伐契丹，以高麗與之接壤，數爲所侵，命韓國華齎詔諭令發兵西會。高麗遷延未即奉詔，國華屢移檄督之，❶得報發兵，乃還。冬十二月朔，日食。◯宋琪、柴禹錫免。初，詔廣宮城，禹錫有別第在表識內，上言願易官邸，帝不悦。禹錫又陰結琪，爲琪請盧多遜舊第，帝益鄙之。廣南轉運使王延範，琪妻高氏親也，將謀不軌，知廣州徐休復密奏之。帝因琪、禹錫入對，問延範何如人，琪、禹錫未知其端，盛言延範彊明忠幹，帝意其交通，不欲暴其狀，詔琪詼諧，無大臣體，罷守刑部尚書；降禹錫爲左驍衛大將軍，延範及其黨與皆伏誅。南康軍大雨雪，江水冰。雪厚三尺，江水冰合，可勝重載。

**丙戌**　三年，春正月，以曹彬、田重進、潘美等爲都部署，將兵伐契丹。初，賀懷浦將兵屯三交，好議邊事，與其子知雄州令圖上言：「契丹主少，母后專政，寵倖用事，請乘其釁，以取燕、薊。」帝信之。以曹彬爲幽州道行營都部署，崔彦進副之；米信爲西北道都部署，杜彦圭副之，出雄州；田重進爲定州路都部署，出飛狐；潘美爲雲、應、朔等州都部署，楊業副之，出鴈門。李至罷。至上疏諫伐契丹，因固請解機務，帝許之。二月，李繼遷降契丹。契丹以爲定難節度使，都督夏州諸軍事。三月，曹彬取涿州。彬趨涿州，遣先鋒將李繼隆破契丹兵，取固安、新城二縣。進攻涿州，克之，殺其相賀斯。❷虜兵復集，米信獨以麾下三百人接戰，被圍數重，信持大刀，大呼突圍而出。會彬遣兵至，遂敗契丹兵于新城東北。田重進敗契丹兵于飛狐。重進出飛狐南，遇契丹兵，擊破之。契丹西南面招安使大鵬

❶「國華」，原作「華國」，據上文及萬曆本、四庫本、《宋史》卷四八七《高麗傳》乙正。

❷「斯」，原作「浙」，據《宋朝事實》卷二〇、《長編》卷二七、《宋史》卷五《太宗本紀》改。

翼率衆來拒，重進陣于東，勝負未決，命部將荆嗣出其西，乘暮薄崖，以短兵接戰，契丹兵投崖而下，𠜂散甚衆。居數日，復遣騎挑戰，勢頗張。重進召嗣以五百騎禦之，契丹兵二萬餘，力不敵。時譚延美屯小沼，嗣請延美列隊平川，別遣二百人執白幟于道側，嗣以所部疾驅往鬭。契丹兵見旗幟綿亘，疑大軍繼至，欲遁去，重進乘之，契丹兵崩潰，生禽大鵬翼，飛狐、靈丘皆降。**潘美取寰、朔、應、雲州。**美自西陘入，與契丹兵遇，追至寰州，破之，刺史趙彦章以城降。進圍朔州，節度副使趙希贊亦舉城降。遂轉攻應、雲州，皆克之。**岐公陳洪進卒。○夏四月，田重進取蔚州。○五月，曹彬引兵退，與契丹耶律休哥戰于岐溝，敗績。**初，諸將陛辭，帝謂曰：「潘美但先趨雲、朔，卿等以十萬衆聲言取幽州，且持重緩行，不得貪利。虜聞大兵至，必悉衆救范陽，不暇援山後矣。」及彬等乘勝而前，所至克捷，每捷奏聞，帝訝其進軍之速。彬既次涿，契丹南京留守耶律休哥兵少，不敢出戰，夜則令輕騎掠其單弱，以脅餘衆，晝則以精鋭張其勢，又設伏林莽，以絶糧道。彬居涿旬日，食盡，退師雄州，以援餽餉。帝聞之，曰：「豈有敵人在前，反退軍以援芻糧，失策之甚也！」亟遣使止彬勿前，急引師緣白溝河與米信軍接，俟美盡略山後地，會重進東下，合勢以取幽州。彬部下諸將聞美、重進累捷，耻握重兵，不能有所攻取，謀議蜂起。彬不得已，乃裹糧與米信復趨涿州。休哥聞之，以輕兵來薄，伺蓐食則擊離伍單出者。由是，軍士自救不暇，結方陣，塹地兩邊而行。時方炎暑，軍渴乏井，漉淖而飲，凡四日，始得至涿，士卒困乏，糧又將盡。會契丹主隆緒與其太后自駞羅口將大兵應援，趨涿州，彬、信復引退，休哥因出兵躡之，戰于岐溝關，彬、信敗走，無復行伍。夜渡拒馬河，休哥引精兵追及，溺者不可勝計。彬、信南趨易州，方瀕沙河而爨，聞休哥引兵復至，驚潰，死者過半，沙河爲之不流，棄戈甲如丘山。休哥請乘勝略地至河爲界，太后不從，引兵還燕，封休哥爲宋國王。帝聞之，召彬、信及崔彦進等還，令田重進屯定州，潘美還代州，徙雲、應、朔、寰四州吏民及吐谷渾部族，分寘河東、京西。帝悔，謂張齊賢等曰：「卿等共睹，朕自今復作如此事否！」**契丹復陷蔚、寰州。**契丹耶律斜軫將兵十萬至定安西，賀令圖遇之，敗績，南奔。斜軫追及，戰于五臺，死者數萬人。明日，攻陷蔚州，令圖與潘美帥師往救，與斜軫戰于飛狐，又敗。於是渾源、應州將皆棄城走，斜軫乘勝入寰州，殺守城吏卒千餘。**潘美副將楊業進兵擊契丹，敗績，轉戰至陳家谷，死之。契丹復陷雲、應、朔諸城。**潘美既敗于飛狐，議引兵護雲、應、寰、朔吏民内徙。時耶律斜軫已陷寰州，兵勢甚盛，楊業欲避其鋒，但領兵出大石路，直入石碣谷。護軍王侁等以爲畏懦，欲從鴈門北川中而往，業不可。侁曰：「君侯素號『無敵』，今逗撓不戰，得非有他志乎？」業曰：「業非避死，蓋時有未利，徒殺士卒而功不立。今君責業以不死，當爲諸公先！」乃引兵自石跌路趨朔州，將行，泣謂美曰：「此行必不利。業，太原降將，分當死，上不之殺，寵以連帥，授之兵柄，非縱敵不擊，蓋欲伺便以立尺寸功，報國家耳！今諸君責業避敵，尚敢自愛乎！」因指陳家谷口曰：「諸君幸於此張步兵彊弩以相援也。業轉戰當至此，可夾擊之；不然，無遺類矣。」美遂與侁帥麾下陣于谷口。斜軫聞業且至，遣副部署蕭撻覽伏兵于路。業至，斜軫擁衆爲戰勢。業麾幟而進，斜軫佯敗，伏兵四起，斜軫還兵前戰，業大敗，退趨狼牙村。侁自寅至巳不得業報，使人登托邏臺望之，無所見，以爲契丹敗走。欲争其功，即領兵離谷口。美不能制，乃緣灰河西南而進，❶行二十里，聞業敗，即麾兵却走。賀懷浦敗没。業且戰且行，自午至暮，果至谷口，望見無人，拊膺大慟，再率麾下力戰，身被數十創，士卒殆盡，猶手刃數十百人，馬重傷不能進，匿深林中。耶律奚底望見袍影，射之，業墮馬被擒，其子延玉死焉。業因太息曰：「上遇我厚，期討賊捍邊以報，而反爲姦臣所迫，致王師敗績，何面目求活耶？」乃不食三日，死。業既敗，麾下尚百餘人，業謂曰：「汝等各有父母妻子，與我俱死，無益也，可走還報天子。」衆感激，皆戰死，無一生還者。於是雲、應、朔州及諸城將吏聞業死，悉棄城走，斜軫復陷其地。事聞，帝深痛惜，詔贈業太尉，削美三任，除侁名。**六月朔，日食。○以辛仲甫參知政事。○秋七月，貶曹彬爲右驍衛上將軍。**治其違詔失律罪也。崔彦進、米信以下，貶官有差。初，米信軍潰，獨李繼隆所部成列而還，田重進亦全軍不敗。詔以重進爲馬步軍都虞候，繼隆爲馬軍都虞候、知定州。**以張齊賢知代州。**帝以楊業

❶「灰河」，原作「交河」，據《長編》卷二七及《宋會要輯稿·職官》六四之六、《宋會要輯稿·兵》八之七改。

死，訪近臣可知代州者，時齊賢以言事頗忤帝意，因請行，乃命與潘美同領緣邊兵馬。

八月，以王沔、張宏爲樞密副使。

○冬十二月，契丹隆緒大舉入寇，瀛州部署劉廷讓與戰，敗績。契丹誘執知雄州賀令圖，遂掠邢、深、德州。

契丹主隆緒及蕭太后帥衆南下，以耶律休哥爲先鋒都統。時劉廷讓帥師數萬，並海而北，與李敬源合兵，將趨燕。休哥聞之，以兵扼要害，逆戰于君子館。天方盛寒，士卒皆不能彀弓弩。會隆緒兵大至，圍廷讓數重。廷讓先分精兵屬李繼隆爲後援，而繼隆退保樂壽。廷讓力不敵，一軍盡没，以數騎脱走，李敬源、楊重進皆死之。先是，休哥諜給賀令圖曰：「我獲罪本國，旦夕願歸南朝。」令圖信之，私遺重錦十兩。及廷讓敗，休哥宣言：「願見雄州賀使君。」令圖意其來降，欲擅其功，即引數十騎逆之。既至帳下，休哥據胡牀罵曰：「汝常好經度邊事，今乃送死來耶！」令左右殺其從騎而執之。自是，河朔戍兵無復鬭志，契丹乘勝長驅而南，遂陷深、邢、德三州，殺官吏，俘士民，輦金帛而去。魏博之北，民尤苦焉。帝聞之，下詔自悔，而釋敗潰將士之罪，且蠲河北逋租，給復三年。令圖貪功生事，輕而無謀，初與其父懷浦首謀北伐，一歲中父子皆敗，天下笑之。

張齊賢敗契丹于代州。

契丹薄代州城，副部署盧漢贇畏懦，保壁自固。齊賢選廂軍二千出禦之，誓衆感慨，無不一當百，契丹少却。先是，齊賢遣使約潘美以并師來會戰，使爲契丹所執。俄而，美使至，云：「師出至柏井，得密詔云：『東路王師敗衄，并之全軍不許出戰。』已還州矣。」時契丹兵塞川，齊賢曰：「敵知美來，而不知美退。」乃閉美使室中，夜發兵二百，人持一幟，負一束芻，距州西南三十里，列幟然芻。契丹遥見火光中有旗幟，意謂并師至，駭而北走。齊賢先伏步卒二千於土鐙砦，掩擊，大敗之，殺其國舅詳穩撻烈哥、宫使蕭打里，斬首數百，獲馬二千，器械無算。

李繼遷請昏于契丹，契丹以女歸之。

繼遷率五百騎欵契丹境，言：「願婚大國，永作藩輔。」契丹以王子帳節度使耶律襄女號義成公主歸之。

丁亥　四年，夏四月，張宏免，以趙昌言爲樞密副使。

時河朔用兵，宏循默備位，而御史中丞趙昌言數上邊事，乃免宏，左遷御史中丞，而以昌言代之。王偁曰：「御史之職在觸邪，中丞之位號執法，事之利害，人之忠佞，皆得言之，其責豈不重哉！而使循默之人充其位，可乎？」**遣使募兵于諸州。**帝將大發兵討契丹，遣使募兵于河南、北四十餘郡，凡八丁取一，以充義軍。京東轉運使李惟清曰：❶「若是，天下不耕矣。」三上疏争之。李昉等亦相率言：「河南之民罔知戰鬭，或慮人情摇動，因而爲盜，非計之得。」乃詔獨選河北，而諸路悉罷。

## 戊子　端拱元年

**春正月，親耕籍田，赦。○二月，改補闕、拾遺爲司諫、正言。**舊制，臺諫有名而不得行其職。帝以失建官本意，故更以新名。**李昉罷。**布衣翟穎，性險誕，與知制誥胡旦狎，旦爲作大言，使穎上之，且改穎名曰「馬周」，以爲唐馬周復出也。於是穎擊登聞鼓，訟昉居宰相位，當北方有事之時，不爲邊備，徒知賦詩宴樂。帝由是厭昉，遂罷爲右僕射。昉，和厚多恕，在位小心醇謹，每有求進用者，雖知其材可取，必正色絶之，已而擢用，或不足用，必和顔温語待之。子弟問其故，昉曰：「用賢，人主之事，若受其請，是市私恩也，故峻絶之，使恩歸于上。若不用者，既失所望，又無善辭，取怨之道也。」**以趙普爲太保兼侍中，呂蒙正同平章事。**帝欲相呂蒙正，以其新進，藉趙普舊德，爲之表率，會普以籍田入朝，帝遂留爲太保兼侍中。蒙正質厚寬簡，有重望，以正道自持，遇事敢言，每論時政有未允者，必固稱其不可。帝嘉其無隱，故與普俱命。普開國元老，蒙正以後進歷官一紀，進同相位，普雅重之。**改封錢俶爲鄧王。**俶，雍熙中改封漢南國王，未幾改南陽，俶固讓國王之封，乃改封許王。至是，復封鄧王。**以王沔參知政事，張宏爲樞密副使，楊守一簽書樞密院事。○趙昌言有罪，貶爲崇信行軍司馬。**昌言與鹽鐵副使陳象輿、知制誥胡旦、度支副使董儼、右正言梁顥善，日夕會語。翟穎既訟罷李昉，與旦益相得。穎益肆誕，毁斥時政，上書自薦，且歷舉所善數十人爲公輔，令昌言爲内應。事覺，穎流海島，貶

❶「李惟清」，原作「李維清」，據《隆平集》卷三、《長編》卷二九、《東都事略》卷三七《李惟清傳》、《編年綱目備要》卷四改。

昌言爲行軍司馬，象興團練副使，旦、儼、顥皆司户參軍。**夏五月，作祕閣。**詔就崇文院中堂建祕閣，分三館書籍置其中，以吏部侍郎李至兼祕書監。帝謂至曰：「人君當淡然無欲，勿使嗜好形見於外，則奸佞無自入。朕無他好，但喜讀書，多見古今成敗，善者從之，不善者改之，如斯而已矣。」至每與李昉、王化基觀書閣下，帝必遣使賜宴，且命三館學士皆預焉。**以李繼捧爲定難節度使，賜姓名趙保忠。**李繼遷侵擾日甚，趙普復請命繼捧鎮夏州。帝召見，加賜而遣之，且謂曰：「若繼遷歸款，當授以官也。」呂中曰：「保忠之再入夏臺故地，趙普之謀也。後保忠反，與保吉合，大爲邊患。何普能知符彥卿之不可與兵權，而不能知保忠之不可復歸其州邪？」**鄭州團練使侯莫陳利用有罪，賜死。**利用以幻術得幸，驕恣不法，居處服御，僭擬乘輿。趙普按其十罪，既命配商州，普復力請誅之。帝曰：「豈有萬乘之主不能庇一人乎？」普曰：「陛下不誅，則亂天下法，法可惜，此一豎子何足惜哉！」帝不得已，命誅之。已而，復遣使貸之，使至新安，馬旋濘而踣，及出濘，易馬至商州，已磔于市矣，❶聞者快之。**秋八月，鄧王錢俶卒。**俶薨，輟朝七日，追封秦國王，謚忠懿，命中使護喪葬洛陽。自鏐至俶，世有吴越，而俶任太師、尚書令兼中書令者四十年，爲天下兵馬大元帥者三十五年。既以地歸朝，四徙大國，善始令終，窮極富貴，福履之盛，近代無比。**九月，楊守一卒。○契丹復陷涿州。冬十一月，遂入祁州。**契丹主隆緒攻涿州，射帛書諭城中降，不聽，縱兵四面攻之，城破乃降。遂進攻長城，士卒潰圍南走，隆緒邀擊之，殺獲殆盡。因攻滿城、祁州及新樂，皆陷之。

**己丑　二年，春正月，契丹陷易州，遷其民于燕。**時契丹屢寇邊，詔羣臣上備戎策，張洎言：「中國禦戎，惟恃險阻。今自飛狐以東皆爲契丹所有，既失地利，而河朔列壁皆具城自固，莫可出戰，此又分兵之過也。請於沿邊建三大鎮，各統十萬之衆，鼎峙而守，仍命親王出臨魏府以控其要，則契丹雖有精兵，豈敢越而南

❶「于」，原作「干」，據萬曆本、四庫本、《資治通鑑後編》卷一三改。

侵！制敵之方，盡于此矣。」宋琪言：「國家取燕，於雄、霸直進，非我戰地。如令大軍於易州循孤山，涉涿水，抵桑乾河，出安祖寨，則東瞰燕城，纔及一舍，此周德威取燕之路，下視孤壘，浹旬必克。山後八州聞薊門不守，必盡歸降，勢使然也。然兵，凶器，聖人不得已而用之。若選使通好，弭戰息民，此亦策之得也。」李昉、王禹偁亦多以修好爲言，帝嘉納之。

**自三月不雨，至于夏五月。**詔録繫囚，遣使分諸路決獄。

**秋七月，以張齊賢爲樞密副使，張遜簽書樞密院事。**齊賢復入樞密，趙普薦之也。

**彗出東井，八月，赦。**司天言：妖星爲滅契丹之象。趙普上疏謂：「此邪佞之言，不足信。」帝避殿減膳，大赦。

**作開寶寺塔。**藏佛舍利也。高三百六十尺，費億萬計，踰八年始成。知制誥田錫嘗上疏云：「衆謂金碧熒煌，臣以爲塗膏釁血。」帝亦不怒。

**都巡檢使尹繼倫襲契丹耶律休哥于徐河，大敗之。**朝廷聞契丹復至，遣李繼隆發鎮、定兵萬餘，護送糧餽數千乘趨威虜。休哥聞之，帥精騎數萬邀諸途。北面都巡檢使尹繼倫適領兵徼巡路，遇之，休哥不顧而南。繼倫曰：「寇蔑視我耳。彼捷還，則乘勝而驅我北去；不捷，亦且洩怒於我，將無遺類矣！爲今日計，當卷兵銜枚以躡之，彼鋭氣前趨，不虞我之至，力戰而勝，足以自樹，縱死，猶不失爲忠義，豈可泯然爲胡地鬼乎！」衆皆憤激從命。繼倫令秣馬，俟夜，人持短兵，潛躡其後。行數十里，至徐河。天未明，休哥去大軍四五里，會食訖，將戰。繼隆方陣于前以待，繼倫從後急擊，殺契丹一大將，衆皆驚潰。休哥方食，失箸，爲短兵中其臂，創甚，乘善馬先遁，餘衆引去。契丹爲之奪氣，自是不敢大入寇，每相戒曰：「當避黑面大王。」以繼倫面黑故云。

**大旱。**自秋徂冬，不雨。田錫上言：「此實陰陽失和，調燮倒置，上侵下之職而燭理未盡，下知上之失而規過未能。」疏入，帝及宰臣皆不悦，出錫知陳州。

## 庚寅

**淳化元年，春正月，趙普罷。**普自再相，帝每優禮之，免朝謁，止日赴中書視事，有大政則召對。至是，以疾力求致仕，帝不得已，授太保兼中書令、西京留守。

**夏四月，詔貸江州義門陳兢粟。**兢，陳宜都王叔明之後。九世同居，長幼凡七百口，不畜僕妾，上下婣睦，人無間言。每食，必羣坐廣堂，未成人者別爲一席。有犬百餘，共一牢食，一犬不至，羣犬亦皆不食。唐僖宗及南唐時，旌其門。開寶初，免徭役。至兢，子姓益衆，常苦乏食，知州康戩言于朝，詔本州每歲貸粟二千石。冬十二月，詔致仕官給半俸。○契丹封李繼遷爲夏王。

辛卯　二年，春，旱蝗。時連歲旱蝗，是年尤甚，禱雩無應。帝手詔宰相曰：「朕將自焚，以答天譴。」翌日，大雨，蝗盡死。閏二月朔，日食。○辛仲甫罷。○夏四月，以張齊賢、陳恕參知政事，張遜、温仲舒、寇準爲樞密副使。初，準爲樞密直學士，嘗奏事殿中，語不合，帝怒，起，準輒引帝衣，請復坐，事決，乃退，帝嘉之。及旱蝗，帝召近臣問以得失，衆以天數對。準曰：「《洪範》天人之際，應若影響。大旱之證，蓋刑有所不平也。」帝怒，起，入禁中。頃之，復召準問以不平狀，準曰：「願召二府至，臣即言之。」二府入，準乃曰：「頃者，祖吉、王淮皆侮法受賕。吉贓少，乃伏誅；淮以參政沔之弟，盜主守財至千萬，止杖之，仍復其官，非不平而何！」帝以問沔，沔頓首謝。於是，切責沔，而以準爲可大任，遂有是命。張宏罷。○五月，以謝泌爲左司諫。上修正殿，頗施綵繪，泌爲右正言，因對陳其事。即日，命代以赭堊，賜泌金紫，拜左司諫。❶泌入謝，曰：「陛下從諫如流，故臣得以竭誠。如唐末孟昭圖者，朝上諫疏，暮不知所在。如此，安得不亂！」帝動容久之。置諸路提刑官。○六月，忠武節度使韓公潘美卒。謚武惠。秋七月，李繼遷請降，以爲銀州觀察使，賜姓名趙保吉。先是，趙保忠至夏州，言繼遷悔過歸欵，詔授繼遷銀州刺史，然實無降心也。至是，與保忠戰于安慶澤，繼遷中流矢，遁去，轉攻夏州。保忠乞師禦之，乃遣翟守素帥兵往援。守素至，繼遷歸欵，奉表謝罪，遂有是命，且以其子德明爲管内蕃落使、行軍司馬。八月，置審刑院。帝慮大理、刑部吏舞文巧詆，乃置審刑院于禁中，以李昌齡知院事，置詳議官六

❶「左」，原作「右」，據上文及萬曆本、四庫本、《長編》卷三二改。

員。凡獄上奏，先達院，印訖，付大理、刑部斷覆以聞，乃下院詳議，中覆裁決訖，❶以付中書省行之。其未允者，宰相復以聞，始命論決。**九月，王沔、陳恕、呂蒙正罷。**呂蒙正爲首相，以寬簡居位，政事多決于沔。沔聰察敏辯，有適時材，然性苛刻少誠，謁見者必啗以甘言，既而進退非允，人胥怨之，又素與張齊賢、陳恕不叶。及二人參知政事，沔不自安，慮僚屬有以中書舊事告齊賢、恕者。會司諫王禹偁言：「宰相、樞密不得於本廳見客，許於都堂延接以杜私請。」沔喜，即奏行之。司諫謝泌以爲如此是疑大臣以私也，疏駁之。帝追還前詔，沔遂罷。沔見帝，涕泣，不願離左右，未幾，髩鬚皆白。時帝怒户部使樊知古所部不治，恕聞，密以語之，覬其修舉。知古訴于帝，帝怒恕漏言，亦坐免。度支判官宋沆伏閤奏疏，請立太子，詞意狂率，帝怒，貶沆。而沆乃蒙正妻族也，遂罷蒙正爲吏部尚書。時三日之間，連罷三相，因有奏毀者，帝語之曰：「蒙正有大臣體，沔甚明敏。」毀者慙而止。**以李昉、張齊賢同平章事，賈黄中、李沆參知政事。**初，黄中再典貢部，多拔寒畯。及掌吏部選，除擬精當。沆嘗侍曲宴，上目送之，曰：「風度端凝，真貴人也！」至是，並拜。**王顯免，以張遜知樞密院事，温仲舒、寇準同知院事。**知樞密院、同知樞密院，自此始。**冬十月，趙保忠叛降契丹，契丹封爲西平王。○彭城公劉繼元卒。**追封彭城郡王。**女真請伐契丹，不許。**自是，不復入貢，遂屬契丹。**十一月，以畢士安爲翰林學士。**先是，翰林學士承旨蘇易簡續《翰林志》二卷以獻，帝嘉之，賜詩二章。又飛白書「玉堂之署」四字令榜於廳額，曰：「永爲翰林美事。」於是，知制誥范杲獻《玉堂記》，請備其職，帝惡其躁競，出知濠州，乃以士安爲學士。執政欲用諫議大夫張洎，帝曰：「洎，文學資任不下士安，第德行不及耳。」

**壬辰**　**三年，春二月朔，日食。○夏六月，置常平倉于京師。**先是，旱，大蝗，詔遣使決諸州獄。五月，雨，蝗盡殪。至是，京畿穀賤，帝遣使增價

❶「中」，原作「申」，據《長編》卷三二、《宋史》卷二八七《李昌齡傳》改。

糴，貯之，俟歲饑，則減價糶，名曰「常平倉」，遂爲永制。

**秋七月，趙普卒。**普卒，年七十一。帝聞之，震悼，謂近臣曰：「普能斷大事，盡忠國家，真社稷臣也。」普性深沉，有岸谷，少習吏事，寡學術。及爲相，太祖勸以讀書，遂手不釋卷。每歸私第，闔户啓篋，取書誦之竟日，及次日，臨政處決如流。既卒，家人發篋視之，則《論語》二十篇也。史臣曰：「陳橋之事，人謂普及太宗先知其謀，理勢或然。事定之後，未嘗以勳舊自伐。及其當揆，獻可替否，惟義之從，偃武修文，慎罰薄斂，以立宏規，其功大矣！獨廷美、盧多遜之獄，大爲太宗之累，豈其學力有限，而猶有患失之心歟！」君子惜焉。

**召終南隱士种放，不至。**放，洛人，沉默好學，隱居終南，以講習爲業，從學者衆，資以養母。母亦能樂道，薄滋味。放不喜浮圖，嘗裂佛經以製帷幔。所著有《蒙書》及《嗣禹説》。轉運使宋惟幹言其才行，詔使召之。其母恚曰：「常勸汝勿聚徒講學，身既隱矣，何用文爲！果爲人知而不得安處，我將棄汝深入窮山矣。」放乃稱疾不起。其母盡取其筆硯焚之，與放轉居窮僻，人迹罕至。帝嘉其節，命有司時加存問。

**癸巳　四年，春二月朔，日食。○置審官院。**初，帝慮中外官吏清濁混淆，命官考課，號「磨勘院」。至是，改爲「審官院」，掌審京朝官。其幕職州縣官，别置「考課院」主之。

**交州黎桓入貢，詔封爲交阯郡王。**桓遣使來貢，并上丁璿讓表，朝廷憫孫全興之敗，許之。以桓爲静海節度使，封交阯郡王，尋進封南平王。

**青神民王小波作亂。**初，蜀亡，其府庫之積悉輸汴京，後任事者競起功利，於常賦外更置博買務，禁商賈不得私市布帛。蜀地狹民稠，耕稼不足以給，由是小民貧困，兼并者益糴賤販貴以規利。青神民王小波因聚衆爲亂，且曰：「吾疾貧富不均，今爲汝均之。」貧者争附，遂攻青神，掠彭山，殺縣令齊元振，剖其腹，實之以錢，惡其誅求無厭也。賊黨由是愈熾，旁邑響應。

**三月，以何承矩爲河北屯田制置使。**初，承矩至雄州，即建屯田之議，會黄懋亦請於河北興水田，乃以承矩爲使，懋爲判官，發河北諸州戍兵萬八千人給其役，開塘泊，種稻田，民賴其利。

**夏五月，以錢若水爲翰林學士。**

帝謂侍臣曰：「學士之職，親切貴重，非他官可比，朕常恨不得爲之。」又曰：「士之學古入官，遭時得位，紆朱拖紫，足以爲榮矣，得不竭誠以報國乎！」若水對曰：「高尚之士不以名位爲光寵，忠正之士不以窮達易志操。其或以爵禄榮遇之故而效忠於上，中人以下者之所爲也。」帝然之。

**六月，張齊賢罷，以呂端參知政事。**殿中丞朱貽業與李沆有姻婭，嘗爲其同僚王延德求補郡，沆言于齊賢，齊賢以聞。帝以延德嘗事晉邸，怒其不自陳而干執政，召見詰責，延德言未嘗有請。齊賢不欲援沆爲證，即自引咎，遂坐免。

**以向敏中、張詠同知銀臺、通進司。**二司，舊隸樞密院。至是，始以敏中、詠同知司事，隸門下，主視章奏案牘，以稽出入，蓋給事中之職也。

**張遜、寇準免，以柴禹錫知樞密院事，劉昌言同知院事。**遜素與準不協，一日，準與温仲舒並轡晚歸，有狂民迎馬首呼萬歲。街使王賓與遜雅相厚，因奏「民迎準拜呼萬歲」。準自辨云：「實與仲舒同行，而遜令賓獨奏臣。」因互發其私，帝惡之，乃左降遜爲右領軍衛將軍，出準知青州。準既罷，帝念之不置，語左右曰：「寇準在青州，樂乎？」左右揣帝意且復召用，因對曰：「陛下思準不少忘，聞準日縱酒，未知亦念陛下否？」帝默然。

**秋八月朔，日食。○九月，大水。冬十月，河決澶州。○李昉、賈黄中、李沆、温仲舒罷。**自七月初，雨，至是不止，京城廬舍多壞。陳、潁、宋、亳間盜賊並起，商旅不行。帝以陰陽愆和，罪由公府，切責昉等曰：「卿等盈車受俸，豈知野有餓莩乎？」昉等慚懼，拜伏，遂並罷之。

**以呂蒙正同平章事，蘇易簡、趙昌言參知政事，趙鎔、向敏中同知樞密院事。**蒙正嘗因召對，論及征伐，帝曰：「朕比年征討，蓋爲民除暴，苟好功黷武，則天下之人熸亡盡矣！」蒙正對曰：「治國之要，在内修政事，則遠人來歸，自致安静。」帝然之。易簡在翰林八年，帝待之若賓友。舊制，欲授台輔，必使天下稔其名望而後正位。易簡以親老急於進用，因亟言時政得失，遂入政府。自是，帝不復有欵接意，但正色責吏事而已，易簡悔之。時西北用兵，樞機之任，專主謀議。敏中明辨，有才畧，遇事敏速，凡二邊道路、斥堠、走集之所莫不周知，帝器之。

**閏月，以陳恕爲三司總計使。**時復置三司使，而罷鹽鐵、户部、度支三使。

分天下郡縣爲十道，曰：河南、河東、關西、劍南、淮南、江南東、西、浙東、西、廣南。以京東爲左計，西爲右計，恕爲總計使，魏羽爲左計使，董儼爲右計使。中分十道以隸焉，而各道則署判官以領其事。凡涉計度者，三使通議之。恕言：「官司各建，政令互出，難以經久。」帝不聽。

**周太后符氏卒。○十二月，王小波死，其黨李順陷蜀、邛州、永康軍。**西川都巡檢使張玘與小波戰于江原，玘射中小波，已而爲小波所殺，小波亦病創死。其黨推小波妻弟李順爲帥，寇掠州縣，衆至數十萬。

**甲午　五年，春正月，李順陷成都，以宦者王繼恩爲兩川招安使，討之。**李順攻陷漢、彭州，乘勝攻成都。轉運使樊知古、知府郭載及官屬斬關出，奔梓州，順入城據之，僭號「大蜀王」，遣其黨四出攻刼州縣，兩川大震。帝議遣大臣撫諭，趙昌言獨請發兵急討，無使滋蔓，帝從之。遣繼恩等分路進討，以雷有終爲峽路轉運使。❶

**趙保吉寇靈州，以李繼隆爲河西都部署，討之。**保吉徙綏州民于平夏，部將高文岯等因衆不樂反，攻敗之。保吉復圍堡砦，掠居民，焚積聚，遂攻靈州。詔繼隆帥師討之。

**饑。**先是，京西饑，浙饑，民相率持杖投券富室取其粟，皆坐彊盜棄市。知蔡州張榮獨取爲首者杖脊，餘悉從杖，以其事聞，帝感悟，下詔褒之。至是，遣使十七人，分詣諸道巡撫，帝謂之曰：「彼皆平民，因饑取餱糧以圖活命爾，宜悉從末減，不可與彊盜同科。」

**二月，李順寇劍州，都監上官正大敗之。**順分遣數萬衆寇劍門，正爲劍門都監，麾下有疲卒數百，因勉激以忠義，勇氣百倍，力戰以守。會成都監軍宿翰兵至，正與之合，迎擊賊衆，大敗之，斬馘幾盡。餘衆三百奔還成都，順怒其驚衆，盡斬之，自此氣沮。時朝廷聞蜀盜甚盛，深以棧道爲憂。正以孤軍力戰破賊，於是閣道無壅，王師得以長驅而進。

**李順圍梓州。**初，知梓州張雍聞王小波起，即練士卒，募彊勇，爲城守計，輦綿州金帛以實帑藏，命官屬治戎器，守械悉備。至是，順遣

❶「峽」，原作「陝」，據《長編》卷三五、《宋史》卷二七八《雷有終傳》改。

其黨帥衆二十萬圍梓，城中兵才三千，雍悉智力禦之，凡八十日。王繼恩遣石知顒來援，賊乃潰去。**三月，李繼隆入夏州，執趙保忠送京師。**保忠聞繼隆將至，先挈其母與妻子壁野外，乃上言與保吉解怨，獻馬，乞罷兵。帝覽奏，立遣中使督繼隆進軍。及師壓境，保吉因夜襲保忠營，欲併其衆。保忠方寢，聞難作，單騎走還城。其指揮使趙光嗣閉之別室，開門迎繼隆，繼隆執保忠送汴，保吉遁去。**夏四月，削趙保吉姓名，墮夏州城。**帝以夏州深在沙漠，奸雄因以竊據，欲墮其城。呂蒙正曰：「自赫連築城以來，頗爲關右之患，若遂廢之，萬世利也。」乃詔墮之，遷其民于綏、銀。**置起居院。**右諫議大夫張佖請置起居院，修左、右史之職，爲《起居注》，與《時政記》逐月終送史館，以備修《日曆》，上嘉之。乃置院于禁中，命梁周翰等掌其事。周翰請以所撰先進御，後付史館，從之。《起居注》進御始此。**五月，王繼恩復成都，獲李順，誅之。其黨張餘復陷嘉、戎諸州。**王繼恩師過緜州，賊潰走，追殺及溺死者甚衆，遂復緜州，遣曹習破賊于老溪，進復閬、巴、蓬、劍等州。五月，至成都，破賊十萬衆，斬首三萬級，獲李順，遂復成都。其黨張餘復攻陷八州，開州監軍秦傳序死之。詔礫順等于鳳翔市，降成都府爲益州。**賜趙保忠爵宥罪侯。**保忠至汴，帝詰責而釋之，責授右千牛衛上將軍，封宥罪侯。**秋七月，李繼遷遣使來貢。**繼遷獻馬謝罪，又遣弟延信入覲，言：「違叛事出保忠。」帝召見，慰諭之。**高麗請伐契丹，詔諭止之。**高麗數爲契丹侵掠，請擊之。帝以北邊甫寧，不欲爲外夷開隙，詔撫諭之。自是，不復入貢。**八月，以王繼恩爲宣政使。**中書以繼恩討蜀寇功，欲除宣徽使，帝曰：「朕讀前代史，不欲令宦官預政。宣徽使，執政之漸也，止可授以他官。」宰相力言繼恩有大功，非此不足以賞。帝怒，深責之，乃命學士張洎、錢若水議，別立宣政使以授之。**以張詠知益州。**王繼恩、上官正、宿翰等總兵討賊，漸有成功，頓師不進，專務飲博，其下恣橫剽掠，餘寇勢復張大。詠至，勉正等親行，臨發，舉酒屬軍校曰：「爾曹蒙國厚恩，此行當平蕩醜類。若老師曠日，即此地還爲爾死所矣。」正由是決行深入，大致克捷。時寇掠之際，民多脅從，詠諭以恩信，使各歸田里，且曰：「前日李順脅民爲賊，今日吾化賊爲民，不亦可乎！」有諜訴者，詠灼見情僞，立爲判決，人皆厭服。其爲政恩威並用，蜀民畏而愛之。先是，城中屯兵尚三萬人，無半月之食，詠知民間舊苦鹽貴而廩有餘積，乃下其估，聽民以米易鹽，未踰月，得米數十萬斛。詠度有二歲備，乃奏罷陝西糧運。帝聞之，喜曰：「此人何事不能了，吾無憂矣！」

**以趙昌言爲川峽都部署，尋罷知鳳翔府。**王繼恩在蜀，不能戢衆，士無鬭志，郡縣多叛。帝意頗厭兵，召昌言謂曰：「西川本自一國，太祖平之，今三十年矣。」昌言知帝指，即前畫攻取之策，帝喜，命昌言爲川峽招安行營都部署，自繼恩以下並受節制。昌言既行，或奏昌言有反相，不宜握兵入蜀，恐後難制，乃詔昌言駐鳳翔。時昌言已至鳳州，詔追及之，因留候館不復進，尋罷知鳳翔府。

**上官正復雲安軍，張餘敗走。**先是，賊攻夔州，白繼贇大敗之于西津口，斬首二萬，獲舟千餘艘。上官正復連破賊于廣安、嘉陵、合州。賊進攻陵州，又爲知州張旦所敗。至是，正等大敗張餘，復雲安軍。

**九月，罷榷酤。○以襄王元侃爲開封尹，進封壽王。**帝在位久，儲貳未立，馮拯等上疏言之，帝怒，斥之嶺南，中外無敢復言者。寇準自青州召還，入見，帝曰：「朕諸子孰可以付神器者？」準曰：「陛下爲天下擇君，謀及婦人、中官不可也，唯陛下擇所以副天下望者。」帝俛首久之，屏左右曰：「襄王可乎？」準曰：「知子莫若父，聖意既以爲可，願即決定。」遂以元侃爲開封尹，進封壽王。元侃，帝第三子也。吕中曰：「東漢、李唐所以有女主、宦官、外戚之禍者，以立天子之權盡出其手，雖李固、杜喬、裴度、鄭覃之徒不能正之。準之一言，真萬世法也！」

**以寇準參知政事。○冬十二月朔，日食。**是日，陰雪，羣臣以不食稱賀。

**以陳恕爲鹽鐵使。**總計使，果不便，乃罷之，復以三司、兩京、十道歸三部，各置使，以恕爲鹽鐵使。時帝留意金穀，召三司吏李溥等詢以計司利害，溥等上七十一事。詔以四十四事付有司行之，餘下恕等議，賜溥等金錢，悉補侍禁、殿直。帝語恕等曰：「溥等於錢穀利病，自幼至長，寢處其中，必周知之。卿等但假以顔色，引令剖陳，必有所益。」復賜三司錢百萬，募吏能言本司不便者，令恕等量事大小賞之。恕將立茶法，召茶商數十人，俾各條利害，恕閲之，第爲三等，語副使宋太初曰：「吾觀下等固滅裂無取，上等取利太深，不可行于朝廷，惟中等公私皆濟，吾裁損之，可以經久。」於是，始爲三法行之，貨財流通。恕有心計，釐去宿弊，帝深器之，親題殿柱曰：「真鹽鐵陳恕。」恕每便殿奏事，帝或未察，至形詣讓。恕踧踖退至殿壁，俟帝意稍解，復進，慤執前論終不易，帝亦多從之。

**乙未　至道元年，春正月，帝觀燈于乾元樓。**帝以上元御乾元門樓觀燈，賜宴，見京師繁盛，諭近臣曰：「五代之際，生靈凋喪。周太祖自鄴南歸，士庶皆罹剽掠，下則火光，上則彗孛，觀者恐慄，當時謂無復太平之日矣。朕躬覽庶政，萬事粗理，每念上天之貺，致此繁盛，乃知理亂在人。」吕蒙正避席曰：「乘輿所在，士庶走集，故繁盛如此。臣嘗見都城外不數里，饑寒而死者甚衆。願陛下親近以及遠，蒼生之幸也！」帝變色不言，蒙正侃然復位，同列咸多其伉直。**劉昌言免，以錢若水同知樞密院事。○契丹寇府州，永安節度使折御卿擊敗之。**契丹大將韓德威率數萬騎誘党項勒浪等族自振武入寇，御卿邀擊，敗之于子河汊。勒浪等乘亂反擊德威，殺其將突厥舍利等，❶德威僅以身免。**二月，四川都監宿翰獲張餘于嘉州，❷蜀盜平。**先是，西川行營衛紹欽、楊瓊屢破賊衆，復蜀、邛等州。帝以蜀盜漸平，下詔罪己，略曰：「朕委任非當，燭理不明，致彼親民之官，不以惠和爲政，管榷之吏唯用刻削爲功，撓我蒸民，起爲狂寇。念兹失德，是務責躬，永鑒前非，庶無貳過。」聞者感悦。至是，餘攻眉州，翰擊敗之。餘走嘉州，爲軍士所獲，翰等至，函餘首送行營，其黨悉平。**夏四月，吕蒙正、柴禹錫、蘇易簡罷。**帝嘗欲遣人使朔方，諭中書選可責以事者，蒙正以名上，帝不許。他日，三問，三以其人對，帝怒曰：「卿何執邪？」蒙正對曰：「臣非執，臣不欲用媚道，妄隨人主意，以害國事。」因稱其人可使，餘人不及，同列竦息不敢動。帝退，謂左右曰：「蒙正氣量，我不如。」既而卒用其人，果稱職。至是，罷相，判河南。**以吕端同平章事，張洎參知政事，趙鎔知樞密院事。**初，帝欲相端，或曰：

❶「舍利」，原作「合利」，據《長編》卷三七、《文獻通考》卷三四六《四裔考·契丹中》、《宋史》卷五《太宗本紀》改。

❷「四川」，據下文及《宋史》卷五《太宗本紀》疑爲「西川」之誤。

「端爲人糊塗。」帝曰：「端小事糊塗，大事不糊塗。」決意用之。端持重識大體，慮與寇準同列，而已先正台揆，恐準不平，乃請參知政事與宰相同升政事堂。時同列奏對多異議，惟端罕所建明。一日，内札戒諭：「自今中書事必經吕端參酌，乃得聞奏。」端愈謙讓不敢當。洎，博涉經史，善持論，爲翰林學士。帝嘗謂近臣曰：「張洎富有文藝，至今尚苦學，江東士人之冠也。」甚見寵遇。洎初爲寇準官屬，甚恭謹，每爲準規畫，準心伏，以兄事之，極薦其才。遂與準同列，奉之愈謹，政事一決於準，無所參預。惟專修《時政記》，甘言善柔而已。

**契丹寇雄州，何承矩禦却之。** 承矩條子河汊之捷，諭州民，且揭于市。契丹諜知，媿忿，將襲取承矩以雪耻，夜引數千騎抵城下。承矩整兵出拒，遲明，與契丹酣戰，契丹復敗走。帝聞虜入寇之由，謂承矩輕脱生事，失守禦體，罷之。

**開寶皇后宋氏崩。貶翰林學士王禹偁知滁州。** 后疾甚，遷于故燕國長公主第，崩，權殯普濟佛舍，謚曰「孝章皇后」，羣臣不成服。禹偁對客言：「后嘗母儀天下，當遵用舊禮。」帝不悦，坐謗訕，責知滁州。禹偁立朝敢言，以直躬行道爲己任，不爲流俗所容，故屢見斥。

**六月，以李繼遷爲鄜州節度使，繼遷不奉詔。** 繼遷遣押衙張浦以良馬、橐駝來獻，帝令衛士射于後園，俾浦觀之。士皆拓兩石弓有餘力，帝笑問浦曰：「羌人敢敵否？」對曰：「羌部弓弱矢短，但見此長鉅人，則已遁矣，況敢敵乎！」乃以浦爲鄭州團練使，留京師，遣使持詔拜繼遷鄜州節度使，繼遷不受。

**秋八月，立元侃爲皇太子，更名恒，大赦。** 自唐天祐以來，中國多故，立儲之禮廢及百年。至是，始舉而行，中外胥悦。太子既立，廟見還宫，京師民擁道喜躍，曰：「少年天子也！」帝聞之不懌，召寇準謂曰：「人心遽屬太子，欲置我何地？」準再拜賀，曰：「此社稷之福也！」帝悟，入語后嬪，宫中皆前慶，帝喜，復出，延準飲，極醉而罷。以李至、李沆並兼太子賓客，詔太子以師傅禮事之。太子每見至、沆，必先拜，至、沆不敢當，上表辭謝，帝不許。

**李繼遷寇清遠軍。**

**〇冬十一月，召王繼恩還，以上官正、雷有終爲西川招安使。**

**〇十二月，契丹寇府州，折御卿禦之，卒于軍。** 契丹韓德威諜知御卿有疾，遂帥衆攻府州，以報子河汊之役。御卿力疾禦之，德威聞其至，不敢進。既而疾甚，母密召之歸，御卿曰：「世受國恩，邊寇未滅，御卿罪也。今臨敵，安可棄士卒自便！死於軍中，乃其分也。爲白太夫人無念我，忠孝豈得兩全！」言訖，泣下。翌日，卒。詔以其子惟正知府州事。

**丙申　二年，春二月，以李昌齡參知政事。○以太祖孫惟吉爲閬州觀察使。** 惟吉，魏王德昭長子也。太祖崩時，惟吉裁六歲。帝即位，猶在禁中，日侍中食。太平興國八年，始出居東宮，未幾，授左驍衛大將軍。至是，授閬州觀察使。凡邸第供億、車服賜與，皆與諸王埒。**夏四月，遣李繼隆等分道討李繼遷。** 初，白守榮護芻粟四十萬赴靈州，李繼遷邀擊于浦洛河，守榮衆潰，運餉盡爲繼遷所奪。帝怒，命李繼隆爲環、慶等州都部署，將兵討之。會曹璨自河西還，言：「繼遷衆萬餘方圍靈武，城中告急，使爲繼遷所得，則頓兵不去矣。」呂端請發兵，由麟府、鄜延、環慶三道以擣平夏，襲其巢穴，則靈武之圍解矣。或云：「盛夏涉旱海，水泉竭，糧運艱辛，不如静以待之。」帝不聽，即部分諸將，命繼隆出環，丁罕出慶，范廷召出延，王超出夏，張守恩出麟，五路進討，直趨平夏。**秋七月，以陳靖爲京西勸農使，未行而罷。** 帝務興農事，詔有司議均田法。太常博士陳靖乞：「先命大臣兼屯田制置，令京東西檢責荒地及逃民産籍之，募民耕作，賜以牛種、室器。俟田成，然後度地均税，量田授人，約井田之利爲定法，頒行天下。」乃詔靖爲勸農使，皇甫選、何亮副之。選等言其功難成，陳恕亦以爲不可，遂出靖知婺州，而罷其法。**寇準免。** 是歲，郊祀，中外官皆進秩，準素所喜者多得臺省清要官，所惡及不相知者即序進之。廣州通判馮拯上疏極陳準擅權，且條上除拜不平數事，帝不懌。張洎揣知帝嫉準，懼一旦同罷，乃奏準誹謗，帝益不悦。會廣東轉運使康戩上言：「呂端、張洎、李昌齡皆準所引，故準得以任胸臆，亂經制。」帝怒，召端等責之。端對曰：「準性剛自任，臣等不欲數争，慮傷國體。」因再拜請罪。及準入對，帝語及拯事，準力争不已，又持中書簿論曲直於帝前，帝因歎曰：「鼠雀尚知人意，况人乎！」遂罷知鄧州。**以丁惟清知西涼府。** 涼州周回二千里，領姑臧、神烏、番禾、昌松、嘉麟五縣，久不内屬。至是，請帥，從之。**八月，李繼隆副**

將范廷召遇李繼遷于烏白池，擊敗之，繼隆不見虜而還。諸將分道並進，期抵烏白池。繼隆遣其弟繼和馳奏，以環州道迂欲自清岡峽直趨繼遷巢穴，不及援靈武。上怒曰：「汝兄必敗吾事矣！」因手札切責。使未至而繼隆已發兵與丁罕合，行十日不見虜，引軍還。張守恩見虜不擊。獨廷召與王超至烏白池，與賊遇，時虜鋭甚，超持重不進。其子德用年十七，爲先鋒，請乘之，轉戰三日，虜遂却。德用曰：「歸師遇險必亂。」乃領兵先絶要害，下令曰：「亂行者斬。」一軍肅然。虜見其師整，不敢近。廷召等大小數十戰，雖頗克捷，而諸將失期，士卒困乏，終不能擒賊。九月，秦、晉諸州地震。○大有年。

丁酉　三年，春正月，張洎罷。洎性險詖，巧於將順，尤善事宦官。嘗引唐故事，奏內供奉藍敏政爲學士，帝曰：「此唐弊政，朕安可踵覆轍！卿言過矣！」洎慙而退。未幾，以病罷，尋卒。以温仲舒、王化基參知政事，李惟清同知樞密院事。○葬孝章皇后。○分天下州軍爲十五路。京東、京西、河北、河東、陝西、淮南、江南、荆湖南、北、兩浙、福建、川、峽、❶廣南東、西，凡十五路，各置轉運使。三月，帝崩，太子恒即位。帝不豫，宣政使王繼恩忌太子英明，陰與參知政事李昌齡、知制誥胡旦等謀立楚王元佐。帝崩，皇后令繼恩召吕端，端知有變，即紿繼恩入書閣，鎖閉之，亟入宫。后問曰：「宫車已晏駕，❷立嗣以長，順也。今將如何？」端曰：「先帝立太子，正爲今日，豈容更有異議？」后默然。乃奉太子至福寧殿即位，垂簾引見羣臣，端平立殿下不拜，請卷簾，升殿審視，然後降階，率羣臣拜焉。史臣曰：「太宗沉謀英斷，儉勤自勵，閔農事，考治功，慎刑獄，納諫争，遇災知懼，有過知悔，故能削平海内，功業炳然。若夫太祖之崩不踰年而改元，涪陵、武功之不得其死，宋后之不成喪，後世不能無議焉。」夏四月，尊皇后爲皇太后，赦。○以李至、李沆參知政

❶「峽」，原作「陝」，據《宋史》卷五《太宗本紀》改。
❷「宫」，原作「官」，據萬曆本、四庫本、《宋史》卷二八一《吕端傳》改。

事。○五月，李昌齡有罪，貶忠武行軍司馬。討謀立楚王之罪，貶昌齡爲司馬；降王繼恩爲右監門衛將軍，均州安置；胡旦除名，長流潯州。立郭氏爲皇后。后，宣徽南院使守文之女。六月，追復涪王廷美爲秦王，復封兄元佐爲楚王。○錢若水請罷，許之。初，太宗以劉昌言罷，問左右曰：「昌言涕泣否？」及呂蒙正罷，又曰：「望復位目穿矣。」若水因歎曰：「上待輔臣如此，蓋無秉節高邁、全進退之道以感動之者耳。」即欲移疾，會西邊用兵不敢言。至是，以母老請解樞務，章再上，乃罷爲集賢院學士。若水入謝便殿，帝問近臣可大用者，若水以中書舍人王旦對，帝曰：「此固朕所屬也。」秋八月，趙鎔、李惟清罷，以曹彬爲樞密使，向敏中、夏侯嶠爲副使。○冬十月，葬永熙陵。○十二月，追尊太宗賢妃李氏爲皇太后。帝生母也。李繼遷請降，以爲定難節度使，復姓名趙保吉。繼遷表求蕃任，帝雖察其變詐，方在諒陰，姑從其請，又以夏、綏、銀、宥、靜五州與之。張浦亦遣還。

續資治通鑑綱目第二

# 續資治通鑑綱目第三

起戊戌宋真宗咸平元年，盡壬戌宋真宗乾興元年。

凡二十五年。

**戊戌　真宗皇帝咸平元年，春正月，彗星見，詔求直言。**彗出營室北，呂端言：「應在齊、魯分。」帝曰：「朕以天下爲憂，豈直一方邪？」詔求直言，避殿減膳。時田錫自知集賢院出知泰州，上疏言：「李繼遷不合與夏州，又不合呼之爲趙保吉，乃時事舛誤之大者。」又言：「樞密公事，宰相不得預聞；中書政事，樞密不得預議，以致兵謀未精，國計未善。」帝嘉納之。**夏四月，遣使按諸路逋負，悉除之。**除天下逋欠一千餘萬，釋繫獄者三千餘人，用三司判官王欽若之言也。呂中曰：「漢、唐之小人易知，宋朝之小人難見。熙寧以後之小人易知，熙寧以前之小人難識。蓋自古小人之所以誤國者，聚斂也，嚴刑也，用兵也。而宋之目爲小人者，自欽若、丁謂始。然欽若請蠲負、釋係囚，謂請罷兵、撫蠻寇，與君子之處事何異？惜其一入政府，患得患失之心生，而改節易行矣。故當時知二子之奸者，王旦、李沆而已。」**五月朔，日食。○冬十月朔，日食。○呂端、李至、温仲舒、夏侯嶠罷。**端器量寬恕，知大體，帝深重之。每見其入對，肅然拱揖，不以名呼。又以端姿儀瓌大，宫庭陛峻，特令梓人爲納陛。至是，以疾罷。**以張齊賢、李沆同平章事，向敏中參知政事，楊礪、宋湜爲樞密副使。**齊賢慷慨有大畧，每以致君自負。嘗爲帝言皇王之道，帝曰：「皇王之道非有跡，但庶事無撓，則近之矣。」帝嘗問沆治道所宜先，沆對曰：「不用浮薄、新進、喜事之人，此最爲先。」帝問其人，沆曰：「如梅詢、曾致堯輩是矣。」帝又語及「唐人樹黨，遂使王室微弱，蓋姦邪難辨耳」。沆曰：「佞言似忠，姦言似信，如盧杞蒙蔽德宗，李勉以爲真姦邪是也。」帝曰：「姦邪之迹，雖曰難辨，久之自敗。」一夕，内出手詔，欲以劉美人爲貴妃，沆對使者引燭焚之，附奏曰：「但道臣沆以爲不可。」其議遂寢。帝嘗謂沆曰：「人皆有密啓，卿獨無，何也？」對曰：「臣待罪宰相，公事則公言之，何用密啓？夫人臣有密啓者，非讒即佞，臣常惡之，豈可效尤！」十一月，契丹耶律休哥死。休哥鎮燕十有七年，省賦役，恤孤寡，戒戍兵無犯邊境，雖馬牛逸于北者，悉來還。

己亥　二年，春閏三月，旱，求直言。轉運副使朱台符上言，畧曰：「陛下踐祚以來，彗星一見，時雨再愆。彗星見者，兵之象也；時雨愆者，澤未流也。宜重農以積粟，簡卒以省費，專將帥之任以安邊，慎守令之選以惠民。捨此數事，雖有智者不能爲計矣！」又言：「無名之賞賜，不急之造作，他費百端，動計千萬。加以教化未甚行，廉恥未甚立，法有滋章之條，吏無惻隱之實，背理傷道，非爲公家忠計者，不可一二舉也。」夏六月，樞密使兼侍中、魯國公曹彬卒。❶ 彬疾，帝臨問，因詢以契丹事宜，彬對曰：「太祖英武定天下，猶經營和好。」帝曰：「此事朕當屈節爲天下蒼生，然須執綱紀，存大體，即久遠之利也。」又問以後事，對曰：「臣無事可言。臣子璨、瑋材器皆堪爲將。」帝問其優劣，對曰：「璨不如瑋。」及卒，帝哭之慟，贈中書令，追封濟陽王，謚武惠。彬在朝廷，未嘗忤旨，亦未嘗言人過失。位兼將相，不以等威自異，遇士夫於途，必引車避之，不名下吏。每白事，必冠而後見。居官奉入給宗族，無餘積。君子謂：「彬仁恕清慎，能保功名，守法度，爲宋良將第一。」秋七月，初給外任官職田。以官莊及遠年逃田充之。以王顯爲樞密使。○以吕文仲等爲翰林侍讀學士，邢昺爲侍講學士。初，置翰林侍讀、侍講學士，設直廬於祕閣。以楊徽之、夏侯嶠及文仲爲侍讀學士，昺爲侍講學士，更直、召對、詢訪，或至中夕。尋詔昺與杜鎬、舒雅、孫奭等校定《周禮》《儀禮》《公羊》《穀梁》《春秋傳》《孝經》《論語》《爾雅》義疏。八月，楊礪卒。○九月朔，日食。○冬十月，契丹隆緒入寇，都部署康保裔與戰于瀛州，死之。十二月，帝自將禦契丹，次于大名。契丹主隆緒大舉入寇，攻遂城，城小無備，衆情危懼。守將楊延昭，業子也，集衆登陴固守。會大寒，汲水灌城上，旦悉爲冰，堅滑不可上。契丹乃引

❶「國」，原脱，據《宋史》卷二五八《曹彬傳》補。

去，掠祁、趙、邢、洺州。時鎮、定、高陽關都部署傅潛擁步騎八萬餘，畏懦不進，閉營自守，將校請戰者則醜言詈之。朝廷間道遣使督潛出兵合擊，潛不聽。范廷召忿詬曰：「公恇怯乃不如一嫗！」鈐轄張昭允又屢勸之，潛不得已，乃分騎八千付廷召，仍許出師爲援。廷召復求援於都部署康保裔，保裔即領兵赴之。遇虜于瀛州，會暮，約詰旦合戰，而廷召潛遁，保裔不之覺。遲明，虜圍之數重。左右請易甲以遁，保裔曰：「臨難無苟免，正吾效死之日也！」遂決戰數十合，殺傷甚衆，兵盡矢絶而援不至，保裔歿焉。契丹遂自德、棣濟河，❶掠淄、齊。十二月，帝親禦之，以李沆爲東京留守，命王超等督先鋒，示以戰圖，遂次大名。聞保裔死，優詔賻之，贈侍中，録其四子、❷一孫。又聞諸將告急于潛，潛不遣兵，而有功者抑不以聞，帝大怒，召潛還，流之房州。

**庚子** 三年，春正月，契丹引還，范廷召追敗之。契丹知帝親征，乃縱掠而去。廷召等追敗之于莫州，斬首萬餘級，盡獲所掠，餘寇遁出境。宋湜卒。○益州戍卒作亂，推王均爲首，都巡檢使劉紹榮死之，均遂陷漢州。詔以雷有終爲川峽招安使，將兵討之。初，神衛卒戍益州，以都虞候王均、董福分領之。福御衆有法，所部皆優贍。均好飲博，軍裝悉以給費。兵馬鈐轄符昭壽亦驕恣侵虐，軍士素怨之。正月朔旦，戍卒趙延順等八人爲亂，遂殺昭壽。是日，益州官吏方賀正旦，聞變，皆奔竄。知州牛冕與轉運使張適縋城而去，惟都巡檢使劉紹榮冒刃格鬬，衆寡不敵。叛卒尚未有主，欲奉紹榮，紹榮攝弓矢駡曰：「我本燕人，棄虜歸朝，豈能與爾同逆耶！亟見殺，我終不負朝廷也。」監軍王澤召王均謂曰：「汝所部爲亂，盍自往招安之。」叛卒見均至，即擁之爲主，紹榮自經死。均遂僭號大蜀，改元化順，署置官稱，以小校張鍇爲謀主。三日，均率衆攻陷漢州，進寇緜州，不克，直趨劍州，爲知州李士衡所敗，還保益州。帝將發大名，聞之，以户部使雷有終爲川峽招安使，李惠、石普、李守倫並爲巡檢使，給步騎八

❶「棣」，原作「隶」，據萬曆本、《宋史》卷八六《地理志》改。

❷「四子」，原作「二子」，據《長編》卷四六、《宋史》卷四六《康保裔傳》改。

千，往討之，上官正、李繼昌等皆隸焉。**帝至自大名。**上之在大名也，詔調丁夫十五萬脩黄河。監察御史王濟以爲勞民，請徐圖之。乃命濟馳往經度，還奏，省其什六七。張齊賢以河決爲憂，因對，并召濟入見。齊賢請令濟署狀保河不決，濟曰：「河決亦陰陽災沴所致，宰相若能和陰陽，弭災沴，爲國家致太平，河之不決，臣亦可保。」齊賢曰：「若是，則今非太平耶？」濟曰：「北有胡寇，西有繼遷，兩河、關右歲被侵擾，以陛下神武英畧，苟用得其人，可以馴致，今則未也。」上動容，獨留濟問以邊事，退而著《備邊策》十五條以獻。未幾，選官判大理寺，欲得剛正不回者，上曰：「王濟近之。」即以命濟。**知蜀州楊懷忠會兵討王均。**懷忠聞王均作亂，即調鄉丁，會諸州巡檢兵討之。懷忠入益州，焚城北門，至三井橋，與賊黨戰數合，懷忠不利而退。復檄嘉、眉等七州，合兵再攻益州，敗之。乘勝逐賊至州南十五里，砦于雞鳴原以俟王師。均亦閉城自固。**二月，王顯罷，以周瑩、王繼英知樞密院事，王旦同知院事。**初，旦爲翰林學士，嘗奏事退，帝目送之，曰：「爲朕致太平者，必此人也！」**雷有終敗績于益州。**有終等至益州，時都巡檢使張思鈞已克復漢州，有終遂進壁升仙橋，賊出攻砦，有終擊走之。一日，均開城僞爲遁狀，有終與上官正、石普帥兵徑入，分剽民財，部伍不肅。賊閉關發伏，布牀榻于路口，官軍不得出，因爲所殺。有終等緣堞而墜，得免，李惠死之，官軍退保漢州。益州城中民皆奔迸四出，復爲賊黨追殺。或囚縶之，支解、族誅以恐衆，又脅士民之少壯者爲兵，先刺手背，次髠首，次黥面，給軍裝令乘城，與舊賊黨相間。有終署榜招之，至則署其衣衭釋之，日數百人。**三月朔，日食。○夏四月，太子太保呂端卒。**謚正惠。**六月，以向敏中爲兩河宣撫大使。**以大兵之後，特命重臣巡慰河北、河東，訪民疾苦。**冬十月，雷有終復益州，王均走死。**賊由升僊橋分路襲王師，有終帥兵逆擊，大敗之。均單騎還城，遂撤橋塞門。有終與石普進屯於城北，分遣將校攻城三面，賊出戰，屢敗。然王師每薄城，輒會雨，城滑不能上。九月，有終命爲洞屋以進，均亦對設敵樓以相拒，有終遣卒焚之，賊由是消沮，復築月城以自固。有終令卒蒙氊、秉燧以入，悉焚其望櫓機石。先遣東、西、南砦鼓譟攻之，有終、普分主洞屋而前，遂入城，大敗之。均夜與其黨二萬餘突圍而遁。有終疑有伏，遣人縱火城中。詰朝，執嘗受僞署者數百人，悉焚殺之，時謂冤酷。均既走，所過斷橋塞路，焚倉庫而去。有終遣楊懷忠追至富順，及之，大敗其衆，因張旗鳴鼙入城。均方在監署中，與蠻酋飲，其黨多醉，不能枝梧，均乃縊死。懷忠取均首，及僭僞法物、旗旐、甲馬甚衆，禽其黨六千餘人。❶詔進有終、懷忠等秩，而流牛冕儋州，張適連州，以翰林學士王欽若、知制誥梁顥往安撫之。十一月，張齊賢免。齊賢與李沆不相得。日南至朝會，齊賢被酒失儀，遂坐免。

**辛丑**　四年，春二月，詔羣臣子弟補京官者試一經。○三月，以呂蒙正、向敏中同平章事。○王化基罷。以王旦參知政事，馮拯、陳堯叟同知樞密院事。○夏四月，回鶻來貢。願助討李繼遷。以王欽若參知政事。○六月，汰冗吏。天下凡汰冗吏十九萬五千八百餘人，選曹爲清。頒「九經」于州縣學校。○秋八月，以張齊賢爲涇原諸路經略使。帝以趙保吉雖入貢而鈔刧益甚，乃遣齊賢行邊。齊賢言：「靈武孤城，必難固守，徒使軍民六七萬陷于危亡之地。」通判永興軍何亮復上《安邊書》，言：「靈武地方千里，表裏山河，決不可舍之以資戎狄。」帝不能決，詔羣臣議棄守之宜。楊億言棄之便。輔臣咸以靈州乃必争之地，苟失之，則緣邊諸郡皆不可保。帝惑之。李沆曰：「保吉未死，靈州非朝廷有也。莫若遣使密召州將，使部分軍民空壘而歸，如此，則關右之民息肩矣。」帝不從。以王超爲西面行營都部署，將步騎六萬援靈州。齊賢又請募江南丁壯以益戍兵，帝曰：「此不惟人心動摇，抑使南方之人遠戍西鄙，甚不便也。」寢其奏。富弼曰：「戍守之兵，自古以客軍爲非便。蓋不諳邊事之艱苦，不識山川之險易，守則不固，戰則多敗，其數雖多，未若土兵少而精也。」真宗不從齊賢之請，得守邊之策矣。九月，趙保吉反，陷清遠軍。保吉寇清遠軍，都監段義叛降于保吉。都部署楊瓊擁兵不救，城遂陷。保吉勢益張大，復攻定州、懷遠，又掠輜重至

❶「六千」，《長編》卷四七、《資治通鑑後編》卷二一作「六十」。

唐龍鎮。副都部署曹璨以蕃兵邀擊，敗之。**冬十月，契丹寇遂城，都部署王顯敗之。**契丹謀入寇，朝廷聞之，以王顯爲鎮、定、高陽關都部署，王超副之。是月，顯與契丹戰于遂城，大敗之，戮二萬餘人。契丹進次滿城而還。

**壬寅　五年，春三月，趙保吉陷靈州，知州事裴濟死之。**濟知靈州，謀輯八鎮，興屯田之利，民甚賴之。保吉大集蕃部來攻，濟被圍餉絶，刺指血染奏求救，兵不至，城遂陷，濟死焉。保吉以州爲西平府居之。帝得報，悔不用李沆之言，詔王超屯永興軍。**夏六月，周瑩罷。○秋七月朔，日食。○九月，召种放爲左司諫、直昭文館。**張齊賢言：「放孝行純至，簡朴退静，可厲風俗。」下詔召之。放乃詣京師，對于崇政殿，賜坐。詢以民政邊事，放對曰：「明王之治，愛民而已，惟徐而化之。」餘皆謙讓不對。即日授左司諫、直昭文館。放固讓，不許，賜予甚厚，時召對焉。明年，請暫還山，許之，遷起居舍人。放既還，後數朝京師，東封、西祀無不預，禄賜既豐，頗飾輿服，置田長安，强市爭訟，時議薄之。王嗣宗守京兆，因條上其不法事，極其醜詆，會赦而止。杜鎬嘗因宴餞賦詩，誦《北山移文》以譏之，放不之愧。**沙州將曹宗壽殺其節度使曹延禄而代之。**宗壽，延禄之從子也。**冬十月，向敏中免。**薛居正孫安上不肖，有詔不許貿易居第，敏中質之。安上嫡母柴氏無子，欲携貲産改適張齊賢，安上訴其事，柴遂誣敏中嘗求娶己，不許，以是陰芘安上。帝以問敏中，敏中言：「臣近喪妻，不復議昏。」柴又伐登聞鼓訟之，遂下御史臺按問，因得敏中質宅狀。鹽鐵使王嗣宗忌敏中，因對，復言敏中議娶王承衍女弟。帝不悦，以敏中前言爲妄，罷知永興軍。而齊賢亦坐柴事，責授太常卿，分司于洛。

**癸卯　六年，春二月，以六谷酋長潘羅支爲朔方節度使。**知鎮戎軍李繼和言潘羅支願戮力討趙保吉，請授以刺史，張齊賢請封爲六谷王兼招討使。帝以問宰相，皆曰：「羅支已爲酋帥，授刺史太輕。未領節鎮，加王爵非順。招討使號不可假外夷。」乃授朔方節度使、靈州西面都巡檢使。羅支表言：「感朝廷恩信，憤保吉倔强，已集騎兵六萬，乞會王師，收復靈州。」帝許之。**夏四月，副都部署王繼忠與契丹戰于望都，敗績，契丹執繼忠以去。**耶律奴瓜寇定州之望都，高陽關副都部署王繼忠與大將王超、桑贊等帥兵赴之。至康村，與奴瓜戰，繼忠陣東偏，爲敵所乘，超、贊皆畏縮退師。繼忠獨與麾下躍馬馳赴，服飾稍異，契丹識之，圍數十重。士皆殊死戰，且戰且行，旁西山而北，至白城，力不能支，遂被執。帝聞之，謂其已死，優詔贈官。繼忠見契丹主于炭山，蕭太后知繼忠才賢，授户部使。**復以張詠知益州。**帝以詠前在蜀治政優異，復自永興徙知益州。民聞詠再至，皆鼓舞相慶。詠威惠並行，政績益著。下詔褒美，且令巡撫使傳諭詠曰：「得卿在蜀，朕無西顧之憂矣！」**六月，以寇準爲三司使，陳恕罷。**恕久領三司，帝初即位，嘗命條具中外錢穀，恕久不進，屢詔趣之，恕對曰：「陛下富於春秋，若知府庫充實，恐生侈心，是以不敢進也。」帝嘉之。至是，以疾固求館殿之職，帝曰：「卿求一人可代者，聽卿去。」恕薦準焉。準至三司，檢尋恕前後改創之事，類爲册，及其所出榜，別用新板，躬至恕第，請判押。恕亦不讓，一一押之。自是，計使無不循其舊貫。恕精于吏理，深刻少恩，人不敢干以私。掌利柄十餘年，强力幹事，胥吏畏服。**秋九月，呂蒙正罷。○冬十一月，有星孛于井鬼。○十二月，右諫議大夫田錫卒。**錫居諫署，直言時政得失，每指斥將相備位，無所籌謀。封疏凡五十二奏，悉焚之，曰：「直諫，臣職也，豈可藏副示後以賣直邪？」及卒，帝謂李沆曰：「田錫，直臣也。朝廷少有闕失，方在思慮，錫之章疏已至矣。」嗟惜久之。**趙保吉陷西涼，殺丁惟清。潘羅支會蕃部擊敗之，保吉走死，子德明嗣。**保吉陷西涼，殺丁惟清。於是潘羅支僞降，保吉受之不疑。羅支遽集六谷蕃部合擊之，❶保吉大敗，中流矢，創甚，奔還，死于靈州境上，年四十二。子德明，年二十三矣，遣使告哀于契丹，契丹贈保吉尚書令，尋封德明爲西平王。環慶邊臣以德明初立，乞降詔撫之。帝乃詔德明，令審圖去就。知鎮戎軍曹瑋上言：「保吉擅河南地二十年，兵不解甲，使中國有西顧之憂。今其國危子弱，

❶「谷」，原作「合」，據萬曆本、四庫本、《長編》卷五六、《宋史》卷四八五《夏國傳》改。

不即捕滅，後更强盛，不可制矣。願假臣精兵，出其不意，擒德明送闕下，復河南爲郡縣，此其時也。」帝欲以恩致德明，不報。

**甲辰　景德元年，春正月，京師地震。**丙申，震。癸卯、丁未，復震。**三月，皇太后李氏崩。**諡曰明德。**夏六月，宥罪侯趙保忠卒。**保忠狀貌雄毅，居環列，奉朝請，常怏怏不自得。至是，卒。**秋七月，尚書右僕射、同平章事李沆卒。**時西北用兵，帝便殿延訪，或至旰食。王旦歎曰：「我輩安得坐見太平，優游無事耶？」沆曰：「强敵外患，足爲警戒。他日四方寧謐，朝廷未必無事。」沆又日取四方水旱、盜賊奏之。旦以爲細事，不足煩帝聽。沆曰：「人主少年，當使知四方艱難。不然，血氣方剛，不留意聲色犬馬，則土木、甲兵、禱祠之事作矣。吾老，不及見，此參政他日之憂也！」丁謂與寇準善，準屢薦其才于沆，沆不用。準問之，沆曰：「顧其爲人，可使之在人上乎？」準曰：「如謂者，相公終能抑之使在人下乎？」沆笑曰：「他日當思吾言。」沆嘗言：「居重位無補，惟中外所陳利害，一切報罷之，少以報國爾。朝廷防制，纖悉備具，或徇所陳請，行一事，即所傷多矣，陸象先所謂『庸人擾之』是已。憸人苟一時之進，豈念厲民耶！」沆嘗讀《論語》，或問之，沆曰：「沆爲宰相，如『節用而愛人，使民以時』，尚未能行。聖人之言，終身誦之可也。」沆性直諒，内行修謹，居位慎密，不求聲譽，遵法度，識大體，人莫能干以私。公退，終日危坐，未嘗跛倚。治第封丘門内，廳事前僅容旋馬。或言其太隘，沆笑曰：「居第當傳子孫，此爲宰相廳事誠隘，爲太祝、奉禮廳事則已寬矣。」及卒，帝驚慟，謂左右曰：「沆忠良純厚，終始如一，豈意不享遐壽耶！」贈太尉、中書令，諡文靖。**以畢士安參知政事。○盜殺朔方節度使潘羅支。**趙保吉既死，故黨迷般囑及日逋吉羅丹二族亡歸者龍族，欲陰圖潘羅支以復讐。會其黨攻者龍，羅支率百餘騎赴援，將議合擊，遂爲二族戕于帳下。六谷諸豪共立羅支之弟厮鐸督爲首領。朝廷聞之，授厮鐸督朔方節度使。**八月，以畢士安、寇準同平章事，王繼英爲樞密使，馮拯、陳堯叟簽書樞密院事。**初，士安既拜參知政事，入謝，帝曰：「未也，行且相卿。」因問誰可與卿同進者，對曰：「寇準兼資忠義，善斷大事，臣所不如。」帝曰：「聞其好剛使氣。」對曰：「準忘身徇國，秉道疾邪，故不爲流俗所喜。今天下之民，雖蒙休德，涵養安佚，而北戎跳梁，爲邊境患，若準者正宜用也。」帝曰：「然。當藉卿宿德鎮之。」準既相，守正疾惡，小人日思所以傾之，士安每爲申辨，帝始不疑。

**閏九月，契丹隆緒大舉入寇。**契丹主隆緒同其母蕭氏大舉寇邊，遣其統軍順國王蕭撻覽攻威虜、順安軍、北平砦、保州，皆敗。乃與契丹主合衆攻定州，王超拒于唐河。又分兵圍岢嵐軍，高繼勳力戰禦之。又攻瀛州，李延渥擊敗之。契丹遂駐兵陽城淀，號二十萬，每縱游騎剽掠，小不利輒引去，倘佯無鬬志。寇準聞之，曰：「是狃我也。請練師命將，簡驍鋭據要害以備之。」

**冬十月，契丹來議和，遣閤門祇候曹利用報之。**故將王繼忠爲契丹言和好之利，契丹以爲然，遣李興以繼忠書及密表詣莫州部署石普議和。普以聞于朝，朝臣莫敢如何。畢士安請羈縻之，漸許其平。帝曰：「敵悍如此，恐不可保。」士安曰：「臣嘗得契丹降人，言其雖深入，屢挫，不得志，陰欲引去，又恥無名，且彼寧不畏人乘虚覆其巢穴？此請殆不妄。」於是詔諭繼忠，許其通和。繼忠復附奏乞先遣使，帝乃遣曹利用詣契丹軍。帝語之曰：「契丹南來，不求地則邀賂爾。關南地歸中國已久，不可許。漢以玉帛賜單于，有故事。」利用憤契丹，色不平，對曰：「彼若妄有所求，臣不敢生還。」帝壯其言。

**置龍圖閣。**奉太宗御製文集及典籍、圖畫、寶瑞之物，與宗正所進屬籍，并置待制、學士官。自是，每一帝崩，則置一閣。

**十一月，契丹進寇澶州，帝自將禦之。**契丹陷德清軍，逼冀州，遂抵澶州。邊書告急，一夕五至，寇準不發，飲笑自如。帝聞之，大駭，以問準，準對曰：「陛下欲了此，不過五日耳。」因請帝幸澶州，同列懼欲退，準止之，令候駕起。帝難之，欲還内，準曰：「陛下入，則臣不得見，大事去矣，請毋還。」畢士安力勸帝如準所請，帝乃議親征，召羣臣問方畧。時以虜寇深入，中外震駭。王欽若，臨江人也，請幸金陵。陳堯叟，閬州人也，請幸成都。帝以問準，準心知二人謀，乃陽若不知者，曰：「誰爲陛下畫此策？罪可斬也。陛下神武，將臣協和，若大駕親征，敵當自遁。不然，出奇以撓其謀，堅守以老其師，勞佚之勢，我得勝算矣。奈何棄廟社欲幸楚、蜀，所在人心崩潰，敵乘勝深入，天下可復保耶？」帝意乃決。時欲擇大臣鎮大名，準薦欽若，遂詔判天雄軍。蓋準以欽若多智，恐妄有所疑沮，故出之。**李繼隆軍射殺契丹將蕭撻覽。**契丹圍澶州，李繼隆整軍禦之。會有自虜中回者，言撻覽謀以遲明襲寨，繼隆伏兵分據要害。頃之，控弦暴至，撻覽躬出陣前督戰，繼隆將張瓌守牀子弩，弩撼機發，射殺之。撻覽有機勇，所領皆鋭兵，既死，虜大挫衄。

**以王旦爲東京留守。**初，帝親征，以雍王元份留守，旦等皆扈從。至是，元份以暴疾聞，命旦馳還代之，旦曰：「願宣寇準，臣有所陳。」準至，旦奏曰：「十日不捷，何以處之？」帝默然良久，曰：「立太子。」旦既至京，直入禁中，下令甚嚴，人無知者。

**十二月朔，日食。○帝渡河，次澶州，契丹請盟而退。**帝在道，又有以金陵之謀告者，帝意稍惑，召準問之，準曰：「陛下惟可進尺，不可退寸。河北諸軍日夜望鑾輿至，士氣百倍；若回輦數步，則萬衆瓦解，虜乘其後，金陵亦不可得至也。」準出，遇殿前都指揮使高瓊，曰：「太尉受國厚恩，今日有以報乎？」瓊曰：「願効死。」準復入，瓊立庭下，準曰：「陛下不以臣言爲然，盍試問瓊？」瓊即奏曰：「寇準言是。」準又曰：「機不可失，宜趣駕。」帝乃晨發。適苦寒，左右進貂裘，帝却之，曰：「將士皆寒，朕安用此！」帝至澶州南城，望見契丹軍勢甚盛，衆請駐蹕。寇準固請曰：「陛下不過河，則人心益危，敵氣未懾，非所以取威決勝也。且王超領勁兵屯中山以扼其吭，李繼隆、石保吉分大陣以扼其左右肘，四方征鎮赴援者日至，何疑而不進！」高瓊亦固以請，即麾衛士進輦。帝遂渡河，御北城門樓，遠近望見御蓋，踴躍呼萬歲，聲聞數十里。契丹相視益怖駭。帝悉以軍事付準，準承制專決，號令明肅，士卒畏悦。已而契丹數千騎來薄城下，詔士卒迎擊，斬獲大半，乃引去。帝還行宫，留準居北城上，徐使人視準何爲，準方與知制誥楊億飲博，歌謔懽呼。帝喜曰：「準如是，吾復何憂！」契丹遣其臣韓杞持書與曹利用俱來請盟。利用言契丹欲得關南地。帝曰：「所言歸地，事極無名，若必邀求，朕當決戰！若欲金帛，朝廷之體固亦無傷！」準不欲賂以貨財，且欲邀其稱臣及獻幽、薊之地，因畫策以進曰：「如此，則可保百年無事。不然，數十年後戎且生心矣。」帝曰：「數十年後，當有扞禦之者。吾不忍生靈重困，姑聽其和可也。」準尚未許，會有譖準幸兵以自取重者，準不得已乃許其成。復遣曹利用如契丹軍議歲幣，帝曰：「必不得已，雖百萬亦可。」準聞之，召利用至幄，謂曰：「雖有敕旨，汝所許過三十萬，吾斬汝矣！」利用至契丹軍，蕭太后謂利用曰：「晉畀我關南，周世宗取之，今宜見還也。」利用曰：「晉、周事，我朝不知。若歲求金帛以佐軍，尚不知帝意可否；割地之請，我不敢以聞。」契丹政事舍人高正始遽前曰：「我引衆以來，圖復故地，若止得金帛而歸，吾愧吾國人矣！」利用曰：「子盍爲契丹熟計？使契丹用子言，恐連兵結釁，非國利也。」契丹猶覬關南，遣其監門衛大將軍姚東之持書復議，❶帝不許而去。利用竟以銀十萬兩、絹二十萬匹成約而還。戒諸將勿出兵邀其歸路。❷契丹遣其閤門使丁振持誓書來，以兄禮事帝，引兵北歸。陳瓘曰：「當時若無寇準，天下分爲南北矣！向使其言盡用，不惟無慶曆之悔，亦無靖康之禍也！」**帝至自澶州。**

**乙巳　二年，春正月，大赦。**以契丹講和，大赦天下，放河北諸州彊壯歸農，罷諸路行營，省河北戍兵十之五，緣邊三之一。詔緣邊毋出境掠奪，得契丹馬牛悉縱還之。通互市，葺城池，招流亡，廣儲蓄。由是河北民得安業，皆畢士安之謀也。**以馬知節、楊延昭等知河北諸州。**畢士安請按邊要選守將，以知節知定州，延昭知保州，又以李允則知雄州，孫全照知鎮州。他所擇任，悉當其才。**置國信司。**以契丹修好，則有慶弔之使，乃置國信司專主之，領以宦者。時遣太子中允孫僅賀生辰，致書自稱南朝，以契丹爲北朝。直史館王曾上言：「《春秋》外夷狄，爵不過子，今從其國號足矣，何用對稱兩朝！」帝以爲然，弗果易。僅隨事損益，豐約中度，後奉使者，悉循其制，時稱得體。**二月，山南東道節度使李繼隆卒。**繼隆，處耘之子，嚴於馭下，而賓禮儒士。太宗時，每征行必委以機要，帝以元舅之親，不欲煩以軍旅。繼隆能謙謹保身，明德太后寢疾，欲面見之，帝促其往，繼隆但詣萬安宮門拜牋，終不入。**夏四月，王欽若罷，以馮拯參知政事。**欽若與寇準不協，累表願解政事，特置資政殿學士授之。**韃靼九部致貢于契丹。○秋七月，增置制舉六科。**賢良

❶「東」，《長編》卷五八、《編年綱目備要》卷七、《玉海》卷一九三上《景德親征》作「柬」。

❷「戒」上，疑有脱文，《宋史》卷七《真宗本紀》作「遣監西京左藏庫李繼昌使契丹定和」。

方正等三科久不行，至是增置爲六科，曰：賢良方正能直言極諫，博通墳典達於教化，才識兼茂明於體用，詳明吏理可使從政，❶識洞韜畧運籌決勝，軍謀宏遠材任邊寄，凡六科。詔中書門下試察其才，具名聞奏，臨軒親策之。

歸幣于契丹。自是，歲以爲常。八月，有星孛于紫微。○以向敏中知延州。先是，趙德明以父有遺命，遣使乞歸順。詔以敏中爲緣邊安撫使，受其降。時帝幸澶淵，賜敏中密詔，盡付西鄙，許便宜從事。敏中得詔，藏之，視政如常日，邊藩以安。至是，以德明誓約未定，徙敏中爲都部署兼知延州，委以經畧。冬十月，吏部侍郎同平章事畢士安卒。帝謂輔臣曰：「士安飭躬畏謹，有古人之風，遽此淪没，深可悼惜！」王旦等對曰：「士安官至輔相，而四方無田園居第，没未終喪，家用已屈，真不負陛下之所知矣！」帝感嘆，賜其家白金五千兩，謚文簡。十一月，契丹遣使來聘。自是，往來不絕。

丙午　三年，春二月，王繼英卒。○罷寇準，知陝州。準爲相，用人不以次，同列頗不悦。它日，除官，同列目吏持例簿以進，準曰：「宰相所以進賢退不肖，若用例，一吏職耳。」自澶淵還，頗矜其功，帝待準甚厚，王欽若深嫉之。一日會朝，準先退，帝目送之，欽若因進曰：「陛下敬準，爲其有社稷功耶？」帝曰：「然。」欽若曰：「澶淵之役，陛下不以爲恥，而謂準有社稷功，何也？」帝愕然，曰：「何故？」欽若曰：「城下之盟，《春秋》恥之。澶淵之舉，以萬乘之貴而爲城下之盟，何恥如之！」帝愀然不悦。欽若曰：「陛下聞博乎？博者輸錢欲盡，乃罄所有出之，謂之孤注。陛下，寇準之孤注也，斯亦危矣！」由是帝顧準寖衰，竟罷爲刑部尚書，出知陝州。初，張詠在成都，聞準入相，謂僚屬曰：「寇公奇材，惜學術不足爾。」及準知陝，詠適自成都還，準送之郊，問曰：「何以教準？」詠徐曰：「《霍光傳》不可不讀也。」準莫諭其意，歸取其傳讀之，至「不學無術」，笑曰：「此張公謂我也。」未幾，移準知天雄軍。契丹使過大名，謂準曰：「相公望重，何故不在中書？」準曰：「主上以朝廷無事，北門鎖鑰，非

❶「詳明吏理可使從政」，《長編》卷六、《東都事略》卷四《真宗本紀》、《宋史》卷一五六《選舉志》作「武足安邊」。

準不可耳！」以王旦同平章事，趙安仁參知政事。帝謂旦曰：「寇準多許人官爲己恩，卿當深戒之。」以王欽若、陳堯叟知樞密院事，韓崇訓、馬知節簽書院事。○置諸州常平倉。詔京東、西、河北、東、陝西、江南、淮南、兩浙皆立常平倉，計户多寡，量留上供錢。歲夏秋視市價賤貴，量減增糴糶。三年以上不糶，即回充糧廩，易以新粟。其後荆湖、川峽、❶廣南悉置焉。夏五月，南平王黎桓死，子龍廷殺其兄龍鉞而自立。知廣州凌策言：「桓諸子爭立，衆心離叛，請發本道兵討之。」帝以桓素修職貢，不許，遣使諭曉之。冬十月，趙德明請降，詔以爲定難節度使。向敏中言：「德明屢表歸欵，復奉誓表，請藏盟府。」帝嘉之。乃遣使授德明檢校太師兼侍中，充定難軍節度使，封西平王，賜賚甚厚，給奉如内地。因責子弟入質，德明謂非先世故事，不遣，惟獻駝馬謝恩而已。未幾，契丹亦册德明爲夏國王。葬明德皇后。

丁未 四年，春正月，帝如西京，謁諸陵，作太祖神御殿。三月，還宫。又置國子監于西京。契丹城遼西爲中京。遼西幅員千里，多大山深谷，險阻足以自固。唐初，置饒樂都督府。至是，契丹主建都於此，倣臨潢置宫掖、樓閣、府庫、城市，實以漢户，號中京。夏四月，皇后郭氏崩。謚曰莊穆。五月朔，日食。○增孔子守塋户。凡二十户。❷六月，葬莊穆皇后。○宜州軍校作亂，以曹利用爲廣南安撫使，討平之。初，知宜州劉永規御下嚴酷，❸軍校陳進因衆怨鼓譟殺永規，推判官盧成均爲首，僭號南平王。據城反，陷柳州，進圍象州。詔利用帥兵討之。至象州，擊進，斬之，成均率其族來降。進黨陷貴州，利用追討，悉平之。秋七月，交

❶「峽」，原作「陝」，據《宋史》卷一七六《食貨志》改。

❷「二十」，原作「二千」，據《東家雜記》卷上、《長編》卷六五、《文獻通考》卷四三《學校考》改。

❸「永」，原作「承」，據《隆平集》卷二〇、《長編》卷六六、《宋史》卷七《真宗本紀》、卷二九〇《曹利用傳》及《玉海》卷一九三上改。

州黎龍廷來貢，詔封爲交阯郡王，賜名至忠。○八月，韓崇訓罷。○權三司使丁謂上《景德會計録》。自乾德中，諸州支度經費外，凡金帛悉送闕下。於是，利歸公上，而條禁文簿漸爲精密，吏不得售其姦。太宗尤留意財用，淳化初，詔三司每歲具見管金銀、錢帛、軍儲等簿以聞。至是，謂權三司使，著《會計録》以獻，因條大禮經費以備參較，優詔奬之。謂機敏有智謀，憸狡過人。在三司，案牘繁委，吏久難解者，謂一言判之，衆皆釋然。

**戊申**　大中祥符元年，春正月，有天書見于承天門，大赦，改元。帝自聞王欽若言，深以澶州之盟爲辱，常怏怏不樂。欽若度帝厭兵，因謬進曰：「陛下以兵取幽、薊，乃可滌此耻。」帝曰：「河朔生靈，始免兵革，朕安忍爲此？可思其次。」欽若曰：「惟封禪可以鎮服四海，誇示外國。然自古封禪當得天瑞，希世絶倫之事乃可爾。」既而，又曰：「天瑞安可必得，前代蓋有以人力爲之者。惟人主深信而崇奉之，以明示天下，則與天瑞無異也。陛下謂《河圖》、《洛書》果有耶？聖人以神道設教耳。」帝沉思久之，曰：「王旦得無不可乎？」欽若曰：「臣喻以聖意，宜無不可。」欽若乃乘間爲旦言，旦黽勉從之。帝尚猶豫，會幸祕閣，驟問直學士杜鎬曰：「古所謂河出圖，洛出書，果何事耶？」鎬老儒，不測上旨，漫應之曰：「此聖人以神道設教爾。」帝意以決，遂召旦飲，歡甚，賜以尊酒，曰：「歸與妻孥共之。」既歸，發封，則皆美珠也。旦悟帝旨，自是不敢有異議。正月乙丑，帝謂羣臣曰：「去冬十一月庚寅，夜將半，朕方就寢，忽室中光曜，見神人星冠絳衣，告曰：『來月宜於正殿建黄籙道場一月，當降天書《大中祥符》三篇。』朕竦然起對，已復無見。自十二月朔即齋戒於朝元殿，建道場以佇神貺。適皇城司奏有黄帛曳左承天門南鴟尾上，令中使視之，帛長二丈許，緘物如書卷，纏以青縷，封處隱隱有字，蓋神人所謂天降之書也。」旦等皆再拜稱賀。帝即步至承天門瞻望，再拜，遣二内侍升屋，奉之下。旦跪進，帝再拜受之，親置輿中，導至道場，授陳堯叟啓封。帛上有文曰：「趙受命，興于宋，付于恒。❶居其器，守於正，世七百，九九定。」帝跪受，復命

❶「恒」，原作「眘」，據《長編》卷六八及《宋會要輯稿·禮》五一之一七、《瑞異》一之三〇改。

堯叟讀之。其書黃字三幅，詞類《洪範》、《道德經》，始言帝能以至孝至道紹世，次諭以清净簡儉，終述世祚延永之意。讀訖，帝復跪奉，韞以所緘帛，盛以金匱。羣臣入賀于崇政殿，賜宴，帝與輔臣皆蔬食。遣官告天地、宗廟、社稷。大赦，改元，羣臣加恩，賜京師酺五日。改左承天門爲承天祥符。置天書儀衛扶侍使，有大禮，即命宰執近臣兼之。欽若之計既行，陳堯叟、陳彭年、丁謂、杜鎬益以經義附和，而天下争言祥瑞矣。獨龍圖閣待制孫奭言于帝曰：「以臣愚所聞，『天何言哉』，豈有書也？」帝默然。

**三月，詔議封禪。夏四月，以王旦兼封禪大禮使。**先是，宰相王旦等率文武百官、諸軍將校、官吏、蕃夷、僧道、耆壽二萬四千三百餘人，凡五上表，請帝封禪。帝意未決，召丁謂問以經費，謂對曰：「大計有餘。」議乃定。命翰林、太常詳定儀注。以王旦爲大禮使，王欽若等爲經度制置使，丁謂等計度糧草。既而契丹遣使請歲幣外別假錢幣。旦曰：「東封近，彼以此探朝廷意耳。」帝曰：「何以答之？」旦曰：「止當以微物輕之。」乃於歲給三十萬物内各借三萬，仍諭次年額内除之。契丹得之，大慙。吕中曰：「李沆之言，至是驗矣。封禪之議，决于丁謂『大計有餘』之一言；天書之降，成于欽若『神道設教』之一語。雖以王旦之碩德重望，不敢異議。寇準之入，亦以天書。當時極言其非者，惟孫奭一人而已。」

**六月，得天書于泰山，羣臣上帝尊號。**王欽若至乾封，上言：「泰山醴泉出，錫山蒼龍見。」未幾，木工董祚於醴泉亭北見黃帛曳林木上，有字不能識，言于皇城使王居正。居正見其上有御名，馳告欽若。欽若奉至社首，跪授中使，馳捧詣闕。帝御崇政殿，趣召羣臣曰：「朕五月丙子夜復夢向者神人言：『來月上旬，當賜天書于泰山。』即密諭欽若等，凡有祥異即上聞，今果與夢協。上天眷佑，惟懼不稱。」王旦等再拜稱賀，乃迎奉含芳園之正殿。帝齋戒，備法駕詣殿，拜受之，授陳堯叟啓封。其文曰：「汝崇孝奉吾，育民廣福。錫爾嘉瑞，黎庶咸知。祕守斯言，善解吾意。國祚延永，壽歷遐歲。」讀訖，復奉以升殿。於是群臣表上尊號曰崇文廣武儀天尊道寶應章感聖明仁孝皇帝。未幾，欽若獻芝草八千本，趙安仁獻五色金玉丹、紫芝八千七百餘本，諸州上芝草、嘉禾、瑞木、三脊茅等，不可稱紀。九月，令有司勿奏大辟案，以天書告于太廟。

**作玉清昭應宮。**奉天書也。知制誥王曾、都虞候張旻皆上疏諫，不聽。**冬十月，帝封泰山，禪社首，大赦。**帝發京師，以玉輅載天書先道，凡十七日，至泰山。王欽若等獻芝草三萬八千餘本。齋戒三日，登山，道經險峻，降輦步進，鹵簿儀衛列于山下。享昊天上帝於圜臺，陳天書于左，以太祖、太宗配。命羣臣享五方帝及諸神于山下封祀壇。帝飲福酒，攝中書令王旦跪稱曰：「天賜皇帝太一神策，周而復始，永綏兆人。」三獻畢，封金、玉匱。王旦奉玉匱，置于石𥓓；攝太尉馮拯奉金匱以降，將作監領徒封𥓓。帝登圜臺，閱視訖，還御幄。宰臣率從官稱賀。明旦，禪祭皇地祇于社首山，如封祀儀。禮畢，御壽昌殿，受羣臣朝賀。大赦天下，文武並進秩。令開封府及所過州、軍考送舉人。賜天下酺三日。改乾封縣爲奉符縣。大宴穆清殿，又宴泰山父老于殿門。**十一月，帝過曲阜，謁孔子，加謚玄聖文宣王。**帝幸曲阜縣，謁孔子廟，酌獻，再拜。近臣分奠七十二弟子。遂幸孔林，加謚孔子曰玄聖文宣王，祭以太牢，賜錢三十萬、帛三百匹。又追謚齊太公望爲昭烈武成王，周文公旦爲文憲王，太公立廟青州，周公立廟曲阜。尋復追封孔子廟配享從祀者，顔回爲兗國公，閔損、曾參及先儒左丘明以下爲郡公、侯、伯。❶**還宮。**帝還，羣臣爭頌功德，惟進士孫籍獻書言：「封禪，帝王之盛事，願陛下謹於盈成，不可遂自滿假。」知制誥周起亦上言：「天下之勢，常患恬於逸安而忽於兢畏，願毋以告成爲恃。」帝皆納之。

**己酉　二年，春二月，以方士王中正爲左武衛將軍。**先是，汀州人王捷言：「于南康遇道人，姓趙氏，授以丹術及小鐶神劒，蓋司命真君也，是爲聖祖。」宦者劉承珪以聞，賜捷名中正，得對龍圖閣。既東封，加聖祖號爲司命天尊，授中正以官，恩遇甚厚。**三月朔，日食。○夏四月，昇州大火，陝西旱蝗。○三司使丁謂上《封禪祥瑞圖》。**丁謂上《封禪祥瑞圖》，示百官于朝堂。自封禪之後，士大夫爭奏符瑞，獻贊頌。崔立獨言：「水發徐、兗，旱連江、淮，無爲烈風，

❶「先儒」，原作「漢儒」，據《宋史》卷七《真宗本紀》、《長編》卷七二改。

金陵大火，是天所以戒驕矜也。而中外多上雲露、❶草木之瑞，此何足爲治道言哉！」不省。**五月，代州地震。○冬十二月，契丹隆緒母蕭氏死。**蕭氏有機謀，善馭大臣，得其死力。每入寇，親被甲督戰，及通好，亦出其謀。然性殘忍，多殺戮。與韓德讓通，專擅國政，賜德讓姓耶律，改名隆運，拜大丞相，封晉王。蕭氏死，未幾，德讓亦死。契丹賜地，陪葬陵旁。**罷制舉諸科。**上封事者言：「兩漢舉賢良，❷多因災變，以詢訪闕政。今國家受瑞建封，不當復設。」遂詔罷制舉。

**庚戌**　**三年，春二月，交州將李公蘊殺其主黎至忠，❸遣使入貢。詔封公蘊爲交阯郡王。**至忠苛虐，國人不附。大校李公蘊爲至忠親任，乃逐至忠出城而殺之。其二弟明提、明昶争立，公蘊又殺之，自稱留後，遣使奉貢。帝曰：「黎桓不義而得之，公蘊又效尤焉，甚可惡也。然蠻俗何足責哉！」其用桓故事，授以官爵，賜之器幣。**贖呂端第，賜其家。**端諸子多不同處，舊第已質於人，帝聞之，出内庫錢贖還之，令其聚居。端長子蕃言負人息錢甚多，帝别賜内庫金帛，俾償之。蕃弟荀與西京差遣。仍令内侍省置簿，爲掌歛課給其家，詔樞密院察其妄費。王旦曰：「陛下推恩舊臣，始終委曲至矣！」**夏五月，契丹伐回鶻，破肅州，俘其民而去。**先是，契丹將蕭圖玉伐回鶻，入甘州，降其王耶剌里。至是，圖玉復破肅州，盡俘其民，修土隗口故城以實之。**高麗康肇弑其主誦，立誦兄詢而相之。**契丹主隆緒謂羣臣曰：「康肇弑君誦而立詢，因而相之，大逆也，宜發兵問其罪。」羣臣皆曰可。蕭敵烈曰：「國家連歲征討，士卒抏敝，况陛下在諒陰，年穀不登，創痍未復，島夷小國，城壘完固，勝不爲武。萬一失利，恐貽後悔。不如遣一介之使，往問其故，彼若伏罪則已，不然，俟服除，歲豐，舉兵未晚。」不聽。**秋，旱蝗。○九**

❶「雲露」，原作「雲霧」，據《長編》卷九三、《東都事略》卷一一二《崔立傳》、《仕學規範》卷四改。

❷「舉」，原脱，據《長編》卷六八、《文獻通考》卷三三《選舉考六》、《宋史》卷一五六《選舉志》補。

❸「殺其主黎至忠」，《長編》卷七二、《編年綱目備要》卷七、《宋史》卷七、《安南志略》卷一二作「黎至忠卒」。

**月，内侍江守恩有罪，誅。**守恩擅取民田麥穗，杖殺軍士，獄成，抵法。太常博士俞獻卿抗章論救，坐貶。帝嘗謂輔臣曰：「前代内臣恃恩恣横，蠹政害物，朕深以爲戒。故於班秩賜予，不使過分，有罪未嘗矜貸。」王旦等曰：「前代事跡昭然，足爲龜鑑。陛下言及此，社稷之福也！」**冬十一月，契丹伐高麗，執康肇，誅之。王詢奔平州。**契丹主隆緒伐高麗，先遣高正、韓杞問詢，詢奉表乞罷師，不許。十一月，契丹軍渡鴨渌江，康肇帥衆禦之，戰敗，退保銅州。契丹進擊，肇分兵爲三營，肇居其中，契丹耶律敵魯擊破之，擒肇及副將李立，追亡數十里。銅、霍、貴、寧等州皆降。契丹蕭排押等攻開京，詢棄城走平州，契丹遂焚開京宮室、府庫、民廬俱盡。契丹兵還，諸降城復歸高麗。**十二月，夏州饑。**西夏管内饑，趙德明表求粟百萬，朝議不知所出。或言德明方納欵而敢渝誓，請降詔責之。王旦曰：「第詔德明云『已敕有司具粟百萬于京師，其遣衆來取』。」德明得詔，慚，曰：「朝廷有人。」

**辛亥　四年，春二月，帝祭后土于汾陰，大赦。**先是，群臣上表請祀汾陰，帝從之。以王旦兼大禮使，王欽若爲禮儀使，陳堯叟爲經度使，儀同封禪。正月，奉天書發京師。是月，出潼關，渡渭河，遣近臣祠西嶽。遂至寶鼎縣奉祇宫，祀后土地祇。大赦天下，文武進秩，建寶鼎縣爲慶成軍，賜天下酺三日，大宴羣臣於穆清殿而還。初，將祀汾陰，會歲旱，龍圖閣待制孫奭上疏陳不可者十，有曰：「陛下才畢東封，又議西幸，非先王五年卜征重謹之意。今國家土木之功累年未息，水旱作沴，飢饉居多，乃欲勞民事神，神其饗之乎？」又曰：「今之姦臣以先帝嘗停封禪，故贊陛下以繼承先志。先帝欲北平幽、朔，西取繼遷，則未嘗獻一謀，畫一策，而乃卑辭厚幣，求和於契丹，蹙國縻爵，姑息於保吉，謂主辱臣死爲空言，以誣下罔上爲己任。是陛下以祖宗艱難之業，爲姦臣僥倖之資，此臣所以長嘆痛惜也！」時羣臣争奏祥瑞，奭復上言：「方今野雕、山鹿并形奏簡，秋旱、冬雷率皆稱賀，將以欺上天，則上天不可欺；將以愚下民，則下民不可愚；將以惑後世，則後世不可惑。夫國將興，聽于民；將亡，聽于神。陛下何爲而不思也！」帝嘉其忠而不能從。**三月，召陝州隱士魏野，不至。**野不求聞達，居陝之東郊，爲詩精苦。帝自汾陰還次陝州，遣陝令王希召之，不起，命工圖其所居，觀之。帝過西京，遂謁諸陵。夏四月，還宮。○太子太師吕蒙正卒。謚文穆。六月，江淮大水。○秋七月，馮拯罷。○畿内蝗，鎮、眉、昌州地震。○八月，河决通利軍。○冬十月，以向敏中等爲五嶽奉册使。加上五嶽帝號。帝御朝元殿發册，命敏中等充使。

**壬子**　五年，夏四月，復以向敏中同平章事。時舊相出鎮，不以吏事爲意，惟敏中盡心民事，帝由是有復用之意。及東封、西祀，皆以敏中留守。厚重鎮静，人情帖然，遂復拜相。高麗王詢乞降于契丹。高麗王詢遣蔡忠順奉表如契丹，乞稱臣如故。契丹命詢親朝，詢復以疾爲辭。初，契丹以鴨渌江地予高麗，高麗嘗築六城，曰興、鐵、通、龍、龜、郭州。至是，契丹怒詢不朝，命復取六州地。於是，有女真人知高麗事者，言于契丹，以爲「自開京東馬行七日，有大砦，廣若開京，凡旁邑所貢珍異皆在焉。其勝、羅等州之南亦有二砦，所積如之。若大軍自女真北渡鴨渌江，並大河而上，至郭州，與大路會，高麗可取也」。五月，賜杭州隱士林逋粟、帛。逋力學善詩，不趨榮利，家貧，衣食不足，晏如也，結廬杭州西湖之孤山。帝聞其名，賜以粟、帛。秋八月朔，日食。○作會靈觀。奉祀五嶽。九月，罷參知政事趙安仁。初，議立后，安仁謂：「劉德妃家世寒微，不如沈才人出於相門。」帝不悦。他日，與王欽若從容論方今大臣誰爲長者，欽若欲排安仁，乃譽之曰：「無若趙安仁。安仁昔爲沈倫所知，常欲報之。」帝默然。未幾，罷。安仁雖貴，簡儉若貧素，喜誨誘後進，時以重德推焉。以王欽若、陳堯叟爲樞密使，丁謂參知政事，馬知節爲樞密副使。時天下乂安，王欽若、丁謂導帝以封祀，眷遇日隆。欽若自以深達道教，多所建明，而謂附會之，與陳彭年、劉承珪等蒐講墜典，大修宮觀。以林特有心計，使爲三司使，以幹財利。五人交通，蹤跡詭祕，時號「五鬼」。王旦欲諫，則業已同之；欲去，則上遇之厚。追思李沆之先識，歎曰：「李文靖真聖人也！」欽若狀貌短小，項有附疣，時目爲「瘿相」。性傾巧，敢爲矯誕，然智數過人，每朝廷有興作，能委曲遷就，以中帝意。知節以衆方競言祥瑞，深不然之，每言于帝曰：「天下雖安，不可忘戰去兵也。」

**冬十月，帝言聖祖降于延恩殿。**帝語輔臣曰：「朕夢神人傳玉皇之命云：『先令汝祖趙玄朗授汝天書，今令再見汝。』翌日，復夢神人傳聖祖言：『吾座西，斜設六位以候。』是日，即於延恩殿設道場，五鼓一籌，先聞異香，頃之黄光滿殿，聖祖至，朕再拜殿下。俄有六人至，揖聖祖，皆就坐。聖祖命朕前，曰：『吾人皇九人中一人也，是趙之始祖；再降，乃軒轅黄帝；後唐時復降，主趙氏之族，今已百年。皇帝善爲撫育蒼生，無怠前志。』即離座乘雲而去。」王旦等皆再拜稱賀。詔告天下，肆赦加恩，命丁謂等修崇奉儀注。閏月，上聖祖尊號曰「聖祖上靈高道九天司命保生天尊大帝」，聖母懿號曰「元天大聖后」，遂加太廟六室尊號。羣臣上帝尊號曰「崇文廣武感天尊道應真佑德上聖欽明仁孝皇帝」。

**十一月，以王旦兼玉清昭應宫使。**詔建康軍鑄玉皇、聖祖、太祖、太宗尊像，以丁謂爲奉迎使，奉安於玉清昭應宫，帝率百官郊謁。又詔刻天書於宫，以旦爲刻玉使，王欽若與謂副之。

**作景靈宫。**奉聖祖也。

**改孔子謚。**以玄字犯聖祖諱，改玄聖爲至聖。

**十二月，立德妃劉氏爲皇后。**后父通，爲虎捷都指揮使，從征太原，道卒。后在襁褓而孤，鞠于外氏。善播鼗。蜀人龔美者以鍜銀爲業，携之至京師。年十五，入襄邸。帝即位，自美人進位德妃，專寵後宫。郭后崩，帝欲立之。翰林學士李迪言：「妃起於寒微，不可以母天下。」帝不從，欲得楊億草制，使丁謂喻旨。億難之，謂曰：「勉爲此，不憂不富貴。」億曰：「如此富貴，亦非所願也。」乃命他學士焉。后既立，以無宗族，更以美爲兄，改其姓爲劉，聞李迪之諫，大恨之。后性警敏，曉書史，聞朝廷事能記其本末。帝退朝，閱天下封奏，多至中夜，后皆預聞。宫闈事有問，輒援引故實以對，帝深重之。由是，漸干外政。

**癸丑**　**六年，春正月，禁内臣出使干預公事。**凡有干預州縣公事，所在官吏不以聞，並罪之。

**秋七月，除農器税。**知濱州吕夷簡請免税河北農器，帝曰：「務穡勸農，古之道也，豈獨河北哉？」詔諸路並除之。冬十二月朔，日食。○獻天書于朝元殿。先是，帝享玉皇于朝元殿，判亳州丁謂獻芝草三萬七千本，遂詔扶侍使趙安仁等奉獻天書于朝元殿。

**甲寅**　七年，春正月，帝如亳州，謁老子于太清宮。先是，詔親謁太清宮，命王旦兼大禮使，丁謂兼奉祀經度制置使，陳彭年副之，加號「太上老君混元上德皇帝」。孫奭上言：「陛下事事慕效唐明皇，豈以明皇爲令德之主邪？」帝曰：「東封、祀汾、謁陵寢、享老子，非始于明皇，且《開元禮》今世所循用，不可以天寶之亂而非之。」作《解疑論》以示羣臣。是月，奉天書發京師，遂朝謁太清宮。丁謂獻白鹿一、芝九萬五千本。曲赦亳州及車駕所經流以下罪，升亳州爲集慶軍，賜酺三日。以應天府爲南京。國初，因五代之舊，以大梁爲東京開封府，洛陽爲西京河南府。後以太祖舊藩歸德軍在宋州，改宋州爲應天府。至是，建爲南京，作鴻慶宮以奉太祖、太宗聖像。二月，還宮，大赦。○夏四月，沙州入貢。曹宗壽既殺延祿而代之。至是，死。子賢順遣人入貢，詔授歸義節度使。沙州自宗壽以來，通使契丹。六月，王欽若、陳堯叟、馬知節免。知節素惡欽若之爲人，議論未嘗少屈。欽若每奏事，必懷數奏，但出一二，匿其餘，退則以己意稱上旨行之。知節嘗於帝前顧欽若曰：「懷中奏，何不盡出之？」欽若不悅。會瀘州都巡檢王懷信等上平蠻功，欽若久不決，既而擅超擢之。知節因面詆其短，爭於帝前，帝召王旦質之，旦至，欽若猶譁不已。知節流涕曰：「願與欽若同下御史府。」旦叱欽若，使退。帝大怒，命付獄。旦從容曰：「欽若等當黜，未知坐以何罪？」帝曰：「忿爭無禮。」旦曰：「陛下奄有天下，使大臣坐忿爭無禮之罪，或聞外國，無以威遠。願至中書，召欽若等宣示陛下含容之意，且戒約之，俟少間，罷未晚也。」帝曰：「非卿言，朕固難忍。」月餘，始罷欽若、知節，併及堯叟。司空張齊賢卒。謚文定。以寇準爲樞密使。王旦薦之也。契丹伐高麗，大敗而還。契丹連歲遣耶律資忠使高麗取六州舊地，高麗不從，乃遣蕭敵烈討之。高麗與女真設奇邀擊，契丹大敗而還。秋七月，以王嗣宗、曹利用爲樞密副使。○八月，以向敏中兼景靈宮使。○冬十月，高麗來貢。自高麗王誦立，遣使入朝，爲契丹所阻，不通中國者累年。至是，詢復遣其工部侍郎尹證古入貢。詔登州置館於海次以待之。十一月，玉清昭應宮成。初，議營宮，料功須十五年，脩宮使丁謂令以夜繼晝，每繪一壁給二燭，故七年而成。凡二千六百一十楹，製度宏麗。屋宇少不中程式，雖金碧已具，劉承珪必令毀而更造，❶有司莫敢較其費。未幾，帝親謁宮，奉刻玉天書安於寶符閣，以御容立侍於側。十二月朔，司天監奏日食不應。羣臣表賀。户部獻天下民數。户九百五萬五千七百二十九，口二千一百九十七萬六千九百六十五。

乙卯　八年，春二月，淮、浙饑。○加楚王元佐天策上將軍，賜劒履上殿，詔書不名。○夏四月，寇準罷。準以三司使林特附會邪險，惡之，每事沮抑。帝方寵特，聞之，不悦，謂王旦曰：「準剛忿如昔。」旦曰：「準好人懷惠，又欲人畏威，皆大臣所當避，而準乃以爲己任，此其所短也。非至仁之主，孰能容之？」準竟以是罷。初，準數短旦于帝，而旦專稱準。帝謂旦曰：「卿雖稱其美，彼專談卿惡。」旦曰：「理固當然！臣在相位久，政事缺失必多。準對陛下無隱，益見其忠直，此臣所以重準也！」帝由是益賢旦。中書有事送樞密院，違詔格，準以上聞，旦被責拜謝，堂吏皆坐罰。不踰月，樞密有事送中書，亦違詔格，堂吏欣然呈旦，旦令送還樞密而已，準大慙謝。及罷，準托人語旦，求爲使相，旦驚曰：「將相之任，豈可求耶？吾不受私請也。」準深憾之。已而，除準武勝軍節度使、同平章事、判河南府。準入見，謝曰：「非陛下知臣，安能至此！」帝具道旦所以薦者，準愧歎以爲不可及。以王欽若、陳堯叟爲樞密使。○朝元殿火。榮王元儼宮火，延及殿閣内庫。有司劾遺火事，當死者衆。王旦曰：「陛下始以罪己詔天下，今乃過爲殺戮，且火雖有迹，安知非天譴也？」帝欣然納之，減死幾百人。六月朔，日食。○秋九月，吐蕃唃廝囉請伐夏州，不許。唃廝囉，吐蕃

❶「珪」，原作「桂」，據萬曆本、四庫本、《宋史》卷四六七《藍繼宗傳》改。

贊普之裔，居宗哥城，以宗哥僧李立遵爲論逋。論逋者，國相也。立遵貪而喜殺，國人不附。會與涇原鈐轄曹瑋戰于三都谷而敗，復襲西涼府亦敗，衆益怨之。唃厮囉遂與立遵不協，徙居邈川，而立遵自居宗哥，屢表請贊普之號。朝議以贊普乃戎王也，立遵居唃厮囉下，不宜妄授，止命爲保順軍節度使。唃厮囉與西夏接壤，每以兵抗趙德明，希朝廷賜予。至是，始立文法，聚衆數十萬，請討平夏以自效。帝以戎人多詐，或生他變，命周文質監涇原軍，曹瑋知秦州，以備之。**王嗣宗罷。○樞密直學士知陳州張詠卒。**詠倜儻有大志，尚氣節，嘗曰：「事君者，廉不言貧，勤不言苦，忠不言己效，公不言己能，斯可以事君矣！」故所至以政績聞。帝嘗稱其才任將帥，以疾不盡其用。臨卒，上疏言：「不當造宮觀，竭天下之財，傷生民之命，此皆賊臣丁謂誑惑陛下。乞斬謂頭，置國門以謝天下。然後斬詠頭，置丁氏之門以謝謂。」帝歎其忠，謚忠定。**賜信州道士張正隨號真静先生。**初，漢張魯子自漢中徙居信州龍虎山，世以鬼道惑衆，正隨其後也。至是，召赴闕，賜號。王欽若爲奏立授籙院及上清觀，蠲其出租。自是，凡嗣世者皆賜號。

**丙辰　九年，春正月，以張旻爲樞密副使。**先是，旻爲馬軍副都指揮使，被旨選兵，下令太峻，兵懼，謀欲爲變。上召二府議之，王旦曰：「若罪旻，則自今帥臣何以御衆，捕謀者，則震驚都邑。今但擢旻，使解兵柄，反側者當自安矣。」帝從其言，兵果無他。帝語左右曰：「王旦善處大事，真宰相也！」**契丹大敗高麗于郭州。**耶律世良、蕭屈烈與高麗戰于郭州西，破之，斬首數萬，獲其輜重而還。**夏六月，畿内蝗。**帝遣人出郊，得死蝗以獻，因以示大臣。明日，執政遂袖死蝗，進曰：「蝗盡死矣，請示于朝，率百官賀。」王旦曰：「蝗出爲災，災弭，幸也，又何賀！」固稱不可。後數日，二府方奏事，飛蝗忽蔽天，帝顧旦曰：「使百官方賀而蝗如此，豈不爲天下笑耶！」**秋八月，知秦州曹瑋敗吐蕃于伏羌砦。**瑋在秦州屢請益兵，帝不悦，問李迪邊將誰可代瑋者，迪曰：「瑋知唃厮囉欲窺關中，故請益兵爲備，非怯也。」乃詔發關内羨兵赴瑋。未幾，唃厮囉與宗哥族連結入寇，使諜者聲言以某日下秦州會食，以激怒瑋。瑋勒兵不動，坐俟其至，大破之，夷其族帳，斬首千餘級。自是，唃廝囉勢蹙，退保磧中，不出。**九月，丁謂、陳堯叟免，以陳彭年、王曾、張知白參知政事，任中正爲樞密副使。**彭年初入翰林爲學士，嘗謁王旦，旦辭不見。翌日，向敏中以彭年所上文字示旦，旦瞑目不覽，曰：「是不過興建符瑞，圖進取耳。」已而彭年附王欽若、丁謂，朝廷典禮無不參預，詳練儀制，雖前世未有者，必推引依據以成就之，帝甚寵遇。及升內閣，而李宗諤卒，楊億罷，彭年獨任，事務叢委，形神皆耗，舉止失措，至家人有不記其名者。**罷諸營建。**李迪言：「陛下土木之役過甚，蝗旱之災，殆天意以警陛下也。」帝深然之。至是，詔禁樂，罷秋宴，督諸路捕蝗。遂罷諸營造，禁天下貢瑞物，詔民能振貧者官之。未幾，得雨，青州飛蝗多赴海死。

**丁巳　天禧元年，❶春二月，陳彭年卒。**

彭年敏給强記，尤好刑名之學。性奸諂，時號「九尾狐」。張齊賢謂人曰：「彭年在位，必亂國政。」或疑齊賢過甚，後乃服其知人。**三月，以王曾兼會靈觀使，曾辭不受。**王欽若方挾符瑞以固寵位，陰排異己者。會有詔以曾爲會靈觀使，曾以推欽若，帝不悅，謂曾曰：「大臣宜傅會國事，何遽自異耶？」曾頓首曰：「君從諫謂明，臣盡忠謂義。陛下不知臣駑病，使待罪宰府，臣知義而已，不知異也。」**夏五月，以王旦爲太尉、侍中，參决軍國重事，旦固辭，許之。**旦素羸多疾，連年求解機務，不許。乃拜太尉、侍中，五日一赴起居，入中書。遇軍國重事，不限時日入預參决。旦愈畏避，上疏固辭新命，又託同列奏白。帝重違其意，止加封邑。**旱蝗。**帝以頻歲旱蝗，國用不給，問李迪，迪請發內藏庫以佐國用，則賦斂寬，民不勞矣。帝曰：「朕欲用李士衡代馬元方爲三司使，俟其至，當出金帛數百萬借之。」迪曰：「天子於財無內外，願下詔賜之以示恩德，何必曰借。」帝悅。**秋七月，王旦罷。**旦疾甚，引對滋福殿，帝曰：「朕方以大事託卿，而卿疾如此。」因命皇子出拜，旦皇恐走避，皇子

❶「禧」，原作「僖」，據《宋史》卷八《真宗本紀》改。

隨而拜之。旦言：「皇子盛德，必任陛下事。」因薦可爲大臣者十餘人，其後不至宰相惟凌策、李及。旦復力求避位，帝憫其形瘁，許之。復問曰：「卿萬一有不諱，朕以天下付之誰乎？」旦謝曰：「知臣莫若君，惟明主擇之。」固問之，旦舉笏曰：「以臣之愚，莫如寇準。」帝曰：「準性剛褊，更思其次。」旦曰：「他人，臣所不知也。」

**八月，以王欽若同平章事。**

帝久欲相欽若，王旦曰：「欽若遭逢陛下，恩禮已隆，且乞留之樞密，兩府亦均。臣見祖宗朝未嘗有南人當國者，雖古稱立賢無方，然須賢士乃可。臣爲宰相，不敢沮抑人，此亦公議也。」乃止。及旦罷，欽若遂相。欽若語人曰：「爲王子明遲我十年作宰相。」

**九月，王曾罷。**

曾既不受會靈觀使，上意不懌，王欽若數譖之。會曾市賀皇后家舊第，其家未徙，而曾令人舁土置其門，賀氏訴于朝，遂罷曾政事。王旦在告，聞之曰：「王君介然，他日德望勳業甚大，顧予不得見爾。」或請其故，曰：「王君昨讓觀使，雖佛上旨，而詞直氣和，了無所慴，且始被進用，已能若是。我自任政事二十年，每進對稍忤，即蹴踖不能自容，以是知其偉度矣！」

**以李迪參知政事，馬知節知樞密院事，曹利用、任中正、周起同知院事。○太尉、玉清昭應宮使王旦卒。**

旦爲首相，會天下無事，慎守祖宗法度，無所變改。帝久益信，言無不從。凡大臣有所奏請，必問曰：「王旦以爲如何？」旦與人寡言笑，及奏事，羣臣異同，旦徐一言以定。居家賓客滿堂，察可與言及素知名者，數月後，召與語，詢訪四方利病，或使疏其言而獻之，以觀其所長，密籍其名薦之，人未嘗知。諫議大夫張師德兩詣旦門，不得見，意爲人所毀，以告向敏中。敏中從容爲旦言之，旦曰：「旦處安得有毀人者？」及議知制誥，旦曰：「可惜張師德。」敏中問之，旦曰：「師德名家子，有士行，不意兩及吾門。狀元及第，榮進素定，當静以待之。若復奔競，使無階而入者當如何也。」薛奎發運江、淮，辭旦，旦無他語，但云：「東南民力竭矣。」奎退，歎曰：「真宰相之言也。」內臣劉承珪以忠謹得幸，既病，求節度使。帝謂旦曰：「承珪待此以瞑目。」旦執不可，曰：「他日求爲樞密使，此其階也。」遂止。自是，內臣不過留後。旦任事久，有謗之者，輒引咎不辨。至人有過失，雖人主盛怒，可辨者辨之，必得而後已。至是，疾篤，帝臨問，親調藥，并薯蕷粥賜之，遣內侍問者日至三四。及薨，痛悼不已。旦遺令削髮披緇以斂，蓋悔其不諫天書之失也。諸子欲奉遺令，楊億以爲不可，乃止。**張旻罷。**

**戊午 二年，夏閏四月，馬知節罷。○五月，京師民訛言妖至。**先是，西京訛言：「有物如席帽，夜飛入人家，又變爲犬狼狀，能傷人。」民恐，每夕重閉深處，操兵自衛。至是，京師民訛言帽妖至，達旦叫譟。詔立賞格募告爲妖者。知應天府王曾令夜開里門，有倡言者即捕之，妖亦不興。**契丹以張儉爲政事令。**儉端慤，不事外飾。爲雲州幕官。契丹主獵雲中，故事，長吏當有所獻，節度使進曰：「臣境無他産，惟幕僚張儉，一代之寶，願以爲獻。」因召見，容止朴野，訪及世務，占奏三十餘事。由是，顧遇特異。**六月，以曹利用知樞密院事。○彗出北斗。○秋八月，立子受益爲皇太子，更名禎，赦。**受益，司寢李氏所生，皇后養以爲子，與楊淑妃同撫育之。祥符九年，封壽春郡王，就學于資善堂，以張士遜、崔遵度爲王友。未幾，進封昇王。至是，立爲皇太子。**冬十月，契丹伐高麗。十二月，戰于茶、陀二河，大敗。○張知白罷。**知白與王欽若論議多相失，因稱疾辭位，遂罷知天雄軍。

**己未 三年，春三月朔，日食。○得天書于乾佑山。夏六月，王欽若有罪，免，以寇準同平章事。**巡檢朱能挾内侍都知周懷政詐爲天書，時寇準判永興軍，以聞，詔迎入禁中。中外皆識其詐，帝獨信之。諭德魯宗道言：「姦臣誕妄，以惑聖聽。」知河陽孫奭言：「乞斬朱能，以謝天下。」皆不聽。準由是得召用矣。時欽若恩禮衰，商州捕得道士譙文易，畜禁書，能以術使六丁六甲神，欽若坐與之出入，遂免，以準代相。準之始召也，門生有勸準者曰：「公若至河陽，稱疾，堅求外補，此爲上策；倘入見，即發乾佑天書之詐，斯爲次也；最下，則再入中書耳。」準不懌。**以丁謂參知政事。**謂因準稱譽，得致通顯，雖同列而事之甚謹。嘗會食中書，羹污準鬚，謂起徐拂之，❶準笑曰：「參政，國之大臣，

❶「起徐」，原作「徐起」，據《長編》卷九三、《東都事略》卷四一《寇準傳》、《宋史》卷二八一《寇準傳》乙正。

乃爲官長拂鬚邪?」謂大慙恨,遂成釁隙。河决滑州。泛澶、濮、鄆、濟、徐境。秋七月,羣臣上帝尊號,大赦。以天書再見也。八月,大會道、釋于天安殿。凡萬三千八十六人。京東、河北水。○彰德留後馬知節卒。知節慷慨,以方畧自任。所與善,必一時豪傑。性剛直敢言,不肯少有卑屈,天下稱其直。嘗與王欽若争論上前,退見王旦,詞色猶怒甚,曰:「知節幾欲以笏擊死之,但恐驚動君相爾。」卒,謚正惠。冬十一月,帝謁景靈宫,享太廟,祀天地于圜丘,大赦。自是每三歲行禮,宫廟、圜丘必同舉爲永制。向敏中、寇準並加僕射。麻下,帝以即位未嘗除左僕射,意敏中應甚喜,賀客必多,使人密覘之,云:「敏中方謝客,門闌悄然,瞯其庖中亦寂無一人。」帝大笑,曰:「向敏中大耐官職。」十二月,以曹利用、丁謂爲樞密使,任中正、周起爲副使。

**庚申** 四年,春正月,以曹瑋簽書樞密院事。瑋沉勇有謀,馭軍嚴明。自少捍禦西陲,熟知羌情,每以奇計用兵,所向克捷。善撫士卒,綏懷邊人,羌戎畏懷之。二月,帝有疾,不視朝。○三月,尚書左僕射、同平章事兼景靈宫使向敏中卒。敏中端厚沉毅,識大體,善處繁劇,時以重德目之。夏四月,有兩月並見于西南。○高麗求成于契丹。○六月,寇準罷。時帝得風疾,事多决于皇后,寇準、李迪以爲憂。一日,準請間曰:「皇太子人所屬望,願陛下思宗廟之重,傳以神器,擇方正大臣羽翼之。丁謂、錢惟演,佞人也,不可以輔少主。」帝然之。準密令楊億草表,請太子監國,且欲援億輔政。已而準被酒漏言,謂聞之,曰:「即日上體平,朝廷何以處此?」李迪曰:「太子監國,古制也,何不可之有?」謂力譖準,請罷其政事,帝不記與準有成言,竟罷爲太子太傅,封萊國公。秋七月,以李迪、丁謂同平章事,馮拯爲樞密使。迪時兼太子賓客,制下固辭,帝不允。會皇太子見帝,拜曰:「陛下用賓客爲相,敢謝。」帝顧謂迪曰:「尚可辭耶!」迪乃受命。貶寇準知相州。帝始得疾,自疑不起，嘗臥宦者周懷政股，與之謀，欲命太子監國。懷政，東宮官也，出告寇準。已而事泄，準罷。丁謂等因踈斥之，使不得親近，懷政憂懼不自安，陰謀奉帝爲太上皇，而傳位太子，罷皇后預政，殺丁謂而復相準。客省使楊崇勳等以其謀告謂，謂即微服夜乘犢車，挾崇勳詣曹利用議。明日，以聞。詔命曹瑋訊之，懷政具服。帝怒甚，欲責及太子，羣臣莫敢言，李迪從容奏曰：「陛下有幾子，乃欲如是！」帝悟，乃止，誅懷政。謂與皇后謀，并發朱能天書妖妄事，遂貶準爲太常卿、知相州，而罷翰林學士盛度、樞密直學士王曙。朝士與準親厚者，皆斥之。準之貶也，帝命與小州，謂輒云與遠小州，迪言：「向者聖旨無遠字。」二人忿争，蓋始此。**八月，以任中正、王曾參知政事，錢惟演爲樞密副使。○周起、曹瑋罷。**

**○貶寇準爲道州司馬。**時遣使捕朱能，能擁衆叛，未幾，衆潰，自殺。準坐是再貶道州。既至，晨具朝服如常時，對賓客言笑，若初無廊廟之貴者。自罷相，三絀，皆非帝意。歲餘，帝問左右曰：「吾目中何久不見寇準？」羣臣畏謂威，莫敢對。呂中曰：「至是，李文靖之言驗矣！當君子用事之時，則常有不盡絶小人之心；至小人得志之時，則其去君子必盡其力而後止。此準之所以重得貶也。」**九月，帝疾瘳。○冬十一月，李迪、丁謂罷。翌日，謂復留視事，罷翰林學士劉筠。**

丁謂擅權用事，至除吏不以聞。迪憤然，謂同列曰：「迪起布衣至宰相，有以報國，死猶不恨，安能附權倖爲自安計耶！」會議二府皆進秩兼東宮官，迪以爲不可。謂又欲引林特爲樞副，迪復沮之，謂積怒。既而謂加門下侍郎兼太子太傅，迪加尚書左丞，仍兼太子少傅。故事，宰相無兼左丞者。及入對長春殿，内出制書置榻前，帝謂輔臣曰：「此卿等兼東宮官制也。」迪進曰：「東宮官屬不當增置，臣不敢受命。丁謂罔上弄權，私林特、錢惟演，而嫉寇準。特子殺人，事寢不治，準無罪遠謫，惟演以皇后姻家使預朝政，曹利用、馮拯相爲朋黨。臣願與謂俱罷，付御史臺劾正。」帝怒，留制不下，左遷迪知鄆州，謂知河南府。明日，謂入謝，帝詰所争狀，謂對曰：「非臣敢争，乃迪詈臣爾，願復留。」遂自出傳口詔，復入中書視事。時劉筠已草迪、謂同罷制，既而謂復留，命草制，筠不奉詔，乃更召學士晏殊草之。筠自院出，遇殊，殊皇愧側面，不敢與揖。謂既復位，益擅權專恣。筠曰：「姦人用事，安可一日居此！」力請補外，遂知廬州。筠初爲楊億所識拔，後遂與億齊名，時號「楊劉」。**詔太子參議朝政。**詔自今軍國大事取旨如故，餘皆委皇太子同宰相、樞密等參議施行。太子固讓，不允。遂開資善堂親政，皇后裁決于內。而丁謂用事，中外以爲憂。王曾謂錢惟演曰：「太子幼，非中宮不能立，中宮非倚太子，則人心亦不附。后若加恩太子，則太子安，太子安，則劉氏安矣！」惟演乘間言之，后深納焉。**以馮拯同平章事。**

**辛酉　五年，春正月，以張士遜爲樞密副使。○秋七月朔，日食。○九月，吐蕃唃厮囉來降。○冬十一月，貶王欽若爲司農卿，分司南京。**欽若判河南，有疾，表乞就毉京師。丁謂使人紿之曰：「上甚思一見君也。」欽若信之，即輿疾至京。謂因言欽若擅去官守，無人臣禮，命御史就第按問。欽若惶恐伏罪，故貶。

**壬戌　乾興元年，春二月，羣臣上帝尊號。○帝崩，遺詔皇后權處分軍國事，太子禎即位，尊皇后爲皇太后，赦。**王曾奉遺詔，入殿廬草制，命皇后權處分軍國事，輔太子聽政。丁謂欲去「權」字，曾曰：「皇帝冲年，太后臨朝，斯已國家否運，稱『權』猶足示後。且增減制書有法，表則之地，先欲亂之邪？」謂遂止。太子即位，年十三矣，尊皇后爲皇太后，淑妃楊氏爲皇太妃。兩府議太后臨朝儀，曾請如東漢故事，太后與帝五日一御承明殿，太后坐帝右，垂簾聽政。謂欲擅權，不欲同列與聞機政，潛結入內押班雷允恭，密請太后降手書云：「帝朔望見羣臣，大事則太后召對輔臣決之；非大事，則令允恭傳奏禁中，畫可以下。」曾曰：「兩宮異處，而柄歸宦官，禍端兆矣！」於是，允恭恃勢專恣，而謂權傾中外，衆莫敢抗，獨曾正色立朝，時倚爲重。胡一桂曰：「真宗景德以前，足爲繼世之賢君；祥符以後，不過矯誣上天之主。」呂中有云：「景德以前之相，呂端、張齊賢、李沆、呂蒙正、畢士安、寇準、王旦，皆君子，而沆之賢爲最；祥符以後，王欽若、陳堯叟、馮拯、丁謂、曹利用，皆小人，而欽若之奸邪爲最。雖有向敏中、李迪，亦不踰時去矣。吁！以數君子成之不足，以一小人敗之有餘。相道之關於君德如此夫！」**夏四月，貶寇準爲雷州司户参軍，李迪爲衡州團練副使。**帝臨崩，惟言寇準、李迪可託。丁謂怨準，而太后憾迪嘗諫立己，遂誣以朋黨，貶之，連坐者甚衆，曹瑋亦謫知萊州。初議竄逐，王曾疑責太重，謂熟視曾曰：「居停主人恐亦未免耳！」蓋曾嘗以第舍假準，曾遂不復争。學士呈制草，謂改曰：「當醜徒干紀之際，屬先帝違豫之初，罹此震驚，遂致沉劇。」且使人迫迪行。或語謂曰：「迪若貶死，公如士論何？」謂曰：「異日諸生記事，不過曰『天下惜之』而已。」謂必欲令二人死，遣中使齎敕就賜，以錦囊貯劍揭于馬前，示將誅戮狀。至道州，衆皆皇恐不知所爲，準方與郡官宴飲，神色自若，使人謂之曰：「朝廷若賜準死，願見敕書。」中使不得已，乃授敕。準拜於庭，升階復宴，至暮乃罷。❶

**六月，契丹遣使來弔祭。**契丹主聞帝崩，集蕃、漢大臣舉哀，遣耶律僧隱等來弔祭。置帝御靈，建資福道場，百日而罷。詔諸州軍不得作樂，凡國中犯帝諱者悉改之。

**内侍雷允恭伏誅。丁謂、任中正免。**謂爲山陵使，允恭爲都監。判司天監邢中和言于允恭曰：「今山陵上百步，法宜子孫，類汝州秦王墳，但恐下有石與水耳。」允恭曰：「上無他子，若如秦王墳，何不可？」中和曰：「山陵事重，踏行覆按，動經月日，恐不及七月之期耳。」允恭曰：「第移就上穴，我走馬入見太后言之。」允恭素貴横，人不敢違，即改穿上穴。乃入白，太后曰：「此大事，何輕易如此？」允恭曰：「使先帝宜子孫，何爲不可？」太后意不然，曰：「出與山陵使議可否。」允恭出，與謂言，謂唯唯。允恭入奏：「山陵使亦無異議。」遂命夏守恩領工徒數萬穿地，土石相半，繼之以水，衆議日喧，懼不能成功，中作而罷，奏請待命。謂庇允恭，依違不决。内侍毛昌達自陵下還，以其事聞，詔問謂，謂始請遣使按視。既而咸請復用舊地，乃詔馮拯、曹利用等就謂第議，遣王曾覆視。曾還，請獨對，因言：「謂包藏禍心，令允恭移皇堂於絶地。」太后大驚，怒甚，欲併誅謂。馮拯進曰：「謂固有罪，然帝新即位，亟誅大臣，駭天下耳目。」后怒稍解，遂止誅允恭等。二日，太后召宰相諭曰：「丁謂爲宰相，乃與宦者交通。謂前附允恭奏事，皆言已與卿等定議，故皆可之。且營奉先帝陵寢，而擅有遷易，幾誤大

❶「暮」，原作「莫」，據《長編》卷九八、《編年綱目備要》卷八、《宋朝事實類苑》卷一四《寇萊公》改。

事。」拯等對曰：「自先帝登遐，政事皆謂與允恭同議，稱得旨禁中。臣等莫敢辨虛實，賴聖神察其姦，此宗社之福也。」任中正獨進曰：「謂被先帝顧托，雖有罪，請如律議功。」曾曰：「謂以不忠得罪宗廟，尚何議耶！」乃降授謂太子少保、分司西京，并罷中正，出知鄆州。故事，黜宰相皆降制，時欲亟行，止召舍人草詞，仍榜朝堂，布諭天下。以拯爲山陵使。**秋七月朔，日食幾盡。○以王曾同平章事，吕夷簡、魯宗道參知政事，錢惟演爲樞密使。**曾方嚴持重，每進見，言利害事，審而中理，多所拔薦，尤惡僥倖。帝嘗問曾曰：「比臣僚請對，多求進者。」曾對曰：「惟陛下抑奔競，崇恬靜，庶幾有難進易退之人矣。」初，真宗封岱、祀汾，兩過洛陽，皆幸吕蒙正第，問曰：「卿諸子孰可用？」蒙正對曰：「臣諸子皆不足用。姪夷簡，宰相材也。」夷簡由是進用，累擢知開封府。嚴辦有聲，真宗識其姓名于屏風，將大任之，不果。宗道嘗爲右正言，論列無所畏避，真宗書殿壁曰：「魯直」，蓋思念之也。**丁謂有罪，貶崖州司户參軍。**初，女道士劉德妙嘗以巫師出入謂家。謂敗，逮繫德妙，內侍鞫之。德妙具言謂嘗教之曰：「汝所爲不過巫事，不若託老君言禍福，足以動人。」於是即謂家設神像，夜醮于園中，雷允恭數至請禱。及真宗崩，引入禁中。又因穿地得龜蛇，令德妙持入內，紿言出其家山洞中，仍教云：「上即問若，所事何知爲老君，第云『相公非凡人，當知之』。」謂又作頌，題曰「混元皇帝賜德妙」，語涉妖誕。遂貶謂崖州司户參軍，籍其家，得四方賂遺不可勝紀。謂赴崖州，道出雷州，寇準使人以一蒸羊逆諸境上。謂欲見準，準固辭之。準聞家僮謀欲報仇，乃杜門使縱博，毋得出，俟謂行遠，乃已。謂機敏有智謀，憸狡過人。及居崖州，專事浮屠因果之說。家寓西京，嘗爲書自克責，叙國厚恩，戒家人毋輒怨望，遣人致于洛守劉燁，祈付其家。戒使者伺燁會衆僚時達之。燁得書不敢私，即以上聞。太后與帝見之感惻，遂徙雷州，亦出於揣摩也。**八月，太后同御承明殿聽政。○冬十月，葬永定陵，以天書殉。○十一月，錢惟演罷。**初，惟演見丁謂當國，權勢薰灼，因附之，與爲昏姻。寇準之斥，惟演有力焉。及序樞密題名，獨削去準姓氏，云「逆準不書」。御史中丞蔡齊言于帝曰：「寇準忠義聞天下，社稷之臣也，豈可爲姦黨所誣哉？」帝遽令磨去之。謂得罪，惟演慮將及己，因擠謂以自解。馮拯以是惡其爲人，因言：「惟演以妹妻劉美，乃太后姻家，不可與機政以廢祖宗之法，請罷之。」乃以保大節度使知河陽府。踰年，入朝，意圖執政。御史鞠詠上疏論之，太后遣内使持奏示惟演，惟演猶顧望不行。詠語右司諫劉隨曰：「若相惟演，當取白麻廷毁之。」惟演始亟去。惟演出於勳貴，文辭清麗，名與楊億、劉筠相上下。於書無所不讀，尤喜獎勵後進，嘗曰：「吾平生不足者，惟不得於黄紙上押字耳。」故切切求入中書，爲時議所鄙。**吐蕃李立遵來附。○以張知白爲樞密副使。○給兗州學田。**判國子監孫奭上言：「知兗州日，建立學舍，以延生徒至數百人。臣雖以俸贍之，然常不給，乞給田十頃爲學糧。」從之。諸州給學田始此。

**帝初御經筵。**王曾以帝初即位，宜近師儒，乃請御崇政殿西閣，召侍講學士孫奭、直學士馮元講《論語》。初，詔雙日御經筵，自是，雖隻日亦召侍臣講讀。帝在經筵，或左右瞻矚及容體不正，奭即拱立不講，帝爲竦然改聽。

續資治通鑑綱目第三

# 續資治通鑑綱目第四

起癸亥宋仁宗天聖元年，盡癸未宋仁宗慶曆三年。

凡二十一年。

**癸亥**　仁宗皇帝天聖元年，春正月，立計置司，罷榷茶、鹽，行貼射通商法。時承平既久，兵籍益廣，吏員益衆，佛老、夷狄蠹耗中國，百姓縱侈，而上下困於財。三司使李諮請省浮費。鹽鐵判官俞獻卿亦言：「天下穀帛日耗，稻苗未生而和糴，桑葉未吐而和買，自天禧以來，日甚一日。宜與大臣議捄正之。」上納其言，乃立計置司，以張士遜、吕夷簡、魯宗道領之。初，陝西、河北商人入芻糧者，榷貨務給券，以茶償之，又益以東南緡錢及香藥、犀象，爲虛實三估，謂之三說。至用十四錢易官錢百，其法屢更，不能無弊。上命諮等校歲入登耗更定之。諮等言：「淮南十三場茶，歲課五十萬緡，天禧五年纔及二十三萬緡。每券直錢十萬，鬻之，售錢五萬五千，總爲實錢十三萬緡，除九萬緡爲本錢，歲纔得息錢三萬餘緡，而官吏廩給雜費不與焉。是則虛數雖多，實利殊寡。請罷三說。」❶以十三場本息併計其數，罷官給本錢，使商人與園户自相交易，一切定爲中估，而官收其息。如鬻舒州羅源場茶，斤售錢五十有六，❷官不復給，但使商人輸息錢三十有一而已。然必輦茶入官，隨商人所指而與之，給券爲驗，以防私售，謂之貼射。若歲課貼射不盡，則官市之如舊。商人入芻糧塞下者，隨所在實估，度地里遠近，量增其直給券，至京，一切以緡錢償之，謂之見錢法。諮等又以鹽之類有二，解池引水而成，曰顆鹽；淮、浙、蜀、廣鬻海或井或鹻而成，曰末鹽，皆通商貿易。乾興初，解鹽計歲入二十三萬緡，視天禧中數損十四萬，請罷之，專令兩池入中並邊芻粟。上皆從之。秋九月，馮拯罷。拯氣貌嚴重而乏風節，議論多迎合上意。平居自

❶「說」下，《宋史》卷一八三《食貨志》有「行貼射法」四字。

❷「六」下，《宋史》卷一八三《食貨志》有「其本錢二十有五」七字。

奉侈靡，外示儉陋，人不能知。至是，以疾罷。**以王欽若同平章事。**欽若再相，以帝初臨政，謂百官敍進皆有常法，爲圖以獻。然亦不能大用事如真宗朝矣。**閏月，故相寇準卒于雷州。**詔許歸葬西京。史臣曰：「準論建太子，謂不可謀及婦人、謀及中官、謀及近臣。澶淵之幸，力沮衆議，竟成雋功，古所謂大臣者，於斯見之。然挽衣留諫，面詆同列，雖有直言之風，而少包荒之量。定策禁中，不慎所與，致啓懷政邪謀，坐竄南裔。勳業如是而不令厥終，所謂『臣不密則失身』，信哉！」**冬十一月，禁江南巫邪。**先是，洪州俗尚鬼，多巫覡惑民。凡己之所資，假神而言，無求不得。知州夏竦索部中幾二千家，勒令還農，毁其淫祠以聞。詔江、浙、荆、湖、閩、廣，凡挾邪術害人者，悉禁絶之。**置益州交子務。**初，張詠知益州，患蜀人鐵錢重，不便貿易，設質劑之法，一交一緡，以三年爲一界而换之。六十五年爲二十二界，謂之交子，使富民主之。後富民稍衰，不能償所負，爭訟不息。轉運使薛田、張若谷請置交子務，以權其出入，禁私造者，帝從其議。立務于益州，界以百二十五萬六千三百緡爲額。

**甲子　二年，夏五月朔，司天監奏日食，不應。**中書奉表稱賀。**秋八月，帝臨國子監，謁孔子。○冬十一月，立皇后郭氏。**后，平盧節度使崇之孫女。時張美人有寵，帝欲立之，太后不可而止。故后雖立，而頗見疎。

**乙丑　三年，冬十月，以晏殊爲樞密副使。○十一月，復榷茶、鹽。**李諮以實錢入粟，實錢售茶，二者不得相爲輕重。既行而商人失厚利，怨謗蠭起。上疑變法之弊，下詔責計置司，而遣官行視。諮具言新法之便。會孫奭等論其煩擾，遂罷貼射法。官仍給本錢市茶，商人入錢售之，茶法復壞。解鹽亦復榷之。**王欽若卒。**帝謂輔臣曰：「欽若久在政府，觀其所爲，真姦邪也！」王曾對曰：「欽若與丁謂、林特、陳彭年、劉承珪同惡，時人目爲『五鬼』，姦邪憸僞，誠如聖諭。」**十二月，以張知白同平章事，張旻爲樞密使。**太后微時，嘗寓旻家，旻事之甚謹，后德之。故自河陽召還，長樞府。晏殊言：「旻無勳勞，徒以恩倖被寵，天下已有非才之議，奈何復用爲樞密使也？」后不悅。旻尋更名耆。

**丙寅**　四年，夏五月，契丹伐回鶻，圍甘州，兵敗而還。自是，党項、阻卜諸部皆叛，契丹兵將多敗死。六月，大水。京師大雨，平地水數尺，壞民舍，壓死數百人。京東、西及河北、江淮以南皆大水。帝避殿減膳，肆赦，蠲民租，撫流民。方水之作也，宰執晨朝未入，有旨放朝，王曾附中使奏曰：「天變甚異，乃臣等燮理無狀，豈可退安私室！」亟請入見，陳所以備禦之道。同列有先歸者，皆媿服焉。冬十月朔，日食。

**丁卯**　五年，春正月朔，帝率羣臣朝太后于會慶殿。先是，帝白太后，欲元日先上太后壽，乃受朝，太后不可。王曾奏曰：「陛下以孝奉母儀，太后以謙全國體，請如太后令。」帝不從。晏殊罷，以夏竦爲樞密副使。殊從幸玉清昭應宮，從者持笏後至，殊怒，以笏擊之折齒，爲御史所論，出知宣州，尋改應天。自五代以來，天下學校廢壞，殊始興建，爲諸州倡，且延范仲淹以教生徒。仲淹敦尚風節，每感激論天下事，殊深器之。竦，明敏博學，文章典雅，材術過人，但急於進取，喜交結，任數傾側，世以姦邪目之。夏五月，楚王元佐卒。

○秋九月，以程琳爲御史中丞。張知白最器琳，當除命，喜曰：「不辱吾筆。」琳上疏請罷諸土木營造，蠲被災郡縣逋租，帝嘉納之。未幾，除知開封府。王蒙正子齊雄殺人，貨其妻子使以病告。❶蒙正聯姻太后家，琳察其色詞異，令有司驗之，得狀。太后因琳對，諭之曰：「齊雄非殺人者，乃其奴捶之。」琳曰：「奴無自專理，且使令與己犯同。」太后嘿然，卒論如法。

**戊辰**　六年，春二月，工部尚書同平章事張知白卒。知白爲相，慎名器，抑僥倖，每以盛滿爲戒。雖貴顯，清約如寒士。卒，謚文節。三月朔，日

❶「貨」，《宋史》卷二八八《程琳傳》作「貸」。

食。○以張士遜同平章事，姜遵、范雍爲樞密副使。○夏五月，趙德明使其子元昊襲回鶻甘州，取之。元昊，小字嵬理，性雄毅，多大畧，善繪畫，能創製物始，圓面高準，曉浮圖學，通蕃漢文字。德明雖臣事中國及契丹，然於本國則稱帝。至是，以元昊襲破回鶻，奪甘州，遂立爲皇太子。秋八月，水。江、淮、兩浙、河北皆水，遣使安撫。

己巳　七年，春正月，曹利用罷。時太后臨朝，中人與貴戚稍能軒輊爲禍福，而利用以勳舊自處，不恤也。凡内降恩，力持不與，左右多怨之。太后亦嚴憚利用，稱曰「侍中」而不名。利用奏事簾前，或以指爪擊帶鞓，左右指示太后曰：「利用在先帝時，何敢尔耶？」太后頷之。會利用從子汭爲趙州兵馬監押，被酒衣黄衣，令人呼萬歲，事聞，汭杖死。内侍羅崇勳請併罪利用，后問諸執政，衆顧望未有對者，張士遜徐曰：「此獨不肖子爲之，利用大臣，宜不知狀。」后大怒。王曾復爲力解，后曰：「卿嘗言利用强横，今何解也？」曾曰：「利用素恃恩，故常以理折之。今加以大惡，則非臣所知也。」后意少釋，乃罷爲衛將軍、知隨州。二月，參知政事魯宗道卒。太后臨朝，宗道屢有獻替。后嘗問：「唐武后何如主？」對曰：「唐之罪人也，幾危社稷。」后默然。有小臣方仲弓請立劉氏七廟，后問諸輔臣，衆不敢對，宗道獨進曰：「若立劉氏七廟，如嗣君何？」乃止。后嘗與帝同幸慈孝寺，欲乘輦先行，宗道以「夫死從子」之義争之，后遽命輦後乘輿。宗道，剛正嫉惡，遇事敢言，貴戚用事者皆憚之，目爲「魚頭參政」，因其姓，且言骨鯁也。卒，謚簡肅。張士遜罷。士遜之相，曹利用薦之也。利用憑寵自恣，而士遜依違其間，時人目之爲和鼓。利用既斥，士遜亦罷。以吕夷簡同平章事，夏竦、薛奎參知政事，陳堯佐爲樞密副使。初，奎知開封府，時真宗數宴大臣，至有沾醉者，奎諫曰：「今天下誠無事，然宴樂無度，大臣數被酒失儀，非所以重朝廷也。」真宗善其言。及拜參政，入謝，帝曰：「先帝嘗以卿可大任，今用卿，先帝意也！」他日，帝諭輔臣曰：「臣事君鮮有克終者。」奎對曰：「保終之道，匪獨臣下然也。」因歷數唐開元、天寶時事以聞，帝然之。安置曹利用于房州，至襄陽自殺。利用復坐私貸官錢，再貶崇信節度副使。宦者多惡利用，必欲致之死以快志。內侍楊懷敏送之，至襄陽驛，以語侵之，利用遂投繯而死。利用性悍梗少通，力裁僥倖，而其親舊或有因緣以進者，故及於禍。然居位忠藎有守，終始不屈，死非其罪，聞者冤之。**復制舉諸科。**詔復賢良方正等六科，以待京朝官之被舉及應選者；增置書判拔萃科，以待選人之應書者；高蹈丘園、沉淪草澤、茂才異等三科，以待布衣之被舉者；又置武舉，以待方略智勇之士。

**三月，給契丹流民田。**契丹饑，流民至境上。帝曰：「皆吾赤子也。」詔給以唐、鄧州閒田，仍令所過給食。

**夏六月，玉清昭應宮災，罷王曾知兖州。**丁未，夜大雨，震電，宮內火起，至曉，宮屋盡燬。詔繫守衛者于御史獄。太后泣對大臣曰：「先帝竭力成此宮，一夕延燎幾盡，惟長生、崇壽二小殿存爾，何以稱遺旨哉！」范雍抗言曰：「不若悉燔之，先朝以此竭天下之力，遽爲灰燼，非出人意；如因其所存，又將葺之，則民不堪命，非所以祇天戒也。」中丞王曙亦言：「玉清昭應宮之建，非應經義，災變之來，若有警者，願除其地，罷諸禱祠以應天變。」右司諫范諷復言：「此天之戒告，不當置獄窮治。」太后與帝感悟，遂減守衛者罪，而下詔不復繕修，以二殿爲萬壽觀，罷諸宮觀使。初，太后受册，將御大安殿，曾執不可；及長寧節上壽，又執不可，皆供帳便殿。太后左右姻家，稍通請謁，曾多裁抑之，太后滋不悅。會玉清昭應宮災，曾以首相罷，出知兖州。**秋八月朔，日食。○以陳堯佐、王曙參知政事，夏竦爲樞密副使。**

**○契丹詳穩大延琳據遼陽反。冬十月，契丹將蕭孝穆討平之。**遼東自神册附契丹，無榷酤鹽麯之征。❶馮延休、韓紹勳相繼爲户部使，始以燕法繩之，民不堪命。會燕荐饑，户部副使王嘉獻計造船，使其民漕粟以振之，水路艱險，多至覆没，鞭朴搒掠，民怨思亂。東京舍利軍詳穩大延琳因之爲變，遂囚留守蕭孝先及其妻南陽公主，殺韓紹勳、王嘉等以快衆情，僭號興遼，改元天慶。副留守王道平踰城走黑嶺告變。契丹主徵諸道兵，命南京留守蕭孝穆爲都統以討之。賊兵屢敗，延琳嬰城固守。未幾，孝先穴地而出，賊將執延琳以降。**京師地震。○十一月，出祕閣校理范仲淹通**

❶「麯」，原作「麵」，據《遼史》卷一七《聖宗本紀》改。

判河中。時帝每以歲旦、冬至率百官上太后壽于會慶殿，❶遂同御大安殿，以受朝。祕閣校理范仲淹上疏曰：「天子奉親于内，自有家人禮。今顧與百官同列，北面而朝，虧君體，損主威，非所以垂法後世也。」疏入，不報。晏殊初薦仲淹爲館職，聞之，大懼，召仲淹詰以狂率邀名，且將累薦者。仲淹正色抗言曰：「仲淹繆辱公薦，每懼不稱，爲知己羞，不意今日反以忠直獲罪門下。」殊不能答。既而，又疏請太后還政，亦不報。遂乞補外，出爲河中府通判。

**庚午**　八年，秋八月，復解鹽通商法。上書者言：「榷解鹽，官得利微，而民困於轉輸。」詔翰林學士盛度等議更其制。度上通商五利，遂罷三京、二十八州軍榷法，聽商人入錢若金銀於京師榷貨務，受鹽兩池，而民便之。自是，雖商賈流行而歲課耗矣。九月，姜遵卒，以趙稹爲樞密副使。時政出宫掖，稹厚結劉美家婢，以干進用。命未下，有馳告者，稹問：「東頭，西頭？」蓋意在中書也。聞者以爲笑談。



**辛未**　九年，夏六月，契丹隆緒死，子宗真立，其母蕭耨斤治國事。宗真，宫人蕭耨斤所生，齊天后蕭氏無子，取而養之，愛同己出，至是立焉。耨斤自立爲皇太后，聽政。宗真改元景福，號隆緒曰聖宗。初，隆緒疾革，蕭耨斤詈齊天后曰：「老物寵亦有既邪！」左右希耨斤旨，誣齊天后弟謀逆，耨斤令鞫治，連及齊天后。宗真聞之，曰：「皇后侍先帝四十年，撫育朕躬，當爲太后。今不果，反罪之，可乎？」耨斤曰：「此人若在，恐爲後患。」宗真曰：「皇后無子而老，雖在，無能爲也。」耨斤不從，遷之上京。秋七月，遣龍圖閣待制孔道輔等使契丹。契丹來告哀，帝遣道輔及王隨等充賀册及弔祭等使。初，道輔使契丹，契丹燕使者，優人以文宣王爲戲。道輔艴然徑出，虜使主客者邀還坐，且令謝。道輔正色曰：「中國與北朝通好，以禮文相接，今俳優之徒侮慢先聖而不之禁，北朝之過也，何謝爲！」至是，益加禮

❶「慶」，原作「寧」，據《隆平集》卷八《范仲淹傳》、《長編》卷一〇八、《編年綱目備要》卷九、《宋史》卷九《仁宗本紀》改。

重。道輔，孔子四十五世孫也。**冬十月，罷翰林學士宋綬。**時太后專政，而帝未始獨對羣臣，綬請「令羣臣對前殿，非軍國大事及除拜，皆前殿取旨」。書上，忤太后意，出知應天府。

**壬申　明道元年，春二月，以張士遜同平章事。○真宗宸妃李氏卒。**李氏，杭州人，實生帝。太后既取帝爲己子，與楊太妃保護之，李氏默然處先朝嬪御中，未嘗自異。人畏太后，亦無敢言者。以是帝雖春秋長，不自知爲李氏出也。至是，疾革，乃自順容進位宸妃，薨。太后欲以宮人禮治喪于外，吕夷簡奏禮宜從厚。太后遽引帝起，有頃，復獨立簾下，召夷簡問曰：「一宮人死，相公云云何也？」夷簡對曰：「臣待罪宰相，事無内外，皆當預也。」后怒曰：「相公欲離間吾母子耶？」夷簡對曰：「陛下不以劉氏爲念，臣不敢言；尚念劉氏，則喪禮宜從厚。」后悟，乃以一品禮殯于洪福院。夷簡又謂入内都知羅崇勳曰：「宸妃當以后服殮，用水銀實棺。異時勿謂夷簡不道及也。」崇勳懼，馳告太后，乃許之。**三月，契丹蕭耨斤弑其主母蕭氏。**耨斤慮契丹主懷齊天后鞠育之恩，因其蒐于雪林，遣人馳至臨潢，賜后死。后曰：「我實無辜，天下共知，待我浴而後就死。」使者退，比反，則后已死矣。**秋七月，王曙罷。八月，以晏殊參知政事，楊崇勳爲樞密副使。○宮中火，詔羣臣言闕失。**大内火，延及八殿，帝移御延福宮。百官晨朝，而宮門不啓。輔臣請對，帝御拱宸門，追班，百官拜樓下，吕夷簡不拜。帝使人問其故，曰：「宮中有變，羣臣願一見清光。」上舉簾見之，乃拜。有司究火所起，多引宮人屬吏。御史蔣堂言：「火起無迹，安知非天意？陛下宜修德應變。有司乃欲歸咎宮人，是重天譴也。」時促開封府具獄。程琳命工圖火所經處，辨其誣伏者，且言：「此殆天災，不可以罪人。」遂罷獄，詔羣臣直言闕失，大赦。殿中丞滕宗諒、祕書丞劉越皆請太后還政，以答天譴，不報。**九月，復作受命寶。**以舊寶册爲宮火所焚故也。❶ **冬十一月，夏王趙德明卒，**

❶「寶册」，《長編》卷一一一、《編年綱目備要》卷九、《宋史全文》卷七上作「册寶」。

**子元昊嗣。**是歲，封德明爲夏王。未幾，卒，贈太師、尚書令兼中書令。遣楊告授元昊三使，❶封西平王。契丹亦遣使册元昊爲夏國王。初，元昊數諫其父勿臣宋，德明輒戒之，曰：「吾用兵久，疲矣。吾族三十年衣錦綺，此宋恩也，不可負。」元昊曰：「衣皮毛，事畜牧，蕃性所便。英雄之生，當王霸耳，❷何錦綺爲！」既襲封，明號令，以兵法勒諸部。凡六日、九日則見官屬，倣中國置文武班，立蕃漢學，自中書令、宰相、樞密使以下皆分命蕃、漢人爲之。以衣冠采色别士庶、貴賤。每舉兵必率部長與獵，有獲則下馬環坐而飲，割鮮而食，各問所見，擇取其長。因避父諱，❸改明道爲顯道，稱於國中。**以楊崇勳爲樞密使。**

**癸酉　二年，春二月，彗星見于東北。**光芒長二尺，司天言：「含譽星見。」然觀者皆以爲彗。**太后有事于太廟。**太后欲被服天子衮冕以享太廟，薛奎力諫，且曰：「必御此，若何爲拜？」后不聽，服儀天冠、衮衣初獻，皇太妃亞獻，皇后終獻。禮畢，羣臣上太后尊號。**帝耕籍田。**命宰相張士遜撰《謝太廟》及《躬耕籍田記》。檢討宋祁言：「皇太后謁廟，非後世法。」乃止撰《籍田記》。**三月，皇太后劉氏崩，尊太妃楊氏爲皇太后，帝始親政。**后稱制十一年，雖政出宫闈，而號令嚴明，恩威加天下。左右近習少所假借，宫掖間未嘗妄改作，内外賜予有節。賜族人御食，必易以釦器，曰：「尚方器勿使入吾家也。」三司使程琳獻《武后臨朝圖》，后擲于地曰：「吾不作此負祖宗事！」漕使劉綽還京西，言：「在庾有出賸糧千餘斛，乞付三司。」后問曰：「卿識王曾、張知白、吕夷簡、魯宗道乎？此四人者，豈因獻羨餘進哉？」晚年，稍進外家，而任宦者羅崇勳、江德明等訪外事，崇勳由此勢傾中外。至是，后崩，帝見左右，泣曰：「太后疾，不能言，猶數引其衣，若有所屬，何也？」薛奎曰：「其在衮冕也，服之，豈可見先帝於地下？」帝悟，遂

❶「楊告」，原作「楊吉」，據《長編》卷一一一、《宋史》卷三〇四《楊告傳》改。

❷「王霸」，原作「霸王」，據《長編》卷一一一、《宋史》卷四八五《夏國傳》乙正。

❸「因」，原脱，據萬曆本、四庫本補。

以后服斂，謚曰莊獻明肅。舊制，后皆二謚，稱制，加四謚，自此始。太后遺誥：「尊太妃爲皇太后，與皇帝同議軍國事。」閤門趣百僚賀，御史中丞蔡齊目臺吏毋追班，而入白執政曰：「上春秋長，習知天下情僞，今宜躬攬朝政，豈可使女后相踵稱制乎？」殿中侍御史龐籍請下閤門，取垂簾儀制盡焚之，乃止尊太妃爲皇太后，而削去「同議軍國事」之語。帝始親政，罷創修寺觀，裁抑僥倖，召宋綬、范仲淹，而黜内侍羅崇勳等，中外大悦。劉太后愛帝如己出，帝亦盡孝，故始終無毫髮間隙。及帝親庶務，言者多追訐太后時事。仲淹言于帝曰：「太后受遺先帝，調護陛下者十餘年。今宜掩其小故，以全大德。」帝曰：「此亦朕所不忍聞也！」遂下詔戒飭中外，毋得輒言皇太后垂簾日事。**夏四月，呂夷簡、張耆、夏竦、陳堯佐、范雍、趙稹、晏殊罷。**帝與呂夷簡謀，以張耆等皆附太后，欲悉罷之，夷簡以爲然。帝退，以語皇后，后曰：「夷簡獨不附太后耶？但多機巧善應變耳。」由是，夷簡亦罷。制下，夷簡方押班，聞唱名，大駭，不知其故，因令素所厚内侍都知閻文應詗之，乃知事由郭后也，於是深憾后，思有以傾之。**以李迪同平章事，王隨參知政事，李諮爲樞密副使，王德用簽書樞密院事。**迪自太后崩，召還，未幾，復相。德用初爲殿前都虞候，有求太后内降補軍吏者，德用曰：「補吏，軍政也，不可與。」太后固欲與之，德用卒不奉詔。至是，帝閲太后閤中，得德用所奏事，奇之，以爲可大用，遂拜簽樞。**追尊母宸妃李氏爲皇太后。**左右有爲帝言「陛下乃李宸妃所生，妃死以非命」者。帝號慟累日，下詔自責，追尊爲皇太后，謚莊懿。幸洪福寺祭告，易梓宫，親啓視之。妃以水銀故，玉色如生，冠服如皇后。帝歎曰：「人言其可信哉？」待劉氏加厚。**六月朔，日食。○秋七月，旱蝗，詔求直言。**時歲大旱，蝗食草木幾盡。范仲淹請遣使循行，未報，因請間曰：「宮掖中半日不食，當何如？」帝惻然。乃命陳執中安撫京東，仲淹安撫江淮。端明殿學士宋綬言：「帝王御天下，在總攬威柄。陛下躬親萬機，内外延首望治，而賞罰號令，未能過於前日。頃者恩出太后，而今又出大臣，大臣市恩以招權，小人趨利以售進，此風寖長，有蠹邦政。太宗嘗曰：『國家無外憂，必有内患，外憂不過邊事，皆可預防，若姦邪共濟爲内患，深可懼也。』真宗亦曰：『唐朝朋黨尤甚，以致王室卑弱。』願陛下思祖宗訓戒，念王業艱難，整齊紀綱，正在今日。」又言：「馭下之道有三：臨事貴守，當機貴斷，兆謀貴密。能守，則姦無由移；能斷，則邪無由惑；能密，則事無由變。斯安危之所係，惟陛下深念之。」冬十月，葬莊獻明肅皇后、莊懿皇后于永定陵。作奉慈廟，以奉二神主。張士遜、楊崇勳免，以呂夷簡同平章事，宋綬參知政事，王曙爲樞密使，王德用、蔡齊爲副使。○十一月，贈寇準中書令。復萊國公，謚忠愍。薛奎罷。奎以疾罷，踰年卒。奎謀議正直，或志不伸，歸輒嘆咤不食。家人笑曰：「何必如是？」奎曰：「吾仰慙古人，俯媿後世爾。」尤能知人，范仲淹、龎籍、明鎬自爲吏部選人，皆以公輔許之，卒如其言。詔宰相毋得進用臺官。言者謂：「臺官必由中旨，乃祖宗法也。」帝曰：「祖宗法不可壞。宰相自用臺官，則宰相過失無敢言者矣。」故詔：「自今臺官，非中丞、知雜保薦者毋得除授。」廢皇后郭氏，謫御史中丞孔道輔、右司諫范仲淹。時尚美人、楊美人俱得幸，數與皇后忿爭。一日，尚氏於帝前，有侵后語，后不勝忿，批其頰，帝自起救之，誤批帝頸，帝大怒。內侍閻文應因與帝謀廢后，且勸以爪痕示執政。帝以示呂夷簡，告之故。夷簡有憾于后，遂主廢黜之議。帝猶疑之，夷簡曰：「光武，漢之明主也，郭后止以怨懟坐廢，况傷陛下頸乎？」帝意遂決。夷簡先敕有司毋得受臺諫章奏，乃詔稱皇后願入道，封凈妃、玉京冲妙仙師，居長寧宮。臺諫章疏果不得入，於是中丞孔道輔率諫官范仲淹、孫祖德、宋庠、劉渙，御史蔣堂、郭勸、楊偕、馬絳、段少連十人詣垂拱殿伏奏：「皇后天下之母，不當輕廢，願賜對，盡所言。」殿門闔不爲通，道輔叩鐶，大呼曰：「皇后被廢，奈何不聽臺臣言？」尋有詔，令夷簡諭以皇后當廢狀。道輔等至中書，語夷簡曰：「大臣之於帝后，猶子事父母也。父母不和，可以諫止，奈何順父出母乎？」夷簡曰：「廢后，有漢、唐故事。」道輔曰：「人臣當道君以堯舜，豈得引漢、唐失德爲法耶？」夷簡不能答，即奏言伏閤請對，非太平美事。遂黜道輔知泰州，仲淹知睦州，祖德等罰金，仍詔臺諫自今毋相率請對。明日，道輔等趨朝，欲留百官揖宰相廷爭，至待漏院，聞詔乃退。道輔鯁挺特達，遇事彈劾無所避，天下皆以直道許之。簽書河陽判官富弼言：「朝廷一舉而兩失，縱不能復后，宜還仲淹等。」不聽。

**甲戌**　景祐元年，春正月，置崇政殿説書。侍講學士孫奭年老乞外，因薦賈昌朝、趙希言、王宗道、楊安國等自代，遂置説書，日輪二人祗候。昌朝誦説明白，帝多所質問。夏五月，契丹宗真幽其母蕭氏于慶州。契丹太后耨斤陰召諸弟議，欲立少子重元。重元以其謀白于宗真，宗真遂收太后符璽而遷之慶州七括宫，始親决國事，立重元爲皇太弟。秋七月，趙元昊反，寇環、慶。慶州柔遠砦蕃部巡檢嵬逋攻後橋諸堡，❶破之。元昊稱兵報仇，入寇慶州。緣邊都巡檢楊遵與戰，敗績。環慶都監齊宗矩援之，次節義峰，伏發，被執，既而放還。下詔約束之。元昊雖常奉貢，然車服僭竊，改元開運，或言石晉敗亡之號也，更曰廣運。八月，有星孛于張、翼。帝以星變避殿減膳，尋詔净妃郭氏出居瑶華宫，美人尚氏入道，楊氏安置别宅。王曙卒，以王曾爲樞密使。曙方嚴簡重，有大臣體，居官深自損抑。然喜浮圖法，齋居蔬食，泊如也。九月，立曹氏爲皇后。彬之孫女也。御史裏行孫沔請終莊獻喪制而後行，祕書丞余靖亦以爲言，不報。冬十月，趙元昊進毒弑其母衛慕氏。母族人山喜，謀殺元昊。事覺，元昊酖其母殺之，沉山喜之族于河，遣使來告哀。

**乙亥**　二年，春正月，作邇英、延義二閣。孫奭嘗上《無逸圖》，帝命施于講讀閣。至是，又詔蔡襄寫《無逸篇》于閣屏。貶御史裏行孫沔監永州酒務。沔上言：「自孔道輔、范仲淹被黜，凡在縉紳，盡懷緘默，乞少霽天威，用存國體。」疏入，責知衡山縣。沔未知有責命，復上書曰：「深宫之中，侍左右者，刀鋸之餘；悦耳目者，艷冶之色。宸禁晝嚴，乘輿天遠，未見欸召名臣，清問外事，詢祖宗之紀綱，質朝廷之得失，徒修簡易之名，未益承平之化。」又曰：「願推擇大臣，講求古道，極

❶「嵬逋」，原作「嵬通」，據《長編》卷一一五、《宋史》卷九《仁宗本紀》改。

論精思，品藻賢哲。逐刺史、縣令老懦貪殘之輩，以利於民；罷公卿大夫諂佞詭誕之士，以肅於朝。簡掖庭之幽曠以求錫羨之慶，抑宦寺之重任以防昵近之私。」書奏，再責監永州酒務。**二月，育宗室允讓子宗實于宮中。**宗實，太宗之曾孫，商王元份之孫，寧江節度使允讓之子也。❶帝未有儲嗣，取入宮，命皇后拊鞠之，生四年矣。**李迪罷。**侍御史龐籍劾三司使范諷，李迪右之。籍劾諷不已，詔下獄置對。上獨召呂夷簡與宋綬決獄，夷簡素疾諷，又欲因以傾迪，特寬籍而重貶諷，凡與諷善者皆絀削，迪遂罷知亳州。人謂籍之劾諷，夷簡實陰教之。**以王曾同平章事，蔡齊、盛度參知政事，王隨、李諮知樞密院事，王德用、韓億同知院事。○命集賢校理李照重定雅樂。**時承平日久，帝留意禮樂之事，判太常寺燕肅乞以王朴所造律準考定樂器，帝乃命李照。照言：「朴律准視古樂高五律，視禁坊樂高二律。❷臣請依神瞽律法，試鑄編鍾一簴，可使量度權衡協和。」詔許之。照獨任所見，更造新器而聲極下，議者非之。詔天下有深達鍾律音者，所在以聞。知杭州鄭向薦鎮東推官阮逸，知蘇州范仲淹薦布衣胡瑗，瑗、逸至闕，盛言照樂穿鑿，帝命改作之。瑗以橫黍累尺，及成，則律圍徑與古不合。右司諫韓琦言：「自燕肅倡議以來，言人人殊，臣恐後人復有從而非之者。臣竊計之，不若窮作樂之原，爲致治之本，使政令平簡，民物熙洽。斯則治古之樂也，可以器象求乎？今西北二陲，久弛邊備，陛下與左右大臣宜先及之，緩兹求樂之議，移訪安邊之策。」帝嘉納之，詔太常仍用和峴所定樂。**秋七月，作睦親宅。**上以皇族散處都城，或睽燕集，詔以玉清昭應宮舊地作睦親宅以處之。**冬十一月，故后郭氏暴卒，詔竄內侍閻文應于嶺南。**后居瑤華，帝頗念之，遣使存問，賜以樂府，后和答之，辭甚悽惋，帝益悔焉。嘗密遣人召之，后辭曰：「若再見召，須百官立班受册方可。」文應以嘗譖后，懼其復立。屬后小疾，帝遣文應挾醫診視，數日，言后暴崩。中外疑文應進毒，而不得其實。帝深悼之，追復后號，以禮斂葬，而停謚册祔廟之禮。知開

❶「寧江」，原作「江寧」，據《長編》卷一一〇、《宋史》卷二四五《濮王允讓傳》乙正。

❷「禁」，《宋史》卷一二六《樂志》作「教」。

**封府范仲淹劾奏文應之罪，竄之嶺南，死于道。詔録五代及諸國後。**御史臺辟石介爲主簿，介未至，論不當求諸僞國後，坐罷。館閣校勘歐陽脩貽書責中丞杜衍曰：「主簿於臺中非言事官，介足未履臺門之閾，已用言事見罷，可謂正直剛明不畏避矣。度介之才，不止爲主簿，直可爲御史。今斥介而他舉，亦必擇賢。夫賢者固好辯，又有言，則又斥而他舉乎？如此，則必得愚闇懦默者而後止也。」衍不能用。**十二月，吐蕃唃厮囉大敗趙元昊于河湟。**趙元昊遣蘇奴兒將兵擊厮囉，敗死殆盡，奴兒被執。元昊自領衆攻猫牛城，一月不下，既而詐約和，城開，乃大殺戮。又攻青唐、宗哥、帶星嶺諸城，厮囉部將安子羅以兵截歸路，❶元昊與戰，敗之，然部兵溺宗哥河及饑死過半。未幾，并兵臨河湟，厮囉壁鄯州不出。元昊乃渡河，插幟識其淺，厮囉潛使人移植深處。及大戰，元昊潰歸，士卒視幟而渡，溺死者十八九，鹵獲甚衆。厮囉來獻捷，詔加保順軍留後。

**丙子　三年，春三月，詔優給致仕官俸。**詔曰：「致仕官舊給半俸，而仕嘗顯者，或貧不能自給，非所以遇高年、養廉耻也。自今兩省、大卿監、正刺史、閤門使以上致仕，給俸如分司，長吏歲時以朕意勞賜之。」**復貼射茶法。**自貼射茶法廢，而河北入中虚估之弊益甚，李諮既居政府，請復行見錢法，皆如天聖元年之制。又命商持券徑趨榷貨務，驗實立償之錢，而三説之法廢。縣官自此省費矣。**夏五月，貶知開封府范仲淹及集賢校理余靖、館閣校勘尹洙、歐陽脩于外，詔戒羣臣越職言事。**仲淹以吕夷簡執政，進用多出其門，上《百官圖》，指其次第，曰：「如此爲序遷，如此爲不次，如此則公，如此則私，況進退近臣，凡超格者，不宜全委之宰相。」夷簡不悦。他日論建都之事，仲淹進曰：「洛陽險固，而汴爲四戰之地。太平宜居汴，即有事必居洛陽。當漸廣儲蓄，繕宫室。」帝以問夷簡，夷簡對曰：「仲淹迂濶，務名無實。」仲淹聞之，乃爲四論以獻，大抵譏切時弊。且曰：「漢成帝信張禹，不疑舅家，故有新莽

❶「厮囉」，原作「厮羅」，據上文及《編年綱目備要》卷一〇改，下同。

之禍。臣恐今日亦有張禹壞陛下家法。」夷簡訴仲淹越職言事，離間君臣，引用朋黨。仲淹對益切，由是落職，知饒州。集賢校理余靖上言：「仲淹以譏刺大臣，重加譴謫。儻其言未合聖慮，在陛下聽與不聽爾，安可以爲罪乎？汲黯在廷，以平津爲多詐；張昭論將，以魯肅爲麄踈。漢皇、吴主，熟聞訾毁，兩用無猜，豈損令德？陛下自親政以來，屢逐言事者，恐鉗天下口。請改前命。」疏入，坐落職，監筠州酒税。館閣校勘尹洙上疏曰：「仲淹忠亮有素，臣與之義兼師友，則是仲淹之黨也，臣不可苟免。」夷簡怒，斥監郢州酒税。館閣校勘歐陽脩貽書責司諫高若訥曰：「仲淹以非辜逐，君不能辨，猶以面目見士大夫，出入朝中，是不復知人間有羞耻事！」若訥怒，上其書，修坐貶夷陵令。時朝士畏宰相，無敢送仲淹者，獨龍圖直學士李紘、集賢校理王質出郊飲餞之。或以誚質，質曰：「希文賢者，得爲朋黨，幸矣！」館閣校勘蔡襄作《四賢一不肖詩》，以譽仲淹、靖、洙、修，而譏若訥，都人士相傳寫，❶鬻書者市之得厚利。契丹使適至，買以歸，張於幽州館。御史韓縝希夷簡旨，請以仲淹朋黨牓朝堂，戒百官越職言事者，從之。**秋七月，置大宗正司。**以宗室允讓領之。時諸王子孫衆多，既聚居睦親宅，詔於祖宗後各擇一人使司訓導，糾違失。❷**冬十月，契丹初殿試進士。**

**○十一月，皇太后楊氏崩，謚曰莊惠，祔葬永定陵。○李諮卒。**諮性明辨，周知世務，吏不敢欺。**以王德用知樞密院事，章得象同知院事。○十二月，趙元昊侵回鶻，取瓜、沙、肅州。**元昊既悉有夏、銀、綏、宥、静、靈、鹽、會、勝、甘、凉，又取瓜、沙、肅，而洪、定、威、龍皆即堡鎮號爲州，仍居興州，阻河依賀蘭山爲固，地方萬里。改元大慶，設十六司以總庶務，置十二監軍司，委酋豪分統其衆。河北七萬人，❸以備契丹；河南鹽州路五萬人，以備環、慶、鎮戎、原州；左廂宥州路五萬人，以備鄜、延、麟府；右廂甘州路三萬人，以備吐蕃、回紇；餘兵駐賀蘭、靈州、興州，興慶府爲

❶「相」，原脱，據萬曆本、四庫本、《宋史》卷三二〇《蔡襄傳》補。

❷「違」，原作「遺」，據《長編》卷一一九、《玉海》卷一三〇改。

❸「萬」，原作「千」，據《長編》卷一二〇、《宋史》卷四八五《夏國傳》改。

鎮守，總十五萬。❶又選豪族善弓馬五千人迭直，號「六班直」。分鐵騎三千爲十部。元昊自製蕃書，形體方整類八分，而畫頗重複，以教國人紀事。

**丁丑　四年，春二月，祠赤帝于宮中。**

祈嗣也。

**夏四月，呂夷簡、王曾、宋綬、蔡齊罷。**

初，夷簡事曾甚謹，曾力薦爲相。及曾復入中書，位反居下，而夷簡任事久，多所專决，曾不能堪，議論間有異同，遂力求罷。帝疑之，問曾曰：「卿亦有所不足邪？」時外傳夷簡納賂，曾因及之。帝以問夷簡，夷簡乞置對，遂交論帝前，而曾語亦有失實者，求去益力，夷簡亦乞罷。時曾與蔡齊善，而夷簡善宋綬，惟盛度不得志於二人，而性猜險，每有所議，依違其間，及是，帝問度曰：「曾、夷簡力求退，何也？」度對曰：「二人心事，臣不得知。陛下詢二人以孰可代者，則其情可察矣。」帝從之。曾薦齊，夷簡薦綬，於是四人俱罷，而度獨留。

**以王隨、陳堯佐同平章事，韓億、程琳、石中立參知政事，盛度知樞密院事，王鬷同知院事。○冬十二月，地震。**

京師及定、襄、并、代、忻州皆震，而并、代、忻尤甚，壞民廬舍，壓死者二萬二千餘人，傷者五千六百人。直史館葉清臣上言：「京師地震，及大河之東，彌千五百里，誠大異也！陛下泰然，不以爲異，徒使内侍四方崇佛事，修道科，非所謂消復之實也。頃范仲淹、余靖以言事被黜，天下之人齰舌不敢議朝政者將二年。願陛下深自咎責，詳延忠直敢言之士，庶幾明威降鑒，善應來集。」書奏數日，仲淹等皆得近徙。

**戊寅　寶元元年，春正月，求直言。**

時有衆星西北流，雷發不時，下詔求直言。大理評事蘇舜欽言：「臣觀《國史》，見祖宗日日視朝，旰昃方罷，猶坐後苑門，召對白事者，委曲詢訪。今陛下春秋鼎盛，實宵旰求治之秋，乃隔日御殿，此政事不親也。三司計度經費，二十倍於祖宗之時，府庫匱竭，斂科無虚日，此用度不足也。二者誠國大憂。願陛下因此災變，修己以御人，洗心以鑒

❶「十五」，《宋史》卷四八五《夏國傳》作「五十餘」，《長編》卷一二〇作「三十餘」。

物，勤聽斷，舍燕安，放優諧近習之纖人，親剛明鯁直之良士，以思永圖。」疏入，詔復日御前殿。

三月，王隨、陳堯佐、韓億、石中立免。

隨爲相，無所建明，而數與堯佐、億、中立爭事。會災異屢見，右司諫韓琦言隨、堯佐、中立非輔弼才，億不當以子綱爲羣牧判官，遂皆免。琦遇事敢言，切而不迂，在諫垣前後凡七十餘疏。

以張士遜、章得象同平章事，王鬷、李若谷參知政事，王博文、陳執中同知樞密院事。

得象爲翰林學士時，莊獻太后每遣内侍至學士院，得象必正色待之，或不交一言，帝聞而器之。至是，謂曰：「向者，太后垂簾，羣臣邪正，朕皆默識。惟卿清忠無所阿附，且未嘗干請，今日用卿，職由此也。」

夏四月，王博文卒，以張觀同知樞密院事。

○冬十月，詔戒百官朋黨。

范仲淹既徙潤州，讒者恐仲淹復用，遽誣以事。語入，帝怒，亟命置之嶺南，中外論薦仲淹者衆。帝曰：「向貶仲淹，爲其密請建立皇太弟，非但詆毁大臣也。今稱薦者如此，似涉朋黨。」乃下詔戒之。程琳爲帝開説，帝意解。李若谷亦言：「近世俗薄，專以朋黨汙善良。蓋君子、小人各有類，今概以朋黨名之，恐正臣無以自立。」帝是其言。

趙元昊殺其叔父山遇，稱帝于夏州。

元昊遣使詣五臺供佛，以窺河東道路。既還，與諸酋歃血，約先攻鄜延，欲自靖德、塞門砦、赤城路三道並入。其叔父山遇數勸元昊勿反，不聽，山遇遂挈妻子來降。知延州郭勸執還元昊，元昊殺之。遂稱帝，改元天授禮法延祚，國號夏。遣使奉表，有云：「望許西郊之地，册爲南面之君。敢竭庸愚，常敦歡好。」

十一月，沂公王曾卒。

贈侍中，謚文正。曾性資端厚，在朝廷進止有常處，平居寡言笑，人不敢干以私，進退士人，莫有知者。范仲淹嘗謂曾曰：「明揚士類，宰相任也。公之盛德，獨少此爾。」曾曰：「恩欲歸己，怨將誰歸邪？」仲淹服其言。史臣曰：「方仁宗初立，莊獻臨朝，將有專制之患，曾正色危言，能使宦官近習不敢窺覦，而仁宗君德日就，莊獻亦全令名。古所謂社稷臣，於斯見之！」

十二月，京師地震。

○以夏竦爲涇原、秦鳳安撫使，范雍爲鄜延、環慶安撫使，經略夏州。

未幾，復以竦知涇州，與雍俱兼經略使。又命天章閣待制龐籍體量陝西，詔籍就竦計事。竦上奏曰：「繼遷當太宗時，逋逃窮蹙，而累歲不能勦滅。先帝惟戒疆吏，謹烽候，嚴卒乘，來即逐之，去無追捕。然自靈武陷没，銀、綏割棄以來，假朝廷威靈，其所役屬者不過河外小羌爾。況德明、元昊相繼猖獗，以繼遷窮蹙比元昊富實，勢可知也；以先朝累勝之士，較當今關東之兵，勇怯可知也；以興國習戰之師方今沿邊未試之將，工拙可知也；繼遷竄伏平夏，元昊窟穴河外，地勢可知也。若分兵深入，糗糧不支，進則賊避其鋒，退則敵躡其後，老師費糧，深可虞也。若窮其巢穴，須涉大河，長舟巨艦，非倉卒可具。若浮囊挽綆，聯絡而進，我師半濟，賊乘勢掩擊，未知何謀可以捍禦！臣以爲不較主客之利，不計攻守之便，而議追討者，非良策也。」因條上十事：一，教習强弩以爲奇兵；二，覊縻屬羌以爲藩籬；三，詔唃廝囉并力破賊；四，度地勢險易遠近，砦栅多少，而增減屯兵；五，詔諸路互相應援；六，募土人爲兵，以代東兵；七，增置弓手、壯丁，以備城守；八，併並邊小砦以完兵力；九，聽關中民入粟贖罪，以贍邊計；十，損並邊冗兵、冗官，以紓饋餉。朝廷多采用之。然是時邊臣多議征討，反以竦爲怯。**加吐蕃唃廝囉保順節度使。**自西凉爲李繼遷所陷，潘羅支舊部往往歸廝囉，回紇降者復數萬。廝囉居鄯州，西有臨谷城，通青海，高昌諸國商人皆趨之以貿易，由是富强。朝廷欲使背擊元昊以披其勢，因授節鉞，仍兼邈川大首領，尋加河西節度使。廝囉約盡力無負，然終不能立大功。

**己卯　二年，夏四月，募民入粟實邊。**

**○五月，罷王德用，以夏守贇知樞密院事。**趙元昊反，德用請自將討之，不許。德用狀貌雄毅，面黑，頸以下白皙，人皆異之。言者論其貌類藝祖，且得士心，不宜久典機密，遂罷。言者猶不已，遂降知隨州。家人惶懼，而德用舉止言笑自若，惟不接賓客而已。**六月，削趙元昊賜姓、官爵。**元昊表至，羣臣皆曰：「元昊，小醜也，請出師討之，旋即誅滅矣。」諫官吳育獨進曰：「元昊雖稱藩臣，其尺賦斗租不入縣官，且叛服不常，請置之，示不足責。且彼已僭輿服，勢必不能自削，宜援國初江南故事，稍易其名，可以順附而收之。」不報。未幾，下詔削奪元昊官爵，絶互市，揭牓于邊，募人能擒元昊若斬首獻者，即授定難節鉞。已而，元昊又遣賀永年齎嫚書，納旌節。及所授敕告，置神明匣，留歸孃族而去。**詔省浮**

**費。**時陝西用兵，調費日蹙，命近臣及三司議省浮費。詔：「自乘輿服御及宮掖所須，務從簡約。若吏兵禄賜，毋得輒行裁減。」時論者或欲損兵吏俸賜，帝曰：「禄廩皆有定制，毋遽更變，以摇人心，宜申諭之。」**秋七月，契丹宗真迎其母蕭氏于慶州。**太后居慶州五年，或勸契丹主迎之，以覘中國歲聘之利。契丹悔悟，乃奉迎還京，然出入舍止，常相距十數里，陰爲之備。**冬十一月，盛度、程琳罷。**初，張士遜惡琳，而嫉孔道輔不附己，欲并去之。會開封府吏馮士元以贓敗，知府鄭戩窮治之，辭連度、琳及天章閣待制龐籍、直集賢院吕公綽、太常博士吕公弼等十餘人。士遜謂道輔曰：「上顧程公厚，今爲小人所誣，盍見上辨之？」道輔不悟，入言琳罪薄，不足深治。帝怒道輔朋附，併出之。於是，度坐令士元强取其隣所賃官舍，琳坐令士元紿市張遜故第，籍與公綽、公弼坐令士元市女口，度免知揚州，琳知潁州，籍等皆被黜罰，士元流海島，而道輔亦出知鄆州。道輔始知爲士遜所賣，發憤而卒，然天下皆以遺直許之。**以王鬷知樞密院事，宋庠參知政事。〇夏人寇保安軍，巡檢指使狄青擊敗之。**青初以善騎射爲騎御散直，從西征，戰安遠諸砦，皆克捷。臨敵披髮，帶銅面具，出入賊中，皆披靡莫敢當。至是，元昊寇保安軍，鈐轄盧守懃使青擊走之，以功加秦州刺史。帝欲召見，問以方略，會賊寇渭州，命圖形以進。

**庚辰　康定元年，春正月朔，日食。**先是，司天楊惟德請移閏於庚辰歲，則日食在正月之晦。帝曰：「閏所以正天時而授民事，其可曲避乎！」不許。至是，知諫院富弼請罷宴徹樂，就館賜北使酒食，執政不可。弼曰：「萬一契丹行之，豈不爲朝廷羞？」既而，聞契丹罷宴，帝深悔之。**元昊寇延州，副總管劉平、石元孫戰没。二月，貶范雍知安州。**延州當夏人出入之衝，地闊砦疎，士兵寡弱，又無宿將。時元昊將攻延州，知州范雍聞之，懼甚。元昊詐遣人通欵于雍，雍信之，不設備。既而，元昊盛兵攻保安軍，鄜延副總管劉平、石元孫屯慶州，雍以書召之，平與元孫趨土門。元昊既破金明砦，執都監李士彬父子，乘勝至延州城下，雍閉門堅守。平、元孫聞之，督騎兵晝夜倍道而前。明日，至萬安鎮。

平先發，步兵繼進，夜至三川口西十里止營，遣騎兵先趨延州爭門。時鄜延都監黄德和、巡檢万俟政、郭遵分屯外境，雍皆召還爲援。平與之合，步騎萬餘，結陣東行五里許，與賊遇。平與賊皆爲偃月陣相向有頃，賊兵涉水爲横陣，遵擊退之。賊復蔽盾爲陣，官軍復擊却之，奪盾，殺獲及溺死者近千人。平中流矢。日暮，賊以輕兵薄戰，官軍小却。黄德和居陣後，望見軍卻，率麾下走保西南山，衆從之，皆潰。平遣其子宜孫馳追德和，執轡語曰：「當勒兵還，并力抗賊，奈何先奔？」德和不從，驟馬遁赴甘泉。平遣軍校杖劍遮留，得千餘人，轉鬬三日，賊退還水東。平率餘衆保西南山，立七栅自固。夜四鼓，賊環營呼曰：「如許殘兵，不降何待！」平旦，賊酋舉鞭麾騎，自山四出，合擊，絶官軍爲二，平遂與元孫等皆没于賊。會大雪，賊解去，延州得不陷。詔殿中侍御史文彦博即河中置獄問狀，黄德和坐腰斬，范雍貶知安州，而贈平、元孫官。雍爲治尚恕，好謀而少成，故及於敗。

**以夏守贇爲陝西經略安撫招討使，内侍王守忠爲都鈐轄。**

知諫院富弼言：「唐之衰，以内臣監軍，取敗非一。今守忠爲鈐轄，與監軍無異。昨用夏守贇，已失人望，願罷守忠勿遣。」不聽。

**除越職言事之禁。**

西事日擾，括畿内、京東西、淮南馬，詔樞密同宰臣議邊事，出内藏緡錢八十萬付陝西糴軍儲，❶訪知邊事者，釋寇所至州縣罪及夏税。時禁越職言事，富弼因論日食，謂應天變，莫若通下情，帝嘉納之。於是盡除其禁，許中外臣庶上封章，言朝政得失。

**命知制誥韓琦安撫陝西。**

初，琦使蜀歸，論西師形勢甚悉，即命安撫陝西。琦言：「范雍節制無狀，宜召知越州范仲淹委任之。方陛下焦勞之際，臣豈敢避形迹不言！若涉朋比，誤國家，當族。」帝從之，召仲淹知永興軍。

**三月，王鬷、陳執中、張觀免。**

天聖中，鬷使河北，過真定。時曹瑋爲總管，鬷見之，瑋謂曰：「君異日當柄用，願留意邊防。」鬷曰：「何以教之？」瑋曰：「吾聞趙德明嘗使人以馬榷易漢物，不如意，欲殺之。少子元昊年方十餘，諫曰：『我戎人，本從事鞍馬，而以資鄰國，易不急之物，已爲非策，又從而殺之，失衆心矣。』德明從之。吾嘗使人覘元昊狀貌異常，他日必爲邊患。」鬷

❶「付」，原脱，據《長編》卷一二六、《群書考索》後集卷四三補。

未以爲然。比再入樞密，元昊果反。帝數問邊事，鬷不能對。及劉平敗，議刺鄉兵，久未決。帝怒，遂與執中、觀同免。鬷始歎瑋之明識。以晏殊、宋綬知樞密院事，王貽永同知院事。○夏五月，張士遜致仕，以呂夷簡同平章事。先是，詔簡輦官爲禁軍，輦官攜妻子遮宰相、樞密院喧訴，士遜馬驚墜地，移告家居。時軍興，機務填委，士遜位首相，無所補，諫官以爲言。士遜不自安，上章請老。至是，以太傅致仕。宰相得謝，自士遜始。以夏竦爲陝西經略安撫招討使，韓琦、范仲淹副之。召夏守贇、王守忠還。夏守贇庸怯，寡方略，詔與王守忠赴闕，以竦等代之。仲淹言：「今邊城之備十有五七，關中之備十無二三。若昊賊深入，乘關中之虛，東阻潼關，隔兩川貢賦，則朝廷不得高枕矣。爲今之計，宜嚴戒邊城，使持久可守，實其關內，使無虛可乘。寇至，邊城清野，不得大戰，關中稍實，不能深入。二三年間，彼自困弱。此上策也。今邊臣請五路入討，臣恐承平歲久，無宿將、精兵，一旦興深入之謀，國之安危，未可知也。」元昊陷塞門諸砦。執砦主高延德以去。又陷安遠、承平砦。時著作佐郎張方平上《平戎十策》，其略以爲：「宜屯重兵河東，示以形勢。賊入寇必自延、渭，而興州巢穴之守必虛，我師自麟、府渡河，不十日可至。此所謂攻其所必救，形格勢禁之道也。」宰臣呂夷簡見之，謂知樞密院宋綬曰：「大科得人矣！」六月，以夏守贇同知樞密院事。秋八月，守贇罷，以杜衍同知樞密院事。右正言梁適等皆言守贇經略西事無功，不可復處樞密，遂罷。以范仲淹兼知延州。延州諸砦多失守，仲淹請自行，詔兼知延州。先是，詔分邊兵，總管領萬人，鈐轄領五千人，都監領三千人，寇至禦之，則官卑者先出。仲淹曰：「將不擇人，以官爲序，取敗之道也。」於是大閱州兵，得萬八千人，分六將領之，日夜訓練，量賊衆寡，使更出禦。敵人聞之，相戒曰：「無以延州爲意，今小范老子腹中自有數萬甲兵，不比大范老子可欺也。」大范，蓋指雍也。仲淹以民遠輸勞苦，請建鄜城爲軍，以河中府、同、華州中下户租稅就輸之，春夏徙兵就食，可省糴十之三，他所減不與。詔以爲康定軍。仲淹又修承平、永平等砦，稍招還流亡，定堡障，通斥堠，城十二砦，於是羌、漢之民相踵歸業。九月，李若谷罷，以宋綬、晁宗慤參知政事。○以晏殊爲樞密使，王貽永、杜衍、鄭戩爲副使。

○元昊寇三川諸砦，環慶副總管任福攻其白豹城，克之。元昊之寇三川也，韓琦使任福等領兵七千，聲言巡邊，部分諸將，夜趨七十里至白豹城。平明，克之，破四十一族，焚其積聚而還。

鄜州將种世衡城青澗。時塞門諸砦既陷，鄜州判官种世衡言：「延安東北二百里有故寬州，請因廢壘而興之，以當寇衝。右可固延安之勢，左可致河東之粟，北可圖銀、夏之舊。」朝廷從之，命世衡董其役。夏人屢來争，世衡且戰且城。然處險無泉，議不可守，鑿地百五十尺，至石不及泉，工辭不可穿，世衡命屑石一畚酬百錢，卒得泉以濟。城成，賜名青澗，以世衡知城事。世衡開營田，募商賈，通貨利，城遂富實。

冬十月，詔内降升遷者，許執奏。先是，韓琦言：「祖宗於賞罰任使，必與兩省大臣升朝公議。自莊獻垂簾，遂有假托因緣，或於内中下表，或口爲奏求，以致僥倖日滋，賞罰倒置，蠹壞綱紀，爲害至深。臣乞自今於凡因緣陳乞者，即降出姓名，并爲奏求人，並重行貶責，則聖政無私，朝規有叙矣。」帝嘉納之，詔禁皇族及諸命婦、女冠、尼等非時入内。至是，復詔凡有内降升遷及差遣者，許執奏。

十二月，宋綬卒。綬，清介博學，言動有常，朝廷大議論，多所裁定。

鑄當十錢。助邊費也。

辛巳　慶曆元年，春正月，詔鄜延、涇原會兵討李元昊。不果行。帝以元昊勢益猖獗，遣翰林學士晁宗慤即陝西問攻守之策。夏竦等具二説，令副使韓琦、判官尹洙詣闕奏之。帝取攻策，執政以爲難，杜衍亦曰：「徼倖成功，非萬全計。」帝不聽，詔鄜延、涇原會兵，期以正月進討。范仲淹言：「正月塞外大寒，我師暴露。不如俟春深，賊馬瘦人饑，勢易制。且鄜延密邇靈、夏，西羌必由之地，第按兵不動，以觀其釁，許臣稍以恩信招徠之。不然，情意阻絶，臣恐偃兵無期矣。乞留鄜延一路，以備招納。或擇利進城廢砦，以牽制元昊。」帝從之。仍詔仲淹與琦等同謀，可以應機乘便，即仍出師。琦亦奏言：❶「兩路協力，尚懼未能大剉黠虜，若鄜延以牽制

❶「琦」，《長編》卷一三一、《編年綱目備要》卷一一作「夏竦」。

爲名，則是委涇原孤軍嘗於賊手，非計之得。乞督令鄜延進兵同入。」帝以奏示仲淹，仲淹言：「臣與琦等皆一心，非有怯弱。但戰者危事，一或差失，則平定之期轉延歲月，况横山蕃部散居亦多，設堡控扼，兵少則難追，多則難進，未見其利。」琦又令尹洙至延州議，❶仲淹堅執不可。琦復上奏曰：「仲淹意在招納，使朝廷强之，終非己謀，將佐聞之，必無鋭志。臣以賊昊傾國入寇，不過四五萬，老弱婦女舉族而行。吾逐路之兵自守，勢分力弱，故遇敵不支。若大軍併出，鼓行而前，乘賊驕惰，破之必矣！今中外不究此故，遂乃待賊太過，屯二十萬重兵，只守界壕。中夏之弱，自古未有！臣恐邊障日虚，士氣日喪，經費益蹙，師老思歸，賊乘此有吞陝右之心。乞別命近臣以觀賊隙，如可進討，斷在不疑。」朝廷終難之。

**元昊遣人至延州議和，范仲淹以書諭之。**元昊遣高延德還延州，與范仲淹約和，仲淹自爲書遺元昊，反覆戒諭，令去帝號，盡臣節，以報累朝厚待之恩。韓琦聞之，曰：「無約而請和者，謀也。」命諸將戒嚴而自行邊。

**二月，元昊寇渭州，任福與戰于好水川，敗死，貶韓琦知秦州。**韓琦行邊至高平，元昊果遣衆寇渭州，薄懷遠城。琦乃趨鎮戎軍，盡出其兵，又募勇士萬八千人，命環慶副總管任福將之，以耿傅參軍事，涇原都監桑懌爲先鋒，朱觀、武英、王珪各以所部從。福將行，琦令福併兵自懷遠趨德勝砦，至羊牧隆城，出敵之後，諸砦相距才四十里，道近，糧餉便，度勢未可戰，即據險置伏，要其歸路。戒之再三，且曰：「苟違節制，有功亦斬。」福引輕騎數千趨懷遠捺龍川，遇鎮戎西路巡檢常鼎、劉肅，與敵戰于張家堡南，斬首數百。敵棄馬羊橐駝佯北，桑懌引騎趨之，福踵其後，諜傳敵兵少，福等頗易之。薄暮，與懌合軍，屯好水川，觀、英屯籠絡川，❷相距五里，約翌日會兵川口，必使夏人匹騎無還，然不知已陷其伏中矣。路既遠，芻餉不繼，士馬乏食者三日。時元昊自將精兵十萬營于川口，候者言夏人有砦不多。詰旦，福與懌循好水川西行，出六盤

❶「琦」，《長編》卷一三一、《編年綱目備要》卷一一作「夏竦」。

❷「籠絡川」，《長編》卷一三一、《宋史》卷三二五《任福傳》作「龍落川」；《河南先生文集》卷三《憫忠》、《太平治迹統類》卷七、《宋史》卷三二五《耿傅傳》作「籠落川」。

山下，距羊牧隆城五里，與夏軍遇。諸將方知墮敵計，勢不可留，遂前格戰。懌於道傍得數銀泥合，封襲謹密，中有動躍聲，疑莫敢發。福至，發之，乃懸哨家鴿百餘，自中起，盤飛軍上，於是夏兵四合。懌馳犯其鋒，福陣未成列，賊縱鐵騎突之，自辰至午，陣動。衆欲據勝地，忽夏人陣中樹鮑老旗，懌等莫測。既而旗左麾，左伏起，右麾，右伏起，自山背下擊，士卒多墜崖塹相覆壓，懌、肅戰死。敵分兵數千斷官軍後，福力戰，身被十餘矢。有小校劉進勸福自免，福曰：「吾爲大將，兵敗，以死報國爾！」揮四刃鐵簡，挺身決鬬，鎗中左頰，絶其喉而死。子懷亮亦死之。敵乃併兵攻觀、英。戰既合，珪自羊牧隆城引屯兵四千五百陣于觀軍之西，渭州駐泊都監趙律將瓦亭騎兵二千繼至。❶珪屢出略陣，陣堅不可破。英被重傷，不能視軍。敵兵益至，官軍大潰，英、津、珪、傅皆死，士卒死者萬三百人。惟觀以兵千餘保民垣，四向縱射，會暮，敵引去，得還。關右大震。時元昊傾國入寇，福臨敵受命，所統皆非素撫之兵，又分出趨利，故至甚敗。奏至，帝震悼，爲之旰食。夏竦使人收散兵，得琦檄於福衣帶間，言罪不在琦。琦亦上章自劾，猶奪一官，徙知秦州。**三月，貶范仲淹知耀州。**元昊答仲淹書，語多不遜，仲淹對來使焚之。朝議以仲淹不當擅通書，又不當擅焚之。宋庠請斬仲淹。杜衍曰：「仲淹志在招納，蓋忠於朝廷也，何可深罪？」帝悟，乃降户部員外郎，徙知耀州。**夏四月，以陳執中同陝西安撫經略招討使。**時夏竦判永興軍，執中知軍事，議多異同，故分命竦屯鄜州，執中屯涇州。竦雅意在朝廷，及任以西事，頗依違顧避。嘗出巡邊，置侍婢中軍帳下，幾至兵變。元昊命募得竦首者與錢三千，其見輕侮如此。**五月，宋庠、鄭戩罷。**庠練習典故，遇事輒分別是非，戩果敢任氣，皆與吕夷簡不合，罷。凡庠與善者，夷簡悉指爲朋黨，斥之。**以王舉正參知政事，任中師、任布爲樞密副使。○秋八月，元昊陷豐州。冬十月，夏竦、陳執中免。**元昊寇麟、府州，折繼閔敗之。尋寇金明砦，破寧遠

❶「州」，原作「川」，據《涑水記聞》卷一二、《長編》卷一三一、《宋史》卷三二五《任福傳》改。「趙律」，原作「趙津」，據《河南先生文集》卷三《憫忠》、《涑水記聞》卷一二、《長編》卷一三一改。

砦，進圍豐州，孤城無援，遂陷。元昊遣兵分屯要害，以絶麟州餉道。管勾麟府軍馬事張亢擊賊瑠璃堡，破之；又戰于栢子砦及兔毛川，皆敗之；遂築建寧等五堡，河外始固。知諫院張方平言：「竦爲統帥，三歲于兹，師惟不出，出則喪敗；寇惟不來，來必殘蕩，安用爲統帥也！今將校被斥，而帥不加罪，非刑賞之公。」乃改竦判河中，執中知陜州。

**分陜西爲四路，以韓琦、王沿、范仲淹、龐籍兼經略安撫招討使。**分秦鳳、涇原、環慶、鄜延爲四路，各置使。時琦知秦州，沿知渭州，仲淹知慶州，籍知延州，詔分領之。張方平言：「涇原最當賊衝，王沿未愜人望，不當與琦等同列。」不報。琦上言：「請於鄜、慶、渭三州各更益兵三萬人，拔用有勇略將帥，統領訓練，預分部曲，遠斥候，於西賊舉動之時，先據要害，來則命駐劄之兵觀利整陣，併力擊之。又於西賊未集之時，出三州已整之兵，淺入大掠，或破其和市，招其種落，築壘拓地，別立經制。朝廷節儉省費，傾内帑三分之一分助邊用，使行間覘賊。如此，則二三年間，賊力漸屈，平定有期矣。」自元昊反，延州城砦焚掠殆盡，籍至，稍葺治之。戍兵十萬，無壁壘，皆散處城中，畏籍莫敢犯法。籍命部將狄青將萬人，築招安砦於橋子谷旁，以斷寇出入之路。又使周美襲取承平砦，王信築龍安砦，悉復所亡地，築十一城，延民以安。初，元昊陰誘屬羌爲助，而環慶酋長六百餘人，約爲鄉導，事尋露。仲淹以其反覆不常，至部即奏行邊，以詔書犒賞諸羌，❶閱其人馬，爲立條約，諸羌皆受命，自是爲中國用。羌人親愛之，呼爲「龍圖老子」。仲淹以慶州西北馬鋪砦當後橋川口，在賊腹中，欲城之，度賊必争，密遣其子純佑與蕃將趙明先據其地，引兵隨之。諸將不知所向，行至柔遠，版築皆具，旬日城成，即大順城也。賊覺，以三萬騎來戰，佯北，仲淹戒勿追，已而果有伏。大順既城，而白豹、金湯皆不敢犯，環慶自此寇盜益少。仲淹在邊，純佑年方冠，與將卒錯處，鈎深摘隱，得其材否。由是，仲淹任人無失，所向有功。

**壬午　二年，春正月，復榷鹽法。**自元昊

❶「犒」，原作「搞」，據萬曆本、《宋史》卷三一四《范仲俺傳》改。

反，軍興，用度不足，因聽並邊入中芻粟，予券趨京師榷貨務，受錢若金銀；入中它貨，予券償以池鹽。由是羽毛、筋角、膠漆、鐵炭、瓦木之類，一切以鹽易之。猾商貪吏，表裏爲姦，至入椽木二，估錢千，給鹽二百二十斤。鹽直益賤，販者不行。至是，詔凡商人虛估受券及已受鹽未粥者，皆計直輸虧官錢。內地州軍民間鹽悉收市入官，官爲置場增價出之。復禁永興等十一州軍商鹽，官自輦運，以衙前主之。又禁商鹽私入蜀，置折博務於永興、鳳翔，聽人入錢若蜀貨，易鹽趨蜀中以售。已而東南末鹽悉復禁榷。

**二月，置義勇、保捷軍。**詔選河北諸州强壯爲軍，刺手背爲義勇字，各營于其州，給以奉廩，分番訓練，不願者釋之。尋又刺陝西、秦鳳路義勇爲保捷軍。

**三月，晁宗慤罷。○契丹來求關南之地，夏四月，遣知制誥富弼報之。**契丹主有南侵意，會元昊反，欲乘釁取瓦橋關以南十縣地，乃集羣臣議。南院樞密使蕭惠曰：「宋人西征有年，師老民疲，陛下親帥六軍臨之，其勝必矣！」北院樞密使蕭孝穆曰：「我先朝與宋和好，無罪伐之，其曲在我，况勝負未可逆料，願熟察之。」契丹主從惠言。乃遣南院宣徽使蕭特末、翰林學士劉六符來致書取故地，及問興師伐夏及沿邊疏濬水澤、增益兵戍之故。特末至，呂夷簡奏弼爲接伴使，與中使迎勞之。特末託疾不拜，弼曰：「吾嘗使北，病卧車中，聞命輒起。今中使至而子不拜，何也？」特末等矍然起拜。弼開懷與語，特末感說，亦不復隱其情，密以其主所欲得者告，且曰：「可從，從之；不然，以一事塞之。」弼具以聞。帝唯許增歲幣，或以宗室女嫁其子，且令夷簡擇報聘者。夷簡不悅弼，因薦之。集賢校理歐陽脩引顏真卿使李希烈事，請留之，不報。弼得命，即入對，叩頭曰：「主憂臣辱，臣不敢愛其死。」帝爲動色，進弼樞密直學士，弼辭曰：「國家有急，義不憚勞，奈何逆以官爵賂之！」遂往。

**五月，以大名府爲北京。**契丹聚兵幽、薊，聲言南下。朝議請城洛陽，呂夷簡曰：「此子囊城郢計也。使契丹得渡河，雖高城深池，何可恃耶？我聞契丹畏壯侮怯，景德之役，非乘輿濟河，則未易服也。宜建都大名，示將親征，以伐其謀。」帝從之。建大名爲北京，即真宗駐蹕之所城焉，識者韙之。

**六月，以王德用判定州。**以契丹兵壓境，詔德用判定州兼三路都部署。德用時教士卒習戰，頃之，士勇皆可用。契丹遣人來覘，或請捕之，德用曰：「彼得其實以告，是服人之兵以不戰也。」明日，大閱于郊，下令：「具糗糧，聽吾鼓，視吾旗所向。」覘者歸告虜中，謂漢兵將大至。和議益決。

**秋七月，任布罷。○以吕夷簡、章得象兼樞密使，加晏殊同平章事。**

初，富弼建議宰相兼樞密使，帝曰：「軍國之務，當悉歸中書，樞密非古官。」然未欲遽廢，故止令中書同議樞密院事。及張方平請廢樞密院，帝乃追用弼議，命夷簡判樞密事。議者以判名太重，夷簡亦不敢當，遂改兼樞密使。

**富弼還，復如契丹。**

弼至契丹，見契丹主宗真，言曰：「兩朝人主，父子繼好垂四十年，一旦求割地，何也？」契丹主曰：「南朝違約，塞鴈門，增塘水，治城隍，籍民兵，將以何爲？羣臣請舉兵而南，吾謂不若遣使求地，求而不獲，舉兵未晚。」弼曰：「北朝忘章聖皇帝之大德乎？澶淵之役，苟從諸將言，北兵無得脱者。且北朝與中國通好，則人主專其利而臣下無所獲；若用兵，則利歸臣下而人主任其禍。故勸用兵者，皆爲身謀爾。」契丹主驚曰：「何謂也？」弼曰：「晉高祖欺天叛君，末帝昏亂，土宇狹小，上下離叛，故契丹全師獨克。然虜獲金幣充牣諸臣之家，而壯士、健馬物故太半。今中國提封萬里，精兵百萬，法令修明，上下一心，北朝欲用兵，能保其必勝乎？就使其勝，所亡士馬，羣臣當之歟，抑人主當之歟？若通好不絶，歲幣盡歸人主，羣臣何利焉！」契丹主大悟，首肯者久之。弼又曰：「塞鴈門者，備元昊也。塘水始於何承矩，事在通好前。城隍皆修舊，民兵亦補闕，非違約也。」契丹主曰：「微卿言，吾不知其詳。雖然，吾祖宗故地，當見還也。」弼曰：「晉以盧龍賂契丹，周世宗復取關南地，皆異代事。若各求地，豈北朝之利哉！」既退，劉六符曰：「吾主耻受金幣，堅欲十縣，何如？」弼曰：「本朝皇帝嘗言：『爲祖宗守國，豈敢妄以土地與人！北朝所欲，不過租賦爾，朕不忍多殺兩朝赤子，故屈己增幣以代之。若必欲得地，是志在敗盟，假此爲辭爾。澶淵之盟，天地鬼神實臨之。北朝首發兵端，過不在我，天地鬼神，其可欺乎！』」六符謂其介曰：「南朝皇帝存心如此，大善！當共奏，使兩主意通。」明日，契丹主召弼同獵，引弼馬自近，謂曰：「得地則歡好可久。」弼反覆陳其不可狀，且言：「北朝既以得地爲榮，南朝必以失地爲辱。兄弟之國，豈可使一榮一辱哉！」獵罷，六符曰：「吾主聞公榮辱之言，意甚感悟，今惟有結昏可議爾。」弼曰：「結昏易生嫌隙。本朝長公主出降，齎送不過十萬緡，豈若歲幣無窮之利哉！」契丹主諭弼使還，曰：

「俟卿再至，當擇一事受之，卿其遂以誓書來。」弼還，具以白帝。帝復使弼持和親、增幣二議及誓書往契丹，且命受口傳之詞于政府。既行，次樂壽，謂副使張茂實曰：「吾爲使而不見國書，脱書詞與口傳異，吾事敗矣。」啓視果不同，馳還都，以晡時入見，曰：「政府故爲此以陷臣，臣死不足惜，如國事何！」帝以問晏殊，殊曰：「吕夷簡決不爲此，誠恐誤爾。」弼曰：「晏殊姦邪，黨夷簡以欺陛下！」遂易書而行。**九月，暨契丹平。**弼至，契丹不復議昏，專欲增幣，且曰：「南朝既增我歲幣，其遺我之辭，當曰『獻』。」弼曰：「南朝爲兄，豈有兄獻於弟乎？」契丹主曰：「然則爲『納』字。」弼曰：「亦不可。」契丹主曰：「南朝既以厚幣遺我，是懼我矣，於一字何有？若我擁兵而南，得無悔乎！」弼曰：「本朝兼愛南北之民，故屈己增幣，何名爲懼？或不得已而用兵，則當以曲直爲勝負，非使臣之所知也。」契丹主曰：「卿勿固執，古有之矣。」弼曰：「自古唯唐高祖借兵突厥，當時贈遺，或稱獻、納。其後頡利爲太宗所擒，豈復有此禮哉！」聲色俱厲。契丹主知不可奪，乃曰：「吾當自遣人議之。」乃留增幣誓書，而使其北院樞密副使耶律仁先及劉六符持誓書與弼偕來，且議「獻」、「納」二字。弼至，入對曰：「二字，臣以死拒之，虜氣折矣，可勿許也。」帝用晏殊議，竟以「納」字與之。於是，歲增銀、絹各十萬匹、兩，送至白溝，仍遣知制誥梁適持誓書，與仁先如契丹報之。契丹亦遣使再致誓書，來報撤兵。自是，通好如故。李燾曰：「時契丹實惜盟好，特爲虚聲，以動中國。吕夷簡等乃許與過厚，遂爲無窮之害。」**元昊寇鎮戎軍，副總管葛懷敏會兵禦之，敗死。元昊遂大掠渭州。**元昊雖數勝，而死亡、創痍者相半，國人困於點集，財用不給，多怨之。知延州龎籍言：「夏境鼠食稼，且旱，元昊思納欵。」詔命知保安軍劉拯諭元昊親信野利剛浪唆、遇乞兄弟言：「公方持靈、夏兵，儻内附，當以西平茅土分册之。」剛浪唆令浪埋、賞乞、媚娘三人詣种世衡乞降。世衡知其詐，曰：「與其殺之，不若因以爲間。」留使監税，出入騎從甚寵。而遣王嵩以棗及畫龜爲書，置蠟丸中，遺剛浪唆，喻以早歸之意，欲元昊得之而致疑。剛浪唆笑曰：「种使君年亦長矣，何兒戲尚爾！」元昊果疑剛浪唆，囚嵩窖中。剛浪唆使其教練使李文貴至青澗報世衡，言：「用兵以來，資用困乏，人情便於和。」籍曰：「此詐也。」乃屯兵青澗，留文貴不遣。已而，元昊果大舉入寇，攻鎮戎軍，王沿使懷敏督諸砦兵禦之，分諸將爲四路，趨定川砦。❶賊毁橋，斷其歸路，四面圍之。懷敏突圍走，由是大潰。懷敏馳至長城濠，路已斷，遂及將校十四人死焉。餘軍九千四百，馬六百，皆爲敵所得。元昊乘勝直抵渭州，焚蕩廬舍，屠掠民畜。自涇、邠以東，皆閉壘自守。范仲淹自將慶州蕃、漢兵援之，元昊乃還。議者欲以金繒啖契丹，使攻元昊。命御史中丞賈昌朝往使，昌朝力辭使命，且上疏曰：「太祖收方鎮之權，以爲萬世利。及太宗時，將帥率多舊人，猶能仗威靈，所向有功。近歲因西羌之叛，驟擇將領，而士不練習，以屢易之將，馭不練之士，故戰則必敗，此削方鎮太過之弊也。況今武臣多親舊恩倖，出即爲將，素不知兵，一旦付以千萬人之命，是驅之死地矣，此用親舊恩倖之弊也。請自今方鎮守臣無數更易，刺史以上宜慎所授，以待有功。且命將之時，去疑貳，推恩惠，務責以大効，使一切便宜從事，庶得馭將之道。」帝嘉納之。

**冬十一月，以韓琦、范仲淹、龐籍爲陝西安撫經略招討使，置司涇州。**

初，翰林學士王堯臣體量安撫陝西歸，上疏論兵，因言：「韓琦、范仲淹皆忠義智勇，不當置之散地。」及葛懷敏敗死，中外震懼，帝思堯臣之言。會仲淹附王懷德入奏：「乞與韓琦同經略涇原，並駐涇州，琦兼秦鳳，臣兼環慶。涇原有警，臣與琦合秦鳳、環慶之兵，掎角而進。若秦鳳、環慶有警，亦可率涇原之師爲援。臣當與琦練兵選將，漸復横山，以斷賊臂，不數年間，可期平定。願詔龐籍兼領環慶，以成首尾之勢。秦州委文彦博，慶州用滕宗諒總之，渭州一武臣足矣。」帝采用其策，乃復置陝西路經略安撫招討使，總四路之事，置府涇州，益屯兵三萬，以琦、仲淹、籍分領之。復以堯臣爲體量安撫使，徙彦博帥秦，宗諒帥慶，張亢帥渭州。堯臣復言：「琦等既爲陝西四路招討等使，則四路當稟節制，不當復帶使名，各置司行事，使所稟不一。」於是諸路並罷經略使。琦與仲淹在兵間久，名重一時，人心歸之，朝廷倚以爲重。二人號令嚴明，愛撫士卒，諸羌來者，推誠撫接，咸感恩畏威，不敢輒犯邊境。邊人爲之謡曰：「軍中有一韓，西賊聞之心膽寒。軍中有一范，西賊

❶「川」，原作「州」，據《長編》卷一三七、《宋史》卷二八九《葛懷敏傳》改。

聞之驚破膽。」❶**徵處士孫復爲國子監直講。**復，晉州平陽人，舉進士不第，退居泰山，著《春秋尊王發微》十二篇。國子直講石介嘗師事之，語人曰：「孫先生非隱者也。」於是范仲淹、富弼皆言復有經術，宜在朝廷，故召用之。**以富弼爲翰林學士，辭不拜。**弼始受命使契丹，聞一女卒；再往，聞一男生，皆不顧。得家書未嘗發，輒焚之，曰：「徒亂人意。」於是，帝復申樞密直學士之命，弼辭。又除翰林學士，弼懇辭曰：「增歲幣，非臣本意，特以方討元昊，未暇與角，故不敢以死争，敢受賞乎！」

**癸未**　**三年，春正月，元昊上書請和。**西鄙用兵日久，帝心厭之。會契丹使言元昊欲歸欵，乃密詔龐籍招納之。籍遣李文貴還以通意。元昊聞之大喜，亟出王嵩厚禮之，使與文貴以剛浪唛書至延州議和，然猶倔强，不肯削僭號，且云：「如日方中，止可順天西行，安可逆天東下？」籍以其言未服，乃令自請。而詔籍復書許之。使呼剛浪唛爲太尉，籍曰：「太尉，三公，非陪臣所得稱。使剛浪唛當之，則元昊不得臣矣。今其書自稱『寧令』，或『謨寧令』，皆其官名也，於義無嫌。」至是，元昊知朝廷許和有緒，乃遣其六宅使賀從勗與文貴至延州，上書自稱「男邦泥定國兀卒上書父大宋皇帝」，更名曩霄而不稱臣。兀卒，即吾祖也，如可汗號。籍言：「名體未正，不敢以聞。」從勗曰：「子事父，猶臣事君也。若得至京師，天子不許，更歸議之。」籍送使者闕下，因陳便宜，言：「羌久不通和市，國人愁怨。今辭理寖順，必有改事中國之心，請遣使諭之。」**二月，立四門學。○三月，以呂夷簡爲司徒、同議軍國大事。**先是，夷簡感風眩，詔拜司空、平章軍國重事。疾稍愈，命數日一至中書，裁決可否，夷簡力辭。帝降手詔曰：「古謂髭可療疾，今剪以賜卿。」至是，帝御延和殿召見，敕乘馬至殿門，命內侍取兀子輿以前。夷簡辭避久之，詔給扶毋拜，乃罷相，改授司徒，同議軍國大事。**以晏殊同平章事兼樞密使，賈昌朝參知政事，富弼爲樞密副使，弼固辭不拜。**弼見帝言：「契丹既結好，議者便謂無事，

❶「破」，原作「喪」，據萬曆本、《東都事略》卷五九上《范仲淹傳》、《五朝名臣言行録》卷七《參政范文正公》、《宋宰輔編年録》卷五、《類説》卷二改。

萬一敗盟，臣死且有罪。願陛下思其輕侮之恥，坐薪嘗膽，不忘修政，且收臣新命，使天下知使臣不受賞，和好未可保，其於守備，决不敢懈。」帝察其意堅，改授資政殿學士。**召夏竦爲樞密使。○以歐陽脩、王素、蔡襄知諫院，余靖爲右正言。**增置諫官，以修等爲之。襄喜賢路開而慮正人難久立，乃上疏曰：「任諫非難，聽諫爲難；聽諫非難，用諫爲難。修等三人忠誠剛正，必能盡言。臣恐邪人不利，必造爲禦之之説。其禦之，不過有三，曰：好名，好進，彰君過爾。願陛下察之，毋使有好諫之名而無其實。」修每入對，帝必延問執政，咨所宜行。既多所張弛，小人翕翕不便，修慮善人必不勝，數爲帝分別言之。初，范仲淹之貶饒州，修及尹洙、余靖皆以直仲淹見逐，羣邪目之曰「黨人」。於是，朋黨之論起。修乃進《朋黨論》，以爲：「君子以同道爲朋，小人以同利爲朋，皆自然之理也。然小人無朋，惟君子則有之。蓋小人所好者利禄，所貪者財貨，當其同利之時，暫相黨引以爲朋者，僞也。及其見利而争先，或利盡而反相賊害，雖兄弟、親戚，不能相保。君子則不然，所守者道義，所行者忠信，所惜者名節。以之修身，則同道而相益；以之事國，則同心而共濟，終始如一。故爲君者，但當退小人之僞朋，用君子之真朋，則天下治矣。」脩論事切直，人視之如仇。帝獨奬其敢言，顧侍臣曰：「如歐陽脩者，何處得來！」**夏四月，遣使如夏州。**賀從勗至京，帝用龐籍言，命著作佐郎邵良佐更往議之，許封册元昊爲夏國主，歲賜絹十萬匹，茶三萬斤。富弼言：「元昊臣契丹而不臣我朝，則是契丹爲無敵於天下矣。須令稱臣乃可許和。」蔡襄亦言：「元昊自稱兀卒，既又譯爲吾祖，特以侮慢朝廷，使朝廷賜之詔而亦曰吾祖，是何等語邪！不可許其請。」皆不聽。邵良佐至夏州，元昊亦遣如定、聿捨、張延壽等來議和及歲幣。**以韓琦、范仲淹爲樞密副使。**以元昊請和，故召還，命知永興軍鄭戩代之。富弼言：「西寇未殄，亦須藉材，若二人俱來，或恐闕事。願召一人使處於内，一人就授副樞，且令在邊，表裏相濟，事無不集。」不聽。時元昊倚契丹，邀索無厭，晏殊等厭兵，將一切從之，琦力陳其不便，帝嘉納之。**夏竦至京師，罷之，以杜衍爲樞密使。**初，召竦，諫官歐陽脩、蔡襄等交章論「竦在陝西，畏懦不肯盡力，兼之挾詐任數，姦邪傾險。陛下孜孜政事，首用懷詐不忠之臣，何以求治？」中丞王拱宸亦言：「竦經略西師，無功而歸，今置諸二府，何以厲世？」因對，極論之，帝未省，遽起，拱辰前引裾畢其說，帝乃悟。會竦已至國門，言者論益力，乞毋令入見。右正言余靖言：「竦累表引疾，及聞召命，即兼驛而馳。若不早決，竦必堅求面對，叙恩感泣，復有左右爲之地者，則聖聽惑矣。」章累上，即日詔竦歸鎮，拜杜衍爲樞密使。竦亦自請還節鉞，徙知亳州。竦至亳，上書萬言自辨，乃徙判并州。蔡襄言於帝曰：「陛下罷竦而用琦、仲淹，士大夫賀于朝，庶民歌于路，至飲酒叫號以爲歡。且退一邪，進一賢，豈能關天下輕重哉？蓋一邪退則其類退，一賢進則其類進，衆邪並退，衆賢並進，海内有不泰乎！雖然，臣竊憂之，天下之勢，譬猶病者，陛下既得良醫矣，信任不疑，非徒愈病，而又壽民；醫雖良，術不得盡用，則病且日深，雖有和、扁，難責效矣。」國子監直講石介篤學尚志，樂善嫉惡，喜聲名，遇事奮然敢爲。會呂夷簡罷相，章得象、晏殊、賈昌朝、韓琦、范仲淹、富弼同時執政，而歐陽脩、蔡襄、王素、余靖並爲諫官，夏竦既拜，復奪之，以衍代，因大喜曰：「此盛事也，歌頌吾職，其可已乎！」作《慶曆聖德詩》，有曰：「衆賢之進，如茅斯拔；大姦之去，如距斯脱。」其言大姦，蓋斥竦也。詩且出，孫復聞之曰：「介禍始于此矣。」范仲淹亦謂韓琦曰：「爲此鬼怪輩壞事也。」**自正月不雨，至于是月，帝禱于西太一宫，是日，雨。**京師久旱，遣使祠禱嶽瀆。羣臣請帝親禱于郊，帝曰：「太史言月二日當雨，今將以旦日出禱。」王素曰：「臣非太史，然度是日必不雨。」帝問其故，素對曰：「陛下知其且雨而禱之，應天不以誠，故也。」帝竦然，詔明日詣西太一宫。諫官故不在屬車間，特命素扈從。日甚熾，埃氛翳空，比車駕還，未薄城，天大雷電而雨。時王德用進二女，素論之，帝曰：「朕，真宗皇帝子；卿，王旦子也。有世舊，非他人比。德用實進女，然已事朕左右，奈何！」素曰：「臣之憂，正恐在左右爾。」帝動容，立命遣二女出宫，而賜素銀緋。

**呂夷簡罷。**先是，陝西轉運使孫沔上書言：「自夷簡當國，黜忠言，廢直道。以姑息爲安，以避謗爲智。柔而易制者升爲心腹，姦而可使者保爲羽翼。是張禹不獨生於漢，而李林甫復見於今也。」書上，帝不之罪。夷簡見書，謂人曰：「元規藥石之言，但恨聞此遲十年爾！」至是，蔡襄復言：「夷簡被病以來，兩府大臣並笏受事於門，貪尚權勢，病不知止。」乃罷同議軍國大事。未幾，以太尉致仕。

**五月朔，日食。○秋七月，王**

**舉正罷。八月，以范仲淹參知政事，富弼爲樞密副使。**歐陽脩、余靖論舉正懦默不任事，范仲淹有相材，請罷舉正而用仲淹。帝然之，舉正遂罷，拜仲淹參知政事。仲淹曰：「執政可由諫官而得乎？」固辭不拜，願與韓琦出行邊，命爲陝西宣撫使。未行，復除參知政事。帝方鋭意太平，數問當世事，仲淹語人曰：「上用我至矣，事有先後，久安之弊，非朝夕可革也。」帝再賜手詔，又爲之開天章閣，召輔臣條對。仲淹退而上十事，曰：明黜陟，抑僥倖，精貢舉，擇長官，均公田，厚農桑，修武備，推恩信，重命令，減徭役。悉采用之，宜著令者，皆以詔書畫一頒下。○帝復申副樞之命，弼猶固辭。帝使宰相諭之曰：「此朝廷特用，非以使遼故也。」時元昊使辭，帝至紫宸殿，俟弼綴樞密院班，乃坐，弼不得已，受命。帝以平治責成輔相，命弼主北事，仲淹主西事。弼上當世之務十餘條及安邊十三策，大略以進賢退不肖，止僥倖，去宿弊，欲漸易監司之不才者，使澄汰所部吏，於是小人始不悦矣。

**以韓琦爲陝西宣撫使。**時二府合班奏事，琦必盡言，雖事屬中書，亦指陳其實。同列或不悦，帝獨識之，曰：「韓琦性直。」琦嘗條所宜先行者七事，曰：清政本，念邊計，擢材賢，備河北，固河東，收民心，營洛邑。繼又陳救弊八事，曰：選將帥，明按察，豐財利，遏僥倖，進能吏，退不才，謹入官，去冗食。謂：「數者之舉，謗必隨之。願委計輔臣，聽其注措。」帝嘉納之，遂命宣撫陝西。琦討平羣盜張海、郭邈山等，汰禁卒羸老不任用者，修鄜延城障，振河中、同、華諸州饑民，所活百萬餘人。❶

**九月，任中師罷。○冬十月，以張昷之、王素等爲都轉運按察使。**先是，知諫院歐陽脩言：「天下官吏既多，朝廷無由遍知其賢愚善惡，乞立按察之法。於内外朝官、三丞、郎官中選强幹廉明者爲之，使至州縣，遍見官吏，其公廉無狀，❷皆以朱書於名之下；其中材之人，以墨書之，歲具以聞。」詔從之。富弼、范仲淹復請詔中書、樞密，通選逐路轉運按察使，即委使自擇知州，知州擇知縣，不任事者皆罷之。於是昷之等首被兹選。昷之河北，王素淮南，沈邈京東，施昌言河東，李絢京西。○仲淹之選



❶「萬餘」，萬曆本、四庫本作「餘萬」。

❷「公廉無狀」，《長編》卷一四一、《宋朝諸臣奏議》卷六六《上仁宗乞置諸路按察使》作「公廉勤幹，明著實狀」。

監司也，取班簿，視不才者一筆勾之。弼曰：「一筆勾之甚易，焉知一家哭矣！」仲淹曰：「一家哭，何如一路哭邪！」遂悉罷之。

更定磨勘法。初，太祖以舊制文武常參官各以曹務閑劇爲月限，考滿即遷，非循名責實之道，乃罷之。淳化中，置審官院，考課中外職事，受代京朝官引對磨勘，蓋復序進之制。其後立法，文臣五年，武臣七年，無贓私罪，始得遷秩；曾犯贓罪，則文臣七年，武臣十年，中書、樞密取旨。其七階選人，則考第資歷，無過犯或有勞績者遞遷，謂之循資。至是，用范仲淹言，詔：「兩地臣僚，非有勳德善狀，不得非時進秩；京朝官磨勘年限內，有無勞績及舉者數取旨。朝官須三年無私罪，而有監司及清望官五人爲保任，方遷員外郎。舉者數不足，增二年。遷郎中、少卿監亦如之。遷大卿監、諫議，悉聽旨。其法始密于舊矣。

十一月，更定蔭子法。太祖初定任子之法，臺省六品，諸司五品，登朝嘗歷兩任，然後得請。太宗即位，諸州進奏者，授以試銜及三班職。尋特定選人七等，凡誕聖節及三年南郊，皆聽奏一人，而特恩不預焉，由是奏薦之恩寖廣。至是，范仲淹、富弼始裁損奏補入仕之路，罷聖節奏蔭恩。凡長子不限年，諸子孫必年過十五，弟姪年過二十，乃得蔭。自是，任子之恩殺矣。

十二月，河北雨赤雪，河東地震。諫官孫甫上疏言：「赤雪者，赤眚也，人君舒緩之應。地震者，陰盛也。陰之象，爲臣，爲後宮，爲戎狄，盛則陰變而動矣。天地災變，固無虚應。陛下救舒緩之失，莫若自主威福，時出英斷，以懾姦邪；救陰盛之變，莫若外謹戎備，内制後宮。此應天之實也。」

續資治通鑑綱目第四

# 續資治通鑑綱目第五

起甲申宋仁宗慶曆四年，盡癸卯宋仁宗嘉祐八年。

凡二十年。

**甲申　四年，春正月，帝復御經筵。**自元昊反，罷進講，崇政殿説書趙師民言：「帝王治經與品庶異，不獨玩空文、占古語也。今方外小有事，臣等即不復進見，是以爲先王遺籍，可以講無事之朝，不足贊有爲之世，臣愚以爲過矣。」又獻《勸講箴》。帝嘉納之。於是復命曾公亮等講讀經史，嘗謂公亮等曰：「卿等宿儒博學，多所發明，朕雖盛暑，亦未嘗倦，但恐卿等勞爾。」**荆王元儼卒。**元儼，太宗第八子，廣顙豐頤，嚴毅不可犯，天下崇憚之。名聞外夷，呼爲「八大王」，遼人入使，必問王安否及所在。莊獻臨朝，自以屬尊望重，恐爲太后所忌，深自沉晦。既有疾，帝親視之，屏人與語，所對皆忠言。至是，卒。有司以年歲不利，財用方困，請緩葬期。范仲淹言：「荆王，太宗愛子，真宗愛弟，屢被讒惑，陛下仁聖，力能保全，豈忍送葬之際，却惜財利而廢典禮？請賜内藏庫金帛備葬事。」帝從之。**三月，詔天下州縣立學，行科舉新法。**時范仲淹意欲復古勸學，數言興學校，本行實。詔近臣議。於是宋祁等奏：「教不本於學校，士不察於鄉里，則不能覈名實；有司束以聲病，學者專於記誦，則不足盡人材。參考衆説，擇其便于今者，莫若使士皆土著而教之於學校，然後州縣察其履行，則學者修飭矣。先策論，則文詞者留心於治亂矣；簡程式，則閎博者得以馳騁矣；問大義，則執經者不專於記誦矣。」帝從之，乃詔：「天下州縣皆立學，本道使者選部屬官爲教授，員不足，取於鄉里宿學有道業者。士須在學三百日，乃聽預秋賦；舊嘗充賦者，百日而止。試于州者，令相保任。有匿服、犯刑、虧行、冒名等禁。三場，先策，次論，次詩賦，通考爲去取，而罷帖經、墨義。士通經術、願對大義者，試十道。」**契丹党項諸部叛附于夏。**元昊侵党項，契丹遣使讓之，元昊不聽。党項等部及夾山部落呆兒族八百户，與山西部族節度使屈烈，皆叛契丹，降于元昊。**宜州**

**鑾歐希範作亂，討平之。○夏四月，作太學。五月，帝謁孔子。**判國子監王拱辰、田況、王洙、余靖等言：「漢太學二百四十房，千八百室，生徒三萬人；唐學舍亦千二百間。今取才養士之法盛矣，而國子監才二百楹，制度狹小，不足以容。」詔以錫慶院爲太學，置内舍生二百人。講殿既備，帝謁孔子。故事，止肅揖，帝特再拜。賜直講孫復五品服。初，海陵人胡瑗爲湖州教授，訓人有法，科條纖悉備具。以身率先，雖盛暑，必公服坐堂上。嚴師弟子之禮，視諸生如其子弟，諸生亦信愛如其父兄，從之游者常數百人。時方尚詞賦，湖學獨立經義、治事齋以敦實學。及興太學，詔下湖州取其法，著爲令式。**契丹伐党項，夏人救之。○元昊復遣使來上表。**元昊遣使上誓表言：「兩失和好，遂歷七年，立誓自今，願藏盟府。其前日所掠將校、民户，各不復還。自此有邊人逃亡，亦毋得襲逐。臣近以本國城砦進納朝廷，其栲栳、鐮刀、南安、承平故地及他邊境蕃漢所居，乞畫中爲界，於内聽築城堡。凡歲賜銀、綺、絹、茶二十五萬五千，乞如常數，臣不復以他相干。乞頒誓詔，蓋欲世世遵守，永以爲好。儻君親之義不存，或臣子之心渝變，當使宗祀不永，子孫罹殃。」帝遣使賜元昊詔曰：「俯閱來誓，一皆如約。」時韓琦自陝西還，與范仲淹並對，言：「爲今之策，當以和好爲權宜，戰守爲實務。」因畫和守戰三策。又言：「北戎久强，今乘元昊議和，❶其勢愈重，苟不大爲之備，禍未可量。夫京師坦而無備，若北戎一朝稱兵深入，必促河朔重兵與之力戰，彼戰勝，則直趨澶淵。若京城堅固，戒河朔之兵勿與戰，彼不得戰，欲深入，則前有堅城，後有重兵，必沮而自退，退而邀之，擊之皆可也。故修京師，非徒禦寇，誠以伐深入之謀。」諫官余靖言：「王者守在四夷，今無故而修京城，是舍天下之大而爲嬰城自守之計。」遂不果行。**六月，開寶寺塔火。**余靖上疏言：「五行之占，本是災變，宜戒懼以答天意。而聞有詔取舊瘞舍利入禁中，竊恐巧佞之人，推爲靈異，再圖營造。廣事浮費以奉佛求福，非天下所望也。且一塔不能自衛，爲火所毁，況藉其福以庇於民哉？」**以范仲淹爲陝西、河東宣撫使。**初，仲淹以忤吕夷簡，放逐者數年。及陝西用兵，帝以其士望所屬，拔用護邊。及夷簡罷，召

❶「乘」，《長編》卷一四九、《太平治迹統類》卷八作「來」。

還，倚以爲治。中外想望其功業，仲淹亦以天下爲己任，與富弼日夜謀慮，興致太平。然更張無漸，規模闊大，論者籍籍。及按察使出，多所舉劾，衆心不悦，任子之恩薄，磨勘之法密，僥倖者不便。由是，謗毁稍行。先是，石介奏記于弼，責以行伊、周之事。夏竦怨介，又欲因以傾弼等，乃使女奴陰習介書，久之，習成，遂改伊、周曰伊、霍，且僞作介爲弼撰廢立詔草，飛語上聞。帝雖不信，而弼與仲淹恐懼不自安。適聞契丹伐夏，遂請行邊。羅從彦曰：「小人之權幸，可畏也。以仁宗之英明，急於圖治，而富、范等屻於讒間，不果其志，何耶？古者人君立政立事，君臣相與，合心同謀，明足以照之，仁足以守之，勇足以斷之，爲之不暴而持之以久，故小人不得措其私，權幸不得摇其成。若慶曆之事，鋭之於始而不究其終，君臣之間，毋乃有未至邪！」

**京師旱蝗。**上謂輔臣曰：「方歲旱而飛蝗，百姓何罪罹此！默禱上帝，願歸咎眇躬。」余靖等言：「災異之來，實由人事闕失。今陛下既有引過之言，達於天地神祇，伏乞必踐其言，必行其實，專聽斷，攬威權，號令信於人，恩澤及於下，則災異消，和氣應矣。」

**契丹初修國史。○秋七月，大封宗室。**先是，富弼言：「北虜率以近親爲名王將相，以治國事，掌兵柄。今歲荆王之薨，識者憂之。臣願陛下擇宗室中賢者數人封之，内以藩屏王室，外以威示四夷。」時祖宗之後，未有封王爵者，帝用弼議，封秦王廷美子德文爲東平郡王，❶潤王元份子允讓爲汝南郡王，燕王德昭孫從藹爲潁國公，岐王德芳孫從煦爲安國公。❷同時封王公者，凡十人。

**契丹來告伐夏。八月，遣右正言余靖報之。**契丹主以夏援党項之故，徵諸道兵，將討元昊，遣使來告曰：「請爲中國討賊，慎無與和也。」時朝廷欲加元昊封册，而契丹之使適至，帝疑契丹與元昊同謀以見欺，欲調發爲備，召群臣議之。富弼言：「契丹實有怨于元昊耳，保無他也。」余靖言：「契丹挾詐，不可輕許。」乃命靖致贐禮，且覘其誠否，而留夏國封册不發。

**以富弼爲河北宣撫使。**從弼請也。弼及范仲淹既去，石介不自安，亦請外，

---

❶「郡」，原脱，據《長編》卷一五一、《文獻通考》卷二七七《封建考》一八補。下「郡」同。

❷「煦」，原作「照」，據《長編》卷一五一、卷二一三，《東都事略》卷一五《秦王德芳傳》改。

得濮州通判。**許公呂夷簡卒。**諡文靖。自章獻太后臨朝，十餘年間，天下晏然，夷簡之力爲多。及西夏用師，契丹求地，夷簡選將命使，二邊以寧。獨建募萬勝軍，加契丹歲幣，大爲後日之患。又成郭后之廢，逐孔道輔、范仲淹于外，時論少之。然所斥士，旋復收用，亦不終廢。其於天下之事，屈伸舒卷，動有操術，故當國最久，雖數爲言者所詆，而帝眷倚不衰。朱熹曰：「當許公用事之時，其舉措不合衆心者多矣，而又惡忠賢異己，必力排之。逮其晚節，知天下公議不可終拂，又慮天下之事或至危亂，而忠賢之排去者，將起復用，是以寧損故怨，以爲收之桑榆之計。其慮患之意，雖未必盡出於至公，而補過之善，天下實被其賜，則與世之遂非長惡、力戰天下之公議以貽患國家者相去遠矣。」**九月，晏殊罷。**殊平居好賢，及爲相，務進人材。擢歐陽脩等爲諫官。既而，苦其論事煩數，或面折之。至是，脩出爲河北都轉運使，諫官奏留之，殊獨不許。孫甫、蔡襄因上言：「殊爲李宸妃碑，不言生帝，又役官兵治僦舍以規利。」乃降授工部尚書，出知潁州。殊剛簡清儉，博學洽聞，文章贍麗，爲世推重。**以杜衍同平章事兼樞密使，賈昌朝爲樞密使，陳執中參知政事。**衍務裁僥倖，每有内降，率寢格不行，積詔旨至十數，輒納帝前。帝嘗語歐陽脩曰：「外人知杜衍封還内降邪？凡有求於朕，每以衍不可告之而止者，多於所封還也。」執中自知青州召還，諫官蔡襄、孫甫等争言：「執中剛愎不學，若任以政，天下不幸。」帝不聽，諫官論不止，乃命中使賫勅告即青州賜之。明日，諫官上殿，帝作色迎謂之曰：「豈非論陳執中邪？朕已召之矣。」乃不敢言。**契丹伐夏，冬十月，夏人誘而敗之，契丹及夏平。**契丹主宗真親將騎兵十萬出金肅城，遣弟重元將騎七千出南路，樞密使蕭惠將兵六萬出北路，三路濟河，長驅入夏境四百里，不見敵，據德勝寺南壁以待。惠與元昊戰于賀蘭山北，敗之。元昊見契丹兵盛，乃請和，退師十里，請收叛黨以獻，且進方物。契丹主遣樞密副使蕭革迓之，而進軍次于河曲。元昊親率党項三部以待罪，契丹命革詰其納叛背盟之故，賜之酒，許其自新。惠以爲大軍既集，宜加伐，不可許和，契丹主猶豫未決。元昊以未得成言，又退師三十里以俟，凡三退，將百里，每退必赭其地，契丹馬無所食，因許和。元昊乃遷延以老之，度其馬饑士疲，因縱兵急攻惠營，敗之。乘勝攻南壁，契丹主大敗，從數騎走，得免。元昊入樞密使蕭孝友砦，執駙馬蕭胡覩以去。已而遣使歸其先所俘獲，契丹亦遣所留夏使還之，契丹主遂引兵還。**十一月，詔戒朋黨相訐。**并戒按察恣爲苛刻及文人肆言行怪者。**契丹以雲州爲西京。**雲州，即雲中也，契丹建爲西京大同府。於是，契丹境内凡五京、六府，❶州軍城百五十六，縣二百九，部族五十二，❷屬國六十，東至于海，西至金山，暨于流沙，北至臚朐河，南至白溝，幅員萬里。**十二月，册元昊爲夏國主。**余靖使還，知契丹已與夏和，帝乃遣尚書員外郎張子奭充册禮使，册元昊爲夏國主，仍賜對衣、黄金帶、銀鞍勒馬、銀二萬兩、絹二萬匹、茶三萬斤。册以漆書竹册，籍以錦。金塗銀印，文曰：「夏國主印。」約稱臣，奉正朔，改所賜敕書爲詔而不名，許自置官屬。使至京，就驛貿賣，宴坐朶殿；使至其國，相見用賓客禮。置榷場於保安軍及高平砦，第不通青鹽。命國子博士高良夫等會夏人畫疆界。然朝使往，止留館宥州，終不復至興、靈，而元昊帝其國中自若也。**知環州种世衡卒。**環、原之間，有明珠、滅臧、康奴三族最大。其北有二川，交通西界，宣撫使范仲淹議築古細腰城斷其路，命世衡及知原州蔣偕董其事。世衡時知環州，方卧病，檄至，即將所部甲士晝夜興築，城成而卒。世衡善撫士卒，得人死力。教土人習弧矢以佐官軍，吏民有謀某事、辭某事者，咸使之射，從其中否而與奪之，坐過失者，亦用此得贖，吏、農、工、商無不樂射。在邊數年，積穀通貨，所至不煩縣官益兵增饋，而武功自振。夏戎聞屬羌不可誘，土人皆善射，乃不復以環爲意。及卒，青澗及環人皆畫像祠之。

**乙酉　五年，春正月，罷杜衍、范仲淹、富弼，以賈昌朝同平章事兼樞密使，宋庠參知政事，王貽永爲樞密使，吴育、龐籍爲副使。**仲淹、弼既出宣撫，攻者益多，二人在朝所爲，亦稍沮止，衍獨左右之。衍好薦引賢士而抑僥倖，群小咸怨。

---

❶「府」，原脱，據《遼史》卷三七《地理志》補。

❷「十」，原作「千」，據《遼史》卷三七《地理志》改。

衍婿蘇舜欽，易簡孫也，❶能文章，論議稍侵權貴。時監進奏院，循例祠神，以伎樂娛賓，集賢校理王益柔，曙之子也，於席上戲作《傲歌》。御史中丞王拱辰聞之，以二人皆仲淹所薦，而舜欽又衍婿，欲因是傾衍及仲淹，乃諷御史魚周詢、劉元瑜舉劾其事，拱辰及張方平列狀，請誅益柔。章得象無所可否，賈昌朝陰主之。韓琦言于帝曰：「益柔狂語，何足深計？方平等皆陛下近臣，今西陲用兵，大事何限，一不爲陛下論列，而同狀攻一王益柔，此其意可見矣！」帝感悟，乃止黜益柔監復州酒稅，而除舜欽名，同席被斥者十餘人，皆知名之士。拱辰喜曰：「吾一舉網盡矣！」舜欽既得罪，衍由是不安，求去，不許。會諫官錢明逸論仲淹、弼更張綱紀，紛擾國經，凡所推薦，多挾朋黨。陳執中復譖衍庇二人。帝不悦，遂併黜之。衍罷知兖州，仲淹知邠州，弼知鄆州。衍清介，有大節，其去也，君子惜之。**罷磨勘、蔭子新法。**

**〇三月，罷樞密副使韓琦。**范仲淹、富弼罷去，琦不能獨居，上疏辨析，且言：「近日臣僚多務攻擊忠良，取快私忿。」不報。初，陝西四路總管鄭戩遣静邊砦主劉滬、著作佐郎董士廉城水洛，以通秦、渭援兵。知渭州尹洙以爲前此屢困於賊者，正由城砦多而兵勢分也，今又益城，不可，奏罷其役。會戩罷而滬等督役如故，洙不平，以張忠代之。滬不受代，洙乃諭禆將狄青往械滬及士廉下吏，而罷水洛之役。戩論奏不已，琦是洙，而朝議右戩，竟徙洙知慶州，釋滬等獄，而復城水洛。琦乃請外，遂出知揚州。河東轉運使歐陽脩上疏曰：「杜衍、范仲淹、韓琦、富弼，天下皆知其有可用之賢，而不聞其有可罷之罪。自古小人讒害，其識不遠，欲廣陷良善，則指爲朋黨；欲動摇大臣，則誣以專權。蓋去一善人而衆善人尚在，則未爲小人之利；欲盡去之，則善人少過，唯指爲朋黨，則可盡逐。自古大臣被主知，蒙信任，則難以他事動摇，唯有專權，是上之所惡，方可傾之。夫正士在朝，群邪所忌，謀臣不用，敵國之福也。竊爲陛下惜之。」群邪益忌脩，因傅致脩罪，左遷知滁州。洙，博學有識度，以爲自唐以來，文格卑弱，至柳開始爲古文，而世未知宗尚，乃與穆脩復振起之，爲文簡而有法。元昊反，洙未嘗不在兵間，故於西事，尤爲練習，未幾卒。**罷**

❶「易簡孫」，原作「易簡子」，據《宋史》卷二六六《蘇易簡傳》、卷四四二《蘇舜欽傳》改。

科舉新法。范仲淹既去，執政以新定科舉入學預試爲不便，且言：「詩賦聲病易考，而策論汗漫難知。祖宗以來，莫之有改，且得人嘗多矣。」帝下其議，有司請如舊法，乃詔前所更令悉罷之。夏四月朔，日食。○五月，夏人歸石元孫。諫官、御史奏元孫軍敗不死，爲國辱，請斬于塞下，以示西人。賈昌朝獨引《春秋》穀臣知罃故事，請赦之。因入對，又袖出《魏于禁傳》以奏曰：「前代將臣覆没而還，多不加罪。」帝乃貸元孫，編管全州，子弟嘗授陣亡恩澤者，並追奪之。章得象罷。得象在中書，畏遠名勢，宗黨親戚，一切抑而不進。然亦無所建明，御史孫抗數論之，得象乃上章求去，遂出知陳州。❶以陳執中同平章事兼樞密使，吴育參知政事，丁度爲樞密副使。未幾，執中與賈昌朝言：「西夏來庭，乞免兼樞密使。」從之。冬十月，罷轉運兼按察使。○十一月，罷京東安撫使富弼。滁州狂人孔直温謀反伏誅，搜其家得石介書。時介已死，宣徽南院使夏竦言介詐死，乃弼遣介結契丹起兵，期以一路兵爲內應，請發介棺驗之。詔下兖州，訪介存亡。龔鼎臣以闔族保介必死，❷提刑吕居簡亦言：「無故發棺，何以示後！」始獲免。遂罷弼安撫使，貶孫復監虔州税，介子孫羈管他州。

**丙戌**　六年，春三月朔，日食。○秋八月，以吴育爲樞密副使，丁度參知政事。育在政府，遇事敢言。時知永静軍向綬疑通判江中立譖己，因誣以罪，迫令自殺。育欲坐綬死，賈昌朝不可，遂争議帝前，殿中皆失色，育論辯不已，曰：「臣所辯者職也，顧力不勝，願罷臣職。」知審刑院高若訥附昌朝議，綬竟減死一等。帝以昌朝故，乃命育與度易位，謂近臣曰：「吴育剛正可用，第嫉惡大過耳。」

**丁亥**　七年，春二月，大旱，詔求直言。三月，賈昌朝、吴育免。昌朝、育議不協，論者多不

❶「遂」，原脱，據萬曆本、《四庫全書》本補。
❷「龔鼎臣」，原作「杜衍」，據《長編》卷一五七、《宋史》卷四三二《石介傳》改。

直昌朝。時方憫雨，昌朝引漢册免三公故事，乞罷。御史中丞高若訥上言：「大臣喧争爲不肅，故雨不時若。」於是昌朝出判大名，育出知許州。**以夏竦同平章事，尋改授樞密使。**竦制下，諫官御史交章言：「大臣和，則政事修。竦前在關中，與首相陳執中論議不合，今不可使共事。」故改之。**以文彦博參知政事，高若訥爲樞密副使。○帝禱于西太一宫，是日雨。**帝出禱雨于太一宫，日方炎赫，帝却蓋不御。及還，而雨大浹。**冬十一月，貝州卒王則據城反。以明鎬爲河北安撫使。**初，涿人王則以歲饑流至貝州，自賣爲人牧羊，後隸宣毅軍爲小校。貝、冀俗尚妖幻，相與習《五龍》、《滴淚》等經及諸圖讖書，言：「釋迦佛衰謝，彌勒佛當持世。」妖人争信事之。州吏張巒、卜吉主其謀，黨與連德、齊諸州，約以明年正旦，斷澶州浮梁作亂。會其黨以書謁北京留守賈昌朝，事覺被執，則故不待期，亟以冬至日反。時知州張得一方與官屬謁天慶觀，則率其徒劫庫兵，執得一囚之。從通判董元亨索庫鑰，元亨厲聲罵賊，賊遂殺之，又殺司理王奬等。兵馬都監田斌以從卒巷戰，不勝而出。城扉闔，提點刑獄田京等縋城出，保南關，入驍健營，撫士卒。凡有欲應賊者，京以計盡誅之，由是營兵在外者皆慴服，南關得不陷。則僭稱東平郡王，❶建國曰安陽，改元得聖，旗幟號令率以佛爲稱。城以一樓爲一州，書州名，補其徒爲知州，每面置一總管。然縋城下者日衆，於是令民伍伍爲保，一人縋，餘悉斬。事聞，以知開封府明鎬爲體量安撫使，而詔貝州有能獲賊者授諸衛上將軍。鎬至貝，州民汪文慶等自城上繫書射鎬帳，約爲内應，夜垂絙以引官軍，入城者數百人。賊覺，率衆拒戰，官軍不利，乃與文慶等復縋而出。**太子太傅致仕李迪卒。**謚文定。

**戊子**　**八年，春正月，以文彦博爲河北宣撫使，明鎬副之。閏月，執王則檻送京師，誅之。以彦博同平章事。**鎬以貝州城峻不可攻，乃爲距闉，將成，爲賊所焚。鎬乃即南城爲地道，日攻其北，以牽制之。朝廷以則未下，命彦博宣撫，鎬爲之

❶「郡」，原脱，據《隆平集》卷二〇《王則傳》、《長編》卷一六一、《宋史》卷二九二《王則傳》補。

副。夏竦惡鎬，恐其成功，凡鎬所奏，輒從中沮之。彥博既受命，請軍事得專行，許之。彥博至貝，鎬穿道適通，遂選壯士，夜半由地道入城。衆登城，賊縱火牛，官軍以槍中牛鼻，牛還攻之，賊大潰，開東門遁。總管王信追則，擒之。餘衆保村舍者皆被焚死。竦復言所獲恐非真盜，乃詔檻送則京師，磔于市。則據城凡六十六日而敗。改貝州爲恩州。張得一以降賊伏誅。詔以彥博同平章事，加明鎬端明殿學士，封賈昌朝爲安國公。侍讀學士楊偕言：「賊發昌朝部中，至出大臣乃能平，昌朝爲有罪，不當賞。」弗聽。

**夏元昊卒。**年四十六。子諒祚方期歲，没藏氏所生也，養于母族訛厖，訛厖因與三大將分治國政。謚元昊曰武烈皇帝，廟號景宗，尊没藏氏爲皇太后。○李燾曰：「元昊初娶遇乞從女野利氏，生甯令哥，特愛之，以爲太子。既而欲爲甯令哥納没移氏爲妻，見其美，自取之。甯令哥憤，殺元昊，不死，劓其鼻而去，匿訛厖家，爲訛厖所殺。元昊因鼻創死。」王稱曰：「自德明款塞，西鄙息肩矣。元昊彊梁兇悍，乃謀僭尊，以天下之力，臨區區一方，然未嘗少挫。及敗於女色，禍發其子，彼能叛君，而子亦能弑父，此天道也。」

**衛士作亂，伏誅。**帝將以閏月望夕復張燈，皇后諫止之。越三日，親從官顏秀等四人謀爲亂，夜入禁中，越屋叩寢殿。皇后方侍帝，聞變遽起，帝欲出，后閉閤擁持，趣召都知王守忠使引卒入衛。賊傷宫嬪殿下，聲徹帝所，宦者以乳嫗歐小女子紿奏，后叱之曰：「賊在近殺人，敢妄言邪！」陰遣人挈水踵後，賊果舉炬焚簾，水隨滅之。是夕，所遣宦侍，后皆親剪其髮，曰「以是徵賞」。故争盡死力。守忠兵至，賊就擒滅。詔領皇城司者皆坐斥，事連副都知楊懷敏。夏竦與懷敏相結，欲曲庇之，乃請御史與宦官同鞫于禁中。丁度曰：「宿衛有變，事關社稷，請付外臺窮治。」因争于帝前，帝從竦議。由是懷敏止降官，領内職如故。

**三月，詔群臣言時政闕失。**帝幸龍圖、天章閣，以手詔問輔臣及御史中丞以上時政闕失，皆給筆札，令即坐以對。時陳執中不學少文，固辭不對，宋庠亦請至中書合議條奏，乃聽兩府歸而上之。翰林學士張方平方鎖院草制，夜半與所條對俱上，言汰冗兵、退剩員、慎磨勘、擇將帥四事，帝覽奏驚異。詰旦，更賜手札，問詔所不及者。方平復上備邊、恤刑二事，又言：「古今治亂之變，只在上下之勢離合而已。比來朝廷頗引輕險之人，内爲言官，外爲按察，多發人曖昧之事，議論展轉，緣飾沽激，天下承風，靡然一變。故將相以至卿大夫士，一動一爲，輒曰恐致人言。更相姑息，專避嫌疑，苟且因循，求免謗咎，何暇展布四體，爲國立事者哉？願陛下深爲留神，務在通上下之情，欲上下之情合，惟審于聽受而已。」殿中侍御史何郯上言：「古者人君以天下至廣，非一人聰明所能盡，故内則公卿大夫謀于朝，外採百工庶人議工下。今國家設侍從之官，自學士以至待制，皆自文學選，以備顧問，公卿之材，並由此出。自頃相承，朝廷惟以文翰待之，而不責其言議，臣下亦以職分當爾，自安循默。以天下利害之大，備言責者，惟御史、諫官僅十人，而欲陛下聰明無所遺，政理無所失，不可得矣。欲乞頒詔，告諭兩制臣寮，自今有聞朝政闕失，並許上章論列。欲進用臣寮，取其裨補多者，用爲選首。庶使親侍之臣，各知責任，務圖傾竭，以助政化。」帝嘉納之。**夏四月，册諒祚爲夏國主。**夏遣使來告哀，朝廷及契丹皆遣使慰奠。議者請因諒祚幼弱，母族專國，以節鉞啖其三大將，使各有所部分以披其勢，可以得志。陝西安撫使程琳曰：「幸人之喪，非所以柔遠人，不如因而撫之。」帝乃遣使册諒祚爲夏國主，議者深惜朝廷之失機會。**罷丁度爲觀文殿學士，以明鎬參知政事。**度以與夏竦議事不合，求解政事，乃置觀文殿學士以授之。度性淳質，在翰林十五年，數論天下事，未嘗及私，帝雅重之。文彦博數推鎬貝州之功，且薦其才可大用，帝遂以代度。**五月，無雲而震。夏竦免，以宋庠爲樞密使，龐籍參知政事。**何郯論竦姦邪不可任樞要，會京師一日無雲而震者五，帝方坐便殿。趣召翰林學士張方平至，謂曰：「夏竦姦邪，以致天變如此，宜免之。」乃出知河南。**六月，明鎬卒。○河北、京東大水。○冬十月，以美人張氏爲貴妃。**初，衛士之變，帝以美人有扈蹕功，夏竦建議欲尊之，同知諫院王贄因言賊本起皇后閤前，請究其事，冀動摇中宮，陰爲美人地。上以問御史何郯，郯曰：「此姦人之謀，不可不察。」上悟，事遂寢，然美人卒以功進貴妃。

**己丑　皇祐元年，春正月朔，日食。○二月，彗星見。○夏五月，加知青州富弼禮部侍郎，辭不受。**河北、京東大水，民流就食青州，富弼勸所部民出粟，益以官廩，得公私廬舍十餘萬區，散處其人以便薪水。官吏自前資待缺寄居者，皆給其禄，使即民所聚，選老弱病瘠者廩之，仍書其勞，約他日爲奏請受賞，率五日輒遣人持酒肉飯糗慰藉，出於至誠，人人爲盡力。山林陂澤之利可資以生者，聽民擅取。死者爲大冢葬之，目曰叢冢。及麥大熟，民各以遠近受糧而歸，凡活五十餘萬人，募爲兵者萬計。前此救災者皆聚民城郭中爲粥食之，蒸爲疾疫，及相蹈藉，或待哺數日不得粥而仆，名爲救之，而實殺之。自弼立法簡便周盡，天下傳以爲式。帝聞，遣使褒勞，加拜禮部侍郎。弼曰：「救災，守臣職也。」固辭不受。

**帝幸後苑觀刈麥。**帝御寶岐殿觀之，謂輔臣曰：「朕作此殿，不欲植花卉而歲以種麥，庶知稼穡之不易也。」

**六月，以賈昌朝爲觀文殿大學士、判尚書都省。**帝以昌朝舊學，特置觀文殿大學士以寵之，仍兼判尚書都省。詔自今非嘗爲相者，毋得除。後昌朝以山南東道節度使同平章事，入見，召赴邇英閣講《乾卦》，帝曰：「將相侍講，天下盛事。」昌朝頓首謝。

**秋八月，陳執中罷。**執中居位，無所建明，但延接卜相術士，言者屢攻之，遂以足疾求罷，出知陳州。**以宋庠同平章事，高若訥參知政事，龐籍爲樞密使，梁適爲副使。**庠初執政，遇事輒分別可否。及再登用，遂浮沉自安，然天資忠厚，嘗曰：「逆詐恃明，殘人矜才，吾終身不爲也。」

**汰諸路兵。**文彦博、龐籍建議省兵，衆以爲不可，帝以爲疑。彦博、籍共奏曰：「公私困竭，正坐冗兵，果有患，臣請死之。」帝意遂決。於是簡汰陝西及河北諸路羸兵爲民者六萬，減廩糧之半者二萬。又詔減陝西兵屯內地，以省邊費。

**九月，廣源州蠻儂智高反，寇邕州。**儂氏，自唐初即雄於西原，世爲廣源州首領。唐末，交阯强盛，廣源服屬之。知儻猶州儂全福爲交人所殺，其妻改適商人，生智高，冒姓儂氏。既壯，與其母據儻猶州，建國曰大曆。交人攻而執之，釋其罪，使知廣源州。智高怨交阯。乃乘間襲據安德州，僭稱南天國，改元景瑞。因招納亡命，貢獻中國，求內附，朝廷不許；復奉金函書以請，亦不報。智高怒，與廣州進士黄師宓等謀據廣南，乃數出敝衣易穀食，紿言洞中飢饉，部落離散。知邕州陳珙信之，不設備。智高一夕忽縱火焚其居，因紿衆曰：「平生積聚，今爲天火所焚，生計窮矣。當取邕、廣以自王，否則兵死。」衆從之，遂率衆五千沿江東下，攻邕州横江寨，守將張日新等戰死。詔江南、福建等路發兵備之。**罷武舉。○契丹伐夏，夏人襲敗之。**契丹北院樞密使蕭惠帥師自河南進以伐夏，戰艦糧艘，綿亘數百里。既入敵境，偵候不遠，鎧甲載于車，軍士不得乘馬。諸將請備不虞，惠曰：「諒祚必自迎車駕，何暇及我，無故設備，徒自弊耳。」契丹主既還，惠師尚進，未立營柵，夏人奄至，惠與麾下不及甲而走，追者射之，惠幾不得脱，士卒死傷者不可勝計。**冬十月，契丹復伐夏，獲諒祚之母于賀蘭以歸。**

**庚寅**　**二年，春二月，夏侵契丹。○三月，契丹伐夏。○秋九月，大享天地于明堂，赦。**自太祖以來，未嘗親享明堂，惟命有司攝事。是歲，帝謂輔臣曰：「今年欲以季秋行大享明堂之禮。夫明堂者，布政之宫，朝諸侯之位，天子之路寢，乃今大慶殿也。」其以大慶殿爲明堂，仍詔有司詳定儀注。於是新作禮神玉，製樂八曲。九月，朝享景靈宫，又享太廟，乃大享天地于明堂，以太祖、太宗、真宗配，儀如圜丘，大赦，百官皆進秩。**冬十月，夏請平于契丹，契丹不許。**夏兩遣使于契丹，乞依舊稱藩。契丹主遣北院都監蕭爻括等使夏，❶索党項叛户。夏表契丹乞代党項權進駞、馬、牛、羊等物，而求唐隆鎮及罷所建城邑，契丹主不許。安置所獲曩霄妻屬于蘇州。**十一月，詔外戚毋得任二府。**時張貴妃寵冠後庭，堯佐，其伯父也，驟除宣徽、節度、景靈、群牧四使。殿中侍御史唐介與知諫院包拯、吴奎等力争之，中丞王舉正又留百官班廷論，故有是詔，且罷堯佐宣徽、景靈二使。**閏月，詔太子中舍致仕胡瑗定雅樂。**置局于祕閣，詔太子中舍致仕胡瑗典作雅樂。知制誥王洙言：「舊樂宫小而商大，是臣彊君弱之象。」乃參酌鑄鐘特磬制度，與瑗等更造鐘磬，上之，賜名大安之樂。其法下李照一律，由是黄鐘律短而所奏樂音高，又其鐘弇而直，聲鬱不發，著作佐郎劉羲叟曰：「此謂害金，帝將感心腹之疾乎！」已而，果然。瑗等既上樂，議者以爲鐘磬皆不合古，遂復命詳定，而當議者各安所習，久而不定。乃命諸家作鐘律以獻，而郊廟仍用舊

❶「爻」，《遼史》卷二〇《興宗本紀》作「友」。

樂。益州鄉貢進士房庶嘗著《樂書補亡》二卷，其説以爲嘗得古本《漢志》，云度起於黄鐘之長，以子穀秬黍中者一黍之起，積一千二百黍之廣，度之九十分，黄鐘之長，一爲一分。今文脱「之起積一千二百黍」八字，故自前世以來，累黍爲尺以制律，是律生於尺，尺非起於黄鐘也。蓋漢一爲一分者，九十分之一，後儒誤以一黍爲一分，其法非是。當以秬黍中者一千二百實管中，黍盡，得九十分，爲黄鐘之長，九寸加爲一尺，則律定矣。直祕閣范鎮是之。時胡瑗等製樂已定，故授庶校書郎而遣之。惟集賢校理司馬光不以鎮言爲是，數與論難。然世鮮鐘律之學，竟不能決。

**辛卯**　**三年，春正月，帝幸魏國大長公主第。**公主，太宗女，幼不好弄，貌類太宗。下嫁李遵勗，賓客皆一時賢士大夫，每燕集，主必親視饔饎之節。章獻太后嘗賜金龍小冠，辭不敢服。太后訪以政事，多語祖宗舊事以諷。遵勗守許州，暴得疾，主亟欲往視，不待奏而行，從者才五六人。居夫喪，衰麻未嘗去身。服除，不復御鮮華。嘗燕禁中，帝親爲簪花，主辭曰：「自誓不復爲此久矣。」未幾，病目，帝自臨視，親舐主目，左右感泣。帝亦悲慟，問子孫所欲，主曰：「豈可以母疾而邀賞邪？」賚白金三千兩，不受。至是，以暴疾聞，帝促駕往視，未至而主卒，乃即主堂易服莫哭，謚獻穆。**三月，宋庠免，以劉沆參知政事。**時有僞造敕牒者，庠弟祁之子與遊。事覺，包拯等言庠不戢子弟，且在政府無所建明，庠遂求去，出知河南府。**夏六月，詔州郡勿獻瑞物。**知無爲軍茹孝標獻芝草，帝曰：「朕以豐年爲瑞，賢臣爲寶，草木之異，焉足尚哉！」免孝標罪，而戒州郡勿復獻。**作隆儒殿。○秋八月，京東、淮、浙饑。**諫官吴奎言：「近歲以來，水不潤下，盜賊横起，皆陰盛所致。今内寵驕恣，近習回撓，夷狄桀驁，讒邪交傷，陰盛如此，寧不致大異哉！且朝廷之過，常在乎無事之時因循而不爲；有事之後，顛沛而失錯。中外臣寮，平時建一策，舉一官，雖有可取，皆抑而不行，又從而媒蘖，謂之生事。如兩河盜賊，行路之人皆已傳布，而大臣不以爲事。至執殺官吏，然後倉皇移易官守，不亦晚乎？事將有大于此者，幸陛下留意。」**冬十月，以張堯佐爲宣徽南院使，貶殿中侍御史裏行唐介爲英州別駕，文彦**

**博免。**堯佐復除宣徽使、知河陽，命下，介謂同列曰：「是欲與宣徽，而假河陽爲名耳。」獨抗言之。帝謂曰：「除擬本出中書。」介遂劾文彥博：「知益州日，造間金奇錦，緣閹侍通宮掖，以得執政。今顯用堯佐，益自固結，請罷之而相富弼。」語甚切直，帝怒，卻其奏不視，且曰「將遠竄」。介徐讀疏畢，曰：「臣忠憤所激，鼎鑊不避，何辭於謫。」帝急召執政，示之曰：「介論事是其職，至以彥博由妃嬪致宰相，此何言也。進用冢司，豈應得預而乃薦弼？」時彥博在帝前，介責之曰：「彥博宜自省，即有之，不可隱。」彥博拜謝不已。帝怒益甚，梁適叱介使下殿，脩起居注蔡襄趨進救之，貶春州別駕。王舉正言其太重，帝亦悟，明日取其疏入，改英州，而罷彥博知許州。吴奎亦以介黨出知密州。帝慮介或道死，有殺直臣名，命中使護之。由是，介直聲聞天下，然彥博事之有無，卒莫能辯。王稱曰：「彥博雖有過，宰相也，使廷辱宰相而不問，則於眷禮大臣之道有所未盡，故斥介以慰彥博。介雖訐，臺諫也，或偏信大臣而抑臺諫，則於聽言之美爲有媿，故罷彥博而行介之言，使之俱無怨焉。烏乎！忘己以用人，虛心而從諫，後之君人者，當以仁宗爲法。」**夏竦卒。**賜謚文正。同知禮院司馬光言：「謚之美者，極于文正，竦何人，乃得此謚！」判考功劉敞言：「謚者，有司之事。竦姦邪，而謚之以正，不應法，且侵臣官。」詔更謚文莊。**以龐籍同平章事，高若訥爲樞密使，梁適參知政事，王堯臣爲樞密副使。**

**壬辰　四年，夏五月，資政殿學士、汝南公范仲淹卒。**贈兵部尚書，謚文正。仲淹爲政忠厚，所至有恩，邠、慶二州之民與屬羌皆畫像立生祠，其卒也，哀號如父。呂中曰：「先儒論本朝人物，以仲淹爲第一。觀其所學，必忠孝爲本；其所志，則先天下之憂而憂，後天下之樂而樂；其有所爲，必盡其方，曰：『爲之自我者當如是，其成與否，有不在我者，雖聖賢不能必。』此諸葛武侯不計成敗利鈍之誠心也。仁宗晚年，欲大用之，而仲淹已即世，豈天未欲平治天下歟！」**儂智高陷邕、橫諸州，遂圍廣州，詔鈐轄陳曙等發兵討之。**

智高攻陷邕州，執知州陳珙等，欲任司户孔宗旦以事，宗旦不屈，大罵而死。智高即州建大南國，自稱仁惠皇帝，改元啟曆，置官屬。時天下久安，廣南州郡無備，智高所向，守臣輒棄城走，遂陷横、貴、藤、梧、康、端、龔、封八州。知封州曹覲、知康州趙師旦皆戰死。智高進圍廣州，知州魏瓘力戰禦之。知英州蘇緘蒐募壯勇，合數千人赴援，扼賊歸路，得黄師宓父，斬之以徇。而轉運使王罕亦自外至，募民兵，益脩守備，城得不陷。事聞，命陳曙討之。又以余靖爲廣西安撫使，同提刑李樞及曙經制賊盗事。復以楊畋體量安撫廣南，發廣東鈐轄兵赴之。

**以狄青爲樞密副使。**

初，尹洙與青談兵，善之，薦於韓琦、范仲淹，曰：「此良將材也。」二人待之甚厚。仲淹授以《左氏春秋》，且曰：「將不知古今，匹夫勇耳。」青由是折節讀書，悉通秦、漢以來將帥兵法，累進馬軍副都指揮使。青起行伍十餘年而顯貴，面涅猶存。帝嘗勑青傅藥除之，青指其面曰：「陛下以功擢臣，不問門地，臣所以有今日，由此涅耳。臣願留以勸軍中，不敢奉詔。」帝益重之。至是，自知延州召拜副使，臺諫王舉正等諫其不可，帝不聽。

**秋七月，儂智高陷昭州。**

**九月，❶以孫沔爲廣南安撫使。**

初，以沔知秦州，入見，帝以秦事勉之，對曰：「秦州不足煩聖慮，陛下當以嶺南爲憂。臣觀賊勢方張，官軍朝夕當有敗秦。」既而昭州鈐轄張忠以敗聞，帝乃除沔湖南、江西安撫使。沔請發騎兵，求武庫精甲。梁適折沔曰：「毋張皇。」沔曰：「前日惟亡備，故至此，今乃欲示鎮静邪？夫實備不至而貌爲鎮静，危亡之道也！」乃與兵七百人。沔憂賊度嶺而北，乃檄湖南、江西曰：「大兵且至，其繕治營壘，多具燕犒。」賊疑，不敢北侵。行至鼎州，加廣南安撫使。

**以狄青爲荆湖宣撫使，督諸軍討儂智高。**

智高寇擾日甚，嶺外騷動，楊畋等久無功，帝以爲憂。智高移書行營，求邕桂節度使。帝將受其降，梁適曰：「若爾，則嶺表非朝廷有矣！」會狄青上表請行，遂以爲宣撫使，提舉廣南經制盗賊事。青入對，自言曰：「臣起行伍，非戰伐無以報國。願得蕃落數百騎，益以禁兵，羈賊首致闕下。」帝壯其言。時命入内都知任守忠爲青副，知諫院李兑言：「唐失其政，以宦者觀軍容，致主將掣肘，是不足法。」遂罷守忠。諫官韓絳復言：「青，武人，不宜專任。」帝以問龎籍，籍力贊青可用，且言：「號令不專，

❶「九月」，《長編》卷一七三、《編年綱目備要》卷一四作「八月」。

不如不遣。」乃詔嶺南諸軍皆受青節度。**以范祥爲陝西提點刑獄，❶制置解鹽事。**自復榷法，兵民輦運，不勝其苦。並邊務誘人入中芻粟，皆爲虚估，騰踊至數倍，大耗京師錢幣。太常博士范祥，關中人也，熟其利害，常謂兩池之利甚博，❷而不能少助邊計者，公私侵漁之害也；儻一變法，歲可省度支緡錢數十百萬。乃畫策以獻，遂命制置其事，使推行之。論者争言其非是，遣户部使包拯馳視，還言其便。論者猶籍籍，驛召祥至，與三司雜議，皆是祥所建，詔從之。田況請久任祥以專其事，乃擢祥爲轉運使。於是舊禁鹽地一切通商，聽鹽入蜀；罷九州軍入中芻粟，令入實錢，償以鹽，授以要券，即池驗券，按數而出，盡弛兵民輦運之役。以商所入緡錢糴粟，輸並邊九州軍，而悉留榷貨務錢幣以實中都。❸由是黠商貪賈無所僥倖，關内之民，得安其業，公私便之。**冬十月，以胡瑗爲國子監直講。**瑗既居太學，其徒至不能容，取旁官舍處之。禮部所得士，瑗弟子十常居四五。隨材高下，喜自修飭，衣服容止，往往相類，人遇之，不問可知爲瑗弟子也。時與孫復同爲直講，復教養不及瑗，而治經過之。然二人論見多不合，常相避不見。**儂智高陷賓州，復入于邕。**時交阯請出兵助討智高，余靖以便宜許之，請于朝。狄青奏曰：「假兵于外以除内寇，非我利也。以一智高横踐二廣，力不能制，乃假蠻夷兵，蠻夷貪得忘義，因而啟亂，何以禦之？願罷交阯助兵。」帝從之。**十一月朔，日食。○十二月，狄青勒兵賓州，陳曙兵敗，青斬之以徇。**青行軍，立行伍，明約束，野宿皆成營柵。至廣南，合孫沔、余靖之兵，進次賓州。戒諸將：「無得妄與賊鬭，聽吾所爲。」廣西鈐轄陳曙乘青未至，輒以步兵八千擊賊，潰于崑崙關，殿直袁用等皆遁。青曰：「令之不齊，兵所以敗。」晨會諸將堂上，揖曙起，并召用等三十二人，按以敗亡狀，驅出軍門，斬之。沔、靖相顧腭眙，諸將股栗，莫敢仰視。

❶「提點刑獄」，原作「轉運使」，據《長編》卷一六五、《編年綱目備要》卷一三、《宋史》卷一八一《食貨志》改。

❷「池」，原作「地」，據《長編》卷一四六、《宋史》卷一八一《食貨志》改。

❸「務」，原作「物」，據《長編》卷一六五、《編年綱目備要》卷一三、《宋史》卷一八一《食貨志》改。

**癸巳　五年，春正月，會靈觀火。○狄青夜度崑崙關，大敗儂智高于邕州，智高走大理，廣南平。**青既誅陳曙，因按兵止營，令軍休十日，衆莫測。賊覘者還，言軍未即進。青明日即整兵，自將前軍，孫沔將次軍，余靖爲殿，夕次崑崙關。黎明，整大將旗鼓，諸將環立帳前，待令乃發。而青已微服與先鋒度關，❶趣諸將會食關外。賊方覺，悉出逆戰。右將孫節搏賊，死山下，賊氣鋭甚，沔等懼失色。青執白旗，麾蕃落騎兵，從左右翼擊之，縱横開合，部伍不亂。賊不知所爲，大敗走，追奔五十里，斬首數千級。賊黨黄師宓、儂建中等及僞官屬死者五十七人，❷生擒賊五百餘，死者萬計。智高夜縱火燒城遁去，由合江口入大理。遲明，青按兵入城，獲金帛鉅萬，招復老壯七千二百嘗爲賊所俘脅者，慰遣之。梟師宓等于城下，斂屍築京觀于城北隅。時賊屍有衣金龍衣者，衆謂智高已死，欲以上聞，青曰：「安知其非詐邪！寧失智高，不敢誣朝廷以貪功也。」廣南悉平。捷至，帝喜曰：「青破賊，龐籍之力也。」又曰：「向非梁適言，南方安危，未可知也。」詔余靖經制廣西，追捕智高，而召青、沔還朝。後二年，靖遣都監蕭注入特磨道，生獲智高母及其弟智光、子繼宗、繼封；又募死士使大理求智高，重譯得至，會智高已死於大理，函首至京師，乃誅其母及其弟、子。

**夏五月，高若訥罷，以狄青爲樞密使，孫沔爲副使。**賞平廣南功也。龐籍及臺諫朝士皆論青不可長宥府，帝不聽。

**以孫抃爲御史中丞。**韓絳奏抃非糾繩才，抃即手疏曰：「臣觀方今士人，趨進者多，廉退者少，以善求事爲精神，以能訐人爲風采，捷給者謂之有議論，刻深者謂之有政事。諫官所謂才者，無乃謂是乎？若然，臣誠不能也。」上察其言，趣令視事。未幾，抃舉吴中復爲監察御史，抃未始識其面，或問之，抃曰：「昔人恥爲呈身御史，今豈薦識面臺官邪？」

**秋七月，❸龐籍罷。**籍長於吏事，持法深峭，士卒畏服。及爲相，

❶「已」，《隆平集》卷二〇《儂智高傳》、《長編》卷一七四作「以」。

❷「五十七」，原作「百五十七」，據《長編》卷一七四、《宋史全文》卷九上、《宋史》卷二九〇《狄青傳》改。

❸「七月」，《長編》卷一七五、《皇宋十朝綱要》卷六作「閏七月」。

聲名減於治郡時。閏月，詔定内侍員。詔自今内侍供奉至黄門，以一百八十人爲額。仍詔内侍省都知押班須年五十以上，歷任無贓私罪者，乃得爲之。八月，❶以陳執中、梁適同平章事。○九月，夏及契丹平。○冬十月朔，日食。○十一月，詔減畿内諸縣税。端明殿學士張方平言王畿賦斂之重，詔開封府諸縣兩税於元額減二分，永爲定式。

**甲午** 至和元年，春正月，貴妃張氏卒，追册爲温成皇后。二月，孫沔罷。貴妃巧慧多智數，善承迎，至贈其父堯封爲郡王，世父堯佐至太師，媚戚莫不顯貴。然帝守法度，事無大小，悉付外廷議。凡宫禁干請，雖已賜可，或輒中卻，妃嬖幸少比，然終不得紊政。及卒，帝憂悼甚至，輟朝七日，禁京城舉樂一月，追册爲皇后，治喪皇儀殿。知制誥王洙鈎摭非禮，陰與内侍石全斌附會，欲令孫沔讀册，宰相護葬，帝從之。沔曰：「陛下若以臣沔讀册則可，以樞密副使讀册則不可。」遂求罷，乃知杭州。時陳執中爲首相，奉行唯謹，且引洙爲員外翰林學士，士論由是爭咎執中。京師疫。内出犀角二，令太醫和藥以療民。其一通天犀也，左右請留供服御，帝曰：「吾豈貴異物而賤百姓哉！」立命碎之。以田況爲樞密副使。○三月，王貽永罷，以王德用爲樞密使。貽永尚真宗女鄭國公主，自以祖宗來無外姻輔政者，恒懼寵禄過盛，故在樞府十五年，能遠權勢，帝由是益加尊禮。至是，以疾罷。德用時以太子太師致仕，會乾元節上壽，立班廷中，契丹使語譯者曰：「黑王相公乃復起邪？」帝聞之，遂拜樞使。夏四月朔，日食，用牲于社。○秋七月，以程戡參知政事。○梁適免。適曉暢法令，臨事有膽量而多挾智數，貪黷怙權，❷不戢子弟，御史中丞孫抃、御史馬遵、吴中復論之，出知鄭州。八月，以劉沆同平章事。冬十月，葬温成皇后，祔其主于太廟。劉沆充

❶「八月」，《長編》卷一七五、《皇宋十朝綱要》卷六作「閏七月」。

❷「怙」，原作「祜」，據萬曆本、四庫本、《編年綱目備要》卷一五改。

温成皇后園陵監護使，既葬，祔廟，賜后閤中金器數百兩，沆力辭，而爲其子請試學士院，遂授館職。

**乙未　二年，春三月，改封孔子後宗愿爲衍聖公。**❶ 宗愿，孔子四十七代孫，襲封文宣公。太常博士祖無擇言祖謚不可加後嗣，乃詔改封，仍令世襲。**夏四月，定差衙前法。** 初，太宗立九等差役法。後承平既久，姦僞滋生，而里正衙前主運官物，陪償折耗，役爲至重，民多破産者。知并州韓琦請罷其法，蔡襄亦爲帝言之，乃視貲産多寡，差排鄉户衙前，置籍分爲五則，定役輕重而罷里正衙前。自是民稍休息。**以趙抃爲殿中侍御史。** 抃，彈劾不避權倖，聲稱凛然，京師目爲「鐵面御史」。其言務欲朝廷別白君子、小人，以爲小人雖小過，當力遏而絶之；君子不幸詿誤，當保全愛惜以成就其德。時吴充、鞠真卿、馬遵、吕中復等皆以直言居外，歐陽脩、賈黯復求郡，抃言：「近日正人端士紛紛引去者，以正色立朝不能諂事權要，傷之者衆耳。」由是充等悉得召還。**六月，陳執中免。** 知諫院范鎮論執中無學術，非宰相器。會執中嬖妾笞小婢，出外舍死，孫抃、趙抃等論之，不報。至是，以旱録囚，范鎮言：「執中爲相，不病而家居，陛下欲弭災變，宜速退執中以快天下之望。今臺臣不以陰陽不和責宰相，而舍大索小，暴揚燕私，若因此爲進退，是因一婢逐一相，非所以明等級、辨堂陛也。」孫抃復與其屬合班論奏執中過失，執中竟免。然執中在中書八年，人莫敢干以私。**以文彦博、富弼同平章事。** 帝嘗問置相於王素，素對曰：「惟宦官、宫妾不知姓名者，可充其選。」帝曰：「如是，則富弼爾。」至是，彦博與弼同召至郊，詔百官迎之。范鎮言曰：「隆之以虚禮，不若推之以至誠。」及宣制，士大夫相慶于朝。帝遣小黄門覘知之，語翰林學士歐陽脩曰：「古之命相，或得諸夢卜。今朕用二相，人情如此，豈不賢於夢卜哉！」脩頓首賀。會契丹使者耶律防至，王德用與射于玉津園，防曰：「天子以公典樞密，而用富公爲相，將、相皆得人矣。」**以張昪爲御史中丞。** 昪指切時政，無所避畏，帝謂之曰：「卿孤

❶「宗愿」，原作「世愿」，據《東都事略》卷七六《祖無擇傳》、《東家雜記》卷上、《長編》卷一七九改。下同。

立，乃能如是。」昇對曰：「臣仰托聖主，致位侍從，是爲不孤。今陛下之臣，持祿養望者多，而赤心謀國者少，竊以爲陛下乃孤立耳。」帝爲感動。

**秋八月，契丹宗真死，子洪基立。** 宗真入秋山有疾，翌日而殂，廟號興宗。長子燕趙國王洪基即位，以太弟重元爲太叔，大赦，改元清寧，尊皇太后爲太皇太后，遣使來告哀。宗真性佻侻，嘗因夜宴，自入樂隊，又數變服入酒肆、寺觀。尤重浮屠法，僧有正拜三公、三師兼政事令者。其臣馬保忠嘗勸以臣下無勳勞，宜序進之，宗真怫然怒曰：「若爾，則是君不得專，豈社稷之福耶？」自是欲有遷除，必先厚賜近臣以絶其言。

**冬十月，知辰州宋守信擊下溪蠻，不克。** 下溪州，自彭允林至仕義，相繼爲刺史五世矣。至是，仕義子師寶怨父取其妻，來奔辰州，訴仕義嘗殺誓下十三州將，奪其印符而并其地，自號如意大王，補置官屬，將起爲亂。知辰州宋守信聞之，乃以師寶爲鄉導，帥兵數千深入討伐，仕義遁入他峒不可得，❶俘其孥，官軍戰死者十八九，守信等皆坐貶。自是蠻獠數入寇掠，邊吏不能制矣。

**十二月，脩六塔河。** 河入中國，行太行西，曲折山間，不能爲大患。既出大伾，東走赴海更平地二千餘里，❷特以隄防爲之限。夏秋霖潦，百川所會，不免決溢。而大名、鄆、澶、滑孟、濮、齊、淄、滄、棣、❸濱、德、博、懷、衛、鄭等郡及開封，往往受其害。於是詔諸州長吏兼河隄使，防塞之法甚備，而決溢之患時有。説者以河隨時漲落，自立春後凍解，候人量水，初至凡一寸，則夏秋當至一尺，頗爲信驗，謂之信水；非時暴漲，謂之客水。隨失隨塞，瀕河苦之。至是河決大名、館陶，殿中丞李仲昌請自澶州商胡河穿六塔渠，入横隴故道，以披其勢。富弼是其策。詔發三十萬丁，修六塔河，以回河道，以仲昌提舉河渠。翰林學士歐陽脩三上疏，力諫其不可行，帝不聽。

**丙申　嘉祐元年，春正月，帝有疾，文彦博等宿衛禁中。** **二月，帝疾瘳。** 正月朔，帝

---

❶「峒」，原作「洞」，據《長編》卷一八六、《宋史》卷四九三《蠻夷傳》改。

❷「走赴海」，原脱，據《宋史》卷九一《河渠志》補。

❸「棣」，原作「隶」，據萬曆本、《宋史》卷九一《河渠志》改。

御大慶殿受朝，暴感風眩，趣行禮而罷。翌日，文彥博召內侍都知史志聰問狀，對曰：「禁密不敢漏言。」彥博叱曰：「爾曹出入禁闥，不令宰相知天子起居，欲何爲邪？自今疾勢增損，必以告，不爾，當行軍法。」又與劉沆、富弼謀啟醮于大慶殿，因留宿殿廬，志聰白無故事，彥博曰：「此豈論故事邪？」因赦死罪以下，令輔臣禱天地、宗廟、社稷。知開封府王素夜叩宮門上變，彥博不使入。明旦有言禁卒告都虞候欲爲亂，劉沆欲捕治，彥博召都指揮使許懷德問都虞候何如人，懷德稱其愿可保，彥博曰：「然則卒有怨，誣之耳，當亟誅之以靖衆。」乃請沆判狀尾，斬卒于軍門。北京留守賈昌朝素惡富弼，陰結內侍武繼隆，令司天官二人言國家不當穿河于北方，致上體不安。後數日，二人又上言請皇后同聽治，亦繼隆所教也。志聰以其狀白執政，彥博視而懷之，徐召二人詰之曰：「天文變異，汝職所當言也，何得輒預國家大事！汝罪當族。」二人懼，色變。彥博曰：「觀汝，直狂愚耳，未忍治汝罪，自今無得復然！」二人退。乃出狀示同列，同列皆憤怒曰：「奴敢爾僭言，何不斬之？」彥博曰：「斬之，則事彰灼，於中宮不安。」衆皆曰：「善。」既而，議遣司天官定六塔方位，復使二人往，繼隆白請留之，彥博曰：「彼本不敢妄言，有教之者耳。」繼隆默不敢對。二人至六塔，恐治前罪，更言：「六塔在東北，非正北也。」二月，帝疾愈，御延和殿，彥博等還私第。當是時，京師業業，賴彥博、弼持重，衆心乃安。已而劉沆白帝曰：「陛下違豫時，彥博擅斬告反者。」彥博以沆判呈，帝乃解。

**閏三月，以王堯臣參知政事，程戡爲樞密副使。**戡以文彥博親故，改授副使。

**以唐介知諫院。**御史吳中復請召還唐介，文彥博因言于帝曰：「介頃言臣事，多中臣病，其間雖有風聞之誤，然當時責之太深，請如中復奏。」乃召介知諫院，時稱彥博長者。

**夏四月，河決六塔，流殿中丞李仲昌于英州。**李仲昌等塞商胡，北流入六塔河，不能容，是夕復決，溺兵夫，漂芻藁，不可勝計。詔三司判官沈立往行視。內侍劉恢遂奏：「六塔之役，水死者數千萬人。穿土干犯忌禁，且河口乃趙征村，於國姓御名有嫌，而大興鍤斸，非便。」詔罷其役。令御史吳中復、內侍鄧守恭置獄于澶，劾仲昌等違詔旨，不俟秋冬塞北流，以致決潰。於是流仲昌于英州，餘各被謫有差。

**五月，罷知諫院范鎮。**帝性寬仁，言事者競爲激訐，鎮獨務引大體，非關朝廷安危，生民利疢，則未嘗言。及帝暴疾，文彥博因請帝建儲，帝許之，會疾瘳而止。至是，鎮奮然曰：「天下事尚有大於此者乎！」即上疏曰：「置諫官者，爲宗廟社稷計也。諫官而不以宗廟社稷計事陛下，是愛死嗜利之人，臣不爲也。方陛下不豫，海内皇皇，莫知所爲，陛下獨以祖宗後裔爲念，是爲宗廟社稷之慮至深且明也。昔太祖舍其子而立太宗，天下之大公也。真宗以周王薨，養宗子于宫中，天下之大慮也。願以太祖之心，行真宗故事，拔近屬賢者，優其禮秩，而試以政事。俟有聖嗣，復遣還邸。」章累上，不報。執政諭之曰：「奈何效希名干進之人！」鎮貽書曰：「比天象見變，當有急兵，鎮義當死職，不可死亂兵之下。此乃鎮擇死之時，尚何顧希名干進之嫌哉！」因復上疏，言之愈切。除兼侍御史知雜事，鎮以言不從，固辭。執政諭之曰：「今間言已入，爲之甚難。」鎮曰：「事當論其是非，不當問其難易。諸公謂今日難於前日，安知異日不難於今日乎！」凡見帝面陳者三，因泣下。帝亦泣，謂曰：「朕知卿忠，當更俟二三年。」鎮前後章凡十九上，待命百餘日，鬚髮皆白，朝廷知不可奪，乃罷知諫院，改糾察在京刑獄。時并州通判司馬光亦言建儲事，且勸鎮以死争之。翰林學士歐陽脩，殿中侍御史包拯、吕景初、趙抃，知制誥吴奎、劉敞等皆上疏力請，於是文彦博、富弼、王堯臣等相繼勸帝早定大計，皆不見聽。

**六月，大水，社稷壇壞，詔求直言。**京師自四月大雨，❶水注安上門，門關折，壞官私廬舍數萬區。諸路言江河決溢，河北尤甚。至是，雨壞太社太稷壇，詔羣臣實封言闕失，而分遣使賑卹被傷者。

**彗出紫微垣。**

**○秋八月朔，日食。**

**○罷狄青判陳州，以韓琦爲樞密使。**青在樞府，每出入，士卒輒指目以相矜誇，至壅馬足不得行。又其家數有光怪。會大水，青避于相國寺，行止殿上，人情頗疑。翰林學士歐陽脩言：「青掌國機密，而得軍情，非國家之利。」知制誥劉敞出知揚州，陛辭，亦言：「陛下幸愛青，不如出之，以全其終。」帝然之，乃以使相判陳州。

**冬十一月，王德用罷，以賈昌朝爲樞密使。**德用，將家子，習知軍中情僞，善以恩撫下，故多得士心。雖屢臨邊境，未嘗親矢石，督攻戰，而名聞四夷，閭閻婦女、小兒亦呼爲「黑王相公」。

**十二月，劉沆免，以曾**

❶「四月」，《長編》卷一八二、《皇宋十朝綱要》卷一五、《宋史全文》卷九下作「五月」。

**公亮參知政事。**沆初以附張貴妃得進，數爲御史論列，沆深疾之，因上言：「自慶曆後，臺諫官用事，朝廷命令之出，事無當否，悉論之，必勝而後已。專務抉人陰私莫辨之事，以中傷士大夫。執政畏其言，進擢尤速，請行御史遷次之格，滿二歲者與知州。」帝從之。會御史范師道、趙抃歲滿求補郡，沆引格出之。中丞張昪曰：「天子耳目之官，而宰相挾私斥之，可乎？」上疏極言，沆遂出知應天。沆長於吏事，然任數，善刺探權近過失，陰持之，以軒輊取事。**以包拯知開封府。**拯立朝剛毅，貴戚、宦官爲之斂手，聞者皆憚之，以其笑比黄河清。童稚、婦女亦知其名，呼曰「包待制」。京師爲之語曰：「關節不到，有閻羅包老。」

**丁酉**　**二年，春二月，祁公杜衍卒。**衍臨終，作遺疏，畧曰：「無以久安而忽邊防，無以既富而輕財用。宜早建儲副，以安人心。」語不及私。謚正獻。**以翰林學士歐陽脩知貢舉。**帝切於求士，進士、諸科，一舉而獲選者，至千三百餘人。士子習尚險怪奇澁之文，號太學體。張方平嘗言：「文章之變與政通。邇來文格，日失其舊，各出新意，相勝爲奇，驅扇浮薄，重虧雅俗，非取賢斂才備治具之意。」雖下詔揭示而士習不改。翰林學士歐陽脩知貢舉，痛抑新體，凡爲時所推譽者，皆被黜。榜出，澆薄之士候脩晨朝，聚譟于馬首，街司邏卒不能禁止。然自是場屋之習，遂爲之變。**三月，護國節度使、同平章事狄青卒。**青爲人慎密寡言，其計事必審中機會而後發。行師，先正部伍，明賞罰，與士卒同饑寒勞苦，雖敵猝犯之，無一士敢後先者，故數有功。嘗有持狄梁公畫像及告身詣青獻之，以爲青之遠祖，青謝之曰：「一時遭際，安敢自附梁公！」厚贈其人而遣之。卒謚武襄。**夏四月，幽州地大震。**壞城郭，覆壓死者數萬人。**秋八月，詔諸州置廣惠倉。**初，天下没入户絶田，官自粥之。至是，韓琦請留勿粥，募人耕而收其租，别爲倉貯之，以給州縣之老幼貧疾不能自存者，謂之「廣惠倉」。以提刑領其事，歲終具出納之數上三司。每千户留田租百石，以是爲差。户寡而田有餘，則粥如舊。**九月，契丹來聘，遣翰林學士胡宿報之。**初，契丹主宗真來求御容，會卒乃已。至是，洪基復遣使來求，欲成先志。帝遣張昪報聘，且諭之曰：「昔文成，弟也，弟先面兄，於禮爲順。今南朝乃伯父之尊，當先致恭。」於是復使其臣蕭扈來，致其像。宿乃奉御容如契丹，契丹主具儀仗迎謁，及瞻視，驚肅再拜，謂左右曰：「我若生中國，不過與之執鞭持蓋一都虞候耳。」**冬十二月，詔間歲一舉士，置明經科。**進士、諸科待試京師者恒六七千人，一不幸有故不應詔，往往沉淪十數年，以此毁行干進者，不可勝數。王洙侍邇英閣講《周禮》，至「三年大比」，帝曰：「古者選士如此，今率四五歲一下詔，故士有抑而不得進者，孰若裁其數而屢舉也。」下有司議，咸請「易以間歲之法，則無滯才之歎。薦舉數既減半，主司易以詳較，得士必精」。於是下詔：「間歲貢舉，進士、諸科悉解舊額之半。增設明經，試法：凡明兩經或三經、五經，各問大義十條，❶兩經通八，三經通六，五經通五爲合格，兼以《論語》、《孝經》，策時務三條，出身與進士等。」未幾，以登第者衆，驟致顯擢，復下詔定其遷次之格，以裁抑之。

**戊戌　三年，夏六月，文彦博、賈昌朝罷。**彦博以老求罷，以使相判河南，封潞國公。知諫院陳旭等恐昌朝遂代爲相，乃率僚屬上言昌朝交通女謁，建大第，别創客位以待宦者，宦官有矯制者，樞密院釋不治。昌朝竟出判許州。昌朝在侍從中，多得名譽，及執政，始不爲正人所與。**以韓琦同平章事，宋庠、田况爲樞密使，張昪爲副使。**時，群臣皆以建儲爲言，帝依違不決。琦既相，乘間進曰：「皇嗣者，天下安危之所係，自昔禍亂之起，皆由策不早定。陛下何不擇宗室之賢，以爲宗廟社稷計？」帝曰：「後宫將有就館者，姑待之。」已而又生女。琦懷《漢書・孔光傳》以進曰：「成帝無嗣，立弟之子。彼中材之主，猶能如是，况陛下乎！願以太祖之心爲心，則無不可者。」帝不答。**以包拯爲權御史中丞。**❷拯言：「東宫虚位日久，天下以爲憂。夫萬物皆有根本，而太子者，天下之根本也。根本不立，禍孰大焉！」帝曰：「卿欲誰立？」拯曰：「臣非才備位，所以乞豫建太子者，爲宗廟萬世計爾。陛下問臣欲誰立，是疑

❶「大義」上，《長編》卷一八六、《宋會要輯稿・選舉》三之三四有「墨義」二字。

❷「權」，原脱，據《長編》卷一八七、《宋史》卷三一六《包拯傳》補。

臣也。臣年七十，且無子，非邀後福者。」帝喜曰：「徐當議。」秋八月朔，日食。○王堯臣卒。○下溪蠻降。先是，彭仕羲陳乞内屬，帝遣殿中丞雷簡夫往視之。簡夫度仕羲未可專用恩澤誘化，至則督諸將進兵築明溪上、下二寨，據其險要，拓取故地五百餘里。仕羲計窮，遂歸連歲所掠甲仗、士卒。詔辰州還其弩及銅柱。自是復通中國，然黠驁益甚。冬閏十二月，罷伎吏知州軍、提點刑獄。

己亥　四年，春正月朔，日食，用牲于社。知制誥劉敞言：「社者，上公之神，群陰之長。故日食則伐鼓于社，所以責上公，退群陰。今反祠而請之，是屈天子之禮，從諸侯之制，抑陽扶陰，降尊貶重，非承天戒、尊朝廷之義也。」二月，更榷茶法。自茶爲官榷，民私蓄、盗販皆有禁，臘茶之禁尤嚴。園户困於征取，官司並緣侵擾，因陷罪戾，至破産逃匿者，歲比有之。著作佐郎何鬲、三班奉職王嘉麟皆上書，請罷給茶本錢，縱園户貿易，而官收租錢，與所在征算歸榷貨務，以償邊糴之費，可以疏利源、寬民力。富弼、韓琦、曾公亮然其策，請于帝行之，下三司議。三司言：「茶課給本收利，所獲甚微，而煩擾爲患。園户輸納，侵害日甚，小民趨利，犯法益繁。宜約歲入息錢之數，均賦於民，恣其買賣，所在收算而不給本錢。」遂詔弛舊禁，俾通商利，凡歲輸緡錢三十三萬八千有奇，謂之租錢，與諸路本錢悉儲以待邊糴。自是惟臘茶禁如舊，餘茶肆行天下矣。論者又謂：「茶户困於輸錢，良民賦不時入，刑亦及之。商賈利薄，販鬻者少，必致歲額不登，經費日蹙。」翰林學士歐陽脩、知制誥劉敞皆請除前令，帝不聽。夏四月，封周世宗後柴詠爲崇義公。給田十頃以奉周祀，從著作佐郎何鬲請也。五月，除猜防大臣條約。前兩制不許至執政私第，執政所薦士不得充臺官。詔並除之。秋七月，放宫人。帝以月食幾盡，修陰教以應天變，前後出宫女幾五百人。時後宫得幸者十人，謂之十閤，而劉氏、黄氏在十閤中尤驕恣，通請謁。御史中丞韓絳密以聞，帝曰：「非卿言，朕不知也，當審驗之。」遂并出二人。田況罷。況寬厚明敏，有文武材，好論天下事，言甚明切。以疾罷。冬

**十月，大祫于太廟。**帝將親祫，下禮官集議東向之位。同判宗正寺趙良規請正太祖東向之位，而知太常禮院韓維請如故事，虛東向之位便。時禮官不敢決，乃與待制以上及臺諫官同議曰：❶「太祖爲受命之君，然僖祖以降，四廟在上，故大祫止列昭穆而虛東向。魏、晉以來，已用此禮。」詔從之。**十一月，汝南王允讓卒，追封濮王。**允讓天資渾厚，内寬外莊，知大宗正寺二十年。宗子有好學者，勉進之以善；若不率教，則勸戒之；至不變，始正其罪，故皆畏服。及薨，謚安懿。以其子宗實育宫中，故卹典有加。**召河南處士邵雍，不至。**雍，河南人。少時自雄其才，慷慨欲樹功名，於書無所不讀。始爲學，即堅苦刻勵，寒不爐，暑不扇，夜不就枕者數年。既而踰河、汾，涉淮、漢，周流齊、魯、宋、鄭。久之，幡然來歸，曰：「道在是矣！」遂不復出。初北海李之才受《易》於河南穆修，修受於种放，而放受之陳摶，源流最遠。之才攝共城令，雍時居母憂于蘇門山，躬爨以養父，之才叩門來謁，勞苦之曰：「好學篤志，果何似？」雍曰：「簡策迹外，未有適也。」之才曰：「君非迹簡策者，其如物理之學何？」他日，則又曰：「物理之學，學矣，不有性命之學乎？」雍再拜，願受業，之才遂授以《河圖》《洛書》、伏羲八卦、六十四卦圖象。雍由是探賾索隱，妙悟神契，玩心高明，深造曲暢，遂衍伏羲先天之旨，著書十餘萬言。富弼、司馬光、吕公著諸賢居洛中，雅敬雍，恒相從游，爲市園宅。雍德氣粹然，望之知其賢，然不事表襮，不設防畛，群居燕笑終日，不爲甚異。人無貴賤少長，一接以誠，故賢者悦其德，不賢者服其化。留守王拱辰薦雍遺逸，授將作主簿，後復舉逸士，補潁州團練推官，❷皆固辭乃受命，竟稱疾不之官。

**庚子** **五年，春正月，鑿二股河。**自李仲昌貶，河事久無議者。河北都轉運使韓贄言：「四界首，古大河所經，宜浚二股渠，分河流入金、赤河，可以紓決溢之患。」朝廷如其策，役三千人，幾月而成。未幾，又併五股河浚之。**夏四月，程戡免，以孫抃爲樞密副**

❶「曰」，原脱，據《編年綱目備要》卷一六、《文獻通考》卷一〇二《宗廟考》補。

❷「潁」，原作「穎」，據《宋史》卷四二七《邵雍傳》改。

使。戡與宋庠不合，數争議於帝前。臺諫以爲言，帝不悦。殿中侍御史吕誨復論戡結貴倖以致位，乃免。

置寬恤民力司。詔置于三司，遣官分路訪寬恤民力事。

五月，召王安石爲三司度支判官。安石，臨川人。好讀書，善屬文。曾鞏携其所撰以示歐陽脩，脩爲之延譽；擢進士上第，授淮南判官。故事，秩滿許獻文求試館職，安石獨否，調知鄞縣，通判舒州。文彦博爲相，薦其恬退，乞不次進用，以激奔競之風。歐陽脩薦爲諫官，安石皆以祖母年高辭。脩以其須禄養，復言于朝，召爲群牧判官，改度支判官。安石議論高奇，能以辨博濟其説，果於自用，慨然有矯世變俗之志。於是上「萬言書」，其大要以爲：「今天下之財力日以困窮，風俗日以衰壞，患在不知法度，不法先王之政故也。法先王之政者，法其意而已。法其意，則吾所改易更革不至乎傾駭天下之耳目，囂天下之口，而固已合先王之政矣。因天下之力，以生天下之財；取天下之財，以供天下之費。自古治世，未嘗以財不足爲患也，患在治財無其道耳。」先是，館閣之命屢下，安石輒辭不起。士大夫謂其無意於世，恨不識其面。朝廷每欲畀以美官，惟患其不就也。及赴是職，聞者莫不喜悦。吕祖謙曰：「安石變法之藴，亦畧見於此書。特其學不用於嘉祐，而盡用於熙寧，世道升降之機，識者於此三致意焉。」

六月，契丹新置國子監。契丹主自即位求直言者再，復詔設學養士，頒五經傳疏，置博士、助教各一人。

歐陽脩等上《新唐書》。先是，帝以劉昫等所撰《唐史》卑弱淺陋，命翰林學士歐陽脩、端明殿學士宋祁刊脩之，曾公亮提舉其事。十有七年而成，凡二百二十五卷，事增於前，文省於舊。脩撰《紀》《志》《表》，祁撰《傳》。故事，每書首止列官尊者一人，脩以祁先進，且於《唐書》功多，故各著其名以自異。

冬十一月，宋庠免，以曾公亮爲樞密使。庠前後所至，以慎静爲治。然愛信幼子，縱其與小人游。殿中侍御史吕誨論庠昏惰，乃罷判鄭州。

以張昪、孫抃參知政事，歐陽脩、陳旭、趙槪爲樞密副使。

**辛丑** 六年，春三月，起復富弼同平章事，弼固辭，許之。弼以母喪去位，詔爲罷春宴。故事，執政遭喪皆起復。帝虚位，五起之，弼固請終制，且曰：「起復，金革之變禮，不可施於平世。」帝乃許之。**夏四月，陳旭罷。**知諫院唐介、趙抃，御史范師道、吕誨上疏論旭陰結宦者，故得大用。帝曰：「朕選用執政，豈容内臣預議邪！」乃兩罷之。旭知定州，介等亦外補。**以包拯爲樞密副使。○六月朔，日食。**司天言：「當食六分之半，食四分而雨。」群臣欲援至和例稱賀，同判尚書禮部司馬光言：「日之所照，周徧華夷，雲之所蔽，至爲近狹。雖京師不見，四方必有見者。天意若曰人君爲陰邪所蔽，災慝甚明，天下皆知其憂危，而朝廷獨不知也。食不滿分者，乃曆官術數不精，當治其罪，亦非所以爲賀也。」帝從之。**以司馬光知諫院。**光入對，首言：「臣昔通判并州，所言三章，願陛下果斷力行。」帝沉思久之，曰：「得非欲選宗室爲繼嗣者乎？此忠臣之言，但人不敢及耳。」光對曰：「臣言此，自謂必死，不意陛下開納。」帝曰：「此何害？古今皆有之。」光復以三劄子上，其一論君德有三：「曰仁，曰明，曰武。仁者，非嫗煦姑息之謂，興教化，修政治，養百姓，利萬物，此人君之仁也。明者，非煩苛伺察之謂，知道誼，識安危，別賢愚，辨是非，此人君之明也。武者，非强亢暴戾之謂，唯道所在，斷之不疑，奸不能惑，佞不能移，此人君之武也。陛下天性慈惠，謹微接下，子育元元，汎愛群生，雖古先聖王之仁，殆無以過。然踐祚垂四十年，而朝廷紀綱猶有虧缺，閭里窮民猶有怨歎。意者群臣不能宣揚聖化，將陛下之於三德萬分之一亦有所未盡歟？❶臣伏見陛下推心御物，端拱淵默，群臣各以其意有所敷奏，陛下不復詢訪利害，一皆可之。誠使陛下左右前後之臣皆忠實正人，則善矣；或有一姦邪在焉，則豈可不爲之寒心哉！」其二論致治之道有三：「曰任官，曰信賞，曰必罰。國家御群臣之道，累日月以進秩，循資塗而授任。苟日月積久，則不問其人之賢愚而寘高位；資塗相值，則不問其人之能否而居重職。非特如是而已。國家采名不采實，誅文不誅意。夫以名行賞，則天下飾名以求功；以文行罰，則天下巧文以逃罪。陛下誠能博選在位之士而用之，❷有功則增秩加賞而勿徙其

❶ 下「之」，原脱，據《傳家集》卷二〇《陳三德上殿劄子》、《宋朝諸臣奏議》卷一《上仁宗論人君之大德有三》補。

❷ 「博」，原作「慎」，據《傳家集》卷二〇《言御臣上殿劄子》、《長編》卷一九四、《宋史全文》卷九下改。

官，無功則降黜廢棄而更求能者，有罪則流竄刑誅而勿加寬貸。其三言「養兵之術，務精不務多」。「赦書害多而利少，非國家之善政」。又進五規，曰：保業，惜時，遠謀，重微，務實。又言：「故事，凡臣僚上殿奏事，悉屏左右内臣。今内臣不過去御坐數步，君臣對問之言，皆可聽聞，恐漏泄機事，非便。」帝皆嘉納之。詔自今止令御藥侍臣及扶侍四人立殿角，❶以備宣唤，餘悉屏之。**以王安石知制誥。**安石自度支判官改同脩起居注，辭之累日。閤門吏賫敕就付之，拒不受；吏隨而拜之，則避于廁；吏置敕於案而去，又遣還之；上章至八九，乃受。及徑除知制誥，安石遂不復辭矣。**秋八月，以曾公亮同平章事，張昪爲樞密使，胡宿爲副使。**宿爲人清慎忠實，臨事不妄發，既發，亦不可回止。其當重任，尤能顧惜大體。群臣多務更張革弊，宿曰：「變法，古人所難。不務守祖宗成法，而徒紛紛，無益於治也。」**閏月，策賢良方正直言極諫之士。**王介、蘇軾、蘇轍皆在舉中。轍對切直，胡宿力請黜之，帝不許，曰：「以直言召人，奈何以直棄之！」乃收入第四等。王安石意轍右宰相，專攻人主，比之谷永，不肯撰詞。韓琦曰：「此人謂宰相不足用，欲得婁師德、郝處俊而用之，尚以谷永疑之乎！」改命沈遘爲之詞。○時有詔舍人院無得申請除改文字，安石争之曰：「審如是，則舍人不得復行其職，而一聽大臣所爲。今大臣之弱者，不敢爲陛下守法；而强者，則挾上旨以造令，諫官、御史無敢逆其意者，臣實懼焉！」語皆侵執政，執政者不悦，會以母喪，遂去職。**以歐陽脩參知政事。**時韓琦爲首相，法令典故問曾公亮，文學之事問脩，三人同心輔政，百官奉法循理，朝廷稱治。脩以兵民、官吏、財利之要，中書所當知者，集爲總目，遇事取視之，不復求諸有司。**冬十月，起復宗實知宗正寺，固辭不拜。**群臣以儲位未建爲憂，言者雖切，而帝未之允。司馬光上疏曰：「向者臣進豫建太子之説，意謂即行，今寂無所聞，此必有小人言陛下春秋鼎盛，何遽爲此不祥之事。小人無遠慮，特欲倉卒之際，援立其所厚善者耳。定策國老、門生天子之禍，可勝言哉！」帝大感動曰：「送中書。」光見韓琦等曰：「諸公不及今定議，異日禁中夜半

❶「侍臣」，《長編》卷一九五、《宋史全文》卷九下作「使臣」。

出寸紙，以某人爲嗣，則天下莫敢違。」琦等拱手曰：「敢不盡力！」時知江州吕誨亦上疏言之。及琦入對，以光、誨二疏進讀，帝遽曰：「朕有意久矣，誰可者？」琦皇恐對曰：「此非臣輩所可議，當出自聖擇。」帝曰：「宫中嘗養二子。小者甚純，近不慧，大者可也。」琦請其名，帝曰：「宗實。」琦等遂力贊之，議乃定。宗實天性篤孝，好讀書，不爲燕嬉褻慢，服御儉素如儒者。時居濮王喪，乃起復知宗正寺。琦曰：「事若行，不可中止。陛下斷自不疑，乞内中批出。」帝意不欲宫人知，曰：「只中書行足矣。」命下，宗實固辭，乞終喪。帝復以問琦，琦對曰：「陛下既知其賢而選之，今不敢遽當，蓋器識遠大，所以爲賢也。願固起之。」帝曰：「然！」

**壬寅　七年，春三月，孫抃罷，以趙槩參知政事，吴奎爲樞密副使。○夏五月，樞密副使包拯卒。**拯性峭直耿介，與人不苟合，不一毫妄取，平居無私書，故人親黨干謁一切絶之。然惡吏苛刻，務敦厚，於人未嘗不恕。其飲食、服用喜儉朴，雖貴，如布衣時。卒贈禮部尚書，謚孝肅。

**秋八月，立宗實爲皇子，賜名曙。九月，進封鉅鹿郡公。**宗實既終喪，韓琦言：「宗正之命初出，外人皆知必爲皇子，不若遂正其名。」帝從之。琦至中書，召翰林學士王珪草詔，珪曰：「此大事也，非面受旨不可。」明日，請對曰：「海内望此舉久矣，果出自聖意乎？」帝曰：「朕意決矣。」珪再拜賀，始退而草詔。詔下，宗實復稱疾固辭，章十餘上，記室周孟陽請其故，宗實曰：「非敢徼福，以避禍也。」孟陽曰：「今已有此迹，設固辭不受，中人别有所奉，遂得燕安無患乎？」宗實始悟。司馬光言於帝曰：「皇子辭不貲之富，至于旬月，其賢於人遠矣！然父召無諾，君命召不俟駕，願以臣子大義責之，宜必入。」帝從之。宗實遂受命。將入宫，戒其舍人曰：「謹守吾舍，上有適嗣，吾歸矣。」因肩輿赴召，良賤不滿三十人，行李蕭然，唯書數厨而已，中外相賀。

**冬十月，賜諸路錢助糴常平倉。**詔：「天下常平倉多所移用，而不足以支凶年，其令内藏庫、三司共出緡錢一百萬，下諸路助糴之。」

**知府州折繼祖卒。**初，繼祖欲解去州事，下河東安撫使梁適體量，適言：「折氏世襲此州，比年監司一以條約繩之，尤爲煩密，繼祖不自安，故欲解去。乞慰存之。」詔不許。至是，卒，以其兄子克柔權領州事。

**癸卯　八年，春三月，帝崩，鉅鹿公曙即位，尊皇后爲皇太后，赦。**帝暴疾，崩于福寧殿。皇后聞之，悉斂諸門鑰寘于前。黎明，召皇子入，以遺詔令嗣位。皇子驚，再言曰：「曙不敢爲！」因反走。韓琦等共掖留之。四月朔，皇子即位，欲亮陰三年，命琦攝冢宰，宰臣不可，乃止。史臣曰：「仁宗恭儉仁恕，敬天重民。有司嘗請以玉清舊址爲苑，帝曰：『吾奉先帝苑囿，猶以爲廣，何以是爲？』燕私常服浣濯，帷帟衾裯，多用繒絁。嘗中夜饑，思燒羊，戒勿宣索，曰：『恐膳夫自此戕賊物命，以備不時之需。』大辟疑者，皆令上讞，歲活千餘人。每諭輔臣曰：『朕未嘗詈人以死，況敢濫用刑乎！』四十二年之間，吏治若媮惰，而任事蔑殘刻之人；刑法似縱弛，而決獄多平允之士。國未嘗無弊倖，而不足以累治世之體；朝未嘗無小人，而不足以勝善類之氣。君臣上下，惻怛之心，忠厚之政，所以培壅國基者厚矣。子孫一矯其所爲，馴致于亂。《傳》曰：『爲人君，止於仁。』帝誠無愧焉！」呂中曰：「國家之有天下，强不如秦，富不如隋，形勢不如漢，土地不如唐，所恃者人心而已。太祖肇之，太宗、真宗培之。至仁宗，四十二年，深仁厚澤，刑以不殺爲威，財以不蓄爲富，兵以不用爲功，人才以不作聰明爲賢。以寬厚待民，以恩禮待士夫，而以至誠待夷狄。蘇軾謂『社稷長遠，終必賴之』者，誠確論也！」

**帝有疾，詔請皇太后權同聽政。**帝得暴疾，詔請皇太后權同處分軍國事。后乃御内東門小殿，垂簾，宰臣日奏事。后性慈儉，頗涉經史，多援以決事。中外章奏日數十上，一一能記綱要，有疑未決者，則曰：「公輩更議之。」未嘗出己意。檢柅曹氏及左右臣僕，毫分不以假借，宫省肅然。

**立皇后高氏。**后，侍中瓊之曾孫，母曹氏，太后姊也。故少育于宫中，與帝同年生，又俱撫鞠于太后，仁宗嘗曰：「異日必以爲配。」既長，出宫，婚于濮邸，封京兆郡君，生三子。至是，册爲皇后。

**五月，以富弼爲樞密使。**

**○秋七月，帝疾瘳。**帝疾甚，舉措或改常度，遇宦者尤少恩，左右多不悦，乃共爲讒間，兩宫遂成隙，内外洶懼。知諫院呂誨上書兩宫，開陳大義，詞旨深切，多人所難言者，然兩宫猶未釋然。一日，韓琦、歐陽脩奏事簾前，太后嗚咽流涕，具道所以。琦曰：「此病故爾，疾已必不然。」子疾，母可不容之乎！」后意不解。脩進曰：「太后事先帝數十年，仁德著于天下。昔温成之寵，太后處之裕如，今母子間，反不能容邪！」后意稍和。脩復曰：「先帝在位久，德澤在人，故一日晏駕，天下奉戴嗣君，無敢異同者。今太后一婦人，臣等五六措大耳，非先帝遺意，天下誰肯聽從！」后默然久之。琦進曰：「臣等在外，聖躬若失調護，太后不得辭其責。」后驚曰：「是何言？我心更切也！」同列聞者，莫不流汗。後數日，琦獨見帝。帝曰：「太后待我少恩。」琦對曰：「自古聖帝明王不爲少矣，獨稱舜爲大孝，豈其餘盡不孝哉？父母慈而子孝，此常事，不足道。惟父母不慈而子不失孝，乃爲可稱。但恐陛下事之未至耳，父母豈有不慈者哉！」帝大感悟。帝自六月不御殿，至是，初御紫宸殿，見百官。琦因請乘輿禱雨，具素服以出，人情大安。

契丹耶律重元反，兵敗，自殺。

契丹主尊寵其叔重元甚至，賜以金券，免拜不名，而重元陰懷異圖。是月，契丹主田于灤水之太子山，重元子楚王涅魯古與樞密同知蕭胡覩等四百人謀作亂。敦睦宫使耶律良上變，契丹主召南院樞密使耶律仁先語之，且急召涅魯古。仁先曰：「此曹凶逆，臣固疑之，陛下宜謹爲備，臣請帥衛士討之。」涅魯古聞召，知事泄，遂誘脅弩手軍犯帷殿。契丹主急欲走南、北院，仁先曰：「陛下若捨扈從而行，賊必躡其後，且南、北大王心未可知。」乃止。仁先環車爲營，拆行馬爲兵仗，帥官屬近侍三十餘騎陣柢枑外。使北院樞密使耶律乙辛等，率宿衛士卒數千人，與涅魯古戰。賊衆多降，涅魯古躍馬突出，爲近侍渤海阿厮等射殺之，重元被傷而退。其黨謂胡覩等曰：「行宫無備，宜乘夜刼之，若候明日，外援必至，其誰從我？」胡覩曰：「第圍之，勿令外軍得入，彼何能爲？黎明而發，何遲之有？」重元從之，令四面巡警。待旦，遂奉重元僭位，以胡覩爲樞密使，而率奚人二千薄行宫。會五院部節度蕭塔剌聞召，領兵適至，仁先族賊氣沮，背營而陣，乘便奮擊，塔剌自外擾之，賊徒大奔，追殺二十餘里。重元走大漠，嘆曰：「涅魯古使我至此！」乃自殺。黨與皆伏誅。契丹主執仁先手曰：「平亂，皆卿之力也。」加尚父，進封宋王。乙辛等加賞有差。

冬十月，葬永昭陵。

續資治通鑑綱目第五

# 續資治通鑑綱目第六

起甲辰宋英宗治平元年，盡辛亥宋神宗熙寧四年。

凡八年。

**甲辰**　**英宗皇帝治平元年，夏五月，太后還政于帝，加韓琦尚書右僕射。**帝疾大瘳，琦欲太后撤簾還政，乃取十餘事稟帝，帝裁決悉當。琦即詣太后覆奏，后每事稱善。琦因白后求去，后曰：「相公不可去，我當居深宮耳。」遂起。琦即厲聲命撤簾，簾既落，猶於御屏後見后衣也。帝親政，加琦右僕射。呂中曰：「當國家危疑之日，大臣以能任事者，一曰德望，二曰才智。有才智而無德望以鎮之，則未足以服天下之心；有德望而無才智以充之，則未足以辦天下之事。故曰：『可以託六尺之孤，可以寄百里之命，臨大節而不可奪。』韓魏公蓋自慶曆、嘉祐之時，可屬大事，重厚如勃，其德望服人心久矣。至於處事應變，胷中才智又足以運用天下，此其所以正英宗之始歟！在真宗之初，則有呂端；在仁宗之初，則有王曾，皆安國家定社稷之名臣也。」**六月，增置宗室學官。**先是，以王陶等爲皇子伴讀，司馬光言：「陶等雖爲皇子官屬，若不旬日得見，或見而遽退，語言不洽，志意不通，教者止於供職，學者止於備禮；而左右前後侍御僕從，或有佞邪讒巧之人，雜處其間，雖皇子資性端慤難移，然親近易習，積久易遷，雖有碩儒端士爲之師傅，終無益也。臣願陛下博選學行之士，使日與皇子居處燕游，講論道義。其侍御僕從邪佞讒巧之人誘導爲非者，委伴讀官糾舉，即時斥逐。若皇子自有過失，規誨不從，亦聽以聞。如此，則進德脩業，日就月將，善人益親，邪人益疏，天下之幸也。」帝嘉納之。至是，封皇子頊爲潁王，王陶等爲翊善、記室，增置宗室學官。**秋八月，內侍任守忠有罪，竄蘄州。**初，章獻太后臨朝，守忠與都知江德明等交通請謁，權寵過盛，累遷宣政使、入內都知。仁宗以未有儲嗣，屬意于帝，守忠建議，欲援立昏弱以邀大利。及帝即位，又乘帝疾，交搆兩宮。知諫院司馬光論守忠離間之罪，國之大賊，乞斬于都市。呂誨亦上疏論之。帝納其言。翌日，韓琦出空頭敕一道，歐陽脩已簽，趙概難之。脩曰：「第書之，韓公必自有說。」既而琦坐政事堂，召守忠立庭下，曰：「汝罪當死。」遂責蘄州安置，取空頭敕填與之，即日押行，琦意以爲少緩則中變也。其黨史昭錫等悉竄南方，中外快之。**詔日開經筵。**重陽節當罷講，吕公著、司馬光言：「先帝時，無事常開講筵。近以聖體不安，遂於端午及冬至後，盛暑盛寒，權罷數月。今陛下始初清明，宜親近儒雅，講求治術。願不惜頃刻之間，日御講筵。」從之。**九月，復武舉。○冬十一月，刺陝西民爲義勇軍。**韓琦言：「唐置府兵，最爲近古。今之義勇，河北幾十五萬，河東幾八萬，勇悍純實，若稍加簡練，亦唐之府兵也。河東、北、陝西三路，當西北控禦之地，事當一體。今若於陝西諸州刺手背，以爲義勇，甚便。」乃命徐億等往，籍陝西主户三丁之一，刺之。凡十五萬六千餘人，人賜錢二千，民情驚擾，而紀律踈略不可用。知諫院司馬光上疏力諫，不聽。光至中書，與韓琦辨，琦曰：「兵貴先聲，諒祚方桀驁，使驟聞益兵二十萬，豈不震慴？」光曰：「兵貴先聲，爲其無實也，獨可欺於一日之間耳。今吾雖益兵，實不可用，不過十日，彼將知其詳，尚何懼？」琦曰：「君但見慶曆間鄉兵刺爲保捷，憂今復然。已降敕與民約，永不充軍遣戍邊矣。」光曰：「朝廷嘗失信于民，未敢以爲然。」琦曰：「吾在此，君無憂。」光曰：「公長在此地可也，異日他人當位，用以運糧戍邊，反掌間耳！」琦不從，竟爲陝西之患。**十二月，吴奎罷，以王疇爲樞密副使。○吐蕃木征以河州内附。**初，唃厮囉娶李立遵女，生瞎氈及磨氈角。又娶喬氏，生董氈。李氏寵衰，斥爲尼于廓州，而錮其二子。二子乃結母黨李巴全，竊母奔宗哥城，唃厮囉不能制，磨氈角因撫有其衆。寶元中，磨氈角死，部人立其子瞎撒欺丁，❶李氏懼孤弱不能守，乃復屬唃厮囉。瞎氈則居龕谷而死，二子長曰木征，居河州，少曰瞎吴叱，居銀川。而董氈與母別居歷精城，號令嚴明，人憚服之，有衆六萬，日以盛强，獨有河北之地。由是唃厮羅所部分矣。至是，木征率其衆，以河州乞内附。**以内侍爲陝西諸路鈐轄。**帝遣王昭明等四人體量

❶「撒」，原作「撤」，據萬曆本、《長編》卷一八七、《宋史》卷四九二《董氈傳》、《宋會要輯稿・蕃夷》六之四改。

軍情，治其訴訟，有賞罰，則與其帥議，大事以聞，各許歲乘驛奏事。諫官呂誨言：「唐舉兵不利，未有不自監軍者。我朝因循未革，奈何又增置此員？其權與安撫使均矣。乞罷之，精選帥臣專制閫外之權。」傅堯俞、趙瞻皆有論列，不聽。

**乙巳　二年，春二月，罷三司使蔡襄。**帝自濮邸立爲皇子，聞近臣中有異議，人疑爲襄。及即位，數問襄何如人，韓琦等爲救解，帝意不回。襄請罷，遂命出知杭州。**王疇卒。○三月，行《明天歷》。**判司天監周琮等所造也。**夏四月，詔議崇奉濮王典禮。**初，知諫院司馬光以帝必將追隆所生，嘗因奏事言：「漢宣帝爲孝昭後，終不追尊衛太子、史皇孫。光武上繼元帝，亦不追尊鉅鹿南頓君。此萬世法也。」既而韓琦等言：「禮不忘本，濮安懿王德盛位隆，所宜尊禮，請下有司議。」王及夫人王氏、韓氏、仙遊縣君任氏合行典禮，用宜稱情。」帝令須大祥後議之。至是，詔禮官與待制以上議。翰林學士王珪等相視莫敢先發，司馬光獨奮筆立議，略云：「爲人後者爲之子，不得顧私親，若恭愛之心分於彼，則不得專於此。秦、漢以來，帝王有自旁支入承大統者，或推尊其父母以爲帝后，皆見非當時，取譏後世，臣等不敢引以爲聖朝法。況前代入繼者，多宫車晏駕之後，援立之策或出臣下。非如仁宗皇帝，年齡未衰，深惟宗廟之重，於宗室中簡推聖明，授以大業。陛下親爲先帝之子，然後繼體承祧，光有天下。濮安懿王雖於陛下有天性之親，顧復之恩，然陛下所以負扆端冕，子孫萬世相承，皆先帝德也。臣等竊以爲濮王宜準先朝封贈期親尊屬故事，尊以高官大國，譙國、襄國、仙遊並封太夫人，攷之古今爲宜稱。」於是珪即命吏具以光手藁爲按。議上，中書奏：「珪等所議，未見詳定濮王當稱何親，名與不名。」珪等議：「濮王於仁宗爲兄，於皇帝宜稱皇伯而不名。」歐陽脩引《喪服大記》，以爲「爲人後者，爲其父母降服三年爲期，而不没父母之名，以見服可降而名不可没也。若本生之親，改稱皇伯，歷攷前世，皆無典據；進封大國，則又禮無加爵之道。請下尚書，集三省、御史臺議。」而太后手詔誥責執政。帝乃詔曰：「如聞集議不一，權宜罷之，令有司博求典故以聞。」**五月，以陳旭爲樞密副使。○詔皇子及宗室卑屬勿授師、傅官。**時，封皇子，並除檢校師、傅。中丞賈黯以爲子爲父師，於義未安，故有是詔。秋七月，富弼、張昇罷。嘉祐中，韓琦與弼同相，或中書有疑事，往往與樞密謀之。自弼使樞密，非得旨合議者，琦未嘗詢弼，弼頗不懌。及太后還政，弼大驚曰：「弼備位輔佐，他事固不可預聞，此事韓公獨不能共之邪！」或以咎琦，琦曰：「此事當如出太后意，安可顯言于衆！」弼愈不懌。帝親政，加弼户部尚書，弼辭曰：「制詞取嘉祐中嘗議建儲推恩，此特絲髮之勞，何足加賞。仁宗、太后於陛下有天地之恩，尚未聞所以爲報，可謂倒置。」再奏，不聽，乃受。至是，以足疾力求解政，章二十餘上。遂以使相、鄭國公判揚州。未幾，徙判汝州。○昇請老，帝曰：「太尉勤勞王家，詎可遽去？」但命五日一至院，進見毋蹈舞。司馬光亦疏昇忠謹清直，請留于朝。而昇求去益力，乃判許州。先是，韓琦、曾公亮欲遷歐陽脩爲樞密使，將進擬，脩覺其意，謂之曰：「今天子諒陰，母后垂簾，而二三大臣自相位置，何以示天下？」琦等服其言而止。以文彦博爲樞密使，吕公弼爲副使。彦博自河南入覲，帝曰：「朕之立，卿之功也。」彦博悚然，對曰：「陛下入繼大統，乃先帝意，皇太后協贊之力，臣何功之有！且其時臣方在外，皆韓琦等承聖志，受顧命，臣無預焉。」因避謝不敢當，帝曰：「暫煩卿西行，即召還矣。」乃改判永興軍，遂召爲樞密使。八月，京師大水，詔求直言。京師大雨，平地涌水，壞官私廬舍，漂人民畜産，不可勝計。是日，帝御崇政殿，宰相而下朝參者十數人而已。詔開西華門以洩宫中積水，水奔激東殿，侍班屋皆摧没，人畜皆溺死。官爲葬祭其無主者千五百八十人。下詔責躬求言，且命罷宴減膳，禱於山川。司馬光上疏，畧云：「陛下即位以來，災異甚衆，日有黑子，江、淮之水或溢或涸。去夏霖雨，涉秋不止，老弱流離，積尸成丘。今夏疫癘大作，彌數千里；秋收未穫，暴雨大至。都城之内，道路乘桴，官府、民居覆没殆盡，死於壓溺者不可勝紀。陛下安得不側身恐懼，思其所以致此者乎？」又曰：「先帝擢陛下於衆人中，升爲天子，惟以一后數公主託陛下，而梓宫在殯，已失太后歡心，長公主數人屏居閑宫，此陛下所以失人心之始也。」又曰：「凡百奏請，不肯與奪。知人之賢不能舉，知人不肖不能去，知事之非不能改，知事之是不能從，此天下所以重失望也。」又曰：「臺諫，天子耳目，其有所言，當以聖意察其是非，不宜一付之大臣。」帝嘉納之。冬十一月，❶吐蕃唃厮囉死。以其子董氈爲保順節度使。

丙午　三年，春正月，翰林學士范鎮罷。韓琦求去，鎮草批答，引周公不之魯爲辭，帝不悦。鎮遂請外，罷知陳州。時論或謂鎮以議濮王追崇事，忤歐陽脩，脩爲帝言：「鎮以周公待琦，是以孺子待陛下。」鎮之出，脩爲之也。契丹復改國號曰遼。〇温州火。焚官民居萬四千間，死者五千人。詔稱濮王爲親，立園廟。謫侍御史呂誨等于州縣。濮王崇奉之議久而未定，侍御史呂誨、范純仁，監察御史呂大防引義固争，以爲王珪議是，乞從之。章七上而不報，遂劾韓琦專權導諛罪，曰：「昭陵之土未乾，遽欲追崇濮王，使陛下厚所生而薄所繼，隆小宗而絶大宗。」又共劾歐陽脩：「首開邪義，以枉道説人主，以近利負先帝，陷陛下於過舉。」而韓琦、曾公亮、趙概附會不正，乞皆貶黜。」不報。時中書亦上言：「請明詔中外，以皇伯無稽，決不可稱。今所欲定者，正名號耳，至於立廟京師、干亂統紀之事，皆非朝廷本意。」帝意不能不嚮中書，然未即下詔也。既而，皇太后手詔中書：「宜尊濮王爲皇，夫人爲后，皇帝稱親。」帝下詔謙讓，不受尊號，但稱親，即園立廟，以王子宗樸爲濮國公，奉祠事。仍令臣民避王諱。時論以爲太后之追崇及帝之謙讓，皆中書之謀也。於是呂誨等以所論奏不見聽用，繳納御史敕告，家居待罪。帝命閤門以告還之。誨力辭臺職，且言：與輔臣勢難兩立。帝以問執政，琦、脩等對曰：「御史以爲理難並立，若臣等有罪，當留御史。」帝猶豫久之，命出御史，乃下遷誨知蘄州，純仁通判安州，大防知休寧縣。時趙鼎、趙瞻、傅堯俞使契丹還，以嘗與呂誨言濮王事，即上疏乞同貶，乃出鼎通判淄州，瞻通判汾州。帝眷注堯俞，獨進除侍御史。堯俞曰：「誨等已逐，臣義不當止。」帝不得已，命知和州。知制誥韓維及司馬光皆上疏乞留誨等，不報，遂請與俱貶，亦不許。侍讀呂公著言：「陛下即位以來，納諫之風未彰，而屢詘言者，何以風天下？」帝不聽。公著乞補外，乃出知蔡州。誨等既出，濮



❶「十一月」，《皇宋十朝綱要》卷六、《文獻通考》卷三五五《四裔考十二》作「十月」。

議亦寢。程頤曰：「言事之臣，知稱親之非，而不明尊崇之禮，使濮王與諸父等。若尊稱爲『皇伯父濮國太王』，❶則在濮王極尊崇之道，於仁宗無嫌貳之失矣。」**三月，彗星見西方。**如太白，長丈有五尺，又孛于畢，如月。**夏四月，胡宿罷，以郭逵同簽書樞密院事。**逵少隸范仲淹麾下，歷官殿前都虞候，遂同簽書樞密院事。知諫院邵亢等交章言：「祖宗朝，樞府參用武臣，如曹彬父子、馬知節、王德用、狄青，勳勞爲天下所稱則可，逵黠佞小才，豈堪大用？」不報。**夏人寇邊，環慶經略使蔡挺擊走之。**先是，夏主諒祚遣吳宗來賀即位，宗語不遜，詔諒祚懲約宗。諒祚不奉詔，而出兵秦鳳、涇原，抄熟户，擾邊塞，殺掠人畜以萬計，遂寇大順城。環慶經略使蔡挺使蕃官趙明擊之。諒祚衷銀甲氊帽督戰。挺先遣强弩列壕外，注矢下射，諒祚中流矢遁去，徙寇柔遠。挺又使副總管張玉以三千人夜出擾營，賊驚潰，退屯金湯，聲言益發十萬騎圍大順。會朝廷發歲賜銀幣，知延州陸詵曰：「朝廷積習姑息，故虜敢狂悖。不稍加折誚，則國威不立。」因留止不與，移牒宥州問故。諒祚遂大沮，盤桓塞下，因遣使謝罪，言：「邊吏擅興兵，行且誅之。」初，諒祚入寇，韓琦議停其歲賜，絶其和市，遣使問罪。文彦博難之，舉寶元、康定時事。琦曰：「諒祚，狂童也，非有元昊智計，而吾邊備過當時遠甚。亟詰之，必服。」會陸詵策與琦合，而諒祚果歸欵。帝顧琦曰：「一如卿料也。」**秋九月朔，日食。○詔宰臣舉館職。**帝謂中書曰：「水潦爲災，言事者多言不進賢，何也？」歐陽脩曰：「近年進賢路狹，往時進士五人以上，皆得試館職，第一人及第，不十年即至輔相。今第一人兩任方得試，而第二人以下無復得試。往時大臣薦舉即召試，今止令上簿，候闕人乃試。唯有因差遣例除者，半是年勞老病之人。此所謂進賢路狹也。」帝嘉納之。因命韓琦等四人舉士，得二十人，皆令召試。琦等以人多難之，帝曰：「苟賢，豈患多也？」乃先召試十人，餘須後試。時士人以登臺閣、陞禁從爲顯官，而不以官之遲速爲榮滯，故爲之語曰：「寧登瀛，不爲卿；寧抱槧，不爲監。」**冬十月，以郭逵爲陝西四**

❶「太王」，原作「大王」，據《河南程氏文集》卷五《代彭思永上英宗皇帝論濮王典禮疏》、《宋名臣言行録》後集卷五《彭思永》改。

路宣撫使。自吕餘慶以參知政事知成都，其後見任執政無守藩者，至逵始以同簽書樞密院事出鎮，兼判渭州。詔禮部三歲一貢舉。〇十一月，帝有疾。十二月，立子頊爲皇太子，大赦。時帝久疾，韓琦入問起居，因進言曰：「陛下久不視朝，願早建儲，以安社稷。」帝頷之。琦請帝親筆指揮，帝乃書曰：「立大大王爲皇太子。」琦曰：「必潁王也，煩聖躬更親書之。」帝又批于後曰：「潁王頊。」琦即召學士承旨張方平至福寧殿草制。帝憑几言，言不可辨，方平復進筆請書其名，帝力疾書之。太子既立，帝因泫然下淚。文彦博退謂琦曰：「見上顔色否？人生至此，雖父子亦不能不動也。」

丁未　四年，春正月，帝崩，太子即位，大赦。帝崩，年三十六。史臣曰：「英宗以明哲之資，膺繼統之命，執心固讓，若將終身，而卒踐帝位。及其臨政，必問故事與古治所宜，每裁決皆出羣臣意表。雖以疾疢，不克大有所爲，然使後世咏嘆至德，何其盛也！彼隋晉王廣、唐魏王泰窺覦神器，遂啟禍原，誠何心哉！」尊皇太后曰太皇太后，皇后曰皇太后。〇以吴奎爲樞密副使。〇以韓琦爲司空兼侍中。〇二月，立皇后向氏。后，太尉敏中之曾孫，定國留後經之女。帝爲潁王時納焉。至是，册爲后。始命公主行見舅姑禮。英宗嘗謂帝曰：「舊制，帝女出降，輒皆升行，以避舅姑之尊，義甚無謂。朕嘗思此，寤寐不平，豈可以富貴之故，屈人倫長幼之序也？可詔有司革之。」會疾不果。至是，始詔令公主行見舅姑禮，著爲令。三月，歐陽脩罷。脩既以議濮王典禮，爲吕誨所詆，惟蔣之奇以脩議爲是。及誨等斥而脩薦之奇爲御史，衆因目爲姦邪，之奇患焉，思所以自解。會脩婦弟薛良孺有憾于脩，誣脩以帷薄不根之謗，達于中丞彭思永，思永以告之奇。之奇即上章劾脩，脩杜門請推治。帝使詰所從來，皆辭窮，乃黜思永知黄州，之奇監道州酒税。脩因力求退，乃以觀文殿學士知亳州。以吴奎參知政事。奎入謝，進《治説》三篇。又嘗言：「帝王所職，惟在判正邪，使君子常居要近，小人不得以害之，則自治矣。」帝因言：「堯時四凶猶在朝。」奎曰：「四凶雖在，不能惑堯之聰明。聖人以天下爲度，未有顯過，固宜包容，但不可使居近要地耳。」帝然之。**以司馬光爲翰林學士，固辭，不許。**光力辭，帝曰：「古之君子，或學而不文，或文而不學，惟董仲舒、揚雄兼之。卿有文學，何辭爲！」光對曰：「臣不能爲四六。」帝曰：「如兩漢制誥可也。且卿能進士取高第，而云不能四六，何邪？」光乃就職。**閏月，以王安石知江寧府。**終英宗之世，安石被召未嘗起，韓維、吕公著兄弟更稱揚之。帝在潁邸，維爲記室，每講説見稱，輒曰：「此非維之説，維友王安石之説也。」維遷庶子，又薦安石自代，帝由是想見其人。及即位，召之，安石不至。帝謂輔臣曰：「安石歷先帝朝，召不赴，頗以爲不恭。今又不至，果病邪？有所要邪？」曾公亮曰：「安石真輔相材，必不欺罔。」吴奎曰：「臣嘗與安石同領羣牧，見其護前自用，所爲迂闊，萬一用之，必紊綱紀。」帝不聽，命知江寧府。衆謂安石必辭，及詔至，即起視事。**夏四月，以司馬光爲御史中丞。**中丞王陶謀欲易置大臣，自規重位，因劾韓琦不押文德殿當朝班，爲跋扈。琦閉門待罪。吴奎以陶爲過言，詔陶與光兩易其任。奎又言：「唐德宗疑大臣，信任羣小，斥陸贄而以裴延齡等爲腹心，天下至今稱爲至闇之主。今陶排抑端良，不黜，無以責大臣展布。」陶遂言奎附宰相，欺天子。帝以陶過毁大臣，出知陳州，而奎亦罷知青州。光言：「陶論宰相不押班，未行而罷，則中丞不可復爲，請俟琦押班，然後就職。」復言：「吴奎名望素重於陶，今與並黜，恐大臣皆不自安，各求引去。陛下新即位，於四方觀聽，非宜。」帝從之，奎乃復還中書。**秋八月，葬永厚陵。○京師地震。○九月，召王安石爲翰林學士，罷司空、侍中韓琦。**琦執政三朝，或言其專，帝頗不悦。曾公亮因力薦安石，覬以間琦，琦求去益力，帝不得已，以琦爲鎮安武勝軍節度使、司徒兼侍中、判相州。入對，帝泣曰：「侍中必欲去，今日已降制矣，然卿去，誰可屬國者？王安石何如？」琦對曰：「安石爲翰林學士則有餘，處輔弼之地，則不可。」帝不答。琦早有盛名，識量英偉，臨事喜愠不見于色。居相位，再決大策以安社稷。當是時，朝廷多故，琦處危疑之際，知無不爲。或曰：「公所爲誠善，萬一蹉跌，豈惟身不自保，恐家無處所矣。」琦歎曰：「是何言邪！人臣當盡力事君，死生以之。至於成敗，天也，豈可豫憂其不濟，遂輟不爲哉！」聞者愧服。

吴奎、陳升之罷。升之，舊名旭，避帝嫌名，以字行。

以吕公弼爲樞密使，張方平、趙抃参知政事，韓絳、邵亢爲樞密副使。抃自知成都召知諫院。故事，近臣召自外州，將大用者，必更省府。及命下，大臣以爲疑，帝曰：「吾賴其言耳，苟欲用之，無傷也。」及入謝，帝曰：「聞卿匹馬入蜀，以一琴、一鶴自隨，爲治簡易，亦稱是乎！」遂拜参知政事。抃感顧知遇，朝政有未協者，必密啟聞，帝嘉其忠，恒褒答之。

復以司馬光爲翰林學士。

冬十月，張方平罷。光論張方平不協物望，難居政府。帝不從，命徙光翰林。知通進銀臺司吕公著封還除目，曰：「光以舉職賜罷，是爲有言責者不得盡其言也。」詔以告直付閤門。公著又言：「制命不由門下，則封駁之職，因臣而廢，願正臣罪，乞解銀臺司。」不報。未幾，方平以父喪亦罷。方平慷慨有氣節，平居未嘗以言徇物，以色假人，所至有政績，然乏公輔之望。

青澗守將种諤襲虜夏監軍嵬名山，遂復綏州。嵬名山部落，在故綏州。名山弟夷山，請降于知青澗城种諤。諤使人因夷山以誘名山，賂以金盂，名山小吏李文喜受之，陰許歸款，而名山未之知也。諤即以聞，且欲因取河南地。知延州陸詵言：「以衆來降，情僞未可知。」戒諤毋妄動。諤持之力。詔詵召諤問狀，且與轉運使薛向議撫納。乃共畫三策，令幕府張穆之入奏，穆之因受向指，詭言必可成，帝意詵不協力，徙之秦鳳。諤不待命，悉起所部兵長驅而進，圍名山帳，名山不得已，舉衆從諤而南，得首領三百、户萬五千、兵萬人，遂城其地。夏人來争，諤擊敗之。詵劾諤擅興之罪，欲捕治之，未果，而徙秦之命至。西方用兵自此始。

十一月，夏人誘殺知保安軍楊定等。詔韓琦經略陝西，竄种諤于隨州。种諤既受嵬名山降，夏主諒祚乃詐爲會議，誘知保安軍楊定等殺之，邊釁復起，朝議以諤生事，欲棄綏誅諤。陝西宣撫主管機宜文字趙卨言：「虜既殺王官，而又棄綏不守，示弱已甚。且名山舉族來歸，當何以處？」又移書執政，請「存綏以張兵勢，規度大理河川建堡，畫稼穡之地三十里以處降者」，不從。乃命琦判永興軍、經略陝西，琦初言綏不當取，及定等被殺，復言綏不可棄，樞密以初議詰之，琦具論其故，卒存綏州。時言者交論种諤，乃下吏，貶四官，安置隨州。

十二月，夏主諒祚卒，子秉

**常立。**郭逵詗得殺楊定等首領姓名李崇貴、韓道喜，❶諒祚乃錮崇貴等以獻。既而諒祚卒，子秉常立，遣其臣薛宗道等來告哀。帝問殺楊定事，宗道言：「殺人者，已執送之矣。」及崇貴等至，言定奉使諒祚，嘗拜稱臣，且許以歸沿邊熟户，諒祚遺之寶劍、寶鑑及金銀物。初，定歸時，上其劍、鑑，而匿其金銀。言諒祚可刺，帝喜，遂擢知保安軍。既而夏人失綏州，以爲定賣己，故殺之。至是，事露，帝薄責崇貴等，而削定官，没其田宅萬計，遣劉航册秉常爲夏國主。遼遣使，册爲夏國王。諒祚之世，嘗請去蕃禮，從漢儀，服中國衣冠，往往以漢官命其臣，且數上表求九經、《唐史》、《册府元龜》、正旦朝賀儀，仁宗以九經賜之。

**戊申　神宗皇帝熙寧元年，春正月朔，日食。**帝不受朝，詔宰臣極言闕失。帝嘗謂文彦博曰：「天下敝事至多，不可不革。」彦博對曰：「譬如琴瑟不調，必更張之。」韓絳曰：「爲政立事，當有大小先後之序。」帝曰：「大抵威克厥愛，乃能有濟。」又謂彦博曰：「當今理財最爲急務，養兵備邊，府庫不可不豐。大臣共宜留意節用。」因稱：「太宗朝，有御侍乞增俸，命給十千，輒羞薄所賜。太宗曰：『朕昔爲供奉官，俸止十千爾，敢以爲少邪？』遂幽囚至死。以此言之，事不可不勉也。」**趙概罷。**概秉心和平，與人無怨惡，在官如不能言，然陰以利物者爲多，時議比之劉寬、婁師德，以老求罷。**以唐介參知政事。**先是，宰相省閱所進文書于待漏院，同列不得聞，介謂曾公亮曰：「身在政府，而事不預知，上或有所問，何辭以對？」乃與同視，後遂爲常。**夏四月，詔王安石越次入對。**安石受命，歷七月，始至京師，詔越次入對。帝問爲治所先，安石對曰：「擇術爲先。」帝曰：「唐太宗何如？」曰：「陛下當法堯、舜，何以太宗爲哉？堯、舜之道，至簡而不煩，至要而不迂，至易而不難，但末世學者不能通知，以爲高不可及耳。」帝曰：「卿可謂責難於君。」一日講席，羣臣退，帝留安石坐，因言：「唐太宗必得魏徵，漢昭烈必得諸葛亮，然後可以有爲，二子誠

❶「韓道喜」，原作「韓道善」，據《東都事略》卷一二八、《長編》卷二三八、《宋史》卷二九〇《郭逵傳》、卷三三二《趙卨傳》改。

不世出之人也。」安石曰：「陛下誠能爲堯、舜，則必有皋、夔、稷、契；誠能爲高宗，則必有傅説，彼二子者，何足道哉？以天下之大，常患無人可以助治者，以陛下擇術未明，推誠未至，雖有皋、夔、稷、契、傅説之賢，亦將爲小人所蔽，卷懷而去耳。」帝曰：「何世無小人，雖堯、舜之時，不能無四凶。」安石曰：「惟能辯四凶而誅之，此其所以爲堯、舜也。若使四凶得肆其讒慝，則皋、夔、稷、契亦安肯苟食其禄以終身乎？」**六月，河決恩、冀、瀛州。○秋七月，以陳升之知樞密院事。**升之前與文彦博同争楊定不可使，上不聽。定既殺，上思其言，於是復召用之。**京師地震。**自七月至十一月，京師地震者六。河朔地亦大震。**八月，復行《崇天歷》。**以月食不效，詔歷官雜候星晷，重造新歷。至是，上之，占驗亦差。遂復行《崇天歷》，削奪司天少監周琮等一官。**九月，初封太祖曾孫從式爲安定郡王。**帝謂創業垂統，實自太祖，顧無以稱，乃下詔封太祖諸孫行尊者一人，奉太祖祀，世世勿絶。同知太常禮院劉攽言：「《禮》：諸侯不得祖天子。太祖傳天下于太宗，繼體之君，皆太祖子孫，不當别爲天子置後。若崇德昭、德芳之後，世世勿降爵，宗廟祭祀，使之在位，則所以褒揚藝祖者著矣。」帝從之，遂有是命。從式，德芳之孫也。**冬十一月，郊。**執政以河朔旱傷，國用不足，乞南郊勿賜金帛。詔學士議，司馬光曰：「救災節用，當自貴近始，可聽也。」王安石曰：「常衮辭堂饌，時以爲衮自知不能，當辭職，不當辭禄。且國用不足，以未得善理財者故也。」光曰：「善理財者，不過頭會箕斂爾。」安石曰：「不然，善理財者，不加賦而國用足。」光曰：「天下安有此理？天地所生財貨百物，不在民，則在官，彼設法奪民，其害乃甚於加賦。此蓋桑弘羊欺武帝之言，太史公書之以見其不明耳。」争議不已。帝曰：「朕意與光同，然姑以不允答之。」會安石草制，引常衮事責兩府，兩府不敢復辭。**十二月，邵亢罷。**

**己酉　二年，春二月，以富弼同平章事。王安石參知政事。**初，弼自汝州入覲，詔許肩輿至殿門，令其子掖以進，且命毋拜，坐語，從容訪以治道。弼知帝果於有爲，對曰：「人君好惡，不可令人窺測；可測，則姦人得以傳會。當如天之監人，善惡皆所自取，然後誅賞隨之，則功罪皆得其實矣。」又問邊事，弼對曰：

「陛下臨御未久，當布德惠，願二十年口不言兵。」帝默然。至日昃乃退。欲以集禧觀使留之，力辭赴郡。至是，召拜司空兼侍中，賜甲第，悉辭之，乃詔以左僕射、門下侍郎同平章事。❶ 時帝以災變避殿，減膳，徹樂，王安石言：「災異皆天數，非關人事得失所致。」弼在道聞之，歎曰：「人君所畏者天耳，若不畏天，何事不可爲者！此必姦人欲進邪説，以搖上心，使輔弼、諫諍之臣無所施其力。是治亂之機，不可以不速救。」即上書數千言，力論之。及入對，又曰：「君子小人之進退，繫王道之消長，願深加辯察，勿以同異爲喜怒，喜怒爲用舍。陛下好使人伺察外事，故姦憸得志。又令中外之務，漸有更張，此必小人獻説於陛下也。大抵小人惟喜動作生事，則其間有所希覬。若朝廷守静，則事有常法，小人何望哉？願深燭其然，無使有悔。」帝欲用安石，唐介言安石難大任，帝曰：「文學不可任邪？經術不可任邪？吏事不可任邪？」介對曰：「安石好學而泥古，故議論迂闊，若使爲政，必多所更變。」介退，謂曾公亮曰：「安石果大用，天下必困擾。諸公當自知之。」帝問侍讀孫固曰：「安石可相否？」固對曰：「安石文行甚高，處侍從獻納之職可矣。宰相自有度，安石狷狹少容。必欲求賢相，呂公著、司馬光、韓維其人也。」帝不以爲然，竟以安石參知政事，謂之曰：「人皆不能知卿，以卿但知經術，不曉世務。」安石對曰：「經術正所以經世務。」帝曰：「然則卿設施以何爲先？」安石對曰：「變風俗，立法度，正方今之所急也。」帝深納之。

**創制置三司條例司，議行新法，命陳升之、王安石領其事。**

王安石言：「周置泉府之官，以權制兼併，均濟貧乏，變通天下之財。後世唯桑弘羊、劉晏粗合此意。學者不能推明先王法意，更以爲人主不當與民爭利。今欲理財，則當脩泉府之法，以收利權。」帝納其説。安石猶恐帝不能決意任之，乃復言：「人才難得，亦難知。今使十人理財，其中容有一二敗事，則異論乘之而起。堯與羣臣共擇一人治水，尚不能無敗事，況所擇而使非一人，豈能無失！要當計利害多少，不爲異論所惑。」帝曰：「有一人敗事而遂廢所圖，此所以少成事也。」乃立制置三司條例司，掌經畫邦計，議變舊法以通天下之利，命升之、安石領其事。初，泉人呂惠卿，自真州推官秩滿入都，與安石論經義，意多合，遂定交。因言於帝曰：「惠卿之賢，雖前世儒者未易比

❶「門下侍郎」，原脱，據《宋史》卷三一三《富弼傳》補。

也。學先王之道而能用者，獨惠卿而已。」遂以惠卿及蘇轍並爲檢詳文字。事無大小，安石必與惠卿謀之。凡所建請章奏，皆惠卿筆也。又以章惇爲三司條例官，曾布檢正中書五房。凡有奏請，朝臣以爲不便者，布必上疏條析，以堅帝意，使專任安石，以威脅衆，俾毋敢言。由是安石信任布，亞於惠卿，而農田水利、青苗、均輸、保甲、免役、市易、保馬、方田諸役，相繼並興，號爲新法，頒行天下。安石與劉恕友善，欲引寘三司條例，恕以不習金穀爲辭，且曰：「天子方屬公以大政，宜恢張堯、舜之道，以佐明主，不應以利爲先。」安石遂與之絶。**夏人寇秦州。**夏人寇秦州，陷劉溝堡，殺守將范愿，死者不可勝計。**夏四月，河決，地震。○旱。○參知政事唐介卒。**介，簡伉敢言。居政府，數與王安石争辯，而安石强解，帝主其説，介不勝其憤，遂疽發背而卒。謚忠肅。**以薛向爲江浙荆淮發運使。**初，仁宗時，范祥爲制置解鹽使，以鹽募商旅輸芻粟于陝西實邊，公私便之。祥卒，以向繼領，向請兼以鹽易馬，王安石時領羣牧，主其説，請久任向。至治平末，向坐與种諤開邊，始罷去。會淮南轉運使張靖言：「向壞鹽法，且有所欺隱。」帝召向與靖對，錢公輔、范純仁皆言向罪，安石排羣議，抵靖於法，以向代之。**罷知開封府滕甫。**初，甫同脩起居注，帝召問治亂之道，對曰：「治亂之道，如黑白、東西，所以變色易位者，朋黨汩之也。」帝曰：「卿知君子、小人之黨乎？」曰：「君子無黨，譬之草木，綢繆相附者，必蔓草，非松栢也。朝廷無朋黨，雖中主可以濟，不然，雖上聖亦殆。」帝以爲名言，乃以翰林學士、知開封府。甫在帝前論事，如家人父子，言無文飾，洞見肝鬲。帝知其誠藎，❶事無巨細，人無親疎，輒皆問之，甫隨事解答，不少嫌隱。王安石嘗與甫同考試，語言不相能，深惡甫。會議新法，恐甫言而帝信之，因極力排甫，出知鄆州。**遣使察農田、水利、賦役于天下。**從三司條例司之請，遣劉彝、謝卿材、侯叔獻、程顥、盧秉、王汝翼、曾伉、王廣廉八人行諸路，相度農田、水利、税賦、科率、徭役利害。**置賣鹽場于永興軍，罷通商法。**官自鬻之，從薛向之請也。**五月，罷翰林學士鄭獬、宣徽北院使**

❶「藎」，原作「盡」，據《東都事略》卷九一《滕元發傳》、《宋史》卷三三二《滕元發傳》改。

**王拱辰、知制誥錢公輔。**獬權開封府，不肯行新法；拱辰與王安石議新法，不合；公輔言滕甫不宜去，薛向變法當黜，安石惡之，出獬知杭州，拱辰判應天府，公輔知江寧府。御史中丞呂誨上疏言：「三人者，無罪被黜，甚非公議。」上出奏示執政，安石曰：「此三人者出，臣但愧不能盡理論情，暴其罪狀，使小人知有所憚，不意言者乃更如此！」**六月，罷御史中丞呂誨。**王安石既執政，士大夫多以爲得人，呂誨獨言：「其不通時事，大用之，則非所宜。」將對，學士司馬光亦將詣經筵，相遇並行，光密問：「今日所言何事。」誨曰：「袖中彈文，乃新參也。」光愕然曰：「衆喜得人，奈何論之？」誨曰：「君實亦爲是言邪？安石雖有時名，然好執偏見，輕信姦回，喜人佞己，聽其言則美，施於用則踈。置諸宰輔，天下必受其禍。且上新即位，所與圖治者，二三執政而已，苟非其人，將敗國事。此乃心腹之疾，顧可緩邪？」上疏言：「大姦似忠，大詐似信。安石外示朴野，中藏巧詐，驕蹇慢上，陰賊害物。誠恐陛下悦其才辯，久而倚毘，大姦得路，羣陰彙進，則賢者盡去，亂由是生。臣究安石之迹，固無遠畧，唯務改作，立異於人，徒文言而飾非，將罔上而欺下，臣竊憂之。誤天下蒼生，必斯人也！」疏奏，帝方眷注安石，還其章疏，誨遂求去，安石亦求去。帝謂曾公亮曰：「若出誨，恐安石不自安。」安石曰：「臣以身許國，陛下處之有義，臣何敢以形迹自嫌，苟爲去就。」乃出誨知鄧州。誨既斥，安石益横。光由是服誨之先見，自以爲不及也。誨三居言職，始論陳旭，次論歐陽脩，最後論王安石，凡三見黜，人推其鯁直。〇王安石嗛呂公弼不附己，乃白用公弼弟知開封府公著爲中丞以偪之。公弼果力求去，帝不許。公著言於帝曰：「惟人君去偏聽獨任之弊，而不主先入之言，則不爲邪説所亂矣。」帝善其言，而不能用。**秋七月朔，日食。〇行均輸法。**條例司言：「諸路上供，歲有常數。年豐可以多致，而不能贏餘；年歉難於供億，而不敢不足。遠方有倍蓰之輸，中都有半價之鬻，徒使富商大賈乘公私之急，以擅輕重斂散之權。今江、浙、荆、淮發運使實總六路賦入，宜假以錢貨，資其用度。凡上供之物，皆得徙貴就賤，因近易遠，預知在京倉庫所當辦者，得以便宜蓄買，而制其有無。庶幾國用可足，民財不匱。」詔以發運使薛向領均輸平準，專行于六路，賜内藏錢五百萬緡，上供米三百萬石。時議者慮其爲擾，多言非便，帝不聽。薛向既董其事，乃請設置官屬，從之。蘇軾言：❶「今先設官置吏，簿書廪禄，爲費已厚，非良不售，非賄不行。是官買之價，比民必貴，及其賣也，弊復如前。此錢一出，恐不可復。縱使其間薄有所獲，而征商之額，所損必多矣。」帝方惑於王安石，不納其言。然均輸法亦迄不能就。**八月，罷判國子監范純仁。**初，純仁自陝西轉運副使召還，帝問陝西城郭、甲兵、糧儲如何，對曰：「城郭粗全，甲兵粗脩，糧儲粗備。」帝愕然曰：「卿之才，朕所倚信，何爲皆言粗？」對曰：「粗者，未精之辭，如是足矣。願陛下且無留意邊功，若邊臣觀望，將貽他日意外之患。」遂拜起居舍人、同知諫院。純仁奏言：「王安石變祖宗法度，掊克財利，民心不寧。《書》曰：『怨豈在明，不見是圖。』願陛下圖不見之怨。」帝曰：「何謂不見之怨？」對曰：「杜牧所謂『不敢言而敢怒』者是也。」帝曰：「卿善論事，宜爲朕條陳古今治亂可爲監戒者。」遂作《尚書解》以進。時帝切於求治，多延見疏逖小臣，咨訪闕失。純仁言：「小人之言，聽之若可采，行之必有累。蓋知小忘大，貪近昧遠，願加深察。」及薛向行均輸法於六路，純仁言：「臣嘗親奉德音，欲脩先王補助之政。今乃使小人掊克生靈，斂怨基禍。安石以富國强兵之術，啓迪上心，欲求近功，忘其舊學。鄙老成爲因循，棄公論爲流俗，異己者爲不肖，合意者爲賢人。在廷之臣，方太半趨附，陛下又從而驅之，其將何所不至。道遠者理當馴致，事大者不可速成，人才不可急求，積弊不可頓革。儻欲事功急就，必爲憸佞所乘，宜速還言者而退安石。」留章不下。純仁力求去，不許。未幾，罷諫職，改判國子監，純仁去意愈確。安石使諭之曰：「已議除知制誥矣。」純仁曰：「是以利誅我也！言不用，萬鍾何加焉。」遂録所上章申中書，安石大怒，乞加重貶。帝曰：「宜與一善地。」命知河中府，尋徙成都轉運使。以新法不便，戒州縣未得遽行。安石怒其沮格，以事左遷知和州。**以程顥權監察御史裏行。**初，顥舉進士，再調晉城令，民以事至縣者，必告以孝弟忠信。度鄉村遠近爲伍保，使之力役相助，患難相恤。凡孤煢殘廢，使無失所。行旅疾病，皆有所養。鄉必有校，暇時親至，召父老與之語。兒童所讀書，親爲正句讀。鄉民爲社會，爲立科條，旌其善惡。在縣三年，民愛

❶「蘇軾」，原作「蘇轍」，據《蘇軾文集》卷二五《上神宗皇帝書》、《宋史》卷一八六《食貨志》、卷三三八《蘇軾傳》改。

之如父母。去之日，哭聲振野。用薦者改著作佐郎。至是，吕公著薦爲御史。帝素知其名，數召見，每退，必曰：「頻求對，欲常常見卿。」一日，從容咨訪，報正午，始趨出，庭中人曰：「御史不知上未食乎？」顥前後進説甚多，大要以正心窒欲、求賢育才爲言，❶務以誠意感悟人主。嘗勸帝防未萌之欲，及勿輕天下士，帝俯躬曰：「當爲卿戒之。」

**定謀殺傷首原法，貶判刑部劉述等六人。**

初，知登州許遵上州獄，有婦謀殺夫，傷而未死。及按問，遂自承。法因犯殺傷而自首者，得免所因之罪，請從減論。帝命司馬光與王安石議，安石以遵言爲是。光謂：「因他罪致殺傷者，他罪得首原，豈可以謀與殺分爲兩事，而謂謀爲所因，得以首原乎？」帝方意嚮安石，而文彦博、富弼等多主光議，踰年不決。至是，詔從安石議，凡謀殺已傷，按問自首者，減罪二等，著爲令。侍御史知雜事兼判刑部劉述封還其詔，執奏不已。安石白帝，詔開封府推官王克臣劾述罪。述遂率侍御史劉琦、錢顗共上疏曰：「安石執政以來，未踰數月，中外囂然。陛下置安石政府，必欲致時如唐、虞，而反操管、商權詐之術，與陳升之合謀，侵三司利權，取爲己功；開局設官，分行天下，驚駭物聽。去年因許遵妄議按問自首之法，安石任偏見而立新議，陛下不察而從之，遂害天下大公。先朝所立制度，自宜世守勿失；乃事更張，廢而不用，姦詐專權之人，豈宜處之廟堂，以亂國紀？願早罷逐，以慰天下。曾公亮畏避安石，陰自結援以固寵。趙抃則括囊拱手，但務依違，皆宜斥免。」疏上，安石奏先貶琦監處州鹽酒務，顗監衢州鹽税。殿中侍御史孫昌齡始以附安石得進，顗將出臺，駡昌齡而去。於是昌齡亦言王克臣阿奉當權，欺蔽聰明，遂黜昌齡通判蘄州。安石欲置述於獄，司馬光、范純仁争之，乃貶知江州。同判刑部丁諷、審刑院詳議官王師元皆以附述忤安石，諷貶通判復州，師元貶監安州税。

**罷條例司檢詳文字蘇轍。**

轍與吕惠卿論多不合，會遣八使于四方求遺利，轍以書抵王安石，力陳其不可。安石怒，將加之罪，陳升之止之，乃以爲河南府推官。

**九月，行青苗法。**

初，陝西轉運使李參以部内多戍兵而糧儲不足，令民自隱度麥粟之赢，先貸以錢，俟穀熟還官，號青苗錢。經數年，廩有餘糧。至是，條例司請：「以諸路常平、

❶「賢」，原作「言」，據《編年綱目備要》卷二一、《宋史》卷四二七《程顥傳》改。

廣惠倉錢穀，依陝西青留錢例，民願預借者給之，令出息二分，隨夏、秋税輸納，願輸錢者從其便。如遇災傷，許展至豐熟日納。非惟足以待凶荒之患，民既受貸，則兼并之家不得乘新陳不接以邀倍息。又常平、廣惠之物，收藏積滯，必待年儉物貴，然後出糶，所及者不過城市游手之人。今通一路有無，貴發賤斂，以廣蓄積，平物價，使農人有以赴時趨事，而兼并不得乘其急。凡此皆以爲民，而公家無所利其入，是亦先王散惠興利，以爲耕斂補助之意也。欲量諸路錢穀多寡，分遣官提舉，每州選通判幕職官一員，典幹轉移出納，仍先自河北、京東、淮南三路施行，俟有緒，推之諸路。」詔曰：「可。」乃出内庫緡錢百萬，糴河北常平粟，而常平、廣惠倉之法遂變爲青苗矣。初，王安石既與吕惠卿議定，出示蘇轍等，曰：「此青苗法也，有不便，以告勿疑。」轍曰：「以錢貸民，本以救民，然出納之際，吏緣爲姦，雖有法不能禁；錢入民手，雖良民不免妄用；及其納錢，雖富民不免踰限。如此，則恐鞭箠必用，州縣之事煩矣。唐劉晏掌國計，未嘗有所假貸，而四方豐凶貴賤，知之未嘗逾時。有賤必糴，有貴必糶，以此四方無甚貴甚賤之病。今此法見在而患不脩，公誠能有意於民，舉而行之，則晏之功可立竢也。」安石曰：「君言誠有理，當徐思之。」由是逾月不言青苗。會京東轉運使王廣淵言：「春農事興而民苦乏，兼并之家得以乘急要利。乞留本道錢帛五十萬貸之貧民，歲可獲息二十五萬。」從之。其事與青苗法合，安石始以爲可用，召廣淵至京師，與之議，於是決意行焉。

**以吕惠卿爲崇政殿説書。**王安石薦惠卿爲太子中允、崇政殿説書，司馬光諫曰：「惠卿憸巧，非佳士，使王安石負謗于中外者，皆其所爲。安石賢而愎，不閑世務，惠卿爲之謀主而安石力行之，故天下並指爲姦邪。近者進擢不次，大不厭衆心。」帝曰：「惠卿進對明辯，亦似美才。」光對曰：「惠卿誠文學辯慧，然用心不正，願陛下徐察之。江充、李訓若無才，何以動人主？」帝默然。光又貽書安石曰：「諂諛之士，於公今日誠有順適之快；一旦失勢，將必賣公自售矣。」安石不悦。帝嘗御邇英閣聽講，光讀曹參代蕭何，帝曰：「漢常守蕭何之法不變，可乎？」光對曰：「寧獨漢也，使三代之君，守禹、湯、文、武之法，雖至今存可也。漢武取高帝約束紛更之，盜賊半天下；元帝改孝宣之政，漢業遂衰。由此言之，祖宗之法不可變也。」惠卿言：「先王之法，有一年一變者，『正月始和，布法象魏』是也；有五年一變者，巡狩考制度是也；有三十年一變者，『刑罰世輕世重』是也。光言非是，其意以風朝廷耳。」帝問光，光對曰：「布法象魏，布舊法也。諸侯變禮易樂者，王巡狩則誅之，不自變也；刑，新國用輕典，亂國用重典，是爲世輕世重也，非變也。且治天下，譬如居室，敝則修之，非大壞，不更造也。公卿、侍從皆在此，願陛下問之。三司使掌天下財，不才而黜之可也，不可使執政侵其事。今爲制置三司條例司，何也？宰相以道德佐人主，安用例？苟用例，則胥吏矣。今爲看詳中書條例司，何也？」惠卿辭塞，乃以他語抵光。帝曰：「相與語是非耳，何至是？」光又言青苗之弊，曰：「平民舉錢出息，尚能蠶食下户，至饑寒流離，況縣官督責之威乎？」惠卿曰：「青苗法，願則與，不願不强也。」光曰：「愚民知取債之利，不知還債之害，非獨縣官不强，富民亦不强也。太宗平河東，立糴法，時斗米十錢，民樂與官爲市。其後物貴而和糴不解，遂爲河東世世患。臣恐異日之青苗，亦猶是也。」帝曰：「陝西行之久，民不爲病。」光曰：「臣陝西人也，見其病，不見其利。朝廷初不許，有司尚能以病民，況法許之乎？」他日又對，帝曰：「今天下洶洶者，孫叔敖所謂『國之有是，衆之所惡』也。」光曰：「然。陛下當論其是非。今條例司所爲，獨安石、韓絳、惠卿以爲是耳，陛下豈能獨與此三人共爲天下耶？」**冬十月，富弼罷。**王安石用事，雅不與弼合，弼度不能争，多稱疾求退，章數十上。帝曰：「卿即去，誰可代卿者？」弼薦文彦博，帝默然良久，曰：「王安石何如？」弼亦默然，遂出判亳州。弼恭儉孝敬，好善疾惡，常言：「君子與小人並處，其勢必不勝。君子不勝，則奉身而退，樂道無悶；小人不勝，則交結構扇，千岐萬轍，必勝而後已。迨其得志，遂肆毒於善良，求天下不亂，不可得也。」**以陳升之同平章事。**升之既相，帝問司馬光曰：「近相升之，外議云何？」對曰：「閩人狡險，楚人輕易，今二相皆閩人，二參政皆楚人，必將援引鄉黨之士，充塞朝廷，風俗何以更得淳厚？」帝曰：「升之有才智，曉民政。」光曰：「但不能臨大節不可奪耳。凡才智之士，必得忠直之人從旁制之，此明主用人之法也。」帝又曰：「王安石何如？」對曰：「人言安石姦邪，則毀之太過，但不曉事，又執拗耳。」**城綏州。**夏主秉常既寇秦州，復上誓表，請納安遠、塞門二砦，以乞綏州。詔將許之。鄜延宣撫郭逵上言曰：「此正商於六百里之策也，非先交二砦，不可與綏。」朝議以爲然，賜以誓詔。夏主遣其臣罔萌訛來言，欲先得綏。逵命機宜文字趙卨等如夏，交所納二砦，且定地界。罔萌訛對曰：「朝廷本欲得二砦，地界非所約。」卨曰：「然則塞門、安遠二牆墟耳，安用之？二砦之北，舊有三十六堡，且以長城嶺爲界，西平王祥符所移書固在也。」罔萌訛語塞。卨以夏人渝盟，請城綏州，不以易二砦，從之。改名綏德城。**十一月，命韓絳制置三司條例。**初，陳升之欲傅會王安石以固其位，安石亦患正論盈廷，引升之爲助。升之知其不可，而竭力爲之用，安石德之，故先使正相位。升之既相，乃時爲小異，陽若不與之同者。因言于帝曰：「宰相無所不統，所領職事，豈可稱司？請罷制置三司條例司。」安石曰：「古之六卿，即今執政，有司馬、司徒、司寇、司空，各名一職，何害于理？」升之曰：「若制置百司條例則可，但令制置三司一官，則不可。」安石曰：「今中書支百錢以上物及轉補三司吏人，皆奏得旨乃行。至於制置三司條例，何爲不可？」由是二人遂判，安石乃薦絳共事。安石每奏事，絳必曰：「臣見安石所陳非一，皆至當可用，陛下宜省察。」安石恃以爲助。**頒農田水利約束。**自是，進計者紛然，數年間，諸路凡得廢田萬七百九十三處，三十六萬一千一百七十八頃有奇，而民給役勞擾。**置諸路提舉官。**條例司上言：「民間多願借貸青苗錢，乞遍下諸路轉運司施行。」仍詔諸路各置提舉二員，管當一員，掌行青苗、免役、農田水利，諸路凡四十一人。提舉官既置，往往迎合王安石意，務以多散爲功，富民不願取，貧者乃欲得之，即令隨户等高下品配，又令貧富相兼，十人爲保首。王廣淵在京東，一等户給十五千，等而下之，至五等，猶給一千，民間喧然，以爲不便。廣淵入奏，謂民皆懽呼感德。諫官李常、御史程顥論廣淵抑配掊克，迎朝廷旨意，以困百姓。會河北轉運使劉庠不散青苗錢奏適至，安石曰：「廣淵力主新法而遭劾，劉庠欲壞新法而不問。舉事如此，安得人無向背？」由是常、顥之言皆不行。**十二月，下龍圖閣學士祖無擇秀州獄，貶爲忠正節度副使。**初，無擇與王安石同知制誥，安石嘗辭一人所饋潤筆物不獲，取置諸院梁上。安石憂去，無擇用爲公費，安石聞而惡之。及安石得政，乃諷監司求無擇罪。會知明州苗振以貪聞，御史王子韶使兩浙廉其狀，因迎安石意，遂連無擇在杭州貪賄。時無擇知通進銀臺司，自京師逮赴秀州獄。巧詆無所得，遂誣以他事，謫爲忠正軍節度副使。安石因言于帝曰：「陛下遣一御史出，即得無擇罪，乃知朝廷於事但不爲，未有爲之而無效者。」無擇以言語政事爲時名卿，被誣放棄，士論惜之。**增置宫觀官。**帝以監司、郡守有老不任職者，則與閑局，王安石亦欲以處異議者，遂增置三京留司御史臺、國子監及諸州宫觀官、使，不限員。**以張載爲崇文校書，尋辭歸。**載，長安人。少喜談兵，至欲結客取洮西之地。年二十，❶以書謁范仲淹，仲淹謂之曰：「儒者自有名教可樂，何事於兵。」因勸之讀《中庸》。載讀其書，猶以爲未足，又訪諸釋、老，累年究極其説，知無所得，反而求之六經。與程顥、程頤論道學之要，涣然自信，曰：「吾道自足，何事旁求。」於是盡棄異學，淳如也。舉進士，調雲巖令，以敦本善俗爲先，每月吉，具酒食，召鄉人高年會縣庭，親勸酬之。使人知養老事長之義，因訪民疾苦，及告所以訓戒子弟之意。帝初即位，一新百度，思得才哲之士謀之。吕公著薦載有古學，召見問治道，載對曰：「爲政不法三代者，終苟道也。」帝悦，以爲崇文校書。一日，見王安石，安石問以新政，載曰：「公與人爲善，則人以善歸公；如教玉人琢玉，則宜有不受命者矣。」未幾，移疾屏居南山下。

**庚戌**　**三年，春正月，罷判尚書省張方平。**初，帝欲用王安石，方平以爲不可。方平尋以喪去，服闋，以觀文殿學士判尚書省。安石言留之不便，遂出知陳州。及陛辭，極論新法之害，帝爲之憮然。未幾，召爲宣徽北院使，留京師。安石深沮之，方平亦力求去，乃復出判應天府。**二月，河北安撫使韓琦請罷青苗法，王安石稱疾不朝，詔諭起之。**河北安撫使韓琦上疏曰：「臣準散青苗詔書，『務在惠小民，不使兼并乘急以要倍息，而公家無所利其入』。今所立條約，乃令鄉户及坊郭户借錢一千，納一千三百，是官自放錢取息，與初詔相違。又條約雖禁抑勒，然不抑散，則上户必不願請，下户雖或願請，請時甚易，納時甚難，將來必有督索、同保均陪之患。陛下躬行節儉以化天下，自然國用不乏，何必使興利之臣紛紛四出，以致遠邇之疑哉！乞罷提舉官，第委提點刑獄依常平舊法施行。」帝袖其疏以示執政，曰：「琦真忠臣，雖在外，不忘王室。朕始謂可以利民，今乃害民如此。且坊郭安得青苗，而使者亦强與之。」王安

❶「二十」，《東都事略》卷二四《張載傳》作「十八」，《宋史》卷四二七《張載傳》作「二十一」。

石勃然進曰：「苟從其所欲，雖坊郭何害！」因難琦奏曰：「如桑弘羊籠天下貨財，以奉人主私用，乃可謂興利之臣。今陛下脩周公遺法，抑兼并，振貧弱，非所以佐私欲，安可謂興利之臣乎！」帝終以琦説爲疑，安石遂稱疾不出。帝諭執政罷青苗法，趙抃請俟安石出。安石求去，帝命司馬光草答詔，有「士夫沸騰，黎民騷動」之語。安石抗章自辯，帝爲巽辭謝之，且命吕惠卿諭旨。韓絳又勸帝留安石，安石入謝，因言：「中外大臣、從官、臺諫朋比，欲敗先王正道，以沮陛下，此所以紛紛也。」帝以爲然。安石乃起視事，持新法益堅。詔以琦奏付條例司，❶令曾布疏駁，刊石頒之天下。琦申辯愈切，且論安石妄引《周禮》以惑上聽，皆不報。時文彦博亦以青苗之害爲言，帝曰：「吾遣二中使親問民間，皆云甚便。」彦博曰：「韓琦三朝宰相，不信，而信二宦者乎！」先是，安石陰結入内副都知張若水、押班藍元震爲助，帝遣使潛察府界俵錢事，適命二人。二人使還，極言民情深願，無抑配者，故帝信之不疑。

**以司馬光爲樞密副使，固辭不拜。**光素與王安石厚，及行新法，貽書開陳再三，又與吕惠卿辯論于經筵，安石不樂。帝欲大用光，訪之安石，安石曰：「光，外託劘上之名，内懷附下之實，所言盡害政之事，所與盡害政之人，而欲寘之左右，使預國論，此消長之機也。光才豈能害政？但在高位，則異論之人倚以爲重。韓信立漢赤幟，趙卒氣奪。今用光，是與異論者立赤幟也。」及安石稱疾不出，帝乃以光爲樞密副使，光辭曰：「陛下所以用臣，蓋察其狂直，庶有補於國家。若徒以禄位榮之，而不取其言，是以天官私非其人也。臣徒以禄位自榮，而不能救生民之患，是盗竊名器以私其身也。陛下誠能罷制置條例司，追還提舉官，不行青苗、助役法，雖不用臣，臣受賜多矣。青苗之散，使者恐其逋負，必令貧富相保，貧者無可償，則散而之四方，富者不能去，必責使代償。十年之外，貧者既盡，富者亦貧。常平又廢，加之以師旅，因之以饑饉，民之羸者必委死溝壑，壯者必聚而爲盗賊，此事之必至者也。」疏凡九上，帝使謂之曰：「樞密，兵事也，官各有職，不當以他事爲辭。」光對曰：「臣未受命，則猶侍從也，於事無不可言者。」會安石復起視事，乃下詔允光辭，收還敕誥。知通進銀臺司范鎮封還詔旨者再，帝以詔直付光，不由門下。鎮奏曰：「由臣不才，使陛下廢法。」乞解其職，許之。**解**

❶「詔」，原脱，據《宋史》卷一七六《食貨志》補。

**韓琦河北安撫使。**琦以論青苗不見聽，上疏請解河北安撫使，止領大名府路。王安石欲沮琦，即從之。**三月，始以策試進士。**初，同知貢舉呂公著在貢院中密奏言：「天子臨軒策士而用詩賦，非舉賢求治之意，乞出自宸衷以諮訪治道。」至是，上御集英殿試進士，遂專用策，賜葉祖洽以下三百人及第、出身。祖洽《策》言：「祖宗多因循苟簡之政，陛下即位，革而新之。」得擢第一。時直史館蘇軾謂：「祖洽詆祖宗以媚時君而魁多士，何以正風化？」乃擬《答進士策》獻之。上以示王安石，安石言：「軾才亦高，但所學不正，又以不得逞之故，其言遂跌蕩至此。」數請絀之。**置刑法科。**帝因王安石議謀殺刑名，疑學者多不通律意，遂立刑法科，許有官無贓罪者試律令、《刑統》大義、斷按，取其通曉者補刑法官。未幾，選人、任子亦試律令始出官。或言：「試刑法，世指爲俗吏，故應者少。蓋高科不試，人不以爲榮。」乃詔悉試。**貶知審官院孫覺知廣德軍。**帝初即位，覺爲右正言，以言事忤帝意，罷去。王安石早與覺善，將援以爲助，自知通州召還，累改知審官院。時呂惠卿用事，帝問於覺，覺對曰：「惠卿辯而有才，過於人數等。特以爲利之故，屈身安石，安石不悟，臣竊以爲憂。」帝曰：「朕亦疑之。」青苗法行，首議者謂：「《周官》泉府，民之貸者至輸息二十而五，國事之財用取具焉。」覺條奏其妄，曰：「成周賒貸，特以備民之緩急，不可徒與也，故以國服爲之息。然國服之息，說者不明，鄭康成釋經，乃引王莽計贏受息，無過歲什一爲據，不應周公取息重於莽時。況國用專取具於泉府，則冢宰九賦將安用邪？聖世宜講求先王之法，不當取疑文虛說以圖治。」安石覽之怒，始有逐覺意。會曾公亮言：「畿縣散青苗錢，有追呼抑配之擾。」安石遣覺行視虛實，覺言：「民實不願與官相交，望賜寢罷。」遂坐奉詔反覆，貶知廣德軍。**夏四月，貶御史中丞呂公著知潁州。**青苗法行，公著上疏曰：「自古有爲之君，未有失人心而能圖治，亦未有脅之以威，勝之以辯，而能得人心者也。昔日之所謂賢者，今皆以此舉爲非，而主議者一切詆爲流俗浮論，❶豈昔皆賢而今皆不肖乎！」會帝使公著舉呂惠卿爲御史，公著曰：「惠卿固有才，然姦邪不可用。」王安石以是積怒公著，誣其言「韓琦欲因人心，如趙鞅興晉

❶「主」，《宋史》卷三三六《呂公著傳》作「生」。

陽之甲，以逐君側之惡」，貶知潁州，且命知制誥宋敏求草制，明著罪狀。敏求不從，但言「敷陳失實」。安石怒，命陳升之改其語，行之。**趙抃罷。**安石持新法益堅，抃大悔恨，上疏言：「制置條例司建使者四十餘輩，騷動天下，安石强辯自用，詆公論爲流俗，違衆罔民，順非文過。近者臺諫、侍從多以言不聽而去，司馬光除樞密不肯拜。且事有輕重，體有大小，財利於事爲輕，而民心得失爲重。青苗使者於體爲小，而禁近耳目之臣用舍爲大。今去重而取輕，失大而得小，懼非宗廟社稷之福也。」奏入，懇求去位，乃出知杭州。抃長厚清脩，爲政善因俗施教，❶寬猛不同，以惠利爲本。韓琦稱爲人中表儀，已不及也。

**以韓絳參知政事。**侍御史陳襄言：「王安石參預大政，首爲興利之謀，先與知樞密院事陳升之同領條例司，未幾，升之用是爲相，而絳繼之。曾未數月，遂預政事，則是中書大臣，皆以利進。乞罷絳新命，而求道德經術之賢以處之，庶不害于王政而足以全大臣之節矣。」不報。

**以李定爲監察御史裏行，罷知制誥宋敏求、蘇頌、李大臨。**定少受學于王安石，舉進士，爲秀州判官。孫覺薦之朝，召至京師。李常見之，問曰：「君從南方來，民謂青苗法如何？」定曰：「民便之，無不喜者。」常曰：「舉朝方共争是事，君勿爲此言。」定即往白安石，且曰：「定但知據實以言，不知京師乃不許。」安石大喜，立薦對。帝問青苗事，定曰：「民甚便之。」於是諸言新法不便者，帝皆不聽。命定知諫院，宰相言前無選人除諫官之比，遂拜監察御史裏行。知制誥宋敏求、蘇頌、李大臨言：「定不由銓考擢授朝列，不緣御史薦寘憲臺。雖朝廷急於用才，度越常格，然隳紊法制，所益者小，所損者大。」封還制書。詔諭數四，頌等執奏不已。並坐累格詔命，落知制誥，天下謂之「三舍人」。未幾，監察御史陳薦言：「定頃爲涇縣主簿，聞母仇氏死，匿不爲服。」定自辯：「實不知爲仇氏所生，故疑不敢服，而以侍養辭官。」曾公亮謂當行追服。安石力主之，罷薦御史而改定爲崇政殿説書。監察御史林旦、薛昌朝、范育復言：「定不孝之人，不宜居勸講之地。」并論安石之罪。安石又白罷三人。定亦不自安，求解説書，乃檢正中書吏房、直舍人院。

**詔百官坐罪，免杖、黥，著爲令。**知金州張仲宣坐枉法贓，法

❶「教」，《宋史》卷三一六《趙抃傳》作「設」。

官援例杖脊，黥配海島。判審刑院蘇頌言于帝曰：「古者，刑不上大夫。仲宣官五品，今黥之，使與徒隸爲伍。雖其人無可矜，所重者汙辱衣冠耳。」帝曰：「善。」詔免杖，黥而流海外，因著爲令。**罷監察御史裏行程顥、張戬，右正言李常，以謝景温爲侍御史知雜事。**顥言：「自古興治立事，未有中外人情交謂不可，而能有成者。況於排斥忠良，沮廢公議，用賤凌貴，以邪姦正者乎！正使僥倖小有事成，而興利之臣日進，尚德之風浸衰，尤非朝廷之福。」帝令顥詣中書議，安石方怒言者，厲色待之。顥徐言曰：「天下事非一家私議，願平氣以聽之。」安石爲之媿屈。戬與臺官王子韶論新法不便，乞召還孫覺、吕公著。戬又上疏論：「王安石亂法，曾公亮、陳升之依違不能救正，韓絳左右徇從，李定以邪諂竊臺諫，吕惠卿刻薄辯給，假經術以文姦言，豈宜勸講君側！」又詣中書争之。安石舉扇掩面而笑，戬曰：「戬之狂直，宜爲公笑，然天下之笑公者不少矣！」陳升之從傍解之，❶戬曰：「公亦不得爲無罪。」升之有愧色。常上言：「均輸、青苗，斂散取息，傅會經義，何異王莽猥析《周官》片言，以流毒天下！」安石遣所親密諭意，常不爲止。又言：「州縣散常平錢，實不出本，勒民出息。」帝詰安石，安石請令常具官吏主名，常以非諫官體，不奉詔。安石既積怒言者，而顥等以言不行，亦各乞罷。乃罷常通判滑州，戬知公安縣，子韶知上元縣。安石素善顥，及是雖不合，猶敬其忠信，但出爲京西路提刑。顥固辭，乃改簽書鎮寧節度判官。數日之間，臺諫一空，安石以外議紛紛，請以姻家謝景温爲侍御史知雜事，帝從之。**五月，詔罷制置條例，歸中書，以吕惠卿兼判司農寺。**先是，言者皆請罷條例司。帝問安石：「可併入中書否？」安石言：「脩條例未畢，且臣與韓絳共領是司，每請間奏事，今絳在密院，未可併，請緩之。」至是，絳入中書，乃降詔，以其事還中書。又以手札諭安石，凡修條例掾屬，悉授以官。青苗、免役、農田水利等法，付司農寺，命吕惠卿掌之。**遼立賢良科。**令進是科者，先以所業十萬言進。**分審官東、西院。六月，罷知諫院胡宗愈。**舊制，文選屬審官院，武選屬樞密院。至是，帝與王安石議，分

❶「陳升之」，《宋史》卷四二七《張戬傳》作「趙抃」，下「升之」同。

審官爲東、西院，東主文，西主武，以奪樞密之權，且沮文彦博也。彦博言于帝曰：「若是，則臣無由與武臣相接，何由知其才而委令之哉？」帝不聽。宗愈亦力言其不可，且言李定非才，帝惡之，手詔宗愈潛伏姦意，中傷善良，罷通判真州。

**以朱壽昌通判河中府。**壽昌父巽守京兆時，妾劉有娠而出，生壽昌，數歲乃還父家，母子不相聞者五十年。壽昌行四方求之不得，飲食罕御酒肉，與人言輒流涕。及知廣德軍，與家人訣，棄官入秦，誓不見母不還。行次同州得焉，劉氏時年七十餘矣。京兆守臣錢明逸以聞，詔壽昌赴闕。時言者共攻李定不服母喪，王安石力主定，因忌壽昌。及壽昌至，但付審官院，折資通判河中府。居數歲，其母卒，壽昌居喪，幾喪明，天下稱其孝。

**秋七月，罷吕公弼知太原府，以馮京爲樞密副使。**公弼以王安石變法，數勸其務安静，安石不悦。公弼具疏將論之，從孫嘉問竊其藁以示安石，安石先白之，帝怒，遂罷公弼知太原府。吕氏號嘉問爲家賊。京爲御史中丞，言：「薛向總利權，無績効。近者復除天章閣待制，於侍從爲最親，非向人材所堪處。」帝不悦，以語安石，安石請改用京，帝從之，以爲樞密副使。

**出直史館蘇軾通判杭州。**軾自直史館議貢舉與帝合，即日召見，問方今政令得失。軾對曰：「陛下天縱文武，不患不明，不患不勤，不患不斷，但患求治太急，聽言太廣，進人太鋭。願鎮以安静，待物之來，然後應之。」帝竦然曰：「卿三言，朕當熟思之。凡在館閣，皆當爲朕深思治亂，無有所隱。」軾退言於同列，王安石不悦，命權開封推官，將困之以事。軾決斷精敏，聲聞益遠。嘗以新法不便，上疏極論，且曰：「臣之所言者，三言而已，願陛下結人心，厚風俗，存紀綱。人主所恃者，人心也。自古及今，未有和易同衆而不安，剛果自用而不危者。祖宗以來，治財用者，不過三司。今陛下又創制置三司條例司，使六七少年日夜講求於内，使者四十餘輩分行營幹於外，以萬乘之主而言利，以天子之宰而治財，君臣宵旰，幾一年矣，而富國之功茫如捕風，徒聞内帑出數百萬緡，祠部度五千人耳。以此爲術，人皆知其難也。汴水濁流，自生民以來，不以種稻，今欲陂而清之，萬頃之稻，必用千頃之陂，一歲一淤，三歲而滿矣。陛下使相視地形，所在鑿空，訪尋水利，隄防一開，水失故道，雖食議者之肉，何補於民！自古役人必用鄉户，徒聞江、浙之間數郡雇役，而欲措之天下。自楊炎爲兩税，租調與庸既兼之矣，奈何復欲取庸！青苗放錢，自昔有禁，今陛下始立成法，每歲常行，雖云不許抑配，而數世之後，暴君污吏，陛下能保之乎？ 昔漢武以財力匱竭，用桑弘羊之説，買賤賣貴，謂之均輸，于時商賈不行，盜賊滋熾，幾至於亂。 臣願陛下結人心者，此也。 國家之所以存亡者，在道德之淺深，不在乎强與弱；曆數之所以長短者，在風俗之厚薄，不在乎富與貧。 臣願陛下務崇道德而厚風俗，不願陛下急於有功而貪富强。 仁祖持法至寬，用人有序，專務掩覆過失，未嘗輕改舊章。 考其成功，則曰未至；言乎用兵，則十出而九敗；言乎府庫，則僅足而無餘。 徒以德澤在人，風俗知義，故升遐之日，天下歸仁。 議者見其末年吏多因循，事不振舉，乃欲矯之以苛察，濟之以智能，招來新進勇鋭之人，以圖一切速成之效。 未享其利，澆風已成，欲望風俗之厚，豈可得哉！ 臣願陛下厚風俗者，此也。 祖宗委任臺諫，未嘗罪一言者，縱有薄責，旋即超升，許以風聞，而無官長，言及乘輿則天子改容，事關廊廟則宰相待罪。 臺諫固未必皆賢，所言亦未必皆是，然須養其鋭氣，而借之重權者，將以折姦臣之萌也。 臣聞長老之談，皆謂臺諫所言，常隨天下公議。 今者物論沸騰，怨讟交至，公議所在，亦知之矣。 臣恐自兹以往，習慣成風，盡爲執政私人，以致人主孤立。 綱紀一廢，何事不生！ 臣願陛下存紀綱者，此也。」時王安石贊帝以獨斷專任，軾因試進士發策，以「晉武平吴獨斷而克，苻堅伐晉獨斷而亡；❶齊桓專任管仲而霸，燕噲專任子之而敗，事同功異」爲問。 安石滋不悦，使侍御史謝景温論奏其過，窮治無所得。 軾遂請外，通判杭州。

**八月，夏人寇環慶州，以韓絳爲陝西宣撫使。** 先是，夏人築閙訛堡。 知慶州李復圭合蕃漢兵三千，遣裨將李信、劉甫禦之，信等大敗而還，復圭懼，欲自解，既執信等斬之，復出兵追夏人，殺其老幼二百，以功告捷。 至是，夏人大舉入環慶，攻大順城、柔遠砦、荔原堡，兵多者號二十萬，少者不下一二萬，屯于榆林，游騎至慶州城下，九日乃退，鈐轄郭慶等數人死焉。 韓絳請行邊，王安石亦請。 絳曰：「朝廷方賴安石，臣宜行。」乃以絳爲陝西宣撫使，授以空名告敕，得自除吏。 尋命兼河東宣撫使。

**九月，以曾布爲崇政殿説書、判司農寺。** 王安石常欲置其黨一二人于經筵，以防察奏對者。 呂惠卿遭父喪去職，安石遂薦布代

❶「苻堅」，原作「符堅」，據萬曆本、《宋史》卷三三八《蘇軾傳》改。

之。布資序淺，人尤不服，尋罷。○山陰陸佃嘗受經于安石。至是，應舉入京師，安石問以新政，佃曰：「法非不善，但推行不能如初意，還爲擾民。」安石驚曰：「何乃爾！吾與惠卿議之。」又訪外議，佃曰：「公樂聞善，古所未有，然外間頗以爲拒諫。」安石笑曰：「吾豈拒諫者，但邪説營營，顧無足聽。」佃曰：「是乃所以致人言也。」明日，召佃，謂之曰：「惠卿言：『私家取債，亦須一雞半豚，已遣李承之使淮南質究矣。』」既而承之還，詭言民無不便，佃説遂不行。

**以劉庠知開封府。** 庠不肯屈事王安石，安石欲見之，或以爲言，庠曰：「安石自執政，未嘗一事合人情，往將何語邪！」卒不往，而上疏極言新法非是。帝曰：「奈何不與大臣協心濟治乎？」庠對曰：「臣知事陛下而已，不敢附安石也。」

**曾公亮罷。** 公亮初嫉韓琦，故薦王安石以間之。及同輔政，知帝方向安石，凡更張庶事，一切陰助之，而外若不與同者。嘗遣其子孝寬參其謀，至帝前，略無所異。由是帝益信任安石，安石深德之。公亮以老求去，遂拜司空、侍中、集禧觀使。蘇軾嘗從容責其不能救正變更，公亮曰：「上與介甫如一人，此乃天也。」然安石猶以公亮不盡阿附己，於是聽其罷相。

**以馮京參知政事，吴充爲樞密副使。○策賢良方正之士，黜台州司户參軍孔文仲。** 詔舉賢良，帝親策之。太原判官吕陶對曰：「陛下初即位，願不惑理財之説，不間老成之謀，不興疆埸之事。陛下措意立法，自謂庶幾堯、舜。然以陛下之心如此，天下之論如彼，獨不反而思之乎？」及奏第，帝顧王安石取卷讀，讀未半，神色頗沮。帝覺之，使馮京竟讀，稱其言有理。台州司户參軍孔文仲策，凡九千餘言，力論安石所建之法非是，宋敏求第爲異等。安石怒，啟帝，御批罷文仲還故官。齊恢、孫固封還御批。范鎮上疏言：「臣所薦孔文仲，草茅疎遠，不識忌諱，且以直言求之而又罪之，恐爲聖明之累。」不聽。吕陶亦止授通判蜀州。

**罷翰林學士司馬光。** 光求去，上曰：「王安石素與卿善，何自疑？」光曰：「安石執政，凡忤其意如蘇軾輩者，皆毁其素履，中以危法。臣不敢避削黜，但欲苟全素履。且臣善安石，孰如吕公著？安石初舉公著，後亦毁之。彼一人之身，何前是而後非，必有不信者矣。」求益力，乃以端明殿學士知永興軍。

**冬十月，陳升之罷。** 升之既與安石忤，安石數侵辱之，升之不能堪，稱疾卧家，逾十旬乃出。會母喪，去位。

**貶秦鳳經略使**

**李師中知舒州**先是，建昌軍司理王韶詣闕上平戎三策，以爲「西夏可取。欲取西夏，當先復河湟；欲復河湟，當先以恩信招撫沿邊諸種。自武威之南至于洮、河、蘭、鄯，皆故漢郡，其地可以耕而食，其民可以役而使。幸今諸羌瓜分，莫相統一，此正可并合而兼撫之時也。且唃氏子孫，瞎征差盛，爲諸戎所畏，若招諭之，使糾合宗黨，制其部族，於漢有肘腋之助，且使夏人無所連結，策之上也」。帝異其言，召問方略。王安石以爲奇，請以韶管幹秦鳳經畧司機宜文字。韶請築渭、涇上下兩城，屯兵以撫納洮、河諸部。下師中議，師中以爲不便，詔師中罷帥事。韶又言：「渭源至秦州，良田不耕者萬頃，願置市易司，頗籠商賈之利，取其贏以治田，乞假官錢爲本。」詔秦鳳經畧司以川交子易物貨給之，命韶領市易事。師中言：「韶所指田，乃極邊弓箭手地耳。又將移市易司於古渭，恐秦州自此益多事，所得不補所亡。」安石主韶議，爲削師中職，徙知舒州。而以竇舜卿知秦州，與内侍李若愚按閒田所在，僅得地一頃，地主有訟，又歸之矣。舜卿、若愚奏其欺，安石又爲謫舜卿而命韓縝，縝遂附會實其事，乃進韶太子中允。初，師中仕州縣，邸狀報包拯參知政事。或曰：「朝廷自此多事矣。」師中曰：「包公何能爲？今知鄞縣王安石者眼多白，甚似王敦，他日亂天下者，必斯人也。」世貴其先識。

**翰林學士范鎮致仕。**鎮上疏曰：「臣言青苗不見聽，一宜去；薦蘇軾、孔文仲不見用，二宜去。李定避持服，遂不認母，壞人倫，逆天理，而欲以爲御史，反爲之罷舍人，逐臺諫；王韶上書，肆意欺罔，以興造邊事，事敗，則置而不問，反爲之罪帥臣。及不用蘇軾，則掎摭其過；不悦孔文仲，則遣之歸任。以此二人，况彼二人，是非得失，能逃聖鑑乎？」因復極言青苗之害，且曰：「陛下有納諫之資，大臣進拒諫之計；陛下有愛民之性，大臣用殘民之術。」疏入，王安石大怒，持其疏至手顫。乃自草制極詆之。遂以户部侍郎致仕，凡所宜得恩典，悉不與。鎮表謝畧曰：「願陛下集羣議爲耳目，以除壅蔽之姦；任老成爲心腹，以養中和之福。」天下聞而壯之。蘇軾往賀曰：「公雖退，而名益重矣。」鎮愀然曰：「君子言聽計從，消患於未萌，使天下陰受其賜，無智名，無勇功；吾獨不得爲此，使天下受其害，而吾享其名，吾何心哉！」

**十二月，改諸路更戍法。**初，太祖懲五代之弊，用趙普策，定兵制。天子衛兵，以守京師，更番戍邊者，曰禁軍；諸州鎮兵以分給役使者，曰廂軍；選於户籍或應募，使之團結，以爲所在防守者，曰鄉軍；具籍塞下以爲藩籬者，曰蕃軍，大抵四者而已。至是，議者以更戍法雖無難制之患，而兵將不相識，緩急不可恃，乃部分諸路將兵總隸禁旅，使兵知其將，將練其兵，平居知有訓厲而無番戍之勞。尋置京畿、河北、京東西路三十七將，陝西五路四十二將。然禁旅盡屬將官，飲食嬉遊，養成驕惰。又將官遂與州郡長吏争衡，每將各有部隊將、訓練官等數十人，而諸州舊有總管、鈐轄、都監、監押，設官重複，虚破廪禄，知兵者皆知其非，卒不能奪也。**立保甲法**王安石言：「先王以農爲兵，今欲公私財用不匱，爲宗社長久計，當罷募兵，用民兵。」乃立保甲。其法：十家爲保，有保長；五十家爲大保，有大保長；十大保爲都保，有都保正、副。主、客户兩丁以上，選一人爲保丁。單丁、老幼、病患、女户等，並令就近附保。❶兩丁以上有餘丁而壯勇者亦附之；内家資最厚、材勇過人者亦充保丁。授之弓弩，教之戰陣。每一大保，夜輪五人警盜。凡告捕所獲，以賞格從事。同保犯强盗、殺人、强姦、略人、傳習妖教、造蓄蠱毒，知而不告，依律伍保法。餘事非干己，又非敕律所聽糾，皆毋得告，雖知情亦不坐；若於法鄰保合坐罪者，乃坐之。其居停强盜三人，經三日，保鄰雖不知情，科失覺罪。逃移、死絶，同保不及五家，併他保。有自外入保者，收爲同保，户數足則附之，俟及十家，則別爲保，置牌以書其户數、姓名。提點刑獄趙子幾迎安石意，請先行於畿甸，詔從之。遂推行於永興、秦鳳、河北東、西、河東五路，❷以達於天下。於是諸州籍保甲，聚民而教之。禁令苛急，往往去爲盜，郡縣不敢以聞。判大名府王拱辰抗言其害，曰：「非止困其財力，奪其農時，是以法驅之，使陷于罪罟也。浸淫爲大盜，其兆已見。縱未能盡罷，願裁損下户以紓之。」主者指拱辰爲沮法，拱辰曰：「此老臣所以報國也。」抗章不已。帝悟，由是下户得免。**以韓絳、王安石同平章事，王珪參知政事。**時，絳開幕府於延安，詔即軍中拜之。尋命安石提舉編脩三司令式。珪爲翰林學士承旨，典内外制十八年，嘗因齋宫賦詩，有所感嘆，帝聞而憐之，遂拜參知政事。**行募役法。**先是，詔條例司講立役法，條例司言：「使民出錢募人充役，即先王

❶「單丁、老幼、病患、女户等，並令就近」諸字原無，據《宋會要輯稿・兵》二之五、《長編》卷二一八補。

❷「河東」，原脱，據《文獻通考》卷一五三《兵考五》、《宋史》卷一九二《兵志》補。

致民財以禄庶人在官者之意。」命吕惠卿、曾布相繼草具條貫，踰年始成。計民之貧富，分五等輸錢，名「免役錢」。若官户、女户、寺觀、單丁、未成丁者，亦等第輸錢，名「助役錢」。凡斂錢，先視州若縣應用雇直多少，隨户等均取雇直。又增取二分，以備水旱欠闕，謂之「免役寬剩錢」。用其錢募人代役。既試用其法于開封府，遂推行于諸路。既而東明縣民數百，紛然詣開封府訴。帝知之，以詰安石，安石力言：「外間扇摇役法者，謂輸多必有贏餘，若羣訴必可免。彼既聚衆僥倖，苟受其訴，與免輸錢，當仍役之。」帝乃盡用其言。尋以臺諫多論奏，因謂安石宜少裁之。安石對曰：「朝廷制法，當斷以義，豈須規規恤淺近之人議論邪！」司馬光言：「上等户自來更互充役，有時休息，今使歲出錢，是常無休息之期。下等户及單丁、女户從來無役，今盡使之出錢，是鰥寡孤獨之人俱不免役。夫力者，民之所生而有；穀帛者，民可耕桑而得；至於錢者，縣官之所鑄，民之所不得私爲也。今有司立法，惟錢是求，歲豐則民賤糶其穀，歲凶則伐桑棗、殺牛、賣田，得錢以輸，民何以爲生乎！此法卒行，富室差得自寬，貧者困窮日甚矣。」帝不聽。

**辛亥　四年，春正月，韓絳使种諤襲夏人，敗之，遂城囉兀。**韓絳素不習兵事，開幕府于延安，措置乖方。選蕃兵爲七軍，復以种諤爲鄜延鈐轄、知青澗城，信任之，命諸將皆受其節制，蕃兵皆怨望。諤謀取横山，乃帥師襲夏人于囉兀，大敗之，因以衆二萬城焉。自是，夏人日聚兵爲報復計。吕公弼言：「諤稔邊患，不便，宜戒之。」弗聽。已而絳言諤入夏之功，乞加旌賞。詔從之。

**粥廣惠倉田。**廣惠倉田，本絶户業以賑濟者也。王安石請鬻之，以爲河北東、西、陝西、京東四路青苗本錢，詔從之。

**二月，更定科舉法，專以經義、論、策試士。**初，上篤意經學，深憫貢舉之弊，且以西北人材多不在選，遂議更法。王安石謂：「古之取士俱本於學，請興建學校以復古。其明經、諸科，欲行廢罷。」詔近臣雜議，久而不決。他日，安石言於帝曰：「進士科試詩賦，亦多得人。自緣仕進别無他路，其間不容無賢。若謂科法已善，則未也。士少壯時，正當講求天下正理，乃閉門學作詩賦，及其入官，世事皆所未習，此科法敗壞人材，致不如古。」既而中書門下言：「今欲追復古制，則患於無漸。宜先除去聲病、偶對之文，使學者得專意經術，以俟朝廷興建學校，然後講求三代所以教育選舉之法，施之天下，則庶幾可以復古矣。」於是改法，罷詩賦、帖經、墨義，士各占治《易》《詩》《書》《周禮》《禮記》一經，兼《論語》《孟子》。每試四場，初本經，次兼經，大義凡十道，次論一首，次策三道，禮部試即增二道。中書撰大義式頒行，試義者須通經有文采，乃爲中格，不但如明經、墨義，麤解章句而已。其殿試，則專以策，限千字以上，分五等：第一等、二等賜進士及第，第三等賜進士出身，第四等賜同進士出身，第五等賜同學究出身。舊制，進士入進謝恩銀百兩，至是亦罷之，仍賜錢三千爲期集費。三月，夏人陷撫寧諸城。詔安置种諤于潭州，韓絳免。諤進築永樂川，賞逋嶺二砦，分遣都監趙璞、燕達築撫寧故城，及分荒堆三泉、吐渾川、開光嶺、葭蘆川四砦與河東路脩築，各相去四十餘里。已而夏人來攻順寧砦，遂圍撫寧。折繼世、高永能等擁兵駐細浮圖，去撫寧咫尺，囉兀兵勢尚完。諤在綏德節制諸軍，聞夏人至，茫然失措，欲作書召燕達，戰悸不能下筆，顧運判李南公，涕泗不已。由是新築諸堡悉陷，將士没者千餘人。詔棄囉兀城，治諤罪，責授汝州團練副使，潭州安置。絳坐興師敗衄，罷知鄧州。詔察奉行新法不職者。陳留知縣姜潛到官才數月，青苗令下，潛即榜于縣門，又移之鄉村，各三日，無人至，遂撤榜付吏曰：「民不願矣。」即移疾去。山陰知縣陳舜俞上書極論新法，謫監南康軍鹽酒稅。至是，復上書言青苗法實便，初迷不知爾。識者笑之。浚漳河。從都水監丞宋昌言、内侍程昉之議也。役兵萬人，袤一百六十里。帝患財用不足，文彦博曰：「足財用在乎安百姓，安百姓在乎省力役。且河久不開，不出於東，則出於西，利害一也。今發夫開治，徙東從西，何利之有？」王安石謂：「使漳河不由地中行，則或東或西，爲害一也。治之，使行地中，則有利而無害。」會京東、河北風變異常，民大恐。帝手詔中書：「令省事安静以應天變。漳河之役妨農，來歲爲之未晚。」王安石格詔不下。夏四月，以司馬光判西京留臺。光在永興以言不用，乞判西京留臺，不報。又上疏曰：「臣之不才，最出羣臣之下。先見不如呂誨，公直不如范純仁、程顥，敢言不如蘇軾、孔文仲，勇決不如范鎮。今陛下唯安石是信，附之者謂之忠良，攻之者謂之讒慝。臣今日所言，陛下之所謂讒慝者也。若臣罪與范鎮同，即乞依鎮例致仕；若罪重於鎮，或竄或誅，所不敢逃。」久之，乃從其請。光既歸洛，自是絶口不復論新法。

**以鄧綰爲侍御史、判司農寺。**初，綰通判寧州，知王安石得君專政，乃條上時事數十，以爲宋興百年，習安玩治，當事更化。且言：「陛下得伊、周之佐，作青苗、免役等法，民莫不歌舞聖澤。願勿移于浮議而堅行之。」復貽安石書，極其佞諛。由是安石力薦於帝，遂驛召對。方慶州有夏寇，綰敷陳甚悉。帝問識王安石、吕惠卿否，綰對曰：「不識也。」帝曰：「安石，今之古人；惠卿，賢人也。」退見安石，欣然如素交。屬安石致齋，陳升之以綰練習邊事，使復知寧州。綰聞之不樂，誦言：「急召我來，乃使還邪？」或問：「君今當作何官？」綰曰：「不失爲館職，得無爲諫官乎？」明日，果除集賢校理、檢正中書孔目房。鄉人在都者皆笑且罵，綰曰：「笑罵從他笑罵，好官還我爲之。」尋同知諫院。時新法皆出司農，曾布不能獨任其事，安石欲藉綰以威衆，故有是命。

**五月，右諫議大夫吕誨卒。**誨以疾表求致仕，曰：「臣本無宿疾，偶值醫者用術乖方，妄投藥劑，寖成風痺，遂艱行步，非祇憚跛戾之苦，又將虞心腹之變。勢已及此，爲之奈何？雖然，一身之微，固未足恤，其如九族之託，良以爲憂。」蓋以身疾諭朝政也。至是，病亟，司馬光往省之，至則目已瞑，聞光哭，張目强視，曰：「天下事尚可爲，君實勉之！」遂卒。海内聞者痛惜之。

**高麗來貢。**高麗爲遼所阻，不通中國者四十三年。至是，福建轉運使羅拯令商人黄真招接通好，高麗王徽乃因真還，移牒福建，願備禮朝貢。拯以聞，朝議謂可結以謀遼，乃命拯諭意。徽遂遣其民官侍郎金悌等由登州入貢。自是與中國復通，聘貢相繼。

**罷知開封府韓維。**保甲法行，帝聞鄉民憂無錢買弓矢，加以傳惑徒之戍邊，父子聚泣，語王安石曰：「保甲宜緩而密。」安石對曰：「日力可惜。」維時知開封，上言：「諸縣團結保甲，鄉民驚擾，至有截指斷腕以避丁者。乞候農隙排定。」帝以問安石，安石對曰：「此固未可知，就令有之，亦不足怪。」帝言：「民言合而聽之則聖，亦不可不畏也。」安石對曰：「爲天下者，如止欲任民情所願而已，則何必立君而爲之張官置吏也。大抵保甲法，不特除盗，固可漸習爲兵，且省財費。惟陛下果斷，不恤人言以行之。」帝遂變河東、北、陝西三路義勇如府畿保甲法，安石由此益惡維。帝欲命維爲御史中丞，維以兄絳居政府，力辭。安石因言：「維善附流俗以非上所建立，乞允其請。」會文彦博求去，帝曰：「密院事劇，當除韓維佐卿。」明日，維奏事殿中，以言不用，力請外郡。帝曰：「卿東宫舊人，當留輔政。」維對曰：「使臣言得行，賢於富貴；若緣攀附舊恩以進，非臣之願也。」乃出知襄州。**六月，知蔡州歐陽脩致仕。**脩以風節自持，既連被污衊，年六十即乞謝事。及守青州，上疏請止散青苗錢，帝欲復召執政，王安石力詆之，乃徙蔡州。至是，求歸益切。馮京請留之，安石曰：「脩附麗韓琦，以琦爲社稷臣，如此人在一郡則壞一郡，在朝廷則壞朝廷，留之安用？」乃以太子少師致仕。**貶富弼官，徙判汝州。**弼判亳州，青苗法行，弼謂：「如是則財聚於上，人散於下。」持不行。提舉官趙濟劾弼沮格詔旨，鄧綰乞付有司鞫治，乃落弼武寧節度使、同平章事，以左僕射移判汝州。王安石曰：「弼雖責，猶不失富貴。昔鯀以方命殛，共工以象恭流，弼兼二罪，止奪使相，何由沮姦？」帝不答。弼行過應天，謂判府張方平曰：「人固難知也。」方平曰：「謂王安石乎？亦豈難知者！方平頃知皇祐貢舉，或稱其文學，辟以考校。既至，院中之事，皆欲紛更。方平惡其爲人，檄之使出，自是未嘗與語。」弼有愧色，蓋弼亦素喜安石也。**秋七月，貶御史中丞楊繪知鄭州，監察御史裏行劉摯監衡州鹽倉。**初，繪言：「提舉常平張靚等科配助役錢，一户多者至三百千。乞少裁損，以安民心。」不聽。時賢士多引去以避王安石。繪又上疏言：「老成人不可不惜。當今舊臣多引疾求去，范鎮年六十有三，吕誨年五十有八，歐陽脩年六十有五而致仕，富弼年六十有八而引疾，司馬光、王陶皆五十而求散地。陛下可不思其故乎！」安石聞而深惡之。摯爲安石所器，拜監察御史裏行。始就職，即奏言：「陛下有勸農之志，今變而爲煩擾；陛下有均役之意，今倚以爲聚斂。天下有喜於敢爲，有樂於無事，彼以此爲流俗，此以彼爲亂常，此風浸成，漢、唐黨禍必起矣。」因陳率錢助役十害。會繪又論：「提刑趙子幾怒知東明縣賈蕃不禁遏縣民，使訟助役事，摭以他故，下蕃於獄而自鞫之，是希安石意指。」又言：「助役之難行者有五。」而摯亦論：「趙子幾捃摭賈蕃，是欲鉗天下之口，乞按其罪。」於是安石大怒，使知諫院張璪取繪、摯所論助役十害、五難行之事，作《十難》以詰之。璪辭不爲，曾布請爲之。既作《十難》，且劾繪、摯欺誕，懷向背。詔下其疏於繪、摯，使各言狀。繪録前後四奏以自辯。摯奮然曰：「爲人臣，豈可壓於權勢，使天子不知利害之實！」即條對所難，以伸其説，曰：「助役斂錢之法，有大臣及御史主之於內，有大臣親黨爲監司、提舉官行之於諸路，其勢順易矣。然曠日彌年，終未有定論者，爲不順乎民心也。臣待罪言責，采士民之説以聞，職也。今乃遽令分析，交口相直，無乃辱陛下耳目之任哉！所謂向背，則臣所向者義，所背者利，所向者君父，所背者權臣。願以臣章并司農奏宣示百官，考定當否。」不報。明日，復上疏曰：「陛下夙夜勵精，以親庶政，天下未致於安且治者，誰致之邪？陛下注意以望太平，而自以太平爲己任，得君專政者是也。二三年間，開闔摇動，舉天地之內，無一民一物得安其所者。其議財，則市井屠販之人皆召至政事堂；其征利，則下至曆日而官自粥之，推此以往，不可究言。輕用名器，淆混賢否。忠厚老成者擯之爲無能，俠少儇辯者取之爲可用，守道憂國者謂之流俗，敗常害民者謂之通變。凡政府謀議經畫，除用進退，獨與一掾屬曾布者論定，然後落筆，同列預聞，反在其後，故奔走乞丐之人，布門如市。今西夏之款未入，反側之兵未安，三邊瘡痍，流潰未定，河北大旱，諸路大水，民勞財乏，縣官減耗，聖上憂勤念治之時，而政事如此，皆大臣誤陛下，而大臣所用者誤大臣也。」疏奏，安石欲竄摯嶺外，帝不許，詔貶繪知鄭州，謫摯監衡州鹽倉，璪亦落職。

遣察訪使偏行諸路，促成役書。八月，以王雱爲崇政殿説書。雱，安石子也，爲人慓悍陰刻，無所顧忌。性敏甚，年十三時，得秦卒言洮、河事，嘆曰：「此可撫而有也。使西夏得之，則吾敵强而邊患博矣。」故安石聞王韶開熙河議，因力主之。未冠，已著書數十萬言。舉進士，調旌德尉。雱氣豪，睥睨一世，不能作小官。安石執政，所用多少年，雱亦欲預選，乃與父謀曰：「執政子雖不可預事，而經筵可處。」安石欲帝知而自用，乃以雱所作策及注《道德經》鏤板鬻于市，遂傳達于帝。鄧綰、曾布又力薦之，召見，除太子中允、崇政殿説書。安石更張政事，雱實導之。常稱商鞅爲豪傑之士，且言不誅異議者，則法不行。安石一日與程顥語，雱囚首跣足，攜婦人冠以出，問父所言何事，曰：「以新法爲人所沮，故與程君議之。」雱大言曰：「梟韓琦、富弼之首于市，則法行矣。」安石遽曰：「兒誤矣！」顥曰：「方與參政論國事，子弟不可預，姑退。」雱不樂。命王韶主洮河安撫司事。時議取河湟，自古渭砦接青唐、武勝軍，應招納蕃部、市易、募人營田等事，並令王韶主之。韶至秦，會諸將，以蕃部俞龍珂在青唐最大，渭源羌與夏人皆欲羈縻之，議先致討。韶因按邊，引數騎直抵其帳，諭以成敗，遂留宿。明旦，兩種皆遣其豪隨詔以東，龍珂率其屬十二萬口内附。龍珂既歸朝，自言：「平生聞包中丞朝廷忠臣，乞賜姓包氏。」帝如其請，賜名順。九月，粥坊場、河渡、祠廟。○冬十月，以鮮于侁爲利州轉運副使。初，詔監司各定所部助役錢數。利州路轉運使李瑜欲定四十萬，侁時爲判官，争之曰：「利州民貧地瘠，半此可矣。」瑜不從，遂各爲奏。帝是侁議，諭司農曾布使頒以爲式。因黜瑜，而擢侁副使，兼提舉常平。侁惡王安石沽激要君，嘗語人曰：「是人若用，必壞亂天下。」及安石用事，侁乃上書論時政，以爲「逆治體而召民怨者，不可概舉」。其意專指安石。安石怒，毁短之。帝稱其有文學可用，安石曰：「何以知之？」帝曰：「有章奏在。」安石乃不敢言。既爲副使，部民不請青苗錢，安石遣吏詰之。侁曰：「青苗之法，願取則與，民自不願，豈能强之哉？」蘇軾稱侁上不害法，中不廢親，下不傷民，以爲「三難」。立太學生三舍法。初，國子生以京朝七品以上子孫應蔭者爲之，太學生以八品以下若庶人子孫之俊異者爲之，試藝如進士法。及帝即位，尤垂意儒學，自京師至郡縣既皆有學。至是，因言者論太學假錫慶院西北廊甚湫隘，乃盡以錫慶院及朝集院西廡廣太學，增直講爲十員，率二員共講一經。生員釐爲三等，始入太學爲外舍，定額爲七百人；外舍升内舍，員三百；内舍升上舍，員百。各執一經，從所講官受學，月考試其業，優等以次升舍。上舍免發解及禮部試，召試賜第。其正、録、學諭以上舍生爲之，經各二員。學行卓異者，主判、直講，復薦之于中書除官。其後增置八十齋，齋三十人，外舍生至二千人，歲一試，補内舍生；間歲一試，補上舍生，彌封、謄録如貢舉法。

續資治通鑑綱目第六

# 續資治通鑑綱目第七

起壬子宋神宗熙寧五年，盡乙丑宋神宗元豐八年。

凡十四年。

**壬子**　五年，春正月，置京城邏卒，察謗時政者。○二月，以蔡挺爲樞密副使。挺知渭州，甲兵整習，常若寇至，故多立功效。然譎智深險，在渭歲久，鬱鬱不得志，寓意詞曲，有「玉關人老」之句。中使至，使優伶歌之，傳達禁中，帝聞而憫之，故有是命。三月，南平王李日尊死，子乾德嗣。日尊，公蘊之孫也。既死，乾德遣使來告哀，詔封乾德交阯郡王。判汝州富弼致仕。弼至汝州兩月，即上言：「新法，臣所不曉，不可以治郡，願歸洛養疾。」許之。遂請老，復授司空、武寧節度使致仕。弼雖家居，朝廷有大利害，知無不言。帝雖不盡用，而眷禮不衰，嘗因王安石有所建明，却之曰：「富弼手疏稱『老臣無所告訴，但仰屋竊嘆』者，即當至矣。」其敬之如此。行市易法。自王韶倡爲緣邊市易之説，王安石善之，以爲與漢平準法同，可以制物低昂而均通之，遂用草澤魏繼宗議，以内藏庫錢帛置市易務于京師。凡貨之可市及滯於民而不售者，平其價市之，願以易官物者聽。若欲市於官者，則度其田宅或金帛爲抵當而貸之錢，責期使償，半歲輸息十一，及歲倍之。過期不輸，息外每月更加罰錢。以户部判官呂嘉問爲提舉。嘉問上建置十三事，其一欲於律外禁兼并之家輒取利，帝去之，安石執不可。已而帝聞其大煩碎，人皆怨讟，欲罷之，以問安石。安石對曰：「立法當論有害於人與否，不當以煩碎廢也。」自是諸州上供薦席、黄蘆之類六十色，❶悉令計直，從民願粥者，市之以給用。尋改提舉在京市易務爲都提舉市易司，秦鳳、兩浙、黔州、成都、廣州、鄆州六市易司皆隸焉。夏五月，詔宗室非袒免親者許應舉。初試黜其不成文理者，餘令覆試。累覆試不中者，亦量材擢用。行保馬法。王安石建保甲、養

❶「薦」，萬曆本、《宋史》卷一八六《食貨志》作「篤」。

馬之法，文彦博、吴充以爲不便，安石持論益堅。乃詔曾布等上其條約保甲願養馬者户一匹，物力高願養二匹者聽，皆以監牧見馬給之，或官與其直，令自市。先行于開封府及陝西五路。府界毋過三千匹，五路毋過五千匹。襲逐盜賊外，乘越三百里者有禁。歲一閲其肥瘠，死病者補償。在府界者，免體量草二百五十束，加給以錢布。在五路者，歲免折變、緣納錢。三等以上十户爲一保，四等以下十户爲一社，以待病斃逋償者。保户馬死，保户獨償；社户馬死，社户半償之。其後遂偏行于諸路。

**王安石求去位，帝不許。**先是，樞密都承旨李評喜論事，帝多從其言。又嘗極言助役不便，安石惡之。會評妄奏罷閤門官吏，安石言其作威福，必欲罪之。帝亦謂評有罪，然未始罪評也。明日，安石入見，乞東南一郡。帝曰：「自古君臣如卿與朕相知極少。朕鄙鈍，初未有知，自卿在翰林，始聞道德之説，心稍開悟。天下事方有緒，卿何去？」安石固請，帝曰：「卿得非以李評事謂朕有疑心？朕自知制誥知卿，屬以天下事，如吕誨比卿少正卯、盧杞，朕不爲惑，豈更有人能惑朕者！」未幾，安石復自齎表入請，帝不視，以表授安石，固令就職。

**秋閏七月，以章惇爲湖北察訪使。**時帝思用兵以威四夷，湖北提點刑獄趙鼎上言：「峽州峒酋刻剥無度，蠻衆願内附。」辰州布衣張翹亦上書言南北江利害。遂詔中書檢正官章惇察訪荆湖北路，經制蠻事。

**八月，王韶擊吐蕃，敗之，遂城武勝。**秦鳳注泊都監張守約請名古渭砦爲軍，以根本隴右，詔從之，遂建爲通遠軍，使王韶知軍事，以圖武勝。韶引兵築乞神平堡，而蕃酋抹耳、結水巴等族入寇，韶率兵度竹牛嶺遏之，斬首百餘級，焚其廬帳，洮西震動。會木征渡河來寇，抹耳復依其聲勢保集抹邦山。知德順軍景思立以涇原兵出南路，分遣諸將一擊抹耳於南甲，一擊木征於鞏令城，制二酋，使不得動。韶將大軍從東谷徑趨武勝，未至數里，賊迎戰，敗還，追至其城，首領瞎藥棄城遁，餘衆出降。遂城武勝，建爲鎮洮軍。既而木征亦敗於鞏令城。初，韶言：「措置洮河，只用回易息錢，未嘗輒費官本。」文彦博曰：「工師造屋，初必小計，冀人易於動工。及既興作，知不可已，乃方增多。」帝曰：「屋壞豈可不脩？」王安石曰：「主者善計，自有忖度，豈爲工師所欺也？」彦博不復敢言。由是韶進討，敢肆欺誕，朝廷不與計財。

**觀文殿學士致仕歐陽脩卒。**是

歲，有詔求脩所撰《五代史》，而脩卒矣。脩天資剛勁，見義勇爲。平生與人盡言無隱，獎引後進，如恐不及，賞識之下，率爲聞人。及在政府，士大夫有所干請，輒面諭可否，雖臺諫論事，亦必以是非詰之，怨誹益衆。自五代以來，文體卑弱，脩遊隨州，得唐韓愈遺藁，讀而心慕之，苦心探賾，至忘寢食，遂以文章名冠天下，學者翕然師尊之。謚文忠。**貶唐坰爲潮州別駕。**坰以父任得官。嘗上書言：「秦二世制于趙高，乃失之弱，非失之彊。」帝悦其言。又言：「青苗法不行，宜斬大臣異議如韓琦者數人。」王安石尤喜之，薦使對，賜進士出身，爲崇文校書。安石復令鄧綰舉爲御史，遂除太子中允。將用爲諫官，安石疑其輕脱，將背己立名，不除職，以本官同知諫院，非故事也。坰果怒安石易己，凡奏二十疏，論時事，皆留中不出。坰乃因百官起居日，扣陛請對，帝令諭以他日，坰伏地不起，遂召升殿。坰至御座前，進曰：「臣所言，皆大臣不法，請對陛下一人一陳之。」乃搢笏展疏，目安石曰：「王安石近御座，聽劄子。」安石遲遲，坰訶曰：「陛下前猶敢如此，在外可知！」安石竦然而進。坰大聲宣讀，凡六十條，大抵言：「安石專作威福，曾布表裏擅權，天下但知憚安石，不復知有陛下。文彦博、馮京知而不敢言；王珪曲事安石，無異廝僕。」且讀且目珪，珪慙懼，俯首。又言：「元絳、❶薛向、陳繹，安石頤指氣使，無異家奴。張璪、李定爲安石爪牙，張商英乃安石鷹犬。逆意者雖賢爲不肖，附己者雖不肖爲賢。」至詆安石爲李林甫、盧杞。帝屢止之，坰慷慨自若，略不退懾。讀已，下殿再拜而退。侍臣、衛士相顧失色，閤門糾其瀆亂朝儀，貶潮州別駕。**頒方田均税法。**帝患田賦不均，詔司農重定方田及均税法，頒之天下。方田之法，以東西南北各千步，當四十一頃六十六畝一百六十步爲一方。歲以九月，縣委令佐分地計量，隨陂、原、平、澤而定其地，因赤淤、黑壚而辨其色。方量畢，以地及色參定肥瘠，而分五等以定其税則。至明年三月畢，揭以示民；一季無訟，即書户帖，連莊帳付之，以爲地符。均税之法，縣各以其租額税數爲限，舊嘗收蹙奇零，如米不及十合而收爲升，絹不滿十分而收爲寸之類，今不得用其數均攤增展，致溢舊額。凡越額增數，皆禁。若瘠鹵不毛及衆所食利山林、陂塘、溝路、墳墓，皆不立

❶「又言元絳」，原作「先降又言」，據《編年綱目備要》卷一九、《宋史》卷三二七《唐坰傳》、《歷代名臣奏議》卷一七六唐坰上奏改。

税。凡田方之角，立土爲峰，植其野之所宜木以封表之。有方帳，有莊帳，有甲帖，有户帖，其分烟析産，典賣割移，官給契，縣置簿，皆以今所方之田爲正。今既具，乃以鉅野縣尉王曼爲指教官，先自京東路行之，諸路倣焉。

九月，少華山崩。其下地裂，陷居民數百户。

冬十月，置熙河路，以王韶爲經略安撫使。置熙河路，領熙、河、洮、岷州、通遠軍，升鎮洮軍爲熙州，以韶爲經略安撫使兼知熙州。然河、洮、岷三州猶未能復也。

十一月，章惇招降梅山峒蠻，置安化縣。梅山峒蠻蘇氏，舊不通中國。其地東接潭，南接邵，西接辰，北接鼎、澧。章惇招降之，籍其民萬四千八百餘户，其田二十六萬四百餘畝，均定其税，使歲一輸，築武陽、關峽二城，置安化縣，隸邵州。

十二月，以陳升之爲樞密使。

癸丑　六年，春二月，王韶克河州。獲木征妻子。

以沈起知桂州。自王安石用事，始求邊功。知邕州蕭注喜言兵，羡王韶等獲高位，乃上疏言：「交阯雖奉朝貢，實包禍心，失今不取，必爲後憂。」會交人爲占城所敗，或言其餘衆不滿萬，取之易。詔即以注知桂州經略之。注入朝，帝問攻取之策，注復以爲難。度支判官沈起言：「南交小醜，無不可取之理。」乃以起代注。起受旨於安石，遂一意事攻擾。交阯始貳。

三月，置經義局。訓《詩》《書》《周禮》義。以王安石提舉，吕惠卿、王雱同脩撰。帝欲召程顥預其事，安石不可。

夏四月朔，日食。先是，司天奏四月朔日當食，帝自三月即避殿減膳，降天下罪囚一等。至是，雲陰日不見，王安石等進賀，以爲聖德所感，乞御殿復膳。從之。

文彦博罷。彦博久居樞密，以王安石多變舊典，言于帝曰：「朝廷行事，務合人心，宜兼采衆論，以静重爲先。陛下勵精求治，而人心未安，蓋更張之過也。祖宗法未必皆不可行，但有偏而不舉之弊爾。」安石知爲己發，奮然排之曰：「求去民害，何爲不可！若萬事隳脞，乃西晉之風，何益于治！」及市易司立，至果實亦官監賣，彦博以爲損國體，斂民怨，致華嶽山崩，爲帝極言之。安石曰：「華山之變，殆天意爲小人發。市易之起，自爲細民久困，以抑兼并爾，於官何利焉！」彦博求去益力，遂以司空、河東節度使判河陽，徙大名府。身雖在外，而帝眷有加。**置律學。**詔：「士之蒞官，以法從事。今所習非所學，宜置律學，命官、舉人皆得入學，習律令。」**以范子淵提舉濬河司。**河溢北京夏津。帝語執政：「聞京東調夫脩河，有壞產者，且河決不過占一河之地，或西或東，利害無所校，聽其所趨，如何？」王安石曰：「北流不塞，占公私田至多，又水散漫，久復澱塞。昨脩二股，費至少而公私田皆出，向之潟鹵，俱爲沃壤，庸非利乎。況調夫已減于去歲，若復葺理隄防，則夫愈減矣。」帝從之，乃始置疏濬黄河司。先有選人李公義者，獻鐵龍爪揚泥車法以濬河。其法用鐵爲爪形，繫舟尾，乘流相繼而下，一再過，水深數尺。宦官黄懷信以爲可用而患其太輕。安石請令懷信、公義同議增損，乃別置濬川杷。其法以巨木長八尺，齒長二尺，❶列於木下如杷狀，以石壓之，兩傍繫大船，各用滑車絞之，撓蕩泥沙。或謂水深則杷不及底，淺則齒礙泥沙。人皆知不可用，惟安石善其法，乃賞懷信而命公義官，以杷法下大名，令都大提舉河隄范子淵與通判、知縣共試之，皆言不可用。會子淵以事至京師，安石問其故，子淵意附會，遽曰：「法誠善，第同官議不合爾。」安石大悦。及置濬河司，將自衛州濬至海口，差子淵都大提舉，公義爲之屬。**五月，以熊本爲梓夔察訪使。**瀘夷叛，詔遣中書檢正官熊本察訪梓、夔，得以便宜措置諸夷事。**六月，置軍器監。**王雱言：「今天下甲胄弓弩以千萬計而無一堅利者，莫若更制其法，斂數州之所作而聚以爲一，若今錢監之比，擇知工事之臣使典其職，且募良工爲匠師。」帝頗采雱説，置軍器監，總内外軍器之政，以吕惠卿判監事。**知南康軍周敦頤卒。**敦頤，道州營道人。初用舅鄭向任爲分寧主簿，有獄久不決，敦頤至，一訊立辨。邑人驚曰：「老吏不如也！」調南安司理，有囚，法當不死，轉運使王逵欲深治之，敦頤力與辨，逵不聽，敦頤委手板將棄官去，曰：「如此尚可仕乎！殺人以媚人，吾不爲也。」逵悟，囚得釋。調桂陽令，改知南昌，富家大姓、黠吏惡少惴惴焉，不獨以得罪爲憂，而又以汙穢善政爲耻。歷知南康軍。年五十七而卒。敦頤博學力行，著《太極圖》《易通》，明天理之根源，究萬物之終始，言約而道大，文質而義精，得孔孟

❶「二尺」，原作「一尺」，據《長編》卷二四八、《宋史》卷九二《河渠志》改。

之本原，大有功於學者。爲南安司理時，通判程珦以其爲學知道，使二子顥、頤往受業，敦頤每令尋孔、顔樂處，所樂何事。顥嘗曰：「自再見周茂叔後，吟風弄月以歸，有『吾與點也』之意。」侯師聖學於程頤，未悟，因見敦頤。敦頤留與對榻夜談，越三日乃還。程頤驚異之，曰：「非從周茂叔來邪？」其善開發人類此。既至南康，即築室于蓮花峰下，前有溪，合于溢江，取營道所居濂溪以名之。學者稱爲濂溪先生。大蝗。○秋九月，初策武舉之士。凡武舉，試義、策于祕閣，武藝于殿前司。及殿試，則又試騎射及策于庭。策、武藝俱優爲右班殿直，武藝次優爲三班奉職，又次借職，末等三班差使。初，樞密院脩《武舉法》，不能答策者，答兵書墨義。王安石曰：「武舉而試墨義，何異學究誦書不曉理者，無補於事。先王收勇力之士，皆屬於車右者，欲以備禦侮之用，則記誦何所施？」帝從之。至是始策武舉之士。吐蕃木征復入河州，王韶破走之，遂取岷、宕、洮、疊四城。帝御殿受賀。韶既復河州，會降羌叛，韶回軍擊之，木征以其間據河州。韶進破訶諾木藏城，穿露骨山南入洮州境，道陿隘，釋馬徒行，或日至六七。木征留其黨守河

州，自將尾官軍，韶力戰，破走之，河州復平。岷州首領木令征以城降，韶入之。於是宕、洮、疊三州羌酋皆以城附，韶軍行五十四日，涉千八百里，得州五，斬首數千級，獲牛羊馬以萬計。捷書至，帝御紫宸殿受羣臣賀，解所服玉帶賜王安石，進韶左諫議大夫、端明殿學士。收免行錢。先是，京師百物有行，官司所須，俱以責辦，下逮貧民浮販，類有陪折。吕嘉問請約諸行利入厚薄，令納錢以賦吏禄，與免行户祗應。而禁中賣買百貨，並下雜買場務，仍置市司，估物低昂，凡内外官司欲占物價，則取辦焉。至是行之。冬十月，開直河。時河北流閉已久，水或横決散漫，常虞壅遏。外都水監丞王令圖獻議，於大名第四、第五埽等處開脩直河，使大河還二股故道。王安石主其議，言于帝曰：「開直河，則水勢分。其不可開者，以近河，每開數尺即見水，不容施功爾。今第見水即以濬川杷濬之，苟置數千杷，則諸河淺澱皆非所患，歲可省開濬之費幾百千萬。」帝曰：「果爾，甚善！」乃命范子淵領其事，開直河，深八尺。凡退背魚肋河則塞之。章惇擊南江蠻，平之，置沅州。湖北蠻向永晤、舒光銀各以其地降惇，獨田氏有元猛者頗桀驁。惇遣左侍禁李資招諭之，

被殺，因進兵破懿州，南江州峒悉平。遂置沅州，以懿州新城爲治所。後誠、徽州蠻酋楊光富亦率其族姓二十三州峒歸附，因置靖州。行折二錢。自王安石爲政，始罷銅禁，姦民日銷錢爲器。邊關海舶不復譏錢之出，國錢日耗。張方平因對，極論其害，請詰問安石：「舉累朝令典，一旦削而除之，其意安在？」安石深惡之。至是，行折二錢，除在京及府界外諸路並通行。

**甲寅**　七年，春正月，熊本討瀘夷，降之。本嘗通判戎州，習夷中俗。及至部，以爲「彼能擾邊者，介十二村豪爲鄉導爾」，乃以計致百餘人，梟之瀘川。其徒股栗，願矢死自贖，獨柯陰一酋不至。本合晏州十九姓之衆，發黔南義軍强弩，遣大將王宣等帥以進討。賊悉力旅拒，宣敗之黃葛下，追奔深入，柯陰窘迫乞降。本受之，盡籍丁口、土田及其重寶、善馬，歸之官。以其酋箇恕知歸徠州，其子乞弟爲番部巡檢，於是淯井、長寧、烏蠻、羅氏鬼主諸夷，皆願世爲漢官。本還，帝勞之曰：「卿不傷財，不害民，一旦去百年之患。至於檄奏詳明，近時鮮儷。」擢集賢殿脩撰，賜三品服。西南用兵自此始。二月，知河州景思立與吐蕃別將戰于踏白城，敗死。三月，木征寇岷州，刺史高遵裕擊走之。木征雖屢破屢敗，而董氈別將青宜結鬼章之衆，復數擾河州屬蕃。時王韶入朝，思立與戰于踏白城，敗死。木征勢復熾，遂寇岷州，遵裕遣包順擊走之。遼使人來議疆事，遣太常少卿劉忱報之。遼以河東路沿邊增脩戍壘，起鋪舍，侵入蔚、應、朔三州界內，使林牙蕭禧來言，乞行毁撤，別立界至。禧歸，帝面諭以「三州地界，俟遣官與北朝官即境上議之」。遂詔忱如遼。遼遣樞密副使蕭素會忱于代州境上。詔下樞密院議，且手詔判相州韓琦、司空富弼、判河南府文彥博、判永興軍曾公亮條代北事宜以聞。琦言：「臣觀近年朝廷舉事，似不以大敵爲卹，彼見形生疑，必謂我有復燕之意，故引先發制人之説，造爲釁端。所以致疑，其事有七：招高麗朝貢，一也；取吐蕃之地，建熙河，二也；植榆柳於西山以制蕃騎，三也；刱保甲，四也；築河北城池，五也；置都作院，頒弓矢新式，六也；置河北三十七將，七也。契丹素爲敵國，因事起疑，不得不然。臣嘗竊計，始爲陛下謀者，必曰：『治國之本，當先聚財積穀，募兵于農，則可以鞭笞四夷。』故散青苗錢，爲免役法，置市易務，次第取錢。新制日下，更改無常，而監司督責，以刻爲明。今農怨於畎畝，商嘆于道路，長吏不安其職，陛下不盡知也。夫欲攘斥四夷以興太平，而先使邦本困摇，衆心離怨，此則爲陛下始謀者大誤也。臣今爲陛下計，宜遣報使，具言向來興作乃脩備之常，疆土素定，悉如舊境，不可持此造端，以隳累世之好。可疑之形，如將官之類，因而罷去。益養民愛力，選賢任能，使天下悦服，邊備日充。若其果自敗盟，則可一振威武，恢復故疆，攄累朝之宿憤矣。」弼、彦博、公亮亦皆有言，大抵度上以虜爲憂，故深指時事云。

**大旱，詔求直言。夏四月，權罷新法。雨。**

自去秋七月不雨，至夏四月，帝憂形于色，欲盡罷法度之不善者。王安石曰：「水旱常數，堯、湯所不免。但當脩人事以應之。」帝曰：「朕所以恐懼者，正爲人事之未脩爾。今取免行錢太重，人情咨怨，自近臣以至后族，無不言其害者。」馮京曰：「臣亦聞之。」安石曰：「士大夫不逞者以京爲歸，故京獨聞此言，臣未之聞也。」翰林學士韓維言：「陛下損膳避殿，乃舉行故事，恐不足以應變。當痛自責己，廣求直言。」帝即命維草詔行之。初，光州司法參軍鄭俠爲安石所獎拔，感其知己，思欲盡忠。及滿秩入京，安石問以所聞，俠曰：「青苗、免役、保甲、市易數事與邊鄙用兵，在俠心不能無區區也。」安石不答。久之，監安上門。會歲饑，征斂苛急，東北流民，每風沙霾曀，扶携塞道，羸疾愁苦，身無完衣，或茹木實草根，至身被鎖械，而負瓦揭木，賣以償官，累累不絶。乃繪所見爲圖，奏疏，詣閤門，不納。遂假稱密急，發馬遞，上之銀臺司。且云：「旱由安石所致，去安石，十日不雨，即乞斬臣宣德門外，以正欺君之罪。」疏奏，帝反覆觀圖，長吁數四，袖以入内。是夕，寢不能寐。翌日，遂命開封體放免行錢，三司察市易，司農發常平倉，三衛具熙河所用兵，諸路上民物流散之故。青苗、免役權息追呼，方田、保甲並罷，凡十有八事。民間讙呼相賀。是日，果大雨，遠近沾洽。

**下監安上門鄭俠獄，復行新法。**

輔臣入賀雨，帝示以俠所進圖狀，且責之，皆再拜。安石上章求去，外間始知所行之由。羣姦切齒，遂以俠付御史，治其擅發馬遞罪。吕惠卿、鄧綰言于帝曰：「陛下數年忘寢與食，成此美政，天下方被其賜，一旦用狂夫之言，罷廢殆盡，豈不惜哉！」相與環泣于帝前。於是新法一切如故，惟方田暫罷。

**吐蕃木征圍河州，王韶**

**擊降之。**木征寇河州，圍之。其勢方盛，韶自京師還，至興平聞之，乃與李憲日夜馳至熙州。熙方城守，韶命撤之，選兵得二萬人。諸將欲趨河州，韶曰：「賊所以圍城者，恃有外援也。攻其所恃，則圍自解。」乃直趨定羌城，破西蕃結河川族，斷夏國通路，進臨寧河，分命偏將入南山。木征知援絶，拔柵去。韶還熙州，以兵循西山，繞踏白城後，焚賊八千帳，❶斬首七千餘級。木征窮蹙，率酋長八十餘人詣軍門乞降。韶受之，送木征赴京師。初，思立之覆師也，羌勢復熾，朝議欲棄熙河，帝爲之旰食，數下詔，戒韶持重勿出。及是，帝大喜，以木征爲榮州團練使，賜姓名趙思忠。

**王安石免，以韓絳同平章事，呂惠卿參知政事。**安石執政六年，更法度，開邊疆，老成正士廢黜殆盡，儇慧少年超進用事，天下怨之，而帝倚任益專。太皇太后嘗乘間語帝曰：「祖宗法度，不宜輕改。吾聞民間甚苦青苗、助役，宜罷之。」帝曰：「此以利民，非苦之也。」后又曰：「安石誠有才學，然怨之者甚衆。欲保全之，不若蹔出之於外。」帝曰：「羣臣惟安石爲國家當事。」時帝弟岐王顥在側，因進曰：「太后之言，至言也，不可不思。」帝怒曰：「是我敗壞天下邪！汝自爲之。」顥泣曰：「何至是邪！」皆不樂而罷。久之，太后流涕謂帝曰：「安石亂天下，奈何？」帝始疑之。及鄭俠疏進，安石不自安，遂求去位。帝再四勉留，安石請益堅，乃以觀文殿大學士知江寧府。呂惠卿使其黨變姓名，日投匭留之。安石感其意，因乞韓絳代己而惠卿佐之，帝從其請。二人守其成規不少失，時號絳爲「傳法沙門」，惠卿爲「護法善神」。惠卿懼中外有議新法者，乃作書遍遺監司、郡守，使陳利害，又從容白帝下詔，言終不以吏違法之故爲之廢法。故安石所建，無所更復。

**初榷蜀茶。**王韶建開河湟之策，遣三司幹當公事李杞入蜀，經畫買茶，於秦鳳、熙河博馬，以著作佐郎蒲宗閔同領其事。初，蜀之茶園皆民兩税地，不植五穀，惟宜種茶，賦税一例折輸，税額總三十萬。杞乃即蜀諸州刱設官場，更嚴私交易之令。知彭州呂陶言：「市易司籠制百貨，歲出息錢不過十之二。今茶場司盡榷民茶取息十之三，茶户被害，不可勝窮。」詔止收息十之一，而陶亦以是得罪。未幾，以李稷都大提舉茶場。稷與宗閔務浚利刻急，一年之間，通課利及舊界息税

---

❶「八千」，萬曆本、四庫本、《資治通鑑後編》卷八一作「八十」。

七十六萬七千餘緡。稷又辟陸師閔幹當公事以自輔。

**五月，罷制科。**自孔文仲對策忤王安石意，因言于帝曰：「進士試策，則是制科，何必復置是邪！」帝然之。呂惠卿執政，復言：「制舉止於記誦，非義理之學。」遂詔罷之。

**三司使曾布、提舉市易司呂嘉問免。**先是，呂嘉問提舉市易，連以羡課受賞。帝聞其擾民，以語王安石，安石對曰：「嘉問奉法在公，以是媒怨。」帝曰：「免行錢所收細瑣，市易鬻及果實、冰炭，太傷國體。」安石力辨，至譏帝爲叢剉，不知帝王大略。帝曰：「即如是，士大夫何故以爲不便？」安石請言者姓名，令嘉問條析。及帝以旱故，命韓維、孫永集市人問之，減坐賈錢千萬，安石遂持嘉問條析奏曰：「朝廷所以許民輸錢免行者，蓋人情安於樂業，厭於追擾，若一切罷去，則無人祗承。又吏胥禄廪薄，勢不得不求於民，非重法莫禁，以薄廪申重法，則法有時而屈。今取於民鮮，而吏知自重，此臣等推行之本意也。議者乃欲除去，是殆不然。民未嘗不畏吏，方其以行役觸罪，雖欲出錢亦不可得。今吏之禄可謂厚矣，然未及昔日取民所得之半也。」時市易隸三司，嘉問恃勢陵使薛向，出其上，及曾布代向，懷不能平。會帝出手札詢布，布訪于魏繼宗，具上嘉問多收息干賞，挾官府而爲兼并之事。帝將委布考之，安石言二人有私忿，於是詔布與呂惠卿同治。惠卿故憾布，脅繼宗使誣布，繼宗不從。布言惠卿不可共事，帝欲聽之，安石不可。帝遂詔中書曰：「朝廷設市易，本爲平準以便民，若《周官》泉府者。今顧使中人之家失業若此，吾民安得泰然也！宜釐定其制。」布見帝言曰：「臣每聞德音，欲以王道治天下。今市易之爲虐，駸駸乎間架、除陌之事矣。如此之政，書于簡牘，不獨唐、虞、三代所無，歷觀秦、漢以來衰亂之世，恐未之有也。嘉問又請販鹽鬻帛，豈不貽笑四方！」帝頷之。事未決，安石去位，嘉問持之以泣。安石勞之曰：「吾已薦惠卿矣。」及惠卿執政，遂治前獄，劾布沮新法，出知饒州，嘉問亦出知常州，以章惇爲三司使。

**六月，作渾儀、浮漏成。**時日官皆市井庸販，法象圖器俱不能知，乃以太常丞沈括提舉司天監。括博學洽聞，於天文、方志、律曆、醫藥、卜算無所不通，皆有所論著。始制渾儀、景表、五壺浮漏。招衛朴造新曆，募天下上太史占書，雜用士人，分方伎科爲五。至是，渾儀、浮漏成，以括爲右正言。

**秋七月，立手實法。**時免役出錢或未均，呂惠卿用其弟曲陽縣尉和卿計，創手實法。其法，官爲定立物價，使民各以田畝、屋宅、資貨、畜産隨價自占。凡居錢五，當蓄息之錢一。非用器、食粟而輒隱落者，許告。有實，以三分之一充賞。預具式示民，令依式爲狀，縣受而籍之，以其價列定高下，分爲五等。既該見一縣之民物産錢數，乃參會通縣役錢本額，而定所當輸錢。詔從其言。於是民家尺椽寸土檢括無遺，至於雞豚亦徧抄之，民不聊生。初，惠卿制是法，然猶災傷五分以上不預。荆湖察訪使蒲宗孟上言：「此天下之良法，使民自供，初無所擾，何待豐歲？願詔有司勿以豐凶弛張其法。」從之。民於是益困矣。

九月，三司火。焚屋千八十楹，案牘殆盡。詔諸路熙寧五年文帳悉封上，防其因火爲姦也。

冬十月，置三司會計司。初，帝嘗患增置官司費財，王安石謂：「增置官司，所以省費。」帝曰：「古者什一而税，今取財百端。」安石謂：「古非特什一而已。」安石又欲盡禄天下之吏，帝未之許，而三司上新增吏禄，歲至緡錢百十一萬有奇。主新法者皆謂吏禄既厚則人知自重，不敢冒法，可以省刑。然良吏實寡，賕取如故，往往陷重辟，議者不以爲善。詔三司帳司會計是歲天下財用出入之數以聞，令宰相提舉其事。至是，韓絳請選官置司，以天下户口、人丁、税賦、場務、坑冶、河渡、房園之類租額、年課及一路錢穀出入之數，去其重複，歲比較增虧、廢置及羨餘、横費，計贏闕之處，使有無相通，而以任職能否爲黜陟，則國計大綱可以省察。三司使章惇亦以爲言。乃詔置三司會計司，以絳提舉。

十二月，以王韶爲樞密副使。

○遼女真部節度使烏古廼死。五國蒲聶部節度使拔乙門叛遼，遼將致討。烏古廼襲而擒之，獻于遼主。遼主召見，燕賜加等，以爲生女真部節度使，始有官屬，紀綱漸立，然不肯受印，繫遼籍。其部内舊無鐵，隣國有以甲胄往粥者，必厚價售之。得鐵既多，因以修弓矢，備器械，兵勢稍振，前後願附者衆。至是，五國没撚部謝野勃堇復叛遼，烏古廼伐之，謝野敗走。烏古廼將見遼邊將，自陳敗謝野之功，行次來流水，有疾而卒。子劾里鉢嗣。

乙卯　八年，春正月，蔡挺罷。

○竄鄭俠于英州。罷參知政事馮京，放祕閣校理王安國于田里。俠上疏，論吕惠卿朋姦壅蔽，仍取唐魏徵、姚崇、宋璟、李林甫、盧杞傳爲兩軸，題曰《正直君子邪曲小人事業圖迹》。在位之臣，與之暗合者，各以其類，復爲書獻之。且薦京可相，并言禁中有人被甲登殿詬罵等事。惠卿奏爲謗訕，令中丞鄧綰、知制誥鄧潤甫治之，遂編管俠于汀州。御史臺吏楊忠信謁俠曰：「御史緘默不言，而君上書不已，是言責在監門而臺中無人也。」取懷中名臣諫疏二帙授俠曰：「以此爲正人助。」馮京在政府，嘗與惠卿争辨，而王安石弟安國素與俠善。侍御史張琥承惠卿旨，劾京與俠交通有迹。時俠已行，惠卿遂令奉禮郎舒亶往捕，遇于陳州，搜其篋，得所録名臣諫疏，有言新法事及親朋書尺，悉按姓名治之。獄成，惠卿欲致俠以死，帝曰：「俠所言非爲身也，忠誠亦可嘉，豈宜深罪！」但徙英州。京罷政，出知亳州。安國奪祕閣校理，放歸田里。判檢院丁諷、鹽鐵副使王堯臣等皆得罪。俠至英，得僧屋將壓者居之，英人無貧賤富貴皆加敬，争遣子弟從學，爲築室遷居之。初，安國任西京國子教授，秩滿至京師。帝以安石故，特召對，問曰：「漢文帝何如主？」安國對曰：「三代以後未有也。」帝曰：「但恨其才不能立法更制耳！」安國對曰：「文帝自代來，入未央宮，定變故俄頃呼吸間，恐無才者不能。至用賈誼言，待羣臣有節，專務以德化民，海内興於禮義，幾致刑措，則文帝加有才一等矣。」帝曰：「王猛佐苻堅，❶以蕞爾國而令必行。今朕以天下之大，不能使人，何也？」曰：「猛教堅以峻刑法殺人，致秦祚不傳世。今刻薄小人，必有以是誤陛下者。願專以堯、舜、三代爲法，則下豈有不從者乎！」帝又問：「卿兄秉政，外論謂何？」安國對曰：「恨知人不明，聚斂太急爾。」帝不悦。由是止授崇文院校書，尋改祕閣校理。安國屢以新法之弊力諫安石，又嘗以佞人目惠卿，故惠卿銜之。

**二月，復以王安石同平章事。**初，吕惠卿迎合安石，建立新法，安石故力援引，驟至執政。惠卿既得志，忌安石復用，遂欲逆閉其途，凡可以害安石者，無所不用其智。安石聞而怨之。時韓絳顓處中書，事多稽留不決，且數與惠卿争論，度不能制，密請帝復用安石，帝從之。安石承命，即倍道而進，七日至汴京。

**三月，遼人復來議疆事，遣知制誥沈括報之。**劉忱等與蕭素會于大黄平，三議不能決。虜初指蔚、朔、應三州分水嶺土壠爲界，及忱與之行視，無土壠，乃但云「以分水嶺爲界」。凡

❶「苻堅」，原作「符堅」，據《長編》卷二二七、《宋史》卷三二七《王安國傳》改。

山皆有分水，虜意至時可以罔取也。相持久之。至是，遼主復遣蕭禧來致圖書，以忱等遷延爲言，乃命韓縝代忱等與遼使議。縝與禧争辨，或至夜分，禧執分水嶺之説不變，留館不肯辭，曰：「必得請而後反。」帝不得已，先遣知制誥沈括報聘。括詣樞密院閲故牘，得頃歲所議疆地書，指古長城爲分界，❶今所争乃黄嵬山，相遠三十餘里，表論之。帝喜曰：「大臣殊不究本末，幾誤國事。」乃賜括白金千兩，使行。括至遼，遼相楊益戒與議不能屈，謾曰：「數里之地不忍，而輕絶好乎！」括曰：「師直爲壯，曲爲老。今北朝棄先君之大信，以威用其民，非我朝之不利也。」凡六會，竟不可奪，乃還。括在道圖其山川險易迂直，風俗淳厖，人情向背，爲《使契丹圖》，上之。**夏四月，以吴充爲樞密使。○閏月，陳升之罷。**升之深狡多數，善傳會以取富貴。初，附安石。及拜相，即求解條例司。世以是譏之，❷號爲「筌相」。**六月，王安石上《三經新義》，詔頒于學官。**王安石等以所訓釋《詩》《書》《周禮》三經上進，帝謂之曰：「今談經者人人殊，何以一道德？卿所著經，其以頒行，使學者歸一。」遂頒于學官，號曰《三經新義》，加安石左僕射，吕惠卿給事中，王雱龍圖閣直學士。雱辭新命，惠卿勸帝許之，由是王、吕之怨益深。《新義》既頒，一時學者無敢不傳習，主司純用以取士，先儒傳、註一切廢而不用。又黜《春秋》之書，不列學官，至詆之爲「斷爛朝報」。安石又以字學久不講，後罷居金陵，作《字説》二十四卷以進，多穿鑿附會，其流入于佛老云。**司徒、侍中、魏公韓琦卒。**琦卒前一夕，大星隕州治，櫪馬皆驚。帝自爲碑文，載琦大節，瑑其首曰「兩朝顧命，定策元勳」。贈尚書令，謚忠獻，後追封魏王。史臣曰：「琦相三朝，立二帝，厥功大矣！當治平危疑之際，兩宫幾成嫌隙，琦處之裕如，卒安社稷，人服其量。歐陽脩稱其『臨大事，決大議，垂紳正笏，不動聲色，措天下於泰山之安，可謂社稷之臣！』豈不信哉！」**秋七月，詔韓縝如河東，割地以畀遼。**遼使争議疆事不決，帝問于安石，安石勸帝曰：「將欲取之，必姑與之。」於是詔於分水嶺爲界，禧乃去。至是，遣

❶「古」，原作「石」，據《宋史》卷三三一《沈括傳》、《資治通鑑後編》卷八二改。

❷「譏」，原作「議」，據《宋史》卷三一二《陳升之傳》、《資治通鑑後編》卷八二改。

天章閣待制韓縝如河東，割新疆與之，凡東西失地七百里，遂爲異日興兵之端。**八月朔，日食。○韓絳免。**先是，絳與王安石議事不合。會有劉佐者坐法免，安石欲拔用之，絳執不可，議于帝前不決。絳即再拜求去，帝驚曰：「此小事，何必爾？」絳對曰：「小事尚不伸，況大事乎！」帝爲逐佐。至是，以疾求罷，出知許州，而三司會計司亦罷。絳臨事果敢，故韓琦以爲有公輔器而薦用之。特以素黨安石，爲清議所少。**冬十月，呂惠卿有罪，免。**御史蔡承禧論惠卿姦惡，惠卿居家俟命。中丞鄧綰亦欲彌縫前附惠卿之迹，以媚安石。安石子雱復深憾惠卿，遂諷綰發惠卿兄弟强借秀州華亭富民錢五百萬與知華亭縣張若濟買田共爲姦利事，置獄鞫之。惠卿竟罷，出知陳州。綰又論三司使章惇協濟惠卿之姦，出知湖州。**彗星見，詔求直言，罷手實法。**彗出軫，帝以災異數見，避殿減膳，詔求直言，赦天下，詢政事之未協于民者。王安石率同列上疏言：「晉武帝五年，彗出軫，十年，又有孛，而其在位二十八年，與《乙巳占》所期不合。蓋天道遠，先王雖有官占，而所信者人事而已。裨竈言火而驗，欲禳之，國僑不聽，鄭亦不火。有如裨竈，未免妄誕。況今星工哉！竊聞兩宮以此爲憂，望以臣等所言，力行開慰。」帝曰：「聞民間殊苦新法。」安石對曰：「祁寒暑雨，民猶怨咨，此無庸恤。」帝曰：「豈若并祁寒暑雨之怨亦無邪！」安石不悦，退而屬疾卧，帝慰勉起之。其黨謀曰：「今不取上素所不喜者暴進用之，則權輕，將有窺人間隙者。」安石是其策。帝喜其出，凡所進用，悉從之。鄧綰言：「凡民養生之具，日用而家有之，今欲盡令疏實，則家有告訐之憂，人懷隱匿之慮。商賈通殖貨利，交易有無，或春有之而夏已蕩析，或秋貯之而冬已散亡，公家簿書何由拘録，其勢安得不犯！徒使嚚訟者趨賞報怨，畏怯者守死忍困而已。」詔罷手實法。**十一月，交阯大舉入寇，陷欽、廉州。**初，廣西屯北兵二十指揮以備邊，交人畏之。會沈起坐邊議罷，以知處州劉彝代之。彝至，奏罷正兵，而用槍仗手分戍。聽偏校言，以爲安南可取，乃大治戈船。交人來互市，率皆遏絶，表疏上訴，亦不得達。至是，遂分三道入寇，一自廣府，一自欽州，一自崐崙關，連陷欽、廉二州，殺土丁八千人。❶事聞，起坐貶安

❶「八千」，《文獻通考》卷三三〇《四裔考七》作「八十」。

置郢州，而除彝名。**熊本擊渝州獠，降之，置南平軍。**渝州南川獠木斗叛，詔本安撫之。本進營銅佛垻，破其黨。木斗舉溱州地五百里來歸，爲四砦九堡，❶建銅佛垻爲南平軍。召本還，知制誥。本欲取媚安石，因上疏曰：「天下之治，有因有革，期於趣時適治而已。陛下出大號，發大政，可謂極因革之理。然改制之始，安常習故之羣交讙合譟，或諍于廷，或謗于市，或投劾引去者不可勝數。陛下燭見至理，獨立不奪，今雖少定，彼將伺隙而逞。願陛下深念之，勿使彼有以窺其間，而終萬世難就之業，天下幸甚！」**遼耶律洪基殺其妻蕭氏。**蕭氏姿容冠絶，工詩，善談論，好音樂，立爲后，生太子濬。時北院樞密使耶律乙辛專政，勢傾一國，而忌后明敏。於是宮婢單登等誣后與伶官趙惟一私通，乙辛以聞，詔乙辛劾狀，遂族誅惟一，而后賜自盡，歸其尸於家。後追謚宣懿。**十二月，以元絳參知政事，曾孝寬簽書樞密院事。**絳在翰林，諂事王安石，而安石嘗德曾公亮之助己，欲引公亮子孝寬於政地以報之。由是二人同升。**罷直學士院陳襄。**襄，福州侯官人。舉進士，歷知仙居、河陽縣，留意教化，進縣子弟於學。或讒之於判府富弼，謂其誘邑子以資過客，弼疑焉。人勸襄毁學舍以塞謗，襄不從，而講説不少解。弼由是益奇之。及弼相，薦諸朝，累擢侍御史。上疏論青苗之害，曰：「臣觀制置司所議，莫非引經以爲言，而其實則稱貸以取利，是特管夷吾、商鞅之術。望貶斥王安石、吕惠卿以謝天下，罷韓絳以杜大臣争利而進者。」不聽。乃請外，帝惜其去，留修起居注。安石屢欲出之，帝不許，三遷直學士院。帝嘗訪人材之可用者，襄以司馬光、韓維、吕公著、蘇頌、范純仁、蘇軾等三十三人對。安石益惡之，擿其書詔小失，諷御史劾之，遂知陳州。**更定解池鹽鈔法。**自薛向立鹽鈔本，其後多虚鈔，而鹽益輕。至是，多言官賣不便，乞通商。王安石主提舉張景温之言，至課民買官鹽，隨貧富作業爲多少之差。買賣私鹽，聽人告，以犯人家財給之。買官鹽食不盡留經宿者，同私鹽法，於是民間騷怨。鹽鈔舊法，每席六緡，至是二緡有餘，商不入粟，邊儲失備。

❶「堡」，原作「保」，據《東都事略》卷八六《熊本傳》、《編年綱目備要》卷一九、《宋史》卷三三四《熊本傳》改。

**丙辰**　九年，春正月，交阯陷邕州，知州事蘇緘死之。交人圍邕，知州蘇緘悉力拒守，外援不至，城遂陷。緘義不死賊手，命其家三十六人皆先死，藏尸于坎，乃縱火自焚。城中人感緘之義，無一人從賊者。於是交人盡屠其民，凡五萬八千餘口。事聞，詔贈緘奉國節度使，謚忠勇。章惇招降五溪蠻，遂城下溪州。章惇使湖北提刑李平招納下溪州刺史彭師晏，誓下州峒蠻張景謂、彭德儒、向永勝、覃文猛、覃彦覇各以其地歸版籍，師晏遂降。詔築下溪州城，賜名會溪，戍以兵，隸辰州，出租賦如漢民。遣師晏詣闕，授禮賓副使，自是五溪皆平。二月，以郭逵爲安南招討使。王安石聞欽廉陷，不悦。會得交人露布，言：「中國作青苗、助役之法，窮困生民。今出兵，欲相拯濟。」安石怒，自草敕牓詆之，而以天章閣待制趙卨爲招討使，宦者嘉州防禦使李憲爲副，將兵討之。憲久在西北邊，好論兵。王韶之開熙河，憲與有勞，故用之。既而卨與李憲議事不合，帝因問卨孰可代憲，卨言逵老於邊事，願以爲使而己副之，帝從其言，仍詔占城、占臘合擊交阯。吐蕃鬼章寇五牟谷，以种諤知岷州。○秋七月，御史中丞鄧綰有罪，免。吕惠卿既出守陳，而張若濟之獄久不成，王雱令門下客吕嘉問、練亨甫共取鄧綰所列惠卿事，雜他書下制獄，王安石不知也。省吏告惠卿于陳，惠卿以狀聞，且訟安石：「盡棄所學，隆尚縱横之末數，方命矯令，罔上要君。」帝以狀示安石，安石謝無有。歸以問雱，雱言其情，安石咎之。雱憤恚，疽發背死。帝頗厭安石所爲，綰慮安石去失勢，乃上書言宜録安石子及婿，仍賜第京師。帝以語安石，安石曰：「綰爲國司直，而爲宰臣乞恩澤，極傷國體，當黜之。」帝以綰操心頗僻，賦性姦回，論事薦人，不循分守，斥知虢州。八月，罷粥祠廟。司農粥祠廟於民，應天府閼伯、微子廟皆在粥中。判官劉摯嘆曰：「一至於此！」往見判府張方平曰：「獨不能爲朝廷言之邪？」方平矍然，託摯爲奏曰：「閼伯遷商丘，主祀炎火，爲國家盛德所乘。微子，宋始封之君，開國此地，亦本朝受命建號所因。又有雙廟，乃唐張巡、許遠，孤城死賊，能捍大患。今若令承買，小人規利，冗褻瀆慢，何所不爲？歲收微細，實損國體。乞留此三廟，以慰邦人崇奉之意。」疏上，帝大震怒，批牘尾曰：「慢神辱國，無甚於斯！」於是天下祠廟皆得罷粥。冬十月，王安石免，以吴充、王珪同平章事，馮京知樞密院事。安石之再相也，屢謝病求去。及子雱死，尤悲傷不堪，力請解機務。帝益厭之，乃以使相判江寧府，尋改集禧觀使。安石既退處金陵，往往寫「福建子」三字，蓋深悔爲吕惠卿所誤也。充子安持雖娶安石女，而充心不善安石所爲，數爲帝言新法不便。帝察充中立無與。及安石免，遂相之。充欲有所變革，乞召還司馬光、吕公著、韓維、蘇頌，及薦孫覺、李常、程顥等數十人。光自洛貽書充曰：「自新法之行，中外洶洶。民困於煩苛，迫於誅斂，愁怨流離，轉死溝壑，日夜引領，冀朝廷覺悟，一變敝法。今日救天下之急，當罷青苗、免役、保甲、市易，而息征伐之謀。欲去此五者，必先別利害，開言路，以悟人主之心。今病雖已深，猶未至膏肓，失今不治，遂爲痼疾矣。」充不能用。吕惠卿告安石罪，發其私書，有「無使上知」及「勿令齊年知」之語。京與安石同年生，故云。帝以安石爲欺而賢京，故召用之。十二月，郭逵敗交阯兵于富良江，李乾德降。逵次長沙，先遣將復邕、廉，而自將西進。至富良江，蠻以精兵乘船逆戰，官軍不能濟。趙卨分遣將吏伐木治攻具，機石如雨，蠻船皆壞，因設伏擊之，斬首數千，殺其僞太子洪真。李乾德懼，遣使奉表詣軍門納款。時官兵八萬人，冒暑涉瘴地，死者過半。富良江去其國不遠，逵不敢渡，得其廣源州、門州、思浪州、蘇茂州、桄榔縣而還。羣臣稱賀。詔以廣源爲順州，赦乾德罪，治劉彝、沈起開釁之罪，安置隨、秀州。詔宦者李憲節制秦鳳、熙河諸軍。時董氈將鬼章聚兵洮、岷，脅新附羌，多叛歸之。帝遣内侍押班李憲乘驛往秦鳳、熙河，措置邊事，詔諸將皆受節制。御史彭汝礪等極論其不可，且言：「鬼章之患小，用憲之患大。憲功不成，其患小；功成，其患大。」章再上，不聽。

丁巳　十年，春二月，王韶免。韶與王安石有隙，且以勤兵遠略，歸曲朝廷，帝亦不悦。數以母老乞歸，乃出知洪州。韶鑿空開邊，驟躋政地。然用兵有機略，臨出師，召諸將授以指，不復更問，每戰必捷。嘗夜卧帳中，前部遇敵，矢石已及，呼聲振山谷，侍者股栗，而韶鼻息自如，人服其量。秋七月，河決澶州。自開直河，水勢增漲，田廬益壞，外都水監丞程昉以不白水災憂死。至是，大決於澶州曹村。北流斷絶，河道南徙，東匯于梁山、張澤濼，分爲二派，一合南清河入于淮，一合北清河入于海。凡灌郡縣四十五，而濮、齊、鄆、徐尤甚，壞田逾三十萬頃。遣使脩閉。判大名府文彦博言：「河勢變移，四散漫流，兩岸俱被水患，而都水止固護東流北岸，希省費之賞，未嘗增脩隄岸。今者之決溢非天災，實人力不至也。」逾年，決口塞。詔改曹村埽曰靈平。**九月，河南邵雍卒。**雍天性高邁，迥出千古，而坦夷温厚，不見圭角。時新法行，吏牽迫不可爲，或投劾去。雍門生故友居州縣者，或貽書訪之，雍曰：「此賢者所當盡力之時，新法固嚴，能寬一分，則民受一分之賜矣。投劾何益邪？」程顥嘗與雍議論終日，退而嘆曰：「堯夫内聖外王之學也。」雍知慮絶人，遇事能前知。程頤嘗曰：「其心虚明，自能知之。」及疾病，司馬光、張載、顥、頤晨夕候之，卒年六十七。顥爲銘墓，稱「雍之學純一不雜，汪洋浩大。就其所至而論之，可謂安且成矣」。所著《皇極經世》《觀物内外篇》《漁樵問對》傳于世。元祐中，賜謚康節。**冬十一月，遼魏王耶律乙辛殺其君之子濬。**濬幼好學，善騎射。既立爲太子，兼北、南院樞密使。時耶律乙辛擅政，搆害宣懿皇后，而立其黨蕭霞抹之妹爲后，遂欲害濬。會護衛蕭忽古知乙辛姦狀，伏橋下欲殺之，適值暴雨橋壞，所謀不遂，乃下獄。濬亦以母故有憂色。副點檢蕭十三謂乙辛曰：「臣民心屬太子，一旦若立，吾輩措身何地？」乙辛然之，乃謀搆濬以罪，陰令護衛耶律查剌誣告都宫使耶律撒剌及忽古等謀廢立。❶按驗，無狀而罷。既而乙辛復令蕭訛都斡等誣首：「查剌前告非妄，臣實與謀，欲殺乙辛，然後立太子。臣若不言，恐事覺連坐。」遼主信之，遂命乙辛及耶律孝傑等鞫治，撒剌等誣伏，皆殺之。而幽濬于别室，濬具陳枉狀，謂耶律燕哥曰：「吾爲儲副，尚何所求？公當爲我辨之。」燕哥，乙辛之黨也，因易其言爲欵伏，遼主大怒，乃廢濬爲庶人，徙于上京。濬將出，曰：「我何罪至此？」蕭十三叱使登車，命衛士闔其扉而去。乙辛與耶律孝傑謀遣其私人蕭達魯古等夜引力士入囚室，紿以有赦，召濬出，殺之，函首以還，詐云疾薨。遼主命有司葬于龍門山。既而乙辛復陰遣人殺濬妃蕭氏。遼主後知其冤，悔恨無及，追謚濬曰昭懷太子。**同**

❶「宫」，原作「官」，據《遼史》卷七二《順宗濬傳》改。

**知太常禮院張載卒。**載自崇文歸，終日危坐一室，左右簡編，俯而讀，仰而思，有得則識之，或中夜起坐，取燭以書。其志道精思，未嘗須臾息也。敝衣蔬食，與諸生講學，每告以知禮成性、變化氣質之道，學必如聖人而後已。以爲知人而不知天，求爲賢人而不求爲聖人。此秦、漢以來學者大弊也。故其學以《易》爲宗，以《中庸》爲體，以孔、孟爲法，黜怪妄，辨鬼神。其家婚喪葬祭，率用先王之意，而傳以今禮。又論定井田、學校之法，皆欲條理成書，使可舉而措諸事業。吕大防薦之，召同知太常禮院，以疾歸而卒。世稱横渠先生。所著《正蒙》《西銘》行于世。程頤言：「《西銘》明理一而分殊，擴前聖所未發，與孟子性善養氣之論同功。」

**戊午　元豐元年，春閏正月，曾孝寬罷，以孫固同知樞密院事。**初，固與王安石議新法不合，出知真定。至是，帝思其先見，召用之。**夏六月朔，日食。○秋九月，交阯來貢。**李乾德遣使來貢，表求所失州縣，詔不許。未幾，乾德歸所掠民，乃以順州賜之。其後，定交阯界，復還其六縣二峒。**以吕公著、薛向同知樞密院事。**公著在翰林，帝嘗以釋、老之事語之，公著問曰：「堯、舜知此道乎？」帝曰：「堯、舜豈不知？」公著曰：「堯、舜雖知此，而惟以知人安民爲難，所以爲堯、舜也。」帝默然。向幹局絶人，尤善商財，計算無遺策。爲陝西轉運副使八年，改三司使，洮、河用兵，資用浩繁，向未嘗乏供給，用心至到，然不能不病民。王安石方尚功利，從中主之，雖御史有言，不聽也。故益得展奮，由文俗吏得大用。**議復肉刑。**帝初即位，韓絳、曾布建議復肉刑。至是，復詔輔臣議，吕公著曰：「後世禮教未備而刑獄繁，肉刑不可復，將有踊貴屨賤之譏。」王珪欲取死囚試劓、刖之，公著曰：「不可，刖而不死，則此法遂行矣。」議遂寢。**冬十一月，罷文武官功臣號。○十二月，復置大理獄。**帝以國初廢大理獄非是，又開封囚猥多，乃命復置。

**己未　二年，春二月，召程顥判武學，既而罷之。**顥自知扶溝縣召判武學，命下數日，李定、何正臣劾其學術迂闊，趨向僻異，且新法之初首爲異論，復罷之。呂公著上疏言：「方朝廷脩改法度之初，凡在朝野，孰無論議，陛下兼包，豈悉記録？而小人賊害，指目未已。如顥者，陛下早自知之。其立身行己，素有本末，昔在言路，時有論列，皆辭意忠厚，不失臣子之體，兼所除武學，亦未爲仕宦要津。而小人斷斷必以爲不可者，直欲深梗正路，其所措意非特一二人而已。」疏奏，不納。顥竟歸故官。

夏五月，元絳罷，以蔡確參知政事。確善覼人主意，與時上下。以王安石薦，再調監察御史，因爲之用。知帝已厭安石，即論安石乘馬入宣德門與衛士競以賈直。文彦博言濬川杷非濬河之具，帝遣知制誥熊本行視，以文彦博言爲是，確遂論本附彦博，本坐罷，確因代其職，改知諫院、判司農事。覬欲得臺端，因論中丞鄧潤甫、御史上官均按獄失實，潤甫、均皆罷，而確得中丞，猶領司農，凡常平、免役之法皆成其手。會太學生虞蕃訟博士受賄，確深探其獄，連引朝士，自翰林學士許將及元絳子耆寧以下皆逮繫，令獄卒與同寢處，飲食旋溷共一室，設大盆於前，凡羹胾飯餅舉投其中，以杓混攪，分飼之如犬豕。久繫不問，幸而得問，無一事不承。遂劾絳爲子有所屬請，出知亳州，確遂代其位。確自諫院爲參知政事，皆以起獄奪人位而居之，士大夫交口咄罵，而確自以爲得計也。吴充數爲帝言新法不便，欲稍去甚者，確曰：「曹參與蕭何有隙，至代爲相，一遵何約束。今陛下所自建立，豈容一人挾怨而壞之。」法遂不變。絳工於文辭而無特操，仕已顯，猶謂遲晚，時論鄙之。

秋八月，許二史直前奏事。修起居注王存乞復唐貞觀二史之職，執筆隨宰相入殿，帝是其言。又故事，左、右史雖日侍立，而欲奏事，必禀中書俟旨。存與同脩起居注王安禮因對及之，乃詔許直前，著爲令。

冬十月，立水居户賦役法。詔立水居船户五户至十户爲一甲，❶以輸賦役。

太皇太后曹氏崩。帝事太后極誠孝，后亦慈愛天至。故事，外家男子毋得入謁。帝以后春秋高，數請召弟佾入見，久之乃許。及見，少頃，后謂佾曰：「此非汝所當得留。」趣遣出焉。帝嘗有意於燕薊，已與大臣定議，乃詣太后白其事，后曰：「儲蓄賜予備乎？鎧仗士卒精乎？」帝曰：「固已辦之矣。」后曰：「事體至大，吉凶悔吝生乎

❶「立」，原作「求」，據《長編》卷三〇〇、《宋史》卷一五《神宗本紀》改。

動。得之，不過南面受賀而已；萬一不諧，則生靈所係未易以言。苟可取之，太祖、太宗收復久矣，何待今日！」帝曰：「敢不受教！」**下知湖州蘇軾獄，貶爲黄州團練副使。**軾自徐徙湖，上表以謝。又以事不便民者不敢言，以詩託諷，庶有益於國。中丞李定、御史舒亶擿其語以爲侮慢，因論軾自熙寧以來作爲文章，怨謗君父，交通戚里。逮軾赴臺獄。詔定與知諫院張璪、御史何正臣、舒亶等雜治之。定等媒蘖以爲誹謗時事，鍛鍊久之，且多引名士欲寘之死。太皇太后曹氏違豫中聞之，謂帝曰：「嘗憶仁宗以制科得軾兄弟，喜曰：『吾爲子孫得兩宰相。』今聞軾以作詩繫獄，得非仇人中傷之乎！捃至於詩，其過微矣，宜熟察之。」帝曰：「謹受教。」吴充申救甚力，帝亦憐之。會同修起居注王安禮從容白帝曰：「自古大度之君，不以言語罪人。軾以才自奮，謂爵禄可立取，顧録録如此，其心不能無觖望。今一旦致于理，恐後世謂陛下不能容才。」帝曰：「朕固不深譴也，行爲卿貰之，第去勿漏言。軾方賈怨於衆，恐言者緣以害卿也。」王珪復舉軾《詠檜詩》曰：「根到九泉無曲處，世間惟有蟄龍知。」以爲不臣。帝曰：「彼自詠檜爾，何預朕事！」軾遂得輕比。舒亶又言：「駙馬都尉王詵輩公爲朋比，如盛僑、周邠固不足論，若司馬光、張方平、范鎮、陳襄、劉摯皆略能誦説先王之言，而所懷如此，可置而不誅乎！」帝不從，但貶軾黄州團練副使，本州安置；弟轍及詵皆坐謫貶，張方平、司馬光、范鎮等二十二人俱罰銅。初，鮮于侁爲京東轉運使，以王安石、吕惠卿當國，正人不得立朝，嘆曰：「吾有薦舉之權，而所列非賢，耻也！」遂舉劉摯、李常、蘇軾、蘇轍、劉攽、范祖禹等。及知揚州，會軾自湖赴獄，親朋皆絶與交，道出廣陵，侁往見之，臺吏不許通。或曰：「公與軾相知久，其所往來文字書問，宜焚之勿留，不然且獲罪。」侁曰：「欺君負友，吾不忍爲，以忠義分譴，則所願也。」至是，以舉吏累，謫主管西京御史臺。

**庚申　三年，春正月，遼出耶律乙辛于興中府。**乙辛又欲害太子濬之子延禧，因言宋魏王和魯斡之子淳可爲儲嗣。羣臣畏乙辛，莫敢言。北院宣徽使蕭兀納、夷離畢蕭陶隗諫曰：「舍嫡不立，是以國與人也。」遼主猶豫不決。會獵于黑山，見扈從官屬多隨乙辛後，始惡其事，遂改乙辛知南院大王事。乙辛入謝，遼主即日出之興中府，其黨多黜。遂封延禧梁王，爲設旗鼓拽剌六人以護衛之。生六年矣。以章惇參知政事。

三月，吴充罷。充欲有所爲，每爲王珪、蔡確所沮。至是，諫官張璪論充與郭逵書，止其進兵，故安南無功。充既遭同列困毁，素病瘤，積憂畏，疾益侵，遂罷爲西太一宫使，踰月卒。充爲相，務安静，心正而力不足，知不可爲而不能勇退，爲世所譏。葬慈聖光獻皇后。○夏

四月，詔忠州團練使韓存寶經制瀘夷。先是，渝州獠寇南川，其酋阿訛奔箇恕，熊本重賞檄斬之。阿訛桀黠，習知邊隙，箇恕匿不殺。會箇恕老，以兵屬其子乞弟，遂與阿訛侵諸部。時羅苟夷叛，犯納溪，提刑穆珦言：「羅苟起端，不加誅則烏蠻觀望，爲害不細。」乃詔韓存寶擊之。存寶召乞弟掎角，討蕩五十六村、十三囤，蠻乞降，承租賦，乃罷兵。至是，乞弟率步騎六千至江安城下，責平羅苟之賞，數日乃引去。知瀘州喬叙遣梓夔都監王宣以兵二千守江安，而以賄招乞弟與盟于納溪。蠻以爲畏己，益悖慢，盟五日，遂率衆圍熟夷羅箇牟族。王宣救之，一軍皆没，事遂張。詔召存寶授方略，統三將，兵萬八千，趨東川。存寶怯懦不敢進，乞弟送款紿降，存寶信之，遂休兵于綿、梓、遂、資間。六月，詔中書詳定官制。

國初承唐制，三省無專職，臺、省、寺、監亦無定員，類以他官主判。三省長官不預朝政，六曹不釐本務，給舍不領本職，諫議無言責，起居不記注，司諫、正言非特旨供職，亦不任諫諍。其官人受授之别，有官、有職、有差遣。凡仕者以登臺閣、升禁從爲顯宦，而不以官之遲速爲榮滯；以差遣要劇爲貴途，而不以階勳、爵邑有無爲重輕。議者多以正名爲請，帝慨然欲更其制，乃置詳定官制局于中書，命翰林學士張璪、樞密副承旨張誠一領之。詔祕書監劉几等定雅樂。帝自即位，於禮樂之事未遑制作。至是，將有事于明堂，知禮院楊傑條上舊樂之失，遂召致仕祕書監劉几、侍郎范鎮與傑參議。几、傑請「遵祖訓，一切下王朴樂二律，用仁宗時所制編鍾，追考成周分樂之序，辨正二舞容節」。而鎮欲求一稃二米真黍，以律生尺，改修鍾量，廢四清聲。詔悉從几、傑議。樂成，第加恩賚，鎮謝曰：「此劉几樂也，臣何預焉！」復上疏論之，不報。

秋七月，彗出太微垣，詔羣臣直言闕失。王安石弟安禮應詔上疏曰：「人事失於下，變象見於上。陛下有仁民愛物之心，而澤不下究，意者左右大臣是非好

惡，不遵諸道。乘權射利者，用力殫於溝瘠，取利究於園夫，足以干陰陽而召星變。願察親近之行，杜邪枉之門。至於祈禳小數，貶損舊章，恐非所以應天者。」帝覽疏嘉歎，諭之曰：「王珪欲使卿條具，朕嘗謂不應沮格人言，以自壅障。今以一指蔽目，雖泰、華在前弗之見，近習蔽其君，何以異此，卿當益自信。」遂進翰林學士、知開封府。

**九月，定百官寄祿格。**官制成，下詔行之。凡領空名者，一切罷去，而易之以階，因以寄祿。議者又欲罷樞密院歸兵部，帝曰：「祖宗不以兵柄歸有司，故專命官以統之，互相維制，何可廢也！」遂止。帝嘗謂執政曰：「官制將行，欲新舊人兩用。」指御史大夫曰：「非司馬光不可。」王珪、蔡確相顧失色。珪憂甚，不知所出。確曰：「上久欲收靈武，公能任責，則相位可保也。」珪喜，謝之。因薦俞充帥慶，使上平西夏策。其意以爲既用兵深入，必不召光，雖召，將不至。已而光果不召。

**以馮京爲樞密使，薛向、孫固、呂公著爲副使。向尋免。**向既在政地，養威持重，同列質以西北事，多默不對。會詔民畜馬，向既奉命，旋知民不便，欲改議。御史舒亶論其反覆，無大臣體，斥知潁州。

**冬十一月朔，日食。**

**辛酉　四年，春正月，馮京罷，以孫固知樞密院事，呂公著、韓縝同知院事。**京再執政，初與王安石不合，後爲呂惠卿所傾，中立不倚，人服其操。宋進士自鄉舉至廷試皆第一者才三人，王曾、宋庠爲名宰相，京爲名執政，不愧科名云。

**三月，章惇有罪免，以張璪參知政事。**朱服爲御史，惇密使客達意於服，爲服所白。惇父俞又彊占民田，民遮訴惇，惇繫之開封。事併聞，遂免知蔡州。

**夏四月，築河隄自大名至于瀛州。**河復大決澶州小吳埽，詔都水監丞李立之經畫以聞。帝謂輔臣曰：「河之爲患久矣，後世以事治水，故常有礙。夫水之趨下，乃其性也，如能順水所向，遷徙城邑以避之，復有何患？」已而立之言：「河流自乾寧軍至劈地口入海，宜自北京至瀛州分立東西隄五十九埽。」詔從之。立之在熙寧初已主立隄，今竟行其言。大抵熙寧專欲導河東流，閉北流。元豐以後，因河決而北，議者始欲復禹故迹。帝愛惜民力，思順水性，而水官難其人。

王安石力主程昉、范子淵，二人尤以河事自任，然糜費財用，卒無成功。**五月，立晉程嬰、公孫杵臼廟于絳州。**報其存趙孤也。追封嬰成信侯，杵臼忠智侯。**夏人幽其主秉常。秋七月，詔李憲會陝西、河東五路之師討之。**知慶州俞充知帝有用兵意，屢請西伐，又言：「諜報云：『夏將李清，本秦人，說秉常以河南地來歸。秉常母梁氏知之，遂誅清，奪秉常政而幽之。』宜興師問罪，此千載一時也。」帝然之。遂詔熙河經制李憲等大舉征夏，而召鄜延副總管种諤入對。諤至，大言曰：「夏國無人，秉常孺子，往持其臂以來爾！」帝壯之，乃決意西伐。方議出師，孫固諫曰：「舉兵易，解禍難，不可。」帝曰：「夏有釁不取，則爲遼人所有，不可失也。」固曰：「必不得已，請聲其罪，薄伐之，分裂其地，使其酋長自守。」帝笑曰：「此真酈生之説爾。」時執政有言便當直渡河，不可留行，固曰：「然則孰爲陛下任此者？」帝曰：「朕已屬李憲。」固曰：「伐國大事，而使宦者爲之，則士大夫孰肯爲用！」帝不悦。他日，固又曰：「今五路進師，而無大帥，就使成功，兵必爲亂。」帝諭以無其人。吕公著進曰：「問罪之師，當先擇帥。既無其人，曷若已之。」固曰：「公著言是也。」帝不聽，竟命李憲出熙河，种諤出鄜延，高遵裕出環慶，劉昌祚出涇原，王中正出河東，分道並進。又詔吐番首領董氈集兵會伐。**詔定選格。**太祖設官分職，多襲五代之制。凡入仕，有貢舉、奏蔭、攝署、流外、從軍五等。吏部銓惟注擬州縣官、幕職。帝自即位，欲更制度，詔内外官司舉官悉罷。又用判吏部蘇頌議，凡文武銓注之法悉歸選部，分左、右曹掌之。初，中書有堂選，百司郡縣有奏舉，皆不隸于有司。王安石以中書總庶務，選徒留滯，不能精擇，言于帝欲罷堂選。曾公亮執不可而止。至是，既罷内外長吏舉官法，堂選亦廢。**韓存寶棄市。步軍都虞候林廣擊瀘夷，破之。**存寶坐逗遛無功，斬于瀘州，以廣代將。乞弟復送欵。帝以其反覆無降意，督廣進兵。廣遂敗乞弟於納江，破樂共城，斬首二千級。乞弟遁，廣帥兵深入。自發納江，即入叢箐，無日不雨雪，兵夫疾病、死亡不可勝計，往往取僵屍臠割食之。過鴉飛不到山，至歸徠州，竟不得乞弟而還。時朝廷懲安南無功，方大舉伐夏，故誅存寶以令諸將。**九月，李憲復蘭州。**憲總熙、秦七軍及董氈兵三萬，敗夏人于西市新城。復襲女遮谷，破之。遂復古蘭州，城之，請建爲帥府。**种諤克米脂城。**諤率鄜延兵出綏德城，以攻米脂。夏人八萬來救，諤與戰于無定川，敗之，遂克米脂。**冬十月，高遵裕復清遠軍。○内侍王中正以河東兵入宥州。**中正帥兵出麟州，度無定河，循水北行。地皆沙濕，士馬多陷没，糗糧不能繼，又恥無功，遂入于宥州。時夏人棄城走河北，城中遺民百餘家，中正遂屠之，掠其牛馬以充食。**十一月朔，日食。○高遵裕等兵潰，李憲不至靈州而還。**劉昌祚率番、漢兵五萬，受遵裕節制，令兩路合軍以進。既入境，而慶兵不至。昌祚次磨移隘，遇夏衆十萬扼險，大破之，遂薄靈州城。兵幾入門，遵裕嫉其功，馳使止之，昌祚按甲不敢進。遵裕至，圍城十八日不能下，夏人決黄河七級渠以灌營，復鈔絶餉道，士卒凍溺死，遂潰而還，餘軍纔萬三千而已。夏人躡之，復敗焉。昌祚亦還涇原。种諤留千人守米脂，而自帥大衆進攻銀、石、夏州，遂破石堡城，進至夏州，駐軍索家平。會大校劉歸仁以衆潰，而軍食又乏，復值大雪，乃引還，死者不可勝計，入塞者僅三萬人。王中正自宥州行至奈王井，糧盡，士卒死者二萬人，亦引退。初，詔憲帥五路兵直趨興、靈。憲總師東上，營于天都山下，焚夏之南牟内殿，并其館庫。追襲其統軍仁多㖫丁，敗之，次于葫蘆河，遂班師。時五路兵皆至靈州，獨憲不至。**以吴居厚爲京東都轉運使。**居厚初爲武安節度推官，奉行新法盡力，核閒田以均給梅山徭，計勞得補司農官屬，轉提舉河北常平，遂擢京東轉運副使。時方興鹽、鐵，居厚精心計，籠絡鈎稽，收羨息錢數百萬。即萊蕪、利國二冶官自鑄錢，以能擢都轉運使。議行河北鹽法，搜剔無遺。居厚起州縣凡流，徒以言利得幸，由是嗜進之士從風而靡。

**壬戌**　**五年，春正月，貶高遵裕等官，以李憲爲涇原經略安撫制置使。**初，夏人聞朝廷大舉，母梁氏問策于廷，諸將少者盡請戰，一老將獨曰：「但堅壁清野，縱其深入，聚勁兵于靈、夏，而遣輕騎抄絶其餽運，可不戰而困也。」梁氏從之，師卒無功而還。帝曰：「朕始以孫固言爲迂，今悔無及矣。」至是討敗師罪，高遵裕責授郢州團練副使，本州安置；种諤、王中正、劉昌祚並降官。憲欲以開蘭、會邀功弭責，孫固曰：「兵法，後期者斬，況諸路皆至，而憲獨不行，不可赦。」帝以憲有功，但令詰其擅還之由，憲以餽餉不接爲辭，釋弗誅。憲復上再舉之策，詔以爲涇原經略安撫制置使、知蘭州。**夏四月朔，日食。○御史中丞舒亶有罪免。**亶舉劾多私，氣焰熏灼，見者側目。至是，坐詐爲録目，奪兩秩、勒停，遠近稱快。**以王珪爲尚書左僕射兼門下侍郎，蔡確爲尚書右僕射兼中書侍郎，章惇爲門下侍郎，張璪爲中書侍郎，蒲宗孟爲尚書左丞，王安禮爲尚書右丞。**官制成，改同中書門下平章事爲左、右僕射，參知政事爲門下、中書侍郎，尚書左、右丞。初議官制，蓋倣《唐六典》，事無大小，並中書取旨，門下審覆，尚書受而行之，三省分班奏事，並歸中書。確説珪曰：「公久在相位，必得中書令。」珪信不疑。確乃言於帝曰：「三省長官位高，不須置令，但令左、右僕射分兼兩省侍郎足矣。」帝以爲然。故確名爲次相，實顓大政，珪以左僕射兼門下，拱手而已。帝雖以次叙相珪、確，然不加禮重，屢因微失罰金，每罰輒門謝。宰相罰金、門謝，前此未有，人皆耻之。確既相，屢興羅織之獄，縉紳士大夫重足而立。富弼在洛，上書：「確小人，不宜大用。」帝不從。帝嘗語輔臣有無人才之嘆，宗孟率爾對曰：「人才半爲司馬光邪説所壞。」帝不語，直視久之，曰：「蒲宗孟乃不取司馬光邪？未論别事，只辭樞密一節，朕自即位以來，唯見此一人，他人則雖迫之使去，亦不肯矣。」宗孟慚懼，無以爲容。時李憲乞再舉伐夏，帝以訪輔臣，王珪對曰：「向所患者用不足，朝廷今捐錢鈔五百萬緡，以供軍食有餘矣。」安禮曰：「鈔不可噉，必變而爲錢，錢又變爲芻粟，今距出征之期纔兩月，安能集事？」帝曰：「李憲以爲已有備。彼宦者能如是，卿等獨無意乎？唐平淮蔡，唯裴度謀議與主同。今乃不出公卿，而出於閹寺，朕甚耻之。」安禮曰：「淮西三州爾，有裴度之謀，李光顔、李愬之將，然猶引天下之兵力，歷歲而後定。今夏氏之强，非淮、蔡比，憲才非度匹，諸將非有光顔、愬輩，臣懼無以副聖志也。」**以曾鞏爲中書舍人。**鞏能文章，爲歐陽脩所重，帝深知其才，命充史館脩撰，專典史事。至是，命爲中書舍人。時自三省百職事，選授一新，除書日至十數，人人舉其職，於訓辭，典約而盡。未幾卒。吕公著常言於帝曰：「鞏爲人行義不如政事，政事不如文章，以是不大用。」**吕公著罷。○秋八月，詔歲以四孟月朝獻景靈宮。**帝以先朝御容多寓寺觀，乃作十一殿于景靈宮。凡神御皆迎入，累朝文臣執政官、武臣節度使以上，並圖形於兩廡。凡執政官除拜，赴宮恭謝。其後南郊，先詣宮行薦享禮，並如太廟。給事中徐禧護兵城永樂。种諤西討不能如志，知延州沈括欲盡城横山，下瞰平夏，使虜不得絶磧爲寇，諤遂上其策于朝，且言興功當自銀州始。帝以爲然，遣給事中徐禧、内侍李舜舉往鄜延議之。舜舉退詣執政，王珪迎謂曰：「朝廷以邊事屬押班及李留後，無西顧之憂矣。」舜舉曰：「四郊多壘，卿大夫之辱也。相公當國，而以邊事屬二内臣，可乎？内臣止宜供禁廷洒掃之職爾，豈可當將帥之任邪！」聞者代珪發慚。禧至鄜延，上言：「銀州雖據明堂川、無定河之會，而故城東南已爲河水所吞，其西北又阻天塹，不如永樂之形勢險阸，請先城永樂。」永樂依山無水泉。种諤極言其不可。帝從禧議，乃詔禧護諸將往城之，而命括移府並塞總兵爲援，陝西轉運判官李稷主饋餉。禧以諤跋扈，奏留諤守延州，自率諸將往築。十四日而成，距故銀州治二十五里，賜名銀川砦。❶禧等退還米脂，以兵萬人屬曲珍守之。九月，夏人陷永樂，徐禧等敗死。禧等既城，去九日，夏人以數千騎來攻，曲珍使報禧，禧遂與李舜舉、李稷往援之，留沈括守米脂。比抵永樂，夏人傾國而至。大將高永能請及其未陳擊之，禧曰：「爾何知！王師不鼓不成列。」執刀自率士卒拒戰，夏人益衆，進薄城下。珍兵陳於水際，將士皆有懼色，珍白禧曰：「今衆心已摇，不可戰，戰必敗，請收兵入城。」禧曰：「君爲大將，奈何遇敵先自退邪？」乃以七萬人陳于城下。夏人縱鐵騎渡河，珍曰：「此鐵鷂子軍也，當其半濟擊之，乃可以逞，得地則其鋒不可當也。」禧不從。鐵騎既濟，震盪衝突，大衆繼之。珍鋭卒敗，奔還，蹂後陣。夏人乘之，珍衆大潰。珍收餘衆入城，夏人圍之，厚數里，且據其水砦。珍士卒晝夜血戰，城中乏水已數日，掘井不及泉，渴死者十六七。种諤怨禧，不遣救師，城中大急。會夜半大雨，夏人環城急攻，城遂陷。禧、舜舉、稷、永能皆爲亂兵所害，惟珍裸跣走免。將校死者數百人，喪士卒役夫二十餘萬。夏人耀兵米脂城下而還。自熙寧以來，用兵得夏葭蘆、吴保、義合、米脂、浮圖、塞門六堡，而靈州、永樂之役，官軍、熟羌、義保死者

---

❶「川」，原作「州」，據《長編》卷三二九、《編年綱目備要》卷二一、《宋史》卷八七《地理志》改。

六十萬人，錢穀銀絹不可勝計。事聞，帝臨朝痛悼，爲之不食。贈禧等官，而貶括爲均州團練副使、隨州安置，降珍爲皇城使，自靈武之敗，秦、晉困棘，天下企望息兵，而括、諤進攻取之策，禧素以邊事自任，狂謀輕敵，遂致覆敗。自是帝始知邊臣不可倚信，深自悔咎，無意於西伐，而夏人亦困弊矣。初，帝之遣禧也，王安禮諫曰：「禧志大才踈，必誤國事。」帝不聽。及敗，帝曰：「安禮每勸朕勿用兵，少置獄，蓋爲是也。」

**癸亥**　六年，春二月，夏人寇蘭州，貶李憲爲熙河都總管。夏人數十萬圍蘭州，已奪兩關門，鈐轄王文郁夜集死士七百餘人縋城，擊走之。未幾，夏人復分道入寇，亦多爲諸路所敗。中丞劉摯言：「熙河經略使李憲貪功生事，一出欺罔，避興、靈會師之期，頓兵以城蘭州，遺患至今。」詔貶憲爲熙河安撫經略都總管。

夏四月，遼大雪。平地丈餘，馬死者十六七。

閏六月，夏人復來脩貢。夏人亦弊於兵，西南都統昴星嵬名濟移書于涇原劉昌祚，乞通好如初。昌祚以聞，帝諭昌祚答之。及入寇屢敗，國用益竭，乃遣謨箇咩迷乞遇來上表，帝許之。復詔陝西、河東經略司，其新復城砦，徼循毋出二三里。夏之歲賜悉如其舊。未幾，夏主上書乞還侵疆，帝不許。

司徒、韓公富弼卒。遺表大略云：「陛下即位之初，邪臣納説，上誤聰明，浸成禍患。今上自輔臣，下及多士，畏禍圖利，習成敝風。去年永樂之役，兵民死亡者數十萬。今久戍未解，百姓困窮，豈諱過恥敗、不思救禍之時乎？天地至仁，寧與羌夷校勝負？願休兵息民，使關、陝之間，稍遂生理。兼陝西再團保甲，州縣奉行，勢侔星火，人情惶駭，不苦寢罷以綏懷之。臣之所陳，急於濟事。若夫要道，則在聖心所存，與所用之人君子、小人之辨爾。」弼早有公弼之望，名聞夷狄，遼使每至，必問其出處安否。臨事周悉，不萬全不發。當其敢言，奮不顧身。忠義之性，老而彌篤，家居一紀，斯須未嘗忘朝廷。訃聞，贈太尉，謚文忠。

秋七月，孫固罷，以韓縝知樞密院事，安燾同知院事。〇八月，蒲宗孟免，以王安禮、李清臣爲尚書左、右丞。御史論宗孟荒于酒色及繕治府舍過制，故免。

九月朔，日食。〇冬十月，遼耶

**律乙辛伏誅。**乙辛在興中府，坐以禁物鬻入外國，減死幽于來州，❶其黨耶律仁傑削爵爲民。至是，乙辛復謀來奔及私藏兵甲事覺，伏誅。**十一月，太師文彥博致仕。**彥博自河南入朝，帝嘉其輔立英宗而不伐其功，加兩鎮節度使。將行，賜宴瓊林苑，兩遣中使遺詩祖道，當世榮之。至是，請老，以太師致仕。彥博之在河南也，與富弼等用白居易故事，就弼第置酒相樂，尚齒不尚官。洛陽多名園古刹，諸老鬚眉皓白，衣冠甚偉，都人常隨觀之。已而圖形妙覺僧舍，謂之「洛陽耆英會」。司馬光年未六十，以狄兼謩故事與焉。**以陸師閔提舉成都茶塲。**李稷既死，以師閔代其任，榷利尤刻，稅息倍於稷。**十二月，户部獻今歲民數。**時天下凡二十三路，東南際海，西盡巴僰，北極三關，東西六千四百八十五里，南北萬一千六百二十里。天下主、客户一千七百二十一萬一千七百一十三。

**甲子**　**七年，春正月，夏人大舉寇蘭州。**初，李憲以夏人數至蘭州河外而翱翔不進，意必大舉，乃增城守之備。至是，果大舉入寇，步騎號八十萬圍蘭州，意在必取，督衆急攻，矢如雨雹，雲梯革洞，百道並進。凡十晝夜，不克，糧盡引去。尋復寇延州、德順軍、定西城及熙河諸砦。**夏五月，詔以孟軻配食孔子。**先是，判國子監常秩請立孟軻、揚雄像于廟庭，仍賜爵號。又請追尊孔子爲帝。下兩制禮官詳議，以爲非是而止。知鄆州曾孝寬復請加封孟子，乃詔封爲鄒國公。至是，復詔孟子與顏子並配孔子，又追封荀況爲蘭陵伯，揚雄爲成都伯，韓愈爲昌黎伯，從祀廟庭。**秋七月，王安禮罷。○冬十二月，端明殿學士司馬光上《資治通鑑》。**初，光約戰國至秦二世，如左氏體，爲《通志》以進。英宗悦之，命續其事，就崇文殿開局，許自選官屬，得借龍圖、天章、三館、祕閣書籍，給御府筆墨，繒帛及御前錢以供果餌，以内臣爲承受。光遂與劉攽、劉恕、范祖禹及子康編集。帝即位，賜名《資治通鑑》，製序文賜之。會光出知永興軍，以衰病乞閒，乃差判西京留司御史臺及

❶「來」，原作「萊」，據《遼史》卷三九《地理志》、卷一一〇《耶律乙辛傳》改。

提舉崇福宮，前後六任，聽以書局自隨。光於是徧閱舊史，旁采小説，抉摘幽隱，較計毫釐。上起周威烈王二十三年，下終五代。又略舉事目，年經國緯，以備撿尋，爲《目録》。又參考羣書，評其同異，俾歸一塗，爲《考異》。合三百五十四卷，歷十九年而成。至是，上之。詔以光爲資政殿學士，降詔獎諭。

**乙丑　八年，春正月，帝有疾。三月，詔立延安郡王傭爲皇太子，賜名煦，皇太后權同聽政。**帝疾甚，羣臣請立皇太子，及請皇太后高氏權同聽政，許之。三月甲午朔，立傭爲皇太子，賜名煦。先是，岐王顥、嘉王頵日問起居，太后既垂簾，命二王毋輒入，且陰敕中人梁惟簡妻製十歲兒一黄袍，懷以來，蓋密爲踐祚倉卒備也。初，太子之未立也，職方員外郎邢恕與蔡確成謀，密語太后之姪高公繪、公紀曰：「上疾不可諱，延安幼冲，宜早有定論，岐、嘉皆賢王也。」公繪驚曰：「此何言！君欲禍吾家邪？」恕知計不行，反宣言太后屬意岐王，而與王珪表裏。導確約珪入問疾，陽鉤致珪語，使知開封府蔡京伏劍士於外，須珪小持異，則執而誅之。既而珪言上自有子，定議立延安。恕益無所施。及太子已立，猶與確自謂有定策功，傳播其語於朝。**帝崩，太子即位，赦。**帝崩，年三十八。太子即位，生十年矣。史臣曰：「神宗孝友謙抑，敬畏輔相，不事遊幸，厲精圖治，將大有爲。未幾，王安石入相。安石爲人，悻悻自信，❶知祖宗志吞幽、薊，而數敗兵，帝奮然將雪數世之耻，未有所當，遂以偏見曲學起而乘之。天下洶洶騷動，帝終不覺悟，方斷然廢逐元老，擯斥諫士，致祖宗之良法美意，變壞幾盡。自是邪佞日進，人心日離，禍亂日起。惜哉！」**尊皇太后曰太皇太后，皇后曰皇太后，德妃朱氏曰皇太妃。**德妃，帝生母也。太皇太后既聽政，散遣脩京城役夫，止造軍器及禁庭工技，出近侍尤無狀者。戒中外無苛斂，寬民間保户馬。事由中旨，王珪等弗預知也。蔡確思求媚於太后以自固，太后從父高遵裕坐西征失律抵罪，因上言乞復遵裕官。后曰：「遵裕靈武之役，塗炭百萬，先帝中夜得報，起環榻而行，徹旦不能寐，自是驚

❶「悻悻」，原作「倖倖」，據萬曆本、四庫本、《宋史》卷一六《神宗本紀》改。

悖，馴致大故，禍由遵裕，得免刑誅，幸矣。先帝肉未冷，吾何敢顧私恩而違天下公議乎！」確悚慄而退。**罷京城邏卒及免行錢，廢濬河司，蠲逋賦。**尋詔寬民力，有司或致廢格者，監司、御史糾劾之。**司馬光自洛入臨。夏五月，詔求直言。**光居洛十五年，天下以爲真宰相，田夫、野老皆號爲司馬相公，婦人、孺子亦知其爲君實也。❶神宗崩，光欲入臨，避嫌不敢。時程顥在洛，勸光行，乃從之。衛士見光，皆以手加額，曰：「此司馬相公也！」所至民遮道聚觀，馬至不得行，曰：「公無歸洛，留相天子，活百姓。」光懼，亟還。太后遣内侍梁惟簡勞光，問爲政所當先。光請開言路，詔榜朝堂。而大臣有不悦者，設六語云：「若陰有所懷，犯非其分，或扇摇機事之重，或迎合已行之令，上以徼倖希進，下以眩惑流俗，若此者，罰無赦。」后復命示光，光曰：「此非求諫，乃拒諫也。人臣惟不言，言則入六事矣。」乃具論其情，改詔行之，於是上封事者千數。**召程顥爲宗正寺丞，未至，卒。**顥嘗曰：「新法之行，乃吾黨激成之。當時自愧不能以誠感上心，遂致今日之禍，豈可獨罪王安石也。」至是召爲宗正丞，未行而卒，年五十四。顥自十五六時，與弟頤聞汝南周敦頤論道，遂厭科舉之業，慨然有求道之志。未知其要，泛濫于諸家，出入于老、釋者幾十年，返求諸六經而後得之。資性過人，充養有道，和粹之氣，❷盎于面背，門人交友從之歲久，未嘗見其忿厲之容。遇事優爲，雖當倉卒，不動聲色。深有意經濟，方召用，遽卒。士大夫識與不識，莫不哀傷焉。文彦博采衆論，題其墓曰：「明道先生。」弟頤序之曰：「周公没，聖人之道不行；孟軻死，聖人之學不傳。道不行，百世無善治；學不傳，千載無真儒。無善治，士猶得以明夫善治之道，以淑諸人，以傳諸後；無真儒，則天下貿貿焉莫知所之，人欲肆而天理滅矣。先生生乎千四百年之後，得不傳之學於遺經，以興起斯文爲己任，辨異端，闢邪説，使聖人之道焕然復明於世，蓋自孟子之後，一人而已。然學者於道不知所向，則孰知斯人之爲功；不知所至，則孰知斯名之稱情也哉。」**吴居厚有**

❶「孺子」，原作「女子」，據《大事記講義》卷一八《相重臣》、《編年綱目備要》卷二一、《宋史》卷三三六《司馬光傳》改。

❷「和粹」，原作「純粹」，據《宋史》卷四二七《程顥傳》、《資治通鑑後編》卷八六改。

**罪，貶知廬州。**居厚在京東最苛刻，劇盜王冲因民怨，聚衆數千，欲乘其行部至徐，篡取投諸鐵冶中。居厚聞之，間道遁去。至是，以言者論，降知廬州。尋責爲成州團練使，黄州安置。**王珪卒。**珪以文學見推流輩，然自執政至宰相，凡十六年，無所建明，率道諛將順。當時目爲「三旨相公」，以其上殿進呈，云「取聖旨」；上可否訖，云「領聖旨」；退諭稟事者，云「已得聖旨」也。**以蔡確、韓縝爲尚書左、右僕射兼門下、中書侍郎，章惇知樞密院事。○以司馬光爲門下侍郎。**詔起光知陳州，過闕，留爲門下侍郎。既而，蘇軾自登州召還，緣道人相聚號呼曰：「寄謝司馬相公，毋去朝廷，厚自愛以活我。」是時天下之民引領拭目以觀新政，而議者猶謂「三年無改於父之道」。光曰：「先帝之法，其善者雖百世不可變也。若王安石、吕惠卿所建爲天下害者，改之當如救焚拯溺。况太皇太后以母改子，非子改父也。」於是衆議少止。羅從彦曰：「孔子曰：『三年無改於父之道。』此孝子居喪，志存父在之道，不必主事而言也。况當易危爲安、易亂爲治之時，速則濟，緩則不及，改之，乃所以爲孝也。天子之孝，在於保天下。光不即理言之，乃曰：『以母改子，非子改父。』以此遏衆議，則失之矣。其後至紹聖時，排陷忠良，以害於治，豈亦光有以召之邪？」

**六月，賜楚州孝子徐積粟帛。**積事親孝，旦夕必冠帶定省。從胡瑗學，所居一室，寒一裘，啜粟飲水，雖瑗遺以食亦不受。以父名石，至終身不用石器，行遇石，則避而不踐。中年屏居窮里，而四方事無不知。嘗借人書，經夕還之，借者紿言書中有金葉，積賣衣償之，不與辨。後以近臣薦授楚州教授，每升堂訓諸生曰：諸生欲爲君子，而使勞己之力，費己之財，如此而不爲君子猶可也；不勞己之力，不費己之財，諸君何不爲君子？鄉人賤之，父母惡之，如此而不爲君子猶可也；鄉人榮之，父母欲之，諸君何不爲君子？」聞者敬服。及卒，賜謚節孝。**秋七月，以吕公著爲尚書左丞。**公著知揚州，被召侍讀。太后遣使迎，問所欲言，公著曰：「先帝本意，以寬省民力爲先，而建議者以變法侵民爲務，與己異者一切斥去，故日久而弊愈深，法行而民愈困。誠得中正之士，講求天下之利病，協力而爲之，宜不難矣。」既至，拜左丞。公著既居政府，與司馬光同心輔政，推本先帝之志，凡欲革而未暇與革而未定者，一一舉行之。民懽呼鼓舞稱便。

罷保甲法。先是，司馬光言于太后曰：「兵出民間，雖云古法，然古者八百家纔出甲士三人、步卒七十二人，閑民甚多，三時務農，一時講武，不妨稼穡。自兩司馬以上，皆選賢士大夫爲之，無侵漁之患，故卒乘輯睦，動則有功。今籍鄉村之民，二丁取一，授以弓弩，教之戰陳，農民半爲兵也。三四年來，又令三路置都教場，無問四時，每五日一教。一丁在閲，一丁供送，雖云五日，而保正、長以泥堋、除草爲名，聚之教場，得賂則縱，否則留之。是三路耕耘收穫稼穡之事幾盡廢也。」至是，復力言其公私勞擾，有害無益。遂詔罷之。冬十一月，復以鮮于侁爲京東轉運使。熙寧末，侁已嘗爲京東轉運使。至是，居厚貶，復用之。司馬光語人曰：「今復以子駿爲轉運使，誠非所宜，然朝廷欲救東土之弊，非子駿不可。此一路福星也，安得百子駿布在天下乎！」侁既至，奏罷萊蕪、利國兩鐵冶，又奏海鹽依河北通商，民大悦。葬永裕陵。○罷方田法。○十二月，罷市易法，貶呂嘉問知淮陽軍。言者交論市易之患被于天下。本錢無慮千二百萬緡，率二分其息，十有五年之間，子本當數倍，今乃僅足本錢。蓋買物入官，未轉售而先計息取賞，至於物貨苦惡，上下相蒙，虧折日多，空有虚名而已。監察御史韓川論市易，以爲「雖曰平均物直，而其實不免貨交取利。就使有獲，尚不可爲，况所獲不如所亡。願趣罷其法」。於是詔罷市易，而削前提舉市易光禄卿呂嘉問三秩，貶知淮陽軍。其黨皆降黜。罷保馬法。○起居舍人邢恕有罪，貶知隨州。恕博貫經籍，能文章，從程頤學，司馬光、呂公著、王安石、吴充皆重之。然天資詭詐冒進，與蔡確謀立岐王顥。事既不成，會王珪卒、恕與確及章惇宣言太皇太后及吴充有異議，賴確擁護而止，自以爲功。至是，復爲高公繪草奏，乞尊崇朱太妃，爲高氏異日計。太后怒，黜知隨州。

續資治通鑑綱目第七

# 續資治通鑑綱目第八

起丙寅宋哲宗元祐元年，盡庚辰宋哲宗元符三年。

凡十五年。

**丙寅** 哲宗皇帝元祐元年，春閏二月，

蔡確有罪，免。右司諫王覿上疏言：「國家安危治亂係於大臣，今執政八人而姦邪居半，使一二元老何以行其志哉！」因極論蔡確、章惇、韓縝、張璪朋邪害正，章數十上。會右諫議大夫孫覺、侍御史劉摯、右司諫蘇轍、御史王巖叟、朱光庭、上官均等連章論確罪，且言：「確在熙、豐時，冤獄苛政，首尾預其間。及至今日，稍語於人曰：『當時確豈敢言！』此其意欲固竊名位，反歸曲於先帝也。」司馬光、吕公著進用，蠲除煩苛，確言皆已所建白，於是公論益不容。太后不忍斥之，但罷政，出知陳州。以司馬光爲尚書左僕射兼門下侍郎。時光已得疾，而青苗、免役、將官之法猶在，西戎之議未決，光歎曰：「四害未除，吾死不瞑目矣！」折簡與吕公著曰：「光以身付醫，以家事付愚子，惟國事未有所托，今以屬公。」既而詔免朝覲，許乘肩輿，三日一入省。光不敢當，曰：「不見君，不可以視事。」詔令子康扶入對。遼人聞之，敕其邊吏曰：「中國相司馬矣，毋輕生事開邊隙。」以吕公著爲門下侍郎，李清臣、吕大防爲尚書左、右丞。元豐官制行，三省並建，而中書獨爲取旨之地，門下、尚書奉行而已。至是，公著以爲言，乃詔事干三省者，執政並同取旨而各行之，仍著爲令。以李常爲户部尚書。司馬光言：「户部尚書，舊三司使之任，其所管財穀事，有散在五曹及寺、監者，並歸户部。」詔從之。尋以常爲尚書，或疑其少幹局，慮不勝任。光曰：「用常主邦計，則人知朝廷不急於征利，聚斂少息矣。」章惇有罪，免，以范純仁同知樞密院事。言者論惇讒賊狠戾，❶罔上蔽明，不忠之罪與蔡確等，惇不自安。及確罷，論者益力。

❶「狠」，原作「狼」，據萬曆本、《長編》卷三六四、《宋史》卷三四二《王巖叟傳》改。

會與司馬光争辨役法于太后簾前，其語甚悖。太后怒，斥知汝州，以安燾代惇知樞密院事，范純仁同知院事。命既下，給事中王巖叟、侍御史劉摯等交章論燾附惇，不當躐遷，至封還誥命，燾亦力辭。乃詔仍同知院事。罷青苗法。復常平舊法，累年積蓄錢穀財物盡委提點刑獄交管，罷諸州常平新法提舉管勾官。三月，罷免役法。司馬光請悉罷免役錢，諸色役人皆如舊制，其見在役錢，撥充州縣常平本錢。於是詔修定役書，凡役錢，惟元定額及額外寬剩二分已下，許著爲準，餘並除之。若寬剩元不及二分者，自如舊則。尋詔耆户長、壯丁皆仍舊募人供役，保正、甲頭、承帖人並罷。侍御史劉摯乞並用祖宗差法。監察御史王巖叟請立諸役相助法。中書舍人蘇軾請行熙寧給田募役法，❶因列其五利。王巖叟言五利難信，而有十弊，軾議遂格。司馬光復言：「免役之法，其害有五：上户舊充役，固有陪備，而得番休，今出錢比舊費特多，年年無休息。下户舊不充役，今例使出錢。舊所差皆土著良民，今皆浮浪之人，恣爲姦欺。又農民出錢難於出力，凶年則賣莊田、牛具，以錢納官。又提舉司惟務多斂役錢，積寬剩以爲功，此五害也。今莫若直降敕命，委縣令、佐揭簿定差。其人不願身自供役，許擇可任者雇代。惟衙前一役，最號重難。今仍行差法，陪備既少，當不至破家。若猶矜其力難獨任，即乞如舊，於官户、寺觀、單丁、女户有屋産、莊田者，隨貧富以差出助役錢。尚慮役人利害，四方不能齊同，乞許監司、守令審其可否，可則亟行，如未究盡，縣五日具措畫上之州，州一月上轉運司以聞。朝廷委執政審定，隨一路一州各爲之敕，務要曲盡。」章惇取光所奏疎略未盡者駁奏之。呂公著言：「惇專欲求勝，不顧命令大體，望選差近臣詳定。」於是資政殿大學士韓維及范純仁、呂大防、孫永等詳定以聞。蘇軾言於光曰：「差役、免役，各有利害。免役之害，聚斂于上，而下有錢荒之患；差役之害，民不得力農，而吏胥緣以爲姦。此二害輕重，蓋略等矣。」光曰：「於君何如？」軾曰：「法相因則事易成，事有漸則民不驚。三代之法，兵農爲一，至秦始分爲二。及唐中葉，盡變府兵爲長征卒。自是農出穀帛以養兵，兵出性命以衛農，天下便之，雖聖人復起，不能易也。今免役之法實大類此，公欲驟罷免役而行差役，

❶「田」，原作「由」，據《長編》卷三七四、《宋史》卷一七七《食貨志》改。

正如罷長征而復民兵，蓋未易也。」光不以爲然。軾又陳於政事堂，光色忿然。軾曰：「昔韓魏公刺陝西義勇，公爲諫官，爭之甚力。韓公不樂，公亦不顧。軾昔聞公道其詳，豈今日作相，不許軾盡言邪！」光謝之。自是役人悉用見數爲額，惟衙前用坊場、河渡錢雇募，餘悉定差，仍罷官户、寺觀、單丁、女户。尋以衙前不皆有雇直，遂改雇募爲招募。純仁謂光曰：「差役當熟講緩行，不然，滋爲民病。願虚心以延衆論，不必謀自己出，謀自己出則諂諛得乘間迎合矣。役議或難回，則可先行之一路，以觀其究竟。」光不從，持之益堅。純仁曰：「是使人不得言爾。若欲媚公以爲容悦，何如少年合安石以速富貴哉！」光深謝之。初，差役之復，爲期五日，同列病其太迫，知開封府蔡京獨如約，悉改畿縣雇役，無一違者。詣政事堂白光，光喜曰：「使人人奉法如君，何不可行之有！」**范子淵有罪，貶知峽州。**子淵在熙、豐間提舉脩堤開河，糜費巨萬而功用卒不成，護堤壓埽之人溺死無算。至是，御史吕陶劾其罪，黜知峽州。中書舍人蘇軾草制詞，有曰：「汝以有限之財，興必不可成之役；驅無辜之民，置之必死之地。」時以爲至言。**置訴理所。**許熙寧以來得罪者自言。**夏四月，罷熙河經制財用司。○召程頤爲崇政殿説書。**頤，顥弟也。年十八上書仁宗，欲黜世俗之論，以王道爲心。治平、元豐間，大臣屢薦，皆不起。至是，司馬光、吕公著共疏其行義曰：「伏見河南處士程頤，力學好古，安貧守節，言必忠信，動遵禮法，年踰五十，不求仕進，真儒者之高蹈，聖世之逸民。望擢以不次，使士類有所矜式。」詔以爲西京國子監教授。力辭，尋召爲校書郎。及入對，改崇政殿説書。頤即上疏言：「習與智長，化與心成。陛下春秋方富，雖睿聖得於天資，而輔養之道不可不至。大率一日之中，接賢士大夫之時多，親寺人、宫女之時少，則氣質變化，自然而成。願選名儒入侍勸講，講罷，留之分直，以備訪問。或有小失，隨事獻規。歲月積久，必能養成聖德。」**韓縝免。**御史中丞劉摯、殿中侍御史吕陶、諫官孫覺、蘇轍、王覿、朱光庭等連章論縝「才鄙望輕，在先朝奉使，割地七百里以遺契丹，邊人怨之切骨，不可居相位」。遂出知潁昌。縝外事莊重，所至以嚴稱。雖出入將相，而寂無功烈，厚自奉養，世以比晉何曾。**王安石卒。**安石性彊忮，遇事無可否，自信所見，執意不回。然議論奇高，能以辨博濟其説，慨然有矯世變俗之志，故神宗排衆論，力倚任之。及議變法，在廷交執不可，安石傅經義，出己意，辨論輒數百言，衆不能詘。甚者謂：「天變不足畏，祖宗不足法，人言不足恤。」以是怨議紛起。終神宗世不復召，凡八年。安石每聞朝廷變其法，夷然不以爲意。及聞罷助役復差役，愕然失聲曰：「亦罷至此乎！」良久曰：「此法終不可罷。」又嘗曰：「新法始終以爲可行者，曾子宣也；始終以爲不可行者，司馬君實也。」朱熹曰：「安石以文章、節行高一世，而尤以道德、經濟爲己任。被遇神宗，致位宰相，世方仰其有爲，庶幾復見二帝、三王之盛。而安石乃汲汲以財利、兵革爲先務，引用凶邪，排擯忠直，躁迫彊戾，使天下之人囂然喪其樂生之心。卒之羣姦嗣虐，流毒四海，至于崇、宣之際，而禍亂極矣。」又曰：「學以知道爲本。知道，則學純心正，見於行事，發於言語，亦無往不得其正。如安石者，其始學也，蓋欲陵跨揚、韓，掩跡顏、孟。初亦豈遽有邪心哉？特以不能知道，故其學不純，而設心造事遂流入於邪。又自以爲是，而大爲穿鑿附會以文之。此其所以重得罪於聖人之門也。」**以吕公著爲尚書右僕射兼中書侍郎。○詔起文彦博平章軍國重事。**彦博致仕，居洛。司馬光言其宿德元老，宜起以自輔。太后將用爲三省長官，言者以爲不可，乃命平章軍國重事，六日一朝，一月兩赴經筵，班宰相上，恩禮甚渥。彦博年八十一矣。**黜内侍李憲等于外。**中丞劉摯言：「陛下臨御以來，分别邪正，而元惡、大憝猶有漏網。宦者李憲貪功生事，漁斂生民膏血，興、靈之役，首違師期，乃頓兵城蘭州，遺患今日。王中正將兵二十萬出河東，逗遛違詔，精兵勁騎，死亡殆盡。宋用臣董大功役，侵陵官司，誅求小民，奪其衣食之路。石得一領皇城司，縱遣伺者，飛書朝上則暮入狴犴，朝士、都民相顧以目者殆十年。是四人者，權勢烽焰，張灼中外，幸而先帝神武，足以鎮壓，不然，其爲禍豈減漢、唐宦者哉！」侍御史林旦亦以爲言。詔並降官，憲、中正、得一提舉宫觀，用臣監太平州税務。**詔舉經明行脩之士。**司馬光請立經明行脩科，歲委升朝文臣各舉所知，以勉勵天下，使敦士行，以示不專取文學之意。若所舉人違犯名教，必坐舉主毋赦，則自不敢妄舉。而士之居鄉居家者，惟懼玷缺外聞，不待學官日訓月察，立賞告訐，而士行自美矣。於是詔：「自今凡遇科舉，令升朝官各舉經明行脩之士一人，俟登第日，用以升甲。」

**五月，以韓維爲門下侍郎。**神宗崩，維自提舉嵩山崇福宮入臨，太后手詔勞問，維對曰：「人情貧則思富，苦則思樂，困則思息，鬱則思通，誠能常以利民爲本則民富，常以憂民爲心則民樂。賦役非人力所堪者去之，則勞困息；法禁非人情所便者蠲之，則鬱塞通。推此而廣之，盡誠而行之，則子孫觀陛下之德，不待教而成矣。」未幾，起知陳州，召爲資政殿大學士兼侍讀。至是，拜門下侍郎。**命程頤等脩定學制。**太學自蔡確起大獄，連引朝士，有司緣此造爲法禁，煩苛凝密。博士、諸生禁不相見，教諭無所施。御史中丞劉摯以爲言。至是，命程頤、孫覺、顧臨同太學長貳看詳脩定條制。頤大概以爲：「學校，禮義相先之地，而月使之争，殊非教養之道。請改試爲課，有所未至，則學官召而教之，更不考定高下。置尊賢堂以延天下道德之士，鐫解額以去利誘，省繁文以專委任，勵行檢以厚風教。」及置待賓吏師齋，立觀光法，如是者亦數十條。**六月，放鄧綰、李定于滁州。**

**○置春秋博士。○呂惠卿有罪，建州安置。**惠卿見正人彙進，知不容于時，懇求散地。右司諫蘇轍、王覿歷數其姦，請投畀四裔，以禦魑魅。中丞劉摯復列其五罪。於是貶光禄卿、分司南京，再貶建寧軍節度副使、建州安置。時惠卿、章惇、呂嘉問、鄧綰、李定、蒲宗孟、范子淵等皆已斥外，言者論之不已。范純仁言于太后曰：「録人之過，不宜太深。」后然之，乃詔前朝希合附會之人一無所問，言者勿復彈劾。惠卿黨稍安。或謂公著曰：「今除惡不盡，將貽後患。」公著曰：「治道去太甚耳！文、景之世網漏吞舟，且人材實難，宜使自新，豈宜使自棄邪！」**秋七月，罷成都榷茶塲，貶陸師閔官。**劉摯、蘇轍論師閔增塲榷茶，其害過於市易。乃貶師閔，而遣户部郎中黄廉使蜀按察。廉請榷熙、秦茶勿改，而罷成都茶塲，許東路通商，禁南茶毋入陝西，以利蜀貨；定博馬歲額爲萬八千匹。朝廷從之。**立十科舉士法。**舊制，銓注有格，概拘以法，法可以制平而不可以擇才，故令内外官皆得薦舉。其後被舉者既多，除吏愈難。神宗即位，乃革去奏舉，而概以定格，於是内外舉官法皆罷，但令吏部審官院參議選格。及帝即位，左司諫王巖叟言其不便。司馬光奏曰：「爲政得人則治，然人之才或長於此而短於彼，雖皋夔、稷契，各守一官，中人安可求備！若指瑕掩善則朝無可用之人，苟隨器授任則世無可棄之士。

臣備位宰相，職當選官。若專引知識，則嫌於私；若止循資序，未必皆才。乞設行義純固可爲師表、節操方正可備獻納、智勇過人可備將帥、公正聰明可備監司、經術精通可備講讀、學問該博可備顧問、文章典麗可備著述、善聽獄訟盡公得實、善治財賦公私俱便、練習法令能斷請讞，凡十科舉士。應侍從以上每歲於十科舉三人，中書置籍記之。有事須材，執政按籍視其所舉科，隨事試之。有勞，又著之籍。內外官闕，取嘗試有效者隨科授職。所賜告命，仍具所舉官姓名。其人任官無狀，坐以繆舉之罪。」詔從之。

**夏主秉常卒，子乾順立。**帝初即位，秉常遣訛囉聿求蘭州、米脂等五砦。司馬光言：「此乃邊鄙安危之機，不可不察。靈、夏之役，本由我起。今既許其內附，若靳而不與，彼必以爲恭順無益，不若以武力取之。小則上書悖慢，大則攻陷新城。當此之時，不得已而與之，其爲國家恥，無乃甚於今日乎！羣臣見小忘大、守近遺遠，惜此無用之地，使兵連不解。願決聖心，爲兆民計。」文彥博與光合，太后將許之。光又欲併弃熙河，安燾固爭之。邢恕亦言：「此非細事，當訪之邊人。」光乃召前通判河州孫路問之，路挾輿地圖示光曰：「自通遠至熙州纔通一徑，熙之北已接夏境。今自北關瀕大河，城蘭州，然後可以扞蔽。若捐以予敵，一道危矣。」光乃止。會秉常卒，遣使來告哀，詔自元豐四年用兵所得城砦，待歸我永樂陷執民，當畫以給還。遂遣穆衍往弔祭。尋遣使封乾順爲夏國主。

**九月，尚書左僕射兼門下侍郎、河內公司馬光卒。**時兩宮虛己以聽光爲政，光亦自見言行計從，欲以身徇社稷，躬親庶務，不舍晝夜。賓客見其體羸，舉諸葛亮食少事煩以爲戒，光曰：「死生，命也。」爲之益力。病革，諄諄語如夢中，皆朝廷天下事也。及薨，太后爲之慟，與帝臨其喪，贈太師、溫國公，謚文正，年六十八。京師人爲之罷市往弔。及如陝葬，送者如哭私親。嶺南封州父老，亦相率具祭，都中、四方皆畫像以祀，飲食必祝焉。子康居喪，因寢地，得腹疾，召醫李積于兗。鄉民聞之，告積曰：「百姓受司馬公恩深，今其子病，願速往也。」積至，則康疾不可爲矣。光，孝友忠信，恭儉正直，居處有法，動作有禮。自少至老，語未嘗妄，自言：「吾無過人者，但平生所爲，未嘗有不可對人言者耳。」誠心自然，天下敬信。陝、洛間皆化其德，有不善，曰：「君實得無知之乎？」光於物澹然無所好，於學無所不通，惟不喜釋、老，曰：「其微言不能出吾書，其誕吾不信也。」及居政府，凡王安石、吕惠卿所建新法爲民害者，剗革畧盡。或謂光曰：「熙、豐舊臣，多憸巧小人，他日有以父子之義間上，則禍作矣。」光正色曰：「天若祚宋，必無此事。」遂改之不疑。史臣曰：「熙寧新法病民者將二十年，一旦光起而爲政，毅然以天下自任，開言路，進賢才。凡新法之害民者，次第取而更張之。海内之民，歡忻鼓舞，甚於更生，一變而爲嘉祐、治平之治。君子稱其有旋乾轉坤之功，而光已老且病，不克終治，惜哉！」以蘇軾爲翰林學士。軾自登州召還，十月之間，三遷清要，尋兼侍讀。每經筵進讀，未嘗不反覆開導，覬有所啓悟。嘗鎖宿禁中，召見便殿，太后問曰：「卿前年爲何官？」對曰：「常州團練副使。」曰：「今爲何官？」對曰：「待罪翰林學士。」曰：「何以遽至此？」對曰：「遭遇太皇太后、皇帝陛下。」曰：「非也。」對曰：「豈大臣論薦乎？」曰：「亦非也。」軾驚曰：「臣雖無狀，不敢自他途進。」曰：「此先帝意也。先帝每誦卿文章，必歎曰：『奇才，奇才！』但未及進用卿耳。」軾不覺哭失聲，太后與帝亦泣，左右皆感涕。已而命坐賜茶，徹御前金蓮燭送歸院。軾在翰林，頗以言語文章規切時政。衛尉丞畢仲游憂其及禍，貽書戒之曰：「君官非諫官，職非御史，而好非是人，危身觸諱以遊其間，殆猶抱石而救溺也。」軾不能從。張璪免。諫官王覿、御史吕陶、上官均等連疏言：「璪姦邪便佞，善窺主意，隨勢所在而依附之，往往以危機陷人。深交舒亶，數起大獄，天下共知其爲大姦。小人而在高位，德之賊也。」劉摯亦言：「璪初奉安石，旋附惠卿，隨王珪，黨章惇，諂蔡確。數人之性不同，而能探情變節，左右順從，各得其歡心。今過惡既章，不可不速去之。」疏入，皆不報。至是，罷知鄭州。冬十月，改封孔子後爲奉聖公。鴻臚卿孔宗翰言：「孔子後世襲公爵，本爲侍祠，今乃兼領他官，不在故郡，於名爲不正。乞自今襲封之人，使終身在鄉里。」詔改衍聖公爲奉聖公，不預他職，添給田百頃，供祭祀外，許均贍族人。賜國子監書，立學官以誨其子弟。宗翰，道輔子也。十一月，以吕大防爲中書侍郎，劉摯爲尚書右丞。摯爲中丞數月，彈劾多所貶黜，百僚敬憚，時人以比吕誨、包拯。嘗與同列奏事，論及人才，摯曰：「人才難得，能否不一。性忠實而才識有餘，上也；才識不逮而忠實有餘，次也；有才而難保，可藉以集事，又其次也；懷邪觀望，隨時改變，此小人也。」太后及帝曰：「卿常能如此用人，則國家何憂！」

**丁卯　二年，春正月，禁科舉用王氏《經義》《字説》。**時科舉罷詞賦，專用王安石《經義》，且雜以釋氏之説。凡士子自一語以上，非安石《新義》不得用。學者至不誦正經，唯竊安石之書以干進，精熟者輒上第，故科舉益弊。吕公著當國，始請禁主司不得以《老》《莊》書命題，舉子不得以申、韓、佛書爲學，經義參用古今諸儒説，毋得專取王氏。尋又禁毋得引用王氏《字説》。

**夏四月，詔文彦博十日一議事都堂。**彦博累表乞致仕故也。**以處士陳師道爲徐州教授。**師道高介有節，安貧樂道，博學善文。家貧，或經日不炊，晏如也。熙寧中，王氏經學盛行，師道心非其説，遂絶意進取。至是，以蘇軾薦，授是職。**復制科。○李清臣免。**時鼇正熙、豐之政，清臣固争，以爲不可，遂罷知河陽府。**五月，以劉摯、王存爲尚書左、右丞。○六月，以安燾知樞密院事。○秋七月朔，日食。○罷門下侍郎韓維。**維處東省踰年，有忌之者密爲譖愬，詔分司南京。王存抗聲簾前曰：「韓維得罪，莫知其端，臣切爲朝廷惜之。」乃還維資政殿大學士，知鄧州。**八月，罷崇政殿説書程頤。**頤在經筵以禮法自持，每進講，色甚莊，繼以諷諫。蘇軾謂其不近人情，深嫉之，每加玩侮。於是頤門人右司諫賈易、左正言朱光庭等積不能平，劾軾試館職策問謗訕。殿中侍御史吕陶言：「臺諫當徇至公，不可假借事權以報私隙。」右司諫王覿言：「軾命辭失輕重，其事小不足考。若悉考同異，深究嫌疑，則兩岐遂分，使士大夫有朋黨之名，大患也。」太后然之。范純仁亦言軾無罪。遂置不問。會帝患瘡疹不出，頤詣宰臣問知否，且曰：「上不御殿，太后不當獨坐。人主有疾，而大臣可不知乎？」翌日，宰臣以頤言問疾。由是大臣亦多不悦。御史中丞胡宗愈、左諫議大夫孔文仲、給事中顧臨遂連章力詆頤不宜在經筵，乃罷頤出管勾西京國子監。時吕公著獨當國，羣賢咸在朝，不能不以類相從，遂有洛黨、蜀黨、朔黨之語。洛黨以頤爲首，而朱光庭、賈易爲輔；蜀黨以蘇軾爲首，而吕陶等爲輔；朔黨以劉摯、梁燾、王巖叟、劉安世爲首，而輔之者尤衆。是時，熙、豐用事之臣退休散地，怨入骨髓，陰伺間隙。而諸賢不悟，各爲黨比以相訾議。惟吕大防，秦人，戇直無黨；范祖禹師司馬光，不立黨。既而帝聞之，以問胡宗愈，宗愈對曰：「君子指小人爲姦，則小人指君子爲黨。陛下能擇中立之士而用之，則黨禍熄矣。」因具《君子無黨論》以進。

**吐蕃阿里骨誘鬼章使據洮以叛，岷州將种誼執之，檻送京師。**董氊既死，養子阿里骨嗣爲邈川首領，逼鬼章使帥其衆據洮州。岷州行營將种誼等帥師執鬼章，檻送京師。尋赦之，遣居秦州，聽招其子結呃齪及部屬以自贖。阿里骨懼，乃上表謝罪。

**罷右司諫賈易。**時程頤、蘇軾交惡，其黨互相攻訐。易因劾吕陶黨軾兄弟，語侵文彥博、范純仁。太后怒，欲峻責易，吕公著言易言頗直，惟詆大臣太甚，不可處諫列耳。乃止罷知懷州。公著退，語同列曰：「諫官所言，未論得失。顧主上方富於春秋，異時有導諛惑上心者，正賴左右力諫，不可使人主輕厭言者。」吕大防、劉摯、王存私顧而歎曰：「吕公可謂仁者之勇！」

**戊辰　三年，春正月，復置廣惠倉。○**

**夏四月，以吕公著爲司空、同平章軍國事。**公著以老懇辭位，乃拜司空、同平章軍國事。詔建第于東府之南，啓北扉以便執政會議。凡三省、樞密院之職，皆得總理。間日一朝，因至都堂，其出不以時，蓋異禮也。國初以來，宰相以三公平章軍國事者四人，而公著與父夷簡居其二，世羡其榮。時熙、豐用事之臣雖去，其黨分布中外，起私説以摇時政。鴻臚丞常安民貽公著書曰：「善觀天下之勢，猶良醫之視疾。方安寧無事之時，語人曰：『其後必將有大憂。』則衆必駭笑，惟識微見幾之士，然後能逆知其漸。故不憂於可憂，而憂之於無足憂者，至憂也。今日天下之勢，可爲大憂。雖登進忠良，而不能搜致海内之英才，使皆萃于朝以勝小人，恐端人正士未得安枕而卧也。故去小人爲不難，而勝小人爲難。陳蕃、竇武協心同力，選用名賢，天下想望太平，然卒死曹節之手，遂成黨錮之禍。張柬之五王中興唐室，以謂慶流萬世，及武三思一得志，至於竄移淪没。凡此者，皆前世已然之禍也。今怨忿已積，一發其害必大，可不爲大憂乎！」公著得書，默然。

**以吕大防、范純仁爲尚書左、右僕射兼門下、中書侍郎，孫固、劉摯爲門下、中書侍郎，王存、胡宗愈爲尚書左、右丞，趙瞻簽**

書樞密院事。大防朴厚惷直，純仁務以博大開上意，忠厚革士風。二人同心戮力以相王室，太后復盡心委之，故元祐之治，比隆嘉祐。時黨論方起，純仁慮之。會右諫議大夫王覿以胡宗愈進《君子無黨論》惡之，因疏宗愈不可執政。太后大怒，純仁與文彦博、吕公著辨於簾前，太后意未解。純仁曰：「朝臣本無黨，但善惡邪正，各以類分。彦博、公著皆累朝舊人，豈容雷同罔上。昔先臣與韓琦、富弼同慶曆柄任，各舉所知。當時飛語指爲朋黨，三人相繼補外。造謗者公相慶曰：『一網打盡矣。』此事未遠，願陛下戒之。」因極言前世朋黨之禍，并録歐陽脩《朋黨論》上之。然竟出覿知潤州，而宗愈居位如故。**冬閏十二月，蜀公范鎮卒。**初，起鎮提舉中太一宫兼侍讀，且欲以爲門下侍郎，鎮雅不欲起，從孫祖禹亦勸止之，遂固辭不拜，以銀青光禄大夫再致仕。卒謚忠文。鎮清白坦夷，恭儉慎默，篤於行義，口不言人過。臨大節，決大議，色和而語壯，常欲繼之以死，雖在萬乘前，無所屈。其學本六經，口不道佛、老、申、韓之説。契丹、高麗皆傳誦其文。熙寧、元豐之際，天下賢士大夫望以爲相者，鎮與司馬光二人，至稱之曰景仁、君實，不敢有所軒輊。

**己巳　四年，春二月，東平公吕公著卒。**公著薨，年七十二。太皇太后見輔臣泣曰：「邦國不幸，司馬相公既亡，吕司空復逝。」帝亦悲感，即詣其家臨奠。贈太師，封申國公，謚正獻。公著自少講學，即以治心養性爲本。平居無疾言遽色，於聲利紛華泊然無所好，簡重清静，蓋天禀然。其識慮深敏，量宏而學粹，遇事善決，苟便於國，不以利害動其心。與人交，出於至誠，好德樂善，見士大夫以人物爲意者，必問其所知與其所聞，參互考實，以達于上。每議政事，博采衆善以爲善，至所當守，則毅然不可回奪。神宗嘗言其於人材不欺，如權衡之稱物。尤能避遠聲迹，不以知人自處。王安石博辯騁辭，人莫敢與亢，公著獨以精識約言服之。安石嘗曰：「疵吝每不自勝，一詣長者即廢。」其敬服如此。**三月，胡宗愈免。**中丞孫覺、右正言劉安世等論之也。**夏四月，分經義、詩賦爲兩科試士，罷明法科。**尚書省請復詩賦，與經義兼行，解經通用先儒傳、注及己説。又言：「舊明法最爲下科，今中者即除司法，叙名反在及第進士上，非是。」乃詔立經義、詩賦兩科，罷試律義。凡詩賦進士，習一經，試本經、《論》《孟》義及詩賦、論、策，凡四場。經義進士，習兩經，試本經、《論》《孟》義及論、策，亦四場。兩科通定高下，而取解額中分之，各占其半。專經者以經義定取舍，兼詩賦者以詩賦爲去留，其名次高下，則於策論參之。初，司馬光言：「取士之道，當先德行，後文學。就文學言之，經術又當先於詞章。神宗專用經義、論策取士，此乃復先王令典，百王不易之法。但王安石不當以一家私學欲蓋先儒，令天下師生講解。至於律令，皆當官所須，使爲士者果能知道義，自與法律冥合，何必置明法一科，習爲刻薄，非所以長育人材，敦厚風俗也。」至是，遂罷之。未幾，詔御試舉人，仍試賦、詩、論三題。五月，以范祖禹爲右諫議大夫兼侍講。祖禹初從司馬光脩《資治通鑑》，在洛十五年，不事進取。王安石尤愛重之，祖禹終不往謁。帝即位，擢右正言。以婦翁吕公著當國，引嫌辭職，再改著作郎兼侍講。會夏暑，權罷講筵，祖禹上言：「陛下今日之學與不學，係他日治亂。如好學，則天下君子欣慕，願立于朝，以直道事陛下，輔佐德業，而致太平；不學，則小人皆動其心，務爲邪諂，以竊富貴。且凡人之進學，莫不於少時。今聖質日長，數年之後，恐不得如今日之專，竊爲陛下惜也。」公著薨，始除右諫議大夫。尋加禮部侍郎。聞禁中覓乳媪，以帝年十四，非近女色之時，與左諫議大夫劉安世上疏勸進德愛身，又乞太皇太后保護聖躬，言甚切至。太后謂曰：「乳媪之説，外間虚傳也。」祖禹對曰：「外議雖虚，亦足爲先事之戒。凡事言于未然，則誠爲過；及其已然，則又無所及，言之何益？陛下寧受未然之言，勿使臣等有無及之悔。」太后深嘉之。安置蔡確于新州。確失勢日久，遂懷怨望。在安州，嘗遊車蓋亭，賦詩十章。知漢陽軍吴處厚與確有隙，上之，以爲皆涉譏訕，其用郝處俊上元間諫高宗欲傳位武后事，以斥東朝，語尤切害。於是臺諫言確怨謗，乞正其罪。詔確具析，確自辨甚悉。右正言劉安世等又言確罪狀著明，何待具析，此乃大臣委曲爲之地耳。乃貶確光禄卿、分司南京。臺諫論之，不置。而諫議大夫范祖禹亦言：「確之罪惡，天下不容，尚以列卿分務留都，未厭衆論。」執政議寘確于法。范純仁、王存獨以爲不可，力争之。文彦博欲貶確嶺嶠，純仁聞之，謂吕大防曰：「此路自乾興以來，荆棘近七十年，吾輩開之，恐自不免。」大防遂不敢言。越六日，再貶確英州别駕，新州安置。純仁又言于太后曰：「聖朝宜務寬厚，不可以語言文字之間曖昧不明之過，竄誅大臣。今舉動宜爲將來法，此事甚不可開端也。且以重刑除惡，如以猛藥治病，其過也不能無損焉。」不聽。時中丞李常、中書舍人彭汝礪、侍御史盛陶皆諫不可罪確，悉貶遠州。確至新州，未幾卒。初，確之具析未上也，梁燾自潞州召爲諫議大夫，過河陽，邢恕極論確有策立勳，燾至，奏之。太后諭三省曰：「帝是先帝長子，子繼父業，其分當然，確有何策立勳耶？若使確他日復來，欺罔上下，豈不爲朝廷害？恐帝年少，制御不得。故今因其自敗，如此行遣，蓋爲社稷也。」**六月，范純仁、王存罷。**呂大防言：「蔡確黨盛，不可不治。」純仁面諫：「朋黨難辨，恐誤及善人。」司諫吴安詩、正言劉安世因論純仁黨確。純仁亦力求罷政，乃出知潁昌府。存，確所舉也，故亦出知蔡州。**以趙瞻同知樞密院事，韓忠彥、許將爲尚書左、右丞。**忠彥，琦之子也。**秋七月，安燾罷。**以母喪去位也。**冬十一月，以孫固知樞密院事，劉摯、傅堯俞爲門下、中書侍郎。**

**庚午　五年，春二月，夏人來歸永樂之俘，詔以米脂等四砦畀之。**夏人來歸永樂所獲吏士百四十九人，遂詔以米脂、葭蘆、浮圖、安疆四砦還之。夏得地益驕。**文彥博致仕。**彥博復居政府，無歲不求去。會殿中侍御史賈易言彥博至和建儲之議不可信，太后命付史館。彥博益求罷，乃以太師充護國軍、山南西道節度等使致仕，令有司備禮册命，宴餞于玉津園。先是，遼使耶律永昌來聘，蘇軾館之，與永昌入覲，見彥博於殿門外，却立改容曰：「此潞公也邪？」問其年，曰：「何壯也！」軾曰：「使者見其容，未聞其語。其綜理庶務，雖精練少年有不如；其貫穿古今，雖專門名家有不逮。」永昌拱手曰：「天下異人也。」**三月，趙瞻卒，以韓忠彥同知樞密院事，蘇頌爲尚書左丞。**忠彥嘗與傅堯俞、許將論事不合，俱求罷政。殿中侍御史上官均言：「大臣之任，同國休戚，廟堂之上，當務協諧，使中外之人泯然不知有同異之迹。若悻悻然辨論，不顧事體，何以觀視百僚？堯俞等雖有辨論之失，然事皆緣公，無顯惡大過，望令就職。」太后從之。**夏四月，孫固卒。**固宅心誠粹，不喜矯亢，與人居久而益信，故更歷夷險而不爲人所疾害。傅堯俞言：「司馬公之清節，孫公之淳德，蓋所謂不言而信者也。」世以爲確論。**秋八月，召鄧潤甫爲**

翰林學士承旨，罷御史中丞梁燾，諫議大夫劉安世、朱光庭。初，潤甫以母喪終制，除吏部尚書。梁燾權給事中，駁之，改知亳州。至是，復以承旨召。燾爲中丞，與左諫議大夫劉安世、右諫議大夫朱光庭交章論潤甫出入王、呂黨中，始終反覆，今之進用，實係君子、小人消長之機。又言：「潤甫嘗爲蔡確制，稱確有定策之功，以欺惑天下。乞行罷黜。」累疏，不報。燾等因力請外。乃出燾知鄭州，光庭知亳州，安世提舉崇福宮。時劉摯上疏，請暫出潤甫，留燾等。蘇轍亦三疏論之，皆不報。自司馬光卒後，王安石之徒多爲飛語，以搖在位大臣爲自全計。呂大防、范純仁二相尤畏之，欲用其黨以平舊怨，謂之「調停」。太后疑不決，轍復上疏曰：「先帝疾頹靡之俗，將以綱紀四方，而臣下不能將順，造作諸法，上違天意，下失民心。今二聖因民所願，取而更之，上下忻慰。前者用事之臣，不加斥逐，宥之於外，蓋已厚矣。而議者惑於衆說，乃欲招而納之，與之共事。此輩若返，豈肯但已哉？必將戕害正人以快私忿。人臣被禍，蓋不足言，臣所惜者，祖宗朝廷也。」疏入，太后曰：「轍疑吾君臣兼用邪正，其言極中理。」諸臣從而和之，「調停」之説遂已。冬十二月，許將罷。

辛未　六年，春二月，以劉摯爲尚書右僕射兼中書侍郎，蘇轍爲尚書右丞，王巖叟簽書樞密院事。轍除命既下，右司諫楊康國奏曰：「轍之兄弟，謂其無文學則非也，蹈道則未也。其學，乃學爲儀、秦者也；其文，率務馳騁好作爲，縱横捭闔，無安静理。陛下若悦蘇轍文學而用之不疑，是又用一安石也。轍以文學自負，而剛狠好勝，則與安石無異。」不報。巖叟居言職五年，正諫無隱。及拜簽樞密，謝，因進曰：「太后聽政以來，納諫從善，務合人心，所以朝廷清明，天下安静。願信之勿疑，守之勿失。」復進言于帝曰：「陛下今日聖學當深辨邪正，正人在朝則朝廷安；邪人一進，便有不安之象。非謂一夫能然，蓋其類應之者衆，上下蔽蒙，不覺養成禍胎爾。」又曰：「或聞有以君子、小人參用之説告陛下者，不知果有之否？此乃深誤陛下也。自古君子、小人無參用之理。聖人但云：『君子在内，小人在外，則泰；君子在外，小人在内，則否。』小人既進，君子必引類而去。若君子與小人競進，則危亡之基也。」兩宮深然之。夏五月朔，日食。○六月，浙西水。杭州死者五十萬，蘇州死者三十萬。詔賜米百萬石、錢二十萬緡賑之。

**翰林學士承旨蘇軾罷。**初，軾以論事爲衆所忌，趙挺之、王覿攻之，遂出知杭州。未幾，召還。侍御史賈易復劾軾元豐末在揚州，聞先帝厭代作詩，及草呂惠卿制，皆誹怨先帝，無人臣禮。御史中丞趙君錫亦繼言之。太后怒，罷易知宣州，君錫知鄭州。呂大防請併軾兩罷，乃出軾知潁州，尋改知揚州。

**秋七月，復制置解鹽使。**詔解鹽復許通商。

**冬十一月，罷劉摯知鄆州。**摯性陗直，有氣節，不爲利怵威誘。自初輔政至爲相，脩嚴憲法，辨白邪正，專以人物處心，孤立一意，不受請謁。與呂大防同位，國家大事，多決于大防，惟進退士大夫，實執其柄。然持心少恕，勇於去惡，竟爲朋讒奇中，遂與大防有隙。先是，蔡確之貶，邢恕亦謫監永州酒稅，以書抵摯。摯故與恕善，答其書，有「永州佳處，第往以俟休復」之語。排岸官茹東濟得其書，陰録以示中丞鄭雍、殿中侍御史楊畏。二人方附呂大防，因箋釋其語上之，曰：「『休復』者，語出《周易》。『以俟休復』者，俟他日太皇太后復子明辟也。」又章惇諸子故與摯子游，摯亦間與之接。雍、畏謂延見接納，爲牢籠之計，以覬後福。且論王巖叟、梁燾、劉安世、朱光庭等三十人皆其死友。太后於是面諭摯曰：「言者謂卿交通匪人，爲異日地，卿當一心王室。若章惇者，雖以宰相處之，未必樂也。」摯皇恐退，上章自辨，而梁燾、王巖叟果上疏論救之。太后曰：「垂簾之初，摯斥排姦邪，實爲忠直。但此二事，非所當爲也。」遂罷知鄆州。給事中朱光庭駁之曰：「摯忠義自奮，朝廷擢之大位，一旦以疑而罷，天下不見其過。」言者以光庭爲黨，亦罷知亳州。

**中書侍郎傅堯俞卒。**堯俞重厚寡言，遇人不設城府，人不忍欺。論事君前，畧無回隱，退與人言，不復有矜異色。素與王安石善，熙寧初自知廬州入京，時方行新法，安石謂之曰：「舉朝紛紛，俟君來久矣，將以待制、諫院處君。」堯俞曰：「新法世以爲不便，誠如是，當極論之。」安石怒，遂不用。司馬光嘗謂邵雍曰：「清、直、勇三德，人所難兼，吾於欽之畏焉。」雍曰：「欽之清而不耀，直而不激，勇而能温，是爲難耳。」欽之，堯俞字也。及卒，太后謂輔臣曰：「傅侍郎清直一節，始終不變，金玉君子也。方倚以爲相，遽至是乎！」謚獻簡。❶

❶「獻簡」，原作「獻肅」，據《長編》卷四六八、《編年綱目備要》卷二三、《宋史》卷三四一《傅堯俞傳》改。

壬申　七年，春三月，以程頤直祕閣、判西京國子監，既而罷之。頤服闋，三省擬除館職、判檢院。蘇轍進曰：「頤入朝，恐不肯静。」太后納之，❶遂差管勾崇福宫。頤亦懇辭，訖不就職。范祖禹言：「頤經術行義，天下共知。司馬光、吕公著豈欺罔者邪？但草茅之人，未習朝廷事體則有之。寧有他故如言者所指哉？乞召勸講，必有補聖明。」不聽。夏四月，始備六禮，立皇后孟氏。后，洺州人，馬軍都虞候元之孫。帝年益壯，太皇太后歷選世家女百餘入宫。后年十六，太皇太后及太后皆愛之，教以女儀。至是，太皇太后諭執政曰：「孟氏女能執婦禮，宜正位中宫。」命學士草制。又以近世禮儀簡畧，詔翰林、臺諫、給舍與禮官議册后六禮以進。遂命吕大防兼六禮使，韓忠彦充奉迎使，蘇頌、王巖叟充發册使，蘇轍、趙宗景充告期使，高密郡王宗晟、范百禄充納成使，王存、劉奉世充納吉使，梁燾、鄭雍充納采問名使。帝御文德殿册爲皇后。太皇太后語帝曰：「得賢内助，非細事也。」既而嘆曰：「斯人賢淑，惜福薄耳！異日國有事變，必此人當之。」五月，王巖叟罷。言者論巖叟捄劉摯爲朋黨，出知鄭州。遼女真部節度使劾里鉢死。劾里鉢疾篤，呼弟盈哥謂曰：「烏雅束柔善，若辦集契丹事，阿骨打能之。」遂卒。母弟頗剌淑襲爲節度使。劾里鉢嚴重多智，每戰未嘗被甲。襲位之初，内外潰叛，劾里鉢乃因敗爲功，變弱爲彊，遂破桓赧、散達、烏春、窩謀罕，基業始大。初建官屬統諸部，其官之長皆稱勃極烈。劾里鉢有子十一人，烏雅束其長，阿骨打其次也。六月，以蘇頌爲尚書右僕射兼中書侍郎，蘇轍爲門下侍郎，范百禄爲中書侍郎，梁燾、鄭雍爲尚書左、右丞，韓忠彦知樞密院事，劉奉世簽書院事。○秋八月，陜西地震。永興軍、蘭州、鎮戎軍、環州地皆震。九月，召蘇軾爲兵部尚書兼侍讀。軾自揚州召爲兵部尚書兼侍讀，尋又遷禮部，兼端明、侍讀二學士。御史董敦逸、黄慶基言：「軾爲中書舍人時，行吕惠卿制詞，指斥

❶「太后」上，《長編》卷四七一、《宋史全文》卷一三下有「太皇」二字。

先帝，其弟轍相爲表裏，以紊朝政。」吕大防奏曰：「先帝欲富彊中國，鞭撻四夷，而一時羣臣將順太過，故事或失當。太皇太后與皇帝臨御，因民所欲，隨事捄改，蓋理之當然。比來言官用此以中傷士人，兼欲摇動朝廷，意極不善。」轍亦爲其兄辨所撰惠卿謫詞：「其言及先帝者，有曰：『始以帝堯之仁，姑試伯鯀，終焉孔子之聖，不信宰予。』初非謗毁先帝。」太后曰：「先帝追悔往事，至於泣下。」大防曰：「先帝一時過舉，非其本意。」太后曰：「此事官家宜深知。」於是罷敦逸、慶基爲湖北、福建路轉運判官。未幾，軾亦罷知定州。

**癸酉　八年，春三月，蘇頌、范百禄罷。**

先是，侍御史賈易坐言事出，既復監司，更赦除知蘇州。頌謂易在御史名敢言，不宜下遷，於簾前争之。時殿中侍御史楊畏、來之邵附吕大防、蘇轍，即劾頌稽留詔命。頌遂上章辭位，乃罷爲觀文殿學士、集禧觀使。頌器局閎遠，以禮法自持。爲相，務在奉行故事，使百官守法遵職。量能授任，杜絶僥倖之原，深戒疆埸之臣邀功生事。論議有未安者，毅然力争之。見帝年幼，諸臣太紛紜，常曰：「君長，誰任其咎？」每大臣奏事，但取決於太后，帝有言，或無對者，惟頌奏后已，必再禀帝。帝或有所宣諭，必告諸臣以聽聖語，帝深重之。百禄坐與頌同職事，畏等累章劾之，遂罷知河中府。

**夏六月，梁燾罷。**

夏人自得四砦，累遣使以地界爲言。詔二府議，燾與同列語不合，遂乞去，帝不許。至是，以疾罷。燾自立朝，一以引拔人物爲意，嘗作《薦士録》，具載姓名。或曰：「公所植桃李，乘時而發，但不向人開耳。」燾笑曰：「燾出入侍從，致位執政，八年之間所薦，用之不盡，負愧多矣。」帝以燾求去，遣近臣密訪人材，燾具奏，謂：「人才可大任者，陛下當自知之。但須識别邪正，公天下之善惡，圖任舊人中堅正純厚有人望者，不牽左右好惡之言以移聖意，天下幸甚。」帝然之。

**秋七月，以范純仁爲尚書右僕射兼中書侍郎。**

純仁入謝，太后謂曰：「或謂卿必先引用王覿、彭汝礪，卿宜與吕大防一心。」對曰：「此二人實有士望，臣終不敢保位蔽賢，望陛下加察。」純仁之將召也，殿中侍御史楊畏附蘇轍，欲相之，因與來之邵上疏論純仁不可復相，乞進用章惇、安燾、吕惠卿，不報。及純仁視事，吕大防欲引畏爲諫議大夫以自助，純仁以畏不端不可用。大防曰：「豈以畏嘗言相公邪？」蘇轍即從旁誦其彈文。純仁初不知也。已而竟遷畏禮部侍郎。**八月，京東、西、河南、北、淮南水。○九月，太皇太后高氏崩。**太皇太后不豫，吕大防、范純仁等問疾，太皇太后曰：「試言九年間，曾施恩高氏否？只爲至公，一男一女病且死，皆不得見。」言訖泣下。又曰：「老身没後，必多有調戲官家者，宜勿聽。公等亦宜早退，令官家别用一番人。」乃呼左右賜社飯，曰：「明年社飯時，思量老身也。」尋崩。太后聽政，召用故老名臣，罷廢新法苛政，舉邊砦之地以賜西夏，於是宇内復安。遼主戒其臣下，令勿生事於疆場，❶曰：「南朝盡行仁宗之政矣！」有司請循天聖故事，帝、后皆御殿，又請受册寶于文德殿。太后曰：「母后當陽，非國家美事，况天子正衙，豈所當御！就崇政足矣。」臨朝九年，朝廷清明，華夏綏定。力行故事，抑絶外家私恩，人以爲女中堯、舜。**冬十月，帝始親政，詔内侍劉瑗等復入内給事。**太后既崩，中外洶洶，人懷顧望。在位者畏懼，莫敢發言。翰林學士范祖禹慮小人乘間害政，上疏曰：「陛下方攬庶政，延見羣臣，此國家隆替之本，社稷安危之機，生民休戚之端，君子小人進退消長之際，天命人心去就離合之時也。可不畏哉！先后有大功於宗社，有大德於生靈，九年之間，始終如一。然羣小怨恨，亦不爲少，必將以改先帝之政、逐先帝之臣爲言，以事離間，不可不察也。唯辨析是非，深拒邪説，有以姦言惑聽者，付之典刑，痛懲一人，以警羣慝，則恬然無事。此等既誤先帝，又欲誤陛下，天下之事，豈堪小人再破壞邪？」時蘇軾方具疏將諫，及見祖禹奏，曰：「經世之文也。」遂附名同進而毁己草。疏入，不報。會有旨召内侍劉瑗等十人復職，祖禹又諫曰：「陛下親政以來，未聞訪一賢臣，而所召乃先内侍，四海必謂陛下私於近習，不可。」弗聽。已而祖禹復請對曰：「熙寧之初，王安石、吕惠卿造立新法，悉變祖宗之政，多引小人以誤國，勳舊之臣屏棄不用，忠正之士相繼遠引。又用兵開邊，結怨外夷，天下愁苦，百姓流徙。賴先帝覺悟，罷逐兩人，而所引羣小已布滿天下，不可復去。蔡確連起大獄，王韶創取熙河，章惇開五溪，沈起擾交管，沈括、徐禧、俞充、种諤興造西事，兵民死傷者不下二十萬。先帝臨朝悼悔，謂朝廷不得不任其咎。以至吴居厚行鐵冶之法于京東，王子京行茶法于福建，蹇周

❶ 「疆場」，原作「彊場」，據《宋史》卷二四二《英宗宣仁聖烈高皇后傳》、《御批歷代通鑑輯覽》卷七九改。

輔行鹽法于江西，李稷、陸師閔行茶法、市易于西川，劉定教保甲于河北，民皆愁痛嗟怨，比屋思亂。賴陛下與先后起而救之，天下之民如解倒懸。惟是向來所斥逐之人，窺伺事變，妄意陛下不以脩改法度爲是，如得至左右，必進姦言。萬一過聽而復用之，臣恐國家自此陵遲，不復振矣。」

**十二月，范純仁乞罷政，不許。**

初，太皇太后寢疾，召純仁曰：「卿父仲淹，可謂忠臣。在明肅垂簾時，唯勸明肅盡母道；明肅上賓，惟勸仁宗盡子道。卿當似之。」純仁泣曰：「敢不盡忠。」及帝親政，純仁乞避位。帝語呂大防曰：「純仁有時望，不宜去，可爲朕留之。」且趣入覲，帝問：「先朝行青苗法如何？」純仁對曰：「先帝愛民之意本深，但王安石立法過甚，激以賞罰，故官吏急切，以致民害。」退而上疏，其要以爲「青苗非所當行，行之終不免擾民也」。時羣小力排太后時事，純仁奏曰：「太皇保祐聖躬，功烈誠心，幽明共鑒，議者不恤國是，一何薄哉！」因以仁宗禁言明肅垂簾時事詔書上之，曰：「望陛下稽倣而行，以戒薄俗。」韓忠彥亦言于帝曰：「昔仁宗始政，羣臣亦多言章獻之非，仁宗惡其持情近薄，下詔戒飭。陛下能法仁祖則善矣！」帝不納。

**復章惇、呂惠卿官，貶樞密都承旨劉安世知成德軍。**

呂大防爲山陵使，甫出國門，楊畏首叛大防，上疏言：「神宗更法立制以垂萬世，乞賜講求，以成繼述之道。」帝即召對，詢以先朝故臣孰可召用者，畏遂列上章惇、安燾、呂惠卿、鄧潤甫、李清臣等行義，各加題品。且言神宗所以建立法度之意與王安石學術之美，乞召章惇爲相。帝深納之，遂復惇、惠卿官。安世諫以爲不可，出知成德軍。

**甲戌　紹聖元年，春二月，以李清臣爲中書侍郎，鄧潤甫爲尚書左丞。**

潤甫首陳武王能廣文王之聲，成王能嗣文、武之道，以開紹述。故有是命。范純仁以時用大臣皆從中出，言于帝曰：「陛下親政之初，四方拭目以觀，天下治亂，實本於此。舜舉皋陶，湯舉伊尹，不仁者遠。縱未能如古人，亦須極天下之選。」帝不納。

**葬宣仁聖烈皇后。○三月朔，日食。**

不盡如鉤。

**呂大防罷。**

大防立朝挺挺，進退百官不可干以私，不市恩嫁怨以邀譽，執政八年，終始如一。宣仁后時懇乞避位，后曰：「上富於春秋，公未可即去，少須歲月，吾亦就東朝矣。」及后崩，殿中侍御史來之邵逆探時旨，首劾大防，而大防亦自求去，帝亟從之。**策進士，罷門下侍郎蘇轍。**廷試進士，李清臣發策曰：「今復詞賦之選而士不知勸，罷常平之官而農不加富，可差可募之説雜而役法病，或東或北之論異而河患滋。賜土以柔遠也，而羌夷之患未弭；弛利以便民也，而商賈之路不通。夫可則因，否則革，惟當之爲貴，聖人亦何有必焉！」其意蓋絀元祐之政也。蘇轍諫曰：「伏見策題歷詆近歲行事，有紹復熙寧、元豐之意。臣謂先帝施設，蓋有百世不可改者，元祐以來，上下奉行，未嘗失墜。至於事或失當，何世無之！父作於前，子救於後，前後相濟，此則聖人之孝也。漢武帝外事四征，内興宫室，財用匱竭，於是脩鹽鐵、榷酤，均輸之政，民不堪命，幾至大亂。昭帝委任霍光，罷去煩苛，漢室乃定。光武、顯宗以察爲明，以讖決事，上下恐懼，人懷不安。章帝深鑒其失，代之寬厚、愷悌之政，後世稱焉。本朝真宗天書，章獻臨御，攬大臣之議，藏之梓宫，仁宗聽政，絶口不言。英宗濮議，朝廷洶洶者數年，先帝寢之，遂以安静。夫以漢昭、章之賢與吾仁宗、神宗之聖，豈其薄於孝敬而輕事變易也哉！陛下若輕變九年已行之事，擢任累歲不用之人，懷私忿而以先帝爲辭，大事去矣！」帝攬奏大怒，曰：「安得以漢武比先帝！」轍下殿待罪，衆莫敢救。范純仁從容言曰：「武帝雄才大略，史無貶辭，轍以比先帝，非謗也。陛下親事之始，進退大臣，不當如訶叱奴僕。」鄧潤甫越次進曰：「先帝法度，爲司馬光、蘇轍壞盡。」純仁曰：「不然。法本無弊，弊則當改。」帝曰：「人謂秦皇、漢武。」純仁曰：「轍所論，事與時也，非人也。」帝爲之少霽。轍平日與純仁多異，至是謝曰：「公佛地位中人也。」竟落轍職，出知汝州。及進士對策，考官第主元祐者居上，禮部侍郎楊畏覆考，乃悉下之，而以主熙、豐者置前列，遂拔畢漸爲第一。自是紹述之論大興，國是遂變矣。

**以曾布爲翰林學士承旨。**初，司馬光諭布增損役法，布辭曰：「免役一事，法令纖悉，皆出己手，遽自改易，義不可爲。」遂以户部尚書出知太原府。徙江寧，過京，留拜承旨。

**夏四月，以張商英爲右正言。**帝初即位，稍更新法之不便於民者，商英時爲開封推官，上書言：「『三年無改於父之道，可謂孝矣。』今先帝陵土未乾，即議變更，得爲孝乎！」復屢詣執政求進，❶且爲庾詞

❶「詣」，原作「請」，據《宋史》卷三五一《張商英傳》改。

貽蘇軾，求入臺。呂公著聞之不悦，出爲河東提刑。至是，召爲右正言。商英在外十年，憾元祐諸臣，因極力攻之，上疏言：「神宗盛德大業，跨絶今古，而司馬光、呂公著、劉摯、呂大防援引朋儔，敢行譏議。凡詳定局之建明，中書之勘會，户部之行遣，言官之論列，詞臣之誥命，無非指擿嗤笑，翦除陛下羽翼於内，擊逐股肱於外，天下之勢岌岌殆矣！今天日清明，誅賞未正。乞下禁省，檢索前後章牘，付臣等看詳，簽揭以上，望陛下與大臣斟酌可否焉。」**貶蘇軾知英州。**全臺復言軾撰呂惠卿誥詞，訕謗先帝，黜軾知英州。范純仁諫曰：「熙寧法度皆惠卿附會王安石建議，不副先帝愛民求治之意。至垂簾之際，始用言者，特行貶竄，已八年矣。言者多當時御史，何故畏避不即納忠，今乃有是奏，豈非觀望邪？」帝不納。未幾，侍御史虞策言軾罪罰未當，又追一官，惠州安置。**詔改元。**曾布上疏請復先帝政事，且乞改元以順天意，帝從之，改元祐九年爲紹聖元年。於是天下曉然知帝意所向矣。**罷翰林學士范祖禹。**時帝欲相章惇，祖禹言惇不可用，帝不悦。祖禹遂乞郡，乃知陝州。祖禹在邇英守經據正，獻納尤多。每當講前夕，必正衣冠，如在上側，命子弟侍，先按講其説。開列古義，參之時事，言簡而當，義理明白，蘇軾稱爲講官第一。**以章惇爲尚書左僕射兼門下侍郎，范純仁罷。**惇之被召也，通判陳瓘從衆道謁之。惇聞瓘名，邀與同載，詢當世之務。瓘因問惇曰：「天子待公爲政，敢問何先？」惇曰：「司馬光姦邪所當先辨，勢無急於此。」瓘曰：「公誤矣！果爾，將失天下之望。」惇厲聲曰：「光不務纘述先烈，而大改成緒，誤國如此，非姦邪而何？」瓘曰：「不察其心而疑其迹，則不爲無罪。若指爲姦邪，又復改作，則誤國益甚矣。爲今之計，惟消朋黨，持中道，庶可以救弊。」惇不悦。帝既相惇，純仁請去益力，乃以觀文殿大學士出知潁昌府。自帝親政，純仁扶佑之力居多，然羣邪間之，不能盡行其言。凡薦引人才，必以天下公議，其人不知自純仁所舉。或曰：「爲宰相，豈可不牢籠天下士，使知出於門下？」純仁曰：「但朝廷進用不失正人，何必其知出於我邪？」**召蔡京爲户部尚書，以林希爲中書舍人。**章惇嘗言：「元祐初，司馬光作相，用蘇軾掌制，所以能鼓動四方，安得斯人而用之？」或曰：「林希可。」會希赴成都，過闕，惇欲使典書誥，逞毒於元祐諸臣，且許以爲執政。希久不得志，請甘心焉。凡元祐名賢貶黜之制，皆希爲之，極其醜詆，至以「老姦擅國」之語陰斥宣仁，讀者無不憤歎。一日，草制罷，擲筆于地曰：「壞名節矣！」

復免役法。章惇請復行免役法，置司講議，久而不決。户部尚書蔡京謂惇曰：「取熙寧成法施行之爾，何以講爲！」惇然之，雇役遂定。差、雇兩法，司馬光、章惇所見不同。京再莅其事，成於反掌。兩人相倚以濟，識者有以見其姦。

以蔡卞爲國史脩撰。元祐中，史官范祖禹等脩《神宗實録》，盡書王安石之過，以明先帝之聖。蔡卞，安石壻也，上疏言：「《實録》所紀，類多疑似不根，乞重行刊定。」詔從之，以卞兼同脩國史。卞遂從安石從子防所求安石舊作《日録》，文飾姦僞，芟落事實，盡改正史。

閏月，復以陸師閔等爲諸路提舉常平官。○罷十科舉士法。○以安燾爲門下侍郎。○貶吏部尚書彭汝礪知江州。言者謂其附會劉摯也。汝礪將行，帝問所欲言，對曰：「陛下今所復者，其政不能無是非，其人不能無賢不肖。政惟其是，則無不善；人惟其賢，則無不得矣。」至郡數月而卒。

五月，詔進士專習經義。○罷制舉，置宏詞科。三省上言：「今進士純用經術，如詔誥、章表等文，皆朝廷官守日用不可闕者，若悉不習試之，何以兼收文學博異之士？」於是改置宏詞科。歲許進士登科者請試，試者雖多，取無過五人，詞格超異者特奏命官。

劉奉世罷。奉世，敞之子也。爲人簡重，有法度。常云：「家世唯知事君，内省不愧怍、士大夫公論而已。❶得喪，常理也，譬如寒暑加人，雖善攝生者不能無病，正須安以處之。」以章惇用事，力乞外，乃出知成德軍。

鄧潤甫卒。○以黄履爲御史中丞。元豐末，履爲中丞，與蔡確、章惇、邢恕相交結，每確、惇有所嫌惡，則使恕道風旨於履，履即排擊之，時謂之「四凶」，爲劉安世所論而出。至是，惇復引用，俾報復仇怨，元祐正臣無一得免者矣。

六月，除《字説》之禁。○以曾布同知樞密院事。○秋七月，奪司馬光、吕公著等贈謚，貶吕大防、劉摯、

❶「愧怍」，原作「愧恃」，據《宋史》卷三一九《劉奉世傳》、《資治通鑑後編》卷九一改。

**蘇轍、梁燾等官，詔諭天下。**黃履、張商英、上官均、來之邵等交章論司馬光等變更先朝之法，畔道逆理，章惇、蔡卞請發光、公著冢，斵棺暴尸。帝問許將，將對曰：「此非盛德事也。」帝乃止。於是追奪光、公著贈謚，仆所立碑，奪王巖叟贈官，貶大防爲祕書監，摯爲光禄卿，轍爲少府監，並分司南京。初，李清臣冀爲相，首倡紹述之説，以計去蘇轍、范純仁，亟復青苗、免役法。及章惇至，心甚不悦，復與爲異。惇既貶司馬光等，又籍文彦博以下三十人，將悉竄嶺表。清臣進曰：「更先帝法度，不能無過，然皆累朝元老，若從惇言，必大駭物聽。」帝乃下詔曰：「大臣朋黨，司馬光以下各以輕重議罰，其布告天下。餘悉不問，議者亦勿復言。」初，朋黨論起，帝曰：「梁燾每起中正之論，其開陳排擊，盡出公議，朕皆記之。」又曰：「蘇頌知君臣之義，無輕議也。」由是頌獲免，而燾止謫提舉舒州靈仙觀。摯語諸子曰：「上用章惇，吾且得罪。若惇顧國事，不遷怒百姓，但責吾曹，死無所恨。正慮意在報復，法令益峻，奈天下何！」**八月，罷廣惠倉。○復免行錢。○冬十月，以吕惠卿知大名府。**監察御史常安民言：「北都重鎮，而除惠卿。惠卿賦性深險，背王安石者，其事君可知。今將過闕，必言先帝而泣以感動陛下，希望留京矣。」帝納之。及惠卿至京，請對，見帝，果言先朝事而泣。帝正色不答，計卒不施而去。時論快之。

**十二月，重脩《神宗實録》成，安置范祖禹等于遠州。**蔡卞進《神宗實録》，於是祖禹及趙彦若、黄庭堅等並坐詆誣降官，安置永、澧、黔州，遷卞爲翰林學士。初，禮部侍郎陸佃預脩《實録》，數與祖禹等争辨，大要是安石，爲之晦隱。庭堅曰：「如公言，蓋佞史也！」佃曰：「盡用君意，豈非謗書乎？」至是，佃亦落職。言者又以吕大防監脩《神宗實録》，徙安州居住。

**乙亥　二年，春二月，復保甲法。○夏四月，置律學博士。○冬十月，鄭雍罷。○以許將、蔡卞爲尚書左、右丞。○贈蔡確太師，謚忠懷。**時確黨屢言確有定策功。會馮京卒，帝臨奠，確子渭，京壻也，於喪次闌訴，遂有是命。**貶監察御史常安民監滁州酒税。**時蔡京深結中官裴彦臣，安民因論之，謂：「京姦足以惑衆，辨足以飾非，巧足以移奪人主之視聽，力足以顛倒天下之是否。内結中官，外連朝士，一不附己，則誣以黨於元祐非先帝法，必擠之而後已。今在朝之臣，京黨過半，陛下不可不早覺悟而逐之，他日羽翼成就，悔無及矣。」是時京之姦始萌芽，人多未測，獨安民首發之。又言：「今大臣爲紹述之説，皆借此名以報復私怨，朋附之流遂從而和之。張商英在元祐時，上呂公著詩求進，諛佞無恥，近乃乞毀司馬光及公著神道碑；周秩爲博士，親定光謚爲文正，近乃乞斲棺鞭尸。陛下察此輩之言，果出於公論乎！」章疏前後至數十百上，度終不能回，遂丐外，帝慰勉而已。至是，復論章惇顓國植黨，乞收主柄而抑其權，反覆曲折，言之不置。惇遣所親信語之曰：「君本以文學聞于時，奈何以言語自任，與人爲怨！少安静，當以左右相處。」安民正色斥之曰：「爾乃爲時相游説邪！」惇益怒。至是，御史董敦逸論安民黨于蘇軾兄弟。會安民言事忤旨，惇遂出安民監滁州酒税。安燾救之，不克。

**左司諫張商英有罪免。**商英黨章惇以攻安燾，帝不直之，遂免。

**十一月，安燾罷。**燾與章惇爲布衣交，惇覬其助己，而燾不下之，遂有隙。惇用白帖貶謫元祐臣僚，燾言于帝，帝疑之。鄭雍欲爲自安計，謂惇曰：「王安石作相，嘗用白帖行事。」惇大喜，取其按牘懷之以白帝，燾言不行，惇怨益深。及救常安民，惇遂言燾與之表裏，出知鄭州。

**貶范純仁知隨州。**時呂大防等竄居遠州，會明堂赦，章惇豫言此數十人當終身勿徙。純仁聞之，憂憤，欲申理。所親勸其勿觸怒，萬一遠斥，非高年所宜。純仁曰：「事至于此，無一人敢言，若上心遂回，所繫大矣。如其不然，死亦何憾！」因上言：「大防等所罪，亦因持心失恕，好惡任情，違老氏好還之戒，忽孟軻反爾之言。然牛、李之禍，數十年淪胥不解，豈可尚遵前軌！願斷自淵衷，原放大防等。」疏奏，章惇大怒，遂落觀文殿大學士，徙知隨州。

## 丙子　三年

**春正月，韓忠彦罷。○二月，女真伐紇石烈部阿踈，阿踈奔遼。**生女真節度使頗剌淑死，弟盈哥嗣，以兄劾者子撒改爲國相。時紇石烈部阿踈有異志，盈哥召之，阿踈與部人毛睹禄阻兵爲難。盈哥自往伐之，至阿踈城，阿踈聞之，往訴于遼，遼遣使止盈哥勿攻，盈哥留劾者守阿踈城而還。

**秋七月，竄范祖禹于賀州，劉安世于英州。**時劉婕好專竄內庭，章惇、蔡京摭祖禹、安世元祐中諫乳媪事，以爲斥婕妤也。於是坐二人構造誣謗之罪，謫授昭、新州别駕，賀、英州安置。**九月，廢皇后孟氏。**劉婕妤嘗同后朝景靈宫，訖事，就坐，嬪御皆立侍，婕妤獨背立簾下。后閤中陳迎兒訶之，不顧，閤中皆忿。會冬至，朝太后於隆祐宫，后座朱髹金飾，婕妤亦欲得之，從者知其意，易座與后等，衆弗能平。因傳唱曰：「皇太后出。」后起立，婕妤亦起，尋復坐，則或已撤婕妤座，遂仆于地。懟不復朝，泣訴于帝。内侍郝隨謂婕妤曰：「毋以此戚戚，願爲大家早生子，此座正當婕妤有也。」會后女福慶公主疾，后有姊頗知醫，嘗已后危疾，以故出入宫掖。公主藥弗效，持道家治病符水入治。后驚曰：「姊寧知宫中禁嚴，與外間異邪？」令左右藏之。俟帝至，具言其故。帝曰：「此人之常情耳。」后即爇符於帝前。宫中相傳，厭魅之端作矣。未幾，后養母聽宣夫人燕氏、尼法端爲后禱祠。事聞，詔入内押班梁從政等即皇城司鞫之，捕逮宦者、宫妾三十人，搒掠備至，肢體毁折，至有斷舌者。獄成，命侍御史董敦逸覆録，罪人過庭下，氣息僅屬，無一人能出聲者。敦逸秉筆疑未下，郝隨等以言脅之，敦逸畏禍，乃以奏牘上。詔廢后爲華陽教主、玉清妙静仙師，法名冲真，出居瑶華宫。時章惇欲誣宣仁后有廢立計，以后逮事宣仁，又陰附劉婕妤，欲請建爲后，遂與郝隨搆成是獄，天下冤之。踰兩旬，敦逸奏：「中宫之廢，事有所因，情有可察。臣嘗閲録其獄，恐得罪天下。」帝欲貶之，曾布曰：「陛下以獄出於近習推治，故命敦逸録問，今乃貶之，何以取信中外！」乃止。

**冬十月，雷，大雨雹。○夏人寇鄜延，陷金明砦。**夏人自得四砦，連歲以畫界未定侵擾邊境，且遣使欲以蘭州一境易塞門二砦。朝廷不許，夏主乾順乃奉其母率衆五十萬大入鄜延。西自順寧、招安砦，東自黑水、安定，中自塞門、龍安、金明以南，二百里間，相繼不絶，至延州北五里。是月，自長城一日馳至金明，列營環城。乾順子、母親督桴鼓，縱騎四掠。知麟州有備，復還金明，而後騎之精鋭者留龍安。邊將悉兵掩擊，不退，金明遂陷。守兵二千八百，惟五人得脱，城中糧五萬石、草千萬束皆盡，將官張輿戰死。初，帝聞有夏寇，泰然笑曰：「五十萬衆深入吾境，不過十日，勝不過一二砦須去。」已而果破金明引退。**以龔原爲國子司業。**原少師王安石，安石之改學校法，嘗引原自助，原亦爲盡力。及爲司業，遂請以安石所撰《字説》、《洪範傳》及王雱《論語孟子義》刊板傳學者。故學校舉子之文靡然從之，其弊自原始。

**丁丑**　**四年，春正月，李清臣免。**帝幸楚王似第，有狂婦人遮道叫呼告清臣謀反，乃清臣姑子田氏外婦也。清臣不能引去，御史劾免之。史臣曰：「哲宗親政之初，見慮未定，范、呂諸賢在廷，左右弼譔，俾日邇忠讜，疏絶回遹，以端其志向，元祐之治業，庶可守也。而清臣怙才躁進，陰覬柄用，首發紹述之説，以隙國是。羣姦嗣之，衡決莫障，重爲薦紳之禍焉。」**二月，追貶司馬光、呂公著等官。**三省言：「司馬光等倡爲姦謀，詆毁先帝，變易法度，罪惡至深。當時凶黨，雖已死及告老，亦宜薄示懲沮。」遂追貶司馬光爲清遠軍節度副使，呂公著爲建武軍節度副使，王巖叟爲雷州別駕，奪趙瞻、傅堯俞贈謚，追韓維到任及孫固、范百禄、胡宗愈等遺表恩。❶未幾，復追貶光朱崖軍司户，❷公著昌化軍司户。**復罷春秋科。○流呂大防、劉摯、蘇轍、梁燾、范純仁等于嶺南，貶韓維等三十人官。大防道卒。**大防之徙安州也，其兄大忠自涇原入朝，帝訪大防安否，且曰：「執政欲遷諸嶺南，朕獨令處安陸。爲朕寄聲問之。大防朴直，爲人所賣，二三年可復見也。」大忠泄其語於章惇，惇繩之益力。會侍御史來之邵言：「司馬光畔道逆理，典刑未正，鬼得而誅。獨劉摯尚存，實天以遺陛下。」於是三省言：「呂大防等爲臣不忠，罪與司馬光等不異。頃朝廷雖嘗懲責，而罰不稱愆，生死異罪，無以垂示萬世。」遂貶大防舒州、摯鼎州團練副使，轍化州、燾雷州別駕，純仁武安軍節度副使，安置于循、新、雷、化、永五州；劉奉世光禄少卿，郴州居住，尋安置柳州；韓維落職致仕，再謫均州安置；王覿、韓川、孫升、呂陶、范純禮、趙君錫、馬默、顧臨、范純粹、孔武仲、王欽臣、呂希哲、呂希純、呂希績、姚勔、❸吴安詩、秦觀十七人，通、隨、峽、衡、

❶「到任」，《皇宋十朝綱要》卷一四、《編年綱目備要》卷二四作「致仕」。

❷「朱崖軍」，原作「朱厓軍」，據《東都事略》卷八七下《司馬光傳》、《長編》卷四八六改。

❸「姚勔」，原作「姚緬」，據《編年綱目備要》卷二四、《長編紀事本末》卷一二四改。

蔡、亳、單、饒、均、池、信、和、金、光、衢、連、横諸州居住；王汾落職致仕；❶孔平仲落職知衡州；張耒、晁補之、賈易並監當官；朱光庭、孫覺、趙卨、李之純、杜純、李周並追奪官秩；復追貶孔文仲、李周爲別駕。中書舍人葉濤當制，文極醜詆，聞者切齒。先是，左司諫張商英上言：「願陛下無忘元祐時，章惇無忘汝州時，安燾無忘許昌時，李清臣、曾布無忘河陽時」，以激怒之。由此諸賢皆不免。時燾已卒，大防行至虔州信豐而卒，天下惜之。既而蘇軾自惠州徙昌化軍，范祖禹自賀州徙賓州，劉安世自英州徙高州。純仁時因疾失明，聞命，怡然就道。或謂近名，純仁曰：「七十之年，兩目俱喪，萬里之行，豈其欲哉！但區區之愛君，有懷不盡，若避好名之嫌，則無爲善之路矣。」諸子欲以與司馬光議役法不同爲請，冀得免行，純仁曰：「吾用君實薦以致宰相，昔同朝論事不合，則可；汝輩以爲今日之言，則不可也。有愧心而生，不若無愧心而死。」其子乃止。每戒子弟不可小有不平。聞諸子怨章惇，必怒止之。及在道，舟覆于江，純仁衣盡濕，顧諸子曰：「此豈章惇爲之哉！」

**降太師致仕文彦博爲太子少保。**言者論其朋附司馬光，詆毀先烈故也。

**閏月，以曾布知樞密院事，林希同知院事，許將爲中書侍郎，蔡卞、黄履爲尚書左、右丞。**布初附章惇，覬惇引居同省，故草惇制極其稱美，復贊紹述甚力。惇忌之，處于樞府，由是稍不相能。時章惇、蔡卞同肆羅織，貶謫元祐諸臣，欲舉漢唐故事，誅戮黨人。帝以問將，將對曰：「二代固有之，但祖宗以來未之有。本朝治道所以遠過漢唐者，以未嘗輒戮大臣也。」帝深然之。

**三月，詔中書舍人蹇序辰等編類司馬光等章疏。**章惇議遣呂升卿、董必察訪嶺南，將盡殺流人。帝曰：「朕遵祖宗遺志，未嘗殺戮大臣，其釋勿治。」惇志不快，於是中書舍人蹇序辰上疏言：「朝廷前日正司馬光等姦惡，明其罪罰，以告中外。唯變亂典刑，改廢法度，訕讟宗廟，睥睨兩宮，觀事考言，實狀彰著。其章疏案牘散在有司，若不彙緝而藏之，歲久必致淪棄。願選官編類，人爲一帙，置之二府，以示天下後世之大戒。」章惇、蔡卞請即命序辰及直學士院徐鐸編類。凡司馬光等一時施行文書，擸拾

❶「王汾」，原作「王份」，據《編年綱目備要》卷二四、《宋史全文》卷一三下改。

附著，纖悉不遺。由是縉紳之士無得脱禍者矣。卞黨薛昂、林自又乞毁司馬光《資治通鑑》板，太學博士陳瓘因策士引神宗所製序文以問，昂、自議沮，得免。知渭州章楶城平夏。楶以夏人猖獗，上言城葫蘆河川，據形勝以偪夏，朝廷許之。遂合熙河、秦鳳、環慶、鄜延四路之師，陽繕理他砦數十所以示怯，而陰具板築守戰之備，出葫蘆河川，築二砦于石門峽江口好水河之陰。夏人聞之，帥衆來乘，楶迎擊，敗之。二旬又二日，城成，賜名曰平夏城、靈平砦。章惇因請絶夏人歲賜，而命沿邊諸路相繼築城于要害，以進拓境土，凡五十餘所。夏五月，潞公文彦博卒。彦博逮事四朝，任將相五十年，名聞四夷。平居接物謙下，尊德樂善如恐不及。其在洛也，洛人邵雍、程顥兄弟皆以道自重，賓接之如布衣交。立朝端重，公忠直諒，臨事果斷，有大臣之風。功成退居，朝野倚重。卒年九十二。追復太師，謚忠烈。六月朔，日食。○秋八月，彗星見西方。○鄜延經畧使呂惠卿復宥州。惠卿乞諸路出兵，乘便討擊，詔河東、環慶並聽惠卿期約。惠卿遂遣將官王愍攻破宥州，尋又奏築威戎、威羌二城。加惠卿銀青光禄大夫。時章惇肆開邊隙，故諸道興役進築，屢被爵賞。冬十月，以邢恕爲御史中丞，追貶王珪爲萬安軍司户參軍。

初，恕久斥外，心懷憤恨，自河陽間道謁蔡確于鄧州，將緒成太后、王珪廢立事，以明確與己定策功。謀已定而無司馬光左驗，會光子康赴闕過河陽，恕乃紿康手書稱確功。既而梁燾以諫議召，過河陽，恕復頌確功於燾，且出康書爲證。既而恕帥中山，置酒誘高遵裕之子士京曰：「公知元祐間獨不與先公推恩否？」士京曰：「不知。」又問：「有兄弟無？」士京曰：「有兄士充，已死。」恕曰：「此乃傳王珪語言之人也。當時王珪爲相，欲立徐王，遣士充傳道言語於禁中。公知否？」士京曰：「不知。」恕因啗以官爵，曰：「不可言不知，爲公作此事，第勿以語人。」士京庸暗，從之。至是，章惇、蔡卞將甘心元祐諸賢，引恕自助，遂召還，三遷爲中丞。恕遂以北齊婁太后宫名宣訓，嘗廢孫少帝立子演，設爲司馬光語范祖禹曰：「方今主少國疑，宣訓事猶可慮。」又令王棫爲高士京作奏，言父遵裕臨死，屏左右謂士京曰：『神宗彌留之際，王珪遣士充來問曰：『不知皇太后欲立誰？』我叱士充去之，事遂已。」會給事中葉祖治亦以王珪於册立時有異論，於是詔追貶珪爲萬安軍司户，贈遵裕奉國軍節度使。**十一月，梁燾卒于化州。○編管程頤于涪州。**頤時放歸田里，帝一日與輔臣語及元祐政事，曰：「程頤妄自尊大，在經筵多不遜。」於是言者論頤與司馬光同惡相濟，削籍竄涪州。河南尹李清臣即日迫遣，欲入内別叔母，不許。明日，贐以銀一百兩，頤亦不受。**復立市易務。○十二月，劉摯卒于新州。**

**戊寅　元符元年，春正月，得秦璽于咸陽。**咸陽縣民段義於劉銀村修舍，得古玉印，其文曰：「受命于天，既壽永昌」，上之。詔蔡京等辨驗，京以爲秦璽，遂命曰：「天授傳國受命寶。」帝御大慶殿受寶，行朝會禮。詔賜段義絹二百匹，授右班殿直。**三月，下文彦博子及甫于同文館獄，遂錮劉摯、梁燾子孫于嶺南。以蔡京爲翰林學士承旨，安惇爲御史中丞。**彦博之子及甫居喪于洛，服除，恐不得京官，抵書邢恕曰：「改月遂除，入朝之計未可必。當塗猜忌於鷹揚者益深，其徒實繁。司馬昭之心，路人所知也，濟之以『粉昆』，必欲以眇躬爲甘心快意之地，可爲寒心。」其謂司馬昭者，指吕大防獨當國久。「粉昆」，世謂駙馬都尉爲「粉侯」，韓嘉彦尚主，其兄忠彦則「粉昆」也。恕以書示蔡確之弟碩。至是，恕令確子渭上書，訟摯等陷其父陰圖不軌，謀危宗社，引及甫書爲證。章惇、蔡卞因是欲殺摯及梁燾、王巖叟等，以爲摯有廢立意，遂置獄于同文館，令蔡京、安惇雜治，逮問及甫。及甫因詭言其父彦博稱摯爲司馬昭，「粉」則以王巖叟面白，「昆」則梁燾字况之，「况」猶「兄」也。京、惇因組織萬端，將陷諸人以族罪，奏摯等大逆不道，死有餘責，不治無以示天下。帝曰：「元祐人果如是乎？」京、惇對曰：「誠有是心，特反形未具爾。」會摯、燾已卒于貶所，京等奏上，不及考驗，乃下詔禁錮摯、燾子孫于嶺南，勒停巖叟諸子官職。京覬求執政，故治獄極意羅織元祐諸賢。既成，而曾布忌京，密言于帝曰：「蔡卞備位丞轄，京不可以同升。」遂止進承旨。京、布由是有隙。

**章惇、蔡卞請追廢宣仁聖烈皇后，不果行。**惇、卞恐元祐舊臣一旦復起，日夜與邢恕等謀，且結内侍郝隨爲助，媒蘖宣仁嘗欲危帝之事。既貶王珪，又起同文館獄，又誣司馬光、劉摯、梁燾、吕大防等結主宣仁閣内侍陳衍謀廢立。時衍已先得罪，配朱厓。又以内侍張士良嘗與衍同主后閤，自郴州召還，使蔡京、安惇雜治之，以實其説。京等列鼎、鑊、刀、鋸於前，謂之曰：「言有，即還舊職；無，則就刑。」士良仰天大哭曰：「太皇太后不可誣，天地神祇不可欺，乞就戮。」京等鍛鍊無所得，乃奏：「衍疏隔兩宫，斥隨龍内侍劉瑗等于外，以剪除人主腹心羽翼，爲大逆不道，處死。」帝頗惑之。至是，惇、卞自作詔書，請廢宣仁爲庶人。皇太后方寢，聞之遽起，謂帝曰：「吾日侍崇慶，天日在上，此語曷從出？且帝必如此，亦何有於我？」帝感悟，取惇、卞奏，就燭焚之。郝隨覘知之，密語惇、卞。明日，惇、卞再具狀，堅請施行。帝怒曰：「卿等不欲朕入英宗廟乎！」抵其奏于地，事得寢。**夏四月，林希免。**初，章惇疑曾布在樞府間己，使希爲貳，以相伺察。希日爲布所誘，且恨惇不引爲執政，漸有怨隙。邢恕承惇意，論免之。**秋七月，再竄范祖禹、劉安世于化、梅州，祖禹尋卒。**初，章惇怨范祖禹、劉安世尤深，必欲置諸死地。至是，諷蔡京併陷二人以罪。詔徙祖禹于化州，安世于梅州。安世至貶所，章惇將必寘之死，陰令殺陳衍使者過梅，脅安世使自裁，使者不忍而止。惇又擢土豪爲轉運判官，使殺之。判官承意疾馳，未至梅三十里，❶嘔血而死，安世獲免。祖禹平居恂恂，口不言人過。遇事則別白是非，不少借隱。長於勸講，論諫不啻數十萬言。開陳治道，辨釋事宜，平易明白，洞見底蘊，雖賈誼、陸贄不是過也。**京師地震。○冬十月，夏人寇平夏城，章楶大敗之，獲其將嵬名阿埋。**夏人圍平夏，章楶禦之，獲其勇將嵬名阿埋，西壽監軍妹勒都逋，斬獲甚衆，夏人震駭。捷至，帝御紫宸殿受賀。楶在涇原日久，嘗言：「夏嗜利畏威，不有懲艾，邊不得休息。宜稍取其土疆，如古削地之制，以固吾圉。然後諸路出兵，擇要害，不一再舉，勢將自蹙矣。」章惇與楶同宗，言多見采。由是創州一，城砦九，屢敗夏人，而諸路多建城砦以逼夏。及平夏之捷，夏人不復振。

**己卯　二年，春三月，遼人爲夏請和。**

夏人求援于遼，遼主遣簽書樞密院事蕭德崇來，爲夏人議和，仍獻玉帶。詔郭知章報之，復書謂：「若果出至誠，深

❶「三十」，《宋史》卷三四五《劉安世傳》作「二十」。

悔謝罪，當徐度所宜，開以自新之路。」夏五月，置西安州。即南牟會新城。從經畧使章楶請也。六月，河決内黄。河決内黄口，東流斷絶。吴安持等三十人降責有差，以元祐間主回河東流之議也。秋七月，洮西安撫使王贍取吐蕃邈川青唐，降其酋瞎征。初，阿里骨死，子瞎征嗣。瞎征性嗜殺，部曲睽貳。大酋心牟欽氊等有異志，以瞎征季父蘇南党征雄武，譖殺之，其黨皆死，獨籛羅結得逃，奔董氊踈族溪巴温之子杓拶，據溪哥城。瞎征攻殺杓拶，籛羅結奔河州，説知州王贍以取青唐之策。贍言于朝，章惇許之。至是，贍引兵趨邈川，守者以城降，贍留屯之。瞎征自知其下多叛，乃脱身自青唐來降于贍。詔以胡宗回帥熙河以節制之。八月，城會州。元豐中，雖加蘭、會與熙河爲一路，而會州實未復。至是，始城會州，以西安城北六砦隸之。未幾，又以葭蘆砦爲晉寧軍。子茂生。九月，立賢妃劉氏爲皇后。竄右正言鄒浩于新州。妃多材藝，有盛寵。既搆廢孟后，章惇與内侍郝隨、劉友端相結，請妃正位中宫。時帝未有儲嗣，會妃生子茂，帝大喜，遂立焉。浩以數論事，帝親擢爲右正言，露章劾章惇不忠慢上之罪，未報，而劉后立，浩上疏言：「賢妃與孟后争寵，而孟后廢，今乃立之，殊累聖德，乞追停册禮。」帝曰：「此祖宗故事，豈獨朕邪？」蓋指真宗立劉德妃也。浩對曰：「祖宗大德可法者多矣，陛下不之取而效其小疵邪？」帝變色，持其章躊躇，若有所思，因付于外。明日，章惇詆其狂妄，除名勒停，羈管新州。尚書右丞黄履進曰：「浩以親被拔擢之故，敢犯顔納忠，陛下遽出之死地，人臣將視以爲戒，誰復爲陛下論得失乎！幸與善地。」不聽。初，陽翟田晝議論慷慨，與浩以氣節相激厲。劉后立，晝謂人曰：「志完不言，可以絶交矣。」浩既得罪，晝迎諸途，浩出涕，晝正色責之曰：「使志完隱默官京師，遇寒疾不汗，五日死矣。豈獨嶺海之外能死人哉？願君毋以此舉自滿，士所當爲者，未止此也。」浩茫然自失，謝曰：「君贈我厚矣。」浩之將論事也，以告其友宗正寺簿王回，回曰：「事有大于此者乎？子雖有親，然移孝爲忠，亦太夫人素志也。」及浩南遷，人莫敢顧。回斂交遊錢與浩治裝，往來經理，且慰安其母。邏者以聞，逮詣詔獄，衆爲之懼，回居之晏如。御史詰之，回曰：「實嘗預謀，不敢欺也。」因誦浩所上章幾二千言。獄上，除名停廢。回即徒步出都門，行數十里，其子追及，問以家事，不答。又有曾誕者，嘗三以書勸浩論孟后事，浩不報。及浩廢，誕作《玉山主人對客問》，以譏浩不能力諫孟后之廢，而俟朝廷過舉乃言，爲不知幾云。**御史中丞邢恕免。**恕内懷猜猾，而外持正論，帝多嘉納其言。章惇恐其大用，切忌之。恕亦揣帝稍厭惇，因屢白惇短。惇遂搆陷以罪，出知汝州，以安惇代之。

**閏月，黄履罷。○吐蕃隴拶復據青唐，王贍擊降之。詔以青唐爲鄯州，邈川爲湟州。**瞎征既降于王贍，而贍與總管王愍争功，交訟于朝，於是青唐大酋心牟欽氊迎溪巴温入城，立木征之子隴拶爲主，其勢復張。瞎征大懼，自髡爲僧以祈免。熙河帥胡宗回督贍進師，贍急攻隴拶及心牟欽氊等，皆出降，贍入據其城。詔以青唐爲鄯州，贍知州事；邈川爲湟州，王厚知州事。

**置看詳訴理局。**安惇言：「陛下未親政時，姦臣置訴理所，凡得罪熙、豐之間者，咸爲除雪，歸怨先朝，收恩私室。乞取公案，看詳從初加罪之意，復依元斷施行。❶」蔡卞勸章惇置局，命中書舍人蹇序辰及安惇看詳。由是重得罪者八百三十家，士大夫或千里會逮，天下怨疾，有「二蔡、二惇」之謡。**子茂卒。○冬十一月，許夏人通好。**夏人屢敗，遣其臣令能嵬名濟等來謝罪，且進誓表。詔許其通好，歲賜如舊。自是，西陲民少安。**詔諸州行三舍法。**考選、升補悉如太學。州許補上舍一人，内舍二人，歲貢之。其上舍附太學外舍，試中補内舍；三試不升，遣還其州。其内舍免試，補太學外舍生。

**庚辰　三年，春正月，帝崩，端王佶即位，太后權同聽政，赦。**帝崩，無子，皇太后向氏哭謂宰臣曰：「國家不幸，大行皇帝無嗣，事須早定。」章惇抗聲曰：「在禮、律，當立母弟簡王似。」太后曰：「老身無子，諸王皆神宗庶子，莫難如此分別。」惇復曰：「以長則申王佖當立。」太后曰：「申王有目疾，不可，於次則端王佶當立。」惇曰：「端王輕佻，不可以君天下。」言未畢，曾布叱之曰：「章惇未嘗與臣商議，如皇太后聖諭極當。」蔡卞、許將相繼曰：「合依聖旨。」太后又曰：「先帝嘗言端王有福壽，且仁孝。」於是惇默然。乃召端王入，即位于柩前。羣臣



❶「元」，原脱，據《長編》卷四九九、《編年綱目備要》卷二五、《宋史》卷二〇〇《刑法志》補。

請太后權同處分軍國事，后以長君辭，帝泣拜，移時乃許之。端王，神宗第十一子也。史臣曰：「哲宗以幼冲踐祚，宣仁同政，召用諸賢，罷廢新法，故元祐之政庶幾仁宗。奈何熙、豐舊姦枿去未盡，已而媒櫱復用，卒假紹述之言，務反前政，報復善良，馴致黨禍，君子盡斥，而國政益敝矣。」尊皇后劉氏爲元符皇后。○二月，立皇后王氏。后，開封人，德州刺史璪之女。❶以韓忠彦爲門下侍郎，黄履爲尚書右丞。忠彦入對，陳四事，曰廣仁恩、開言路、去疑似、戒用兵，太后納之。自是，忠直敢言知名之士，稍見收用。三月，詔棄鄯、湟州以畀吐蕃，竄王贍等于嶺南。贍未至，自殺。贍留鄯州，縱所部剽掠，羌衆携貳。心牟等結諸族帳謀反，贍擊破之，悉捕斬城中羌，積級如山。初，贍又諷諸羌酋籍勝兵者，皆涅其臂，無應者。籛羅結請歸帥本路爲倡，贍聽之去，遂嘯聚數千人，圍邈川，夏衆十萬助之，城中危甚。苗履、姚雄帥所部兵來援，圍始解。贍因棄青唐而還，溪巴温與其子溪賒羅撒據之。羣羌復合兵攻邈川，王厚亦不能支。朝論請並棄邈川，且謂隴拶乃木征之子，遂命知鄯州，賜姓名曰趙懷德。其弟邦辟勿丁咓曰懷義，同知湟州。加瞎征懷遠軍節度使。而貶贍于昌化軍，厚于賀州，胡宗回奪職，知蘄州。贍至穰縣，自縊死。詔求直言以四月朔日當食，詔求直言。筠州推官崔鶠上書曰：「毁譽者，朝廷之公議。故責授朱崖軍司户司馬光，左右以爲姦，而天下皆曰忠；今宰相章惇，左右以爲忠，而天下皆曰姦。此何理也？夫乘時抵巇以盜富貴，探微揣端以固權寵，謂之姦可也；包苴滿門，私謁踵路，陰交不逞，密結禁庭，謂之姦可也；以奇伎淫巧蕩上心，以倡優女色敗君德，獨操賞刑，自報恩怨，謂之姦可也；蔽遮主聽，排斥正人，微言者坐以刺譏，直諫者陷以指斥，以杜天下之言，掩滔天之罪，謂之姦可也。凡此數者，光有之乎？惇有之乎？賞繆罰濫，佞人倘佯，如此而國不亂，未之有也。小人譬之蝮蝎，其兇忍害人，根乎天性，隨遇必發。天下無事，不過賊陷忠良，破碎善類；至緩急危疑之際，必有反覆賣國、跋扈不臣之心。比年以來，諫官不論得失，御史不劾姦邪，門下不駁詔令，共持喑默，以爲得計。夫以股肱耳目，治亂安危所係，而一切若此，陛

❶「璪」，《東都事略》卷一四《徽宗顯恭皇后王氏傳》、《宋史》卷二四三《徽宗顯恭王皇后傳》作「藻」。

下雖有堯、舜之聰明，將誰使言之，誰使行之！夫四月，陽極盛、陰極衰之時，而陰干陽，故其變爲大。惟陛下畏天威，聽明命，大運乾剛，大明邪正，則天意解矣。若夫伐鼓用幣，素服撤樂，而無脩德善政之實，非所以應天也。」帝覽而善之，以爲相州教授。

**召龔夬爲殿中侍御史，陳瓘、鄒浩爲左、右正言。**韓忠彦等薦之也。御史中丞安惇言：「鄒浩復用，慮彰先帝之失。」帝曰：「立后，大事也，中丞不言，而浩獨敢言，何爲不可復用！」惇懼而退。陳瓘言：「陛下欲開正路，取浩既往之善。惇乃誑惑主聽，規騁其私。若明示好惡，當自惇始。」遂出惇知潭州。

**詔許劉摯、梁燾歸葬，録其子孫。**

○**夏四月朔，日食。**

○**以韓忠彦爲尚書右僕射兼中書侍郎，李清臣爲門下侍郎，蔣之奇同知樞密院事。**

○**復范純仁等官，徙蘇軾等于内郡。**純仁時在永州，遣中使賜以茶藥，諭之曰：「皇帝在藩邸，太皇太后在宫中，知公先朝言事忠直，今虚相位以待。不知目疾如何，用何人醫之？」純仁頓首謝。徙居鄧州，在道拜觀文殿大學士、中太乙一宫使。制詞有曰：「豈惟尊德尚齒，昭示寵優，庶幾鯁論嘉謀，日聞忠告。」純仁聞制，泣曰：「上果用我矣，死有餘責。」既又遣中使趣入覲，純仁乞歸養疾，帝不得已，許之。每見輔臣問安否，且曰：「范純仁得一識面足矣！」軾自昌化移廉，徙永，更三赦，復提舉玉局觀。未幾，卒于常州。軾與弟轍師父洵，爲文如行雲流水，初無定質。雖嬉笑怒罵之辭，皆可書而誦之。自爲舉子至出入侍從，必以愛君爲本，忠規讜論，挺挺大節，但爲小人忌惡，不得久居朝耳。

**五月，詔復哲宗廢后孟氏爲元祐皇后。**初，哲宗嘗悔廢后事，歎曰：「章惇壞我名節。」至是，太后將復后位，會布衣何大正上書言之，❶遂降是詔。自瑶華宫還居禁中。

**蔡卞有罪免。**卞專託紹述之説，上欺天子，下脅同列。凡中傷善類，皆密疏建白，然後請帝親札付外行之。章惇雖巨姦，然猶在其術中。惇輕率不思，而卞深阻寡言，論議之際，惇毅然主持，卞或噤不啓齒。一時論者

❶「大」，原作「文」，據《宋史》卷三五六《錢遹傳》、《資治通鑑後編》卷九三、《歷代名臣奏議》卷二八二錢遹上言改。

以爲惇迹易明，卞心難見。至是，龔夬論惇、卞之惡，大畧以爲：「昔日丁謂當國，號爲恣睢，然不過陷一寇準而已。及惇，則故老、元輔、侍從、臺省之臣，凡天下之所謂賢者，一日之間，布滿嶺海，自有宋以來，未之聞也。當是時，惇之威勢震於海内，此陛下所親見。蓋其立造不根之語，文致悖逆之罪，是以人人危懼，莫能自保，俾其朽骨銜冤于地下，子孫禁錮于炎荒，忠臣義士憤悶而不敢言，海内之人得以歸怨先帝。其罪如此，尚何俟而不正典刑哉！卞事上不忠，懷姦深阻，凡惇所爲，皆卞發之，爲力居多。望采之至公，昭示譴黜。」未報。而臺諫陳師錫、陳次升、陳瓘、任伯雨、張庭堅等極論卞罪浮于惇，乞正典刑，以謝天下，乃出知江寧。臺諫論之不已，遂以祕書少監分司池州。

**追復文彦博、王珪、司馬光、吕公著、吕大防、劉摯等三十三人官。**從韓忠彦之言也。

**六月，邢恕有罪，安置均州。**陳瓘論其矯誣定策之罪也。

**秋七月，太后罷聽政。○八月，葬永泰陵。○九月，章惇有罪免。**惇爲相，專圖復怨，引蔡卞、林希、黄履、來之邵、張商英等居要地，任言責。由是正人無一得免，死者禍及其孥，屢興大獄以陷忠良，天下嫉之。及兼山陵使，靈輿陷淖中，踰宿而行。臺諫豐稷、陳次升、龔夬、陳瓘等劾其不恭，免知越州。

**冬十月，復以程頤判西京國子監。**頤既受命，即謁告，欲遷延爲尋醫計。既而供職，門人尹焞深疑之，頤曰：「上初即位，首被大恩，不如是則何以仰承德意？然吾之不能仕，蓋已決矣，受一月之俸焉，然後惟吾所欲爾。」未幾，致仕。

**安惇、蹇序辰有罪除名，放章惇于潭州。**惇既罷知越州，陳瓘等以爲責輕，復論：「惇在紹聖中置看詳元祐訴理局，凡於先朝言語不順者，加以釘足、剥皮、斬頸、拔舌之刑，其慘刻如此。看詳之官如安惇、蹇序辰等，受大臣諷諭，迎合紹述之意，傅致語言，指爲謗訕，遂使朝廷紛紛不已。考之公論，宜正典刑。」於是二人並除名，放歸田里，而貶惇武昌節度副使，居潭州。

**蔡京有罪免，削林希官，徙知揚州。**侍御史陳師錫上疏言：「京、卞同惡，迷國誤朝，而京好大喜功，日夜結交内侍、戚里，以覬大用。若果用之，天下治亂自是而分，祖宗基業自是而隳矣。」龔夬亦言：「京治文及甫獄，本以償報私仇，始則上誣宣仁，終則歸咎先帝，必將族滅無辜，以逞其欲。臣料當時必有案牘章疏，可以見其煅煉附會。願考證其實，以正姦臣之罪。」皆未報。會中丞豐稷召自河南，初入對，與京遇，京謂之曰：「天子自外服召公中執法，今日必有高論。」稷正色曰：「行自知之。」是日論京姦狀，帝猶未納。臺諫陳瓘、江公望等相繼言之，帝亦不聽。稷曰：「京在朝，吾屬何面目居此！」復力論之，始出知永興軍。言者不已，乃奪職居杭州。右司諫陳祐復論林希紹聖初黨附權要詞命醜詆之罪，乃削端明殿學士，徙知揚州。

**以韓忠彥、曾布爲尚書左、右僕射兼門下、中書侍郎。**布初附章惇，凡惇所爲，多布所建白，及不得同省，始與乖異。元符中，惇以士心不附，欲薦引名士，且乞正所奪司馬光、吕公著等贈謚。布以爲無益，沮之，且奏：「人主操柄，不可倒持。今自丞弼以至言者，知畏宰相，不知畏陛下。」其意蓋欲傾惇，會哲宗崩而止。及帝即位，鋭意圖治，延進忠鯁，布因力排紹聖之人而去之。既拜相，其弟翰林學士肇引嫌出知陳州，言于布曰：「兄方得君，當引用善人，翊正道，以杜惇、卞復起之萌。而數月已來，所謂端人吉士，繼迹去朝，所進以爲輔佐、侍從、臺諫，往往皆前日事惇、卞者。一旦勢異今日，必首引之以爲固位計，思之可爲慟哭。比來主意已移，小人道長，進則必論元祐人於帝前，退則盡排元祐者於要路。異時惇、卞縱未至，一蔡京足以兼二人，可不深慮乎！」布不能從。

**十一月，詔改元。**時議以元祐、紹聖均有所失，欲以大公至正消釋朋黨，遂詔改明年元爲建中靖國，由是邪正雜進矣。初，曾布密陳紹述之説，帝不能決，以問給事中徐勣，勣對曰：「聖意得非欲兩存乎？天下之事有是與非，朝廷之人有忠與佞，若不考其實，姑務兩存，臣未見其可也。」

**以安燾知樞密院事，黄履免。○置春秋博士。○以范純禮爲尚書右丞。○女真攻阿踈城，取之。**

續資治通鑑綱目第八

# 續資治通鑑綱目第九

起辛巳宋徽宗建中靖國元年，盡甲午宋徽宗政和四年。凡十四年。

**辛巳** 徽宗皇帝建中靖國元年，春正月朔，有赤氣亘天。是夕，有赤氣起東北，亘西南，中函白氣，將散，復有黑祲在旁。右正言任伯雨言：「正歲之始，而赤氣起於暮夜之幽。日爲陽，夜爲陰；東南爲陽，西北爲陰；朝廷爲陽，宫禁爲陰；中國爲陽，夷狄爲陰；君子爲陽，小人爲陰。此宫禁陰謀，下干上、夷狄竊發之證也。天心仁愛，以災異爲警戒。願陛下進忠良，黜邪佞，正名分，擊姦惡，使小人無得生犯上之心，則災異可變爲休祥矣。」高平公范純仁卒。純仁疾革，口占遺表，勸帝「清心寡欲，約己便民，絶朋黨之論，察邪正之歸，毋輕議邊事，易逐言官，辨明宣仁誣謗」。且云：「蓋嘗先天下而憂，期不負聖人之學，此先臣所以教子，而微臣資以事君者也。」卒，贈開府儀同三司，謚忠宣。純仁性夷易寬簡，不以聲色加人，誼之所在，則挺然不少屈。嘗曰：「吾平生所學，得之『忠、恕』二字，一生用不盡，以至立朝事君，接待僚友，親睦宗族，未嘗須臾離此也。」每戒子弟曰：「人雖至愚，責人則明；雖有聰明，恕己則昬。苟能以責人之心責己，恕己之心恕人，不患不至聖賢地位也。」王稱曰：「純仁忠厚仁恕，宰平天下，不澄不撓，人莫能窺其際，而其愛君憂國之心，凛然有仲淹之風。使熙寧用其言，則元祐無改更之患；元祐行其説，則紹聖無黨錮之禍。孟子謂『仲尼不爲已甚者』，於純仁見之矣。」皇太后向氏崩。謚欽聖憲肅。追尊太妃陳氏爲欽慈皇后，陪葬永裕陵。陳氏，帝生母也。遼耶律洪基死，孫延禧立。遼主卒于混同江行宫，年七十。孫延禧即位，是爲天祚皇帝，改元乾統。詔爲耶律乙辛所誣陷者復其官爵，籍没者出之，流放者還之。尋尊其考昭懷太子濬爲大孝順聖皇帝，廟號順宗；妣蕭氏曰貞順皇后。誅乙辛黨，徙其子孫於邊，發乙辛、得里特之墓，剖棺戮屍，以其家屬分賜被殺之家。二月，貶章惇爲雷州司

**户參軍。**任伯雨論惇：「久竊朝柄，迷國罔上，毒流縉紳，乘先帝變故倉卒，輒逞異志。向使其計得行，將寘陛下與皇太后於何地！若貸而不誅，則天下大義不明，大法不立矣。臣聞北使言：『去年遼主方食，聞中國黜惇，放箸而起，稱善者再，謂南朝錯用此人。』北使又問：『何爲只若是行遣？』以此觀之，不獨孟子所謂『國人皆曰可殺』，雖蠻貊之邦，莫不以爲可殺也。」章八上，未報。會臺諫陳瓘、陳次升等復極論之，乃貶惇爲雷州司户參軍。初，蘇轍謫雷州，不許占官舍，遂僦民屋。惇又以爲彊奪民居，下州追民究治，以僦券甚明，乃止。至是，惇問舍于民，民曰：「前蘇公來，爲章丞相幾破我家，今不可也。」後徙睦州，卒。初，惇之入相也，妻張氏病且死，囑之曰：「君作相，幸勿報怨。」既祥，惇語陳瓘曰：「悼亡不堪，奈何？」瓘曰：「與其悲傷無益，曷若念其臨絶之語耶！」惇無以對。

**三月，罷權給事中任伯雨。**伯雨初爲右正言，半歲之間，凡上百八疏。大臣畏其多言，俾權給事中，密諭以少默即爲真，伯雨不聽，抗論愈力。時曾布欲和調元祐、紹聖之人，伯雨言：「人才固不當分黨與，然自古未有君子、小人雜然並進可以致治者。蓋君子易退，小人難退，二者並用，終於君子盡去，小人獨留。唐德宗坐此致播遷之禍，建中乃其紀號，不可以不戒。」既而欲劾布，布覺之，徙爲度支員外郎。**夏四月朔，日食。○葬欽聖憲肅皇后。○六月，罷尚書右丞范純禮。**時韓忠彥雖首相，而曾布專政，漸進紹述之説，諷中丞趙挺之排擊元祐諸臣。純禮從容言于帝曰：「嚮者朝廷命令，莫不是元豐而非元祐。以臣觀之，神宗立法之意固善，吏推行之或有失當，以致病民。宣仁聽斷，一時小有潤色。蓋大臣識見異同，非必盡懷邪爲私也。今議論之臣有不得志，故挾此以藉口，❶以元豐爲是則欲賢元豐之人，以元祐爲非則欲斥元祐之士，其心豈恤國事？直欲快私忿以售其姦，不可不深察也。」純禮沉毅剛正，曾布憚之，謂駙馬都尉王詵曰：「上欲除君承旨，范右丞不可。」詵怒。會詵館遼使，純禮主宴，詵誣其輒斥御名，遂罷知潁昌府。**罷左司諫江公望。**先是，公望上疏言：「自

❶「藉口」，原作「間口」，據《范忠宣集》補編《范純禮傳》、《宋史》卷三一四《范純禮傳》改。又《范忠宣集》遺文《奏請察議論之臣》作「開口」。

先帝有紹述之意，輔政非其人，以媢於己爲同，忠於君爲異，借威柄以快私隙，使天下騷然，泰陵不得盡繼述之美。元祐人才皆出於熙、豐培養之餘，遭紹聖竄逐之後，存者無幾矣。神考與元祐之臣，其先非有射鉤、斬袪之隙也，先帝信仇人而黜之。陛下若立元祐爲名，必有元豐、紹聖爲之對，有對則争興，争興則黨復立矣。陛下改元詔旨亦稱：『思建皇極，端好惡以示人，本中和而立政。』皇天后土，實聞斯言。今若渝之，奈皇天后土何！」帝嘗以示范純禮，純禮贊之，乞褒遷公望以勸來者。會蔡王府相告，有不遜語及于王，公望乞勿以無根之言加諸至親，遂坐罷。**秋七月，安燾罷，以蔣之奇知樞密院事，章楶同知院事，陸佃爲尚書右丞。○冬十月，李清臣免。**清臣與韓忠彦有姻好，忠彦惟其言是聽。范純禮之罷，亦其謀也。至是，以忤曾布免。**罷權給事中陳瓘。**瓘論議持平，務存大體，不以細故藉口，未嘗及人晻昧之過。及權給事中，曾布使客告以將即真。瓘語子正彙曰：「吾與丞相議事多不合，今若此，是欲以官爵相餌也。若受其薦進，復有異同，則公議、私恩，兩有愧矣。吾有一書論其過，將投之以決去就，汝其書之。」旦持入省，布使數人邀相見，甫就席，遽出書，布大怒，争辨移時，至箕踞詬語，瓘色不變，徐起言曰：「適所論者國事，是非有公議，公未可遽失待士禮。」布矍然改容。信宿，出瓘知泰州。**十一月，以陸佃、温益爲尚書左、右丞。**益初知潭州，凡逐臣在其境内，如鄒浩、范純仁、劉奉世、韓川、吕希純、吕陶輩，率爲所侵困，用事者悦之。**復召蔡京爲翰林學士承旨。**供奉官童貫性巧媚，善策人主微指，先事順承，以故得幸。及詣三吴訪書畫奇巧，留杭累月，蔡京與之游，不舍晝夜。凡所畫屏幛、扇帶之屬，貫日以達禁中，且附語言論奏於帝所，由是帝屬意用京。左街道録徐知常以符水出入元符皇后所，❶太學博士范致虚與之厚，因薦京才可相，知常入宫言之，由是宫妾、宦官衆口一詞譽京，遂起京知定州，改大名。會韓忠彦與曾布交惡，布謀引京自助，乃召爲翰林學士承旨。**再詔改元。**曾布主於紹述，請改明年元爲崇寧，帝從之。**以鄧洵武爲給事中兼侍講。**洵武爲起居

❶「街」，原作「階」，據《長編》卷一三、《皇宋十朝綱要》卷一七、《宋史》卷四七二《蔡京傳》改。

郎，嘗因對言：「陛下乃神宗子，今相忠彦乃琦之子。神宗行新法以利民，琦嘗論其非，今忠彦更神宗之法，是忠彦爲能繼父志，陛下爲不能也。必欲繼志述事，非用蔡京不可。」又曰：「陛下方紹述先志，羣臣無助者。」乃作《愛莫助之圖》以獻。其圖如《史記》年表列旁行七重，❶別爲左右，左曰元豐，右曰元祐，自宰相、執政、侍從、臺諫、郎官、館閣、學校，各爲一重。左序助紹述者，執政中惟温益一人，餘不過三四，若趙挺之、范致虚、王能甫、錢遹之屬而已。右序舉朝輔相、公卿、百執事咸在，以百數。帝出示曾布，而揭去左方一姓名。布請之，帝曰：「蔡京也。洵武謂非相此人不可，以與卿不同，故去之。」布曰：「洵武既與臣見異，臣安敢與議？」明日改付温益，益欣然奉行，請相蔡京而籍異論者，於是善人皆不見容，而帝決意相京矣。乃進洵武中書舍人、給事中兼侍講。**罷禮部尚書豐稷，復蔡卞、邢恕、吕嘉問、安惇、蹇序辰等官。**稷初自河南入對，論罷蔡京，又欲率臺屬論曾布，布覺之，遷稷尚書，而以王覿代爲中丞。稷數以論事忤權近，大抵以崇儉愛人爲言，至君子、小人之際，必反覆究切。至是，出知蘇州。

**壬午　崇寧元年，春正月，河東地震。**太原等十一郡地震彌旬，晝夜不止，壞城壁屋宇，人畜死者甚衆。**二月，太妃朱氏卒，謚曰欽成皇后，祔葬永裕陵。**哲宗生母也。**三月，命宦者童貫製御器于蘇、杭州。**童貫置局于蘇、杭，造作器用，曲盡其巧，牙角、犀玉、金銀、竹籐、裝畫、糊抹、雕刻、織繡，諸色匠日役數千，而材物所須悉科于民，民力重困。**夏五月，罷韓忠彦知大名府。**忠彦爲相，召還流人，進用忠讜之士，張庭堅、陳瓘、鄒浩、龔夬、江公望、常安民、任伯雨、陳次升、陳君錫、張舜民等皆居臺諫，翕然稱爲得人。然與曾布不協。至是，左司諫吴材、右正言王能甫附布，論忠彦「變神考之法度，逐神考之人材」，遂罷知大名府。**復追貶司馬光等四十四人官。**吴材、王能甫等復舉元祐黨籍，以排斥諸賢。諫議大夫彭汝霖言：「諸人罪狀，已經紹聖黜削，案籍俱在，但可據以行，

❶「記」，原作「紀」，據《宋史》三二九《鄧洵武傳》改。

不必俟指名彈擊。」於是司馬光、文彥博等四十四人復貶奪有差。**詔籍元祐、元符黨人，陸佃罷。**詔元祐并元符末今來責降人，除韓忠彥曾任宰相，安燾曾任執政，王覿、豐稷見任侍從官外，蘇轍、范純禮、劉奉世、范純粹、劉安世、賈易、呂希純、張舜民、陳次升、韓川、呂仲甫、張耒、歐陽棐、呂希哲、劉唐老、吳安詩、黃庭堅、黃隱、畢仲游、常安民、劉當時、孔平仲、徐常、王鞏、張保源、晁補之、商倚、張庭堅、謝良佐、韓跋、馬琮、陳彥默、李祉、陳祐、任伯雨、陳郛、朱光裔、蘇嘉、鄭俠、劉昱、魯君貺、陳瓘、龔夬、汪衍、余爽、湯馘、程頤、朱光庭、張巽、張士良、曾燾、趙約、譚扆、楊偁、陳佝、張琳、裴彥臣凡五十餘人，並令三省籍記，不得與在京差遣。又詔司馬光等二十一人子弟毋得官京師。佃與曾布比，而持論近恕，每欲參用元祐人材，尤惡奔競，嘗曰：「人才無大相遠，當以資歷序進，少緩之，則士知自重矣。」又曰：「今天下之勢，如人大病向愈，當以藥餌輔養之，須其安平。苟爲輕事改作，是使之騎射也。」會御史請更懲元祐餘黨，佃言于帝曰：「不宜窮治。」乃下詔云：「元祐諸臣，各已削秩，自今無所復問，言者亦勿輒言。」揭之朝堂。言者用是論佃名在黨籍，不欲窮治，正恐自及耳，遂罷知亳州，卒。**以許將、温益爲門下、中書侍郎，蔡京、趙挺之爲尚書左、右丞。**京素與屯田員外郎孫覿善，覿嘗曰：「蔡子，貴人也，然才不勝德，❶恐貽天下憂。」及是，京謂之曰：「我若用於天子，願助我。」覿曰：「公誠能謹守祖宗之法，以正論輔人主，示節儉以先百吏，而絕口不言兵，天下幸甚。」京默然。挺之初通判德州，希時相意，行市易法。及召試館職，學士蘇軾言其「聚斂小人，學行無取，豈堪此選」，挺之深銜之。既拜中丞，遂與曾布比黨，建議紹述，排擊元祐諸賢，由是進居政府。**閏六月，曾布免。**布與蔡京素有隙，議事多不合。會布擬壻父陳佑甫爲户部侍郎，京言布私其所親。布忿然爭辨久之，聲色俱厲。温益叱之曰：「曾布，上前安得失禮！」帝不悦。殿中侍御史錢遹言：「布援元祐之姦黨，擠紹聖之忠賢。」於是布請罷，出知潤州。**秋七月，以蔡京爲尚書右僕射兼中書侍郎。**制下之日，賜坐延和殿，命之曰：「神宗

❶「勝德」，原作「德勝」，據《宋史》卷三四七《孫覿傳》、《資治通鑑後編》卷九四乙正。

創法立制，先帝繼之，兩遭變更，國是未定。朕欲上述父兄之志，卿何以教之？」京頓首謝曰：「敢不盡死！」焚元祐法。

置講議司於都省。蔡京起於逐臣，一旦得志，天下拭目所爲，而京陰託紹述之柄，箝制天子。用熙寧條例司故事，即都省置講議司，自爲提舉，講議熙、豐已行法度及神宗欲爲而未暇者。以其黨吴居厚、王漢之等十餘人爲僚屬，取政事之大者如宗室、冗官、國用、商旅、鹽澤、賦調、尹牧，每一事以三人主之。凡所設施，皆由是出，而法制屢變無常矣。

章楶罷。○復罷春秋博士。○八月，詔天下興學貢士，作辟雍于都城南。蔡京請興學貢士，縣學生選考升諸州學，州學生每三年貢太學。考分三等，入上等，補上舍；入中等，補上舍下等；入下等，補內舍。餘居外舍。諸州、軍解額，各以三分之一充貢士。京又請建外學，乃詔即京城南門外營建，賜名辟雍，外圓內方，爲屋千八百七十二楹。太學專處上舍、內舍生，而外學則處外舍生。士初貢至皆入外學，經試補入上舍、內舍，始得進處太學。太學外舍亦令出居外學。於是上舍至二百人，內舍六百人，外舍三千人。

以趙挺之、張商英爲尚書左、右丞。商英爲中書舍人，謝表歷詆元祐諸賢。及任翰林學士，草蔡京拜相制，極其褒美，故京引之。

復令進士兼試律。○復紹聖役法。○九月，立黨人碑于端禮門，籍元符末上書人，分邪、正等黜陟之。時元祐、元符末群賢貶竄死徙者畧盡，蔡京猶未愜意，乃與其客强浚明、葉夢得，籍宰執司馬光、文彦博、吕公著、吕大防、劉摯、范純仁、韓忠彦、王珪、梁燾、王巖叟、王存、鄭雍、傅堯俞、趙瞻、韓維、孫固、范百禄、胡宗愈、李清臣、蘇轍、劉奉世、范純禮、安燾、陸佃，曾任待制以上官蘇軾、范祖禹、孔文仲、孔武仲、朱光庭、孫覺、鮮于侁、賈易、鄒浩等，餘官程頤、秦觀、張耒、晁補之、黄庭堅、孔平仲等，內臣張士良等，武臣王獻可等，凡百二十人，等其罪狀，謂之姦黨，請御書刻石于端禮門。京等復請下詔籍元符末日食求言章疏及熙寧、紹聖之政者付中書，定爲正上、正中、正下三等，邪上、邪中、邪下三等。於是鍾世美以下四十一人爲正等，悉加旌擢；鄧考甫以下五百餘人爲邪等，降責有差。又詔降責人不得同州居住。

冬十月，蔣之奇罷。○復廢元祐皇后孟氏，貶韓忠彦等官，竄豐稷、陳瓘等于遠州。時元符皇后閹宦者郝隨諷蔡京再廢元祐皇后，京未得間，既而昌州判官馮澥上書論復后爲非，於是御史中丞錢遹、殿中侍御史石豫、左膚連章論：「韓忠彦等乘一布衣誑言，復瑶華之廢后，掠流俗之虚美。當時物議，固已洶洶，乃至踈逖小臣，詣闕上書，忠義激切，則天下公議從可知矣。望詢考大臣，斷以大義，無牽于流俗非正之論，以累聖朝。」京與許將、温益、趙挺之、張商英皆主臺臣之説。帝不得已從之，詔罷元祐皇后之號，復居瑶華宫。且治元符末議復后號者，降宰臣韓忠彦、曾布官；追貶李清臣雷州司户參軍，黄履祁州團練副使，安置翰林學士曾肇、御史中丞豐稷、諫臣陳瓘、龔夬等十七人于遠州，擢馮澥鴻臚寺主簿。

**以蔡卞知樞密院事。○遼將蕭海里叛，女真部節度使盈歌擊斬之。**

蕭海里叛遼，亡入女真阿典部，遣其族人斡達剌至生女真，約同舉兵，盈歌執之。會遼主命盈歌討海里，盈歌募兵得千餘人。兄子阿骨打曰：「有此甲兵，何事不可圖也！」遂次混同水，蓋先是女真甲兵未嘗滿千也。及與海里遇，時遼兵追海里者數千不能克，盈歌謂遼將曰：「退爾軍，我當獨取海里。」遼將許之。盈歌使阿骨打與海里戰，海里中流矢墜馬，阿骨打執而殺之，因大破其黨，函海里首獻于遼。遼主大喜，錫予加等。盈歌自是知遼兵之易與，益自肆矣。未幾，盈歌死，兄子烏雅束嗣。

**十二月，追謚哲宗子茂爲獻愍太子，竄鄒浩于昭州。**

初，鄒浩召自新州入對，帝首及諫立后事，獎歎再三，詢諫草安在。對曰：「已焚之矣。」退告陳瓘，瓘曰：「禍其在此乎！異時姦人妄出一緘，則不可辨矣。」蔡京用事，乃使其黨僞爲浩疏，有「劉后殺卓氏而奪其子以爲己出，欺人可也，詎可以欺天乎」之語。帝詔暴其事，遂追册茂爲太子，而竄浩于昭州。

**癸未　二年，春正月，安置任伯雨等十二人于遠州。**

蔡京、蔡卞怨元符末臺諫之論己，悉陷以黨事。同日貶竄任伯雨昌化軍，陳瓘廉州，龔夬化州，陳次升循州，陳師錫郴州，陳祐澧州，李深復州，江公望南安軍，常安民温州，張舜民商州，馬涓吉州，豐稷台州。初，蔡京帥蜀，張庭堅在其幕府，及入相，欲引以自助，庭堅不從，京恨之。至是，亦編管于象州。

**誠、徽二州蠻納土，加舒亶龍圖閣待制。**

舒亶知南康軍，辰

溪蠻叛，蔡京使知荊南，以開拓邊土。至是，亶奏知誠、徽州楊晟臻等二千餘人並納土。詔加亶待制，羣臣表賀。未幾，曲赦兩路，改誠爲靖州，徽爲蒔竹縣。温益卒。益仕宦從微至顯，無片善可紀，至其狡譎傅合，蓋天性也。以蔡京爲尚書左僕射兼門下侍郎。○二月，尊元符皇后劉氏爲皇太后。宮名崇恩。復榷茶法。茶自嘉祐通商，熙寧中，李稷提舉成都茶場，稍復榷法，而利復歸于官。至是，蔡京請荊湖、江淮、兩浙、福建七路所產茶，悉仍舊禁榷官買，勿復科民，即產茶州郡隨所置場，申商人、園户私易之禁。詔從之。三月，詔黨人子弟毋得至闕下。其應緣趨附黨人罷任在外、指射差遣及得罪停替臣僚亦如之。尋又詔：「元符末上書進士充三舍生者，罷歸。以元祐學術聚徒傳授者，監司覺察，必罰無赦。元符上書邪等人，亦毋得至京師。」策進士于集英殿。時李階爲禮部進士第一。階，深之子，而陳瓘之甥也。特奏名安忱對策言：「使黨人之子階魁南宮多士，無以示天下。」遂奪階出身，而賜忱第。忱，惇兄也。又黄定等十八人皆上書邪等，上臨軒召謂之曰：「卿等攻朕短可也，神宗、哲宗何負于卿等！」亦並黜之。夏四月，詔毀司馬光等景靈宮繪像。司馬光及吕公著、吕大防、范純仁、劉摯、范百禄、梁燾、鄭雍、趙瞻、王巖叟，凡十人。時又詔毀范祖禹《唐鑑》及三蘇、黄庭堅、秦觀文集。以趙挺之爲中書侍郎，張商英、吳居厚爲尚書左、右丞。安惇同知樞密院事。○除故直祕閣程頤名。言者希蔡京意，論頤「學術頗僻，素行譎怪，專以詭異聾瞽愚俗」。乃追毀頤出身文字，其所著書令監司嚴加覺察。范致虛又言：「頤以邪説詖行，惑亂衆聽，而尹焞、張繹爲之羽翼，乞下河南盡逐學徒。」頤於是遷居龍門之南，止四方學者，曰：「尊所聞，行所知，可矣，不必及吾門也。」更鹽鈔法。蔡京欲囊括四方之錢實中都，以誇富彊而固恩寵，俾商人先輸錢于榷貨務請鈔，赴產鹽州郡授鹽，而舊鈔悉不用。商人凡三輸錢，始獲一直之貨。因無貲更鈔，已輸錢悉乾没，於是有齎數十萬券一旦廢棄者，朝爲豪商，夕儕流丐，有赴水投繯而死者。商賈不通，邊儲失備。提點淮東刑獄章繹見而哀之，奏改法誤民。京怒，奪繹官。

**詔童貫監洮西軍。六月，貫及安撫王厚復湟州，貶韓忠彥等官有差。**蔡京復開邊，還王厚前秩。會羌人多羅巴奉溪賒羅撒謀復國，趙懷德畏偪，奔河南，種落更挾之以令諸部。朝廷患衆羌扇結，遂命王厚安撫洮西，合兵十萬討之。京又與内客省使童貫善，因言貫嘗使陝右，審悉五路事宜與諸將之能否，請以貫用李憲故事監其軍，帝從之。貫至湟川，適禁中火，帝下手札，驛止貫毋西兵。貫發視，遽納鞾中。厚問故，貫曰：「上趣成功耳。」遂行。多羅巴知王師且至，集衆以拒。厚聲言駐兵而陰戒行，羌備益弛，乃與偏將高永年異道而進。多羅巴三子以數萬人分據險要，厚擊殺其二子，唯少子阿蒙中流矢去，道遇多羅巴，與俱遁。厚遂拔湟州。捷聞，進蔡京官三等，蔡卞以下二等。降德音于熙河蘭會路。論棄湟州罪，貶忠彥爲磁州團練副使，安燾爲祁州團練副使，曾布爲賀州别駕，范純禮爲静江軍節度副使，奪蔣之奇三秩，凡預議者貶黜有差。

**秋八月，張商英罷。**商英復與蔡京議政不合，數詆京「身爲輔相，志在逢君」。御史以爲非所宜言，且取商英所作《元祐嘉禾頌》及《祭司馬光文》，斥其反復。罷知亳州，詔入元祐黨籍。

**九月，始定選人階官。**吏部侍郎鄧洵武言：「神宗稽古建官，既正省、臺、寺、監之職，而以寄禄階易空名矣。今選人七階，自兩使判官至主簿、尉，有帶知安州雲夢縣而爲河東幹當公事者，有河中府司録參軍而監楚州鹽場者，有瀛州軍事推官充濮州教授者，殽亂紛錯，莫甚於此。宜造爲新名，因而制禄。」詔悉更之。乃改留守、節察判官爲承直郎，書記、支使、防團判官爲儒林郎，留守、節察推官、軍監判官爲文林郎，防團推官爲從事郎，令、録爲通仕郎，知令、録爲登仕郎，判、司、簿、尉爲將仕郎。後改通仕爲從政，登仕爲脩職，將仕爲迪功。

**令州縣立黨人碑。**蔡京又自書姦黨爲大碑，頒于郡縣，令監司、長吏廳皆刻石。有長安石工安民當鐫字，辭曰：「民愚人，固不知立碑之意，但如司馬相公者，海内稱其正直，今謂之姦邪，民不忍刻也。」府官怒，欲加之罪。民泣曰：「被役不敢辭，乞免鐫『安民』二字于石末，恐得罪後世。」聞者愧之。

**高麗與女真通好。**女真雖舊屬高麗，不相通者久矣。會高麗醫者至女真還，言于高麗王曰：「女真居黑水者，部族日彊，兵益精悍。」其王乃通使于女真。自是，來往不阻。

**冬十月，置都大軍器所。**初，知渭州邢恕建兵車之議，下諸路創造，凡數千乘。及是，蔡碩又請製河北五十將兵器及兵車萬乘於京師，置官以領之。**十一月，遼封耶律淳爲越王。**淳，興宗之孫也，篤好文學。昭懷太子之得罪也，道宗嘗欲立淳爲太子，羣臣不可而止。遼主即位，寵待加厚，號其父和魯斡爲太叔，封淳越王，留守東京。

**甲申　三年，春正月，鑄當十大錢。**自太祖以來，諸路置監鑄錢，有折二、折三、當五，隨時立制，未嘗鑄當十也。至是，蔡京將以利惑人主，始請鑄於諸路，與小平錢通行于時。**命方士魏漢津定樂，鑄九鼎。**帝鋭意制作以文太平，蔡京復每爲帝言：「方今泉幣所積贏五千萬，和足以廣樂，富足以備禮。」帝惑其説，而制作營築之事興矣。至是，京客劉昺爲大司樂，引蜀方士魏漢津見帝，獻樂議：「破先儒累黍之非，用夏禹以身爲度之文，取帝指三節三寸爲度，定黄鐘之律。請先鑄九鼎，以備百物之象，然後均弦裁管爲一代之樂制。」帝從之。漢津，本剩員兵士，自云居蜀，師事唐仙人李良，授鼎樂之法。皇祐中，與房庶俱被召至京，而黍律已成，不得伸所學而退。或謂漢津嘗執役於范鎮，竊見其制作，因掠取之。蔡京神其説，託之於李良云。然漢津曉陰陽數術，多奇中，嘗語所知曰：「不三十年，天下亂矣。」人未之信也。**二月，令天下坑冶金銀悉輸内藏。○三月，大内災。○高麗侵女真，女真敗之。**高麗既與生女真通好，會烏雅束遣石適歡以兵徇曷懶甸之地，下其七城，高麗恐不利於己，使人請議事。石適歡使盃魯往，而曷懶甸亦使二詳穩如高麗，高麗執二詳穩，而拒盃魯不納。於是五水之民皆附高麗，執女真團練使十四人，進攻女真。石適歡連破之，追入闢登水，逐其殘衆踰境。高麗王俁，遣還所俘請和，由是使好復通。**夏四月，罷講議司。**詔諸州見行新法文字，許直達尚書省。其講議司官屬依制置三司條例司例推恩，自張康國以下遷官者幾四十人。尚書省復言：「追復先朝法度以來，無慮千百數，尚懼講求未盡，乞令諸路官司有未興復者各具以聞。」從之。**王厚復鄯、廓州。五月，封蔡京爲嘉國公，以厚爲武勝節度留後。**厚帥大軍次于湟，命高永年將左軍，別將張誡將右軍，自將中軍，期會宗哥川。羌置陣臨宗水，倚北山，谿賒羅撒張黄屋，建大旆，乘高指呼，望中軍旗鼓，争赴之。厚麾遊騎登山，攻其北，親帥彊弩迎射，羌退走，右軍濟水擊之。大風揚沙，翳羌目，不得視，遂大敗。斬首四千三百餘級，俘三千餘人，羅撒以一騎馳去，其母龜兹公主與諸酋開城門以降。厚計羅撒必且走青唐，將夜追之，童貫以爲不能及，遂止。師下青唐，知羅撒留一宿去，貫始悔之。厚將大軍趨廓州，羌酋落施軍令結以衆降，遂入廓州。詔加京司空，封爵，而超拜厚武勝軍節度觀察留後。史臣曰：「吐蕃之裔，守護西塞，爲不侵不叛之臣，固嘗宣力王家，奮擊夏虜。而王安石主王韶，章惇主王贍，蔡京主王厚，三用師於其國，唃氏子孫無罪而就覆亡，功雖訖成，邊患不息。及金人得秦、隴，乃能求其後而續其血食，孰謂夷無人哉！」**置京西北路交子所。**蔡京請置京西北路專切管幹通行交子所，倣川峽路，立僞造法，通情轉用并鄰人不告者皆罪之，私造交子紙者罪以徒配。已而令諸路更用錢引，準新樣印製，四川如舊法，惟閩、浙、湖、廣不行錢引。趙挺之以爲閩乃京鄉里，故得免焉。**六月，圖熙寧、元豐功臣於顯謨閣。○以王安石配享孔子。**辟雍初成，詔：「荆國公王安石，孟軻以來一人而已，其以配享孔子，位次孟軻。」吏部尚書何執中請開學殿，使都人縱觀。**置書、畫、算學。**書學習篆、隸、草三體，明《説文》《字説》《爾雅》《博雅》《方言》。《説文》則令書篆字，著音訓，餘書皆設問答，以所解義觀其能通畫意與否。❶畫學以不放前人，而物之情態、形色俱若自然，筆韻簡高爲工。算學以《九章》《周髀》及假設疑數爲算問，仍併曆算、三式、天文書爲本科。其生皆占經以試，其取士法畧如太學，上舍三等推恩，以通仕、登仕、將仕郎爲次。**重定黨人，刻石朝堂。**詔重定元祐、元符黨人及上書邪等者，合爲一籍，通三百九人，刻石于朝堂，餘並出籍，自今毋得復彈奏。户部尚書劉拯言：「漢、唐失政，皆自朋黨始。今日指前日之人爲黨，焉知後日不以今日爲黨乎！大抵人之過惡自有公論，何必悉拘于籍而禁錮之哉！」蔡京大不懌，風臺臣劾之，出知蘄州。**秋七月，復行方田法。○八月，許將免。**將居政府

❶「畫」，原作「書」，據《文獻通考》卷四二《學校考》、《宋史》卷一五七《選舉志》改。又「《説文》則令……通畫意與否」皆爲畫學內容。

十年，不能有所建明。中丞朱諤收將舊謝章表，析文句以爲謗，且謂將在元祐則盡更元豐之所守，居紹聖則陰匿元祐之所爲，遂罷知河南府。諤，蔡京之黨也。**邦、潘、疊三州蕃落來降。**秦鳳招納司言：「階州生蕃納土，得邦、潘、疊三州，計二千五百里，大小首領一百二十人。」詔本路經畧胡宗回加樞密直學士，渭州郭景修爲西上閤門使。然所奏皆誕妄。**九月，以趙挺之、吳居厚爲門下、中書侍郎，張康國、鄧洵武爲尚書左、右丞。**紹聖中，蔡京治役法，薦康國爲屬。及京當國，定黨籍，議紹述，康國皆預密謀，故京引援之甚力，自福建轉運判官不三歲入翰林爲承旨，遂拜左丞。**以胡師文爲户部侍郎。**初，東南六路糧斛自江、浙起綱，至于淮甸，以及真、揚、楚、泗，爲倉七，以聚蓄軍儲。復自楚、泗置汴綱，般運上京，以江淮發運使董之，故常有六百萬石以供京師，而諸倉常有數年之積。州郡告歉，則折收上價，謂之額斛。計本州歲額，以倉儲代輸京師，謂之代發。復於豐熟，以中價收糴。穀賤則官糴，不至傷農；饑歉則令民納錢，民以爲便。本錢歲增，兵食有餘，其法良善。及蔡京當國，始求羨財以供侈費，於是以其姻家胡師文爲發運使，以糴本數百萬緡充貢，入爲户部侍郎。自是繼者效尤，時有進獻，而本錢竭矣。本竭則不能增糴，儲積空而輸般之法壞矣。**罷科舉法。**時雖設辟雍、太學以待士之升貢者，然州縣猶以科舉貢士。蔡京以爲言，遂詔天下取士，悉由學校升貢。其州郡發解及試禮部法並罷。❶而每歲試上舍生，則差知舉如禮部法云。**冬十二月，復封孔子後爲衍聖公。○是歲，大蝗。○安惇卒。○以陶節夫經制陝西、河東五路。**初，蔡京任節夫帥鄜延，節夫誕妄特甚，每進築一城寨，即奏云：「此西人要害，必爭之地。」未一年，自常調遷至樞密直學士，然未嘗遣一騎一卒出塞。蓋與虜戰則有勝負，獨進築則無虞，又皆遠靈武數百里之地，虜所不爭，故皆得就功論賞，而京力主之。奏使經制五路。

**乙酉　四年，春正月，蔡卞罷。**卞居心傾

❶「及」，原作「凡」，據萬曆本、《文獻通考》卷三一《選舉考》、《宋史》卷一五五《選舉志》改。

邪，一意婦翁王安石所行爲至當，以兄京晚達而位在上，致己不得相，故二府政事，時有不合。至是，京請以童貫爲制置使，卞言不宜用宦者，必誤邊計。京於帝前詆卞，卞求去，遂出知河南府。

以童貫爲熙河蘭湟、秦鳳路經畧安撫制置使。○二月，以張康國知樞密院事，劉逵同知院事，何執中爲尚書左丞。○閏月，鑄夾錫鐵錢。

自太祖以來，閩、蜀、陝西多用鐵錢，每十文當銅錢一文。至是，河東轉運判官洪中孚言：「遼、夏以鐵錢爲兵器，若雜以鉛、錫，則脆而不可用，請改鑄之。」乃詔置陝西、河東、河北、京西十八監，鑄當二夾錫鐵錢。

三月，以趙挺之爲尚書右僕射兼中書侍郎。○黎洞王江鑾內附。

時蔡京開邊，知桂州王祖道欲乘時邀利，乃誘王江酋楊晟免等使納土，夸言向慕者百二十峒、五千九百家、十餘萬口。

復銀州。○竄知慶州曾孝序于嶺南。

初，孝序察訪湖北，過闕。蔡京畏孝序見帝言舒亶事，密遣客以美官啖之，孝序不從。又與京論講議司事，曰：「天下之財貴於通流，取民膏血以聚京師，恐非太平法。」京銜之，遂出知慶州。至是，京行結糴、俵糴之法，盡括民財充數，孝序上疏曰：「民力殫矣，一有逃移，誰與守邦！」京益怒，遣御史宋聖寵劾其私事，追逮其家人，鍛鍊無所得，但言約日出師，幾誤軍期，除名，竄嶺表。

夏人寇涇原，遂誘吐蕃圍宣威城，執知鄯州高永年殺之，詔貶王厚爲郢州防禦使。

蔡京使王厚招夏卓羅右廂監軍仁多保忠，厚言保忠雖有歸意而下無附者，章數上，京責厚愈急。厚乃遣弟詣保忠，還爲夏邏者所獲，遂追保忠赴牙帳。厚以保忠縱不爲夏所殺，亦不能復領軍政，使得之，一匹夫耳，何益於事！京怒，必令以金帛招致之，夏乃點兵延、渭、慶三路各數千騎出没，聲言假兵于遼。而朝廷用京計。又命西邊能招致夏人者，毋問首從，賞同斬級令。陶節夫在延安，大加招誘。夏主遣使巽請，皆拒之，又令殺其放牧者。夏人遂入鎮戎，畧數萬口，與羌酋溪賒羅撒合兵逼宣威城，知鄯州高永年出禦之。行三十里，爲羌人所執，多羅巴謂其下曰：「此人奪我國，使吾宗族漂落無處所。」遂殺之，探其心肝食焉。已而羌衆復焚大通河橋以叛，新疆大震。事聞，帝怒，親書五路將帥劉仲武等十八人姓名，敕御史侯蒙往秦州逮治。蒙至秦，仲武等囚服聽命，蒙喻之曰：「君輩皆侯伯，無庸辱獄吏，第以實對。」獄既具，蒙奏言：「漢武帝殺王恢，不如秦穆公赦孟明。子玉縊而晉侯喜，孔明亡而蜀國輕。今羌殺吾一都護，而使十八將由之以死，是自戕其肢體也，欲身不病，得乎？」帝悟，釋不治，唯王厚坐逗遛，降授郢州防禦使。

**置議禮局。**初，太祖命聶崇義重集《三禮圖》，劉温叟等撰《開寶通禮》；❶景祐中，賈昌朝撰《太常新禮》及《祀儀》；皇祐中，文彦博撰《大享明堂記》；嘉祐中，歐陽脩撰《太常因革禮》；元豐中，宋敏求詳定《朝會儀注》《祈禳蕃國喪葬禮》，總百六十三卷。帝以爲未備，置議禮局于尚書省，命詳議官具禮本末，議定請旨，以給事中劉昺領其事。

**夏四月，遼人來聘，遣翰林學士林攄報之。**遼爲夏人求還侵地及退兵也。**夏人入寇，鄜延將劉延慶等敗之。○五月，除黨人父、兄、子弟之禁。○六月，趙挺之罷。**初，帝以蔡京獨相，謀置右輔，京力薦挺之。及既相，與京争權，屢陳京姦惡，且請去位以避之，遂罷。

**秋七月，置四輔郡。**右司諫姚祐請置輔郡以拱大畿。詔以潁昌府爲南輔；升襄邑縣爲拱州，爲東輔；鄭州爲西輔；澶州爲北輔。各屯兵二萬，重其資給。蓋蔡京欲兵權歸己故也。**還上書流人。○八月，以王祖道提舉溪峒司。**祖道言：「王江山川形勢據諸峒要會，宜開建城邑，置溪峒司主之。」詔從之。於王口砦置懷遠軍，尋分其地置允、格二州，又析黎峒地爲庭、孚二州。❷**新樂及九鼎成。九月，帝受賀于大慶殿。**九鼎成，奉安于九成宫，以蔡京爲定鼎禮儀使。帝幸宫，行酌獻禮。鼎各一殿，周以垣牆，上施埤堄，墁如方色，外築垣環之。中央曰帝鼎，北曰寶鼎，東曰蒼鼎，東北曰牡鼎，❸東南曰岡鼎，南曰彤鼎，西南曰阜鼎，西曰皛鼎，西北曰魁鼎。又鑄帝坐大鍾及二十四氣鍾。時制新樂亦成，賜名大晟。置大晟府，建官屬。九月，帝受賀于大慶殿，加號魏漢津虚和冲顯寶應

❶「寶」，原作「元」，據《皇宋十朝綱要》卷一、《編年綱目備要》卷二、《宋史》卷九八《禮志》改。

❷「二」，原作「一」，據萬曆本、《編年綱目備要》卷二七、《宋史》卷二〇《徽宗本紀》改。

❸「東曰蒼鼎，東北曰牡鼎」，原作「東曰牡鼎，東北曰蒼鼎」，據《容齋隨筆・三筆》卷一三、《長編紀事本末》卷一二八、《宋史》卷一〇四《禮志》改。

先生。帝之幸九成宮也，酌獻至北方寶鼎，鼎忽破，水流溢於外，或者以爲北方致亂之兆。

詔徙元祐黨人于近地。惟不得至畿甸。

冬十一月，林攄還自遼。攄之使遼也，蔡京使其激怒以啓釁。攄遂恣情不遜，遼人大怒，空客館，絶烟火三日，乃遣還，凡饔飧、祖犒皆廢。歸復命，議者以爲怒隣生事，猶除禮部尚書。遼人以失禮來言，始出知潁州。

以朱勔領蘇杭應奉局及花石綱。先是，蘇州人有朱冲者及其子勔，俱給事蔡京所，京竄其父子名姓于童貫軍籍中，皆得官。帝頗垂意花石，京諷冲密取浙中珍異以進。初致黄楊三本，帝嘉之。後歲歲增加，舳艫相銜於淮、汴，號「花石綱」。乃命勔領應奉局及綱事。勔指取内帑如囊中物，每取以數十百萬計。於是搜巖剔藪，幽隱不置，凡士庶之家，一石一木稍堪翫者，即領健卒直入其家，用黄封表識，使護視之，微不謹，即被以大不恭罪。及發行，必撤屋抉牆以出。人不幸有一物小異，共指爲不祥，惟恐芟夷之不速。民預是役者，中家破産，或鬻賣子女以供其須。斵山輦石，程督慘刻，雖在江湖不測之淵，百計取之，必得乃止。至截諸道糧餉綱，旁羅商船，揭所貢暴其上，篙工、柁師倚勢貪横，淩轢州縣，道路以目。

方士魏漢津死，賜號嘉成侯。漢津年九十，死于京師，賜號嘉成侯。詔於鑄鼎之地作寶成宮，置殿，以祠黄帝、夏禹、周成王、周公旦、召公奭；置堂，以祠唐李良及漢津。

**丙戌**　五年，春正月，彗出西方，長竟天。○以吴居厚爲門下侍郎，劉逵爲中書侍郎。○詔求直言，毁黨人碑，復謫者仕籍。帝以星變避殿損膳，劉逵請碎元祐黨人碑，寬上書邪籍之禁，帝從之。夜半，遣黄門至朝堂毁石刻。翌日，蔡京見之，厲聲曰：「石可毁，名不可滅也。」尋以太白晝見，赦除黨人一切之禁，權罷方田諸法及諸州歲貢供奉物。詔崇寧以來左降者，無問存没，❶稍復其官，盡還諸徙者。

二月，蔡京有罪免。京懷姦植黨，威福在其手，託紹述之名，紛更法制，貶斥羣賢，增修財利之政，務

❶「問」，原作「間」，據四庫本、《格物通》卷一二、《御批歷代通鑑輯覽》卷八〇改。

以侈靡惑人主，動以《周官》「惟王不會」爲説，每及前朝惜財省費者，必以爲陋，至於土木營造，率欲度前規而侈後觀。時天下久平，吏員冗濫，節度使至八十餘員，留後、觀察下及遥郡刺史多至數千員，學士、待制中外百五十員。京因覩帑庾盈溢，遂倡爲豐亨豫大之説，視官爵財物如糞土，累朝所儲掃地矣。帝嘗大宴，出玉琖、玉卮示輔臣曰：「欲用此，恐人以爲太華。」京曰：「臣昔使契丹，持玉盤琖夸臣，謂石晉時物，南朝無此。今用之上壽，於禮無嫌。」帝曰：「先帝作一小臺，上封事者甚衆，朕畏其言。此器已就久矣，儻人言復興，久當莫辨。」京曰：「事苟當於理，多言不足畏也。陛下當享天下之奉，區區玉器，何足計哉！」帝悦其言，乃置應奉司，御前生活所，營繕所，蘇、杭造作局，其名雜出，大率争以奇巧爲功，而花石綱之害爲尤甚。及彗星見，帝悟其姦，凡所建置，一切罷之，而免京爲中太一宫使，留京師。言者論不已，中丞吴執中言于帝曰：「進退大臣，當全體貌。」帝爲京下詔戒飭，言者乃已。

**以趙挺之爲尚書右僕射兼中書侍郎。**蔡京既免，帝召見挺之曰：「京所爲一如卿言。」復拜右相。挺之與劉逵同心輔政，凡京所行悖理虐民之事，稍稍澄正之。然挺之多知，慮後患，每建白，務開其端而使逵畢其説。逵亦欲自以爲功，直情不顧。初，蔡京興邊事，用兵累年。至是，帝臨朝，語大臣曰：「朝廷不可與四夷生隙，釁端一開，兵連禍結，生民肝腦塗地，豈人主愛民之意哉！」挺之退謂同列曰：「上志在息兵，吾曹所宜將順。」時執政皆京黨，但唯笑而已。

**三月，罷求直言。**尋復方田諸法及諸州歲貢供奉物。

**許夏人平。**廢銀州爲銀川城，罷五路經制司，徙陶節夫知洪州。

**夏五月，行《紀元曆》。**劉昺所造也。

**秋七月朔，日當食，不虧。羣臣稱賀。**

**○冬十二月朔，日當食，不虧。**

**○劉逵罷。**蔡京令其黨進言于帝曰：「京之改法度，皆稟上旨，非私爲之。今一切皆罷，恐非紹述之意。」帝惑其説，復有用京之心，然羣臣未有覺者。鄭居中往來鄭妃父紳所，知之，即入見，言：「陛下所建立，皆學校、禮樂、居養、安濟等法，乃厚下裕民，何所逆天而致威譴，乃更張邪！」帝悦。居中退，語禮部侍郎劉正夫，正夫因請對，語與居中合。帝遂疑逵擅政。於是京黨御史余深、石公弼論逵專恣反覆，陵蔑同列，引用邪黨，出知亳州。

**丁亥**　**大觀元年，春正月，以蔡京爲尚書左僕射兼門下侍郎。○吴居厚罷，以何執中爲中書侍郎，鄧洵武、梁子美爲尚書左、右丞。**子美初爲河北都轉運使，❶傾漕計以奉上，至捐緡錢三百萬市北珠以進。❷由是諸路漕臣效尤，爭進羨餘矣。北珠出於女真，子美市於遼，遼嗜其利，虐女真，捕海東青以求珠，女真深怨之。而子美用是顯。**三月，趙挺之罷，以何執中、鄧洵武爲門下、中書侍郎，梁子美、朱諤爲尚書左、右丞。○以鄭居中同知樞密院事，尋罷。**初，居中直學士院，自言爲鄭貴妃從兄弟，妃家世微，亦倚爲重。及居中入樞府，妃時已貴重，於居中無所賴，乃用宦者黄經臣計，以親嫌爲請，改授中太一宫使，居中不懌，蔡京爲言：「宥府本兵之地，非三省執政，用親無嫌。」經臣沮之。於是居中疑京援己不力，稍怨之。**以蔡攸爲龍圖閣學士兼侍讀。**攸，京長子也。元符中，監在京裁造院。帝時爲端王，每退朝，攸適趨局，遇諸塗，必下馬拱立。王問，知爲攸，心善之。及即位，遂有寵，自鴻臚丞賜進士出身，拜祕書郎，歷官集賢脩撰。京再入相，遂進學士。**立八行取士科。**八行者，孝、悌、睦、婣、任、恤、忠、和也。❸凡有此八行者，即免試，補太學上舍。知台州李諤以徐中行薦，❹中行聞之，盡毁其所爲文，入委羽山以避之。或問之，中行曰：「人而無行，與禽獸等。使吾得以八行應科目，則彼之不被舉者，非人類歟！」**夏五月，以蔡薿爲給事中。**薿以諸生試策，揣蔡京且復用，即對曰：「熙、豐之德業，足以配天，不幸繼之以元祐；紹聖之纘述，足以永賴，不幸繼之以靖國。陛下兩下求言之詔，冀以聞至言，收實用也。而見於元符之末者，方且幸時變而肆姦言，乘間隙而投異意。詆誣先烈，不以爲疑；動摇國是，不

❶「都」，原脱，據《宋史》卷二八五《梁子美傳》、《資治通鑑後編》卷九七補。

❷「捐」，原作「損」，據《宋史》卷二八五《梁子美傳》、《資治通鑑後編》卷九七改。

❸「悌」，原作「友」，據《宋會要輯稿・選舉》一二之三三、《長編紀事本末》卷一二六、《宋史全文》卷一四改。

❹「諤」下，原有「文」字，據《宋史》卷四五九《徐中行傳》删。

以爲憚。頤逆處其未至而絶其原。」於是擢爲第一，以所對頒天下。甫解褐，即除祕書正字，未踰年，至侍從。前此未有也。**鄧洵武免。**時妖人張懷素謀反，朝士多株連者。而洵武與其黨連昏，坐免。**詔諸路監司勿任元祐學術者。○六月，以梁子美爲中書侍郎。○朱諤卒。○秋八月，以徐處仁爲尚書右丞，林攄同知樞密院事。處仁尋罷。○九月，貶侍御史沈畸監信州酒税，竄御史蕭服于處州。**蔡京怨劉逵，會蘇州盜鑄錢獄起，京欲陷逵婦兄章綖兄弟，遣開封尹李孝壽鞫之，株連者千餘人，彊抑使承，死者甚衆。京猶以爲緩，遣侍御史沈畸、御史蕭服往代。畸至蘇，即日決釋無左證者七百人，歎曰：「爲天子耳目司，而可傳會權要，殺人以苟富貴乎！」遂閲實平反以聞。京大怒，貶畸監信州酒税，服覊管處州，而綖竟竄海島。**故直祕閣程頤卒。**頤於書無所不讀。其學本於誠，以《大學》《論語》《孟子》《中庸》爲標指，而達於六經，動止語默，一以聖人爲師，卒得孔、孟不傳之學，爲諸儒倡，著《易》《春秋傳》。平生誨人不倦，故學者出其門最多，淵源所漸，皆爲名士，而劉絢、李籲、謝良佐、游酢、張繹、蘇昞、吕大臨、吕大鈞、尹焞、楊時成德尤著。世稱頤爲伊川先生，卒年七十五。絢，力學不倦，頤每言：「他人之學，敏則有矣，未易保也，若絢者，吾無疑焉。」仕終太學博士。❶籲，頤稱其才器可大任，又言：「自予兄弟倡明道學，能使學者視傚而信從者，籲與劉絢有力焉。」仕終校書郎。良佐，學問該贍，事有未澈，則顙有泚。嘗與頤別一年，復來見，頤問所進，對曰：「但去得一『矜』字爾。」頤喜，曰：「是子可謂力學、切問而近思者。」與游酢、楊時、吕大臨在程門號「四先生」。仕終監西京竹木場。酢，初與兄醇俱以文行知名，所交皆天下士。頤見之京師，謂其資可以進道。及程顥興扶溝學，酢盡棄故所習而學焉，仕終知濠州。繹，家世甚微，年長未知學，傭力於市，聞邑官傳呼聲，心慕之，即發憤力學，遂以文名。會頤自涪還河南，繹往受業，頤稱其穎悟，嘗曰：「吾晚得二士。」謂繹與尹焞也。昞，始學於張載，而事二程卒業，仕爲太常博士。坐元符上書邪等人，編管饒州，卒。大鈞，



❶「太學」，原作「太常」，據《伊洛淵源録》卷八《劉博士（絢）墓誌銘》、《宋史》卷四二八《劉絢傳》改。

大防之弟，能守其師説而踐履之。尤喜講明井田、兵制，謂治道必自此始。張載每歎其勇爲不可及。仕終陝西轉運從事。大臨，大鈞之弟，通六經，尤邃於《禮》。每欲掇習三代遺文舊制，令可行，不爲空言以拂世矯俗。仕終祕書省正字。

**冬閏十月，以林攄爲尚書左丞，鄭居中同知樞密院事。**居中既怨蔡京，遂陰與張康國比而間京。都水使者趙霆得龜兩首于黄河，獻以爲瑞。京曰：「此齊小白所謂『象罔』，見之而霸者也。」居中言：「首豈有二？人皆駭異，而京獨主之，殆不可測。」帝命棄龜金明池，謂「居中愛己」，故申前命。

**流太廟齋郎方軫于嶺南。**軫上書言：「蔡京睥睨社稷，内懷不道，專以紹述熙、豐之説爲自媒之計，内而執政、侍從，外而帥臣、監司，無非其門人、親戚。京每有奏請，盡作御筆行出，語人曰：『此上意也。』明日不行，又語人曰：『京實啓之也。』善則稱己，過則稱君，必欲陛下斂天下之怨而後已。自元符末，陛下嗣服，忠義之士投匭者無日無之。京分爲邪等，黥配編置，不齒仕籍，則誰肯爲陛下言哉！京又使子攸日以花石、禽鳥爲獻，欲愚陛下，使不知天下治亂。臣以爲京必反也，請誅京。」詔宣示京，京請下軫獄，竟流嶺南。

**十一月朔，日食。**蔡京以不及所當食分，率群臣稱賀。

**建靖海軍。**王祖道言地、文、蘭、那四州蠻皆内附，請於黎母山立鎮州，賜軍額曰靖海。

**十二月，置黔南路，加蔡京太尉，召王祖道爲兵部尚書。**南丹州地與宜州及西南夷接壤，世爲莫氏所居，自署刺史。王祖道欲取之，乃誣其酋莫公佞阻文、蘭州，不令納土，發兵討之，擒公佞，以南丹州爲觀州。公佞弟公晟，結溪峒報復，侵掠城邑，殺刺史，蔡京匿不以聞。特置黔南路，領庭、孚、平、允、從、宜、柳、融及觀九州。京以功加太尉，而召祖道爲兵部尚書。祖道在桂四年，厚以官爵、金帛挑諸夷，建城邑，調兵鎮戍，輦輸内地錢布鹽粟，無復齊限。地瘴癘，戍者十亡五六，實無尺土一民益於縣官。時廣南西路轉運副使張莊與祖道表裏，遂以代其任。祖道、莊既鑿空超取顯美，由是麗恭孫、趙遹、程鄰相與效之，邊壤益多故矣。

**涪州夷内附，以其地爲珍、承州。**知涪州麗恭孫説誘之也。

**黄河清。**乾寧軍言：「河清踰八百里，凡七晝夜。」詔以乾寧軍爲清州。

戊子　二年，春正月朔，受八寶于大慶殿，赦。先是，有以玉印方寸龜紐獻者，❶文曰：「承天福，延萬億，永無極。」詔名「鎮國寶」。至是，又得良玉工，帝命作六寶，以合秦制天子六璽之數，與受命、鎮國通曰八寶。二月，以葉夢得爲翰林學士。夢得初用蔡京薦，爲祠部員外郎。京罷相，趙挺之更其所行。及京再相，復反前政。夢得入對，因言：「事不過可、不可二者而已，以爲可而出於陛下，則前日不應廢；以爲不可而不出於陛下，則今日不可復。今徒以大臣進退爲可否，無乃陛下未有了然於胸中乎！」帝悦，以爲起居郎，遂進學士。夏五月朔，日食。○童貫復洮州，詔加貫檢校司空。奏至，百官表賀，以玉帶賜蔡京。貫尋復積石軍，易鎮奉寧，恃功驕恣，選置將吏，皆取中旨，不復關朝廷，蔡京不悦。秋八月，梁子美罷。九月，以林攄爲中書侍郎，余深爲尚書左丞。深爲中丞時，攄知開封府，同治妖人張懷素獄，事多連蔡京，二人曲爲掩覆，凡獄辭及交通書問有及京者，輒取焚之，京深德二人，故力引之。皇后王氏崩。謚曰靖和。冬十二月，葬靖和皇后。○安化諸州蠻内附，詔以張莊爲黔南經畧安撫使。知桂州張莊奏：「安化上三州、一鎮、諸蠻納土，共五萬一千一百餘户，二十六萬二千餘人，幅員九千餘里。」又奏：「寬樂州、安沙州、譜州、四州、七源等州納土，❷計二萬人，一十六州，三十三縣，五十餘峒，幅員萬里。」蔡京帥百官表賀。詔莊兼黔南經畧安撫使。渝州蠻内附，以其地爲溱州。○詔以孔伋從祀孔子廟。

己丑　三年，春二月，南平夷内附，以其地爲遵義軍及播州。○三月，張康國暴

---

❶「方寸」，原作「六寸」，據《宋大詔令集》卷一四九《爲受命寶制作之因詔》、《建炎以來朝野雜記》乙集卷五《寶璽》、《文獻通考》卷一一五《王禮考》、《宋史》卷一五四《輿服志》改。

❷「七源」，原作「七原」，據《宋會要輯稿·蕃夷》五之三五、《宋史》卷三四八《張莊傳》改。

卒。康國始因附蔡京而進，及在樞府，寖爲崖異。時帝惡京專愎，陰令康國狙其姦，且許以相。京忌康國，遂引吴執中爲中丞，執中將論康國，康國先知之，且奏事，留白帝曰：「執中今日入對，必爲京論臣，臣願避位。」既而執中對，果陳其事，帝怒，黜執中知滁州。至是，康國因朝退趨殿廬得疾，仰天吐舌，舁至待漏院卒，或疑中毒云。

謫右正言陳禾監信州酒。時童貫權益張，與黄經臣胥用事，中丞盧航表裏爲姦，搢紳側目。陳禾曰：「此國家安危之本也。」遂上書劾貫、經臣怙寵弄權之罪，願亟竄之遠方。論奏未終，帝拂衣起，禾引帝衣，請畢其説，衣裾落，帝曰：「正言碎朕衣矣！」禾言：「陛下不惜碎衣，臣豈惜碎首以報陛下！此曹今日受富貴之利，陛下他日受危亡之禍。」言愈切。帝變色曰：「卿能如此，朕復何憂！」内侍請帝易衣，帝却之曰：「留以旌直臣。」翌日，貫等相率前訴，謂：「國家極治，安得如此不祥語！」盧航奏禾狂妄，謫監信州酒。

夏四月，林攄有罪免。集英臚唱貢士，攄當傳姓名，不識「甄盎」字，帝笑曰：「卿誤邪？」攄不謝，而語詆同列。御史論其寡學，倨傲不恭，失人臣禮，黜知滁州。久之，自揚州徙大名，道過闕，爲帝言：「頃使遼，見其國中携貳，若兼而有之，勢無不可。」蓋欲報其辱也。帝由是始有北伐之意。

以鄭居中知樞密院事，管師仁同知院事，余深爲中書侍郎，薛昂、劉正夫爲尚書左、右丞。昂與余深、林攄附蔡京最久，昂至舉家爲京避私諱，或誤及之，輒加笞責。昂嘗誤及，即自批其口。

五月，流孟翊于遠方。孟翊獻所畫卦象，謂：「宋將中微，有再受命之象，宜更年號，改官名，變庶事以厭之。」帝不樂，詔竄之遠方。

六月，管師仁罷。○蔡京有罪免。中丞石公弼、殿中侍御史張克公劾京罪惡，章數十上，京遂罷爲太乙宫使。時有郭天信者，以方伎得親幸，深以京爲非。每奏天文，必指陳以撼京，密白「日中有黑子」，帝爲之恐。後屢白不已，上始疑京，故罷。

以何執中爲尚書左僕射兼門下侍郎。執中一意謹事蔡京，遂代爲首相。太學生陳朝老詣闕上書曰：「陛下知蔡京之姦，解其相印，天下之人鼓舞，有若更生。及相執中，中外黯然失望。執中雖不敢若京之蠹國害民，然碌碌常質，初無過人。天下敗壞至此，如人一身，臟腑受沴已深，豈庸庸之醫所能起乎！執中僉緣攀附，致位二府，亦已大幸，遽俾之經體贊元，是猶以蚊負山，多見其不勝任也。」疏奏，不省，而眷注益異。**冬十一月，詔蔡京以太師致仕，留京師。**提舉脩《哲宗實録》，❶改封楚國公，朝朔、望。石公弼言：「京盤旋京師，餘威震于羣臣，願持必斷之決，以消後悔。」殿中侍御史洪彦昇言：「京假紹述之名，一切更張，敗壞先朝法度，朋姦誤國，公私困弊。既已上印，而偃蹇都城，上憑眷顧之恩，中懷跋扈之志。願早賜英斷，遣之出京。」殿中侍御史毛注言：「京擅持威福，動摇中外，以翰林學士葉夢得爲腹心，交植黨與。」帝爲逐夢得，而遷注爲侍御史，京遂致仕。注復極論京「受孟翊妖姦之書，與逆人張懷素游處，引凶朋林攄置政府，用所親宋喬年尹京」等事。太學生陳朝老亦疏京惡十四事，乞投畀遠方以禦魑魅，皆不報。**罷鑄夾錫錢。○禮書成。**尋又置禮制局，命劉昺討論古今宫室、車服、器用、昏喪、冠祭沿革制度。及更置郊廟禋祀之器，爲《五禮新儀》，頒行天下。**瀘州夷内附，以其地爲純、滋州。**

**庚寅　四年，春正月，以余深爲門下侍郎，張商英爲中書侍郎，侯蒙同知樞密院事。**蔡京既免，商英自峽州起知杭州。過闕，賜對，因奏曰：「神宗修建法度，務以去大害，興大利，今誠一一舉行，則盡紹述之美。法若有弊，不可不變，但不失其意足矣。」遂留居政府。帝嘗從容問蒙曰：「蔡京何如也？」蒙對曰：「使京正其心術，雖古賢相何以加？」帝使密伺京所爲，京聞而銜之。**夏五月，立詞學兼茂科。**帝以宏詞科不足以致文學之士，改立詞學兼茂科，歲附貢士院試，去檄書而增制誥，中格則授館職，歲不過五人。**彗出奎、婁，詔直言闕失，貶蔡京爲太子少保，出居杭州。**帝以彗出奎、婁間，避殿減膳，令侍從官直言指陳闕失。石公弼等遂極論京罪，張克公亦論「京輔政八年，權震海内。輕賜予以蠹國用，託爵禄以市私恩，役將作以葺居第，用漕船以運花石，名爲祝聖而脩塔以壯臨平

❶「哲宗」，原作「英宗」，據《東都事略》卷一〇一《蔡京傳》、《宋史》卷四七二《蔡京傳》改。

之山，託言灌田而決水以符興化之讖。法名退送，門號朝京」。及不軌不忠之罪，凡數十事。毛注又論「京罪積惡大，天人交譴，雖罷相致政，猶怙恩恃寵，偃居賜第，以致上天威怒。推原其咎，實在於京。考京之罪，蓋不可以縷數。陛下去黨碑以開自新之路，京疾其異己而別爲禁防；陛下頒明詔以來天下之言，京惡其議己而重致於法。以嚴刑峻罰脅持海內，以美官重祿交結人心，錢鈔屢更而商賈不行，邊事數興而國力大匱。聲焰所震，中外憤疾，宜早令去國，消弭天變」。奏上，乃出居杭州。❶

**余深罷。** 深與蔡京結爲死黨，京既去國，深不自安，上疏乞罷，乃出知青州。

**貶王祖道爲昭信節度副使，放張莊于永州。** 討妄言拓地之罪也。

**六月，以張商英爲尚書右僕射兼中書侍郎。** 蔡京久盜國柄，中外怨疾，見商英能立異同，更稱爲賢，帝因人望而相之。時久旱，彗星中天，商英受命，是夕，彗不見，明日，雨。帝喜，因大書「商霖」二字賜之。

**薛昂免。○秋七月，罷方田。○八月，以吴居厚、劉正夫爲門下、中書侍郎，侯蒙、鄧洵仁爲尚書左、右丞。○九月朔，日食。○冬十月，立貴妃鄭氏爲皇后。** 后，開封人。本欽聖殿押班。初，帝爲端王，常朝欽聖太后，太后命后供侍。及帝即位，遂以賜帝。后性端謹，善順承帝意，好觀書，章奏能自製，帝愛其才。寵冠後宮，竟立爲后。

**鄭居中罷，以吴居厚知樞密院事。** 蔡京之免，居中自許必得相，帝覺之，不果用。至是，復以外戚罷。

**辛卯　政和元年，春三月，以王襄同知樞密院事。○秋八月，張商英罷。** 商英爲政持平，謂蔡京雖明紹述，但借以劫制人主，禁錮士大夫耳。於是大革弊事，改京所鑄當十大錢爲當三以平泉貨，復轉般倉以罷直達，行鹽鈔法以通商旅，蠲橫斂以寬民力。勸帝節華侈，息土木，抑僥倖。帝頗嚴憚之，嘗葺升平樓，戒主者遇丞相導騎至，必匿匠樓下，時稱商英忠直。然意廣

---

❶「居」，原作「之」，據《東都事略》卷一〇一《蔡京傳》、《宋史》卷四七二《蔡京傳》、《歷代名臣奏議》卷一八〇石公弼上奏改。

才踈，凡所當爲，先於公座誦言，故不便者得預爲計。初，何執中與蔡京同相，凡營立皆預議。至是，惡商英出己上，與鄭居中日夜醞織其短，先使言者論其門下客唐庚，竄之惠州。❶會商英與郭天信往來，事覺，居中因諷中丞張克公并論之，遂罷政出知河南府，尋貶爲崇信軍節度副使。**九月，王襄免。**坐薦引近侍也。**遣端明殿學士鄭允中及童貫使遼。**童貫既得志於西羌，遂謂遼亦可圖，因請使遼以覘之。乃以鄭允中充賀遼主生辰使，而以貫副之。或言：「以宦官爲上介，國無人乎？」帝曰：「契丹聞貫破羌，故欲見之，因使覘其國，策之善者也。」遂行。**冬十月，覊管陳瓘于台州。**瓘以忤蔡京，竄郴州。瓘子正彙在杭，訟京有動摇東宫迹。杭守蔡嶷執送京師，陰告京俾爲計。事下開封府，併逮治瓘，尹李孝壽逼使證其妄。瓘曰：「正彙聞京將不利社稷，傳于道路，瓘豈得預知？以所不知，忘父子之恩而指其爲妄，則情有所不忍；挾私情以符合其説，又義所不爲。京之姦邪，必爲國禍，瓘固嘗論之於諫省，亦不待今日語言間也。」内侍黄經臣莅鞫，聞其辭，失聲太息，謂曰：「主上正欲得實，但如言以對可也。」獄具，正彙猶以所告失實流海上，瓘安置通州。瓘嘗撰《尊堯集》，謂紹聖史官專據王安石《日録》改修《神宗史》，變亂是非，不可傳信，深明誣妄，以正君臣之義。張商英爲相，取其書，既上，而商英罷，瓘又徙台州。何執中起遷人石悈知台州，欲寘瓘以必死。悈至，執瓘至庭，大陳獄具，將脅以死。瓘揣知其意，大呼曰：「今日之事，豈被制旨邪？」悈失措，始告之曰：「朝廷令取《尊堯集》爾。」瓘曰：「然則何用許！使君知『尊堯』所以立名乎？蓋以神考爲堯，主上爲舜，尊堯何得爲罪！時相學術短淺，爲人所愚，君所得幾何，乃亦不畏公議，干犯名分乎！」悈慙，揖瓘使退。所以窘辱之者百端，終不能害。執中怒，罷悈。瓘平生論京兄弟，皆披擿其處心，發露其情慝，最所忌恨，故得禍最酷。**童貫以遼李良嗣來，命爲祕書丞，賜姓趙。**燕人馬植，本遼大族，仕至光禄卿，行汚而内亂，不齒于人。童貫使遼，道盧溝，植夜見其侍史，自言有滅燕之策，因得見貫。貫與語，大奇之，載與俱歸，易姓名曰李良嗣，薦諸朝。植即獻

❶「之」，原作「知」，據《宋史》卷三五一《張商英傳》、卷四四三《唐庚傳》改。

策曰：「女真恨遼人切骨，而天祚荒淫失道。本朝若自登、萊涉海，結好女真，與之相約攻遼，其國可圖也。」議者謂：「祖宗以來，雖有此道，以其地接諸蕃，禁商賈舟船不得行，百有餘年矣。一旦啓之，懼非中國之利。」不聽。帝召問之，植對曰：「遼國必亡，陛下念舊民遭塗炭之苦，復中國往昔之疆，代天譴責，以治伐亂，王師一出，必壺漿來迎。萬一女真得志，事不侔矣。」帝嘉納之，賜姓趙氏，以爲祕書丞。圖燕之議自此始。

**壬辰** 二年，春正月，詔元符上書邪等人不得除監司。○二月，復蔡京太師，賜第京師。京自杭州召還，帝宴之于内苑太清樓。夏四月，復行方田。○禁史學。詔士毋得兼習史學。從監察御史李彦章之請也。五月，詔蔡京三日一至都堂議事。京患言者議己，乃作御筆密進，而丐帝親書以降，謂之御筆手詔，違者以違制坐之。事無巨細，皆託以行，至有不類帝書者，羣下亦莫敢言。由是貴戚近臣爭相請求，至使中人楊球代書，號曰「書楊」。京復病之，而亦不能止矣。吕中曰：「自奸臣創御筆之令，凡私意所欲爲者，皆謂御筆行之，違者有刑。於是給、舍不得繳，臺諫不得言，而紀綱壞矣。昔有勸仁宗攬權者，上曰：『措置天下事，正不欲從中出。』此言真爲萬世法。」六月，以余深爲門下侍郎。○秋九月，更定官名。蔡京率意自用，欲更置官名，以繼元豐之政，乃首更開封守臣爲尹、牧。由是府分六曹，縣分六案，内侍省職悉倣機廷之號，修六尚局，建三衛郎。遂詔：「太師、太傅、太保，古三公之官，今爲三師，古無此稱，合依三代爲三公，爲真相之任。司徒、司空，周六卿之官；太尉，秦主兵之任，皆非三公，並宜罷，仍立三孤爲次相之任。更侍中爲左輔，中書令爲右弼。尚書左僕射爲太宰兼門下侍郎，右僕射爲少宰兼中書侍郎。罷尚書令及文武勳官，而以太尉冠武階。」然是時員既濫冗，名且紊雜，甚者走馬承受，升擁使華；黄冠道流，亦濫朝品。元豐之制，至此大壞。冬十一月，受元圭于大慶殿，赦。時民間有得玉圭來獻者，帝御殿受賀，執政皆進秩。以何執中爲少傅。○十二月，加童貫太尉。○蜀夷内附，置祺、亨州。麗恭孫説誘之也。

癸巳　三年，春正月，追封王安石爲舒王，安石子雱爲臨川伯，從祀孔子廟。時《新儀》成，於正月元日舍菜，仲春、仲秋上丁舍奠，以兖國、鄒國公及舒王配享殿上，頒辟雍大成殿名於諸路州學。以何執中爲太宰。○吴居厚罷，以鄭居中知樞密院事。居厚久居政府，以周謹自媚。雖無大惡可言，然一時聚斂者推爲首。二月，太后劉氏自殺。帝以哲宗故，曲加恩禮于后，而后頗干預外事，且以不謹聞。帝與輔臣議，將廢之，而后已爲左右所逼，即簾鈎自縊死，年三十五。謚昭懷。三月朔，日食。○夏四月，鄧洵仁罷。○作玉清和陽宫。在福寧殿東，奉安道像。帝所生之地也。以薛昂爲尚書右丞。○閏月，改公主爲帝姬。○五月，葬昭懷皇后。○頒新燕樂。詔曰：「大晟之樂，已薦之郊廟，而未施於宴饗。比令有司播之教坊，試於殿庭，無怗懘焦急之聲，可頒之天下。其舊樂悉禁。」秋八月，以何執中爲少師。○九月，賜方士王老志號洞微先生，王仔昔號通妙先生。濮人王老志初爲小吏，遇異人，授以丹，遂棄妻子，結草廬田間，爲人言休咎多驗。太僕卿王亶以名聞，時帝方嚮道術，乃召至京師，館于蔡京第。嘗緘書一封至帝所，啓視，乃昔歲秋中與喬、劉二妃燕好之語也。由是益信之，號爲洞微先生。朝士多從求書，初若不可解者，卒應者什八九，其門如市。京慮太甚，頗以爲戒。老志亦謹畏，乃奏禁絶之，踰年而死。洪州人王仔昔，初隱于嵩山，自言遇許遜，得《大洞隱書》、豁落七元之法，能道人未來事。京薦之，帝召見，賜號冲隱處士。篆符有驗，進封通妙先生。由是道家之事日興，而仔昔恩寵寖加。朝臣戚里夤緣關通。中丞王安中上疏，請自今招延山林道術之士，當責所屬保任，宣召出入，必令察視其所經由。仍申嚴臣庶往還之禁，并言蔡京欺君僭上，蠹國害民數事。帝欣然納之。已而再疏京罪，帝曰：「本欲即行卿章，以近天寧節，俟過此，當爲卿罷京。」京伺知之，大懼。其子攸日夕侍禁中，泣拜懇祈，帝爲遷安中翰林學士。冬十一月，祀天于圜

**丘。以天神降，詔百官。**帝南郊執大圭，以道士百人執威儀前導，蔡攸爲執綏官。玉輅出南薰門，帝忽曰：「玉津園東若有樓臺重復，是何處也？」攸即奏：「見雲間樓殿臺閣隱隱數重。既而審視，皆去地數十丈。」頃之，帝又曰：「見人物否？」攸即奏：「有若道流童子持幡幢節蓋，相繼而出雲間，眉目歷歷可識。」遂以天神降，詔告在位，即其地建道宫，名曰迎真，作《天真降臨示現記》。由是益信神仙之事矣。**十二月，詔求道教僊經于天下。○女真阿骨打自稱都勃極烈。**初，遼主如春州，幸混同江鉤魚。❶生女真酋長在千里内者，以故事皆來朝。適遇頭魚宴，遼主命諸酋次第起舞，至阿骨打，辭不能，但端立直視。遼主諭之再三，終不從。他日，遼主密諭北院樞密使蕭奉先曰：「阿骨打雄豪不常，可托以邊事誅之，否則必貽後患。」奉先曰：「彼麤人，不知禮義，且無大過而殺之，恐傷向化心。設有異志，蕞尔小國，亦何能爲！」遼主乃止。阿骨打歸，疑遼主知其異志，且以遼主淫酗不恤國政，遂稱兵，先併旁近族。至是，節度使烏雅束死，阿骨打襲位爲都勃極烈。都勃極烈者，官長也。遼使阿息保往謂之曰：「何故不告喪？」阿骨打曰：「有喪不能吊，而乃以爲罪乎？」

**甲午　四年，春正月，置道階。**時王老志、王仔昔、徐知常等得幸，遂置道階先生、處士等名，秩比中大夫至將仕郎，凡二十六級。後又置道官二十六等，有諸殿侍宸、校籍、授經，以擬待制、脩撰、直閣之名。**夏五月，祭地祇于方澤。○秋八月，新作延福宫成。**宫在大内北拱宸門外。初，蔡京欲以宫室媚帝，召内侍童貫、楊戩、賈詳、何訢、藍從熙五人，❷諷以内中逼窄之狀，五人乃請因延福舊名而新作之。五人分任工役，視力所致，争以侈麗高廣相夸尚，各爲制度，不務沿襲。及成，號「延福五位」。東西配大内，南北稍劣，其東直景龍門，西抵天波門。其間殿閣亭臺相望，鑿池爲海，疏泉爲湖，鶴莊、鹿砦、文禽、奇獸、孔翠諸栅，蹄尾動以數千，

❶「鉤」，原作「鈞」，據《遼史》卷二七《天祚皇帝本紀》、卷一〇二《蕭奉先傳》改。

❷「何訢」，原作「何訴」，據《編年綱目備要》卷二八、《宋史》卷八五《地理志》改。

嘉花名木，類聚區别，怪石巖壑，幽勝宛若天成，不類塵境。既成，帝自爲文以記之。其後又爲村居、野店、酒肆。青帘於其間，每歲冬至後即放燈，自東華門以北，並不禁夜，徙市民行鋪，夾道以居，縱博羣飲，至上元後乃罷，謂之「先賞」。尋又跨舊城脩築，號「延福第六位」。復跨城外浚濠，作二橋，橋下疊石爲固，引舟相通，而橋上人物外自通行，不覺也，名曰「景龍江」。夾江皆植奇花珍木，殿宇對峙焉。**冬十月，女真阿骨打叛遼，取寧江州。**遼主好畋獵淫酗，怠于政事，每歲遣使市名鷹海東青于海上，道出生女真，使者貪縱，徵索無藝，女真厭苦之。烏雅東嘗以遼主不遣阿疎爲辭，稍拒市鷹使者。及阿骨打襲位，相繼遣蒲家奴、習古乃等索阿疎，遼主終不許。習古乃歸，具言遼主驕肆廢弛之狀。阿骨打乃召其所屬，使備衝要，建城堡，脩戎器。遼主使侍御阿息保往詰之，阿骨打曰：「我小國也，事大國不敢廢禮，大國德澤不施，而逋逃是主，以此字小，能無望乎！若還阿疎，朝貢如故，不然，城未已。」阿息保還，遼主遂發渾河北諸軍益東北路統軍司。阿骨打聞之，謂其下曰：「遼人知我將舉兵，集諸路軍備我，我必先發制之，無爲人制。」乃與撒改子粘没喝等謀，遂集所屬諸部兵，以銀术可、婁室、闍母等爲將，而使婆盧火徵移懶路迪古乃兵。九月，阿骨打率兵進次寥晦城，諸部兵皆會于來流水，得二千五百人，遂命諸將傳梃而誓。至遼界，遇勃海軍，耶律謝十墜馬，阿骨打射殺之。阿骨打之子斡本與數騎陷遼圍中，阿骨打救之，免胄戰。或自傍射之，阿骨打顧見射者，一矢而斃。謂其下曰：「盡敵而止！」衆從之，勇氣百倍。遼軍大奔，蹂踐死者十七八。撒改在别部聞之，使粘没喝及谷神來賀，勸其稱帝。阿骨打曰：「一戰而勝，遂稱大號，何示人淺也！」進軍寧江州，填塹攻城。寧江人自東門出，阿骨打邀擊，盡殪之。遼統軍司以聞，時遼主射鹿于慶州，畧不介意，唯遣海州刺史高仙壽應援而已。十月朔，寧江州陷，遼防禦使大藥師奴被獲，❶阿骨打陰縱之，使招諭遼人，遂引兵還。初，女真部民皆無傜役，壯者悉爲兵，平居則漁畋射獵，有警則下令諸部徵之。凡步騎之仗糗，皆自備焉。其部長曰孛堇，行兵則稱曰猛安、謀克，猛安猶千夫長，謀克猶百夫長也。**十一月，遼遣都統蕭嗣**

❶「大藥」，原作「藥太」，據《金史》卷二《太祖本紀》、卷七一《完顔斡魯傳》改。

**先伐女真，阿骨打迎戰于混同江，遼軍大敗。**遼主聞寧江州陷，召羣臣議。漢人行宮副部署蕭陶蘇斡曰：「女真雖小，其人勇而善射。我兵久不練，若遇彊敵，稍有不利，諸部離心，不可制矣。今莫若大發諸道兵，以威壓之。」北院樞密使蕭得里底曰：「如陶蘇斡之謀，徒示弱耳。但發滑水以北兵，足以拒之。」乃以司空蕭嗣先爲東北路都統，蕭撻不也副之，發契丹、奚軍三千及中京禁兵等七千屯出河店。❶阿骨打帥衆來禦，未至混同江，會夜，阿骨打方就枕，若有扶其首者三，寤而起，曰：「神明警我也。」即鳴鼓舉燧而行。黎明，至混同江，遼兵方壞凌道，阿骨打選壯士十人擊走之。因帥衆繼進，遂登岸。與遼兵遇，會大風起，塵埃蔽天，阿骨打乘風奮擊，遼兵潰，將士多死，其獲免者十有七人。樞密使蕭奉先，嗣先兄也，懼嗣先得罪，輒奏：「東征潰軍，所至劫掠，若不肆赦，恐聚爲患。」遼主從之，嗣先但免官而已。自是諸軍相謂曰：「戰則有死無功，退則有生無罪。」故士無鬭志，遇敵輒潰。阿骨打進襲遼蕭敵里于斡鄰濼東，殺獲甚衆。遼人嘗言：「女真兵滿萬則不可敵。」至是始滿萬云。

**十二月，遼賓、祥、咸三州及鐵驪部叛降女真。**鐵驪王奚回離保降女真，未幾逃歸。

**以童貫爲陜西經畧使。**環州定遠大首領夏人李訛哆以書遺其國統軍梁哆唛曰：❷「我居漢二十年，每見糧草轉輸，例給空券，方春未秋，士有饑色。若徑擣定遠，唾手可取。既得定遠，則旁十餘城，不攻而下矣。我儲穀累歲，闕地藏之，大兵之來，斗糧無齎，可坐而飽也。」哆唛遂以萬人來迎。轉運使任諒先知其謀，募民盡發窖穀。哆唛圍定遠，失所藏。越七日，訛哆遂以其部萬餘歸夏。夏主築臧底河城。詔童貫爲經畧以討之。

續資治通鑑綱目第九

❶「出河店」，原作「出店河」，據《契丹國志》卷一〇、《遼史》卷二七《天祚皇帝本紀》乙正。

❷「哆」，原作「移」，據《皇宋十朝綱要》卷一七、《宋史》卷四八六《夏國傳》改。

# 續資治通鑑綱目第十

起乙未宋徽宗政和五年，盡乙巳宋徽宗宣和七年。

凡十一年。

**乙未　五年，春正月，女真完顏阿骨打稱帝，國號金。**阿骨打既屢勝遼，其弟吴乞買率將佐勸其稱帝，阿骨打不許。阿萬合瀿、蒲家奴、粘没喝等復以爲言。阿骨打遂於正月朔即皇帝位，且曰：「遼以賓鐵爲號，取其堅也。賓鐵雖堅，終亦變壞。惟金不變不壞。金之色白，完顏色尚白，况所居按出虎水之上。」於是國號大金，改元收國，更名旻。以吴乞買爲諳班勃極烈，撒改、斜也爲國論勃極烈。其國語謂金爲「按出虎」，謂尊大爲「諳班」，謂國相爲「國論」。斜也，亦阿骨打弟。撒改，烏古廼之孫也。

**晏州夷反，以趙遹爲瀘南招討使平之。**知梅嶺砦高公老之妻，宗女也。嘗出金玉器飲晏州夷酋卜漏等，漏心艷之。會瀘帥賈宗諒以斂竹木擾夷部，且誣致其酋斗箇旁等罪，❶夷人咸怨。漏遂相結，因上元張燈襲破梅嶺砦，虜公老妻及其器物，四出剽掠。梓州轉運使趙遹聞之，倍道趨瀘，劾宗諒罷之。詔康延魯代宗諒，聽遹節制。遹陰有專討意，兵端益大。於是詔發陝西軍三萬，以遹爲招討使。遹與别將馬覺、張思正分道出，期會于晏州。漏據輪縛大囤，其山崛起數百仞，林箐深密，諸村囤夷爲遹敗潰者悉赴之，乃壘石樹柵以守，遹軍不能進。巡檢种友直所部多思、黔土丁，習山險，而山多猱，遹遣土丁捕之，伐去蒙密，緣崩石、挽藤葛而上，得猱數十頭，束麻作炬，灌以膏蠟，縛於猱背。暮夜，復遣土丁負繩梯登崖顛，乃縋梯引下，人人銜枚挈猱，蟻附而上。比鷄鳴，友直等悉力擁刀斧穿箐入。及賊柵，出火燃炬，猱熱狂跳。賊廬舍皆茅竹，猱竄其上，火輒發，賊號呼奔撲，猱益驚，火益熾。官軍鼓譟破柵，賊擾亂不復能抗，赴火、墮崖死者不可勝計，斬數千人，生擒卜漏。晏州平，拓地千里，遹爲建城砦，畫疆畝，募人耕種，且習戰守，號曰

---

❶「斗箇旁」，原作「卜固謗」，據《長編紀事本末》卷一四一、《宋史》卷三四八《趙遹傳》改。

勝兵。**遼遣使如金議和，金不從。**遼主使僧家奴持書往金議和，使爲屬國。阿骨打遣賽剌復書云：「若歸叛人阿踈，遷黄龍府於别地，然後議之。」**金擊遼兵于達魯古城，大敗之。**金主自將攻遼黄龍府，進薄益州，州人走保黄龍，金取其餘民而去。遼遣都統斡里朵、左副統蕭乙薛、右副統耶律張家奴、都監蕭謝佛留將騎二十萬、步卒七萬戍邊，且屯田，以爲長久計。金主聞之，率衆趨達魯古城，登高望遼兵若連雲灌木狀，顧謂左右曰：「遼兵心貳而情怯，雖多，不足畏。」遂趨高阜爲陣。謀良虎以右翼先馳遼左軍，左軍却。婁室、銀术可衝遼中堅，陷陣，力戰，粘没喝以中軍助之，遼兵遂敗。金兵乘勝追躡至其營，會日已暮，圍之。黎明，遼軍潰圍出，金人逐北至阿婁岡，遼步卒盡殪，耕具數千皆爲金人所獲。是役也，遼人本欲屯田，且戰且守，故併其耕具皆失之。**熙河將劉法敗夏人于古骨龍。**童貫遣熙河經略使劉法將步騎十五萬出湟州，秦鳳經略使劉仲武將兵五萬出會州。貫以中軍駐蘭州，爲兩路聲援。仲武至清水河，築城屯守而還。法與夏右廂軍戰于古骨龍，大敗之，斬首三千餘。**二月，立定王桓爲皇太子，赦。**桓，帝長子，顯恭皇后所生。**以童貫領六路邊事。**時永興、鄜延、環慶、秦鳳、涇原、熙河各置經略安撫司，以貫總領之。於是西兵之柄皆屬於貫。**三月，遼遣使諭金降。**遼主使張家奴等六人齎書使金，猶斥阿骨打名，冀其降。金主以爲書辭慢侮，留五人，獨遣張家奴還。報書亦斥遼主名，諭遼主降。**夏六月，作三山河橋。**蔡京以孟昌齡爲都水使者，鑿大伾三山、兩河，創天成、聖功二橋，調役夫數十萬，民不聊生。至是，畢工。未幾，水漲，橋壞。**遼復遣使如金，金人執之。**金主以書辭慢，留遼使蕭辭剌不遣。**秋七月朔，日食。○八月，作明堂。**初，元豐禮官以明堂寓大慶殿，别請建立以盡嚴奉，而未暇講求。至是，下詔，内出圖式，宣示于崇政殿。且以明堂宜正臨丙方近東，以據福德之地，乃徙祕書省于宣德門東，而以省地營之。命蔡京爲明堂使，開局興工，日役萬人。**遼伐金。**遼主下詔親征女真，率蕃、漢兵十餘萬，出長春路。命蕭奉先爲御營都統，耶律章奴副之，以精兵二萬爲先鋒。餘分五部，北出駱駝口，别以漢步騎三萬南出寧江州。發數月糧，期必滅女真。**有星**

**流出于柳。**其光照地，色赤黄，有尾。占者以爲天子宗廟有喜，國家建造宮室之祥。蔡京率百官表賀。**安置太子詹事陳邦光于池州。**蔡京獻太子以大食國琉璃酒器，羅列宮庭。太子怒曰：「天子大臣，不聞以道義相訓，乃持玩好之具，蕩吾志邪！」命左右碎之。京聞邦光實激太子，諷言者擊逐之。**九月，金取遼黄龍府。**金主攻黄龍府，次混同江，無舟以渡，金主使一人導前，乘赭白馬徑涉，曰：「視吾鞭所指而行。」諸軍隨之以濟，遂克黄龍府。遣蕭辭剌還遼，曰：「若歸我叛人阿疎，即當班師。」**遼軍渡混同江，副都統耶律章奴作亂，伏誅。**遼師渡混同江，副都統章奴與耶律淳妃弟蕭諦里及其甥蕭延留等謀迎立淳，誘將士亡歸上京。遣諦里以其謀告淳，淳曰：「此非細事，主上自有諸王當立，北、南面大臣不來，而汝言及此，何也？」密令左右拘之。有頃，遼主使行宮小底乙信等持書至，備言章奴之謀，淳即斬諦里等，携其首單騎詣廣平淀待罪，遼主遇之如初。章奴知淳不見聽，乃率麾下掠取上京府庫財物，至祖州。帥其黨告太祖廟，數遼主過惡，移檄州縣。遂結渤海羣盜，至數萬。趨廣平，犯行宮，不克，北趨降虜山。順國女真阿鶻産以三百騎一戰勝之，擒其貴族二百餘人，並斬以徇。餘得脱者，皆奔女真。章奴詐爲使者，欲奔女真，爲邏者所獲，縛送行在，腰斬于市。**王厚等攻夏臧底河城，敗績，夏人遂大掠蕭關。**厚與劉仲武合涇原、鄜延、環慶、秦鳳之師攻夏臧底河城，敗績，死者十四五，秦鳳第三將全軍萬人皆没。厚懼，重賂童貫，匿不以聞。未幾，夏人大掠蕭關而去。**冬十二月，金襲遼軍于護步答岡，大敗之。**金主聞遼出軍，剺面，仰天慟哭曰：「始與汝等起兵，蓋苦契丹殘忍，欲自立國。今天祚親至，奈何？非人死戰莫能當也。不若殺我一族，汝等迎降，轉禍爲福。」諸軍皆曰：「事已至此，惟命是從。」金主遂帥師迎敵。遼主自將至駞門，駙馬蕭特末等將騎兵五萬、步卒四十萬至斡鄰濼。金主行次爻剌，與其臣謀曰：「遼兵號七十萬，其鋒不可當。吾軍遠來，人馬疲乏，宜駐于此，深溝高壘以待之。」會獲遼督餉者，知遼主以章奴反，西還已二日矣。諸將請乘怠擊之，遂追遼主，及于護步答岡。金主曰：「彼衆我寡，兵不可分。視其中軍最堅，遼主必在焉。敗其中軍，可以得志。」使右翼先戰，左翼合而攻之，遼兵大潰，枕藉相屬百餘里，獲輿輦、帟幄、兵械軍資，他寶物、馬牛不可勝紀。蕭特末焚營而遁，金主亦引退。

**丙申**　六年，春正月，遼將高永昌據遼陽以叛。遼東京留守蕭保先嚴酷，渤海苦之。正月朔，夜半，有惡少年十餘，乘酒執刀，踰垣入府，刺殺保先。户部使大公鼎聞亂，即攝留守事，與副留守高清明集奚、漢兵千人，盡捕斬之，撫定其民。裨將渤海高永昌時以兵三千屯八甔口，見遼政日衰，金兵方彊，遂誘渤海并戍卒入遼陽，據之。旬日之間，遠近響應，有兵八千人，因僭號，稱隆基元年。遼主遣蕭韓家奴、張琳討之。賜方士林靈素號通真達靈先生。靈素，温州人。少從浮屠，苦其師笞罵，去爲道士。善妖幻，往來淮、泗間，丐食僧寺，僧寺苦之。及王老志死，王仔昔寵衰，帝訪方士於左街道籙徐知常，❶知常以靈素對，即召見。靈素大言曰：「天有九霄，而神霄爲最高，其治曰府。神霄玉清王者，上帝之長子，主南方，號稱長生大帝君，陛下是也。既下降于世，其弟號清華帝君者，主東方，攝領之。又有仙官八百餘名，今蔡京即左元仙伯，王黼即文華吏，❷鄭居中、童貫等皆有名。而已即仙卿褚慧，下降佐帝君之治。」時劉貴妃方有寵，靈素以爲九華玉真安妃。帝心獨喜其事，甚加寵信，賜號通真達靈先生，賞賚無算，爲改温州爲應道軍。靈素本無所能，惟稍習五雷法，召呼風霆，間禱雨有小驗而已。以童貫爲陝西、兩河宣撫使。◯劉法攻夏仁多泉城，屠之。童貫使劉法、劉仲武合熙、秦之師十萬攻夏仁多泉城，城中力守，援不至，乃降，法受而屠之。渭州將种師道克夏臧底河城。師道，世衡之孫也。閏月，立道學。從林靈素之言也。尋詔太學、辟雍各置内經、道德經、莊、列博士二員。又用蔡京言，集古今道教事爲紀志，賜名《道史》。二月，作上清寶籙宫成。帝聞林靈素之言，於景龍門對晨暉門作上清寶籙宫，密連禁署，宫中山包平地，環以

❶「街」，原作「階」，據《長編》卷一三、《皇宋十朝綱要》卷一七、《宋史》卷四七二《蔡京傳》改。

❷「吏」，原作「使」，據《長編紀事本末》卷一二七、《宋史全文》卷一四、《宋史》卷四六一《林靈素傳》改。

佳木清流，列諸館舍臺閣，多以美材爲楹棟，不施五采，有自然之勝，上下立亭宇，不可勝計。帝時登皇城，下視之。由是開景龍門，城上作複道，通寶籙宮，以便齋醮之事。

**夏四月，金人攻高永昌，殺之，遂取遼東京州縣。**永昌使人求援于金，且曰：「願併力以取遼。」金主使胡沙補謂永昌曰：「同力取遼，固可。東京近地，汝輒據之，以僭大號，則不可。若能歸欵，當授王爵。」永昌不從。金主乃遣斡魯帥諸軍攻永昌。時遼張琳等討永昌，久不克。斡魯與戰，敗之，遂取瀋州。永昌大懼，率衆拒金，遇於活水，金師既濟，永昌之軍不戰而却，遂北至遼陽城下。明日，永昌盡率其衆與金戰，又大敗，遂以五千騎奔長松。遼陽人撻不也執永昌以獻，金主殺之。於是遼之東京州縣及南路係遼女真皆降于金。金主以斡魯爲南路都統，斡論知東京事。

**何執中罷。**執中輔政一紀，年高疾甚，賜之寬告。尋以太傅就第，朝朔望，儀物廩稍，一如居位時。未幾，卒。執中嘗爲端王侍講，故終始恩遇不替。然無所建明，惟以謹畏迎順主意，贊飾太平而已。

**詔蔡京三日一朝，總治三省事。**京改都堂爲公相廳。詔京總治三省，正公相位。

**五月，以鄭居中爲少保、太宰，劉正夫爲少宰，鄧洵武知樞密院事。**時蔡京大興工役，民不聊生，變亂法度，吏無所師。鄭居中每爲帝言，帝亦惡京專，乃拜居中太宰，使伺察之。又以正夫議論數與京異，拜爲少宰。居中存紀綱，守格令，抑僥倖，振淹滯，士論翕然望治。

**六月，遼以耶律淳爲都元帥。○秋八月，以侯蒙爲中書侍郎，薛昂爲尚書左丞。○九月，帝詣玉清和陽宫上玉帝徽號，赦。**帝奉玉册、玉寶如玉清和陽宫，上玉帝尊號曰「太上開天執符御曆含真體道昊天玉皇上帝」。詔天下洞天福地修建宫觀，塑造聖像。又上地祇徽號曰「承天效法厚德光大后土皇地祇」，上寶册，儀禮一如上帝。尋改宫名爲玉清神霄宫。又鑄神霄九鼎，安置于上清寶籙宫之神霄殿。

**冬十月，以白時中爲尚書右丞。○夏人寇涇原，屠靖夏城。**夏大舉攻涇原靖夏城。時久無雪，夏先使數萬騎繞城踐塵漲天，乃潛穿壕爲地道入城中，城遂陷，屠之而去。

**十二月，劉正夫罷。**正夫在相位，能迎時上下，持禄養權。至是，以開府儀同三司致仕。

**茂州夷内附，置**

壽寧、延寧軍。

丁酉　七年，春二月，大理入貢。廣州觀察使黄璘誘大理入貢。詔以其主段和譽爲雲南節度使，封大理國王。帝幸上清寶籙宫，命林靈素講《道經》。時道士皆有俸，每一觀給田亦不下數百千頃。凡設大齋，輒費緡錢數萬。貧下之人，多買青布幅巾以赴，日得一飫餐，而襯施錢三百，謂之千道會。且令士庶入聽靈素講經，帝爲設幄其側。靈素據高座，使人於下再拜請問，然所言無殊絶者，時時雜以滑稽媟語，上下爲大閧笑，莫有君臣之禮。復令吏民詣宫授神霄祕籙，朝士嗜進者亦靡然趨之。夏四月，道籙院上章册帝爲教主道君皇帝。帝諷道籙院曰：「朕乃上帝元子，爲太霄帝君，憫中華被金狄之教，遂懇上帝，願爲人主，令天下歸于正道。卿等可册朕爲教主道君皇帝。」於是道籙院上表册之，然止於道教章疏内用。六月，明堂成。○秋七月，置提舉御前人船所。時東南監司、郡官、二廣市舶率有應奉，又有不待旨但送物至都，計會宦者以獻。大率靈壁、太湖、慈溪、武康諸石，二浙奇竹、異花、海錯，福建茘枝、橄欖、龍眼，南海椰實，登、萊文石，湖、湘文竹，四川佳果木，皆越海渡江，毁橋梁，鑿城郭而至，植之皆生。而異味珍苞，則以健步捷走，雖甚遠，數日即達，色香未變也。至是，蔡京又言：「陛下無聲色犬馬之奉，所尚者山林間物，乃人之所棄。但有司奉行之過，因以致擾，願節其浮濫。」乃請作提舉淮、浙人船所，命内侍鄧文誥領之。詔自後有所用，即從御前降下，乃如數貢，餘不許妄進。意欲以便民，而實擾害如故。熙河、環慶、涇原地震。旬日不止，壞城壁、廬舍，壓死者甚衆。八月，鄭居中罷。居中與蔡京不相能，至是，以母喪去位。京以居中，王珪壻也，乃使蔡確子懋重理定策事。遂追封確清源郡王，御製文立石墓前，欲借是撼居中，然卒不能害。懋，即渭也。遼置怨軍。遼主自燕至陰凉河，募遼東人爲兵，使報怨于女真，號曰怨軍。凡八營，屯衛州蒺藜山，以渤海鐵州人郭藥師等爲帥。冬十月，侯蒙罷。蔡京惡之也。十一月，命蔡京五日一赴都堂治事。○起復鄭居中爲太

**宰，以余深爲少宰，白時中爲中書侍郎。十二月，以薛昂爲門下侍郎。○方士王仔昔下獄死。**仔昔倨傲而戇，帝待以客禮，故遇宦侍若童奴，又欲羣道士皆宗己。林靈素忌之，乃與宦者馮浩誣以言語怨望，下獄死。**有星如月南行。○帝言天神降于坤寧殿，詔示百官。**❶帝惑於林靈素之言，建宮觀徧天下。又造青華帝君正書臨壇及火龍神劍夜降内宮之事，❷託天神臨降，造帝誥、天書、雲篆，務以惑世欺衆，其説妄誕，不可究質。宦者、道士有所不快，必託爲帝誥，則莫不如志。尋加靈素號通真達靈元妙先生，張虚白通元沖妙先生，視中大夫，出入訶引，至與諸王爭道，都人稱曰「道家兩府」。其徒美衣玉食者幾二萬人。**以童貫領樞密院事。**内侍自古無賜坐者。時貫加開府儀同三司、領樞密院，每春秋大燕，則坐于執政之上。日與宰相同班進呈畢，即自屏後入内，復易窄衫，與羣閹爲伍。出則爲大臣當體貌之禮，入則爲近侍執使令之役，古所未有也。**作萬歲山。**初，帝以未得嗣子爲念。道士劉混康以法籙符水出入禁中，言：「京師西北隅地協堪輿，倘形勢加以少高，當有多男之祥。」始命爲數仞岡阜。已而後宮生子漸多，帝甚喜，始信道教。於是蔡攸倡爲異聞，謂有珠星璧月、跨鳳乘龍、天書雲篆之符，以逢迎之，遂竭國力以經營土木之工。至是，又命户部侍郎孟揆於上清寶籙宮東築山，以像餘杭之鳳凰山，號曰「萬歲」。**竄侍御史黄葆光于昭州。**初，葆光爲左司諫，始莅職，即言：「三省吏猥多，乞非元豐舊制者一切革去。」帝命釐正之，一時士論翕然。蔡京怒其異己，密白帝降内批云：「當豐亨豫大之時，爲衰亂減省之計。」徙爲符寶郎。明年，復拜侍御史。至是，大旱，帝以爲念，葆光上疏言：「蔡京彊悍自專，侈大過制，無君臣之分。鄭居中、余深依違畏避，不能任天下之責，故致此異。」疏上，不報。京權勢震赫，舉朝結舌，葆光獨出力攻之，京懼，中以他事，竄之昭州。**遼耶律淳及金將斡魯古戰于蒺藜山，敗走，金遂取遼八州。**遼主命淳會四路兵馬

❶「詔示百官」，原爲「目」，今據光緒十三年山東書局刻本及其校勘記改爲「綱」，作大字。

❷「青」，原作「清」，據《編年綱目備要》卷二七、《宋史》卷四六二《林靈素傳》改。

防秋，淳遣金咸州都統斡魯古書議和。斡魯古告于金主，金主猶以歸賽剌及阿踈爲言。淳軍至蒺藜山，斡魯古及知東京事斡論等進攻顯州，遼怨軍帥郭藥師乘夜襲走之。❶斡魯古遂與淳戰。淳敗走，斡魯古追至阿里真陂，❷遂拔顯州。於是乾、懿、豪、徽、成、川、惠七州皆降金。**金遣使求封册于遼。**遼東鐵州人楊朴言於金主曰：「自古英雄開國，必先求大國封册。」金主從之。使至遼，時遼東諸州盜賊蜂起，掠民以充食，樞密使蕭奉先等勸遼主許之。

**戊戌　重和元年，春正月，作定命寶成。**于闐上美玉，踰二尺，帝命製寶，文曰：「範圍天地，幽贊神明，保合太和，萬壽無疆。」篆以魚蟲，制作之工，幾於秦璽，號曰「定命寶」。合前八寶爲九寶，以定命寶爲首。且曰：「八寶者，國之神器。至於定命，乃我所自制也。」寶成，帝御殿受賀，肆赦。**以王黼爲尚書左丞。**黼美風姿，有口辨，寡學術，而多智善佞。初，以何執中薦，累官左司諫。張商英爲相，寖失帝意，帝遣使以玉環賜蔡京於杭。黼覘知之，因數條奏京所行政事，并擊商英。及京復相，德其助己，歲中三遷爲御史中丞。黼欲京專國，遂疏執中二十罪，已而改翰林學士。會京與鄭居中不合，黼復内交居中，京由是怨之，徙爲户部尚書，將陷以罪。黼以計獲免，還爲學士承旨，遂入政府。**二月，遣武義大夫馬政浮海使金，約夾攻遼。**建隆中，女真嘗自其國之蘇州，泛海至登州賣馬，故道猶存。至是，有漢人高藥師者，泛海來，言女真建國，屢破遼師。登州守臣王師中以聞。詔蔡京、童貫共議，命師中募人同藥師等齎市馬詔以往，不能達而還。帝乃復委童貫選人使之，遂遣武義大夫馬政同藥師由海道如金。政言於金主曰：「主上聞貴朝攻破契丹五十餘城，欲與通好，共行弔伐。若允許，後當遣使來議。」通金好自此始。**夏五月朔，日食。○秋七月，以鄭居中爲少傅，余深爲少保。○八月，以童貫爲太保。○九**

❶「走」上，《金史》卷七一《完顏斡魯古傳》有「斡論擊」三字。

❷「阿」，原作「河」，據《金史》卷七一《完顏斡魯古傳》、《資治通鑑後編》卷九九改。

月，掖庭大火。自甲夜達曉，大雨如傾，火益熾。凡爇五千餘間，後苑廣聖宫及宫人所居幾盡，焚死者甚衆。薛昂罷，以白時中、王黼爲門下、中書侍郎，馮熙載、范致虚爲尚書左、右丞。○鄭居中罷。居中乞持餘服，詔許之。閏月，立周恭帝後。詔周柴氏後已封崇義公，復立恭帝後以爲宣義郎，監周陵廟，世世爲國三恪。冬十二月，置裕民局，尋罷之。○遼大饑，人相食。

**己亥　宣和元年，春正月，詔更寺院爲宫觀。**林靈素欲盡廢釋氏以逞前憾，請於帝，改佛號大覺金仙，餘爲仙人、大士。僧爲德士，易服飾，稱姓氏。寺爲宫，院爲觀。改女冠爲女道，尼爲女德。尋詔德士並許入道學，依道士之法。金人來聘，遣馬政報之，不至而復。金主與粘没喝議，遣渤海人李善慶、女真散覩持國書并北珠、生金等物，同馬政來修好。詔蔡京等諭以夾攻遼之意，善慶等唯唯。居十餘日，遣政同趙有開齎詔及禮物，與善慶等渡海報聘。行至登州，有開死，會諜者言遼已封金主爲帝，乃詔政勿行，止遣平海軍校呼慶送善慶等歸金。金主遣慶歸，且語之曰：「歸見皇帝，果欲結好，早示國書。若仍用詔，決難行也。」○初，高麗來求醫，帝命二醫往。至是，歸，奏云：「高麗館醫甚勤，日夕引之視其用兵、布陣、禦敵之方。曰：『聞天子將與女真圍契丹，苟存契丹，猶足爲中國捍邊。女真乃狼虎，不可交也，宜早爲之備。』」帝聞之不樂。以余深爲太宰，王黼爲少宰。黼賜第城西，日導以教坊樂，供張什器悉取於官，寵傾一時。是時朝廷已納趙良嗣之計，將會金以圖燕。會諜云，遼主有亡國之相，黼薦畫學正陳堯臣使遼。堯臣繪遼主像以歸，言於帝曰：「虜主望之，不似人君，若以相法言之，亡在旦夕，幸速進兵，兼弱攻昧，此其時也。」并圖其山川險易以上。帝大喜，取燕雲之計遂決。占城入貢。占城在中國西南，東至海，西至雲南，南至真臘，一月程，西北至交州四十日。所統大小聚落一百五，大略如州縣。自上世未嘗通上國。周顯德中，始入貢，其後朝貢不絶。然與交州相近，互相侵擾焉。至是，封爲王，始與交阯加恩均矣。二月，以鄧洵武爲少保。○三月，以馮熙載爲中書侍郎，范致虚、張邦

**昌爲尚書左、右丞。○遼遣使册金阿骨打爲東懷國皇帝，阿骨打不受。**遼遣耶律奴哥如金議和，金主復書曰：「能以兄事朕，歲貢方物，歸我中京、上京、興中府三路州縣，以親王、公主、駙馬、大臣子孫爲質，還我行人及元給信符，并宋、夏、高麗往復書、詔、表、牒則可。」既而奴哥復至，金使胡突衮與俱如遼，免取質子及上京、興中府所屬州郡，裁減歲幣之數，且曰：「必以兄事我，册用漢儀，方可如約。言如不從，勿復遣使。」遼主從之。凡七遣使如金議册禮，金乃使烏林答贊謨如遼迎封册。册至金，金主以無兄事之語，又不稱大金，而東懷乃「小邦懷其德」之義，語涉輕侮，乃復使贊謨如遼，責其册乖體式，如依前書所定，然後可從。**劉法及夏人戰于統安城，敗走，夏人追殺之。**童貫使劉法取朔方，法不欲行，彊遣之。乃引兵二萬出至統安城，遇夏主弟察哥率步騎爲三陣以當法前軍，而别遣精騎登山出其後，大戰移七時，兵饑馬渴，死者甚衆，法乘夜遁。比明，走七十里，至蓋朱峗，守兵追之，斬首而去。貫隱其敗而以捷聞。察哥見法首惻然，語其下曰：「劉將軍前敗我於古骨龍、仁多泉，吾嘗避其鋒，謂天生神將，豈料今爲一小卒梟首哉？其失在恃勝輕出，不可不戒。」遂乘勝圍震武。震武在山峽中，熙、秦兩路不能餉，自築三歲間，知軍李明、孟清皆爲夏人所殺。至是，城又將陷，察哥曰：「勿破此城，留作南朝病塊。」乃自引去。**夏四月朔，日食。○五月，京師大水。**京師茶肆傭晨興，見大犬蹲榻傍，近視之，則龍也。軍器作坊兵士取而食之。逾五日，大雨如注，歷七日而止，京城外水高十餘丈。帝懼甚，命户部侍郎唐恪決水下流入五丈河。起居郎李綱言：「國家都汴百五十餘年矣，未嘗有此異。夫變不虚生，❶必有感召之；災非易禦，必有消復之。望求直言，采而用之，以答天戒。」詔貶綱一官，與縣去。**六月，夏人來，詔童貫罷兵。秋七月，以貫爲太傅。**關右既困，童貫諷夏人因遼進誓表納款，遂詔六路罷兵。及夏遣使來賀天寧節，授以誓詔，夏使辭不取，貫不能屈，但迫館伴彊之，使持還。及境，棄之道中而去。賈炎得而上之，貫始

❶「夫變不虚生，必有感召之；災非易禦，必有消復之。望」，《編年綱目備要》卷二八作「夫變不虚生，必有感召之災；災非易禦，必有消弭之望」。

大沮。尋加貫太傅，封涇國公。時人稱蔡京爲公相，貫爲媼相。**八月，范致虛罷。**時朝廷欲用師契丹，致虛言：「邊隙一開，必有意外之患。」宰相謂其懷異。會母喪，去位。**金製女真字。**女真初無文字，及獲契丹、漢人，始通契丹、漢字。金主遂命谷神，依放漢人楷字，因契丹字制度，合本國語，製女真字行之。後復製女真小字，謂谷神所製爲大字云。**九月，幸蔡京第。**帝幸道德院觀金芝，遂幸蔡京第。時京子攸、儵、翛及攸子行皆爲大學士，倖尚帝女茂德帝姬，家人厮養亦居大官，媵妾封夫人。京每侍上，恒以君臣相悦爲言。帝時乘輕車小輦，頻幸其第，命坐傳觴，略用家人禮。京謝表有云：「主婦上壽，請酬而肯從；稚子牽衣，挽留而不却。」蓋實事也。**加蔡攸開府儀同三司。**攸有寵于帝，進見無時，與王黼得預宫中祕戲。或侍曲宴，則攸、黼着短衫窄袴，塗抹青紅，雜倡優、侏儒中，多道市井淫媟謔浪語，以獻笑取悦。攸妻宋氏出入禁掖，攸子行領殿中監，寵信傾其父。攸嘗言於帝曰：「所謂人主，當以四海爲家，太平爲娱。歲月能幾何，豈徒自勞苦！」帝深納之。因令苑囿皆倣江、浙爲白屋，不施五采，多爲村居、野店，及聚珍禽異獸，動數千百，以實其中。都下每秋風夜静，禽獸之聲四徹，宛若山林、陂澤之間，識者以爲不祥之兆。**冬十月，頒紹述熙、豐政事書于天下。○十一月，以張邦昌、王安中爲尚書左、右丞。**安中附童貫、王黼爲中丞，因論蔡京罪，爲帝所知，遂居政府。**十二月，帝數微行，竄祕書省正字曹輔于郴州。**帝自政和以來，多微行。始，民間猶未知。及蔡京謝表「輕車小輦，七賜臨幸」，自是邸報傳之四方，而臣僚阿順，莫敢言。曹輔上疏諫曰：「陛下厭居法宫，時乘小輦，出入廛陌，郊坰，極遊樂而後返。臣不意陛下當宗社付託之重，玩安忽危，一至於此。夫君之與民，本以人合，合則爲腹心，離則爲楚越。畔服之際，在於斯須，甚可畏也。萬一當乘輿不戒之初，一夫不逞，包藏禍心，雖神靈垂護，然亦損威傷重矣。又況有臣子不忍言者，可不戒哉！」帝得疏，出示宰臣，令赴都堂審問。余深曰：「輔小官，何敢論大事！」輔曰：「大官不言，故小官言之。」王黼陽顧張邦昌、王安中曰：❶「有是事乎？」皆應以不知。輔曰：「茲

❶「王安中」，《宋史》卷三五二《曹輔傳》作「李邦彦」。

事雖里巷小民，無不知，相公當國，獨不知邪！曾此不知，焉用彼相！」黼怒，令吏從輔受詞。輔操筆曰：「區區之心，一無所求，愛君而已。」退，待罪于家。黼奏不重責輔，無以息浮言。遂編管郴州。初，輔將有言，知必獲罪，召子紳來，付以家事，乃閉户草疏。及貶，怡然就道。**召楊時爲祕書郎。**時，南劍將樂人。初舉進士第，聞程顥兄弟講孔、孟絶學于河、洛，調官不赴，以師禮見顥于潁昌，相得甚歡。其歸也，顥目送之曰：「吾道南矣。」及顥卒，又師事程頤於洛，蓋年四十矣。一日，頤偶瞑坐，時與游酢侍立不去，頤既覺，則門外雪深一尺矣。後歷知瀏陽、餘杭、蕭山三縣，皆有惠政，民思之不忘。時安於州縣，未嘗求聞達，而德望日重，四方之士不遠千里從之游，號曰龜山先生。會蔡京客張觷言於京曰：「今天下多故，事至此必敗，宜亟引舊德老成置諸左右，庶幾猶可。」及京問其人，觷以時對。京因薦之，會路允迪自高麗還，言高麗國王問龜山先生安在，乃召爲祕書郎。

**庚子　二年，春正月，罷道學。○林靈素有罪，放歸田里。**靈素初與道士王允誠共爲神怪之事，後忌其相軋，毒殺允誠，遂專用事。及都城水，帝遣靈素厭勝，方步虚城上，役夫争舉梃將擊之，走而免，帝始厭之。然横恣愈不悛，道遇皇太子，弗斂避。太子入訴于帝，帝怒，以靈素爲太虚大夫，斥還故里，命江端本通判温州察之。端本廉得其居處過制罪，詔徙置楚州。命下而靈素已死，遺奏至，猶以侍從禮葬焉。**二月，遣趙良嗣使金。**先是，呼慶自金還，具道金主言，并持其書來，請別遣使。時童貫密受旨圖燕，因建議遣右文殿修撰趙良嗣往，仍以市馬爲名，其實約攻遼以取燕雲之地。**三月，遼復遣使如金，議册禮，金不許。**先是，遼遣蕭習泥烈持册藁如金，金遣烏林答贊謨持册副本報遼。遼以金所定「大聖」二字與先世稱號同，遣習泥烈往議。金主怒，謂其臣曰：「遼人屢敗，遣使求成，惟飾虚詞，以爲緩師之計。當議進兵。」乃令咸州路統軍司治軍旅，修器械，將以四月進師，令斜葛留兵一千鎮守，闍母以餘兵來會于渾河。和議遂絶。**夏五月，金侵遼上京，留守耶律撻不野以城降。**金主自將攻遼，以遼使蕭習泥烈、宋使趙良嗣從。遣降者馬乙持詔諭城中，使速降。遼主方獵于胡土白山，聞金舉兵，命耶律白斯不等選精兵三千以濟師。五月，金主進攻，且謂習泥烈、趙良嗣曰：「汝可觀吾用兵，以卜去就。」遂臨城督戰。諸軍鼓譟而進，自旦及巳，闍母以麾下先登，克其外城。留守撻不野以城降，良嗣等奉觴爲壽，皆稱萬歲，金主乃還。六月，詔蔡京致仕。京專政日久，公論益不與，帝亦厭薄之。子攸權勢既與父相軋，浮薄者復間焉，由是父子各立門户，遂爲仇敵。攸别居賜第，一日詣京，京正與客語，使避之。攸甫入，遽起握父手爲胗視狀，曰：「大人脉勢舒緩，體中得無有不適乎？」京曰：「無之。」攸曰：「禁中方有公事。」即辭去。客竊窺見以問京，京曰：「君固不解此邪？此兒欲以爲吾疾而罷我耳。」閲數日，果以太師、魯國公致仕，仍朝朔望。復僧寺額。尋又復德士爲僧。秋八月，金人來議攻遼及歲幣，遣馬政報之。趙良嗣謂金主曰：「燕本漢地，欲夾攻遼，使金取中京大定府，宋取燕京析津府。」金主許之，遂議歲幣。金主因以手札付良嗣，約金兵自平地松林趨古北口，宋兵自白溝夾攻；不然，不能從。因遣勃堇偕良嗣還，以致其言。帝使馬政報聘，書云：「大宋皇帝致書于大金皇帝，遠承示書，致罰契丹，當如來約。已差童貫勒兵相應。彼此兵不得過關，歲幣之數同于遼。」以余深爲少傅。○冬十月朔，日食。○加内侍梁師成太尉。師成黠慧，習文法。初，領睿思殿文字外庫，主出外傳上旨。政和中，漸得幸，因竄名進士籍中，累遷至河東節度使，遂加太尉。時帝留意禮文符瑞之事，師成善逢迎，希恩寵，帝命處殿中，凡御書號令皆出其手，多擇善書吏習倣帝書，雜詔旨以出，外庭莫能辨。師成實不能文，而高自標榜，自言蘇軾出子。時天下禁誦蘇文，其尺牘在人間者皆毁去，師成訴于帝曰：「先臣何罪？」自是軾之文乃稍出。以翰墨爲己任，四方儁秀名士必招致門下，往往遭點污。多寘書畫卷軸于外舍，邀賓客縱觀，得其題識合意者，輒密加汲引，執政、侍從可階而升。王黼以父事之，稱爲恩府先生，蔡京父子亦諂附焉，都人目爲隱相。所領職局至數十百，階至開府儀同三司。布衣朱夢説上書論宦寺權太重，詔編管于池州。睦州人方臘作亂。睦州青溪民方臘，世居縣堨村，託左道以惑衆。初，唐永徽中，睦州女子陳碩真反，自稱文佳皇帝，故其地相傳有天子基，臘因得憑藉以自信。縣境梓桐、幫源諸洞，皆落山谷幽險處，民物繁夥，有漆楮杉材之饒，富商巨賈多往來。臘有漆園，造作局屢酷取之，臘怨而未敢發。時吴中困於朱勔花石之擾，比屋致怨。太學生鄧肅進詩諷諫，帝不聽，放肅歸田里，勔益横。臘因民不忍，隱聚貧乏游手之徒，以「誅勔」爲名起作亂。自號聖公，建元永樂，置官吏、將帥，以巾飾爲别，自紅巾而上凡六等。無弓矢、介冑，唯以鬼神詭祕事相扇訹。焚室廬，掠金帛、子女，誘脅良民爲兵。人安于太平，不識金革，聞金鼓聲，即斂手聽命。不旬日，聚衆至數萬。兩浙都監蔡遵、顔坦擊之，皆敗死于息坑。

**十一月，余深罷。**時福建以取花果擾民，深爲言之，帝不悦，出知福州。

**以王黼爲少保、太宰。**初，蔡京致仕，黼陽順人心，悉反其所爲，四方翕然稱爲賢相。及拜太宰，遂乘高爲邪，多畜子女、玉帛自奉，僭擬禁省，稍襲京迹。

**十二月，方臘陷睦、歙、杭州。詔以童貫爲江、淮、荆、浙宣撫使，發兵討之。**臘攻陷青溪，遂陷睦、歙州，東南將郭師中戰死。遂北掠桐廬、富陽諸縣，進逼杭州，郡守趙霆棄城走，州即陷。殺制置使陳建、廉訪使趙約，縱火六日，死者不可勝計。凡得官吏，必斷臠支體，探其肺腸，或熬以膏油，叢鏑亂射，備盡楚毒，以償怨心。警奏至京師，時方聚兵以圖北伐，王黼匿不以聞，於是凶焰日熾，附者益衆，東南大震。淮南發運使陳遘上言：「臘衆彊，東南兵弱，乞調京畿兵及鼎、澧槍牌手兼程以來，使不至滋蔓。」帝得疏，始大驚，乃罷北伐之議，而以童貫爲宣撫使，譚稹爲兩浙制置使，率禁旅及秦、晉蕃、漢兵十五萬討之。

**真臘入貢。**真臘在占城南，地方七千里，政和中，始通中國。至是，遣郎將來朝，詔封其主金裒賓深爲國王，恩比占城。

**辛丑　三年，春正月，鄧洵武卒。**鄧氏自綰以來，世濟其姦，而洵武阿蔡京尤甚。京之敗亂天下，禍原自洵武始。

**童貫承詔罷蘇、杭應奉局花石綱。**初，帝以東南之事付童貫，且曰：「如有急，即以御筆行之。」貫至吴，見民困花石之擾。衆言：「賊不亟平，坐此耳。」貫即命其僚董耘作手詔罪己，罷諸應奉造作局及御前花石綱運并木石、彩色等場務，而帝亦黜朱勔父子、弟姪之在職者，吴民大悦。

**方臘陷婺州，又陷衢州。**衢守彭汝方被執，罵賊而死，賊屠其城。

**二月，罷方**

田。**○罷州縣學三舍法。**省宗學、辟雍、諸路提舉學事官。**方臘陷處州。○淮南盗宋江掠京東諸郡，知海州張叔夜擊降之。**宋江起爲盗，以三十六人横行河朔，轉掠十郡，官軍莫敢嬰其鋒。知亳州侯蒙上書言：「江才必有過人者，不若赦之，使討方臘以自贖。」帝命蒙知東平府，未赴而卒，又命張叔夜知海州。江將至海州，叔夜使間者覘所向，江徑趨海濱，刼鉅舟十餘載鹵獲。叔夜募死士得千人，設伏近城，而出輕兵距海，誘之戰。先匿壯卒海旁，伺兵合，舉火焚其舟。賊聞之，皆無鬭志。伏兵乘之，擒其副賊，江乃降。**方臘寇秀州，官軍敗之。**臘將方七佛引衆六萬攻秀州，統軍王子武乘城固守。已而大軍至，合擊賊，斬首九千，賊還據杭州。**遼都統耶律余覩叛，降金。**遼主四子，長趙王習泥烈，次晉王敖盧斡，次秦王定，次許王寧。晉王，文妃蕭氏所生，積有人望。女真興兵，境内郡縣所失幾半，而遼主畋遊不恤，忠臣多被踈斥。文妃作歌諷諫，遼主銜之。樞密使蕭奉先，元妃之兄，而秦、許王之舅也，以國人屬意晉王，恐秦王不得立，因潛圖之。文妃姊適耶律撻曷里，妹適耶律余覩。一日，其姊若妹俱會軍前，奉先諷人誣文妃與駙馬蕭昱及余覩、撻曷里等謀立晉王，而尊遼主爲太上皇。遼主遂誅蕭昱、撻曷里等，而賜文妃死。余覩在軍中，聞之，大懼，即率千餘騎叛降于金。遼主遣蕭遐買等將兵追之。及諸閆山縣，遐買等謀曰：「主上信蕭奉先，奉先視吾輩蔑如也。余覩乃宗室豪俊，常不肯爲奉先下。若擒余覩，他日吾黨皆余覩也，不若縱之。」還即紿曰：「追不及。」余覩至金，金主見之，因詔咸州都統司曰：「自余覩來，灼見遼國事宜。已決議親征，其治軍以俟師期。」**夏四月，童貫合兵擊方臘，破之，執臘以歸。**二月，童貫、譚稹前鋒至青河堰，水陸並進。臘復焚官舍、府庫、民居，乃宵遁，還青溪幇源洞。諸將劉延慶、王禀、王渙、楊惟忠、辛興宗、王淵等相繼至，盡復所陷城。四月，貫等合兵擊臘于幇源洞。臘衆尚二十萬，與官軍力戰而敗，深據巖屋爲三窟，諸將莫知所入。王淵裨將韓世忠潛行溪谷，問野婦得徑，即挺身仗戈直前，擣其穴，格殺數十人，擒臘以出。辛興宗領兵截洞口，掠爲己功，併取臘妻子及僞相方肥等五十二人於峒石穴中，殺賊七萬餘人，其黨皆潰。臘之亂，凡破六州、五十二縣，戕平民二百萬。所掠婦女自賊洞逃出，倮而縊于林中者，相望百餘里。五月，以鄭居中領樞密院事。○大蝗。○安置御史中丞陳過庭于黃州。過庭以睦寇竊發，嘗上言：「致寇者蔡京，養寇者王黼，竄二人，則寇自平。」又言：「朱勔父子，本刑餘小人，交結權近，竊取名器，罪惡盈積，宜昭正典刑，以謝天下。」三人憾之。至是，陷以罪，罷知蘄州。未半道，責黃州安置。閏月，復置應奉司。方臘既平，王黼言於帝曰：「士大夫懷姦弗悛，抑損應奉，妄爲譏謗。望特置應奉一司，臣專總領，庶杜姦謀。」從之。仍令梁師成總領於内，遂復諸應奉局，奪發運漕輓之卒爲用，户部不敢詰。自是四方珍異之物充牣二人之家，而入尚方者纔什一。秋七月，廢新置州軍。夔峽、廣南邊臣開納土之議，建立軍州，上蠹國用，下殫民財。至是，言者以爲病。乃廢純、滋、祥、亨、祺、溱、承、播、思、隆、允、孚十二州及熙寧、遵義二軍，或爲縣，或爲堡寨。黑眚見于禁中。元豐末，嘗有物大如席，夜見寢殿上，而神宗崩。元符末，又見，哲宗崩。至大觀間，漸晝見。政和以來，大作，每出若列屋摧倒之聲，其形僅丈餘，彷彿如龜，黑氣蒙之，不大了了，氣之所及，腥血四灑，又或變人形，或爲驢。晝夜出無時，多在掖庭及内殿，習以爲常，人亦不大怖。又洛陽府畿内忽有物如人，或如犬，其色正黑，不辨眉目。始夜則掠小兒食之，後雖白晝入人家爲患，所至喧然不安，謂之「黑漢」。有力者夜執鎗自衛，亦有託以作過者，二年乃息。八月，加童貫太師，封楚國公。○方臘伏誅。改睦州爲嚴州，歙州爲徽州。九月，以王黼爲少傅，鄭居中爲少師。○詔宦者李彦括民田于京東西路。初，胥吏杜公才獻策于内侍太傅楊戩，立法索民田契，自甲之乙，乙之丙，展轉究尋，至無可證，則度地所出，增立賦租。始于汝州，浸淫于京東西、淮西北，括廢堤、棄堰、荒山、退灘，皆勒民主佃。額一定後，雖衝蕩回復不可減。一邑率於常賦外增租錢至十餘萬緡，水旱蠲税，此不得免。擢公才爲觀察使。至是，戩死，以内侍李彦繼之。彦狠愎，密與王黼表裏，置局汝州，臨事愈劇。凡民間美田，使他人投牒告陳，皆指爲天荒，雖執印券皆不省。魯山闔縣盡括爲公田，訴者輒加威刑，致死者千萬。京西提舉官及京東州縣吏皆助彦爲虐，民不勝忿痛。發物供奉，大抵類朱勔，責辦于民，無休息期。農不得之田，牛不得耕墾，殫財靡芻，力竭餓死，或自縊轅軛間。如龍鱗薜荔一本，輦致之費踰百萬。喜賞怒刑，禍福轉手，因之得美官者甚衆。前執政冠帶操笏迎謁彥馬首，彥處之自如。所至倨坐堂上，監司、郡守不敢抗禮。有言于帝，梁師成適在旁，抗聲曰：「王人雖微，序於諸侯之上，豈足爲過！」言者懼，不敢復言。

冬十月，詔童貫復領陝西、兩河宣撫使。○十一月，馮熙載罷。○以張邦昌爲中書侍郎，王安中、李邦彥爲尚書左、右丞。

邦彥，本銀工子也，俊爽，美風姿，爲文敏而工。然生長閭閻，習猥鄙事，應對便捷。善謳謔，能蹴鞠，每綴街市俚語爲詞曲，人爭傳之，自號李浪子。以善事中人，爭薦譽之，累擢翰林承旨，進右丞。

金侵遼中京。

初，耶律余覩奔金，金粘没喝言于金主曰：「遼主失德，中外離心，今乘其釁，可襲取中京。天時、人事，不可失也！」金主然之。羣臣言時方寒，金主不聽，竟用粘没喝計。以斜也都統内外諸軍，蒲家奴、粘没喝、斡本、斡离不、蒲盧虎等副之，耶律余覩爲鄉導，以趨遼中京大定府。

**壬寅** 四年，春正月，以蔡攸爲少保。

○金克遼中京，遼耶律延禧殺其子晉王敖盧斡，走雲中。

金克中京，遂下澤州。遼主時獵于鴛鴦濼，余覩引婁室奄至，遼主憂甚。樞密使蕭奉先曰：「余覩乃王子班之苗裔，此來欲立甥晉王敖盧斡耳。若爲社稷計，不惜一子誅之，可不戰而退。」會耶律撒八等復謀立敖盧斡，事覺，遼主召樞密使蕭得里底等議曰：「反者必以此兒爲名，若不除去，何以獲安！」得里底唯唯，遼主乃遣人縊之。或勸敖盧斡亡，敖盧斡曰：「安忍爲蕞爾之軀而失臣子之節！」遂就死。遼主素服三日，耶律撒八等皆伏誅。敖盧斡素有人望，諸軍聞其死，無不流涕，由是人心解體。余覩引金兵逼遼主行宮，遼主率衛士五千餘騎自鴛鴦濼走雲中，遺傳國璽于桑乾河。

二月，管勾太平觀陳瓘卒。

或問游酢以當今可以濟世之人，酢曰：「四海人才，不能周知，以所識知，陳了翁其人也。」劉安世嘗因瓘病，使人勉以醫藥自輔，曰：「天下將有賴於公，當力加保養以待時用。」至是，卒于楚州。

三月，金襲遼

**軍，延禧走夾山。**金粘没喝敗遼奚王于北安州，拔其城。遣谷神略近地，獲遼護衛習泥烈，知遼上下離心，使人報斜也曰：「遼主窮迫，若失機會，事難圖矣。」斜也意未決，斡本勸從之。斜也乃出青嶺，粘没喝出瓢嶺，期會于羊城濼。遼主在雲中，以金兵爲憂，蕭奉先猶言：「女真雖能攻我上京，終不能遠離巢穴。」及聞金師將出嶺西，遼主遂趨白水濼。粘没喝以精兵六千襲之，將近行營，遼主計不知所出，遂乘輕騎入夾山。始悟奉先之不忠，怒曰：「汝父子誤我至此，誅汝何益！恐軍心忿怒，爾曹避敵苟安，禍必及我，其勿從行。」奉先下馬，哭拜而去。行未數里，左右執其父子縛送金兵，金人斬其長子昂，以奉先及其次子昱械送金主。道遇遼軍，奪以歸，並賜死。蕭得里底自知不免，亦絶食死。**遼燕京留守李處温等以耶律淳稱帝，遥廢其主延禧爲湘陰王。**遼主之走雲中，留南府宰相張琳、參知政事李處温與淳守燕京。處温聞遼主入夾山，命令不通，即與族弟處能及子奭外假怨軍，内結都統蕭幹，謀立淳。處温邀張琳白其事，琳曰：「攝政則可，即真則不可。」處温曰：「今日之事，天意、人心已定，豈可易也！」琳不敢執，遂與諸大臣耶律大石、左企弓、虞仲文、曹勇義、❶康公弼集蕃、漢百官、諸軍詣淳府，引唐靈武故事勸進。淳不許，將出，李奭持赭袍被之，令百官拜舞山呼。淳驚駭，再三辭不獲，從之。羣臣上尊號曰天錫皇帝，建元天福，以妻蕭氏爲德妃。妃，普賢女也。加處温守太尉，張琳守太師，餘與謀者授官有差。改怨軍爲常勝軍，軍旅之事悉委大石。遥降遼主爲湘陰王，遂據有燕、雲、平及上京、遼西之地。❷遼主所有，沙漠已北，西南、西北路兩都招討府、諸蕃族而已。淳遣使來報，免歲幣結好，亦遣使奉表于金，乞爲附庸，金人不報。耶律大石者，太祖八世孫，通遼、漢字，善騎射，登進士第，累擢翰林學士承旨。遼謂翰林爲林牙，故稱大石林牙。**金克遼西京。**金人攻西京大同府，遼耿守忠救之。粘没喝、謀良虎、斡本等繼至，粘没喝率麾下自其中衝擊，使餘兵去馬從旁射之。守忠大敗，其衆殲焉。西京西路州縣、部族皆降金。**詔童貫、蔡攸等勒兵巡邊以應金。**

❶「曹勇義」，原作「曹義勇」，據《宋史》卷四七二《張覺傳》、《遼史》卷二九《天祚皇帝本紀》乙正，下同。

❷「及」，《皇宋十朝綱要》卷一八、《文獻通考》卷三四六《四裔考二三》作「中」，《契丹國志》卷一一作「中京」。

朝廷既與金約夾攻遼以復燕雲，蔡京、童貫主之。熙河鈐轄趙隆嘗極言其不可，貫曰：「君能共此，當有殊拜。」隆曰：「隆，武夫，豈敢干賞以敗祖宗二百年之好！異時啟釁，萬死不足謝責。」貫不悦。鄭居中亦力陳不可，謂京曰：「公爲大臣，不能守兩國盟約，輒造事端，誠非廟算。」京曰：「上厭歲幣五十萬故爾。」居中曰：「公獨不思漢世和戎用兵之費乎？使百萬生靈肝腦塗地，公實爲之！」由是議寢。及金數敗遼兵，童貫乃復乞舉兵，居中又言：「不宜幸災而動，待其自斃可也。」時睦寇初平，帝亦悔於用兵。王黼獨言曰：「中國與遼雖爲兄弟之邦，然百餘年間，彼之所以開邊慢我者多矣。且兼弱攻昧，武之善經也。今而不取燕、雲，女真即彊，中原故地將不復爲我有。」帝遂决意治兵。黼於三省置經撫房，專治邊事，不關樞密。括天下丁夫，計口出算，得錢六千二百萬緡以充用。黼又遺童貫書曰：「太師若北行，願盡死力。」會聞耶律淳自立，乃以蔡攸副貫，勒兵十五萬巡北邊以應金，且招諭幽燕。攸，童騃不習事，謂功業可唾手致。入辭之日，二美嬪侍帝側，攸指而請曰：「臣成功歸，乞以是賞。」帝笑而弗責。

**夏四月，金取遼東勝諸州，獲阿踈以歸。**阿踈至金，金主杖而釋之。

**五月，童貫進兵擊遼，敗績，退保雄州。詔班師，貶都統制种師道爲右衛將軍，致仕。**貫至高陽關，用知雄州和詵計，降黄榜及旗，述弔民伐罪之意，且云：「若有豪傑能以燕京來獻者，即除節度使。」遂命都統制种師道護諸將進兵。師道諫曰：「今日之舉，譬如盜入鄰家不能救，又乘之而分其室焉，無乃不可乎！」貫不聽，分兵爲兩道，師道總東路兵趨白溝，辛興宗總西路兵趨范村。耶律淳聞之，遣耶律大石、蕭幹禦之。師道次白溝，遼人譟而前，師道前軍統制楊可世敗績，士卒多傷。師道先令人持一巨梃自防，賴以不大敗。退師雄州，遼人追擊至于城下。辛興宗亦敗于范村。帝聞兵敗而懼，詔班師。遼使來言曰：「女真之叛本朝，亦南朝之所甚惡也。今射一時之利，棄百年之好，結豺狼之隣，基他日之禍，謂爲得計，可乎？救災恤隣，古今通義，惟大國圖之！」貫不能對，种師道復請許之和，貫不納，而密劾師道助賊。王黼怒，責授師道右衛將軍，致仕。

**六月，以王黼爲少師。**

**○遼耶律淳死，其妻蕭氏稱太后，主國事。李處温伏誅。**淳寢疾，聞遼主傳檄天德、雲内、朔、武、應、蔚等州，合諸蕃精騎五萬，約以八月入燕，并遣人問勞，索衣裘茗藥，淳甚驚，命北、南面大臣議，而李處温、蕭幹等有迎秦王拒湘陰王之説。惟南面行營都部署耶律寧曰：「天祚果能以諸蕃兵大舉奪燕，則是天數未盡，豈能拒之？否則秦、湘父子也，安有迎子而拒其父者？」處温等以寧扇亂軍心，欲殺之，淳曰：「彼忠臣也，焉可殺？天祚果來，吾有死爾，復何面目相見邪！」已而淳疾，自知不起，密授處温蕃、漢馬步軍都元帥，意將屬以後事。及蕭幹等召宰執入議，處温稱疾不至，陰聚勇士爲備，紿云奉密旨防他變。淳死，蕭幹等乃立淳妻蕭氏爲皇太后，主軍國事，奉遺命遥立秦王定爲帝。蕭后遂稱制，改元德興，謚淳爲孝章皇帝，廟號宣宗，葬于燕西之香山。蕭后聽政，幹以后命召處温至，以時方多難，未即加誅，但追毀元帥劄子。處温父子懼禍，南通童貫，欲挾蕭后納土；北通于金，欲爲内應。事覺，后執處温問之，處温自陳有定策功，后曰：「誤秦、晉國王者，皆汝父子，何功之有！」并數其前罪惡數十，處温無以對，乃賜死，臠其子奭而磔之。籍其家，得錢七萬緡，金玉寶器稱是，皆爲宰相數月間所取也。

**夏人救遼，金襲敗之于宜水。**夏主使李良輔將兵三萬救遼，金將斡魯、婁室敗之于宜水。追至野谷，澗水暴至，夏人漂没者不可勝計。

**秋七月，詔童貫、蔡攸再舉伐遼，以劉延慶爲都統制。**王黼聞耶律淳死，復命童貫、蔡攸治兵，以河陽三城節度使劉延慶爲都統制。

**初收經制錢。**先是，命陳遘經制江、淮七路，治于杭州，以供餽餉。遘以財用不給，創議比較酒務及度公家出納錢糧，量取其贏，號經制錢，遂爲東南七路之害。

**八月，金阿骨打襲遼延禧于石輦鐸，延禧敗走。**遼主既失西京及沙漠以南，遂奔于訛莎烈。金斜也使斡离不言于金主曰：「今雲中新定，諸路遼兵尚數萬，新降之民，其心未固，諸將望幸軍中。」金主從之。既而聞遼主在大漁濼，乃自將精兵萬人襲之，蒲家奴、斡离不率兵四千爲前鋒，晝夜兼行，追及遼主于石輦鐸。軍士至者才千人，遼兵二萬五千，方治營壘。蒲家奴與諸將議，耶律余覩曰：「我軍未集，人馬疲劇，未可戰也。」斡离不曰：「今追及遼主而不亟戰，日入而遁，則無及矣。」遂戰。短兵接，遼兵圍之數重，副統軍蕭特烈諭軍士以君臣之義，士皆殊死戰。遼主謂斡离不兵少必敗，遂與妃嬪登高阜觀戰。余覩指遼主麾蓋以示諸將，斡离不等遂以騎兵馳赴之。遼主望見，大驚，即遯去，遼兵遂潰。

斡离不等還，金主曰：「遼主去不遠，盍亟追之？」斡离不追至烏里質鐸，遼主棄輜重而遁，蕭特烈被執。**九月，除朝散郎宋昭名。**昭上書極言遼不可攻，金不可隣，異時金必敗盟，爲中國患。乞誅王黼、童貫、趙良嗣等。且曰：「兩國之誓，敗盟者禍及九族。陛下以孝理天下，其忍忘列聖之靈乎！陛下以仁覆天下，其忍置河北之民於塗炭之中而使肝腦塗地乎！」王黼大惡之，除昭名，編管海州。**金遣使來，命趙良嗣報之。**金人聞童貫舉兵，恐朝廷徑取燕而歲幣不可得，乃遣使來議師期。帝遣趙良嗣報之，且言不負初約。**遼將郭藥師以涿、易二州來降。**遼常勝軍帥郭藥師爲涿州留守，以蕭后立，蕭幹專政，國人多貳，謂所部曰：「天祚失國，女政不綱，宋天子重兵壓境，此男兒取金印時也！」遂擁所部八千人奉二州來降，童貫受之，以聞。詔授恩州觀察使，以兵隸劉延慶。**冬十月，劉延慶及郭藥師進兵攻遼，藥師襲燕，敗績，延慶兵潰。**童貫遣劉延慶、郭藥師將兵十萬出雄州，以郭藥師爲鄉導，渡白溝。延慶軍無紀律，藥師諫曰：「今大軍跋隊行而不設備，若敵人置伏邀擊，首尾不相應，則望塵決潰矣。」不聽。至良鄉，遼蕭幹率衆來拒，延慶與戰而敗，遂閉壘不出。藥師曰：「幹兵不過萬人，今悉力拒我，燕山必虛。願得奇兵五千，倍道襲之，城可得也。」因請延慶子光世簡師爲後繼。延慶許之，遣大將高世宣、楊可世與藥師帥兵六千，夜半渡盧溝，倍道而進。質明，常勝軍帥甄五臣領五千騎奪迎春門以入，藥師等繼至，遣人諭蕭后使趣降。蕭后密報蕭幹，幹舉精甲三千還燕，巷戰。光世渝約不至，藥師失援而敗，與可世棄馬縋城而出，死傷過半，世宣死焉。延慶營于盧溝南，幹分兵斷餉道，擒護糧將王淵，得漢軍二人，蔽其目，留帳中。夜半，僞相語曰：「吾師三倍漢軍，敵之有餘，當分左右翼，以精兵衝其中，左、右翼爲應，舉火爲期，殲之無遺。」既言，乃陰逸一人歸報，延慶聞而信之。明旦，見火起，以爲敵至，即燒營遁，士卒蹂踐死者百餘里，幹因縱兵追至涿水而去。自熙、豐以來所儲軍實殆盡，退保雄州。燕人知宋之無能爲，作賦及歌詩以誚之。藥師還，猶進安遠軍承宣使。**以蔡攸爲少傅，判燕山府。**○**十一月，金人來議燕地。十二月，遣趙良嗣復如金，求營、平、灤三州。**初，朝廷與金約，但求石晉賂契丹故地，而不思平、營、灤三州乃劉仁恭獻契丹以求援者。既而王黼悔，欲併得之，金主不肯。及趙良嗣往，金主使蒲家奴責良嗣以出兵失期，且云：「今更不論元約，特與燕京薊、景、檀、順、涿、易六州。」良嗣言：「元約山前、山後十七州，今乃如此，信義安在？」抗辨數四，金人不從。良嗣乃與其使李靖偕來，止許山前六州。帝復遣良嗣送之，且求營、平、灤三州。

**加郭藥師武泰節度使。○金克遼燕京，耶律淳妻蕭氏奔天德。**

童貫再舉伐燕，不克成功，懼得罪，乃密遣王瓌如金，以求如約夾攻。金主遂分三道進兵。遼德妃蕭氏五上表于金，求立秦王定，金主不許，遼人遂以勁兵守居庸關。金兵至關，厓石自崩，戍卒多壓死，遼人不戰而潰。金兵度關而南，遼統軍都監高六等送欵于金。金主至燕京，遂自南門入，使銀术可、婁室陳于城上。金主次于城南，遼宰相左企弓、參政虞仲文、康公弼，樞密使曹勇義、張彥忠、劉彥宗等奉表降，詣金營請罪，金主並釋之，命守舊職，而遣左企弓等撫定燕京諸州縣。蕭德妃與蕭幹自古北口趨天德。於是遼五京皆爲金有。金主遣騎兵送趙良嗣還，且獻遼俘。

**萬歲山成，更名曰艮嶽。**

山周十餘里，其最高一峰九十步，上有亭曰介，分東、南二嶺，直接南山。山之東有蕚緑華堂、書館、八仙館、紫石巖、棲真嶝、覽秀軒、龍吟堂。山之南則壽山兩峰並峙，有鴈池、噰噰亭。山之西有藥寮、西莊、巢雲亭、白龍沜、濯龍峽、蟠秀、練光、跨雲亭、羅漢巖。又西有萬松嶺，半嶺有樓曰倚翠，上下設兩關，關下有平地，鑿大沼，沼中有兩洲：東爲蘆渚，浮陽亭；西爲梅渚，雪浪亭。西流爲鳳池，東出爲鴈池，中分二館，東曰流碧，西曰環山，有巢鳳閣、三秀堂，東池後有揮雪廳。復由嶝道上至介亭，亭左復有極目亭、蕭森亭，右復有麗雲亭、半山。❶北俯景龍江，引江之上流注山間。西行爲漱瓊軒，又行石間爲煉丹、凝觀、圜山亭，下視江際，見高陽酒肆及清澌閣。北岸有勝筠庵、躡雲臺、蕭閒館、飛岑亭。支流別爲山莊，爲回溪。又於南山之外爲小山，横亘二里，曰芙蓉城，窮極巧妙。而景龍江外，則諸館舍尤精。其北又因瑶華宮火，取其地作大池，名曰曲江，池中有堂曰蓬壺，東盡封丘門而止。其西則自天波門橋引水直西，殆半里，江乃折

❶「亭」，原脱，據《宋史》卷八五《地理志》補。

南，又折北。折南者，過閶闔門，爲複道，通茂德帝姬宅；折北者四五里，屬之龍德宮。既成，帝自爲《艮嶽記》，以爲山在國之艮位故也。初，朱勔於太湖取石，高廣數丈，載以大舟，挽以千夫，鑿河斷橋，❶毁堰拆牐，數月乃至。會得燕地，因號昭功敷慶神運石，立于萬歲山。又作絳霄樓，勢極高峻，盡工藝之巧。其後羣閹興築不已，於是山林巖壑，日益高深，亭臺樓觀不可稱紀。又以金芝産于萬壽峰，更名壽嶽云。**户部獻今年民數。**時天下分爲二十六路，京府四，府三十，州二百五十四，監六十三，縣一千二百三十四，户二千八十八萬二千二百五十八，口四千六百七十三萬四千七百八十四。户口視西漢盛時蓋有加焉。隋、唐疆里雖廣，而户口皆不及。

**癸卯　五年，**金太宗完顔吴乞買天會元年。

**春正月，遼知北院樞密事奚回离保自稱奚帝。**金兵入燕，奚回离保即箭笴山自立爲奚國皇帝，改元天復，設奚、漢、渤海三樞密院，改東、西節度使爲二王，分司。遼主命都統耶律馬哥討之。**金遣使來，趙良嗣復如金。**良嗣至燕，與金主議燕京、西京之地，金主曰：「若宋必欲平、灤等州，則并燕京不與。」因以答書先示良嗣，良嗣讀至「燕京用本朝兵力攻下，其租税當輸本朝」，良嗣因曰：「租税隨地，豈有與其地而不與其租税者？」粘没喝曰：「燕京自我得之，則當歸我。大國熟計，若不早見與，請速追涿、易之師，無留我疆。」於是遣李靖等與良嗣偕來。靖既入對，遂見王黼。黼謂靖曰：「租税非約也，上意以交好之故，欲以銀絹充之。」靖復請去年歲幣，帝亦特許之，仍命良嗣與靖偕使。**以王安中知燕山府，郭藥師同知府事。**朝廷以金人將歸燕，謀帥臣守之，左丞王安中請行，王黼贊於帝，遂授安中慶遠軍節度使、河北河東燕山府路宣撫使、知燕山府，郭藥師爲檢校少保、同知府事。詔藥師入朝，禮遇甚厚，賜以甲第、姬妾，命貴戚大臣更互設宴。又召對於後苑延春殿。藥師拜庭下，泣言：「臣在虜中，聞趙皇如在天上，不謂今日得望龍顔！」帝深褒稱之，委以守燕，對曰：「願效死。」又

❶「河」，原作「城」，據《楓窗小牘》卷上、《編年綱目備要》卷二七、《宋史》卷八五《地理志》改。

令取天祚以絶燕人之望，藥師變色言曰：「天祚，故主也，國破出走，臣是以降。陛下使臣畢命他所，不敢辭，若使反故主，非所以事陛下，願以付他人。」因涕泣如雨。帝以爲忠，解所御珠袍及二金盆以賜。藥師出，諭其下曰：「此非吾功，汝輩力也。」即翦盆分給之。加檢校少傅，歸鎮。燕山府路轉運使呂頤浩言：「開邊極遠，其勢難守，雖窮力竭財，無以善後。」又奏燕山、河北危急五事。帝怒，命貶官，而職任如故。

**金以遼平州爲南京，命張瑴留守。**遼平州人張瑴爲遼興軍節度副使，遼主之走山西也，平州軍亂，殺其節度使蕭諦里，瑴撫安亂者，州民推瑴領州事。耶律淳死，瑴知遼必亡，乃籍丁壯五萬人、馬千匹，練兵爲備。蕭德妃遣時立愛知平州，瑴拒弗納。金人入燕京，訪瑴情狀于康公弼，公弼曰：「瑴狂妄寡謀，彼何能爲！當示以不疑。」金人招時立愛赴軍前，加瑴臨海軍節度，仍知平州。既而粘没喝又欲先下平州，擒張瑴，公弼曰：「若加兵，是趣之叛也，公弼請自往覘之。」遂見瑴，瑴曰：「契丹八路，七路已降，今獨平州存，敢有異志？所以未解甲者，防蕭幹耳。」厚賂公弼使還。公弼還言于粘没喝曰：「彼無足慮也。」乃升平州爲南京，加瑴試中書門下平章事，判留守事。

**二月，以李邦彦、趙野爲尚書左、右丞。○遼延禧追廢淳爲庶人，殺淳妻蕭氏。**遼主聞南京破，出奔四部族。蕭德妃來見，遼主怒，殺之，追降淳爲庶人，降其屬籍，而赦其黨。蕭幹奔奚。

**三月，遣使如金。**趙良嗣至燕，謂金主曰：「本朝徇大國多矣，豈平、灤一事不能相從邪？」金主曰：「平、灤欲作邊鎮，不可得也。」遂議租税。金主曰：「燕租六百萬，止取一百萬。不然，還我涿、易舊疆及常勝軍，我且提兵按邊。」良嗣曰：「本朝自以兵下涿、易，今乃云爾，豈無曲直邪！」且言御筆許十萬至二十萬，不敢擅增。乃令良嗣歸報，金主謂之曰：「過半月不至，吾提兵往矣。」時左企弓嘗以詩獻金主曰：「君王莫聽捐燕議，一寸山河一寸金。」故金人欲背初約，要求不已。良嗣既還，金聞遼主謀復故地，乃悉斷盧溝北橋梁，焚次舍以防之。良嗣行至雄州，以金書遞奏，其略言：「貴朝兵不克夾攻，特因己力下燕，所以拘税。今據燕管内每年租六百萬貫，良嗣等稱御筆許二十萬，以上不敢自專。其平、灤等州不在許限，儻務侵求，難終信義。仍速追過界之兵。」王黼欲功之速成，乃請復遣良嗣自雄州再往使，許遼人舊歲幣四十萬之外，每歲更加燕京代稅錢一百萬緡，及議畫疆與遣使賀正旦、生辰，置榷場交易。金主大喜，遂使銀朮可等持誓書草來，許以燕京及六州來歸，而山後諸州及西北一帶接連山川，不在許與之限。帝曲意從之，遣盧益、趙良嗣等持誓書往。至涿州，金谷神等先索書觀之，言其字畫不謹，令易之。益言：「帝親書，所以示尊崇於大國也。」金人不聽。凡至汴京更易者數四。金人又言：「近有燕人趙温訊等逃出南朝，須先還，方可議交燕地。」良嗣諭宣撫司縛送温訊於金。既至，粘没喝釋其縛而用之。金人又求糧，良嗣許以二十萬石。

**夏四月，金人來歸燕及涿、易、檀、順、景、薊之地，詔童貫、蔡攸班師。**金人既遂所欲，乃使楊璞以誓書及燕京、六州來歸，而營、平、灤三州終以非石晉所賂契丹之地不預焉。詔童貫、蔡攸入燕交割。時燕之職官、富民、金帛、子女皆爲金人所掠而東，惟存空城而已。粘没喝猶欲止割涿、易，金主曰：「海上之盟，不可忘也。我死，汝則爲之。」貫等奏燕城老幼迎謁，焚香稱壽。帝爲之曲赦兩河、燕、雲，命即日班師。

**金襲遼延禧于青塚，獲其子女、族屬、從臣以歸，延禧邀戰，敗績，走雲内。**金以斡魯爲都統，斡离不副之，使襲遼主于陰山。至居庸關，獲林牙耶律大石。斡魯使斡离不、銀朮可、婁室等以兵三千分道襲遼主，將至青塚，遇泥濘不能進。斡离不以繩繫大石，使爲鄉導，直趨遼主營，斡魯等大軍繼至。時遼主往應州，其子秦王定、許王寧及諸妃、女并從臣皆被執，盡失輜重萬餘乘，惟太保特母哥竊遼主次子梁王雅里及長女特里乘軍亂出，赴遼主軍，得免。斡魯兵至埽里門，爲書招遼主。遼主自金城來，聞金人以所獲東去，乃率兵五千餘邀戰于白水濼。斡离不以兵千餘敗之，遼主遁去，金人獲遼主長子趙王習泥烈，追奔二十餘里，盡得其從馬，別獲遼牧馬萬四千匹、車八千乘。遼主使人持兔紐金印，僞請降于金，而西走雲内。斡离不復以書招遼主，諭以石晉北遷事。遼主答書，乞爲弟若子，量賜土地，斡离不不許。

**五月，以楊時爲邇英殿説書。**時入對，言于帝曰：「熙寧之初，大臣文六藝之言以行其私，祖宗之法紛更殆盡。元祐繼之，盡復祖宗之舊，熙寧之法一切廢革。至紹聖、崇寧，抑又甚焉，凡元祐之政事著在令甲，皆焚之以滅其迹。自是分爲二黨，縉紳之禍至今未殄。臣願明詔有司，條具祖宗之法，著爲綱目，有宜于今者舉而行之，當損益者損益之。元祐、熙、豐姑置勿問，一趨於中而已。」

又言：「燕、雲之師宜退守内地，以省轉輸之勞，募邊民爲弓弩手，以殺常勝軍之勢。」又言：「都城無高山巨浸以爲阻，衛士人各異心，緩急不可倚仗。君臣警戒，正在無虞之時。」帝首肯之，除邇英説書。**以王黼爲太傅，總治三省事。鄭居中爲太保，蔡攸爲少師。進封童貫爲徐、豫國公。居中辭不拜。**王黼竭天下之財以北征，僅得七空城。至是，率百官表賀，詔以收復燕、雲，宰執皆進位。而命王黼總治三省事，賜玉帶，以趙良嗣爲延康殿學士。居中自陳無功，不拜。**遼延禧奔夏，都統蕭特烈等以梁王雅里稱帝。**夏主李乾順遣使請遼主臨其國，遼主從之。中軍都統蕭特烈等切諫，不聽，遂渡河，次于金肅軍北，遣使册乾順爲夏國皇帝，人情惶懼，不知所爲。特烈陰謂耶律兀直曰：❶「事勢如此，億兆離心，正我輩效節之秋。不早爲計，奈社稷何！」乃共刼遼主第二子梁王雅里走西北部，三日，遂立爲帝，改元神曆，以特烈爲樞密使，特母哥副之。雅里性寬大，惡誅殺，獲亡者笞之而已，自歸者即官之。**奚回离保爲其下所殺。**回离保爲郭藥師所敗，一軍離心，其黨耶律阿古哲等遂殺之。**金遣使如夏。**斡离不趨天德，聞夏迎護遼主，遼主已渡河，乃遺書于夏，使執送遼主，且許割地。**六月，金張瑴以平州來歸。**金驅遼宰相左企弓、虞仲文、曹勇義、康公弼同燕京大家富民俱東徙。燕民流離道路，不勝其苦，過平州，遂入城，言於張瑴曰：「左企弓不能守燕，致吾民如是。公今臨巨鎮，握彊兵，盡忠於遼，使我復歸鄉土，人心亦惟公是望。」瑴遂召諸將領議，皆曰：「聞天祚兵勢復振，出没漠南。公若仗義勤王，奉迎天祚以圖興復，先責左企弓等叛降之罪而誅之，盡歸燕民使復其業，而以平州歸宋，則宋無不接納，平州遂爲藩鎮矣。即後日金人加兵，内用營、平之軍，外藉宋人之援，又何懼焉！」瑴又訪於翰林學士李石，亦以爲然。瑴乃遣張謙帥五百餘騎傳留守令，召左企弓、虞仲文、曹勇義、康公弼至灤河西岸，數企弓等十罪，皆縊殺之。瑴仍稱保大三年，畫天祚像，朝夕謁，事必告而後行，稱遼官秩。榜諭燕人復業，恒産爲常勝軍所占

❶「兀直」，原作「元直」，據《遼史》卷一一四《蕭特烈傳》改。

者悉還之。燕民既得歸，大悅。李石更名安弼，偕故三司使高黨至燕京，説王安中曰：「平州形勢之地，張瑴總練之才，足以禦金人，安燕境，幸招致之，毋令西迎天祚，北合蕭幹也。」安中深納之，令安弼與黨至汴以聞。帝以手札付同知燕山府事詹度，第令羈縻之。而度促瑴内附，瑴乃遣張鈞、張敦固持書來請降。王黼勸帝納之，趙良嗣諫曰：「國家新與金盟，如此必失其懽，後不可悔。」不聽。良嗣坐削五階，而詔安中及詹度厚加安撫，與免三年常賦。瑴聞之，自謂得計。

鄭居中卒，以蔡攸領樞密院事。○秋七月，童貫致仕，以内侍譚稹爲兩河、燕山路宣撫使。貫與蔡攸歸自燕，頗失上意，王黼、梁師成共薦稹代貫交雲中之地。稹至太原，招朔、應、蔚諸州降人爲朔寧軍。

禁元祐學術。中書言福建印造司馬光等文集，詔令毀板。凡舉人傳習元祐學術者，以違制論。尋又詔蘇軾、黃庭堅等獲罪宗廟，義不戴天，片文隻語並令焚毁勿存，違者以大不恭論。

八月朔，日食。○遼都統蕭幹自稱奚帝，引兵破景、薊州，遂攻燕，與郭藥師戰敗，走死。詔加藥師太尉。金人既陷燕京，幹就奚王府自立爲神聖皇帝，國號大奚，改元天嗣。時奚人饑，幹出盧龍嶺，攻破景州，又敗常勝軍於石門鎮，陷薊州，寇掠燕城，其鋒鋭甚，有涉河犯京師之意。人情洶洶，頗有謀棄燕者。已而藥師大破其衆，乘勝窮追，過盧龍，殺傷太半。幹遁去，尋爲其下所殺，傳首京師。詔加藥師太尉。

金阿骨打死，弟吴乞買立。金主去燕京，六月有疾，命粘没喝爲都統，蒲家奴、斡魯副之，駐兵雲中以備邊而還。八月，至部堵濼而卒，年五十六。國論勃極烈斜也等請諳班勃極烈吴乞買即位，更名晟，改元天會。以斜也爲諳班勃極烈，斡本爲國論勃極烈，相與輔政。斡本，太祖庶長子也。九月，葬太祖于海古城西。

冬十月，遼雅里死，蕭特烈等復立耶律朮烈爲帝。朮烈，聖宗孫也。

詔建平州爲泰寧軍，以張瑴爲節度使。金人聞瑴叛，遣闍母將三千騎來討，瑴率兵拒之于營州。闍母以兵少不交鋒而退，瑴遂妄以大捷聞，朝廷拜瑴節度使，犒賞銀、絹數萬。

十一月，幸王黼第觀芝。帝由便門過梁師成家，復來黼第。因大醉不能語，夜漏上五刻，乃開龍德宮複道小門以還，内侍十餘人執兵接擁。是夜諸班禁從皆集教場備不虞，幾至生變。翌日猶不御殿，殆半日，人心始少安。祖宗以來，臨幸未之有也。

**金人襲平州，張轂奔燕山，平州人殺金使以拒守。**闍母無功而退，金主復使斡离不督闍母攻平州。會張轂聞朝廷犒賜將至，喜而遠迎，斡离不乘其無備襲之，與轂戰于城東。轂敗，宵奔燕山，王安中納而匿之。平州都統張忠嗣及張敦固出降金。金遣使與敦固入諭城中，城中人殺其使者，立敦固爲都統，閉門固守。

**詔殺張轂，函首以畀金。**金人以納叛來責，朝廷初不欲發遣，金人索之益急，王安中取貌類轂者，斬其首與之。金曰非轂也，遂欲以兵攻燕。安中言：「必不發遣，懼啓兵端。」朝廷不得已，令安中縊殺之，函其首，併轂二子送于金，於是燕降將及常勝軍士皆泣下。郭藥師曰：「金人欲轂即與，若求藥師，亦將與之乎！」安中懼，因力求罷，召爲上清寳籙宮使，以蔡靖知燕山府事。自是降將卒皆解體，而金人遂用此興師矣。

**遼术烈及蕭特烈爲亂兵所殺。**

**○金人來歸武、朔州。**朝廷以山後諸州請于金，金主新立，將許之。粘没喝自雲中至，言于金主曰：「先帝初圖宋協力攻遼，故許以燕地。宋人既盟之後，請加幣以求山西諸鎮，先帝辭其幣而復與之盟曰：『無匿逋逃，無擾邊民。』今宋數路招納叛亡，累疏叛人姓名索之童貫，不遣。盟未期年，今已如此，萬世守約，其可望乎！且西鄙未寧，割付山西諸郡，則諸軍失屯據之所，將有經略，或難持久，請勿與之。」金主遂遣使止以武、朔二州來歸。

**甲辰　六年，春正月，夏稱藩于金，金以邊地畀之。**夏得金書，遣把里公亮奉誓表，請以事遼之禮稱藩于金，且受割賜之地。粘没喝承制，割下寨以北、陰山以南、乙室邪剌部吐禄濼西之地與之。自是兩國信使不絶。

**三月，金人來索糧，不與。**金遣使詣宣撫司索趙良嗣所許糧二十萬石，譚稹曰：「二十萬石豈易致邪？良嗣口許豈足憑也！」遂不與。金人由是大怒。

**閏月，京師、河東、陝西地震。**宫殿門皆搖動有聲，河東、陝西尤甚，蘭州地及諸山草木悉没入，而山下麥苗皆在山上。詔右司郎中黃潛善按視。潛善不以實聞，上意乃安，遷潛善爲户部侍郎。

**夏四月，起復李邦彦爲尚書左丞。**時邦彦居父喪纔兩月。

**六月，**

**金人陷平州。**張敦固出兵與金人戰，大敗，州民猶不肯降。金主召斡离不還，下詔招撫。闍母竟克平州，執敦固殺之。**科免夫錢。**自得燕地，悉出河北、河東、山東之力以往饋官軍，率十數石致一石，纔一年，三路皆困。王黼乃請詔京西、淮南、兩浙、江南、福建、荆湖、廣南措置，調夫各數十萬，並納免夫錢，每夫三十貫，委漕臣限督之。又詔宗室、戚里、宰執之家及宫觀、寺院一例均敷。於是偏率天下，所得纔二千萬緡，而結怨四海矣。**秋七月，置璣衡所。**王黼言：「頃得方士璣衡之書，足以察七政。」詔置璣衡所，以黼及内侍梁師成領之。**遼延禧復東勝諸州，至武州，與金人戰，敗走山陰。**遼主復渡河，居于突呂不部。耶律大石自金來歸，遼主責之曰：「我在，汝如何敢立淳？」大石對曰：「陛下以全國之勢不能一拒敵，棄國遠遁，使黎民塗炭。即立十淳，皆太祖子孫，豈不勝乞命于他人邪？」遼主無以答，賜酒食而赦之。金襲遼主營，遼主北走。有謨葛失者，迎遼主至其部，事之甚謹，遼主遂得至烏古敵烈部。❶遼主得耶律大石及謨葛失之兵，自謂有天助，再謀出兵，收復燕、雲。大石諫曰：「向以全師不謀戰備，使舉國皆爲金有。國勢至此而方求戰，非計也。當養兵待時而動，不可輕舉。」遼主不從，遂及於敗。**八月，譚稹罷，復以童貫領樞密院事，兩河、燕山路宣撫使。**初，金人以拓跋故地雲中二千里遺夏，止以武、朔二州來歸。至是，夏人舉兵侵武、朔地界，譚稹遣兵禦之，兵數交，夏人未即退聽。又金人以朝廷納張瑴，不給糧，遂攻應、蔚，逐守臣。朝廷罪稹措置乖方，詔致仕，以貫代之。時遼主延禧在夾山，帝欲誘致之，始遣一番僧齎御筆絹書通意。及延禧許歸，遂易書爲詔，許待以皇弟之禮，位燕、越二王上，築第千間，女樂三百人，延禧大喜。貫之是行，名爲代稹交割山後土地，其實已約延禧來降，自往迎之也。**赦。**以復雲、燕也。**九月，以白時中爲太宰，李邦彦爲少宰，趙野、宇文粹中爲尚書左、右丞，蔡懋同知樞密院事。○冬十一月，王黼有罪免。**黼位元宰，每陪曲宴，親爲俳優鄙賤之役以獻笑取悦，太子聞而惡之。黼以鄆王楷有寵，陰爲畫奪宗之計，未成。

❶「古」，原脱，據《遼史》卷二九《天祚皇帝本紀》補。

及帝幸其第觀芝，而黼第與梁師成連牆，穿便門往來，帝始悟其與師成交結狀，還宮，眷待頓衰。李邦彥素與黼不協，陰結蔡攸共毀之。會中丞何㮚論黼姦邪專横十五事，遂詔黼致仕，其黨胡松年等皆免。

**置講議財利司，罷應奉司。**自蔡京以豐亨豫大之説勸帝，❶窮極侈靡，久而帑藏空竭，言利之臣殆析秋毫。宣和以來，王黼專主應奉，掊剋横賦，以羨爲功，所入雖多，國用日匱。至是，宇文粹中上言：「祖宗之時，國計所仰，皆有實數，量入爲出，沛然有餘。近年諸局務、應奉司妄耗百出，若非痛行裁減，慮智者無以善後。」於是詔蔡攸就尚書省置講議財利司，除茶法已用定制，餘並講究條上。攸請内侍職掌，事干宮禁，應裁省者，委童貫取旨。由是不急之物，無名之費，悉議裁省。帝亦自罷諸路應奉官吏，減六尚歲貢物。

**十二月，詔蔡京復領三省事。**王黼既致仕，朱勔力勸用京，帝從之。京至是四當國，目昏眊，不能事事，悉決于季子絛。凡京所判，皆絛爲之，至代京入奏事。絛每造朝，侍從以下皆迎揖，呫囁耳語，堂吏數十人抱案後從。由是恣爲姦利，竊弄威柄，驟引其婦兄韓梠爲户部侍郎，媒糵密謀，斥逐朝士。創宣和庫式貢司，四方之金帛，與府藏之所儲，盡拘括以實之，爲天子私財。白時中、李邦彥等惟奉行文書而已。

**河北、山東盜起。**時轉糧以給燕山，民力疲困，重以鹽額科斂，加之連歲凶荒，於是饑民並起爲盜。山東有張仙者，❷衆至十萬；又有張迪者，衆至五萬；河北有高托山者，號三十萬；自餘二三萬者，不可勝數。

**都城有女子生髭，詔度爲道士。**都城中酒保朱氏女忽生髭，長六七寸，疏秀甚美，宛然一男子，特詔爲道士。又有賣青果男子孕而誕子。

**乙巳　七年，春正月，遼延禧如党項。**

**二月，至應州，金將婁室獲之以歸。**遼主畏中國不可仗，謀奔西夏，會党項小斛禄遣人請遼主臨其地，遼主遂趨天德。過沙漠，金兵忽至，遼主徒步出走，乘從者馬得脱。途次絶糧，從者至齧冰雪以濟饑。過天德，至夜，將宿民家，紿曰：「偵騎。」其家知之，乃叩首，跪而大

❶ 「以」，萬曆本、《續宋編年資治通鑑》卷一四、《續編兩朝綱目備要》卷一五作「倡」。

❷ 「張仙」，《宋史》卷二二《徽宗本紀》作「張萬仙」。

慟。潛宿其家，居數日，嘉其忠，遥授以節度使，遂趨党項。以小斛禄爲西南面招討使，總知軍事。二月，至應州新城東六十里，爲金將婁室等所獲。遼遂亡。**遼耶律大石稱帝于起兒漫。**先是，大石以諫遼主不從，遂殺北院樞密蕭乙薛，自立爲王，率衆西走。至可敦城，駐于北庭都護府。會西鄙七州十八部王，諭以興復事，得精兵萬餘，置官吏，立排甲，具器械。又遺書假道于回鶻王畢勒哥。畢勒哥得書，即迎至邸，願質子孫爲附庸，送至境外。所過敵者勝之，降者安之，兵行萬里，歸者數國，獲牛羊駝馬不可勝計。至尋思干，西域諸國舉兵十萬號忽兒珊，來拒戰，大石分所部爲三軍進擊，大敗之，僵屍數十里。駐軍尋思干凡九十日，回回國王來降，貢方物。又西行至起兒漫，羣臣共册立大石爲帝，改元延慶，上尊號曰天祐皇帝，妻蕭氏爲昭德皇后，是爲西遼。**夏四月，勒蔡京致仕。**蔡絛鍾愛于京，擅權用事，其兄攸嫉之，數言于帝請殺絛，帝不許。白時中、李邦彦亦惡絛，乃與攸發絛姦私事。帝怒，欲竄之，京力丐免，乃止勒停侍養，因安置韓梠于黄州，褫絛侍讀，毁賜出身敕，欲以褫京，而京猶未有去志。帝乃命童貫詣京，令上章謝事。貫至，京泣曰：「上何不容京數年？當有相讒譖者。」貫曰：「不知也。」京不得已，以章授貫。帝命詞臣代京作三表求去，乃降詔從之。**復元豐官制。**詔行元豐官制，復尚書令之官，虚而不授；三公但爲階官，毋領三省事。**六月，封宦者童貫爲廣陽郡王。**帝援神宗遺訓，能復全燕之境者胙土，錫以王爵，封貫爲王。**前寶文閣待制劉安世卒。**安世爲章惇、蔡卞、蔡京所忌，連貶竄，極遠惡地，無不歷之。至是，卒。安世少從學于司馬光，平居坐不傾倚，書不草率，不好聲色、貨利，忠孝正直，皆取則于光。除諫官，在職累年，正色立朝，其面折廷諍，或逢盛怒，則執簡却立，俟威少霽，復前抗辭。旁列者見之，蓄縮聳汗。年既老，羣賢凋喪略盡，巋然獨存，以是名望益重。梁師成用事，能生死人，心服其賢，求得小吏吴默常趨走前後者，使持書，啗以即大用。默勸爲子孫計，安世笑謝曰：「吾若爲子孫計，不至是矣。」還其書不答。蘇軾嘗評元祐人物，曰：「器之，真鐵漢！」王稱曰：「君子、小人不兩立，君子必惡小人，而小人必忌君子，此朋黨之論所以興也。方元祐之際，朝多君子，如安世忠直有餘，特疾惡太甚，以激小人之怨。及章惇得志，而流毒縉紳，貽患國家，朋黨之慨，徧於四海。烏虖！天下不幸，小人竊君之權，使生民受敝。爲君子者，宜求其所以勝小人之術，而無務於口舌力争，啟其狠戾不肖之心，以重天下之不幸，庶幾其有濟也。」

秋七月，熙河、蘭州、河東地震。

熙河地震，有裂數十丈者，蘭州尤甚，倉庫皆没。

八月，金吴乞買廢遼延禧爲海濱王。

遣使，以獲遼主來告慶。

九月，有狐升御榻而坐。

時又有都城東門外鬻菜夫，至宣德門下，忽若迷罔，釋荷擔，向門戟手且詈云：「太祖皇帝、神宗皇帝使我來道，尚宜速改也。」邏卒捕之，下開封獄，一夕方省，則不知向者所爲，乃於獄中盡之。

冬十月，金將粘没喝、斡离不分道入寇。

初，斡离不在平州，遣人來索叛亡户口，朝議弗遣，且聞童貫、郭藥師治兵燕山，斡离不遂請于金主曰：「苟不先舉伐宋，恐爲後患。」金主以爲然，而未敢輕舉。及使者往返既數，道路險易，朝廷治否，府庫虚實，漸得要領，而耶律余覩、劉彦宗亦言南朝可圖，師不必衆，因糧就兵可也。及既獲遼主，即決意南侵。以諳班勃極烈斜也領都元帥，居京師；粘没喝爲左副元帥，谷神爲元帥右監軍，耶律余覩爲元帥右都監，自雲中趨太原；撻懶爲六部路都統，闍母爲南京路都統，劉彦宗爲漢軍都統。斡离不監闍母、彦宗兩軍戰事，自平州入燕山。

十一月，郊。

帝纔下壇，而密報虜將犯界，左右祕之，曰：「恐妨恭謝。」宰相亦不知也。及恭謝畢，宰相又共匿之，不以聞。

太常少卿傅察使金，不屈，死之。

察爲金賀正使，至境上，遇斡离不兵，脅之使拜且降，不拜，左右捽之伏地，愈植立，反覆論辨不屈，遂遇害。察，堯俞從孫也。十八登進士，蔡京嘗欲妻以女，拒弗荅。平居恂恂然，若無所可否。及倉卒徇義，聞者莫不壯之。後謚忠肅。

召种師道爲兩河制置使。

時師道致仕，居南山豹林谷。金人南下，趣召之。師道聞命即東，遇姚平仲，❶有步騎四千與之，❷倶赴汴。

十二月，童貫自太原逃歸。

金粘没喝陷朔、代州，遂圍太原。

先是，金人遣使來許割蔚、應州及飛狐、靈丘縣，帝信之，遣童貫往受

❶「遇」，原作「過」，據《東都事略》卷一〇七《种師道傳》、《三朝北盟會編》卷三〇改。

❷「四千」，《東都事略》卷一〇七《种師道傳》作「三千」；《宋史》卷三三五《种師道傳》作「七千」。

地。至太原，聞粘没喝自雲中南下，貫乃使馬擴、辛興宗往使，諭以交割地事。擴至軍前，粘没喝嚴兵以待，趣擴等庭參如見金主之禮。既畢，首議山後事，粘没喝曰：「爾尚欲此兩州、兩縣邪？山前、山後皆我家地，尚復何論？汝家別削數城來，可贖罪也。汝輩可即去，我自遣人至宣撫司矣。」擴還，具言于貫，貫曰：「金初立國，邊頭寧有幾許軍馬，遽敢作如此事邪？」擴曰：「彼既深恨本朝結納張瑴，又爲契丹舊臣所激，故謀報復。今宜速作備禦。」貫不從。既而粘没喝遣王介儒、撒離拇持書至太原，責以渝盟納叛等事，詞語甚倨。貫問之曰：「如此大事，何不素告我？」撒離拇曰：「兵已興，何告爲！宜速割河東、河北，以大河爲界，用存宋朝宗社，乃報國也。」貫聞之，氣褫，不知所爲，即欲假赴闕稟議爲名遁還京師。知太原府張孝純止之曰：「金人渝盟，大王當會諸路將士極力枝梧。今大王去，人心必揺，是以河東與金也。河東既失，河北豈可保耶！願少留，共圖報國。兼太原地險城堅，人亦習戰，未必金便能克也。」貫怒，叱之曰：「貫受命宣撫，非守土也，必欲留貫，置帥臣何爲？」遂行。孝純嘆曰：「平生童太師作幾許威望，及臨事乃蓄縮畏懾，奉頭鼠竄，何面目復見天子乎！」粘没喝引兵降朔州，克代州。都巡檢使李翼力戰，被執，罵賊死。粘没喝遂進圍太原，孝純悉力固守。

**金斡离不入檀、薊州，郭藥師以燕山叛降金，金盡陷燕山州縣。**

初，郭藥師與詹度同職，自以節鉞欲居度上，度以御筆所書有序，藥師不從。加以常勝軍横暴，藥師右之，度不能制。朝廷慮其交惡，命蔡靖代度。靖至，坦懷待之，藥師亦重靖，稍爲抑損。及安中被召，靖代知府事。藥師每令部曲持良械精甲，貿易於他道，爲奇巧之物，以奉權貴宦侍，譽言日聞于帝。遂專制一路，增募兵至三十萬，而不改契丹服飾，朝論頗以爲疑。進拜太尉，召之入朝，藥師辭不至。帝令童貫行邊，陰察其去就，不然則挾之偕來。貫至，藥師迎拜帳下，貫避之曰：「汝今爲太尉，與我等耳，此禮何爲？」藥師曰：「太師，父也，藥師唯拜我父，焉知其他！」貫釋然。遂邀貫視師，至于迥野，略無人迹。藥師下馬，當貫前棹旗一揮，俄頃四山鐵騎輝日，莫測其數。貫衆皆失色，歸爲帝言：「藥師必能抗虜。」蔡攸亦從中力主之，謂其可倚，故內地不復防制。屢有告變及得其通金國書，朝廷輒不省。詹度又言：「藥師瞻視非常，趣向懷異，逆節已萌，凶横日甚。」始詔遣官究實，而金兵已南下矣。斡离不自平州破檀、薊，至三河，蔡靖遣藥師及張令徽、劉舜仁帥師四萬五千，迎戰于白河，兵敗而還。藥師遂帥所部兵刼靖及都轉運使吕頤浩以降，斡离不執靖及頤浩置軍中以行，於是燕山府所屬州縣皆爲金有。斡离不既得藥師，益知宋虚實，因以爲鄉導，懸軍深入矣。

**罷花石綱及内外製造局。○詔内侍梁方平帥衛士守黎陽。**

帝以金人南下，悉以禁旅付内侍威武軍節度使梁方平守黎陽。步軍都虞候何灌謂白時中曰：「金人傾國遠至，其鋒不可當。今方平掃精兵以北，在京皆疲弱也，萬一方平不枝梧，何以善吾後，盍留以衛根本？」不從。

**以皇太子爲開封牧。**

帝以金師日迫爲憂。蔡攸探知帝意，欲内禪，引給事中吴敏入對。宰執皆在，敏前奏事，且曰：「金人渝盟，舉兵犯順，陛下何以待之？」帝蹙然曰：「奈何？」時東幸計已定，命李棁先出守金陵。敏退，詣都堂言曰：「朝廷便爲棄京師計，何理也？此命果行，須死不奉詔。」宰執以爲言，棁遂罷行，而以太子爲開封牧。

**詔天下勤王，許臣庶直言極諫，罷道官及行幸諸局。**

初，宇文虚中爲童貫參議官，虚中以廟謨失策，主帥非人，將有納侮自焚之禍，上書極言之，王黼大怒。又累建防邊策，議，皆不報。及金人南下，貫與虚中還朝。帝謂虚中曰：「王黼不用卿言，今事勢若此，奈何？」虚中對曰：「今日宜先降詔罪己，更革弊端，俾人心天意回，則備禦之事，將帥可以任之。」帝即命虚中草詔，略曰：「朕以寡昧之質，籍盈成之業。言路壅蔽，面諛日聞，恩倖持權，貪饕得志。搢紳賢能陷于黨籍，政事興廢拘于紀年。賦斂竭生民之財，戍役困軍旅之力。多作無益，侈靡成風。利源酤榷已盡，❶而牟利者尚肆誅求；諸軍衣糧不時，而冗食者坐享富貴。災異謫見而朕不寤，衆庶怨懟而朕不知。追惟己愆，悔之何及！思得奇策，庶解大紛。望四海勤王之師，宣二邊禦敵之略。永念累聖仁厚之德，涵養天下百年之餘，豈無四方忠義之人，來徇國家一日之急！應天下方鎮、郡縣守令，各帥衆勤王，能立奇功者，並優加奬異。草澤異材，能爲國家建大計，或出使疆外者，並不次任用。中外臣庶，並許直言極諫。」帝覽之，曰：「今日不吝改過，可便施行。」虚中又請出宫人，罷道官及大晟府、行幸局暨諸局務。

**召熙河經略使姚古、秦鳳經略使种**

❶「酤」，原作「酷」，據萬曆本、四庫本、《編年綱目備要》卷二九、《資治通鑑後編》卷一〇二改。

**師中將兵入援。**時欲召古、師中令以本路兵會鄭、洛，外援河陽，内衛京城。帝命宇文虛中爲河北、河東路宣諭使，護其軍。虛中以檄召古、師中兵馬，令直赴汴京應援。**以吴敏爲門下侍郎。**帝東幸之意益決，太常少卿李綱謂敏曰：「建牧之議，豈非欲委太子以留守之任乎？今敵勢猖獗，非傳太子以位號不足以招徠天下豪傑。」敏曰：「監國可乎？」綱曰：「肅宗靈武之事，不建號不足以復邦，而建號之議不出於明皇，後世惜之。上聰明仁恕，公曷不爲上言之？」翌日，敏入對，具以綱言白帝，帝即召綱入議。綱刺臂血上疏曰：「皇太子監國，禮之常也。今大敵入攻，安危存亡在呼吸間，猶守常禮，可乎？名分不正而當大權，何以號召天下？若假皇太子以位號，使爲陛下守宗社，收將士心，以死捍敵，天下可保。」帝意遂決。明日，宰臣奏事，帝留李邦彦，語敏、綱所言，遂拜敏門下侍郎，草詔傳位。**帝傳位于太子，太子即位，尊帝爲教主道君太上皇帝，皇后爲太上皇后。**帝下詔禪位太子，自稱曰道君皇帝。太子入禁中，被服，泣涕固辭，不許，遂即位。尊帝爲教主道君太上皇帝，退居龍德宮。以李邦彦爲龍德宫使，蔡攸、吴敏副之。**以李綱爲兵部侍郎。**綱上書言：「方今中國勢弱，君子道消，法度紀綱蕩然無統。陛下履位之初，當上應天心，下順人欲。攘除外患，使中國之勢尊；誅鋤内姦，使君子之道長，以副道君皇帝付託之意。」召對延和殿。時金議割地，綱言：「祖宗疆土，當以死守，不可以尺寸與人。」帝嘉納之，拜兵部侍郎。**赦。○立皇后朱氏。**后，武康節度使伯材之女。**以耿南仲簽書樞密院事。**南仲，帝東宫舊僚也。**遣給事中李鄴使金。**告内禪，且請修好。鄴至慶源府，斡离不欲還，郭藥師曰：「南朝未必有備，不如姑行。」從之。**太學生陳東上書，請誅蔡京等六人。**時天下皆知蔡京等誤國，而用事者多受其薦引，莫肯爲帝明言之。東率諸生上書曰：「今日之事，蔡京壞亂於前，梁師成陰賊於内，李彦結怨於西北，朱勔聚怨於東南，王黼、童貫又從而結怨于二虜，創開邊隙，使天下勢危如絲髮。此六賊者，異名同罪，伏願陛下擒此六賊，肆諸市朝，傳首四方，以謝天下！」

續資治通鑑綱目第十

# 續資治通鑑綱目第十一

起丙午宋欽宗靖康元年，盡丁未宋高宗建炎元年。

凡二年。

**丙午**　欽宗皇帝靖康元年，春正月，詔中外臣庶直言得失。自金人犯邊，屢下求言之詔，事稍緩，則陰沮抑之。當時有「城門閉，言路開；城門開，言路閉」之語。梁方平之師潰于黎陽，金人遂渡河。金斡离不陷相、濬二州。時方平帥禁旅屯於黎陽河北岸，金將迪古補奄至，方平奔潰。河南守橋者望見金兵旗幟，燒橋而遁。河北、河東路制置副使何灌帥兵二萬退保滑州，亦望風迎潰。官軍在河南者無一人禦敵，金人遂取小舟以濟，凡五日，騎兵方絶，步兵猶未渡也，旋渡旋行，無復隊伍。金人笑曰：「南朝可謂無人。若以一二千人守河，我豈得渡哉！」遂陷滑州。以吴敏知樞密院事，李棁同知院事。○竄王黼于永州；賜李彦死，並籍其家；放朱勔歸田里。黼至雍丘，盜殺之。黼聞金兵至，不俟命載其孥以東。詔貶爲崇信軍節度副使，永州安置。吴敏、李綱請誅黼，事下開封尹聶昌，昌遣武士躡及於雍丘南，戕之，民家取其首以獻。帝以初即位難於誅大臣，託言爲盜所殺。彦賜死，並籍其家；勔放歸田里。勔以花石取媚，流毒州郡者踰二十年，積官至寧遠軍節度使，居蘇州，公肆掊克。其園池擬禁籞，服飾器用上僭乘輿。又託輓舟，募兵數千人，擁以自衛。聲焰薰灼，東南部刺史、郡守多出其門，邪人穢夫候門奴事，時謂東南小朝廷。上皇末年益親任之，居中白事，傳達上旨，大略如内侍，進見不避宫嬪，一門盡爲顯官，騶僕亦至金紫，天下爲之扼腕。至是，凡由勔得官者皆罷。太上皇出奔亳州，遂如鎮江。帝聞斡离不濟河，即下詔親征。以蔡攸爲太上皇帝行宫使，宇文粹中爲副使，奉上皇東行以避敵。庚午，上皇如亳州。於是百官多潛遁。初，童貫在陝西，募長大少年號勝捷軍幾萬人，以爲親軍，環列第舍。及自太原還京，適上皇南幸，貫即以是軍自隨。上皇過浮橋，衛士攀望號慟，貫惟恐行不速，使親軍射之，中矢而踣者百餘人，道路流涕。蔡京亦盡室南行，爲自全之計。辛巳，上皇至鎮江。**以李綱爲尚書右丞、東京留守兼親征行營使，京師戒嚴。**宰執議請帝出幸襄、鄧以避敵鋒，行營參謀官李綱曰：「道君皇帝挈宗社以授陛下，委而去之，可乎？」帝默然。白時中謂都城不可守，綱曰：「天下城池，豈有如都城者？且宗廟、社稷、百官、萬民所在，捨此，欲何之？今日之計，當整飭軍馬，固結人心，相與堅守，以待勤王之師。」帝問：「誰可將者？」綱曰：「白時中、李邦彦等雖未必知兵，然籍其位號，撫將士以抗敵鋒，乃其職也。」時中勃然曰：「李綱莫能將兵出戰否？」綱曰：「陛下不以臣庸懦，儻使治兵，願以死報。」乃以綱爲尚書右丞、東京留守。綱爲帝力陳不可去之意，且言：「明皇聞潼關失守，即時幸蜀，宗廟、朝廷毁于賊手。今四方之兵不日雲集，奈何輕舉以蹈明皇之覆轍乎！」會内侍奏中宫已行，帝色變，倉卒降御榻曰：「朕不能留矣！」綱泣拜以死邀之，帝顧綱曰：「朕今爲卿留，治兵、禦敵之事專責之卿，勿致踈虞！」綱皇恐受命。宰臣猶請出幸不已，帝從之。綱趨朝，則禁衛擐甲，乘輿已駕矣。綱急呼禁衛曰：「爾等願守宗社乎？願從幸乎？」皆曰：「願死守！」綱入見曰：「陛下已許臣留，復戒行，何也？今六軍父子、妻孥皆在都城，願以死守。萬一中道散歸，陛下孰與爲衛？敵兵已逼，知乘輿未遠，以健馬疾追，何以禦之？」帝感悟，遂止。禁衛六軍聞之，無不悦者，皆拜伏呼萬歲。乃命綱兼行營使，以便宜從事。綱治守戰之具，不數日而畢。

**白時中免，以李邦彦爲太宰，張邦昌爲少宰，趙野爲門下侍郎，王孝迪爲中書侍郎，蔡懋爲尚書左丞。○遣使督諸道兵入援。○金斡离不圍京師，李綱力戰禦之。金人來議和。詔出内帑及括借士民金帛與之，遣康王構及少宰張邦昌往爲質。**癸酉，斡离不軍抵汴城，據牟駝岡。帝召羣臣議之，李邦彦力請割地求和，李綱以爲擊之便。帝竟從邦彦計，命駕部員外郎鄭望之及高世則使其軍。❶未至，遇金使吴孝民來，因與偕

❶「駕部」，原作「虞部」，據《東都事略》卷一二六附録四、《三朝北盟會編》卷二八、《皇宋十朝綱要》卷一九、《宋史》卷二三《欽宗本紀》改。

還。是夜，金人攻宣澤門，李綱禦之，斬獲百餘人。金人知有備，又聞道君已内禪，乃退。甲戌，孝民入見，問納張瑴事，令執送童貫、譚稹、詹度，且言曰：「上皇朝事已往不必計，今少帝與金別立誓書結好，仍遣親王、宰相詣軍前可也。」帝因求大臣可使者，李綱請行，帝不許，而命李棁。綱曰：「安危在此一舉，臣恐李棁怯懦，誤國事也。」不聽，遂命棁使金軍。棁至，斡离不盛兵南向坐，棁北面再拜，膝行而前，恐怖喪膽，失其所言。斡离不謂之曰：「汝家京城破在頃刻，所以斂兵不攻者，徒以少帝之故，欲存趙氏宗社，我恩大矣。今若欲議和，當輸金五百萬兩、銀五千萬兩、牛馬萬頭、表段百萬匹，尊金帝爲伯父，歸燕、雲之人在漢者，割中山、太原、河間三鎮之地，而以宰相、親王爲質，送大軍過河，乃退爾。」因出事目一紙付棁，遣還。棁等唯唯不敢措一言，遂與金使蕭三寶奴、耶律忠、王汭等偕來。凡金人所要求，皆郭藥師教之也。乙亥，金人攻通津、景陽等門。❶李綱親督戰，募壯士縋城而下，自卯至酉斬其酋長十餘，殺其衆數千人，何灌力戰而死。丙子，棁至，李邦彦等力勸帝從金議。帝乃避殿減膳，括借都城金銀及倡優家財，得金二十萬兩、銀四百萬兩，而民間已空。李綱言：「金人所需金幣，竭天下且不足，況都城乎！三鎮，國之屏蔽，割之何以立國？至於遣質，即宰相當往，親王不當往。若遣辨士姑與之議所以可不可者，宿留數日，大兵四集，彼孤軍深入，雖不得所欲，亦將速歸。此時與之盟，則不敢輕中國而和可久也。」李邦彦等言：「都城破在旦夕，尚何有三鎮？而金幣之數又不足較。」帝默然。綱不能奪，因求去，帝慰諭之曰：「卿第出治兵，此事當徐圖之。」綱退，則誓書已成，稱「伯大金國皇帝」、「姪大宋皇帝」，金幣、割地、遣質、更盟，一依其言。遣沈晦以誓書先往，并持三鎮地圖示之。庚辰，以張邦昌爲計議使，奉康王構往金軍爲質以求成。初，邦昌與邦彦等力主和議，不意身自爲質。及行，乃邀帝署御批無變割地議，帝不許。康王與邦昌乘筏渡壕，自午至夜始達金營。康王，道君皇帝第九子，韋賢妃所生也。

**以唐恪同知樞密院事。○都統制馬忠敗金人于順天門。**金游騎大掠於城下，忠以京西募兵適至，擊金人，敗之于順天門外。金師遂收斂爲一，西路稍通，援兵得

❶「通津」，原作「天津」，據《宋史》卷二三《欽宗本紀》、《通鑑續編》卷一三改。

**達。以路允迪簽書樞密院事，如金粘没喝軍。○种師道帥師入援，以師道同知樞密院事，統四方勤王兵。**師道至洛，聞斡离不已屯京城下，或止師道，言：「賊勢方鋭，願少駐汜水以謀萬全。」師道曰：「吾兵少，若遲回不進，形見情露，秖取辱焉。今鼓行而進，彼安能測我虚實？都人知吾來，士氣自振，何憂賊哉！」揭榜沿道，言「种少保領西兵百萬」來。遂抵京西，趨汴水南，徑逼敵營。金人懼，徙砦稍北，斂游騎，但守牟駞岡，增壘自衛。時師道年高，天下稱爲老种。帝聞其至，甚喜，開安上門命李綱迎勞。師道入見，帝問曰：「今日之事，卿意若何？」對曰：「女真不知兵，豈有孤軍深入人境而能善其歸乎！」帝曰：「業已講好矣。」對曰：「臣以軍旅之事事陛下，餘非所敢知也。」遂拜同知樞密院事，充京畿、河北、河東宣撫使，統四方勤王兵及前後軍，以姚平仲爲都統制。師道時被病，命毋拜，許肩輿入朝。金使王汭在廷頡頏，望見師道，拜跪稍如禮。帝顧笑曰：「彼爲卿故。」師道請緩給金幣于金，俟彼惰歸，扼而殲諸河，計之上也。李邦彦不從。**以楊時爲右諫議大夫兼侍講。**時言：「今日之事，當以收人心爲先。人心不附，雖有高城深池、堅甲利兵，不足恃也。童貫爲三路大帥，棄軍逃歸，朝廷置之不罪，故梁方平之徒相繼而遁，當正典刑，以爲不忠之戒。自貫握兵二十餘年，覆軍殺將，馴至今日，比聞防城仍用閹人，覆車之轍，不可復蹈。」疏上，遂有是命。**貶梁師成爲彰化節度副使，尋賜死。**師成晚年益通賄謝，士人入錢數百萬，以獻頌上書爲名，令赴廷試，唱第之日，侍於帝前，囁嚅升降之。其小吏儲宏亦與科甲，而執役如初。師成貌若不能言，然陰鷙，遇間即發。王黼嘗爲鄆王楷陰畫奪宗之計，師成力保護，太子得不動摇。及上皇東幸，嬖臣多從以避罪，師成自以舊恩留京師。太學生陳東既疏其罪惡，布衣張炳亦以爲言，遂貶，令開封吏護送至貶所，行一日追殺之。**二月，都統制姚平仲將兵夜襲金營，不克而遁。**時朝廷日輸金幣于金，而金人需求不已，日肆屠掠。四方勤王之師漸至，李綱言：「金人貪婪無厭，兇悖日甚，其勢非用師不可。且敵兵號六萬，而吾勤王之師集城下者已二十餘萬，彼以孤軍入重地，猶虎豹自投陷穽中，當以計取之，不必與角一旦之力。若扼河津，絶餉道，分兵復畿北諸邑，而以重兵臨敵營，堅壁勿戰，俟其食盡力疲，然後以一檄取誓書，復三鎮，縱其北歸，半渡而擊之，此必勝之計也。」帝深然之，約日舉事。种氏、姚氏皆素爲山西巨室，平仲以父古方帥熙河兵入援，慮功名獨歸种氏，乃云：「士不得速戰，有怨言。」帝聞之，以語李綱，綱主其議，令城下兵緩急聽平仲節度。帝日遣使趣師道戰，師道欲俟其弟師中至，因奏言：「過春分乃可擊。」時相距纔八日，帝以爲緩，平仲請先期擊之。二月朔，平仲帥步騎萬人夜斫敵營，欲生擒斡离不及取康王以歸。夜半，帝遣中使諭李綱曰：「姚平仲已舉事，卿速援之。」平仲方發，金候吏覺之。斡离不遣兵迎擊，平仲兵敗，懼誅，亡去。李綱率諸將出救，遂與金人戰于幕天坡，以神臂弓射却之。師道復言：「刼寨已誤，然兵家亦有出其不意者，今夕再遣兵分道攻之，亦一奇也。如猶不勝，然後每夕以數千人擾之，不十日，賊遁矣。」李邦彥等畏懦，皆不果用。

**罷李綱以謝金人。**

斡离不召諸使者，詰責用兵違誓之故。張邦昌恐懼涕泣，康王不爲動，金人異之，乃使王汭來致責，且請更以他王爲質。汭至，李邦彥語之曰：「用兵乃李綱、姚平仲爾，非朝廷意也。」因罷綱以謝金人，廢親征行營司。時宇文虛中聞汴京急，馳歸，收合散卒，得東南兵二萬人，以便宜起李邈領之，令駐于汴河。會姚平仲失利，援兵西來者皆潰，虛中縋而入京。帝欲遣人奉使辨刼營非朝廷意，大臣皆不欲行，虛中承命慨然而往。

**太學生陳東上書請復用李綱，詔以綱爲尚書右丞、京城防禦使。**

東等千餘人上書于宣德門，言：「李綱奮勇不顧，以身任天下之重，所謂社稷之臣也。李邦彥、白時中、張邦昌、趙野、王孝迪、蔡懋、李棁之徒庸繆不才，忌嫉賢能，動爲身謀，不恤國計，所謂社稷之賊也。陛下拔綱，中外相慶，而邦彥等疾如仇讎，恐其成功，因緣沮敗。且邦彥等必欲割地，曾不知無三關、四鎮是棄河北也。棄河北，朝廷能復都大梁乎？又不知邦昌等能保金人不復敗盟否也？切恐虜兵南向，大梁不可都，必將遷而之金陵，則自江以北非朝廷有。况金陵正慮童貫、蔡攸、朱勔等往生變亂，雖欲遷而都，又不可得。陛下將於何地而奠宗社邪？邦彥等不爲國家長久之計，又欲沮李綱成謀以快私憤。李綱罷命一傳，兵民騷動至於流涕，咸謂不日爲虜擒矣。罷綱非特墮邦彥等計中，又墮虜計中也。乞復用綱而斥邦彥等，且以閫外付种師道，宗社存亡在此一舉，不可不謹。」書奏，軍民不期而集者數萬人。會邦彥入朝，衆數其罪而罵，且欲毆之，邦彦疾驅得免。吳敏傳宣令退，衆莫肯去，撾壞登聞鼓，喧呼動地。殿帥王宗濋恐生變，奏帝勉從之。帝乃遣耿南仲號於衆曰：「已得旨宣綱矣。」内侍朱拱之宣綱後期，衆臠而磔之，并殺内侍數十人。知開封府王時雍麾之不退，帝顧户部尚書聶昌，俾出諭旨，諸生始退。乃復綱右丞，充京城四壁防禦使。既而都人又言願見种師道，詔趣師道入城彈壓。師道乘車而至，衆褰簾視之，曰：「果我公也！」相麾聲喏而散。明日，詔誅士民殺内侍爲首者，禁伏闕上書。王時雍欲盡致太學諸生于獄，人人惴恐，會朝廷將用楊時爲祭酒，遣聶昌詣學宣諭，然後定。吳敏欲弭謗議，奏東爲太學録，東力辭以歸。

除元祐黨籍學術之禁。○廢苑囿宫觀可以與民者。○更以肅王樞爲質于金，康王構還。

宇文虛中冒鋒鏑至金營，露坐風埃，自巳至申，金人注矢露刃周匝圍之，久乃得見康王。次日，侍王至金幕府，見斡离不辭語不遜，禮節倨傲。抵暮，遣王汭隨虛中入城，要越王及李邦彦、吳敏、李綱并駙馬曹晟等與金銀、騾馬之類，且欲御筆書定三鎮界，方退軍。明日，帝命肅王往代質，康王、張邦昌還。

以徐處仁爲中書侍郎，宇文虛中簽書樞密院事，蔡懋罷。○詔割三鎮地以畀金，金斡离不引兵北去，京師解嚴。

初，金人犯城，蔡懋禁不得輒施矢石，將士積憤。及李綱復用，下令能殺敵者厚賞，衆無不奮躍，金人懼，稍稍引却。至是，宇文虛中復奉詔如金，許割三鎮地。斡离不得詔，遂不俟金幣數足，遣韓光裔來告辭，退師北去，肅王從之，京師解嚴。种師道請乘其半濟擊之，帝不許。師道曰：「異日必爲國患。」御史中丞吕好問進言于帝曰：「金人得志，益輕中國，秋冬必傾國復來。禦敵之備，當速講求。」不聽。

赦。

且詔諭士民：「自今庶事並遵用祖宗舊制，凡蠹國害民之事，一切寢罷。」復罷宰執兼神霄、玉清、萬壽宫使。

李邦彦免。

邦彦無所建明，惟阿順趨諂而已，都人目爲浪子宰相。

以張邦昌爲太宰，吳敏爲少宰，李綱知樞密院事，耿南仲、李梲爲尚書左、右丞。○宇文粹中罷。○姚古、种師中及府州將折彦質以兵入援。

姚古、种師中及府州帥折彦質等各以兵勤王，凡十餘萬人，至汴城下，而斡离不已退。李綱請詔古等追之，且戒俟其間可擊則擊。而三省乃令護送出之，勿輕動以啟釁。時大臣政令矛盾，故迄無成功。

种師道罷。中丞許翰言：「師道名將，沈毅有謀，不可使解兵柄。」帝謂其老難用，翰曰：「秦始皇老王翦而用李信，兵辱于楚；漢宣帝老趙充國而卒能成金城之功。自呂望以來，以老將收功者難一二數。師道智慮未衰，雖老可用也。」帝不納。翰又言：「金人此去，存亡所係，當令一大創，使失利去，則中原可保，四夷可服。不然，將來再舉，必有不救之患。宜遣師邀擊之。」帝亦不聽。

以楊時兼國子祭酒。時知無不言，然不見聽。及太學生留李綱、种師道，吳敏乞用時以靖太學，因召對。時言：「諸生忠於朝廷，非有他意，但擇老成有行誼者爲之長貳，則將自定。」帝曰：「無以逾卿。」遂用之。

金粘没喝入威勝軍，陷隆德府。粘没喝攻太原，悉破諸縣，獨城中以張孝純固守不下，乃於城外矢石不及之地築城防守，使内外不相通。及聞斡离不議和，亦遣人來求賂，宰臣以勤王兵大集，拘其使而不與。粘没喝怒，乃分兵趨汴京，折可求、劉光世軍皆爲所敗。平陽府叛卒導金兵入南北關，粘没喝嘆曰：「關險如此而使我過之，南朝無人矣！」既過，知威勝軍李植以城降，遂攻下隆德府，知府張確死之，進屯澤州。呂中曰：「取燕而不知取三關之險，守京城而不知守關河之險，此虜所以嘆無人也！」

貶蔡京爲祕書監，童貫爲左衛上將軍，蔡攸爲太中大夫。以陳東之言也，時三人皆從上皇行。

梁方平伏誅。○王孝迪罷。○以聶昌爲東南發運使，未行而罷。初，上皇南幸，童貫、高俅等以兵扈從，既行，聞都城受圍，乃止東南郵傳及勤王之師。道路籍籍，言貫等爲變，朝議以聶昌爲發運使往圖之。李綱曰：「使昌所圖果成，震驚太上，此憂在陛下。萬一不果，是數人者挾太上於東南求劒南一道，陛下將何以處之？莫若罷昌之行，請於太上去此數人，自可不勞而定。」帝從之。

金粘没喝還雲中，留軍圍太原。○三月，張邦昌、李棁免。議者以邦昌私於敵，故粘没喝復至，社稷之賊也，遂免。

以徐處仁爲太宰，唐恪爲中書侍郎，何㮚爲尚書右丞，許翰同知樞密院事。帝召處仁問割三鎮是否，處仁言不當棄，與吳敏議合。敏薦處仁可相，遂拜太宰。時進見者多論宣和間事，恪言于帝曰：「革弊當以漸，宜擇今日之所急者先之，而言者不顧大體，至毛舉前事，以快一時之憤，豈不傷太上之心哉！京、攸、貫、黼之徒既從竄斥，姑可已矣。他日邊事既定，然後白太上，請下一詔，與天下共棄之，誰曰不可！」帝曰：「卿論甚善！爲朕作詔書，以此意布告在位。」**宇文虛中免。**言者劾其議和之罪，出知青州。**詔种師道屯滑州，姚古、种師中援三鎮。古復隆德府、威勝軍，師中追斡离不至北鄙而還。**詔：「金人要盟，終不可保。今粘没喝深入，南陷隆德，先敗元約。朕夙夜追咎，已黜罷元主和議之臣。其太原、中山、河間三鎮，保塞陵寢所在，誓當固守。」於是命种師道爲河北、河東宣撫使，❶駐滑州。姚古爲河北制置使，种師中副之，古總兵援太原，師中援中山、河間。而師道實無兵自隨，乃請合關、河卒屯滄、衛、孟、滑，備金兵再至。朝廷以大敵甫退，不宜勞師示弱，格不用。師中渡河，上言：「粘没喝至澤州，臣欲由邢、相間捷出上黨，擣其不意，當可以逞。」朝廷疑不用。斡离不行至中山、河間，兩鎮皆固守不下，師中因邀兵以逼之，斡离不遂出境。姚古以兵復隆德、威勝，扼南北關。**詔李綱迎太上皇于南京。**時用事者言太上將復辟于鎮江，人情危駭。既而太上皇后先還，或謂后將由端門直入禁中，内侍輩頗勸帝嚴備，帝不從。既而太上還至南京，以書問改革政事之故，且召吴敏、李綱，或慮太上意不可測。綱曰：「此無他，不過欲知朝廷事爾。」綱往，具道皇帝聖孝思慕，請陛下蚤還京師。太上因及行宫止遞角等事，綱曰：「當時恐金人知行宫所在，非有他也。」因言：「皇帝每得詰問之詔，輒憂懼不食。臣竊譬之，家長出而彊寇至，子弟之任家事者不得不從宜措置，長者但當以其能保田園大計而慰勞之，苟誅及細故，則爲子弟者何所逃其責邪！陛下回鑾，臣謂宜有以大慰皇帝之心，勿問細故可也。」太上感悟，出玉帶、金魚、象簡賜綱，且曰：「卿捍守宗社有大功，若能調和父子間，使無疑阻，當遂垂名青史。」綱還，具道太上意，帝始釋然。**夏四月，夏人陷天德、雲内諸城，金人襲取之。**先是，粘没喝遣撒拇使夏，許割天德、雲内、金肅、河清四軍及武州等八館之地，約攻麟州以牽河東之勢。夏人遂由金肅、河清渡



❶「撫」，原作「諭」，據《靖康傳信録》卷二、《東都事略》卷一二《欽宗本紀》、《宋史》卷三三五《种師道傳》改。

河，取天德、雲内、武州、河東八館之地，因攻鎮威城。兵馬監押朱昭力戰而敗，乃盡殺其妻子，納尸井中，復帥士搏戰死之，城遂陷。既而金將谷神以數萬騎陽爲出獵，掩至天德，逼逐夏人，悉奪有其地。夏人請和，金人執其使。

**太上皇至京師。**太上將至，宰執進迎奉儀注。耿南仲議欲屏太上左右，車駕乃進。李綱言：「天下之理，誠與疑，明與闇而已。自誠明推之，可至於堯、舜；自疑闇推之，其患有不可勝言者。耿南仲不以堯、舜之道輔陛下，乃闇而多疑。」南仲艴然曰：「臣適見左司諫陳公輔，乃爲李綱結士民伏闕者，乞下御史置對。」上愕然。綱曰：「臣與南仲所論國事也，南仲乃爲此言，臣何敢復有所辨！」因求去，帝不允。**立子諶爲皇太子。○以耿南仲爲門下侍郎，趙野免。○詔吏部考覈濫賞。**凡由楊戩、李彦之公田，王黼、朱勔之應奉，童貫、譚稹等西北之師，孟昌齡河防之役，夔蜀、湖南之開疆，關陝、河東之改幣，及近習所引、獻頌可採、特赴殿試之流，所得爵賞悉奪之。**以种師道爲兩河宣撫使。○復以詩賦取士，禁用王安石《字説》。○召河南尹焞至京師，賜號和靖處士，遣還。**焞，洛人，師事程頤。紹聖初，嘗應舉，發策有誅元祐諸臣議，焞曰：「噫，尚可以干禄乎哉！」不對而出，告頤曰：「焞不復應進士舉矣。」頤曰：「子有母在。」焞歸告其母，母曰：「吾知汝以善養，不知汝以禄養。」頤聞之曰：「賢哉母也！」於是終身不就舉，聚徒洛中，非弔喪問疾不出，士大夫宗仰之。种師道薦焞德行，召至京師，不欲留，賜號和靖處士，遣還。户部尚書梅執禮、侍郎邵溥、中丞吕好問、中書舍人胡安國合奏焞言：「動可以師法，器識可以任大，乞擢用之。」不報。**五月，罷王安石配享孔子，猶從祀廟庭。國子祭酒楊時致仕。**時上言：「蔡京用事二十年，蠹國害民，幾危宗社，人所切齒，而論其罪者，莫知其所本也。蓋京以繼述神宗爲名，實挾王安石以圖身利，故推尊安石，加以王爵，配享孔子廟庭。今日之禍，實安石有以啟之。安石挾管、商之術，飾六藝以文姦言，變亂祖宗法度。當時司馬光已言其爲害當見於數十年之後，今日之事，若合符契。其著爲邪説以塗學者耳目，而敗壞其心術者，不可縷數。伏望追奪王爵，明詔中外，毁去配享之像，使邪説淫辭不爲學者之惑。」疏上，詔罷安石配享，降居從祀之列。時諸生習用王氏學以取科第者已數十年，不復知其非，忽聞楊時目爲邪説，羣論籍籍。於是中丞陳過庭、諫議大夫馮澥上疏詆時，乃罷時祭酒。詔改給事中，時力辭，遂以徽猷閣待制致仕。時居諫垣九十日，凡所論列皆切於世道，而其大者則闢王氏、排和議、論三鎮不可棄云。**詔种師中、姚古進軍太原。師中與金人戰于殺熊嶺，敗績，死之。古軍潰。**太原圍不解，詔种師中由井陘與姚古掎角。師中進次平定軍，乘勝復壽陽、榆次等縣，留屯真定。時粘没喝避暑還雲中，留兵分就畜牧，覘者以爲將遁，告于朝。許翰信之，數遣使趣師中出戰，責以逗撓。師中嘆曰：「逗撓，兵家大戮也。吾結髮從軍，今老矣，忍受此爲罪乎！」即日辦嚴，約姚古及張灝俱進，而輜重、賞犒之物皆不以從行。師中抵壽陽之石坑，爲金將完顏活女所襲，五戰三勝，回趨榆次，至殺熊嶺，去太原百里。姚古將兵至威勝，統制焦安節妄傳粘没喝將至，故古與灝皆失期不至。師中兵飢甚，敵知之，悉衆攻右軍，右軍潰而前軍亦奔。師中獨以麾下死戰，自卯至巳，士卒發神臂弓射退金人，而賞賚不及，皆憤怨散去，所留才百人。師中身被四創，力疾鬭死。師中老成持重，爲時名將，既死，諸軍無不奪氣。金乘勝進兵迎古，遇于盤陀，古兵潰，退保隆德。事聞，李綱召安節斬之，安置古于廣州，而贈師中少師。

**六月，詔諫官極論闕失。**右正言崔鶠上疏曰：「諫議大夫馮澥近上章言熙寧、元豐之間士無異論，太學之盛也。澥尚敢爲此姦言乎！王安石除異己之人，著三經之説以取士，天下靡然雷同，陵夷至于大亂，此無異論之効也。蔡京又以學校之法馭士人如馭卒伍，一有異論累及學官，❶其苛錮多士，固已密矣，而澥猶以爲太學之盛，欺罔不已甚乎！仁宗、英宗選敦樸敢言之士以遺子孫，安石目爲流俗，一切逐去。司馬光復起而用之，元祐之治，天下安於泰山。及蔡京得志，引門生故吏更持政柄，倡紹述之論以欺人主，使天下一於諂佞。紹述同風俗而天下同於欺罔，紹述理財而公私竭，紹述造士而人才衰，紹述開邊而塞塵犯闕矣。京之術破壞天下已極，尚忍使其餘蠹再破壞邪！京姦邪之計，大類王莽，而朋黨之衆則又過之。願斬之以謝天下！」**召种師道還，以李綱爲**

❶「一有」，原作「有一」，據《宋史》卷三五六《崔鶠傳》乙正。

兩河宣撫使。京師自金兵退，上下恬然，置邊事於不問。李綱獨以爲憂，數上備邊禦敵之策，不見聽用，每有謀議，復爲耿南仲等所沮。及姚古、种師中敗潰，种師道以病丐歸，南仲等請棄三鎮，綱言不可，乃以綱爲宣撫使，劉韐副之以代師道，又以解潛爲制置副使以代姚古。綱言：「臣書生，實不知兵。在圍城中，不得已爲陛下料理兵事。今使爲大帥，恐誤國事。」因拜辭，不許。退而移疾，乞致仕，章十餘上，亦不允。臺諫言綱不可去朝廷，帝以其爲大臣遊説，斥之。或謂綱曰：「公知所以遣行之意乎？此非謂邊事，欲緣此以去公，則都人無辭爾。公不起，上怒且不測，奈何？」許翰復書「杜郵」二字以遺綱，綱不得已受命。帝手書《裴度傳》以賜之。宣撫司兵僅萬二千人，綱請銀絹錢各百萬，僅得二十萬。庶事皆未集，綱乞展行期，御批以爲遷延拒命，趣召數四。綱入對，帝曰：「卿爲朕巡邊，便可還朝。」綱曰：「臣之行，無復還理。臣以愚直不容於朝，使既行之後，無有沮難，則進而死敵，臣之願也。萬一朝廷執議不堅，臣自度不能有爲，即當求去。陛下宜察臣孤忠，以全君臣之義。」上爲感動。陛辭，又爲上道唐恪、聶昌之姦，任之必誤國，言甚激切。路允迪免。○謫左司諫陳公輔監合州酒務。公輔居職敢言，耿南仲指爲李綱之黨，公輔因自列，且辭位。復言：「李綱書生，不知軍旅，遣援太原，乃爲大臣所陷，後必敗事。」時宰怒其言，斥監合州酒務。天狗星隕。有聲如雷。彗出紫微垣。長數丈，北拂帝座，掃文昌。大臣有謂此乃夷狄將衰，非中國憂也。提舉醴泉觀譚世勣面奏：「垂象可畏，當修德以應天，不宜惑其諛説。」詔除民間疾苦十七事。高麗稱藩于金，金以保州畀之。高麗王楷遣使奉表稱藩，一依事遼之禮。金遣高伯淑報之，且以保州與之。自是，朝貢不絶。秋七月，除元符上書邪等之禁。○竄蔡京于儋州，道死。童貫、趙良嗣伏誅。京再貶崇信軍節度副使，貫再貶昭化軍節度副使。至是，復竄京于儋州，其子孫二十三人分竄遠地，遇赦不許量移。竄貫于吉陽軍，趙良嗣于郴州。❶

❶「郴州」，原作「柳州」，據《胡少師總集》卷一《奏請誅趙良嗣疏》、《三朝北盟會編》卷四四、《編年綱目備要》卷三〇改。

詔下十日，京死于潭州。朝廷遣御史張澂誅貫，轉運副使李昇之誅良嗣于貶所，函首赴闕，梟于市。京天資凶譎，舞智御人，在人主前，顓狙伺爲固位計。帝亦知其姦，屢罷屢起，且擇京不合者執政以柅之。京每聞將退免，輒入見祈哀，蒲伏叩頭無復廉耻。見利忘義，至於兄弟、父子自爲秦、越。暮年，即家爲府，營進之徒，集門輸貨，僮隸皆得美官，棄紀綱法度爲虚器，根株連結，牢不可破。卒致宗社之禍，雖以譎死，天下猶以不正典刑爲恨。貫握兵二十年，權傾一時，奔走期會，過于制敕。嘗有論其過者，詔方劭往察，劭一動一息，貫悉偵得之，先密以白，且陷以他事，劭反得罪逐死。貫狀魁梧，偉瞻視，頤下生鬚十數，皮骨勁如鐵，不類閹人。有度量，能踈財，後宫自妃嬪以下皆獻餉結納，左右婦寺譽言日聞。寵煽翕赫，庭户雜遝成市，岳牧輔弼多出其門，窮姦稔禍，流毒四海，死不足以償責。

**李綱至懷州，諸軍潰于太原。**綱留河陽十餘日，練士卒，修整器甲之屬。進次懷州，造戰車，期兵集大舉，而朝廷降詔罷所起兵。綱上疏言：「秋高馬肥，敵必深入，宗社安危，殆未可知。防秋兵盡集，尚恐不足，今河北、河東日告危急，未有一人一騎以副其求，奈何甫集之兵，又皆散遣？且以軍法勒諸路起兵，而以寸紙罷之，臣恐後時有所號召，無復應者矣！」疏上，不報，趣赴太原。綱乃遣解潛屯威勝軍，劉韐屯遼州，幕官王以寧與都統制折可求、張思正等屯汾州，范瓊屯南北關，皆去太原五驛，約三道並進。時諸將皆承受御畫，事皆專達，進退自如，宣撫司徒有節制之名，多不遵命。綱嘗具論之，雖降約束，而承受專達自若。於是劉韐兵先進，金人併力禦之，韐兵潰。潛與敵遇于南關，❶亦大敗。思正等領兵十七萬與張灝夜襲金婁室軍于文水，小捷，明日戰，復大敗，死者數萬人。可求師潰于子夏山。於是威勝軍、隆德府、汾、晉、澤、絳民皆渡河南奔，州縣皆空。

**八月，復以种師道爲兩河宣撫使，召李綱還。**綱以張灝等違節制而敗，又上疏極論節制不專之弊，且言：「分路進兵，賊以全力制吾孤軍，不若合大兵由一路進。」及范世雄以湖南兵至，因薦爲宣撫判官。方欲會合親率擊虜，會以議和，止綱進兵。綱亦求罷，遂代還。

**金粘没喝、斡离不復分道入寇。**先是，朝廷以肅王爲彼所質，亦

---

❶「南關」，原作「關南」，據《三朝北盟會編》卷五〇、《編年綱目備要》卷三〇、《宋史》卷二三《欽宗本紀》乙正。

留其使臣蕭仲恭以相當，踰月不遣。其副趙倫懼不得歸，乃給館伴邢倞曰：「金有耶律余覩者，領契丹兵甚衆，貳於金人，願歸大國，可結之以圖斡离不及粘没喝。」執政以仲恭、余覩皆遼貴戚舊臣而用事于金，當有亡國之感，信之，乃以蠟書命仲恭致之余覩，使爲内應。仲恭還，見斡离不，即以蠟書獻之，斡离不以聞于金主晟。麟府帥折可求又言遼梁王雅里在西夏之北，欲結宋以復怨于金。吴敏勸帝致書梁王，由河東之麟府，亦爲粘没喝所得，復以聞。於是金主晟以粘没喝爲左副元帥，斡离不爲右副元帥，分道南侵。粘没喝發雲中，斡离不發保州。

**徐處仁、吴敏、許翰罷，以唐恪爲少宰，何㮚爲中書侍郎，陳過庭爲尚書右丞，聶昌同知樞密院事，李回簽書院事。**

翰、處仁主用兵，而吴敏、耿南仲欲和，論議不合，翰罷知亳州。處仁又與敏争于帝前，處仁怒，擲筆中敏面，鼻額爲黑。南仲與唐恪、聶昌欲排去二人而代之位，諷中丞李回論之，於是俱罷。初，敏以昌猛厲可使助己，自衡州召知開封府，不數月拜同知。入謝，即陳扞禦之策，曰：「三關、四鎮，國家藩籬也，聞欲以畀敵，一朝渝盟，何以制之，願勿輕與，而檄天下兵集都畿，堅城守以遏其衝，簡禁旅以備出擊，壅河流以斷歸路。前有堅城，後有大河，勁兵四面而至，彼或南下，墮吾網中矣。臣願激合勇義之士，設伏開關，出其不意，掃其營以報。」帝壯之，命提舉守禦，得以便宜行事。未幾，言者論敏因蔡京進用，安置涪州。

**遣給事中王雲使金軍。**

先是，遣劉岑、李若水分使金軍以求緩師，岑等還言斡离不止索歸朝官及所欠金銀，粘没喝則深諱金銀，專論三鎮。至是，乃遣雲往，許以三鎮賦入之數。

**九月，金粘没喝陷太原，副都總管王稟等死之。**

粘没喝乘勝急攻太原，知府張孝純力竭不能支，城遂陷，孝純被執，既又釋而用之。副都總管王稟負原廟中太宗御容赴汾水死，通判方笈、轉運韓揔等三十人皆被害。❶金分兵陷汾州，知州張克戩畢力扞禦，城破猶巷戰，不克，乃南向拜，自引决，一家死者八人。

**蔡攸、朱勔伏誅。**

先是，竄勔循州，籍其家田至三十萬畝，他物稱是。言者又論攸興燕山之役，禍及天下，驕奢淫泆，載籍所無。於是

---

❶「韓揔」，原作「韓揆」，據《編年綱目備要》卷三〇、《大金國志》卷四、《宋史全文》卷一五改。

遣使即二人所至斬之。**以王寓爲尚書左丞。○罷李綱知揚州，謫中書舍人劉珏、胡安國于遠州。**安國初爲太學博士，蔡京惡其異己。會安國舉永州布衣王繪、鄧璋遺逸，京以二人乃范純仁、鄒浩之客，置獄推治，安國坐除名。張商英相，始得復官。帝即位，召赴京師，入對，言：「明君以務學爲急，聖學以正心爲要。」語甚剴切，日昃始退。耿南仲聞其言而惡之，力間于帝，❶帝不爲動。中丞許翰入見，帝謂曰：「卿識胡安國否？」翰對曰：「自蔡京得政，士大夫無不受其籠絡，超然遠迹不爲所污如安國者實鮮。」遂除中書舍人。及言者論李綱專主戰議，喪師費財，罷知揚州。舍人劉珏當制，謂綱勇於報國。吏部侍郎馮澥言珏爲綱遊説，珏坐貶。安國封還詞頭，且論澥越職論事。耿南仲大怒，何㮚從而擠之，遂出知通州。安國在省一月，多在告之日，及出，必有所論列。或曰：「事之小者，盍姑置之？」安國曰：「事之大者，無不起於細微。今以小事爲不必言，至於大事又不敢言，是無時可言也！」人服其論。**置四道都總管府，以李回爲大河守禦使，折彦質爲河北宣撫副使。**從何㮚之請，分天下二十三路爲四道，建三京及鄧州爲都總管府，分總四道兵，以知大名府趙野總北道，知河南府王襄總西道，知鄧州張叔夜總南道，知應天府胡直孺總東道。事得專決，財得專用，官得辟置。**罷西南勤王兵。**金師日逼，南道總管張叔夜、陝西制置使錢蓋各統兵赴闕。唐恪、耿南仲專主和議，亟檄止諸軍勿前。遣給事中黄鍔由海道使金以請和。❷**夏人陷西安州。○金斡离不陷真定，都鈐轄劉竧死之。**种師閔及金斡离不戰于井陘，敗績。斡离不遂入天威軍，犯真定，竧率衆晝夜搏戰，久之，城陷。竧巷戰，麾下稍稍散亡，竧顧其弟曰：「我大將也，可受賊戮乎！」因挺刃欲奪門出，不果，自縊死。知府李邈被執北去。

**冬十月，安置李綱于建昌軍。○金遣使來。**金二酋遣楊天吉、王汭等以書來詰責，索親王詣軍前陳謝，仍要割地，且求金帛、車輅、儀物及加其主徽號。罷

❶「間」，萬曆本、四庫本作「諫」，《資治通鑑後編》卷一〇四作「譖」。

❷「黄鍔」，原作「黄諤」，據《靖康要録》卷九、《三朝北盟會編》卷五九、《宋史》卷二三《欽宗本紀》改。

**御史中丞呂好問。**金人復至，大臣不知所出，遣使講解，金人佯許而攻略自如。諸將以和議故，皆閉壁不出。好問乃請亟集滄、滑、邢、相之戍以遏奔衝，而列勤王之師于畿邑以衛京城。疏入，不省。金人陷真定，攻中山，上下震駭，廷臣狐疑相顧，猶以和議爲辭。好問率臺屬劾大臣畏懦誤國，坐貶知袁州。帝閔其忠，下遷吏部侍郎。

**召种師道還，尋卒。**師道次河陽，遇王汭，揣敵必大舉，亟上疏請幸長安以避其鋒。大臣以爲怯，召還，以范訥代之。師道尋卒，謚忠憲。

**以馮澥知樞密院事。**

**○貶王寓爲單州團練副使。**命寓副康王使斡离不軍，寓託故不行，乃貶單州團練副使，新州安置。

**十一月，夏人陷懷德軍。**知軍事劉銓、通判杜翊世死之。

**籍譚稹家。**

**○詔百官議三鎮棄守。**王雲至真定斡离不軍，使從吏先還，言金人不復求地，但索五輅及上尊號，且須康王至軍乃議和。會斡离不、粘没喝亦使王汭等來，帝乃命馮澥副康王往，王未行，而車輅至長垣爲金人所却，王遂不行。至是，雲還，言金人中變，今必欲得三鎮，不然，則進兵取汴都。中外駭震，詔集從官于尚書省，議割三鎮，百官多請割與以紓國禍。何㮚曰：「三鎮，國之根本，奈何一旦棄之？且金人無信，割亦來，不割亦來。」唐恪、耿南仲等力主割地，㮚論辨不已，因曰：「河北之民皆吾赤子，棄地則并其民棄之，爲民父母而棄其子，可乎？」帝悟，乃止。㮚退，謂恪曰：「割三鎮則傷河外之情，不割則太原、真定已失，不若任之。」恪唯唯。遂詔河北、河東、京畿清野，令流民得占官舍、寺觀以居。禁京師民以浮言相動者。

**金粘没喝陷河東諸州郡，李回、折彦質師潰，金人遂渡河，陷西京。**

**詔馮澥使金軍請和。**粘没喝自太原趨汴，所至破降，平陽府、威勝、隆德軍、澤州皆陷，官吏棄城走者遠近相望。粘没喝至河外，宣撫副使折彦質以兵十二萬拒之，夾河而軍。時李回以萬騎防河，亦至河上。粘没喝曰：「南軍亦衆，與之戰，勝負未可知，不若加以虚聲。」遂取戰鼓擊之達旦，彦質之衆皆潰，李回亦奔還京師。金活女帥衆先渡孟津，粘没喝從之，於是知河陽燕瑛、河南留守西道都總管王襄皆棄城走，永安軍、鄭州悉降于金。粘没喝既渡河，不復言三鎮，直遣人來言欲盡得兩河地，請畫河爲界。於是京師戒嚴，遣馮澥、李若水往使。行至中牟，守河兵相驚以爲金兵至，左右謀取間道去。澥問何如，若水曰：「戍兵畏敵而潰，奈何效之？今正有死爾，敢言退者斬！」衆乃定。既行，若水屢附奏言和議必不可諧，乞申飭守備。**下哀痛詔，徵兵于四方。**

**○詔王雲副康王構使金軍，許割三鎮。至磁州，州人殺雲，構還次相州。**雲固請康王往使，詔雲以資政殿學士副王使斡离不軍，許割三鎮，奉袞冕、玉輅，尊金主爲皇叔，且上尊號十八字。王由滑、濬至磁州，守臣宗澤迎謁曰：「肅王一去不返，今敵又詭辭以致大王，其兵已迫，復去何益？願勿行！」先是，王雲奉使過磁、相，勸兩郡撤近城民舍，運粟入保，爲清野之計，民怨之。及是，次磁，會康王出謁嘉應神祠，雲在後，民遮道諫王勿北去，厲聲指雲曰：「真姦賊也！」王出廟行，民譟，執雲殺之。時斡离不軍濟河，遊奕日至磁城下，蹤跡王所在。知相州汪伯彦亟以帛書請王如相，服櫜鞬，部兵以迎於河上。王遂行，至相，勞伯彦曰：「他日見上，當首以京兆薦公。」由是受知。議者以爲是役雲不死，王必至金，無復還理。相州湯陰人岳飛少負氣節，家貧力學，尤好《左氏春秋》、孫、吴兵法，有神力，能挽弓三百斤、弩八石。劉韐宣撫真定，募敢戰士，飛與焉，屢擒劇賊。至是，因劉浩以見，王以爲承信郎。

**何㮚罷，以陳過庭爲中書侍郎，孫傅爲尚書右丞。**㮚主戰守，與唐恪、耿南仲不合，罷爲開封尹。傅爲兵部尚書，上書乞復祖宗法度。帝問之，傅對曰：「祖宗法惠民，熙、豐法惠國，崇、觀法惠姦。」時謂名言。

**以郭京爲成忠郎，選六甲兵以禦金。**孫傅因讀丘濬《感事詩》，有「郭京楊適劉無忌」之語，於市人中訪得無忌，於龍衛中得京。好事者言京能施六甲法，可以生擒金二將而掃蕩無餘，其法用七千七百七十七人。朝廷深信不疑，命以官，賜金帛數萬，使自募兵，無問伎藝能否，但擇年命合六甲者，所得皆市井游惰，旬日而足。敵攻益急，京談笑自如，云擇日出兵三百可致太平，直襲擊至陰山乃止。傅與何㮚尤尊信之。或謂傅曰：「自古未聞以此成功者。正或聽之，姑少付以兵，俟有尺寸功，乃稍進任。今委之太過，懼必爲國家羞。」傅怒曰：「京殆爲時而生，敵中瑣微無不知者。幸君與傅言，若告他人，將坐沮師之罪。」揖使出。又有劉孝竭等募衆，或稱「六丁力士」，或稱「北斗神兵」，或稱「天關大將」，大率效京所爲，識者危之。京嘗曰：「非至危急，吾師不出。」

**遣耿南仲、聶昌使金軍，許盡割兩河地。**昌爲絳人所殺，南仲奔相州。斡离不亦遣使來議割兩河地，帝許之，命耿南仲往報。南仲以老辭，改命聶昌，昌以親辭。陳過庭曰：「主憂臣辱，願效死。」帝爲揮涕太息，而怒南仲及昌，乃即命南仲如河北斡离不軍，昌如河東粘没喝軍。昌言：「兩河之人忠勇，萬一爲所執，死不瞑目矣。」行至絳，絳人果堅壁拒之，昌持詔抵城下，縋而登。鈐轄趙子清麾衆殺昌，抉其目而臠之。初，南仲爲東宮官十年，自謂首當柄用，而吴敏、李綱越次進，位在己上，心不能平，故每事異議，力沮戰守，與吴幵堅請割地以成和好，故朝廷戰守之備皆罷，致金師日逼。至是，與金使王汭偕行至衛州，衛鄉兵欲殺汭，汭脱去，南仲遂走相州，以帝旨喻康王，起河北兵入衛京師，因連署募兵榜揭之，人情始安。

以孫傅同知樞密院事，曹輔簽書院事。

○以范致虚爲陜西五路宣撫使，會兵入援。

○金人入懷州，知州事霍安國等死之。安國被圍，扞禦不遺力，鼎、澧兵亦至，相與共守，拜徽猷閣待制，城竟陷。粘没喝引安國以下問不降者爲誰，安國曰：「守臣安國也！」問餘人，通判林淵，鈐轄張彭年，都監趙士訏、張諶、于潛，鼎、澧將沈敦、張行中及隊將五人同辭對曰：「淵等與知州一體，皆不肯降。」粘没喝令引於東北鄉望拜，亦不屈，乃解衣面縛，殺十三人而釋其餘。安國一門無噍類。

金斡离不、粘没喝圍京城，要帝出盟。斡离不自真定趨汴，僅二十日至城下，屯于劉家寺。粘没喝自河陽來會，屯于青城，使劉晏來，要帝出盟。時西、南兩道援兵爲唐恪、耿南仲遣還，於是四方無一人至者。城中唯衛士及弓箭手七萬人，乃以萬人分作五軍備緩急救護，命姚友仲、辛永宗分領之，以五萬七千人分四壁守禦。遣使以蠟書間行出關召兵，又約康王及河北守將來援，多爲邏兵所獲。唐恪計無所出，密言于帝曰：「唐自天寶而後屢失而復興者，以天子在外可以號召四方也。今宜舉景德故事，留太子居守而幸西洛，連據秦、雍，領天下兵親征，以圖興復。」帝將從之，開封尹何㮚入見，引蘇軾所論，謂周之失計，未有如東遷之甚者。帝飜然而改，以足頓地曰：「今當以死守社稷！」

李回免。

○南道都總管張叔夜將兵勤王。叔夜聞召，即日自將中軍，令子伯奮將前軍，仲熊將後軍，合三萬餘人與金游兵轉戰而前。至都下，帝御南薰門見之，軍容甚整。入對，言：「賊鋒甚鋭，願如明皇之避禄山，蹔詣襄陽以圖幸雍。」帝不答。時東道都總管胡直孺亦將兵入衛，與金人遇于拱州，兵敗被執，金人示于城下，都人大懼。**復元豐三省官名。○以何㮚爲門下侍郎。○閏月，唐恪免，以何㮚爲尚書右僕射兼中書侍郎。**恪從帝巡城，爲都人遮擊，策馬得脱，遂卧家求去。御史胡舜陟劾恪「知慮不能經畫邊事，但長於交結内侍。今國勢日蹙，誠不可以備位」。乃罷。**馮澥至自金軍，以爲尚書左丞。**澥與李若水至懷州，金使蕭慶挾與俱還。自後凡三遣慶來堅請帝出會盟。**詔張叔夜簽書樞密院事，將兵入城。**朱熹曰：「叔夜領兵合駐旁近以爲牽制，且伸縮自如，一入城，便有牽掣，所以迄無成功。」**金人要親王出盟，遣馮澥、曹輔以宗室往受盟，金人不許。**金人屯青城，日縱兵攻掠。殿前副都指揮使王宗濋與金人戰于城下，敗死。金人攻南壁，張叔夜、范瓊分兵禦之，遥見金兵，奔還，自相蹈籍，死者以千數。乃遣間使趣召諸道兵，兵無至者，城中惟衛士三萬可用，然亦什失五六，因時令挑戰以示敵。金人復來言不須上出城，請親王及何㮚往議。詔越王往。將行，而粘没喝以兵來迓，王乃止。於是金人宣言失信，攻城益急，再遣使來趣親王出盟。詔遣馮澥、曹輔與宗室仲温、士詸如金軍以請和。既至，粘没喝即遣還，不與交一語。**詔康王構爲天下兵馬大元帥。**殿中侍御史胡唐老言：「康王奉使至磁，爲士民所留，乃天意也。乞就拜爲大元帥，俾率天下兵入援。」何㮚以爲然，密草詔藁上之。帝令募死士，得秦仔、劉定等四人，遣持蠟詔如相州，拜王爲兵馬大元帥，知中山府陳遘爲元帥，汪伯彦、宗澤爲副元帥，使盡起河北兵速入衛。仔至相州，於頂髮中出詔，王讀之嗚咽，軍民感動。**彗星出，長竟天。○郭京出禦金軍，敗走。京城陷，帝如金營請降。**金人攻通津、宣化門，范瓊以千人出戰，渡河，冰裂，没者五百人，自是士氣益挫。會大雨雪連日夜不止，何㮚數趣郭京出師，京徙期再三。至是，京盡令守禦人下城，毋得竊窺，因大啓宣化門，出攻金師，京與張叔夜坐城樓上。金兵分四翼譟而前，京兵敗退走，墮死於護龍河，填屍皆滿，城門急閉。京白叔夜曰：「須自下作法。」因下城，引餘衆南遁。金兵遂登城，衆皆披靡，四壁守兵皆潰。金人焚南薰諸門，統制姚友仲死於亂兵，四壁守禦使劉延慶奪門出奔，爲追騎所殺。統制何慶言、陳克禮，中書舍人高振力戰，與其家人皆被害。京城遂陷。帝聞城陷，慟哭曰：「不用种師道言，以至於此！」衛士入都亭驛，執金使劉晏殺之。軍民數萬斧左掖門，求見天子，帝御樓諭遣之。衛士長蔣宣率其衆數百，欲邀乘輿犯圍而出。左右奔竄，獨孫傅、梅執禮、吕好問侍。宣抗聲曰：「國事至此，皆宰相信任姦臣，不用直言所致。」孫傅訶之，宣以語侵傅。好問譬曉之曰：「若屬忘家族，欲冒重圍衛上以出，誠忠義，然乘輿將駕，必甲乘無缺而後動，詎可輕邪？」宣詘服，曰：「尚書真知軍情。」麾其徒退。何㮚欲親率都民巷戰，金人宣言議和退師，乃止。帝聞金人欲和而退，命何㮚及濟王栩使其軍以請成。粘没喝、斡离不曰：「自古有南即有北，不可相無也。今之所議，期在割地而已。」㮚還，言金人欲邀上皇出郊。帝曰：「上皇驚憂而疾，必欲之出，朕當親往。」遂如青城粘没喝軍，奉表請降。㮚喜和議成，既歸都堂，作會飲酒，談笑終日。史臣曰：「金人自陷太原以來，即以講和割地爲言，李邦彦、吴敏、耿南仲、唐恪皆墮其計。獨何㮚、孫傅以爲地不可割，朝廷任之。然初無奇策可以濟難，城破乃反傾意講和。夫不信于造謀之始，而信于破城之後，辜天下之望，致君播遷，由惑于和議而戰守不固也！」

**十二月，康王構帥師入衛，次于東平。**康王開大元帥府于相州，有兵萬人，分爲五軍而進，既渡河，次于大名。宗澤以二千人與金人力戰，破其三十餘砦，履冰渡河見王，曰：「京城受圍日久，入援不可緩。」王納之。既而知信德府梁楊祖以三千人至，張俊、苗傅、楊沂中、田師中等皆在麾下，兵威稍振。會帝遣曹輔齎蠟詔至，云：「金人登城不下，方議和好，可屯兵近甸毋動。」汪伯彦等皆信之。宗澤獨曰：「金人狡譎，是欲欵我師爾。君父之望入援，何啻饑渴！宜急引軍直趨澶淵，次第進壘，以解京城之圍。萬一敵有異謀，則吾兵已在城下。」伯彦難之，勸王遣澤先行，王乃命澤趨澶淵，自是澤不得預帥府事矣。耿南仲及伯彦請移軍東平，從之。

**帝至自金營，遣使如兩河割地以畀金。**帝還宫，士庶及太學生迎謁，帝掩面大哭曰：「宰相誤我父子！」觀者無不流涕。金遣使來索金一千萬錠，銀二千萬錠，帛一千萬匹。於是大括金銀。定京師米價，勸糶以振民。縱民伐紫筠館花木以爲薪。以陳過庭、折彦質等爲割地使，如河東、北割地以畀金。又分遣歐陽珣等二十人持詔而往。珣嘗上書極言祖宗之地尺寸不可以與人，復抗論：「當與力戰，戰敗而失地，他日取之直；不戰而割地，他日取之曲。」時宰怒，欲殺珣，乃以珣爲將作監丞，奉使割深州。珣至深州城下，慟哭，謂城上人曰：「朝廷爲姦臣所誤至此，吾已辦死來矣！汝等宜勉爲忠義報國！」金人怒，執送燕，焚死之。**范致虛會師入援，至鄧州，師潰。**致虛聞汴京圍急，會陝西節制使錢蓋之師，凡十萬入援。至潁昌，聞汴京破，西道總管王襄南遁。致虛獨與西道副總管孫昭遠、環慶帥王似、熙河帥王倚帥步騎號二十萬，命馬祐昌統之以趨汴，以僧趙宗印爲參議官。致虛將大軍遵陸，宗印將舟師趨西京。宗印又以僧爲一軍，號「尊勝隊」，童行爲一軍，號「净勝隊」。致虛勇而無謀，委己以聽于宗印。宗印徒大言，實未嘗知兵。師出武關，至鄧州千秋鎮，金將婁室以精騎衝之，不戰而潰，死者過半。王似、王倚、孫昭遠等留陝府，致虛收餘兵入潼關。**金初税牛具。**每牛三頭爲一具，每牛具賦粟五斗。

**丁未** 二年五月高宗皇帝構建炎元年、金天會五年**春正月，詔兩河民降金，民不從。**陳過庭至兩河，民堅守不奉詔。至是，復詔兩河民開門出降，民猶不肯。**帝命太子監國，復如金軍。**金人索金銀急，且再邀帝至營，帝有難色。何㮚、李若水以爲無虞，勸帝行。帝乃命孫傅輔太子監國，而與㮚、若水等復如青城。唐恪聞之曰：「一之謂甚，其可再乎！」閤門宣贊舍人吴革亦白㮚曰：「天文帝座甚傾，車駕若出，必墮虜計。」㮚不聽。**河東割地使劉韐自經于金軍。**韐至金營，金人使僕射韓正館之僧舍，謂韐曰：「國相知君，今用君矣。」韐曰：「偷生以事二姓，有死不爲也。」正曰：「軍中議立異姓，欲以君爲正代。與其徒死，不若北去取富貴。」韐仰天大呼曰：「有是乎！」歸書片紙曰：「貞女不事二夫，忠臣不事二君。况主辱臣死，以順爲正者，妾婦之道，此予所以必死也。」使親信持歸，報其子子羽等。即沐浴更衣，酌巵酒而縊。金人嘆其忠，瘞之寺西岡上，遍題窗壁以識其處。凡八十日乃就斂，顔色如生。**副元帥宗澤大敗金人于衛州。**澤自大名至開德，與金人十三戰，皆捷，遂以書勸康王檄諸道兵會京城。又移書北道總管趙野、河東北路宣撫范訥、知興仁府曾楙合兵入援。三人皆以澤爲狂，不答。澤遂以孤軍進至衛南，先驅云前有敵營，澤揮衆直前與戰，敗之，轉戰而東。敵益生兵至，澤將王孝忠戰死，前後皆敵壘，澤下令曰：「今日進退等死，不可不死中求生。」士卒知必死，無不一當百，斬首數千，金人大敗，退却數十里。澤計敵衆勢必復來，乃暮徙其營，金人夜至，得空營，大驚，自是憚澤不敢復出兵。澤出其不意，遣兵過大河襲擊，敗之。

**遼耶律大石建都于虎思。**西遼主大石引兵東還，行二十日得善地，遂建都城，號虎思斡耳朵，改元康國。以蕭斡里剌爲都元帥，率騎七萬東征，以青牛、白馬祭天，誓衆興復。斡里剌行萬餘里無所得，牛馬多死，勒兵而歸。大石曰：「皇天弗順，數也！」

**大風霾，雲霧四塞。**

**○二月，金劫上皇及后妃、太子、宗戚至其軍，吏部侍郎李若水死之。**帝自如青城，都人日出迎駕，而粘没喝留不遣。太學生徐揆上書請帝還宮，金人取而殺之。吴乞買得帝降表，遂廢帝及太上皇帝爲庶人。知樞密院事劉彦宗請復立趙氏，不許。丙寅，金人塹南薰門路，人心大恐。丁卯，金人令翰林承旨吴幵、吏部尚書莫儔入城，令推立異姓堪爲人主者，且邀上皇出城。孫傅曰：「吾惟知吾君可帝中國爾，若立異姓，吾當死之。」上表金人請立趙氏，不報。京城巡檢范瓊逼上皇與太后御犢車出宮，鄆王楷及諸妃、公主、駙馬及六宮有位號者皆行，獨元祐皇后孟氏以廢居私第獲免。初，金人以内侍鄧述所具諸王、皇孫、妃主名，檄開封尹徐秉哲盡取之。秉哲令坊巷五家爲保，毋得藏匿，前後凡得三千餘人，秉哲悉令衣袂相聯屬而往。金人逼帝及上皇易服，若水抱帝而哭，詆金人爲狗輩，金人曳若水出，擊之敗面，氣結仆地。粘没喝令鐵騎十餘守視，曰：「必使李侍郎無恙。」若水絶不食，或勉之曰：「事無可爲者，公今日順從，明日富貴矣。」若水嘆曰：「天無二日，若水寧有二主哉！」其僕亦慰解之，曰：「公父母春秋高，若少屈，冀得一歸覲。」若水叱之曰：「吾不復顧家矣！」金人又逼上皇召皇后、太子，孫傅留太子不遣，統制吴革欲以所募士微服衛太子潰圍而出，傅不從，而密謀匿之民間，別求狀類太子者及宦者二人殺之，并斬十數死囚，持首送之，給金人曰：「宦者欲竊太子出，都人争門殺傷，誤中太子，因帥兵討定，斬其爲亂者以獻。苟不已，則以死繼之。」越五日，無肯承其事者。吴幵、莫儔督脅甚急，范瓊恐變生，以危言讋衛士，遂擁皇后、太子共車而出。傅曰：「吾爲太子傅，當同死生。」遂以留守事付王時雍，從太子出。百官軍吏奔隨太子號哭，太子亦呼云：「百姓救我！」哭聲震天。至南薰門，范瓊力止傳，金守門者曰：「所欲得太子，留守何預？」傳曰：「我宋之大臣，且太子傅也，當死從。」遂宿門下以待命。若水在金營旬日，粘没喝召問立異姓狀，若水因駡之爲劇賊。粘没喝令擁之去，若水反顧駡益甚，謂其僕曰：「我爲國死，職爾，奈併累若屬何！」又駡不絶口。監軍撾破其唇，噀血駡愈切，至以刃裂頸斷舌而死。金人相與言曰：「遼國之亡，死義者十數，南朝唯李侍郎一人。」吕中曰：「李若水嘗主車駕出城者也，使其不死，亦在誤國之數。惟其一死明白昭晰，故誤國之罪釋，而言忠義者稱焉。」**金人大括金帛，殺户部尚書梅執禮等。**時金酋邀索金帛，每曰：「和議已定，但所需滿數，則奉天子還闕。」梅執禮及禮部侍郎陳知質、刑部侍郎程振、給事中安扶皆主根索，四人哀民力已困，相與謀曰：「金人所欲無藝極，雖銅鐵亦不能給，盍以軍法結罪，儻窒其求。」而宦者挾宿怨語金酋曰：「城中百萬户所取未百一，但許民持金銀换米麥，當有出者。」已而果然。金酋怒，呼四人責之，執禮等曰：「天子蒙塵，臣民皆願致死，雖肝腦不計，於金銀何有哉？顧比屋枵空，無以塞命爾。」金酋問官長何在，振恐執禮獲罪，遽前曰：「皆官長也。」金酋怒，先取其副胡舜陟等各杖之百，撾四人殺之，而梟其首。士庶莫不隕涕憤歎。**康王構次于濟州。**王有衆八萬，分屯濟、濮諸州，高陽關路安撫使黄潛善、總管楊惟忠亦以部兵數千至東平，王遣真定總管王淵以三千人入衛宗廟。金人聞之，遣甲士及中書舍人張澂賫蠟詔自汴京至，命王以兵付副帥而還京。王問計於左右，後軍統制張俊曰：「此金人詐謀爾。今大王居外，此天授，豈可徒往！」因請進兵，王遂如濟州。既而金人謀以五千騎取康王，吕好問聞之，遣人以書白王曰：「大王之兵度能擊，則邀擊之，不然，即宜遠避。」**金人議立異姓，執孫傅、張叔夜及御史中丞秦檜。**吴幵、莫儔復召百官議立異姓，衆莫敢出聲，相視久之，計無所出。王時雍問於幵、儔，二人微言敵意在張邦昌，時雍未以爲然。適尚書員外郎宋齊愈至自金營，衆問金人意所主，齊愈取片紙書「張邦昌」三字示之。時雍乃決，遂以邦昌姓名入議狀。張叔夜不肯署狀，金人執叔夜及孫傅置軍中，粘没喝召叔夜紿之曰：「孫傅不立異姓，已殺之。公年老大家，豈可與傅同死？」叔夜曰：「世受國恩，義當與之存亡。今日之事，有死而已。」金人皆義之。太常寺簿張浚、開封士曹趙鼎、司門員外郎胡寅皆逃入太學，不書名。唐恪書名，仰藥而死。已而時雍復集百官詣祕書省，至即閉省門以兵環之，俾范瓊諭衆以立邦昌意，衆唯唯。時雍先署狀以率百官，御史馬伸獨奮曰：「吾曹職爲争臣，豈容坐視？」乃與御史吴給約、中丞秦檜共爲議狀，願復嗣君以安四方，且論邦昌當上皇時蠹國亂政，以致社稷傾危。金人怒，執檜去。吴幵、莫儔持狀詣軍前，邦昌入居尚書省。**三月，金立張邦昌爲楚帝，閤門宣贊舍人吴革率衆討邦昌，不克而死。**金人勸進，邦昌始欲引決，或曰：「相公不前死城外，今欲塗炭一城邪？」適金人奉册寶至，邦昌北向拜舞，受册即位，號大楚。遂升文德殿，設位御床西受賀，遣閤門傳令勿拜，王時雍率百官遽拜，邦昌但東面拱立。閤門宣贊舍人吴革恥屈節異姓，率内親事官數百人皆先殺其妻孥，焚所居，舉義金水門外。范瓊詐與合謀，令悉棄兵仗，乃從後襲之，殺百餘人，捕革併其子殺之，又擒斬十餘人。是日風霾，日暈無光，百官慘沮，邦昌亦變色，唯時雍、吴幵、莫儔、范瓊等欣然以爲有佐命功。邦昌心不安，拜官皆加權字，以時雍權知樞密院事、領尚書省，幵權同知樞密院事，儔權簽書院事，吕好問權領門下省，徐秉哲權領中書省。邦昌見百官稱「予」，手詔曰「手書」。雖不改元，而百官文移必去年號，好問所行文書稱靖康二年。百官猶未以帝禮事邦昌，唯時雍每言事稱「臣啟陛下」，又勸邦昌坐紫宸、垂拱殿以見金使，好問争之，乃止。時雍復議肆赦，好問曰：「四壁之外皆非我有，將誰赦邪？」乃止赦城中，而選郎官爲四方密諭使。及金人將還，邦昌詣營祖之，服柘袍，張紅蓋，所過設香案起居，時雍、秉哲、幵、儔皆從，士庶觀者無不感愴。**夏四月，金人以二帝及后妃、太子、宗戚三千人北去。**上皇聞張邦昌僭位，曰：「邦昌若以節死，則社稷增重。今既尸君之位，則吾事決矣！」因泣下霑襟。至是，斡离不遂脅上皇、太后與親王、皇孫、駙馬、公主、妃嬪及康王母韋賢妃、康王夫人邢氏等由滑州去，粘没喝以帝、后、太子、妃嬪、宗室及何㮚、孫傅、張叔夜、陳過庭、司馬朴、秦檜等由鄭州去，而歸馮澥、曹輔、孫覿、汪藻、郭仲荀等于張邦昌。邦昌率百官遥辭二帝于南薰門，衆慟哭，有仆絶者。凡法駕、鹵簿，皇后以下車輅、鹵簿、冠服，禮器、法物、大樂、教坊樂器、祭器、八寶、九鼎、圭璧、渾天儀、銅人、刻漏、古器，景靈宮供器，太清樓、祕閣、三館書，天下府州圖及官吏、内人、内侍、伎藝、工匠、倡優，府庫畜積爲之一空。初，金人將還，議留兵以衛邦昌，吕好問曰：「南北異宜，恐北兵不習風土，必不相安。」金人曰：「留一孛堇統之可也。」好問曰：「孛堇，貴人，有如觸發致疾，則負罪益深。」金人乃不留兵而去。宗澤在衛聞二帝北行，即提軍趨滑，走黎陽，至大名，欲徑渡河，據金人歸路，邀還二帝，而勤王之兵卒無至者，遂不果。史臣曰：「初，斡离不之北還也，以粘没喝在太原，其勢未合，恐勤王之師有以乘之。既退之後，爲宋計者宜爲遠謀，而乃忽李綱、种師道之言，上下相慶以爲無虞。曾不數月，再致金師，太原、真定咽喉已塞，而猶議三鎮棄守之利害，故金人嘗語宋使曰：『待汝家議論定時，我已渡河矣！』蓋當是時，廟堂之相、方鎮之將皆出於童、蔡、王、梁之門，無可以繫天下之望，唯以割地請和爲言，未聞有出一計與之抗者，是以金人之來如破竹然。及圍城逾月，外援不至，竟以妖術取敗。吁，可怪哉！」○上皇離青城，金人以牛車數百乘載諸王、後宫，皆胡人牽駕，不通華言。至邢、趙間，斡离不遣郭藥師迎謝，上皇曰：「天時如此，非公之罪。」藥師慚而退。斡离不又請王婉容位帝姬與粘没喝次子作婦，許之。至燕山，館于延壽寺。帝自離青城，頂青氈笠，乘馬，後有監軍隨之。自鄭門而北，每過一城，輒掩面號泣。至代，工部員外郎滕茂實號泣迎謁，茂實蓋嘗副路允迪出使者。粘没喝逼茂實胡服，茂實力拒之，見者墮淚。茂實請侍舊主俱行，粘没喝不許，帝遂從代渡大和嶺至雲中。**金人圍中山。○張邦昌號哲宗廢后孟氏曰宋太后。**吕好問謂邦昌曰：「相公欲真立邪，抑姑塞敵意而徐爲之圖也？」邦昌曰：「是何言也？」好問曰：「相公知中國人情所向乎？特畏女真兵威爾。女真既去，能保如今日乎？大元帥在外，元祐皇后在内，此殆天意！盍亟還政，可轉禍爲福。且省中非人臣所處，宜寓直殿廬，毋令衛士夾陛。敵所遺袍帶，非戎人在勿服，車駕未還，下文書不當稱聖旨。爲今計者，當迎元祐皇后，請康王早正大位，庶獲保全。」監察御史馬伸具書請邦昌速奉迎康王，極陳逆順利害。邦昌讀其書氣沮，乃尊元祐皇后爲宋太后，迎居延福宫，而遣人至濟州訪康王。其太后策語有曰：「尚念宋氏之初，首崇西宮之禮。」蓋用太祖即位，迎周太后入西宮故事。識者有以覘邦昌之意非真爲趙氏也。**郭京伏誅。**京自京城走，沿路稱撒豆成兵，假幻惑衆。至襄陽，有衆三千餘，屯洞山寺，欲立宗室爲帝，錢蓋、王襄及張思正等止之，不從。會有自京城來者具説京誤國事，思正囚京，刺殺之。**五月，康王即皇帝位于南京，大赦，改元。**吕好問謂邦昌曰：「天命人心，皆歸康王，相公先遣人推戴，則功無在相公右者。若撫機不發，他人聲罪致討，悔可追邪？」宗室子崧知淮寧府，聞二帝北遷，與江淮經制使翁彦國等誓衆登壇歃血，同獎王室，康王遣使擢爲大元帥府參議官。子崧又移書訶斥邦昌，使其反正，并曉王時雍等，辭指激切。邦昌乃復遣謝克家往奉迎，王時雍曰：「騎虎者勢不得下，所宜熟慮，他日噬臍，悔無及矣。」徐秉哲從旁贊之，邦昌不聽。克家至濟州勸進，王不許。張俊曰：「大王皇帝親弟，人心所歸，當早正大位。」既而邦昌又遣蔣師愈等持書詣濟州，自陳所以勉循金人推戴者，欲權宜一時以紓國難爾，非敢有他也。王復書與之，而諭宗澤等，以爲「邦昌受僞命之人，義當誅討，然慮事出權宜，未可輕動，合移師近都按甲觀變」。澤復書，謂「邦昌篡亂蹤跡已無可疑，今二聖諸王悉渡河而北，惟大王在濟，天意可知。宜亟行天討，興復社稷，不可不斷」。好問亦遣人來言：「大王不自立，恐有不當立而立者。」邦昌又遣謝克家及王舅忠州防禦使韋淵奉「大宋受命寶」詣濟州，復以手書號太后曰「元祐皇后」，入居禁中，垂簾聽政，以俟復辟。以馮澥爲奉迎使，邦昌自稱權尚書左僕射，率百官勸進，而退居于資善堂。克家等至濟州，王慟哭受之，命克家還京辦儀物。皇后命太常少卿汪藻草手書告中外，俾王嗣統，其略曰：「歷年二百，人不知兵，傳序九君，世無失德。雖舉族有北轅之釁，而敷天同左袒之心。乃眷賢王，越居近服。漢家之厄十世，宜光武之中興；獻公之子九人，惟重耳之尚在。兹乃天意，夫豈人謀！」濟州父老詣軍門，言州四旁望見城中火光屬天，請王即皇帝位。會宗澤及權應天府朱勝非來言南京藝祖興王之地，取四方中，漕運尤易，王遂決意趨應天府。既發濟州，鄜延副總管劉光世自陝州來會，王以光世爲五軍都提舉。西道都總管王襄、宣撫司統制官韓世忠皆以師來會。王至應天，邦昌來見，伏地慟哭請死，王撫慰之。王時雍等奉乘輿服御至，羣臣勸進者益衆，王命築壇于府門之左。五月庚寅朔，王登壇受命畢，慟哭遥謝二帝，遂即位于府治，改元建炎，大赦。張邦昌及應干供奉金國之人一切不問，惟蔡京、童貫、朱勔、李彦、孟昌齡、梁師成、譚稹子孫更不收叙。❶

❶「譚」，原作「禫」，據《宋史》卷二四《高宗本紀》改。

是日，元祐皇后在東京撤簾。**遥上靖康帝尊號曰「孝慈淵聖皇帝」。○以黄潛善爲中書侍郎，汪伯彦同知樞密院事。○尊哲宗廢后孟氏爲元祐太后，遥尊母韋氏爲宣和皇后，遥立夫人邢氏爲皇后。○以張邦昌爲太保，封同安郡王，五日一赴都堂參決大事。**帝問宰執何以處邦昌，黄潛善等曰：「邦昌罪在不貸，然爲金人所脅，今已自歸，惟陛下所處。」帝曰：「朕欲馭以王爵，異時金人有詞，使邦昌以天下不忘本朝而歸寶避位之意告之。」故有是命。尋詔邦昌宜如文彦博故事，一月兩赴都堂參決大事，又加太傅。**耿南仲免，召李綱爲尚書右僕射、兼中書侍郎。**綱再貶寧江，金兵復至，淵聖悟和議之非，召綱爲開封尹，行次長沙被命，即帥湖南勤王師入援，未至而京城失守。至是召拜右相，趣赴行在所。中丞顔岐奏曰：「張邦昌爲金人所喜，雖已爲三公、郡王，宜更加同平章事增重其禮。李綱爲金人所惡，雖已命相，宜及其未至罷之。」章五上。帝曰：「如朕之立，恐亦非金人所喜。」岐語塞而退。岐又遣人封其章示綱，覬沮其來。右諫議大夫范宗尹論綱名浮于實，有震主之威。帝亦不聽。汪伯彦、黄潛善自謂有攀附之勞，擬必爲相，及召綱于外，二人不悦，遂與綱忤。綱行至太平，上疏曰：「興衰撥亂之主，非英哲不足以當之。英則用心剛，足以莅大事而不爲小故之所摇；哲則見善明，足以任君子而不爲小人之所間。願陛下以漢之高、光，唐之太宗，國朝之藝祖、太宗爲法。」**遣馬忠等追擊金軍。**粘没喝等既去，留萬户銀朮可屯太原，副統鄐合屯真定，婁宿圍河中，蒙哥進據磁、相、渤海，大撻不也圍河間。帝命忠及忻州觀察使張换將所部合萬人，自恩、冀趨河間以襲之。**馮澥免，以吕好問爲尚書右丞。**元祐太后遣好問奉手書詣應天，帝勞之曰：「宗廟獲全，卿之力也。」除尚書右丞。後李綱以羣臣在圍城中不能執節，欲悉按其罪，好問曰：「王業艱難，政宜含垢，繩以峻法，懼者衆矣。」綱乃止。**曹輔卒。○置御營司。**時王淵、楊惟忠以河北兵，劉光世以陝西兵，張俊、苗傅以帥府及降盗兵皆在行朝，不相統一，乃置御營司，主行幸總齊軍政，命黄潛善兼御營使，汪伯彦副之，而以王淵爲都統制，劉光世提舉一行事務，韓世忠爲左軍統制，張俊爲前軍統制，楊惟忠主管殿前公事。竄李邦彦、吴敏、蔡懋、李棁、宇文虚中、耿南仲、鄭望之、李鄴等于遠州。論主和誤國割地罪也。邦彦潯州，敏柳州，懋英州，棁、虚中、南仲、望之、鄴廣南諸州。追貶蔡確、蔡卞、邢恕等官。詔以宣仁聖烈皇后保祐哲廟有大功，而姦臣造言誣謗，著於史牒，令國史院據實脩正，播告天下。於是蔡確、蔡卞、邢恕皆追貶之。簽書樞密院事張叔夜自殺于金軍。叔夜既北遷，道中惟時飲水，義不食其粟。至白溝，御者曰：「過界河矣。」叔夜乃矍然起，仰天大呼，遂不復語，明日扼吭而死。何㮚、孫傅後從淵聖帝至燕山，亦相繼卒。朝廷聞叔夜死，贈開府儀同三司，謚忠文。吕中曰：「虜再犯闕，勤王之師一無至者，叔夜以孤軍入衛，其忠已足稱。及北遷之後，不食其粟，不入其境，則始終之義無憾矣。」金人陷河中府及解、絳、慈、隰諸州。時馬忠、張换追襲金人于河間，黄潛善等復主和議，請遣宣義郎傅雱爲祈請使，又令張邦昌作書貽二酋，仍用靖康誓書畫河爲界，且下令不得下赦文于河東、北及河中府，追襲兵詔屯大河之南，應機進止。至是，婁宿以重兵壓河中，權府事郝仲連力戰，外援不至，度不能守，先自殺其家人，已而城陷，與其子致厚皆不屈而死。以宗澤知襄陽府。澤見帝應天，陳興復大計，帝欲留澤，黄潛善等沮之，故出。安置監察御史張所于江州。靖康中，所以蠟書冒圍募河北兵，士民得書喜曰：「朝廷棄我，猶有一張察院能拔而用之。」應募者十七萬人，由是所聲震河北。帝即位，遣所按視陵寢，所還，上言曰：「河東、河北，天下之根本。昨者誤用姦臣之謀，始割三鎮，繼割兩河，其民怨入骨髓，至今無不扼腕。若因而用之，則可藉以守，否則兩河兵民無所係望，陛下之事去矣。」且請帝亟還京城，因具言有五利：「奉宗廟，保陵寢，一也；慰安人心，二也；繫四海之望，三也；釋河北割地之疑，四也；早有定處而一意於邊防，五也。夫國之安危，在乎兵之强弱與將相之賢不肖，而不在乎都之遷與不遷也。誠使兵弱而將士不肖，雖渡江而南，安能自保？」帝欲以其事付所，會所言黄潛善姦邪不可用，恐害新政。潛善引去，帝留之，乃罷所言職，安置江州。金人陷密、單州。〇六月，李綱至行在，固辭相位，不許。綱至入見，涕泗交集，帝爲動容，因奏曰：「金人不道，專以詐謀取勝；中國不悟，一切墮其計中。賴天命未改，陛下總師于外，爲天下所推戴，内修外攘，還二聖，撫萬邦，責在陛下與宰相。臣自視缺然，不足以副委任，且臣在道，顔岐嘗封示論臣章，謂臣爲金所惡，不當爲相。」因力辭。帝命岐奉祠，併出范宗尹，綱辭猶力。帝曰：「朕知卿忠義智略久矣，其勿辭。」綱頓首泣謝，且言：「昔唐明皇欲相姚崇，崇以十事要説，皆中一時之病。今臣亦以十事仰干天聽，陛下度其可行者賜之施行，臣乃敢受命。一曰議國是。謂中國之御四夷，能守而後可戰，能戰而後可和，而靖康之末皆失之。今莫若先自治，專以守爲策，俟吾政事脩，士氣振，然後可議大舉。二曰議巡幸。謂車駕不可不一至京師見宗廟以慰都人之心，度未可居，則爲巡幸之計。天下形勢，長安爲上，襄陽次之，建康又次之，皆當詔有司預爲之備。三曰議赦令。謂祖宗登極赦令皆有常式，前日赦書乃以張邦昌僞赦爲法，如赦惡逆及罪廢官盡復官職，皆不可行，宜悉改正。四曰議僭逆。謂張邦昌爲國大臣，不能臨難死節，而挾金人之勢易姓改號，宜正典刑，垂戒萬世。五曰議僞命。謂國家更大變，鮮有伏節死義之士，而受僞官者不可勝數。昔肅宗平賊，汚僞命者以六等定罪，宜倣之以厲士風。六曰議戰。謂軍政久廢，士氣怯惰，宜一新紀律，信賞必罰，以作其氣。七曰議守。謂敵情狡獪，勢必復來，宜於沿河、江淮措置控禦以扼其衝。八曰議本政。謂政出多門，紀綱紊亂，宜一歸之中書，則朝廷尊。九曰議久任。謂靖康間進退大臣太速，功効蔑著，宜慎擇而久任之，以責成功。十曰議脩德。謂上始膺天命，宜益修孝悌恭儉，以副四海之望而致中興。」翌日，班綱議于朝，惟僭逆、僞命二事留中不出。

**以黄潛善爲門下侍郎。○安置張邦昌于潭州，貶放其黨有差。**李綱以僭逆、僞命二事留中，言于帝曰：「二事乃今日刑政之大者。邦昌當道君朝，在政府者十年。淵聖即位，首擢爲相，方國家禍難，金人爲易姓之謀，邦昌如能以死守節，推明天下戴宋之義以感動其心，敵人未必不悔禍而存趙氏。而邦昌方以爲得計，偃然正位號，處宮禁，擅降僞詔以止四方勤王之師。及知天下之不與，乃不得已請元祐太后垂簾聽政，而議奉迎。邦昌僭逆始末如此，而議者不同，臣請以春秋之法斷之。夫春秋之法，人臣無將，將而必誅，趙盾不討賊，則書以弑君。今邦昌已僭位號，敵退而止勤王之師，非特將與不討賊而已。劉盆子以漢宗室爲赤眉所立，其後以十萬衆降，光武但待之以不死。邦昌以臣易君，罪大於盆子，不得已而自歸，朝廷既不正其罪，又尊崇之，此何理也？陛下欲建中興之業，而尊崇僭逆之臣，以示四方，其誰不解體？又僞命臣僚，一切置而不問，何以厲天下士大夫之節？」時執政中有議不同者，帝召黄潛善等語之。潛善主邦昌甚力，帝顧吕好問曰：「卿昨在圍城中知其故，以爲何如？」好問附潛善，持兩端，綱言：「邦昌僭逆，豈可留之朝廷，使道路指目曰此亦一天子哉？」因泣拜曰：「陛下必欲用邦昌，第罷臣。」帝頗感動。汪伯彦乃曰：「李綱氣直，臣等所不及。」帝乃出綱奏，責授邦昌昭化軍節度副使，潭州安置，并安置王時雍、徐秉哲、吴幵、莫儔、李擢、孫覿于高、梅、永、全、柳、歸州，而顔博文、王紹以下論罪有差。**贈李若水、霍安國、劉韐官，詔諸路訪死節之臣以聞。**李綱言：「近世士大夫寡廉恥，不知君臣之義。靖康之禍，能伏節死義者，在内惟李若水，在外惟霍安國，願加贈卹。」帝從其請，遂贈若水觀文殿學士，謚忠愍，安國延康殿學士，韐資政殿大學士。❶仍詔有死節者，諸路詢訪以聞。**以李綱兼御營使。**綱既受命拜謝，有旨兼充御營使。入對，言曰：「今國勢不逮靖康間遠甚，然而可爲者，陛下英斷于上，羣臣輯睦于下，庶幾中興可圖。然非有規模而知先後緩急之序，則不能以成功。夫外禦强敵，内銷盗賊，修軍政，變士風，裕邦財，寬民力，改弊法，省冗官，誠號令以感人心，信賞罰以作士氣，擇帥臣以任方面，選監司、郡守以奉行新政，俟吾所以自治者政事已脩，然後可以問罪金人，迎還二聖，此謂規模也。至於當急而先者，則在於料理河北、河東。蓋兩路國之屏蔽，料理稍就，然後中原可保而東南可安。今河東所失者，忻、代、太原、澤、潞、汾、晉，❷河北所失者，真定、懷、衛、濬，其餘諸郡皆爲朝廷守。兩路士民、兵將皆推豪傑以爲首領，多者數萬，少者不下萬人，朝廷不因此時置司遣使以大尉撫之，分兵以援其危急，臣恐糧盡力疲，坐受金人之困，雖懷忠義之心，危迫無告，必且憤怨朝廷，金人因得撫而用之，皆精兵也。莫若於河北置招撫司，河東置經制司，擇有材略者爲之，使宣諭天子恩德，所以不忍棄兩河

---

❶「大」，原脱，據《編年綱目備要》卷三〇、《宋史》卷二四《高宗本紀》、卷四四六《劉韐傳》補。

❷「忻」，原作「恒」，據《梁溪集》卷一七五《建炎進退志總敘》下及《行狀》中改。

於敵國之意，有能全一州、復一郡者，以爲節度、防禦、團練使，如唐之方鎮使自爲守，非惟絶其從敵之心，又可資其禦敵之力，使朝廷永無北顧之憂，最今日之先務也。」帝善其言，問誰可任者，綱薦張所、傅亮。亮，西人，習古兵法，綱與語謂可爲大將，因奏用之。綱又立軍法，五人爲伍，伍長以牌書同伍四人姓名；二十五人爲甲，甲正以牌書伍長五人姓名；百人爲隊，隊將以牌書甲正四人姓名；五百人爲部，部將以牌書隊將正副十人姓名；二千五百人爲軍，統制官以牌書部將正副十人姓名。❶命招置新軍及御營司兵，以此法團結，及詔陝西、山東諸路帥臣並依此法互相應援，有所呼召使令，按牌以遣。

**子旉生，大赦。**

皇子生，故事當肆赦，李綱言：「陛下登極，曠蕩之恩獨遺河北、河東及勤王之師，夫兩河爲朝廷堅守，而赦令不及，人皆謂已棄之，何以慰忠臣、義士之心？勤王之師在道路半年，擐甲荷戈，冒犯霜露，雖未效用，亦已勞矣。加以疾病死亡，恩恤不及，後有急難，何以使人？願因今赦廣示德意。」帝從之。於是人情翕然，間有以捷書至者，金人圍守諸郡之兵往往引去。

**還元祐黨籍及元符上書人官爵。○以汪伯彦知樞密院事。○**



**遣宣義郎傅雱使金軍通問二帝。**

初，黄潛善白遣雱爲祈請使，又遣太常少卿周望爲通問使，俱未行。李綱上言：「堯舜之道，孝弟而已。今日之事，正當枕戈嘗膽，内修外攘，使刑政修而中國彊，則二帝不俟迎請而自歸。不然，雖冠蓋相望，卑辭厚禮，恐亦無益。今所遣使，但當奉表通問，致思慕之意可也。」帝從之。遂命綱草表付雱以往，且致書于粘没喝。

**立沿河、江淮帥府。**

從李綱請也。凡十有九府，要郡三十九，次要郡三十八，帥府兼都總管，守臣兼鈐轄、都監，總置軍九十六萬七千五百人，别置水軍七十七將，造舟江淮諸州。

**以張慤同知樞密院事，兼提舉户部財用。**

初，慤爲計度都轉運使，帝爲大元帥，募諸道兵勤王，慤飛輓踵道，建議印給鹽鈔以便商旅，不閲旬得緡錢五十萬以佐軍，帝即位以爲户部尚書。至是，除同知樞密院事，兼提舉户部財用。慤建言：「三河之民怨敵深入骨髓，恨不殲殄其類，以

❶「部將」，原作「部長」，據《梁溪集》卷一七六《建炎進退志總敘》三、《行狀》中及《宋史》卷三五八《李綱傳》改。

報國家之仇，請因唐人澤、潞步兵雄邊子弟遺意，募民聯以什伍而寓兵於農，使合力抗敵，謂之巡社。」其法五人爲甲，五甲爲隊，五隊爲部，五部爲社，皆有長。五社爲一都社，有正、副。二都社有都、副總首。甲長以上免身役，所結五百人以上借補官有差，有功或藝彊及都總首滿二年無過者，並補正官。論者以其法精詳，前此言民兵者皆莫之及，詔集爲書行之，隸安撫司。

**呂好問罷知宣州。**

侍御史王賓論好問嘗污僞命，不可立新朝，帝曰：「邦昌僭號之初，好問募人賫帛書，道京師內外之事。金人甫退，又遣人勸進。考其心迹，非他人比。」好問自慙，力求去，且言：「邦昌僭號之時，臣若閉門潔身，實不爲難。徒以世被國恩，所以受賢者之責，冒圍賫書於陛下。」疏入，除資政殿學士、知宣州，以恩封東萊郡侯。

**以宗澤爲東京留守。澤累表請帝還京師，不報。**

澤在襄陽聞黃潛善復倡和議，上疏曰：「自金人再至，朝廷未嘗命一將、出一師，但聞姦邪之臣，朝進一言以告和，暮入一說以乞盟，終至二聖北遷，宗社蒙耻。臣意陛下赫然震怒，大明黜陟，以再造王室。今即位四十日矣，未聞有大號令，但見刑部指揮云『不得謄播赦文於河之東、西，陝之蒲、解』，是褫天下忠義之氣，而自絶其民也。臣雖駑怯，當躬冒矢石爲諸將先，得捐軀報國恩足矣。」帝覽其言而壯之。及開封尹闕，李綱言綏復舊都，非澤不可，乃以爲東京留守、知開封府。時敵騎留屯河上，金鼓之聲日夕相聞，而京城樓櫓盡廢，兵民雜居，盜賊縱横，人情洶洶。澤威望素著，既至，首捕誅舍賊者數人，下令曰：「爲盜者，贓無輕重，悉從軍法。」由是盜賊屏息。因撫循軍民，修治樓櫓，屢出師以挫敵，上疏請帝還京師。俄有詔荆襄、江淮悉備巡幸，澤又上疏言：「開封物價市肆，漸同平時。將士、農民、商旅、士大夫之懷忠義者，莫不願陛下亟歸京師以慰人心。其倡爲異議者，不過如張邦昌輩，陰與金人爲地爾。」既而金人遣使以使僞楚爲名，至開封，澤拘其人，乞斬之。有詔延置別館，澤奏曰：「金人假使僞楚，來覘虚實，臣愚乞斬之以破其姦。而陛下惑於人言，優加禮遇，臣愚不敢奉詔，以彰國弱。」帝乃手扎諭澤，竟縱遣之。真定、懷、衛間敵兵甚盛，方密修戰具爲入攻之計，澤以爲憂，乃渡河約諸將共議事宜，以圖收復，而於京城四壁，各置使以領招集之兵。造戰車千二百乘，又據形勢立堅壁二十四所於城外，沿河鱗次爲連珠砦，連結河東、河北山水砦忠義民兵，於是陝西、京東西諸路人馬咸願聽澤節制。澤又開五丈河以通西北商旅。守禦之具既備，累表請帝還京，而帝用黄潛善計，决意幸東南，不報。秉義郎岳飛犯法將刑，澤一見奇之，曰：「將材也。」會金人攻汜水，以五百騎授飛，使立功贖罪。飛大敗金人而還，升飛爲統制，而謂之曰：「爾智勇材藝古良將不能過，然好野戰非萬全計。」因授飛陣圖，飛曰：「陣而後戰，兵法之常。運用之妙，存乎一心。」澤是其言，飛由此知名。

金斡离不卒。斡离不聞帝即位，議歸上皇以講好，粘没喝未之許。會其死，事遂中輟。蓋粘没喝專權，吴乞買不能令，守虚位而已。

詔諸路募兵買馬，勸民出財。李綱言：「熙、豐間内外禁旅五十九萬，今禁旅單弱，何以捍彊敵而鎮四方？莫若取財于東南，募師于西北，若得數十萬付諸將以時練之，不久皆成精兵，此最爲急務。」於是詔陝西、河北、京東、西路募兵十萬更番入衛；河北西路括買官民馬，勸民出財助國。綱又言：「步不足以勝騎，騎不足以勝車，請以戰車之制頒于京東、西路，使製造而教習之。」

以張所爲河北招撫使。賜内府錢百萬緡，給空名告身千餘道，以京西卒三千自衛，將佐官屬許自辟置，一切以便宜從事。所入對，條上利害，且乞置司北京，俟措置有緒乃渡河。河北轉運副使張益謙附黄潛善意，奏招撫司之擾，且言自置司河北，盜賊愈熾。李綱言：「張所尚留京師，益謙何以知其擾河北？民無所歸聚而爲盜，豈由置司？益謙非理沮抑如此，必有使之者。」上乃命益謙分析，命下樞密院。汪伯彦猶用其奏語責招撫司，綱與伯彦力争，伯彦語塞。所招徠豪傑，擢王彦爲都統制。時岳飛上書言：「勤王之師日集，宜乘敵怠而擊之。黄潛善、汪伯彦輩不能承聖意恢復，奉車駕日益南，恐不足繫中原之望。願陛下乘敵穴未固，親率六軍北渡，則將士作氣，中原可復。」坐越職言事奪官，歸詣所，所以飛爲中軍統領，問之曰：「爾能敵幾何？」飛曰：「勇不足恃，用兵在先定謀。欒枝曳柴以敗荆，莫敖采樵以致絞，皆謀定也。」所矍然曰：「君殆非行伍中人。」飛因説所曰：「國家都汴，恃河北以爲固，苟馮據要衝，峙列重鎮，一城受圍，則諸城或撓或救，金人不能窺河南，而京師根本之地固矣。招撫誠能提兵壓境，飛唯命是從。」所大喜，借補飛武經郎。

秋，七月，以王瓔爲河東經制使，傅亮副之。又以錢蓋爲陝西經制使。

以許翰爲尚書右丞。

○右諫議大夫宋齊愈以罪棄市。齊愈附

黄潛善、汪伯彥，上疏論李綱募兵、買馬、括財三事之非，不報。章擬再上，其鄉人嗛齊愈者竊其草示綱，時方論僭逆、附僞之罪，而齊愈實書邦昌姓名以示衆者，於是逮齊愈于獄。齊愈不承，獄吏曰：「王尚書輩所坐不輕，然但遷嶺南爾。」齊愈引伏，遂命戮于東市。**以范致虚知鄧州。**李綱嘗言：「車駕巡幸之所，關中爲上，襄陽次之，建康爲下。陛下縱未能行上策，猶當且適襄、鄧，示不忘故都，以係天下之心。不然，中原非復我有，車駕還闕無期矣。」帝乃諭兩京以還都之意，讀者感泣。既而有詔欲幸東南避敵，綱極言其不可，且曰：「自古中興之主，起於西北，則足以據中原而有東南，起於東南，則不能復中原而有西北。蓋天下精兵健馬皆在西北，若委中原而棄之，豈惟金人將乘間以擾內地，盜賊亦將蠭起爲亂，跨州連邑。陛下雖欲還闕，不可得矣，況欲治兵勝敵以歸二聖哉？夫南陽，光武之所興，有高山峻嶺可以控扼，有寬城平野可以屯兵，西隣關陝，可以召將士，東達江淮，可以運穀粟，南通荊湖、巴蜀，可以取財貨，北距三都可以遣救援，暫議駐蹕，乃還汴都，策無出於此者。今乘舟順流而適東南，固甚安便，第恐一失中原，則東南不能必其無事。雖欲退保一隅，不可得也。況嘗降詔許留中原，人心悅服，奈何詔墨未乾，遽失大信？」帝乃許幸南陽，以范致虚知鄧州，修城池，繕宮室，輸錢穀以實之。而汪伯彥、黄潛善陰主揚州之議，或謂綱曰：「外論洶洶，咸謂東幸已决。」綱曰：「國之存亡於是焉分，吾當以去就爭之。」**元祐太后如揚州。**帝從汪伯彥、黄潛善言，將幸揚州以避敵。詔副都指揮使郭仲荀奉太后先行，六宮及衛士家屬皆從，遣使詣汴京迎奉太廟神主赴行在。**罷四道都總管。**

**〇閤門宣贊舍人曹勛以上皇手書至自金。**

上皇在燕山，謂閤門宣贊舍人、管幹龍德宮曹勛曰：「我夢四日並出，此中原爭立之象，不知中原之民尚肯推戴康王否？」因出御衣絹半臂，親書其領中曰：「便可即真，來救父母。」又諭勛曰：「如見康王，第言有清中原之策，悉舉行之，毋以我爲念。」又言：「藝祖有誓約藏之太廟，不殺大臣及言事官，違者不祥。」康王夫人邢氏聞勛南還，亦脱所御金環使內侍持付勛曰：「幸爲我白大王，願如此環得早相見也。」勛遂間行至南京，以御衣進，帝泣以示輔臣。勛因建議募死士入海至金東境，奉上皇由海道歸，執政難之，出勛于外。**盜史斌僭號于興州。**

**〇命都統制**

王淵等分討江淮羣盜。自宣和末，羣盜蠭起，至是祝靖、薛廣、党忠、閻僅、王存之徒，皆招安赴行在，李綱言：「今日正當因其力而用之，如銅馬、緑林、黄巾之比，然不移其部曲則易叛，而徙之則致疑，正當以術制之，使由而不知。」乃命御營司分揀，凡潰兵願歸營，與良農願歸業者，皆聽。所發至數萬，其他以新法團結分隸諸將，由是無叛去者。獨淮寧之杜用、山東之李昱、河北之丁順，皆擁兵數萬，而拱、單州皆有潰卒數千爲亂，綱以招安，則彼無畏憚，勢難遽平，乃白遣淵與韓世忠、劉光世、張俊分討之。既而光世遣部將擊斬李昱，淵殺杜用，丁順赴河北招討司自效，盜益衰。

八月，杭州軍亂。軍校陳通作亂，執帥臣葉夢得，殺轉運判官吴昉等，尋詔王淵兼領杭州制置盜賊使以討之。

以李綱、黄潛善爲尚書左、右僕射兼門下、中書侍郎。綱嘗侍帝論及靖康時事，帝曰：「淵聖勤於政事，省覽章奏至終夜不寐，然卒至播遷，何也？」綱對曰：「人主之職在知人，進君子，退小人，則大功可成，否則衡石程書無益也。」因勉帝以明恕盡人言，恭儉足國用，英果斷大事。帝嘉納之。綱所論諫，其言切直，帝初無不容納，至是惑於黄潛善、汪伯彦之言，常留中不報。吕中曰：「自綱之入相也，以英哲全德勉人主，以脩政攘夷爲己任，抗忠數疏中時膏肓，和守之議決而國是明，僭逆之罪正而士氣作，幸都之謀定而人心安。他如脩軍政，變士風，定經制，改弊法，招兵買馬分布要害，遣張所招撫河北，王𤫉經制河東，宗澤留守京城，西顧關、陝，南葺樊、鄧，且將益據形便以爲必守中原之計。朱子謂『李綱入來方成朝廷』者，正謂此也。」

更號元祐太后曰隆祐太后。尚書省言：「元字犯后祖諱，請易以所居宫名。」從之。

召河東經制副使傅亮還行在，罷李綱提舉洞霄宫。亮軍行十餘日，黄潛善等以爲逗遛，令東京留守宗澤節制亮軍即日渡河，亮言措置未就而渡河，恐誤國事。李綱爲之請。潛善等不以爲然，綱言：「招撫、經制二司臣所建明，而張所、傅亮又臣所薦用，今黄潛善、汪伯彦沮所、亮，所以沮臣，臣每鑒靖康大臣不和之失，事未嘗不與潛善、伯彦議而後行，而二人設心如此，願陛下虚心觀之。」既而召傅亮赴行在。綱言：「聖意必欲罷亮，乞付黄潛善施行，臣得乞身歸田里。」綱退而亮竟罷，綱乃再疏求去，帝曰：「卿所争細事，胡乃爾？」綱言：「方今人材將帥爲急，恐非小事，臣昨議遷幸與潛善、伯彦異，宜爲所嫉，然臣東南人，豈不願陛下東下爲安便哉？顧一去中原，後患有不可勝言者。願陛下以宗社爲心，以生靈爲意，以二聖未還爲念，勿以臣去而改其議。臣雖去左右，不敢一日忘陛下。」泣辭而退。或曰：「公決於進退，於義得矣，如讒者何？」綱曰：「吾知盡事君之道，不可則全進退之節，患禍非所恤也。」會侍御史張浚劾綱以私意殺宋齊愈，且論其買馬、招軍之罪，潛善、伯彦等復力排綱，請帝去之，遂罷綱爲觀文殿大學士。浚論綱不已，乃落職止提舉洞霄宫。凡在相位七十七日，綱罷而招撫、經制司廢，車駕遂東幸。兩河郡縣相繼淪陷，凡綱所規畫軍民之政一切廢罷，金兵益熾，關輔殘毁，而中原盜賊蠭起矣。胡一桂曰：「李綱爲相，朝綱兵防皆已振整，方七十餘日，爲汪、黄所讒，張浚所論而罷，汪、黄不足責矣，浚乃如是，深可惜也。」殺太學生陳東、布衣歐陽澈。東自丹陽召至，未得對，會李綱罷，乃上書乞留綱，而罷黄潛善、汪伯彦，不報。又上疏請帝親征以還二聖，治諸將不進兵之罪以作士氣，車駕宜還京師，勿幸金陵，又不報。潛善揭示綱請幸金陵舊奏，東言綱在途中不知事體，宜以後説爲正，必速罷潛善輩。會撫州布衣歐陽澈徒步詣行在伏闕上書，極詆用事大臣，潛善遽以語激怒帝，言：「若不亟誅，將復鼓衆伏闕。」書獨下潛善所，府尹孟庾召東議事，東請食而行，手書區處家事，字畫如平時。已，乃授其從者曰：「我死，爾歸致此于吾親。」食已如厠，吏有難色，東笑曰：「我陳東也，畏死即不敢言，已言肯逃死乎？」吏曰：「吾亦知公，安敢相迫。」頃之，東具冠帶出别同邸，乃與澈同斬于市，四明李猷贖尸瘞之。東初未識綱，特以國故爲之死，識與不識皆爲流涕。許翰罷。李綱罷，翰言：「綱忠義英發，捨之無以佐中興，今罷綱，臣留無益。」力求去，帝不許。及陳東見殺，翰謂所親曰：「吾與東皆争李綱者，東戮于市，吾在廟堂可乎？」乃爲東、澈著哀辭，而八上章求罷，遂以資政殿大學士提舉洞霄宫。封子旉爲魏國公。○安置河北招撫使張所于嶺南。○都統制王彦等渡河敗金人于新鄉，進次太行，金人圍之，彦兵潰走保共城。彦率岳飛等十一將部七千人渡河至新鄉，金兵盛，彦不敢進，飛獨引所部鏖戰，奪其纛而舞，諸軍争奮，遂復新鄉。明日，戰于侯兆川，飛身被十餘創，士皆死戰，又敗之。會食盡詣彦壁乞糧，彦不許，飛乃引兵益北與金人戰于太行山，擒其將拓跋耶烏。居數日，又與敵遇，飛單騎持丈八鐵鎗，刺殺其將黑風大王，金人敗走。飛知彥不悅己，遂率所部復歸宗澤，澤復以爲統制。彥以屢勝，因傳檄州郡，金人以爲大軍至，率騎數萬薄彥壘，圍之數匝，彥以衆寡不敵，潰圍出走。諸將散去，彥獨保共城西山，遣腹心結兩河豪傑圖再舉。金人購求彥急，彥慮變，夜寢屢遷，其部曲覺之，相率刺面作「赤心報國誓殺金賊」八字，以示無他意，彥益感勵，撫愛士卒與同甘苦。未幾，兩河響應，忠義民兵首領傅選、孟德、劉澤、焦文通等皆附之，衆十餘萬，綿亘數百里，皆受彥約束。金人患之，召其首領俾以大兵破彥壘，首領跪而泣曰：「王都統砦堅如鐵石，未易圖也。」金人乃間遣騎兵撓彥糧道，彥勒兵待之，斬獲甚衆。

**盜趙萬陷常州、鎮江府。**萬襲常州，執守臣何衮，縱兵大掠，遂犯鎮江，知府趙子崧遁保瓜洲。

**張邦昌伏誅。**初，邦昌僭居禁中，華國靖恭夫人李氏數以果實奉邦昌，邦昌亦厚答之。一夕，邦昌被酒，李氏擁之曰：「大家，事已至此，尚何言？」因以赭色半臂加邦昌身，掖入福寧殿，夜飾養女陳氏以進。及邦昌還東府，李氏私送之，語斥乘輿，至是事聞。下李氏于獄，詞伏。詔馬伸如潭，數邦昌之罪賜死，併誅王時雍等。

**金盡陷河北州郡。**金闍母陷河間府、雄州，撻懶陷祁、保州、永寧、順安軍，惟慶源府、邢、洺、冀、磁、相州，久之乃陷。

**冬十月，帝如揚州。**先是，黃潛善、汪伯彥力主幸東南，會金人攻河陽、汜水軍，許景衡亦言：「建康天險可據。」帝從之。詔淮、浙沿海諸州增修城壁，招訓民兵，以備海道，又命揚州守臣呂頤浩繕修城池。至是諜者言：「金人欲犯江浙。」詔暫駐淮甸，捍禦稍定，即還京闕，有敢妄議惑衆沮巡幸者，許告而罪之，不告者斬。宗澤上疏諫曰：「京師天下腹心，不可棄也。昔景德間契丹寇澶淵，王欽若江南人，勸幸金陵，陳堯叟閬中人，勸幸成都，惟寇準毅然請親征，卒用成功。」因條上五事，其一言黃潛善、汪伯彥贊南幸之非。澤前後建議輒爲汪、黃所抑，二人每見澤奏至，皆笑以爲狂，於是帝決意幸揚州。十月朔，帝登舟，時兩河雖多陷于金，而其民懷朝廷恩，所在結爲紅巾出攻城邑，皆用建炎年號，金人稍稍引去。及聞帝南幸，無不解體。澤復上疏言：「欲遣閭勍、王彥各統大軍盡平賊壘，望陛下早還京闕。臣之此舉，可保萬全。或姦謀蔽欺，未即還闕，願陛下從臣措畫，勿使姦臣沮抑，以誤社稷大計。陳師鞠旅，盡掃胡塵，然後奉迎鑾輿還京，以塞姦臣之口，以快天下之心。」帝優詔答之。

王淵誘趙萬誅之。

○十一月，竄李綱于鄂州。尋責授單州團練使，安置于萬安軍。

盜張遇陷池州。遇本真定軍校，聚衆爲盜，自淮西渡江，水陸並進，至是犯池州，入城縱掠，驅强壯以益其軍。

遣朝奉郎王倫使金。倫，旦之族孫也，家貧無行爲任俠，往來京、洛間，數犯法，幸免。至是，選能專對者使金問二帝起居，乃假倫刑部侍郎充大金通問使，閤門舍人朱弁副之。至雲中見粘没喝議事，時金方大舉南下，倫邀説百端，粘没喝不聽，使就館，守之以兵。○先是，淵聖自雲中徙燕山，始與太上皇相見，居于愍忠寺。至是，並遷于霫郡。霫，古奚國也，在燕山北千里。既至，居于相府院，嗣濮王仲理等千八百人尚在燕，金人計口給糧，監視嚴密，死者甚衆。

以張慤爲中書侍郎，顔岐、許景衡爲尚書左、右丞，郭三益同知樞密院事。

○知密州趙野棄城走，爲其下所殺。野見山東盜賊充斥，帝如淮甸，乃攜其家棄城走，軍校杜彦等乘間作亂，自爲知州，遣人追野殺之。

十二月，王淵討杭州亂卒誅之。

○金人分道入寇，遂陷西京，留守孫昭遠走死。

河東經制使王瓊引兵遁蜀。金聞帝如揚州，起燕京等八路民兵分三道南侵。粘没喝自雲中下太行，由河陽渡河攻河南，分遣銀术可等攻漢上，訛里朵、兀术自燕山由滄州渡河攻山東，分阿里蒲盧渾軍趨淮南。婁室與撒离喝、黑鋒自同州渡河攻陝西。粘没喝至汜水關，孫昭遠南走爲叛兵所害。宗澤聞金人將謀侵汴，遣劉衍趨滑州，劉達趨鄭州，以分其勢，戒諸將保護河梁以俟大兵之集，兀术乃不敢向汴，夜斷河梁而去。婁室至河中，官軍扼河西岸不得渡，乃自韓城履冰過，陷同、華州，沿河安撫使鄭驤赴井死，遂破潼關。王瓊棄陝州，引兵遁入蜀，中原大震。

續資治通鑑綱目第十一

# 續資治通鑑綱目第十二

起戊申宋高宗建炎二年，盡庚戌宋高宗建炎四年。

凡三年。

**戊申**　高宗皇帝建炎二年，金天會六年。

春正月，金人陷鄧州，范致虛出奔，安撫使劉汲死之，京西州郡皆陷。粘没喝諜知鄧州將爲行在所，命銀术可急攻之。致虛遁，汲分兵守要害，自以牙兵四百登陴，敵至皆死鬭。矢下如雨，軍中請汲去，汲不聽，遂死之。初，議南陽備巡幸，儲峙甚多，悉爲金人所有。又分兵陷襄陽、均、房、唐、汝、陳、蔡、鄭州、潁昌府，悉遷其民于河北。通判鄭州趙伯振、知潁昌府孫默、知汝陽縣郭贇皆不屈而死。

金將兀术犯東京，宗澤敗之。金兀术自鄭抵白沙，去汴京密邇，都人震恐，僚屬入問計，宗澤方對客圍棊，笑曰：「何事張皇？劉衍等在外必能禦敵。」乃選精鋭數千，使繞出敵後，伏其歸路，金人方與衍戰，伏兵起，前後夾擊之，金人果敗。粘没喝據西京與澤相持，澤遣部將閻中立、郭俊民、李景良等帥兵趨鄭，遇敵大戰，兵敗，中立死之，俊民降，景良遁去，澤捕景良斬之。既而俊民與金將史姓者持書來招澤，澤皆斬之。劉衍還，金人復入滑，澤部將張撝往救之，撝至滑，衆寡不敵，或請少避之，撝曰：「避而偷生，何面目見宗公？」力戰而死。澤聞撝急，遣王宣往援，已不及，因與金人大戰，破走之。澤以宣知滑州，金自是不復犯東京。澤得金將遼臣王策于河上，解其縛，問金之虛實，得其詳，遂決大舉之計。召諸將謂曰：「汝等有忠義心，當協謀勦敵，期還二聖，以立大功。」言訖泣下，諸將皆聽命。金人屢戰不利，悉引去。澤復上疏請帝還京曰：「臣爲陛下保護京城，自去年秋至今春，又三月矣。陛下不早回，則天下之民何所依戴？」不報。澤威聲日著，敵聞其名，常尊憚之，對南人言，必曰「宗爺爺」。

金人破永興軍，經畧使唐重死之。婁室既陷同、華諸州，遂圍永興。時京兆兵皆爲經制使錢蓋調赴行在，重度勢不可支，以書別其父。及金兵圍城，重與守臣會盟死守，而經制副使傅亮以精鋭數百奪門出降，重遂與副總管楊宗閔、提舉軍馬程迪、提點刑獄郭忠孝等八人俱死。**東平軍校孔彦舟作亂，渡淮寇黄州。**彦舟聞金兵將至山東，遂帥所部刼殺居民，燒廬舍，掠財物而南，渡淮犯黄州。**金人陷青、濰州。**訛里朵使闍母攻濰州，知州韓浩率衆死守，城陷，與通判朱庭傑皆力戰死。浩，琦之孫也。**王淵招張遇降之。**遇焚真州，遂陷鎮江府，王淵招降之，以其兵萬人屬韓世忠。**竄内侍邵成章于南雄州。**時所在盜起，汪伯彦、黄潛善匿不以聞。成章上疏言二人必誤國，帝怒，除名編管南雄州。**以劉豫知濟南府。**豫，景州人，爲河北提刑。金人南侵，豫棄官避地真州。張慤薦之，起知濟南。時盜起山東，豫不願行，請易東南一郡，執政不許，豫忿而去。**二月，河北盜楊進等降于宗澤。**楊進聚衆三十萬，與丁進、王再興、李貴、王大郎等擁衆各數萬，往來京西、淮南、河南北侵掠，澤遣人諭以禍福，悉招降之。有王善者，河東巨寇也，擁衆七十萬，車萬乘，欲據京城，澤單騎馳至善營，泣謂之曰：「朝廷當危難之時，使有如公一二輩，豈復有敵患乎？今日乃汝立功之秋，不可失也。」善感泣曰：「敢不効力？」遂解甲降。**金人陷淮寧，知府事向子韶死之。**金人晝夜攻城，子韶率軍民固守，遣人詣宗澤乞援。未至，城陷。金人欲降之，子韶罵不屈，遂爲所殺，闔門皆遇害。事聞，賜謚忠毅。淮寧初陷時，楊時聞之曰：「子韶必死矣。」蓋知其素守云。呂中曰：「當建炎之初，河北惟失真定等四郡，河東惟失太原等六郡，其他固在也。李綱招撫經總之事既沮，故當時無連衡合從相援之勢。虜兵方盛，又非一州之所能敵。既破一州，又取一州，使忠臣義士守孤城以待盡，豈不惜哉！」**和州防禦使馬擴聚兵于真定五馬山，奉信王榛以總制諸砦。**擴奔五馬山砦聚兵，得上皇子信王榛于民間，奉之以總制諸砦，兩河遺民聞風響應。**金人寇熙河，都監劉惟輔逆擊于新店，破之。隴右都護張嚴追戰五里坡，敗死。**婁室既陷永興，鼓行而西，秦州帥臣李積降，虜勢益張，引兵犯熙河。經畧使張深遣惟輔以精騎三千人禦之，❶夜

❶「三千」，原作「二千」，據《三朝北盟會編》卷一一六、《繫年要録》卷一四、《宋史》卷四五二《劉惟輔傳》改。

趨新店，金人恃勝不虞，黎明軍進，惟輔舞矟刺其帥黑鋒，洞胸墮馬死，虜爲奪氣。深更檄張嚴往追之，嚴追婁室及鳳翔境上，鋭意擊賊。至五里坡，婁室伏兵坡下，嚴與曲端期不至，徑前遇伏，戰不利，死之。

金粘没喝焚西京而去。三月，翟進復之，詔以進爲京西北路安撫使。粘没喝聞張嚴東出，自河南西入關以援婁室，盡焚西京廬舍，虜其民而北。時韓世忠以所部萬人受詔赴西京捉殺盜賊，粘没喝復留兀术屯河陽以待之。翟進得以其衆復西京，粘没喝道聞嚴死，遂自平陸渡河歸雲中。

知中山府陳遘爲其下所殺，金人遂陷中山。中山受圍三年，城中糧絶，人皆羸困不能執兵。知府陳遘欲盡括城中兵力戰，部將沙振潛衷刃入府害遘及其子錫等十七人。振出爲帳下卒所殺，捽裂之身首無餘。城陷，金人見遘尸曰：「忠臣也。」斂而葬之。

夏四月，金兀术復入西京，翟進擊走之。兀术率衆來攻西京，進與韓世忠迎戰而敗，世忠被矢如棘，力戰得免，乃收餘兵南歸。兀术入西京，進復集鄉兵與戰，屢敗之，殺其將翟海，乘勝入洛陽。金人帥懷、孟、蒲、衛之衆復至，斧門而入，進與巷戰，金人引去。時兀术等聞粘没喝渡河，亦留兵戍河陽北還。

金婁室寇涇原，經畧使曲端使吴玠擊之，婁室敗走同、華。婁室既破張嚴，勢益張，引兵寇涇原。曲端使吴玠逆擊于青溪嶺，士殊死鬭，大敗之，虜遂東走同、華。

石壕尉李彦仙復陝州。金人得陝，用降者守之，使招集散亡。時彦仙保三砦，屢敗金師，破其五十餘壁，以計復陝州及絳、解諸縣。事聞，詔彦仙知陝州兼安撫使。

工部侍郎兼侍講楊時罷。帝初即位，除時工部侍郎。陛對言古聖賢之君未有不以興學爲務，除兼侍講，以老求去，遂提舉洞霄宫。時在東郡，所交皆天下士，先達陳瓘、鄒浩皆以師禮事時。暨渡江，東南學者推時爲程氏正宗。

以信王榛爲河外兵馬都元帥。

五月，下詔還京師，不果。時宗澤招撫羣盜聚城下，又募兵儲糧，召諸將約日渡河，諸將皆掩泣聽命。澤乃上疏，大畧言：「祖宗基業可惜，陛下父母兄弟蒙塵沙漠，日望救兵，西京陵寢爲賊所占，今年寒食節未有祭享之地，而兩河、二京、陝右、淮甸百萬生靈陷於塗炭。乃欲南幸湖外，蓋奸邪之臣一爲賊虜方便之計，二爲奸邪親屬皆已津置在南故也。今京城已增固，兵械已足備，人氣已勇鋭，望陛下毋沮萬民敵愾之氣，而循東晉既覆之轍。」奏至，或言信王榛有渡河入汴之謀，帝乃降詔擇日還京。

許景衡罷。時朝廷有大政事，景衡必請間極諫，黄潛善、汪伯彦以爲異己，因共以渡江南幸之議爲景衡罪，罷之。景衡行至瓜洲得暍疾卒，謚忠簡。景衡得程頤之學，志慮忠純，議論不與時俯仰。既卒，帝思之曰：「朕自即位以來，執政忠直，遇事敢言，惟許景衡爾。」

定詩賦、經義試士法。元祐中，科舉以經義、詩賦兼取，紹聖以來罷試詩賦，至是命參酌元祐科舉條制定試士法。中書省請習詩賦舉人不兼經義，習經義人止習一經；解試、省試並計數各取通定高下，殿試仍對策三道。故事，廷試上十名，内侍先以卷奏定高下，帝曰：「取士當務至公，豈容以己意升降？自今勿先進卷。」

以朱勝非爲尚書右丞。○以宇文虚中充金國祈請使，虚中降金。虚中時竄韶州，會詔求使絶域者，虚中應詔，乃復資政殿大學士充祈請使，稱臣奉表于金。時金人方興兵南侵，已留王倫、朱弁矣。虚中至，金人遣之歸，虚中曰：「奉命北來祈請二帝，二帝未還，虚中不可歸。」遂留。時金國初建，制度草創，頗愛虚中有才藝，每加官爵，虚中即受之，遂與韓昉俱掌制。

詔御營統制韓世忠會宗澤以禦金，王彦引兵屯滑州。時得報虜分道渡河，詔世忠與澤率所部迎敵。澤聞王彦聚兵太行山欲大舉趨太原，澤即以彦爲忠州防禦使制置河北軍事，恐彦孤軍不可獨進，召彦計事。彦悉召諸寨指授方畧以俟會合，乃以萬餘人先發，金人以重兵躡其後而不敢擊。既至汴，澤令宿兵近甸以衛根本，彦遂屯滑州之沙店。澤上疏曰：「臣欲乘此暑月遣彦等自滑州渡河取懷、衛、濬、相等州，王再興等自鄭州直護西京陵寢，馬擴等自大名取洺、相、真定，楊進、王善、丁進等各以所領兵分路並進。既渡河，則山寨忠義之民相應者不啻百萬，願陛下早還京師，臣當躬冒矢石爲諸將先，中興之業必可立致。」疏入，黄潛善等忌澤成功，從中沮之。

金婁室大掠而東，遂陷絳州。初，宗澤承制以王庶爲陝西制置使，曲端爲河東經制使。未幾，錢蓋聞虜陷長安，檄庶兼節制環慶、涇原兵。既而金人東還，庶以金人重載可襲取勝，移文兩路協力更戰，而環慶帥王似、涇原帥席貢不欲受庶節度，遂具文以報而實不出兵。金人至清溪，爲吴玠所扼；至咸陽，望渭南義兵滿野不得渡，遂循渭而東。其支軍入鄜延，攻康定，庶急遣兵斷河橋，又令劉延亮屯神水峽斷其歸路，虜遂去。曲端乘虜退復下秦州，端雅不欲屬庶，會延亮自鳳翔歸，❶端斬之，庶猶以書約似、貢欲逼餘虜渡河，復限大河自守，似、貢竟不應，時綘州猶爲國拒守，婁室還軍陷之。**張慤卒。**慤善理財，論錢穀利害猶指諸掌，在朝諤諤有大臣節，然議論可否不形辭色，未嘗失歡同列，時論善之。**六月，以王庶節制陝西諸軍，曲端爲都統制。**時陝西撫諭使謝亮持詔賜夏國，庶移書曰：「大夫出疆有可以安社稷，利國家，專之可也。夏人之患小而緩，金人之患大而迫。方此虜挫鋭于熙河，奔北于本路，子女玉帛不知紀極，占據同、華，畏暑休兵，閣下能仗節督諸路協同義舉，争先並進，亦可以驅逐渡河，全秦奠枕，徐圖恢復。」亮不從。**秀州軍亂，御營統制張俊討平之。**秀州軍校徐明等作亂，囚守臣朱芾。命張俊討之。俊擒明送行在，秀前守臣趙叔近與王淵有宿憾，俊故淵之部曲，希淵旨，誣叔近以同叛殺之。**京畿、淮甸蝗。○秋七月，東京留守宗澤卒，以杜充代之。**澤前後請帝還京二十餘奏，每爲黄潛善、汪伯彦所抑。潛善、伯彦又疑澤爲變，以郭仲荀爲副留守以察之。澤憂憤成疾，疽發于背，諸將入問疾，澤矍然曰：「吾以二帝蒙塵，憤憤至此，汝等能殲敵，則我死無恨。」衆皆流涕曰：「敢不盡力！」諸將出，澤歎曰：「出師未捷身先死，長使英雄淚滿襟。」無一語及家事，但連呼「過河」者三而卒，年七十。都人號慟，訃聞，贈觀文殿學士，謚忠簡。澤子穎居戎幕，素得士心，都人請以穎繼父任，時已命杜充代澤，不許。充酷而無謀，至汴，悉反澤所爲，於是豪傑離心，降盗聚城下者復去剽掠矣。史臣曰：「方二帝北行，宗社失主，宗澤一呼，而河北義旅數十萬衆若響之應聲，實澤之忠義有以風動之也。使當時無或齟齬牽制之，則反二帝、復舊都，一指顧間耳。黄潛善、汪伯彦嫉能基功，而高宗惑於憸邪之口，善善而不能用，使澤不得信其志，發憤而卒，悲哉！」**八月，作御寶。**金之入汴也，九寶惟大宋受命寶及定命寶存，至是帝作金

❶「延亮」，《繫年要録》卷一五作「經制司統領官劉希亮」，《宋史》卷三六九《曲端傳》作「統領官劉希亮」。

寶三，一曰「皇帝欽崇國祀之寶」，二曰「天下合同之寶」，三曰「書詔之寶」。貶殿中侍御史馬伸監濮州酒稅，卒于道。伸自湖南還，上疏言黄潛善、汪伯彦不法十七事，乞速罷二人政柄，别選賢者共圖大事。疏入留中，明日改受衛尉少卿。伸辭不拜，録其疏申御史臺，且言：「臣論可采，即乞施行；非是，合坐誣罔之罪。」因移疾待命，詔伸言事不實，送吏部責監濮州酒税，趣使上道。伸怡然襆被而行，竟死道中，聞者冤之。伸學于程頤，勇於爲義，每曰：「吾志在行道，以富貴爲心則爲富貴所累，以妻子爲念則爲妻子所奪，道不可行也。」以趙子砥知台州。子砥至燕山遁歸，命輔臣問北事甚悉，子砥大畧言：「金人講和以用兵，我國斂兵以待和，吾國與金勢不兩立。昔契丹主和議，女真主用兵，十餘年間竟滅契丹。今復蹈其轍，譬人畏虎以肉餧之，食盡終于噬人。若設檻穽以待之，然後可以制虎矣。」遂命知台州。河北、京東捉殺使李成叛，詔江淮制置使劉光世討之。光世至光州，大破成衆，招降二萬餘人，成遁去。金主吴乞買廢上皇爲昏德公，靖康帝爲重昏侯，徙之韓州。金主命二帝赴上京以素服見金太祖廟，遂見金主于乾元殿，金主封太上皇帝爲昏德公，淵聖皇帝爲重昏侯，未幾徙之韓州。令下之日，盡空其城，命晉康郡王孝騫等九百餘人至韓州同處，給田十五頃，令種蒔以自給。惟秦檜不與徙，依撻懶以居，撻懶亦厚待之。九月，郭三益卒。○金將訛里朵襲破信王榛于五馬山砦，遂會粘没喝入寇。初，馬擴自五馬山詣行在，黄潛善、汪伯彦疑其非真。及行，授密旨使幾察信王榛，且令擴聽諸路節制。擴知事不成，遂留大名不進。金訛里朵恐擴以援兵至，急發兵攻五馬山諸砦，斷其汲路，諸砦皆陷。時詔韓世忠以所部自彭城至東平，張俊自東京至開德，馬擴爲河北應援使以備金。訛里朵既破五馬山，探知擴兵南來，使人馳會粘没喝共備之。粘没喝將歷懷、衛而東，聞訛里朵已敗擴軍于清平，遂由黎陽渡河，會兵以攻澶、濮，榛亡走，不知所終。冬十月，隆祐太后如杭州。侍御史張浚請先定六宫所居地，詔孟忠厚奉太后及六宫、皇子如杭州，以苗傅、劉正彦爲扈從都副統制。楊進復叛寇汝、洛，翟進戰死。楊進復叛，衆至數萬，剽掠汝、洛間。翟進患之，與其兄興謀擊之，未果。楊進遣騎數百絶洛水犯進營，進乘半渡擊之，追奔數十里，破賊四砦，馬驚墜塹，爲賊所害，賊乘勝大敗官軍。詔以興爲京西北路安撫招討使。

**知濮州楊粹中襲破金粘没喝軍。十一月，金人陷濮州，粹中死之。**

粘没喝、訛里朵合兵圍濮州，以濮州小易之。至城下，知州楊粹中固守，命將姚端夜擣其營，粘没喝跣足走，僅以身免。遂攻城益急，凡三十三日而陷，粹中被執，竟不屈而死。

**金婁室陷延安，王庶使曲端將兵救之，端次于襄樂不進。**

庶至京兆，端不欲屬庶，凡有命多託辭不行，庶無如之何，復還端涇原。時金婁室渡河諜知庶、端不協，乃併兵攻鄜延，庶調兵自沿河至馮翊，據險以守，金人先已乘冰渡河犯晉寧，侵丹州，又渡清水河破潼關，秦、隴皆震。庶傳檄諸路會兵禦之。時端盡統涇原精兵駐淳化，庶日移文趣端進，端不聽，而遣其副將吴玠復華州，自引兵遷延迂道，自邠之三水與玠會于襄樂。金攻延安急，庶自坊州收散亡往援，知興元府王瓊亦將所部兵赴之。比庶至甘泉，延安已陷，庶無所歸，以兵付瓊，自將百騎與官屬馳赴襄樂勞軍，猶以節制望端，欲倚以自副。端彌不平，見庶問延安失守狀，謀殺之，不果，乃拘其官屬，奪其節制使印，會庶自劾得詔罷守京兆乃去。時王瓊將兩軍在慶陽，端使其統制張中孚往召之，曰瓊若不聽，則斬以來。會瓊已去，追之不及。

**金始撰國史。**

女真初未有文字，粘没喝好訪問女真老人，多得其祖宗遺事。及金主嗣位，韓昉輩皆在左右，文學之士稍見拔擢。至是詔採摭遺言舊事以備國史，命烏野與耶律迪越掌之。

**金兀朮陷開德府、相州。○以魏行可假禮部侍郎使金軍。**

行可應募使金軍，見金人于澶淵，金人知其布衣借官，待之甚薄，因留不遣。行可嘗貽書金人，警以不戢自焚之禍，竟卒于金。

**朝享祖宗神主于壽寧寺。○郊，大赦。**

**○金人寇晉寧軍，知軍事徐徽言拒却之，知府州折可求叛降金。**

先是，徽言陰結汾、晉土豪，約以復故地則奏官爲守長，聽其世襲。會朝論與虜結和，抑其所請。虜忌徽言，欲速拔晉寧以除其患，既破延安，遂自綏德渡河圍之三月，徽言屢破却之。至是，徽言約可求出兵夾攻金人。婁室聞之，執可求之子彦文使爲書招可求，可求遂以所屬麟、府、豐三州降金。可求與徽言連姻，金人使招徽言于城下，徽言引弓射之，可求走，徽言引兵擊虜大敗之，斬婁室之子。**吴玠襲史斌斬之。**史斌圍興元不克，引兵趨關中。義兵統領張宗諤誘斌還長安，❶欲徐圖之。曲端怒宗諤，遣玠襲斬斌，而自襲宗諤，殺之。**十二月，劉豫叛降金。**撻懶圍濟南，劉豫遣子麟禦却之。撻懶遣人啗豫以利，豫懲前忿，遂殺濟南驍將關勝，率百姓降金，百姓不從，豫縋城納欵。**金訛里朵陷北京，提刑郭永死之。**訛里朵攻大名急，守臣張益謙欲遁，永曰：「北門所以遮梁宋，虜得志則朝廷危矣。」因自率兵晝夜乘城，且縋死士告急于行在。會大霧四塞，城遂陷。益謙與轉運判官裴億迎降，訛里朵問曰：「城破乃降何也？」二人以永不從爲辭，訛里朵遣騎召永謂曰：「沮降者誰？」永曰：「不降者我。」訛里朵以富貴啗之，永罵曰：「無知犬豕，恨不醢爾以報國，何説降乎？」訛里朵怒，併其家屬皆殺之。**以黄潛善、汪伯彦爲尚書左、右僕射兼門下、中書侍郎。顔岐、朱勝非爲門下、中書侍郎，盧益同知樞密院事。**潛善、伯彦入謝，帝曰：「潛善作左相，伯彦作右相，朕何患國事不濟？」時金兵横行，山東羣盗蠭起，而潛善、伯彦既無謀畧，專權自恣，東京委之御史，南京委之留臺，泗州委之郡守，言事者不納其説，請兵者不以上聞，金兵日南，而潛善等以爲李成餘黨無足慮者。**金粘没喝陷襲慶府。**軍士有欲發孔子墓者，粘没喝問其通事高慶裔曰：「孔子何人？」曰：「古之大聖人。」粘没喝曰：「大聖人墓安可發？」遂殺軍士。**以禮部侍郎張浚參贊御營軍事。**浚極言金人必來，請豫爲備。黄潛善、汪伯彦以爲過計而笑之，命浚參贊軍事，與吕頤浩教習河朔民兵。

**己酉　三年，**金天會七年。**春正月，河北制置使王彦致仕。**彦以所部兵馬付東京留守司，而率親兵趨行在。見黄潛善、汪伯彦，力陳兩河忠義延頸以望王師，願因人心大舉北伐。言辭憤激，二人大怒，遂請降旨免對，差充御營平寇統領，彦遂稱疾致仕。**以路允**

❶「諤」，原脱，據《宋史》卷三六九《曲端傳》補。

迪簽書樞密院事。○盜張用、王善復叛，寇淮寧。用、善駐京西，連亘數州，自京西至光、壽據千里之地，兵馬接迹不斷，虜掠糧食，所至一空。金粘没喝陷徐州，知州事王復死之。金人圍城，復與子倚率軍民力戰，外援不至，城陷。復謂粘没喝曰：「死守者我也，願殺我而舍僚吏、百姓。」粘没喝欲降之，復嫚駡求死，闔門百口皆被殺。韓世忠會兵救濮州，至沭陽兵潰，金粘没喝遂入淮泗。世忠屯淮陽，會山東兵以援濮州，粘没喝聞之，分兵萬人趨揚州，自率大軍迎戰。世忠以衆寡不敵，夜引還，粘没喝躡之。至沭陽，世忠棄軍走鹽城，衆遂潰。張遇戰死，粘没喝入淮陽，以騎兵三千取彭城，間道趨淮東，入泗州。二月，詔劉光世將兵阻淮以拒金。光世兵潰走還，金粘没喝遂陷天長軍，帝奔鎮江。粘没喝至楚州，守臣朱琳降，遂乘勝而南陷天長軍。内侍鄺詢報金兵至，帝即被甲乘騎馳至瓜洲步，得小舟渡江，惟護聖軍卒數人及王淵、張俊、内侍康履等從行。日暮至鎮江府，時汪伯彦、黄潛善方率同列聽浮屠克勤説法罷會食，堂吏大呼曰：「駕已行矣。」二人相顧蒼黄，乃戎服策馬南馳，居民争門而出，死者相枕藉，無不怨憤。司農卿黄鍔至江上，軍士以爲潛善，駡之曰：「誤國誤民，皆汝之罪！」鍔方辨其非是，而首已斷矣。是日金將馬五帥五百騎先馳至揚州城下，聞帝已南行，乃追至揚子橋。時事起倉卒，朝廷儀物皆委棄，太常少卿季陵亟取九廟神主以行，出城未數里，回望城中烟焰燭天，陵爲金人所追，亡太祖神主于道。帝如杭州，以吕頤浩簽書樞密院事，守鎮江。帝至鎮江，宿于府治，翌日召從臣問去留，吏部尚書吕頤浩乞留蹕以爲江北聲援，羣臣皆以爲然。王淵獨言：「鎮江止可捍一面，若金人自通州渡江以據姑蘇，將若之何？不如錢唐有重江之險。」帝意遂決，以頤浩爲江淮制置使，與行在五軍制置使劉光世駐鎮江，又以楊惟忠節制江東軍馬駐江寧。是夕發鎮江，越四日次平江，命朱勝非節制平江、秀州軍馬，張浚副之，留王淵守平江。又二日次崇德，時吕頤浩從行，即拜同簽書樞密院事、江淮兩浙制置使，以兵二千還屯京口，又命張俊以兵八千守吴江。遣閤門祗候劉俊民使金軍，詔録用張邦昌親屬。仍命俊民持邦昌貽金人約和書藁以行。金婁室陷晉寧軍，徐徽言死之。婁室破晉寧軍，徽言據子城拒戰，因潰圍走，被擒，使之拜不拜，臨之以兵不動，命折可求諭使降，徽言大罵，婁室殺之。統制孫昂及士卒皆不屈，被害。事聞，贈徽言晉州觀察使，謚忠壯。

帝至杭州，赦。帝駐蹕杭州，即州治爲行宮，下詔罪己，求直言，赦死罪以下，放還士大夫被竄斥者，惟李綱不赦，更不放還，蓋用黄潛善計罪綱以謝金也。和州防禦使馬擴應詔上書，言：「前日之事，其誤有四，其失有六。今願陛下西幸巴蜀，用陝右之兵，留重臣使鎮江南，撫淮甸，破金賊之計，回天下之心，是爲上策。都守武昌，襟帶荆湖，控引川廣，招集義兵，屯布上流，扼據形勢，密約河南諸路豪傑，許以得地世守，是爲中策。駐蹕金陵，備禦江口，通達漕運，精習水軍，厚激將士以幸一勝，觀敵事勢預備遷徙，是爲下策。若倚長江爲可恃，幸金賊之不來，猶豫遷延，候至秋冬金賊再舉，驅虜舟檝，江淮千里，數道並進，方當此時然後又悔，是爲無策。」擴累數千言，皆切事機。

金人焚揚州而去。金人焚揚州而去，吕頤浩遣陳彦渡江襲金餘兵，復揚州。

黄潛善、汪伯彦以罪免。潛善、伯彦自知不爲衆所容，聯疏求退，中丞張澂論二人大罪二十，致陛下蒙塵，天下怨懟，乞加罪斥。乃罷潛善知江寧府，伯彦知洪州。潛善猥持國柄，嫉害忠良，逐李綱，沮宗澤，臺諫内侍言者隨陷以奇禍，中外爲之切齒，而帝不悟。伯彦則居位日淺，論者或末減其罪云。

以葉夢得、張澂爲尚書左、右丞。

○贈陳東、歐陽澈官。仍官其親屬一人，恤其家，又召馬伸赴行在，時伸已卒，詔贈直龍圖閣。

三月，以朱勝非爲尚書右僕射兼中書侍郎，命張浚駐平江。

○葉夢得罷，以王淵同簽書樞密院事。先是，帝渡江，劉光世見帝泣曰：「王淵專管江上海船，每言緩急不誤，今臣所部數萬，騎二千餘不能濟。」淵忿其言，斬江北都巡檢使皇甫佐以自解，朱勝非馳見淵督之，淵始經畫，已無所及，遂失諸將心。至是制下，諸將籍籍，帝乃命淵免進呈書押。

以吕頤浩爲江東安撫制置使。

○扈從統制苗傅、劉正彦作亂，殺王淵及内侍康履等，刼帝傳位于魏國公旉，請隆祐太后臨朝。苗傅自負世將，以王淵驟遷顯職，心不平之，而劉正彦亦以招降劇盜功大賞薄怨上，二人因相結。時内侍康履、藍珪恃恩用事，履尤妄作威福，凌忽諸將，諸將嫉之。會内侍臨浙觀潮，供帳遮道，傅等怒曰：「汝輩使天子顛沛至此，猶敢爾邪？」中大夫王世修亦嫉内侍恣横，言於正彦，正彦曰：「會當共除之。」及王淵入樞府，傅等疑其由内侍以進，遂與世修謀先斬淵，然後殺宦者。議既定，時以劉光世爲殿前都指揮使，百官入聽宣制，傅、正彦令世修伏兵城北橋下，俟淵退朝，即捽下馬，誣以結宦者謀反。正彦手斬淵，即與傅擁兵至行宫門外，梟淵首于行闕，分捕内侍皆殺之。履馳入宫白帝，帝大驚，朱勝非急趨樓上詰傅等擅殺之故。中軍統制吴湛排門引傅黨入内，奏曰：「傅等不負國家，止爲天下除害耳。」知杭州康允之見事急，請帝御樓撫諭之。日將午，帝登樓，傅等見黄蓋，猶山呼而拜，帝憑欄呼傅等問故，傅厲聲對曰：「陛下信任中官，賞罰不公，軍士有功者不賞，内侍所主者得官。黄潛善、汪伯彦誤國至此，猶未遠竄，王淵遇賊不戰，首先渡江，因交康履，乃除樞密。臣自陛下即位以來，功多賞薄，臣已將王淵斬首，中官在外者皆誅訖，更乞康履、曾擇誅之以謝三軍。」帝曰：「潛善、伯彦已降黜，履、擇當重與降責，卿等可歸營。」傅曰：「天下生靈無辜肝腦塗地，止緣中官擅權，若不斬履、擇，臣不還營。」帝猶未許，逾時傅兵不退，帝不得已命湛執履與之，傅即於樓下腰斬履，臠其肉，梟首與淵首相望，并捕擇斬之，編管藍珪于遠州。帝諭傅等歸營，傅等進曰：「陛下不當即大位，將來淵聖皇帝來歸，未知何以處之？」帝命朱勝非縋樓下委曲諭之，傅請隆祐太后同聽政，及遣人使金議和，帝許之。即下詔請隆祐太后垂簾，傅等聞詔不拜，曰：「自有皇太子可立，况道君皇帝已有故事。」勝非還白帝，帝曰：「朕當退避，但須太后手詔也。」乃遣顔岐入内請太后御樓，太后至，帝立楹側，從官請帝坐，帝曰：「不當坐此矣。」太后因乘肩輿下樓，出門見傅等諭之曰：「自道君皇帝任蔡京、王黼更祖宗法度，童貫起邊事，所以招致金人，養成今日之禍，豈關今上皇帝事？况皇帝初無失德，止爲黄潛善、汪伯彦所誤，今已竄逐，統制豈不知之？」傅等對曰：「臣等必欲太后爲天下主，奉皇子爲帝。」后曰：「今彊敵在前，吾以一婦人抱三歲兒決事，何以令天下？敵國聞之，豈不轉加輕侮？」傅等不從，傅顧勝非曰：❶「今日政須大臣果決，相公可無一言？」勝非還白帝曰：「傅等腹心有王鈞甫者適語臣云

❶「傅」，原作「后」，據《繫年要録》卷二一、《宋史》卷三六二《朱勝非傳》、卷四七五《劉正彦傳》改。

『二將忠有餘而學不足』，此語可爲後圖之緒。」帝乃即坐上作詔禪位于皇子，而請太后同聽政。宣詔畢，傅等麾其軍退，於是皇子旉即位，太后垂簾決事，尊帝爲睿聖仁孝皇帝，以顯寧寺爲睿聖宮。是夕，徙帝居之。大赦，改元明受，以張澂兼中書侍郎，韓世忠爲御營使司提舉一行事務，張俊爲秦鳳副總管，分其衆隸諸軍。又以王孝迪爲中書侍郎，盧益爲尚書左丞，加傅爲武當軍節度使，正彦爲武成軍節度使，以吴湛主管步軍司，王孝迪、盧益爲大金國信使，朱勝非奏：「母后垂簾，須二人同對，此承平故事。今日事機須密奏者，乞許臣僚獨對，而日引傅黨一人上殿以弭其疑。」太后語帝曰：「賴相此人，若汪、黄在位，事已狼籍矣。」傅等欲挾帝幸徽、越，勝非論之以禍福，乃止。

**張浚、吕頤浩會兵討賊。**

改元赦書至平江，張浚命守臣湯東野祕不宣，既而得苗傅等所傳檄，浚慟哭，召東野及提刑趙哲謀起兵討之。時傅令張俊以三百人赴秦鳳，而以餘兵屬他將，俊知其僞，拒不受，軍士洶洶，俊諭之曰：「當詣張侍郎決之。」即引所部八千人至平江。浚見俊語故，相持而泣，且諭俊以將起兵問罪，俊泣拜曰：「此須侍郎濟以機術，毋驚動乘輿也。」赦至江寧，吕頤浩曰：「是必有兵變。」其子抗曰：「主上春秋鼎盛，二帝蒙塵沙漠，日望拯救，其肯遽遜位于幼冲乎，灼知兵變無疑也。」即遣人寓書於浚，浚以頤浩有威望，能斷大事，乃答書約共起兵，且告劉光世于鎮江，令以兵來會。頤浩得浚書，因上疏請復辟，遂以兵發江寧，舉鞭誓衆，士皆感厲。張浚又念傅等居中，欲得辯士往説之，節制司參議官馮轓請行，浚遣之。至杭，見傅等折以正義，令早反正。劉正彦遣轓約浚至杭，浚命張俊分兵扼吴江，上疏請復辟。苗傅等謀除浚禮部尚書，命將所部詣行在。浚以大兵未集，未敢誦言討賊，乃託云張俊驟回，人情震讋，不可不少留以撫其軍。會韓世忠自鹽城由海道將赴行在，至常熟，張俊聞之曰：「世忠來，事濟矣。」因白浚以書招之，世忠得書，以酒酹地曰：「誓不與此賊共戴天！」至平江見浚慟哭曰：「今日之事，世忠願與張俊任之，公無憂也。」浚因大犒俊、世忠將士，衆皆感憤。於是令世忠帥兵赴闕，戒之曰：「投鼠忌器，事不可急，急則恐有他變，宜趨秀州據糧道以俟大軍之至。」世忠發平江，至秀州稱病不行，而大修戰具。傅等聞之始懼，欲拘世忠妻子以爲質，朱勝非紿傅曰：「不若遣之迓世忠而慰撫之，則平江諸人益安矣。」傅從之，乃白太后封世忠妻梁氏爲安國夫人，俾迓世忠。梁氏疾驅出城，一日夜會世忠于秀州，勝非喜曰：「二兇真無能爲也。」張浚復遣馮轓往杭，因報書于正彥曰：「自古言涉不順，謂之指斥乘輿，事涉不遜，謂之震驚宮闕，廢立之事，謂之大逆不道，大逆不道者族。今建炎皇帝不聞失德，一旦遜位，豈所宜聞？」傅等得書而恐，乃遣苗瑀、馬柔吉將重兵扼臨平，亟除俊、世忠節度使，而誣浚欲危社稷，責黄州團練副使，郴州安置。浚等皆不受。頤浩將至平江，浚乘輕舟迓之，咨以大計，頤浩曰：「曩諫開邊，幾死宦臣之手；承乏漕挽，幾陷腥羶之域。今事不諧，不過赤族，爲社稷死，豈不快乎？」浚壯其言。既而劉光世兵亦至，浚乃草檄聲傅、正彥之罪，以韓世忠爲前軍，張俊翼之，劉光世爲游擊，頤浩、浚總中軍，光世分兵殿後。太后降旨睿聖皇帝處分兵馬重事，以浚同知樞密院事，李邴、鄭瑴並同簽書院事。浚、頤浩等發平江，上疏乞建炎皇帝還即尊位。傅等聞之，憂恐不知所爲，朱勝非謂之曰：「勤王之師未進者，使是間自反正耳。不然，下詔率百官六軍請帝還宮，公等置身何地乎？」即召李邴、張守作百官章，及太后手詔，賜傅、正彥鐵券。傅等遂率百官朝于睿聖宮，帝慰勞之，傅、正彥以手加額曰：「聖天子度量如是也。」傅黨張逵曰：「趙氏安，苗氏危矣。」

**盜邵青掠泗州。**

青本五丈河舟人，去爲盜，聚兵剽刼楚、泗間。

**金以劉豫知東平府，節制河南州郡。**

時京東諸郡多陷于金，金界舊河以南俾豫統之，又以豫子麟知濟南府。訛里朵還屯濱州，粘没喝歸至東平，命撻懶屯兵衝要以鎮撫之。

**王復故將趙立復徐州。**

初，金人破徐州，王復死之，都虞候趙立戰死而復蘇，求復尸瘞之，陰結鄉民爲收復計。及金師北去，乃帥殘兵邀擊大敗之，遂復徐州。事聞，詔以立權知州事。時山東爲盜區，立介居其間，威名流聞。

**夏，四月，帝復位，召張浚知樞密院事。**

太后下詔還政，朱勝非帥百官詣睿聖宮親掖帝乘馬還行宮，與太后御前殿垂簾，復以建炎紀年，以苗傅爲淮西制置使，劉正彥副之。越四日，太后撤簾。

**呂頤浩、張浚敗賊將苗翊于臨平，苗傅、劉正彥夜遁，頤浩、浚入杭州。**

呂頤浩、張浚軍次秀州，頤浩諭諸將曰：「今雖反正，而賊猶握兵居内，事若不濟，必反以惡名加我，翟義、徐敬業可監也。」進次臨平，苗翊、馬柔吉負山阻水爲陣，中流植鹿角以梗行舟。韓世忠舍舟力戰，張俊、劉光世繼之。翊衆少却，世忠復舍馬操戈而前，令將士曰：「今日當以死報國，面不被數矢者皆斬。」於是士卒爭用命。翊引神臂弩持滿以待，世忠瞋目大呼，挺刃突前，翊衆辟易，矢不及發，遂敗走。勤王兵入北關，傅、正彦急趣都堂取鐵券，擁精兵二千，夜開湧金門以走，犯富陽、新城二縣，將南趨閩中。頤浩、浚入城，世忠手執王世修以屬吏。頤浩、浚入見，伏地涕泣待罪，帝問勞再三，謂浚曰：「曩在睿聖，兩宫隔絶，一日啜羹，忽聞貶卿，不覺覆手，念卿被謫，此事誰任？」解所服玉帶賜之。帝握世忠手慟哭曰：「中軍統制吴湛佐逆爲最，尚留朕肘腋，能先誅乎？」世忠即謁湛，握手與語折其中指，與王世修俱斬于市。逆黨王元、左言、馬瑗、范仲熊、時希孟皆貶。

**朱勝非、顔岐、王孝迪、張澂、路允迪、盧益免。**朱勝非見帝言曰：「臣昔遇變，義當即死，偷生至此，欲圖今日之事耳。」因乞罷政。帝問誰可代者，對曰：「吕頤浩、張浚。」帝問孰優，對曰：「頤浩練事而暴，浚喜事而疎。」帝曰：「浚太年少。」對曰：「臣向被召，軍旅錢穀悉付浚，此舉浚實主之。」中丞張守論勝非不能預防，致賊猖獗，宜罷之，不報。至是與同位俱免，未幾復落職，居張澂于衡州。

**以吕頤浩爲尚書右僕射兼中書侍郎，李邴爲尚書右丞，鄭瑴簽書樞密院事。**以劉光世爲御營副使，韓世忠、張俊爲御前左、右軍都統制。

**禁内侍干預朝政。**詔内侍不得與主兵官交通，及饋遺假貸，借役禁軍，干預朝政，外官非親戚亦不得往還，如違並行軍法。

**重正三省官名。**自元豐肇建三省，凡軍國事，中書揆而議之，門下審覆之，尚書承行之。三省皆不置官長，以左、右僕射兼兩省侍郎，二相既分班進呈，首相遂不復與朝廷議論。元祐初，司馬光乃請令三省合班奏事，分省治事。至是從吕頤浩之言，詔左、右僕射並同中書門下平章事，改中書、門下侍郎爲參知政事，省尚書左、右丞，三省始合爲一。

**以李邴參知政事。**

**○帝如江寧。**既至，改江寧爲建康府。

**册魏國公旉爲皇太子。**

**○盜薛慶據高郵，張浚諭降之。**慶據高郵，有衆數萬，浚恐其滋蔓，請往招之。入慶壘，諭以朝廷恩意，慶感服遂降。浚留撫其衆，或傳浚被執，吕頤浩等請罷浚，帝從之。越十日浚還，帝驚嘆，即日趣就職。

**金人陷鄜、坊州。**未幾又陷鞏州。

**五月，以張浚爲川、陝、京、湖宣撫處置使，**

**便宜黜陟。**浚謂中興當自關陝始，慮金人或先入陝、蜀，則東南不可保，因慷慨請行。詔以浚爲宣撫處置使，聽便宜黜陟，與沿江襄漢守臣議儲蓄以待臨幸。帝問浚大計，浚請身任陝、蜀之事，置幙府于秦川，別遣大臣與韓世忠鎮淮東，令吕頤浩扈蹕來武昌，爲趨陝之計，復以張俊、劉光世與秦川相首尾，帝然之。初，浚宣撫川陝之議未決，監登聞檢院汪若海曰：「天下者，常山蛇勢也。秦蜀爲首，東南爲尾，中原爲脊。今以東南爲首，安能起天下之脊哉？將圖恢復，必在川陝。」浚大悦。**以滕康同簽書樞密院事。○遣徽猷閣待制洪皓使金，金人拘之。**粘没喝自東平還雲中，訛里朵自濱州還燕山，帝遣皓如金遺粘没喝書，願去尊號，用金正朔，比于藩臣。時所在盜梗，皓艱難百端得達太原，留一年遣至雲中，粘没喝迫之使仕劉豫，皓曰：「萬里銜命不得奉兩宫南歸，恨力不能磔逆豫，忍事之邪？留亦死，不即豫亦死，不願偷生狗鼠間，願就鼎鑊無悔。」粘没喝怒，將殺之，旁一校曰：「此真忠臣也。」目止劒士，爲皓跪請，得流遞冷山。**韓世忠獲苗傅、劉正彦送行在，誅之。**世忠言：「賊擁精兵距甌、閩甚邇，倘成巢穴，卒未可滅。」帝詔世忠與劉光世追討之。世忠自衢、信進至浦城之魚梁驛，與苗傅、劉正彦遇，世忠步走挺戈而前，賊望見咋曰：「此韓將軍也。」皆驚潰，遂擒正彦及傅弟翊，王德亦執苗瑀，斬馬柔吉。傅亡入建陽，縣人詹標執之獻于世忠，世忠悉送行在斬之，帝手書「忠勇」二字揭旗以賜世忠。**京西安撫使翟興擊楊進殺之。**楊進居鳴皐山北，興與子琮帥鄉兵時出擾之。進懼，棄輜重南走，興邀擊于魯山，進中流矢死，餘衆數萬悉潰去，河南平。**六月，大霖雨。詔郎官以上言闕政，罷王安石配享神宗廟庭。**時久雨恒陰，吕頤浩、張浚皆謝罪求去。詔郎官以上言闕政，司勳員外郎趙鼎上疏曰：「自熙寧間王安石用事，變祖宗之法而民始病，假闢國之謀造生邊患，興理財之政窮困民力，設虚無之學敗壞人材。至崇寧初，蔡京託紹述之名，盡祖安石之政。凡今日之患，始于安石，成於蔡京，今安石猶配享神宗，而京之黨未除。時政之缺，莫大于此。」帝從之，遂罷安石配享。尋下詔以四失罪己，一曰昧經邦之大略，二曰昧戡難之遠圖，三曰無綏人之德，四曰失馭臣之柄。仍榜朝堂，使知朕悔過之意。中丞張守上疏曰：「陛下處宫室之安，則思二帝、母后穹廬毳幕之居；享膳羞之奉，則思二帝、母后羶肉酪漿之味；服細煖之衣，則思二帝、母后窮邊絶塞之寒苦；操予奪之柄，則思二帝、母后語言動作受制於人；享嬪御之適，則思二帝、母后誰爲之使令；對臣下之朝，則思二帝、母后誰爲之尊禮。思之又思，兢兢栗栗。聖心不倦而天不爲之助順者，萬無是理也。今罪己之詔數下而天未悔禍，實有所未至耳。」

**罷右司諫袁植。**植請誅黄潛善及失守者權邦彦等九人，詔：「朕方念咎責己，豈可盡罪臣下？植雖敢言，然導朕以殺人，此非美事。」遂出知池州。

**金兀术大舉入寇。**粘没喝、訛里朵既還，兀术請大起燕雲、河朔兵南侵，金主吴乞買從之，遂陷磁、單、密州，又陷興仁府。○帝以金人復來，乃遣工部尚書崔縱使金，并通問二帝。縱至金，首以大義責金人，請還二帝，金人怒，徙之窮荒，縱不少屈，竟死焉。

**秋七月，太子旉卒。**謚元懿。

**鄭瑴卒。○以王綯參知政事，周望同簽書樞密院事。○御營司提舉范瓊有罪伏誅，張浚發建康。**初，汴京破，二帝及宗室北遷，多瓊之謀，又乘時剽掠，左右張邦昌爲之從衛。至是自洪州入朝，悖慢無禮，且乞貸苗、劉等死。帝畏其威，以爲御營司提舉一行事務。張浚將赴川陝，與樞密檢詳文字劉子羽密謀誅之，一日，命張俊以千兵渡江若備他盜者，使皆甲而來，因召瓊、俊及劉光世赴都堂議事，爲設食。食已，諸公相顧未發。子羽坐廡下，恐瓊覺，取黄紙趨前舉以麾瓊曰：「下，有敕，將軍可詣大理寺置對。」瓊愕不知所爲，子羽顧左右擁置輿中，衛以俊兵送獄。光世出撫其衆，數瓊在圍城中附金迫二帝北狩之罪，且曰：「誅止瓊爾，汝等固天子自將之軍也。」衆皆投刃曰：「諾。」有旨分隸御營五軍。瓊下獄具伏，賜死，子弟皆流嶺南。瓊既誅，張浚乃發建康。

**升杭州爲臨安府。**初，吕頤浩與張浚定幸武昌之議，及浚行，頤浩以爲道遠餽餉難繼，乃變前論。會滕康、張守陳武昌有十害不可往，帝從之，遂升杭州爲臨安府，將定都焉。

**詔李邴、滕康權知三省、樞密院事，奉隆祐太后如洪州。**太后至建康，會防秋迫，命劉寧止制置江淮、荆湖，扈太后往洪州，百司非預軍事者悉從，命康、邴權知三省、樞密院事從行，凡四方奏讞、吏部差注、舉辟、功賞之數，皆隷焉。又命四廂都指揮使楊惟忠將兵萬人以衛。過落星寺暴風覆舟，宮人溺死者無數，惟后舟無虞。**以杜充同知樞密院事。**充留守東京，以糧絶歸行在，遂有是命。充將發汴，岳飛諫曰：「中原地尺寸不可棄，今一舉足，此地非我有，他日取之，非數十萬衆不可。」不聽。朝廷命郭仲荀、程昌寓相繼代充，然留守司名存而已。**盗郭仲威掠淮陽軍。**仲威本李成之黨，成先往泗上，仲威乃引兵圍淮陽，凡四月城陷。仲威入城大掠，取强壯以充軍。**廣州教授林勳上《本政書》。**勳上《本政書》十三篇，言：「國朝兵農之政大抵因唐末，今農貧而多失職，兵驕而不可用，地利多遺，財用不足，皆本政不脩之故。宜倣古井田之制，使民一夫占田五十畝，其有羡田之家毋得市田。其無田與游惰末作者，皆驅之使爲隸農，以耕田之羡者。而雜紐錢穀，以爲什一之税。每十六夫爲一井，每井賦二兵、馬一匹。匹婦之貢，絹三尺，綿一兩。非蠶鄉，則布六尺，麻二兩。」其説甚備。書奏，詔以爲桂州節度掌書記。其後，朱熹甚愛其書，陳亮亦曰：「此書考古驗今，思慮周密，世之爲井田之學者無以加矣。」**八月，李邴罷，以劉珏權知三省、樞密院事。○陝西節制使王庶罷。**以王似代之。**遣使致書于金，金人不答。**



時聞金人南侵而洪皓、崔縱未得前，帝求可使緩師者，乃遣京東轉運判官杜時亮及修武郎宋汝爲使金師以請和，致書于粘没喝曰：「古之有國家而迫于危亡者，不過守與奔而已。今以守則無人，以奔則無地。此所以諰諰然惟冀閣下之見哀而赦己。故前者連奉書願削去舊號，是天地之間皆大金之國，而尊無二上，亦何必勞師遠涉而後爲快哉！」又命吕頤浩遺書劉豫，俾諭此意。**閏月，以吕頤浩、杜充爲尚書左、右僕射，並同平章事。○罷起居郎胡寅。**寅上疏曰：「陛下以親王介弟，受淵聖皇帝之命，出師河北，二帝既遷，則當糾合義師，北向迎請。而乃亟居尊位，建立太子，不復歸覲宫闕，展省陵寢，偷安歲月，畧無扞禦。及虜騎乘虚，匹馬南渡，一向畏縮，惟務遠逃，軍民怨咨，恐非自全之計也。」因進七策：一罷和議而修戰畧，二置行臺以區别緩急之務，三務實效、去虚文，四大起天下之兵以自强，五都荆、襄以定根本，六選宗室之賢才封建任使之，七存紀綱以立國體。書凡數千言，吕頤浩惡其切直，罷之于外。**詔杜充、韓世忠、劉光世分屯江東以備金。**帝召諸將議駐蹕之地，張俊、辛企宗請自鄂、岳幸長沙，韓世忠曰：「國家已失河北、山東，若又棄江淮，更有何地？」吕頤浩曰：「金人之謀，以陛下所至爲邊面。今當且戰且避，奉陛下於萬全之地。臣願留常、潤死守。」帝曰：「朕左右不可無相。」乃以充兼江淮宣撫使，守建康，王瓔隸之；韓世忠爲浙西制置使，守鎮江；劉光世爲江東宣撫使，守太平、池州，皆受充節制。

**帝如臨安。**考功員外郎樓炤上疏言：「今日之計，當思古人量力之言，察兵家知己之計。力可以保淮南，則以淮南爲屏蔽，權都建康，漸圖恢復；力未可以保淮南，則因長江爲險阻，權都吴會，以養國力。」於是帝還臨安，不復議防淮矣。

**九月朔，日食。**

**○金人陷南京。**知府凌唐佐被執，劉豫因使爲守。唐佐與宋汝爲密疏其虚實，以蠟書告于朝。事泄，豫併其家捕之。唐佐見豫，責以大義，豫怒，殺之境上。

**詔周望守平江。**諜報金人治舟師，將由海道窺江浙。詔韓世忠守圌山、福山，望爲兩浙、荊湖宣撫使總兵守平江。

**以張守同簽書樞密院事。**

**○命劉光世移屯江州。**杜充嚴急，光世不樂屬充，會朝議以隆祐太后在豫章恐有震驚，乃命光世移屯江州以屏蔽之。

**遣直龍圖閣張邵使金，金人囚之。**邵至濰州，見撻懶，命邵拜，邵曰：「監軍與邵爲南、北朝從臣，無拜禮。」且具書言：「兵不在强弱，在曲直。天未厭宋，而金乃裂地以封劉豫，復窮兵不已，曲有在矣。」撻懶怒，取國書去，送邵密州，因于柞山砦。

**金禁民漢服，殺故知真定府李邈。**金下令禁民漢服，又令髡髮，不如式者殺之。邈故爲真定帥，被執三年，金人欲使知滄州，邈笑不答。及髡髮令下，邈憤詆之，虜撾擊其口，猶吮血噀之，遂遇害。邈將死，顔色不變，南向拜訖就死。燕人爲之流涕，後事聞，謚忠壯。

**冬十月，帝至臨安，留七日，復如越州。**時兀朮分兵一自滁、和入江東，一自蘄、黄入江西，帝遂如越州。

**郭仲威降于周望。**

**○李成掠淮北。**成殺知泗州耿堅，據其城，舉兵擾淮北，帝降詔撫諭之，命成知泗州。未幾，成復陷滁州，殺安撫向子伋及諸官屬。

**張浚治兵于興元以圖中原。**浚至興元，上疏言：「漢中實形勝之地，前控六路之師，後據兩川之粟，左通荆、襄之財，右出秦、隴之馬，號令中原，必基于此。謹積粟理財，以待巡幸。」於是辟劉子羽參議軍事。承制以趙開爲隨軍轉運使，專總四川財賦。開見浚曰：「蜀之民力盡矣，錙銖不可加，獨榷貨尚存贏餘，而貪猾認爲己有，共相隱匿。惟不恤怨詈，斷而敢行，庶可救一時之急。」浚鋭意興復，委任不疑，於是大變酒法，即舊撲買坊場所置隔釀，設官主之，麯與釀具官悉自買，聽釀户各以米赴官場自釀，斛輸錢三十，頭子錢二十二。其釀之多寡，惟錢是視，不限數也。又於秦州置錢引務，興州鼓鑄銅錢，官賣銀絹，聽民以錢引或銅錢買之。凡民錢當入官者，並聽用引折納，官支出亦如之，民以爲便。時浚荷重寄，旬犒月賞，期得士死力，費用不貲，盡取辦于開，開悉智慮於食貨，算無遺策，雖支費不可計，而貲財常有餘。初，曲端欲斬王庶，朝廷疑其叛，浚以百口保之，且以其與敵屢角，欲仗其威聲。承制築壇拜端武威大將軍、宣撫司都統制，軍士懽聲如雷。子羽又薦涇原都監吴玠及弟璘之才勇，浚以玠爲統制，璘掌帳前親兵。

**金人趨江西，劉光世引兵遁。**

**十一月，隆祐太后如虔州，江西州軍多陷。**兀术遣當海先取壽春，而自以兵繼之，掠光州，擊破張用軍。聞太后在南昌，遂攻陷黄州，知州趙令宬不屈被殺。光世在江州，日置酒高會，金人自黄州渡江，凡三日無知之者。金兵薄城下，光世遂引兵趨南康。金人入城，由大冶趨洪州，滕康、劉珏聞金兵至，奉太后出城，江西制置使王子獻棄洪州走，金人遂陷臨江軍，洪、撫、袁三州亦陷。太后至吉州方五日，金人追之急，后乘舟夜行，質明至太和縣，舟人景信反，楊惟忠兵潰，失宫人一百六十，滕康、劉珏皆遁，兵衛不滿百，遂自萬安陸行如虔州，后及潘貴妃以農夫肩輿而行。至虔州，府庫皆空，衛兵所給惟得沙錢，市買不售，與百姓交鬭，縱火肆掠。土豪陳新率衆圍城，楊惟忠部將胡友自外引兵破新于城下，后稍得安。既而金人陷吉州，還屠洪州。

**盗劉忠陷舒州。**忠初聚兵于東京，自蘄州轉入湖南，遂陷舒州，通判州事孫知微被執不屈，忠怒，臠而食之。

**帝如浙西，未至，復如越州。**帝初欲幸明州，用吕頤浩計復還杭州，乃下詔親征。百司有至曹娥江者，有至錢清堰者，侍御史趙鼎力諫以爲衆寡不敵，不若爲避狄之計，遂復召百司回越州。

**知徐州趙立將兵勤王，敗金人于淮陰。**立聞詔諸路以兵勤王，乃將兵三萬趨行在，杜充承制以立知楚州。金人聞立棄徐州將赴楚州，乃以兵邀于淮陰。立麾下勸立不如還保徐州，立奮怒，嚼其齒曰：「回顧者斬！」

於是率衆徑進，與金人遇，轉戰四十里，至楚州城下。立中箭貫兩頰，口不能言，以手指揮諸軍，憇歇定，方拔出之。議者謂自燕山之役，南北戰争未有如此之鏖戰者。

加周望同知樞密院事。仍守平江。以范宗尹參知政事，趙鼎爲御史中丞。二人皆嘗建議避狄，故遂用之。鼎上言：「經營中原，當自關中始；經營關中，當自蜀始；欲幸蜀，當自荆襄始。吴越介在一隅，非進取中原之地。荆襄左顧川陝，右控湖湘，而下瞰京洛，三國所必争。宜以公安爲行闕，而屯重兵于襄陽，運江浙之粟以資川陝之兵。經營大業，計無出此。」

金兀术渡江入建康，杜充叛降金，通判楊邦乂死之。時江浙倚重於充，而充日事誅殺，且無制敵之方。及兀术與李成合兵攻烏江，充閉門不出，統制岳飛泣諫請視師，充不從。兀术遂乘充無備，進兵取和州、無爲軍，王善迎降，遂由馬家渡渡江陷太平州。充始遣都統制陳淬及飛帥師迎戰，王瓊以軍先遁，淬敗死，諸將皆潰，充兵亦散。兀术至建康，守臣陳邦光、户部尚書李棁迎降。充渡江保真州，諸將怨充嚴刻，欲乘其敗害之，充聞不敢還營，居長蘆寺。兀术遣人説之曰：「若降，當封以中原如張邦昌故事。」充遂還建康，與棁、邦光率官屬迓金師，拜兀术于馬首，通判楊邦乂獨不肯屈膝，以血大書衣裾曰：「寧作趙氏鬼，不爲他邦臣。」兀术使人誘以官，終不屈，大罵求死，遂殺之。充至金，粘没喝薄其爲人，久之乃得仕。

帝奔明州。帝聞杜充敗，謂吕頤浩曰：「事迫矣，若何？」頤浩遂進航海之策，其言曰：「敵兵多騎，必不能乘舟襲我，江浙地熱必不能久留，俟其退去，復還二浙。彼出我入，彼入我出，此兵家之奇也。」帝然之，遂如明州。

盗桑仲據襄陽。初，張浚承制以程千秋爲京西制置使軍襄陽，千秋招降劇盗曹端、桑仲。未幾疑仲有異，命端圖之。端及千秋所部俱爲仲所敗，千秋棄城自金州入蜀，仲遂據襄陽，京西列城皆爲仲所有。

韓世忠自鎮江退守江陰。

十二月，金兀术陷臨安，遣兵渡浙追帝，帝航于海。兀术自建康趨廣德，殺守臣周烈，遂過獨松關，見無戍者，謂其下曰：「南朝若以羸兵數百守此，吾豈能遽度哉？」遂犯臨安，守臣康允之棄城走，錢唐縣令朱蹕死之。兀术聞帝在明州，遣阿里蒲盧渾帥精騎渡浙追之。帝乘樓船入海，次于定海縣，留范宗尹、趙鼎于明州以俟金使，又謂張俊曰：「若能扞敵成功，當加王爵。」呂頤浩奏令從官已下各從便去，帝曰：「士大夫當知義理，豈可不扈從？若然，則朕所至，乃同寇盜耳。」於是郎官以下多從衛。越四日，帝舟次昌國縣。

**江淮統制岳飛敗金人于廣德。**

飛率所部自建康躡金人于廣德境中六戰皆捷，擒金將王權，俘首領四十餘，察其可用者，結以恩義遣還。令夜斫營縱火，飛乘亂縱擊大破之。駐軍鍾村，軍無見糧，將士忍飢，秋毫無犯，金所籍兵相謂曰：「此岳爺爺軍也。」爭降附之。

**孔彥舟犯荆南，詔諭降之，以爲湖北捉殺使。○金人陷越州，遂寇明州，張俊使統制楊沂中迎戰于高橋，敗之。**

阿里蒲盧渾入越州，宣撫郭仲荀奔温州，知府李鄴降，蒲盧渾遂濟曹娥江，至明州西門之高橋。張俊使統制劉寶與戰而敗，楊沂中等復殊死戰。沂中舍舟登岸，知明州劉洪道帥州兵射其旁，大破之，殺數千人。金使來召人至砦計事，俊使小校往，金人與語欲入越州請降，俊拒之。戒將士慮敵必再至，下令清野，多以輕舟伏弩閉關自守。

**庚戌　四年，**金天會八年。**春正月，金人陷明州，屠其民，遂襲帝于海，帝走温州。**

是月朔，西風大作，金師乘之，復攻明州。張俊、劉洪道坐城樓遣兵掩擊，殺傷大當，金人奔北，死於江者無數。夜拔砦退屯餘姚，而遣人請濟師於兀朮，兀朮遣兵與阿里蒲盧渾復攻明州。張俊懼，帥師趨台州，劉洪道亦遁，金師入城屠其民。帝聞明州陷，遂移次台州章安鎮，金人乘勝破昌國縣，聞帝在章安，以舟師追三百餘里，弗及，提領海舟張公裕引大舶擊却之，金人引還。帝發章安如温州，泊于港口。

**金婁室陷陝州，知州事李彥仙死之。**

彥仙在陝蒐軍實，增埤濬隍，益爲戰守備，遣統領邵興復虢州。金將烏魯來攻，彥仙敗之。婁室聞之，自蒲、解率兵大至，彥仙又大敗之，婁室僅以身免。彥仙度金人必併力來攻，即遣人求兵于張浚。已而婁室果率折可求等衆十萬來，分其軍爲十，以正月旦爲始，日輪一軍攻城，期以三旬必拔。彥仙意氣如常，數出兵與戰，既而食盡，告急于浚。浚檄曲端以涇原兵援之，端素嫉彥仙，不奉命。浚曰：❶「金若下

❶ 「浚曰」云云，《繫年要録》卷三一、《宋史》卷四四八《李彥仙傳》爲張浚屬官謝昇言於張浚。

陝，則全據大河，且窺蜀矣。」乃出師至長安，道阻不得進。彥仙日與金戰，婁室奇其才，誘啗百端，彥仙悉斬其使。力盡城陷，彥仙投河死，其屬官居民無一人降者，婁室怒，盡屠之。

**滕康、劉珏免。**御史張延壽論其不能憂國，使太后涉險爲敵人追迫故也。

**金以韓企先爲尚書左僕射，兼侍中。**時金方議禮制度，企先博通經史，知前代故事，或因或革，咸取折衷。

**二月，河北盜酈瓊降于劉光世。**瓊，相州人，初隸宗澤，澤死調戍滑州，金人入寇，戍軍亂，殺其統制，推瓊爲主。瓊因誘衆勤王行收兵，北渡淮，有衆萬餘。至和州，爲金當海所敗，遂率衆降于光世，詔以爲楚州安撫使。

**以盧益、李回權知三省、樞密院事。**

**○金人屠潭州。**金既破江西諸郡，乃引兵犯湖南，遂陷潭州。將吏王暕、劉价、趙聿之戰死，向子諲率兵奪門而出，金兵遂大掠，屠其城而去。

**金兀朮引兵北還。**兀朮還臨安，縱火焚掠，以輜重不可遵陸，取道秀州而北。

**金人入東京。**權留守上官悟出奔爲盜所殺，自是四京皆没于金。

**鼎州人鍾相作亂，陷澧州。**金人去潭州，羣盜大起，相嘗以左道惑衆，因結集忠義以捍賊爲名，自稱楚王，改元天載，寇澧州，陷之。

**周望棄軍走太湖，金人大掠平江。**金游騎至平江，周望奔太湖，知府湯東野棄城遁。兀朮入城，縱火焚掠，死者五十萬人，得脱者十之一二，兀朮遂入常州、鎮江府。

**三月，遣使迎隆祐太后于虔州。**帝謂輔臣曰：「朕初不識太后，自迎至南京，愛朕不啻己出。今在數千里外，兵馬驚擾，當亟奉迎，以慰朕朝夕慕念之意。」遂遣盧益及辛企宗、潘永思等奉迎于虔州。

**孔彥舟獲鍾相，送行在誅之，其黨楊太復聚衆于龍陽。**

**○盜戚方陷廣德軍。**初，韓世忠退保江陰，潰卒戚方等遂趨鎮江，刼知府胡唐老部衆以行。唐老怒罵不從，遇害，方縱兵陷廣德軍。

**夏四月，張浚引兵入衛，聞金軍退，乃還。**

**○金人入潼關，曲端使吴玠拒于彭原，敗績，端走還涇原。**金婁室既陷陝，遂長驅入關，曲端遣吴玠拒于彭原而擁兵邠州爲援。金人來攻，玠擊敗之，撤离喝懼而泣，婁室整軍復戰，玠軍敗績，端退屯涇原。金乘勝焚邠州，玠怨端不爲援，大罵之，由是二人有隙。金人雖勝玠，以端全軍退去，且入夏，遂復還河東。**帝還越州。**金人退，帝將西還，召羣臣議駐蹕之所。呂頤浩曰：「將來宜駐浙右，徐圖入蜀。」范宗尹曰：「若便入蜀，恐兩失之。據江表而圖關陝，則兩得之。」帝曰：「善。」遂發温州，至越州，下詔親征，巡幸浙西，尋升越州爲紹興府。

**韓世忠邀擊金兀朮于江中，大敗之。兀朮走建康，復引兵襲世忠，世忠敗績，兀朮遂趨江北。**初，韓世忠以前軍駐青龍鎮，中軍駐江灣，後軍駐海口，欲俟兀朮師還擊之。及兀朮由秀趨平江，世忠事不就，遂移師鎮江以待之。金師至江上，世忠先以八千人屯焦山寺，兀朮欲濟江，乃遣使通問，且約戰期。世忠許之，因謂諸將曰：「是間形勢無如金山龍王廟者，敵必登之以覘我虛實。」乃遣蘇德將百人伏廟中，❶百人伏廟下岸側，戒之曰：「聞江中鼓聲，則岸兵先入，廟兵繼出，以合擊之。」及敵至，果有五騎趨廟，廟兵先鼓而出獲兩騎，其三騎則振策以馳，馳者一人紅袍玉帶，既墜復跳而免，詰諸獲者，則兀朮也。既而接戰江中凡數十合，世忠妻梁氏親執桴鼓，敵終不得濟，俘獲甚衆，虜兀朮之婿龍虎大王。兀朮懼，請盡歸所掠以假道，世忠不許。復益以名馬，又不許。遂自鎮江泝流西上，兀朮循南岸，世忠循北岸，且戰且行，世忠艨艟大艦出金師前後數里，擊柝之聲達旦。將至黃天蕩，兀朮窘甚，或曰：「老鸛河故道今雖湮塞，若鑿之可通秦淮。」兀朮從之。一夕渠成，凡三十里，遂趨建康。岳飛以騎三百、步兵三千邀擊于新城，❷大破之。兀朮乃復自龍灣出江中，趨淮西。會撻懶自濰州遣孛堇太一引兵來援，兀朮乃復引還欲北渡。世忠與之相持於黃天蕩，太一軍江北，兀朮軍江南，世忠以海艦進泊金山下，豫以鐵綆貫大鉤授健者。明旦，敵舟譟而前，世忠分海舟爲兩道出其背，每縋一綆，則曳一舟沉之。兀朮窮蹙，求會語，祈請甚哀。世忠曰：「還我兩宮，復我疆土，則可以相全。」兀朮語塞。又數日，求再會而言不遜，世忠引弓欲射之，兀朮亟馳去，見海舟乘風使篷往來如飛，謂其下曰：「南軍使船如使馬，奈何？」乃募人獻破海舟之策。於是閩人王姓者教其舟中載土，以平板鋪之，穴船板以櫂槳，俟風息則出，海舟無風不可動也，且以火箭射其篛篷，則

❶「百人」，《名臣碑傳琬琰集》上卷一三、《繫年要録》卷三二一作「二百卒」。

❷「三千」，《宋史》卷三六五《岳飛傳》作「二千」。

不攻自破矣。兀术然之，刑白馬以祭天，及天霽風止，兀术以小舟出江，世忠絶流擊之，海舟無風不能動，兀术令善射者乘輕舟以火箭射之，烟焰蔽天，師遂大潰，焚溺死者不可勝數，世忠僅以身免，奔還鎮江，兀术遂濟江屯於六合縣。世忠以八千人拒兀术十萬之衆，凡四十八日而敗，然金人自是亦不敢復渡江矣。

**遷趙鼎爲翰林學士，鼎辭不拜，吕頤浩免。**初，御營使本以行宰總齊軍政，而宰相兼領之，遂專兵柄，樞府幾無所預。頤浩在位尤顓恣，中丞趙鼎嘗疏論之。及聞韓世忠敗金人，頤浩請帝幸浙西，下詔親征。帝將從之，趙鼎以爲不可輕舉。頤浩惡鼎異己，改鼎翰林學士，鼎不拜，改吏部尚書，又不拜，而上言：「陛下有聽納之誠，而宰相陳拒諫之説；陛下有眷待臺臣之意，而宰相挾挫沮言臣之威。」堅卧不出，上疏論頤浩過失凡千餘言，頤浩因求去。詔以頤浩倡義勤王，宜從優禮，乃罷爲鎮南軍節度使、醴泉觀使，而復命鼎爲中丞，諭之曰：「朕每聞前朝忠諫之臣，恨不之識，今於卿見之。」

**留守司統制牛皋追敗金人于寶豐。**金人犯江西者聞兀术北還，亦自荆門引去，留守司統制牛皋潛軍邀擊，敗之于寶豐之宋村。

**五月，以范宗尹爲尚書右僕射同平章事，張守參知政事，趙鼎簽書樞密院事。**

**○岳飛襲金人于静安，敗之。**兀术既濟江，金人在建康者大肆焚掠，執李棁、陳邦光等，自静安渡宣化而去。棁道死，邦光歸于劉豫。岳飛邀擊金人于静安鎮，大敗之。初，杜充之敗也，其將士潰去，多行剽掠，獨飛嚴戢所部，不擾居民，士夫避寇者多賴以免。

**王綯罷。**

**○以翟興等爲京湖、淮南諸路鎮撫使，❶分地處之。**時京東西、荆湖南北、淮南諸路盗賊蠭起，大者數萬人，據有州郡，朝廷不能制。范宗尹言于帝曰：「羣盗皆烏合之衆，急之則併死力以拒官軍，莫若析地以處之。盗有所歸，則可以漸制。」帝善之。乃以翟興等並爲鎮撫使，分地畀焉。翟興河南府，孟汝唐州，趙立楚、泗洲、漣水軍，劉位滁、濠州，趙霖和州、無爲軍，李成舒、蘄州，吴翊光、黄州，李彦先海州、淮陽軍，薛慶高郵、天長軍，未幾又授陳規德安府、復州、漢陽軍，解潛荆南府，歸、峽州，荆門、公安軍，程昌寓鼎、澧州，陳求道襄陽府、鄧、隨、郢州，范之才金、均、房

❶「京」，萬曆本、《御批歷代通鑑輯覽》卷八四作「荆」。

州，馮長寧順昌府、蔡州。軍興聽便宜從事，俾立顯功，許以世襲。然李成、薛慶輩起于羣盜，翟興、劉位土豪，李彦先等皆潰將，既無統屬，有急又不遣援，故諸鎮鮮能自守。未幾，求道與劉忠戰敗没。又命孔彦舟爲辰、沅、靖州，郭仲威爲真、揚鎮撫使。**金人圍楚州。**金撻懶圍楚州急，趙立命撤廢屋，城下然火池，壯士持長矛以待。金人登城，鉤取投火中。金人選死士突入，又搏殺之，乃稍引退。至是，兀术將北歸，以輜重假道于楚。立斬其使，兀术怒，乃設南北兩屯，絶楚餉道。**六月，周望有罪，連州安置。**侍御史沈與求論之也。**罷御營司，以范宗尹兼知樞密院事。○滁濠鎮撫使劉位爲盜所殺。○張浚罷其都統制曲端。**浚雖重用端，然以人言浸潤，不能無疑，乃使張彬詣渭州察之。彬至，謂端曰：「今兵合財備，婁室以孤軍深入吾境，我合諸路，攻之不難。」端曰：「彼將士精鋭，且因糧于我，我今反爲客，未可勝也。若按兵據險，時出偏師，以擾其耕穫，彼不得耕穫，必取糧河東，則我爲主矣。如此一二年，彼必困弊，乃可圖也。萬一輕舉，後憂方大。」彬還白浚，浚不以爲然。及兀术留江淮，浚議出師撓之。端曰：「平原廣野，敵便於衝突，而我軍未嘗習水戰。金人新造之勢，難與争鋒。宜訓兵秣馬保疆而已，後十年乃可。」浚積前疑，遂以彭原之敗罷端兵柄，再貶海州團練副使，萬安軍安置。**戚方降于張俊。秋七月，以岳飛爲通泰州鎮撫使。**諸將討戚方，飛與戰數十合皆捷，方遂降于張俊。俊還盛言飛可用，乃以爲通泰鎮撫、知泰州。飛辭，乞淮東一重難任使，收復本路州郡，乘機漸進，使山東、河北、河東、京畿等路次第而復，不聽。**金兀术引兵趨陝西。**時張浚以金兵萃淮上，懼其復擾東南，謀牽制之，欲出兵分道，由同州、鄜延以擣其虚。兀术聞之，遂自六合引兵趨陝西。金主亦以婁室專攻陝西，所下城邑，旋復拒守，因其請益兵，命訛里朵往監其軍。**張浚遣兵復陝西州軍。**趙哲復鄜州，吴玠復永興軍，其餘州縣多迎降。**金徙二帝于五國城。**金將立劉豫，乃徙二帝于五國城，去上京東北千里。徙此踰月，太上皇后鄭氏崩，洪皓自雲中密遣人奏書，以桃梨栗麪等獻，❶二

❶「栗」，《宋史》卷三七三《洪皓傳》作「粟」。

帝始知帝即位之實。建人范汝爲作亂。時方艱食，民從之者甚衆，州遣兵出戰爲所敗。賊勢滋盛，統制李捧捕之，官軍大潰而遁。詔福建安撫使程邁會兵進討。時汝爲已破建陽，乃移命神武副軍統制辛企宗討之。八月，以謝克家參知政事。○隆祐太后至越州。○承州鎮撫使薛慶與金人戰于揚州，敗死。○盧益罷，○以桑仲爲襄鄧隨郢鎮撫使。范宗尹念鄉國被禍，請赦仲罪而授以官。從之。

九月，金立劉豫爲齊帝。初，金主聞帝如東南，遣粘没喝南伐，諭之曰：「俟宋平，當援立藩輔如張邦昌者。」及兀术北還，衆議折可求、劉豫皆可立。豫以重寶賂撻懶，請立己。撻懶許之，乃言于粘没喝，未之許。高慶裔説之曰：「吾家舉兵，只欲取兩河，故汴京既得，則立張邦昌。今河南州郡官制不易者，豈非欲循邦昌故事邪？元帥盍不早建議而使恩歸他人也？」粘没喝從之，乃遣使即豫所部，咨軍民所宜立者。衆未及對，豫鄉人張浹請立豫，議遂定。撻懶以聞，於是金乃遣慶裔及知制誥韓昉，備璽綬寶册，立豫爲大齊皇帝，世修子禮，奉金正朔，置丞相以下官。九月，豫即位。都大名府，以張孝純爲丞相，李孝揚爲左丞，張東爲右丞，鄭億年爲工部侍郎，李儔爲監察御史，王瓊爲汴京留守，子麟爲提領諸路兵馬兼知濟南府，弟益爲北京留守，册其母翟氏爲皇太后，妾錢氏爲皇后，改明年爲阜昌元年。朝廷聞之，凡僞仕於豫而其家屬在東南者，悉厚加撫卹。光黄鎮撫使吴翊棄城走。以李成兼領光、黄。詔劉光世督諸軍救楚州，光世不進，鎮撫使趙立死之，楚州陷。楚州被圍久，立遣人告急。趙鼎欲遣張俊救之，俊辭不行，乃命劉光世督淮南諸鎮救楚。海州李彦先首以兵至淮河，扼不得進。揚州郭仲威按兵天長，陰懷顧望。光世將王德、酈瓊多不用命，惟岳飛僅能爲援，而衆寡不敵。帝覽立奏，以書趣光世會者五，光世迄不行。金人知外援絶，進攻東城。立登磴道以覿，飛礮中其首，左右馳救之。立曰：「我終不能爲國殄賊矣。」言訖而絶。金人疑立詐死，不敢動，越旬餘，城始陷。立爲人木强，不知書，忠義出天性，仇視金人，所俘磔以示衆，未嘗獻馘也。事聞，贈奉國節度使，謚忠烈。張浚使都統制劉錫帥五路之兵，與金婁室大戰于富平，敗績，浚退軍

**秦州。**浚聞兀朮將至，檄召熙河劉錫、秦鳳孫渥、涇原劉錡、環慶趙哲四經畧，❶及吴玠之兵，合四十萬人，馬七萬匹，以錫爲統帥，迎敵决戰。王彦諫曰：「陝西兵將上下之情未通，若不利則五路俱失。不若且屯利、閬、興、洋以固根本。敵入境則檄五路之兵來援，萬一不捷，未大失也。」浚不從。劉子羽亦力言未可。浚曰：「吾寧不知此？顧東南事方急，不得不爲是耳。」吴玠、郭浩皆曰：「敵鋒方鋭，宜各守要害，須其弊而乘之。」亦不從。遂行，次于富平縣，劉錫會諸將議戰。玠曰：「兵以利動，今地勢不利，未見其可，宜擇高阜據之，使不可勝。」諸將皆曰：「我衆彼寡，又前阻葦澤，敵有騎不得施，何用他徙？」已而，婁室引兵驟至，輿柴囊土，藉淖平行，進薄諸營。錫等與之力戰，劉錡身率將士薄敵陳，殺獲頗多，勝負未分。而敵鐵騎直擊趙哲軍，他將不及援。哲因離所部，其將校望見塵起，遂驚遁，諸將皆潰。敵乘勝而進，關陝大震。浚時駐邠州督戰，既敗，退保秦州，召趙哲斬之，而安置劉錫于合州。命諸將各還本路，上書待罪。帝手詔慰勉之。自是，關陝不可復，論者咎浚之輕師失律焉。**淮揚鎮撫使李彦先引兵救楚州不及，敗死。○冬十月，金人縱秦檜還。**檜從二帝至燕，金主以檜賜撻懶，爲其任用。撻懶信之，及南侵以爲參謀軍事，又以爲隨軍轉運使。撻懶攻楚州，檜與妻王氏自軍中趨漣水軍，自言殺金人監己者奪舟而來，欲赴行在。遂航海至越州，帝命先見宰執。檜首言「如欲天下無事，須是南自南，北自北」。朝士多疑其與何㮚、孫傅等同被拘執，而檜獨還，又自燕至楚二千八百里，踰河越海，豈無譏訶之者，安得殺監而南？就令從軍撻懶，金人縱之，必質妻屬，安得與王氏偕？惟范宗尹及李回二人素與檜善，盡破羣疑，力薦其忠。檜入對，首奏所草與撻懶求和書。帝謂輔臣曰：「檜朴忠過人，朕得之喜而不寐。既聞二帝、母后消息，又得一佳士也。」遂拜禮部尚書。先是，朝廷雖數遣使于金，但且守且和，而專意與敵解仇息兵，則自檜始。蓋檜首倡和議，故撻懶陰縱之使還也。**以李回同知樞密院事。○淮寧鎮撫使馮長寧叛附劉豫。○十一月，趙鼎罷。**上欲以副都統辛企宗爲節度使，鼎言企

❶「孫渥」，原作「孫偓」，據《中興小紀》卷九、《繫年要録》卷三七、《大金國志》卷六改。

宗非軍功，持不下。帝不樂，遂罷鼎提舉洞霄宫，欲申企宗前命。謝克家曰：「如此是使鼎得名，企宗得利，而陛下獨負謗于天下後世也。」**以富直柔簽書樞密院事。**

**○金人復陷涇原諸州軍。**金人既陷涇原，遂取渭州、鎮戎軍，環慶叛將慕洧復引金兵陷環慶。**日南至，帝率百官遥拜二帝。**自渡江至是，始有此禮，其後正旦亦然。**以王彦爲金均房州鎮撫使。**時所在盜起，加以饑饉，無所資食，惟蜀富饒，巨盜往往窺覬。桑仲既陷均、房，遂乘勢直擣金州白土關，衆號三十萬。仲，彦舊部曲也，以申牘請於彦曰：「仲於公無敢犯，願假道入蜀就食耳。」彦遣統領閔立爲先鋒擊之，❶賊鋭甚，立戰死，將士失色，或請避之。彦叱曰：「樞相張公方有事關陝，若仲越金而至梁、洋，則腹背受敵，大事去矣。敢言避者斬！」即勒兵趨長沙平，阻水據山，設伏以待。仲見官軍少，蟻附搏戰，彦執幟一麾，士殊死鬭。仲敗走，彦休士進擊，追奔至白磧，遂復房州。張浚以彦爲金均房州鎮撫使。**張浚軍興州，遣吴玠守和尚原以拒金。**浚聞金人入德順軍，乃退保興州。時輜重焚棄，將士散亡，惟親兵千餘自隨。人情大沮。或請徙治夔州，參軍事劉子羽叱之曰：「孺子可斬也。四川全盛，敵欲入寇久矣，直以川口有鐵山棧道之險，未敢遽窺爾。今不堅守，縱使深入，而吾僻處夔、峽，遂與關中聲援不相聞，進退失計，悔將何及？今幸敵方肆掠，未逼近郡，宣司但當留駐興州，外繫關中之望，内安全蜀之心。急遣官屬出關，呼召諸將，收集散亡，分布隘險，堅壁固壘，觀釁而動，庶幾可以補前愆耳。」浚然其言，而諸參佐無敢行者。子羽請即奉命，乃單騎至秦州，召諸亡將。時諸將不知宣司所在，及聞命大喜，悉以其衆來會，凡十餘萬人，軍勢復振。子羽因請遣吴玠聚兵扼險于鳳翔大散關東之和尚原，以斷敵來路；關師古等聚熙河兵于岷州大潭，孫渥、❷賈世方等聚涇原、鳳翔兵于階、成、鳳三州，以固蜀口。金人知有備，遂引去。**十二月，金人寇熙河，副總管劉惟輔死之。金婁室卒。**金人掠熙河，惟輔擊敗之，殺五千餘人。已而復至，惟輔顧熙河尚有積粟，恐金人因之

❶「閔立」，原作「門立」，據《御批歷代通鑑輯覽》卷八四、《資治通鑑後編》卷一〇八改。

❷「孫渥」，原作「孫偓」，據《名臣碑傳琬琰集》中卷五五、《宋史》卷三六一《張浚傳》改。

以守，急出焚之，爲金人所執，捽以去。惟輔曰：「死犬，斬即斬，吾頭豈汝捽也！」顧坐上客曰：「國家不負汝，一旦遽降敵邪？」即閉口不言而死。所部亦多不屈被殺。

**定差役法。**帝在河朔親見閭閻之苦，嘗歎知縣不得其人，一充役次，即至破家。及即位，深加講議，乃定差役法。以二十五家爲一保，十大保爲一都。内選才力高富者二人充都保，主一都盜賊烟火之事。其次有保長，若品官，則一品限田五十頃，至九品五頃，免差子孫，蔭盡，則同編户。太學生及得解經省試者，許募人充役，軍丁女户及孤弱悉免。

**金大索客户，拘殺之。**金密諭諸路，令同日大索兩河之民，及拘行旅于道。凡三日而罷。應客户並籍入官，刺其耳爲「官」字。鎖之雲中及散養民間，立價鬻之，或驅之於韃靼諸國以易馬。蓋既立僞齊，以舊河爲界，恐陷虜者逃歸豫地故爾。樂壽縣得客户六十八人，誤作六百八人以報。粘没喝必責其數，縣官執窮民以足之。被掠歸雲中者，不令出城，無以自活，士大夫往往乞食于途。粘没喝見其多，恐或生事，聚三千餘人坑之。

續資治通鑑綱目第十二

（以上十二卷，邵育欣校點，張希清覆校）

# 續資治通鑑綱目第十三

起辛亥宋高宗紹興元年，盡丁巳宋高宗紹興七年。

凡七年。

**辛亥**　紹興元年金天會九年春正月，以張俊爲江淮招討使，岳飛副之。時孔彥舟據武陵，張用據襄、漢，李成據江淮、湖湘十餘郡，尤悍强，連兵數萬，有席卷東南之意，多造符讖，幻惑中外，久圍江州。朝廷患之，以俊爲招討使，俊請岳飛同討，許之。李成陷江州。未幾，復陷筠州。謝克家罷。○二月，以秦檜參知政事。○三月，張俊、岳飛大敗李成于樓子莊，羣盜皆遁。俊聞李成將馬進在筠州，以豫章介江、筠之間，遂急趨之。既入城，喜曰：「我已得洪，破賊決矣。」及進犯洪州，連營西山，俊斂兵若無人者。居月餘，進以大書牒索戰，俊以細書狀報之，進以俊爲怯。俊諜知賊怠，乃議戰。岳飛曰：「賊貪而不慮後，若以騎兵自上流絶生米渡，出其不意，破之必矣。」因請自爲先鋒。俊大喜，乃令楊沂中絶生米渡。飛重鎧躍馬，潛出賊右，突其陣，所部從之。進大敗，走筠州。飛抵城東，賊出城布陣。❶飛設伏，以紅羅爲幟，上刺「岳」字，選騎二百隨幟而前。賊易其少，薄之，伏發，進大敗走。飛使人呼曰：「不從賊者坐，吾不汝殺！」坐而降者八萬人。俊與沂中復前後夾擊，賊大潰，進以餘卒奔南康。飛夜引兵至朱家山，又斬其將趙萬。成聞進敗，自引兵十餘萬來。俊與飛遇成於樓子莊，大破之，遂復筠州。成復以十萬衆與俊夾河而營。沂中夜銜枚渡河，與俊夾攻，成又大敗。俊乘勝追至江州，成勢迫，絶江而去，因呼俊爲「張鐵山」。遂復江州。已而，興國軍等處羣盜皆遁。金人陷鞏、洮諸州。兀术陷鞏、洮、河、樂、蘭、廓、積石、西寧州。自是，涇原、熙河二路皆爲金有。武功大夫張榮擊敗金兵于興化，撻懶

❶「城東」，原作「東城」；「賊」，原作「進」，據《宋史》卷三六五《岳飛傳》、《欽定續通志》卷三七一改。

北遁。榮，本梁山濼漁人，聚舟數百以刼掠金人。杜充時，嘗借補武功大夫。金人南侵，攻之不克。及金兵退，榮襲據通州，聯舟入興化縮頭湖，作水寨以守。金撻懶在泰州謀再渡江，欲先破榮寨。榮率舟師與之遇，見金戰艦不多，餘皆小舟，時水退，隔泥淖不能前，乃舍舟登岸大呼而擊之。金人不得騁，舟中自亂，溺水及陷泥淖者不可勝計，俘馘五千餘人。撻懶收餘衆奔還楚州，退屯宿遷，尋北去。榮告捷于朝，遂以榮知泰州。張浚軍閬州，分諸將守川陝。金人破福津，蹂同谷，以迫興州。浚遂退保閬州，而以張深爲四川制置使，與劉子羽趨益昌，王庶爲利夔制置使，節制陝西諸路，知興元府。夏四月，隆祐皇太后孟氏崩。年五十九，謚曰昭慈獻烈。金襲西遼曷董城，不克。金聞耶律大石在和州之域，恐與夏人合，遣使索之。夏國報以境土不相接，亦不知大石所往。粘没喝以耶律余覩遼之近族，必知其巢穴，以番漢及女真軍萬人付余覩，使攻大石于漠北曷董城。臨行，質其妻子，仍起燕雲、河東夫運餉。曷董去雲中三千餘里，是行也，三路之夫，死者不可勝計。劉光世復楚州。五月，光世使都統制王德襲揚州，擒郭仲威，送行在斬之。時仲威謀據淮南以通劉豫，故也。作大宋中興玉寶。○張俊追敗李成于黄梅，成奔劉豫，岳飛招張用降之。俊引兵渡江，追成至蘄州黄梅縣，大敗之。其衆數萬皆潰，馬進爲追兵所殺，成北走，降劉豫。用復寇江西。岳飛與用俱相人，以書諭之曰：「吾與汝同里，欲戰則出，不戰則降。」用得書，遂帥衆降。江淮悉平，張俊奏飛功第一。詔進飛右軍都統制，屯洪州，彈壓盜賊。六月，欑昭慈獻烈皇后于越州。詔權欑于會稽縣之上皇村，俟軍事寧，歸葬哲宗園陵。張浚以吴玠爲陜西諸路都統制。時關隴六路盡陷于金，止餘堦、成、岷、鳳、洮五州，及鳳翔之和尚原、隴州之方山原而已。劉豫置招受司于宿州。豫置招受司，誘宋逋逃。秋七月，封太祖後令話爲安定郡王。先是，下詔曰：「太祖創業垂統，德被萬世。神宗初封子孫一人爲安定郡王。今其封久不舉，有司其上應襲封者。」至是，以德昭玄孫令話爲安定郡王，自後襲封不絕。范宗尹免。宗尹有才智，年三十爲相，毅然以國事自任。然爲政多私，屢爲言者所詆。秦檜從而擠之，帝亦惡其爲人。會侍御史沈與求奏其罪狀，遂落職。**八月，張浚殺前威武大將軍曲端。**浚既敗于富平，乃思端言，召之還，稍復其官，徙閬州，將復用之。吴玠憾端，因言「端再起，必不利于公」，王庶又從而間之。玠復書「曲端謀反」四字于手以示浚，庶又言端嘗作詩題柱曰：「不向關中興事業，却來江上泛漁舟。」謂其指斥乘輿。浚乃送端于恭州獄。有武臣康隨者，嘗以事忤端，端鞭其背，隨深憾之。及浚以隨提點夔路刑獄，端聞之曰：「吾其死矣。」隨至，命獄吏縶維端，以紙糊其口，熁之以火。端乾渴求飲，與之酒，九竅流血而死。陝西士大夫莫不痛惜之，軍士悵恨，有叛去者。**以汪伯彦爲江東安撫大使，既而罷之。張守免。**時黄潛善已死，張守復薦用伯彦，侍御史沈與求論劾之。詔伯彦復褫新職，守亦引疾辭去。**以李回參知政事，富直柔同知樞密院事。○以秦檜爲尚書右僕射、同平章事兼知樞密院事。**范宗尹既去，檜欲得其位，因揚言曰：「我有二策，可聳動天下。」或問：「何不言？」檜曰：「今無相，不可行也。」帝聞，乃有是命。**詔贈程頤直龍圖閣。**制詞畧曰：「周衰，聖人之道不得其傳。世之學者，其欲聞仁義道德之説，孰從而求之？亦孰從而聽之？爾頤潛心大業，高明自得之學，可信不疑。而浮僞之徒，自知學問文采不足表見於世，乃竊借名以自售，外示恬默，中實奔競。使天下之士聞其風而疾之，是重不幸焉。朕所以振耀褒顯之者，以明上之所與在此，而不在彼也。」**以吕頤浩爲尚書左僕射、同平章事兼知樞密院事。**頤浩入對，首言：「先平内寇，然後可禦外侮。今李成摧破，江淮惟張琪、邵青兩寇，不久可平。惟閩中之寇不一，又孔彦舟據鄂，馬友據潭，曹成等在湖南、江西之間，而南雄、英、韶諸郡賊兵，多寡不等。然閩寇最急，廣寇次之。蓋閩中去行在不遠，二廣不經殘破。若非速除，爲害不細。」帝深然之。**復修《日曆》。**翰林學士汪藻言：「本朝宰相皆兼史館，故書榻前議論之詞，則有《時政記》；柱下見聞之實，則有《起居注》。類而次之，謂之《日曆》；條而成之，謂之《實録》」。❶

❶「謂之日曆」，其上原脱「類而次之」四字，其下原脱「條而成之謂之實録」八字，據《浮溪集》卷二、《乞修日曆狀》、《繫年要録》卷六〇、《宋史》卷四四五《汪藻傳》補。

所以備言垂一世之典。苟曠三十年之久，漫無一字，何以示來世？」帝從之，即以命藻。**長星見，詔求直言。**

**○冬十一月，李回罷。○王德殲邵青之衆于崇明沙，獲青送行在。**青寇宣州，進圍太平，劉光世招降之。尋復叛去，聚其黨于崇明沙，將犯江陰，光世令王德討之。德執旗麾兵，拔柵以入，青衆大潰。翌日，餘黨復索戰。諜言賊將用火牛，德笑曰：「此古法也，可一不可再。」命合軍持滿，陣始交，萬矢齊發，牛皆返奔，賊衆殲焉。青自縛請命，德獻諸行在，餘黨悉平。**以孟庾參知政事。○金兀朮寇和尚原，吴玠及其弟璘大敗之，兀朮遁。**玠自富平之敗，收散卒保和尚原，積粟繕兵，列柵爲死守計。或謂玠宜退屯漢中，扼蜀口，以安人心。玠曰：「我保此，敵决不敢越我而進，是所以保蜀也。」玠在原上，鳳翔民感其遺惠，相與夜輸芻粟助之；玠償以銀帛，民益喜，輸者益多。金人怒，伏兵渭河，邀殺之，且令保伍連坐，民冒禁如故。金將没立自鳳翔，烏魯折合自階、成出散關，約日會和尚原。烏魯折合先期至，陣北山索戰，玠命諸將堅陣待之，更戰迭休，金人大敗，遁去。没立方攻箭筈關，玠復遣將擊敗之，兩軍終不得合。金人自起海角，狃於常勝，及與玠戰輒敗，憤甚，謀必取玠。於是兀朮會諸帥兵十餘萬，造浮梁跨渭，自寶雞結連珠營，壘石爲城，夾澗與官軍相拒，進薄和尚原。玠與弟璘選勁弩，命諸將分番迭射，號「駐隊矢」，連發不絶，繁如雨注。敵稍却，則以奇兵旁擊，絶其糧道。度其困且走，設伏於神坌以待之。敵至伏發，遂大亂。玠因縱兵夜擊，大敗之。兀朮中二流矢，❶僅以身免，亟鬋其須髯而遁。初，金人之至也，玠與璘以散卒數千駐原上，朝問隔絶，人無固志，有謀刼玠之兄弟北降者。玠知之，召諸將歃血盟，勉以忠義，皆感泣，願盡死力，故能成功。

**初置見錢關子。**時命張俊屯婺州，有司請樁辦合用錢，而路不通舟，錢重難致，乃造關子付婺州，召商人中，以給軍食。商人執關子于榷貨務請錢，願得茶鹽、香貨鈔引者聽。於是州縣以關子充糴本，未免抑配，而榷貨務又止以日輸三分之一償之，人皆嗟怨。**十一月，以孟庾爲福建、江西、荆湖宣撫使，韓世忠副之。**辛

❶「二流矢」，《宋史》卷三六六《吴玠傳》、《吴璘傳》作「流矢」。

企宗討范汝爲，不克，其勢益熾。乃命庾爲宣撫使，世忠副之，發大軍由温、台路入閩。汝爲聞大軍將至，亟入據建州。**富直柔罷。○十二月，盜曹成陷道州。**成初陷漢陽、鄂州，屯攸縣，湖東安撫向子諲招之，成聽命。子諲遣兵扼衡陽，欲圖之，而援兵不至。成忿子諲扼己，即擁衆而南，官軍悉潰。成大掠，執子諲而去。**金以陝西地畀劉豫。**於是中原盡屬於豫。

**壬子**　**二年，**金天會十年。**春正月，復賢良方正直言極諫科。○韓世忠拔建州，范汝爲自焚死。**世忠聞汝爲入建州，曰：「建居閩嶺上流，賊沿流而下，七郡皆血肉矣！」亟率步卒三萬，水陸並進，直抵鳳凰山。五日破之，汝爲自焚死，斬其二弟岳、吉以徇，禽其謀主謝嚮、施逵及裨將陸必强等五百餘人。世忠初欲盡誅建民，李綱自福州馳見世忠，曰：「建民多無辜。」世忠乃令軍士駐城上，聽民自相別，農給牛穀，商賈弛征禁，脇從者汰遣，獨取附賊者誅之。民感更生，家爲立祠。捷聞，帝曰：「雖古名將何以加！」世忠因進討江西、湖廣諸盜。**帝如臨安。**從吕頤浩之請也。**二月，以李綱爲湖廣宣撫使。○置御前忠鋭軍。**分降盜崔增、邵青、趙延壽、徐文等所部兵爲七將，名御前忠鋭軍，隸步軍司，非樞密奉旨，不許調遣。**帝初御講殿。**自巡幸以來，經筵久輟，至是復之。**三月，桑仲請合諸鎮兵復中原，許之。知郢州霍明襲殺仲，仲將李横擊明，走之。**仲上疏願協力收復京師，乞朝廷舉兵爲聲援。吕頤浩信之，乃命仲節制應援京城軍馬，復劉豫所陷州郡，仍命河南翟興、荆南解潛、金房王彦、德安陳規、蘄黄孔彦舟、廬壽王亨諸鎮撫使相爲應援。仲至郢州調兵，知郢州霍明誘而殺之，襄鄧統制李横擊走明，❶復其州。**河南鎮撫使翟興爲其下所殺，詔以其子琮代之。**劉豫將遷汴，以興屯伊陽山，憚之，遣蔣頤持書誘興以王爵，興斬頤而焚其書。豫復陰啗興裨將楊偉以利，偉遂殺興，携其首奔豫。

❶「統制」，《繫年要録》卷五三、《宋史》卷二七《高宗本紀》作「副都統制」。

興在河南累年，軍少食乏，而能激以忠義，士莫不自奮，金人畏之，諸陵得不侵犯。詔以其子琮嗣職。

夏四月，以翟汝文參知政事。初，汝文知密州，秦檜爲州學教授，❶汝文薦其才，故檜引以輔政。

曹成陷賀州，○詔吕頤浩都督江、淮、荆、浙諸軍事，開府鎮江。頤浩信桑仲之言，屢請出師，身自督軍北向。秦檜因諷人言：「周宣王内修外攘，故能中興。今二相宜分任内外。」於是，帝諭頤浩及檜曰：「頤浩治軍旅，檜理庶務，如種、蠡分職可也。」乃命頤浩開府鎮江。頤浩辟文武士七十餘人，以神武後軍及御前忠鋭崔增、趙延壽二軍從行，韓世忠、張俊、劉光世、岳飛、王瓔、楊沂中等皆隸焉。帝嘗謂給事中程瑀曰：「頤浩熟於軍事，在外總諸將，檜在朝廷，庶幾内外相應。然檜誠實，但太執耳。」瑀對曰：「如求機警能順旨者，極不難得，但不誠實，則終不可倚。」帝然之。

劉豫徙居汴。豫至汴，尊其祖考爲帝，置于宋太廟。是日，暴風捲旆，屋瓦皆振，士民大懼。時河、淮、山東、陝西皆屯金軍，劉麟籍鄉兵十餘萬爲皇太子府軍。分置河南、汴京淘沙官，兩京冢墓發掘殆盡。賦斂煩苛，民不聊生。

岳飛追曹成，大敗之，成走邵州。成擁衆十餘萬，由江西歷湖湘，據道、賀二州。命岳飛權荆湖東路安撫都總管，付金字牌、黄旗招成。成聞飛至，驚曰：「岳家軍來矣！」即遁。飛追至賀州，力戰，大破之。成乃自桂嶺置砦，至北藏嶺，連控隘道，以衆十餘萬守蓬頭嶺。飛部才八千人，一鼓登嶺，破其衆。成奔連州，飛謂部將張憲、徐慶、王貴曰：「成黨散去，追而殺之，則脅從者可憫；縱之，則復聚爲盜。今遣若等誅其酋而撫其衆，慎勿妄殺，累上保民之仁。」於是憲自賀、連，慶自邵、道，貴自郴、桂，招降者二萬，與飛會連州進討。成走入邵州。

金以粘没喝爲都元帥，兀术副之。

○五月，以權邦彦簽書樞密院事。邦彦獻圖中興十議，遂有是命。

育太祖後子偁之子伯琮于宫中，賜名瑗。元懿太子卒，帝未有後，范宗尹嘗造膝請建太子，帝曰：「太祖以神武定天下，子孫不得享之，遭時多艱，零落可憫。朕若不法仁宗爲天下計，何以慰在天之靈！」於

❶「州學教授」，原作「州文學」，據《宋宰輔編年録》卷一五、《三朝北盟會編》卷一四三改。

是詔知南外宗正事，令廌選太祖後，將育宫中。會上虞縣丞婁寅亮上書曰：「先正有言：『太祖舍其子而立弟，此天下之大公。周王薨，章聖取宗室育之宫中，此天下之大慮。』仁宗感悟其説，召英宗入繼大統。文子文孫，宜君宜王，遭罹變故，不斷如帶，今有天下者，獨陛下一人而已。屬者椒寢未繁，前星不耀，孤立無助，有識寒心。天其或者深戒陛下，追念祖宗公心長慮之所及乎？崇寧以來，諛臣進説，獨推濮王子孫以爲近屬，餘皆謂之同姓。遂使昌陵之後寂寥無聞，僅同民庶，藝祖在上，莫肯顧歆，此金人所以未悔禍也，望陛下於『伯』字行内，選太祖諸孫有賢德者，視秩親王，俾牧九州，以待皇嗣之生，退處藩服。庶幾上慰在天之靈，下係人心之望。」書奏，帝讀之，大感歎。至是，選秦王德芳五世孫左朝奉大夫子偁之子伯琮入宫，命張婕妤鞠之，生六年矣。其後吴才人亦請于帝，乃復取秉義郎子彦之子伯玖，命才人鞠之，皆太祖後也。尋以伯琮爲和州防禦使，賜名瑗。

**呂頤浩前軍將趙延壽叛，頤浩次于常州，王德追延壽至建平，誅之。**頤浩至常州，趙延壽兵叛于吕城鎮，犯金壇，殺知縣胡思忠。頤浩間桑仲死，已悔出師，及延壽叛，遂稱疾不進，尋召還行在。

**張浚以劉子羽知興元府。**

**○韓世忠招曹成，降之。**世忠既平范汝爲，旋師永嘉，若將休息者。忽由處、信徑至豫章，連營江濱數十里。羣賊不虞其至，大驚。世忠因使董旼招成，❶成方爲岳飛所追，乃率衆降，得戰士八萬，遣詣行在。

**六月，以李横爲襄郢鎮撫使。**

**○頒《戒石銘》于州縣。**以黄庭堅所書《戒石銘》頒于州縣，令刻石，文曰：「爾俸爾禄，民膏民脂。下民易虐，上天難欺。」

**翟汝文罷。**汝文雖爲檜所薦，然性剛不爲檜屈，至對案相詬，目檜爲金人姦細，故不得久居位。

**孔彦舟叛降劉豫。**彦舟暴横不奉法，朝廷將以兵執之，遂以所部叛去。

**秋八月，召朱勝非兼侍讀，罷給事中胡安國及程瑀等二十人。**帝初即位，召安國爲給事中，黄潛善惡之，遂罷。潛善去，復召爲中書舍人兼侍講。安國因上《時政論》二十一篇，其言以爲：「保國必先定計，定計必先建都。

❶「董旼」，原作「董收」，據《繫年要録》卷五八、《宋史》卷二七《高宗本紀》改。

建都擇地必先設險，設險分土必先遵制。❶制國以守，必先恤民。夫國之有民，猶人之有元氣，不可不恤也。除亂賊，選縣令，輕賦斂，更弊法，省官吏，皆恤民事也。而行此有道，必先立政；立政有經，必先覈實。而後賞罰當，賞罰當而後號令行，人心順從，惟上所命。以守則固，以戰則勝，以攻則服，天下定矣。然欲致此，顧人主志尚如何耳。尚志所以立本也，正心所以決事也，養氣所以制敵也，宏度所以用人也，寬隱所以明德也，具此五者，帝王之能事畢矣。」論入，改給事中。入對，帝曰：「聞卿大名，渴於相見，何爲累召不至？」安國辭謝。居旬日，再見，以疾力求去。帝曰：「聞卿深於《春秋》，方欲講論。」遂以《左氏傳》付安國點句正音。安國言：「《春秋》經世大典，見諸行事，非空言比。方今思濟艱難，《左氏》繁碎，不宜虛費光陰，耽翫文采，莫若潛心聖經。」帝善之。命兼侍讀，專講《春秋》。先是，秦檜欲傾呂頤浩而專政，乃多引知名士，布列清要以自助。安國嘗聞游酢論檜人材可方荀文若，故力言檜賢於張浚諸人。及頤浩自常州還，憾檜，欲去之，問計于席益。益曰：「目爲黨可也。今黨魁胡安國在瑣闥，宜先去之。」會頤浩薦知紹興府朱勝非代己都督，帝從之。命下，安國奏：「勝非與黃潛善、汪伯彥同在政府，緘默附會，馴致渡江。尊用張邦昌結好金虜，淪滅三綱，天下憤鬱。及正位冢司，苗、劉肆逆，貪生苟容，辱逮君父。今彊敵憑陵，叛臣不忌，用人得失，係國安危，深恐勝非上誤大計。」帝爲罷都督之命，改兼侍讀。安國復持録黄不下，頤浩特命檢正黃龜年書行。安國言：「有官守者，不得其職則去。臣今待罪無補，既失其職，當去甚明。況勝非既臣論列之人，今朝廷乃稱勝非處苗、劉之變，能調護聖躬。昔公羊氏言祭仲廢君爲行權，先儒力排其說。蓋權宜廢置非所施於君父，《春秋》大法，尤謹于此。建炎之失節者，今雖特釋而不問，又加進擢。習俗既成，大非君父之利。臣以《春秋》入侍，而與勝非爲列，有違經訓。」遂卧家不出。頤浩勸帝降旨曰：「安國屢召偃蹇不至，今始造朝，又數有請。初言勝非不可同都督，❷及改命經筵，又以爲非。豈不以時艱不肯盡瘁，乃欲求微罪而去。

❶「設險」，原脱；「遵制」，原作「制國」，據《斐然集》卷二五《先公行狀》、《繫年要録》卷五六、《續宋中興編年資治通鑑》卷三、《玉海》卷六二《紹興時政論》補改。

❷「言」，原作「非」，據《斐然集》卷二五《先公行狀》、《繫年要録》卷五七、《宋史》卷四三五《胡安國傳》改。

其自爲謀則善，如國計何？」落職，提舉仙都觀。秦檜三上章留之，不報。侍御史江躋、左司諫吳表臣論勝非不可用，安國不當責。於是與張燾、程瑀、胡世將、劉一止、林待聘、樓炤等二十餘人，皆坐檜黨，並落職罷官，臺省爲之一空。**以孟庾同都督江淮荆浙諸軍事。**

○**秦檜免，榜其罪于朝堂。**先是，起居郎王居正與秦檜善，及檜執政，與居正論天下事甚鋭，既相，所言皆不酬。居正疾其詭，言于帝曰：「秦檜嘗語臣，中國之人，唯當着衣啗飯，共圖中興。臣時心服其言。檜又自謂爲相數月，必聳動天下。今爲相設施止是，願陛下以臣所言問檜所行。」檜聞而憾之，出居正知婺州。及胡安國罷，檜留之，不報，遂求去。吕頤浩諷侍御史黄龜年劾檜專主和議，沮止國家恢復遠圖，且植黨專權，漸不可長。乃罷檜相，仍榜朝堂，示不復用。初，檜所陳二策，欲以河北人還金，中原人還劉豫。帝曰：「檜言南人歸南，北人歸北。朕北人，將安歸？」檜語乃塞。至是，帝召直學士院綦密禮，語以是事及居正所言，密禮即以帝意載于制辭，播告中外，人始知檜之姦。**彗星見，赦，求直言。**

○**九月，韓世忠大敗劉忠于蘄陽，忠走，降劉豫。**世忠自豫章移師長沙。劉忠有衆數萬，據白面山，營栅相望。世忠至，與賊對壘，奕棊張飲，堅壁不動，衆莫能測。一夕，與蘇格聯騎穿賊營，候者訶問，世忠先得賊軍號，隨聲應之，周覽以出。喜曰：「此天賜也。」夜伏精兵二千於山下，與諸將拔營而進。賊方迎戰，伏兵已馳入中軍，奪望樓，植旗蓋，傳呼如雷。賊回顧，驚潰，世忠麾將士夾擊，大破之。忠走，降豫。**王倫還自金。**倫既被留，久之，粘没喝使烏陵思謀見倫，語及契丹時事。倫久困懷歸，乃倡爲和議，謂思謀曰：「海上之盟，兩國約爲兄弟，萬世無變。雲中之役，我實饋師，贊成厥功。上國之臣嘗欲稱兵南來，先大聖惠顧盟好，不許。厥後舉兵以禍吾國，果先大聖意乎？况亘古自分南北，主上恭勤，英俊並用，期必復古。盍思久遠之謀，歸我二帝、太母，復我土疆，使南北赤子無致塗炭，亦足以慰先大聖之靈，幸執事贊之。」思謀沉思曰：「君言是也，歸當盡達之。」已而粘没喝至，曰：「比上國遣使來，問其意指，多不能對。思謀傳侍郎語欲議和，決非江南情實，特侍郎自爲此言耳。」倫曰：「使事有指，不然來何爲哉？人定者勝天，天定者亦能勝人，惟元帥察之。」粘没喝不答。及是，粘没喝忽至館中，與倫議和，縱之歸報。倫至，入對，言金人情僞甚悉，帝優奬之。

時方議討劉豫，和議中格。久之，乃以潘致堯爲通問使，復如金。**以朱勝非爲尚書右僕射、同平章事兼知樞密院事。○以王似爲川陝宣撫處置副使。**張浚在關陝三年，訓新集之兵，當方張之敵，以劉子羽爲上賓，任趙開爲轉運，擢吴玠爲大將。子羽慷慨有才畧，開善理財，而玠每戰輒勝，西北遺民歸附者衆。故關陝雖失，而全蜀按堵，且以形勢牽制東南，江、淮亦賴以安。朝廷疑浚殺趙哲、曲端爲無辜，任子羽、開、玠爲非是，乃以似爲副使，浚始不安。**金耶律余覩謀反，伏誅。遂大殺遼宗室。○冬十月，禁私酤。○遣官祫享于温州。○十一月，李綱至潭州，湖南羣盜平。**綱至潭，時湖湘之間，流民潰卒羣聚爲盜，多者數萬人，綱悉平之。**王彦復秦州。**彦守金州，數立奇功以捍蜀。桑仲既死，劇盜王闢、董貴、祁守中等悉阻兵窺蜀，❶彦皆擊平之。至是，敗劉豫將郭振于白石鎮，復秦州。張浚承制以彦節制商、虢、陝、華州軍馬。**十二月，罷湖廣宣撫使李綱。**綱上言：「荆湖，自昔用武之地，今朝廷保有東南，制馭西北，當於鼎、澧、荆、鄂皆宿重兵，使與四川、襄漢相接，乃有恢復中原之漸。」會吕頤浩言綱縱暴無善狀，而諫官徐俯、劉斐亦劾綱，遂罷，提舉崇福宫。**初取江、浙、湖南月椿錢。**吕頤浩、朱勝非以軍用不足，創取江、浙、湖南諸路大軍月椿錢，以上供、經制、係省、封椿等窠名充其數，茶鹽錢並不得用，所椿不給十之一二。故郡邑多横賦，大爲東南民患。**召張浚知樞密院事。**浚聞王似來，上疏求解兵柄，且論似不可任。吕頤浩不悦，朱勝非又以宿憾日短浚，故召之。而以盧法原爲川陝宣撫副使，與王似同治司事。**熙河蘭廓經畧使關師古舉兵復熙、鞏。**

**癸丑**　三年，金天會十一年。**春正月，李横舉兵伐金，復潁昌府。**横屢敗劉豫及金兵，詔以横爲襄陽府、鄧、隨、郢州鎮撫使。**詔春秋望祭諸陵。○金人陷金州，王彦走石泉。**金人久窺

❶ 「祁守中」，原作「祁守忠」，據《宋史》卷三六八《王彦傳》、《欽定續通志》卷三七三改。

蜀，以吴璘駐兵和尚原，扼其衝，不得逞，將出奇取之。乃以叛將李彦琪駐秦州，睨仙人關以綴吴玠河池之師，復令游騎出熙河以綴關師古，撒离喝自商於直擣上津，攻金州。王彦以三千人迎敵而敗，退保石泉，撒离喝遂乘勝而進。

**二月，劉子羽、吴玠兵潰于饒風關，金人入興元。子羽、玠還，擊破之。**金人長驅趨洋、漢，劉子羽聞王彦敗，亟命田晟守饒風關，而遣人召吴玠入援。玠自河池日夜馳三百里至饒風，以黄柑遺敵曰：「大軍遠來，聊用止渴。」撒离喝大驚，以杖擊地曰：「爾來何速耶！」遂悉力仰攻。一人先登，二人擁後，先者既死，後者代攻。玠軍弓弩亂發，大石摧壓，如是者六晝夜，死者山積。敵乃更募死士，由間道自祖溪關入，繞出玠後，乘高以瞰饒風，諸軍不支，遂潰。敵入洋州，玠邀子羽去，子羽不可，而留玠同守定軍山。玠難之，遂退保興元之西縣。子羽亦焚興元，退保大安之三泉縣。撒离喝遂入興元，至金牛鎮，四川大震。子羽從兵不滿三百，與士卒取草芽、木甲食之，遺玠書訣别。玠得書，未有行意，其愛將楊政大呼軍門曰：「節使不可負劉待制，不然，政輩亦舍節使去矣！」玠乃間道會子羽，子羽留玠共守三泉，玠曰：「關外，蜀之門户，不可輕棄。」復往守仙人關。子羽以潭毒山形斗拔，其上寬平有水，乃築壁壘。方成，而金人已至，距營十數里。子羽據胡床坐壘口，諸將泣告曰：「此非待制坐處。」子羽曰：「子羽今日死于此！」敵尋亦引去。時張浚欲移守潼川，子羽遺書言：「已在此，金人必不南。」浚乃止。金兵由斜谷北去，子羽謀邀之于武休，不及。撒离喝既回鳳翔，遣十人持書招子羽，子羽皆斬之，而縱其一還，曰：「爲我語賊，欲來即來，吾有死爾，何可招也！」初，子羽聞有金兵，預徙梁、洋之積。及金人深入，餽餉不繼，殺馬及兩河所僉軍士以食。而子羽、玠復腹背要擊之，死傷十五、六，疫癘且作，乃引衆還。子羽、玠因出師掩其後，金人墮溪澗死者不可勝計，盡棄輜重而走，餘兵不能自拔者悉降。子羽遂還興元。金人始謀，本謂玠在西邊，故涉險東來，不虞玠馳至，雖入三州，而得不償失。

**權邦彦卒。**邦彦與政幾一年，碌碌無所建明，嘗助吕頤浩以排李綱，士論少之。

**以席益參知政事，徐俯簽書樞密院事。○三月，李横傳檄收復東京，劉豫以金人來戰于牟駝岡，横師敗績，潁昌復陷。○夏四月，劉豫將董震以虢州**

來歸，李成復寇陷之。○楊太僭號大聖天王，詔統制王瓊會兵討之。太衆日盛，自號「大聖天王」，立鍾相少子子儀爲太子，太以下皆臣事之。詔王瓊會兵討太。太又名么，蓋楚人謂年少者爲么云。水軍都統制徐文以衆叛，附劉豫。文勇力過人，揮刀重五十斤，所向無前，衆呼爲「徐大刀」，以功爲淮東、浙西沿海水軍都統制。諸將忌之，譖其將叛，朝廷遣兵襲之。文遂以所部海舟六十艘、官軍四千餘，自明州浮海抵鹽城，降于劉豫。曰：「沿海無備，二浙可襲也。」豫大喜，以文知萊州，令帥其衆寇通、泰州。以韓肖胄簽書樞密院事，遣使金。潘致堯還，言金欲再遣重臣以取信，遂寢出師之議，而遣肖胄及胡松年往金議和。至齊，劉豫欲以臣禮見，肖胄無以應，松年曰：「均爲宋臣。」遂長揖不拜，豫不能屈。王彦復金州，金人遂棄均、房。○詔李横等班師還鎮，禁邊兵侵齊。以與金議和也，仍禁諸路招納淮北及中原人來歸者。五月，罷宣撫司便宜黜陟。○六月，岳飛討江廣，羣盜悉平之。時虔、吉盜連兵寇掠循、梅、廣、惠、英、韶、南雄、南安、建昌、邵武、汀諸州，帝專命飛平之。飛至虔，固石洞賊彭友悉衆至雩都迎戰，躍馬馳突，飛麾兵即馬上擒之，餘黨退保固石洞。洞高峻環水，止一徑可入。飛列騎山下，令皆持滿。黎明，遣死士疾馳登山。賊衆亂，棄山而下，騎兵圍之，賊呼丐命。飛令勿殺，受其降。因授徐慶等方畧，捕諸郡餘賊，皆破降之。初，帝以隆祐太后震驚之故，密令飛屠虔城，飛請誅首惡而赦脅從，帝許焉。虔人感其德，繪像祠之。及入見，帝手書「精忠岳飛」字，製旗以賜之。秋，七月，復置博學宏詞科。○八月，翟琮棄軍奔襄陽，劉豫遂陷伊陽。劉豫盡有梁、衛之地，琮不能孤立，乃棄伊陽，突圍奔襄陽。沂王㮙有罪，金人殺之。㮙與駙馬劉文彦告二帝謀變，金人按問無狀，㮙等被誅。九月，呂頤浩罷。頤浩屢請興師復中原，謂：「大祖取天下，兵不過十萬，今有兵十六七萬矣。然自金人南牧，莫敢嬰其鋒。比年韓世忠、張俊、陳思恭、張榮屢奏，❶人有戰心，

❶「張榮」，原作「張崇」，據《中興小紀》卷一二、《繫年要録》卷六〇改。

天將悔禍。又金人以中原付劉豫，三尺童子知其不能立國。願睿斷早定，決策北向。今之精鋭皆中原人，恐久而消磨，他日難以舉事。」帝方主和議，不從。至是，以水旱不時，蘇湖二州地震，下詔罪己求言，頤浩連章待罪。帝一日謂大臣曰：「國朝四方水旱，無不上聞。近蘇湖地震，泉州大水，輒不以奏，何也？」會侍御史辛炳、殿中侍御史常同論頤浩過惡，遂罷爲鎮南節度使、提舉洞霄宫。頤浩有膽畧，善弓馬，當國步艱難之日，人倚爲重。然其再相也，胡安國勸其法韓忠獻，以至公無我爲先，報復恩讐爲戒，頤浩不能用。**以劉光世、韓世忠爲江東、兩淮宣撫使，王𤫉、岳飛爲荆湖、江西制置使，分屯沿江諸州。**時諸將擁重兵而無分地，劉光世在鎮江，月費至二十萬緡，每聞易鎮，則設辭不奉詔。有急，復遷延以避之，朝廷無如之何。故命四人易鎮，光世爲江東、淮西宣撫使，屯池州；世忠爲淮南東路宣撫使，屯鎮江；𤫉爲荆湖制置使，屯鄂州；飛爲江南西路制置使，屯江州。**冬十月，李成寇襄、鄧。李横奔荆南，成遂陷京西六郡。○十一月，復元祐十科取士法。**從朱勝非之言也。

**金兀朮陷和尚原。**於是宣撫司分陝西之地，自秦、鳳至洋州，以利州制置使吴玠主之，屯仙人關；金、房至巴、達，鎮撫使王彦主之，屯通川；❶文、龍至威、茂，統制劉錡主之，屯巴西；洮、岷至階、成，統制關師古主之，屯武都。**十二月，韓肖冑偕金使來。**帝自即位，屢遣使如金，多見拘留，而金未嘗遣一介報聘。至是，粘没喝使李永壽、王翊來，請還劉豫之俘及西北士民之在南者，且欲畫江以益劉豫。與秦檜前議脗合，識者益知檜與金人共謀矣。殿中侍御史常同言：「先振國威，則和戰常在我。若一意議和，則和戰常在彼。靖康以來，分爲兩事，可爲鑒戒。」帝因語及武備曰：「今養兵已二十萬有奇。」同曰：「未聞二十萬兵而畏人者也。」帝不聽，復遣樞密都承旨章誼爲金國通問使，請還兩宮及河南地。

❶「通川」，原作「通州」，據《繫年要録》卷七二、《續宋編年資治通鑑》卷三、《宋史》卷八九《地理志》、卷三七七《盧法原傳》改。

**甲寅** 四年，金天會十二年。春正月，韓肖胄罷。肖胄與朱勝非不合，力求罷，從之。二月，席益罷。○三月，吴玠、吴璘與金兀术戰于仙人關，大敗之。先是，璘守和尚原，餽餉不繼。玠慮金人必復深入，且其地去蜀遠，乃命璘别營壘于仙人關右之地，名曰「殺金平」，移兵守之。至是，兀术、撒离喝、劉夔帥步騎十萬破和尚原，進攻仙人關，自鐵山鑿崖開道，循嶺東下。玠以萬人守殺金平，以當其衝。璘自武階路入援，先以書抵玠，謂：「殺金平之地闊遠，前陣散漫，後陣阻隘，宜益修第二隘，示必死戰，然後可以必勝。」玠從之，急治第二隘。璘冒圍轉戰七晝夜，始得與玠會于仙人關。敵首攻玠營，玠擊走之。又以雲梯攻壘壁，楊政以撞竿碎其梯，以長矛刺之。諸將有請别擇地以守者，璘拔刀畫地，謂諸將曰：「死則死此，退者斬！」金軍分爲二，兀术陣于東，韓常陣于西。璘率鋭卒介其間，左繞右縈，隨急而後戰。戰久，璘軍少憊，急屯第二隘。金生兵踵至，人被重鎧，鐵鉤相連，魚貫而上。璘以駐隊矢迭射，矢下如雨，死者層積，敵踐而登。撒离喝駐馬四視，曰：「吾得之矣。」翌日，命攻西北樓，姚仲登樓酣戰，樓傾，以帛爲繩挽之復正。金人用火攻樓，仲以酒缶撲滅之。玠急遣統領田晟以長刀、大斧左右擊，明炬四山，震鼓動地。明日，大出兵，統領王喜、王武率鋭士分紫、白旗入金營，金陣亂。奮擊，射韓常，中左目，金人始宵遁。玠遣統制官張彦劫横山砦，王俊伏河池，扼其歸路，又敗之。是役也，兀术以下，皆携妻孥來，劉夔乃劉豫腹心，本謂蜀可圖，既不得逞，度玠終不可犯，則還據鳳翔，授甲士田，爲久留計，自是不妄動矣。以趙鼎參知政事。○召孟庾還，罷都督府，以其兵屬張俊。○張浚至臨安，罷爲資政殿大學士，居之福州。浚雖被召，以劉子羽等軍敗，祕其事未行。王似、盧法原亦未赴闕。已而，詔押似、法原赴鎮，浚及子羽、王庶、劉錫等俱赴行在。浚至臨安，中丞辛炳以宿憾率殿中侍御史常同等劾浚喪師失地，跋扈不臣，遂落職奉祠福州居住，安置劉子羽于白州，浚即日行。詔以王似爲川陝宣撫使，盧法原、吴玠副之，法原尋卒。夏，四月，關師古及金人戰于熙河，兵敗降金。師古遣兵拔金寨數十，金人大衂。至是，慕洧與金人合兵攻之。師古戰不勝，脱身降金。徐俯罷。與趙鼎議不合故也。以范冲直史館，重修神宗、哲宗《實録》。先是，隆祐太后生辰，置酒宫中，從容謂帝曰：「宣仁太后之賢，古今母后未有其比。昔姦臣肆爲謗誣，雖嘗下詔明辯，而國史尚未删定，豈足傳信？吾意在天之靈，不無望於帝也。」帝悚然。至是，召冲直史館，重修神宗、哲宗《實録》。冲乃爲《神宗考異》，明示去取，舊文以墨書，删去者以黄書，新修者以朱書，世號「朱墨史」。又爲《哲宗辯誣録》。由是，二史得其正，而姦臣情狀益著。其後，論詆誣罪，追貶章惇爲昭化節度副使，蔡卞爲單州團練副使。冲，祖禹之子也。

五月，以岳飛兼荆南制置使。時楊太與劉豫通，欲順流而下。李成既據襄陽，又欲自江西陸行趨浙與太會。帝命飛爲之備。朱勝非言：「襄陽，國之上流，不可不急取。」飛亦奏：「襄陽等六郡爲恢復中原基本，今當先取六郡，以除心膂之病。李成遠遁，然後加兵湖湘，以殄羣盗。」帝以語趙鼎，鼎曰：「知上流利害無如飛者。」除飛兼荆南制置使。飛渡江，中流顧幕屬曰：「飛不擒賊，不涉此江！」

秋七月，以胡松年簽書樞密院事。朱勝非薦之也。

岳飛復襄陽等六郡。先是，飛至郢，僞齊將京超，號「萬人敵」，乘城拒飛。飛鼓衆而登，超投崖死。飛復郢州，遂趨襄陽。李成迎戰，左臨襄江。飛笑曰：「步兵利險阻，騎兵利平曠，成左列騎江岸，右列步平地，雖衆十萬，何能爲？」舉鞭指王貴曰：「爾以長槍步卒，擊其騎兵。」指牛皋曰：「爾以騎兵擊其步卒。」合戰，馬應槍而斃，後騎皆擁入江，步卒死者無數。成夜遁，飛遂復襄陽。齊人收成餘衆，益兵駐新野。飛與别將王萬夾擊，大敗之。又使牛皋復隨州，王貴、張憲復唐、鄧州、信陽軍。襄、漢悉平，飛移屯德安，軍聲大振。捷聞，帝喜曰：「朕素聞飛行軍有紀律，未知其能破敵如此！」飛因奏：「金賊所愛，惟子女、金帛，志已驕惰；劉豫僭僞，人心終不忘宋。如以精兵二十萬直擣中原，恢復故疆，誠易爲力。襄陽、隨、郢地皆膏腴，苟行營田，其利甚厚。臣候糧足，即過江北勦敵。」時方重深入之舉，而營田之議自是興矣。

八月，以趙鼎知樞密院事，都督川、陝、荆、襄諸軍事。徐俯既去，言者謂當國者不知兵，乞令參政通知。由是，鼎爲朱勝非所忌，除鼎樞密都督，鼎辭以非才。帝曰：「四川全盛，半天下之地，盡以付卿，黜陟事之可也。」鼎條奏便宜，復爲勝非所抑，乃上疏言：「頃者，陛下遣張浚出使川、陝，國勢百倍于今。浚有補天浴日之功，陛下有礪山帶河之誓。君臣相信，古今無二，而終致物議，以被竄逐。夫喪師失地，浚則有之，然未必如言者之甚也。大抵專黜陟之典，受不御之權，則小人不安其分，謂爵賞可以苟求，一不如意，便生觖望。是時，蜀士至於醵金募人詣闕訟之，以無爲有，何以自明？故有志之士，欲爲國立事者，每以浚爲戒。今臣無浚之功，當此重責，去朝廷遠，恐好惡是非，行復紛紛於聰明之下矣。望閔臣孤忠，使得展布四體，少寬陛下西顧之憂。」又言：「臣所請兵，不滿數千，半皆老弱，所齎金帛至微。薦舉之人，除命甫下，彈墨已行。臣日侍宸衷，所陳已艱難，況在萬里之外乎！」**遣吏部員外郎魏良臣使金。**初，章誼至雲中，論李永壽所需三事。金人互有可否，獨畫疆一事未定。而粘没喝答書，又約以淮南毋得屯兵，蓋欲畫江以益劉豫。誼等還至睢陽，爲豫所留，以計得免，帝嘉勞久之。復命良臣奉表通問，時金人已定議出兵，而帝未之知也。**楊太敗官軍于鼎江，詔岳飛移兵討之。**王𤫉遣忠鋭統制崔增等討太于鼎江，師敗，皆没。太乘大水出兵，攻破鼎州社木寨，守將許筌戰没，官軍死者甚衆。於是，授飛清遠軍節度使，代王𤫉討太。飛時年三十二，中興諸將建節未有如飛之年少者。**九月，朱勝非罷。**先是，勝非以母喪去位，詔起復之。會久雨，勝非累章乞免，且自論當罷者十一事，帝未許。侍御史魏矼劾其過，勝非亦請解官，持餘服，許之。勝非居相位，苗、劉之變，保護之功爲多，然詆李綱，忌趙鼎，人以是少之。**劉豫使其子麟以金兵入寇。**先是，金主晟與粘没喝議南侵，會兀术還，力言不可，曰：「江南卑濕，今士馬困憊，糧儲未豐足，恐無成功。」粘没喝曰：「都監務偷安耳。」金主以議不合，乃止。至是，劉豫聞岳飛復襄、鄧，遂乞師于金。晟乃命訛里朵、撻懶調渤海、漢軍五萬以應豫，謂兀术知地險易，使將前軍。豫遣其子麟、姪猊各將兵會金兵南下。騎兵自泗攻滁，步兵自楚攻承州。**以趙鼎爲尚書右僕射、同平章事兼知樞密院事。**時邊報驟至，舉朝震恐。鼎將赴川、陝，陛辭，帝曰：「卿豈可遠去，當遂相朕。」制下，朝士相慶。**以沈與求參知政事。○冬十月，詔韓世忠進屯揚州。**詔詞懇切，世忠感泣曰：「主憂如此，臣子何以生爲？」遂濟師進屯揚州。**召張浚于福州。**初，浚至福州，慮金、齊必併力窺東南，而朝廷已議講解，因上疏極言其狀。至是，帝思其言，會趙鼎勸帝親征，帝從之。喻樗謂鼎曰：「六龍臨江，兵氣百倍。然公自度此舉果出萬全乎？或姑試一擲也？」鼎曰：「中國累年退避不振，敵情益驕，義不可更屈，故贊上行耳。若事之濟否，則非鼎所可知也。」樗曰：「然則當思歸路耳。張德遠有重望，若使宣撫江、淮、荆、浙、福建，俾以諸道兵赴闕，則其來路即朝廷歸路也。」鼎然之，入言于帝，遂召浚以資政殿學士提舉萬壽觀兼侍讀。

**韓世忠大敗金人于大儀，追至淮而還。**世忠至揚州，使統制解元守承州，候金步卒。親提騎兵駐大儀以當敵騎，伐木爲栅，自斷歸路。會魏良臣使金過之，世忠撤炊爨，紿良臣有詔移屯守江，良臣疾馳去。世忠度良臣已出境，即上馬，令軍中曰：「眡吾鞭所嚮！」於是，移軍向大儀，勒五陣，設伏二十餘所，約聞鼓即起擊。良臣至金軍中，金前將軍聶兒孛堇問官軍動息，具以所見對。孛堇大喜，即引兵至江口，距大儀五里，别將撻不野擁鐵騎過五陣東。世忠傳小麾鳴鼓，伏兵四起，旗色與金人旗雜出，金軍亂，官軍迭進。世忠令背嵬軍各持長斧，上揕人胸，下斫馬足，敵被甲陷泥淖。世忠麾勁騎四面蹂躪，人馬俱斃，遂擒撻不野等二百餘人。而世忠所遣董旼，亦擊敗金人于天長之鴉口橋。解元至承州北門，遇敵，設水軍夾河陣，一日十三戰，相拒未決。世忠遣成閔將騎士往援，復大戰，俘獲甚多。世忠復親追至淮，金人驚潰，相蹈藉溺死者甚衆。捷聞，羣臣入賀，帝曰：「世忠忠勇，朕知其必能成功。」沈與求曰：「自建炎以來，將士未嘗與金人迎敵一戰。今世忠連捷，厥功不細。」論者以此舉爲中興武功第一。

**帝自將禦金，次于平江。**金、齊之兵日迫，羣臣勸帝他幸，散百司以避之。張俊曰：「避將安之？惟進禦乃可耳。」趙鼎曰：「戰而不捷，去未晚也。」帝因曰：「朕爲二聖在遠，屈己請和，而彼復肆侵淩，朕當親總六師，臨江決戰。」沈與求復力贊之。鼎喜曰：「累年退怯，敵志益驕。今聖斷親征，將士必奮，成功可必。臣願効區區，以圖報國。」於是以孟庾爲行宫留守，命百司不預軍旅之務者，從便避兵。以張俊爲浙西、江東宣撫使，王瓊爲江西沿江制置使，胡松年詣江上會諸將議進兵，劉光世移軍建康，❶後宫自温州泛

❶「建康」，《宋史》卷二七《高宗本紀》作「太平州」。

海如泉州。❶光世遣人諷鼎曰：「相公自入蜀，何事爲他人任患。」韓世忠亦曰：「趙丞相真敢爲者。」鼎聞之，恐上意中變，乘間言：「陛下養兵十年，用之正在今日。若少加退沮，即人心涣散，長江之險不可復恃矣。」帝遂發臨安，劉錫、楊存中以禁兵扈從。韓世忠捷奏至，帝次平江，欲自渡江決戰。鼎曰：「敵之遠來，利在速戰，遽與争鋒，非策也。且逆豫猶遣其子，豈可煩至尊邪！」帝乃止。及胡松年自江上還，云北兵大集，然後知鼎之有先見也。**十一月，詔暴劉豫罪逆于六師，**自豫僭逆，朝廷以金故，至名爲「大齊」。至是，始聲其罪，以厲六師。**以張浚知樞密院事，視師江上。**浚至，見趙鼎，執其手曰：「此行舉措，皆合人心。」鼎笑曰：「喻子才之功也。」復命浚知樞密院事，以其盡忠竭節詔諭中外。浚既受命，即日赴江上視師。時撻懶、兀术擁兵十萬，約日渡江決戰。浚長驅臨江，召劉光世、韓世忠、張俊議事。將士見浚，勇氣十倍。浚既部分諸將，身留鎮江以節度之。**十二月，金人圍廬州，岳飛使牛皋救之，金兵敗走。**金、齊合兵圍廬州，守臣仇悆嬰城固守，求援于飛，飛遣牛皋、徐慶援之。皋至，遥語金將曰：「牛皋在此，爾輩胡爲見犯！」衆愕然，不戰而潰。飛謂皋曰：「必追之！去而復來，無益也。」皋乃追擊三十餘里，金人相踐及殺死者，不可勝計。**魏良臣還自金。**良臣至金，粘没喝言當割建州以南，王爾家爲小國，索銀絹千萬犒軍，仍約良臣等再使。侍御史魏矼請罷「講和」二字，以「攻守」代之，飭厲諸將，力圖攘狄。遂不復遣。**金兵自淮引還。**撻懶屯泗州，兀术屯竹墊鎮，爲韓世忠所扼，以書幣約戰。世忠遣麾下王愈及兩伶人以橘、茗報之，且言張樞密已在鎮江。兀术曰：「張樞密貶嶺南，何得乃在此？」愈出浚所下文書示之，兀术色變，遂有歸意。會雨雪，餽道不通，野無所掠，殺馬而食，蕃、漢軍皆怨。又聞金主晟病篤，乃夜引還。兀术等既去，劉麟、劉猊不能獨留，亦棄輜重遁。帝謂趙鼎曰：「近將士致勇争先，諸路守臣亦翕然自効，乃朕用卿之力也。」鼎謝曰：「皆出聖斷，臣何力之有！」或問鼎曰：「金人傾國來攻，衆皆洶懼，公獨言不足畏，何也？」鼎曰：「敵衆雖盛，然以劉豫邀而來，非其本心，戰必不力，

❶「宫」，原作「官」，據《繫年要録》卷八一、《宋史》卷二七《高宗本紀》、《資治通鑑後編》卷一一〇改。

是以知其不足畏也。」帝語張浚曰：「趙鼎真宰相，天使佐朕中興，可謂宗社之幸。」鼎奏：「金人遁歸，尤當博采羣言，爲善後之計。」於是詔前宰執議攻戰備禦、措置綏懷之方。提舉臨安府洞霄宮李綱上疏曰：「陛下勿以敵退爲可喜，而以仇敵未報爲可憤；勿以東南爲可安，而以中原未復爲可恥；勿以諸將屢捷爲可賀，而以軍政未修、士氣未振爲可虞。議者或以敵馬既退，當遂用兵爲大舉之計。臣竊以生理未固，而欲浪戰以僥倖，非制勝之術也。今朝廷以東南爲根本，苟不大修守備，先爲自固之計，何以能萬全而制敵？議者又謂敵人既退，當且保據一隅，以苟目前之安。臣謂祖宗境土，豈可坐視淪陷，不務恢復？若今歲不征，明年不戰，使敵勢益張，而吾之所糾合精鋭士馬，日以耗損，何以圖敵？唯宜於防守既固、軍政既修之後，即議攻討，乃爲得計。其守備之宜，則料理淮甸、荆襄，以爲東南屏蔽。當於淮之東西及荆襄置三大帥，屯重兵以臨之，分遣偏師，進守支郡，加以戰艦水軍，上連下接，自爲防守，則藩籬之勢成。守備之宜，莫大於是。然後可議攻戰之利，分責諸路大帥，因利乘便，收復京畿以及故都，斷以必爲之志，而勿失機會，則以弱爲强，取威定亂，逆臣可誅，强敵可滅。攻戰之利，莫大於是。若夫萬乘所居，必擇形勝以爲駐蹕之所。東南形勢，無如建康，舊都未復，莫若權於建康駐蹕。治城池，修宮闕，立官府，刱營壁，使粗成規模，以待巡幸。此措置之所當先也。至於西北之民，皆陛下赤子，荷祖宗涵養之深，其心未嘗忘宋。特制於强敵，不能自歸。天威震驚，必有願爲内應者。宜優加撫循，使陷溺之民知所依怙，益堅戴宋之心。此綏懷之所當先也。」又曰：「臣竊觀陛下臨御九年，國不闢而日蹙，事不立而日壞，將驕而難御，卒惰而未練，國用匱而無贏餘之蓄，民力困而無休息之期。使陛下憂勤雖至，而中興之効，邈乎無聞，則羣臣誤陛下之故也。陛下觀近年以來所用之臣，慨然敢以天下之重自任者幾人？平居無事，小廉曲謹，似可無過；忽有擾攘，則錯愕無所措手足。不過奉身以退，天下憂危之重，委之陛下而已。有臣如此，何補於國？而陛下亦安取此？大概近年閒暇則以和議爲得計，而以治兵爲失策；倉卒則以退避爲愛君，而以進禦爲誤國。國勢益弱，職此之由。今天啓宸衷，悟前日和議退避之失，親臨大敵，天威所加，使北軍數十萬之衆，震怖不敢南渡，潛師宵奔。則和議之與治兵，退避之與進禦，其効概可見矣。然敵兵雖退，未大懲創，安知其秋高馬肥，不再來擾我疆埸，使疲於奔命哉？且退避之策，可暫而不可常，可一而不可再，退一步則失一步，退一尺則失一尺。往時自南都退至維揚，則河北、河東、關陝失矣；自維揚退至江浙，則京東、西失矣。萬一敵騎南牧，將復退避，不知何所適而可乎？航海之策，萬乘冒風濤之險，此又不可之尤者。惟當於國家閒暇之時，明政刑，治軍旅，選將帥，脩車馬，備器械，峙糗糧，積金帛，敵來則禦，俟時而奮，以光復祖宗之大業，此最上策也。臣願陛下自今以往，勿復爲退避之計。夫古者敵國善隣，則有和親，仇讎之邦，鮮復遣使。今金人造釁之深，知我必報，其措意爲何如？而我方且卑辭厚幣，屈體以求之，其不推誠以見信，決矣！器幣禮物，所費不貲；使軺往來，坐索士氣。而又邀我以必不可從之事，制我以必不敢爲之謀，是和卒不成而徒爲此擾擾也。況於吾自治自彊之計，動輒相妨。臣願自今以往，勿復遣和議之使。二者既定，擇所當爲者，一切以至誠爲之。俟吾之政事修、倉廩實、府庫充、器用備、士氣振，力可有爲，乃議大舉，則兵雖未交，而勝負之勢決矣。惟陛下正心以正朝廷百官，使君子小人各得其分，則是非明，賞罰當，自然藩方協力，將士用命，雖強敵不足畏，逆臣不足憂，此特在陛下方寸間耳。」疏奏，帝賜詔褒諭。

**乙卯　五年，**金熙宗亶，仍稱天會十三年。**春正月，朔，日食。○召張浚還。**命韓世忠屯鎮江，劉光世屯太平，張俊屯建康。俊嘗以其軍從上行，至是始軍于外。**金主吳乞買卒，兄之孫亶立。**初粘没喝、兀术等會朝上京，以諳班勃極烈之位久虛，請立太祖之孫合剌，金主不得已，許之。合剌，即亶也。至是，金主卒，亶立。追尊其考豐王繩果爲景宣皇帝，妣蒲察氏爲惠昭皇后。又追帝其先祖函普曰始祖，烏魯曰德帝，跋海曰安帝，綏可曰獻祖，烏古廼曰景祖，劾里鉢曰世祖，頗剌淑曰肅宗，盈哥曰穆宗，烏雅束曰康宗，妣皆爲后。復定景祖、世祖、太祖、太宗廟皆不祧。**二月，帝如臨安。○以趙鼎、張浚爲尚書左右僕射並同平章事兼知樞密院事，都督諸路軍馬。**鼎、浚相得甚驩，人知其將並相，史館校勘喻樗獨曰：「二人宜且同在樞府，他日趙退則張繼之。立事任人，未甚相遠，則氣脉長。若同處相位，萬一不合而去，則必更張，是賢者自將背戾矣。」尋命浚如江上，議邊防。**吳玠復秦州。**

吴玠聞虜犯淮南，遣吴璘、楊政乘機牽制。璘等出奇兵，自天水至秦，拔其城。撒离喝聞秦被圍，集諸道兵來援，政復擊敗之。

**作太廟于臨安。**時太廟神主寓温州，歲時委守臣薦享。司封郎中林待聘言：「神主禮宜在都。今新邑未奠，請考古師行載主之義，遷之行闕，以彰聖孝。」於是始就臨安建太廟，遣太常少卿張銖迎神主奉安，帝行款謁禮。侍御史張致遠言：「創建太廟，甚失興復大計。」殿中侍御史張絢亦言：「去年建明堂，今年立太廟，是將以臨安爲久居之地，不復有意中原。」不報。

**閏月，胡松年罷。○置總制司。**命户部尚書章誼措置財用，以孟庾提領總制司。先是，帝在揚州，四方貢賦不以期至。吕頤浩、葉夢得等言：「政和間，陳亨伯爲陜西轉運使，創經制錢。大率添酒價，增税額，官賣契紙，與凡公家出納，每千收頭子錢二十三文。其後行之東南及京東西、河北，歲入數百萬緡，所補不細。今邊事未寧，費用日廣，請復行之諸路，一歲無慮數百萬計，賢於緩急暴斂多矣。」帝從之。至是又因經制之額，增析爲總制錢，歲收至七百八十餘萬緡。

**三月，張浚視師潭州。**浚以建康東南都會，而洞庭據上流，恐楊太滋蔓爲害，請乘其急討之。至醴陵，釋邑囚數百，皆太諜者。給以文榜，俾招諭諸砦，皆驩呼而去，於是相率來降。

**夏四月，罷諸州鎮撫使。**先是，陳規守德安七年，賊不敢犯。召入朝，乞罷鎮撫使。帝從之，不復除。至是盡罷。

**封周後柴叔夏爲崇義公。○上皇卒于金。**年五十四，遺言欲歸葬內地，金主亶不許。時兵部侍郎司馬朴與奉使朱弁在燕山聞之，共議制服。弁欲先請，朴曰：「爲臣子聞君父之喪，當致其哀，尚何請？設請而不許，奈何？」遂服斬衰，朝夕哭，金人義之而不責。洪皓在冷山聞之，北向泣血，操文以祭，其詞激烈，聞者揮涕。史臣曰：徽宗之失國也，恃其私智小慧，用心一偏，踈斥正士，狎近姦諛。於是，蔡京以儇薄巧佞之資，濟其驕奢淫佚之志。溺信虛無，崇飾游觀，困竭民力。君臣逸豫，相爲誕謾，怠棄國政，日行無稽。及童貫用事，又勤兵於遠，稔禍速亂。遂致國破身辱，豈得諉諸數哉？自古人君玩物喪志，縱欲敗度，鮮不亡者，徽宗特甚焉爾。

**龍圖閣直學士致仕楊時卒。**時奉祠致仕，優游林泉，以著書講學爲事。東南學者推時爲程氏正宗，胡宏、羅從彦皆其弟子。卒年八十三，謚文靖。從彦，南劍人，初爲博羅主簿，聞時得程氏之學，慨然慕之。及時爲蕭山令，從彥徒步往學。見時三日，即驚汗浹背，曰：「不至是，幾虛過一生矣。」既卒業，歸，築室山中，絶意仕進。學者稱爲豫章先生。朱熹謂：「龜山倡道東南，士之遊其門者甚衆，然潛思力行、任重詣極者，豫章一人而已。」延平李侗，初從從彥學，從彥令於静中看喜怒哀樂未發前氣象，而求所謂「中」者。久之，於天下之理該攝洞貫，以次融釋，各有條序。退居山中，謝絶世故，凡四十年。其接後學，答問不倦。嘗曰：「學問之道，❶不在多言，但默坐，澄心體認，天理自見。」學者稱爲延平先生。朱熹嘗從侗受學，每稱侗：「姿禀勁特，氣節豪邁，而充養完粹，無復圭角，自然之中若有成法。平居恂恂，無甚可否，及酬酢事變，斷以義理，則有截然不可犯者。」

**五月，遣忠訓郎何蘚使金，罷中書舍人胡寅。**寅上疏言：「女真驚動陵寢，戕毁宗廟，劫質二帝，塗炭生民，乃陛下之大讎也。自建炎丁未至紹興甲寅，卑辭厚禮，以問安、迎請爲名而遣使者，不知幾人矣。知二帝所在，見二帝之面，得女真之要領，因講和而能息兵者誰歟？但見通和之使歸未息肩，而黄河、長淮、大江相繼失險矣！夫女真知中國所重在二帝，所恨在劫質，所畏在用兵，則常示欲和之端，增吾所重，平吾所恨，匿吾所畏，而中國坐受此餌，既久而後悟也。天下其謂自是改圖矣，何爲復出此謬計邪？苟曰姑爲是，豈有修書稱臣、厚費金帛，而成就一姑息之事也？苟曰以二帝之故不得不然，則前効可考矣。況歲月益久，虜情益閎，必無可通之理也。適觀何蘚之事，恐和説復行，國論傾危，士氣沮喪，所繫不細。」疏入，詔褒諭之。會張浚奏言：「使事兵家機權，後將闢地復土，終歸於和，未可遽絶。」乃遣蘚行。寅因乞外，知邵州。

**以孟庾知樞密院事。**

**○封瑗爲建國公，就學資善堂。**趙鼎請以行宫新作書院爲資善堂，命建國公聽讀。且薦徽猷閣待制范冲兼翊善，起居郎朱震兼贊讀，朝論二人極天下之選。帝命瑗見之，皆設拜。後岳飛詣資善堂見瑗，退而喜曰：「社稷得人矣！中興基業，其在是乎？」尋以伯玖爲和州防禦使，賜名璩。

**行《統元曆》。**常州布衣陳得一所造也。

**六月，岳飛大破楊太于洞庭。太死，湖湘平。**

❶「問」，原脱，據《晦菴先生朱文公文集》卷九七《延平先生李公行狀》、《宋史》卷四二八《李侗傳》補。

飛奉命討太，而所部皆西北人，不習水戰。飛曰：「兵何常？顧用之何如耳。」乃先遣使招諭之。其黨黃佐曰：「岳節使號令如山，若與戰，萬無生理，不如往降，節使誠信，必善遇我。」遂降。飛表授佐武義大夫，單騎按其部，拊佐背曰：「子知逆順者，果能立功，封侯豈足道？欲復遣子歸湖中，視其可乘者擒之，可勸者招之，如何？」佐感泣，誓以死報。時張浚至潭州，席益疑飛玩寇，欲以聞。浚曰：「岳侯，忠孝人也。兵有深機，胡可易言？」益慙而止。黃佐襲周倫砦，殺之。飛上其功，遷武功大夫。統制任士安不受王𤫉令，無功。飛鞭士安，使餌賊，曰：「三日賊不平，斬汝。」士安宣言：「岳太尉兵二十萬至矣！」賊見止士安軍，併力攻之。飛設伏，士安戰急，伏四起擊賊，賊走。會朝旨召張浚還防秋，飛袖小圖示浚，浚欲俟來年議之。飛曰：「已有定畫，都督能少留，不八日可破賊。」❶浚曰：「何言之易？」飛曰：「王四廂以王師攻水寇則難，飛以水寇攻水寇則易。水戰，我短彼長，以所短攻所長，是以難。若因敵將用敵兵，奪其手足之助，離其腹心之托，使孤立，而後以王師乘之，❷八日之内，當俘諸酋。」浚許之。飛遂如鼎州。黃佐招楊欽來降，飛喜曰：「楊欽驍悍，既降，敵腹心潰矣。」表授欽武義大夫，禮遇甚厚，乃復遣歸湖中。兩日，欽説全琮、劉詵來降，飛詭罵欽曰：「賊不盡降，何來也？」杖之，復遣去。是夜，掩賊營，降其衆數萬。太負固不服，方浮舟湖中，以輪激水，其行如飛，旁置撞竿，官舟迎之輒碎。飛伐君山木爲巨筏，塞諸港汊，又以腐木、亂草浮上流而下。擇水淺處，遣善罵者挑之，且行且罵。賊怒來追，則草木壅積，舟輪礙不行。飛急擊之，賊奔港中，爲筏所拒。官軍乘筏，張牛革以蔽矢石，舉巨木撞其舟，盡壞。太技窮，赴水死。飛入賊壘，餘酋驚曰：「何神也！」俱請降，衆凡二十餘萬。飛親行諸砦慰撫之，縱老弱歸田，籍少壯爲軍。果八日而捷書至潭，浚嘆曰：「岳侯神算也。」黃誠斬楊太首，挾鍾子儀、周倫詣浚降，湖湘悉平。初，太恃其險，官軍自陸襲則入湖，水攻之則登岸，因曰：「欲犯我者，除是飛來。」至是，人以其言爲讖云。

**秋七月，孟庾罷。○冬十月，張浚還自潭州。**湖湘平，浚奏遣岳飛屯荆、襄以圖中原，乃自

❶「不」，原脱，據《金佗稡編》卷六《行實編年》三、《宋史》卷三六五《岳飛傳》補。

❷「後」，原脱，據《金佗稡編》卷六《行實編年》三、《宋史》卷三六五《岳飛傳》補。

鄂，岳轉淮東，會諸將，議防秋之宜。帝賜詔趣歸，及至，勞問曰：「卿暑行甚勞，羣寇就招撫，成朕不殺之仁，卿之功也。」召對便殿，浚進《中興備覽》四十一篇，帝嘉嘆，置之坐隅。

十一月，徵和靖處士尹焞于涪州。初，金人陷洛，焞闔門被害。焞死復甦，門人舁至山谷中而免。劉豫聘之，不從，以兵恐之。焞自商州奔蜀，至閬，得程頤《易傳》，拜受之。因止於涪，闢三畏齋以居，州人不識其面。至是，范冲舉以自代。

以李綱爲江西安撫制置大使。張浚薦其忠也。

金伐蒙古。蒙古在女真之北，唐爲蒙兀部，亦號蒙骨斯。其人勁捍善戰，夜中能視，以鮫魚皮爲甲，可捍流矢。金主命萬户胡沙虎將兵擊之。

**丙辰**　六年，金天會十四年。

春二月，以折彦質簽書樞密院事。

○韓世忠圍淮陽，金兀术救之，世忠還。世忠聞劉豫聚兵淮陽，即引軍渡淮，旁符離而北，至其城下，爲賊所圍，奮戈潰圍而出，不遺一鏃。呼延通與金將牙合孛堇搏戰，扼其吭而擒之，乘鋭掩擊，金人敗去，遂進兵圍淮陽。賊約受圍一日，則舉一烽，至六烽具舉，兀术與劉猊皆引兵至。世忠求援於張俊，俊以世忠有見吞意，不從。世忠勒陣向敵，遣人語之曰：「錦衣驄馬立陣前者，韓相公也。」或危之，世忠曰：「不如是，不足以致敵。」敵果至，殺其導戰二人，遂引去。世忠復還楚州，淮陽之民從而歸者以萬計。

沈與求罷。

○張浚會諸將于鎮江，遣張俊屯盱眙，韓世忠屯楚州。張浚每稱二人可倚大事，故並命之。世忠至楚，披草萊，立軍府，與士卒同力役，夫人梁氏親織箔爲屋。將士有怯戰者，世忠遺以巾幗，設樂大宴，俾婦人粧以耻之，故人人奮厲。撫集流散，通商惠工，山陽遂爲重鎮。

夏四月，劉豫陷唐州。

○起復岳飛爲京湖宣撫副使。飛以母喪扶櫬還廬山，累表乞終制，不許。

六月，張浚撫師淮上，遣劉光世屯廬州，岳飛屯襄陽，楊沂中屯泗州。浚命光世屯合肥，以招北軍；沂中領精騎，以佐張俊；飛屯襄陽，以圖中原，且謂飛曰：「此君素志也。」

地震，求直言。

○秋七月，以郭浩知金州，邵隆知商

州，經理商、號。○以陳公輔爲左司諫。公輔召還爲吏部員外郎，言：「今日之禍，實由公卿大夫無氣節忠義，不能維持天下國家。平時既無忠言直道，緩急詎肯伏節死義？豈非王安石學術壞之邪？安石政事壞人才，學術壞人心，《三經》、《字説》詆誣聖人，破碎大道，非一端也。《春秋》正名分、定褒貶，俾亂臣賊子懼，安石使學者不治《春秋》。《史》、《漢》載成敗安危、存亡理亂，爲世龜鑒，安石使學者不讀《史》、《漢》。楊雄不死王莽之篡，而著《劇秦美新》之文，安石乃曰：『合於孔子無可無不可之義。』馮道事四姓八君，安石乃曰：『善避難以存身。』使公卿皆師安石之言，宜其無氣節忠義也。」疏入，帝大喜，授左司諫，賜三品服。劉光世復壽春。○八月，四川都轉運使趙開罷。吴玠爲宣撫副使，專治戰守，於財計不問盈虚，一切以軍期趣辦于趙開，數以饋餉不繼訴于朝。開亦自劾老憊，求去。朝廷爲之交解，乃以席益爲制置大使，位宣撫副使上，州軍兵馬並隸大使司，邊防重事仍令宣撫司處置。益至四川，頗侵用軍期錢，開復訴于朝。又數增錢引，而軍計猶不給。朝廷以開、益不協，乃召開赴行在，而以李迨代之。自金人犯陝、蜀，開職饋餉，軍用無乏。其後計臣屢易，於開經畫無敢變更，然茶鹽榷酤、奇零絹布之征，遂爲蜀常賦，則開作俑之責不能逃焉。益尋以母喪亦去。以秦檜爲行營留守，孟庾副之，並參决尚書省、樞密院事。張浚奏：「東南形勢莫重於建康，實爲中興根本。且使人主居此，北望中原，常懷憤惕，不敢暇逸。而臨安僻在一隅，内則易生安肆，外則不足以號召遠近，係中原之心。請臨建康，撫三軍，以圖恢復。」會諜報劉豫將南寇，趙鼎議幸平江，帝從之，遂命檜、庾留守並參决尚書省、樞密院事。檜自被斥，會與金議和，稍復其官，知温州、紹興府。又以張浚薦，授醴泉觀使兼侍讀，至是，漸用事。岳飛復蔡州。飛累戰皆捷，遣牛臯復鎮汝軍，楊再興復河南長水縣。張浚曰：「飛措畫甚大，今已至伊、洛，則太行一帶山砦，必有響應者。」已而，忠義社梁興等果歸之。飛復及僞齊李成、孔彦舟連戰至蔡州，克其城。九月，帝如平江。○岳飛遣兵敗劉豫之衆于唐州。上疏請進軍恢復中原，帝不許，飛乃還鄂。飛遣王貴、郝晸、董先復虢州盧氏縣，獲糧十五萬石，降其衆數萬。會劉豫屯兵窺唐州，飛遣貴等攻破之，焚其營。飛因奏進取中原，不許。於是，召貴等引還鄂州。

**冬十月，劉豫使劉麟、劉猊分道寇淮西，楊沂中等大敗猊于藕塘，追麟至南壽春而還。**

劉豫聞張浚會諸將于江上，榜其罪逆，將進兵討之，告急于金，請先出師南侵，而乞師救援。金主亶召諸將相議之，蒲盧虎曰：「先帝所以立豫者，欲其開疆保境，我得安民息兵也。今豫進不能取，又不能守，兵連禍結，愈無休期。從其請，勝則豫收其利，❶敗則我受其弊。況前年因豫出師，嘗不利于江上矣，奈何許之？」金主遂不許豫，而遣兀术提兵黎陽以觀釁。於是豫僉鄉兵三十萬，分三道入寇。麟率中路兵，由壽春以犯合肥；猊率東路兵，由紫荆山出渦口，以犯定遠；孔彥舟率西路兵，由光州以犯六安。時張俊、楊沂中、韓世忠、岳飛、劉光世分屯諸州，而沿江上下無兵。趙鼎深以爲憂，移書張浚，欲令俊與沂中同保合肥。浚以爲然，乃遣沂中、張宗顔等分道禦之，且令沂中趣濠州，以與張俊合。因謂沂中曰：「上待統制厚，宜及時立功。」會邊報日急，張俊、劉光世皆張大賊勢以聞。浚以書戒二將曰：「賊豫之兵，以逆犯順，若不勦除，何以立國，平日亦安用養兵爲哉！今日之事，有進戰，無退保。」及劉麟進逼合肥，趙鼎曰：「今賊渡淮，當急遣張俊合光世之軍，盡掃淮南之寇，然後議去留。」帝善之，然慮俊、光世不足任，因命岳飛盡以兵東下，而手札付浚，令俊、光世、沂中等還保江。浚上言：「若諸將渡江，則無淮南，而長江之險與賊共有，淮南之屯正所以屏蔽大江。使賊得淮南，因糧就運，以爲家計，江南其可保乎？今正當合兵掩擊，可保必勝。若一有退意，則大事去矣。且岳飛一動，襄、漢有警，何所恃乎？願朝廷勿專制于中，使諸將有所觀望也。」帝手書報浚曰：「非卿識高慮遠，何以及此！」由是異議乃息。沂中兵至濠，光世已舍廬州，將趣采石，淮西大震。浚聞之，令呂祉馳往光世軍，諭之曰：「有一人渡江，即斬以徇。」光世不得已，復還廬州，與沂中、俊等相應。劉猊軍至淮東，爲韓世忠所阻，乃引趨定遠。劉麟從淮西繫三浮橋而渡，次于濠、壽之間，張俊以兵拒之。猊率衆犯定遠，欲趣宣化以寇建康。沂中以兵二千進禦，與猊前鋒遇于越家坊，敗之。猊恐孤軍深入，爲王師所襲，乃欲趨合肥，與麟合而後進。至藕塘，沂中復遇之，猊據山列

❶「勝」，原脱，據《中興小紀》卷二〇補。

陣，矢下如雨。沂中急擊之，使統制吳錫率勁卒五千突入其軍，猊衆潰亂。沂中縱大軍乘之，而自以精騎衝其脅，大呼曰：「賊破矣！」賊衆錯愕駭視。張宗顔自泗來，乘背擊之。張俊大軍復與戰于李家灣，賊衆大敗，横屍滿野。猊以首抵謀主李愕曰：「適見髯將軍，鋭不可當，果楊殿前也。」即與數騎遁去。沂中躍馬叱之，餘衆皆怖而降。麟在順昌聞猊敗，亦拔砦去。沂中及王德乘勢追麟，至南壽春而還。孔彦舟亦解光州圍而去，北方大恐。金人聞豫敗，來詰其狀，始有廢豫之意。**西遼耶律大石死。**大石死，子夷列幼。遺命其后蕭氏權國稱制，號感天皇后。**十二月，張浚還自鎮江。○韓世忠敗金人于淮陽。○趙鼎罷。**初，張浚在江上，遣參議軍事吕祉入奏事，所言誇大，鼎每抑之。帝謂鼎曰：「他日浚與卿不和，必吕祉也。」既而，浚因論事語意微侵鼎，鼎言：「臣初與浚如兄弟，因吕祉離間，遂爾睽異。今浚成功，當使展盡底藴，浚當留，臣當去。」帝曰：「俟浚還議之。」及浚還，鼎與折彦質請帝回蹕臨安。浚奏：「天下之事，不倡則不起。三歲之間，陛下一再臨江，士氣百倍。乞乘勝攻河南，而車駕幸建康。」又言：「劉光世驕惰不戰，請罷其軍政。」鼎言：「得河南固易爾，能保金人不内侵乎？且光世累世爲將，將卒多出其門，無故而罷之，恐人心不安。」浚滋不悦，而帝多從浚議，鼎求退益力，遂罷知紹興府。鼎與浚爲相，政事先後及人才所當召用者，條而置之座右，次第奏行之。故列要津者，多一時之望，人號爲「小元祐」。帝嘗親書「忠正德文」四字及《尚書》一帙賜之，曰：「書載君臣相戒飭之言，所以賜卿，欲共由斯道。」鼎頓首謝。**折彦質罷，以張守參知政事。○陳公輔乞禁程氏學，詔從之。**公輔上疏言：「今世取程頤之説，謂之伊川之學。相率從之，倡爲大言，謂：『堯、舜、文、武之道傳之仲尼，仲尼傳之孟軻，孟軻傳之頤，頤死遂無傳焉。』狂言怪語，淫説鄙論，曰：『此伊川之文也。』幅巾大袖，高視闊步，曰：『此伊川之行也。』『師伊川之文，行伊川之行，則爲賢士大夫，捨此皆非也。』乞禁止之。」遂詔：「士大夫之學，宜以孔、孟爲師，庶幾言行相稱，可濟時用。」時方召尹焞，焞，頤門人也。公輔之意，蓋有所指云。

## 丁巳　七年，金天會十五年。

**春正月，以陳與義參知政事，沈與求同知樞密院事。**

○以張浚兼樞密使。自元豐改官制，密院不置使，至是復置。何薛還自金，始聞上皇及太后之喪，帝成服。何薛還，始知道君皇帝及寧德皇后鄭氏相繼崩。帝成服，百官七上表，請遵以日易月之制。知嚴州胡寅上疏：「請服喪三年，衣墨臨戎，以化天下。」帝欲遂終服，張浚言：「天子之孝不與士庶同，必思所以奉宗廟社稷。今梓宮未返，天下塗炭，願陛下揮涙而起，斂髮而趨，一怒以安天下之民。」帝乃命浚草詔，告諭羣臣：「外朝勉從所請，宮中仍行三年之喪。」上太上皇廟號曰徽宗，太后尊謚曰顯肅。浚又請命諸大將率三軍發哀成服，俾中外感動。退而上疏曰：「陛下思慕兩宮，憂勞百姓。臣每感慨，誓殲敵讎。十年之間，親養缺然，爰及妻孥，莫之私顧，亦欲遂陛下孝養之心，拯生民於塗炭。昊天不弔，禍變忽生，使陛下抱無窮之痛，罪將誰執！念昔陝、蜀之行，陛下命臣曰：『我有大隙于北，刷此至耻，惟爾是屬。』而臣終隳成功，使敵無憚。今日之禍，端自臣致，乞賜罷黜。」帝詔浚起視事，浚再疏待罪，不許。時帝遇朔望，猶率羣臣遥拜淵聖。中丞廖剛言：「禮有隆殺。兄爲君，則君之；己爲君，則兄之可也。但歲時行家人禮於内庭。」從之。以秦檜爲樞密使。○金初用《大明曆》。司天楊級所造也。二月朔，日食。○遣王倫如金。詔以倫爲奉迎梓宮使，陛辭，帝命謂撻懶曰：「河南之地，上國既不有，與其付劉豫，曷若見歸！」三月，帝如建康。○以吕祉參謀都督府軍事，張宗元爲參議官。○以沈與求知樞密院事。○遥尊宣和皇后韋氏爲皇太后。帝嘗謂輔臣曰：「宣和皇后春秋高，朕朝夕思之，不遑寧處。屈己講和，正爲此爾。」至是，從翰林學士朱震之請，遥尊爲皇太后。劉光世免，張浚命吕祉節制其軍。光世在淮西素無紀律，張浚言其沈酣酒色，不恤國事，語以恢復，意氣怫然，乞賜罷黜。會光世引疾請解兵柄，乃拜少師、萬壽觀使、奉朝請，以其兵隸都督府。浚因分爲六軍，命吕祉往節制之。張守曰：「必欲改圖，須得聞望素高、能服諸將之心者乃可，祉不可用也。」浚不從。夏四月，岳飛乞終喪，遂還廬山。張浚以張宗元監其軍。飛自鄂入見，拜太尉，繼除宣撫使，以王德、酈瓊兵隸之。帝詔德、瓊曰：「聽飛號令，如朕親行。」飛見帝，數論恢復之略，疏言：「金人所以立劉豫，蓋欲荼毒中原，以中國攻中國，彼得以休息觀釁耳。臣願陛下假臣月日，提兵趨京、洛，據河陽、陝府、潼關，以號召五路叛將。叛將既還，遣王師前進，豫必棄汴而走，河北、京畿、陝右可以盡復，然後分兵濬、滑，經略兩河。如此，則逆豫成擒，金人可滅，社稷長久之計，實在此舉。」帝曰：「有臣如此，朕復何憂！」復召至寢閣，命之曰：「中興之事，一以委卿。」飛方圖大舉，會秦檜主和議，忌之，遂不以德、瓊兵隸飛，而請詔飛詣張浚議事。浚謂飛曰：「王德，淮西軍所服，浚欲以爲都統，而命呂祉以督府參謀領之，如何？」飛曰：「德與酈瓊素不相下，一旦握之在上，則必爭。呂尚書不習軍旅，恐不足服衆。」浚曰：「張俊、楊沂中如何？」飛曰：「張宣撫，飛之舊帥也，其人暴而寡謀。沂中，視德等耳，亦豈能御此軍哉？」浚艴然曰：「固知非太尉不可！」飛曰：「都督以正問飛，飛不敢不盡其愚，豈以得軍爲念哉！」飛既與浚忤，即日上章，乞終喪服，以張憲攝軍事，步歸廬山，廬母墓側。浚怒，遂以張宗元權宣撫判官，監其軍。

**五月，召胡安國提舉萬壽觀兼侍讀，未至而罷。**張浚薦安國，帝召之。將行，聞陳公輔乞禁程頤之學，乃上疏曰：「孔、孟之道不傳久矣，自頤兄弟始發明之，然後知其可學而至。今使學者師孔、孟而禁從頤學，是入室而不由户也。夫頤於《易》因理以明象，而知體用之一原；於《春秋》，見於行事，而知聖人之大用；諸經、《語》、《孟》，皆發其微旨，而知其入德之方，則狂言怪語，豈其文哉！孝弟顯於家，忠誠動於鄉，非其道義一介不以取予，則高視闊步，豈其行哉！自嘉祐以來，頤與兄顥及邵雍、張載，皆以道德名世，著書立言，公卿大夫所欽慕而師尊之。及王安石、蔡京等曲加排抑，故其道不行。望下禮官，討論故事，加之封爵，載在祀典。仍詔館閣，裒其遺書，羽翼六經，使邪説者不得作，而道術定矣。」疏入，公輔與中丞周祕、侍御史石公揆交章論安國學術頗僻，除知永州。安國辭，遂復與祠。

**六月，沈與求卒。**與求被遇，歷御史三院，知無不言，前後幾四百奏。帝以其淹練通達，克己聽納。

**岳飛奉詔入朝，遂遣還鎮。**累詔趣飛還職，飛不得已，趨朝待罪，帝慰遣之。及張宗元還，言將和士鋭、人懷忠孝，皆飛訓養所致，帝大悦。飛至鎮，奏言：「比者寢閣之命，咸謂聖斷已堅，何至今尚未決？臣願提兵進討，順天道，因人心，以曲直爲老壯，以逆順爲强弱，萬全之效可必。錢塘僻在海隅，非用武地。願建都上游，用漢光武故事，親率六軍，往來督戰，庶將士知聖意所向，人人用命。」**金誅其尚書左丞高慶裔。**

**秋七月，粘没喝以憂死。**初，金主吴乞買召粘没喝爲相，以訛里朵代守雲中，粘没喝遂失兵柄。蒲盧虎欲挫粘没喝，因其所善高慶裔以贓敗下獄。粘没喝乞免官爲庶人，以贖其罪，金主不許。慶裔臨刑，粘没喝哭與之别，慶裔曰：「公早聽我言，豈有今日？」蓋慶裔嘗教之反。凡粘没喝之黨連坐者甚衆，粘没喝恚悶，絶食縱飲而死。

**八月，以張俊爲淮西宣撫使。○召淮西副統制酈瓊赴行在，瓊以衆叛降劉豫，執吕祉殺之。**時以王德爲淮西都統制，酈瓊副之。瓊與德素等夷不相下，及吕祉還朝，德、瓊列狀交訴于都督府及御史臺。乃召德還建康，而命楊沂中爲淮西制置使，劉錡副之，往屯廬州。祉復至廬州，瓊又訟德。祉諭之曰：「張丞相但喜人向前，倘能立功，雖大過亦闊略，况小嫌邪？當爲諸公辯之，保無他虞。」瓊等感泣。事小定，祉乃密奏，乞罷瓊及統制靳賽兵權。書吏漏語于瓊，瓊令人遮祉所遣郵置，盡得祉所言，大怨怒。會聞朝廷命楊沂中等爲大帥，而召己赴行在，大懼，遂謀叛。諸將晨謁祉，瓊袖出文書，示中軍統制張璟曰：「諸兵官有何罪，張統制乃以如許事聞之朝廷邪！」祉大驚，欲走不及，爲瓊所執，璟及兵馬鈐轄喬仲福、統制劉永、衡友死。❶瓊遂帥全軍四萬人渡淮降劉豫，擁祉北去。距淮三十里，祉下馬立，謂瓊曰：「劉豫逆賊，我豈可見之！」衆逼祉上馬，祉駡曰：「死則死於此！」又諭其衆曰：「劉豫逆臣爾，軍中豈無英雄，乃隨酈瓊去乎！」衆頗感動，凡千餘人環立不行。瓊恐摇動衆心，急策馬先渡，祉遂遇害。時有得祉括髮之帛歸吴中者，祉妻吴氏持帛自縊以徇葬，聞者哀之。劉錡、吴錫以兵追瓊不及而還。詔張俊自盱眙移屯廬州，於是張浚始悔不用岳飛言。飛乞進討瓊，不許，詔駐師江州，爲淮、浙援。

**九月，張浚免，罷都督府。**浚總中外之政，幾事叢委，以一身任之。每奏對必言讎耻之大，帝未嘗不改容流涕，事無巨細，必以咨浚，賜諸將詔，往往命浚草之。及酈瓊叛，吕祉死，浚因引咎力求去。帝問誰可代者，且曰：「秦檜何如？」浚曰：「近與共事，方知其闇。」

❶「劉永衡友」，原作「劉永衡」，據《筠谿集》卷四、《繫年要録》卷一一三、《宋史》卷三七〇《吕祉傳》改。

帝曰：「然則用趙鼎爾？」浚曰：「得之矣。」檜由是憾浚。浚遂奉祠，而都督府亦罷。**以趙鼎爲尚書左僕射、同平章事兼樞密使。○冬十月，安置張浚于永州。**浚既去位，言者論之不已，至引漢武誅王恢爲比，欲遠竄之。會趙鼎乞降詔安撫淮西，帝曰：「俟行遣張浚，朕當下罪己之詔。」鼎言：「浚已落職。」帝曰：「浚罪當遠竄。」鼎曰：「浚母老，且有勤王功。」帝曰：「功過自不相掩。」已而内批出，浚謫嶺南，鼎留不下。詰旦，約同列救解，帝怒未釋，鼎力懇曰：「浚罪不過失策爾，凡人計慮，豈不欲萬全？倘因一失，便寘之死地，後有奇謀祕計，誰復敢言者？此事自關朝廷，非獨私浚也。」張守亦以爲言，帝意解，遂以祕書少監分司西京，永州居住。李綱聞之，馳奏曰：「浚措置失當，誠爲有罪，然其區區徇國之心，有可矜者。願少寬假以責來效。」不報。**閏月，以尹焞爲崇政殿説書。**初，焞被召，以疾辭。范冲奏給五百金爲行資，命漕臣至涪親遣，焞始就道。會陳公輔攻程氏之學，焞至九江遂留不進。張浚言焞拒劉豫之節，且其所學所養有大過人者，乞令江州守臣疾速津送。焞至建康，復以疾辭。帝曰：「焞可謂恬退矣。」趣召入見，命爲祕書郎兼説書。**張俊棄盱眙還建康。○金人襲汴，執劉豫，廢爲蜀王，立行臺尚書省于汴。○韓世忠、岳飛請伐金收復中原，不報。**初豫由粘没喝、高慶裔得立，故奉二人特厚，兀术及諸將多憾之。豫兵敗藕塘，金人欲廢豫。及粘没喝死，岳飛因遣間賫蠟書與豫，約同誅兀术。兀术得書大驚，馳白金主，於是廢豫之意益決。會豫請立麟爲太子，金主亶曰：「徐當咨訪河南百姓。」豫雖意沮，而猶日遣使乞師南侵。金乃建元帥府于太原，令豫兵悉聽節制，而以束拔爲左都監屯太原，撻不也爲右都監屯河間，復分戍陳、蔡、汝、亳、潁、許諸郡。至是，尚書省奏豫治國無狀，金主遂令撻懶、兀术僞稱南侵以襲之。將至汴，遣人召劉麟渡河議事。麟以二百騎至武城，兀术麾騎翼而擒之，遂馳入汴。豫方射講武殿，兀术從三騎突入東華門，下馬逼豫出見。因執其手，偕至宣德門，强乘以羸馬，露刃夾之，囚于金明池。翌日，集百官，宣詔責豫而廢之。其詔有曰：「建爾一邦，逮兹八稔，尚勤兵戍，安用國爲？」乃以鐵騎數千圍宮門，遣小校巡閭巷間，宣言曰：「自今不僉汝爲軍，不取汝免行錢，爲汝敲殺貌事人，請汝舊主少帝來。」由此人心稍安。

置行臺尚書省于汴，以張孝純權行臺左丞相，胡沙虎爲汴京留守，李儔副之。諸軍悉令歸農，聽宮人出嫁。得金一百二十餘萬兩，銀一千六百餘萬兩，米九十餘萬石，絹二百七十萬匹，錢九千八百七十餘萬緡。豫求哀於二帥，撻懶謂之曰：「昔趙氏少帝出京，百姓然頂煉臂號泣；今汝廢，無一人憐者，汝何不自責也？」豫語塞。十二月，與家屬徙臨潢。岳飛奏乘廢豫之際，擣其不備，長驅以取中原。韓世忠亦上疏言：「機不可失，請全師北討。」皆不報。

十二月，王倫還自金。尋復遣之。倫將還，撻懶送之曰：「好報江南，自今道塗無壅，和議可成。」倫至，入對言：「金人許還梓宮及太后，且許歸河南地。」帝喜曰：「若金人能從朕所求，其餘一切，非所較也。」逾五日，復遣倫奉迎梓宮于金。

續資治通鑑綱目第十三

# 續資治通鑑綱目第十四

起戊午宋高宗紹興八年，盡乙丑宋高宗紹興十五年。凡八年。

**戊午**　八年，金天眷元年。春正月，張守罷。帝議還臨安，張守言：「建康自六朝爲帝王都，氣象雄偉，且據都會以經理中原，依險阻以捍禦彊敵。陛下席未及暖，今又巡幸，百司六軍有勤動之苦，民力邦用有煩費之憂。願少安于此，以繫中原民心。」趙鼎不可，守遂求去，出知婺州。二月，胡安國進《春秋傳》，詔加安國寶文閣直學士。自王安石廢《春秋》不列於學官，安國謂：「先聖手所筆削之書，天下事物無不備於此，乃傳心之要典也。而人主不得聞講説，學士不得相傳習，亂倫滅理，用夷變夏，殆由乎此。」因潛心二十餘年，著《春秋傳》以成其志。至是上之，帝謂深得聖人之旨，詔進一官。命未下而卒，賜謚文定。安國彊學力行，以聖人爲標的，志於康濟斯民。見中原淪没，遺黎塗炭，常若痛切其身。雖數以罪去，愛君憂國遠而彌篤，風度凝遠，視天下萬物無一足嬰其心。自渡江以來，儒者進退合義，以安國、尹焞爲稱首。謝良佐嘗語人曰：「胡康侯如大冬嚴雪，百草萎死，而松柏挺然獨秀者也。」帝定都臨安。帝自建康至臨安，自是始定都矣。一日，内侍移竹栽入内，趙鼎見之，責曰：「艮嶽花石之擾，皆出汝曹，今欲蹈前轍邪？」因奏其事，帝改容謝之。又有户部官進錢入宫者，鼎召至相府切責之。翌日，問帝曰：「某人獻錢邪？」❶帝曰：「朕求之也。」鼎曰：「某人不當獻，陛下不當求。」遂黜其人於遠郡。三月，以劉大中參知政事，王庶爲樞密副使。○以秦檜爲尚書右僕射、同平章事兼樞密使。初，張浚嘗與趙鼎論人才，浚極稱檜善，鼎曰：「此人得志，吾輩無所措足矣。」及鼎再相，檜在樞密，一惟鼎言是從，鼎由是深信之，言檜可大任於

❶「某」，原作「其」，據《宋史》卷三六〇《趙鼎傳》、《資治通鑑後編》卷一一二改，下同。

帝，而不知爲檜所賣也。檜既相，制下，朝士相賀，獨吏部侍郎晏敦復有憂色，曰：「姦人相矣！」聞者皆以其言爲過。陳與義罷。初，朝廷議與金和，趙鼎言：「人多謂中原有可圖之勢，宜便進兵，恐他時咎今日之失機。」與義曰：「若和議成，豈不賢於用兵？」帝然之，至是以疾出知湖州。夏四月，詔王庶視師江淮。庶素有威望，臨發，勞師於都教場，便服坐壇上。自大將以下悉戎服，步由轅門，庭趨受命，拜賜而出，莫敢仰視。至淮上，遂移張俊下張宗顔軍淮西，巨師古屯太平州，分韓世忠二軍屯天長、泗州，緩急爲聲援，以劉錡軍駐鎮江以固根本。五月，王倫偕金使來。倫至會寧，見金主，首謝廢劉豫，次致使指。會撻懶自河南還，言于金主，請以廢齊舊地與宋，金主命羣臣議，斡本力言不可。東京留守訛魯觀曰：「我以地與宋，宋必德我。」阿懶折之曰：「我俘宋人父兄，怨非一日，若復資以土地，是助讎也，何德之有？勿與便。」蒲盧虎位在斡本上，撻懶、訛魯觀附之，由是蒲盧虎執議，以河南、陝西地與宋，遂遣倫及其太原少尹烏陵思謀、太常少卿石慶來議事。將至，帝命吏部侍郎魏矼館伴之。矼以爲御史時嘗言和議之非，不可奉詔，因備論敵情之不可信。秦檜曰：「公以智料敵，檜以誠待敵。」矼曰：「第恐敵不以誠待相公耳。」檜乃改命吴表臣。思謀等至臨安，入見，帝謂輔臣曰：「先帝梓宫果有還期，雖待二三年尚庶幾，惟是太后春秋高，朕旦夕思念，欲早相見。此所以不憚屈己，冀和議之速成也。」朝臣多言其不可，帝怒，趙鼎曰：「陛下於金人有不共戴天之讎，今屈己請和不憚爲之者，以梓宫及母后耳。羣臣憤懣之辭出於愛君，不可以爲罪，陛下宜諭之曰：『講和非吾意，以親故，不得已爲之。但得母后及梓宫還，敵雖渝盟，吾無憾。』」帝從其言，衆議遂息。金以經義、詞賦兩科取士。○六月，賜衍聖公孔玠衢州田。凡五頃，以奉先聖祠事。時玠僑于衢也。秋七月，彗星見。○王倫復如金。秦檜復請遣倫如金定和議，及申問諱日。左正言辛次膺以國恥未雪，義難講好，凡七上疏力諫，不報，乃以母疾求補外，詔從之。八月，金始頒行官制。初，金太祖用漢官賞左企弓等，因置中書省、樞密院于廣寧，而其國用事者未改女真官號。斜也、斡本當國，勸用漢官制度，略倣中國之制，立省寺府司。太宗嘗下詔改定而未畢，至是置三師、三公、三省、六曹、臺院寺監等官，宇文虛中爲之參定其制。**金以會寧爲上京，臨潢府爲北京。**會寧，即海古之地，金之舊土也。按出虎水源于此，故名金源，初稱爲內地，至是升爲上京會寧府。改遼上京臨潢府爲北京，而東京遼陽、西京大同、南京大興、中京大定府則仍舊云。**冬十月，罷參知政事劉大中。**大中與趙鼎不主和議，秦檜忌之，薦蕭振爲侍御。振入臺，即劾大中，罷之，鼎曰：「振意不在大中也。」振亦謂人曰：「趙丞相不待論，當自爲去就矣。」**鄜延故將李世輔誘執金撒离喝來歸，金人追及之，乃奔夏。**世輔，綏德青澗人，自唐以來，世襲蘇尾九族都巡檢使。世輔年十七，隨父永奇出入行陣。金人犯鄜延，經略王庶募間者，世輔往應募。有敵人夜宿陶穴，世輔縋陶穴中，得十七人，皆殺之，取首二級，馬二匹，餘馬悉折其足。庶大奇之，補充隊將，由是知名，遷副將。金人陷延安，授永奇父子官，永奇聚泣曰：「我宋臣也，世襲國恩，乃爲彼用邪！」會劉豫令世輔帥馬軍赴東京，永奇密戒之曰：「汝若得乘機即歸本朝，無以我故貳其志。事成，我亦不朽矣。」世輔至東京，劉麟喜之，授南路鈐轄，乃密遣其客雷燦以蠟書赴行在。及豫廢，兀朮以萬騎馳獵淮上，與世輔獨立馬圍場間。世輔戒吳俊往探淮水可渡馬處，欲執兀朮歸朝。俊還，世輔馳問之，爲竹刺傷馬而止。兀朮授世輔知同州。世輔至鄜省父，永奇教世輔曰：「同州入南山，乃金人往來驛路，汝可於此擒其酋，渡洛、渭，由商、虢歸朝。第報我知，我當以兵取延安而歸。」世輔赴同州，即遣黃士成等持書由蜀至吳，報歸朝事。金撒离喝來同州，世輔以計執之。馳出城，至洛河，舟船後期，不得渡，與追騎屢戰皆捷。世輔憩高原，望追騎益多，撒离喝搏頰求哀，世輔乃與折箭爲誓，不得殺同州人及害我骨肉，撒离喝許之，遂推之下山崖，追兵爭救得免。世輔携老幼長驅而北，至鄜城縣，急遣人告永奇。永奇即挈家出城，至馬翅谷，爲金人所及，家屬二百口皆遇害。❶世輔僅以二十六人奔夏。**趙鼎罷。**初，中書舍人潘良貴以户部侍郎向子諲奏事久，叱之退。帝欲抵良貴罪，中丞常同爲之辨，帝欲併逐同。鼎奏：「子諲雖無罪，而同與良貴不宜逐。」帝不從。命下，給事中張致遠謂不應以一子諲出二

❶「二」，原作「三」，據《名臣碑傳琬琰集》下卷二四《李公行狀》、《宋史》卷三六七《李顯忠傳》改。

佳士，不書黄。帝怒，顧鼎曰：「固知致遠必緻駁。」鼎問：「何也？」帝曰：「與諸人善。」蓋已有先入之言，由是不樂鼎。秦檜繼留身奏事，及出，鼎問：「帝何言？」檜曰：「上無他，恐丞相不樂耳。」會殿中侍御史張戒論給事中勾濤，濤言：「戒擊臣，乃趙鼎意。」因詆鼎結臺諫及諸將。帝問，益疑，鼎乃引疾求罷，且言：「劉大中持正論，爲章惇、蔡京之黨所嫉。臣議論出處與大中同，大中去，臣何可留？」乃出知紹興府。入辭，言于帝曰：「臣去後，必有以孝悌之説脅制陛下者。」將行，檜率執政餞之，鼎不爲禮，一揖而去，檜益憾之。鼎自再相，無所施爲，或以爲言，鼎曰：「今日之事如人患羸，當静以養之。若復攻砭，必損元氣矣。」後王庶入對，帝曰：「趙鼎兩爲相，於國有大功；再贊親征，皆能决勝；又鎮撫建康，回鑾無虞，他人所不及。」

**以勾龍如淵爲御史中丞。**先是，宰執入見，秦檜獨留身言：「臣僚畏首尾，多持兩端，此不足與論大事。若陛下決欲講和，乞專與臣議，勿許羣臣預。」帝曰：「朕獨委卿。」檜曰：「臣恐未便，望陛下更思。」三日，檜復留身奏事，帝意欲和甚堅，檜猶以爲未也，復進前説。又三日，檜復留身奏事如初，知帝意不移，乃始出文字，乞决和議，然猶以羣臣爲患。中書舍人勾龍如淵爲檜謀曰：「相公爲天下大計，而邪説横起，盍不擇人爲臺諫，使盡擊去，則事定矣。」檜大喜，即擢如淵爲中丞，劾異議者，卒成檜志。

**金以張通古爲江南詔諭使，來言歸河南、陝西之地。**王倫至金，金主以其右司侍郎張通古、簽書宣徽院事蕭哲爲江南詔諭使，許歸河南、陝西地，與倫偕來。通古至泗州，要所過州迎以臣禮。知平江府向子諲不肯拜，且上言和議之非，遂乞致仕。通古至臨安，要帝待以客禮。秦檜未見國書，疑爲封册，欲帝屈己以受之。帝曰：「朕嗣守太祖、太宗基業，豈可受金人封册？」於是朝論籍籍，楊沂中、解潛、韓世良相率見檜曰：「軍民洶洶，若之何？」退又白之臺諫。中丞勾龍如淵詣都堂與檜議，召倫責之曰：「公爲使通兩國好，凡事當於彼中反覆論定，安有同使至而後議者？」倫泣曰：「倫涉萬死一生，往來虎口者數四，今日中丞乃責倫如此！」檜等共解之曰：「中丞無他，亦欲激公了此事耳。」倫曰：「此則不敢不勉。」如淵謂檜曰：「但取金書納之禁中，則禮不行而事定。」給事中樓炤亦舉諒陰三年事以告檜。遂以檜攝冢宰詣館受書，而倫亦以計説通古，通古從之。檜至館，見通古，受其書。

通古欲百官備禮，檜使省吏朝服導從，以書納于禁中，人情始安。通古入見，言先歸河南、陝西地，徐議餘事。先是，倫使金，從趙鼎受使指，鼎言：「問禮數，則答以君臣之分已定。問地界，則答以大河爲界。二事使者之大指，或不從則已。」倫受命而行。至是，倫還，有「詔諭江南」之名，帝歎息謂王庶曰：「使五日前得此報，趙鼎豈可去邪！」初，檜主和議，命韓世忠移屯鎮江，世忠言：「金人詭詐，恐以計緩我師，乞留此軍蔽遮江淮。」因力論和議之非，願效死節率先迎敵，若不勝，從之未晚。章數上，皆慷慨激切，且請單騎詣闕面奏，帝不許。及張通古來以「詔諭」爲名，世忠四上疏言：「不可從。願舉兵決戰，兵勢最重處，臣請當之。」且言：「金人欲以劉豫相待，舉國士大夫盡爲陪臣，恐人心離散，士氣凋沮。」不報。及通古還，世忠伏兵洪澤鎮，將邀殺之以壞和議，不克而罷。

**十一月，以孫近參知政事。○罷直學士院曾開。詔羣臣議和金得失，貶樞密院編脩官胡銓監廣州都鹽倉。**

禮部侍郎、兼直學士院曾開當草國書，辨視體制非是，❶論之，不聽，遂請罷，改兼侍講。秦檜以温言慰之，曰：「主上虛執政以待。」開曰：「儒者所争在義，苟爲非義，高爵厚禄弗顧也。願聞所以事敵之禮。」檜曰：「若高麗之於本朝耳。」開曰：「主上以盛德登大位，公當彊兵富國，尊主庇民，奈何自卑辱至此，非開所敢聞也。」❷復引古誼折之。檜大怒曰：「侍郎知故事，檜獨不知也？」開又詣都堂，問：「計果安出？」檜曰：「聖意已定，尚何言！公自取大名而去，如檜，但欲濟國事耳。」然猶慮羣言，乃詔：「金國遣使入境，欲朕屈己受和。在朝侍從、臺諫，其詳思條奏和好得失。」於是，開與從官張燾、晏敦復、魏矼、李彌遜、尹焞、梁汝嘉、樓炤、蘇符、薛徽言，御史方廷實，館職胡珵、朱松、張擴、淩景夏、常明、范如圭、馮時中、許忻、趙雍皆極言不可和。提舉洞霄宮李綱亦上疏言：「朝廷使王倫使金國奉迎梓宮，往返屢矣。今倫之歸，與虜使偕，乃以『詔諭江南』爲名。不著國號而曰『江南』，不云『通問』而曰『詔諭』，此何禮也？臣在遠方，不知其曲折，然以愚意料之，虜爲此名以遣使，其要求有五：必降詔書，欲陛下屈體降禮以聽受，一也；必有赦文，欲朝

---

❶「辨」，原作「辨」，據萬曆本、《宋史》卷三八二《曾開傳》改。

❷「敢」，原脱，據《宋史》卷三八二《曾開傳》補。

廷宣布頒示郡縣，二也；必立約束，欲陛下奉藩稱臣，稟其號令，三也；必求我賂，廣其數目，使我坐困，四也；必求割地，以江南爲界，五也。此五者，朝廷從其一，則大事去矣。金人變詐不測，貪惏無厭，縱使聽其詔令，奉藩稱臣，其志猶未已。必繼有號召，或使親迎梓宮，或使單騎入覲，或使移易宰相，或使改革政事，或竭取賦税，或朘削土宇。從之，則無有紀極；一不從，則前功盡廢，反爲兵端。以爲權時之宜，聽其邀求，可無後悔者，非愚則誣也。」疏入，不省。胡銓抗疏言曰：「臣謹按王倫本一狎邪小人，市井無賴，頃緣宰臣無識，舉以使虜。專務詐誕，欺罔天聽，驟得美官，天下之人切齒唾罵。今者無故誘致虜使，以『詔論江南』爲名，是欲臣妾我也，是欲劉豫我也。陛下奈何以祖宗之天下爲金虜之天下？以祖宗之位爲金藩臣之位？陛下一屈膝，則祖宗廟社之靈盡污夷狄，祖宗數百年之赤子盡爲左衽，朝廷宰執盡爲陪臣，天下士大夫皆當裂冠毀冕，變爲胡服。異時豺狼無厭之求，安知不加我以無禮如劉豫也哉！今倫之議曰：『我一屈膝，則梓宮可還，太后可復，淵聖可歸，中原可得。』嗚呼！自變故以來，主和議者誰不以此説啗陛下哉！然而卒無一驗，則虜之情僞已可知矣。而陛下尚不覺悟，竭民膏血而不恤，忘國大讎而不報，含垢忍恥，舉天下而臣之甘心焉。就令虜決可和，盡如倫議，天下後世謂陛下何如主？况醜虜變詐百出，而倫又以姦邪濟之，梓宮決不可還，太后決不可復，淵聖決不可歸，中原決不可得。而此膝一屈不可復伸，國勢陵夷不可復振，可爲痛哭流涕長太息矣！臣竊謂不斬王倫，國之存亡未可知也。雖然，倫不足道也，秦檜以腹心大臣而亦爲之。陛下有堯、舜之資，檜不能致君如唐、虞，而欲導陛下如石晉。孫近傅會檜議，遂得參政，伴食中書，漫不敢可否事。檜曰可和，近亦曰可和；檜曰天子當拜，近亦曰當拜。嗚呼！參贊大事，徒取充位如此，有如虜騎長驅，尚能折衝禦侮邪？臣竊謂檜、近亦可斬也。臣備員樞屬，義不與檜等共戴天。區區之心，願斷三人頭，竿之藁街，然後羈留虜使，責以無禮，徐興問罪之師，則三軍之士不戰而氣自倍。不然，臣有赴東海而死，寧能處小朝廷求活邪！」書上，檜以銓狂妄凶悖，鼓衆刼持，詔除名，編管昭州，仍降詔播告中外。❶ 給、舍、臺諫及朝臣多救之，檜迫於公論，翌日改銓監廣州都鹽倉。宜興進士吴師古鋟其書於木，金人募之千金，朝士陳剛中以

❶「告」，原脱，據《宋史》卷三七四《胡銓傳》補。

啓事賀銓之謫。師古坐流袁州，剛中謫知虔州安遠縣，皆死焉。晏敦復謂人曰：「頃言檜奸，諸君不以爲然。今方專國便敢爾，他日何所不至邪？」**王庶罷。**庶論虜不可和，上疏者七，見帝言者六，秦檜方挾虜自重以爲功，絀其說。庶語檜曰：「公不思東都抗節存趙時而忘此虜邪？」檜大恨。庶因乞免簽書和議文字，且累疏求去，遂罷爲資政殿學士、知潭州。**十二月，以李光參知政事。**秦檜既定和議，將揭榜，以吏部尚書李光有人望，欲藉之同押榜以息浮議，乃請於帝而用之。光既受命，遂於尚書省榜諭：「金國使來盡割河南、陝西故地，通好於我，許還梓宮及母兄親族，餘無需索。」**以韓肖胄簽書樞密院事。**

**己未**　**九年**金天眷二年。**春正月，大赦。**以金國通和，大赦江南新復州、軍。直學士院樓炤草赦文，略曰：「乃上穹開悔禍之期，而大金報許和之約。割河南之境土歸我輿圖，戢宇内之干戈用全民命。」張浚在永州上疏言：「燕、雲之舉，其鑑不遠。虜自宣和以來，挾詐反覆，傾我國家，蓋非可結以恩信者。借令虜中有故，上下紛雜，天屬盡歸，河南遂復，我必德其厚賜，謹守信誓。數年之後，人情益解，士氣漸消。彼或内變既平，指瑕造釁，肆無厭之欲，發難從之請，其將何辭以對？顧事理可憂，又有甚於此者。陛下積意兵政，將士漸孚，一旦北面事虜，聽其號令，小大將帥孰不解體？蓋自堯、舜以來，人主奄有天下，非兵無以立國，未聞委質可以削平禍難者也。」前後凡五上疏，皆不報。岳飛在鄂州，聞金將歸河南地，上言：「金人不可信，和好不可恃，相臣謀國不臧，恐貽後世譏。」秦檜銜之。及赦至鄂，飛又上疏力陳和議之非，至有「願定謀於全勝，期收地於兩河。唾手燕、雲，終欲復讎而報國；誓心天地，當令稽首以稱藩」之語。❶疏入，檜益怒，遂成讎隙。和議成，例加爵賞，飛加開府儀同三司，力辭，言：「今日之事可危而不可安，可憂而不可賀，可訓兵飭士謹備不虞，而不可論功行賞取笑敵人。」三詔不受，帝温言奬譽之，飛乃受命。吴璘在熙州，其幕客擬爲賀表，璘愀然曰：「在朝廷休兵息民誠天下慶，璘等叨竊，不能宣國威靈，亦可愧矣，但當待罪稱謝可也。」**二月，遣**

❶「當」，原作「尚」，據《金佗稡編》卷十《謝講和赦表》、《三朝北盟會編》卷一九二、《岳武穆遺文》改。

**判大宗正事士㒟、兵部侍郎張燾詣河南修奉陵寢。**初，史館校勘范如圭以書責秦檜力建和議忘讎辱國之罪，且曰：「公不喪心病狂，奈何爲此，必遺臭萬世矣！」及金人歸河南地，檜方自以爲功。如圭入對，言：「兩京之版圖既入，則九廟八陵瞻望咫尺，今朝陵之使未遣，何以慰神靈、萃民志乎？」帝泫然曰：「非卿不聞此言。」即日遣士㒟等往。檜以如圭不先白己，益怒。如圭遂謁告去。**以尹焞提舉萬壽觀，兼侍講，辭不拜。**先是，資善堂翊善朱震疾亟，薦焞自代。帝慘然曰：「楊時物故，胡安國與震又亡，朕痛惜之！」趙鼎曰：「尹焞問學淵源，可以繼震。」乃除焞太常少卿兼崇政殿説書，至是改命。焞以和議爲非，固辭不拜。**以王倫爲東京留守。**命倫交割地界，又以周聿爲陝西宣諭使，方庭實爲三京宣諭使。庭實至西京，先朝陵寢。自永昌而下皆遇發掘，而泰陵至暴露，庭實解衣覆之，歸以白帝，秦檜怒之。尋以路允迪爲南京留守，孟庾兼東京留守，李利用權留守西京。**以吴玠爲四川宣撫使。**玠與金人對壘且十年，常苦遠餉勞民，屢汰冗員，節浮費，益治屯田。和議之成，帝以玠功高，授開府儀同三司、四川宣撫使，陝西階、成等州皆聽節制。遣内侍奉手札以賜，至則玠病甚，扶掖聽命。**三月，王倫至汴，金人歸河南、陝西之地。**王倫至汴，見兀术，交割地界得東、西、南三京，壽春府，宿、亳、曹、單州，及陝西、京西諸州之地。兀术遂自祁州渡河而去，移行臺于大名府。**以樓炤簽書樞密院事。夏四月，命炤宣諭陝西。**炤至鳳翔，承制以楊政爲熙河經略使，吴璘爲秦鳳經略使，屯内地以保蜀；郭浩爲鄜延經略使，屯延安以守陝。炤倚秦檜勢，妄自尊大，且好貨，失將士心。**罷權吏部尚書晏敦復。**和議之初，敦復力詆屈己之非，秦檜使人訹之曰：「公若曲從，兩地旦夕可至。」敦復曰：「吾終不以身計而誤國家。況吾薑桂之性，到老愈辣，請勿復言。」檜卒不能屈。權吏部甫踰月，罷知衢州。**五月，李世輔自夏來歸，賜名顯忠。**世輔至夏，夏人問其故，世輔泣，具言父母妻子之亡，切齒疾首，恨不即死，願得二十萬人生擒撒离喝，取陝西五路歸於夏，世輔亦得報不共戴天之讎。夏主曰：「爾能立功，則不靳借兵。」時有酋豪號「青面夜叉」者，久爲夏國患，乃令世輔圖之。世輔以三千騎晝夜疾馳，奄至其帳，擒之乃還。夏主大悦，即出二十萬騎，以文臣王樞、武臣哆訛爲陝西招撫使，世輔爲延安招撫使。世輔至延安，總管趙惟清大呼曰：「鄜延今復歸朝，已有赦書。」世輔取赦文觀之，因與官屬列拜大哭，乃以舊部八百餘騎往見王樞、哆訛，諭之曰：「世輔已得延安府，見講和赦書，招撫可以本部軍歸國。」哆訛不從，曰：「初，經略乞兵來取陝西，今既到此，乃令我歸邪？」世輔知勢不可，乃出刀斫哆訛，不及，擒王樞縛之。夏人以鐵鷂子軍來，世輔以所部拒之，馳揮雙刀，所向披靡，夏兵大潰，殺死蹂踐無慮萬人，獲馬四萬匹。世輔揭榜招兵，每得一人予馬一匹，旬日間得驍勇少壯者萬人。乃擒害其父母弟姪者，斬于東市。行至鄜州，有馬步軍四萬餘。吴玠遣張振撫諭之曰：「兩國見議和好，不可生事。」世輔遂見玠于河池，玠遣詣樓炤于長安，炤承詔以爲護國軍承宣使、樞密行府前軍都統制，送之朝。世輔乃率部下三千南來，帝撫勞再三，賜名顯忠。

夏主乾順卒，子仁孝立。

仁孝改元大慶，號乾順曰崇宗。

開府儀同三司、四川宣撫使吴玠卒。

玠善讀史，凡往事可師者，録置座右，積久牆牖皆格言也。用兵本孫、吴，務遠略，不求近小利，故能保必勝。御下嚴而有恩，虚心詢受，❶雖身爲大將，卒伍最下者得以情達，故士樂爲之死。選用將佐，視勞能爲高下先後，不以親故、權貴撓之。卒年四十七，贈少師，謚武安。自富平之敗，金人專意圖蜀，微玠身當其衝，無蜀久矣。故西人思之，立祠以祀。

士㒟、張燾還自河南，出燾知成都府。

士㒟至鄂，岳飛請以輕騎從灑掃，實欲觀釁以伐謀，秦檜白止之。士㒟出蔡、潁，河南百姓歡迎夾道，以喜以泣曰：「久隔王化，不圖今日復爲宋民。」遂入柏城，披歷榛莽，隨宜葺治，禮畢而還。詔封士㒟爲齊安郡王。張燾奏疏曰：「金人之禍，上及山陵，雖殄滅之，未足以雪此耻、復此讎也。必不可恃和盟而忘復讎之大事。」帝問諸陵寢何如，燾不對，唯言「萬世不可忘此賊」。帝黯然。秦檜患之，出燾知成都府。

秋七月，以胡世將爲四川宣撫副使。

世將精神明悟，閑習吏治。初除宣撫，諸將皆賀，世將語之曰：「世將

❶「詢受」，原作「請受」，據《宋史》卷三六六《吴玠傳》、《資治通鑑後編》卷一一三改。

不習騎射，不知虜情，朝廷所以遣來者，襲國家故事，以文臣爲制將爾。軍事一無改吴宣撫之規，各推誠心，共濟國事可也。」諸將皆拜謝。金宋王蒲盧虎等謀反，伏誅。金蒲盧虎自以太宗長子，跋扈尤甚，兖王訛魯觀爲左丞相，復附之。撻懶方持兵柄，遂相與謀反。事覺，蒲盧虎、訛魯觀皆伏誅，以撻懶屬尊，釋不問。王倫如金，金人執之。兀术言于金主曰：「撻懶、蒲盧虎主割河南與宋，必有陰謀。今宋使在汴，勿令踰境。」倫聞之，即遣介具言于朝。會孟庾至汴，倫即解留鑰，將使指赴金國議事。行至中山，會撻懶等反，金人執之。倫見金主于御子林，致使指。金主不答，而令翰林待制耶律紹文爲宣勘官，問倫：「知撻懶罪否？」倫對不知。又問：「無一言及歲幣，反求割地，汝但知有元帥，豈知有上國邪？」倫曰：「比蕭哲以國書許歸梓宫、太母及河南地，天下皆知。上國尋海上之盟，與民休息，使人奉命通好兩國耳。」❶紹文復曰：「卿留雲中，已無還期，及貸之還，曾無以報，反間貳我君臣邪？」乃遣副使藍公佐還，議歲貢、正朔、誓命等事，及索河東、北士民之在南者，而徙倫拘于河間，以待報命之至。時皇后邢氏崩于五國城，金人祕之。金以撻懶、杜充爲行臺左、右丞相。八月，撻懶以謀反誅。丞相命下，撻懶謂使者曰：「我開國功臣也，何罪而使我降與杜充爲伍邪？」遂復與翼王鶻懶等謀反。事覺，且疑撻懶與宋陰結，故主割地，遂命誅之。撻懶南走，追而殺之于祁州，其黨皆死。知邵州王彦卒。彦當建炎初，屢敗大敵，威聲振河朔，號稱名將。時方撓于和議，遽召之還，又奪其兵柄而使之治郡，士議惜之。冬十二月，李光罷。光初謂可因和爲自治之計，故署榜不辭。及秦檜議撤淮南守備，奪諸將兵權，光始極言：「戎狄狼子野心，和不可恃，備不可撤。」檜惡之。光復折檜于帝前曰：「觀檜之意，是欲壅蔽陛下耳目，盗弄國權，懷姦誤國，不可不察。」檜大怒，光遂求去。蒙古襲敗金人于海嶺。金胡沙虎攻蒙古，糧盡而還。蒙古追襲之，大敗其衆于海嶺。

**庚申** 十年金天眷三年。春正月，遣工部



❶「奉命」，原作「奉使」，據《繫年要録》卷一三二、《宋史》卷三七一《王倫傳》、《宋史全文》卷二〇下改。

**侍郎莫將等使金。**初，將爲司農丞，與監察御史施廷臣附秦檜，抗章力贊和議，檜擢用將爲起居郎，廷臣爲侍御史，朝論大駭，尚書晏敦復等上疏切諫，於是二人皆不敢受命，檜患之。至是，以將爲工部侍郎，充迎護梓宫奉迎兩宫使。**觀文殿大學士、隴西公李綱卒。**綱卒于福州，年五十八，贈少師，謚忠定。綱負天下之望，以一身用舍爲社稷生民安危。雖身或不用，用且不久，而其忠誠義氣凜然動乎遠邇。每使者至金，金人必問李綱、趙鼎安否，其爲遠人所畏服如此。朱熹曰：「綱之爲人，知有君父而不知有身，知天下之有安危，而不知其身之有禍福。❶雖以讒間竄斥，屢瀕九死，而其愛君憂國之志終有不可奪者，可謂一世之偉人矣！」史臣曰：「以綱之賢，使得畢力殫慮於靖康、建炎間，莫或撓之，二帝何至於北行，而宋豈至爲南渡之偏安哉！」**夏四月，韓肖胄罷。**

**○五月，金兀术、撒离喝分道入寇，復陷河南、陝西州郡。**兀术以歸河南、陝西地爲非計，而張通古又言：「宋置戍河南，請及其部置未定，當議收復。」斡本然之。及撻懶誅，遂大閱國中兵於祁州。命兀术自黎陽趨河南，右監軍撒离喝出河中趨陝西，分道入寇。兀术率孔彦舟等入汴，遣烏禄取歸德，李成取河南，分兵下諸郡。於是東京留守孟庾、南京留守路允迪皆以城降，權西京留守李利用棄城走，河南州縣皆降，拱州守臣王慥、亳州提轄魏經死之。撒离喝入同州，趨永興軍，權知軍事郝遠開門納之，陝西州縣所至迎降，遂進據鳳翔。初，關、陝新復，朝廷分軍屯熙、秦、鄜延諸路。撒离喝既至鳳翔，陝右諸軍皆隔在虜後，遠近震恐。秦檜以其言不讎，甚懼，謂給事中馮檝曰：「金人背盟，我之去就未可卜。前此大臣皆不足慮，獨君鄉衮，未測上意，君其爲我探之。」檝入見曰：「金人長驅犯順，勢必興師，如張浚者且須以戎機付之。」帝正色曰：「寧至覆國，不用此人。」檜聞之喜。**詔吴璘同節制陝西諸軍。六月，璘敗金人于扶風，復其城，撒离喝走鳳翔。**初，胡世將在河池，倉卒召諸將議。時吴璘、孫渥已在，楊政、田晟繼至。諸將請少退清野，以挫其鋒，渥言河池不可守，璘厲聲折

❶「福」，原作「難」，據《晦菴先生朱文公文集》卷七九《邵武軍學丞相隴西李公祠記》、《性理大全書》卷六四《宗澤李綱》改。

之曰：「懦語沮軍，可斬也！璘請以百口保破敵。」世將壯之，指所居帳曰：「世將誓死于此！」遂遣諸帥分據渭南。尋詔世將移屯蜀口，以璘同節制陝西諸路軍馬。時金人犯石壁砦，璘遣姚仲等破走之。既而撒离喝使鶻眼郎君以三千騎衝璘軍，璘使統制李師顔以驍騎擊敗之。虜先於扶風築城，既敗，入城拒守。官軍攻拔其城，獲三將及女真百十七人。撒离喝怒甚，自戰百通坊，仲力戰破之，撒离喝還鳳翔。由是金人不敢度隴，分屯之軍得全師而還。

**東京副留守劉錡大敗金人于順昌，兀朮走汴。**

初，錡赴東京，率所部王彦八字軍三萬七千及殿司卒三千，自臨安泝江絶淮至渦口，方食，忽暴風拔坐帳。錡曰：「此賊兆也，主暴兵。」即下令兼程而進。聞金人敗盟南下，錡與將佐捨舟陸行，先趨三百里，至順昌城中。諜報東京已降，知府陳規見錡問計，錡曰：「城中有糧，則能與君共守。」規曰：「有米數萬斛。」錡曰：「可矣。」乃與規議，斂兵入城爲守禦計。時八字軍以將駐于汴，皆携孥以行。至是，錡召諸將問計，諸將皆曰：「金兵不可敵也，請以精鋭遮老稚，順流還江南。」錡曰：「吾本赴官留司，今東京爲金所陷，幸吾全軍至此，有城可守，奈何棄之？吾意決矣，敢言去者斬！」惟部將許清奮曰：「太尉奉命副守汴京，軍士扶携老幼而來，不如相與努力一戰，於死中求生也。」議與錡合，錡喜，乃鑿舟沉之，示無去意。寘家寺中，積薪于門，戒守者曰：「脱有不利，即焚吾家，毋辱敵手也。」分命諸將守諸門，明斥候，募土人爲間探。於是軍士皆奮，男子備守戰，婦人礪刀劍，争呼躍曰：「平日人欺我八字軍，今日我當與國家破賊立功。」

時守備一無可恃，錡於城上躬自督厲，取劉豫時所造癡車，以輪轅埋城上；又撤民户扉，周匝蔽之；城外有民居數千家，悉焚之。凡六日粗畢，而金兵已涉潁河，遂圍城。錡預於城下設伏，擒敵將阿黑等二人，詰之，云：「韓將軍營白沙窩，距城三十里。」錡夜遣千餘人擊之，連戰，殺敵頗衆。既而金三路都統葛王烏禄以兵三萬與龍虎大王合而薄城，錡令開諸門，金人疑而不敢近。初，錡傅城築羊馬垣，穴垣爲門。至是，與許清輩蔽垣爲陣，金人縱矢，皆自垣端軼著于城，或止中垣上。錡用破敵弓，翼以神臂、彊弩，自城上或垣門射敵，無不中者，敵稍却。復以步兵邀擊，溺河死者不可勝計，破其鐵騎數千。

時，順昌圍已四日，金兵益盛，乃移砦於李村。錡遣閻充募壯士五百，夜斫其營。是夕，天欲雨，電光四起，見辮髮者輒殲之，金兵退十五里。錡復募百人往，或請銜枚，錡笑曰：「無以枚也。」命折竹爲嘂，如市井兒以爲戲者，人持一爲號，直犯金營。電所燭則奮擊，電止則匿不動，敵衆大亂。百人者聞吹嘂聲即聚，金人益不能測，終夜自戰，積屍盈野，退軍老婆灣。兀朮在汴聞之，即索靴上馬，帥十萬衆來援。錡會諸將問計，或言：「今已屢捷，宜乘此勢，具舟全軍而歸。」規曰：「朝廷養兵十五年，正爲緩急之用，况已挫敵鋒，軍聲稍振，雖寡衆不敵，然有進無退。」錡曰：「府公文人，猶誓死守，况汝曹邪？且敵營甚邇，而兀朮又來，吾軍一動，彼躡其後，則前功俱廢。使敵侵軼兩淮，震驚江、浙，則平生報國之志，反成誤國之罪。」衆皆感動思奮，曰：「惟太尉命。」錡募得曹成等二人，諭之曰：「遣汝作間，事捷重賞。第如我言，敵必不殺汝。今置汝綽路騎中，汝遇敵則佯墜馬，爲敵所得。敵帥問我如何人，則曰：『太平邊帥子，喜聲伎，朝廷以兩國講和，使守東京圖逸樂耳。』」已而二人果遇敵被執，兀朮問之，對如前。兀朮喜曰：「此城易破耳。」即置鵞車砲具不用，而械成等還錡。兀朮至城下，責諸將喪師，衆皆曰：「南朝用兵，非昔之比，元帥臨城自見。」

錡遣耿訓約戰，兀朮怒曰：「劉錡何敢與我戰！以吾力破汝城，直用靴尖趯倒耳。」訓曰：「太尉非但請戰，且謂太子必不敢濟河，願獻浮橋五所，濟而大戰。」兀朮曰：「諾。」乃下令明日府治會食。遲明，錡果爲五浮橋於潁河上，且毒潁上流及草中，戒軍士雖渴死，毋飲于河；飲者，夷其族。敵用「長勝軍」嚴陣以待，諸酋各居一部。時大暑，敵遠來疲弊，晝夜不解甲，人馬饑渴，食水草者輒病，往往困乏。錡士氣閑暇，軍皆番休。方晨氣清涼，按兵不動，逮未、申時，敵力疲氣索，忽遣數百人出西門接戰。俄遣數千人出南門，戒令勿喊，但以鋭斧犯之。統制官趙撙，韓直身中數矢，戰不肯已，士殊死鬭，入其陣，刀斧亂下，敵大敗。是夕大雨，平地水深尺餘。明日，兀朮拔營去，錡遣兵追之，死者數萬。

方大戰時，兀朮被白袍，乘甲馬，以牙兵三千督戰。兵皆重鎧甲，號「鐵浮圖」，戴鐵兜牟，周匝綴長簷。三人爲伍，貫以韋索，每進一步，即用拒馬擁之，人進一步，❶拒馬亦進，退不可却。官軍以鎗摽去兜牟，大斧斷其臂，碎其首。敵又以鐵騎分左右翼，號「拐子馬」，皆女真爲

❶「人」，原脱，據《宋朝南渡十將傳》卷一《劉錡傳》、《宋史》卷三六六《劉錡傳》補。

之，號「長勝軍」，專以攻堅，戰酣然後用之。自用兵以來，所向無前，至是，亦爲錡軍所殺。自辰至申，敵敗，錡以拒馬木障之，少休。城上鼓聲不絶，乃出飯羹，坐餉戰士如平時，敵披靡不敢近。食已，撤拒馬木，深入斫敵，又大破之。棄屍、斃馬，血肉枕籍，車旗、器甲，積如山阜。兀术平日所恃以爲彊者，十損七八，至陳州，數諸將之罪，皆鞭之，遂還汴。既而洪皓自金密奏：「順昌之捷，金人震恐喪魄，燕之重寶珍器悉徙而北，意欲捐燕以南棄之。」故議者謂是時諸將協心，分路追討，則兀术可擒，汴京可復，而王師亟還，自失機會，良可惜也。

**岳飛遣兵，敗金人于京西。**帝賜飛札曰：「設施之方，一以委卿，朕不遥度。」飛乃遣王貴、牛皋、楊再興、李寶等分布經略西京、汝、鄭、潁昌、陳、曹、光、蔡諸郡，又命梁興渡河，糾合忠義社，取河東、北州縣。又遣兵東援劉錡，西援郭浩，自以其軍長驅以闚中原。將發，密奏言：「先正國本以安人心，然後不常厥居，以示無忘復讎之意。」飛將李寶、牛皋相繼敗金人于京西。

**樓炤罷。**

**○遣使諭岳飛班師。**時秦檜力主和議，奏遣司農少卿李若虚詣飛營諭指班師。

**閏月，金人寇涇州，經略使田晟破走之。**撒离喝與吴璘、楊政夾渭河而陣，璘駐兵大蟲嶺，撒离喝覘之曰：「善戰者立於不敗之地，此難與争。」乃引去，趨邠州。田晟遣將拒之於青谿嶺，胡世將又遣王彦、楊從儀分道而出，屢戰敗之。撒离喝還屯鳳翔，既而復出攻涇州，田晟據山爲陣，乘虜壁未定奮兵擊敗之，奪其兵馬甚衆，撒离喝走還鳳翔。

**岳飛收復河南諸郡。**飛攻金人于蔡州，破之，復其城，於是遣張憲敗金韓常於潁昌，又復淮寧府。郝晸復鄭州，張應、韓清復西京，楊遇復南城軍，喬握堅復趙州，他將所至皆捷，金人大震。河南兵馬鈐轄李興聚兵應飛，收復伊陽等八縣及汝州，金河南尹李成棄城遁走，詔興知河南府。飛又使張應會興復永安軍。

**韓世忠遣兵復海州。**世忠使王勝等復海州，父老裒金帛以犒軍，勝不受。世忠每出軍必戒以秋毫無犯，軍之所過，耕夫皆荷鋤而觀。

**張俊使王德復宿州，金人棄亳而遁，俊入亳，遽還壽春。**俊遣統制王德援潁昌，兵還，就檄德復宿州。德倍道自壽春馳至蘄縣，與金遊騎遇，遂入城，偃旗卧鼓，遊騎引去。德因潛師趨宿州，夜半薄金營，金人阻汴水邀戰。德策馬先濟，步騎從之，遥謂金人曰：「吾與爾小大百戰，雖名王貴酋，莫不靡碎，爾何爲者？」金將高統軍遂投兵降，守將馬秦馳入城，閉門固守。德叱其子順先登，秦遂降。宿州平，德乘勝趨亳州，與俊會于城父。時酈瓊與葛王烏祿在亳，聞德至曰：「夜叉未易當也。」即遁去。德入亳州，請于俊曰：「今兵威已振，請乘勝進取。」俊不從而還。初德以十六騎徑入隆德府，縛金守臣姚太師獻于朝。欽宗問狀，姚對曰：「臣就縛時，止見一夜叉耳。」由是人呼爲「王夜叉」。

**安置趙鼎于潮州。**秦檜惡鼎居越偪己，徙知泉州。又諷司諫謝祖信等論鼎嘗受張邦昌僞命，遂奪節，提舉洞霄宮。鼎自泉還，復上書言時政，檜忌其復用，又諷中丞王次翁論其乾没都督府錢十七萬緡，謫官居興化軍。次翁及右諫議大夫何鑄論之不已，乃貶清遠軍節度副使，潮州安置。

**秋七月，以王次翁參知政事。**秦檜薦次翁爲中丞，故凡可以爲檜地者無不力爲之。及金人敗盟，帝下詔罪狀兀朮，次翁懼檜得罪，因奏曰：「前日國是，初無主議，事有小變，更用他相，後來者未必賢，而排黜異黨，紛紛累月不能定，願陛下以爲至戒。」帝深然之。檜德其言，遂引同列。由是益安據其位，公論不能撼摇矣。

**岳飛擊走金兀朮于郾城，追至朱仙鎮，大破之。遣使修治諸陵。**飛留大軍于潁昌，命諸將分道出戰，自以輕騎駐郾城，兵勢甚鋭。兀朮大懼，會諸帥，欲併力一戰。飛聞之曰：「金人技窮矣。」乃日出挑戰，且罵之。兀朮怒，合龍虎大王、蓋天大王及韓常之兵逼郾城。飛遣子雲領騎兵直貫其陣，戒之曰：「不勝，先斬汝！」雲與金人戰數十合，金屍布野。兀朮以拐子馬萬五千來，飛戒步卒以麻扎刀入陣，勿仰視，第斫馬足。拐子馬相連，一馬仆，二馬不能行，飛軍奮擊，遂大破之。兀朮大慟曰：「自海上起兵，皆以此勝，今已矣！」因復益兵而前，飛自以四十騎突戰，敗之。兀朮憤甚，合師十二萬次于臨潁。楊再興以三百騎遇之于小商橋，驟與之戰，殺二千人及萬户撒八、千户百人；再興死之，獲屍焚焉，得箭鏃二升，飛痛惜之。張憲繼至，復戰，兀朮夜遁，追奔十五里，中原大震。飛謂子雲曰：「賊屢敗，必還攻潁昌，汝宜速援王貴。」既而兀朮果至。貴將游奕、雲將背嵬，戰于城西。雲以騎兵八百挺前決戰，步卒張左右翼繼之，殺兀朮壻夏金吾。飛又使梁興會太行忠義、兩河豪傑，敗金人于垣曲，又敗之于沁水，遂復懷、衛州，斷金人山東、河北之道，金人大恐。飛進軍朱仙鎮，距汴京四十五里，與兀朮對壘而陣，遣背嵬騎五百奮擊，大破之，兀朮還汴。飛檄陵臺，令行視諸陵，葺治之。**以楊沂中爲淮北宣撫副使。**劉錡爲判官。**岳飛奉詔班師還鄂，河南州郡復陷于金。**兩河豪傑李通等帥衆歸飛，由是金人動息，山川險要，飛皆得其實。中原盡磁、相、澤、潞、晉、絳、汾、隰之境，皆期日興兵與官軍會。其所揭旗，以「岳」爲號，父老百姓爭挽車牽牛，載糗糧以饋義軍，頂盆焚香迎候者充滿道路。自燕以南，金人號令不行，兀朮欲僉軍以抗飛，河北無一人應者，乃嘆曰：「自我起北方以來，未有如今日之挫衄。」金將烏陵思謀素驍勇桀黠，亦不能制其下，但諭之曰：「毋輕動，待岳家軍來即降。」金將王鎮、崔慶、李覬、崔虎、華旺等皆率所部降飛，龍虎大王之將忔查等亦密受飛旗榜，自其國來降，韓常亦欲以衆五萬内附。飛大喜，語其下曰：「直抵黃龍府，與諸君痛飲耳！」方指日渡河，而秦檜欲畫淮以北與金和，諷臺臣請班師。飛奏：「金人鋭氣沮喪，盡棄輜重，疾走渡河，而我豪傑向風，士卒用命，時不再來，機難輕失。」檜知飛志鋭不可回，乃先請張俊、楊沂中等歸，而後上言：「飛孤軍不可久留，乞速召還。」飛一日奉十二金字牌，乃憤惋泣下，東面再拜，曰：「十年之力，廢於一旦！」乃自郾城引兵還，民遮馬痛哭，訴曰：「我等迎官軍，金人皆知之。相公去，我輩無噍類矣！」飛亦悲泣，取詔示之，曰：「吾不得擅留。」哭聲震野。飛留五日，以待民徙，從而南者如市，飛亟奏以漢上六郡閒田處之。初，兀朮敗于朱仙，欲棄汴而去，有書生叩馬曰：「太子毋走，岳少保且退。」兀朮曰：「岳少保以五百騎破吾十萬，京城日夜望其來，何謂可守？」生曰：「自古未有權臣在内，而大將能立功於外者。岳少保且不免，況欲成功乎？」兀朮悟，遂留不去。及飛還，兀朮遣兵追之不及，而河南新復府州皆復爲金有。飛至鄂，力請解兵柄，不許。已而入覲，帝問之，飛拜謝而已。**八月，貶祕閣修撰張九成等官。**九成等皆言和議非計，秦檜惡之，乃貶九成知邵州，喻樗知懷寧縣，陳剛中知安遠縣，凌景夏知辰州，樊光遠閬州學教授，毛叔度嘉州司户參軍。九成從楊時學，紹興初舉進士，對策直言無隱。及爲刑部侍郎，會金人議和，九成言于趙鼎曰：「金實厭兵，而張虛聲以撼中國耳。」因陳十事云：「彼誠能從吾所言則與之和，使權在朝廷。」鼎罷相，檜誘之曰：「且成檜此事。」九成曰：「九成胡爲異議，特不可苟安耳。」檜曰：「立朝須優游委曲。」九成曰：「未有枉己而能直人者。」帝問以和議，九成對曰：「敵情多詐，不可不察。」檜尤惡之。楊沂中軍潰于宿州，走還泗，金人屠宿州。沂中兵至宿州，金遣間告敵騎數百屯柳子鎮，沂中自將五百騎夜襲之，不見敵而還。金人以精兵伏歸路，沂中軍潰，遂自壽春走歸泗，金人屠宿州。九月，遣使諭韓世忠罷兵還鎮。時諸大帥皆還鎮。金殺其左丞相谷神、右丞蕭慶。○冬十月，金撒离喝陷慶陽，河東經略使王忠植死之。忠植本河東步佛山忠義人，以復石、代等十一州功，授河東路經略安撫使。及撒离喝犯慶陽，知府宋萬年拒守，胡世將檄忠植以所部救慶陽。行次延安，叛將趙惟清執忠植詣撒离喝。撒离喝使甲士引至慶陽城下諭降，忠植大呼曰：「我太行忠義也，爲虜所執，使來招降，願將士勿負朝廷，堅守城壁。」撒离喝怒詰之，忠植披襟曰：「當速殺我。」遂遇害，萬年以城降，後贈忠植奉國軍節度使，謚義節。臨安火。○十一月，金封孔子後璠爲衍聖公。時金主興禮樂，立孔子廟於上京，求孔子後，得四十九代孫承奉郎璠，遂封之。十二月，金始置屯田軍于中原。金既取河南，猶慮中原士民懷貳，始創屯田軍。凡女真、奚、契丹之人，皆自本部徙居中州，與百姓雜處，計其户口，授以官田，使自播種。春秋量給其衣，若遇出師，始給錢米。凡屯田之所，自燕南至淮、隴之北俱有之，皆築壘於村落間。

**辛酉** 十一年，金皇統元年。春正月，金兀朮陷壽春，入廬州，詔張俊等將兵救之。二月，王德復和州。兀朮自敗後，留屯京、亳，出入許、鄭之間，簽兩河軍與舊部凡十餘萬，以謀再舉。及聞秦檜召諸軍還，乃攻陷壽春，遂渡淮入廬州。詔張俊、楊沂中帥兵赴淮西，岳飛進兵江州，尋詔韓世忠引兵往援。時兀朮自合肥趨歷陽，游騎至江。張俊議分軍守南岸，王德曰：「淮者，江之蔽也。棄淮不守，是謂『唇亡齒寒』。虜數千里遠來，餉道決不繼，及其未濟急擊之，可以奪氣；若遲之使少安，則淮非吾有矣。」固請而行，即渡采石。俊督軍繼之，宿江中，德曰明旦當會食歷陽，❶已而夜拔和州，

❶「曰」，原作「白」，據萬曆本、四庫本、《宋史》卷三六八《王德傳》改。

晨迎俊入。兀朮退保昭關，尋復來争和州，俊擊敗之。既而德又敗韓常于含山縣東，又敗兀朮于昭關，復含山及昭關。金人陷商州，邵隆復之。○楊沂中、劉錡敗金兀朮于柘臯，遂復廬州。劉錡自太平渡江，與張俊、楊沂中會，而廬州已陷。錡乃與關師古據東關之險以遏敵，引兵出清溪，兩戰皆捷。兀朮以柘臯地坦平，利於用騎，因駐師。錡進兵，與兀朮夾石梁河而陣。河通巢湖，廣二丈，錡命曳薪壘橋，須臾而成，遣甲士數隊，踰橋卧槍而坐。遣人會合張俊、楊沂中之師。翌日，沂中及王德、田師中、張子蓋諸軍俱至，惟俊後期。錡與諸將分軍爲三，並進渡河以擊之。師中欲俟俊至，德曰：「事當機會，復何待！」即與錡上馬先迎敵，沂中繼之。兀朮以鐵騎十餘萬分爲兩隅，夾道而陣。德曰：「賊右陣堅，我當先擊之。」麾軍渡河，首犯其鋒。一酋被甲躍馬而出，德引弓一發斃之，乘勝大呼馳擊，諸軍鼓譟從之。金人以拐子馬兩翼而進，德率衆鏖戰。沂中曰：「虜恃弓矢，吾有以屈之。」使萬人持長斧如牆而進，虜遂大敗。德與錡等追之，又敗于東山。虜望見，驚曰：「此順昌旗幟也！」即走保紫金山。是役也，失將士九百人，金人死者以萬計。既而兀朮復親帥兵逆戰于店步，沂中等又敗之，乘勝逐北，遂復廬州。金命致仕官至三品者，給半俸。○金追封昏德公爲天水郡王，封重昏侯爲天水郡公。又封耶律延禧爲豫王。金主親祀孔子。○三月，張俊、楊沂中、劉錡奉詔班師。金人陷濠州，俊使沂中救之，敗績。張俊、楊沂中、劉錡奉詔班師，行纔數里，諜報金人攻濠州甚急，俊乃復邀沂中、錡回會于黄連埠，同往援。距濠六十里，而濠南城已陷。俊召諸將謀之，沂中欲戰，錡曰：「本來救濠，今濠已失，進無所依，不若退師據險，徐爲後圖。」諸將皆曰：「善。」三帥鼎足而營，或言敵兵已去。錡謂俊曰：「敵得城遽退，必有謀也，宜嚴兵備之。」俊不聽，且欲自以爲功，命錡無往，而令沂中與王德將神勇步騎六萬，直趨濠州。列陣未定，烟起城中，金人伏騎萬餘分兩翼出。沂中顧德曰：「何如？」德曰：「德小將，安敢議事？」沂中以策麾軍曰：「那回。」諸軍以爲令其走也，遂潰而南，無復紀律。金人追之，死者甚衆。韓世忠帥師至城下，亦不利而退。沂中遂入滁州，俊軍入宣化，錡軍藕塘。方食，俊遽至，曰：「敵兵已近，奈何？」錡曰：「楊宣撫兵安在？」俊曰：「已失利還矣。」錡謂俊：「毋恐，請以步卒禦之，宣撫試觀焉。」錡麾下皆曰：「兩大帥軍已渡，我軍何苦獨戰？」錡曰：「順昌孤城，旁無赤子之助，吾提兵不滿二萬，猶足取勝，況今得地利，又有鋭兵邪？」遂設三覆以待。俄而俊至曰：「諜者妄也，戚方殿後之軍耳。」乃皆還鎮，俊歸建康，錡歸太平，沂中歸臨安。

**岳飛帥兵救濠州，不及，還次舒州。**飛將救濠州，奏：「金人舉國南來，巢穴必虚，若長驅京、洛以擣之，彼必奔命，可坐而敝。」帝不從。飛方苦寒嗽，力疾而行，又恐帝急於退敵，乃奏：「臣如擣虚，勢必得利。若以敵方在邇，未暇遠圖，欲乞親至蘄、黄，以議攻却。」帝乃詔飛會師蘄、黄，飛至濠而城已陷，遂還兵舒州以俟命。

**金兀朮渡淮北去。○夏四月，孫近罷。○以韓世忠、張俊爲樞密使，岳飛爲副使。**秦檜力主和議，恐諸將難制，欲盡收其兵權。給事中范同獻計于檜，請除韓世忠、張俊、岳飛樞府，則兵柄自解。檜喜，乃密奏：「柘皐之捷，召三將赴行在，論功行賞。」於是世忠、俊皆入朝，飛至獨後，檜用王次翁計俟之七日。既至，遂拜世忠、俊樞密使，飛爲副使，並宣押至樞府治事。加楊沂中開府儀同三司，賜名存中，王德清遠軍節度使，而進范同爲翰林學士。

**罷三宣撫司。五月，詔張俊、岳飛如楚州閲軍。**張俊知秦檜欲罷兵，首請以所部隸御前，且力贊和議，檜深喜之。遂罷三宣撫司，以其兵隸御前，遇出師，臨時取旨。又置三總領所於湖北、淮東、淮西，以統諸軍錢糧。時更軍制之初，將士多不安，乃命俊、飛往淮東撫韓世忠之軍。初，飛在諸軍中年少，以列校拔起，累立顯功，張俊不能平，飛屈己下之。淮西之役，俊以糧乏怵飛，飛不爲止。帝賜札褒諭，有曰：「轉餉艱阻，❶卿不復顧。」俊疑飛漏言，還朝，反倡言飛逗遛不進，以乏餉爲辭。至是俊知世忠忤檜，欲與飛分其背嵬軍，飛義不肯，俊大不悦。既至楚州，俊欲修城爲備，飛曰：「當戮力以圖恢復，豈可爲退保計？」俊變色。會世忠軍吏耿著與總領胡紡言：❷「樞

❶「艱」，原作「難」，據《金佗稡編》卷八《行實編年》、《金佗續編》卷二十、《宋史》卷三六五《岳飛傳》改。

❷「耿著」，原作「景著」，據《金佗稡編》卷八《行實編年》、《忠文王紀事實録》卷三、《宋南渡十將傳》卷二《岳飛傳》改。「胡紡」，原作「胡昉」，據《金佗稡編》卷八《行實編年》、《宋史》卷三六五《岳飛傳》改。

密若分世忠軍，恐至生事。」紡上之朝，檜捕著下大理，將以扇搖誣世忠，飛馳書告以檜意，世忠見帝自明。俊於是大憾飛，遂密以飛報世忠事告檜，檜大怒。俊、飛既還，飛遂不復出掌兵，其僚屬多乞宮祠而去，俊每獨出視師。

**六月，進秦檜爲尚書左僕射。○秋七月，以范同參知政事。○罷淮北宣撫判官劉錡。**錡自順昌之捷驟貴，張俊、楊存中嫉之。至是二人言于朝曰：「淮西之役，岳飛不赴援，劉錡戰不力。」秦檜信之，遂罷錡兵，命錡知荆南府。

**八月，立祚德廟于臨安。**祀晉程嬰、公孫杵臼、韓厥也。

**罷知温州王居正。**居正立朝累與秦檜忤，且力辨王安石父子學行之非，自兵部侍郎出知温州。居正知不爲檜所容，以目疾請祠，杜門，言不及時事，客至談論經、史而已。檜猶忌之，諷中丞何鑄劾居正爲趙鼎汲引，欺世盗名，奪職奉祠。居正之學根據六經，楊時器之，出所著《三經義辨》示居正曰：❶「吾舉其端，子成吾志。」居正感勵，首尾十載爲《〈詩〉〈書〉〈周禮〉辨學》三十九卷，與時書同進。二書行，天下遂不復言王氏學。

**罷岳飛，奉朝請。**飛以恢復爲己任，不肯附和議。嘗讀檜奏，至「德無常師，主善爲師」之語，恚曰：「君臣大倫，根於天性，大臣而忍面欺其主邪！」兀朮遺檜書曰：「汝朝夕以和請，岳飛方爲河北圖。必殺飛，始可和。」檜亦以飛不死，終梗和議，己必及禍，故力謀殺之。遂諷中丞何鑄、侍御史羅汝楫、諫議大夫万俟卨等，交章論飛「奉旨援淮西，暫至舒、蘄而不進，比與張俊按兵淮上，欲棄山陽而不守。」乃罷爲萬壽觀使，奉朝請。

**九月，吴璘等收復陝西諸州，詔班師還鎮。**吴璘進兵拔秦州，聞金統軍胡盞與習不祝合兵五萬屯劉家圈，請于胡世將擊之。世將問策安出，璘曰：「有新立疊陣法：每戰，以長鎗居前，坐不得起；次最彊弓，次彊弩，跪膝以俟；次神臂弓。約賊相搏，至百步内，則神臂先發；七十步，彊弓併發。次陣如之。凡陣以拒馬爲限，鐵鈎相連，俟其傷則更代，代則以鼓爲節。騎兩翼以蔽於前，陣成而騎退，謂之『疊陣』。」世將善之。諸將竊議曰：「吾軍其殲於此乎？」璘曰：「此古束伍令也，軍法有之，諸君不識耳。得車戰餘意，無出於此。戰士心定則能持滿，敵雖

❶「辨」，原作「解」，據《宋史》卷二〇二《藝文志》、卷三八一《王居正傳》改。

鋭不能當也。」遂進次剡家灣。時胡盞、習不祝據險自固，前臨峻嶺，後控臘家城，謂璘必不敢輕犯。先一日，璘會諸將，問所以攻。姚仲曰：「戰于山上則勝。」璘然之，乃請戰，敵皆笑。夜半，璘遣姚仲、王彦銜枚渡河，陟峻嶺，截坡上，約二將上嶺而後發火。二將至嶺，寂無人聲，軍已畢列，萬炬齊發。敵駭愕曰：「吾事敗矣。」習不祝善謀，胡盞善戰，二酋異議。璘先以兵挑之，胡盞果出鏖戰。璘以疊陣法更迭戰，輕裘駐馬，亟麾之，士殊死鬪。金人大敗，降者萬人，胡盞走保臘家城，璘圍而攻之。城垂破，朝廷方主和議，以驛書詔班師。時璘拔秦州，其勢方張，陝西、河東首領争來附；而楊政拔隴州，及破岐下諸屯；郭浩復華州，入陝州矣。詔至，璘即自臘家城引兵還河池，浩還延安，政還鞏，世將惟浩歎而已。

**莫將還自金。**兀朮欲議和，莫將久留于金，乃縱之歸以道意。秦檜遂奏遣劉光遠爲通問使。

**冬十月，詔以魏良臣爲金國稟議使。**兀朮遣劉光遠還，要官尊望著者爲使，秦檜乃奏遣良臣。

**秦檜矯詔下岳飛于大理獄。**秦檜必欲殺飛，乃與張俊謀，密誘飛部曲能告飛事者，優與重賞，卒無應者。俊聞飛嘗欲斬統制王貴，又嘗杖之，乃誘貴告飛。貴不肯，曰：「爲大將，寧免以賞罰用人，苟以爲怨，將不勝其怨。」俊因刼以私事，貴懼而從之。檜又聞飛統制王俊善告訐，號「鵰兒」，以姦貪屢爲張憲所抑，使人諭之，王俊許諾。於是檜謀以張憲、王貴、王俊皆飛部將，使其徒自相攻發，因以及飛父子，庶帝不疑。俊時在鎮江，乃自爲狀付王俊，妄言副都統制張憲謀據襄陽，還飛兵柄，令告王貴，使貴執憲赴鎮江行樞密府。憲未至，俊預爲獄以待之。屬吏王應求白俊，以爲樞院無推勘法。俊不聽，親行鞫鍊，使憲自誣謂得飛子雲手書，命憲營還兵計。憲被掠無完膚，竟不伏。俊手自具獄成告檜，械憲至臨安下大理寺獄。檜奏召飛父子證憲事，帝曰：「刑所以止亂，勿妄追證，動揺人心。」檜矯詔召飛父子，使者至飛第，飛笑曰：「皇天后土，可表此心。」遂與雲就獄。檜命中丞何鑄、大理卿周三畏鞫之，鑄引飛至庭詰其反狀，飛裂裳以背示鑄，有舊涅「盡忠報國」四大字，深入膚理。既而閲實俱無驗，鑄察其冤白檜，檜曰：「此上意也。」鑄曰：「鑄豈區區爲岳飛者？强敵未滅，無故戮一大將，失士卒心，非社稷之長計。」檜語塞，乃改命諫議大夫万俟卨。卨素與飛有怨，遂誣飛令于鵬、孫革致書張憲、王貴，令虚申探報以動朝廷，雲與憲書，令措置使飛還軍，且云其書已焚。飛坐繫兩月，無可證者。或教卨以臺章所指淮西逗遛事爲言，卨喜白檜，簿録飛家，取所賜御札與往來道塗日月皆可攷，乃收其御札送官藏之以滅跡。卨又使鵬、革等證飛受詔逗遛，命評事元龜年取行軍時日雜定之，傅會其獄。大理卿薛仁輔，寺丞李若樸、何彦猷皆言飛無辜，判宗正寺士㒟請以百口保飛無他，且曰：「中原未靖，禍及忠義，是忘二聖，不欲復中原也。」皆不聽。韓世忠心不平，詣檜詰其實，檜曰：「飛子雲與張憲書雖不明，其事莫須有。」世忠曰：「『莫須有』三字，何以服天下也！」

**韓世忠罷。**世忠深以和議爲不然，及魏良臣使金，世忠諫曰：「中原士民淪于腥羶，其間豪傑莫不延頸以俟弔伐之師，若自此與和，日月侵尋，人情銷弱，國勢委靡，誰復振之？北使之來，乞與面議。」復抗疏言秦檜誤國之罪。檜諷言官論之，帝不聽，而世忠連疏乞罷，遂罷爲醴泉觀使，封福國公。世忠自是杜門謝客，絶口不言兵，時跨驢携酒，從一二童奴，縱游西湖以自樂，澹然若未嘗有權位者，平時將佐罕得見其面。

**十一月，范同罷。○安置李光于藤州。**秦檜忌光，諷中丞万俟卨論光陰懷怨望，與孫近朋比，安置藤州。藤州守臣以光詩有諷刺者獻于檜，檜怒，令言者論之，再竄瓊州。

**和議成，以何鑄簽書樞密院事，奉表稱臣于金。**兀术以蕭毅、邢具瞻爲審議使，與魏良臣偕來，議以淮水爲界，求割唐、鄧二州及陝西餘地，歲幣銀、絹各二十五萬，仍許歸梓宫、太后。帝悉從其請，命宰執告祭天地、宗廟、社稷。命鑄往使，誓表略曰：「臣構言：今來畫疆，以淮水中流爲界，西有唐、鄧州，割屬上國。自鄧州西四十里并南四十里爲界，屬鄧；四十里外并西南盡屬光化軍，爲弊邑沿邊州城。既蒙恩造，許備藩方，世世子孫，謹守臣節，每年皇帝生辰并正旦，遣使稱賀不絶。歲貢銀、絹二十五萬兩、匹，自壬戌年爲首，每春季差人般送至泗州交納。有渝此盟，明神是殛，墜命亡氏，踣其國家。臣今既進誓表，伏望上國早降誓詔，庶使弊邑永爲憑焉。」毅辭，帝諭曰：「若今歲太后果還，自當謹守誓約；如今歲未也，則誓文爲虚設。」鑄至汴見兀术，遂如會寧，兀术尋遣人來，復求商州及和尚、方山二原。

**遣使割唐、鄧、商、秦之地以畀金。**京西割唐、鄧二州，陝西割商、秦之半，止存上津、豐陽、天水三縣及隴西、成紀餘地，棄和尚、方山二原，以大散關爲界。於是宋僅有兩浙、兩淮、江東、西、湖南、北、四蜀、福建、廣東、西十五路，而京西南路止有襄陽一府，陝西路止有階、成、和、鳳四州，凡有府、州、軍、監一百八十五，縣七百三。金既畫界，建五京，置十四總管府，凡十九路。其間散府九，節鎮三十六，守禦郡二十二，刺史郡七十三，軍十有六，縣六百三十二。○初，邵隆在商州十年，披荆榛瓦礫以爲治，招徠流散，屢敗金人，終不肯離商而去。值和議成，割商與金，隆常怏怏，徙知金州。嘗以兵出虜境，秦檜恨之。徙知敘州，檜陰使人酖之。

**秦檜殺故少保、樞密副使、武昌公岳飛。**

歲已暮而飛獄不成，一日檜手書小紙付獄，即報飛死矣，年三十九。雲與張憲皆棄市，于鵬等從坐者六人。籍飛家貲，徙之嶺南。於是薛仁輔、李若樸、何彦猷皆被黜，布衣劉允升上書訟飛冤，下大理獄死。凡傅成其獄者，皆進秩。洪皓在金，以蠟書奏：「金人所畏服者惟飛，至以父呼之。及聞其死，諸酋酌酒相賀。」飛事親孝，家無姬侍。吴玠素服飛，願與交驩，飾名姝遺之，飛曰：「主上宵旰，豈大將安樂時邪！」却不受，玠益敬服。帝欲爲飛營第，飛辭曰：「金虜未滅，何以家爲？」或謂：「天下何時太平？」飛曰：「文臣不愛錢，武臣不惜死，天下太平矣。」卒有取民麻一縷以束芻者，立斬以徇。卒夜宿，民開門願納，無敢入者。軍號「凍死不拆屋，餓死不鹵掠。」卒有疾，飛躬爲調藥；諸將遠戍，飛遣妻問勞其家；死事者哭之，而育其孤，或以子婚其女。凡有頒犒，均給軍吏，秋毫不私。善以少擊衆，嘗以八百人破羣盗王善等五十萬衆於南薰門，以八千人破曹成十萬衆於桂嶺。其戰兀术於潁昌，則以背嵬八百，於朱仙鎮則以五百，皆破其衆十餘萬。凡有所舉，盡召諸統制與謀，謀定而後戰，故有勝無敗。猝遇敵不動，故敵爲之語曰「撼山易，撼岳家軍難」。張俊嘗問用兵之術，飛曰：「仁、信、智、勇、嚴，闕一不可。」飛好賢禮士，覽經史，雅歌投壺，恂恂如書生。每辭官，必曰：「將士效力，飛何功之有？」然忠憤激烈，議論持正，不挫于人，卒以此得禍。史臣曰：「西漢而下，若韓、彭、絳、灌之爲將，代不乏人，求其文武全器、仁智並施如岳飛者，一代豈多見哉！而卒死于秦檜之手。蓋飛與檜勢不兩立，使飛得志，則金讎可復，宋恥可雪；檜得志，則飛有死而已。昔檀道濟曰：『自壞汝萬里長城！』高宗忍自棄其中原，故忍殺飛。嗚呼冤哉！」

## 壬戌

**十二年，**金皇統二年。**春二月，進**

封建國公瑗爲普安郡王。封崇國公璩爲恩平郡王。詔諸州修學宮。○何鑄還自金。初，蕭毅至臨安，帝曰：「朕有天下而養不及親，徽宗無及矣。今立信誓，明言歸我太后，朕不耻和；不然，朕不憚用兵。」及何鑄、曹勛往，帝召至内殿，諭之曰：「朕北望庭闈，無淚可揮。卿見金主，當曰：『慈親之在上國，一老人耳，在本國則所繫甚重。』以至誠説之，庶彼有感。」鑄至金，首以太后爲請，金主曰：「先朝業已如此，豈可輒改？」曹勛再三懇請，金主乃許之，遂遣鑄還，許歸徽宗及鄭后、邢后之喪與帝母韋氏。三月，放齊安王士㒟于建州。秦檜惡其救岳飛也。四川宣撫副使胡世將卒，以鄭剛中代之。剛中節制諸將極嚴，每入謁，必先庭揖，然後就坐。吴璘陞少師，語主閽吏，乞講鈞敵之禮，剛中曰：「少師雖尊，猶都統制爾，倘變常禮，是廢軍容。」璘皇恐聽命。夏四月，金使人以衮冕來册帝。金遣左宣徽使劉筈以衮冕、圭册册帝爲大宋皇帝。五月，初置榷場于盱眙。其後又置于光州、棗陽、安豐軍，金亦置榷場于壽、鄧州、鳳翔府。六月，安置王庶于道州。○何鑄罷。秦檜以鑄不傅會岳飛之獄，怨之，諷万俟卨論其過，欲竄諸嶺表。帝不許，遂出知徽州，後復責授祕書少監，徽州居住。八月，以万俟卨參知政事。○金人歸徽宗皇帝、顯肅皇后鄭氏及懿節皇后邢氏之喪。喪至，帝易緦服，奉安龍德别宮。皇太后韋氏至自金。后有智慮，初聞金人許還三梓宮，后恐其反覆，呼役者畢集，然後起攢宮。時方暑，金人憚行，后慮有他變，乃陽稱疾，須秋凉進發。已而稱貸于金使，得黄金三千兩以犒其衆，由是途中無虞。帝至臨平奉迎，見后，喜極而泣。后至臨安，入居慈寧宮。九月，以孟忠厚爲樞密使。充攢宮總護使。大赦，加秦檜太師，封魏國公。以和好成也。遣使如金。沈昭遠賀生辰，楊愿賀正旦，賀禮俱用金茶器千兩，銀酒器萬兩，錦綺千匹。金循契丹例，不欲兩接使人，故併遣使，歲如之。冬十月，攢徽宗皇帝、顯肅皇后于永固陵，以懿節皇后祔。尋改陵曰「永裕」，在會稽。以程克俊簽書樞密院事。○進封秦檜爲秦、魏兩國公，辭不拜。以太后回鑾推恩也。檜以封兩國與蔡京同，故辭。十一月，張俊免。初俊贊秦檜成和議，約盡罷諸將，獨以兵權歸俊。及和議定，諸將罷，而俊無去意，故檜諷臺臣江邈論之，遂罷爲鎮洮、崇信等軍節度使，充醴泉觀使，進封清河郡王，奉朝請。劉光世卒。光世在諸將中最先進，律身不嚴，馭軍無法，不肯爲國任事。嘗入對言：「願竭力以報國，他日史官書臣功第一。」帝曰：「卿不可徒爲空言，當見之行事。」建炎初，結内侍康履以自固。又早解兵柄，與時浮沉，不爲秦檜所忌，故能竊寵榮以終其身。方之韓、岳，不逮遠矣。徽猷閣待制致仕尹焞卒。焞質直弘毅，實體力行，程頤嘗以魯許之，且曰：「我死而不失其正者，尹氏子也。」詔祕書少監秦熺脩日曆。秦檜無子，取妻兄王焕孽子熺養之。南省擢爲第一，檜以爲嫌，進士陳誠之策專主和議，乃以爲首，熺次之，歷官祕書少監。檜自知不爲士論所與，乃以熺領國史。自檜再相，凡詔書章疏稍及檜者，率更易焚棄，因以太后北還爲己功，自領其事，使著作郎王揚英、周執羔上之。孟忠厚罷。忠厚始以外戚貴顯，然能避權勢，不以私干朝廷。秦檜，忠厚之僚壻也，未嘗親附，世以此重之。至是山陵畢，檜諷臺諫引故事外戚不預政，罷之。十二月，陝西大旱。初，陝西連歲不雨，至是涇、渭、灞、滻皆竭，民無以食，多餓死者。西遼耶律大石妻蕭氏死，子夷列立。夷列改元紹興，籍民十八歲以上者，得八萬四千五百。

癸亥　十三年，金皇統三年。春正月，作太學。以岳飛宅爲之。二月，作景靈宮。遣官自温州奉迎祖宗神御至，遂詣天章閣西殿，告遷徽宗及顯恭、顯肅二后神御，併奉安焉。三月，築太社、太稷壇及圜丘。〇夏閏四月，立貴妃吴氏爲皇后。后開封人，年十四選入王邸。帝既即位，后常以戎服侍左右，習書史，善翰墨，寵遇日隆，累進貴妃。帝憐邢氏在金，虚中宫以待其還。至是秦檜累表請立后，皇太后亦以爲言，帝從之。王次翁罷。時秦檜當國，凡居政府者莫不以微忤斥，始終不貳於檜者，惟次翁一人而已。五月，停給僧牒。先是，臨安府乞度牒脩觀音殿，帝不與，特給錢五千緡，曰：「朕觀人主欲消除釋老，或毀其像，或廢其徒，❶皆不適中，往往而熾。今不放度牒，可以漸消，而吾道盛矣。」至是命停給，雖特旨亦令執奏。六月，程克俊罷。○秋，七月，行人洪皓、張邵、朱弁還自金。自建炎以來，奉使如金被拘囚者三十餘人，多已物故，惟三人以和議成許歸。已而金人遣七騎追之，及淮，而皓等已在舟中矣。皓居冷山，距會寧二百里，地苦寒，穴居百餘家，陳王谷神聚落也。谷神敬皓，使教其子。或二年不給衣食，盛夏衣麤布，嘗大雪薪盡，以馬矢然火煨麪食之。或獻取蜀策，谷神持以問皓，皓力折之。谷神銳意南侵，曰：「孰謂海大，我力可乾，但不能使天地相拍耳。」皓復辯之，谷神怒曰：「汝作和事官，而口硬如此，謂不能殺汝邪！」皓曰：「自分當死，顧大國無受殺行人之名，願投之於水，以墜淵爲辭可也。」谷神義之而止。皓屢因諜者密奏敵情，且力言和議非計，乞興師進擊。嘗求韋太后書，遣李微持歸，帝大喜，曰：「朕不知太后寧否幾二十年，雖遣使百輩，不如此一書。」每遇貴族名家子流落于金者，盡力拯救之。留金十五年而還，入對内殿，求郡養母。帝曰：「卿忠貫日月，志不忘君，雖蘇武不能過，豈可捨朕去邪！」皓退，見秦檜，語連日不止，曰：「張和公金人所憚，乃不得用。錢塘暫居，爲景靈宮、太廟，皆極土木之華，豈非示無中原意乎？」檜不懌，遂除徽猷閣直學士、提舉萬壽觀。復以論事忤檜，出知饒州。邵被囚柞山，踰年，送劉豫使用之。邵見豫，長揖而已，又呼豫爲殿院，責以君臣大義，詞氣俱厲。豫怒，械于獄。久之，復送于金，拘之燕山僧寺，從者皆莫知所之。邵又以書言于金曰：「劉豫挾大國之勢，日夜南侵，不勝則首鼠兩端，勝則如養鷹，飽則颺去，終非大國之利。」金人徙之會寧。及還，入見，除祕閣脩撰、主管佑神觀。❷司諫詹大方論其使事無成，改台州崇道觀。弁副王倫使金，既就館，守之以兵。久之，金將議和，當遣一人受書還，欲弁與倫探策決去留。弁曰：「吾來固自分必死，豈應今日覬幸先歸？願正使受書，歸報天子，成兩國之好，蚤申四海之

❶「或毀其像，或廢其徒」，原作「或毀其徒」，據《繫年要録》卷一四五、《中興小紀》卷三〇、《群書會元截江網》卷三四改。

❷「祕閣」，原作「祕書」，據《梲溪集》卷五、《繫年要録》卷一五〇、《宋史》卷三七三《張邵傳》改。

養于兩宮，則吾雖暴骨外國，猶生之年也。」倫將歸，弁謂曰：「古之使者有節以爲信，今無節有印，印亦信也。願留之，使弁得抱以死，死不腐矣。」倫解以授弁，弁受而懷之，卧起與俱。金人迫弁仕劉豫，且訹之曰：「此南歸之漸。」弁曰：「豫，國賊，吾嘗恨不食其肉，又忍北面臣之，吾有死耳。」金人怒，絶其餼遺以困之。弁固拒驛門，忍饑待盡，誓不爲屈。金人感動，致禮如初。久之，復欲易其官，弁曰：「吾官受之本朝，有死而已，誓不易以辱吾君也。」又以書訣洪皓曰：「殺行人非細事，吾曹遭之，命也，要當舍生以全義耳。」乃具酒，召被掠士夫飲，半酣，語之曰：「已得近郊某寺地，一旦畢命報國，諸公幸瘞我其處，題其上曰『有宋通問副使朱公之墓』，於我幸矣。」衆皆泣下，莫能仰視。弁談笑自若，曰：「此臣子之常，諸君何悲也！」及粘没喝死，弁密疏金國虚實曰：「此不可失之時也。」遣李發間行歸報。王倫還，以弁奉送徽宗大行之文爲獻，其辭有曰：「歎馬角之未生，魂消雪窖；攀龍髯而莫逮，淚灑冰天。」帝讀之感泣，官其親屬五人，謂丞相張浚曰：「弁歸日，當以禁林處之。」及還，入見便殿，弁謝，且曰：「陛下與金人講和，上返梓宫，次迎太母，此皆知時知幾之明。然時運而往，或難固執；幾動有變，宜鑑未兆。盟可守，而詭詐之心宜嘿以待之；兵可息，而銷弭之術宜詳以講之。金人以黷武爲至德，以苟安爲太平，虐民而不恤民，廣地而不廣德，此皆天助中興之勢。若時與幾，陛下既知於始，願圖厥終。」帝曰：「善。」秦檜惡其言，奏以初補官易宣教郎，直祕閣而卒。**帝書六經，刻石于太學。**○**冬十二月朔，日食。**是日，陰雲不見，秦檜率百官稱賀。**金人來聘。**賀正旦也。禮物金酒器六事，色綾羅紗縠三百段，馬六匹。自是歲如之。**復置三館。**上謂宰執曰：「人才須素養，太宗置三館養天下之士，至仁廟人才輩出爲用。今日若不興學校，將來安得人才用邪？」

**甲子　十四年，**金皇統四年。**春正月，樂平水鬭。**樂平縣何衝里田隴數十百頃，田中水類爲物所吸，聚爲一直行，高平地數尺，不假隄防而水自行。里南程氏家井水溢，亦高數尺，夭矯如長虹，聲如雷，穿牆毁樓。二水鬭于杉墩，且前且却，約十餘刻乃解，各復故。

**二月，万俟卨罷，以樓炤簽書樞密院事。**初，卨自金還，秦檜假金人譽己數千言，屬卨以聞，卨難之。

他日奏事退，檜坐殿廬中，批上旨，輒除所厚者官，吏鈐紙尾進，卨曰：「不聞聖語。」却不視。檜大怒，自是不交一語，諷言官李文會、詹大方論之，卨遂求去。三月，帝謁孔子廟，遂視學。國學大成殿成，司業高閌表請帝視學，從之。止輦於殿門外，步趨升降。退御敦化堂，命禮部侍郎秦熺執經，高閌講《易·泰卦》。胡宏見其表，移書責之曰：「太學，明人倫之所在也。太上皇帝刧制於彊敵，生往死歸，此臣子痛心切骨，卧薪嘗膽，宜思所以必報之大讎也。太母，天下之母，其縱釋乃在金人，此中華之大辱，臣子所不忍言也。而柄臣乃敢欺天罔人，以大讎大辱而爲大恩。閣下目覩忘讎滅理，北面敵國以苟宴安之事，猶偃然爲天下師儒之首。既不能建大論，明天人之理以正君心；乃阿諛柄臣，希合風旨，求舉太平之典，又從而爲之詞，欺罔孰甚焉！」宏，安國子也。夏四月，初禁野史。從秦檜請也。後著作郎林機言：「有異意之人，❶匿迹近地，窺伺朝廷，作爲私史以售其邪説，請禁絶之。」復下詔申禁。五月，樓炤罷，以李文會簽書樞密院事。文會劾炤罷之，遂命文會代炤。自是執政免，即以言者代之。閩、浙大水。內侍右武大夫白鍔，從皇太后北歸者，因閩、浙大水，宣言燮理乖盭。洪皓名聞華夷，顧不用。鍔館客張伯麟嘗題太學壁云：「夫差！而忘越人之殺而父乎？」秦檜怒之，俱坐誹謗，刺配鍔於萬安軍，伯麟於吉陽軍，罷皓提舉江州太平觀。秋八月，金主亶殺其子魏王道濟。〇九月，徙趙鼎于吉陽軍。秦檜怨鼎不附和議，凡鼎所善者，如張九成、折彦質、張戒、解濳、辛承宗皆指爲鼎黨貶斥之。鼎在潮五年，杜門謝客，時事不掛口，有問者引咎而已。先是，鼎請正建國公皇子之號，檜言：「鼎欲立皇太子，是待陛下終無子也，宜俟親子乃立。」至是中丞詹大方希檜意，劾鼎與其黨范冲邪謀密計，轉相扇惑，以徼無妄之福，蓋指皇子而冲嘗爲翊善故也。遂移鼎吉陽，鼎謝表有曰：「白首何歸，悵餘生之無幾；丹心未泯，誓九死以不移。」檜見曰：「此老倔强猶昔。」冬十月，何若請黜程頤之學。右正言何若指程頤、張載遺書爲專門曲學，請戒內

❶「異意」，原作「失意」，據《中興小紀》卷三四、《繫年要録》卷一六〇、《宋史全文》卷二一下改。

外師儒之官力加禁絶。秦檜從之。**十二月，李文會免，以楊愿簽書樞密院事。**愿爲中丞，迎合檜意以舉劾，人號之爲「肉簡牌」。至是論文會，遂代其位。**王倫爲金所殺。**金欲以倫爲平州路轉運使，倫曰：「奉命而來，非降也。」金脅以威，遣使來趣，倫拒益力，金杖其使，俾縊殺之。

**乙丑　十五年，**金皇統五年。**春正月朔，初御大慶殿受朝。○夏四月朔，彗出東方，大赦。○六月朔，日食。○帝幸秦檜第。**上賜檜第，又賜銀萬兩，絹萬匹，錢萬緡，綵千匹。車駕親幸，加檜妻兩國夫人，子熺學士承旨，婦郡夫人，孫塤、堪、坦並除直祕閣，賜三品服，塤時方九歲。尋書「一德格天之閣」六字賜檜。後又命作檜家廟，賜以祭器。**秋七月，放張浚于連州。**浚因星變，欲力論時事，以其母計氏年高，言之必被禍。計氏知之，誦其父咸紹聖初制策曰：「臣寧言而死於斧鉞，不忍不言而負陛下。」浚意遂決，即上疏言：「當今事勢，如養大疽於頭目心腹之間，不決不止。遲則禍大而難測，❶疾則禍輕而易治。惟陛下謀之於心，斷之以獨，謹察情僞，豫備倉卒，庶幾社稷安全。不然，後將噬臍。」事下三省，秦檜大怒，令中丞何若劾之，遂貶連州居住，尋徙永州。檜必欲殺浚，以其死黨張柄知潭州，與郡丞汪召錫共伺察之。**冬十月，楊愿罷，以李若谷簽書樞密院事。**愿希秦檜意，附下罔上，至是斥去，天下快之。

續資治通鑑綱目第十四

❶「難測」，原作「難決」，據《名臣碑傳琬琰集》中卷五五、《繫年要録》卷一五五、《續宋編年資治通鑑》卷六改。

# 續資治通鑑綱目第十五

起丙寅宋高宗紹興十六年，盡壬午宋高宗紹興三十二年。凡十七年。

**丙寅**　十六年，金皇統六年。春正月，行藉田禮。先是，知虔州薛弼言：「州民朽柱中有文曰『天下太平年』。」秦檜大喜，乞詔付史館。於是修彌文以飾治具，如鄉飲、耕藉之類，節節備舉，爲苟安餘杭之計。自此不復巡幸江上，而祥瑞之奏日聞矣。夏五月，金韓企先卒。企先爲金右丞相，每欲爲官擇人，專以培植獎勸後進爲己任，推轂士類，甄别人物，一時臺諫多君子，號稱賢相。六月，金殺其翰林學士宇文虛中。金人重虛中之才，號爲國師，而虛中恃才輕肆，好譏訕，凡見女真人，輒以「礦鹵」目之，貴人達官積不能平。至是唐括酬斡等告虛中謀反，❶有司鞫治無狀，乃羅織虛中家圖書爲反具。虛中曰：「死自吾分。至於圖籍，南來士大夫家家有之，翰林直學士高士談圖書尤多於我家，豈亦反邪？」有司承順風旨，并殺士談。於是虛中與老幼百口同日焚死。士談，瓊孫也。秋九月，金劉豫死。○冬十二月，金遣使如西遼，西遼殺之。先是，回紇遣使入貢于金，言耶律大石與其國隣，大石已死。金遣粘割韓奴與其使俱往。遼主遇之于野，韓奴語不遜，遼主怒而殺之。

**丁卯**　十七年，金皇統七年。春正月，以李若谷參知政事，何若簽書樞密院事。○二月，李若谷罷。三月，以段拂參知政事，○何若罷。夏四月，以汪勃簽書樞密院事。○金主亶殺其文武從官十餘人。金主自即位

---

❶「斡」，原脱，據《金史》卷七九《宇文虛中傳》、《御批歷代通鑑輯覽》卷八七補。

以來，委政於粘没喝、斡本、兀术，雖初年國家多故，而吏清政簡，百姓樂業。既而其后裴滿氏干政，朝官往往因之以取宰相。金主欲立繼嗣，爲后所制，心不能平，因縱酒自遣，酗怒至於手刃侍臣。至是，宴便殿，醉殺户部尚書宗禮；無何，又殺横海節度使田瑴、左司郎中奚毅、翰林待制邢具瞻，及王植、高鳳廷、王傚、趙益興、龔夷鑒等。

五月，安置提舉江州太平觀洪皓于英州。秦檜惡皓，饒州通判李勤因誣皓作欺世飛語，乃責濠州團練副使，英州安置。

秋八月，故相趙鼎卒于吉陽軍。鼎潛居深處，門人故吏皆不敢通問，惟廣西帥張宗元時饋醪米。會降旨趙鼎、李光遇赦永不檢舉，且令本軍月具存亡申省。鼎遣人語其子汾曰：「秦檜必欲殺我，我死，汝曹無患。不爾，禍及一家矣。」自書墓中石，記鄉里及除拜歲月，且書銘旌云：「身騎箕尾歸天上，氣作山河壯本朝。」遺言屬其子乞歸葬，❶遂不食而死，天下聞而悲之。鼎爲相，專以固本爲先，以爲本固而後敵可圖，讎可復，惜其見忌於檜，齎志以没。然中興賢相，鼎爲稱首。

九月，罷四川宣撫副使鄭剛中。剛中治蜀有方略，秦檜忌之，使人求其陰事，召還，責桂陽軍安置。未幾，四川宣撫司亦罷。

冬十月朔，日食。

○十二月，金及蒙古和。初撻懶既誅，其子勝花都郎君率其父故部曲以叛，與蒙古通，蒙古益彊。兀术討之，連年不能克，乃與之議和，割西平河以北二十七團寨與之，歲遺牛羊米豆，且册其酋熬羅孛極烈爲蒙輔國王。不受，自號「大蒙古國」。至是始和，歲遺甚厚，於是蒙酋自稱祖元皇帝，改元天興。

**戊辰**　十八年，金皇統八年。

春二月，段拂罷。拂聞趙鼎死于海南，爲之歎息。秦檜怒，侍御史余堯弼論拂與小臣私交，漏泄政機，遂罷爲資政殿學士。尋落職，興國軍居住。

三月，以秦熺知樞密院事。秦檜問勑令所删定官胡寧曰：「兒子近除，外議如何？」寧曰：「以爲必不襲蔡京之迹。」檜怒之。寧，宏弟也。

夏四月朔，日食。

○秦熺罷爲觀文殿學士兼侍讀，位次右僕射。熺乞避父子共政也，尋加少保。

❶「屬」，原脱，據萬曆本、《宋史》卷三六〇《趙鼎傳》補。

五月，放浙東副總管李顯忠于台州。顯忠熟知西邊山川險易，因上恢復策。秦檜惡之，降官奉祠，台州居住。六月，金以完顏亮平章政事。亮本名迪古乃，太祖子斡本之子，爲人慓急猜忌，殘忍任數，自以己與金主同爲太祖孫，常懷覬望。及爲中京留守，專立威以厭伏小人，結猛安蕭裕，每與論天下事。裕傾險，揣知其意，因曰：「留守先太師，太祖長子，德望如此，人心天意宜有所屬。誠有志舉大事，願竭力以從。」亮喜，遂與謀議。及入爲右丞，進平章，務攬持權柄，用其腹心爲省臺要職，引裕爲兵部侍郎。秋七月，寬諸郡雜税。帝曰：「人知取之爲取，而不知予之爲取。若稍與展免，使家給人足，税斂自然易辦。」於是蠲廬、光二州上供錢米，汀、漳二州秋税，處州三縣被水民家紬絹，鄂州舊額絹，各一年。又蠲四川積貸常平錢十三萬緡，京西路請佃田租，及州縣場務税錢。八月，汪勃罷，以詹大方簽書樞密院事。○九月，詹大方卒。冬十月，以余堯弼簽書樞密院事。○金兀朮卒。金自粘没喝死，撻懶、蒲盧虎等皆有自爲之意。斡本獨立，不能如之何，使無兀朮，則國勢殆矣。故其國論功，以爲粘没喝後，惟兀朮一人耳。十一月，竄胡銓于海南。秦檜諷司諫羅汝楫論銓飾非横議，竄新州。同郡王廷珪嘗以詩贈銓，坐流辰州。新州守張棣承檜旨，❶論銓與客唱酬，謗訕怨望，詔送海南編管。以棣提舉湖北常平，至官一日卒。時洪皓在英州，閩人倪詧爲守，聞棣以巧中遷客取使節，欲效之，即使人伺隙，捕皓家奴寘獄中，釀成其罪，未及發而詧卒，事乃解。十二月，金以完顏亮爲右丞相。亮生日，金主遣近侍局直長大興國以司馬光畫像、玉吐鶻、廐馬賜之，后亦附賜禮物。金主聞之怒，杖興國而奪回賜物。亮本懷不軌，疑畏愈甚。

己巳　十九年，金皇統九年十二月以後，廢主亮天德元年。春三月朔，日食。○夏五月，金出完顏亮于行臺。秋九月，復召入平章政事。金主以完顏亮爲太保，領三省事。四月壬申夜，大

❶「張棣」，原作「張隶」，據《宋宰輔編年録》卷一六、《繫年要録》卷一五八改，下同。

風雨雷電，震壞金主寢殿，鴟尾有火入寢内燒幃幔，金主趨别殿避之。越五日，有龍鬭於榆林河水上，大風壞民居、官舍，瓦木、人畜皆飄颺十數里，死傷者數百人。五月，以天變肆赦，命翰林學士張鈞草詔。參知政事蕭肄摘其語以爲誹謗，金主殺鈞，且問誰使爲之，左丞相宗賢曰：「迪古乃實使之。」金主不悦，故出亮。亮過中京，與留守蕭裕定約而去。九月，至良鄉，召還，莫測其故，大恐。及至，復拜平章，謀逆益甚。

**冬十月，金主亶殺其弟胙王常勝，遂殺其后裴滿氏。**

金宰臣議遷遼陽渤海之民於燕南，近侍高壽星等當遷，訴于裴滿后。后白金主，金主怒，遂杖平章政事秉德、左丞唐括辨，❶而殺左司郎中三合，壽星等竟不遷。秉德、辨二人怨望，遂與大理卿烏帶謀廢立，烏帶以告完顔亮。一日，亮與辨語，因問曰：「若舉大事，誰可立者？」辨曰：「胙王常勝乎？」問其次，曰：「鄧王子阿楞。」亮曰：「阿楞屬疎，安得立？」辨曰：「公豈有意邪？」亮曰：「果不得已，捨我其誰！」於是旦夕相與密謀。護衛將軍特思疑之，以告裴滿后。后白金主，金主怒，召辨謂曰：「爾與亮謀何事？將如我何？」杖之。亮因此忌常勝、阿楞，惡特思。會河南兵士孫進作亂，自稱皇弟按察大王，而金主之弟止有常勝、查剌，亮乘此搆常勝、查剌、阿楞、達楞、特思皆殺之。金主積怒于后，遂亦殺之，而召胙王妃撒卯入宫繼之。又殺德妃烏古論氏及夾谷氏、張氏等。

**十二月，金完顔亮弑其主亶而自立。**

護衛十人長僕散忽土舊受斡本恩，徒單阿里出虎與亮姻家，亮皆使爲内應。大興國嘗以李老僧屬亮，得爲尚書省令史，亮度興國被杖怨望，又使老僧結興國内應。興國給事寢殿，夜常取符鑰歸家。十二月丁巳，秉忽土、阿里出虎内直，作變。夜二鼓，興國以符鑰啓門，亮與妹婿徒單貞及平章政事秉德、左丞唐括辨、大理卿烏帶、李老僧等，以刀藏衣下，入宫。門者以辨乃國婿，亮又至親，不疑而納之。及殿門，衛士始覺有變，亮等抽刀劫之，莫敢動，遂入寢殿。金主常置佩刀於榻，是夜，興國先取刀，投榻下，金主求刀不得。阿里出虎先進刃，忽土次之，金主頓仆。亮前手刃之，血濺滿其面與衣。金主既殂，秉德等未有所屬，忽土曰：「始者議立平章，今復何

下同。

❶「唐括辨」，《金史》卷一三二《唐括辯傳》作「唐括辯」，

疑？」秉德遂與羣臣奉亮即位。詐以金主欲議立后，召大臣，因殺曹國王宗敏、左丞相宗賢。以秉德爲左丞相，唐括辨爲右丞相，烏帶爲平章政事。謚裴滿后爲悼平皇后，廢亶爲東昏王。大赦，改元。

**庚午　二十年，**金天德二年。**春正月，殿司軍士施全刺秦檜，不克，檜殺之。**檜趨朝，殿前司後軍使臣施全挾刃于道，遮檜肩輿刺之，不中，捕送大理。檜親鞫之，全對曰：「舉天下皆欲殺虜人，汝獨不肯，故我欲殺汝也。」詔磔于市。自是檜每出，列五十兵持長梃以自衛。**金主尊其嫡母徒單氏及母大氏皆爲太后。**徒單氏賢，遇下有恩意，與大氏相得至歡。及金主弑亶，徒單氏曰：「帝雖失道，人臣豈可至此？」金主銜之。至是，追尊幹本爲帝，廟號德宗，二母俱尊爲皇太后。徒單氏居東宮，號永壽宮；大氏居西宮，❶號永寧宮。後徒單后生日，酒酣，大氏起爲壽。徒單后方與諸公主、宗婦語，大氏跪者久之，金主怒而出。明日，召與徒單后語者，皆杖之。大氏以爲不可，金主曰：「今日之事，豈能尚如前日邪！」**三月，以余堯弼參知政事，巫伋簽書樞密院事，遣堯弼使金。**賀即位也。及還，金主以上皇玉帶附遺于帝，其祕書郎張仲軻曰：「此希世之寶也。」金主曰：「江南之地，他日當爲我有，此置之外府耳。」仲軻由是知金主有南侵之意，遂每事先意逢之。**下李光子孟堅于大理獄，流之峽州。責降徽猷閣直學士胡寅等官有差。**光在瓊，嘗作私史，其仲子孟堅爲所親陸升之言之，升之訐其事。秦檜命兩浙轉運副使曹泳究實，泳言：「孟堅省記父光所作小史，語涉譏謗。」送大理寺。獄成，詔光遇赦永不檢舉，孟堅除名，編管峽州。於是胡寅、程瑀、潘良貴、宗潁、張燾、許忻、賀允中、吳元許八人皆緣坐責降有差。有從政郎楊煒、常州通判沈長卿舊與李光言和戎非便，知雷州王趯求內徒李光，俱坐貶。又有太常主簿吳元美作《夏二子傳》，指蚊、蠅也，其鄉人告之，以爲譏毀大臣，且言元美與李光交，故其亭號潛光。檜大怒，竄之容州。**夏四月，置力田科。**募民耕兩淮田，從知廬州吳逵請也。**金主**

❶「宫」，原作「官」，據《金史》卷六三《海陵嫡母徒單氏傳》改。

亮大殺其宗室。初，亮在熙宗世，見太宗諸子盛彊，忌之，及即位，遂與蕭裕謀殺之。又以前左丞相秉德首謀廢立，而不即勸進，銜之，將盡誅焉。於是豫教尚書省令史蕭玉上變，遂召領三省事阿魯、左丞相唐括辨、判大宗正寺胡里甲擊鞠，至則殺之。因遣使如東京殺留守阿鄰，北京殺留守斛禄補，南京殺領行臺事秉德，并誅其親屬。復殺太宗子孫七十餘人，粘没喝子孫三十餘人，諸宗室五十餘人。太宗、粘没喝後皆絶，而烏帶、蕭裕、蕭玉等皆受重賞。亮又令玉子尚主，曰：「朕無以報卿，使朕女爲卿男婦，代朕事卿也。」冬十月，金主亮殺其左副元帥撒离喝等，夷其族。亮復忌斜也諸子盛彊，及宗室勳舊大臣，欲盡除之。乃諷都元帥府令史遥設誣飾上變，遂殺撒离喝，及景祖孫謀里野、斜也子孛吉，及其族百數十人。以魏王斡帶孫活里甲好修飾，亦族之。

**辛未** 二十一年，金天德三年。春正月，秦檜有疾，詔執政赴檜第議事。十二月甲子，檜始朝，命肩輿入宫門，二孫塤、堪扶掖升殿，不拜。

金置國子監。○二月，以巫伋爲金國祈請使。伋至金，首請迎靖康帝歸國，金主曰：「不知歸後何處頓放？」伋唯唯而退。三月，金大營宫室于燕。金主稍習經史，慕中國朝著之尊，密有遷都意。遂下詔求直言，而上書者多謂上京僻在一隅，不若徙燕以應天地之中，與金主意合。乃遣左丞相張浩、右丞相張通古等調諸路夫匠築燕京宫室。城周九里三步，其宫室一依汴京制度。運一木之費至二十萬，❶牽一車之力至五百人。宫殿之飾，徧傅黄金而後間以五采，金屑飛空如落雪。一殿之費以億萬計，成而復毁，務極華麗。夏五月，金主亮納其叔母阿懶及宗婦于宫。阿懶，亮叔曹王阿魯補妻也，亮殺阿魯補而納之，封爲昭妃。又命徒單貞語宰相曰：「朕嗣續未廣，前所誅黨人諸婦，多朕中表親，宜選納焉。」宰相乃奏請行之，遂納阿魯子莎魯啜、胡魯子胡里剌、胡失打，秉德弟糺里四人之妻于宫，尋封糺里妻高氏爲修儀。崇義節度使烏帶妻唐括定哥舊嘗與亮私，及爲帝，定哥使侍婢來朝，亮諷使殺烏帶，許以爲后。定

❶「二十萬」，《金史》卷五《海陵本紀》作「二千萬」。

哥初不忍，亮訹之曰：「不殺汝夫，將族滅汝家。」定哥大恐，縊殺烏帶，即納之宫中，封貴妃，大愛幸。後與舊家奴姦，賜死。又使祕書監完顔文出其妻唐括石哥而以爲麗妃，使乙剌補出其妻蒲察乂察而納之。乂察，亮姊之女也。**秋七月，除薪米税。○八月，太傅、鎮南武安寧國節度使、咸平王韓世忠卒。**世忠性戇直，勇敢忠義，事關廟社，必流涕極言，屢詆和議，觸秦檜。嗜義輕財，錫賚悉分將士。持軍嚴重，與士卒同甘苦，器仗規畫，精絶過人。嘗中毒矢入骨，以彊弩括取之，十指僅全四，不能動，刀痕箭瘢如刻畫然。知人善奬用，成閔、解元、劉寶等起行伍，秉將旄，皆其部曲也。及解兵罷政，卧家凡十年。至是卒，孝宗朝追封蘄王，謚忠武。子彦直、彦質、彦古，皆以才見用。**冬十一月，余堯弼罷。**

**壬申　二十二年，**金天德四年。**春三月，編管王庶子之奇、之荀于嶺南。**初，庶卒于貶所，其子之奇、之荀撫棺而哭曰：「秦檜，秦檜，此讎必報！」親舊皆掩其口曰：「禍未已也。」至是爲人所告，坐謗朝廷，編管于梅、容州。又以直龍圖閣葉三省、監都作院王遠嘗通書王庶及趙鼎，力詆和議，安置三省于筠州，遠于高州。**夏四月，巫伋罷，以章复簽書樞密院事。**伋與秦檜居同里，一日，檜語伋曰：「里中有何新事？」伋曰：「有一術士自鄉里來，頗能論命。」檜色變曰：「是人言公何日拜相？」伋皇恐而退。中丞章复聞之，即劾伋陰懷異意，遂罷。**五月，襄陽大水。**平地丈五尺，❶漢水冒城而入。**秋九月，章复罷。冬十月，以宋樸簽書樞密院事。○十二月，金主亮召濟南尹烏祿妻烏林荅氏，未至，自殺。**葛王烏祿，時爲濟南尹。烏林荅氏容儀整肅，亮召之，乃謂烏祿曰：「我不行，上必殺王。我當自勉，不以相累也。」遂召王府臣僕曰：「爲我禱東岳，使皇天后土明監我心。」行至良鄉，得間自殺。

❶「丈五尺」，原作「五尺」，據《繫年要録》卷一六三、《宋史全文》卷二二上、《資治通鑑後編》卷一一七改。

### 癸酉

二十三年，金貞元元年。春三月，金遷都于燕。❶金主自上京至燕京，初備法駕，下詔改元，親選良家子百三十人充後宮。以燕列國之名，不當爲京師號，遂改燕京爲中都大興府，汴京爲南京；削上京之名，止稱會寧府；又改中京大定府爲北京，而東京遼陽府、西京大同府如舊。以王循友知建康府。循友知鎮江，上書乞加秦檜九錫，檜喜而遷之。踰年，檜以循友罪其族黨，安置藤州。夏四月，金太后大氏卒。金主遷都于燕，親屬皆從，獨留徒單太后于會寧。徒單后常憂懼，每中使至，必易衣以俟命。大氏在燕，常思念徒單后，及病篤，以不得一見徒單后爲恨。將死，謂金主曰：「汝以我之故，不令永壽宮偕來。我死，必迎致之，事之當如事我。」五月，❷潼川大水。平地丈五尺，死者甚衆。冬十月，宋樸罷，以史才簽書樞密院事。

### 甲戌

二十四年，金貞元二年。春正月，地震。○金右丞相蕭裕謀反，坐誅。裕在相位，恃功專恣，金主倚信之，他相仰成而已。裕以金主猜忌忍殺，恐禍及，遂與蕭馮家奴等謀立故遼主豫王延禧之孫，事覺，伏誅。夏五月朔，日食。○金始置交鈔庫。金以銅少，造鈔引，一貫、二貫、三貫、五貫、十貫五等，❸謂之「大鈔」；一伯、二伯、三伯、五伯、七伯五等，謂之「小鈔」，與錢並用。以七年爲限，納舊易新，諸路置官庫受之，每貫取工墨錢十五文，公私便焉。六月，史才罷，以魏師遜簽書樞密院事。○秋七月，張俊卒。俊握兵最早，屢立戰功，帝於諸將中眷注特厚。然忌劉錡，附秦檜殺岳飛，爲世所鄙薄。以敷文閣待制秦塤修撰實録院。初，知舉魏師遜等議以秦熺子塤爲榜首，上讀其策，覺所用皆檜、熺語，遂進張孝祥第一，而塤第三。時檜之子姪、姻黨皆在高第，天下切

❶「遷」，原作「入」，據萬曆本、四庫本、《金史》卷二四《地理志》上改。

❷「五月」，《繫年要録》卷一六四、《宋史》卷三一《高宗本紀》作「六月」。

❸「三貫」下，原衍「四貫」二字，據《金史》卷四八《錢幣志》删。

齒。至是，以堉修撰實録院，祖、父、孫三世同領史職，前此未有也。❶八月，禁百官避輪對。秦檜擅政以來，屏塞人言，蔽上耳目，一時獻言者非誦檜功德，則訐人語言以中傷善類。欲有言者，恐觸忌諱，僅論銷金鋪翠、乞禁鹿胎冠子之類，以塞責而已，故皆避免輪對。至是，上乃諭執政曰：「百官輪對，正欲聞所未聞。近輪對者多謁告避免，可令檢舉約束。」冬十一月，魏師遜罷，以施鉅參知政事，鄭仲熊簽書樞密院事。自秦檜專國，士大夫有名望者悉屏之遠方；凡齷齪委靡之徒，一言契合，即登政府，稍出一語，輒斥去之，不異奴隸。故自万俟卨罷至此十年，參預政事者纔四人而已。加秦熺少傅，封嘉國公。○金主亮納其諸從姊妹于宫。壽寧縣主什古，斡離不之女也；静樂縣主蒲剌及習撚，兀朮之女也；師姑兒，訛魯觀之女也；混同縣君莎里古真及其妹餘都，❷阿魯之女也，皆亮之從姊妹；郕國夫人重節，蒲盧虎之女孫，亮之姪也；張定安妻奈剌忽，太后大氏之兄嫂也；蒲魯胡只，石哥之妹也，皆有夫。亮無所忌恥，皆召與之私，分屬諸妃位下。莎里古真最得幸，每召，必親候廊下，立久則坐於師姑膝上。凡宫人在外有夫者，初猶分番出入，後乃盡遣其夫往會寧，不聽出外。每幸婦人，必奏樂撤幃，或妃嬪列坐，輒率意淫亂，使共觀，常於卧内遍設地衣，倮逐爲戲。十二月，西遼耶律夷列死，其妹普速完權國事。子幼故也。普速完自號承天皇太后，謚夷列曰仁宗。

乙亥　二十五年，金貞元三年。夏四月，施鉅罷。○五月朔，日食。○六月，鄭仲熊罷，以湯思退簽書樞密院事。○改岳州爲純州，岳陽軍爲華陽軍。或言岳州乃岳飛駐軍之地，又與其姓同，乞改之，蓋以媚秦檜也。岳州人謂：「飛駐軍乃鄂州，於我州何與而改之？」金汴京火。金主陰有南侵之意，乃謀遷汴，遣完顔長寧爲南京留守經畫之。❸

❶「也」，原脱，據萬曆本、四庫本及《宋史》卷四七三《秦檜傳》補。

❷「縣君」，《金史》卷六三《海陵諸嬖傳》作「郡君」。

❸「完顔長寧」，《大金國志》卷一三、《金史》卷八二《郭安國傳》作「馮長寧」。

既而大火，宮室盡焚，金主大怒，杖殺長寧。**秋八月，下趙鼎子汾等于大理獄。**秦檜於一德格天閣書趙鼎、李光、胡銓三人姓名，必欲殺之，及鼎死而憾不已。江西運判張常先箋注前帥張宗元與張浚詩言于朝，其詞連逮者數十家，將誣以不軌而盡去之。會汪召錫告宗室知泉州令衿觀檜《家廟記》，口誦「君子之澤，五世而斬」，謫居汀州。檜乃諷殿中侍御史徐嘉論趙汾與令衿飲別厚贐，必有姦謀。詔送汾、令衿大理鞫問，使汾自誣與張浚、李光、胡寅、胡銓等五十三人謀大逆。獄成，而檜病不能書矣。**以董德元參知政事。**秦檜門人。**冬十月，徙洪皓于袁州，未至卒。**皓居英州九年，始復朝奉郎，徙袁州，至南雄卒。卒後一日，秦檜死。皓久在北庭，爲金人所敬，既歸，金人至，必問皓爲何官、居何地。不幸爲檜所忌，不死于敵國而死于讒慝，聞者悼之。**進封秦檜爲建康郡王，加其子熺少師，並致仕。是夕，檜死。**檜病，帝幸其第問焉，無一語，惟流涕而已。熺奏請代居相位者爲誰，帝曰：「此事卿不當與。」帝還宮，命沈虛中草檜及熺制，並令致仕。熺夜遣塡與右司員外郎林一飛、宗正丞鄭柟見其黨殿中侍御史徐嘉、右正言張扶，謀請己爲相。檜卒，遺表有云：「願陛下固鄰國之懽盟，謹國是之搖動。」贈申王，謚忠獻。檜居相位十九年，倡和誤國，忘讎斁倫，包藏禍心，劫制君父。陰結内侍及醫師王繼先，伺上微旨，動静必具知之。郡國事惟申省，無至上前者。性陰險深阻，如崖穽不可測。同列論事上前，未嘗力辨，但以一二語傾擠之，俾帝自怒。一時忠臣良將，誅鋤略盡。其頑鈍無恥者，率爲檜用，争以誣陷善類爲功。凡無罪可狀者，則曰立黨沽名，曰訕謗，曰指斥，甚則曰有無君心。章疏皆檜自操以授言官，識之者曰：「此老秦筆也。」晚年殘忍尤甚，屢興大獄，察事之卒，布滿京城，稍議之者，即捕治，中以深文。如知饒州洪興祖作程瑀《論語解序》，引「不使大臣怨乎不以」，即以爲譏己，毁其板，編管興祖于昭州。京西運副魏安行嘗爲鏤梓，亦編管于欽州。其羅織人類此。執政惟取備員，甫入輒出，惟深德王次翁，歷四年始出之。立久任之説，士淹滯失職，有十年不解者，然附之則立與擢用。開門受賂，富敵于國，外國珍寶，死猶及門。檜每事與帝争勝，曹筠言水漲，詔逐之，檜陞爲從官；周葵欲言梁汝嘉，檜不待帝言，即改除之。由是張扶請檜乘金根車，呂愿中獻《秦城王氣詩》，其勢漸不可制。檜既死，帝謂楊存中曰：「朕今日始免防檜逆謀矣。」朱熹曰：「紹興之初，賢才並用，紀綱復張，諸將屢以捷告，恢復之勢蓋什八九。虜人於是始露和議，以沮吾計。而宰相秦檜歸自虜庭，獨以長樂、梓宮藉口，攘却衆謀，熒惑主聽，使和議翕然以定而不可破。士大夫狃于積衰之俗，見國家無事，而檜與其徒皆享成功，無後患，顧以忘仇忍辱爲事理之當然。嗚呼！始則唱邪謀以誤國，中則挾虜勢以要君，使人倫不明，人心不正，而末流之弊，遺君後親，無所不至。此檜之罪所以上通于天，萬死不足以贖也。」金主亮迎其太后徒單氏至燕。亮命以大房山雲峰寺爲山陵，遣右丞相僕散思恭等如會寧，奉遷太祖、太宗梓宮，及迎徒單后。至沙流河，亮親迎之，命左右持杖二束，跪太后前曰：「亮不孝，久缺温清，願笞之。」后掖之曰：「今庶民有克家子，尚且愛之不忍笞。我有子如是，寧忍笞乎！」叱杖者退。既至，居壽康宮。亮事之，外極恭順，后起則自扶之，常從輿輦徒行，后所御物或自執之。見者以爲至孝，雖太后亦信其誠。黜秦檜姻黨。十一月，釋趙汾及李孟堅、王之奇等自便。臺諫湯鵬舉等累疏言秦檜之姦，請逐其親黨。詔安置户部侍郎曹泳于新州，罷端明殿學士鄭仲熊等四人，徙侍御史徐嘉、正言張扶爲他官。知建康府王會等六人，俱以諂附貪冒罷，又竄吕愿中等于遠州。秦塤、秦熺、秦焆等俱以檜黨濫科革正之。莫汲、張常先等八人，並以告訐濫叨官爵，送遠郡編管。尋釋趙汾，奪二官，與李孟堅、王之奇等皆令自便。以魏良臣參知政事。〇十二月，復張浚、胡寅、張九成等二十九人官，徙李光、胡銓于近州。光移郴州，銓移衡州。光尋卒。董德元免，以沈該參知政事。

**丙子**　二十六年，金正隆元年。春正月，追復趙鼎、鄭剛中等官。〇二月，魏良臣罷。〇三月，罷宰相兼樞密使。以邊事已定也。以万俟卨參知政事。〇竄東平進士梁勛于遠州。勛上書言：「金人必舉兵，宜爲之備。」帝怒，編管勛于千里外州軍，而下詔曰：「講和之策，斷自朕志，秦檜但能贊朕而已，豈以存亡而渝定議邪！近者無知之輩，鼓倡浮言以惑衆聽，至有僞撰詔命，召用舊臣，抗章公車，妄議邊事，朕甚駭之。自今有此，當重寘典憲。」夏五月，以沈該、万俟卨爲左、右僕射並同平章事，湯思退知樞密院事。初，秦檜病篤，召董德元、湯思退至卧内屬以後事，各贈黄金千兩。德元慮檜以爲自外不敢辭，思退慮檜以爲期其死不敢受。帝聞思退不受，以爲非檜黨，遂信任之。六月，以程克俊參知政事。○靖康帝卒于金。○命史館重修日曆。以秦熺修不實也。秋七月，彗出井，詔求直言。○八月，程克俊罷，以張綱參知政事。綱初爲給事中，以秦檜用事遂致仕，卧家者二十餘年，嘗書座右曰：「以直行己，以正立朝，以静退高天下。」其篤守如此。九月，以陳誠之同知樞密院事。○冬十月，復安置觀文殿大學士張浚于永州。浚去國二十年，天下士無賢不肖，莫不傾心慕焉。武夫健將，言浚者必咨嗟歎息，至兒童婦女，亦知有張都督。金使至，必問浚安在，惟恐其復用。而秦檜懼其正論害己，令臺臣有所彈劾，語必及浚，謂爲國賊，必欲殺之。檜死，乃復觀文殿大學士、判洪州。時喪母將歸葬，會星變求直言，浚慮虜數年間勢必求釁用兵，而吾方溺於宴安，謂虜可信，莫爲之備。沈該、万俟卨居相位，尤不厭天下望。自以大臣義同休戚，不敢以居喪爲嫌，乃上疏極言。沈該、万俟卨、湯思退謂：「敵未有釁，而浚乃若禍在年歲間者。」皆笑其狂。臺諫湯鵬舉、淩哲等論：「浚名在罪籍，唱異議以動國是。若使歸蜀，恐惑遠方生患。」復安置永州。

**丁丑**　二十七年，金正隆二年。春二月，以湯鵬舉參知政事。○三月，万俟卨卒。卨爲相，主和固位無異秦檜，士論薄之。夏六月，以湯思退爲尚書右僕射、同平章事。○秋八月，以湯鵬舉知樞密院事。○九月，張綱罷，以陳康伯參知政事。○冬十一月，湯鵬舉免。

**戊寅**　二十八年，金正隆三年。春二月，以陳誠之知樞密院事，王綸同知院事。○

**三月朔，日食。○秋七月，金以李通參知政事。**初，金主亮召其倖臣祕書少監張仲軻、左諫議大夫馬欽、校書郎田與信等，❶便殿侍坐。金主謂仲軻曰：「漢之封疆不過七八千里，今吾國幅員萬里，可謂大矣。」仲軻曰：「本朝疆土雖大，而天下有四主，若能一之，乃爲大矣。」金主曰：「彼且何罪而伐之？」仲軻曰：「臣聞宋人買馬、修器械，招納山東叛亡，豈得謂無罪？」金主喜曰：「向者梁珫嘗爲朕言，宋有劉貴妃者，姿質美艷。今一舉而兩得之，俗所謂『因行掉臂』也。江南聞我舉兵，必遠竄耳。」欽、與信皆對曰：「海島蠻越，臣等皆知道路，彼將安往？」金主曰：「然則天與我也。朕舉兵滅宋，遠不過二三年，然後討平高麗、夏國。一統之後，論功遷秩，分賞將士，彼必忘勞矣。」時金主恃其累世彊盛，欲大肆征伐，以一天下，嘗曰：「天下一家，可以爲正統。」及拜李通參知政事，通揣知金主意，遂與仲軻、欽及近習羣小輩，盛言江南富庶子女玉帛之多逢其意，金主以通爲謀主，遂議興兵南侵。

**九月，以王剛中爲四川制置使。**初，剛中言：「夷狄之情，彊則犯邊，弱則請盟。今勿計其彊弱，而先擇將帥，蒐士卒，實邊儲，備軍械。加我數年，國勢富彊，彼請盟則爲漢文帝，犯邊則爲唐太宗。」上壯其言，會西蜀謀帥，帝曰：「無如王剛中矣。」遂有是命。

**冬十月，金營汴宮。**金主亮遣其左丞相張浩、參政敬嗣暉如汴京，營建宮室。國子司業黃中使還，上言：「金人治汴京，必欲徙居以迫我，不可不早爲之備。若彼果至汴，則壯士健馬不數日可及境矣。」湯思退大怒，左遷中官。

## 己卯　二十九年，金正隆四年。

**春二月，金籍諸路兵，造戰具。**金主亮謀南侵，乃造戰船于通州。遣使籍諸路猛安部族及契丹、奚人，不限丁數，悉僉之，凡二十四萬。又僉中都、南都、中原、渤海丁壯，年二十以上五十以下者，皆籍之，凡二十七萬。雖親老、丁多，求一子留侍，亦不聽。又遣使分詣諸道總管府督造兵器，命諸路舊貯軍器並致于燕。時又建汴宮，修燕城，民不能堪。箭翎一尺至千錢，村落間往往椎牛以供筋革，至於烏鵲狗彘無不被害者。

**夏五月，貶禮部侍郎孫**

---

❶「左諫議大夫」，《金史》卷一二九《張仲軻傳》作「右補闕」。

**道夫知緜州。**道夫使金還，金主亮謂之曰：「歸白爾帝，事我上國多有不誠，今略舉二事：爾民有逃入我境者，邊吏皆即發還；我民有叛入爾境者，有司索之，往往託詞不發，一也。爾於沿邊盜買鞍馬，備戰陣，二也。」蓋欲南侵，故先設此二事爲辭。道夫還，具奏之。帝曰：「朝廷待之甚厚，彼以何名爲兵端？」道夫曰：「彼身弒其君而奪之位，興兵豈問有名？」湯思退、沈該不以爲然。道夫每對帝，輒言武事，該疑其引用張浚，忌之，故貶。**六月，遣王綸使金。**帝聞金主亮有南侵意，疑之，使王綸往覘。綸還，入對，言：「鄰國恭順，和好無他，皆陛下威德所致。」湯思退等皆賀。帝曰：「中外之論，皆欲沿邊屯戍軍馬，移易將帥，爲進取之計。萬一輕舉，兵連禍結，何時而已？」

**陳誠之罷。○沈該免。秋七月，以賀允中參知政事。○八月，召監潭州南嶽廟朱熹，不至。**熹，徽州婺源人，少有求道之志。父松知饒州，疾亟，屬熹曰：「胡憲、劉勉之、劉子翬三人學有淵源，吾所敬畏。吾即死，汝往事之。」熹奉以告而稟學焉。既博求之經傳，復徧交當世有識之士。及舉進士，爲泉州同安主簿。罷歸，聞延平李侗學于羅從彥，得伊洛之正，遂徒步往從之。其學大要窮理致知反躬踐實，而以居敬爲主。築室武夷山中，四方遊學之士從之者如市。上聞其賢，故召之，熹卒不至。憲，安國從子，生而靜慤，不妄笑語，紹興中與勉之同入太學。時禁伊、洛之學，憲與勉之求得程頤書，潛抄默誦，夜以繼日。聞涪陵譙定受《易》學于頤，二人往從受業，久未有得，定曰：「心爲物潰，故不有見，惟學乃可明耳。」憲悟曰：「所謂學者，非克己工夫邪？」自是一意下學，不求人知。一旦，揖諸生歸崇安故山，力田賣藥，以奉其親，從遊日衆，號籍溪先生，仕終祕書省正字。朱熹嘗言從憲及勉之、子翬三君子遊，而事籍溪先生爲久，得其學爲多。勉之從譙定、劉安世、楊時受學，卒業乃還崇安。結草堂，讀書其中，力耕自給，澹然無求於世，惟與憲、子翬日相往來講論。學者踵至，勉之隨其才器爲說聖賢之道，因以女妻熹，門人號曰白水先生。子翬，韐仲子，以父死國難，痛憤致疾，棄興化通判，隱居武夷山中者十七年。與憲、勉之交相得，每見，講學外無雜言。他所與遊皆知名士，而期以任重致遠者，朱熹而已。熹，初從子翬遊，子翬以《易》之「不遠復」三言俾佩之終身，學者稱爲屏山先生。

**九月，以湯思退、陳康伯爲尚書**

左、右僕射，並同平章事。帝謂康伯曰：「卿静重明敏，一語不妄發，真宰相也。今與思退共政，如有可否，勿憚商確。」康伯曰：「大臣論國事自當盡心，若依阿植黨，臣所不敢。」皇太后韋氏崩。帝事后甚謹，先意承志，惟恐不及。或一食稍減，輒不勝憂懼，常戒宮人曰：「太后年已高，惟優游無事，起居適意，即壽考康寧。事有所闕，慎勿令知，第來白朕。」至是崩，年八十矣，謚曰顯仁。冬十一月，攢顯仁皇后。○十二月，以王綸知樞密院事。

**庚辰**　三十年，金正隆五年。春正月，以葉義問同知樞密院事。○二月，以普安郡王瑗爲皇子，更名瑋，進封建王。初，帝知瑗之賢，欲立爲嗣，恐太后意所不欲，遲回久之。及后崩，帝問吏部尚書張燾以方今大計，對曰：「儲嗣者，國之本也，天下大計無踰於此。今兩郡名分宜早定。」帝喜曰：「朕懷此久矣，開春當議典禮。」燾頓首謝。至是，利州提點刑獄范如圭掇至和、嘉祐間名臣奏章凡三十六篇，合爲一書，囊封以獻，請斷以至公勿疑。帝感悟，即日下詔以普安郡王爲皇子，加恩平郡王璩開府儀同三司、判大宗正寺，稱皇姪。夏六月，王綸罷。秋七月，以葉義問知樞密院事，朱倬參知政事。倬初以張浚薦，自宜興簿入對。時方以劉豫爲憂，倬策其必敗，帝大喜，而秦檜惡之，出爲越州教授。檜死，倬知惠州，陛辭，因言前事，帝問：「卿何久淹如此？」倬言爲檜所厄，帝愀然慰諭目送之，且曰：「人不知卿，惟朕獨知。」遂累擢至中丞，論事多所裨益，帝信任之。八月朔，日食。○賀允中致仕。○九月，以李寶爲浙西副總管。寶嘗陷金，拔身自海道來歸。至是召對，詢以北事，歷歷如數，迺授官，令於平江督海舟捍禦。冬十二月，湯思退有罪免。侍御史陳俊卿論：「思退挾巧詐之心，濟傾邪之術，觀其所爲多效秦檜，蓋思退致身，皆秦檜父子恩也，宜寘之憲典。」遂奉祠。初行會子。户部侍郎錢端禮被旨造會子，儲見錢于城内外流轉，其合發官錢並許兑會子，輸左藏庫。初行于兩浙，遂通行諸州。

**辛巳　三十一年，**金正隆六年十月，世宗雍大定元年。**春正月朔，日食，帝不受朝。○風雷，大雨雪。**侍御史汪澈言：「春秋魯隱公時，大雨震電，繼以雨雪，孔子以八日之間再有大變，謹而書之。今一夕之間二異交至，陰盛也。今臣下無姦萌，戚屬無乖剌，而又無女謁之私，意者殆爲夷狄乎？願陛下飭大臣，常謹於備邊也。」**二月，分經義、詩賦爲兩科以取士。**禮部侍郎金安節言：「熙寧、元豐以來，經義、詩賦廢興離合，隨時更革。近合科以來，通經者苦賦體雕刻，習賦者病經旨淵微，心有弗精，業難兼濟。後進往往得志，而老生宿儒多困也。請復立兩科，永爲成憲。」從之。**三月，以楊椿參知政事。○以陳康伯、朱倬爲尚書左、右僕射，並同平章事。○以吴拱知襄陽府。**先是，陳康伯以金人必敗盟，請早爲之備。及聞金人決欲敗盟，乃召楊存中及三衙帥至都堂，議舉兵。又詔侍從、臺諫集議。康伯傳上旨曰：「今日更不論和與守，直問戰當如何。」時上意雅欲視師，内侍省都知張去爲陰沮用兵，且陳退避策，中外妄傳幸閩、蜀，人情洶洶。朱倬無一語，康伯奏曰：「金敵敗盟，天人共憤。今日之事，有進無退。聖意堅決，則將士之意自倍。願分三衙禁旅助襄、漢，待其先發應之。」乃以利州西路都統制吴拱知襄陽，部兵三千戍之。拱，玠之子也。**夏五月，金主亮使人來求漢、淮之地，始聞靖康帝之喪。**金主亮嘗密隱畫工於奉使中，俾寫臨安湖山以歸，爲屏，而圖己之象策馬于吴山絶頂，題詩其上，有「立馬吴山第一峰」之句。至是，遣其簽書樞密院事高景山、右司員外郎王全來賀天申節，亮謂全曰：「汝見宋主，即面數其焚南京宫室、沿邊買馬、招致叛亡之罪，當令大臣來此，朕將親詰之，且索漢、淮之地，如不從，則厲聲詆責之，彼必不敢害汝。」蓋欲激怒以爲南侵之名也。又謂景山曰：「回日，以全所言奏聞。」全至臨安，一如金主之言以詆帝。帝謂全曰：「聞公北方名家，何乃如是？」全復曰：「趙桓今已死矣。」帝始聞淵聖崩，遽起發哀而罷。詔持斬衰三年，上淵聖廟號曰欽宗。**以吴璘爲四川宣撫使。○六月，以劉錡爲江、淮、浙西制置使，屯揚州。**時宿將無在者，乃以錡爲江、淮、浙西制置使，節制逐路軍馬。**故遼人移剌窩斡叛金，圍臨潢。**初，金主亮徵兵南侵，使牌印燥合如西北路，盡僉契丹丁壯。契丹人曰：「西北路接近鄰國，世世征伐，相與讎怨。若男丁盡從軍，彼以兵來，則盡係累矣。幸使者入朝言之。」燥合畏罪不敢言，遂與牌印耶律娜等盡起男丁。於是西北路招討司譯史撒八與部衆殺招討使完顏沃側及燥合等，而執耶律娜，取招討使司貯甲三千，遂反。議立故遼主延禧子孫，衆推都監老和尚爲招討使，山後山前諸羣牧皆應之。咸平府謀克括里舉兵據咸平，繕完器甲，出府庫財物募兵以應撒八，其勢益張。金主亮使僕散忽土等討之，皆無功，而撒八自度大軍必相繼而至，勢不可支，謀歸于西遼，乃率衆沿龍駒河西出。撒八既行，而舊居山前者皆不欲往，僞署六院節度使移剌窩斡殺撒八，執老和尚等，自爲都元帥，擁衆東還至臨潢府東南新羅寨。東京留守曹國公烏祿使移剌札八招之，窩斡已約降，已而復謂札八曰：「若降，爾能保我輩無事乎？」札八見窩斡兵衆彊盛，車帳滿野，意其可以有成，反説之曰：「我之始來，以汝輩不能有爲。今觀兵勢彊盛如此，汝等欲如羣羊爲人所驅去乎？將欲恃天時乎？若果有大志，吾亦不復還矣。」其黨有前孛特本部族節度逐斡者，言：「昔谷神丞相，賢能人也，嘗説西北部族他日當有事。今日正合此語，恐不可降也。」於是窩斡決意不降，遂攻臨潢，圍之，衆至五萬。

**金主亮遷都于汴。○秋七月，金大括馬于諸路。**先是，調馬于諸路，以户口爲差，計五十六萬疋，仍令户自養以俟。至是，又大括贏馬，官至七品，聽留一疋，等而上之。并舊籍民馬，其在東者給西軍，在西者給東軍，交相往來，晝夜絡繹不絶，死者狼籍于道。其亡失多者，官吏懼罪，或自殺。所過蹂踐民田，調發牽馬夫役。詔河南州縣所貯糧米以備大軍，不得他用。贏馬所至，當給芻粟而無可給，有司以爲請，金主亮曰：「北方比歲民間儲畜尚多，今禾稼滿野，贏馬可就牧田中。借令再歲不獲，亦何傷乎？」於是國内騷然，盜賊蠭起，大者連城邑，小者保山澤。有以盜賊事聞者，亮輒杖而黜其官。太醫使祁宰上疏諫南侵，❶亮殺之，由是羣臣不敢言。

**金主亮大殺宋遼宗室之在其國者。**凡百三十餘人。

**周麟之有罪免。**初，麟之受命賀金遷都，憚不欲行，陳康伯以國事勉之，麟之語侵康伯。康伯曰：「使某不爲

❶「祁宰」，原作「祈宰」，據《金史》卷七《世宗本紀》、卷八三《祁宰傳》改。

宰相，當自行。大臣與國存亡，雖死安避？」麟之竟辭行，至是坐免。**遣樞密都承旨徐嘉如金，至盱眙，金人卻之，乃還。**嘉至盱眙，金主亮使韓汝嘉就境上止之曰：「朕始至此，比聞北方小警，欲復歸中都，無庸來賀也。」嘉乃還。**八月，宿遷人魏勝起兵復海州，詔以勝知州事。**勝多智勇，應募爲弓箭手，居山陽。及金人籍諸路民爲兵，勝躍曰：「此其時也。」聚義士三百，北渡淮，取漣水軍，宣布朝廷德意，不殺一人。金知海州事高文富遣兵捕勝，❶勝迎擊走之，追至城下，文富閉門固守。勝令城外多張旗幟，舉煙火爲疑兵，又使人向諸城門，諭以金人棄信背盟，無名興兵，及本朝寬大之意。城中人聞即開門，獨文富與其子安仁率牙兵拒之。勝殺安仁及州兵千餘，擒文富，民皆按堵如故。勝遣人諭朐山、懷仁、沭陽、東海諸縣，皆定之。乃蠲租稅，釋罪囚，發倉庫，犒戰士。分忠義士爲五軍，紀律明肅，部分如宿將。勝益募忠義，以圖收復，遠近聞之響應，旬日得兵數千。勝將董成率所部千餘人直入沂州，殺金守將及軍士三千，餘衆悉降，得器甲數萬。金遣蒙恬鎮國以兵萬餘取海州，抵州北二十里新橋。勝帥兵出迎之，設伏于隘陣以待。❷衆殊死戰，伏發，賊大敗，殺鎮國，馘千人，降三百人，軍聲益振。山東之民咸欲來附，勝傳檄招諭，結集以待王師之至。沂民壁蒼山者數十萬，金人圍之，久不下，砦首滕彔告急於勝。勝提兵往救之，陣于山下。金人多伏兵，勝兵遇伏，皆赴砦。金人襲之，勝單騎而殿，以大刀奮擊。金人望見勝，知其爲將也，以五百騎圍之數重。勝馳突四擊，金陣開復闔，戰移時，身被數十槍，冒刃出圍。金兵追之，馬中矢踣，步而入砦，無敢當者。金人又急攻，絶其水，砦中食乾糒，殺牛馬飲血，勝默禱而雨驟作。金人攻益急，周山爲營。勝度其必復攻海州，因間出砦，趨城中。金人果解蒼山圍，自新橋抵城下。勝出戰，皆捷。金分兵四面攻之，勝募士登城以禦，矢石如雨者七日，金兵死傷多，遁去。**以成閔爲京湖制置使。〇金主亮弒其太后徒單氏。九月，遂大舉入寇。**徒單后聞亮欲南侵，數以言諫之。亮不悅，每謁見還宮，必忿怒，人不知其故。及至汴，后居寧德宮，使侍婢高福娘問

❶「高文富」，《宋南渡十將傳》卷四《魏勝傳》、《宋名臣言行録》別集上卷一三《魏勝》作「高文多」。

❷「陣」，原作「障」，據《宋史》卷三六八《魏勝傳》改。

亮起居。亮幸之，因使伺后動静。凡后所爲，事無大小，福娘夫特末哥教福娘增飾其言以聞。及契丹反，樞密使僕散忽土往討，辭謁后，后謂曰：「國家世居上京，既徙中都，今又至汴，復將興兵涉江、淮伐宋，疲弊中國。我嘗諫止之，不見聽也。契丹事復如此，奈何？」福娘以告亮。亮意謂后嘗養鄭王充爲己子，充四子皆成立，恐忽土將兵在外，或有異圖，乃召點檢大懷忠等使弒后，且指名后左右數人皆令殺之。后方樗蒱，懷忠等至，令后跪受詔。后愕然，方下跪，尚衣局使虎特末從後擊之，仆而復起者再，高福娘等縊殺之，并殺其左右數人。亮命焚后于宮中，棄骨于水，并殺鄭王充之子檀奴、阿里白等三人。遂召忽土等還，皆殺之。封高福娘爲鄖國夫人，❶以特末哥爲澤州刺史。又以尚書令張浩、左丞相蕭玉諫伐宋，杖而釋之。自是莫有敢諫者。遂分諸道兵爲三十二軍，置左、右大都督，及三道都統制府以總之。以奔睹爲左大都督，李通副之；紇石烈良弼爲右大都督，烏延蒲盧渾副之。蘇保衡爲浙東道水軍都統制，完顔鄭家副之，由海道徑趣臨安；劉蕚爲漢南道行營兵馬都統制，進自蔡州，以瞰荆、襄；徒單合喜爲西蜀道行營兵馬都統制，由鳳翔取大散關，駐軍以俟後命。左監軍徒單貞別將兵二萬入淮陰。九月，亮召諸將授方略，賜宴于尚書省，命皇后徒單氏與太子光英居守，張浩、蕭玉、敬嗣暉留治省事。亮戎服乘馬，具裝啓行，妃嬪皆從。衆六十萬，號百萬，氊帳相望，鉦鼓之聲不絶。李通造浮梁于淮水之上，將自清河口入淮東，遠近大震。

**以黄祖舜同知樞密院事。○金人犯黄牛堡，吴璘等敗之，遂復秦、隴、洮三州。**

金徒單合喜將五千騎扼大散關，遊騎攻黄牛堡。守將李彦堅告急，人情洶洶。制置使王剛中跨一馬，馳二百里至吴璘營，起璘于帳中，責之曰：「大將與國，義同休戚，臨敵安得高枕而卧！」璘大驚，即馳至殺金平，駐軍青野原，益調内郡兵，分道而進，授以方略，以援黄牛。剛中又以蠟書抵張正彦濟師，西師大集。李彦堅以神臂弓射金師，卻之。璘遣別將彭青至寶雞渭河，夜劫橋頭寨，破之。又遣劉海復秦州，彭青復隴州，曹洙復洮州。❷金師既退，剛中倍道馳還，謂其屬李燾曰：「將帥之功，吾何有焉。」燾嘆

❶「鄖」，原作「勛」，據《金史》卷五《海陵本紀》、卷六三《海陵嫡母徒單氏傳》改。

❷「曹洙」，原作「曹休」，據《繫年要録》卷一九二、《皇宋十朝綱要》卷二五、《宋史》卷三二《高宗本紀》改。

曰：「身督戰而功成不居，過人遠矣。」劉錡遣兵復泗州。○高平人王友直起兵復大名，遣使入朝。友直幼從父佐游，志復中原。聞金主亮渝盟，乃結豪傑，謂之曰：「權所以濟事，權歸于正，何害於理？」即矯制自稱河北等路安撫制置使，以其徒王任爲副使，徧諭州縣勤王。未幾，得衆數萬，制爲十三軍，置統制等官以統之。進攻大名，一鼓而克，撫定衆庶，諭以紹興年號，遣人入朝奏事。未幾，自壽春來歸，詔以爲忠義都統制。冬十月，金人圍海州，魏勝、李寶合擊，大敗之。金主亮渡淮，慮勝睨其後，分軍數萬圍海州。會李寶帥舟師由海道將拒敵于膠西，勝遣人邀之。寶遡風至東海，慷慨厲士赴援，與勝同擊金兵于新橋，敗之。勝還守北關，金兵逼關。勝登關門，張樂飲酒犒軍士，令固守，勿出戰。踰時，乃少遣士出，憑險隘擊之。金人知不可攻，率軍轉而渡河襲關後，勝斂兵入城。金人欲過砂堰，圜城爲營，勝先已據堰拒之，尋以單騎逐虜於東門外，大聲叱之，金騎五百皆望風退。勝又追十數里，金兵駭散。翌早，乘昏霧，四面薄城急攻。勝竭力捍禦，城上鎔金液，投火牛。金兵不能前，多死傷，乃拔砦走。金人渡淮，劉錡進軍楚州以拒之。劉錡兵至揚州，建大將旗鼓，軍容甚肅，觀者嘆息，以兵駐清河口扼金師。金人以氈裹船載糧而來，錡使善没者鑿沈其舟，金人自渦口渡淮，錡次于淮陰，列兵運河岸以扼之。金人立曹國公烏禄爲帝于遼陽，更名雍。金主亮自發汴京，將士在道多亡歸者。曷蘇館猛安福壽、高忠建、盧萬家，婆娑路總管謀衍，東京謀克金住等，始受甲於大名，即舉部亡歸，從者至二萬餘，皆公言于路曰：「我輩今往東京，立新天子矣。」時東京留守烏禄，許王訛里朵之子，太祖之孫也，性仁孝，沈静明達，衆心歸之。亮嘗使謀良虎圖淮北諸王，烏禄聞而憂懼。會故吏六斤自汴還，具言金主弑母等事，且曰：「將遣使害宗室兄弟矣。」烏禄益懼，謀於其舅興中少尹李石。❶石勸烏禄先殺副留守高存福，烏禄遂執存福，將殺之，適福壽等以軍入東京，乃共殺存福等。烏禄遂御宣政殿即位，大赦，改元大定。下詔暴揚亮罪惡

❶「興中」，原作「興元」，據《金史》卷六《世宗本紀》、卷二四《地理志》改。

數十事，追尊訛里朵爲帝，廟曰睿宗。

劉錡將王權軍潰于昭關，錡引還揚州。

金主亮入廬州。錡遣都統王權措置淮西，權不從錡節制，聞金兵大至，即棄廬州退屯昭關，不戰而潰。錡聞之，遂自淮陰退還揚州。金主亮入廬州，權自昭關退保和州。

吴拱、成閔遣兵復唐、鄧諸州。

○帝親征，詔葉義問督視江淮軍馬，虞允文參謀軍事。帝聞王權敗，召楊存中至内殿議禦敵之策，因命存中就陳康伯議，欲航海避敵。康伯延之入，解衣置酒，帝聞之，已自寬。明日，康伯入奏曰：「聞有勸陛下幸越趨閩者，審爾大事去矣，盍静以待之！」一日，帝忽降手詔曰：「如敵未退，散百官。」康伯焚詔而後奏曰：「百官散，主勢孤矣。」帝意既堅，康伯乃請下詔親征。帝從之，以葉義問督視江淮軍馬，中書舍人虞允文參贊軍事。尋以楊存中爲御營宿衛使。

金人陷真州，統制邵宏淵逆戰，敗走。

○詔吴璘出兵漢中，璘遂復商、虢州。

○王權退屯采石，金主亮入和州。亮入和州，以梁山濼水涸，先所造戰船不得進，命李通復造船，督責苛急。將士日夜不得休息，壞城中民居以爲材木，煑死人膏爲油用之。

李寶大破金人于陳家島，殺其將完顏鄭家。寶既解海州之圍，遂與其子公佐引舟師至膠西石臼島。敵舟已出海口，泊唐島，❶相距僅一山。時北風盛，寶禱于石臼神，風自柂樓中來，如鍾鐸聲，衆咸奮，引舟握刃待戰。敵操舟者皆中原遺民，遥見寶船，紿敵兵入舟中，使不知王師猝至。風駛舟疾，過山薄敵，鼓聲震蕩，海波騰躍。敵大驚，掣矴舉帆，帆皆油纈，彌亘數里，風浪捲聚一隅，窘束無復行次。寶命火箭射之，煙焰隨發，延燒數百艘。火所不及者，猶欲前拒，寶叱壯士躍登其舟，以短兵擊殺之。降其衆三千餘人，斬其帥完顏鄭家等六人，擒倪詢等上于朝；獲其統軍符印與文書、器甲、糧斛以萬計，餘物衆不能舉者悉焚之，火四晝夜不滅。

金人陷揚州，劉錡遣兵拒于皁角林，大敗之。錡以舟渡真、揚之民于江南，留屯瓜洲。金人來争，錡命步將吴超、員琦、王

❶「唐島」，原作「陳家島」，據《中興小紀》卷四〇、《續宋中興編年資治通鑑》卷七、《宋史》卷三七〇《李寶傳》改。

佐等拒之于皁角林。錡陷重圍，下馬死戰。佐以步卒，設伏林中，金人既入，張弩俄發，金人以運河岸狹，非騎兵之利，稍稍引去。追擊，大破之，斬其統軍高景山。**十一月，召張浚判建康府。**殿中侍御史陳俊卿上疏極言浚忠藎，帝悟，乃詔復官判建康。浚至岳陽，買舟冒風雪而行。時金兵充斥，浚遇東來者云：「敵兵方盛，焚采石，煙焰漲天，慎毋輕進。」浚曰：「吾赴君父之急，知直前求乘輿所在而已。」遂乘小舟徑進，時長江無一舟敢行北岸者。**編管王權于瓊州，以李顯忠代將其軍。○金人侵瓜洲，葉義問使中軍統制劉汜禦之，敗績，義問走建康。**時劉錡病甚，求解兵柄，留其姪中軍統制汜以千五百人塞瓜洲，李橫以八千固守。詔錡還鎮江，專防江，於是盡失兩淮之地。金人攻瓜洲，汜以克敵弓射卻之。葉義問至鎮江，見錡病劇，以李橫權錡軍，遂督兵渡江。衆以爲不可，義問彊之。汜請出戰，錡不從，汜拜家廟而行。金人以重兵逼瓜洲，汜先退，李橫以孤兵不能當，亦卻，失其都統制印。橫左軍統制魏俊、後軍統制王方死之，❶橫、汜僅以身免。錡聞汜敗，因憤悶，疾益甚。義問聞之，乃遵陸趨建康，市人皆媟罵之。

**虞允文大敗金軍于采石，金主亮趨揚州。**亮築臺江上，自被金甲登臺，殺黑馬以祭天，以一羊一豕投于江中，召奔睹等謂之曰：「舟楫已具，可以濟江矣。」蒲盧渾曰：「臣觀宋舟甚大，我舟小而行遲，恐不可濟。」亮怒曰：「爾昔從梁王追趙構入海島，豈皆大舟邪？誓明日渡江，晨炊玉麟堂，先濟者與黃金一兩。」亮置黃旗、紅旗于岸上，以號令進止。時葉義問命虞允文往蕪湖迎李顯忠，交王權軍，且犒師。允文至采石，權已去，顯忠未來，敵騎充斥。官軍三五星散，解鞍束甲坐道傍，皆權敗兵也。允文謂坐待顯忠，則誤國事，遂立召諸將，勉以忠義，曰：「金帛、告命皆在此，以待有功！」衆曰：「今既有主，請死戰！」或謂允文曰：「公受命犒師，不受命督戰。他人壞之，公受其咎邪？」允文叱之曰：「危及社稷，吾將安避！」乃命諸將列大陣不動，分戈船爲五：其二並東、西岸，其一駐中流，藏精兵待戰；其二藏小港，備不測。部分甫畢，敵已大呼，亮操小紅旗，麾數百艘，絶江而來。瞬息之間，抵南岸者七十艘，直薄官軍。軍小卻，允文入陣中，撫統制

❶「後軍」，原作「右軍」，據《繫年要録》卷一九四、《三朝北盟會編》卷二三八、《宋史》卷三六六《劉錡傳》改。

時俊之背曰：「汝膽略聞四方，立陣後，則兒女子爾！」俊即揮雙刀出，士殊死戰。中流官軍以海鰌船衝敵舟，皆平沈，敵半死半戰，日暮未退。會有潰卒自光州至，允文授以旗鼓，從山後轉出，敵疑援兵至，始遁。允文又命勁弩尾擊追射，大敗之。金兵還和州，凡不死于江者，亮悉敲殺之。會報曹國公已即位于東京，改元大定，亮拊髀嘆曰：「朕本欲平江南，改元大定，此非天乎！」因出其素所書，取「一戎衣天下大定」改元事，以示羣臣。遂召諸將帥，謀北還，且分兵渡江。李通曰：「陛下親征，深入異境，無功而還，若衆散于前，敵乘于後，非萬全計。若留兵渡江，車駕北還，諸將亦將解體。今燕北諸軍近遼陽者，恐有異志，宜先發其渡江，斂舟焚之，絶其歸望。然後陛下北還，南北皆指日而定矣。」亮然之。允文知亮敗，明當復來，夜半，部分諸將，分海舟縋上流，别遣盛新以舟師截金人于楊林河口。明旦，敵果至，因夾擊之，復大敗，焚其舟三百。敵遣僞詔來諭王權，似有宿約者。允文曰：「此反間也。」乃復書言：「權因退師，已寘憲典，新將李顯忠也，願快戰以決雌雄。」亮得書大怒，遂焚其龍鳳舟，❶斬梁漢臣及造舟者二人，率其軍趨揚州。使符寶郎耶律没答護神果軍扼淮渡，凡自軍中還至淮上，無都督府文字，皆殺之。

**劉錡罷，以成閔、李顯忠、吴拱爲兩淮、京湖三路招討使。**

顯忠至采石，虞允文語之曰：「敵入揚州，必與瓜洲兵合。京口無備，我當往，公能分兵相助乎？」顯忠分萬六千與之，允文遂還京口。時敵屯重兵滁河，造三牐，儲水深數尺，塞瓜洲口。楊存中、成閔、邵宏淵諸軍皆集京口，凡二十餘萬。允文以戰艦數少不足用，聚材改治之。命張深守滁河口，扼大江之衝，以苗定駐下蜀爲援，且謁劉錡問疾。錡執允文手曰：「疾何必問。朝廷養兵三十年，一技不施，而大功乃出一儒生，我輩愧死矣！」以疾篤召還，提舉萬壽觀。詔以閔等爲招討使，閔，淮東；顯忠，淮西；拱，湖北、京西。

**金主亮爲其下所殺。**

亮至瓜洲，居于龜山寺。虞允文與楊存中臨江按試，命戰士踏車船中流上下，三周金山，回轉如飛。敵持滿以待，相顧駭愕。亮笑曰：「紙船耳。」有一將跪奏：「南軍有備，不可輕。願駐揚州，徐圖進取。」亮怒，杖之五十。召諸將，約以三日濟江，否則盡殺之。驍騎高僧欲誘其黨以亡，事覺，亮命衆刃剉之。乃下令：「軍士亡

❶「龍鳳舟」，《宋史》卷三八三《虞允文傳》作「龍鳳車」。

者，殺其蒲里衍；蒲里衍亡者，殺其謀克；謀克亡者，殺其猛安；猛安亡者，殺其總管。」由是軍士益危懼。亮又令軍中運鵃鶻船于瓜洲，期以明日渡江，敢後者死。衆欲亡歸，乃決計于浙西都統制耶律元宜及猛安唐括烏野，且曰：「前阻淮，渡皆成擒矣。比聞遼陽新天子即位，不若共行大事，然後舉軍北還。」元宜然之，乃期詰旦衛軍番代即行事。黎明，元宜等帥諸將，以衆薄亮營。亮聞亂，意宋兵奄至，攬衣遽起，箭入帳中，亮取視之，愕然曰：「乃我兵也！」近侍大慶山曰：「事急矣，當出避之。」亮曰：「走將安往？」方取弓，已中箭仆地。延安少尹納合斡魯補先刃之，手足猶動，遂縊殺之。軍士攘取行營服用皆盡，乃取驍騎指揮使大磐衣巾，裹其尸而焚之。收其妃嬪及李通、郭安國、徒單永年、梁珫、大慶山等，皆殺之。元宜自爲左領軍副大都督，使人殺太子光英于汴。退軍三十里，遣人持檄詣鎮江軍議和。未幾，金軍在荆、襄、兩淮者皆拔栅北還。史臣曰：「完顔亮智足以拒諫，言足以飾非。欲爲君則弒其君，欲圖隣則弒其母，欲奪人之妻則使之殺其夫。三綱絶矣，何暇他論？至於屠滅宗族，翦刈忠良，婦姑姊妹盡入嬪御。卒之戾氣感召，身由惡終。使天下後世稱無道主以亮爲首，可不戒哉，可不戒哉！」**十二月，成閔、李顯忠收復兩淮州軍。**

**○帝如建康。**張浚至建康，即具行宫儀物請車駕臨幸，帝從之。帝至建康，張浚迎拜道左，衛士見浚無不以手加額。浚起復用，風采隱然，軍民皆倚爲重。**金主雍入燕。**

**壬午　三十二年，**金大定二年。**春正月朔，日食。○山東人耿京起兵復東平，遣其將辛棄疾來朝。**金主亮死，中原豪傑並起。山東忠義耿京據東平，自稱天平節度使，以齊州歷城人辛棄疾掌書記。棄疾勸京來歸，京遣棄疾奉表詣行在。帝大喜，厚賚之，以京知東平府。**金主雍遣使來聘。**金主雍下令散南征之衆，以高忠建爲報諭宋國使，且告即位。**二月，以虞允文爲川陝宣諭使。**允文還朝，帝慰藉嘉歎，謂陳俊卿曰：「允文，朕之裴度。」及是陛辭，言：「金亮既誅，新主初立，彼國方亂，天相我恢復也。和則海内氣沮，戰則海内氣伸。」帝以爲然。允文至蜀，遂與吴璘經略中原。**帝還臨安。**時將祔欽宗于太廟，帝還臨安，謂張浚曰：「卿在此，朕無北顧憂矣。」御史吴芾言：「建康可以控帶襄、漢，經略淮甸，大駕宜留，以繫中原之望。若還臨安，則西北之勢不能相接。」不從。金以張浩爲尚書令。金主雍嘗謂宰相曰：「進賢退不肖，宰相之職也。有才能高于己者，或懼其分權，往往不肯引置同列，朕甚不取。卿等毋以此爲心。」時有近侍進言欲罷科舉者，金主問浩曰：「自古帝王有不用文學者乎？」浩曰：「有之。」曰：「誰歟？」浩曰：「秦始皇。」金主顧近侍曰：「豈可使我爲秦始皇？」事遂寢。閏月，祔欽宗主于太廟。○吴璘復大散關，分兵守和尚原，金人走寶雞。璘遣兵復河州及積石、鎮戎軍，❶遂復大散關。楊椿罷。○太尉、威武節度使劉錡卒。錡以劉汜敗，發怒，嘔血數升，至是卒。贈開府儀同三司，謚武穆。錡慷慨深毅，有儒將風。金主亮之南下也，令有敢言錡姓名者斬。枚舉南朝諸將，問其下孰敢當者，皆隨姓名以對，其答如響，至錡，莫有應者。亮曰：「吾自當之。」惜錡以疾不能成功，齎恨而没。耿京將張安國殺京以降金，辛棄疾還，執安國送臨安斬之。張安國殺京降金，棄疾還至海州，與衆謀曰：「我緣主帥來歸朝，不期事變，何以復命？」乃約李寶統制王世隆等徑趨金營，即帳中縛安國獻于臨安，斬之。詔授棄疾江陰僉判，❷棄疾獻議恢復，持論勁直，不爲迎合，衆壯之。吴璘復德順軍及環州。璘遣姚仲取鞏，王彦屯商、虢、陝、華，惠逢取熙河，或久攻不下，或既得復失，竟無成功。仲舍鞏攻德順，踰四旬不克，璘以李師顔代之，遣子挺節制軍馬。挺與敵戰于瓦亭，大敗之，擒其千户耶律九斤等百三十七人。金人懲其敗，悉兵趨德順。璘自將往督師，先壁于險，且治夾河戰地。璘至城下，守陴者聞呼「相公來」，觀望咨嗟，矢不忍發。璘按行諸屯，斬不用命者。先以數百騎嘗敵，敵一鳴鼓，鋭士空壁躍出突璘軍。璘軍得先治地，無不一當百。至暮，璘忽傳呼某將戰不力，人益奮搏，敵大敗，遁入壁。黎明，師再出，敵堅壁不動。會大風雪，金人拔營去，凡八日而克。璘入

❶「河州」，原作「河原州」，據《皇宋十朝綱要》卷二五、《繫年要録》卷一九七、《宋史》卷三二《高宗本紀》改。

❷「江陰僉判」，原作「江淮判官」，據《宋史》卷四〇一《辛棄疾傳》、《御批歷代通鑑輯覽》卷八七改。

城，市不改肆，父老擁馬迎之。璘又遣嚴忠取環州，遂還河池。時姚仲等又復蘭、會、熙、鞏等州及永安軍。**遣起居舍人洪邁使金。**金高忠建至臨安。議遣使報聘，且賀即位。工部侍郎張闡請：「嚴遣使之命，正敵國之禮，彼或不從，則有戰耳。如是，則中國之威可以復振。」帝然之，遂遣洪邁充賀登極使。帝謂執政曰：「向日講和，本爲梓宮、太后，雖屈己卑辭，有所不憚。今兩國之盟已絶，宜正名畫境，朝儀、歲幣，當先定之。」邁乃奏接伴禮儀十有四事。既而忠建責事以臣禮，及取新復州郡，❶陳康伯以義折之，乃止。邁行，書用敵國禮，帝手札賜邁曰：「祖宗陵寢，隔闊三十年，不得以時洒掃祭祀，心寔痛之。若彼能以河南地見歸，必欲居尊如故。正復屈己，亦何所惜！」邁奏言：「山東之兵未解，則兩國之好不成。」至燕，金閤門見國書不如式，❷抑令于表中改「陪臣」二字，朝見之儀必欲用舊禮。邁執不可，金鎖使館，三日水漿不通。及見金人，語不遜，欲留邁，張浩不可，乃遣還。邁，皓季子也。**夏四月，以汪澈參知政事。○金人復攻海州，鎮江都統張子蓋及魏勝大敗之。**金人復遣五斤太師發諸路兵二十餘萬攻海州，先遣一軍自州西南斷勝軍餉道。勝擇勇悍士三千餘騎，拒于石闥堰，金軍不能進。逮夜始還，留千人備險隘。金兵十萬來奪，勝率衆鏖戰，殺數千人，餘皆遁去，勝還入城。無何，金兵環城圍數重，勝與郭蔚分兵備禦，或獨出擾之，使不得休息。又間夜發兵劫其營，或焚其攻具。既而金人併力急攻，勝告急於李寶，寶以聞。命張子蓋往援，進次石湫堰。金人陳萬騎於河東，子蓋率精鋭數千騎擊之。統制張玘略陣，❸中流矢死。子蓋曰：「事急矣！」奮臂大呼，馳入陣，勝等繼之殊死戰。賊大敗，擁溺石湫河死者半，圍遂解。子蓋，俊之姪也。**金追廢亮爲海陵煬王。**蕭玉、敬嗣暉、許霖等輔亮爲虐，皆放歸田里，特末哥及其妻高氏伏誅。**五月，立建王瑋爲皇太子，更名眘。**初，金亮南侵，兩淮失守，朝臣多勸帝退避，建王瑋不勝其憤。及帝下詔親征，瑋請率師爲前驅。直講史浩

❶「及」，萬曆本、《陳文正公文集》卷六外集作「以」。

❷「國書」，原作「圖書」，據《文忠集》卷一六四、《宋史》卷三七三《洪邁傳》改。

❸「張玘」，原作「張汜」，據《繫年要録》卷一九九、《宋史》卷三六九《張子蓋傳》、卷四五三《張玘傳》改。

聞之，入言于瑋曰：「皇子不宜將兵。」因爲草奏請扈蹕，以供子職。帝亦欲瑋徧識諸將，遂命從幸金陵。及還臨安，帝欲遜位。陳康伯密贊大議，乞先正名，俾天下咸知聖意，遂草立太子詔以進，帝從之。瑋既立，更名眘。罷三招討司。以李顯忠主管侍衛馬軍司，❶成閔主管殿前衙司，吴拱主管侍衛步軍司。顯忠陰結金都統蕭琦爲内應，請出師，欲自宿、亳趨汴，由汴京以通關、陜，關、陜既通，則鄜延一路熟知顯忠威名，必皆響應。且欲起其舊部曲數萬以取河東。會詔罷兵，乃止。六月，追封子偁爲秀王。詔集議子偁封爵，户部侍郎汪應辰定其稱曰「太子本生之親」。議入，内降曰：「皇太子所生父，可封秀王，謚安僖，母張氏爲王夫人。」朱倬罷。○帝傳位于太子，自稱太上皇帝，皇后稱太上皇后。太子即位，大赦。帝降手札：「皇太子可即皇帝位，朕稱太上皇帝，后稱太上皇后，退居德壽宫。」太子固讓，不許，遂即位。班退，上皇即駕之德壽宫，帝服袍履，步出祥曦門，冒雨掖輦以行，及宫門，弗止。上皇麾謝再三，且令左右扶掖以還，顧謂羣臣曰：「付托得人，吾無憾矣。」史臣曰：「高宗恭儉仁厚，以之繼體守文則有餘，撥亂反正則不足。當其初立，因四方勤王之師，内相李綱，外任宗澤，天下之事宜無不可爲者。顧乃播遷窮僻，坐失事機，始惑于汪、黄，終制于秦檜，偷安忍恥，匿怨忘親，以貽來世之譏。悲夫！」帝朝太上皇于德壽宫。帝五日一朝，太上皇不許，自是月四朝。以龍大淵爲樞密副都承旨，曾覿幹辦皇城司。二人，帝潛邸内知客也。尋以大淵知閤門事，覿同知閤門事。詔中外臣庶陳時政闕失。監南嶽廟朱熹封事，首言：「帝王之學，必先格物致知，以極夫事物之變，使義理所存，纖悉必照，則自然意誠、心正，而可以應天下之務。」次言：「脩攘之計不時定者，講和之説疑之也。❷今虜於我有不共戴天之讎，則不可和也明矣。願斷以義理之公，參以利害之實，閉關絶約，任賢使能，立紀綱，厲風俗，使吾修政、攘夷之外，孑然無一毫可恃爲遷延中已之資，而不敢懷頃刻自安之意。

❶「馬軍」，原作「軍馬」，據《文忠集》卷一一二、《宋史》卷三二《高宗本紀》、卷三六七《李顯忠傳》乙正。

❷「疑」，《宋史》卷四二九《朱熹傳》作「誤」。

更相激厲以圖事功，數年之外，國富兵彊，視吾力之彊弱，觀彼釁之淺深，徐起而圖之，中原故地，不爲吾有而將焉往！」次言：「四海利病，係斯民之休戚；斯民之休戚，係守令之賢否。監司者，守令之綱；朝廷者，監司之本。欲斯民之得所，本原之地亦在朝廷而已。」**秋七月，召張浚入朝，以爲江淮宣撫使，封魏國公。**帝手書召浚入見，浚至，帝改容曰：「久聞公名，今朝廷所恃惟公。」因賜之坐。浚從容言：「人主之學，以心爲本。一心合天，何事不濟！所謂天者，天下之公理而已。必兢業自持，使清明在躬，則賞罰舉措，無有不當，人心自歸，敵讎自服。」帝竦然曰：「當不忘公言。」加浚少傅、魏國公，宣撫江淮。浚見帝英武，力陳和議之非，勸帝堅意以圖恢復。欲遣舟師自海道擣山東，命諸將出師掎角以向中原。翰林學士史浩以潛邸舊臣，時預樞密議，欲城采石、瓜洲。浚言：「不守兩淮而守江干，是示敵以削弱，怠戰守之氣，不若先城泗州。」浩不悅，遂與有隙，凡浚所規畫，浩必沮之，竟無成功。**追復岳飛官，以禮改葬。**官其孫六人。**八月，以史浩參知政事。九月，罷川陝宣諭使虞允文。**浩上言：「官軍西討，東不可過寶雞，北不可過德順。若兵宿于外，去川口遠，則敵必襲之。」朝廷遂欲棄三路，允文上言：「恢復莫先于陝西，陝西五路新復州郡，又係于德順之存亡。一旦棄之，則窺蜀之路愈多，西和、成、階利害至重，不可不慮。」於是允文罷知夔州，以王之望代之。明年，允文入對言：「今日有八可戰。」且以笏畫地陳棄地利害。帝曰：「此史浩誤朕也。」改允文知太平。**故遼人移剌窩斡稱帝，金將僕散忠義討平之。**窩斡稱帝，改元天正，兵勢大張，往討者多爲所敗。金主遣右副元帥謀衍討之，遇于長濼，窩斡大敗，率衆西走，謀衍復追敗于霿䨲河。窩斡去攻懿州。金師久無功，僕散忠義自請行，乃以爲右副元帥代謀衍。忠義及紇石烈志寧追之至裊嶺西陷泉，大敗之。窩斡以數騎僅免，收合散卒萬餘入奚部，其黨多降。窩斡自知勢窮，北走沙陀。其徒執之，獻于右都監完顏思敬，送中都斬之。其黨悉平，惟札八不服，頗爲邊患，金人苦之。**冬十月，葉義問罷，以張燾同知樞密院事。○十一月，金以僕散忠義爲都元帥，紇石烈志寧副之。**金主以宋不稱臣，乃詔忠義總戎事，居南京，節制諸軍，復令志寧駐軍淮陽。❶忠義將行，金主諭之曰：「宋若歸侵疆、貢禮如故，則可罷兵。」忠義至汴，簡閱士卒，分屯要害。十二月，詔宰相復兼樞密使。○詔吴璘班師。金以重兵扼鳳翔，争吴璘新復十三州、三軍，璘亟馳德順以備之。已而金蒲察世傑率師十萬來攻，璘力戰拒之。時議棄三路，遂詔璘班師。

續資治通鑑綱目第十五

❶「淮陽」，《金史》卷八七《紇石烈志寧傳》作「睢陽」。

# 續資治通鑑綱目第十六

起癸未宋孝宗隆興元年，盡己酉宋孝宗淳熙十六年。凡二十七年。

**癸未** 孝宗皇帝隆興元年，金大定三年。

春正月，置武舉十科。○吴璘還河池，金人遂陷新復十三州、三軍。璘得詔，寮屬交諫曰：「將在軍，君命有所不受。此舉所係甚重，奈何退師？」璘知朝論主和，乃曰：「璘豈不知此，顧主上初政，璘握重兵在遠，有詔，璘何敢違？」遂退師還河池。金人乘其後，璘軍亡失者三萬三千，部將數十人，連營痛哭，聲振原野。於是秦鳳、熙河、永興三路，新復十三州、三軍，皆復爲金取。

以史浩爲尚書右僕射、同平章事兼樞密使。○以張浚爲樞密使，都督江淮軍馬，開府建康。浚薦陳俊卿爲宣撫判官。先是，帝召俊卿及浚子栻赴行在。浚附奏，請帝臨幸建康以動中原之心，用師淮壖以爲吴璘聲援。帝見俊卿，問浚動静、飲食、顔貌，曰：「朕倚魏公如長城，不容浮言摇奪。」浚開府江淮，參佐皆一時之選。栻以少年内贊密謀，外參庶務，其所綜畫，幕府諸人皆自以爲不及。及入奏事，因進言曰：「陛下上念祖宗之讎耻，下閔中原之塗炭，惕然于中，思有以振之。臣謂此心之發，即天理之所存也。願益加省察，而稽古親賢以自輔，無使少息，則今日之功，可以立成。」帝大異之。

二月，黄祖舜罷。○三月，金人以書來求海、泗、唐、鄧、商州之地及歲幣。先是，金人十萬衆屯河南，聲言規取兩淮，朝廷震恐。張浚請以大兵屯盱眙、泗、濠、廬備之，至是，紇石烈志寧乃以書抵浚，欲凡事一依皇統以來故約，不然，請會兵相見。且遣蒲察徒穆、大周仁屯虹縣，蕭琦屯靈壁，積糧修城，將爲南攻計。

以張燾參知政事，辛次膺同知樞密院事。初，次膺爲右正言，力諫和議，爲秦檜所怒，流落者二十年。帝即位，召爲中丞。次膺每以名實爲言，多所裨益，帝呼其官而不名。若成閔之貪饕，湯思退之朋比，葉義問之姦罔，皆被論罷。每章疏一出，天下韙之。渡江已後，直言之臣，稱次膺爲首。

張燾罷。

**○夏四月，張浚使李顯忠、邵宏淵分道伐金。**帝銳意恢復，張浚入見，乞即日降詔幸建康。帝以問史浩，浩對曰：「先爲備守，是謂良規。議戰議和，在彼不在此。儻聽浚謀之士，時興不教之師，寇退則論賞以邀功，寇至則斂兵而遁迹。取快一時，含冤萬世。」及退，詰浚曰：「帝王之兵，當出萬全，豈可嘗試以圖僥倖？」復辨論于殿上。浚因内引奏浩意不可回，恐失機會。且謂金人至秋，必爲邊患，當及其未發攻之。帝然其言，乃議出師渡淮，三省、樞密院不預聞。會顯忠、宏淵亦獻擣虹縣、靈壁之策，帝命先圖二城。浚乃遣顯忠出濠州，趨靈壁，宏淵出泗州，趨虹縣。

**五月，史浩免。**省中忽得邵宏淵出兵狀，始知不由三省，徑檄諸將。浩語陳康伯曰：「吾屬俱兼右府，而出兵不預聞，焉用相爲哉？不去何待！」入對，因奏：「陳康伯欲納歸正人，臣恐他日必爲子孫憂。張浚銳意用兵，若一失之後，恐陛下不得復望中原。」因力丐免。侍御史王十朋論浩懷姦誤國等八罪，遂罷浩知紹興府。

**李顯忠復靈壁，遂會邵宏淵復虹縣，金將士多降。**顯忠自濠梁渡淮，至陡溝。金右翼都統蕭琦用拐子馬來拒，顯忠與之力戰，遂復靈壁。顯忠入城，宣布德意，不戮一人，於是中原歸附者接踵。宏淵圍虹，久不下。顯忠遣靈壁降卒開諭禍福，金守將蒲察徒穆、大周仁皆出降。宏淵恥功不自己出，會有降千户訴宏淵之卒奪其佩刀，顯忠立斬之，由是二將不協。未幾，蕭琦復降于顯忠。

**張浚渡江，李顯忠大敗金人，復宿州。**顯忠兵傅宿州城，金人來拒，顯忠大敗其衆，追奔二十餘里。宏淵至，謂顯忠曰：「招撫真關西將軍也。」顯忠閉營休士，爲攻城計，宏淵等不從。顯忠引麾下楊椿上城，開北門，不踰時，拔其城。宏淵等殿後，趣之，始渡濠登城。城中巷戰，又斬首虜數千人，擒八千餘人。❶遂復宿州，中原震動。捷聞，帝手書勞張浚曰：「近日邊報，中外鼓舞，十年來無此克捷。」既而，宏淵欲發倉庫犒卒，顯忠不可，移軍出城，止以見錢犒士，士皆不悅。詔以顯忠爲淮南、京東、河北招討使，宏淵副之。

**帝率羣臣詣德壽宮上壽。**天申節也，歲以爲常。

**以辛次膺參知政事，洪遵同知樞密院事。**

**○李顯忠、邵宏淵之師潰于符**

❶「八千」，《宋史》卷三六七《李顯忠傳》、《資治通鑑後編》卷一二一作「八十」。

離。紇石烈志寧自睢陽引兵攻宿州，李顯忠擊却之。金孛撒復自汴率步騎十萬來攻宿州，晨薄城下，列大陣。顯忠謂宏淵併力夾擊，宏淵按兵不動，顯忠獨以所部力戰。俄而敵大至，顯忠用克敵弓射却之。宏淵顧衆曰：「當此盛夏，摇扇於清涼且猶不堪，况烈日被甲苦戰乎？」人心遂摇，無復鬬志。至夜，中軍統制周宏鳴鼓大譟，陽爲敵兵至，與邵世雍、劉侁各以所部兵遁。繼而統制左師淵、統領李彦孚亦遁。顯忠移軍入城，統制張訓通、張師顔、荔澤、張淵等以顯忠、宏淵不協，各遁去。金人乘虚復來攻城，顯忠竭力捍禦，斬首二千餘，積屍與牛馬牆平。城東北角敵兵二十餘人已上百餘步，顯忠取軍所執斧斫之，敵始退却。顯忠嘆曰：「若使諸軍相與掎角，自城外掩擊，則敵兵可盡，敵帥可擒，河南之地，指日可復矣！」宏淵又言：「金添生兵二十萬來，儻我兵不返，恐不測生變。」顯忠知宏淵無固志，勢不可孤立，歎曰：「天未欲平中原邪？何沮撓如此！」遂夜引還，至符離，師大潰。是舉所喪軍資器械殆盡，幸而金不復南。時張浚在盱眙，顯忠往見浚，納印待罪。浚以劉寶爲鎮江諸軍都統制，乃渡淮，入泗州，撫將士，遂還揚州，上疏自劾。六月朔，日食。

○汪澈罷，以周葵參知政事。○貶張浚爲江淮宣撫使，安置李顯忠于筠州。初，宿師之還，士大夫主和者皆議浚之非。帝賜浚書曰：「今日邊事，倚卿爲重，卿不可畏人言而懷猶豫。前日舉事之初，朕與卿任之，今日亦須與卿終之。」浚乃以魏勝守海州，陳敏守泗州，戚方守濠州，郭振守六合。治高郵、巢縣兩城爲大勢；修滁州關山以扼敵衝，聚水軍淮陰，馬軍壽春，大飭兩淮守備。帝復召浚子入奏事，浚附奏曰：「自古有爲之君，心腹之臣相與協謀同志，以成治功。今臣以孤蹤，動輒掣肘，陛下將安用之？」因乞骸骨。帝覽奏，謂栻曰：「朕待魏公有加，雖乞去之章日上，朕決不許。」帝對近臣言，必曰魏公，未嘗斥其名。每遣使至督府，必令視浚飲食多少，肥瘠如何。至是，帝以符離師潰，乃議講和。召湯思退爲醴泉觀使，奉朝請，而下詔罪己。於是尹穡附思退劾浚，遂降授浚特進、樞密使，充宣撫，治揚州。顯忠責授果州團練副使，❶筠州安置，而邵宏淵仍前建康都統制。後

❶「顯忠責授果州團練副使，筠州安置」，據《宋史》卷三三《孝宗本紀》，李顯忠六月責授清遠軍節度副使，筠州安置；七月責授果州團練副使，潭州安置。

朝廷知其故，復顯忠太尉，奉祠。**辛次膺罷。**次膺以疾祈免，且奏曰：「王十朋雖上親擢，天下皆知臣薦其賢。湯思退召將至，亦知臣嘗疏其姦。」遂罷，奉祠。陛辭，帝甚惜其去。次膺奏曰：「臣與思退，理難同列。」帝曰：「有謂思退可用者。」次膺曰：「今日之事，恐非思退能辦。思退固不足道，竊恐有悞國家爾。」**秋七月，以湯思退爲尚書右僕射、同平章事兼樞密使。○八月，復以張浚都督江淮軍馬。**陳俊卿以浚降秩徙治，上疏曰：「若浚不用，宜別屬賢將；如欲責其後效，降官示罰可也。今削都督重權，寘揚州死地，如有奏請，臺諫沮之，人情解體，尚何後效之圖？議者但知惡浚而欲殺之，不復爲宗社計。願下詔戒中外協濟，使浚自効。」疏入，帝悟，即復浚都督。浚遂以劉寶爲淮東招撫使。**金人復以書來求地及歲幣，詔淮西安撫幹辦官盧仲賢報之。**紇石烈志寧以書貽三省、密院云：「故疆、歲幣如舊，及稱臣、還中原歸正人，即止兵。不然，當俟農隙往戰。」帝以付張浚，浚言：「金彊則來，弱則止，不在和與不和。」湯思退，秦檜黨也，急於求和。陳康伯、周葵、洪遵等皆上疏，謂：「敵意欲和，則我軍民得以休息，爲自治之計，以待中原之變而圖之，是萬全之計也。」工部侍郎張闡獨曰：「彼欲和，畏我邪？愛我邪？直欺我耳！」力陳六害不可許。帝意亦然，姑隨宜應之，乃遣盧仲賢持報書如金師，云：「海、泗、唐、鄧等州，乃正隆渝盟之後，本朝未遣使之前得之。至於歲幣，固非所較，第兩淮凋瘵之餘，恐未如數。」仲賢陛辭，帝戒以勿許四郡，而思退等命許之。張浚奏：「仲賢小人多妄，不可委信。」不聽。既而命廷臣議金師所言四事，其說不一。帝曰：「四州歲幣可與，名分、歸正人不可從也。」**冬十月，立賢妃夏氏爲皇后。**帝初納郭直卿之女孫爲妃，❶生鄧王愭、慶王愷、恭王惇、邵王恪而薨。袁州宜春人夏協有女奇之，以資納于宮中，爲吳太后閤中侍御。郭妃薨，太后以夏氏賜帝，至是立爲后。協既納女，資匱居貧，乃歸，客袁之僧舍，號夏翁而死。后訪得其弟執中，補閤門祇候。執中與其妻至京，宮人諷使出之，擇配貴族，欲以媚后，執中不爲動。他日，后親爲言，執中以宋弘語對，后

❶「孫」，原脱，據《宋史》卷二四三《孝宗成穆郭皇后傳》補。

不能奪。執中既貴，始從師學，作大字頗工，復善騎射。帝聞其才，將召用之，執中謝曰：「他日無累陛下，保全足矣。」人以此益賢之。**十一月，盧仲賢還，有罪除名，遣審議官胡昉如金軍。**仲賢至宿州，僕散忠義懼之以威。仲賢皇恐，言歸當稟命，遂以忠義遺三省、密院書來上，其畫定四事：一欲通書稱叔姪，二欲得唐、鄧、海、泗四州，三欲歲幣銀、絹之數如舊，四欲歸彼叛臣及歸正人。仲賢還，帝大悔。張浚遣子栻入奏仲賢辱國無狀。帝怒，遂下大理，問其擅許四州之罪，奪三官，尋除名，竄郴州。湯思退奏以王之望充金國通問使，龍大淵副之，許割棄四州，求減歲幣之半。初，之望爲都督府參贊軍事，不欲戰，請入朝，因奏：「人主論兵與臣下不同，惟奉承天意而已。竊觀天意，南北之形已成，未易相兼。我之不可絕淮而北，猶敵之不可越江而南也。移攻戰之力以自守，自守既固，然後隨幾制變，擇利而應之。」思退悅其言，故奏遣之。會右正言陳良翰言：「前遣使已辱命，大臣不悔前失而復遣王之望，是金不折一兵而坐收四千里要害之地，決不可許四郡也。若歲幣，則俟得陵寢然後與，庶爲有名。今議未決而之望遽行，恐其辱國不止於仲賢。願先馳一介往，俟議決，然後行，未晚也。」遂以胡昉爲金國通問所審議官。張浚亦力言金未可與和，請帝幸建康以圖進兵。帝乃手詔王之望等，并一行禮物並回，待命境上，而令胡昉先往諭金以四州不可割之意。如必欲得四州，則當追還使人、罷和議矣。**詔廷臣集議和金得失。召張浚還。**陳康伯等言：「金人來通和，朝廷遣盧仲賢報之，其所論最大者三事：我所欲者，削去舊禮，彼亦肯從；彼所欲者，歲幣如數，我不深較；其未決者，彼欲得四州，而我以祖宗陵寢、欽宗梓宮爲言，未之與也。乞詔張浚歸國，特垂咨訪。仍命侍從、臺諫集議。」帝從之。羣臣多欲從金人所請，張浚及湖北、京西宣諭使虞允文、起居郎胡銓、監察御史閻安中上疏力爭，以爲不可與和。湯思退怒曰：「此皆以利害不切於己，大言悞國，以邀美名。宗社大事，豈同戲劇！」帝意遂定。浚在道，聞王之望行，上疏力辨其失，曰：「自秦檜主和，陰懷他志，卒成逆亮之禍。檜之大罪未正於朝，❶致使其黨復出爲惡。臣

❶「未」，原作「末」，據《宋名臣言行録》別集下卷三、《宋史全文》卷二四上、《資治通鑑後編》卷一二一改。

聞立大事者，以人心爲本，今内外之議未決，而遣使之詔已下。失中原將士四海傾慕之心，他日誰復爲陛下用命哉？人心既失，如水之覆，難以復收。而況於天則不順，於義則不安，竊爲陛下憂之。」不聽。**以朱熹爲武學博士，既而罷之。**熹應詔入對，言：「君父之讎，不與共戴天。今日所當爲者，非戰無以復讎，非守無以制勝。」時相湯思退方倡和議，不悦，除武學博士，後與洪适論不合而歸。**十二月，陳康伯罷。以湯思退、張浚爲尚書左、右僕射，並同平章事兼樞密使，浚仍都督江淮軍馬。**

**甲申　二年，**金大定四年。**春正月，金人執胡昉，尋遣還。**昉至金，金人以失信執之。帝聞昉被執，謂浚曰：「和議不成，天也。自此事當歸一矣。」詔王之望以幣還。既而，僕散忠義以書進金主，金主覽之曰：「行人何罪？」即遣還，邊事令元帥府從宜措畫。**三月，張浚視師江淮，金軍退。**初，湯思退恐和議不成，奏請以宗社大計，奏禀上皇而後從事。帝批示三省曰：「金無禮如此，卿猶欲議和。今日敵勢，非秦檜時比，卿議論，秦檜不若！」思退大駭，陰謀去浚，遂令王之望等驛奏：「兵少糧乏，樓櫓器械未備。人言委四萬衆以守泗州非計。」帝惑之。會户部侍郎錢端禮言：「兵者，凶器。願以符離之潰爲戒，早決國是，爲社稷至計。」乃詔浚行視江淮。時浚所招徠山東、淮北忠義之士，以實建康、鎮江兩軍，凡萬二千人；萬弩營所招淮南壯士及江西羣盗，又萬餘人，陳敏統之，以守泗州。凡要害之地，皆築城堡，其可因水爲險者，皆積水爲匱。增置江淮戰艦，諸軍弓矢器械悉備。金人方屯重兵爲虚聲脅和，有「刻日決戰」之語。及聞浚復視師，亟撤兵歸。於是，淮北之來歸者日不絶，山東豪傑悉願受節度。浚以蕭琦契丹望族，沈勇有謀，欲令盡領降衆。且以檄諭契丹，約爲應援。金人益懼。**夏四月，罷張浚，判福州。**湯思退諷右正言尹穡論浚跋扈，且費國不貲，奏令張深守泗不受趙廓之代爲拒命；復論督府參議官馮方，罷之。浚乃請解督府。詔以錢端禮、王之望宣諭兩淮，而召浚還。端禮入奏，言：「兩淮名曰備守，守未必備；名曰治兵，兵未必精。」蓋詆浚也。浚留平江，凡八上疏，乞致仕。帝察浚之忠，欲全其去，乃命以少師、保信節度使判福州。左司諫陳良翰、侍御史周操言浚忠勤，人望所屬，不當使去國，皆坐罷。六月朔，日食。○秋七月，洪遵罷。○撤兩淮邊備。湯思退急欲和好之成，自壞邊備，罷築壽春城，散萬弩營兵，輟修海船，毀拆水匱，不推軍功賞典，及撤海、泗、唐、鄧之戍。八月，少師、保信節度使、魏公張浚卒。浚既去，朝廷遂決棄地求和之議。浚猶上疏言尹穡姦邪，必誤國事，且勸帝務學親賢。或勸浚勿復以時事爲言，浚曰：「君臣之義，無所逃於天地間。吾荷兩朝厚恩，久居重任，今雖去國，惟日望上心感悟，苟有所見，安忍弗言？上如欲復用浚，浚當即日就道，不敢以老疾爲辭。如若等言，是誠何心哉？」聞者聳然。行次餘干，得疾，手書付二子栻、杓曰：「吾嘗相國，不能恢復中原、雪祖宗之恥，即死，不當葬我先人墓左，葬我衡山足矣。」數日而薨，贈太保。後帝思浚忠，加贈太師，謚忠獻。浚幼有大志，及爲熙河幕官，偏行邊壘，覽觀山川形勢，時時與舊戍將握手飲酒，問祖宗以來守邊舊法及軍陣方略之宜。故一旦起自疏遠，當樞筦之任，悉能通知邊事本末。在京城中，親見二帝北行，皇族係虜，生民塗炭，誓不與虜俱存，故終身不主和議。時論以浚之忠，大類漢諸葛亮。然亮能使魏延、楊儀終其身不爲異同，浚以吴玠故，遂殺曲端。亮能容法孝直，浚不能容李綱、趙鼎，而又詆之。兹所以不及亮也。吕中曰：「浚有社稷大功者五：建復辟之勳，發儲嗣之議，誅范瓊以立國基，用吴玠以保全蜀，却劉麟以定江左。世但以富平、符離之役議之，然曹彬岐溝之敗，其喪師蹙國亦不下富平、符離，豈可以一眚而掩其大德乎？」以賀允中知樞密院事。○遣宗正少卿魏杞使金。湯思退奏遣杞如金議和，書稱「姪大宋皇帝某，再拜奉于叔大金皇帝」，歲幣二十萬。帝面諭杞曰：「今遣使，一正名，二退師，三減歲幣，四不發歸附人。」杞條上十七事擬問對，帝隨事畫可。陛辭，奏曰：「臣將旨出疆，豈敢不勉，萬一無厭，願速加兵。」帝善之。兵部侍郎胡銓言：「虜不可和，臣恐再拜不已，必至稱臣；稱臣不已，必至請降；請降不已，必至納土；納土不已，必至輿櫬；輿櫬不已，必至如晉帝青衣行酒而後爲快。今日舉朝之士皆婦人也。」不聽。○錢端禮又請遣國信所大通事王抃如金師，持周葵書，致于僕散忠義及紇石烈志寧。金以完顔守道爲尚書左丞。金主謂守道曰：「卿等每奏皆常事，凡治國安民及朝政不便於民者，未嘗及也。如此，則宰相之任，誰不能之？」九月，以王之望參知政事。○詔湯思退都督江淮軍馬，思退辭不行。思退急於求和，諷侍御史尹穡言，乞置獄，取不肯撤備及棄地者二十餘人論罪。因擢穡諫議大夫。至是，命思退都督江淮，固辭，乃以楊存中爲同都督。冬十月，賀允中罷。○詔輔臣晚對便殿。詔曰：「朕每聽朝議政，頃刻之際，意有未盡。自今執政大臣或有奏陳，宜於申未間入對便殿。庶可坐論，得盡所聞，期躋於治。」金兵復渡淮。十一月，魏勝拒戰于淮陽，敗績，死之，楚州陷。湯思退以帝悔悟，恐事不成，陰遣孫造諭敵以重兵脅和，金僕散忠義等遂議渡淮。魏杞行次盱眙，忠義遣趙房長問杞所以來之意，求觀國書。杞曰：「書，御封也，見主，當廷授。」房長馳白忠義，疑國書不如式，又求割商、秦之地及歸正人，且欲歲幣二十萬。杞以聞，帝命盡依初式，許割四州，歲幣亦如其數，再易國書。忠義猶以未如所欲，遂與紇石烈志寧分兵自清河口以犯楚州，都統制劉寶棄城遁。時勝奉詔專一措置清河口，金人乘間以舟載器甲、糗糧自清河出，欲侵邊。勝覘知之，帥忠義士拒于河口。金兵詐稱欲運糧往泗州，由清河口入淮。勝欲禦之，劉寶戒以方議和，不可。金兵軼境，勝帥諸兵拒於淮陽，自卯至申，勝負未決。金徒單克寧帥生兵至，勝與力戰，矢盡，依土阜爲陣，謂士卒曰：「我當死此，得脱者歸報天子。」乃令步卒居前，騎兵爲殿，至淮陰東十八里，中矢，墜馬死，楚州遂陷。金人入濠、滁州。都統制王彦棄昭關走。以楊存中都督江淮軍馬。時諸軍各守分地，不相統一，存中集諸將調護之，於是始更相爲援。朝議欲舍淮保江，存中持不可，乃已。湯思退以罪竄永州。言者論其主和誤國之罪，遂落職永州居住。太學生張觀等七十二人伏闕上書，論思退及王之望、尹穡姦邪誤國，鈎致敵人之罪，乞斬三人，以謝天下，併竄其黨洪适、晁公武，而用陳康伯、胡銓、陳良翰、王十朋、金安節、虞允文、王大寶、陳俊卿、黄中、龔茂良、張栻、劉夙、查籥，以濟大計。思退行至信州，聞之，憂悸而死。思退與張浚同相，而始終不合，浚以雪恥復讎爲志，思退每借保境息民爲言而已。復以陳康伯爲尚書左僕射、同平章事兼樞密使，錢端禮簽書樞密院事，虞允文同簽書院事。

金兵犯淮，人情驚駭，時張浚已卒，皆望康伯復相，乃自紹興召拜。康伯力疾，至闕下，詔子安節、婿文好謙掖以見，減拜，賜坐，間日一會朝，許乘肩輿至殿門，給扶升殿，非大事不署。帝又思允文之言，故并召用之。

詔王之望勞師江上。閏月，金人寇揚州，之望有罪免。

金人至揚州，或請擊之，楊存中不敢渡江，獨臨江固壘以自守。之望與湯思退表裏，專以割地啖敵爲得計。帝詔督府擇利害擊金軍，之望下令諸將不得妄進。朝廷趣行，之望言王抃既還，不可冒小利、害大計。言者論之，遂免。

周葵罷。○十二月，以錢端禮參知政事，虞允文同知樞密院事，王剛中簽書院事。

剛中在蜀，時吴璘、姚仲、王彦，皆以大將建節，雄於一方。守帥以文治，則玩於柔而號令不行；以武競，則窒於暴而下情不通。惟剛中檢身以法，示人以禮，不立崖塹，恩威並行，羽檄紛沓，從容裁決，皆中機會。及去，蜀士民懷之。

金以女真字譯經、史。

乙酉　乾道元年，金大定五年。春正月，召楊存中還。

罷都督府，以存中爲寧遠、昭慶節度使，又罷兩淮及陝西、河東宣撫、招討司。

二月，陳康伯卒。

康伯以經濟自任，臨事明斷。帝嘗謂輔臣曰：「康伯有器量，其從容不迫，可比晉謝安。」至是，奏事出殿門，疾作，輿至第卒。

三月，以虞允文參知政事，王剛中同知樞密院事。○魏杞還自金，始正敵國禮。

金館伴張恭愈以國書稱「大宋」，脅杞去「大」字。杞拒之，具言：「天子神聖，才傑奮起，人人有敵愾意。北朝用兵，能保必勝乎？」金君臣環聽拱竦。金主許損歲幣，不發歸正人，命元帥府罷兵分戍。杞卒正敵國禮而還，帝慰籍甚厚。先是，王抃自金師還，得二帥報書，遂赦沿邊被兵州軍，詔略曰：「比遣王抃，遠抵潁濱，得其要約。尋澶淵盟誓之信，倣大遼書題之儀，正皇帝之稱，爲叔姪之國，歲幣減十萬之數，地界如紹興之時。憐彼此之無辜，約叛亡之不遺，可使歸正之士，咸起寧居之心。」洪适所草也。論者謂前日之所貶損，四方蓋未聞知。今著之赦文，失國體矣。

夏六月，王剛中卒，以洪适簽

書樞密院事。适拜簽書，帝謂錢端禮、虞允文曰：「三省事，可與洪适共議。」自是，東、西府始同班奏事。秋八月，立鄧王愭爲皇太子，大赦。愭，帝長子也。虞允文罷，以洪适參知政事，葉顒簽書樞密院事。○錢端禮罷。時久不置相，端禮以首參闚之甚急。太子愭夫人，端禮女也。殿中侍御史唐堯封論端禮帝姻，不可任執政，坐遷太常少卿。館閣士相與上疏排端禮者，皆被斥。吏部侍郎陳俊卿言：「本朝不以戚屬爲相，最有深意，陛下所宜守。」帝納其言。端禮憾之，出俊卿知建寧。及太子立，端禮不得已，引嫌奉祠。九月，以汪澈知樞密院事。○冬十二月，以洪适爲尚書右僕射、同平章事兼樞密使，汪澈爲樞密使，葉顒參知政事。

**丙戌** 二年，金大定六年。春二月，金左丞相僕散忠義卒。忠義謙以接下，敬儒重士，與人交，侃侃如也。善馭將卒，能得其死力。爲宰輔數年，知無不言，故能以外戚兼任將相，以功名終。三月，洪适罷。适以文學聞望，遭時遇主，自中書舍人，半歲四遷至右相，然無大建明，以究其所學。會霖雨，适引咎乞免，帝從之。以魏杞同知樞密院事。夏四月，汪澈罷。澈在樞府，帝密訪人材，澈薦百有十八人。嘗奏言：「臣起寒遠，所以報國，無私不欺爾。」其自奉清約，賤貴弗渝。五月，脩建康行宮。○葉顒罷，以魏杞參知政事，林安宅同知樞密院事，蔣芾簽書院事。○秋八月，林安宅免。以劾葉顒子受金失實，出居筠州。冬十一月，汰冗兵。○寧遠昭慶節度使楊存中卒。存中出入宿衛四十年，忠義勇敢而寡過，大小二百餘戰，未嘗大衄，上皇最眷念之。十二月，以葉顒知樞密院事。○以葉顒、魏杞爲尚書左、右僕射，並同平章事兼樞密使，蔣芾參知政事，陳俊卿同知樞密院事。先是，帝猶鞠戲，又將遊獵白石，俊卿上疏力諫，至引漢桓、靈、唐敬、穆以爲戒。後數日，入對，帝迎謂曰：「前日之奏，備見忠讜，朕決意用卿矣。」遂有是命。**置制國用司，以宰相領之。**議者言：「近以宰相兼樞密使，蓋欲使知兵也，而不知財穀出入之源，❶可乎？且唐制宰相兼領三司使。」於是詔自今宰相可帶制國用使，參知政事帶同知。

**丁亥　三年，**金大定七年。**春二月，出龍大淵爲浙東總管，曾覿爲福建總管。**大淵、覿怙寵擅權，周必大、金安節等嘗極論之，多坐斥。至是，中書舍人洪邁言於陳俊卿曰：「大淵、覿言鄭聞當除右史，某當除某官，信乎？」俊卿以邁言質於帝，帝怒，遂出二人于外。**以虞允文知樞密院事。○帝從太上皇幸玉津園。**復從幸聚景園，歲以爲常。**三月，秀王夫人張氏卒。**帝成服於後苑。**夏五月，太傅、四川宣撫使、新安王吳璘卒。**璘剛勇，喜大節，略苛細，代兄玠守蜀二十年，隱然爲方面之重，威聲亞於玠。卒贈太師，謚武順。上皇嘗問勝敵之術於璘，璘對曰：「弱者出戰，彊者繼之。」上皇曰：「此孫武子三駟之法，一敗而二勝也。」璘選諸將率以功，有薦才者，璘曰：「兵官非嘗試，難知其才。以小善進之，則僥倖者獲志，而邊人宿將之心怠矣。」尋以虞允文爲四川宣撫使。**六月，皇后夏氏崩。**謚曰安恭。**秋七月，太子愭卒。**謚曰莊文。**攢安恭皇后于脩吉寺。○冬十一月，合祀天地于圜丘。雷，葉顒、魏杞免。**帝以郊祀而雷出非時，用漢制罷顒、杞相。顒爲人簡易清介，與物若無忤，至處大事，則毅然不可奪。**以陳俊卿參知政事，劉珙同知樞密院事。**珙自湖南召還，初入見，首論：「獨斷雖英主之能事，然必合衆智而質之以至公，然後有以合乎天理人心之正，而事無不成。若棄僉謀，徇私見，而有獨御區宇之心，則適所以蔽四達之明，而左右私昵之臣，將有乘之以干天下之公議者。」又論羨餘、和糴之弊，帝皆嘉納之，授翰林學士。復上言：「世儒多病漢高帝不悦學、輕儒生，臣以爲漢高帝所不悦者，特腐儒俗學耳。使當時有以二帝、三王之學告之，知其必敬信，功烈不止此。」因陳聖王之學，所以明理正心爲萬事之綱。

❶「源」，原作「原」，據萬曆本、四庫本、《資治通鑑後編》卷一二二改。

帝稱善,遂拜樞副。珙因薦張栻、汪應辰、陳良翰學行于帝。十二月,金出蒲察通爲肇州防禦使。通爲殿前右衛將軍,金主惡其人,出之於外。臨發,賜金帶,諭之曰:「卿雖有才,然用心多詐,朕左右須忠實人,故命卿補外。賜卿金帶者,答卿服勞之久也。」因顧謂左宣徽使敬嗣暉曰:「如卿不可謂無才,所欠者純實耳。」又諭宰臣曰:「卿等舉用人才,凡己所知識,必使他人舉奏,朕甚不喜。如其果賢,何必以親踈爲避忌也?」

**戊子** 四年,金大定八年。春二月,以蔣芾爲尚書右僕射、同平章事兼樞密使。詔芾常朝,贊拜不名。芾辭,許之。以王炎簽書樞密院事。○夏五月,行《乾道曆》。帝以近世曆學失傳,士大夫無習之者,新曆比舊特彼善于此,乃不別製名,只以「乾道」命名。秋八月,劉珙罷。主管殿前司公事王琪,奉詔按視兩淮城壁。琪擅令揚州增築新城,揚民言不便。珙乞罷琪,忤帝意,遂罷珙。陳俊卿言:「珙正直有才,願留之。」不聽。冬十月,起復蔣芾爲尚書左僕射,以陳俊卿爲右僕射,並同平章事兼樞密使。芾辭,許之。芾六月以母喪去位,至是起復之。有密旨欲今歲大舉,芾奏天時、人事未至,帝不悦。大閲于茅灘。帝親御甲冑,指授方略,命三司合教爲三陣。戈甲耀日,旌旗蔽天,六師驩呼,犒賚有加。十二月,召建寧布衣魏掞之,以爲太學録。掞之師胡憲,與朱熹遊,諸司薦其學行,召赴行在。入對,帝曰:「治道以何爲要?」掞之奏:「治道以分臣下邪正爲要。」詔除太學録。時將釋奠孔子,掞之請廢安石父子勿祀,而追爵程氏兄弟,使從食。不聽。又言:「太學之教,宜以德行爲先。今一以空言浮説取之,非是。」其他政事有係安危治亂之機者,無不抗疏盡言,至三、四,皆不見省。遂罷爲台州教授,尋以病卒,聞者惜之。西遼普速完殺其夫蕭朶魯不,其舅斡里剌討誅之,而立耶律直魯古。權國事普速完與朶魯不弟朴古只沙里通,出朶魯不爲東平王而殺之,朶魯不之父斡里剌以兵問罪,遂殺普速完及朴古只沙里,迎夷列次子直魯古立之,改元天禧。

**己丑** 五年，金大定九年。春正月，措置兩淮屯田。陳俊卿以兩淮備禦未設，民無固志，萬一寇至，倉卒渡兵，恐不及事。請於揚州、和州各屯三萬人，預爲家計。仍籍民家三丁者取其一，以爲義兵，授之弓弩，教以戰陳。農隙之日，給以兩月之食，聚而教之。沿江諸郡亦用其法，諸將渡江，則使之城守，以備緩急，且以陰制州兵頡頏之患。其兩淮諸郡守臣，但當擇才，不當復論文武、計資歷，捐以財賦，許辟官吏，略其小過，責其成功。要使大兵屯要害必争之地，待敵至而決戰，使民兵各守其城，相爲掎角以壯聲勢。帝意亦以爲然，詔即行之，然竟爲衆論所持。俊卿尋亦去位，不能及其成也。二月，以梁克家簽書樞密院事。○罷制國用司。○以王炎參知政事。三月，召四川宣撫使虞允文還，以炎代之。陳俊卿薦允文才堪將相故也。夏五月帝不視朝。六月，始視朝。以射弩弦斷傷目故也。陳俊卿言于帝曰：「陛下未能忘騎射者，蓋志圖恢復耳。誠能任智謀之士以爲腹心，仗武猛之將以爲爪牙，明賞罰以鼓士氣，恢信義以懷歸附，則英聲義烈，不出於尊俎之間，而敵人固已逡巡震慴於千萬里之遠，尚何待區區馳射於百步之間哉？」以虞允文爲樞密使。○秋七月，以曾覿爲浙東總管。先是，龍大淵死，覿在福建，帝憐欲召之。劉珙奏曰：「此曹奴隸，厚賜之可也。引以自近而待以賓友，使得預聞政事，非所以增聖德總朝綱也。」帝納珙言，命遂寢。既而覿垂滿，陳俊卿恐其入。預請以浙東總管處之。覿入見，詔進覿一官爲觀察使，俊卿及虞允文諫不可。竟申浙東之命，覿怏怏而去。八月朔，日食。○以陳俊卿、虞允文爲尚書左、右僕射，並同平章事兼樞密使。俊卿以用人爲己任，所除吏皆一時之選，奬廉退、抑奔競。或才可用而資歷淺者，則密薦於帝，未嘗語人。每接朝士及牧守自遠至，必問以時政得失，人才賢否。允文爲相，亦以人才爲急，嘗籍爲三等，有所見聞即記之，號《材館録》，故所用皆知名士。

**庚寅** 六年，金大定十年。夏四月，罷吏

**部尚書汪應辰。**應辰剛方正直，敢言不避，在朝多革弊政，中貴人皆側目。上皇方甃石池，以水銀浮金鳧魚于上。帝過之，上皇指示曰：「水銀正乏，此買之汪尚書家。」帝怒曰：「汪應辰力言朕建房廊與民争利，乃自販水銀邪！」時賜發運使史正志緡錢二百萬爲均輸、和糴之用，應辰三上疏論之。遂出知平江府，然水銀實非買應辰家也。**五月，陳俊卿罷。**虞允文建議遣使如金，以陵寢爲請。俊卿以爲未可，允文請不已。帝手札諭俊卿，俊卿奏曰：「陛下痛念祖宗，思復故疆，然大事須萬全，俟一二年，吾力稍完乃可。不敢迎合意指，以誤國事。」帝意方鄉允文，俊卿以論不合，因力求去，遂判福州。陛辭，猶勸帝遠佞親賢、修政攘夷，泛使不可輕遣。**夏相任得敬脅其主仁孝，中分其國，請命于金，金主不許。**初，仁孝之嗣位也，國内多亂，任得敬抗禦有功，遂相夏國，專政二十餘年。陰蓄異志，欲圖夏國，誣殺宗親大臣，其勢漸逼，仁孝不能制。是歲，乃分西南路及靈州囉龐嶺地與得敬自爲國，且上表于金，爲得敬求封。金主以問宰相，尚書令李石等曰：「事繫彼國，我何預焉？不如因而許之。」金主曰：「有國之主，豈肯無故分國與人，此必權臣逼奪，非夏主本意。況夏國稱藩歲久，一旦逼于賊臣，朕爲四海主，寧容此邪！若彼不能自正，則當以兵誅之，不可許也。」乃却其貢物，賜仁孝詔曰：「先業所傳，亦當固守。今兹請命，事頗靡常，未知措意之由來，續當遣使以詢爾。」得敬始有懼心，仁孝乃謀誅之。**閏月，以起居郎范成大爲金國祈請使。**求陵寢地及更定受書禮，蓋泛使也。紹興中，金使者至，捧書升殿，北面立榻前跪進，帝降榻受書，以授内侍。金主初立，使者至，陳康伯令伴使取書以進。及湯思退當國，復循紹興故事。帝意悔之，故令成大口以爲請。成大至金，密草奏具言受書式，懷之入。初進國書，辭氣慷慨，金君臣方傾聽，成大忽奏曰：「兩國共爲叔姪，而受書禮未稱，臣有疏。」搢笏出之。金主大駭，曰：「此豈獻書處邪？」左右以笏摽起之，成大屹不動，必欲書達。既而歸館所，金庭紛然。其太子允恭欲殺成大，或勸止之，竟得全節而歸。其復書略云：「和好再成，界河山而如舊；緘音遽至，指鞏、洛以爲言。既云廢祀，欲伸追遠之懷；止可奉遷，即俟刻期之報。至若未歸之旅櫬，亦當並發于行塗。抑聞附請之辭，欲變受書之禮。於尊卑之分何如，顧信誓之誠安在？」於是二事皆無成功。初議遣使祈請陵寢，士大夫有憂其無備而召兵者，輒斥去之。起居郎張栻入對，帝曰：「卿知敵國事乎？」栻對曰：「不知也。」帝曰：「金國饑饉連年，盜賊四起。」栻曰：「金人之事，臣雖未知，境内之事，則知之矣。」帝曰：「何也？」栻曰：「臣竊見比年諸道多水旱，民貧日甚，而國家兵弱財匱，官吏誕謾，不足倚賴。正使彼實可圖，臣懼我之未足以圖彼也。」帝默然久之。栻復奏曰：「臣竊謂陵寢隔絶，誠臣子不忍言之至痛。然今日未能奉辭以討之，又不能正名以絶之。乃欲卑辭厚禮以求於彼，則於大義已爲未盡，而或猶以爲憂者，蓋見我未有必勝之形故也。夫必勝之形，當在於早正素定之時，而不在於兩陣決機之日。今日但當下哀痛之詔，明復讎之義，顯絶金人，不與通使。然後修德立政，用賢養民，選將練兵，以内修外攘，進戰退守，通爲一事。必治其實，而不爲虛文，則必勝之形，隱然可見。雖有淺陋畏怯之人，亦且奮躍而爭先矣。」帝深納之。**以梁克家參知政事。○秋八月，夏任得敬伏誅。○冬十月，高麗翼陽公晧廢其君晛而自立。**晧，晛弟也，以讓國奏于金，金主曰：「讓國，大事也，必晧簒之耳。」却其使而命有司詳問，晧復取晛表，言父遺訓傳位于晧，金主乃封之。**十一月，遣中書舍人趙雄如金。**起居舍人趙雄請置局議恢復，❶帝喜，進中書舍人，遣如金賀生辰，別函書請陵寢及更受書之禮。金主不許，雄辭歸，金主謂雄曰：「汝國何舍欽宗靈柩而請鞏、洛山陵？如不欲欽宗之柩，我當爲爾國葬之。」

**辛卯　七年，**金大定十一年。**春正月朔，上太上皇尊號。**帝尋諭輔臣曰：「前日奉上册寶，上皇聖意甚悦。翌日過宫侍宴，邦家非常之慶，漢唐所無也。」又曰：「本朝家法，遠過漢、唐，惟用兵一事未及。朕以虜讎未復，日不遑暇，如宫中臺殿，上皇時爲之，朕未嘗敢增益。上皇到宫徘徊周覽，爲之興嘆，頗訝其不飾也。」

**金禁羣臣相饋獻。**尚書省奏：「汾陽節度副使牛信昌生日受饋獻，法當奪官。」金主曰：「朝廷行事，苟不自正，何以正天下？尚書省、樞密院生日節辰饋獻不少，此

❶「置」，原作「制」，據《宋史》卷三四《孝宗本紀》、《資治通鑑後編》卷一二三改。

而不問；小官饋獻，即加按劾，豈正天下之道！自今宰執、樞密饋獻，亦宜罷去。」

**帝作《敬天圖》。**帝謂輔臣曰：「《無逸》一篇，享國長久，皆本於寅畏。朕近日取《尚書》所載敬天事，編爲兩圖，朝夕觀覽，以自警省，名曰《敬天圖》。」虞允文對云：「惟陛下盡躬行之實，敬畏不已，必有明效大驗。」帝深然之。

**二月，立恭王惇爲皇太子，大赦。進封慶王愷爲魏王。**莊文太子卒，慶王愷以次當立。帝以恭王惇英武類己，越次立之，而進封愷爲魏王，判寧國府。帝謂輔臣曰：「古人以教子爲重，其事備見於《文王世子》。須當多置僚屬，博選忠良，使左右前後罔匪正人。不然，一薛居州，亦無益也。」尋以王十朋、陳良翰爲太子詹事，劉焞國子司業兼太子侍讀。

**詔僧寺道觀毋免税役。○三月，金葬欽宗皇帝於鞏、洛之原。**以一品禮。

**以張説簽書樞密院事，未拜而罷。**説妻吴氏，太上皇后女弟也。説因攀緣親屬，擢拜樞府。命下，朝論譁然，未有敢誦言攻之者。左司員外郎兼侍講張栻獨上疏切諫，且詣朝堂責虞允文曰：「宦官執政自京、黼始，近習執政自相公始。」允文慙憤不堪。栻復奏：「文武誠不可偏，然今欲右武以均二柄，而所用乃得如此之人。非惟不足以服文吏之心，正恐反激武臣之怒。」帝感悟，命遂寢。

**夏四月，詔皇太子領臨安尹。○五月，起復劉珙爲荆襄宣撫使，珙固辭不起。**珙凡六疏辭之，引經據禮，詞甚切至，最後言曰：「三年通喪，先王因人情而節文之，三代以來，未之有改。至於漢儒，乃有『金革無避』之説，此固已爲先王之罪人矣。然尚有可諉者，曰『魯公伯禽有爲爲之也』。今以陛下威靈，邊陲幸無犬吠之警，臣乃冒金革之名，以私利禄之實，不亦又爲漢儒之罪人乎？抑陛下之詔臣，則有曰：『義當體國，其敢噤無一言以塞明詔？』」乃手疏別奏，略曰：「天下之事，有其實而不露其形者，無所爲而不成；無其實而先示其形者，無所爲而不敗。今德未加脩，賢不得用，賦斂日重，民不聊生。將帥方割士卒以事包苴，士卒方饑寒窮苦而生怨謗。凡吾所以自治而爲恢復之實者，大抵闊略如此。而乃外招歸正之人，內移禁衛之卒，規算未立，手足先露，其勢適足以速禍而致寇。且荆襄，四支也；朝廷，元氣也。誠使朝廷設施得宜，元氣充實，則犂庭掃穴在反掌間耳，何荆襄之足慮？如其不然，則荆襄雖得臣輩百人，悉心經理，亦何足恃哉？臣恐恢復之功，未易可圖，而意外立至之憂，將有不可勝言者。惟陛下圖之。」帝納其言，爲寢前詔。秋七月，加王炎樞密使。○冬十月，金人來聘。金使烏林答天錫來賀生辰，要帝降榻問金主起居。虞允文請帝還内，命知閤門事王抃諭天錫以明日會慶節就見，天錫沮而退。金主雍幸太子宫。金主謂太子曰：「朕爲汝措天下，當無復有經營之事。汝惟無忘祖宗純厚之風，以勤修道德爲孝，明信賞罰爲治而已。昔唐太宗謂高宗曰：『吾伐高麗不克終，汝可繼之。』如此之事，朕不以遺汝。如遼之海濱王，以國人愛其子，嫉而殺之，此何理也！子爲衆愛，愈爲美事。所爲若此，安有不亡？唐太宗又嘗謂高宗曰：『爾於李勣無恩，今以事出之，我死，宜即授以僕射，彼必致死力矣。』君人者焉用僞爲，受恩於父，安有忘報於子者乎？朕御臣下，惟以誠實耳。」

**壬辰** 八年，金大定十二年。春二月，改左、右僕射爲左、右丞相，以虞允文、梁克家爲之，並兼樞密使。尋又省侍中、中書令、尚書令之官，以左、右丞相充其位。罷左司員外郎兼侍講張栻。宰相陰主張説，欲伸前命，故出栻知袁州。栻在朝僅一年，召對至六七，所言皆修身、務學、畏天、恤民、抑僥倖、屏讒諛，宰相近習皆憚之。復以張説簽書樞密院事，罷侍御史李衡等四人。侍御史李衡、右正言王希吕，論説不可執政，直學士院周必大不草答詔，給事中莫濟封還録黄。帝詔翰林學士王曮草制，權給事中姚憲書行，而罷四人。都人作《四賢詩》以紀之。以曾懷參知政事，王之奇簽書樞密院事。○夏四月，金右丞相紇石烈志寧卒。金主嘗宴羣臣於太子宫，顧志寧謂太子曰：「天下無事，吾父子今日相樂，皆此人力也。」及卒，甚悼惜之，曰：「志寧臨敵，身先士卒，勇敢之氣，自太師梁王後，未有如此人也。」秋七月，以曾覿爲武泰節度使。○金罷保安、蘭州榷場。❶

❶「蘭州」，原作「蘭安」，據《金史》卷一三四《西夏傳》、卷五〇《食貨志》改。

金主謂宰臣曰：「夏國以珠玉易我絲帛，是以無用易我有用也。」命罷之。

罷虞允文爲四川宣撫使。帝命選諫官，允文以李彥穎、林光朝、王質對。三人皆鯁亮有文學，爲時所推重。帝不報，而用曾覿所薦者。允文、梁克家争之，不從。允文遂力求去。授四川宣撫使，進封雍國公。陛辭，帝諭以進取之方，期日會河南，御正衙，酌酒賜之。俾即殿門乘馬持節而出，都人以爲榮。

冬十二月，金去金銀坑冶之税。不禁民採。

**癸巳**　九年，金大定十三年。春正月，王炎、王之奇罷。以張説同知樞密院事，沈夏、鄭聞簽書院事。❶ ○夏五月朔，日食。○金禁女真人譯爲漢姓。○秋七月，金復以會寧府爲上京。○冬十月，梁克家罷。克家時獨相，貴戚權幸不少假借，而外濟以和。至是以議金使朝見受書儀，朝廷欲移文泗州，示金生辰使完顏襄使正其禮。克家以爲不可，與張説不合，遂求去，出知建寧。既而金使果不從。以曾懷爲右丞相，鄭聞參知政事，張説知樞密院事，沈夏同知院事。○十二月，沈夏罷，以姚憲簽書樞密院事。

**甲午**　淳熙元年，金大定十四年。春二月，少保、四川宣撫使、雍公虞允文卒。先是，帝密詔趣師期，允文奏軍須未備，帝不樂。至是，帝遣二介持御札賜之，介至而允文薨數日矣。贈太傅，謚忠肅，命鄭聞代爲宣撫。史臣曰：「允文采石之功，宋事轉危爲安，實係乎此。及其罷相鎮蜀，受命興復，刻期而往，志雖未就，其能慷慨任重，豈易得哉？」夏四月，以姚憲參知政事，葉衡簽書樞密院事。六月，憲罷，以衡代之。○曾懷罷，秋七月，復以爲右丞相兼樞密使。○八月，張説免。帝廉知其欺罔也。以楊倓簽書樞密院事。○冬十月，鄭聞卒。○十一月朔，日食。○以龔茂

❶「沈夏」，原作「沈复」，據四庫本、《宋史》卷三四《孝宗本紀》改，下同。

良參知政事。○楊倓罷。○曾懷罷，以葉衡爲右丞相兼樞密使。衡有才智，由小官不十年至宰相，人謂出於曾覿。十二月，以李彦穎簽書樞密院事。○以沈夏爲四川宣撫使。

乙未　二年，金大定十五年。夏四月，宴輔臣于玉津園。帝謂葉衡等曰：「朝廷用人，止論其賢否如何，不可有黨。如唐之牛、李，其黨相攻，四十年不解，皆緣主聽不明，所以至此。文宗乃言：『去河北賊易，去朝中朋黨難。』朕常笑之。爲人主者，但公是公非，何緣有黨？」又曰：「近來士大夫好倡爲清議，此語一出，切恐相師成風，便以趨事赴功者爲猥俗，以矯激沽譽者爲清高，駸駸不已。如東漢激成黨錮之風，深害治體，豈可不戒？卿等宜書諸紳。」六月，以沈夏同知樞密院事。罷四川宣撫司。○秋八月，以左司諫湯邦彦爲金國申議使。九月，葉衡罷。帝諭執政選使求河南陵寢地，葉衡奏邦彦有口辨宜使。邦彦請對，問所以遣，知薦出於衡，恨之。因奏衡對客有訕上語，帝大怒，罷衡。沈夏罷。○贈趙鼎太傅，追封豐國公。謚忠簡。高麗將趙位寵以四十餘城叛附金，金主不受。位寵，高麗西京留守也，以慈悲嶺至鴨渌江四十餘城叛附于金。金主曰：「朕懷綏萬邦，豈助叛臣爲虐？」執其使付高麗，位寵伏誅。閏月，以李彦穎參知政事，王淮簽書樞密院事。

丙申　三年，金大定十六年。春三月朔，日食。○夏四月，金始命京府設學養士。金翰林學士徒單子温進所譯《史記》《西漢書》《貞觀政要》《白氏策林》，金主命頒行之。遂選諸路學生三十餘人，❶令編脩官温迪罕締達教以古書，習作詩策。六月，召朱熹爲祕書郎，不至。先是，陳俊卿、劉珙薦熹爲樞密院編脩官，累召不至，梁克家奏乞褒録之。帝曰：「熹安貧守道，廉退可嘉。」命主管台州崇道觀。至是，龔茂良

❶「三」，原作「二」，據《金史》卷九九《徒單鎰傳》、《資治通鑑後編》卷一二四改。

言熹操行耿介，除祕書郎。熹以改官之命，正以嘉其廉退，顧乃冒進擢之寵，是左右望而罔市利也。力辭不至。會復有言虛名之士不可用者，遂改主管武夷山冲佑觀。史浩復薦熹知南康軍，再辭，不許。至南康，值歲不雨，講求荒政，多所全活。間詣郡學，引士子與之講論，訪唐李渤白鹿洞書院遺址，奏復其舊，爲學規，俾守之。

**湯邦彦有罪，流新州。**邦彦至金，金人拒不納，旬餘乃引見。夾道之士皆控弦露刃，邦彦怖，不能措一辭而還。帝怒其無狀，詔流新州。自是，陵寢之議遂息。

**秋八月，以王淮同知樞密院事，趙雄簽書院事。○冬十月，立貴妃謝氏爲皇后。**后，丹陽人，幼孤，鞠於翟氏，因冒姓翟。及長，被選入宮，侍太上皇后。后以賜帝，累位貴妃。夏后崩，中宮虛位，妃侍帝過德壽宮，太上諭帝立之，復姓謝氏。

**罷鬻爵。**詔曰：「鬻爵，非古也。夫理財有道，撙節出入足矣，安用輕官爵以益貨財！朕甚不取。自今除歉歲民願入粟賑饑，有裕于衆，聽取旨補官，其餘一切住罷。」

**丁酉　四年，**金大定十七年。**春正月，高麗致貢于金。**高麗遣使謝金不納叛，金有司奏高麗所進玉帶乃石似玉者。金主曰：「小國無能辨識，誤以爲玉耳。且人不易物，惟德其物。若復却之，豈禮體也。」

**二月，帝謁孔子，遂臨太學。○金葬宋、遼宗室于河南、廣寧舊陵。○夏六月，罷龔茂良，放之英州。**自葉衡罷，茂良行相事。會帝思史浩，自明州召爲醴泉觀使兼侍講。茂良亦覺眷衰求去，帝曰：「朕以經筵召浩，卿不須疑。」既而曾覿欲以文資禄其孫，茂良以文武官各隨本色蔭補格法繳進。覿因茂良入堂，道間，俾直省官賈光祖等當道不避，街司叱之。光祖曰：「參政能幾時？」茂良奏曰：「臣固不足道，所惜者朝廷大體。」帝諭覿往謝。茂良取光祖於臨安府撻之，御札宣問施行太遽，茂良待罪。帝遣使諭復位。會覿黨謝廓然賜出身，除殿中侍御史，中書舍人林光朝繳還詞頭。帝怒，罷光朝。光朝與茂良同里，茂良遂引疾求去，出知建康。茂良猶手疏恢復六事，帝曰：「卿五年不説恢復，何故今日及此！」退朝甚怒，曰：「福建子不可信如此。」廓然因劾之，遂責降英州安置，父子卒于貶所。以王淮參知政事。○秋七月，罷王雱從祀孔子。○九月朔，日食。○冬十一月，以趙雄同知樞密院事。

**戊戌** 五年，金大定十八年。春正月，侍御史謝廓然請禁有司毋以程頤、王安石之說取士。未幾，祕書郎趙彥中復疏言：「科舉之文，成式具在，今乃祖性理之説，以浮言游詞相高。士之信道自守，以六經、聖賢爲師可矣，而別爲洛學，飾怪驚愚，外假誠敬之名，內濟虛僞之實，士風日弊，人才日偷。望詔執事，使明知聖朝好惡所在，以變士風。」帝從之。三月，李彥穎罷。○以史浩爲右丞相兼樞密使，王淮知樞密院事，趙雄參知政事。帝謂浩曰：「自葉衡罷，虛席以待卿久矣。」夏四月，以陳俊卿判建康府。時曾覿、王抃、甘昪三人，盤結擅政，進退大臣，權震中外，士大夫爭附之。俊卿自興化赴建康，過闕入對，因極言三人招權納賄，薦進人才而以中批行之等事，且曰：「去國十年，見都城穀賤人安，惟士大夫風俗大變。」帝曰：「何也？」俊卿曰：「向士大夫奔覿、抃之門，十才一二，尚畏人知；今則公然趨附已七八，不復顧忌矣。人才進退由私門，大非朝廷美事。臣恐二人壞朝廷紀綱，廢有司法度，敗天下風俗，累陛下聖德。」帝感其言。以范成大參知政事，六月，罷。○以錢良臣簽書樞密院事。○秋七月，太尉、提舉萬壽觀李顯忠卒。顯忠生而神奇，立功異域，父子破家徇國，志復中原。見忤秦檜，屢遭廢黜。符離之役，又爲邵宏淵所忌，竟無成功。帝嘗奇其狀貌魁偉，命繪像閣下。卒，謚忠襄。冬十一月，史浩罷，以趙雄爲右丞相，王淮爲樞密使，錢良臣參知政事。

**己亥** 六年，金大定十九年。夏，旱，詔求直言。知南康軍朱熹上疏，其略曰：「天下之務，莫大於恤民。而恤民之本，在人君正心術以立綱紀。蓋綱紀不能以自立，必人主之心術公平正大，無偏黨反側之私，然後有所繫而立。君心不能以自正，必親賢臣，遠小人，講明義理，閉塞私邪，然後可得而正。今宰相、臺省、師傅、賓友、諫諍之臣，皆失其職，而陛下所與親密謀議者，不過一二近習之臣。上以蠱惑陛下之心志，下則招集天下士大夫之嗜利無恥者。盜陛下之權，竊陛下之柄，使陛下之號令黜陟不復出於朝廷，而出於一二人之門。名爲陛下獨斷，而實此一二人者陰執其柄。臣恐莫大之禍，必至之憂，近在朝夕。而陛下獨未知之。」帝讀之大怒，曰：「是以我爲亡也。」諭趙雄，令分析。雄言於帝曰：「士之好名，陛下疾之愈甚，則人之譽之愈衆，無乃適所以高之。不若因其長而用之，彼漸當事任，能否自見矣。」帝以爲然，詔以熹提舉江西常平茶鹽。

**庚子**　七年，金大定二十年。春二月，魏王愷卒。愷寬慈，爲帝深愛，雖出於外，心每念之，賜賚不絕。及卒，帝泫然曰：「向所以越次建儲，正爲此子福氣差薄耳。」謚惠憲。二子攄、抦，❶攄早卒。右文殿脩撰張栻卒。栻病且死，猶手疏觀帝親君子、遠小人，信任防一己之偏，好惡公天下之理。天下傳誦之。卒年四十八。帝聞之，嗟嘆不已。朱熹與黃榦書曰：「吾道益孤矣。」栻，穎悟夙成，父浚愛之，自幼學所教，莫非仁義忠孝之實。長師胡宏，宏以孔門論仁親切之旨告之。栻退而思，若有得焉。宏稱之曰：「聖門有人矣。」栻益自奮厲，以古聖賢自期，作《希顏録》。爲人表裏洞然，勇於從義，無毫髮滯吝。每進對，必自盟於心，不可以人主意輒有所隨順。帝嘗言伏節死義之臣難得，栻對：「當於犯顏敢諫中求之。若平時不能犯顏敢諫，他日何望其伏節死義？」帝又言難得辦事之臣，栻對：「陛下當求曉事之臣，不當求辦事之臣。若但求辦事之臣，則他日敗陛下事者，未必非此人也。」其遠小人尤嚴，爲都司日，肩輿出遇曾覿，覿舉手欲揖，栻急掩其窗櫺，覿慚，手不得下。所至郡，暇日召諸生告語。民以事至庭，必隨事開曉，具爲條教。大抵以正禮俗、明倫紀爲先，斥異端、毀淫祠，而崇社稷山川、古先聖賢之祀。栻聞道甚蚤，朱熹嘗言：「己之學乃銖積寸累而成，如敬夫則大本卓然先有見者也。」栻所著《論語》、《孟子說》、《太極圖說》、《洙泗言仁録》、《諸葛武侯傳》，

❶「抦」，原作「柄」，據《兩朝綱目備要》卷一、《宋史》卷三七、三八《寧宗本紀》改。

《經世紀年》行于世。嘗言曰：「學莫究於義利之辨。義者，本心之當爲，非有爲而爲也。有爲而爲，則皆人欲，非天理矣。」學者稱爲南軒先生。

**夏五月，以周必大參知政事，謝廓然簽書樞密院事。**必大爲翰林學士幾六年，制命温雅，周盡事情，爲一時詞臣之冠。及拜參政，帝謂之曰：「執政於宰相，固當和而不同，前此宰相議事，執政更無語，何也？」必大對曰：「大臣自應互相可否。自秦檜當國，執政不敢措一辭，後遂以爲當然。陛下虚心無我，人臣乃欲自是乎？惟小事不敢有隱，則大事何由蔽欺？」帝深然之。

**冬十二月，資政殿學士致仕胡銓卒。**謚忠簡。

**辛丑　八年，**金大定二十一年。**春正月，詔罷内侍兼兵職。**時擬以德壽宫提舉陳源帶淛西副總管，給事中趙汝愚論駮以爲不當。帝諭宰執曰：「汝愚言有理，且可防微杜漸。」進呈太上，亦以爲然。遂詔自今内侍不得兼兵職，樞密院遵守，永爲定制。

**金追廢亮爲庶人。**討其弑熙宗也。

**秋七月，著作郎吕祖謙卒。**祖謙，夷簡五世孫也，自其祖好問，始居婺州。其學本之家庭，有中原文獻之傳。長從林之奇、汪應辰、胡憲游，而友張栻、朱熹。學以關、洛爲宗，旁稽載籍，心平氣和，不立崖異。少卞急，一日，誦孔子「躬自厚而薄責於人」之言，忽覺平時忿懥，涣然冰釋。朱熹嘗言：「學如伯恭，方是能變化氣質。」其所講畫，將以開物成務。既卧病，而任重道遠之志不衰，居家之政，皆可以爲後世法。年四十五而卒，著《讀書記》《大事記》，皆未成書。考定《古周易》《書説》《閫範》《官箴》《辨志録》《皇朝文鑑》，行于世。學者稱爲東萊先生。

**八月，趙雄罷。**雄自四川幕官，陳恢復之策，爲帝所奇，不數年，致位右相。每進見，必言二帝在沙漠。及帝眷衰，有言雄多私里黨者，帝疑之。會陳峴帥四川，命從中出，雄遂求去，乃出知瀘州。

**以王淮爲右丞相兼樞密使，謝廓然同知樞密院事。**淮既相，問太子侍讀楊萬里曰：「宰相先務何事？」萬里曰：「人才。」淮因問其人，萬里即疏朱熹、袁樞以下六十人。

**九月，錢良臣罷。**

**○以朱熹提舉浙東常平茶鹽。**

**冬十二月，下熹社倉法于**

諸路。浙東大饑，王淮薦熹，即日單車就道。召入對，首陳災異之由，與脩德、任人之説，因及時政之缺，凡七事。帝深納之。熹始拜命，即移書他郡，募米商，蠲其征。及至，則米已輳集。熹日鈎訪民隱，按行境內，單車屏徒從，所至人不及知。郡縣官吏，憚其風采，至自引去，所部肅然。凡政有不便于民者，悉釐革之。有短熹者，謂其疏于爲政。帝謂王淮曰：「朱熹政事，却有可觀。」淮言：「脩舉荒政，是行其所學。民被實惠，宜進職以旌之。」乃進熹直徽猷閣。熹言：「乾道四年民艱食，熹請於府，得常平米六百石振貸。夏受粟于倉，冬則加息計米以償。自後隨年斂散，歉蠲其息之半，大饑則盡蠲之。凡十有四年，以元數六百石還府。見儲米三千一百石，以爲社倉，不復收息，每碩止收耗米三升。以故一鄉四五十里間，雖遇歉年，民不缺食。」詔下其法於諸路。其法以十家爲甲，甲推一人爲首，五十家則推一人通曉者爲社首。其逃軍及無行之士，與有税糧衣食不缺者，並不得入甲。其應入甲者，又問其願與不願，願者開具一家大小口若干，大口一石，小口五斗，五歲以下不預，置籍以貸之，其以濕惡不實還者有罰。



**壬寅** 九年，金大定二十二年。夏六月，謝廓然卒。○秋七月，以王淮、梁克家爲左、右丞相，並兼樞密使。○以朱熹爲江西提刑，熹辭不拜。○九月，以李彦穎參知政事。

朱熹行部至台，知州唐仲友爲其民所訟，熹按得其實。而仲友與王淮同里，且爲姻家，已除江西提刑，未行而熹論之。淮匿其章不以聞，熹論益力，章前後六上。淮不得已，奪仲友江西新命以授熹，熹辭不拜，遂乞奉祠。

**癸卯** 十年，金大定二十三年。春正月，以施師點簽書樞密院事。○李彦穎罷。○以黄洽爲御史中丞。洽爲中丞，盡言無隱，然所論列，未嘗擿摭細故。嘗奏云：「因言固可以知人，輕聽亦至於失人。是故聽言不厭其廣，廣則庶幾其無壅；擇言不厭其審，審則庶幾其無誤。」帝深然之。洽爲人質直端重，有大臣體，嘗言：「居家不欺親，仕不欺君，仰不欺天，俯不欺人，幽不欺鬼神，何用求福報哉！」二月，内侍陳源有罪，竄郴州。源提舉德壽宫，恃恩專恣，其廝役亦補官。帝聞而惡之，乃竄郴州，籍其家，以進德壽宮。**夏六月，監察御史陳賈請禁道學。**王淮以唐仲友之故怨朱熹，欲沮之。於是吏部尚書鄭丙上疏言：「近世士大夫有所謂道學者，欺世盜名，不宜信用。」帝已惑其說。淮又以太府丞陳賈爲監察御史，賈因面對，首論曰：「臣竊謂天下之士，所學於聖人之道者，未始不同。既同矣，而謂己之學獨異於人，是必假其名以濟其僞者也。邪正之辨，誠與僞而已矣。表裏相副，是之謂誠；言行相違，是之謂僞。臣伏見近世士大夫有所謂道學者，其說以謹獨爲能，以踐履爲高，以正心誠意、克己復禮爲事。若此之類，皆學者所共學也，而其徒乃謂己獨能之。夷考其所爲，則又大不然，不幾于假其名以濟其僞者邪！臣願陛下明詔中外，痛革此習。每於聽納、除授之間，考察其人，擯斥勿用，以示好惡之所在。庶幾多士靡然向風，言行表裏一出於正，無或肆爲詭異以干治體，實宗社無疆之福。」蓋指熹也。帝從之。由是道學之名，貽禍于世。後直學士院尤袤以程氏之學爲陳賈所攻，言於帝曰：「道學者，堯、舜所以帝，禹、湯、文、武所以王，周公、孔、孟所以設教。近立此名，詆訾士君子，故臨財不苟得，所謂廉介；安貧守分，所謂恬退；擇言顧行，所謂踐履；行己有恥，所謂名節，皆目之爲道學。此名一立，賢人、君子欲自見於世，一舉且入其中，俱無得出，此豈盛世所宜有？願循名責實，聽言觀行，人情庶不壞於疑似。」帝曰：「道學豈不美之名？正恐假託爲姦，真僞相亂。」**秋八月，以施師點、黄洽參知政事。○冬十一月朔，日食。**

**甲辰　十一年，**金大定二十四年。**春三月，金主雍如會寧。**金主將如會寧，諭太子守國。太子以不諳政務辭，金主曰：「政事無甚難，但用心公正，毋納讒邪，久之自熟。」太子乃受守國寶。**夏六月，以周必大爲樞密使。**

**乙巳　十二年，**金大定二十五年。**春二月，禁胡服蕃樂。○夏四月，金主雍還燕。**金主曲赦會寧府，放免今年租稅，百姓年七十以上者補一官。謂羣臣曰：「上京風物，朕自樂之。每奏還都，輒用感愴。祖宗舊邦，不忍舍去，萬歲之後，當置朕于太祖之側，卿等無忘朕言。」遂宴宗室、宗婦于皇武殿，賜官、賞賚有差。曰：「尋常朕不飲酒，今日甚欲成醉，此樂亦不易得也。」宗室、婦女及羣臣、故老以次起舞進酒。金主曰：「吾來數月，未有一人歌本曲者，吾自爲汝等歌之。」其詞道王業艱難，及繼述之不易，至「慨想祖宗，宛然如睹」，歌畢泣下。羣臣、宗戚捧觴上壽，皆稱萬歲。於是，諸夫人更歌本曲，如私家之會。既醉，金主復續調，至一鼓乃罷。明日，發上京，宗室、戚屬奉辭，金主曰：「太平歲久，國無征徭，汝等皆奢縱，往往貧乏，朕甚憐之。當務儉約，無忘祖宗艱難。」因泣數行下，宗室、戚屬，皆感泣而退，金主遂行。

**丙午**　十三年，金大定二十六年。夏五月，宴講臣于祕書省。以進讀陸贄《奏議》終篇，賜侍讀蕭燧等御筵，及金器鞍馬。帝召宰執賜酒，從容語曰：「自古人主讀書，少有知道，知之亦罕能行之。甚者但作歌詩，如隋、陳之君，竟亦何補？唐德宗豈不知書，然所行不至。與陸贄論事，皆使中人傳旨。且事有是非，面相詰難，猶恐未盡，傳旨安能盡邪？投機之會，間不容髮。惟其若此，誤事多矣。故朕每事以德宗爲戒。」賜處士郭雍號頤正先生。雍之先，洛陽人，父忠孝，師事程頤，著《易説》，號兼山先生。雍傳其學，通世務，隱居峽州。乾道中，守臣薦于朝，召不起。帝稔其賢，每對輔臣稱道之，命所在州郡，歲時致禮存問。至是，賜號頤正先生，令部使者遣官就問雍所欲言，備録來上。時雍年八十三矣。秋閏七月，以留正簽書樞密院事。正在蜀，以簡素化民，歸裝僅書數篋而已，人服其清。八月，日月五星聚軫。○冬十一月，梁克家罷。

**丁未**　十四年，金大定二十七年。春二月，以周必大爲右丞相，施師點知樞密院事。時封事多言大臣異同，必大曰：「各盡所見，歸於一是，豈可尚同？陛下復祖宗舊制，命三省覆奏而後行，正欲上下相維，非止奉行文書也。」秋八月，以留正參知政事。○九月，太上皇有疾。冬十月，帝罷朝侍疾，赦。○太上皇崩，遺誥太上皇后改稱皇太后，帝致喪三年。太上皇崩，帝號慟擗踊，踰二日不進膳，謂王淮等曰：「晉孝武、魏孝文，實行三年喪服，何妨聽政？司馬光《通鑑》所載甚詳。」淮對曰：「晉武雖有此意，後來在宮中，止用深衣、練冠。」帝曰：「當時羣臣不能將順其美，光所以譏之。自我作古，何害！」於是詔曰：「大行太上皇帝奄棄至養，朕當衰服三年，羣臣自遵易月之令。」百官五上表請帝還内聽政，不許。至十二月辛丑禫祭，百官釋服，復三上表，請御殿聽政，不許。

遣使如金。以上皇崩，遣韋璞如金告哀。復遣顔師魯致太上遺留物于金，金主以其中玉器五、玻璃器二十及弓劒之屬，命師魯歸報曰：「此皆爾國前主珍玩之物，所宜寳藏，以無忘追慕。今受之，義有所不忍也。」

十一月，詔皇太子參決庶務。帝始以白布巾袍視事于延和殿，朔望詣德壽宮，則衰絰而杖如初。因詔太子參決庶務于議事堂。左諭德尤袤言于太子曰：「大權所在，天下之所爭趨，甚可懼也。願殿下事無大小，一取上旨而後行，情無厚薄，一付衆議而後定。」又曰：「儲副之位，止於侍膳問安，不交外事。撫軍監國，自漢至今，多出權宜，事權不一，動有觸礙。乞俟祔廟之後，便行懇辭，以彰殿下令德。」

十二月，大理寺奏獄空。

○金禁女真人學南人衣飾。金主嘗謂從官曰：「女真舊風，最爲純直，汝等當習學之，不可忘也。」又曰：「凡資用當務節省，勿妄費。」至是，禁女真不得學南人衣飾。

**戊申**　十五年，金大定二十八年。

春正月，復置補闕、拾遺官。未幾，左補闕薛叔似等上疏劾王淮，帝曰：「卿等官以補闕、拾遺爲名，專主規正人主，不任糾劾。今所奏乃類彈擊，甚非設官命名之意，宜思自警。」

施師點罷，以黄洽知樞密院事，蕭燧參知政事。

○二月，金遣使來弔祭。

○三月，葬永思陵。洪邁請廟號世祖，尤袤言：「光武以長沙王後，布衣崛起，不與哀、平相繼，其稱祖無嫌。太上中興，雖同光武，實繼徽宗正統。以子繼父，非光武比。」乃定號高宗。

夏四月，祔高宗主于太廟。下詔曰：「朕比下令，欲衰絰三年，羣臣屢請御殿易服，故以布素視事内殿。雖有俟過祔廟，勉從所請之詔，然稽諸典禮，心實未安。行之終制，乃爲近古。宜體至意，勿復有請。」

五月，王淮罷。淮爲相，能盡心事上，唯以唐仲友故，爲道學之禁，毒痡善類，論者譏之。

金建女真太學。

**○六月，以朱熹爲兵部郎官，未上而罷，貶侍郎林栗知泉州。**王淮罷，周必大薦熹爲江西提刑，入奏事，或要于路曰：「正心誠意之論，上所厭聞，慎勿復言。」熹曰：「吾平生所學，惟此四字，豈可隱默，以欺吾君乎？」及入對，首言：「陛下居虚明應物之地，而天理有所未純，人欲有所未盡。是以爲善不能充其量，除惡不能去其根。一念之頃，公私邪正，是非得失之機，交戰于中。願自今以往，一念之頃，必察夫天理人欲。果天理邪，則敬以充之，而不使少有壅閼；果人欲邪，則敬以克之，而不使少有凝滯。推而至於言語、動作之間，用人、處事之際，無不以是裁之，則聖心洞徹，而天下之事將惟陛下所欲爲，無不如志矣。」帝曰：「久不見卿，浙東之事，朕自知之，今當處卿清要，不復以州縣爲煩也。」時曾覿已死，王抃已逐，獨内侍甘昇尚在。熹力論之，帝曰：「昇有才。」熹曰：「小人無才，安能動人主？」除兵部郎官。熹以足疾乞祠。兵部侍郎林栗與熹論《易》、《西銘》不合，遂論：「熹本無學術，徒竊張載、程頤之緒餘，爲浮誕宗主，謂之道學，妄自推尊。所至輒携門生數十人，習爲春秋、戰國之態，妄希孔、孟歷聘之風。繩以治世之法，則亂人之首也。今采其虚名，俾之入奏，將置朝列，以次收用。而熹聞命之初，遷延道途，邀索高價；門徒迭爲游説，政府許以風聞，然後入門。既經陛對，得旨除郎，而輒懷不滿，傲睨累日，不肯供職。是豈張載、程頤之學教之然也？緣熹既除兵部郎官，在臣合有統攝，若不舉劾，厥罪惟均。望將熹停罷，以爲事君無禮者之戒。」帝謂栗言過當，而大臣畏栗之彊，莫敢深論，乃命熹依舊江西提刑。周必大言熹上殿之日，足疾未瘳，勉彊登對。帝曰：「朕亦見其跛曳。」左補闕薛叔似亦奏援之。太常博士葉適上疏曰：「考栗劾熹之辭，始末參驗，無一實者，特發其私意而遂忘其欺耳。至於其中『謂之道學』一語，利害所係，不獨於熹，蓋自昔小人殘害忠良，率有指名。或以爲好名，或以爲立異，或以爲植黨。近又剏爲道學之目，鄭丙倡之，陳賈和之。居要津者，密相付授，見士大夫有稍慕潔脩者，輒以道學之名歸之。以爲善爲玷缺，以好學爲己愆，相與指目，使不得進。於是賢士惴慄，中材解體，銷聲滅影，穢德垢行，以避此名。往日王淮表裏臺諫，陰廢正人，蓋用此術。栗爲侍從，無以達陛下之德意志慮，而更襲用鄭丙、陳賈密相付授之説，以道學爲大罪，文致語言，逐去一熹，固未甚害，第恐自此游辭無實，讒言橫生，良善受禍，何所不有？伏望陛下正紀綱之所在，絶欺罔于既形，摧折暴横以扶善類，奮發剛斷以慰公言。」疏入，不報。會胡晉臣拜侍御史，首劾栗喜同惡異，無事而指學者爲黨。乃出栗知泉州。而熹亦除直寶文閣，奉祠而去。**秋七月，恩平王璩卒。**帝友愛甚至，每召璩内宴，呼以官而不名，賜予無算。卒，追封信王。**八月朔，日食。○冬十二月，以朱熹爲崇政殿説書，熹辭不至。**熹既歸，投匭進封事，言大本急務：「大本者，陛下之心；急務則輔翼太子，選用大臣，振舉紀綱，變化風俗，愛養民力，脩明軍政。凡此六事，皆不可緩，而本在於陛下之一心。一心正則六事無不正。一有人心私欲以介乎其間，則雖憊精勞心，不可爲矣。」疏入，夜漏下七刻，帝已就寢，亟起秉燭，讀之終篇。明日，除主管西太一宮，兼崇政殿説書。熹力辭，乃以祕閣脩撰奉祠。

**己酉　十六年，**金大定二十九年。**春正月，金主雍卒，孫璟立。**金主雍太子允恭先卒，以孫原王麻達葛判大興尹，又以爲右丞相，更名璟，使親見朝廷議論，習知政事之體。至是，即位，追號雍曰世宗，允恭曰顯宗，母徒單氏爲太后。○世宗在金諸帝中最爲賢主，以夫人烏林答氏守節而死，終身不立后。雅尚儉素，命宫中之飾，勿得用黄金。嘗謂近臣曰：「朕於宫室，惟恐過度。其或興脩，即損宫人歲費以充之。至於佛法，尤所未信。梁武帝爲同泰寺奴，遼道宗以民户賜寺僧，復加以三公之官，其惑深矣。」又曰：「亡遼日屠羊三百，亦豈能盡用，徒傷生耳！朕每當食時，嘗思貧民饑餒，猶在己也。彼身爲惡而口祈福，何益之有？」嘗謂宰相曰：「卿等在省，未嘗薦士，止限資格，安能得人？」又曰：「卿等職居輔相，曾無薦舉。惟朕嘗言某人可用，然後從而言之。卿等既無所言，必待朕知而後進用，將復有幾？」又曰：「帝王之政，固以寬慈爲德，然梁武帝專務寬慈，以致綱紀大壞。朕嘗思之，賞罰不濫，即是寬政。」又曰：「朕觀唐史，見太宗行事，初甚厲精，晚年與羣臣議，多飾詞。朕嘗思始終如一，今雖年高，敬慎之心，無時或怠。」又曰：「朕自即位以來，言事者雖有狂妄，未嘗罪之。卿等未嘗肯盡言，何也？當言而不言，是相疑也。君臣無疑，謂之嘉會。事有利害，可竭誠言之。」即位五載，南北講和，與民休息。羣臣守職，上下相安，家給人足，倉廪有餘。刑部斷死罪，歲或十七人，國人號稱「小堯舜」。然舉賢之急，求言之切，不絶于口。而羣臣不能將順其美以底大順，惜哉！黄治罷。○以周必大、留正爲左、右丞相，王藺參知政事，葛邲同知樞密院事。帝自高宗崩，即欲傳位太子，嘗諭必大曰：「禮莫重於事宗廟，而孟享多以病分詣；孝莫大於執喪，而不得日至德壽宫。朕將退休矣。」因密賜紹興傳位親札於必大，命預草詔，專以奉几筵、侍東朝爲意，而進必大爲首相。蕭燧罷。○二月朔，日食。○帝傳位于太子。太子即位，尊帝爲壽皇聖帝，皇后爲壽成皇后，皇太后爲壽聖皇太后，大赦。先是，更德壽宫爲重華宫，皇太后徙居慈福宫。帝傳位太子，遂素服退居重華宫。立皇后李氏。后，安陽人，慶遠節度使道之女也。道帥湖北，聞道士皇甫坦善相人，乃出諸女拜之。坦見后，驚，不敢受拜，曰：「此女當母天下。」坦言於高宗，遂聘爲恭王妃，生嘉王擴。性妬悍，嘗訴帝左右於高宗及壽皇，高宗不懌，謂吴后曰：「是婦將種，吾爲皇甫坦所誤。」壽皇亦屢訓敕，令以皇太后爲法，不然，行當廢汝。后疑其説出於太后，憾之。至是，立爲后。三月，廢補闕、拾遺官。御史中丞謝諤論其不可廢，不聽，自是近臣罕進言者。夏五月，以王藺知樞密院事。○周必大罷。初，何澹與必大厚，爲司業，久不遷，留正奏遷之，澹由是憾必大而德正。爲諫議大夫，首上疏攻必大，罷之。必大純篤忠厚，能以善道其君。知閤門事姜特立有罪免。特立，帝東宫舊臣也。帝即位，命知閤門事，聲勢寖盛。留正列其招權預政之罪，乞斥逐之，帝意未決。會參知政事缺，特立謁正曰：「上以丞相在位久，欲遷左相，葉、張二尚書，當擇一人執政，未知孰先？」正奏之，帝大怒，詔特立奉祠。壽皇聞之曰：「留正真宰相也。」

續資治通鑑綱目第十六

# 續資治通鑑綱目第十七

起庚戌宋光宗紹熙元年，盡丁卯宋寧宗開禧三年。

凡十八年。

**庚戌**　光宗皇帝紹熙元年，金章宗璟明昌元年。春正月朔，帝朝壽皇于重華宮。○二月，殿中侍御史劉光祖乞禁譏議道學者。光祖入對言：「近世是非不明，則邪正互攻；公論不立，則私情交起。此固道之消長、時之否泰，而實爲國家之禍福、社稷之存亡，甚可畏也。本朝士大夫學術最爲近古，初非有强國之術，而國勢尊安，根本深厚。咸平、景德之間，道臻皇極，治保太和，至於慶曆、嘉祐盛矣。不幸而壞於熙、豐之邪説，疎棄正士，招徠小人。幸而元祐君子起而救之，末流大分，事故反覆。紹聖、元符之際，羣兇得志，絶滅綱常，其論既勝，其勢既成。崇、觀而下，尚復何言！臣始至時，聞有譏貶道學之説，而實未覩朋黨之分。逮臣復來，則朋黨已成，而忠諫者獲罪矣。夫以忠諫爲罪，其去紹聖幾何？陛下即位之初，凡所進退，率用人言。初無好惡之私，豈以黨偏爲主！而一歲之內，逐者紛紛。初往往推忠之言，謂爲沽名之舉；至於潔身以退，亦曰憤懟而然。欲激怒於至尊，必加之以訐訕。臣欲熄將來之禍，故不憚反覆以陳。伏幾聖心豁然，永爲皇極之主，使是非由此而定，邪正由此而別，公論由此而明，私意由此而熄，道學之譏由此而消，朋黨之迹由此而泯，和平之福由此而集，國家之事由此而理。則生靈之幸，社稷之福也。不然，相激相勝，展轉反覆，爲禍無窮。臣實未知稅駕之所。」帝下其章，讀者至於流涕。何澹見之，數日怳惚無措。是年，廷試舉人，婺州進士王介策亦言：「今之所謂道學者，即世之君子、正士也。君子、正士之名不可逐，故設爲此名，一網去之。聖明在上而天下以道學爲諱，將何以立國哉？」帝嘉歎，擢爲第三。由是，道學之譏少沮。夏四月，以伯圭嗣秀王。伯圭，壽皇母兄，而秀王子偁之長子也。詔即湖州秀園立廟，奉神主，建祠臨安府，以藏神御，如濮王故事，而以伯圭嗣王。伯圭謙謹，不以近屬自居。每入見，帝行家人禮，宴私隆洽，伯圭執臣禮愈恭。秋七月，以留正爲左丞相，王藺爲樞密使，葛邲參知政事，胡晉臣簽書樞密院事。○冬十二月，王藺罷，以葛邲知樞密院事，胡晉臣參知政事。

辛亥　二年，金明昌二年。冬十一月，帝有事于太廟，后殺貴妃黄氏。翌日，郊，大風雨，不卒事而還，帝有疾。初，帝欲誅宦者。近習懼，遂謀離間三宮。帝疑之，不能自解。會帝得心疾，壽皇購得良藥，欲因帝至宫授之。宦者遂訴于皇后，曰：「太上合藥一大丸，俟宫車過，即投藥。萬一不虞，奈宗社何？」后覘藥實有，心銜之。頃之，内宴，后請立嘉王擴爲太子，壽皇不許。后曰：「妾，六禮所聘；嘉王，妾親生也，何爲不可？」壽皇大怒。后退，持嘉王泣訴于帝，謂壽皇有廢立意。帝惑之，遂不朝壽皇。一日，帝浣手宫中，覩宫人手白，悦之。他日，后遣人送食合于帝，啓之，則宫人兩手也。后又以黄貴妃有寵，因帝祭太廟，宿齋宫，后殺貴妃，以暴卒聞。翌日，合祭天地，風雨大作，黄壇燭盡滅，不能成禮而罷。帝既聞貴妃卒，又值此變，震懼增疾，不視朝，政事多決于后，后益驕恣。壽皇聞帝疾，亟往南内視之，且責后，后怨愈深。

壬子　三年，金明昌三年。春三月，帝疾瘳，羣臣請朝重華宫，不果行。帝自有疾，重華温清之禮以及誕辰、節序，屢以壽皇傳旨而免。既而帝神思寖清，宰輔百官，下至韋布之士，以過宫爲請者甚衆，至有扣頭引裾號泣而諫者。帝開悟，有翻然夙駕之意。既而不果行，都人始以爲憂。夏四月，以丘崈爲四川制置使。初，留正帥蜀，慮吴氏世將，謀去之，不果。至是，議更蜀帥，正言：「西邊三將，惟吴氏世襲兵柄，號爲吴家軍，不知有朝廷。」遂以户部侍郎丘崈往。崈陛辭，奏曰：「臣入蜀後，吴挺脱至死亡，兵權不可復付其子。臣請得以便宜撫定諸軍。」許之。六月，以陳騤同知樞密院事。騤疏三十條，如宫闈之分不嚴，則權柄移；内謁之漸不杜，則明斷息；謀臺諫于當路，則私黨植；咨將帥于近習，則賄賂行；不求讜論，則過失彰；不謹舊章，則取舍錯；宴飲不時，則精神昏；賜予不節，則財用竭。皆切于時病。**冬十一月，日南至。越六日，帝始朝重華宫。**十一月丙戌，日南至，丞相留正率百官詣重華宫稱慶。兵部尚書羅點、給事中尤袤、中書舍人黄裳、御史黄度、尚書左選郎官葉適等，上疏請帝朝重華宫，不從。吏部尚書趙汝愚入對，往復規諫，帝意乃悟。汝愚又屬嗣秀王伯圭調護，於是兩宫之情始通。辛卯，帝朝重華宫，皇后繼至，從容竟日而還，都人大悦。**后歸謁家廟。**推恩使臣鄧從訓等一百八十人。**是歲，諸路大水。**

**癸丑　四年，**金明昌四年。**春三月，以葛邲爲右丞相，陳騤參知政事，胡晉臣知樞密院事，趙汝愚同知院事。**御史汪義端與汝愚有隙，上言：「高宗聖訓，不用宗室爲宰執。汝愚，楚王元佐七世孫，不宜用之。」汝愚亦力辭。不許，命當制學士申諭上意而黜義端，汝愚乃拜命。**金以胥持國參知政事。**金初設經童科，持國以經童入仕，爲太子祗應司令。金主在東宫識之，及即位，遂大用。持國爲人，柔佞有智術。時李妃得幸，持國知金主好色，陰以祕術干之，又多遺賂左右。妃亦自嫌門地寒薄，欲藉外廷爲重，乃數稱譽持國，由是金主信任之。持國與妃，表裏擅政，士之好利躁進者，争趨其門。四方爲之語曰：「經童作相，監婢爲妃。」惡其卑賤庸鄙也。翰林應奉文字趙秉文上書論之，金主召問秉文，言頗差異。命知大興府事内族亶鞫之，❶秉文遂引同議者脩撰王庭筠等五人，皆下獄被斥。然秉文詩文精絶，與楊雲翼齊名，時號爲楊趙，後爲翰林學士而卒。雲翼忠厚，善屬文，仕至禮部尚書。庭筠博學和易，尤工文，且善字畫，名重于時。**夏五月，賜禮部進士陳亮及第。**亮，才氣超邁，喜談兵，議論風生，下筆數千言立就，所交皆一時豪俊，志存經濟。隆興初，上《中興五論》，不報。退居婺之永康，益力學著書。嘗圜視錢塘，喟然歎曰：「城可灌也。」蓋以地下於西湖耳。淳熙中，更名同，詣闕上書，極言時事，因言錢塘非駐蹕之所。壽皇赫

❶「亶」，原作「賣」，據《金史》卷一一〇《趙秉文傳》改。

然震動，欲牓朝堂以厲羣臣，用种放故事，召令上殿，將擢用之。曾覿聞而欲見焉，亮恥之，踰垣而逃。覿不悦，大臣亦惡其言切直，交沮之。待命十日，再詣闕上書。壽皇欲官亮，亮聞而笑曰：「吾欲爲社稷開數百年之基，寧用以博一官乎！」即渡江歸，厲志讀書，所學益博，其學自孟子後惟推王通。嘗曰：「研窮義理之精微，辨析古今之同異，原心於杪忽，較禮於分寸，以積累爲工，以涵養爲正，睟面盎背，則於諸儒誠有愧焉。至於堂堂之陣，正正之旗，風雨雲雷交發而並至，龍蛇虎豹變見而出没，推倒一世之智勇，開拓萬古之心胷，自謂差有一日之長。」蓋指朱熹、吕祖謙也。至是，策進士，問以禮樂刑政之要，亮以君道、師道對，且曰：「臣竊嘆陛下於壽皇莅政二十有八年之間，寧有一政一事之不在聖懷？而問安視寢之餘，所以察辭而觀色，因此而得彼者其端甚衆，亦既得其機要而見諸施行矣。豈徒一月四朝爲京邑之美觀也哉！」帝得其策大喜，以爲善處父子之間，御筆擢爲第一，授簽書建康府判官廳公事。未上，一夕卒。**利州安撫使吴挺卒，丘崈使總領財賦楊輔等權總其軍。**崈命總領財賦楊輔權安撫使，統制官李世廣權總其軍，以殺吴氏之權。朝廷尋以興州都統制張詔代挺。**召浙東副總管姜特立還。留正乞罷相，不許。六月，正出城待罪。**帝念特立不已，召之。留正引唐憲宗召吐突承璀事乞罷，不報，乃待罪六和塔，而上疏切諫。於是著作郎沈有開，著作佐郎李唐卿，祕書郎范黼、彭龜年，校書郎王奭，正字蔡幼學、顔棫、吴獵、項安世等，上疏乞寢特立召命，不報。正因繳進前後錫賚及告勑，乞歸田里，亦不許。

**胡晉臣卒。**帝自有疾不視朝，晉臣與留正同心輔政，中外怗然。其所奏陳以温凊定省爲先，❶次及親君子、遠小人，抑僥倖，消朋黨，啓沃剴切，彌縫縝密，人無知者。

**秋七月，以趙汝愚知樞密院事。余端禮同知院事。○八月，金主釋奠孔子廟。**北面再拜。**九月，羣臣請帝朝重華宮，不聽。冬十一月，始朝。**帝制于后，久不朝重華宮。會九月重明節，羣臣連章請帝過宮，不聽，而召内侍陳源爲押班。中

❶「凊」，原作「清」，據萬曆本、《宋史》卷三九一《胡晉臣傳》改。

書舍人陳傅良不草詞，且上疏力諫。給事中謝深甫言：「父子至親，天理昭然。太上之愛陛下，亦猶陛下之愛嘉王。太上春秋高，千秋萬歲後，陛下何以見天下？」帝感悟，趣命駕往朝，百官班立以俟。帝出至御屏，后挽留帝入，曰：「天寒，官家且飲酒。」百僚、侍衛相顧莫敢言，傅良趣進，引帝裾，請毋入，因至屏後。后叱曰：「此何地，秀才欲斫頭邪？」傅良痛哭于庭。后使人問曰：「此何理也？」傅良曰：「子諫父不聽，則號泣而隨之。」后益怒，遂傳旨罷還內。傅良下殿徑行，詔改祕閣修撰，不受。於是著作郎沈有開、祕書郎彭龜年、禮部侍郎倪思、國子録王介等，皆上疏請朝，不從。十月，工部尚書趙彦逾等上書重華宮，乞會慶節勿降旨免朝。壽皇曰：「朕自秋涼以來，思與皇帝相見，卿等奏疏，已令進御前矣。」及會慶節，帝復稱疾不朝，丞相以下皆上疏自劾，乞罷黜。嘉王府翊善黄裳請誅内侍楊舜卿，彭龜年請逐陳源以謝天下。太學生汪安仁等二百一十八人上書請朝重華宮，皆不報。十一月，彦逾復力諫，帝始往朝。尚書左選郎官葉適奏：「自今宜於過宮之日，令宰執、侍從先詣起居，異時兩宮聖意有難言者，自可因此傳致，則責任有歸。不可復使近習小人增損語言，以生疑惑。」不報。**召留正赴都堂視事，復命姜特立還浙東。**正出城待罪凡百四十日，帝遣左司徐誼喻旨，乃復入。

**十二月，夏主仁孝卒，子純佑立。**仁孝在位五十五年，始建學校于國中，立小學于禁中，親爲訓導，尊孔子爲文宣帝。然權臣擅國，兵政衰弱。子純佑立，改元天慶，號仁孝，曰仁宗。**以朱熹知潭州。**使者自金還，言金人問朱先生安在，故有是命。

**甲寅　五年，**金明昌五年。**春正月，壽皇有疾。○葛邲罷。**邲爲相，專守祖宗法度，薦進人才，博采公論，惟恐其不聞之。❶嘗曰：「十二時中，莫欺自己。」其實踐如此。**金購求遺書。○夏四月，帝及后幸玉津園，羣臣請帝問疾重華宮，不從。**自壽皇不豫，羣臣請帝省視，皆不報，而與皇后幸玉津園。兵部尚書羅點請先過重華，且曰：「陛下爲壽皇子，四十餘年無一間言，止緣初郊違豫，壽皇嘗至南内督過，左右之人自此讒間，遂生憂疑。以臣觀之，壽皇與天下相

❶「不」，原作「人」，據《宋史》卷三八五《葛邲傳》改。

忘久矣。今大臣同心輔政，百執事奉法循理，宗室、戚里、三軍、百姓，皆無貳志。設有間離，誅之不疑。乃若深居不出，久虧子道，衆口謗讟，禍患將作，不可以不慮。」帝曰：「卿等可爲朕調護之。」侍講黃裳對曰：「父子之親，何俟調護？」點曰：「陛下一出，即當釋然。」帝猶未許。點乃率講官言之，帝曰：「朕心未嘗不思壽皇。」點曰：「陛下久闕定省，雖有此心，何以自白？」起居舍人彭龜年連三疏請對，不報。屬帝視朝，龜年不離班位，伏地扣額，血流漬甃。帝曰：「素知卿忠直，欲何言？」龜年奏：「今日無大于過宮。」余端禮因曰：「扣額龍墀，曲致忠懇，臣子至此，豈得已邪？」帝曰：「知之。」然猶不往。壽皇疾益甚，群臣上疏請者相繼，帝將以癸丑日朝。至期，丞相以下入宮門俟。日昃，帝復辭以疾。於是，羣臣請斥罷者百餘人，詔不許，裳與祕書少監孫逢吉等再上疏以請，起居郎兼中書舍人陳傅良請以親王、執政一人充重華宮使。臺諫交章劾内侍陳源、楊舜卿、林億年離間之罪，請逐之。

**五月，壽皇疾大漸，詔嘉王擴問疾重華宮。** 陳傅良以帝不往重華宮，乃繳上告勅，出城待罪。丞相留正等率宰執進諫，帝拂衣起，正引帝裾泣諫。羅點進曰：「壽皇疾勢已危，不及今一見，後悔何及？」羣臣隨帝入至福寧殿，内侍闔門，慟哭而出。越二日，正等又請對，帝令知閤門事韓侂胄傳旨云：「宰執並出。」正等俱出浙江亭待罪。壽皇聞之，憂甚，侂胄奏曰：「昨傳旨令宰執出殿門，今乃出都門，請自往宣押入城。」於是正、汝愚等復還第。明日，帝召羅點入對，點言：「前日迫切獻忠，舉措失禮，陛下赦而不誅，然引裾亦故事也。」帝曰：「引裾可也，何得輒入宮禁乎？」點引辛毗事以謝，且言：「壽皇止有一子，既付神器，惟恐見之不速耳。」從官及彭龜年、黃裳、沈有開奏，乞令嘉王詣重華宮問疾，許之。王至宮，壽皇爲之感動。

**六月，壽皇崩。帝稱疾不出，留正等請壽聖皇太后代行喪禮。** 壽皇崩，年六十八。是夕，重華宮内侍訃于宰執私第。趙汝愚恐帝疑，或不出視朝，持其劄不上。次日，帝視朝，汝愚以聞，因請詣重華宮成禮，帝許之。至日昃不出，宰相乃率百官詣重華宮發喪。將成服，留正與汝愚議，介少傅吴琚請壽聖太后垂簾暫主喪事，太后不許。正等附奏云：「臣等連日造南内請對不獲，累上疏不得報。今當率百官恭請，若皇帝不出，百官相與慟哭於宮門，恐人情騷動，爲社稷憂。乞太后降旨，以皇帝有疾，暫就宮中成服。然喪不可以無主，祝文稱『孝子嗣皇帝』，宰臣不敢代行。太后，壽皇之母也，請攝行祭禮。」太后許之，史臣曰：「高宗以公天下之心，擇太祖之後而立之，乃得孝宗之賢，聰明英毅，卓然爲南渡諸帝稱首。即位之初，鋭志恢復，重違高宗之命，不輕出師。又值金國平治，無釁可乘。然易表爲書，改臣稱姪，減去歲幣，以定鄰好。金人易宋之心，至是亦寖異於前日。故世宗每戒羣臣積錢穀、謹邊備，蓋忌帝之將有爲也。天厭兵革，欲休生民，故帝用兵之志弗遂而終。自古人君起自外藩，入繼大統，而能盡宮庭之孝，未有若帝者。終喪三年，又能却羣臣之請而力行之。廟號孝宗，其無愧矣！」**尊壽聖皇太后爲太皇太后，壽成皇后爲皇太后。**

**○秋七月，留正請建太子，不許，遂稱疾而遁。**葉適言于留正曰：「帝疾而不執喪，將何辭以謝天下！今嘉王長，若預建參決，則疑謗釋矣。」正從之，率宰執入奏云：「皇子嘉王，仁孝夙成，宜早正儲位，以安人心。」不報。越六日，又請，御批云：「甚好。」明日，宰執同擬旨以進，乞帝親批付學士院降詔。是夕，御劄付丞相云：「歷事歲久，念欲退閒。」正得之，大懼，因朝，佯仆于庭，即出國門，上表請老，且云：「願陛下速回淵鑒，追悟前非，漸收人心，庶保國祚。」初，正始議帝以疾未克主喪，宜立皇太子監國。若未倦勤，當復明辟；設議内禪，太子可即位。而趙汝愚請以太皇太后旨禪位嘉王，正謂建儲詔未下，遽及此，他日必難處，與汝愚異，遂以肩輿五鼓逃去。**太皇太后詔嘉王擴成服，即位，尊帝爲太上皇帝，皇后爲太上皇后。**留正既去，人心益搖。會帝臨朝，忽仆于地，趙汝愚憂危不知所出，内禪之議益決。屬工部尚書趙彦逾結殿帥郭杲，而與左選郎官葉適、左司郎中徐誼，謀可以白内禪意於太皇太后者，乃遣知閤門事韓侂胄。侂胄，琦五世孫，太后女弟之子也。侂胄因所善内侍張宗尹以奏太后，不獲命。明日往，又不獲命，逡巡將退，内侍關禮見而問之，侂胄具述汝愚意。禮令少俟，入見太后而泣。太后問故，禮對曰：「聖人讀書萬卷，亦嘗見有如此時而保無亂者乎？」太后曰：「此非汝所知。」禮曰：「此事人人知之，今丞相已出，所賴者趙知院，旦夕亦去矣。」言與淚俱下。太后驚曰：「知院同姓，事體與他人異，乃亦去乎？」禮曰：「知院未去，非但以同姓故，以太皇太后爲可恃耳。今定大計而不獲命，勢不得不去，去將如天下何？願聖人三思。」太后問：「侂胄安在？」禮曰：「臣已留其俟命。」太后曰：「事順則可，令諭好爲之。」禮報侂胄，且云：「來早太后于壽皇梓宫前垂簾引執政。」侂胄復命，日已向夕，汝愚始以其事語陳騤、余端禮，亟命殿帥郭杲等，夜以兵分衛南、北内，關禮使傅昌朝密製黄袍。是日，嘉王謁告不入臨。時將禫祭，汝愚曰：「禫祭重事，王不可不出。」翌日甲子，羣臣入，王亦入。汝愚率百官詣梓宫前，太后垂簾，汝愚率同列再拜，奏：「皇帝疾，未能執喪，臣等乞立皇子嘉王爲太子，以係人心。皇帝批出有『甚好』二字，繼有『念欲退閒』之旨，取太皇太后處分。」太后曰：「既有御筆，相公當奉行。」汝愚曰：「兹事重大，播之天下，書之史册，須議一指揮。」太后允諾。汝愚袖出所擬太后指揮以進，云：「皇帝以疾，至今未能執喪，曾有御筆，欲自退閒。皇子嘉王擴可即皇帝位，尊皇帝爲太上皇帝，皇后爲太上皇后。」太后覽畢，曰：「甚善。」汝愚奏：「自今臣等有合奏事，當取嗣君處分，然恐兩宫父子間有難處者，須煩太后主張。」又奏：「上皇疾未平，驟聞此事，不無驚疑。乞令都知楊舜卿提舉本宫，任其責。」遂召舜卿至簾前面諭之。太后乃命汝愚以旨諭皇子即位。皇子固辭，曰：「恐負不孝名。」汝愚奏：「天子當以安社稷、定國家爲孝，今中外人人憂亂，萬一變生，置太上皇何地？」衆扶皇子入素幄，被黄袍，方却立未坐，汝愚率同列再拜。皇子詣几筵殿，哭盡哀。須臾，立仗訖，催百官班。皇子衰服出，就重華殿東廡素幄立，内侍扶掖乃坐。百官起居訖，行禫祭禮。尋詔即以寢殿爲泰安宫，以奉上皇。民心悦懌，中外晏然，汝愚之力也。**立皇后韓氏。**后，琦六世孫，父曰同卿，侂胄則其季父也。被選入宫，能順適兩宫意，遂歸嘉王邸。至是，立爲后。**大赦。○以趙汝愚兼權參知政事。**汝愚首裁抑僥倖，收召四方知名之士，中外引領望治。**復召留正赴都堂視事。**正既去，及帝即位，以爲大行攢宫總護使。入謝，復出城。太皇太后命速宣押，趙汝愚復以爲請，帝手札遣使召正還。侍御史張叔椿請議正棄國之罰，乃徙叔椿爲吏部侍郎而正復相。**詔求直言。○以趙汝愚爲右丞相，汝愚辭，遂以爲樞密使。**留正至，汝愚乞免兼參知政事，乃拜右丞相。汝愚辭曰：「同姓之卿，不幸處君臣之變，敢言功乎？」乃命爲樞密使。**以陳騤知樞密院事，羅點簽書院事，余端禮參知政事。○**

**加殿前都指揮使郭杲武康節度使，知閤門事韓侂胄汝州防禦使。**韓侂胄欲推定策功，趙汝愚曰：「吾宗臣，汝外戚也，何可以言功？惟爪牙之臣，則當推賞。」乃加杲節鉞，但遷侂胄防禦使。侂胄大失望，然以傳導詔旨，浸見親幸，時時乘間竊弄威福。知臨安府徐誼告汝愚曰：「侂胄異時必爲國患，宜飽其欲而遠之。」不聽。汝愚欲推葉適之功，適辭曰：「國危效忠，職也。適何功之有？」及聞侂胄觖望，言于汝愚曰：「侂胄所望不過節鉞，宜與之。」不從。適嘆曰：「禍自此始矣！」遂力求補外。**貶内侍陳源等十人。**侍御史章穎論源及楊舜卿、林億年離間之罪，詔皆貶官斥外。**八月，召朱熹至。以爲煥章閣待制兼侍講。**先是，黃裳爲嘉王府翊善，上諭之曰：「嘉王進學，皆卿之功。」裳謝曰：「若欲進德脩業，追跡古先哲王，則須尋天下第一等人。」上問爲誰，裳以熹對。彭龜年爲嘉王府直講，因講魯莊公不能制其母，云：「母不可制，當制其侍御、僕從。」王問：「此誰之説？」對曰：「朱熹説也。」自後每講，必問熹説如何。至是，趙汝愚首薦熹，遂自知潭州召入經筵。熹在道，聞泰安朝禮尚缺，近習已有用事者，即具奏云：「陛下嗣位之初，方將一新庶政，所宜愛惜名器。若使倖門一開，其弊不可復塞。至於博延儒臣，專意講學，必求所以深得親懽者，爲建極導民之本；思所以大振朝綱者，爲防微慮遠之圖。」不報。且辭新命，不許。及入對，首言：「乃者太皇太后躬定大策，陛下寅紹丕圖，可謂處之以權而庶幾不失其正。今反不能無疑於逆順之際，竊爲陛下憂之。尤有可諉者，亦曰陛下之心，前日未嘗有求位之計，今日未嘗忘思親之心，此則所以行權而不失其正之根本也。充未嘗求位之心，以盡負罪引慝之誠；充未嘗忘親之心，以致温凊定省之禮。❶始終不越乎此，而大倫可正、大本可立矣！」時趙彦逾按視孝宗山陵，以爲土肉淺薄，下有水石。孫逢吉覆按，乞别求吉兆。有旨集議，熹上議狀言：「壽皇聖德，衣冠之藏，當博求名山，不宜偏信臺史，委之水泉沙礫之中。」不報。**增置講讀官。**從趙汝愚之請，以給事中黃裳、中書舍人陳傅良、彭龜年爲之。詔經筵官開陳經旨，救正缺失，晚講官賜坐以講。**内批罷**

❶「禮」，原作「理」，據《晦菴先生朱文公文集》卷一四《甲寅行宫便殿奏劄一》、《宋史》卷四二九《朱熹傳》改。

左丞相留正。韓侂胄浸謀預政，數詣都堂，正使省吏諭之曰：「此非知閤日往來之地。」侂胄怒而退。會正與汝愚議攢宮不合，侂胄因間之于帝，遂以手詔罷正出知建康府。正謹法度，惜名器，毫髮不可干以私，與周必大俱以相業稱。

以趙汝愚爲右丞相。汝愚本倚留正共事，怒韓侂胄不以告。及來謁，因不見之，侂胄慚忿。羅點謂汝愚曰：「公誤矣。」汝愚悟，乃見之，侂胄終不懌。

九月，羅點卒。點，孝友端介，不爲矯激之行。或謂天下事非才不辦，點曰：「當論其心，心苟不正，才雖過人，果何取哉？」時給事中黃裳亦卒，趙汝愚泣謂帝曰：「黃裳、羅點，相繼淪謝，二臣不幸，天下之不幸也。」

以京鏜簽書樞密院事。初，帝欲除鏜帥蜀，趙汝愚謂人曰：「鏜望輕資淺，豈可當此方面？」鏜聞而憾之，由是，韓侂胄引以自助。

冬十月，內批以謝深甫爲御史中丞，劉德秀爲監察御史，罷右正言黃度。韓侂胄日夜謀去趙汝愚，知閤門事劉弢亦以不得預內禪，心懷不平，因謂侂胄曰：「趙相欲專大功，君豈惟不得節鉞，將恐不免嶺海之行。」侂胄愕然，問計，弢曰：「惟有用臺諫耳！」侂胄問：「若何而可？」弢曰：「御筆批出是也。」侂胄然之，遂以內批拜給事中謝深甫爲中丞。會汝愚請令近臣薦御史，侂胄密以其黨劉德秀屬深甫，遂以內批用之。由是，劉三傑、李沐等，牽連以進，言路皆侂胄之人，排斥正士。朱熹憂其害政，每因進對，爲帝切言之。又約吏部侍郎彭龜年同劾侂胄，會龜年出護使客，不果。熹復疏白汝愚：「當以厚賞酬侂胄之勞，勿使預政。」汝愚爲人疏，謂其易制，不以爲慮。黃度將上疏論侂胄之姦，侂胄覺之，以御筆除度知平江府。度言：「蔡京擅權，天下所由以亂。今侂胄假御筆逐諫臣，使俛首去不得效一言，非國之利也。」固辭，奉祠歸養。

詔議祧廟。時以孝宗祔廟，議宗廟迭毀之制。孫逢吉、曾三復首請併祧禧、宣二祖，奉太祖居第一室，祫祭則正東向之位。有旨集議，禧、順、翼、宣四祖祧主，宜有所歸。自太祖首尊四祖之廟，治平間，議者以世數寖遠，請遷僖祖於夾室。後王安石等奏，僖祖有廟，與稷、契無異，請復其舊。丞相趙汝愚不以復祀僖祖爲然，侍從多從其說。吏部尚書鄭僑欲且祧宣祖而祔孝宗。侍講朱熹以爲藏之夾室，則是以祖宗之主下藏於子孫之夾室。又擬爲廟制，以爲物豈有無本而生者。廟堂不以聞，而毀撤僖、宣廟室，更創别廟以奉四祖。**閏月，内批罷焕章閣待制兼侍講朱熹。**熹每進講，務積誠意以感動帝心，以平日所論著敷陳開析，坦然明白，可舉而行。講畢，有可以開益帝德者，罄竭無隱，帝亦虚心嘉納焉。至是以黄度之去，因講畢奏疏極言：「陛下即位未能旬月，而進退宰臣，移易臺諫，皆出陛下之獨斷，中外咸謂左右或竊其柄。臣恐主威下移，求治反亂矣。」疏入，侂胄大怒，使優人峩冠闊袖象大儒，獻于帝前，因乘間言熹迂闊不可用。帝方倚任侂胄，乃出御批云：「憫卿耆艾，恐難立講，已除卿宫觀。」趙汝愚袖御筆見帝，且諫且拜，帝不省。汝愚因求罷政，不許。越二日，侂胄使其黨封内批付熹，熹即附奏謝，遂行。中書舍人陳傅良封還録黄，起居郎劉光祖、起居舍人鄧馹、御史吴獵、吏部侍郎孫逢吉、登聞鼓院游仲鴻交章留熹，皆不報。傅良、光祖亦坐罷。工部侍郎黄艾因侍講問逐熹之驟，帝曰：「始除熹經筵耳，今乃事事欲與聞。」艾力辯其故，帝不聽。熹登第五十年，仕於外僅九考，立朝才四十六日，進講者七，知無不言。既去，侂胄益無所忌憚矣。**十一月，以韓侂胄兼樞密都承旨。**初，詔侂胄可特遷二官。侂胄覬覦節鉞，意不滿，力辭，乃止遷一官，爲宜州觀察使，怨趙汝愚益深，至是，特遷都承旨。**詔行孝宗皇帝喪三年。**先是，有司請於易月之外，用漆紗淺黄之制。朱熹在講筵，奏言：「自漢文短喪，歷代因之，天子遂無三年之喪。爲父且然，則嫡孫承重可知。人紀廢壞，三綱不明，千有餘年，莫能釐正。壽皇聖帝至性自天，易月之外，猶執通喪，朝衣、朝冠皆用大布。所宜著在方册，爲萬世法程。陛下以世嫡承大統，承重之服，著在禮律，宜遵壽皇已行之法。一時倉卒，不及詳議，遂用漆紗淺黄之服，使壽皇已行之禮，舉而復墜，臣竊痛之。然既往之事，不及追改，啓殯發引，禮當復用初喪之服。」至是，詔遵用三年之制，中外百官皆以凉衫視事，蓋用熹言也。**葬永阜陵。○十二月，内批罷吏部侍郎兼侍講彭龜年，進韓侂胄一官。**侂胄權勢日重，龜年上疏條奏其姦，請去之，且云：「陛下逐朱熹太暴，故欲陛下亦亟去此小人，毋使天下人謂陛下去君子易，去小人難。」於是龜年、侂胄俱請祠。帝欲兩罷其職，陳騤進曰：「以閤門去經筵，何以示天下！」既而内批「龜年與郡，侂胄進一官，與在京宫觀」，給事中林大中、中書舍人樓鑰繳奏，以爲非是，不聽，由是侂胄愈横。陳騤罷，以余端禮知樞密院事，京鏜參知政事，鄭僑同知樞密院事。騤與趙汝愚素不協，未嘗同堂語。及争彭龜年事，韓侂胄語人曰：「彭侍郎不貪好官，固也，元樞亦欲爲好人耶？」故罷之，而引京鏜居政府，以間汝愚。汝愚孤立于朝，天子亦無所倚信。以趙彦逾爲四川制置使。工部尚書趙彦逾以有功於帝室，冀趙汝愚引居政府，及除蜀帥，大怒，遂與韓侂胄合。因陛辭，疏廷臣姓名于帝，指爲汝愚之黨，且曰：「老奴今去，不惜爲陛下言之。」由是，帝亦疑汝愚矣。

## 乙卯　寧宗皇帝慶元元年，金明昌六年。

春正月，白虹貫日。以李沐爲右正言。二月，罷右丞相趙汝愚。韓侂胄欲逐汝愚而難其名，謀於京鏜，鏜曰：「彼宗姓也，誣以謀危社稷，則一網打盡矣。」侂胄然之，以祕書監李沐嘗有怨于汝愚，引爲右正言，使奏汝愚以同姓居相位，將不利于社稷，乞罷其政，以尊安天位，杜塞姦源。是日，汝愚出浙江亭待罪，遂以觀文殿大學士出知福州。謝深甫等論汝愚冒居相位，今既罷免，不當加以書殿隆名、帥藩重寄，乞令奉祠請咎，命提舉洞霄宫。直學士院鄭湜草制詞，有曰：「頃我家之多難，賴碩輔之精忠。持危定傾，安社稷以爲悦；任公竭節，利國家無不爲。」坐無貶詞，亦免官。兵部侍郎章穎侍經幃，帝曰：「諫官有言趙汝愚者，卿等謂何？」同列漫無可否，穎奏言：「天地變遷，人情危疑，加以敵人嫚侮，國勢未安，未可輕退大臣。願降詔宣諭汝愚，毋聽其去。」國子祭酒李祥言：「去歲國遭大戚，中外洶洶，留正棄宰相而去，官僚幾欲解散，軍民皆將爲亂，兩宫隔絶，國喪無主。汝愚以樞臣獨不避殞身滅族之禍，奉太皇太后命，翊陛下以登九五。勛勞著于社稷，精忠貫于天地。乃卒受黯黮而去，天下後世，其謂何如？」臨安府徐誼素爲汝愚所器，凡有政務，多咨訪之，誼隨事裨助，不避形迹。又嘗勸汝愚早退，及豫防侂胄之姦，侂胄尤怨之。及是，與國子博士楊簡亦抗論留汝愚。李沐劾爲黨，皆斥之。三月朔，日食。〇夏四月，安置大府寺丞吕祖儉于韶州。祖儉上書訴趙汝愚之忠，併論朱熹老儒、彭龜年舊學、李祥老成，不當罷斥，語侵韓侂胄。有旨祖儉朋比罔上，送韶州安置。中書舍人鄧馹繳奏，祖儉不當貶，不從。樓鑰因進讀，論及之。侂胄語人曰：「復有論救祖儉者，當處以新州。」衆乃不敢言。或謂侂胄曰：「自趙丞相去，天下已切齒，今又投祖儉瘴鄉，不幸或死，則怨益重。」侂胄悟，改送吉州。祖儉嘗曰：「因世變有所摧折失其素履者，固不足言；因世變而意氣有所加者，亦私心也。」竟死吉州。以余端禮爲右丞相，鄭僑參知政事，京鏜知樞密院事，謝深甫簽書院事。○流太學生楊宏中等六人。宏中與周端朝、張衜、林仲麟、蔣傅、徐範六人伏闕上書，言：「近者諫官李沐論罷趙汝愚，中外咨憤，而李沐以爲父老歡呼。蒙蔽天聽，一至於此！陛下獨不念去歲之事乎？人情驚疑，變在朝夕，是時假非汝愚出死力，定大議，雖百李沐，罔知攸濟。當國家多難，汝愚位樞府，本兵柄，指揮操縱，何向不可？不以此時爲利，今上下安妥，乃有異意乎？章穎、李祥、楊簡發於中激，力辨其非，即遭斥逐。六館之士，拂膺憤怨。李沐自知邪正不兩立，思欲盡覆正人以便其私，必託朋黨以罔陛下之聽。臣恐君子、小人消長之機，於此一判，則靖康已然之驗，何堪再見於今日邪？伏願陛下念汝愚之忠勤，察祥、簡之非黨，灼李沐之回邪，竄沐以謝天下，還祥等以收士心。」疏上，詔宏中等罔亂上書，扇搖國是，悉送五百里外編管。宏中、衜、仲麟、範，皆福州人；端朝，温州人；傅，信州人。傅久居太學，忠鯁有聞，扣閽之事，皆其屬藁。六月，右正言劉德秀乞考核邪正真僞，遂罷國子司業汪逵等。「自程顥、程頤傳孔、孟千載之學，其徒楊時傳之羅從彦，從彦傳之李侗，朱熹師侗，致知力行，其學大振。流俗醜正，多不便之，遂有道學之名，陰以攻詆。及韓侂胄用事，士大夫素爲清議所擯者，乃教以凡相與異者，皆道學之人也。陰疏姓名授之，俾以次斥逐，或又爲言以道學目之，則有何罪？當名曰僞學。蓋謂貪黷放肆，乃人真情，廉潔好脩者皆僞耳。由是有僞學之目，善類皆不自安。至是，德秀上言，邪正之辨，無過於真與僞而已。彼口道先王之言，而行如市人所不爲，在興王之所必斥也。昔孝宗垂意規復，首務核實，凡言行相違者，未嘗不深知其姦。臣願陛下以孝宗爲法，考核真僞，以辨邪正。」詔下其章，由是博士孫元卿、袁燮、國子正陳武皆罷。汪逵入劄子辨之，德秀以逵爲狂言，亦被斥。中丞何澹急欲執政，亦上疏，言：「專門之學，流而爲僞，空虛短拙，文詐沽名。願風厲學者，專師孔子，不必自相標榜。」詔榜于朝堂。既而吏部郎官糜師旦復請考核真僞，被遷左司員外郎。又有張貴謨者，❶指論《太極圖》，亦被賞擢。澹復上疏言：「在朝之臣，大臣既熟知其邪迹，然亦不敢白發，以招報復之禍。望明詔大臣，去其所當去者。」**加韓侂胄保寧節度使。○冬十一月，竄故相趙汝愚于永州，汝愚至衡州暴卒。**韓侂胄忌汝愚，必欲寘之死，以息人言。至是，用何澹疏，落汝愚觀文殿大學士及宮觀，監察御史胡紘遂上言：「汝愚倡引僞徒，謀爲不軌，乘龍授鼎，假夢爲符。」因條奏其十不遜，且及徐誼。詔責汝愚寧遠軍節度副使，永州安置；誼惠州團練副使，南安軍安置。時，汪義端當制，遂用漢誅劉屈氂、唐戮李林甫事，示欲殺之之意。迪功郎趙師召亦上書乞斬汝愚，帝不從。汝愚怡然就道，謂諸子曰：「觀侂胄之意，必欲殺我。我死，汝曹尚可免也。」明年正月，行至衡州，病作。衡守錢鍪承侂胄密諭，窘辱百端，汝愚暴薨，天下聞而冤之。訃聞，有旨追復元官，許歸葬。中書舍人吴宗旦繳還復官之命。汝愚學務有用，常以司馬光、富弼、韓琦、范仲淹自期。凡平昔所聞於師友，如張栻、朱熹、吕祖謙、汪應辰、王十朋、胡銓、李燾、林光朝之言，欲次第行之，未果而罷政。初，汝愚嘗夢孝宗授以湯鼎，背負白龍升天，後翼嘉王以素服即位，蓋其驗也，讒者遂以爲罪云。**金平章政事完顔守貞罷。**守貞剛忠明亮，通習典故，凡論對必傅經義。時金有國七十年，禮樂刑政多因舊制，金主欲更定修正爲一代法，其儀式條約，多守貞裁訂，故明昌之治，號稱清明。又好接引善類，以列朝廷，爲胥持國所忌，罷去。

**丙辰**　**二年，**金承安元年。**春正月，以余端禮、京鏜爲左、右丞相，謝深甫參知政事，鄭僑知樞密院事，何澹同知院事。○二月，以端明殿學士葉翥知貢舉。**翥與劉德秀同知貢舉，奏言：「僞學之魁，以匹夫竊人主之柄，鼓動天下，故文風未能丕變。乞將語録之類，盡行除毁。」故是科取士，稍

❶「張貴謨」，原作「張貴模」，據《續編兩朝綱目備要》卷四、《續宋中興編年資治通鑑》卷一二、《宋史全文》卷二九上改。

涉義理者，悉皆黜落。「六經」、《語》、《孟》、《中庸》、《大學》之書，爲世大禁。淮西總領張釜上言：「邇者僞學盛行，賴陛下聖明斥罷，天下皆洗心滌慮，不敢復爲前日之習。願明詔在位之臣，上下堅守勿變，毋使僞言、僞行乘間而入，以壞既定之規模。」乃除釜尚書左司郎官。**夏四月，余端禮罷。**時韓侂胄擅權，屏斥正士，端禮鬱鬱不愜志，稱疾求罷。**以何澹參知政事，葉翥簽書樞密院事，罷禮部侍郎倪思。**初，翥要思列疏論僞學，思不從，韓侂胄遂薦翥而罷思。**秋七月，罷殿中侍御史黃黼。**中書舍人汪義端引唐李林甫故事，以僞學之黨皆名士，欲盡除之。太皇太后聞而非之，帝乃詔：「臺諫、給舍論奏，不必更及舊事，務在平正，以副朕建中之意。」詔下，韓侂胄及其黨皆怒，劉德秀遂與御史張伯垓、姚愈等上疏力争，以爲不可。乃改「不必更及舊事」爲「不必專及舊事」。自是，侂胄與其黨攻治之志愈急矣。黃黼上言：「治道在黜首惡而任其賢，使才者不失其職，而不才者無所憾，故仁宗嘗曰：『朕不欲留人過失於心。』此皇極之道也。」遂罷黼而以姚愈代之。**八月，禁用僞學之黨。**太常少卿胡紘上書，言：「比年以來，僞學猖獗，圖爲不軌，動摇上皇，詆誣聖德，幾至大亂。賴二三大臣、臺諫出死力而排之，故元惡隕命，羣邪屏跡。自御筆有『救偏建中』之説，❶或者誤認天意，急於奉承，倡爲調停之議，取前日僞學之姦黨，次第用之，以冀幸其他日不相報復。往者建中靖國之事，可以爲戒，陛下何未悟也？宜令退伏田里，循省愆咎。」遂詔僞學之黨，宰執權住進擬，自是學禁愈急。大理司直邵裒然言：「三十年來，僞學顯行，場屋之權，盡歸其黨。乞詔大臣審察其所學。」詔僞學之黨，勿除在內差遣。已而，言者又論僞學之禍，乞監元祐調停之説，杜其根源。遂有詔：「監司、帥守薦舉改官，並於奏牘前聲説非僞學之人。」會鄉試漕司前期取家狀，必令書「委不是僞學」五字。❷撫州推官柴中行獨申漕司云：「自幼習《易》，讀程氏《易傳》，未委是與不是僞學。如以爲僞，不願考校。」士論壯之。**冬十月，召陳**

❶「有」，原作「存」，據萬曆本、《宋史》卷三九四《胡紘傳》、《資治通鑑後編》卷一三〇改。

❷「委」，原作「以」，據《續編兩朝綱目備要》卷五、《游宦紀聞》卷九、《慶元黨禁》改。

**賈爲兵部侍郎。**以其嘗擊朱熹也。**十二月，削祕閣修撰朱熹官，竄處士蔡元定于道州。**熹家居，自以蒙累朝知遇之恩，且尚帶從臣職名，義不容默，乃草封事數萬言，陳姦邪蔽主之禍，因以明丞相趙汝愚之冤。子弟諸生更進迭諫，以爲必且賈禍，熹不聽。蔡元定請以蓍決之，遇《遯》之《同人》。熹默然，取藁焚之，遂六奏力辭職名，詔仍充祕閣修撰。時臺諫皆韓侂胄所引，洶洶争欲以熹爲奇貨，然無敢先發者。胡紘未達時，嘗謁熹於建安。熹待學子惟脱粟飯，遇紘，不能異也。紘不悦，語人曰：「此非人情，隻鷄、尊酒，山中未爲乏也。」及是，爲監察御史，乃鋭然以擊熹任責，物色無所得，經年醖釀，章疏乃成。會改太常少卿，不果。有沈繼祖者，爲小官時，嘗採摭熹《語》、《孟》之語以自售，至是，以追論程頤，得爲御史。紘以疏草授之，繼祖謂可立致富貴，遂誣論熹十罪，且言：「熹剽竊張載、程頤之餘論，以喫菜事魔之妖術，簧鼓後進，張浮駕誕，私立品題，收召四方無行義之徒，以益其黨伍，潛形匿迹，如鬼如魅。乞褫熹職罷祠。其徒蔡元定佐熹爲妖，乞送別州編管。」詔熹落職罷祠，竄元定于道州。已而選人余嚞上書，乞斬熹以絶僞學。謝深甫抵其書于地，語同列曰：「朱元晦、蔡元定，不過自相講明耳，果何罪乎？」事乃止。元定生而穎異，父發，博覽羣書，以程氏《語録》、邵氏《經世》、張氏《正蒙》授元定，曰：「此孔、孟正脉也。」元定深涵其義。既長，辨析益精。登建陽西山絶頂，忍飢啖薺以讀書。聞熹名，往師之。熹叩其學，驚曰：「季通，吾老友也。」凡性與天道之妙，他弟子不得聞者，必以語元定焉。尤袤、楊萬里交薦于朝，召之，不起。會僞學黨禁之論起，元定曰：「吾其不免乎！」及聞貶，不辭家，即就道。熹與從游者百餘人，餞別蕭寺中，坐客興歎，有泣下者。熹微視元定，不異平時，因喟然曰：「友朋相愛之情，季通不挫之志，可謂兩得矣。」衆謂宜緩行，元定曰：「獲罪于天，天可逃乎？」杖屨，同其子沉行三千里，脚爲流血，無幾微見言面。至舂陵，遠近來學者日衆，州士子莫不趨席下以聽講説。愛元定者謂宜謝生徒，元定曰：「彼以學來，何忍拒之？若有禍患，亦非閉門塞竇所能避也。」貽書訓諸子曰：「獨行勿愧影，獨寢不愧衾。勿以吾得罪故，遂懈其志。」在道逾年，卒。元定於書無所不讀，於事無所不究。義理洞見大原，圖書、禮樂、制度，無不精妙。著《洪範解》、《大衍詳説》、《律吕新書》行于世。學者尊之曰西山先生。熹嘗曰：「造化微妙，惟深於理者能識之。吾與季通言而不厭也。」每諸生請疑，必令先質元定而後爲之折衷，小人尤深嫉之。故是時有「朱熹倡僞，蔡元定實羽翼之」之奏。

**丁巳**　三年，金承安二年。春正月，鄭僑罷。○夏閏六月，貶留正爲光禄卿，居之邵州。朝散大夫劉三傑免喪入見，論僞學之黨，今變而爲逆黨，防之不可不至，及論留正共引僞學之罪。侂胄大喜，即日降旨，除三傑右正言，正坐貶邵州居住。秋八月，金胥持國有罪免。九月，復以持國參知政事。持國爲金主信任，與李妃筦擅朝政，張復亨等十人皆趨走其門，俱爲御史臺官，時謂之「胥門十哲」。至是，爲言者所論，持國致仕，十人皆外補。未幾，復召持國參知政事。冬十一月，太皇太后吴氏崩。謚曰憲聖慈烈。十二月，籍僞學，罷吏部侍郎黄由。知縣州王沇上疏：「乞置僞學之籍，仍自今曾受僞學舉薦、關陞，及刑法廉吏自代之人，並令省部籍記姓名，與閒慢差遣。」從之。於是，僞學逆黨得罪著籍者，趙汝愚、留正、周必大、王藺四人爲之首，朱熹、徐誼、彭龜年、陳傅良、薛叔似、章穎、鄭湜、樓鑰、林大中、黄由、黄黼、何異、孫逢吉、劉光祖、吕祖儉、葉適、楊芳、項安世、沈有開、曾三聘、游仲鴻、吴獵、李祥、楊簡、趙汝讜、趙汝談、陳峴、范仲黼、汪逵、孫元卿、袁燮、陳武、田澹、黄度、張體仁、蔡幼學、黄灝、周南、吴柔勝、李臯、王厚之、孟浩、趙鞏、白炎震、皇甫斌、范仲壬、張致遠、楊宏中、周端朝、張衜、林仲麟、蔣傅、徐範、蔡元定、吕祖泰，❶凡五十九人。黄由上言：「人主不可待天下以黨與，不必置籍以示不廣。」殿中侍御史張巖劾由阿附，罷之，而擢沇爲利州路轉運判官。

**戊午**　四年，金承安三年。春正月，以葉翥同知樞密院事。○三月，葬憲聖慈烈皇后。○夏五月，加韓侂胄少傅，封豫國公。

❶「范仲壬」，原作「危仲任」，據《朝野雜記》甲集卷六《學黨五十九人姓名》、《大金國志》卷一九、《續編兩朝綱目備要》卷五改。

○**詔嚴僞學之禁。**右諫議大夫姚愈復上言：「近世行險僥倖之徒，倡爲道學之名，權臣力主其說，結爲死黨。願下明詔，播告天下。」於是，命直學士院高文虎草詔，曰：「向者權臣擅朝，僞邪朋比，協肆姦宄，包藏禍心，賴天之靈，宗廟之福。朕獲奉慈訓，膺受内禪，陰謀壞散，國勢復安。嘉與士大夫厲精更始，凡曰淫朋比德，幾其自新，而歷載臻兹，弗迪厥化，締交合盟，窺伺間隙，毀譽舛午，流言間發，以傾國是，而惑衆心。甚至竊附於元祐之衆賢，而不思實類乎紹聖之姦黨。朕既深詔二三大臣，與夫侍從、言議之官，益維持正論，以明示天下矣。諭告所抵，宜各改視回聽，毋復借疑似之説，以惑亂世俗。若其遂非不悔，怙終不悛，邦有常刑，必罰毋赦。」詔既下，韓侂冑大喜，即遷文虎、愈於要職。四川都大茶馬丁逢入對，極論元祐、建中調停之害，且引蘇轍、任伯雨之言爲證。京鏜、何澹附侂冑，深悦逢言，薦爲軍器監。

**秋七月，葉翥罷。八月，以謝深甫知樞密院事，許及之同知院事。**及之爲吏部尚書，諂事韓侂冑，無所不至。居二年，不遷。見侂冑流涕，叙其知遇之意、衰遲之狀，不覺屈膝。侂冑惻然憐之，故有是命。侂冑嘗值生辰，羣公上壽，既畢集，及之適後至，閽人掩關拒之。及之大窘，會門關未及閉，遂俯僂而入。當時有「由竇尚書、屈膝執政」之語，傳以爲笑。

**育太祖十世孫與愿于宫中，賜名曮。**帝未有嗣，京鏜等請擇宗室子育之。詔育燕懿王德昭九世孫與愿于宫中，年六歲矣，尋以爲福州觀察使，賜名曮，封衛國公。

**以趙師睪爲工部侍郎。**師睪附韓侂冑，得知臨安府。侂冑生日，百官争貢珍異，師睪最後至，出小合曰：「願獻少果核侑觴。」啓之，乃粟金蒲桃小架，上綴大珠百餘顆，衆慙沮。侂冑有愛妾張、譚、王、陳四人，皆封郡夫人。其次有名位者，又十人。或獻北珠冠四枚於侂冑，侂冑以遺四夫人。其十人亦欲之，未有以應也。師睪聞之，亟市北珠，製十冠以獻。十人者喜，爲求遷官，拜工部侍郎。侂冑嘗與衆客飲南園，過山莊，顧竹籬草舍曰：「此真田舍間氣象，但欠犬吠鷄鳴耳。」俄聞犬嗥叢薄，視之，乃師睪也。侂冑大笑，聞者莫不鄙之。

**冬十月，金造承安寶貨。**

**己未　五年，**金承安四年。**春正月，奪前**

**起居舍人彭龜年等官。**初，趙汝愚定策時，樞密院直省官蔡璉從旁竊聽，因而漏言，汝愚竄之。既而逃還臨安。韓侂胄聞之，乃使璉誣告汝愚定策時有異謀，具列賓僚所言凡七十餘紙。詔下大理，捕鞫彭龜年、曾三聘、沈有開、葉適、項安世等，以實其事。中書舍人范仲藝謂侂胄曰：「章惇、蔡確之權，不爲不盛，然而至今得罪于清議者，以同文獄故耳。相公胡爲蹈之？」侂胄曰：「某初無此心，以諸公見迫，不容但已。」問其人，乃知京鏜、劉德秀實主其議。侂胄取録黄藏之，事遂格。張釜、劉三傑、張嚴、程松等論之不已，詔累經赦宥，宜免。然猶奪龜年、三聘官，而擢璉進義副尉。

**二月，放主管玉虛觀劉光祖于房州。**光祖撰《涪州學記》，謂：「學者明聖人之道以修其身，而世方以道爲僞，以學爲棄物。好惡出於一時，是非定於萬世。」諫議大夫張釜劾光祖：「佐逆不成，蓄憤懷姦，欺世罔上。」詔落職房州居住。

**夏五月，行《統天曆》。**先是，詔造新曆，至是成，賜名「統天」。蓋自建隆迄慶元二百五十年間，歷十四變，上距黄帝之曆，凡五十變矣。議者謂：「自渡江以來，《統天新曆》，尤復踈謬。」

**秋八月，帝始朝太上皇于壽康宮。**帝率羣臣詣壽康宮上壽，初見太上皇，成禮而還。明日，羣臣以遇宮上壽禮成，奉表稱賀。

**九月，加韓侂胄少師，封平原郡王。○是歲，諸州大水。**

**庚申　六年，**金承安五年。**春閏二月，以京鏜、謝深甫爲左、右丞相，何澹知樞密院事。○三月，故祕閣修撰朱熹卒。**熹家故貧，諸生自遠至者，豆飯藜羹，率與之共。往往稱貸於人以給用，非其道義，一介不取也。時攻僞學日急，士之繩趨尺步、稍以儒自名者，無所容其身。從游之士，特立不顧者，屏伏丘壑；依阿巽懦者，更名他師，過門不入，甚至變易衣冠，狎游市肆，以自別其非黨。而熹日與諸生講學不休，或勸其謝遣生徒者，笑而不答。疾且革，正坐整衣冠，就枕而卒，年七十一。將葬，右正言施康年言：「四方僞徒聚于信上，欲送僞師之葬。會聚之間，非妄談時人短長，則繆議時政得失，望令守臣約束。」從之。熹所著有《易本義》、《啓蒙》、《蓍卦考誤》、《詩集傳》、《大學中庸章句》《或問》、《論語》《孟子集註》、《太極圖》、《通書》、《西銘解》、

《楚辭集註》《辨正》、❶《韓文考異》；所編次有《論孟集義》、《孟子指要》、《中庸輯畧》、《孝經刊誤》、《小學書》、《通鑑綱目》、《宋名臣言行録》、《家禮》、《近思録》、《河南程氏遺書》、《伊洛淵源録》、《儀禮經傳通解》。其門人不可勝計，最知名者，黄榦、李燔、張洽、陳淳、李方子、黄灝、蔡沈、輔廣。榦之言曰：「道之正統，待人而後傳。自周以來，任傳道之責不過數人，而能使斯道章章較著者，一二人而止耳。由孔子而後，曾子、子思得其微，至孟子而始著。由孟子而後，周、程、張子繼其絶，至熹而始著。」衆以爲知言。榦初見熹，夜不設榻，不解帶。熹語人曰：「直卿志堅思苦，與之處，甚有益。」因妻以女。及熹病革，以深衣及所著書授榦，與之訣，曰：「吾道之託在此，吾無憾矣。」熹歿，榦弟子日盛，編禮著書，講論經理，朝夕不倦，卒贈朝奉郎。燔，初見熹，熹告以曾子弘毅之語，燔因以「弘」名其齋。凡諸生未達者，熹先令訪燔，俟有所發，乃從而折衷之，諸生畏服。燔嘗曰：「凡人不必待仕宦有位爲職事方爲功業，但隨力到處有以及物，即功業矣。」居家講道，學者宗之，卒贈直華文閣。洽，從熹學，自六經傳注而下，皆究其指歸。熹嘉其篤志，謂黄榦曰：「所望以永斯道之傳者，二三君也。」洽，自少用力於敬，平居不異常人，至義所當爲，則勇不可奪。著《春秋集註》、《地里沿革表》行于世，仕終直寶章閣。淳，少習舉子業，林宗臣見而奇之，謂曰：「此非聖賢事業也。」因授以《近思録》，淳讀之，遂盡棄其業而學焉。及熹至漳，淳請受教，爲學益力。熹語人曰：「吾南來，喜得陳淳。」由是，所聞皆要切語。及熹没，淳追思之，痛自裁抑，無書不讀，無物不格，日積月累，義理貫通，恬退自守，多所著述，仕終安溪主簿。方子，端謹純篤，初見熹，熹謂曰：「觀公爲人，自是寡過，但寬大中要規矩，和緩中要果決。」方子遂以「果」名其齋，嘗曰：「吾於問學雖未能盡然，幸於大本有見處。此心常覺泰然，不爲物欲所漬耳。」灝，性行端飭，以孝友稱。廣，淳謹勤恪，嘗著《四書纂疏》、《詩傳》、《童子問》，以發明師旨。沉，元定子也，著《書傳》。

夏六月朔，日食。○太上皇后李氏崩。謚曰慈懿。

許及之罷。○秋七月，以陳自强簽書樞密院事。自强嘗爲韓侂胄童子師，及侂胄當國，自强入都待銓，欲見之，無以自通，僦居

❶「辭」，原作「詞」，據萬曆本、四庫本、《宋史》卷四二九《朱熹傳》、《宋史》卷二〇八《藝文志》改。

主人出入侂胄家，爲入言之。一日，侂胄召自强，比至，則從官畢集。侂胄設褥于堂，延自强升坐，再拜，次召從官同坐，從官踧踖，莫敢居上者。侂胄徐曰：「陳先生老儒，汩没可念。」坐客唯唯。明日，交章薦其才，即除太學録。未踰歲，三遷爲祕書郎。既入館，即改右正言。月餘，拜諫議大夫、御史中丞。旬日，遂秉政。**八月，太上皇崩。**年五十有四。史臣曰：「光宗幼有令聞，嚮用儒雅。即位之初，總權綱，屏嬖倖，薄賦寬刑，有可觀者。及夫宫闈妬悍，閹寺交搆，驚憂致疾，孝養日怠，孝宗之業衰矣。」**京鏜卒。**鏜初爲刑部尚書，帝甚尊禮。時韓侂胄權勢震天下，鏜既得位，一變其素守，於國事漫無可否，但奉行侂胄風旨而已。又薦劉德秀，排擊善類，僞學之名，鏜實發之。史臣曰：「士君子立身行事，一失其正，流而不知返，遂爲千古之罪人，可不懼哉！」**攢慈懿皇后于脩吉寺。○九月，處士呂祖泰上書，請誅韓侂胄，詔配祖泰于欽州牢城。**祖泰，祖儉從弟也。性疏達，尚氣誼，論世事無忌諱。先是，祖儉以言事貶，祖泰語其友曰：「自吾兄之貶，諸人箝口。我雖無位，義必以言報國。當少須之，今亦未敢以累吾兄也。」至是，祖儉卒，祖泰乃擊登聞鼓上書，論韓侂胄有無君之心，請誅之，以防禍亂。其略曰：「道學，自古所恃以爲國者也；丞相汝愚，今之有大勳勞者也。立僞學之禁，逐汝愚之黨，是將空陛下之國，而陛下不知悟邪？陳自强，侂胄童稚之師，躐致宰輔。陛下舊學之臣彭龜年等，今安在邪？蘇師旦，平江之吏胥，周筠，韓氏之厮役，人人知之。今師旦以潛邸隨龍，筠以皇后親屬，俱得大官。不知陛下在潛邸時果識師旦乎？椒房之親，果有筠乎？侂胄徒自尊大，而卑陵朝廷一至於此！願亟誅侂胄、師旦、筠，而逐罷自强之徒。故大臣在者，獨周必大可用，宜以代之。不然，事將不測。」書出，中外大駭。有旨：「呂祖泰挾私上書，語言狂妄，拘管連州。」右諫議大夫程松與祖泰狎友，懼曰：「人知我素與遊，其謂我與聞乎？」乃獨奏，言：「祖泰有當誅之罪，且其上書必有教之者。今縱不殺，猶當杖黥，竄之遠方。」殿中侍御史陳讜亦以爲言。乃杖祖泰一百，配欽州牢城收管。祖泰自期必死，冀以身悟朝廷，了無懼色。既至，府尹爲好語誘之曰：「誰教汝共爲章？試言之，吾且寬汝。」❶祖泰笑曰：「公

❶「寬」，原作「置」，據《續編兩朝綱目備要》卷六、《宋史全文》卷二九上、《宋史》卷四五五《呂祖泰傳》改。

何問之愚也。吾固知必死，而可受教於人，且與人議之乎？」尹曰：「汝病風喪心邪？」祖泰曰：「以吾觀之，若今之附韓氏得美官者，乃病風喪心耳！」祖泰既得罪，監察御史林采言：「僞習之成，造端自周必大，宜加紬削。」施康年亦言：「必大首倡僞徒，私植黨與。」遂貶必大爲少保。

冬十月，加韓侂胄太傅。○十一月，皇后韓氏崩。謚曰恭淑。十二月，葬永崇陵。○攢恭淑皇后于廣教寺。

**辛酉**　嘉泰元年，金泰和元年。春二月，臨安大火。四日乃滅，焚燒民居五萬二千餘家。自渡江以來，都城火災，未有如是歲者。帝下詔罪己，避殿減膳，出内府錢十六萬、米六萬餘斛，分賜被火之家。秋七月，何澹罷。時吴挺子曦爲殿前副都指揮使，自以世守西蜀，爲國藩屏，而身留行都，不得如志。乃以賄賂宰輔，規圖帥蜀，未及賂澹，韓侂胄已許之，澹持不可。侂胄怒曰：「始以君肯相就，黜僞學，汲引至此，今顧立異邪？」遂罷奉祠。澹急於榮進，阿附侂胄，斥逐善類，賢士爲之一空，士論罪之。以陳自强參知政事，張釜簽書樞密院事。○以吴曦爲興州都統制。曦至興州，因譖副都統制王大節罷之。由是兵權悉歸于曦，異志遂成矣。大旱。○八月，張釜罷。○以張巖參知政事，程松同知樞密院事。皆附韓侂胄者，松諂侂胄尤甚，自知錢塘縣，不二年爲諫議大夫。滿歲未遷，殊怏怏，乃市一妾獻之，名曰「松壽」。侂胄曰：「奈何與大諫同名？」答曰：「欲使賤名常達鈞聽耳。」侂胄憐之，遂除同知樞密院事。乃蠻襲西遼，滅之。西遼王直魯古出獵，乃蠻王屈出律伏兵八千擒之，而據其位，尊直魯古爲太上皇，朝夕問起居。直魯古尋死，遼祀始絶。

**壬戌**　二年，金泰和二年。春正月，以蘇師旦兼樞密都承旨。初，韓侂胄爲平江府兵馬鈐轄，時師旦以筆吏事之，侂胄愛其辨慧。帝登極，竄姓名于藩邸吏士内，遂以隨龍恩得官。至是，權勢日盛。二月，弛僞學黨禁，復諸貶謫者官。僞學之禍，雖本於韓侂胄欲去異己以快所私，然實京鏜創謀，而何澹、劉德秀、胡紘成之。及鏜死，三人亦罷。侂胄厭前事之乖戾，欲稍更改，以消中外之議。會張孝伯謂侂胄曰：「不弛黨禁，恐後不免報復之禍。」籍田令陳景思，侂胄之姻也，亦謂侂胄勿爲已甚。侂胄然之。於是，趙汝愚追復資政殿學士；黨人見在者，徐誼、劉光祖、陳傅良、章穎、薛叔似、葉適、曾三聘、項安世、范仲黼、黄灝、詹體仁、游仲鴻諸人，咸先後復官自便。又削薦牘中「不係僞學」一節，俾勿復有言。時朱熹没已踰年，周必大、留正，各已貶秩致仕。詔熹以待制致仕，必大復少傅，❶正復少保。**禁私史。**有商人私持起居郎熊克《中興小曆》及《九朝通略》等書，欲渡淮。盱眙軍以聞，遂命諸道察郡邑書坊所鬻書，凡事干國體者，悉令毁棄。言者因請取禮部員外郎李燾《續通鑑長編》、知龍州王偁《東都事略》、監都鹽倉李丙《丁未録》及《通略》、《語録》、《家傳》等書，下史官考訂，或有裨于公議，即乞存留，不許刊行。從之。**夏五月朔，日食。○秋八月，以袁説友同知樞密院事。○冬十一月，以陳自强知樞密院事，許及之參知政事。○十二月，立貴妃楊氏爲皇后。**后少以姿容選入宫，帝即位，封婕妤。韓后崩，中宫未有所屬。時后爲貴妃，與曹美人俱有寵。韓侂胄以后頗涉書史，知古今，性警敏，任權術，而曹美人柔順，勸帝立曹氏。帝不從，竟立后。由是，后與侂胄有怨矣。**加韓侂胄太師。**先是，監惠民局夏允中上書，請依文彦博故事，以侂胄平章軍國重事。侂胄繆爲辭謝，乞致仕。詔不許，而罷允中。至是，進位太師，因以勢利蠱士大夫之心。薛叔似、辛棄疾、陳謙等，皆起廢顯用。當時困於久斥者，往往損晚節以規榮進。政府、樞密、臺諫、侍從，皆出侂胄之門，而蘇師旦、周筠，又侂胄厮役，亦得預聞國政，羣小滿朝，勢焰熏灼。**是歲，大蝗。**

**癸亥　三年**，金泰和三年。**春正月，謝深甫罷。**初，深甫力求罷政，帝曰：「卿能爲朕守法度、惜名器，不可言去。」至是，固請，乃許之。**張巖罷。○帝視太學。○以袁説友參知政事，傅伯壽**

❶「必大」，原作「必太」，據上文及萬曆本、四庫本、《御批歷代通鑑輯覽》卷八九改。

簽書樞密院事，伯壽辭，不拜。二月，以費士寅簽書樞密院事。○夏四月朔，日食。○五月，以陳自强爲右丞相。時侂胄專權，凡所欲爲，宰執惕息不敢爲異。自强至印空名敕劄授之，惟所欲爲，宰執不預知也。言路扼塞，每月按舉小吏一二人，謂之月課。又有泛論君德時事，皆取其陳熟緩慢、略無攖拂者言之。或問之，則愧謝曰：「聊以塞責爾。」加以苞苴盛行，自强尤貪鄙，四方致書餽，必題其緘云：「某物若干并獻」，凡書題無「并」字則不開。縱子弟、親戚關通貨賄，仕進干請，必諧價而後予。都城大火，自强所貯，一夕煨燼。侂胄首遺之萬緡，執政、列郡聞之，皆有助，不數月，得六十萬緡，遂倍所失之數。嘗語人曰：「自强惟一死以報師王。」每稱侂胄爲恩王、恩父，蘇師旦爲叔，堂吏史達祖爲兄。侂胄姦宄專國，自强表裏之功惟多。以許及之知樞密院事。○秋七月，造戰艦。八月，增置襄陽騎軍。尋又置溆浦水軍。九月，袁説友罷。冬十月，以費士寅參知政事，張孝伯同知樞密院事。

**甲子**　四年，金泰和四年。春正月，韓侂胄定議伐金。金爲北鄙阻韄等部所擾，無歲不興師討伐，兵連禍結，士卒塗炭，府倉空匱，國勢日弱，羣盜蜂起，賦斂日繁，民不堪命。有勸韓侂胄立蓋世功名以自固者，侂胄然之，恢復之議遂起。聚財募卒，出封樁庫黄金萬兩以待賞功，命吴曦練兵西蜀。既而，安豐守臣厲仲方言：「淮北流民咸願歸附。」而浙東安撫使辛棄疾入見，言：「金國必亂亡，願屬元老大臣備兵，爲倉卒應變之計。」侂胄大喜，鄭挺、鄧友龍等又附和其説，侂胄用師之意益鋭矣。三月，臨安大火，詔百官陳時政闕失。○夏四月，許及之罷。時兵端開，韓侂胄欲令及之守金陵，及之辭不行，遂罷。以張孝伯參知政事，錢象祖同知樞密院事。○五月，追封岳飛爲鄂王。先已賜謚武穆，至是，韓侂胄欲風厲諸將，乃追封飛。尋封劉光世爲鄜王，贈宇文虚中少保。秋八月，張孝伯罷。○冬十月，以張巖參知政事。○十二月，詔宰相兼國用使。韓侂胄議恢復，陳自强請遵孝宗典故，剏國用司，總覈内外財賦。遂以自强兼國用使，費士寅、張巖同知國用事，掊尅民財，州郡騷動。

**乙丑**　**開禧元年，**金泰和五年。**春三月，費士寅罷。**韓侂胄欲以士寅鎮興元爲宣威之漸，士寅固辭，遂罷。**太白晝見。○夏四月，以錢象祖參知政事，劉德秀簽書樞密院事。○以皇甫斌知襄陽府。**尋以斌爲京西北路招撫副使。**竄武學生華岳于建寧。**岳上書諫朝廷未宜用兵啟邊釁，且乞斬韓侂胄、蘇師旦、周筠，以謝天下。侂胄大怒，下岳大理，編管建寧。**五月，金以僕散揆爲河南宣撫使。**金主璟聞朝廷將用兵，召諸大臣問之，皆曰：「宋敗衂之餘，自救不暇，恐不敢叛盟。」完顏匡獨曰：「彼置忠義保捷軍，取先世開寶、天禧紀元，豈忘中國者哉？」璟然之，乃命平章僕散揆宣撫，會兵于汴以備之。**秋七月，詔韓侂胄平章軍國事。**從陳自强、鄧友龍等請也。命侂胄三日一朝，赴都堂治事。論者謂侂胄繫銜，比吕公著省「同」字，❶則其體尤尊；比文彦博省「重」字，則其所與者廣。於是，三省印並納其第，侂胄置機速房於私第，甚者假作御筆，升黜將帥，事關機要，未嘗奏稟，人莫敢言。**以蘇師旦爲安遠節度使，領閤門事。**韓侂胄昵師旦爲腹心，故有是除。**八月，金罷河南宣撫司。**僕散揆至汴，移文來責敗盟。三省、樞密院答言：「邊臣生事，已行貶黜，所置兵亦已抽去。」揆信之，會殿前副都指揮使郭倪、濠州守將田俊邁誘虹縣民蘇貴等爲間，言於揆曰：「宋之增戍，本虞他盜，及聞行臺之建，益畏讋不敢去備。且兵皆白丁，自裹糧糒，窮蹙飢疾，死者甚衆。」揆益弛備，以其言白於金主璟。時金羣臣皆勸先舉，璟曰：「南北和好，四十餘年，民不知兵，不可。」及聞揆言，遂命罷宣撫司及新置兵。**以郭倪知揚州。**尋兼山東、京東招撫使。**九月，劉德秀罷。○遣使如金。**韓侂胄欲審敵虚實，故遣陳景俊往賀正旦。景俊還，金主璟諭之曰：「大定初，世宗許宋世爲姪國，朕遵守

---

❶「吕公著」，原作「吕夷簡」，據《朝野雜記》乙集卷十三《平章軍國事》、《續編兩朝綱目備要》卷八、《宋史》卷一六一《職官志》改。

至今。豈意爾國屢犯我邊，以此遣大臣宣撫河南。及得爾國公移，朕即罷司，而爾國侵擾益甚。朕惟和好歲久，委曲涵容。恐姪宋皇帝或未詳知。卿歸國，當具言之。」景俊還，以告陳自强，自强戒勿言，由是用兵益決。以丘崈爲江淮宣撫使，崈辭不拜。初，韓侂胄以北伐之議示崈，崈曰：「中原淪陷且百年，在我固不可一日而忘。然兵凶戰危，若首倡非常之舉，兵交勝負未可知，則首事之禍，其誰任之？必有誇誕貪進之人，攘臂以僥倖萬一。宜亟斥絶，不然必誤國矣。」侂胄不納。至是，命崈宣撫江淮，崈手書切諫，曰：「金人未必有意敗盟，中國當示大體，宜申警軍實，使吾常有勝勢。若釁自彼作，我有詞矣。」因力辭不拜，侂胄不悦。冬十二月，金使來。金使太常卿趙之傑來賀正旦，入見。韓侂胄故使贊者犯金主父嫌名以挑之，之傑遂倨慢，侂胄請帝還内。著作郎朱質乞斬虜使，不報。

**丙寅**　二年，金泰和六年。春二月，壽慈宫火。太皇太后移居大内。以程松爲四川宣撫使，吴曦副之。松移司興元，東軍三萬屬焉；曦進屯河池，西軍六萬屬焉。仍聽節制財賦，按劾計司。曦由是益得自專，松無所關與。松始至，欲以執政禮見曦，責庭參。曦聞之，及境而還。松用東、西軍一千八百自衛，曦抽摘以去。松亦不悟，尋詔曦兼陝西、河東招撫使。錢象祖罷。韓侂胄鋭意用兵，象祖執不可，遂以懷姦避事罷之。尋奪二官，信州居住。夏四月，以薛叔似爲京湖宣撫使，鄧友龍爲兩淮宣撫使。○追奪秦檜王爵，改謚繆醜。論檜主和誤國之罪也。金復命僕散揆會兵河南。金聞皇甫斌分兵規取唐、鄧，復命揆領行省于汴，河南皆聽節制，盡徵諸道籍兵，分守要害。命彰德守臣護韓琦墳，凡宋宗族所居，有司提控之。吴曦反，獻階、成、和、鳳四州于金以求封。曦既得志，與其從弟晛及徐景望、趙富、米脩之、董鎮共爲反謀，陰遣其客姚淮源獻關外階、成、和、鳳四州于金，求封蜀王。郭倪遣兵復泗州。五月，下詔伐金。韓侂胄聞已得泗州及新息、褒信、潁上、虹縣，乃議降詔，略曰：「天道好還，中國有必伸之理；人心效順，匹夫無不報之仇。蠢兹醜虜，猶託要盟。腴生靈之資，奉溪壑之欲。此非出於得已，彼乃謂之當然。軍入塞而公肆創殘，使來庭而敢爲桀驁。洎行李之繼遣，復嫚詞之見加。含垢納污，在人情而已極；聲罪致討，屬胡運之將傾。兵出有名，師直爲壯。言乎遠，言乎近，孰無忠義之心？爲人子，爲人臣，當念祖宗之憤。」直學士院李壁之詞也。初，兵部侍郎葉適輪對，嘗言：「甘弱而幸安者衰，改弱而就强者興。」侂胄聞而喜之，以爲直學士院，欲籍其草詔以動中外，而適以疾辭職，乃改命壁云。呂中曰：「小人擅朝，欲爲專寵固位之計，往往至於用兵。侂胄在朝，窮奸極惡，海内切齒，而復不度事勢，妄啓兵端。三邊瘡痍，生靈魚肉，雖擢髮不足數其罪矣。」

**郭倪遣兵攻宿州，大敗。**郭倪遣郭倬、李汝翼會兵攻宿州，敗還。至蘄，金人追而圍之。倬執馬軍司統制田俊邁以與金人，乃得免。時建康都統李爽攻壽州，亦敗。

**皇甫斌敗績于唐州。**時江州都統王大節攻蔡州，亦不克而潰。

**詔以宗室均爲沂王抦嗣，賜名貴和。**抦，孝宗孫，魏惠獻王愷之子，均之父曰希瞿，太祖九世孫也。

**六月，鄧友龍免，以丘崈爲兩淮宣撫使。**韓侂胄以師出無功，免友龍，而以崈代之，駐揚州。崈至鎮，部署諸將，悉以三衙江上軍分守江淮要害。於是，王大節、李汝翼、皇甫斌、李爽等皆坐貶，斬郭倬于鎮江。

**秋七月，蘇師旦以罪安置韶州。**韓侂胄既喪師，始覺爲蘇師旦所誤。一夕，召李壁飲，酒酣，語及師旦始謀事。壁微摘其過以覘之，因極言：「師旦怙勢招權，使明公負謗，非竄謫此人，不足以謝天下。」侂胄然之。翌日，罷師旦官，籍其家。旬日，除名，韶州安置。

**以張巖知樞密院事，李壁參知政事。**

**○夏李安全廢其主純佑而自立。**安全，崇宗孫，越王仁友子也。廢純佑自立，改元應天。未幾，純佑死，安全號之曰桓宗。

**冬十月，金僕散揆分兵入寇。**僕散揆分兵爲九道南下：揆兵三萬出潁、壽，完顏匡兵二萬五千出唐、鄧，紇石烈子仁兵三萬出渦口，紇石烈胡沙虎兵二萬出清河口，完顏充兵一萬出陳倉，蒲察貞兵一萬出成紀，完顏綱兵一萬出臨潭，石抹仲温兵五千出鹽川，❶完顏瞵兵五千出來

❶「温」，原脱，據《金史》卷一二《章宗本紀》、卷一〇三《石抹仲温傳》補。

**金人圍楚州。**胡沙虎自清河口渡淮，遂圍楚州。

**十一月，以丘崈簽書樞密院事，督視江、淮軍馬。**金人攻淮南日急，詔郭杲將兵駐真州以援之，又以崈督視江、淮軍馬。或勸崈棄廬、和州爲守江計，崈曰：「棄淮則與敵共長江之險，吾當與淮南俱存亡。」乃益增兵防守。

**金人陷京西州軍，招撫使趙淳焚樊城而遁。**金完顔匡陷光化、棗陽，江陵副都統魏友諒突圍奔襄陽，趙淳焚樊城。金人遂破信陽、襄陽、隨州，進圍德安府。

**金僕散揆陷安豐軍，遂圍和州。**揆引兵至淮，遣人密測淮水，惟八疊灘可涉。即遣奧屯驤揚兵下蔡，聲言欲渡。守將何汝勵、姚公佐以爲誠然，悉衆屯花靨以備之。揆乃遣賽不等潛師渡八疊，駐于南岸。官軍不虞其至，遂皆潰走，自相蹂踐，死者不可勝計。揆遂奪潁口，下安豐軍及霍丘縣，❶進圍和州，屯于瓦梁河，以控真、揚諸州之衝，乃整軍列騎，張旗幟於沿江上下。於是江表大震。

**金人入西和州。十二月，入成州，吴曦焚河池，退壁青野原。**曦既遣姚淮源如金，因持重按兵河池。韓侂胄日夜望其進兵，使者相繼。曦恐謀泄，乃遣兵攻秦、隴，與金人力戰，以堅侂胄之心。金人許封之，約曰：「若按兵閉境，不爲異同，使其師東下無西顧之憂，則全蜀之地卿所素有，當加封册，一依康王故事。更能順流東下，助爲掎角，則旄麾所指，盡以相付。」因命完顔綱經略之。綱進兵水洛，訪得曦族人吴端，署爲水洛城巡檢使，遣人報曦。曦得報，意動，以程松在興元，未敢發，詐稱杖殺端，而陰遣使送欵于綱。及金蒲察貞破和尚原，犯西和州，曦將王喜等方力戰，曦忽傳令退保黑谷，軍遂潰。貞入成州，曦因焚河池，退壁青野原。自是，金人無復顧慮。

**金人陷真州，寇六合。郭倪遣兵救之，敗績，倪棄揚州走。**金紇石烈子仁既陷滁州，遂入真州。州之士民奔逃渡江者十餘萬，知鎮江府宇文紹節亟具舟以濟，又廩食之。自是，淮西縣鎮，皆没于金。

**金人入大散關，吴曦還興州。**時興州都統制毋思以重兵守關，曦聞金兵至，因撤蓦關之戍。❷金

❶「霍丘」，原作「霍江」，據《金史》一二《章宗本紀》、《宋史》卷八八《地理志》改。

❷「撤」，原作「撒」，據萬曆本、《宋史》卷四七五《吴曦傳》改。

人由板閘谷遶出關後，思孤軍不能支，遂陷。曦退屯置口，完顔綱遣張仔會之。曦言願附金之情，仔請曦告身爲報，曦盡出以付仔。綱乃以金主璟命，遣馬良顯持詔書、金印，立曦爲蜀王。曦密受之，遂還興州。是夜，天赤如血，光燭地如晝。翌日，曦召幙屬諭意，謂：「東南失守，車駕幸四明，今宜從權濟事。」王翼、楊騤之抗言曰：「如此，則相公忠孝八十年門户，一朝掃地矣。」曦曰：「吾意已決。」即遣任辛奉表，獻蜀地圖及吴氏譜牒于金。○吕中曰：「恢復大計，當以人才爲先。今則總戎三邊者誰歟？吴曦，特膏粱之子弟；❶郭倪、郭倬、李爽、李汝翼、皇甫斌，又皆嵬瑣之庸才。平居暇日，不過剋剥士卒，苞苴饋賂，圖爲進身之梯媒。甚者外交仇虜，以伺中國之動静。朝廷顧以推轂，制閫之事悉委之。師纔出境，而前者敗，後者潰，大者殲，小者奔。而統蜀漢之逆曦，又以叛聞。用兵以來，虜之損未一二，而吾國之喪敗，已不可勝計矣！」**丘崈遣使如金軍議和，金僕散揆還軍下蔡。**金僕散揆欲通和罷兵，購得韓琦五世孫元靚，遣之渡淮。丘崈獲之，詰所以來之故，元靚言：「兩國交兵，北朝皆謂韓太師意。今相州宗族墳墓皆不可保，故來依太師耳。」崈使畢其説，始露講解之意。崈密使人護送北歸，俾扣其實。既而元靚回，得金行省文字，崈以聞于朝。韓侂胄方以師出屢敗，悔其前謀，輸家財二十萬以助軍，而諭崈募人持書幣赴敵營議和。崈乃遣劉祐持書於揆，願講好息兵。揆曰：「稱臣、割地、獻首禍之臣，乃可。」崈復遣王文往，言：「用兵乃蘇師旦、鄧友龍、皇甫斌等所爲，非朝廷意。今三人皆已貶黜。」揆曰：「侂胄若無意用兵，師旦等豈敢專擅？」文還，崈復遣使相繼以往，因許還其淮北流移人及今年歲幣。揆始許之，自和州退屯下蔡，獨濠州尚使一統軍守之。**薛叔似免。**叔似夙以功業自期，及臨事，絶無可稱，屬郡多陷，故坐免。以吴獵爲京湖宣撫使。**以畢再遇權山東、京東招撫司。**時諸將用兵皆敗，唯再遇數有功。金人常以水櫃取勝，再遇夜縛藁人數千，衣以甲冑，持旗幟戈矛，儼立成行，昧爽，鳴鼓。金人驚視，亟放水櫃，後知其非兵也，甚沮。乃出兵攻之，金人大敗。又嘗引金人與戰，且前且却，至于數四。

❶「粱」，原作「梁」，據《續宋中興編年資治通鑑》卷一三改。

視日已晚，乃以香料、煮豆布地上，復前搏戰，佯爲敗走。金人乘勝追逐，馬飢，聞豆香，皆就食，鞭之不前。反攻之，金人馬死者不可勝計。又嘗與金人對壘，度金兵至者日衆，難與爭鋒，一夕拔營去，留旗幟於營，并縛生羊置其前二足於鼓上，擊鼓有聲。金人不覺爲空營，復相持數日，及覺，欲追之，則已遠矣。

**程松自興元逃歸。**金完顔抄合攻鳳州，松求援于吴曦。曦紿言當發三千騎往，松信不疑。及曦受金詔，宣言金使者欲得階、成、和、鳳四州以和。馳書諷松使去，松不知所爲。會報金兵至，百姓奔走相蹂躪。松亟趨米倉山而遁，自閬州順流至重慶，以書抵曦，匄贐禮，稱曦爲蜀王。曦以匣封致餽，松望見大恐，疑爲劍，亟逃奔，使者追與之，乃金寶也。松受而兼程出峽，西向掩淚曰：「吾今始獲保頭顱矣。」

**蒙古奇渥温鐵木真稱帝于斡難河。**鐵木真之先，有曰孛端叉兒，母阿蘭果火，生二子而寡居。夜寢，屢有光明照其腹，又生三子，孛端叉兒，其季也。其後子孫蕃衍，各自爲部，居于烏桓之北，與畏羅、乃蠻、九姓回鶻故城和林接壤，世奉貢于遼、金，而總隸于韃靼。至也速該，并吞諸部，勢愈盛大。攻塔塔兒部，獲其部長鐵木真。還，次于跌里温盤陀山而生子，因以「鐵木真」名之。也速該死，鐵木真年幼，其部衆多歸于族人泰赤烏部。泰赤烏合七部人凡三萬，攻之，鐵木真與其母月倫率部人爲十三翼，大戰，泰赤烏等敗，因得少安。時泰赤烏部地廣民衆而無紀律，其下謀曰：「鐵木真衣人以己衣乘人以己馬，真吾主也。」因悉歸之，泰赤烏部遂微。未幾，塔塔兒部叛金，鐵木真自斡難河帥衆會金師同滅之，以功授鐵木真爲「察兀禿魯」，猶中國之招討使也。鐵木真以乃蠻部强盛，事之甚謹。乃蠻反侵掠之，鐵木真乃大會屬部于帖麥垓川，議伐乃蠻。乃蠻太陽罕營于沆海山，與蔑里乞諸部合，兵勢頗盛。鐵木真與之大戰，擒殺太陽罕，諸部悉潰，鐵木真益以盛强。明年，遂攻西夏，破力吉里寨，經落思城，大掠而還。至是，大會諸部長于斡難河之源，建九斿白旗，自號爲成吉思可汗。先是，金主遣衛王允濟往靖州受鐵木真之貢，允濟奇其狀貌，歸言于金主，請以事除之，金主不許。鐵木真聞而憾之。

**蒙古滅乃蠻。**

**丁卯　三年，**金泰和七年。**春正月，罷丘崈，以張巖督視江淮軍馬。**時金已有和意，崈上疏，乞移書金帥以成前議，且言金人既指韓侂胄爲元謀，若移書，宜暫免繫銜。侂胄大怒，罷密。**以陳自强兼樞密使。○吴曦自稱蜀王，權大安軍楊震仲死之。**曦遣將利吉引金兵入鳳州，以四郡付之，表鐵山爲界。曦即興州爲行宫。改元，置百官，遣董鎮至成都治宫殿，欲徙居之。議行削髮、左衽之令，稱臣于金。分其所統兵十萬爲統帥，遣禄祁等戍萬州，泛舟下嘉陵江，聲言約金人夾攻襄陽。下黄榜於成都、潼川、利州、夔州四路，以興州爲興德府。召隨軍轉運使安丙爲丞相長史，權行都省事。丙度不得脱，徒死無益，乃陽與而陰圖之。曦又召權大安軍楊震仲，震仲不屈，飲藥而死。其他如陳咸自髡其髮，史次秦自瞽其目，李道傳、鄧性善等悉棄官去。❶ **二月，以楊輔爲四川制置使，吴曦逐之。**輔知成都，嘗言吴曦必反，帝意輔能誅曦，乃密詔授輔制置使，許以便宜從事。詔至，人勸以倡義，輔自以不習兵事，且内郡無兵可用，遷延不發。曦移輔知遂寧府，輔遂以印授通判韓植，棄成都而去。**以知建康府葉適兼江淮制置使。**適上言：「三國孫氏嘗以江北守江，自南唐以來始失之，乞兼節制江北諸州。」詔從之。時羽檄旁午，而適治事如平時，軍須皆從官給，民以不擾，其防守皆盡法度。**金平章政事僕散揆卒于下蔡。**揆有疾，金主命左丞相完顔宗浩行省事于汴。至是，揆卒。揆爲政多惠，人樂爲用。**四川轉運使安丙誅吴曦，傳首臨安。**監興州合江倉楊巨源謀討曦，乃陰與曦將張林、朱邦寧及忠義士朱福等深相結。眉州人程夢錫知之，以告轉運使安丙。丙時稱疾未視事，乃屬夢錫以書致巨源，延之卧所。巨源曰：「先生而爲逆賊丞相長史邪？」丙號哭曰：「目前兵將，我所知，不能奮起；必得豪傑，乃滅此賊。」巨源曰：「非先生不足以主此事，非巨源不足以了此事。」會興州中軍正將李好義亦結軍士李貴、進士楊君玉、李坤辰、李彪等數十人，謀誅曦。好義曰：「此事誓死報國，救四蜀生靈。但曦死後，若無威望者鎮撫，恐一變未息，一變復生。」欲奉安丙主事，使坤辰來邀

❶「鄧性善」，原作「鄧性甫」，據《朝野雜記》乙集卷一〇、《蜀士立功立節次第》、《續編兩朝綱目備要》卷一〇、《宋史》卷四七五《吴曦傳》改。

巨源與會。臣源往與約，還報丙。丙大喜，始出視事。君玉與白子申共草密詔，署曰：「惟干戈省厥躬，既昧聖賢之戒；雖犬馬識其主，乃甘夷虜之臣，邦有常刑，罪在不赦。」二月乙亥未明，好義帥其徒七十四人入僞宮。時僞宮門洞開，好義大呼而入，曰：「奉朝廷密詔，以安長史爲宣撫，令我誅反賊，敢抗者夷其族！」曦衛兵千餘，聞有詔，皆棄梃而走。巨源持詔乘馬，自稱奉使，入内户。曦啟户欲逸，李貴即前執之，刃中曦頰。曦反撲，貴仆于地。好義急呼王換斧其腰，曦始縱貴。貴遂斫其首，馳告丙。宣詔，軍民拜舞，聲動天地。持曦首撫定城中，市不易肆。盡收曦黨，殺之。衆推丙權四川宣撫使，巨源權參贊軍事。丙陳曦所以反，及矯制平賊、便宜賞功狀，上疏自劾待罪。函曦首及違制法物，與曦所受金人詔印，送朝廷。曦僭立凡四十一日，金遣朮虎高琪奉册于曦，未至而曦已誅矣。先是，韓侂胄聞曦反，大懼，與曦書，許以茅土之封，且召知鎮江府宇文紹節問計。紹節云：「安丙非附逆者，必能討賊。」侂胄乃密以帛書諭丙，云：「若能圖曦報國，以明本心，即當不次推賞。」書皆未達，而誅曦露布已聞，朝廷大喜。曦首至臨安，獻于廟社，梟之市三日。詔誅曦妻子，家屬徙嶺南，奪曦父挺官爵，遷曦祖璘子孫出蜀，存璘廟祀。

**以方信孺爲國信所參議官，如金軍。**韓侂胄募可以報使金帥府者，近臣薦信孺可使，自蕭山丞召赴都，命以使事。信孺曰：「開釁自我，金人設問首謀，當以何詞答之？」侂胄矍然，遂以信孺爲奉使金國通謝國信所參議官，持張巖書以行。

**三月，安丙使興州將李好義等，復西和、階、成、鳳州及大散關。**楊巨源、李好義謂安丙曰：「曦死，賊破膽矣。關外四州爲蜀要害，盍乘勢復取之！不然，必爲後患。」丙從之。於是分遣好義復西和州，張林、李簡復成州，劉昌國復階州，張翼復鳳州，孫忠鋭復大散關。好義進兵，次于獨頭嶺，會忠義及民兵，夾擊金人，死者蔽路。七日至西和，人人樂死，前無留敵。金將完顏欽遁去，好義整衆而入，軍民歡呼迎拜。好義籍府庫以歸于官，欲乘勝徑取秦、隴以牽制淮寇，宣撫司不許，士氣皆沮。

**以楊輔爲四川宣撫使，安丙副之。夏四月，召輔知建康府。**吴曦既誅，安丙趣楊輔還成都。詔以輔爲宣撫使，丙副之，兼知興州，許奕爲宣諭使，改興州爲沔州。朝廷察丙與輔異，召輔赴闕。輔抵建康，引咎不進。著作佐郎楊簡言：「輔嘗棄成都，不當召。」遂命輔知建康。程松以罪竄澧州。○以錢象祖參知政事。○金人復陷大散關。○五月，太皇太后謝氏崩。謚成肅。李好義襲秦州，與金將朮虎高琪戰，敗績。好義還，爲吴曦將王喜所毒而卒。朝廷慮喜爲變，授節度使，移荆鄂都統制。史臣曰：「曦之誅，實楊巨源、李好義之謀。好義失於周防，竟爲王喜所圖。宋知喜爲曦黨，既不能罪，又以節鎮賞之，幾何不爲唐末之姑息，以成藩鎮之禍乎？」六月，安丙殺宣撫司參議官楊巨源。初，吴曦誅，獎諭詔至興州，巨源謂人曰：「詔命一字不及巨源，疑有以蔽其功者。」俄報王喜授節度使，而巨源與通判，心益不平，乃愬功于朝。或謂安丙曰：「巨源謀亂。」丙令喜鞫其黨，皆抵罪。時巨源方與金人戰于鳳州之長橋而敗，丙密使興元都統制彭輅收巨源，械送閬州獄。至大安龍尾灘，丙使將校樊世顯殺之。忠義之士聞者，莫不扼腕流涕。秋七月，大旱，蝗。蝗飛蔽天，食浙西豆粟皆盡，詔郡邑賑恤之。九月，貶方信孺官，遣右司郎中王柟如金軍。

信孺至濠州，紇石烈子仁止之于獄，露刃環守之，絶其薪水，要以五事。信孺曰：「反俘、歸幣，可也；縛送首謀，自古無之；稱藩、割地，則非臣子所敢言。」子仁怒曰：「若不望生還邪？」信孺曰：「吾將命出國門時，已置生死度外矣。」子仁遣至汴，見完顔宗浩，出就傳舍。宗浩使將命者來，堅持五説，信孺辨對不少屈。宗浩不能詰，授以報書，曰：「和與戰，俟再至決之。」信孺還，朝廷以林拱辰爲通謝使，與信孺持國書誓草及許通謝百萬緡。信孺至汴，宗浩怒信孺不曲折建白，遽以誓書來，有「誅戮禁錮」之語，信孺不爲動。將命者曰：「此非犒軍可了。」别出事目以示之。信孺曰：「歲幣不可再增，故代以通謝錢。今得此求彼，吾有隕首而已。」會興州遣師復大散關，宗浩益疑之，乃遣信孺還，復書于張巖曰：「若能稱臣，即以江、淮之間取中爲界；欲世爲子國，即盡割大江爲界，且斬元謀姦臣，函首以獻，及添歲幣五萬兩疋，犒師銀一千萬兩，方可議和好。」信孺還，致其書。韓侂胄問之，信孺言：「敵所欲者五事：一割兩淮，二增歲幣，三索歸正人，四犒軍銀，五不敢言。」侂胄固問之，信孺徐曰：「欲得太師頭耳！」侂胄大怒，奪信孺三官，臨江軍居住。信孺三使金師，以口舌折强敵，敵人計屈情見，雖未即和，然已有成説。及貶，欲再遣使，顧在廷無可者。近臣以王柟薦，乃命假右司郎中持書北行。柟，倫之孫也。**葬成肅皇后。○以趙淳爲江淮制置使。張巖免。**韓侂胄怒金人欲罪首謀，和議遂輟，復鋭意用兵，乃以淳鎮江淮而免張巖。巖開督府九月，費耗縣官錢三百七十萬緡而無成功。**冬十一月，禮部侍郎史彌遠誅韓侂胄于玉津園。詔暴侂胄罪惡于中外。**自兵興以來，蜀口、漢、淮之民死於兵戈者，不可勝計，公私之力大屈，而侂胄意猶未已，中外憂懼。禮部侍郎兼資善堂翊善史彌遠入對，因力陳危迫之勢，請誅侂胄以安邦。皇后楊氏素怨侂胄，因使皇子榮王曮具疏，言侂胄再啓兵端，將不利於社稷。帝不答，后從旁力贊之，帝猶未許。后請命其兄楊次山擇羣臣可任者與共圖之，帝始允可。次山遂語彌遠，彌遠得密旨，以錢象祖嘗諫用兵忤侂胄，乃先白象祖，象祖許之，象祖以告李壁，彌遠自懷中出御筆批云：「韓侂胄久任國柄，輕啓兵端，使南北生靈，枉罹凶害，可罷平章軍國事。陳自强阿附充位，可罷右丞相，日下出國門。」仍命主管殿前司公事夏震以兵三百防護。象祖欲奏審，壁謂事留恐泄，乃已。翌日，侂胄入朝，至太廟前，震呵止之，從者皆散。震以兵擁侂胄至玉津園側，殛殺之。彌遠、象祖以誅侂胄聞，帝不信。越三日，猶以爲未死，後審其果然，遂下詔暴侂胄罪惡于中外。蓋其謀始于彌遠而成于皇后及楊次山，帝初無意也。論功進彌遠爲禮部尚書，加震福州觀察使。侂胄專政十四年，宰執、侍從、臺諫、藩閫，皆其門廡之人，天子孤立于上，威行宫省，權震宇内。嘗鑿山爲沼，下瞰太廟。出入宫闈無度。孝宗疇昔思政之所，偃然居之，老宫人見之，往往垂涕。顔棫草制，以爲「得聖之清」，易祓撰答詔，以「元聖」褒之。四方投獻者，謂伊、霍、旦、奭不足以擬其勳。余嘉請加九錫，趙師睪乞置平原郡王府官屬，侂胄皆當之不辭。其嬖妾皆封郡國夫人，每内宴，與妃嬪雜坐，恃勢驕倨，掖庭皆惡之。及籍其家，多乘輿服御之飾，其僭紊極矣。**治韓侂胄黨，竄陳自强于永州，斬蘇師旦，流郭倪等于嶺南，貶李壁等官。**韓侂胄既死，錢象祖探懷中堂帖授自强，曰：「有旨，丞相罷政。」自强即上馬，顧曰：「望大參保全。」明日，奪其三官，永州居住，尋竄雷州。遣使即韶州誅師旦，安置郭倪于梅州，鄧友龍于循州，郭僎于連州，貶李壁、張巖、許及之、葉適、薛叔似、皇甫斌等官秩有差。**以衛涇**

僉書樞密院事。○立榮王曮爲皇太子，更名愭。尋更名詢。十二月，罷山東、京東西路招撫司。○以錢象祖爲右丞相兼樞密使，衛涇、雷孝友參知政事，史彌遠同知樞密院事，林大中僉書院事。初，韓侂胄欲内交於大中，大中不許，而上書極論其姦，因辭官屏居，時事不掛於口。侂胄當國，或勸其通書以免禍，大中曰：「福不可求而得，禍可懼而免邪。」不聽，凡十二年而復起。

續資治通鑑綱目第十七

# 續資治通鑑綱目第十八

起戊辰宋寧宗嘉定元年，盡甲申宋寧宗嘉定十七年。凡十七年。

**戊辰** 嘉定元年，金泰和八年。春正月，以史彌遠知樞密院事。○王柟還自汴。三月，以韓侂胄、蘇師旦首畀金。柟至汴，請依靖康故事，世爲伯姪之國，增歲幣爲三十萬，犒軍錢三百萬貫，蘇師旦等俟和議定後當函首以獻。完顏匡具以柟言奏于金主璟，璟命匡移書索韓侂胄首，以贖淮南地，改犒軍錢爲銀三百萬兩。會錢象祖移書金帥府，喻以誅韓侂胄事，柟未之知也。一日，匡問柟曰：「韓侂胄貴顯幾年矣？」柟曰：「已十餘年，平章國事才二年耳。」匡曰：「今欲去此人，可乎？」柟曰：「主上英斷，去之何難！」匡顧之而笑，和議始決。遣柟持書求函侂胄首以贖淮南，柟還言于朝。詔百官議，吏部尚書樓鑰曰：「和議重事，待此而決，姦宄已斃之首，又何足惜？」遂命臨安府斲棺取首，梟之兩淮，仍諭諸路以函首畀金之事。遂以侂胄及師旦之首付王柟送金師，以易淮、陝侵地。復秦檜爵、謚。○臨安大火。火凡四日，焚御史臺等官舍十餘所，民舍五萬八千九十七家。城内外亘十餘里，死者甚衆。城中廬舍十燬其七，百官多僦舟以居。民訛言相驚，亡賴因而縱火爲姦。夏六月，金人來歸大散關及濠州。王柟以韓侂胄、蘇師旦首至金。金主璟御應天門，備黄麾立仗受之，百官上表稱賀。懸二首并畫像于通衢，令百姓縱觀，然後漆其首藏于軍器庫。遂命完顏匡等罷兵，更元帥府爲樞密院，遣使來歸大散關及濠州。衛涇罷。○林大中卒。○秋七月，召丘崈同知樞密院事，未至卒。崈儀狀魁傑，機神英悟，嘗慷慨曰：「生無以報國，死願爲猛將以滅敵。」其忠義蓋天性也。八月，以婁機同知樞密院事，樓鑰簽書院事。鑰持論堅正，忤韓侂胄意，奉祠累年。機初爲太常少卿，侂胄開邊，機曰：「恢復之名非不美，今人才難得，財力未裕，萬一兵連禍結，奈何？」鄧友龍曰：「不逐此人，則異議無所回。」遂斥外。及入樞府，時干戈甫定，信使往來，機禅贊之功爲多。尤惜名器，守法度，進退人物，直言可否，不市私恩，不避嫌怨。賑江淮流民。出米二十萬石、錢一百萬緡，命江浙制置司賑之。九月，金遣使來，和議成。下詔以和議成諭天下。吕中曰：「和戎，國家之不得已也，然必有以折其氣而後可以要其成。今嘉定之和，虜有求於我歟，我有求於虜歟？彼欲得權倖之首則與之，彼欲增歲幣之數則與之，屈己而和，皆由於我。犬羊巧詐，寧無易我之心乎？未及數朞，渝盟犯順，然則和議詎可恃邪？」冬十月，以錢象祖、史彌遠爲左、右丞相，雷孝友知樞密院事，樓鑰同知院事，婁機參知政事。○金主璟卒，衛王永濟立。永濟，世宗第七子也。金主無子，疏忌宗室，以永濟柔弱鮮智能，故愛之，欲傳位焉。會永濟自武定入朝，金主已感疾，遂留不遣。金主殂，元妃李氏、黄門李新喜、平章政事完顔匡等，定策奉永濟即位。贈趙汝愚太師、沂國公。謚忠定，後追封福王。十二月，錢象祖罷。

**己巳** 二年，金主永濟大安元年。春正月，以樓鑰參知政事，章良能同知樞密院事，宇文紹節簽書院事。○夏四月，金主永濟殺其故主璟妃李氏。初，章宗遺詔：「内人有娠者二人，生男則立爲儲貳。」平章政事僕散端承金主意，奏：「先帝承御賈氏，當以十一月免乳，今已逾期。范氏産期合在正月，今醫稱胎形已失，願削髮爲尼。」金主乃以范氏損其遺腹詔中外，而殺元妃李氏、承御賈氏，以僕散端爲右丞相。五月，起復右丞相史彌遠。彌遠以母憂歸治喪，太子請賜第行在，令就第持服，以便咨訪。蒙古入靈州，夏主安全降。夏自是益衰。秋八月，罷四川宣撫司。○冬十二月，畏吾兒國降于蒙古。畏吾兒，唐之高昌也。

**庚午** 三年，金大安二年。夏六月朔，日食。○秋八月，夏侵金葭州。夏自天會初，與金議和，八十餘年，未嘗交兵。至是，爲蒙古所攻，求救于金。金主永濟新立，不能出師。夏人怨之，遂侵葭州，金慶山奴擊敗之而去。冬十二月，婁機罷。機立朝能正言，好稱奬人才，不遺寸長，訪問賢能，疏列姓名及其可用之實，以備采取。至是，以老罷。蒙古侵金。金主永濟嗣位，有詔至蒙古，傳言當拜受。蒙古主問金使曰：「新君爲誰？」使曰：「衛王也。」蒙古主遽南面唾曰：「我謂中原皇帝是天上人做，此等庸懦亦爲之邪？何以拜爲！」即乘馬北去。金使還言永濟怒，欲俟蒙古入貢就害之。蒙古主知之，遂與金絶，益嚴兵爲備，數侵掠金西北之境，其勢漸盛。金人皇皇，遂禁百姓傳説邊事。

**辛未**　四年，金大安三年。春三月，臨安大火。焚省部等官舍，延及太廟，詔遷神主于壽慈宮。三日火息，仍還太廟。省部皆寓治驛、寺，焚民居二千七十餘家。夏四月，金使人求和于蒙古，蒙古不許。初，金納哈買住守北鄙，知蒙古將侵邊，奔告于金主。金主曰：「彼於我無釁，汝何言此？」買住曰：「近見其鄰部附從，西夏獻女，而造箭製楯不休，凡行營則令男子乘車，蓋欲惜馬力也，非圖我而何？」金主以其擅生邊隙，囚之。及蒙古侵擾雲中、九原，連歲不休，遂破大水濼以進。❶金主始恐，釋買住，而遣西北路招討使粘合打求和，蒙古主不許。金主乃命平章政事獨吉千家奴、參知政事完顔胡沙行省事于撫州，西京留守紇石烈胡沙虎行樞密院事，以禦蒙古。六月，遣使如金，不至而還。賀生辰也，時金有蒙古之難，不暇延使者，至涿州而還，尋詔江淮、京湖、四川制置司，謹飭邊備。秋八月，夏主安全卒，族子遵頊立。遵頊改元光定，號安全曰襄宗。蒙古攻金西京，留守紇石烈胡沙虎棄城遁，金西北諸州皆降蒙古。金獨吉千家奴、完顔胡沙至烏沙堡，未及設備，蒙古兵奄至，拔烏沙堡及烏月營。蒙古主乘勝破白登城，遂攻西京，凡七日。胡沙虎懼，以麾下棄城，突圍遁去。蒙古主以精騎三千馳

❶「大水濼」，原作「大水礫」，據《元史》卷一《太祖本紀》改。

之，金兵大敗，追至翠屏口，遂取西京及桓、撫州。蒙古主復遣其子朮赤、察合台、窩闊台三人，帥兵分取雲內、東勝、武、朔、豐、靖等州。由是，金德興、弘州、昌平、懷來、縉山、豐潤、密雲、撫寧、集寧，東過平、灤，南至清、滄，由臨潢過遼河，西南至忻、代，皆降于蒙古。

**閏九月，金兵禦蒙古，敗績于會河。蒙古遂入居庸關，大掠而去。**

蒙古主既破撫州，休士牧馬，將遂南向。金主復命招討使完顏九斤、監軍完顏萬奴等，率兵號四十萬，駐野狐嶺以備，胡沙率重兵爲後繼。或謂九斤曰：「蒙古新破撫州，方以所獲賜其下，馬牧于野，當乘其不虞，掩擊之。」九斤曰：「此危道也，不若馬步俱進，爲計萬全。」蒙古主聞之，進兵于貛兒觜。九斤遣麾下明安問蒙古舉兵之故，明安反降于蒙古，以虛實告之。蒙古主遂與九斤等戰，金兵大敗，人馬蹂躪，死者不可勝計。蒙古乘銳而前，胡沙畏其鋒，不敢拒戰，引兵南行。蒙古兵踵擊之，至會河堡，金兵又大敗，胡沙僅以身免，走入宣德。蒙古兵乘勝薄宣德，遂克晉安縣，遊兵至居庸關，守將完顏福壽棄關遁，蒙古兵克之。金中都戒嚴，禁男子不得輒出城。蒙古遊奕至都城下，金主欲南奔汴。會衛卒誓死迎戰，蒙古兵損折頗多，遂襲金羣牧監，驅其馬而去。金主乃止，命秦州刺史朮虎高琪屯通玄門外，尋降胡沙爲咸平路兵馬總管。將士以其罰輕，由是益不用命。

**冬十一月朔，日食。○金以徒單鎰爲右丞相，紇石烈胡沙虎爲右副元帥。**

鎰爲上京留守，聞中都戒嚴，曰：「事急矣！」乃選兵二萬，遣同知烏古孫兀屯將之入衛。金主嘉之，徵拜尚書右丞相。先是，鎰上言曰：「自國家與韃靼交兵以來，彼聚而行，我散而守。以聚攻散，其敗必然。不若入保大城，併力備禦。昌、桓、撫三州，素號富貴，人皆健勇，可內徙之以益兵勢，人畜財貨不至亡失。」參政梁瑭曰：「如此，是自蹙境土也。」金主從瑭謀。鎰復奏曰：「遼東，國家根本，距中都數千里，萬一受兵，州府顧望，必須報可，誤事多矣。可遣大臣行省以鎮之。」金主不悦，曰：「無故置行省，徒摇人心耳。」不從。及失三州，又聞東京不守，金主乃大悔曰：「從丞相之言，當不至此。我見丞相，恥哉！」○胡沙虎之棄西京而還也，至蔚州，擅取官庫銀五千兩及衣幣諸物，奪官民馬與從行人。入紫荊關，殺淶水令。至中都，金主皆不問，以爲右副元帥。胡沙虎益無所忌憚，自請兵二萬，北屯宣德。金主與之三千，令屯嬀川，胡沙虎不悦。金益都楊安兒兵起。初，益都人楊安國，少無賴，以粥鞍材爲業，市人呼爲「楊鞍兒」，遂自名楊安兒。泰和中，金人南侵，山東無賴往往相聚剽掠，命州縣招捕之。安兒時爲羣盜，亦請降，隸名軍中，累官至防禦使。及蒙古兵薄中都，詔招鐵瓦敢戰軍，得千餘人，以唐括合打爲都統，安兒副之，以戍邊。安兒至雞鳴山不進，亡歸山東，與張汝楫聚黨攻刼州縣，殺掠官吏，山東大擾。

**壬申**　五年，金崇寧元年。春三月，金紇石烈胡沙虎有罪，放歸田里。胡沙虎欲移屯南口，移文尚書省曰：「韃靼兵來，必不能支。一身不足惜，三千兵爲可憂。十二關、建春、萬寧宮且不保。」金主惡其言，下有司按問。詔數其十五罪，罷歸田里。蒙古克金宣德府。蒙古主既克宣德，遂攻德興府，坎墉而登。金人禦之，蒙古兵不利。蒙古主第四子拖雷與赤駒駙馬復擁楯先登而射之，金兵引卻，蒙古遂盡拔德興境内諸城堡而去。金人復守之。夏五月，安南王李龍翰死，其壻陳日煚襲主國事。龍翰卒，子昊旵嗣。尋卒，無子，以女昭聖主國事，其壻陳日煚因襲取之。李氏自公蘊八傳，凡二百二十餘年而易姓。金河東、陝西大饑。斗米錢數千，流莩滿野。金泰安劉二祖兵起，掠淄、沂州。○秋七月，雷雨，太廟屋壞。權直學士院真德秀上疏曰：「臣博觀經籍，史傳所志，自非甚無道之世，未聞震霆之警及於宗廟者。魯之展氏，人臣耳，己卯之異，《春秋》猶謹書之。蓋震霆者，上天至怒之威；宗廟者，國家至嚴之地。以至怒之威而加諸至嚴之地，其爲可畏也明矣。古先哲王，遇非常之變異，則必應之以非常之德政，未嘗僅舉故事而已。今日避殿損膳之外，咸無聞焉。或者固已妄議陛下務爲應天之文，而不究其實矣。臣願陛下内揆之一身，外察諸庶政，勉進君德，毋以豢養安逸爲心，博通下情，深求致異召和之本。庶幾善祥日應，咎徵日消矣。」

**癸酉**　六年，金至寧元年。九月以後，宣宗珣貞祐元年。春正月，宇文紹節卒。○三月，樓鑰罷。○故遼人耶律留哥取金遼東州郡，自立爲遼王。留哥，契丹人，仕金爲北邊千户。蒙古兵起，金人疑遼遺民有他志。留哥不自安，遁至隆安，聚衆至十餘萬，自爲都元帥，遣使附于蒙古。金遣胡沙率兵往攻，留哥大敗之，遂自立爲遼王，改元元統，盡有遼東州郡，遂都咸平。夏四月，以章良能參知政事。○五月，夏侵金保安、慶陽。○金主永濟復以紇石烈胡沙虎爲右副元帥。秋八月，胡沙虎弑永濟而立昇王珣，自爲太師、尚書令、都元帥，封澤王。金主復用胡沙虎，使將兵屯燕城北。徒單鎰切諫，不聽。胡沙虎與其黨完顔醜奴、蒲察六斤、烏古論奪剌等謀作亂。會金主以蒙古兵在居庸關，而胡沙虎日務馳獵，不恤軍事，遣使責之。使者至，胡沙虎怒，遂妄稱知大興府徒單南平謀反，奉詔入討。分其軍爲三，由章義門入，自將一軍，由通玄門入。恐城中兵出拒，先遣一騎馳抵東華門，大呼曰：「韃靼至北關，已接戰矣。」既又遣一騎往，亦如之。乃使其黨徒單金壽召徒單南平，南平不知，行至廣陽門，胡沙虎遇之，於馬上手刃殺之。完顔石古乃聞亂，召兵五百迎戰，不勝，皆死之。胡沙虎至東華門，護衛斜烈乞兒等納之。胡沙虎入宫，盡以其黨易宿衛，自稱監國都元帥，居大興府，陳兵自衛，召聲伎與親黨會飲。明日，以兵逼金主出居衛邸，遣武衛兵二百錮守之。胡沙虎欲除拜其黨，令黄門入宫收璽。尚宫左夫人鄭氏掌寶璽，拒之，曰：「璽，天子所用。胡沙虎人臣，取將何爲？」黄門曰：「今天時大變，主上且不保，况璽乎？御侍當思自脱計。」鄭氏厲聲罵曰：「若輩宫中近侍，恩遇尤隆，君難不以死報，反爲逆豎奪璽邪？我死可必，璽必不與！」遂瞑目不語，黄門乃還。胡沙虎復遣人奪取宣命之寶，除拜其黨數十人。丞相徒單鎰時以墜馬傷足在告，聞難作，命駕將入省。或告之曰：「省府皆以軍士守之，不可入矣。」少頃，軍士索人於閭巷，鎰乃還第。胡沙虎欲僭位，猶豫不決，以鎰人望，乃詣訪之。鎰從容謂曰：「翼王，章宗之兄，顯宗長子，衆望所屬，元帥決策立之，萬世之功也。」胡沙虎默然，乃遣宦者李思中弑金主於邸。時完顔綱將兵十萬行省事于縉山，胡沙虎誘而殺之。因盡撤沿邊諸軍赴中都、平州，騎兵屯薊州，以自重，遣徒單銘等迎昇王珣于彰德。九月，至燕，即位。立其子守忠爲太子。追廢永濟爲東海郡侯，後追復衛王，謚曰紹。冬

**十月，蒙古大敗金將朮虎高琪于懷來，進圍燕。高琪還殺胡沙虎，金主以高琪爲左副元帥。**蒙古兵至懷來，金元帥右監軍朮虎高琪拒之，敗績，僵尸四十餘里。蒙古乘勝至古北口，金兵保居庸，不能入。蒙古主乃留可忒薄察等頓兵拒守，而自以衆趨紫荆關，敗金兵于五回嶺，拔涿、易二州。分命遮別將兵，反自南口攻居庸關，破之，出北口，與可忒薄察軍合。既而又選諸部精兵五千騎，合怯台、哈台二將圍守中都。方蒙古兵至旱河，欲渡高橋，胡沙虎病足，乘車督戰，蒙古兵大敗。翌日再戰，胡沙虎創甚，不能出，期高琪以糺軍五千拒之。高琪失期不至，胡沙虎欲斬之，金主以其有功，諭令免死。胡沙虎乃益其兵，令出戰，戒之曰：「勝則贖罪，不勝斬汝。」高琪出戰，自夕至曉，北風大作，吹石揚沙，不能舉目，金兵大潰。高琪自度必爲胡沙虎所殺，乃以糺軍入中都，圍胡沙虎之第。胡沙虎聞難作，登後垣欲走，衣絓墜而傷股，軍士就斬之。高琪取其首，詣闕請罪，金主赦之。因詔暴胡沙虎之罪，奪其官爵，以高琪爲左副元帥。一行將士，論功行賞。**蒙古以史天倪爲萬户，屯霸州。**時蒙古木華黎統兵侵金，所向殘破。永清人史秉直聚族謀曰：「方今國家喪亂，吾家百口，何以自保？」既而知降者皆得免，乃率里中數千人詣涿州軍門降。木華黎欲用秉直，秉直辭，乃以其子天倪爲萬户，領降人家屬屯霸州。**十二月，夏取金涇州。○蒙古分兵拔金河北、河東諸州郡。**蒙古主留怯台及哈台屯燕城北，分降人楊伯遇、劉林漢軍四十六都統，并韃靼兵爲三道：命其子朮赤、察合台、窩闊台三人爲右軍，循太行而南，破保州、中山、邢、洺、磁、相、衛輝、懷、孟諸郡，徑抵黄河，大掠平陽、太原之間。别將薄察等遵海而東，破灤、薊，大掠于遼西之地。蒙古主自將，與子拖雷由中道，破雄、漠、清、滄、景、獻、河間、濱、棣、❶濟南等郡，引兵復自大口以逼中都。時中原諸路之兵，皆僉往山後防遏，悉僉鄉民爲兵，上城守禦。蒙古盡驅其家屬來攻，父子兄弟，往往遥相呼認，由是人無固志，故所至郡邑皆下，凡破金九十餘郡。兩河、山東數千里，人民殺戮幾盡，金帛子女、牛馬羊畜皆席卷而去，屋廬焚燬，城郭丘墟。惟大名、真定、青、鄆、邳、海、沃、順、通州，有兵堅守，

❶「棣」，原作「隶」，據《元史》卷一《太祖本紀》改。

未能破。

**甲戌**　七年，金貞祐二年。　春正月，章良能卒。○三月，召安丙同知樞密院事，未至，改知潭州。丙使所愛吏安蕃、何九齡合官軍夜襲秦州，敗歸。沔州都統制王大才執九齡等七人斬之，而訟丙于朝，故有潭州之命。　金以其故主永濟之女歸蒙古。　夏四月，及蒙古平。　蒙古主還自山東，屯燕城北。諸將請乘勝破燕，蒙古主不從，遣使諭金主曰：「汝山東、河北郡縣，悉爲我有，汝所守惟燕京耳。天既弱汝，我復迫汝於險，天其謂我何。我今還軍，汝不能犒師以弭我諸將之怒邪？」金丞相高琪言于金主曰：「韃靼人馬疲病，當決一戰。」完顔承暉曰：「不可。我軍身在都城，家屬各居諸路，其心向背未可知，戰敗，必散；苟勝，亦思妻子而去。社稷安危，在此一舉。莫如遣使議和，待彼還軍，更爲之計。」金主然之，遂遣承暉求和。蒙古主欲得其公主，金主乃以東海郡侯少女，及金帛、童男女各五百、馬三千與之。蒙古主引歸，出居庸關，取所虜山東、兩河少壯男女數十萬，皆殺之。金主以蒙古既和，大赦其國内。　金以僕散安貞爲山東安撫使。○金左丞相徒單鎰卒。金主將遷都于汴，鎰曰：「鑾輿一動，北路皆不守矣。今已講和，聚兵積粟，固守京師，策之上也。南京四面受兵，遼東根本之地，依山負海，其險足恃，備禦一面，以爲後圖，策之次也。」金主不從。鎰尋卒。鎰明敏方正，學問該貫，一時名士皆出其門。　五月，金主珣徙都汴，扈衛糺軍叛降蒙古。　秋七月，蒙古復圍燕。金主以國蹙兵弱，財用匱乏，不能守中都，乃議遷于汴，諫者皆不納。五月，命平章政事都元帥完顔承暉、左丞抹撚盡忠，奉太子守忠留守中都，遂與六宮啓行。蒙古主聞之，怒曰：「既和而遷，是有疑心而不釋憾，特以解和爲款我之計耳。」❶復圖南侵。金主至良鄉，命扈衛糺軍元給鎧馬悉復還官。糺軍怨之，遂作亂，殺其主帥素温，而推斫答、比涉兒、札剌兒三人爲帥，北還。完顔承暉聞變，以兵阻盧溝。斫答擊敗之，軍勢既張，遣使乞降於

❶「款」，原作「疑」，據萬曆本、《續編兩朝綱目備要》卷一四、《宋史全文》卷三〇改。

蒙古。蒙古主遂遣明安援斫荅，合其兵圍燕京。金主聞之，遣人召太子。應奉翰林文字完顏素蘭以爲不可，平章术虎高琪曰：「主上居此，太子宜從。且汝能保都城必完乎？」素蘭曰：「完固不敢必，但太子在彼，則聲勢俱重，邊隘有守，則都城無虞。昔唐明皇幸蜀，太子實在靈武，蓋將以繫天下之心也。」不從。竟召太子。太子既行，中都益懼。**罷金歲幣。**時金人屢遣使來督歲幣，起居舍人真德秀上疏請絶之。其略曰：「女真以韃靼侵陵，徙巢于汴，此吾國之至憂也。蓋韃靼之圖滅女真，猶獵師之志在得鹿，鹿之所走，獵必從之。既能越三關之阻以攻燕，豈不能絶黄河一帶之水以趨汴？使韃靼遂能如劉聰、石勒之盗有中原，則疆埸相望，便爲鄰國，固非我之利也。或如耶律德光之不能即安中土，則奸雄必將投隙而取之，尤非我之福也。今當乘虜之將亡，亟圖自立之策。不可幸虜之未亡，姑爲自安之計也。夫用忠賢、脩政事、屈羣策、收衆心者，自立之本。訓兵戎、擇將帥、繕城池、飭戍守者，自立之具。以忍恥和戎爲福，以息兵忘戰爲常，積安邊之金繒，飾行人之玉帛，女真尚存，則用之女真，强敵更生，則施之强敵，此苟安之計也。陛下以自立爲規模，則國勢日張，人心日奮，雖强敵驟興，不能爲我患；以苟安爲志嚮，則國勢日削，人心日偷，雖弱虜僅存，不能無外憂。蓋安危存亡，皆所自取，若夫當事變方興之日，而示人以可侮之形，是堂上召兵，户内延敵也。微臣區區，竊所深慮！」反覆數千言，帝納之，遂罷金國歲幣。**以鄭昭先簽書樞密院事。○夏人請會師伐金，不報。**時董居誼初入夏人以書來四川，議夾攻金，以恢復故疆。時董居誼初入蜀，不之報，由是虜訊中絶。**九月朔，日食。○蒙古將木華黎攻金遼西州郡，下之。**木華黎進兵攻金北京，守將銀青帥衆二十萬禦于花道，敗還，嬰城自守。其裨將完顏昔烈、高德玉等殺銀青，推寅荅虎爲帥。木華黎命史天祥等趣兵進攻，寅荅虎遂舉城降。木華黎怒其降緩，欲坑之，蕭也先曰：「北京爲遼西重鎮，既降而坑之，後豈有降者乎？」木華黎從之。奏寅荅虎權北京留守，以吾也兒權兵馬帥府事以鎮之。於是金順、成、懿、通州相繼降于蒙古。**冬十二月，金濰州李全兵起。**全，濰州北海農家子，鋭頭蠭目，權譎善下人，弓馬趫捷，能運鐵鎗，人號「李鐵鎗」。開禧中，戚拱嘗結之以復漣水。金主遷汴，賦歛益横，河北、山東遺民，保砦阻險，羣聚爲盗，寇掠州郡，皆衣紅衲襖以相識，時目爲「紅襖賊」。

全與仲兄福亦聚數千，鈔掠山東。劉慶福、國安用、鄭衍德、田四、于洋、于潭等，皆附之。金張鯨據錦州，自稱臨海王，附于蒙古。時興中府石天應亦降蒙古。

**乙亥** 八年，金貞祐三年。春二月，雷孝友罷。○金僕散安貞擊楊安兒，安兒敗死。三月，安貞復破劉二祖，斬之。僕散安貞至益都，敗安兒于城東。安兒奔登州，刺史耿格納之。安兒遂僭號，置官屬，改元天順，衆數十萬。安貞復與山東行省完顔霆、經歷黄摑將花帽軍討敗之，殲其衆。安兒乘舟入海，欲走岠嵎山。❶舟人曲成等擊之，安兒墜水死。無子，其妹四娘子，狡悍善騎射，劉全收餘黨奉之，稱曰「姑姑」，衆尚萬餘。掠食至磨旗山，李全以其衆附之，楊氏因與私通，遂以爲夫。安貞復遣夾谷石里哥破劉二祖，斬之。餘黨推霍儀爲帥，彭義斌、石珪、夏全、時青、裴淵、葛平、楊德廣、王顯忠附焉。金主遣兵救燕，與蒙古兵遇于霸州，大潰。夏五月，中都留守右丞相完顔承暉自殺，蒙古遂入燕。時金中都被圍既久，完顔承暉以抹撚盡忠久在軍旅，悉以兵付之，而自總持大綱，又遣人以礬寫奏告急。金主命左監軍永錫將中山、真定軍，左都監烏古論慶壽將大名軍萬八千、西南路步騎萬一千、河北軍一萬，御史中丞李英運糧，大名行省孛术魯調遣繼發，以救中都。英至大名，得兵數萬，馭衆素無紀律。三月，英被酒，與蒙古兵遇于霸州北，大敗，盡失所運糧。英死，士卒殲焉。慶壽、永錫軍聞之，皆潰歸。自是，中都援絶，内外不通。承暉與盡忠會議，期同死社稷，盡忠不從。承暉怒，即起還第。然兵柄既皆屬盡忠，承暉無如之何，乃辭家廟，召左右司郎中趙思文，謂之曰：「事勢至此，惟有一死以報國家耳。」五月一日，承暉作遺表，付尚書省令史師安石書之，皆論國家大計，及平章政事高琪姦狀，且謝不能終保都城之罪。從容若平日，盡出財物，召家人，隨年勞多寡分給之。舉家號泣，承暉神色泰然，方與安石舉白引滿，謂之曰：「承暉於五經皆經師授，謹守而力行之，不爲虚文。」既被酒，取筆與安石訣，最後倒寫二字，投筆曰：「遽爾謬誤，得非神志亂邪？」謂安

❶「岠嵎山」，原作「岠嵎山」，據《金史》卷一〇二《僕散安貞傳》改。

石曰：「子行矣。」安石出門，聞哭聲，復還，問之，則已仰藥死矣。家人匆匆瘞庭中。是日暮，凡在中都妃嬪聞盡忠將南奔，皆束裝至通玄門。盡忠紿之曰：「我當先出，與諸妃啓途。」諸妃信之，盡忠乃與愛妾及所親者先出城，不復反顧。蒙古兵遂入中都，吏民死者甚衆，宫室爲亂兵所焚，火月餘不滅。時蒙古主在桓州，聞燕陷，遣使勞明安等，而輦其府庫之實北去。於是金祖宗神御及諸妃嬪皆淪没焉。盡忠行至中山，謂所親曰：「若與諸妃偕來，我輩豈得至此。」安石奉承暉遺表至汴，贈尚書令、廣平郡王，謚忠肅。盡忠至汴，金主釋不問，仍以爲平章政事。未幾，以謀逆伏誅。

**秋七月，以鄭昭先參知政事，曾從龍簽書樞密院事。○八月，金命侯摯行尚書省事于河北。○冬十月，夏取金臨洮。○蒙古攻金潼關不克，遂自嵩山趨汴，金人敗之，乃還。**

蒙古主駐軍魚兒濼，遣三哥拔都帥萬騎自西夏趨京兆，以攻潼關，不能下。乃由嵩山小路趨汝州，遇山磵，輒以鐵鎗相鎖，連接爲橋以渡，遂赴汴京。金主急召花帽軍於山東，蒙古兵至杏花營，距汴京二十里，花帽軍擊敗之。蒙古兵還至陜州，適河冰合，遂渡而北。金人專守關輔，時蒙古兵所向皆下，金主遣使求和。蒙古主欲許之，謂撒没喝曰：「譬如圍場中獐鹿，吾已取之矣。獨餘一兔，盍遂舍之。」撒没喝恥於無功，不從。遣人謂金主曰：「若欲議和，可去帝號稱臣，當封汝爲王。」議遂不成。

**十一月，復遣使如金。**

賀正旦也。刑部侍郎劉爚等及太學諸生上章言其不可，不報。

**以真德秀爲江東轉運副使。**

德秀朝辭，奏五事：一曰，宗社之恥不可忘。言：「國家之於金虜，蓋萬世必報之讎。高宗、孝宗值其方强，不得已以太王自處，而以勾踐望後人。今天亡此胡，近在朝夕。誠能以待敵之禮而遇天下之豪傑，以遺虜之費而厲天下之甲兵，人心奮張，士氣自倍，何憚於此虜而猶事之哉？且重於絶虜者，畏召怨而啓釁也，然能不召怨於亡虜，而不能不啓釁於新敵，權其利害，孰重孰輕？臣願陛下勉勾踐之良圖，懲謝元之失策，則王業興隆可冀矣。二曰，比鄰之盜不可輕。言：「韃靼及山東之盜，苟得志而鄰於吾，莫大之憂也。願朝廷毋輕二賊，日夜講求攻守之策，以逆杜窺覦之心。」三曰，幸安之謀不可恃。言：「今之議者，大抵以金虜之存亡爲我欣戚。聞危蹙之報，則冀其非實；得安静之耗，則幸其必然。是猶以朽壞爲垣而望其能障盜賊也。願陛下勵自强之志，恢立武之經，毋以虜存爲喜，虜亡爲畏，則大勢舉矣。」四曰，導諛之言不可聽。言：「今邊事方殷，正君臣戒懼之日，而薦紳大夫工爲諛説。或以五福足恃爲言。夫乾象告愆，逾日尤甚，其可恃讖緯不經之説，而忽昭昭之儆戒乎？惟陛下鑒天人之相因，察諛佞之有害，益脩其本，以格天休，宗社之慶也。」五曰，至公之論不可忽。言：「公論，國之元氣也。元氣痞鬲，不可以爲人；公論堙鬱，不可以爲國。深惟今日實公論屈伸之機，朝廷之上，若以言者爲愛君、爲報國，無猜忌之意而有聽用之誠，則公論自此愈伸。若以言者爲沮事、爲徼名，無聽用之誠而有猜忌之意，則公論自此復屈。夫公論伸屈，乃治亂存亡之所繇分。故臣於篇終，反復極言，惟陛下亮臣愚忠也。」

十二月，蒙古木華黎殺張鯨，鯨弟致復據錦州，自稱瀛王。蒙古以張鯨總北京十提領兵，從奪忽蘭撒里必南征，❶鯨懷反側，木華黎覺之，令蕭阿先監其軍。至平州，鯨稱疾逗留不進，阿先執而殺之。鯨弟致憤其兄被害，乃殺長史，據錦州，自稱瀛王，改元興隆，略平、灤、瑞、利、義懿、廣寧等州，下之。木華黎帥先鋒蒙古不花、權帥吾也兒等軍討之，州郡皆復降蒙古。

**丙子** 九年，金貞祐四年。春二月朔，日食。○東、西兩川地大震。馬湖夷界山崩八十里，江水不通。夏四月，遼王留哥降蒙古。蒙古主以爲元帥，令居廣寧府。金以胥鼎爲尚書左丞，行省事于平陽。鼎知平陽府，聞蒙古兵度潼關，即遣必蘭阿魯帶、徒單百家帥兵萬五千，由便道濟河以趨關、陝，而自以精兵援汴京。又遣僕散掃吾出帥兵，會諸將以拒蒙古之自關而東者。金主以其忠，拜鼎左丞，遣還平陽。六月，張致降金。金以致行北京路元帥府事。秋七月，金郝定稱帝于山東，侯摯討殺之。時摯移行省于東平，獲紅襖賊訊之，知其渠帥郝定僭號，署官改元，已攻陷滕、兖、單諸州，萊蕪、新泰等十餘縣，道路不通。摯帥師進擊，執定送汴京，誅之。冬十月，蒙

❶「忽蘭撒里必」，《元朝名臣事略》卷一三一《太師魯國公武王》作「忽蘭徹里必」。

古克金潼關。蒙古兵次嵩、汝間，金御史臺言：「敵兵踰潼關、崤、沔，❶深入重地，近抵西郊。彼知京師屯宿重兵，不復叩城索戰，但以遊騎遮絶道路，而别兵攻擊州縣，是亦困京師之漸也。若專以城守爲事，中都之危又將見於今日。況公私畜積，視中都百不及一，此臣等所以寒心也。願陛下命陝西兵扼距潼關，與阿里不孫爲掎角之勢，選在京勇敢之將十數，各付精兵，隨宜伺察，且戰且守。復諭河北，亦以此待之。」金主以奏付尚書省，平章术虎高琪曰：「臺官素不習兵，備禦方略，非所知也。」遂止。高琪以蒙古兵日逼，欲以重兵屯駐汴京以自固，州郡殘破不復恤。金主惑之，國勢益衰。十一月，蒙古木華黎圍錦州，殺張致。木華黎以致兵精，且依險爲阻，欲設奇取之，乃遣吾也兒等别攻溜石山堡，且諭之曰：「汝等急攻溜石，賊必遣兵往援。我出其不意，斷其歸路，可一戰擒也。」又令蒙古不花别屯永德縣西十里以伺之。致聞溜石被圍，果以兵救。蒙古不花遣騎扼其歸路，且馳報。木華黎夜半引軍疾馳，比曙抵神水，與致遇，而蒙古不花兵亦會，前後夾擊，大破之，致遂奔潰，進圍錦州。致屢戰不利，乃閉門拒守。月餘，其監軍高益縛致出降，木華黎殺之。金胥鼎敗蒙古于平陽。鼎慮蒙古兵扼河，乃檄絳、解、隰、吉、孟五州經略司，相與會師，爲夾攻之勢。及蒙古自三門、析津北渡至平陽，鼎遣兵拒戰，蒙古兵敗乃去。金以苗道潤爲中都經略使。道潤，貞祐初爲河北義軍隊長，以擊羣盜有功，屢遷知中山府。頃之，復有是命。道潤有勇略，敢戰鬬，能得衆心，前後撫定五十餘城。署保定，張柔爲元帥右監軍，❷行元帥府事。

丁丑　十年，金興定元年。春正月，金主珣謀伐夏，不果。金主命選兵三萬五千付陀滿胡土門統之西征，尚書左丞胥鼎馳奏以爲非便，略曰：「自北兵經過之後，民食不給，兵力未完，若又出師，非獨饋運爲勞，民將流亡，愈至失所，或宋人乘隙而動，復何以制之？此繫國家社稷大計，方今事勢，止當禦備南邊，西征未可議也。」遂止。尋進鼎平章政事，封莘國公。地震。○二月，金尚書省請罷府州學生廩給，金主不

❶「沔」，《金史》卷二五《地理志》作「澠」。

❷「右監軍」，《元史》卷一四七《張柔傳》作「左都監」。

許。尚書省以軍儲不繼，請罷州府學生廩給。金主曰：「自古文武並用，向在中都，設學養士猶未嘗廢，况今日乎？其令仍舊給之。」三月，金以武仙同知真定府事。金主徵山東兵接應苗道潤共復中都，而石海方據真定叛，慮爲所梗，乃集粘割貞、郭文振及威州刺史武仙所部精鋭，與東平爲犄角之勢圖之。武仙率兵斬石海及其黨二百餘人，降葛仲、趙林、張立等軍，盡獲海僭擬物，故有是命。夏四月，金人分道入寇，詔京湖、江淮、四川制置使趙方、李珏、董居誼飭兵禦之。初金有王世安者，獻取盱眙、楚州之策，金主以爲淮南招撫使，遂有南侵之謀。朮虎高琪復勸金主侵宋以廣疆土，金主始猶不然，至是，命烏古論慶壽、完顔賽不帥師南侵，遂渡淮犯光州中渡鎮，執榷場官盛允升殺之。慶壽分兵犯樊城，圍棗陽、光化軍，别遣完顔阿鄰入大散關，以攻西和、階、成州。朝廷聞之，詔趙方、李珏、董居誼俱便宜行事以禦之。先是，金右司諫許古上疏，請遣使與宋議和，則韃靼聞之亦將斂跡，不宜用兵以益敵。金主即命古草議和牒文，既成，示參政高汝礪。汝礪言有哀祈之意，徒示微弱，無足取者，議遂寢。平章政事胥鼎亦切諫南侵有六不可，高琪不從。金主以南北用兵，西夏復擾，財匱兵弱爲憂，集百官議守禦之策。高琪心忌之，有所言，皆不用。金侯摯遣兵擊劉二祖餘黨，執霍儀斬之，其衆皆散。時濟南、泰安、滕、兖等州賊並起，摯遣完顔霆率兵討之。霆自清河出徐州，斬儀，前後斬首千餘，招降僞元帥石珪、夏全，餘衆皆潰。五月，趙方遣統制扈再興、鈐轄孟宗政等救棗陽，金人敗走。金人犯襄陽、棗陽，方語其子范、葵曰：「朝廷和戰未定，觀此益亂人意。吾策決矣，惟有提兵臨邊決戰以報國爾。」遂抗疏主戰，因親往襄陽，檄統制扈再興、陳祥、鈐轄孟宗政等禦之，仍增戍光化、信陽、均州以聯聲勢。金人來自團山，勢如風雨，再興等分三陳，設伏以待。既至，再興中出一陳，復卻，金人逐之，宗政與祥合左右兩翼掩擊之。金人三面受敵，大敗，血肉枕藉山谷間。尋報棗陽圍急，宗政午發峴首，遲明抵棗陽，馳突如神。金人大駭，宵遁。方聞捷，大喜，以宗政權知棗陽軍。未幾，京湖將王辛、劉世興亦敗金兵于光山、隨州。六月，詔伐金。詔略曰：「犬羊跨我中原，天厭久矣。狐兔失其故穴，人競逐之。若能立非常之勳，則亦有不次之賞。」遂傳檄招諭中原官吏軍民，從趙方之請也。東川大水。○太白經天。○秋七月朔，日食。○李全率衆來歸，詔李珏等節制京東忠義軍。時李全等出没島嶼，齎貨山積而不得食，相率食人。會鎮江武鋒卒沈鐸亡命山陽，誘致米商，獲利數十倍。知楚州應純之償以玉貨，北人至者輒舍之，鐸因説純之以歸銅錢爲名，弛渡淮之禁，由是來者莫可遏。初，楊安兒之未敗，有意歸朝。定遠民季先者，大俠劉佑家厮養也，嘗隨佑部綱客山陽。楊安兒見而悦之，處以軍職。安兒死，先至山陽，寅緣鐸得見純之，道山東豪傑願歸正之意。純之命先爲機察，諭意羣豪。以鐸爲武鋒副將，與高忠皎各集忠義民兵，分二道伐金。先遂以全五千人附忠皎，忠皎與合兵攻海州，糧援不繼，退屯東海。純之見北軍屢捷，密聞于朝，謂中原可復。時頻歲小稔，朝野無事，丞相史彌遠鑒開禧之事，不明招納，密敕珏、純之慰接之，號「忠義軍」，就聽節制，給忠義糧。於是東海馬良、高林、宋德珍等萬人輻輳漣水，李全等生羨心焉。八月，金以河南爲中京。○冬十二月，李全及其兄福襲金青、莒州，取之。○蒙古以木華黎爲太師，經略山南。蒙古主以木華黎有佐命功，拜太師、國王，承制行事，賜誓券、金印，分弘吉剌等十軍及蕃、漢諸軍並隸麾下，建行省于燕、雲，且謂之曰：「太行之北，朕自經略；太行之南，卿其勉之。」木華黎乃自中都南攻遂城及蠡州，皆下之。初，蠡州拒守，力屈乃降，木華黎怒，將屠其城，時州人趙瑨從木華黎爲署百户，泣曰：「母與兄在城中，乞以一身贖一城之命。」哀懇切至，木華黎義而許之。遂東擊齊、定、臨淄、登、萊等州而去。蒙古圍夏興州，夏主遵頊出奔西涼。

**戊寅**　十一年，金興定二年。春正月，以李全爲京東路總管。○二月，金人圍棗陽，孟宗政擊敗之。宗政權棗陽，初眡事，一愛僕犯新令，立斬之，軍民股栗。於是築隄積水，脩治城堞，簡閱軍士。至是，完顔賽不擁步騎圍城，宗政與扈再興合兵角敵，歷三月，大小七十餘戰，宗政身先士卒。金人戰輒敗，忿甚，周城開濠，控兵列濠外，飛鋒鏑，以絢鈴自警，鈴響則犬吠。宗政厚募壯士，乘間突擊，金人不能支，盛兵薄城，宗政隨方力拒。隨州守許國援師至白水，鼓聲相聞。宗政率諸將出戰，金人奔潰。金人焚大散關，入皁郊堡，三月，利州統制王逸將兵復之，進攻秦州，至赤谷而潰。金完顏阿鄰入皁郊，王師死者五萬人。逾月，王逸帥官軍及忠義人十萬復之，追斬金統軍完顏贇。進攻秦州，至赤谷口，沔州都統劉昌祖命退師，且放散忠義人，軍遂大潰。夏四月，金人陷西和、成、階州，及河池，興元都統吴政敗之，乃去。金兵合長安、鳳翔之衆，復攻皁郊，遂趨西和州，劉昌祖焚城遁還。時西和守臣楊克家、成州守臣羅仲甲、階州守臣侯頤，以昌祖遁，皆棄城走。金兵遂入諸州，前後獲糧九萬斛，錢數千萬，軍實不可勝計。復犯大散關，守將王立亦遁。又犯黄牛堡，吴政拒却之。政至大散關，執立，斬之以徇。事聞，政進三官，昌祖奪官，竄韶州，克家等並竄遠州。五月，金中都經略副使賈瑀殺苗道潤，道潤將張柔討之，至紫荆關遇蒙古，與戰被執，遂降蒙古。道潤素與瑀有隙，一日，從數騎出，瑀伏甲射之。道潤顛于道左，從者駭散，有何伯祥者，獨下馬掖道潤，道潤瀕絶不能乘馬。瑀伏發前突，伯祥奮鎗大呼，殺數人，賊乃遁去。伯祥取道潤所佩金虎符以出，令疾足間道以聞。道潤之衆無所依，部將請安民代領之。賈瑀不自安，遣使告張柔曰：「吾得除道潤者，以君不助兵故也。」柔怒叱使者曰：「瑀殺吾所事，吾食瑀肉，且未足快意，反以此言相戲邪！」遂檄召道潤部曲，告以復讎之意，衆皆羅拜，推柔爲長。柔方會兵趨中山，而蒙古兵出自紫荆關，柔遇之，遂戰于狼牙嶺。柔馬跌，爲蒙古兵士所執，至軍前，見主帥明安。柔立而不跪，左右强之，柔叱曰：「彼帥，我亦帥也。大丈夫死即死，終不偷生爲他人屈。」明安壯而釋之，其潰卒稍稍來集。明安恐柔爲變，質其二親于燕京。柔歎曰：「吾受國厚恩，不意猖獗至此。顧忠孝不兩立，姑爲二親屈。」遂降。蒙古以柔爲河北都元帥。金石州人國安用來降，詔以安用同知孟州事。○秋八月，蒙古木華黎復攻取金河東諸州郡，金元帥烏古論德升等死之。木華黎圍太原，環之數匝，金元帥烏古論德升力拒之。城西北隅壞，德升聯車塞之，三却三登，矢石如雨，守陴者不能立。城破，德升至府署，謂其姑及妻曰：「吾守此數年，不幸力窮。」乃自縊而死。行省參政李革守平陽，兵少援絶，城陷。或謂革宜上馬突圍出，革歎曰：「吾不能保此，何面目見天子？汝輩可去矣。」遂自殺。節度使兀顏訛出虎守汾州，元帥右監軍納合蒲剌都守潞州，城破，皆力戰而死。**冬十二月，金主珣遣使來求和，不納，遂使其太子守緒會兵入寇。**金主欲乘勝來議和，以開封府治中吕子羽爲詳問使。至淮中流，不納，迺去，由是和好遂絶。金主以僕散安貞爲左副元帥，輔太子守緒南侵。

**己卯　十二年，**金興定三年。**春正月，金人復寇西和、成、鳳州，入黄牛堡，吴政拒戰，死之。**政既死，金人乘勝攻武休關，都統李貴遁還，權興元府事趙希昔棄城走，金人遂入興元府。沔州都統張威使石宣邀擊之于大安軍，大破之，殲其精兵三千人，俘其將巴土魯安，金人乃遁去。**金人復大舉圍棗陽，趙方使知隨州許國等率師攻唐、鄧以救之。**完顏訛可圍棗陽，塹其外，繞以土城。方計其空巢穴而來，若擣其虚，則棗陽之圍自解。乃命國及扈再興引兵三萬餘，分二道出攻唐、鄧二州，又命其子范監軍，葵爲後殿。**以曾從龍同知樞密院事，任希夷簽書院事。**希夷嘗從朱熹學，篤信力行，爲禮部尚書。以朱熹、張栻、吕祖謙皆已賜謚，而周惇頤、程顥、程頤、張載四人爲百代絶學之倡，尚未贈謚，乃上言乞定議賜謚，朝廷從之。**金人入洋州，竄董居誼于永州，以聶子述爲四川制置使。**守臣蔡晉卿遣兵拒之，不克，洋州遂陷。金人焚其城而去，居誼自利州遁還，詔竄之。**夏人請會師伐金，詔許之。○三月，以鄭昭先知樞密院事，曾從龍參知政事。○金人寇淮西，知楚州賈涉使李全救却之。詔加全廣州觀察使。**金人圍安豐軍及滁、濠、光州。江淮制置使李珏命池州都統制武師道、忠義軍都統制陳孝忠救之，皆不克進。金人遂分兵自光州犯黄州之麻城，自濠州犯和州之石磧，自盱眙犯滁州之全椒、來安及揚州之天長、真州之六合。淮南流民渡江避亂，諸城悉閉。金遊騎數百至采石楊林渡，建康大震。時涉以淮東提刑知楚州，節制京東忠義，慮忠義人兵爲金所用，乃遣陳孝忠向滁州，石珪、夏全、時青向濠州，季先、葛平、楊德廣趨滁、濠，李全、李福要其歸路。李全進至渦口，與金左都監紇石烈牙吾答、駙馬阿海連戰于化湖陂，殺金將數人，得其金牌，金人乃解諸州之圍而去。全追擊之，復敗之于曹家莊而還。金人自是不敢窺淮東。初，涉募能殺金太子者賞節度使，殺親王者賞承宣使，殺駙馬者賞觀察使。全因致所得金牌于涉云：「殺駙馬阿海所獲者。」涉請于朝，乞如約授賞，遂授全廣州觀察使，而阿海實不死也。**興元卒張福等作亂，夏四月，陷利州，聶子述走保劍門，福遂掠閬、果。**興元軍士張福、莫簡作亂，以紅巾爲號，入利州，聶子述退保劍門。檄醴泉觀使安丙子知果州癸仲兼節制軍馬，任討賊之事。癸仲召沔州都統制張威等帥兵來會，福等殺總領財賦楊九鼎，遂掠閬、果州。**曾從龍罷。○復以安丙爲四川宣撫使。**張福等作亂，四川大震。張方、魏了翁移書宰執，謂安丙不起，則賊未即平，蜀未可定。雖賊亦曰：「須安相公作宣撫使，事乃定耳。」李壁、李㙔亦以國事勉丙，丙乃至果州。

會詔丙爲宣撫、知興元府、利州路安撫使，民心始安。**金築汴京裏城。**初，术虎高琪請修南京裏城，金主曰：「此役一興，民滋病矣。城雖完固，能獨安乎？」高琪固請築之，既而金主慮擾于民，募人能致甓五十萬者遷一官，百萬升一等。於是平陽判官完顏門剌、左廂譏察霍定和發蔡京故居，得二百萬有奇，准格遷賞。金主一日問曰：「人言此役恐不能就。」高琪曰：「苟防城有法，正使兵來，臣等愈得効力。」金主曰：「與其臨城，曷若不令至此爲善？」高琪無以對。及城成，高琪受金鼎之賞，建碑書功于會朝門。**蒙古張柔侵金，獲賈瑀殺之。金武仙與戰于滿城，敗績，河北郡縣多降蒙古。**蒙古使柔帥兵南下，遂克雄、易、保安諸州。柔必欲誅賈瑀，而瑀據孔山臺，柔攻之不下。臺無井泉，汲山下，柔先斷其汲道，瑀窮乃降。柔縛瑀剖心，以祭苗道潤，遂引兵次于滿城。武仙會鎮、定、深、冀兵數萬，攻之。柔全軍適出，帳下才數百人。柔命老弱婦女乘城，自率壯士突出仙兵後，毁其攻具，從數騎策馬杖槊大呼入圍，仙衆皆披靡。復使緣山多張旗幟，聲言救至，曳柴揚塵鼓譟以進，仙兵大潰。柔追擊之，尸陳數十里。柔乘勝攻完州，下之。於是祁陽、曲陽等帥皆降于柔。柔遂圍中山府，仙遣其將葛鐵鎗與柔戰于新樂。飛矢中柔頰，落其二齒，柔拔矢以戰。葛鐵鎗大敗，死者數千人。仙復遣劉成攻柔，柔又敗之。遂南掠金鼓城、深澤、寧晉諸縣。由是深、冀以北，鎮、定以東，三十餘城，望風降附。柔之威名，震于河朔。

**六月，安丙討張福，誅之。**福衆薄遂寧，權府事程遇孫棄城走。福入遂寧，焚其城，遂入普州，守臣張已之棄城走。福屯于普州之茗山，安丙自果州如遂寧，下令諸軍合圍，絶其樵汲之路以困之。張威兵至，福窮請降，威執之以獻于丙。丙命臠其黨王大才以祭楊九鼎，❶而誅福。既而張威捕莫簡及賊衆一千三百餘人，誅之。紅巾賊悉平，丙班師，還治于利州。

**孟宗政、扈再興合擊金人于棗陽，大敗之，追至鄧州而還。**金帥完顔訛可擁步騎傅城，宗政囊糠盛沙以覆樓棚，列甕潴水以隄火，募砲手擊之，一砲輒殺數人。金人選精騎二千，號弩手，擁雲梯、天橋先登。又募鑿銀鑛石工晝夜掐城，運茆葦直抵圜樓下，欲焚樓。宗政先燬樓，掘深坑防地道，刱戰棚防城損，穿穽才透，即施毒煙烈火，鼓鞴以薰之。金人窒以濕氊，折路以刳土，城頽樓陷。宗政撤樓益薪，架火山以絶其路，列勇士，以長鎗勁弩備其衝。距樓陷所數丈築偃月城，翼傅正城。金人摘彊兵披厚鎧、氈衫、鐵面而前，又濕氊濡革，蒙火山，擁雲梯，徑抵西北圜樓，登城。城中軍以長戈舂其喉，殺之。敢勇軍自下夾擊，金兵墜死燎焰。金人連不得志，會扈再興、許國兩道並進，掠唐、鄧境，焚其城柵糧儲。金頓兵棗陽城下八十餘日，趙方知其氣已竭，乃召國、再興還，併東師隸于再興，剋期合戰。再興敗金人于瀼河，又敗之城南。宗政自城中出擊，内外合勢，士氣大振，賈勇入金營。自晡至三更，殺其衆三萬，金人大潰，訛可單騎遁，獲其貲糧、器甲不可勝計。追金人至馬磴寨，焚其城，入鄧州而還。金人自是不敢窺襄、漢、棗陽。中原遺民來歸以萬數，宗政發廩贍之，給田刱屋與居。籍其勇壯，號忠順軍，俾出没唐、鄧間。宗政由是威振境外，金人呼爲「孟爺爺」。

**秋七月，李全復齊州。**

**○九月，以賈涉主管淮東制置司，節制京東、河北軍馬。**初，山東來歸者

❶「王大才」，原作「王才」，據《宋史》卷四〇二《安丙傳》、《資治通鑑後編》卷一三三改。

日衆，而石珪以計殺沈鐸于漣水，應純之亦罷去，權楚州梁丙無以贍之。季先乞預借兩月糧，然後帥所部五千并馬良等萬人，往密州就食，丙不許。先請速遣李全代領其衆，丙亦不從，而以石珪權軍務。珪乃奪運糧之舟，渡淮大掠，至楚州南渡門，焚燬幾盡。丙遣人諭之，不止。知盱眙軍賈涉上書，言：「忠義之人源源而來，不立定額，自爲一軍，處之北岸，則安能以有限之財，應無窮之需？飢則噬人，飽則用命，其勢然也。」朝廷命涉節制忠義人兵。涉受命，即遣傅翼諭石珪、楊德廣等以逆順禍福，珪等乃謝罪。涉慮其人衆思亂，因滁、濠之役，分石珪、陳孝忠、夏全爲兩屯，李全爲五砦。又用陝西義勇法涅其手，合諸軍汰者三萬有奇，涅者不滿六萬人，正軍常屯七萬，使主勝客，朝廷歲省費什三四。至是，分江淮爲三司，乃命涉管淮東。**蒙古鐵木真伐西域諸國。○金張林以山東諸郡附李全來歸，詔以林爲京東安撫使。**初，蒙古克益都，不守而去。益都府卒張林與其黨復立府歸金，以功爲治中，兇險不逞。知府田琢在山東，徵求過當，頗失衆心。林率其黨逐之，琢戰敗，乃還汴。林遂據益都，山東諸郡皆附之。林欲歸附以自固而未決，會李全自齊州還，揣知林意，乃薄兵青州城下，遣人陳説國家威德，勸林早附。林恐全誘己，猶豫未納。全挺身入城，惟數人從，林乃開門納之。相見甚驩，謂得所託，置酒結爲兄弟。全既得林要領，附表奉青、莒、密、登、萊、濰、淄、濱、棣、❶寧海、濟南十二郡版籍來歸，表辭有云：「舉七十城之全齊，歸三百年之舊主。」詔授林武翼大夫、京東安撫使兼京東總管。**冬十二月，趙方使扈再興、許國、孟宗政帥師分道伐金。**方以金人屢敗，必將同時並攻，當先發以制之，乃遣再興等帥師六萬分三道而進。戒之曰：「毋深入，毋攻城，第潰其保甲，燬其城砦，空其貲糧而已。」**李全襲泗州，不克而還。**時大雨雪，淮冰合。全請于賈涉曰：「每恨泗州阻水，今如平地矣。請取東、西城自效。」涉許之。全以長鎗三千人從夜半渡淮，潛向泗之東城，將踏濠冰傅城下，掩金人不備。俄城上荻炬數百齊舉，遥謂全曰：「賊李三，汝欲偷城邪？」天黑，故以火燭之。全知有備，乃引兵還。**金右丞相术虎高琪有罪，伏誅。**高琪自執政，專固權

❶「棣」，原作「隶」，據《宋史》卷八六《地理志》改。

寵，擅作威福，與平章政事高汝礪相倡和。高琪主機務，汝礪掌利權，附己者用，不附者斥。凡言事忤意，及負才力或與己頡頏者，對金主陽稱其才，使幹當于河北，陰置之死地。又以己爲相，不得兼樞密、元帥以攬兵柄，乃與汝礪力勸金主南侵，置河北于意外，凡精兵皆集河南，苟且歲月，不肯輒出一卒以應方面之急。至是，使奴賽不殺其妻，因歸罪于賽不而殺之以滅口。事覺，金主久知其姦，遂下高琪于獄，殺之。初，金主將遷汴，欲置紏軍于平州，高琪難之。及發中都，金主戒象多厚撫紏軍，而象多輒殺數人，且勸金主取其元給器用，故有斫荅之難，而中都以亡。金主嘗嘆曰：「壞天下者，高琪、象多二人也。」

**蒙古攻高麗，降之。**蒙古兵襲叛人于契丹，經高麗之境。高麗人洪大宣降，且爲鄉導，共攻其國。國王瞰降，❶自是交通使命，往來不絶。

**庚辰**　**十三年，**金興定四年。**春正月，扈再興、許國攻唐、鄧州，皆不克而還。○孟宗政敗金人于湖陽。○三月，金胥鼎致仕。○夏四月，蒙古陷孟州。○金封經略使王福等九人爲郡公，分河北、山東地以隸之。**

初，太原爲蒙古所有，河北州縣不能自立，金主詔百官議所以爲長久之計。翰林承旨徒單鎬等十六人謂：「制兵有三，曰：戰、和、守。今欲戰則兵力不足，欲和則彼不肯，唯有守耳。河朔州郡既殘毁，不可一概守之，宜取願就遷徙者屯于河南、陝西；不願者，許自推其長，保聚險阻。」宣徽使移剌光祖等謂：「當募土人威望服衆者，假以方面重權：能復一道，即授以本道總管；能捍州郡，即授以長佐，必能各保一方。」宰臣欲置公府，金主意未決。中丞完顔伯嘉曰：「宋人以虚名致李全，遂有山東。苟能統衆守土，雖三公何惜？」金主曰：「他日事定，公府無乃多乎？」伯嘉曰：「若事定，以三公就節鎮，何不可？」金主從之。乃封滄州經略使王福爲滄海公，以清、觀、滄州、鹽山、無棣、❷樂陵、東光、寧津、吴橋、將陵、阜城、蓨縣隸之。河間招撫使移剌衆家奴爲河間公，以獻、蠡、安、深州、河間、肅寧、安平、武强、饒陽、六家莊、郎山寨隸之。真定經略使武仙

❶「瞰」，原作「暾」，據下文及《元史》卷一《太祖本紀》改。

❷「無棣」，原作「無隶」，據《金史》卷二五《地理志》改。

爲恒山公，以真定府、沃、冀、威、鎮寧、平定州、抱犢寨、欒城、南宫縣隸之。中都東路經略使張甫爲高陽公，以雄、霸、莫州、高陽、信安、文安、大城、❶保定、静海、寶坻、武清、安次縣隸之。中都西路經略使靖安民爲易水公，以涿、易、安肅、保州、❷君氏川、季鹿、三保河、北江、礬山寨、青白口、朝天寨、水谷、檯谷、東安寨隸之。遼州刺史行元帥府事郭文振爲晉陽公，以河北東路皆隸之。平陽招撫使胡天作爲平陽公，以平陽、晉安府、隰、吉州隸之。昭義節度使完顔開爲上黨公，❸以澤、潞、沁州隸之。山東安撫副使燕寧爲東莒公，以益都府路皆隸之。九公皆兼宣撫使，總帥本路兵馬，署置官吏，徵斂賦税，賞罰號令，得以便宜行之。除已畫定所管州縣外，如能收復鄰近州縣者，亦聽管屬。同時九府，財富兵强，唯武仙耳。

**六月，賈涉誘殺漣水忠義軍副都統季先，其下推石珪爲帥，以拒涉。**李全自化湖陂之捷，有輕諸將心。以季先威望出己上，陰結賈涉所任吏莫凱，使譖先欲反。涉信之，乃以計命先赴樞密院議事，於道殺之，而遣統制陳選總先衆于漣水。先部曲裴淵、宋德珍、孫武正、王義深、張山、張友六人，拒選不納，而潛迎石珪于盱眙，奉爲統帥。珪道楚城，涉不之覺，遂入漣水。選還，涉恥之，謀分珪軍爲六，請于朝，出俸武、京東路鈐轄印誥各六，授淵等，以分統先衆。淵等陽從命，而實不奉涉教令，涉恐甚。詔以珪爲漣水忠義軍統轄。

**秋七月，金使人如蒙古求和。**金使烏古論仲端如蒙古求和，呼蒙古主爲兄，蒙古主不允。

**八月，金嚴實據青崖崓，以魏、博等郡來歸，李全遂會張林襲東平，敗績乃還。**金長清縣令嚴實爲主將所疑，挈家壁于青崖崓，依益都張林以避之。會趙拱以朝命諭京東，過青崖，實因求内附。拱奉實款至楚州，賈涉以聞。實亦分兵四出，所至州縣皆下，於是太行之東皆受實節制。實乃舉魏、博、恩、德、懷、衛、開、相等郡來歸。涉因再遣拱往諭，配以兵二千。李全亦請往，涉不能止，乃帥楚州及盱眙忠

❶「大城」，原作「大成」，據《金史》卷二四《地理志》改。

❷「保州」，原作「深州」，據《金史》卷一一八《靖安民傳》改。

❸「開」上，原衍一「伯」字，據《金史》卷一一八《苗道潤傳》、《通鑑續編》卷二〇删。

義萬人以行。拱説全曰：「將軍提兵渡河，不用而歸，非示武也。今乘勝取東平，可乎？」全乃合張林軍，得數萬，襲東平之城南。金行省蒙古綱帥師固守，全與林夾汝水而砦。詰旦，金監軍王庭玉以騎兵三百奄至，全欣然上馬，帥帳前所有騎赴之，殺數人，奪其馬，逐北抵山谷。遇金龍虎上將軍斡不答盛兵以出，旁有繡旗女將馳槍突鬬，全幾不免。會諸將赴救，拔全以出，乃退保長清，精鋭喪失大半。全恐所携鎮江軍五百人懷憤，乃使拱先將之以歸，而自以餘衆道滄州，假鹽利慰贍之。尋還楚州。

張林攻金滄州，王福以城降。

○太子詢卒。謚曰景獻。

安丙遣兵會夏人伐金。丙遣夏人書，定議同舉，約以夏兵野戰，我師攻城。遂命利州統制王仕信帥師赴熙、秦、鞏、鳳翔，委丁焴節制，且傳檄招諭陝西五路官吏軍民。

復海州，以徐晞稷知州事。

○夏取金會州，金遣使如夏議和。

○金恒山公武仙以真定降蒙古，木華黎以史天倪權知河北西路兵馬事，仙副之。木華黎至滿城，使蒙古不花將輕騎三千出倒馬關。適武仙遣葛鐵槍攻臺州，蒙古不花與之遇，葛鐵槍戰敗，仙遂舉城降。史天倪説木華黎曰：「今中原已粗定，而大兵所過猶縱鈔掠，非王者弔民伐罪之意。且王爲天下除暴，豈可效他軍所爲乎？」木華黎善之，即下令禁剽掠，遣所俘老幼，軍中肅然。

九月，夏人圍金鞏州，官軍會之，不克而還。夏遣其樞密使甯子寧率衆二十萬圍鞏州，且來趣兵。王仕信帥師發宕昌，四川宣撫司統制質俊、李寔帥師發下城。安丙命諸將分道進兵，沔州都統張威出天水，利州都統程信出長道，興元都統陳立出大散關，統制田冐出子午谷，❶金州都統陳昱出上津。威下令所部諸將毋得擅進兵，於是諸將遲疑不進。質俊等克來遠鎮，敗金人于定邊城。王仕信克鹽川鎮，程信引兵會夏人于鞏州，攻城不克，遂趨秦州。夏人自安遠砦退師，信復邀夏人共攻秦州，不從，遂自伏羌城引兵還，諸將皆罷兵。信以宣撫司命斬仕信于西和州，罷威官。

蒙古遣使如金。蒙古

❶「田冐」，原作「田冒」，據《兩朝綱目備要》卷一六、《續宋編年資治通鑑》卷一五、《宋史》卷四〇《寧宗本紀》改。

主遣塔忽報金，謂烏古論仲端曰：「向欲汝主授我河朔地，彼此罷兵，汝主不從。今念汝遠來，河朔既爲我有，關西數城未下者，其割付我。令汝主爲河南王，勿復違也。」**冬十月，金以時青爲濟州宣撫使，封滕陽公。**青與叔父全俱爲紅襖賊，及楊安兒、劉二祖敗，青承赦降，隸軍中爲濟州義軍萬户。後附李全來歸，處之龜山，有衆數萬。至是，金元帥紇石烈牙吾答遣人招之，青以書乞假邳州以屯老幼，當襲取盱眙，盡定淮南以贖罪。金主乃封青爲滕陽公，本處兵馬總領元帥兼宣撫使，而未授以邳。

**十一月，蒙古木華黎入濟南，嚴實復以魏、博等郡降蒙古。**木華黎既戢士卒，州郡悦附，遂以輕騎入濟南。嚴實挈所部三府、六州，户三十萬，詣軍門降，木華黎承制拜實行尚書省事。實將李信乘實出，殺其家屬來降。實攻信，殺之，復取青崖崓。**金人襲蒙古木華黎于濟南，大敗，木華黎進圍東平。**時金兵二十萬屯黄陵岡，遣步卒二萬襲木華黎于濟南。木華黎迎戰，敗之，遂薄黄陵岡。金兵陣河南岸，木華黎令騎下馬，短兵接，金兵大敗，溺死者衆。木華黎遂進陷楚丘，由單州趨東平，圍之。**蒙古耶律楚材進庚午元曆。**楚材，遼東丹王突欲八世孫，金尚書右丞履之子。貞祐二年，❶爲中都行省員外郎，中都陷，遂降于蒙古。蒙古主嘗訪遼宗室，召楚材，謂之曰：「遼、金世讎，吾爲汝報之矣。」楚材對曰：「臣祖父以來，嘗北面事之。既爲臣子，豈敢復懷二心讎君父邪？」蒙古主重其言，命處左右，備訪問。楚材通術數之學，尤邃于《太玄》。時從征西域，以金大明曆不應，製庚午元曆上之。蒙古主每征伐，必令楚材預卜吉凶，亦自灼羊胛以符之，然後行。

**十二月，石珪叛降蒙古，賈涉命李全併將其軍。**石珪以入漣水非賈涉本意，心懷不安。而李全復請討珪於涉，涉遂以全所統衆列于楚州之南渡門，而移淮陰戰艦于淮岸，以示珪有備。因命一將招珪軍，來者增錢糧，不至者罷支給，衆心遂散。珪伎窮，乃殺裴淵，而挾孫武正、宋德珍降于蒙古，木華黎以珪爲元帥。珪既去，漣水之衆未有所屬，李全求併將之，涉不能卻，遂以付之。**時青自金來**

❶「二年」，原作「三年」，據《國朝文類》卷五七《中書令耶律公神道碑》改。

附，以爲京東鈐轄。○蒙古木華黎以嚴實權山東西路行省事。金兵固守東平不下，木華黎謂嚴實曰：「東平糧盡，必棄城去。若然，汝即入城安輯之，勿苦郡縣以敗事也。」乃留唆魯忽秃以蒙古兵屯守之，以實權行省。謂千户撒兒塔曰：「東平破，可命嚴實、石珪分城内南、北以守之。」遂北還。金易水公靖安民爲其下所殺。安民出兵至礬山，取檐車寨。會蒙古兵圍安民所居山寨，守寨者以安民妻子及老弱出降。安民軍中聞之駭亂，衆議欲降以保妻子，安民不從，遂遇害。

**辛巳**　十四年，金興定五年。春正月，時青入泗州西城。二月，金人來救，青敗乃還。○金會兵于蔡州入寇。三月，陷黄、蘄州，引還。扈再興、李全追擊，敗之。初金人寇蘄，知州李誠之百計禦之。會黄州失守，金人併兵攻蘄，城始陷，誠之并其妻子官屬皆死之。金兵退，再興邀擊于天長，敗之。及渡淮北去，全又大敗之。金東莒公燕寧與蒙古戰，敗死。○夏五月朔，日食。○蒙古取金東平，使嚴實、石珪守之。金以蒙古綱行省于邳州，王庭玉行元帥府于黄陵岡。東平被圍久，糧道復絶，行省蒙古綱、監軍王庭玉不能守，率衆南趨邳州。蒙古唆魯忽秃邀擊，斬首七千級。嚴實遂入城，建行省于府第。撒兒塔以木華黎命，中分其城，以嚴實撫安東平以北恩、博等州，石珪移治曹州。六月，立沂王嗣子貴和爲皇子，更名竑。帝以國本未立，命選太祖十世孫年十五歲以上者教育宫中，如高宗擇普安王故事。於是，立貴和爲皇子，以貴誠爲秉義郎。貴誠初名與莒，燕懿王德昭之後，希瓐之子也。母全氏，家于紹興山陰縣。初，慶元人余天錫爲史彌遠府童子師，性謹愿，彌遠器重之。彌遠在相位久，以帝未有儲嗣，而沂靖惠王近屬亦未有後，欲借沂王置後爲名，陰擇宗室中可立者以備皇子之選。會天錫告還鄉秋試，彌遠密語之曰：「今沂王無後，宗子賢厚者幸具以來。」天錫渡浙，舟抵越西門，會天大雨，過全保長家避雨。保長知其爲丞相客，具雞黍甚肅。須臾有二子侍立，天錫異而問之，保長曰：「此吾外孫趙與莒、與芮也，日者嘗言二兒後當極貴。」天錫因憶彌遠言，及還臨安，以告之。彌遠命召二子來，保長大喜，鬻田、治衣冠，集姻黨送之，且詑其遇。及見，彌遠善相，大奇之。恐事泄不便，遽使復歸，保長大慙。逾年，彌遠忽謂天錫曰：「二子可復來乎？」天錫召之，保長辭謝不遣。彌遠乃使天錫密諭保長曰：「二子長者最貴，宜還撫于其父家。」遂載至臨安。及貴和立爲皇子，乃補與莒秉義郎，賜名貴誠，年十七矣。**秋八月，任希夷罷，以宣繒同知樞密院事，俞應符簽書院事。○京湖制置大使趙方卒。**方病革，曰：「未死一日，當立一日紀綱。」及卒，人皆思之。方少從張栻學，初知青陽縣，告其守史彌遠曰：「催科不擾，是催科中撫字；刑罰無差，是刑罰中教化。」人以爲名言。方守襄、漢十年，以戰爲守，合官民兵爲一體，通制、總司爲一家。許國之忠，應變之略，隱然有樽俎折衝之風。故金人擾邊，淮、蜀大困，而京西一境獨全。能用名人，如陳晐、游九功輩，皆拔爲大吏。扈再興、孟宗政，皆自土豪推誠擢任，致其死力，卒爲名將。故能藩屏一方，使朝廷無北顧之憂。**九月，立宗室貴誠爲沂王後。**貴誠凝重寡言，潔脩好學，每朝參待漏，他人或笑語，貴誠獨儼然。出入殿庭，矩度有常，見者斂容，彌遠益異之。至是，立爲沂靖惠王後。**冬十月，夏人復乞會師伐金。○蒙古木華黎侵夏，夏人以兵附之，遂取金葭州及綏德州。十一月，圍延安府。**木華黎由東勝州涉河引兵而西；夏主聞之懼，遣塔海監府等宴木華黎於河南，且遣塔哥甘普將兵五萬屬焉。十月，木華黎引兵東行入葭州，金將王公佐遁。木華黎以石天應權行臺守葭，而自將兵攻綏德，破馬欄、克戎兩寨。❶夏主遣迷僕帥衆會之，迷僕問木華黎相見之儀，木華黎曰：「汝主見我主，即其禮也。」迷僕曰：「未受主命，不敢即拜。」因引衆去。至是，木華黎進攻延安，迷僕始贄馬而拜。金元帥合達與納合買住禦之，合達以兵三萬陳于城東，蒙古將蒙古不花先以騎士三千趨之。約半夜伏發，木華黎乃命軍士銜枚潛進，伏於城東兩谷間。明日，蒙古不花望見金兵，佯棄旗鼓走，金兵追之。木華黎出伏乘其後，鼓譟震天，金兵大亂，木華黎追殺七千餘人。合達走入延安城，堅壁不出。木華黎以城池堅深，猝不可

---

❶「欄」，原脱，據《宋史》卷八七《地理志》、卷三二三《趙振傳》補。

拔，乃留軍圍之，而自將兵南攻鄜、坊等州。**四川宣撫使安丙卒，詔以崔與之爲四川制置使，盡護蜀軍。**丙在四川，以攻爲守，威功甚著，朝廷賴之。及卒，詔與之盡護四蜀之師。與之開誠布公，拊循將士，人人悦服，軍政復立。**張林叛降蒙古，木華黎以林行山東東路都元帥，李福自膠西逃歸。**李全既併將漣水忠義，益驕悍，輕朝廷。及遊金山作佛事以薦國殤，知鎮江府喬行簡方舟逆全，大合樂以享之。全歸，語其徒曰：「江南佳麗無比，須與若等一到。」始造舭艂舟，謀争舟楫之利焉。膠西當登、寧、海之衝，百貨輻輳，全使其兄福守之，爲窟宅計。時互市始通，北人尤重南貨，價增十倍。全誘商人至山陽，以舟浮其貨而中分之，自淮轉海，達于膠西。福又具車輦之而税其半，乃聽往諸郡貿易。車、夫皆督辦于張林，林不能堪。林財計仰六鹽場，福恃弟有恩於林，欲分其半，林許福恣取鹽而不分場。福怒曰：「若背恩邪？待與都統提兵取君頭耳！」林懼，其黨李馬兒説林歸蒙古，林遂以京東諸郡請降于蒙古。木華黎以林行山東東路益都、滄、景、濱、棣等州都元帥府事，❶福狼狽走還楚州。林猶遺賈涉書，言：「非己叛，實由李福也。」**十二月，鄭昭先罷。○閏月，遣使如蒙古。**通好也，蒙古尋遣使來報。

**壬午　十五年，**金元光元年。**春正月朔，受恭膺天命寶于大慶殿，大赦。**初，鎮江副都統翟朝宗得璽於金師，❷獻于朝。既而趙拱又得玉印，文與璽同而加大。朝廷喜受之，行慶賀禮，大赦。賈涉遺書彌遠，謂：「天意隱而難知，人事切而易見，當思今日人事尚未有可答天意。」彌遠不懌。**二月，李全復泗州。○金人復入寇。夏五月，淮兵襲敗之。**金主以朝廷絶歲幣，國用以困，乃命元帥左監軍訛可行元帥府事，節制三路軍馬，同簽書樞密院事時全副之。由潁、壽進渡淮，敗官軍于高塘市，攻固始縣，破廬州將焦思忠兵。既而獲生口，言全之姪青受宋詔，與全兵相拒，全匿其事。

❶「棣」，原作「隶」，據《元史》卷一一九《木華黎傳》改。
❷「副都統」，原作「都統」，據《困學紀聞》卷二〇、《玉海》卷八四同，《宋史》卷四〇《寧宗本紀》、《宋史全文》卷三〇改。

五月，訛可引衆還，距淮二十里，諸軍將渡，全矯稱密詔「諸軍且留，收淮南麥」，遂下令人獲三石以給軍。衆惑之，留三日。訛可謂全曰：「今淮水淺狹，可以速濟，若值暴漲，宋乘其後，將不得完歸矣。」全力拒之。是夕，大雨；明日，淮水暴漲，乃爲橋渡軍。官軍襲之，全兵大敗。橋壞，全以輕舟先濟，士卒皆覆没，金之兵財由是大竭。金主詔數全罪而誅之。

**進封子竑爲濟國公，以貴誠爲邵州防禦使。**

竑好鼓琴，史彌遠買美人善鼓琴者納諸竑，而厚撫其家，使瞷竑動息。美人知書慧黠，竑嬖之。時楊皇后專國政，彌遠用事久，宰執、侍從、臺諫、藩閫皆所引薦，莫敢誰何，權勢熏灼。竑心不能平，嘗書楊后及彌遠之事于几上，曰：「彌遠當決配八千里。」又嘗指宫壁輿地圖瓊厓曰：「吾它日得志，置史彌遠於此。」又嘗呼彌遠爲「新恩」，以他日非新州則恩州也。彌遠聞之，大懼，思以處竑，而竑不知。真德秀時兼宫教，諫竑曰：「皇太子若能孝於慈母而敬大臣，則天命歸之矣，否則深可慮也。」竑不聽。一日，彌遠爲其父浩飯僧浄慈寺，與國子學録鄭清之登慧日閣，屏人語曰：「皇子不堪負荷，聞後沂邸者甚賢，今欲擇講官，君其善訓導之。事成，彌遠之坐，即君坐也。然言出於彌遠之口，入于君之耳，若一語泄，吾與君皆族矣。」清之曰：「不敢。」乃以清之兼魏惠憲王府學教授。清之日教貴誠爲文，又購高宗御書，俾習焉。清之謁彌遠，即示以貴誠詩文翰墨，譽之不容口。彌遠嘗問清之曰：「吾聞皇姪之賢已熟，大要竟如何？」清之曰：「其人之賢，更僕不能數，然一言以斷之，曰『不凡』。」彌遠頷之再三，策立之意益堅。乃日媒孽竑之失于帝，覬帝廢竑立貴誠，而帝不悟其意。

**知濟南府种贇討張林，林敗走，李全入青州據之。○六月，俞應符卒。○秋七月，金平陽公胡天作降蒙古。**

時木華黎徇青龍堡，天作遂降。

**八月，長星見西方。**

蒙古耶律楚材謂其主曰：「女真將易主矣。」

**九月，大名忠義彭義斌復京東州縣，嚴實將晁海以青崖峒降。○以宣繒參知政事，程卓同知樞密院事，薛極簽書院事。○冬十月，蒙古木華黎取金河中，以石天應權河東、關陝行臺。**

木華黎所過州縣皆下，時金于牛心寨僑治吉州事，木華黎自隰州攻之。知州楊貞令妻孥先墜崖，已從之，皆死。木華黎入寨，留兵守之，且使蒙古不花引遊騎出秦、隴，以爲聲援，及視山川夷險，而自將兵下孟州、晉陽、霍邑等寨。召石天應謂之曰：「河中爲河東要郡，擇守非君不可。」乃以天應權行臺，平陽、太原、吉、隰等帥，並受節制。木華黎遂趨長安，使兀胡乃太不花屯守之，遣安赤將兵斷潼關。**金王庭玉取曹州，殺蒙古石珪。○十一月，蒙古木華黎取金同州，節度使完顔訛可死之。○十二月，以李全爲保寧節度使，京東、河北鎮撫副使。**初，全有戰功，史彌遠欲加全官，賈涉止之。及加節鉞，涉嘆曰：「朝廷但知官爵可以得其心，寧知驕則將至於不可勸邪？」**蒙古鐵木真入西域，屠蔑里城，滅回回國，大掠忻都而還。**先是，蒙古主遣子朮赤、察合台、窩闊台、拖雷分攻斡脱羅兒、玉龍傑赤等城，而自將攻迭里密及班勒訖城，皆克之。遂圍塔里寒寨，拔之。進薄回回國，其王委國而去，逃匿海嶼，不旬日庾死。蒙古主遂進次于忻都國鐵門關。侍衛見一獸，鹿形，馬尾，綠色而獨角，能爲人言，謂之曰：「汝君宜早回。」蒙古主怪之，以問耶律楚材，對曰：「此獸名角端，解四夷語，是惡殺之象。今大軍征西已四年，蓋上天惡殺，遣之告陛下。願承天心，宥此數國人命，寔無疆之福。」蒙古遂大掠忻都而還。

**癸未**　**十六年，**金元光二年。**春正月，金元帥都監侯小叔取河中，殺蒙古石天應。**木華黎攻鳳翔府，晝夜苦戰，四十餘日不下。將由河中北還。金元帥右都監侯小叔襲河中，破之，殺石天應，焚浮橋而退。木華黎以天應子斡可代領其衆。初，金主命元帥都監阿魯帶守河中，阿魯帶恇怯不能軍，竭民膏血，爲浚築之計。及絳州破，阿魯帶益懼，馳奏河中孤城不可守。有旨親視，果不可守則棄之，無至資敵。阿魯帶遂棄河中，燒民居、官舍，一二日而盡。尋有言：「河中重鎮，國家基本所在，設爲敵人所據，則大河之險，我不得專恃矣。」金主命有司復脩葺之，終不能成，故隨守隨陷。**三月，蒙古木華黎死于解州。**木華黎自河中帥師還，至解州聞喜縣，疾篤，謂弟帶孫曰：「我爲國家助成大業，干戈垂四十年，無復遺恨，所恨者汴京未下耳。汝等勉之！」言訖而卒，年五十四。木華黎雄勇善謀，與博爾朮、博兒忽、赤老温俱以忠勇事其主，號爲掇里班曲律，❶猶華言四傑也。蒙古主軍嘗失利，會天大雪，失牙帳所在，卧草澤中。木華黎與博爾朮張氈蔽之，自暮達曉，竟不移足。博爾朮從征伐，立功甚多，極見親遇，位終右萬户。博兒忽身更百戰，竟死于陳，位終第一千户。赤老温功業與三人者等。四人之子孫皆領宿衛，號四怯薛，出官則爲輔相焉。**夏五月，蒙古初置達魯花赤，監治郡縣。**蒙古主避夏于八魯灣川，分兵攻諸部落之近者，悉下之。至可温寨，與諸將會。以西域漸定，置達魯花赤於各城監治之。達魯花赤，猶華言掌印官也。**六月，程卓卒。○淮東制置使賈涉卒。**涉以李全驕暴難制，力求還朝，在道卒。初，涉欲制忠義兵，乃以翟朝宗統鎮江副司八千人，屯楚州城中；又分帳前忠義萬人，命趙邦永、高友統五千，屯城西；王暉、于潭統五千，屯淮陰。李全輕鎮江兵而忌帳前忠義，乃數稱高友等勇，遇出軍必請以自隨，涉不許。全每宴麾下，併召涉帳前將校，於是帳前亦願隸全，然未能合也。及涉卒，丘壽邁攝帥事，全請曰：「忠義烏合，尺籍鹵莽，莫若別置新籍，一納諸朝，一申制閫，一留全所。庶功過有攷，請給無弊。」壽邁從之。全乃合帳前忠義與己軍盡籍之，而併統其軍。壽邁不悟。**秋八月，金將納合六哥殺蒙古綱，謀以邳州來附，金人殺之。**蒙古綱御下嚴，邳州從宜經略使納合六哥率衆殺之，據州反，與蒙古將李二措致書海州，言欲來附。李全麾下周岊得之，以報全。全喜，遣王喜兒以兵二千應接，而己繼之。二措納喜兒而囚之。全欲攻邳，四面阻水，二措積勁弩備之，全不得進，合兵索戰而敗。欲還楚州，會濱、棣有亂，❷乃引兵趨青州。金行院總帥牙吾答討殺六哥，復其城。**九月朔，日食。○冬十二月，以許國爲淮東制置使。**初，淮西都統許國奉祠家居，欲傾賈涉而代之，數言李全必反。涉卒，會召國入對，國疏：「全姦謀益深，反狀已著，非有豪傑不能消弭。」蓋自鬻也。遂易國文階爲淮東安撫制置使兼知楚州。命下，聞者驚愕。淮東參幕徐晞稷雅

❶「掇里班曲律」，原作「撥里班曲律」，據《元朝名臣事略》卷一之一及《元史》卷九九《兵志》、卷一一九《木華黎傳》改。

❷「棣」，原作「隶」，據《宋史》卷四七六《李全傳》改。

意開闔，及聞國用，乃注釋國疏以寄全，全不樂。**金主珣卒，子守緒立。**金主疾革，時已暮夜，近臣皆出，惟前朝資明夫人鄭氏以年老侍側。金主知其可託，謂之曰：「速召太子主後事。」言絶而殂。夫人祕之。是夕，后妃問安寢閣。麗貴妃陰狡機慧，常以其子英王守純年長不得立懷怨。鄭氏恐其爲變，即紿之曰：「上方更衣，后妃可少休他室。」伺其入，遽鑰之。急召大臣傳遺詔，立皇太子守緒，始啓户出后妃，發喪。太子方入宮，英王已先至。太子知之，分遣樞密院官及東宮親衛軍官移剌蒲阿，集軍三萬餘于東華門街。部署既定，命護衛四人監守純于近侍局，乃即位於柩前。**蒙古攻夏，夏主遵頊傳國于其子德旺。**遵頊自號上皇，德旺改元乾定。未幾，遵頊卒，德旺號之曰神宗。**蒙古速不臺擊欽察，滅之。**大掠西番邊部而還。

**甲申　十七年，**金哀宗守緒正大元年。**春三月，召崔與之爲禮部尚書，以鄭損爲四川制置使，與之辭不拜。**與之治蜀，將士輯睦，府藏充實。至是，以疾歸廣州，蜀人肖其像祠焉。**金使人來請和。**金主遣尚書令史李唐英至滁州通好。既而復遣樞密判官移剌蒲阿率兵至光州，榜諭軍民，更不南侵。

**秋閏八月，帝崩，史彌遠矯詔立沂王子貴誠，更名昀，尊皇后爲皇太后，同聽政，封皇子竑爲濟王，出居湖州。**八月丙戌，帝不豫，史彌遠遣鄭清之往沂王府，告貴誠以將立之意。貴誠默不應，清之曰：「丞相以清之從遊久，故使布腹心。今不答一語，則清之將何以答丞相？」貴誠始拱手徐言曰：「紹興老母在。」清之以告彌遠，益相與嘆其不凡。壬辰，帝疾篤，彌遠稱詔以貴誠爲皇子，改賜名昀，授武泰軍節度使，封成國公。閏月丁酉，帝崩。彌遠遣皇后兄子谷、石以廢立事白后。后不可，曰：「皇子竑，先帝所立，豈敢擅變！」谷等一夜七往返，后終不許。谷等乃拜泣曰：「内外軍民，皆已歸心。苟不立之，禍變必生，則楊氏無噍類矣！」后默然良久，曰：「其人安在？」彌遠即於禁中遣快行宣昀，令之曰：「今所宣是沂靖惠王府皇子，非萬歲巷皇子，苟誤，則汝皆處斬！」皇子竑時聞帝崩，跂足以需宣召。久而不至，乃屬目牆壁間，見快行過其府而不入，疑焉。已而擁一人徑過，天暝不知爲誰，甚惑之。昀入宫見后，后拊其背曰：「汝今爲吾子矣。」彌遠引昀至柩前，舉哀畢，然後召竑。竑聞命即赴，至則每過宫門，禁衛拒其從者。彌遠亦引竑至柩前，舉哀畢，引出帷，❶殿帥夏震守之。遂召百官立班聽遺制，則引竑至舊班。竑愕然曰：「今日之事，我豈當仍在此班？」震紿之曰：「未宣制前當在此，宣制後乃即位。」竑以爲然。已而遥見殿上燭影中有人在御座，則昀已即位矣。宣制畢，閤門宣贊呼百官拜賀，竑不肯拜，震捽其首下拜。遂稱遺詔以竑爲開府儀同三司，封濟陽郡王，判寧國府。尊楊皇后曰皇太后，垂簾同聽政。詔遵孝宗故事，宫中自服三年喪。尋進封竑爲濟王，出居湖州。史臣曰：「寧宗恭儉守文，初年以舊學輔導之功，召用宿儒，引拔善類，其政可觀。中更韓侂胄内蓄羣姦，指正爲僞，外挑强鄰，流毒淮甸，函首求成，國體虧矣。及史彌遠擅權，幸帝耄荒，竊弄威福，至於皇儲國統，亦得乘機伺間，遂其廢立之私，他可知也。」

**九月，召傅伯成爲顯謨閣學士，楊簡爲寶謨閣學士，辭不至。**史彌遠欲收衆望，勸帝褒表老儒，遂召傅伯成、楊簡及柴中行俱奉朝請。伯成、簡辭不至。

**以真德秀直學士院，魏了翁爲起居郎。**初，以德秀及禮部侍郎程珌、吏部侍郎朱著並兼侍讀，工部侍郎葛洪、起居郎喬行簡、宗正少卿陳貴誼、軍器監王曁並兼侍講。尋又以德秀直學士院，召魏了翁爲起居郎。德秀之爲起居舍人兼宫講也，言事不避權貴，且惓惓於復讎。知史彌遠欲以爵禄縻天下士，慨然謂劉爚曰：「吾徒須急引去，使廟堂知世有不肯爲從官者。」遂力請外。至是，自知潭州召還，入對，勸帝容受直言，召用賢臣，固結人心爲本。帝開納之。了翁當開禧初，以武學博士召試學士院，對策諫開邊事。御史徐柟劾了翁狂妄，了翁亦以親老出知嘉定府。尋築室白鶴山下，以所聞於輔廣、李燔者開門授徒，士争負笈從之。由是，蜀人盡知義理之學。及爲潼川轉運判官，上疏乞與周敦頤、張載、程顥、程頤錫爵定謚，示學者趨向。朝廷從之。

**追封希壚爲榮王，以其子與芮襲封奉祀。**帝追封所生父希壚爲榮王，生母全氏爲國夫人，而以弟與芮嗣之。

**冬十月，夏及金平。**夏人與金通

❶「帷」，原作「惟」，據《宋史》卷二四六《鎮王竑傳》、《通鑑續編》卷二〇、《資治通鑑後編》卷一三六改。

好，不交兵者八十年。至貞祐初，以小故生釁，搆難十年，一勝一負，遂至精鋭俱盡，兩國皆弊。至是，夏遣其吏部尚書李仲諤脩好於金，稱弟而不臣，各用本國年號。金遣禮部尚書奥敦良弼報之。十一月，以葛洪同簽書樞密院事。

續資治通鑑綱目第十八

# 續資治通鑑綱目第十九

起乙酉宋理宗寶慶元年，盡癸巳宋理宗紹定六年。

凡九年。

## 乙酉　理宗皇帝寶慶元年，金正大二年。

**春正月，湖州潘壬起兵謀立濟王竑，竑討平之，史彌遠矯詔殺竑，追貶爲巴陵郡公。**湖州人潘壬與其從兄甫、弟丙以史彌遠廢立，不平，乃遣甫密告謀立濟王意於李全。全欲坐致成敗，陽與之期日遣兵應接，而實無意也。壬等信之，遂部分其衆以待。及期，全兵不至，壬等懼事泄，乃以其黨雜販鹽盜千餘人，結束如全軍狀，揚言自山東來，夜入州城，求濟王。王聞變，匿水竇中。壬尋得之，擁至州治，以黃袍加王身。王號泣不從，壬等彊之。王不得已，乃與約曰：「汝能勿傷太后、官家乎？」衆許諾。遂發軍資庫金帛、會子犒軍。知州謝周卿率官屬入賀。壬子僞爲李全榜揭於門，數史彌遠廢立罪，且曰：「今領精兵二十萬，水陸並進。」人皆聳動。比明視之，則皆太湖漁人及巡尉兵卒耳。王知事不成，乃遣王元春告于朝，而帥州兵討壬。壬變姓名走楚州，甫、丙皆死。元春至行在，史彌遠懼甚，急召殿司將彭任帥師赴之，❶至則事平矣。壬至楚，將渡淮，爲小校明亮所獲，送臨安斬之。彌遠忌竑，詐言竑有疾，令秦天錫召醫入湖州視之。❷天錫至，諭旨逼竑縊于州治，以疾薨聞。尋詔追貶爲巴陵郡公，又降爲縣公。改湖州爲安吉州。起居郎魏了翁、金部員外郎洪咨夔，相繼言竑之冤。及禮部侍郎、直學士院真德秀入對，因曰：「陛下初膺大寶，不幸處人倫之變，有所未盡，流聞四方，所損非淺。霅川之變，非濟邸本志，前有避匿之迹，後聞捕討之謀，情狀本末，灼然可考。願詔有司，討論雍熙追封秦邸舍罪卹孤故事，斟酌行之。雖濟王未有子息，興滅繼絶，在陛下耳。」帝曰：「朝

❶「彭任」，原作「彭壬」，據《宋季三朝政要》卷一、《宋史》卷四一《理宗本紀》、卷二四六《鎮王竑傳》改。

❷「秦天錫」，原作「余天錫」，據《宋史》卷四一《理宗本紀》、卷二四六《鎮王竑傳》改。

廷待濟王亦至矣。」德秀曰：「若謂此事處置盡善，臣未敢以爲然。觀舜所以處象，則陛下不及舜明甚。人主但當以二帝、三王爲師。」帝曰：「一時倉卒耳。」德秀曰：「此已往之咎。願陛下進德脩學以掩前失。」胡一桂曰：「宋一代家法最正，諸后最賢，傳授最明。自理宗之立、濟王之死，而後所謂家法之正、后德之賢、傳授之明遂掃地矣。然理宗之立，實出楊后、彌遠之計，非若隋之楊廣必欲廢兄而奪其位也，故猶相傳五十年而後亡。噫！天之爲德，其明矣乎！」

**蒙古武仙殺史天倪，天倪弟天澤討仙，仙走西山，天澤復入真定。**武仙聞彭義斌復山東州縣，乃叛蒙古，殺都元帥史天倪。天倪弟天澤時護母歸燕，府僚王守道追天澤于道，告之故，且曰：「變起倉卒，部曲散在近郊。若能返旆，當不招自至。」天澤曰：「不共國之讎，死亦當往，況不死邪！」遂傾貲裝，易鎧仗，南還，行次滿城，得士馬甚衆，遣監軍李伯祐詣國王孛魯言狀，且乞濟師。孛魯即命天澤嗣兄河北西路都元帥遣笑乃台率鋭卒三千援之，合勢進攻。仙驍將葛鐵鎗者擁衆來拒，天澤迎擊之，乘勝至中山，略無極，拔趙州。仙敗，奔西山，天澤遂復真定。

**二月，李全作亂，焚楚州。許國走死，以徐晞稷爲制置使，撫之。**許國至鎮，李全妻楊氏郊迓，國辭不見，楊氏慙而歸。國既視事，痛抑北軍，有與南軍競者，無曲直，偏坐之，犒賞十損八九。全自青州致書于國，國誇于衆曰：「全仰我養育，我略示威，即奔走不暇矣。」全故留青州，國不能致，乃數致厚餽，邀全還。劉慶福亦使人覘國意向，國左右語覘者曰：「制置無害汝等意。」慶福以報全，全集將校曰：「我不參制閫，則曲在我。今不計生死，必往。」遂還楚州上謁。賓贊戒全曰：「節使當庭參，制使必免禮。」及庭趨，國端坐納全拜，不爲止。全退怒曰：「全歸本朝，拜人多矣，但恨汝非文臣，本與我等。汝向以淮西都統謁賈制帥，亦免汝拜。汝有何勳業，一旦位我上，便不相假借邪！全赤心報朝廷，不反也。」國繼設盛會宴全，遣勞加厚，全終不樂。慶福謁國之幕客章夢先，夢先令隔幕貌喏，慶福亦怒。既而全欲往青州，恐國苛留，自計曰：「彼所争者拜耳，拜而得志，吾何愛焉！」更折節爲禮。因會集間，出劄白事，國見其細故，判從之，全即席再拜謝。自是動息必請，得請必拜。國大喜，語家人曰：「吾折伏此虜矣。」全往青州，國集兩淮馬步軍十三萬，大閲楚城外，以挫北人之心。楊氏及軍校留者懼其謀己，內自爲備。後全遣慶福還楚爲亂，適湖州潘壬事敗，全黨益不安。或教楊氏畜一安男子，指謂人曰：「此宗室也。」且語僚佐曰：「會令汝爲朝士。」潛約盱眙四軍爲應，盱眙四將不從。於是慶福謀中輟，止欲快意於國。計議官苟夢玉知之，以告國，國曰：「但使反，反即殺我。我豈文儒不知兵者邪！」夢玉懼禍及，求檄往盱眙，復告慶福曰：「制使欲圖汝。」兩爲自結之計。及是，國晨起視事，忽露刃充庭，客駭走。國厲聲曰：「不得無禮！」矢已及額，流血蔽面而走。亂兵悉害其家，大縱火焚官寺，兩司積蓄盡爲賊有。親兵數十人翼國登城樓，縋城走，伏道堂中宿焉。賊擁通判姚翀入城，犒兩軍，使歸營。是日，慶福首殺夢先以報其辱。明日，國縊于途。事聞，史彌遠懼激他變，欲事含忍，以徐晞稷嘗倅楚守海，得全歡心，乃授晞稷制使，令屈意撫全。全聞國死，自青州還楚，佯責慶福不能彈壓，致忠義之鬨，斬數人，上表待罪，朝廷不問。知揚州趙范得制置使印于潰卒中，以授晞稷。晞稷至楚，全及門，下馬拜庭下，晞稷降等止之，賊衆乃悅。晞稷至，以「恩府」稱全，「恩堂」稱楊氏，而手足倒置矣。

**三月，葬永茂陵。**

**○夏四月，太后以疾罷聽政。**

**○五月，李全襲彭義斌于恩州，義斌敗之。**許國既死，李全牒彭義斌于山東，曰：「許國謀反，已伏誅矣，爾軍並聽我節制。」義斌大罵曰：「逆賊背國厚恩，擅殺制使，我必報此讎！」乃斬齎牒人，南向告天誓衆，見者憤激。五月，全自青州攻東平，不克，乃攻恩州。義斌出兵與戰，全敗走，獲其馬二千。劉慶福引兵救全，又敗。全退保山峒，抽山陽忠義以北。楊氏及劉全皆欲親赴難，會全遣人求徐晞稷書與義斌連和，乃止。義斌致書沿江制置使趙善湘曰：「不誅逆全，恢復不成。但能遣兵扼淮，進據漣、海以蹙之，斷其南路，此賊必擒。賊平之後，收復一京三府，然後義斌戰河北，盱眙諸將，襄陽騎士戰河南，神州可復也。」盱眙四總管亦各遣使致書乞助討賊，知揚州趙范亦以爲言。史彌遠令諭范：「無出位專兵，各享安靖之福。」范復以書力諭之，彌遠不聽。

**六月，加史彌遠太師，封魏國公。**彌遠辭太師，許之。

**彭義斌圍東平，嚴實請和。**

**秋七月，義斌徇真定，實以蒙古兵來襲，義斌死之，京東州縣盡陷。**義斌既克山東，復納李全降兵，兵勢大振，遂圍東平。嚴實潛約蒙古將孛里海，合兵攻之。兵久不至，城中食盡，乃與義斌連和。義斌亦欲藉實取河朔而後圖之，遂以兄禮事實。時實衆尚數千，義斌不之奪，而留所掠實青崖之家屬不遣。七月，義斌下真定，道西山，與孛里海等軍相望。義斌分實以帳下兵，陽助而陰伺之。實知勢迫，即赴孛里海軍與之合，遂及義斌戰于内黄之五馬山，義斌兵潰。史天澤以鋭卒略其後，遂擒義斌，説之降，義斌厲聲曰：「我大宋臣，義豈爲他臣屬邪！」遂死之。於是，京東州縣復爲實有。實所統有全魏十分，齊之三、魯之九，凡五十四城。後又割大名、彰德外屬，而益以德、兖、濟、單四州。時所在殘毁，獨實所統治安，四方之民争赴之。**竄大理評事胡夢昱于象州。**夢昱上書言濟王不當廢，引晉太子申生、漢戾太子及秦王廷美之事爲證，言甚切直。史彌遠諷御史李知孝劾之，除名羈管而卒。**八月，❶贈張九成官爵，録程頤後。**帝以九成正色立朝，有中興明道之功，贈太師，追封崇國公。九成研思經學，多所訓解，然早與學佛者游，故議論多偏。尋又詔求程頤後，得四世孫源，以爲籍田令。**以梁成大爲監察御史，罷直學士院真德秀、金部員外郎洪咨夔。**時論濟王事者衆，史彌遠患之。成大以知縣秩滿待選，諂事彌遠家幹者萬昕。昕一日言真德秀當逐，成大曰：「某若入臺，必能辨此事。」昕爲達其語，遂擢御史。成大因與莫澤、李知孝共爲彌遠鷹犬，凡忤彌遠意者，三人必相繼擊之。於是，給事中王塈等駁德秀所主濟王贈典，莫澤等繼劾之，遂命提舉玉隆宫。咨夔亦言濟王冤，成大等復交劾之，鐫二秩。由是，名人賢士，排斥殆盡。人目成大、知孝與澤爲「三凶」，且謂成大爲「成犬」。**冬十月，蒙古鐵木真伐夏，取甘、肅州，西凉府。十一月，取靈州，進次鹽州川。**以西夏納仇人亦臈喝翔昆及不入質子也。**以薛極參知政事，葛洪簽書樞密院事。○以李知孝爲右正言。**知孝附史彌遠而忌真德秀、魏了翁之鯁直，乃上疏曰：「士大夫汲汲好名，正救之力少而附和沽激之意多，扶持之意微而詆訾扇摇之意勝。既慮君上之或不能用，又恐朝廷之或不能容，姑爲激怒之辭，退俟斥逐之命。始則慷慨而激烈，終則懇切而求去，將以樹奇節而立令名。此則臣之所未解。」蓋以陰詆德秀、了翁也。踰月，復言：「近年諸老凋零，後學晚出，不見前輩，

❶「八月」，原脱，據《宋史》卷四一《理宗本紀》補。

不聞義理，不講綱常，識見卑陋，議論偏詖，更倡迭和，蠱惑人心。此風披扇，爲害實深。乞下臣章，風厲內外，各務靖共，以杜禍萌。」遂進拜右正言。

**貶魏了翁官，居之靖州。罷真德秀祠禄。**胡夢昱貶時，魏了翁出關餞之，李知孝遂指了翁首倡異論，將擊之。彌遠猶畏公議，外示優禮，改權工部侍郎。了翁力以疾辭，乃出知常德府。越二日，諫議大夫朱端常劾了翁欺世盜名、朋邪謗國，德秀奏劄詆誣。詔了翁落職，奪三秩，靖州居住；德秀落焕章閣待制，罷祠。李知孝上書，乞追削流竄德秀，以正典刑。梁成大亦奏：「了翁已從追竄，人猶以爲罪大罰輕。德秀狂僭悖謬，不減了翁，相羊家食，宜削秩貶竄，一等施行。」彌遠勸帝下其章，帝曰：「仲尼不爲已甚。」乃止。成大貽書所親曰：「真德秀乃真小人，魏了翁乃僞君子。此舉大快公論。」識者笑之。了翁至靖，湖、湘、江、浙之士，不遠千里，負書從學。乃著《九經要義》百卷，訂定精密，先儒所未有也。德秀既歸浦城，修《讀書記》，語門人曰：「此人君爲治之門，如有用我者，執此以往。」

**給京軍緡錢。**以雪寒給在京諸軍緡錢有差，出戍之家倍之。自是，祥慶、災異、淫雨、雪寒咸給之。

**蒙古使人如高麗，未至，盜殺之。**自是高麗與蒙古不通。

**武仙復襲真定，蒙古史天澤奔藁城。**彭義斌既敗，仙勢益蹙，已而，潛令諜者結死士，匿真定城中大歷寺爲內應。仙夜斬關而入，據之，天澤出奔藁城。

## 丙戌　二年，金正大三年。

**春正月，贈陸九齡等官，賜謚，録張栻、吕祖謙、陸九淵後。**詔贈陸九齡直祕閣，謚文達；沈焕直華文閣，謚端憲。録張栻、吕祖謙、陸九淵子孫官，各有差。九齡，撫州金溪人，幼穎悟端重。秦檜當國，程氏學廢，九齡獨尊其説。舉進士，調興國教授，嚴規矩，勸綏引翼，士類興起，改全州教授，卒。張栻嘗與講學，期以任道之重。吕祖謙嘗稱之曰：「所志者大，所據者實。」九淵，九齡弟，生而穎異，與其兄自相師友，和而不同。其教人不用學規，有小過，言中其情，或至流汗。有懷于中而不能自曉者，爲之條析其故，悉如其心。亦有相去千里，聞其大概而得其爲人。後以將作監丞奉祠還鄉，學者稱爲象山先生。九淵嘗謂學者曰：「汝耳自聽，目自明，事父自能孝，事兄自能弟。本無欠闕，不必他求，在乎自立而已。」又曰：「此道與溺於利欲之人言猶易，與溺於意見之人言却難。」或勸其著書，九淵曰：「學苟知道，六經皆我註脚。」及知荆門軍，政行令脩，民俗爲變。卒，謚曰文安。九淵嘗與朱熹會于鵞湖，辨論多不合。及熹與至白鹿洞，九淵爲講君子小人喻義利一章，熹以爲切中學者隱微深痼之病。至於無極而太極之辨，則貽書往來論辨不置焉。其次兄九韶，亦學問淵粹，人稱爲梭山先生。九淵門人其最著者曰：袁燮、楊簡、沈煥、舒璘。燮，端粹專静，爲國子祭酒，延見諸生，必迪以反躬切己、忠信篤實是爲道本，聞者竦然有得。每言人心與天地一本，精思以得之，兢業以守之，則與天地相似。簡，篤學力行，爲政設施，皆可爲後世法，所著《禮書》行于時。煥，定海人，乾道中爲太學録，以所躬行者淑諸人。同僚忌其立異，或勸其姑營職，道未可行也。煥曰：「道與職有二乎？」適私試發策，引《孟子》「立乎人之本朝而道不行，耻也」，言路以爲訕己，請黜之。遂爲高郵軍教授，終于舒州通判。煥，人品高明，不苟自恕，常曰：「晝觀諸妻子，夜卜諸夢寐。兩者無愧，始可以言學。」璘，刻苦磨厲，改過遷善，從張栻及九齡遊。及聞朱熹、吕祖謙講學于婺，徒步往謁之。乾道中，爲徽州教授，作《詩禮講解》，仕終宜州通判。

**蒙古史天澤以槀城之兵入真定，武仙復走西山。**槀城守將董俊以鋭卒數百授天澤，天澤夜赴真定，與笑乃台合攻仙，仙走西山。笑乃台怒真定民反覆，驅萬人，將斬之以示威。天澤曰：「是皆吾民，我力不能及，一旦委去，不幸被脅，今殺之何罪！」乃全釋之。

**二月，建昭勳崇德閣。**趙普、曹彬、薛居正、石熙載、潘美、李沆、王旦、李繼隆、王曾、吕夷簡、曹瑋、韓琦、曾公亮、富弼、司馬光、韓忠彦、吕頤浩、趙鼎、韓世忠、張俊、陳康伯、史浩、葛邲，後益以趙汝愚，凡二十四人，皆圖形其上。

**三月，蒙古圍李全于青州。**全北剽山東，南仰錢糧，且挾朝廷以疑蒙古，蒙古攻之。全大小百戰終不利，嬰城自守。蒙古築長圍，夜布狗砦。全糧援路絶，與兄福謀，福曰：「二人俱死無益也，汝身係南北輕重，我當死守孤城。汝間道南歸，提兵赴援，可尋生路。」全曰：「數十萬勍敵未易支也，全朝出，城夕陷，不如兄歸。」於是，全留青，福還楚。

**秋七月，夏主德旺以憂卒，弟子晛立。**蒙古主入夏，城邑多降，德旺憂悸而卒。國人立晛，號德旺曰獻宗。

**八月，衛涇卒。○金置益政院説書。**金主詔設益政院於内庭，以禮部尚書楊雲翼等爲説書官。雲翼天性雅重，博學能文，明於政事，直言敢諫，與翰林學士趙秉文同爲時所重。**徐晞稷罷，以劉琸爲淮東制置使。**朝廷聞全爲蒙古所圍，稍欲圖之，以晞稷畏懦，謀易帥。劉琸雅意建閫，使鎮江副都統彭忙延譽。忙亦垂涎代琸，從臾尤力。故以琸代晞稷，忙代琸知盱眙。**冬十一月，盱眙忠義夏全作亂，逐劉琸，以衆降金。**琸至楚州，心知不能制馭盱眙四總管，惟以鎮江兵三萬自隨。夏全請從，琸素畏其狡，不許。彭忙自以資望視琸更淺，曰：「琸止夏全，是欲遺患盱眙。琸猶憚夏全，我何能用！」乃激夏全曰：「楚城賊黨不滿三千，健將又在山東，劉制使圖之，收功在旦夕。太尉曷不往赴事會？」夏全忻然帥兵徑入楚城，時青亦自淮陰入屯城内。琸駭懼，勢不容却，復就二人謀焉。時傳李全已死，李福欲分兵赴青州。琸令夏全盛陳兵楚城，李全之黨震恐。李全妻楊氏使人行成于夏全，曰：「將軍非山東歸附邪！狐死兔悲，李氏滅，夏氏寧獨存？願將軍垂盼。」全諾，楊氏盛飾出迎，與按行營壘，曰：「人傳三哥死，吾一婦人安能自立！便當事太尉爲夫，子女、玉帛、干戈、倉廩，皆太尉有。望即領此誠，無多言也。」夏全心動，乃置酒歡甚，飲酣，就寢如歸，轉仇爲好，反與福謀逐琸。遂圍楚州治，焚官民舍，殺守藏吏，取貨物。時琸精兵尚萬人，窘束不能發一令，太息而已。夜半，琸縋城，僅以身免。鎮江軍與賊戰死者太半，將校多死，器甲、錢粟悉爲賊有。琸步至揚州，借兵自衛。夏全既逐琸，暮歸李全營，楊氏拒之。全恐楊氏圖己，因大掠，趨盱眙，欲爲亂。盱眙將張惠、范成進閉城門，夏全不得入，狼狽降金。朝廷聞之，大恐。琸自劾，未幾，死。

**丁亥　三年，**金正大四年。**春正月，以姚翀爲淮東制置使。**朝廷以姚翀嘗與李全交驩，故命之。翀朝辭，帝謂曰：「南北皆吾赤子，何分彼此？卿其爲朕撫定之。」翀至楚城東，艤舟以治事，間入城見李全妻楊氏，用徐晞稷故事而禮過之。楊氏許翀入城，翀乃入，寄治僧寺中，極意娱之。**贈朱熹太師、信國公。**熹先謚曰「文」。至是，詔曰：「朕觀朱熹集註《大學》、《論語》、《孟子》、《中庸》，發揮聖賢蘊奥，有補治道。朕勵治講學，緬懷典刑，可特贈熹太師，追封信國公。」踰月，熹子工部侍郎在入對，言人主學問之要，帝曰：「先卿《中庸序》言之甚詳，朕讀之不釋手，恨不與之同時也。」紹定中，改封徽國公。

**夏五月，李全以青州降蒙古。**全被圍一年，食牛馬及人且盡，將自食其軍。全欲降，懼衆異議，乃焚香南向再拜，欲自經，而使其黨鄭衍德、田四救己，曰：「譬如爲衣，有身，愁無袖邪？今北歸未必非福。」全乃降于蒙古。

**蒙古遣使責歲幣于金。**

**○六月朔，日食。**

**○楚州忠義李福作亂，逐姚翀。詔以統制楊紹雲兼淮東制置使，改楚州爲淮安軍。**劉慶福在山陽，自知己爲厲階，懷不自安，欲圖李福以贖罪于朝。福知之，亦謀殺慶福。於是，二人互相猜忌，不復相見。一日，福僞稱疾，不出旬餘，慶福往候之，福乃躍起拔刀傷慶福，慶福走，左右殺之。福以慶福首納于姚翀，翀大喜。幕客杜耒曰：「慶福首禍，一世姦雄，今頭落措大手邪！」時楚州自夏全之亂，儲積無餘，綱運不續，賊黨藉藉，謂福所致。福畏衆口，數見翀促之，翀謝以朝廷撥降未下。六月，福乘衆怒與李全妻楊氏謀召翀飲，翀至而楊氏不出，就坐賓次，左右散去。福以翀命召諸幕客，以楊氏命召翀二妾。諸幕客知有變，不得已而往。杜耒至八字橋，福兵腰斬之。福兵欲害翀，鄭衍德救之，得免。去鬚髩，縋城夜走，歸明州，死。朝廷以淮亂相仍，遣帥必斃，始欲輕淮而重江。楚州不復建閫，就以其帥楊紹雲兼制置，改楚州爲淮安軍，命通判張國明權守，視之若羈縻州然。

**金遣使請和于蒙古。**

**○蒙古鐵木真滅夏，以夏主晛歸。**蒙古主盡克夏城邑，其民穿鑿土石以避鋒鏑，免者百無一二，白骨蔽野。蒙古主避暑于六盤山，踰月，夏主晛力屈出降，遂縶以歸，夏亡。時諸將争掠子女財幣，耶律楚材獨取書數部、大黄兩駝而已。既而軍士病疫，唯得大黄可愈，楚材用之，所活萬人。

**秋七月，蒙古自鳳翔侵京兆。**

**○張林等歸淮安，討李福，斬之。**李全之黨以贍軍錢糧不繼，屢有怨言。全將國安用、閻通歎曰：「我曹米外日受銅錢二百，楚州物賤，可以樂生。❶而劉慶福爲不善，怨仇相尋，使我曹無所衣食。」時張林、邢德亦在楚，自謂：「嘗受朝廷恩，中遭全間貳，今歸于此，豈可不與朝廷立事？」王義深嘗爲全所辱，且謂：「我本賈帥帳前人，與彭

❶「生」，原作「全」，據《宋史》卷四七七《李全傳》改。

義斌舉義不成而歸。」五人相謂曰：「朝廷不降錢糧，爲有反者未除耳！」乃共議殺李福及全妻楊氏以獻，遂帥衆趨楊氏家。福走出，邢德手刃之，相屠者數百人。有郭統制者，殺全次子。通及全妾劉氏，妾稱楊氏，函其首并福首獻于楊紹雲。紹雲馳送臨安，傾朝皆喜。

**詔知盱眙軍彭忳及時青經理淮東。八月，忳將張惠等執忳，以盱眙降金。**時檄忳及總管張惠、范成進、時青併兵往楚州，使便宜盡戮李全餘黨。忳輕儇，不爲惠等所服，得檄，不敢自決，請制府及朝廷處之。朝議以時青望重，檄青區畫。青恐禍及，密遣人報全于青州，遷延不決。惠、成進以朝檄專委青而不及己，乃歸盱眙，設燕邀忳，乘其醉，縛之渡淮，以盱眙降于金。金人俾惠專制河南以拒蒙古，而使總帥完顏訛可成之。

**蒙古以李全行省事于山東、淮南，全自青州復入淮安，殺張林。**全得時青報慟哭，力告蒙古大將求南還，不許。全因斷一指以示之，誓還南必叛。蒙古大將乃承制授全山東、淮南行省，得專制山東，歲獻金幣。全遂與蒙古張宣差及通事數人還楚州，服蒙古衣冠，文移紀甲子而無年號。楊紹雲聞其至，遂留揚州不還，王義深奔金，國安用殺張林、邢德以自贖，郭統制亦爲全所殺。

**冬十二月，金封李全爲淮南王，全不受。**時全敗完顏訛可于龜山故也。

**蒙古兵入關外諸隘，四川制置使鄭損棄三關，逃歸。**蒙古入京兆，關中大震。復以兵破關外諸隘，至武階，鄭損棄沔州而遁，於是三關不守。時金人盡棄河北、山東、關陝，唯併力守河南、保潼關。自洛陽三門、析津東至邳州之源雀鎮，東西二千餘里，立四行省，帥精兵二十萬以守禦之。議者乞謹邊備以防南侵，帝命樞臣采其計。

**蒙古鐵木真死于六盤山，少子拖雷監國。**蒙古主在位二十二年，卒年六十六。臨卒，謂左右曰：「金精兵在潼關，南據連山，北限大河，難以遽破。若假道于宋，宋、金世讎，必能許我，則下兵唐、鄧，直擣大梁。金急必徵兵潼關，然以數萬之衆，千里赴援，人馬疲弊，雖至弗能戰，破之必矣。」言訖而卒，廟號太祖。凡六子：長曰朮赤，性卞急而善戰，早死；二曰察合歹，性慎密爲衆所畏；三曰窩闊台；四曰拖雷。鐵木真死，拖雷監國。

**蒙古史天澤攻武仙于西山，仙敗走汲。**天澤在真定繕城壁、脩武備，爲不可犯之計。以高公、抱犢諸砦武仙之巢穴，不可不攻，乃帥兵破之，仙走入汲縣。天澤復取相、衛蟻尖、馬武等砦。蒙古入西和州，知州事陳寅死之。蒙古兵薄西和城，寅率民兵晝夜苦戰，援兵不至，城遂陷。寅謂妻杜氏曰：「若速自爲計。」杜厲聲曰：「安有生同君禄，死不共王事者？」即飲藥自殺。二子及婦俱死母傍。寅斂而焚之，乃自伏劍死，賓客同死者二十八人。李全誘殺時青，併其衆。

**戊子**　紹定元年，金正大五年。春三月，金將完顔陳和尚大敗蒙古兵于大昌原。蒙古兵入大昌原，金平章政事完顔合達以忠孝軍提控完顔陳和尚爲前鋒。陳和尚擐甲上馬，以四百騎大敗蒙古八千之衆，士氣皆倍。蓋自有蒙古之難，二十年間，始有此捷，奏功第一，名震國中。授定遠大將軍，世襲謀克。忠孝一軍皆回紇、乃蠻、羌、渾及中原被俘避罪來歸者，鷙狠難制。陳和尚御之有方，坐作進退，皆中程式。所過州邑，秋毫無犯。每戰則先登陷陣，諸軍倚以爲重。夏六月朔，日食。○冬十二月，以薛極知樞密院事，袁韶同知院事，鄭清之簽書院事，葛洪參知政事。

**己丑**　二年，金正大六年，○蒙古太宗奇渥温窩闊台元年。秋八月，蒙古窩闊台立。窩闊台自霍博之地來會喪，耶律楚材以太祖遺詔召諸王畢會，請立窩闊台。時拖雷監國，諸王意猶豫未決。楚材言于監國曰：「此社稷大計，若不早定，恐生他變。」監國乃與諸王奉窩闊台即位于和林東庫鐵烏阿剌里之地。時庶事草創，禮儀簡率，楚材始定册立禮儀，俾皇族諸王尊長皆就班列以拜。又中原新定，未有號令，長吏皆得自專生殺，稍有忤意者，刀鋸隨之，至有全家被禍者。楚材以爲言，命禁絶之。冬十月，蒙古圍金慶陽。○十二月，蒙古始定算賦。中原以户，西域以丁，蒙古以牛、馬、羊。蒙古以史天澤等爲萬户，分守中原。蒙古主以史天澤、劉黑馬、蕭扎剌爲萬户，分統漢兵。真定、河間、大名、東平、濟南五路隸天澤，平陽、宣德等路隸黑馬。

**庚寅**　三年，金正大七年。春正月，蒙古入金大昌原，金將移剌蒲阿敗之，慶陽圍解。○二月，起復趙范、趙葵節制鎮江、滁州軍馬。范、葵皆方之子，時丁母憂，求解官，不許，乃卒哭，俱復視事。蒙古立十路課税所。初，蒙古太祖征西域，倉庫無斗粟、尺帛之儲，於是，羣臣咸言：「雖得漢人亦無所用，不若盡殺之，使草木暢茂以爲牧地。」耶律楚材曰：「夫以天下之廣，四海之富，何求而不得，但不爲耳。誠均定中原地税、商税、酒醋鹽鐵、山澤之利，周歲可得銀五十萬兩，絹八萬匹，粟四十餘萬石。何爲無用哉？」太祖曰：「誠如卿言，則國用有餘矣！卿試爲之。」至是，楚材奏立十路課税所，設使、副二員，悉用士人，如陳時可、趙昉、劉中等，皆在選中。楚材因間進説周孔之教，且謂天下雖得之馬上，不可以馬上治。蒙古主深然之，由是文臣漸進用矣。夏五月，以李全爲彰化、保康節度使、京東鎮撫使。全不受命，遂罷知揚州翟朝宗。全自還楚，即厚募人爲兵，不限南北。天長民保聚爲十六砦，比歲失業，官賑不繼，壯者亦皆就募。射陽湖浮居者數萬家，家有兵仗，侵掠難制。其豪周安民、谷汝礪、王十五長之，亦瀸結水砦，以觀成敗。全知東南利舟楫，謀習水戰，米商至，悉併舟糴之，留其舵工，以一教十。又遣人泛江湖市桐油黏筏，厚募南匠，大治舭⿰舟達船，自淮口及海相望，時時試舟于射陽湖及海洋。復以糧少爲辭，遣海舟自蘇州洋入平江、嘉興告糴，實欲習海道以覘畿甸。然以山東經理未定，而歲貢蒙古者不可缺，故外恭順朝廷以就錢糧，因以貿貨輸蒙古。朝廷亦以全往來山東，得以少寬北顧之憂，遣餉不絶。全因縱游説于朝，復請建閫山陽；又遣使入金；且欲銷朝廷兵備，乃遣軍士穆椿潛入京師皇城，縱火焚御前軍器庫，於是先朝兵甲盡喪。全欲先據揚州以渡江，分兵徇通、泰以趨海，其下皆曰：「通、泰，鹽場在焉，莫若先取爲家計，且使朝廷失鹽利。」全欲朝廷不爲備，且雖反而不敢遽絶其給，乃挾蒙古李宣差、宋宣差以恫疑虚喝，而蒙古實未嘗資全兵，其李宣差則青州賣藥人也。朝廷雖知其姦，姑事苟安，不之詰。及全糴麥舟過鹽城，知揚州翟朝宗嗾尉兵奪之。全怒，以捕盗爲名，水陸數萬，徑擣鹽城。戍將陳益、樓彊、知縣陳遇皆遁，全入城據之。朝宗倉皇遣幹官王節懇全退師，全不許，留鄭祥、董友守鹽城，而自提兵還楚州，以狀白于朝曰：「遣兵捕盜過鹽城，縣令自棄城遁去。慮軍民驚擾，不免入城安衆。」朝廷乃授全節鉞，令釋兵，命制置司幹官往諭之。全曰：「朝廷待我如小兒，啼則與果。」不受制命。朝廷爲罷朝宗，命通判趙璥夫攝州事。趙范、趙葵深以全必反爲慮，累疏力言之，史彌遠不納。

**秋八月，蒙古史天澤攻武仙于汲，仙敗走胡嶺關。**武仙既歸金，金復封爲恒山公，置府衛州。蒙古史天澤合諸軍圍之，金將完顏合達率衆來援。蒙古諸軍皆北，天澤獨以千人繞出其後，諸軍合攻之。仙逸去，屯胡嶺關，天澤遂取衛州。

**冬十月，以趙善湘爲江淮制置使。**李全造舟益急，至發塚取黏板，煉鐵錢爲釘，熬囚脂擣油灰，列炬繼晷，招沿海亡命爲水手。又給趙璥夫以蒙古爲辭，邀增五千人錢糧，求誓書、鐵券。朝廷猶遣餉不絕。全得米，即自轉輸淮海入鹽城，以贍其衆。他軍士見者曰：「朝廷惟恐賊不飽，我曹何力殺賊！」射陽湖人至有「養北賊戕淮民」之語，聞者太息。全又遣人以金牌誘脅周安民等，造浮橋于喻口，以便鹽城往來。時史彌遠多在告，諸執政又不以爲意，獨鄭清之深憂之，力勸帝討全。帝乃以趙善湘制置江淮，許便宜從事。然猶有内圖進討、外用調停之説，惟趙范、趙葵兄弟力請進兵討之。

**蒙古窩闊台帥衆入陝西，金以完顏合達、移剌蒲阿行省事于閿鄉，以備潼關。**初，蒙古使斡骨欒至陝西議和，金行省移剌蒲阿、紇石烈牙吾答等懼其泄事機，留之。及蒲阿既解慶陽之圍，志意驕滿，乃遣斡骨欒還，謂之曰：「我已準備軍馬，能戰則來。」斡骨欒還見蒙古主白之，蒙古主怒，即與其弟拖雷帥衆入陝西，翱翔京兆、同、華之間，破諸山砦柵六十餘所，遂趨鳳翔，金以平章政事完顏合達及移剌蒲阿行省閿鄉以備之。

**十二月，李全寇揚州，趙范、趙葵會師擊敗之。**全突至揚州灣頭，揚州副都統丁勝拒之。全乃攻城南門，趙璥夫得史彌遠書，許增萬五千名糧，勸全歸楚州，即遣劉易就全壘示之。全笑曰：「丞相勸我歸，丁都統與我戰，非相紿邪？」擲書不受。璥夫恐，亟發牌印，迓趙范于鎮江，范亦刻日約葵，葵帥雄勝、寧淮、武定、彊勇四軍萬四千赴之。時全引兵攻泰州，知州宋濟迎降。全入坐郡治，盡收其子女、貨幣。將趨揚，聞范、葵已入揚城，乃鞭鄭衍德曰：「我計先取揚州渡江，爾曹勸我取通、泰。今二趙已入揚州矣，江其可渡邪？」既而曰：「今惟有徑擣揚州耳！」遂分兵守泰，而悉衆攻揚州。至灣頭立砦，據運河之衝，使胡義將先鋒駐平山堂，以伺三城機便。全攻東門，葵親搏戰。全將張友呼城門請葵出，葵出與全隔濠立馬相勞苦，問全來何爲。全曰：「朝廷動見猜疑，今復絶我糧餉，我非背叛，索錢糧耳。」葵曰：「朝廷待汝以忠臣、孝子，而乃反戈攻陷城邑，朝廷安得不絶汝錢糧？汝云非叛，欺人乎？欺天乎？」全無以對，彎弓抽矢向葵而去。自是屢戰，全兵多敗。全每云：「我不要淮上州縣，渡江浮海，徑至蘇、杭，孰能當我？」然全志吞揚州三城，而兵每不得傳城下。宗雄武獻策曰：「城中素無薪，且儲蓄爲總領所支借殆盡。若築長圍，三城自困。」全乃悉衆及驅鄉農凡數十萬列砦圍三城，制司、總所糧援俱絶。范、葵命三城諸門各出兵刼砦，舉火爲期。夜半，縱兵衝擊，殲賊甚衆。自是，全一意長圍，以持久困官軍，不復薄城。全張蓋奏樂于平山堂，布置築圍。范令諸門以輕兵牽制，親帥將士出堡砦西攻之。全分兵諸門鏖戰，自辰至未，殺傷相當。明日，范出師大戰，獲全糧船數十艘，❶葵亦戰敗之。

**以鄭清之參知政事，喬行簡同簽書樞密院事。○詔史彌遠十日一赴都堂治事。**

**○立皇后謝氏。**后，天台人，丞相深甫之孫也，生而黧黑，瞖一目。父渠伯早世，産業破壞，后躬親汲飪。帝即位，議擇中宮，楊太后以深甫有援己功，命選謝氏女。謝氏獨后在室，兄弟欲納入宮，諸父擇伯不可，❷曰：「即奉詔納女，當厚奉資裝，異時不過一老宮婢，事奚益？」會元夕，縣有鵲來巢燈山，衆以爲后妃之祥。擇伯不能止，乃共送后就道。后旋病疹，良已，膚蛻，瑩白如玉。醫又藥去瞖，遂與賈涉女同入宮。賈女有殊色，帝欲立之。太后曰：「謝女端重有福，宜正中宮。」左右亦相竊語曰：「不立真皇后，乃立假皇后邪？」帝不能奪。賈妃專寵後宮，后處之裕如，不以介懷。太后益賢之，帝禮遇日加。

**辛卯　四年，**金正大八年。**春正月，趙范、趙葵大敗李全于揚州城下，全走，死新塘。**

---

❶「船」，原脱，據《宋史》卷四七七《李全傳》補。

❷「擇伯」，原作「櫸伯」，據《宋宰輔編年録》續編卷二五、《宋史》卷二四三《理宗謝皇后傳》改，下同。

全浚圍城塹，范、葵遣諸將出揚州東門掩擊。全走土城，官軍躡之，蹂溺甚衆。范陳于西門，賊閉壘不出。葵曰：「賊俟我收兵而出爾。」乃伏騎破垣間，收步卒誘之。賊兵數千果趨濠側，李虎力戰，城上矢石如雨注，賊退。有頃，賊別隊自東北馳至，范、葵揮步騎夾浮橋、弔橋並出，爲三迭陣以待之。自巳至未，與賊大戰，別遣虎等以馬步五百出賊背，而葵率輕兵横衝之，三道夾擊，賊敗走。始，全反謀已成，然多顧忌，且懼其黨不順，而邊陲喜事者欲挾全爲重，遂贊成之，故全決計反。及趙善湘、趙范、趙葵用事，聲罪致討，罷支錢糧，攻城不得，欲戰不利，全始大悔，忽忽不樂，或令左右抱其臂曰：「是我手否？」人皆怪之。范、葵夜議詰朝所向，葵曰：「出東門。」范曰：「西出嘗不利，賊必見易，因其所易而圖之，必勝，不如出堡塞西門。」全置酒高會于平山堂，有堡塞候卒識全槍垂雙拂爲號，以告范。范喜謂葵曰：「此賊勇而輕，若果出，必成擒矣。」乃悉精鋭數千而西，取官軍素爲賊所易者，張其旗幟以易之。全望見喜謂李、宋二宣差曰：「看我掃南軍。」官軍見賊突鬬而前，亦不知其爲全也。范麾兵並進，葵親搏戰，諸軍爭奮。賊始疑非前日軍，欲走入土城，李虎軍已塞其甕門。全窘，從數十騎北走，葵率諸將以制勇、寧淮二軍蹙之。全趨新塘，新塘自決水後，淖深數尺，會久晴，浮戰塵如燥壤。全騎過之，皆陷淖中，不能自拔。制勇軍追及，奮長槍三十餘亂刺之。全呼曰：「無殺我，我乃頭目。」羣卒碎其尸而分其鞍馬、器甲，并殺三十餘人，皆將校也。全死，餘黨欲潰，國安用不從，議推一人爲首，莫肯相下，欲還淮安奉全妻楊氏。范、葵追擊，大破之，乃散去。范還揚州，捷聞，加趙善湘江淮制置大使，范淮東安撫使，葵淮東提刑。善湘季子汝楳，史彌遠婿也，奏請無阻，而善湘亦以范、葵進取有方，慰藉殷勤，故能成功。

**蒙古圍金鳳翔，夏四月，克之。**蒙古圍鳳翔府，金行省合達、蒲阿逗遛不進，金主遣樞密判官白華往諭之。合達、蒲阿言：「北兵勢盛，不可輕進。」白華還，金主復遣諭以「鳳翔圍久，恐守者不能支，可領軍出關，略與渭北軍交手。計北軍聞之，必當奔赴，少紓鳳翔之急」。合達、蒲阿乃始出關，行至華陰界，與渭北軍交戰。比晚，收軍入關，不復顧鳳翔矣。蒙古遂取鳳翔，合達、蒲阿遷京兆民于河南，使完顏慶山奴戍之。**以喬行簡簽書樞密院事。○金完顏陳和尚敗蒙古將速不臺于倒回谷。○五月，趙范、趙葵等收復淮安。**趙范、趙葵復帥步騎十萬攻鹽城，屢敗賊衆，遂薄淮安城，殺賊萬計，焚二千餘家，城中哭聲震天。五月，淮安五城俱破，斬首數千，燒砦柵萬餘家。淮北賊歸赴援，舟師又勦擊，焚其水柵，夷五城餘址，賊始懼。王旻、趙必勝、全子才等移砦西門，與賊大戰，又破之。全妻楊氏謂鄭衍德曰：「二十年梨花槍，天下無敵手。今事勢已去，撑拄不行，汝等未降者，以我在故爾。」遂絶淮而去。其黨即遣馮垍等納欵軍門，趙范許之，淮安遂平。國安用降蒙古，蒙古以爲山東路都元帥。安用從李全妻楊妙真走山東，降于蒙古，蒙古以爲都元帥行省山東。蒙古侵金，使速不罕來假道，秋七月，至沔州，統制張宣殺之。初，金降人李昌國言于蒙古拖雷曰：「金遷汴將二十年，其所恃以安者，潼關、黄河耳。若出寶雞，以侵漢中，不一月可達唐、鄧，大事集矣。」拖雷然之。至是，白于蒙古主，蒙古主乃會諸將，期以明年正月合南、北軍攻汴。遣拖雷先趨寶雞，速不罕來假道淮東，以趨河南，且請以兵會之。至沔州青野原，統制張宣殺之。拖雷聞速不罕死，曰：「宋自食言，背盟棄好。今日之事，曲直有歸矣。」八月，蒙古拖雷入武休，破興元，遂侵仙人關。蒙古拖雷分騎兵三萬入大散關，攻破鳳州，徑趨華陽，屠洋州，攻武休，開生山，截焦崖，出武休東南，遂圍興元。軍民散走，死于沙窩者數十萬。分軍而西，西軍由别路入沔州，取大安軍路開魚鱉山，撤屋爲筏，渡嘉陵江，入關堡，並江趨葭萌，略地至西水縣，破城寨百四十而還。東軍屯于興元、洋州之間，以趨饒風關。蒙古以耶律楚材爲中書令。楚材奏諸路州縣長吏專理民事，萬户府專總軍政，課税所專掌錢穀，各不相統攝，著爲令。又舉鎮海、粘合與之同事，權貴不得志。燕京路長官石抹咸得卜激怒皇叔斡真，使奏楚材用南朝舊人，恐有異志，不宜重用。因誣構百端，必欲寘於死地。鎮海、粘合重山等懼，議楚材曰：「何爲强更張？必有今日事。」楚材曰：「立朝廷以來，每事皆我自爲，諸公何預焉？若果獲罪，我自當之。」蒙古主察斡真之誣，逐其使者。已而，咸得卜爲人所訴，帝命楚材鞫治，楚材奏曰：「此人倨傲，故易招謗。今方有事南方，他日治之未晚也。」蒙古主私謂近侍曰：「楚材不校私讎，真寬厚長者，汝曹當效之。」蒙古主至雲中，諸路所貢課額銀幣及倉廩、物斛、文簿，具陳于前，悉符楚材元奏之數，笑曰：「卿何使錢幣流入如此？」即日授以中書省印，俾領其事，事無巨細，一以委之。九月，太廟火。丙戌夜，臨安火，延及太廟、三省、六部、御史臺、祕書省、玉牒所。惟丞相史彌遠府獨存，蓋殿帥馮榯率衛卒力救之也。帝素服、減膳、徹樂，宰執降官封一等，太常少卿度正、國史院編脩官李心傳上疏言：「宗廟之制，未合于古，兹緣災異，宜舉行之。」詔兩省、侍從、臺諫集議之，遂求直言。藉田令徐清叟上疏乞爲濟王置後，以和異氣。帝不省。蒙古攻金河中，取之。蒙古主圍河中急，金完顏慶山奴棄京兆東還。簽樞草火訛可、元帥板子訛可懼軍力不足，截故城之半以守。蒙古築松樓高二百尺，下瞰城中，土山、地穴，百道並進。晝夜力戰，樓櫓俱盡，白戰又半月，力竭城陷。草火訛可猶親搏戰數十合，始被擒，就死。板子訛可以敗卒三千奪船走閿鄉。初，板子訛可在鳳翔，爲監戰奉御六兒所制，有隙。及改河中總帥，同赴召，六兒遂譖訛可奉旨防秋，畏怯違避，金主信之。至是，怒其不能死節，因杖殺之。兩訛可皆内族，一得賊好以草火燒之，一嘗誤呼宫中牙牌爲板子，故時人因以别之。史臣曰：「草訛可力戰而死，板訛可亦力戰，不死於陣而死於刑，論者以爲有近侍先入之言。夫以督御監軍，既掣之肘，又信其讒以殺人，金失政刑矣！唐之亡，坐以近侍監軍，金蹈其轍，哀哉！」冬十月，蜀口諸郡陷于蒙古。四川制置使桂如淵逃歸，詔以李𡌴爲四川制置使、知成都府，趙彦吶副之，知興元府。初，彦吶治西和五年，安丙待之甚厚。崔與之以彦吶大言無實，必誤國事，不可付以邊閫，朝廷不從。蒙古伐高麗。以其殺使者著古也。十一月，蒙古拖雷入饒風關，十二月，渡漢江，金完顏合達、移剌蒲阿自順陽還鄧州，蒙古追之，獲其輜重。拖雷攻饒風關，入之，由金州而東，將趨汴京，民皆入保城壁險阻以避之。金主召宰執、臺諫入議，皆曰：「北軍冒萬里之險，歷二年之久，方入武休，其勞苦已極。爲吾計者，以兵屯睢、鄭、昌武、歸德及京畿諸縣，以大將守洛陽、潼關、懷、孟等處，嚴兵備之。京師積糧數百萬斛，令河南州郡堅壁清野。彼欲攻不能，欲戰不得，師老食盡，不擊自歸矣。」金主太息曰：「南渡二十年，所在之民，破田宅、鬻妻子以養軍士。今敵至不能迎戰，徒以自保，京城雖存，何以爲國！天下其謂我何？朕思之熟矣，存亡有天命，惟不負吾民可也。」乃詔諸將屯襄、鄧。十二月，合達、蒲阿帥諸軍入鄧州，楊沃衍、陳和尚、武仙兵皆會之，遂出屯順陽。拖雷將兵渡漢江，合達、蒲阿召諸將議：「由光化截江與戰，及放之渡而後戰，孰是？」張惠、按得木皆曰：「截江便，縱之渡，則我腹空虛，必爲所潰。」蒲阿曰：「使彼在沙磧且當往求之，況自來乎？」未幾，蒙古兵畢渡，合達、蒲阿始進至禹山，分據地勢，列步卒于山前，騎士于山後。蒙古兵觀之，竟不前，陣散如雁翅，轉山麓，出金騎兵之後，分三隊而來。合達曰：「今日之勢，未可戰也。」俄而蒙古騎兵突前，金兵不得不戰。短兵接三合，蒙古兵少却。其在西者，望蒲阿親軍，環繞甲騎後而突之。金蒲察定住力戰，始退。合達曰：「彼衆號三萬，而輜重居其一。今相持二三日，彼不得食，若乘其卻而擁之，必勝矣。」蒲阿曰：「江路已絶，黄河不冰，彼入重地，將安歸乎？何以速爲！」遂不逐。明日，蒙古兵忽不見。邏騎還，始知在光化對岸棗林中，晝作食，夜不下馬，已四日，林外不聞音響。合達、蒲阿議入鄧州就糧，辰巳間到林後，蒙古忽至，合達、蒲阿迎戰。交接之際，蒙古以百騎邀兩行省輜重而去。金兵幾不成列，逮夜二鼓，合達、蒲阿乃入鄧州城，懼軍士迷路，鳴鐘招之。合達、蒲阿隱其敗，以大捷聞，百官表賀，諸相置酒省中。左丞李蹊且喜且泣曰：「非今日之捷，生靈之禍，可勝言哉！」蓋以爲實然也。於是民保城壁者，皆散還鄉社。不數日，蒙古游騎突至，多被俘獲。

**新作太廟。**

**壬辰　五年，**金天興元年。**春正月，以孟珙爲京西兵馬鈐轄，屯棗陽。**初，珙父宗政知棗陽，招唐、鄧、蔡州壯士二萬餘人，號「忠順軍」，命江海統之，衆不服。制置司以珙代海，珙分其軍爲三，衆乃帖然。珙又創平堰于棗陽，自城至軍西十八里，由八疊河經漸水側，水跨九阜，建通天槽八十有三丈，溉田十萬頃，立十莊、三轄，使軍民分屯，邊儲豐牣。珙又命忠順軍家自畜馬，官給芻粟，馬益蕃息。至是，以母憂起復，駐劄棗陽。

**以史嵩之爲京湖安撫制置使。**知襄陽府。

**蒙古窩闊台自白坡渡河，次鄭州，使其將速不臺圍金汴京。**金主聞蒙古兵趨汴，召羣臣議，尚書令史楊居仁請乘其遠至擊之。平章白撒不從，而遣麻斤出等部民丁壯萬人，開短堤，決河水，以衛京城。命夾谷撒合將步騎三萬巡河渡，起近京諸色軍家屬五十萬口入京城。蒙古主用西夏人恤可計，自河中由河清縣白坡渡河，遣人馳報拖雷以師來會。夾谷撒合行至封丘而還，蒙古兵奄至，麻斤出等皆死，丁壯得免者僅三百人。蒙古主入鄭州，遣速不臺攻汴城。金主召羣臣議所守，有言术虎高琪所築裏城決不可守，外城決不可棄。於是決計守外城，命修樓櫓、器具。時京城諸軍不滿四萬，而城周百二十里，不能徧守，故議以遷避之民充軍。又召在京軍官於上清宫，平日防城得功者，截長補短假借而用，得百餘人。又集京東、西沿河舊屯兩都尉及衛州義軍，凡四萬，并丁壯二萬，分置四面，每面選千名飛虎軍以專救應，然亦不能軍矣。金主命翰林學士趙秉文爲赦文，改元，布宣悔悟哀痛之意。指事陳義，辭情俱盡，聞者莫不感勵，洛陽人至於慟哭。

金完顔合達、移剌蒲阿引軍援汴，及蒙古拖雷戰于三峰，大敗，忠孝軍總領完顔陳和尚死之。

蒙古兵自禹山之戰散漫而北，所過州縣，無不降破，遂自唐州以趨汴京。金二行省自鄧州赴援，步騎十五萬，蒙古以騎三千尾之。合達等謀曰：「敵兵止三千，而我不戰，是弱也。」金軍至鈞州沙河，蒙古兵不戰而退。金軍方盤營，蒙古兵復來襲。金軍不得休息、食飲，且行且戰，至黄榆店，望鈞州二十五里，雨雪不能進。忽有旨云：「兩省軍悉赴京師！」合達等遂發。蒙古兵自北渡者畢集，前後以大樹塞道。金將楊沃衍奪路得之，金軍遂進次于三峯山，軍士有不食至三日者。蒙古兵與河北兵合，四面圍之，熾薪燔肉，更迭休息，乘金困憊，乃開鈞州路縱之走，而以生兵夾擊之。金軍遂潰，聲如崩山。武仙率三十騎入竹林中，遂走密縣，楊沃衍、樊澤、張惠步持大槍，奮戰而死。合達知大事已去，欲下馬戰，而蒲阿已失所在，合達乃與陳和尚等以數百騎走入鈞州。蒙古主在鄭州，聞拖雷與金相持，遣口温不花、赤老温等赴之，至則金軍已潰，於是乃合攻鈞州，塹其城外。合達匿窟室中，城破，蒙古兵發而殺之，因揚言曰：「汝家所恃，惟黄河與合達耳。今合達爲我殺，黄河爲我有，不降何待？」陳和尚趨避隱處，殺掠稍定乃出，自言曰：「我金國大將，欲見白事。」蒙古兵士以數騎夾之，詣拖雷。問其姓名，曰：「我忠孝軍總領陳和尚也，大昌原、衛州、倒回谷之勝，皆我也。我死亂軍中，人將謂我負國家。今日明白死，天下必有知我者。」蒙古兵欲其降，不肯。乃斫足脛，折之，劃口吻至耳，噀血而呼，至死不屈。蒙古將有義之者，以馬湩酹而祝曰：「好男子，他日再生，當令我得之。」蒲阿走，蒙古兵追躡擒之，械至官山。拖雷欲降之，往復數百言，終不從，唯曰：「我金國大臣，惟當金國境内死耳。」遂殺之。金之健將鋭卒自是俱盡，不復可爲矣。

**二月，金陝西諸將棄潼關東還，蒙古追及之于鐵嶺，皆殺之。**初，金聞蒙古入饒風關遣徒單兀典行省閿鄉，以備潼關。徒單百家爲關陝總帥，便宜行事。百家馳入陝，榜縣鎮遷入大城，糧斛、輜重聚之陝州，近山者入山寨避兵。會阿里合傳旨召兀典援汴，兀典遂與潼關總帥納合合閏、秦藍總帥完顔重喜等，帥軍十一萬、騎五千，盡撤秦、藍諸關之備，從虢入陝，同、華、閿鄉一帶軍糧數十萬斛，備關船二百餘艘，皆順流東下。俄聞蒙古兵近，糧皆不及載，船悉空下，復盡起州民運靈寶、硤石倉粟。會蒙古游騎至，殺掠不可勝計。金守將李平以潼關降于蒙古，蒙古兵遂長驅至陝。兀典發閿鄉，軍士各以老幼自隨，由西南徑入大山冰雪中，部將多叛去。蒙古聞之，自盧氏以數百騎追及之。山路積雪，晝日凍釋，泥淖及脛，隨軍婦女棄擲老幼，哀號盈路。行至鐵嶺，欲戰而饑憊，於是重喜先降，蒙古斬之于馬前，金兵遂大潰。兀典、合閏從數十騎走山谷間，追騎擒之，皆被殺。

**蒙古取金睢州，遂圍歸德府，不克。**蒙古圍歸德，金行省石盞女魯歡命經歷冀禹錫守禦。禹錫竭其材智，故得不陷。

**金復以完顔賽不爲左丞相。**先是，完顔賽不謂都事商衡曰：「古來宰相必用文人，以其知爲相之道。賽不何所知，使居此位，吾恐他日史官書某時，以某爲相而國亡。」遂請致仕。至是，蒙古攻汴日急，財匱援絶，金主大懼。平章政事白撒以爲勢必講和，和議定，則首相當往爲質，乃力請金主起復賽不爲相，且括汴京民軍二十萬分隸諸帥。

**三月，蒙古圍洛陽，金警巡使强伸力戰，却之。**蒙古立砲攻洛，洛城中唯三峯潰卒三四千及忠孝軍百餘守禦而已。留守撒合輦疽發于背，不能軍，遂投壕水死。已而元帥任守貞復立府事。及守貞援汴，河南人共推强伸爲府僉事，領所有軍二千五百人。甫三日，蒙古兵圍其三面。伸括衣帛爲幟，立之城上，率士卒赤身而戰。以壯士數百，往來救應，大呼，以「憨子軍」爲號，其聲勢與萬衆無異。兵器已盡，以錢爲鏃，得蒙古兵一箭，截而爲四，以筒鞭發之。又創遏砲，用不過數人，能發大石於百步外，所擊無不中。伸奔走四應，所至必捷。蒙古益兵力攻，凡三月餘不能拔，乃退。

**金遣曹王訛可爲**

質于蒙古，請和。夏四月，蒙古退軍河洛。

蒙古主將北還，遣使自鄭州至汴，諭金主降，且索翰林學士趙秉文、衍聖公孔元措等二十七家及歸順人家屬、移剌蒲阿妻子并繡女、鷹人等。金主乃封荆王守純子訛可爲曹王，命尚書左丞李蹊送之蒙古，爲質以請和，諫議大夫裴滿阿虎帶爲講和使。未行，蒙古速不臺聞之，曰：「我受命攻城，不知其他也。」乃立攻具，沿濠列木柵，驅漢俘及婦女、老幼，負薪草填壕，頃刻平十餘步。平章白撒以議和，不敢與戰，城中喧閧。金主聞之，從六七騎出端門，至舟橋，時新雨淖，車駕忽出，都人驚愕失措，但跪於道傍，老幼遮擁，至有誤觸金主衣者。少頃，宰相從官皆至，進笠，不受，曰：「軍中暴露，我何用此！」西南軍士五六十輩進曰：「北兵填濠過半，平章傳令勿放一鏃，恐壞和事，豈有此計邪？」金主曰：「朕以生靈之故，稱臣進奉無不順從。止有一子，養未長成，今往作質子矣。汝等略忍，待曹王出，韃靼不退，汝等死戰未晚。」是日，曹王行，蒙古兵併力進攻。金龍德宫造砲石，取艮嶽、太湖、靈壁假山爲之，大小各有斤重，其圓如燈毬之狀。蒙古兵用砲則不然，破大磑或碌碡爲二三，皆用之，攢竹砲有至十三稍者，餘砲稱是。每城一角置砲百餘枚，更迭上下，晝夜不息。數日，石幾與裏城平。而城上樓櫓，皆故宫及芳華、玉溪所拆大木爲之，❶合抱之木，隨擊而碎，以馬糞、麥秸布其上，網索、旃褥固護之，其懸風板之外，皆以牛皮爲障。蒙古兵以火砲擊之，隨即延爇，不可撲救。父老所傳周世宗築京城，取虎牢土爲之，堅密如鐵，受砲所擊，唯凹而已。蒙古兵壕外築城，圍百五十里，城有乳口樓櫓，壕深丈許，闊亦如之，約三四十步置一鋪，鋪置百許人守之。初，白撒命築門外短牆，委曲陿隘容三、二人得過，以防蒙古兵奪門。及被攻，諸將請乘夜斫營，軍乃不能猝出，比出，已爲蒙古所覺。後又募死士千人，穴城由壕徑渡，燒其砲座，城上懸紅紙燈爲應，約燈起渡壕，又爲蒙古所覺。又放紙鳶，置文書其上，至蒙古營則斷之，以誘被俘者。識者謂宰相欲以紙鳶、紙燈退敵，難矣！特有火砲名「震天雷」者，用鐵罐盛藥，以火點之，砲起火發，其聲如雷，聞百里外，所爇圍半畝已上，火點着鐵甲皆透。蒙古又爲牛皮洞，直至城下，掘城爲龕，間可容人，則城上不可奈何矣。人有獻策者，以鐵繩懸「震天雷」，順城而下，至掘處火發，

❶「拆」，原作「折」，據萬曆本、《金史》卷一一三《赤盞合喜傳》改。

人與牛皮皆碎迸無迹。又有「飛火槍」，注藥以火發之，輒前燒十餘步，人亦不敢近。蒙古唯畏此二物。蒙古攻城十六晝夜，内外死者以百萬計。於是，金主母明惠皇后陵被發。速不臺知不可取，乃爲好語曰：「兩國已講和，更相攻邪？」金人因就應之，乃遣户部侍郎楊居仁出宜秋門，以酒炙犒蒙古兵，且以金帛珍異賂之。速不臺乃許退兵，散屯河、洛之間。參政赤盞合喜以守城爲己功，欲率百官入賀，參政内族思烈曰：「城下之盟，《春秋》以爲耻，況以罷攻爲可賀邪？」合喜怒曰：「社稷不亡，君后免難，汝等不以爲喜邪？」乃命趙秉文爲表。秉文曰：「《春秋》新宫災，三日哭。今園陵如此，酌之以禮，當慰不當賀。」事乃已。金主御端門肆赦，改元天興。詔内外官民能完復州郡者，功賞有差。出金帛酒炙犒飫軍士。減御膳，罷冗員，放宫女，上書不得稱聖，改聖旨爲制旨。釋衛紹王族禁錮。汴京解嚴，步兵始出封丘門外采蔬薪。**金命其平章政事完顏白撒致仕。**白撒恇怯無能，性復貪鄙，軍士怨憤其不戰。白撒不自安，謂尚書令史元好問曰：「我妨賢路久矣，得退爲幸，爲我撰乞致仕表。」頃之，金主已遣使持詔至其第，令致仕。軍士猶欲殺之，白撒懼，一夕數遷，金主以親軍二百陰爲之衛。軍士無以泄其憤，遂相率毁其别墅而後已。**五月，金汴京大疫。**尋凡五十日，諸門出柩九十餘萬，貧不能葬者不在是數。尋以疫後園户、僧道、醫師粥棺者擅厚利，命有司倍征之，以助國用。**六月，金徐州軍亂，蒙古國安用入據之。**徐州埽兵總領王祐、張興、都統封仙等，夜燒草塲作亂，逐行省徒單益都。安用率兵入徐，執祐等斬之，以封仙爲元帥，主徐州事。**秋七月，以陳貴誼同簽書樞密院事。○金殺蒙古使者三十餘人。**金飛虎卒申福等殺蒙古行人唐慶等三十餘人于館，金主不問，和議遂絶。**蒙古國安用降金，金封爲兖王，行京東尚書省事，❶賜姓名完顏用安。**安用既得徐州，金宿州東面總帥劉安國、邳州杜政皆以州歸之，安用遂據三州。蒙古帥阿术魯聞之，怒曰：「此三州我當取，安用何人，輒受其降！」遣將張進率兵入徐，欲圖安

❶「京東」，原作「東京」，據《金史》卷一七《哀宗本紀》、卷一一七《國安用傳》改。

用，奪其州。安用懼，乃與徐州總帥王德全刼殺張進及海州元帥田福等數百人，與楊妙真絶，乃還邳州，會山東諸州及徐、邳、宿三州主帥，刑白馬結盟，誓歸金。既盟，諸將皆散去，安用無所歸，遂同德全、安國因宿州從宜衆僧奴自通于金。衆僧奴以聞，未報。而安用率兵萬人攻海州，未至，衆稍散去。安用自知失計，於是復金衣冠。楊妙真怒安用叛己，又懼爲所圖，乃悉屠安用家屬，走還青州。安用遂選兵分將，期必得楊妙真。金主遣近侍直長因世英等持手詔至邳，封拜安用，且以空頭河朔、山東赦文，使得便宜從事。安用始聞使至，猶豫未決，遣迎使者，監于州廨，問所以來，使者對以封建事。安用意頗順，明日，出見使者，跪揖如等夷。坐定，語世英曰：「予向隨韃靼兵攻汴，嘗於開陽門下與侯摯議内外夾擊。此時韃靼病死者衆，十七頭項皆在京城，若從吾言出軍，中興久矣，朝廷無一敢決者，今日悔將何及！」言竟而起。因使人取金所賜物遍觀之，喜見顔色，乃設宴，拜受如儀，令主事常謹隨世英奉表入謝。金主復遣世英賜以鐵券、虎符、龍文衣、玉魚帶，及郡王宣、世襲千户宣各十，聽同盟可賜者賜之。世英過徐，德全、安國説之曰：「朝廷恩命，豈宜出自安用！郡王宣，吾二人最當得者，乞就留之。」世英乃留郡王宣、世襲千户宣各二，由是與安用有隙。

**金恒山公武仙等會兵救汴，八月，遇蒙古于京水，皆潰。** 初，三峰之敗，仙走南陽，收潰軍得十萬人，屯留山。汴京被圍，金主詔仙與鄧州行省完顔思烈、鞏昌總帥完顔忽斜虎合兵入援。仙至密縣東，遇蒙古兵，即按軍眉山店，報思烈曰：「阻澗結營，待仙至俱進。」思烈急欲至汴，不聽。金主又命樞密使赤盞合喜帥兵應仙，思烈等至京水，蒙古乘之，不戰而潰。仙衆亦散走，還留山。合喜屯中牟三日，聞思烈軍潰，即夜棄輜重馳還。被劾，廢居汴，常鞅鞅不樂，後爲崔立所殺。

**閏九月，彗出于角。** 帝避殿，減膳，撤樂，詔：「中外臣僚指陳缺失，無有隱諱。諸路監司，察守令之貪廉、仁暴及民間利便、疾苦以聞。」

**高麗盡殺蒙古所署官，蒙古伐之。** 高麗盡殺蒙古所署達魯花赤，帥衆入海島，蒙古撒里塔伐之，卒于軍。

**金括粟民間。** 金主以和議既絶，懼兵再至，乃復僉民兵爲守禦備，遂括汴京粟，以完顔珠顆等主之，置局，以推舉爲名。珠顆諭民曰：「汝等當從實推唱，果如一旦糧盡，令汝妻子作軍食，復能吝否？」既而罷括粟，復以進奉取之，且賣官及令民買進士第。前御史大夫內族合周復覬進用，建言京城括粟尚可得百萬石。金主乃命合周爲參知政事，與左丞李蹊復括之。合周先令各家自實，壯者存石有三斗，幼者半之，仍書其數門首，敢有匿者以升斗論罪。京城三十六坊，各選深刻者主之。完顔久住尤酷暴，有寡婦二口，實豆六斗，內有蓬子約三升，久住笑曰：「吾得之矣。」執寡婦以令衆。婦泣愬曰：「妾夫死于兵，姑老不能爲養，故雜蓬粃以自食耳，非敢以爲軍儲也。且三升，六斗之餘也。」久住不聽，竟杖死。聞者股粟，盡棄其餘于糞溷中。或白于李蹊，蹊顰蹙曰：「白之參政。」及白合周，合周曰：「人云『花又不損，蜜又得成』，余謂花不損，何由成蜜？且京城危急，今欲存社稷邪？存百姓邪？」衆莫敢言。所括不能三萬斛，而滿城蕭然，死者相枕，貧富束手待斃而已，遂至人相食。金主聞之，命出太倉米作粥以食餓者。翰林直學士斜卯愛實嘆曰：「與其食之，寧如勿奪！」爲奉御把奴所告。金主怒，送愛實有司，賴近侍李大節救免。

**冬十月，金盱眙守將以城來歸，詔改爲招信軍。**❶

**○蒙古拖雷死。**

拖雷生六子，長蒙哥，次木兒哥，❷三忽覩都，四忽必烈，五旭烈，六阿里不哥。

**金以汪世顯爲鞏昌便宜總帥。**

初，世顯以戰功爲征行從宜，分治陝西西路。時調度窘迫，世顯發家貲率豪右助邊，鄰郡效之，軍餉遂足。金主以忽斜虎爲鞏昌總帥，世顯同知府事，二人盡忠固守，以抗蒙古。及忽斜虎勤王東下而潰，乃以世顯代之，世顯勵志自奮，糧械精贍。

**十一月，金完顔用安襲徐州，不克。**

用安欲圖山東，累徵兵于徐、宿，王德全、劉安國不應。會金主以密詔徵兵東方，用安因聲言入援，駐師徐州城下，以招德全。德全不出，殺封仙，而遣杜政出城。會劉安國與宿帥衆僧奴引兵入援，至臨渙，用安遣人殺安國，因攻徐州。三月不能下，退歸漣水，以軍食不給來乞糧，朝廷陽許之，用安即日改從宋衣冠而陰通于金。糧乏，卒多流亡。

**十二月，皇太后楊氏崩。**

❶「招信軍」，原作「昭信軍」，據《文獻通考》卷三一七《輿地考》、《宋季三朝政要》卷一、《宋史》卷四一《理宗本紀》、卷八八《地理志》改。

❷「木兒哥」，原作「朮兒哥」，據萬曆本、四庫本、《御批歷代通鑑輯覽》卷九一、《資治通鑑後編》卷一三九改。

謚曰恭聖仁烈。外朝以日易月，宮中行三年喪。**蒙古遣使來議伐金，許之。**蒙古再遣王檝來京湖議夾攻金，史嵩之以聞。朝臣皆以爲可遂復讎之舉，獨趙范不喜，曰：「宣和海上之盟，厥初甚堅，迄以取禍，不可不鑒。」帝不從，命嵩之報使許之。嵩之乃遣鄒伸之往報，蒙古許俟成功，以河南地來歸。**金主守緒出奔河北，蒙古速不臺復圍汴。**汴京糧盡援絶，勢益危急，召諸臣入議。或言歸德四面皆水，可以自保，或言宜沿西山入鄧，或言設欲入鄧，蒙古速不臺在汝州，不如取陳、蔡路轉往鄧下。金主未決，乃起院判白華爲右司郎中，問之。華言：「歸德城雖堅，久而食盡，坐以待斃，決不可往。既汝州有速不臺，則鄧下亦不可往。計今事勢，當直赴汝州，與之一決。汝州戰不如半途戰，半途戰不如出城戰，蓋我軍食力猶在也。若出京益遠，軍食益減，馬食野草，事益難矣。若我軍便得戰，存亡決此一舉。外則可以激三軍之氣，内則可以慰都人之心。或止爲避遷之計，人心顧戀家業，未必毅然從行。可詳審之。」金主不從，而集軍士於大慶殿，諭以京城食盡，今擬親出。諸將佐合辭奏曰：「聖主不可親出，止可命將。」金主欲以蒲察官奴爲馬軍帥，高顯爲步軍帥，劉益副之。三人者欲奉命，參政内族訛出曰：「汝輩把鋤不知高下，國家大事，敢易承邪！」衆默然。唯官奴曰：「若將相可了，何至使我輩？」事亦中止。遂以右丞相賽不、平章白撒、右副元帥訛出、左丞相李蹊、元帥左監軍徒單百家等帥諸軍扈從，參政奴申、樞副兼知開封習捏阿不、裹城四面都總領珠顆、外城元帥東面把撒合、南面朮甲咬住、西面崔立、北面孛朮魯買奴等留守，乃發府庫及内府器皿、宮人衣物賜將士。民間閧傳：「車駕往歸德，軍士家屬留汴，目今食盡，坐視城中俱餓死矣。縱能至歸德，軍馬所費，支吾復得幾許日？」金主使賽不宣言曰：「前日巡狩之議，爲白華改，今往汝州索戰矣。」金主發汴京，與太后、皇后、妃、主別，大慟。至開陽門，詔諭留守兵士曰：「社稷宗廟在此，汝等壯士，毋以不預進發之數，便謂無功。若保守無虞，將來功賞豈在戰士下！」聞者皆灑泣。是日，鞏昌元帥忽斜虎援兵至，言于金主曰：「京西三百里之間無井竈，不可往，不如幸秦、鞏。」金人遂決意東行。進次黃陵岡，白撒擊蒙古，降其兩寨，得河朔降將，金主赦之，授以印符。羣臣固請以河朔諸將前導，鼓行入開州，取大名、東平，豪傑當有響應者。温敦昌孫曰：「太后、中宮皆在南京，北行萬一不如意，聖主孤身欲何所爲？若往歸德，更五六月不能還京，不如先取衛州，還京爲便。」白撒曰：「聖體不便鞍馬，且不可令蒙古兵知帝所在。今可駐歸德，臣等率降將往東平，候諸軍到，可一鼓而下，因而經略河朔，且空河南之軍。」官奴曰：「衛州有糧可取。」白撒曰：「京師且不能守，就得衛州，欲何爲邪？」金主惑之，遂一意向河朔。蒙古速不臺聞金主棄汴，復進圍之。

**癸巳** **六年**，金天興二年。**春正月，金主守緒濟河，使完顔白撒攻衛州，與蒙古兵戰，大敗。金主走歸德，白撒伏誅。**金主遣使徵糧于歸德，總帥石盞女魯歡送糧千五百石。至蒲城東，六軍給糧盡，因留船二百，張布爲幄，金主遂乘以濟河。會大風，後軍不克濟。蒙古回古乃追擊于南岸，金元帥賀都喜力戰而死，金兵溺者近千人。金主次于北岸，望之震懼，遂次于漚麻岡，遣白撒帥師攻衛州，至城下，以御旗招之，城中不應。蒙古聞之，自河南渡河，白撒遂退師。蒙古史天澤以騎兵躡其後，戰于白公廟，金師敗績，白撒棄軍東遁，元帥劉益、上黨公張開皆爲民家所殺。金主進次魏樓村，猶欲俟蒙古兵至決戰。少頃，白撒至，倉皇言：「軍已潰，北兵近在隄外，請幸歸德。」金主遂與副元帥、合里合等六七人夜登舟，潛渡河，走歸德。翌日，諸軍始聞金主棄師，遂大潰。金主入歸德，遣奉御术甲塔失不往汴京，奉迎太后及后妃。諸軍怨憤，金主乃暴白撒罪，殺之。初，瀕河居民聞金主北渡，築垣塞户，潛伏洞穴，及見蒲察官奴一軍號令明肅，所過無絲髮犯，老幼婦女無復畏避。及白撒往衛州，縱軍四掠，哭聲滿野，所過丘墟，一飯之費至數十金，公私皇皇，民始思畔。故衛城堅守，而蒙古之追無來援者，以至于敗。

**金汴京西面元帥崔立作亂，以梁王從恪監國而幽之，自爲太師、尚書令、都元帥，以城降蒙古。**初，汴人以金主親出師，日聽捷報，及聞軍敗，始大懼。時速不臺攻城日急，内外不通，米升至銀二兩，殍死相望，搢紳、士女多行乞于市，至有自食妻子者，諸皮器物皆煑充飢，貴家第宅、市樓肆館皆撤以爨。及金主遣使至汴奉迎兩宮，人情益不安。西面元帥崔立，性淫狡，因民洶洶，潛謀作亂。左司都事元好問謂習捏阿不曰：「自車駕出京，今二十日許，又遣使迎兩宮，民間皆謂國家欲棄京城，相公何以處之？」習捏阿不曰：「吾二人惟有一死爾。」好問曰：「死不難，誠能安社稷、救生靈，死可也。如其不然，徒欲以一身飽五十紅衲軍，亦謂之死邪！」習捏阿不不答。時兩宫已出，至陳留，見城外二三處火起，疑有兵，復馳還汴京。明日，崔立拔劍指完顔奴申及習捏阿不曰：「京城危困已極，二公坐視，何也？」二相曰：「有事當好議之，何遽如是！」立麾其黨先殺習捏阿不，次殺奴申，及左司郎中納合德輝等十餘人。即諭百姓曰：「吾爲二相閉門無謀，今殺之，爲汝一城生靈請命。」衆皆稱快。立遂勒兵入宫，集百官議所立。立曰：「衛紹王太子從恪，其妹公主在北兵中，可立之。」乃遣其黨韓鐸以太后命往召從恪至，以太后誥命爲梁王，監國，百官拜舞。立自爲太師、都元帥、尚書令、鄭王，弟倚爲平章政事，侃爲殿前都點檢，其黨皆拜官，元好問亦爲左右司員外郎，遂送欵詣速不臺軍。速不臺至青城，立服御衣，儀衛往見之。速不臺喜，飲之酒，立以父事之。還城，悉燒樓櫓，速不臺益喜，始信其實降也。立託以軍前索，隨駕官吏家屬、軍民子女，聚之省中，親閲之，日亂數人，猶以爲不足，乃禁民間嫁娶，有以一女之故致數人死者。未幾，遷梁王及宗族近屬于宫中，以腹心守之，限其出入。以荆王府爲己私第，取内府珍玩充實之。羣小附和，請建功德碑，翟奕以尚書省命翰林直學士王若虚爲文。若虚私謂好問曰：「今召我作碑，不從則死；作之則名節掃地，不若死之爲愈。然我姑以理諭之。」乃謂奕曰：「丞相功德碑當指何事爲言？」奕曰：「丞相以京城降，活生靈百萬，非功德乎？」若虚曰：「學士代王言，功德碑謂之代王言，可乎？且丞相既以城降，則朝官皆出其門，自古豈有門下人爲主帥頌功德而可取信于後世者乎？」奕雖殘虐，聞之，不能對而去，事遂得已。史臣曰：「崔立乘時僭竊，大肆淫虐，其爲罪不容誅矣！金俘人之主，帝人之臣，百年之後，適啓崔立之狂謀，以成青城之烈禍。曾子曰：『戒之！戒之！出乎爾者，反乎爾者也。』豈不信哉！」

**蒙古圍金亳州。**

**〇三月，金蒲察官奴作亂，殺左丞相李蹊等，金主以官奴權參知政事。**

金主在歸德，隨駕親軍及河北潰軍漸集。石盞女魯歡懼不能給，白于金主，乞遣出城及就糧于徐、陳、宿三州。金主不得已從之，止留元帥蒲察官奴忠孝馬軍四百五十人，馬用軍七百人於城中。諸軍既出城，金主召官奴，謂曰：「女魯歡盡散衛兵，卿當小心。」官奴以馬用本歸德小校，一旦拔起，心常輕之。又以金主時獨召用計事而不及已，因謀圖用。時蒙古忒木觧圍亳州，且日遣兵薄歸德，民心摇摇。官奴請北渡河，再圖恢復，女魯歡沮之。官奴不悦，乃私與完顔用安謀邀金主幸海州，金主不從。官奴積忿，異志益定。李蹊以聞，金主深憂之，乃諭馬軍總領紇石烈阿里合、内族習顯陰察其動静，阿里合反以金主意告官奴。金主復懼官奴、馬用相圖，因以爲亂，命宰執置酒和解之。馬用即撤備，官奴乘隙率衆攻用，殺之，遂以卒五十人守行宫，刼朝官聚於都水毛花輦宅，以兵監之。驅女魯歡至其家，悉出所有金貝，然後殺之。乃遣都尉馬實被甲持刃刼直長把奴申於金主前，金主擲所握劍於地，謂實曰：「爲我言于元帥，我左右止有此人，且留侍我。」實乃退。官奴因大殺朝官李蹊已下凡三百人，軍士死者三千人。薄暮，官奴提兵入見，言：「女魯歡等反，臣殺之矣。」金主不得已，暴女魯歡罪，而以官奴權參知政事。

**夏四月，葬恭聖仁烈皇后。〇金崔立執其主之后妃及梁王從恪等送蒙古軍，蒙古速不臺殺從恪等，以后妃北還。**崔立以天子衮冕、后服進于速不臺，又括在城金銀，搜索薰灌，訊掠慘酷。貴族富人不堪其毒，竊相語曰：「攻城之後七八日中，諸門出葬者凡百萬人，恨不早預其數而值此也。」立時與其妻入宫，兩宫賜之，不可勝計。立因諷太后作書陳天時人事，遣金主乳母入歸德招降。立遂以太后王氏、皇后徒單氏、梁王及荆王守純諸妃嬪，凡車三十七輛，宗室男女五百餘人，衍聖公孔元措，名儒梁陟及三教、醫流、工匠、繡女赴青城。速不臺殺二王及族屬，而送后、妃等于和林，在道艱楚萬狀，尤甚于徽、欽之時。速不臺入汴城，立時在城外，兵先入其家，取其妻妾、寶玉以出。立歸，大慟而已。初，蒙古之制，凡攻城不降，矢石一發則屠之。汴京既陷，速不臺遣使言于蒙古主曰：「此城相抗日久，士卒多傷，請屠其城。」耶律楚材聞之，馳見蒙古主曰：「將士暴露數十年，所争者土地、人民耳。得地無民，將焉用之！」蒙古主未許，楚材又曰：「凡弓矢、甲仗、金玉等匠及官民、富貴之家，皆聚此城，殺之則一無所得，是徒勞也。」乃詔除完顔氏一族外，餘皆原免。時避兵在汴者尚百四十萬户，皆得保全。遂爲定制。

**孟珙擊金武仙于順陽，破走之，遂復鄧州。**金唐、鄧行省武仙次于順陽，與唐州守將武天錫、鄧州守將移剌瑗相掎角，謀迎金主入蜀，遂犯光化，其鋒甚鋭。珙逼天錫壘，一鼓拔之，壯士張子良斬天錫首以獻，俘將士四百餘人。又敗金人于吕堰，俘獲不可勝計。遂攻順陽，武仙敗走馬蹬山，縣令李英及申州安撫張林皆以城降。移剌瑗孤立而懼，遣使請降，珙納之，爲易衣冠，以賓禮見，於是降者相繼。珙言于史嵩之曰：「歸附之人，宜因其鄉土而使之耕，因其人民而立之長，少壯籍爲軍，俾自耕自守，才能者分以土地，任以職事，使各招其徒以殺其勢。」嵩之從之。

**五月，金蒲察官奴襲敗蒙古軍于亳州。**

初，衛州白公廟之潰，官奴母爲蒙古所獲，金主命官奴因其母以計請和。官奴乃密與忒木解言，欲刼金主以降。忒木解信之，還其母，因定和計。官奴乃日往來講議，或乘舟中流會飲。金主又密令官奴以金銀牌與來使而拘之，遂定斫營之策。五月五日，祭天，軍中陰備火槍戰具，官奴率忠孝軍四百五十人自南門登舟，由東而北，夜殺守隄邏卒，徑至王家寺忒木解之營。金主御北門，繫舟待之，慮不勝則走徐州。四更接戰，忠孝軍卻而復進，官奴以小船分軍五七十出柵外，腹背攻之，持火槍突入蒙古軍中。忒木解不能支，遂大潰，溺死三千五百人。官奴盡焚其柵而還，遂真拜左副元帥、參知政事，命習顯總軍以守亳州。

**金蒲察官奴幽其主守緒于照碧堂。六月，官奴伏誅。**

官奴既敗忒木解，勢益暴横，居金主于照碧堂，禁近無一人敢奏對者。金主惟日悲泣，語近侍云：「自古無不亡之國、不死之君，但恨我不知人，爲此奴所囚耳！」於是内侍局令宋珪、奉御女奚烈完出、吾古孫愛實等密謀討官奴。且聞蔡州城堅池深，兵衆糧廣，咸勸幸之，以救飢窘。會蔡、息、陳、潁等州便宜總帥烏古論鎬餫米四百斛至歸德，且請臨幸，金主意遂決。及官奴自亳州還，金主諭以幸蔡，官奴力陳不可，至於扼腕頓足，意趣叵測，因出號于衆曰：「敢言南遷者，斬！」衆以官奴爲無君，諷金主早爲計。金主遂與珪等謀召宰相議事，而令完出伏于照碧堂門間。官奴進見，完出從後刺其肋，金主亦拔劒斫之。官奴中創，投階下以走，❶完出、愛實追殺之。忠孝軍聞變皆擐甲，完出請金主親撫慰之。於是金主御雙門，赦忠孝軍，以安反側。

**蒙古取洛陽，金中京留守强伸死之。**

金主以强伸守中京有功，降詔褒諭，授中京留守，又

❶「階下」，原作「城下」，據《金史》卷一一六《蒲察官奴傳》改。

以參政内族思烈自南山領軍十餘萬入洛行省事。伸建一堂於洛川驛東，名曰「報恩」，刻詔文于石，願以死自效。已而，蒙古自汴驅思烈之子于金昌府東門下，誘思烈降，思烈命左右射之，聞崔立之變，病不能語而死。總帥烏林答胡土代行省事，伸行總帥府事。月餘糧盡，軍民稍散。蒙古兵復至，陳于洛南，伸陳于水北。蒙古韓元帥匹馬立水濱招降，伸躍而射之。韓奔還陳，率步卒數百奪橋。伸旗手一卒獨出拒之，殺數人。伸即手解都統銀牌與之佩，士卒氣復振。初，城外四隅至五門内外皆有屏，謂之迷魂牆。蒙古以五百騎迫之，伸率卒二百鼓譟而出，蒙古退走。胡土以蒙古兵强，即以輕騎挈妻子出奔蔡州，於是鷹揚都尉獻西門以降。伸知城不能守，率死士數十突東門出，轉戰至偃師，力盡就執。載以一馬，擁迫而行，將見蒙古帥塔察。伸語不遜，兵卒因好語誘之曰：「汝能北面一屈膝，當貸汝命。」伸不從，左右持使北面，伸拗頸南向，遂殺之。

金主守緒走蔡州。金主留元帥王壁守歸德，遂如蔡州。時久雨，朝士扈從者徒行泥水中，掇青棗爲糧，足脛盡腫。明日，至亳州。金主黄衣、皂笠、金兔鶻帶，以青黄旗二導前，黄繖擁後，從者二三百人，馬五十匹而已。行次城中，父老拜伏道左，金主遣近侍諭以「國家涵養汝輩百有餘年，今朕無德，令汝塗炭。朕亦無足言者，汝輩無忘祖宗之德可也」。皆呼萬歲，泣下。留一日，進次亳南六十里，避雨雙溝寺中，蒿艾滿目，無一人迹。金主太息曰：「生靈盡矣！」爲之一慟。及入蔡，父老羅拜於道，見金主儀衛蕭條，莫不感泣，金主亦歔欷。遂以完顔忽斜虎爲尚書右丞，總領省院事；烏古論鎬爲御史大夫，總帥如故；張天綱權參知政事，孛朮魯小婁室簽書樞密院事。忽斜虎有文武材，事無巨細，率親爲之，選士括馬，繕治甲兵，未嘗一日忘奉金主幸秦、鞏之志。近侍久困睢陽，幸即汝陽之安，皆娶妻營業，不願遷徙，日夕進言西幸不便，金主信之。忽斜虎惟深居燕坐，瞑目太息而已。時蒙古兵去蔡差遠，商販頗集，金主安之，命選室女備後宫，及脩見山亭爲遊息之所。忽斜虎切諫，乃止。忽斜虎定進馬遷賞格，得馬千餘匹。又遣使分詣諸道，選兵詣蔡，得精鋭萬餘，兵威稍振。忠孝軍提控李德率十餘人乘馬入省大呼，以月糧不優，幾於罵詈。忽斜虎縛德，杖之。金主諭忽斜虎曰：「此軍得力，方欲倚用，卿何不容忍，責罰乃尔？」忽斜虎對曰：「時方多故，録功隱過，自陛下之德。至於將帥之職則不然，小犯則決，大犯則誅。其强兵悍卒，不可使一日不在紀律。蓋小人之情，縱則驕，驕則難制。睢陽之禍豈獨官奴之罪，亦有司縱之太過耳。今欲易前轍，不宜愛克厥威，賞必由中，罰則臣任其責。」軍士聞之，自是無復敢犯法者。是時，從官、近侍皆窮乏，悉取給于烏古論鎬，鎬不能人滿其欲，日夕交譖于金主，至以尚食闕供爲言。金主怒，遂疎鎬。鎬以被譖，憂憤成疾，多不視事。**蒙古以孔元措襲封衍聖公。**從耶律楚材之請也。**秋七月，孟珙大敗金武仙于馬蹬山，降其衆而還。**武仙愛將劉儀詣珙降，珙問仙虛實，儀言：「仙所據九砦，其大砦石穴山，以馬蹬、沙窩、岵山三砦蔽其前，三砦不破，石穴未可圖也。若破離金砦，則岵山、沙窩孤立矣。」珙乃遣兵攻離金，掩殺幾盡。是夕，復令壯士擣王子山砦，斬金將首而出，遂圍馬磴，殺戮山積。還至沙窩西，與金人遇，大捷。未幾，丁順復破默候里砦，於是仙之九砦，六日破其七。珙召儀曰：「此砦既破，板橋、石穴必震，汝能爲我招之乎？」儀請選婦人三百，僞逃歸，懷招安牓以往。珙料仙勢窮蹙，必上岵山絕頂窺伺，乃令樊文彬駐軍其下。已而仙衆果登山，及半，文彬麾旗，伏兵四起，仙衆失措，枕籍崖谷，山爲之赭。殺其將兀沙惹，擒七百三十人，棄鎧甲如山。薄暮，珙進軍至小水河，儀言：「仙謀往商州，依險以守，然老稺不願北去。」珙曰：「進兵不可緩。」夜漏十刻，召文彬等受方略，明日攻石穴。丙夜，蓐食啓行，晨至石穴。時積雨未霽，文彬患之，珙曰：「此雪夜擒吳元濟之時。」策馬直至石穴，分兵進攻，自寅至巳，遂破石穴。仙走，追及于鮎魚砦。仙望見，易服而遁。復戰于銀葫蘆山，又敗之。仙與五六騎奔，追之，隱不見。降其衆七萬，珙還襄陽。**八月，史嵩之以兵會蒙古將塔察兒，伐金，取唐州。金使抹撚兀典等行省院事于息州。**蒙古都元帥塔察兒使王檝至襄陽，約攻蔡州。史嵩之先以兵會伐唐州，金將烏古論黑漢戰死，城遂降。官軍駐于息州之南，降者日衆。息州刺史烏古論忽魯懽，請益兵爲備。金主以參知政事抹撚兀典、簽書樞密院孛術魯中婁室帥忠孝軍五百往。將行，金主諭之曰：「北兵所以常取勝者，恃北方之馬力，就中國之技巧耳，我實難與之敵。至於宋人，何足道哉！朕得甲士三千，縱橫江、淮間，有餘力矣。」以忽魯畏縮，命夾谷九住代之。塔察兒，博爾忽之從孫也。**九月朔，日食。○金人來乞糧，不許。**金使完顏阿虎帶來乞糧，將行，金主諭之曰：「宋人負朕深矣！朕自即位以來，戒飭邊將無犯南界，邊臣有請征討者，未嘗不切責之。向得宋一州，隨即付與。近淮陰來歸，彼多以金幣爲贖，朕若受財，是貨之也，付之全城，秋毫無犯。清口臨陣，生獲數千人，悉以資糧遣之。今乘我疲弊，據我壽州，誘我鄧州，又攻我唐州，彼爲謀亦淺矣。蒙古滅國四十，以及西夏，夏亡及于我，我亡必及于宋。脣亡齒寒，自然之理。若與我連和，所以爲我者亦爲彼也。卿其以此意曉之。」阿虎帶至，朝廷不許。**蒙古塔察兒圍金蔡州。冬十月，史嵩之使孟珙等帥師會之。**九月，金主拜天于節度使廳，羣臣陪從成禮，金主戒諭之，因賜巵酒。酒未竟，邏騎馳奏，敵兵數百突至城下。將士踴躍，咸請一戰，金主許之。是日，分兵防守四面及子城，衆既出接戰，蒙古兵奔潰。塔察兒以數百騎復駐城東，金主遣兵接戰，又敗之。自是蒙古不復薄城，分築長壘圍之。史嵩之命孟珙、江海帥師二萬、運米三十萬石，赴蒙古之約。塔察兒大喜，益脩攻具，斲木之聲聞於城中，城中益恐，往往竊議投降。金忽斜虎日以國家恩澤、君臣分議撫循其民，且營畫禦備，未嘗入私室。軍民感奮，始有固志。十一月，南、北兩軍以攻具薄城，金盡籍民丁防守。民丁不足，復括婦人壯健者，假男子衣冠，運木石，金主親出撫諭之。金人自東門出戰，孟珙遮其歸路，得降人，言蔡城中饑。珙曰：「已窘矣，當盡死守之，以防突圍。」珙與塔察兒約南、北軍毋相犯。十二月，塔察兒遣張柔帥精兵五千薄城，金人鈎二卒以去，柔中流矢如蝟，珙麾先鋒救之，挾柔以出。明旦，珙殊死戰，進逼柴潭，立柵潭上，命諸將奪柴潭樓。金人來爭，諸軍魚貫而上，遂拔柴潭樓。蔡州恃潭爲固，外即汝河，潭高於河五六丈，城上金字號樓伏巨弩。相傳下有龍，人不敢近，將士疑畏。珙召麾下飲酒再行，謂曰：「柴潭樓非天造地設，伏弩能射遠而不可射近，彼所恃此水耳，決而注之，涸可立待。」遂鑿隄，潭果決入汝水，珙命實以薪葦。蒙古亦決練江。於是兩軍皆濟，攻其外城，破之，進逼土門。金人驅其老稚熬爲油，號「人油砲」，人不堪其楚，珙遣道士説止之。金總帥孛朮魯中婁室帥精鋭五百，夜出西門，人荷束藁，沃油其上，將燒兩軍寨及砲具。蒙古兵先覺之，伏于隱處，挽强弩百餘，火發矢亦發，金兵却走，傷者甚衆，婁室僅以身免。兩軍合攻西城，克之，因墮其城。先是，忽斜虎命築寨浚濠爲備，及西城墮，兩軍皆未能入，但於城上立柵自蔽。忽斜虎摘三面精鋭，日夕戰禦。金主謂侍臣曰：「我爲金紫十年，太子十年，人主十年，自知無大過惡，死無所恨。所恨者，祖宗傳祚百年，至我而絶，與古荒淫暴亂之君等爲亡國，獨爲此介介耳。」又曰：「亡國之君，往往爲人囚縶，或爲俘獻，或辱於階庭，閉之空谷，朕必不至於此。卿等觀之，朕志決矣。」以御用器皿賞戰士。已而微服率兵夜出東城謀遁去。及柵，遇敵兵，戰而還。殺廐馬以犒將士，然其勢不可爲已。

金徐州降于蒙古，行省右丞相完顏賽不死之。

時徐州節度使郭野驢約源州叛將麻琮襲破徐州，徐州將士以蔡州被圍，又迫於蒙古兵，議出降。賽不弗從，恐被執，乃投河求死，軍士援出之，卒自縊死。麻琮遂以州降蒙古。

以史彌遠爲太師、左丞相，鄭清之爲右丞相，並兼樞密使，薛極爲樞密使，喬行簡、陳貴誼參知政事。○封史彌遠爲會稽郡王，奉朝請。彌遠尋卒。

彌遠拜左相，一日，以疾求解政。詔：「彌遠有定策大功，勤勞王室，宜加優禮。」於是授保寧、昭信節度使，充醴泉觀使，封會稽郡王，奉朝請，二子、一婿、五孫，皆加官秩。越八日而卒。彌遠爲相，凡二十六年，用事專且久，權傾內外。初欲反韓侂胄所爲，故收召賢才老成，布於朝廷。及濟王不得其死，論者紛起，遂專任憸壬，以居臺諫，一時君子，貶斥殆盡。帝德其立己，唯言是從，故恩寵終其身。

十一月，刑部侍郎梁成大等有罪免。

時成大權刑部侍郎，有旨黜之，提舉鴻禧觀。刑部尚書兼給事中莫澤論成大暴狠貪婪，苟賤無耻，遂寢祠命。既而，臺臣交劾莫澤貪淫忮害，工部尚書李知孝侵欲無厭，皆罷之。蓋三人皆黨附史彌遠，排斥諸賢，而成大尤心術嶮巇，凡可賊害忠良者，率攘臂爲之。四方賂遺，列置堂廡，導賓客觀之，欲其效尤。雖知孝亦鄙其爲人，至曰：「所不堪者，他日與成大同傳耳！」卒皆貶死，天下快之。

詔改元。

史彌遠卒，帝始親政，勵精求治。鄭清之亦慨然以天下爲己任，收召賢才，擢之朝廷。下詔改明年紀元端平。

曾從龍、宣繒免。○以洪咨夔、王遂爲監察御史。

帝親政五日，即召咨夔爲禮部員外郎，入對，帝問以今日急務，咨夔言：「進君子，退小人，開誠心，布公道。」因乞召用崔與之、真德秀、魏了翁，帝納之。翌日，與王遂並拜御史。咨夔謂遂曰：「朝無臺諫久矣，要當極本原而先論之。」因上疏乞權歸人主，政出中書，以致平治之道，且劾資政殿學士袁韶，仇視善類，諂附史彌遠。詔奪韶祠禄。又論趙善湘、鄭損、陳晐納賂史彌遠，怙勢肆姦，失江淮、荆襄、蜀漢人心，罪狀顯著。詔善湘有討李全功，特寢免，晐、損皆落職。

十二月，薛極免。極與胡榘、聶子述、趙汝述附史彌遠，最親用事，時人謂之「四木」。

續資治通鑑綱目第十九

# 續資治通鑑綱目第二十

起甲午宋理宗端平元年，盡戊午宋理宗寶祐六年。

凡二十五年。

**甲午** 端平元年，金天興三年，❶○是歲金亡。春正月，金主守緒傳位于其宗室承麟，孟珙以蒙古兵入蔡州，守緒及其尚書右丞完顏忽斜虎死之，承麟爲亂兵所殺，金亡。

蒙古兵以正旦會飲，歌吹之聲，四望相接，城中饑窘嘆息而已。孟珙見黑氣壓城上，日無光。降者言：「城中絕糧已三月，鞍靴敗鼓皆麋煮，且聽以老弱互食，諸軍日以人畜骨和芹泥食之，又往往斬敗軍全隊，拘其肉以食，故欲降者衆。」珙乃下令諸軍銜枚，分運雲梯布城下以攻之。金自被圍以來，戰没將帥甚衆，至是，禁近以及舍人、牌印、省部掾屬亦皆供役，分守四城。蒙古兵鑿西城爲五門，整軍以入，督軍鏖戰，及暮乃退，聲言來日復集。是夕，金主集百官，傳位于東面元帥承麟。承麟者，世祖劾里鉢之後，白撒之弟也，拜泣不敢受。金主曰：「朕所以付卿者，豈得已哉！以朕肌體肥重，不便鞍馬馳突。卿平日趫捷，有將畧，萬一得免，祚胤不絕，此朕志也。」承麟起，受璽。明日，承麟即位。時孟珙之師向南門，至金字樓，列雲梯，令諸軍聞鼓則進。馬義先登，趙榮繼之，萬衆競進，大戰城上。烏古論鎬及其將帥二百人皆降。金百官稱賀禮畢，亟出捍敵，而南城之陴已立宋旗幟矣。俄傾，四面鼓譟夾攻，聲震天地，南面守門者棄門走。門西開，孟珙招江海、塔察兒之師以入。忽斜虎帥精兵一千巷戰，不能禦。金主守緒知事急，即取寶玉寘于幽蘭軒，環之以草，命近侍曰：「死，便火我！」遂自經死。忽斜虎聞之，謂將士曰：「吾君已崩，吾何以戰爲！吾不能死于亂兵之手，吾赴汝水，從吾君矣！諸君其善爲計。」言訖，赴水死。將士皆曰：「相公能死，吾輩獨不能邪？」於是參政孛术魯小婁室、兀林答胡土、揔帥元志、元帥王山兒、紇石

❶ 「三年」，原作「二年」，據上卷及《通鑑續編》卷二二改。

烈柏壽、烏古論桓端及軍士五百餘人皆從死焉。❶承麟退保子城，聞守緒死，帥羣臣入哭，因謂衆曰：「先帝在位十年，勤儉寬仁，圖復舊業，有志未就，可哀也已，宜謚曰『哀』。」奠未畢，城已陷。諸將禁近共舉火焚之，奉御絳山收其骨，將瘞之汝水上。江海入宮，執參政張天綱，孟珙問金主所在，天綱曰：「城危時自經矣。」珙乃與塔察兒分金主骨及寶玉、法物。是日，承麟亦爲亂兵所殺，金亡。

金自宣宗之世，爲宰相、樞密者往往臨事推讓，低言緩語，以爲養相體。每有四方兵革、災異，輒以聖主心困，或俟再議，因循苟且，以度時日。及出兵則以近侍監戰，臨事多所牽制，故師出無功，國亂不聞，以底于亡。

史臣曰：「金之初興，天下莫彊焉。太祖、太宗威制中國，大概欲効遼初故事，立楚立齊，委而去之，宋人不競，遂失故物。熙宗、海陵濟以虐政，中原觖望，金事幾去。世宗以仁易暴，休息斯民，故金祚百有餘年，由大定之政有以固結人心爾。章宗志存潤色，誅求無藝。至於衛紹，紀綱大壞。宣宗南渡，棄厥本根，連兵宋、夏，内致困憊。哀宗之世，無足爲者，區區生聚，圖存於亡，力盡乃斃，可哀也矣！雖然，國君死社稷，哀宗無愧焉。

以陳、蔡西北地分屬蒙古，蒙古以劉福爲河南道總管。史嵩之使孟珙等分屯京西。嵩之使孟珙還師襄陽，江海還師信陽，王旻戍隨州，王安國守棗陽，蔣成守光化，楊恢守均州，並益兵飭備，經理屯田于唐、鄧州。金抹撚兀典以息州來歸，蒙古追殺之。兀典行省于息州，與諸帥日以歌酒爲樂，軍士淫縱。及蔡州破，乃與孛术魯中婁室、夾谷九住等送款請降，爲金主發喪設祭，上謚曰：昭宗。州民因奉兀典爲丞相，中婁室爲平章，舉城南遷，遂焚樓櫓。蒙古望見火起，追及于羅山，自萬户以下凡七百人，皆被殺。二月，蒙古入徐州，金完顏用安自殺。〇三月，以賈貴妃弟似道爲籍田令。似道，涉之子，少落魄，爲游博，不事操行，以蔭補嘉興司倉。帝以貴妃故，累擢籍田令。恃寵不檢，日縱游諸妓家，至夜即燕游湖上不返。帝嘗夜憑高望西湖中燈火異常時，語左右曰：「此必似道也。」明日詢之果然。使京尹史巖之戒之，巖之對曰：「似道雖有少年

❶「王山兒」，原作「玉山兒」，據萬曆本、《金史》卷一一九《完顏仲德傳》改。

氣習，然其才可大用也。」詔太常簿朱揚祖詣河南省謁八陵。史嵩之露布至，詔遣朱揚祖、林拓往省謁八陵。尋遣朱復之詣八陵，相度脩奉。夏四月，獻金俘于太廟，論功行賞有差。史嵩之遣使以孟珙所獲金哀宗遺骨及寶玉、法物并俘囚張天綱、完顏好海等獻于臨安。四月丙戌，備禮告于太廟。藏其骨于大理寺獄庫。加孟珙帶御器械，江海以下論功行賞有差。知臨安府薛瓊問天綱曰：「有何面目到此？」天綱曰：「國之興亡，何代無之？我金之亡，比汝二帝何如？」瓊叱之。明日，奏其語。帝召天綱問曰：「汝真不畏死邪？」天綱對曰：「大丈夫患死之不中節耳，何畏之有！」因祈死不已，帝不聽。初，有司令天綱供狀，必欲書金主爲「虜主」，天綱曰：「殺即殺，焉用狀爲！」有司不能屈，聽其所供，天綱但書「故主」而已，聞者憐之。後莫知其所終。○監察御史王遂言：「史嵩之本不知兵，矜功自侈，謀身詭祕，欺君誤國。留之襄陽一日，則有一日之憂。」不報。洪咨夔亦言：「殘金雖滅，隣國方彊。益嚴守備，猶恐不逮，豈可動色相賀，涣然解體，以重方來之憂！」帝嘉納之。五月，賜黃榦、李燔、李道傳等謚，録其子。詔：「榦、燔、道傳及陳宓、樓昉、徐瑄、胡夢昱等，阨于權姦而各行其志，没齒無怨。其賜謚，復官，録用其子。」金武仙奔澤州，戍兵殺之。○六月，以曾從龍參知政事，喬行簡知樞密院事，鄭性之簽書院事。○詔復故濟王竑官爵。太常少卿徐僑嘗侍講，開陳友愛大義，帝悟，乃命復竑官爵，有司檢視墓域，以時致祭。時竑妻吴氏自請爲尼，特賜號彗净法空大師，紹興府月給衣資緡錢。趙范、趙葵請復三京，詔知廬州全子才會兵趨汴，金故將李伯淵等誅崔立以降。范、葵欲乘時撫定中原，建守河、據關，收復三京之議，朝臣多以爲未可，獨鄭清之力主其說。乃命趙范移司黃州，刻日進兵。范參議官丘岳曰：「方興之敵，新盟而退，氣盛鋒鋭，寧肯捐所得以與人邪？我師若往，彼必突至，非惟進退失據，開釁致兵，必自此始。且千里長驅，以争空城，得之，當勤餽餉，後必悔之。」范不聽。史嵩之亦言荆襄方爾饑饉，未可興師。杜杲復陳守境之利，出師之害。喬行簡時在告，上疏曰：「八陵有可朝之路，中原有可復之機。以大有爲之資，當大有爲之會，則事之有成，固可坐而策也。臣不憂師出之無功，而憂事力之不可繼。有功而至於不可繼，則其憂始深矣。夫規恢進取，必須選將練兵，豐財足食。而今將乏卒寡，財匱食竭，臣恐北方未可圖而南方已先騷動矣。願堅持聖意，定爲國論，以絶紛紛之説。」皆不聽。而詔知廬州全子才合淮西兵萬人赴汴。時汴京都尉李伯淵、李琦、李賤奴等爲崔立所侮，謀殺之。及聞子才軍至，伯淵等以書約降，而陽與立謀備禦之策。六月，伯淵燒封丘門以警動立，立殊不安。伯淵等乃來約立視火，立從苑秀、折希顔等數騎往。既還，伯淵親送之，倉卒中就馬上抱立，立顧曰：「汝欲殺我邪？」伯淵曰：「殺汝何傷？」即出匕首横刺之，立墜馬死。伏兵起，元帥三合殺苑秀。折希顔後至，見立墜馬，謂與人鬭，欲前解之，隨爲軍所殺。伯淵繫立屍馬尾，至内前，號于衆曰：「立殺害劫奪，烝淫暴虐，大逆不道，古今無有，當殺之否？」萬口齊應曰：「寸斬之未稱也！」乃梟立首，望承天門祭哀宗。伯淵以下軍民皆慟，或剖其心生噉之。以三屍掛闕前槐樹上。**趙葵帥師會全子才于汴。**

**秋七月，葵將楊誼等入洛陽。**全子才次于汴，趙葵自滁州以淮西兵五萬取泗州，由泗趨汴以會之。葵謂子才曰：「我輩始謀據關、守河，今已抵汴半月，不急攻洛陽、潼關，何待邪？」子才以糧餉未集對。葵督促益急，乃檄鈐轄范用吉、樊辛、李先、胡顯等提兵萬三千，命淮西制置司機宜文字徐敏子爲監軍，先令西上，又命楊誼以廬州彊弩軍萬五千繼之，各給五日糧。七月，徐敏子啓行，遣和州寧淮軍正將張迪以二百人趨洛陽。迪至城下，城中寂然無應者。至晚，❶有民庶三百餘家登城投降，迪與敏子遂帥衆入城。蒙古聞之，復引兵南下。**八月，朱揚祖還自河南。**揚祖朝陵，行至襄陽，會諜報蒙古哨騎已及孟津，陝府、潼關、河南皆增屯戍，設伏兵，又聞淮閫刻日進師，衆畏不前。孟珙曰：「淮東之師由淮泗遡汴，❷非旬餘不達。吾選精騎疾馳，不十日可竣事。逮師至東京，吾已歸矣。」於是珙與二使晝夜兼行至陵下，奉宣御表，成禮而還。揚祖以八陵圖上進，帝問諸陵相去幾何，及陵前澗水新復，揚祖悉以對，帝忍涕太息久之。**蒙古**

❶「晚」，《錢塘遺事》卷二「三京之役」條作「曉」。

❷「淮泗」，原作「淮西」，據《後村先生大全集》卷一四三《神道碑·孟少保》、《宋史》卷四一二《孟珙傳》改。

**復引兵至洛陽城下，楊誼軍潰，趙葵、全子才遂棄汴而歸。**徐敏子入洛之明日，軍食已竭，乃采蒿和麵作餅而食之。楊誼至洛東三十里，方散坐蓐食，忽數里外有立黄紅凉繖者，衆方駭異，而蒙古伏兵突起深蒿中。楊誼倉卒無備，師遂大潰，爲蒙古擁入洛水者無數，誼僅以身免。是晚，有潰卒奔告于洛曰：「楊誼一軍，已爲蒙古大陣衝散，今蒙古兵已據北岸矣。」於是在洛之師皆奪氣。八月朔旦，蒙古兵至洛陽城下立寨。敏子與戰，勝負相當。士卒乏糧，因殺馬而食，敏子等不能留，乃班師。趙葵、全子才在汴，亦以史嵩之不致餽，糧用不繼。所復州郡率皆空城，無兵食可因。蒙古兵又決黄河寸金淀之水以灌官軍，官軍多溺死，遂皆引師南還。趙范以入洛之師敗績，上表劾葵、子才輕遣偏師，趙楷、劉子澄參贊失計，師退無律，致後陣覆敗。詔：「葵削一秩，措置河南、京東營田邊備；子才削一秩，措置唐、鄧、息州營田邊備；餘貶秩有差。」鄭清之力辭解政，不許。喬行簡上言：「三京撓敗之餘，事與前異，但當益脩戰守之備。」帝嘉納之。

**京湖制置使史嵩之免，九月，以趙范代之。**

**○召真德秀爲翰林學士，魏了翁直學士院。**帝因民望，召還二人。德秀入對，帝迎謂曰：「卿去國十年，每切思賢。」德秀以《大學衍義》上進，因言于帝曰：「天之所助者順，人之所助者信。天厭夷德久矣，陛下儻能敬德以迓續休命，中原終爲吾有。若徒以力求之而不反其本，天意難測，臣實憂之。」了翁入對，言事剴切，反覆利害之端，至漏下四十刻乃退。帝皆嘉納之。**冬十月，陳貴誼卒。○詔真德秀進講《大學衍義》。○十二月，蒙古使王檝來。**蒙古使王檝來言曰：「何爲而敗盟也？自是，江、淮之間無寧日矣。」

**乙未　二年，春正月，以程芾爲蒙古通好使。○詔孟珙屯黄州。**珙留襄陽，招中原精鋭之士萬五千餘人，分屯漅北、樊城、新野、唐、鄧間以備蒙古，名「鎮北軍」，詔以珙爲襄陽都統制。珙赴樞密院稟議，因入對，帝曰：「卿名將子，忠勤體國，破蔡滅金，功緒昭著。」珙對曰：「此宗社威靈，陛下聖德，與三軍將士之勞，臣何力之有！」授主管侍衛馬軍司公事，時暫黄州駐劄。朝辭，帝問恢復，珙對曰：「願陛下寬民力、蓄人材，以俟機會。」帝問和議，珙對曰：「臣介胄之士，當言戰不當言和。」賜賚甚厚。珙至黄，增陴浚隍，蒐訪軍實，邊民來歸者日以千數，爲屋三萬間以居之，厚加賑貸。又慮軍民雜處，因高阜爲齊安、鎮淮二砦以居諸軍。二月，蒙古城和林。和林本唐回鶻毗伽可汗故城，蒙古以爲會同之所，至是，城之，周回五里許。三月，以真德秀參知政事，陳卓同簽書樞密院事。夏五月，德秀卒。德秀拜參知政事，時已得疾，遂三上表乞祠。帝不得已，授資政殿學士、提舉萬壽宫，逾旬而卒，贈銀青光禄大夫，謚文忠。德秀立朝，不滿十年，奏疏將數十萬言，皆切當世要務，直聲震朝廷。四方文士誦其文，想見風采。及宦游所至，惠政深洽，不愧其言，由是中外交頌。都城人時驚傳澒洞奔擁出關，曰：「真直院至矣！」果至，則又填塞聚觀不置。史彌遠以是忌之，輒擯不用，而聲聞愈章。及歸朝，將大用，則既衰矣。然自韓侂冑立僞學之名以錮善類，凡近世大儒之書，皆顯禁絶之。德秀晚出，獨慨然以斯文自任，講習而服行之。黨禁既開，正學遂明于後世，德秀之力爲多。六月，以鄭清之、喬行簡爲左、右丞相並兼樞密使，曾從龍知樞密院事，鄭性之同知院事，陳卓簽書院事。○葛洪免，召崔與之參知政事，不至。與之自成都乞歸廣州，每有除命，皆力辭不起。及拜廣東安撫，會摧鋒軍士作亂，與之肩輿登城。叛兵望之，俯伏聽命而散，因即家治事。帝注想彌切，召參大政。與之力辭，帝乃遣使趣之，且訪以政事之當行罷者、人材之當用舍者。與之上疏曰：「天生人才，自足以供一代之用，惟辨其君子、小人而已。忠實而有才者，上也；才不高而忠實存者，次也。用人之道無逾于此。」帝嘉納之，召命益力。與之控辭至十三疏，不許。蒙古主使其子闊端等分道入寇。蒙古主命子闊端將塔海等侵蜀，忒木䚟及張柔等侵漢，口温不花及察罕等侵江淮，又命姪蒙哥征西域，唐古魯火赤伐高麗。蒙古人每甲一人西征，一人南征。中州户每十户一人南征，一人征高麗。秋七月，蒙古將口温不花寇唐州，全子才等棄師走，趙范帥兵敗蒙古于上閘而還。○冬十月，金鞏昌總帥汪世顯降蒙古。金亡，郡縣皆降，獨世顯堅守不下。一日謂其衆曰：「宗祀已矣，吾何愛一死？千萬人之命懸于吾手，平居享高爵厚禄，死其分也，餘者何罪？與其自經于溝瀆，姑徇一時之節，孰若屈己紓斯人之禍？」會蒙古闊端入蜀，次于鞏昌城下，世顯率耆老持牛羊、酒幣迎謁，闊端謂之曰：「吾征討有年，所至皆下，汝獨固守，何也？」世顯曰：「有君在上，賣國市恩之人，諒所不取。」闊端大悦，戒其下秋毫勿犯。俾世顯仍舊職，即日令帥所部從征。世顯遂截嘉陵，進趨大安，闊端資其糧械。

**十二月，以魏了翁同簽書樞密院事，督視江淮、京湖軍馬。** 了翁在朝凡六月，前後二十餘疏，皆當世急務。帝將引以共政，而忌者相與合謀排擯之，且言了翁知兵體，乃命出視師，賜便宜詔書如張浚故事。陛辭，御書唐嚴武詩及「鶴山書院」四大字賜之。了翁開幕府于江州，以吴潛爲參謀官，趙善瀚、馬光祖爲參議官。

**曾從龍卒。以余嶸同簽書樞密院事。○蒙古闊端入沔州，殺知州事高稼，進圍青野原。利州統制曹友聞將兵救却之。** 稼在沔，葺理創殘，招集流散，民皆襁負歸之。又數與蒙古力戰，❶奇功甚多。至是，闊端自鳳州入西川，東路之師多敗，遂擣西池谷，距沔九十里。吏民議退保大安，稼言于制置使趙彦吶曰：「今日之事，有進無退。若能進據險地以身捍蜀，敵有後顧，必不深入。若倉皇召兵，退守内地，敵長驅而前，蜀事去矣。」彦吶曰：「吾志也。」已而竟行，留稼守沔。蒙古自白水關入六股株，距沔六十里。沔無城，依山爲阻。稼升高鼓譟，盛旗鼓爲疑兵。彦吶至罝口，❷輟帳前總管和彦威，以軍還沔，召小校楊俊、何璘以兵會。又選精兵千人命王宣帥以助之。已而，蒙古大至，何璘遁，沔州遂陷。衆擁稼出户，稼叱之，不能止，敵圍殺之。彦吶聞稼死、沔州破，乃進屯青野原，蒙古圍之。曹友聞曰：「青野爲蜀咽喉，不可緩也。」即往救之，半夜截戰，遂解其圍。既而，蒙古先鋒汪世顯擣大安，友聞又救之。指麾甫畢，蒙古大軍數萬突至，友聞迎戰，又敗之，敵乃退。友聞遂引兵扼僊人關。

**安南入貢。**

**丙申　三年，春正月，蒙古將忒木䚟**

---

❶「又」，萬曆本、四庫本、《資治通鑑後編》卷一四一作「及」。

❷「罝口」，原作「蜀口」，據《宋史》卷四四九《高稼傳》改。

**寇江陵。**統制李復明死之。**二月，蒙古初行交鈔。**從耶律楚材之請也，以萬錠爲額。❶**召魏了翁還簽書樞密院事，固辭，不拜。**廷臣多忌了翁者，故謀假出督以外之。甫二旬，復以建督爲非，召之還，而帝不悟。於是了翁固辭求去。**以陳韡爲沿江制置使，史嵩之爲淮西制置使。**韡兼知建康府，嵩之兼知廬州。**三月，襄陽將王旻等作亂，以城降蒙古。**趙范在襄陽，以北軍將王旻、李伯淵、樊文彬、黄國弼等爲腹心，朝夕酣狎，了無上下之序，民訟邊防，一切廢弛。既而南北軍交争，范失於撫馭，於是旻、伯淵焚襄陽城郭、倉庫，相繼降于蒙古。時城中官民尚四萬七千有奇，財粟在庫者無慮三十萬，軍器二十四庫，皆爲蒙古所有，金銀、鹽鈔不與焉。南軍將李虎不救焚，不定變，反因勢劫掠，襄陽爲之一空。自岳飛收復以來，生聚繁庶，城高池深，甲於西陲，一旦灰燼。詔削趙范三官，仍舊職任。**夏四月，魏了翁罷。**了翁乞歸田里，不允，以資政殿學士知潭州。時殿中侍御史李韶訟曰：「了翁刻志問學，幾四十年，忠言讜論，載在國史。比者樞庭之詔，未幾改鎮。改鎮未久，有旨于祠。不知國家人才煒然有稱如了翁者幾人，願亟召還，處以台輔。」不報。**下詔罪己。**時師屢爲蒙古所敗，襄、漢、淮、蜀，日事兵争，帝悔前事，命學士吴泳草詔罪己。泳以監察御史王萬忠伉有大志，精於邊防，以詔意訪之。萬曰：「兵固失矣，言之甚，恐亦不可。今邊民生意如髪，宜以振厲奮發，興感人心。」因爲條具沿邊事宜。泳從其言，草詔上進。其畧有曰：「數年之間，多難已甚，屬讎金之寖滅，而蒙古之與鄰。逮合謀成破蔡之功，恐假道有及虞之勢。心之憂矣，臍可噬乎！」又曰：「兵民之死戰鬭，户口之困流離，室廬靡存，骼胔相望。是皆朕明不能燭，德有未孚，上無以格天心，下無以定民志。今方施令發政，以爲綏輯之圖；補卒蒐乘，以嚴守禦之備。想瘡痍之溢目，如疾病之在身。」**蒙古陷隨、郢州、荆門軍。○蒙古初括中原民户，定賦税。**初，蒙古唯事進取，所降之户因以與將士，自一社之民，各有所主，不相統攝。至是，詔括户口，

❶「錠」，原作「定」，據萬曆本、四庫本、《元史》卷一四六《耶律楚材傳》改。

以大臣忽都虎領之，民始隸州縣。時羣臣共欲以丁爲户，耶律楚材以爲不可。衆皆曰：「我朝及西域諸國莫不以丁爲户，豈可捨大朝之法而從亡國之政邪？」楚材曰：「自古有中原者未嘗以丁爲户。若果行之，可輸一年之賦，隨即逃散矣。」蒙古主從楚材之議。及忽都虎以所括户一百四萬上，蒙古主議割裂諸州郡，分賜諸王貴族爲湯沐邑。楚材奏曰：「尾大不掉，易以生隙。不如多與金帛，足以爲恩。」蒙古主曰：「業已許之矣。」楚材曰：「若置官吏，必自朝命。除恒賦外，不令擅自徵斂，差可久也。」蒙古主從之。楚材又定賦税，每二户出絲一斤以供官用，五户出絲一斤以與受賜貴戚功臣之家。上田每畝税三升半，中田三升，下田二升半，水田畝五升；商税三十分之一，鹽每銀一兩四十斤，已上以爲永額。朝臣皆謂太輕，楚材曰：「將來必有以利進者，則以爲重矣。」

五月，以趙葵爲淮東制置使。葵兼知揚州，墾田治兵，邊備以飭。

秋七月，陳卓罷。以鄭性之參知政事，李鳴復簽書樞密院事。

○八月，趙范有罪免。論失襄陽之罪也。

蒙古陷棗陽軍、德安府。初，蒙古破許州，獲金軍資庫使姚樞，楊惟中見之，以兄事樞。時北庭無漢人士大夫，太祖見樞至甚喜，特加重焉。及闊端南侵，俾樞從惟中即軍中求儒、釋、道、醫、卜之人，樞招致稍衆。至是，破棗陽，忒木解欲阬士人，樞力與辨，得脱死者數十人。繼拔德安，得趙復，復以儒學見重于世，其徒稱爲江漢先生。既被獲，不欲北行，力求死所。樞止與共宿，譬説百端，曰：「徒死無益，隨吾而北可保無他也。」至燕，名益大著，學徒百人。由是北方始知學經，而樞亦初得覩程朱性理之書。

九月，有事于明堂，大雨震電。

鄭清之、喬行簡免。

○召崔與之爲右丞相兼樞密使，復辭不至。

○曹友聞與蒙古戰于陽平關，敗績，死之。蒙古闊端遂入成都。曹友聞帥師扼僊人關，諜報蒙古合蕃、漢軍五十餘萬將至。友聞謂弟萬曰：「國家安危，在此一舉，衆寡不敵，豈容浪戰！唯當乘高據險，出奇設伏以待之。」蒙古攻武休關，敗都統李顯忠軍，遂入興元，欲衝大安軍，制置使趙彦吶檄友聞控制大安，以保蜀口。友聞以爲不可，彦吶不從。友聞乃遣弟萬及友諒引兵上雞冠隘，多張旗幟，示敵堅守。友聞選精鋭萬人夜渡江，密往流溪設伏，約曰：「敵至，内以鳴鼓舉火爲應，外呼殺聲。」蒙古兵果至，萬出逆戰。蒙古八都魯及達海帥步騎萬餘人，往來搏戰，矢石如雨。萬身被數創，令諸軍舉烽。友聞分所部爲三以禦敵，親帥精兵三千人，疾馳至隘下。先遣統領劉虎帥敢死士五百衝敵前鋒，不動。友聞乃伏三百騎道傍，而令虎銜枚突陣。會大風雨，諸將請曰：「雨不止，淖濘深没足，宜俟少霽。」友聞叱曰：「敵知我伏兵在此，緩必失機。」遂擁兵齊進。友聞入龍尾頭，萬聞之，五鼓出隘口與友聞會。內外兩軍皆殊死戰，血流二十里。西軍素以綿裘代鐵甲，經雨濡濕，不利步鬭。黎明，蒙古兵增以鐵騎四面圍繞，友聞嘆曰：「此殆天乎？吾有死而已！」於是極口詬罵，殺所乘馬以示必死，血戰愈厲，與萬俱死，軍盡没，蒙古兵遂長驅入蜀，一月之間，成都、利州、潼川三路所屬府、州、軍、監、關、隘、縣、砦，俱陷没，闊端次于成都。四蜀所存，唯夔州一路及潼川府路所屬瀘、合州、順慶府而已。

**冬十月，蒙古陷文州，知州事劉鋭等死之。**

闊端兵離成都，入文州。知州劉鋭、通判趙汝曏乘城固守，晝夜搏戰。踰月，援兵不至。鋭度不免，集其家人，盡飲以藥，皆死，乃聚其屍及公私金帛、告命，焚之。家素有禮法，幼子纔六歲，飲藥時猶下拜受之，左右感動。城破，鋭及其二子自刎死；汝曏被執，臠殺之；軍民同死者數萬人。

**封陳日煚爲安南王。**

**○十一月，以喬行簡爲左丞相兼樞密使。**

**○蒙古兵入淮西，詔史嵩之、趙葵、陳韡分道拒之。**

口温不花入淮西，蘄、舒、光州守臣皆遁。口温不花合三州人馬、糧械趨黄州，游騎自信陽趨合肥。詔淮西史嵩之援光，淮東趙葵援合肥，沿江陳韡過和州，爲淮西聲援。

**孟珙引兵敗蒙古忒木觧于江陵。**

忒木觧攻江陵，史嵩之遣珙救之。珙遣張順先渡而自以全師繼之。變易旌旗服色，循環往來，夜則列炬照江，數十里相接。珙又遣趙武等與戰，珙親往節度，遂破蒙古二十四砦，還民二萬而歸。

**蒙古將察罕寇真州，知州事丘岳敗之。**

蒙古攻真州，岳部分嚴明，守具周悉，蒙古兵薄城輒敗。岳乘勝出戰于胥浦橋，以彊弩射其致師者一人，死之。敵兵少卻，岳曰：「敵衆十倍于我，不可以力勝也。」乃爲三伏，設砲石待之于西城。敵至，伏起，砲發，殺其驍將，敵衆大擾。岳選勇士襲敵營，焚其廬帳。越二日，皆引去。

**復成都。**

**丁酉**　嘉熙元年，春正月，以李𡌴同知樞密院事，宣撫四川。○二月，以鄭性之知樞密院事，鄒應龍簽書院事，李宗勉同簽書院事。○李鳴復罷。○詔經筵進講朱熹《通鑑綱目》。○蒙古始給官府符印，定驛令。初，諸路官府自爲符印，僭越無度。耶律楚材請中書省依式鑄給，名器始重。時諸王、貴戚皆得自起驛馬，道路騷擾，所至須索百端。楚材復請給牌劄定分例，其弊始革。三月，資政殿學士魏了翁卒。贈少師，謚文靖。蒙古擊欽察諸部，降之。欽察去中國三萬餘里，夏夜極短，日暫没輒出。土産良馬，富者以萬計。俗衽金革，勇猛剛烈，青目赤髪。蒙哥帥師至寬田吉思海，會大風，海水涸，遂進師屠其衆，生獲其酋長八赤蠻。又進兵圍斡羅思蔑怯思城，皆降之。夏五月，臨安大火。臨安大火，自巳至酉，燒民廬五十三萬。士民上書咸訴濟王之冤，進士潘牥對策亦以爲言，并及史彌遠。侍御史蔣峴，彌遠之黨也，上疏謂：「火災天數，何預故王？」遂劾方大琮、王邁、劉克莊等鼓扇異論，并斥牥姓同逆賊，語涉不順，請皆論以漢法。自是，羣臣無敢復言濟王之冤矣。六月，鄒應龍罷。○秋八月，以李鳴復參知政事，李宗勉簽書樞密院事。○蒙古校儒士于諸路。耶律楚材奏：「制器者必用良工，守成者必用儒臣。儒臣之事業，非積數十年殆未易成也。」蒙古主曰：「果爾，可官其人。」楚材請校試之。乃命稅課使劉中、楊奂隨郡考試，以經義、詞賦、論分爲三科。儒人被俘爲奴者亦令就試，其主匿弗遣者死。得士凡四千三十人，免爲奴者四之一。楚材又請一衡量、立鈔法、定均輸，庶政畧備，民稍蘇息。冬十月，蒙古寇安豐，知軍事杜杲力戰禦之，蒙古引還。蒙古口温不花攻黄州，孟珙帥師救却之。遂攻安豐，杜杲繕完守禦。蒙古以火砲焚樓櫓，杲隨陷隨補完。蒙古令拔都魯斫牌杈木。拔都魯者，皆死囚爲之，攻城以自贖。杲募善射者，用小箭射其目，拔都魯多傷而退。蒙古填壕爲二十七壩，杲分兵扼壩。蒙古乘風縱火，俄而風雪驟作，杲募壯士奪壩路，士皆奮躍死戰。會池州都統制吕文德突圍入城，合力捍禦，蒙古引去，淮右以安。文德，安豐人，魁梧勇悍，嘗粥薪城中。趙葵見其遺屨長尺有咫，異而訪之，值文德出獵，暮負虎、鹿各一而歸。召置帳下，遂累功勞，超擢軍職。十二月朔，日食。日與金、木、水、火四星俱纏斗，食將既。

**戊戌**　二年，春正月，以余天錫同簽書樞密院事。○二月，以史嵩之參知政事，督視京湖、江西軍馬，置司鄂州。尋兼督視淮南西路，光、蘄、黄、夔、施州。夏五月，以李鳴復知樞密院事，余天錫簽書院事，李宗勉參知政事。喬行簡請「以兵事委鳴復，財用委宗勉，楮幣委天錫，當會議者，臣則參酌行之」。帝從其請。六月，李埴卒。○秋七月，以趙以夫同知樞密院事。○九月，蒙古圍廬州，杜杲敗走之。蒙古察罕帥兵號八十萬圍廬州，期破廬後，造舟巢湖以窺江左。於濠外築土城六十里，穿兩濠，攻具皆數倍于攻安豐時。杜杲極力守禦，蒙古築垻高於城樓，杲以油灌草，即垻下煉之，皆爲煨燼。又於串樓内立雁翅七層，俄砲中垻上，衆驚。杲乘勝出戰，蒙古敗走，杲追躡數十里。又練舟師，扼淮河，遣其子庶監呂文德、聶斌，伏精鋭於要害。蒙古不能進，遂引師北歸。詔加杲淮西制置使。以孟珙爲京湖制置使。冬十月，珙復郢州、荆門軍。珙受詔收復京、襄，珙謂必得郢，然後可以通餽餉；得荆門，然後可以出奇兵。及至岳州，檄江陵節制司擣襄、郢，召諸將指授方畧，發兵深入，遂復郢州、荆門軍。蒙古建太極書院于燕京。時濂溪周子之學未至於河朔。楊惟中用師于蜀、湖、京、漢，得名士數十人，始知其道之粹。乃收集伊洛諸書，載送燕京。師還，與姚樞謀建太極書院及周子祠，以二程、張、楊、游、朱六子配食。請趙復爲師，選俊秀有識度者爲道學生。由是，河朔始知道學。

**己亥**　三年，春正月，以喬行簡爲少傅、平章軍國重事，李宗勉爲左丞相兼樞密使，史嵩之爲右丞相，兼樞密使，督視江淮、四川、京湖軍馬。嵩之既相，一時正人如杜範、游侶、劉應起、李韶、趙汝騰等，皆以不合逐去。時三相當國，論者謂喬失之泛，李失之狹，史失之專，然宗勉清謹守法，猶號爲賢。以余天錫參知政事，游侣簽書樞密院事。○三月，孟珙復襄陽。珙遣兵及蒙古三戰皆捷，遂復信陽、光化軍、樊城、襄陽，因上奏曰：「取襄不難而守爲難，非將士不勇也，非車馬器械不精也，實在乎事力之不給爾。襄、樊爲朝廷根本，今百戰而得之，當加經理，如護元氣，非甲兵十萬不足分守。與其抽兵于敵來之後，孰若保此全勝！上兵伐謀，此不争之争也。」乃以蔡、息降人置忠衛軍，襄、郢降人置先鋒軍。秋八月，以游侣參知政事，許應龍簽書樞密院事，林畧同簽書院事。○蒙古軍復破成都而去。蒙古塔海將兵入蜀，制置使丁黼聞之，先遣妻子南歸，自誓死守。至是，塔海自新井入，詐豎宋將旗。黼以爲潰卒，以旗榜招之。既審知其非，領兵夜出城南迎戰，至石筍街，兵散，力戰而死。蒙古遂取漢、邛、簡、眉、閬、蓬州、遂寧、重慶、順慶府，尋引還。黼帥蜀，爲政寬大，蜀人思之。冬十月，許應龍、林畧罷。十一月，以范鍾簽書樞密院事。○十二月，觀文殿大學士致仕崔與之卒。與之未嘗造朝，帝虚位待之，致仕踰年而卒。與之晚出番禺，屹然有大臣風，與張九齡齊名異代。贈少師，封南海郡公，謚清獻。孟珙遣兵禦蒙古于蜀口，遂復夔州。孟珙諜知蒙古塔海等帥衆號八十萬南侵，策其必道施、黔以透湖、湘，乃請粟十萬石以給軍餉，以二千人屯峽州，千人屯歸州，命弟瑛以精兵五千駐松滋爲夔聲援，增兵守歸州隘口萬户谷。及蒙古至，珙密遣將禦之，又以千人屯施州。蒙古既入蜀，珙增置營砦，分布戰艦，遣兵間道抵均州防遏，且設策備禦。未幾，蒙古渡萬州湖灘，施、夔震動。珙兄璟時知峽州，帥兵迎拒于歸州大垭砦，得捷于巴東，遂復夔州。以陳塤爲國子司業。塤，史彌遠之甥也。紹定中爲太常博士，上疏乞去君側之蠱媚以正主德，從天下之公論以新庶政，蓋指賈貴妃及彌遠也。彌遠召，謂曰：「何爲好名？」塤曰：「好名，孟子所不取。然求士於三代之上，惟恐其好名；求士於三代之下，惟恐其不好名耳。」因力請外。彌遠卒，乃召還，歷官吏部侍郎。至是，授司業，諸生相慶，以爲得師。蒙古以奥都剌合蠻提領諸路課税。初，耶律楚材定課税銀額，每歲五十萬兩。及河南降，户口滋息，增至一百一十萬兩。至是，回回奥都剌合蠻請以二百二十萬兩撲買之，楚材持不可，曰：「雖取五百萬亦可得，不過嚴設法禁，陰奪民利耳。」反復争論，聲色俱厲。蒙古主曰：「爾欲鬭搏邪？」楚材力不能奪，乃太息曰：「民之困窮，將自此始矣！」

**庚子**　四年，春正月，彗見營室。○臨安大饑。饑者奪食於路，市中殺人以賣，盗於隱處掠賣人以徼利。日未晡，路無行人。　蒙古張柔等分道入寇。○二月，以孟珙爲四川宣撫使，珙遂大興屯田。珙條具上流事宜，會諜知蒙古於襄、樊、信陽、隨州招集軍民布種，積船材于鄧之順陽，乃分兵撓其勢，潛兵燒所積船材。又度其必因糧於蔡，遣兵火其積聚。遂拜四川宣撫使，知夔州，節制歸、峽、鼎、澧軍馬。珙至鎮，招集散民爲寧武軍，以降人回鶻愛里八都魯爲飛鶻軍。鳌蜀政之弊爲條班諸郡縣，且曰：「不擇險要立砦柵，則難責兵以衛民；不集流離安耕種，則難責民以養兵。」乃立賞罰以課殿最，俾諸司奉行之。尋兼夔州路制置屯田，調夫築堰，募農給種，首秭歸尾漢口，爲屯二十，爲頃十八萬八千二百八十。又創南陽、竹林兩書院以處襄、漢、四川流寓之士。以李庭芝權施州建始縣，庭芝訓農治兵，選壯士雜官軍教之。期年，民皆知戰守，善馳逐，無事則植戈而耕，敵至則悉出而戰。珙下其法於所部行之。　夏四月，召史嵩之還。○以杜杲爲沿江制置使。知建康府。　蒙古復使王檝來。檝前後凡五至，以和議未决，隱憂致卒。遣使歸其柩于蒙古。　秋九月，喬行簡罷。行簡告老，乃以少師爲醴泉觀使，尋卒。　冬閏十二月，李宗勉卒。　以游侣知樞密院事，徐榮叟簽書院事，范鍾參知政事。○蒙古嚴實卒。子忠濟嗣。

**辛丑**　淳祐元年，春正月，詔加周敦頤、張載、程顥、程頤封爵，與朱熹並從祀孔子廟庭，黜王安石從祀。詔曰：「孔子之道，自孟軻後不得其傳。至我朝周敦頤、張載、程顥、程頤，真見實踐，深探聖域，千載絶學，始有指歸。中興以來，又得朱熹精思明辨，表裏混融。使《大學》、《論》、《孟》、《中庸》之書，本末洞徹；孔子之道，益以大明于世。朕每觀五臣論著，啓沃良多。今視學有日，其令學官列諸從祀，以示崇奬之意。」尋以王安石謂「天命不足畏，祖宗不足法，人言不足恤」，爲萬世罪人，豈宜從祀孔子，其黜之。越二日，加封敦頤汝南伯，載郿伯，顥河南伯，頤伊陽伯。三月，趙以夫罷。○秋七月，高麗王瞮以族子爲質于蒙古。❶先是，蒙古伐高麗，高麗屢敗，乃復入貢，請平。蒙古令其王瞮親朝當罷兵。至是，瞮以族子爲質于蒙古。八月，求遺書。○冬十月，蒙古以牙剌瓦赤行省事于燕京。主管漢民公事，以姚樞爲郎中。十一月，蒙古主窩闊台卒，第六后乃馬真氏稱制。窩闊台立十有三年，卒年五十六，廟號太宗。性嗜酒，晚年尤甚，耶律楚材數諫，不聽，乃持酒槽鐵口以獻，曰：「此鐵爲酒所蝕，尚致如此，況人之五臟邪？」蒙古主乃少減。是年二月，疾篤脉絶，六皇后不知所爲，召楚材問之，楚材對曰：「今任使非人，賣官鬻獄，囚繫非辜者多，宜赦天下。」后亟欲行之，楚材曰：「非君命不可。」頃之，蒙古主少蘇，后以爲言，乃首肯之，赦發而脉復生。十一月，疾愈，楚材以太一數推之，不宜田獵。左右皆曰：「不騎射何以爲樂？」出田五日，還至鈋鐵鍏胡蘭，奥都剌合蠻進酒懽飲，極夜乃罷。翌日，卒。初，蒙古主有旨以孫失烈門爲嗣，❷至是，后召楚材問之。楚材曰：「此非外姓臣所敢知，自有先帝遺詔，幸遵行之。」后不從，遂稱制於和林。失烈門，蒙古主第四子曲出之子也。❸成都將田世顯叛，以城降蒙古，制置使陳隆之死之。塔海部汪世顯等復入蜀，進圍成都。隆之守彌旬，誓與城存亡。部將田世顯潛送欵于蒙古，乘夜開門，北兵突入，隆之舉家數百口皆死。檻送隆之至漢州，命諭守臣王夔降，隆之大呼曰：「大丈夫死爾，勿降也！」遂見殺。漢州兵三千出戰，城閉，盡爲蒙古所屠。十二月，余天錫卒。○蒙古使月里麻思等來，至

❶ 「瞮」，《元史》卷二《太宗本紀》作「瞰」。

❷ 「失烈門」，原作「失列門」，據萬曆本、《元史》卷二《定宗本紀》改。

❸ 「第四子」，據《元史》卷一〇七《宗室世系表》，曲出爲元太宗第三子。

淮上，守將囚之。蒙古使月里麻思來議和，從行者七十餘人，月里麻思曰：「吾與汝等奉命南下，楚人多詐，倘遇害，當死焉，毋辱君命。」已而馳抵淮上，守將以兵脅之，曰：「爾命在我，生死頃刻間耳。若能降，官爵可立致。不然，必不汝貸！」月里麻思曰：「吾持節南來以通國好，反誘我以不義，有死而已！」守將知其不可逼，乃囚之長沙飛虎寨。

**壬寅** 二年，春正月，游侶罷。○以范鍾知樞密院事，趙葵同知院事，別之傑簽書院事。○以徐榮叟參知政事。○蒙古復寇蜀，孟珙分兵禦之。蒙古也可那顏、耶律朱哥自京兆取道商、房以趨三川，遂攻瀘州。孟珙遣一軍屯江陵及郢州，一軍屯沙市，一軍自江陵出襄，與諸軍會，又遣一軍屯涪州，且下令應出戍主兵官不許失棄寸土。權開州梁棟以乏糧還司，珙曰：「是棄城也。」斬以徇。由是諸將稟命惟謹。蒙古燕京行省郎中姚樞棄官隱于蘇門。蒙古牙剌瓦赤在燕惟事貨賂，以樞爲幕長，分及之。樞一切拒絕，因辭職去，携家往輝州之蘇門，作家廟，別爲室奉孔子及宋儒周、程、張、邵、司馬六君子像，刊《小學》、四書并諸經傳註，以惠學者，讀書鳴琴，若將終身。夏五月，趙葵罷。○六月，徐榮叟罷。中書舍人李韶言：「道揆之地，愛善類不勝於愛爵禄，畏公議不勝於畏權勢。」與嵩之議不合，出知泉州。榮叟言韶議論不阿，請留之。帝不聽，亦罷。以別之傑同知樞密院事，高定子簽書院事，杜範同簽書院事。定子尋罷。範抗言時政無隱情，史嵩之外示寬容，内實忌之。秋七月，蒙古兵渡淮入揚、滁、和州。○九月朔，日食。○冬十月，蒙古陷通州，屠其民。○十二月，別之傑罷。

**癸卯** 三年，春正月，蒙古張柔分兵屯田于襄城。○二月，以余玠爲四川制置使。初，玠家貧，落魄無行，亡命走揚州，上謁趙葵。葵壯之，留置幕府，俾帥舟師泝淮入河抵汴，所向有功，累擢淮東制置副使。入對言：「方今指即戎之士爲粗人，斥爲噲伍。

願陛下視文、武之士爲一，勿令偏有所重。偏則必至於激，文、武交激，非國之福。」帝曰：「卿人物議論皆不尋常，可獨當一面。」乃授四川宣諭使。至是，加制置使、知重慶府。

蜀中財賦入户部、三司者五百餘萬緡，入四總領所者二千五百餘萬緡，金銀綾錦之類不預焉。自寶慶三年失關外，端平三年蜀地殘破，所存州郡無幾，國用益窘。十六年間，凡授宣撫使者三人，制置使者九人，俱無成績。於是兩川無復紀律，遺民咸不聊生，監司、戎帥各專號令，擅辟守宰，蕩無法度，蜀日益壞。玠至，大更弊政，遴選守宰。築招賢館于府左，士之至者，玠不厭接，隨其才而任之。遂以利、閬城大獲山以護蜀口，蓬州城營山，渠州城大良平，嘉定城舊治，瀘州城神臂山。其他因山爲壘，棊布星列，如臂使指，氣勢聯絡，屯兵聚糧，爲必守計，民始有安土之心。**三月朔，日食。○蒙古中書令耶律楚材以憂卒。**乃馬真氏稱制，奥都剌合蠻專政用事，權傾中外，后至以御寶、空紙使自書填。楚材曰：「天下者，先帝之天下，朝廷自有憲章，今欲紊之，臣不敢奉詔。」又有旨：「凡奥都剌合蠻所建白，令史不爲書者斷其手。」楚材曰：「國之典故，先帝悉委老臣，令史何預焉？事若合理，自當奉行；如不可行，死且不避，况截手乎？」后不悦。楚材憤悒成疾而卒。或譖之曰：「楚材爲相二十年，天下貢賦半入其家。」后命近臣覆視之，惟琴阮十餘，及古今書、畫、金石、遺文數千卷。楚材天資英邁，夐出人表，正色立朝，不爲勢屈，每陳國家利病、生民休戚，辭色懇切。蒙古太宗嘗曰：「汝又欲爲百姓哭邪？」楚材每言：「興一利不若除一害，生一事不若減一事。」人以爲名言。至順初，贈太師，追封廣寧王，謚文正。宋子貞曰：「元承大亂之後，天綱人理，幾乎泯絶。加以南北之政，每每相戾。出入用事之臣，又皆諸番降附，言語不通，趨向不同。楚材以一書生，孤立其間，欲行其所學，可謂難矣。然見於設施者，十不二三。向使無楚材，人類不知其何如耳！」**蒙古以汪世顯爲秦、鞏諸州總帥，尋卒。**蒙古入蜀，世顯之功爲多。至是，闊端承制拜世顯便宜總帥，統秦、鞏、定西、金、蘭、洮、會、環、隴、慶陽、平涼、德順、鎮戎、原、階、成、岷、疊、西和二十州事。尋卒，子德臣代爲總帥，將兵從入蜀。**余玠城釣魚山，徙合州治之。**播州冉璡及弟璞俱有文武才，隱居蠻中，前後閫帥辟召，皆堅辭不至。聞玠賢，自詣府上謁。玠待以上客，璡、璞居數月，無所言。玠疑之，乃更闢別館以處之，且日使人窺其所爲。兄弟終日不言，惟對踞以堊畫地爲山川、城池之形，起則漫去。如是又旬日，請見玠，屏人曰：「某兄弟辱明公禮遇，思有以少裨益，爲今日西蜀之計，其在徙合州城乎？」玠不覺躍起，執其手曰：「此玠志也，但未得其所耳！」璡曰：「蜀口形勝之地莫若釣魚山，請徙諸此。若任得其人，積粟以守之，賢於十萬師遠矣。」玠大喜曰：「玠固疑先生非淺士，先生之謀，玠不敢掠以歸己。」遂密以其謀聞于朝，請不次官之。詔璡權發遣合州，璞權通判，徙城之事，悉以任之。釣魚城成，蜀始可守。

**甲辰　四年，春正月，以李鳴復參知政事，杜範同知樞密院事，劉伯正簽書院事。範固辭，遂與鳴復俱罷。**初，範爲殿中侍御史，嘗論鄭清之、李鳴復之過，不行，即棄官去。至是，不屑與鳴復共政，上疏辭位而去。帝遣使召還，太學諸生亦上書留範而斥鳴復，并斥史嵩之。嵩之諷諫議大夫劉晉之併論罷二人。**三月，以金淵簽書樞密院事。○夏六月，賜禮部進士留夢炎及第。○以呂文德爲淮西招撫使。**先是，以文德爲侍衛副都指揮使，總兩淮軍馬。既而蒙古圍壽春，文德解其圍，遂有是命。未幾，文德又敗蒙古于五河，復其城。**秋九月，詔起復史嵩之。將作監徐元杰、太學生黃愷伯等上書論之，不報。**先是，黃濤、劉應起、徐霖等俱上書，論嵩之姦深擅權，帝不聽，而論者益衆。及其父彌忠疾亟，嵩之謁告，許之。翌日，彌忠卒，詔嵩之起復。徐元杰上疏曰：「陛下爲四海綱常之主，大臣身任道揆，扶翊綱常。自聞嵩之有起復之命，凡有父母之心者，莫不失聲涕零。是果何爲而然？人心天理，誰實無之？興言及此，非可使聞於鄰國也。臣愬愬納忠，何敢訕訐？特爲陛下愛惜民彝而已。」疏出，史憾之，帝亦不聽。於是，太學生黃愷伯等百四十四人上書曰：「嵩之心術回邪，蹤跡詭祕，曩者開督府，以和議墮將士心，以厚貲竊宰相位，羅天下之小人爲私黨，奪天下之利權歸私室，蓄謀積慮，險不可測。在朝廷一日則貽一日之禍，一歲則貽一歲之憂。萬口一辭，惟恐其去之不速。今嵩之不天，徘徊牽引，彌縫貴戚，買囑貂璫，轉移上心，衷私御筆，必得起復之禮，然後從容就道，初不見其憂戚之容。大臣佐天子以孝治天下，孝不行於大臣，是率天下而爲無父之國矣。以法繩之，雖置之鈇鉞，猶不足謝天下，況復置之具瞻之位乎？」武學生翁日善等六十七人、京學生劉時舉等九十四人、宗學生與寰等三十四人，皆上書切諫，亦不報。時范鍾、劉伯正領相事，惡京學生言事，謂皆遊士鼓倡之，諷京尹趙與簒盡削遊士之籍。**冬十月，以劉漢弼爲左司諫。**史嵩之久擅國柄，帝亦患苦之，乃夜降御筆黜四不才臺諫。於是諫議大夫劉晉之、侍御史王瓚、監察御史龔基先、胡清獻皆罷去，以漢弼爲左司諫。漢弼首贊帝曰：「拔去陰邪，庶可轉危而安。否則是非不兩立，邪正不並進。陛下雖欲收召善類，不可得矣。」帝嘉納之。**十一月，詔史嵩之終喪。**徐元杰復上疏論嵩之起復，士論紛然，乞許其舉執政自代。帝曰：「學校雖是正論，但言之太甚。」元杰對曰：「正論乃國家元氣，今正論猶在學校，要當保養一綫之脉。」因乞引去。左司諫劉漢弼亦上言：「願聽嵩之終喪，亟選賢臣，早定相位。」又論：「馬光祖奪情總賦淮東，乃嵩之預爲引例之地，乞勒令追服，以補名教。」會嵩之亦自知不爲衆論所容，上疏乞終制，帝乃許之。**金淵等有罪免。**上欲更新庶政，乃召王伯大、李性傳、陳韡等赴闕。於是劉漢弼及右正言鄭寀、監察御史江萬里相繼言：「簽書樞密院事金淵、諫議大夫劉晉之、兵部尚書鄭起潛、吏部侍郎濮斗南、陳一薦、起居舍人韓祥、國子祭酒項容孫、起居郎葉賁、主管侍衛步軍司王德明，及知州林光謙等，皆附麗史嵩之爲之腹心，盤據要路，公論之所切齒。」詔淵罷政予祠，餘各貶官有差。**十二月，以范鍾、杜範爲左、右丞相，並兼樞密使。**範入相，首上五事：「曰正治本，謂政事當常出於中書，毋使旁蹊得竊威福。曰肅宮闈，謂當嚴内外之限，使宮府一體。曰擇人才，謂當隨其所長用之而久於職，毋徒守遷轉之常格。曰惜名器，謂如文臣貼職、武臣閤衛，不當爲徇私市恩之地。曰節財用，謂當自人主一身始，自宫掖始，自貴近始，考封樁、國用出入之數而補窒其罅漏，求鹽筴、楮幣變更之目而斟酌其利害。仍乞早定國本，以安人心。」**以劉伯正參知政事，游侣知樞密院事，趙葵同知院事。〇以孟珙兼知江陵府。**珙至江陵，登城歎曰：「江陵所恃三海，不知沮洳有變爲桑田者。敵一鳴鞭，即至城外，蓋自城以東，古嶺、先鋒直至三汉無限隔。」乃脩復内隘十有一，別作十隘于外，有距城數十里者。沮、漳之水舊自城西入江，因障而東之，俾遶城北入于漢，而三海遂通爲一。隨其高下爲匱蓄泄，三百里間渺然巨浸。土木之工百七十萬，民不知役，因繪圖上之。

**乙巳** 五年，春正月，劉伯正罷。以李性傳簽書樞密院事。○夏四月，右丞相兼樞密使杜範卒。○六月，工部侍郎徐元杰暴卒。史嵩之既去，元老舊德次第收召。杜範既入相，復延元杰議政，多所裨益。六月朔，元杰當侍立，先一日謁范鍾歸。是夕，熱大作，夜四鼓指爪忽裂以死。三學諸生相繼伏闕上言：「昔小人傾君子者，不過使之死于蠻烟瘴雨之鄉。今蠻烟瘴雨不在嶺海而在朝廷。」詔付臨安府鞫治常所給使之人。獄迄無成，劉漢弼亦每以奸邪未盡屏汰爲慮。未幾，以腫疾暴死。太學生蔡德潤等百七十有三人復叩閽上書訟冤，詔給元杰、漢弼官田五百畝，緡錢五千，恤其家。時杜範入相八十日卒，元杰、漢弼相繼暴死，時謂諸公皆中毒，堂食無敢下筯者。初，嵩之從子璟卿嘗上書諫嵩之曰：「久開督府，所成何功！東南民力，困于征輸，州縣匱于應辦，誠恐禍起蕭牆，危如朝露。爲今之計，莫若盡去在幕之羣小，悉召在野之君子，相與改絃易轍，戮力王事，以收桑榆之功。」言甚切至。居無何，璟卿暴卒，相傳亦嵩之致毒云。秋七月，❶蒙古察罕會張柔掠淮西，至揚州而去。○冬十一月，以陳韡同簽書樞密院事。○十二月，以游佀爲右丞相兼樞密使，趙葵知樞密院事，李性傳同知院事，性傳尋罷。

**丙午** 六年，蒙古定宗貴由元年。春正月朔，日食。○二月，范鍾罷。鍾爲相，雖無赫赫可稱，而直清守法，與游佀不協，力辭而去。夏六月，以陳韡參知政事。○秋七月，蒙古主貴由立。貴由，太宗長子，母六皇后臨朝四年。至是，會諸王百官議立，貴由乃即位于汪吉宿滅禿里之地，朝政猶出於后。

❶「七月」，原脱，據萬曆本、四庫本補。

九月，寧武節度使、漢東公孟珙卒，以賈似道爲京湖制置使。珙忠君體國之念，可貫金石。在軍中參佐部曲論事，言人人異，珙徐以片言折衷，衆志皆愜。謁士、遊客、老校、退卒，壹以恩意撫接。名位雖重，惟建旗鼓、臨將吏面色凛然，無敢涕唾者。退則掃地焚香，隱几危坐，若蕭然事外。遠貨色，絶滋味，尤邃於易學。累贈太師，追封吉國公，謚忠襄。冬十二月，詔史嵩之致仕。嵩之服除，有嚮用之意。殿中侍御史章琰、正言李昴英、監察御史黄師雍論其無父無君，乞寢宫祠，削官遠竄。詔皆落職予祠。翰林學士李韶與從官抗疏言：「陛下不能正姦臣之罪，其過不專在上，蓋大臣百執事不能輔天子以討有罪。乞斷以《春秋》之義，亟賜裁處。」乃命嵩之以觀文殿大學士、永國公致仕，詔不復用。蒙古寇京湖、江淮之境。蒙古萬户史權等耀兵淮南，攻虎頭關寨，❶拔之，進至黄州。

**丁未**　七年，夏四月，以王伯大簽書樞密院事，吴潛同簽書院事。○游侣罷。○以鄭清之爲太傅、右丞相兼樞密使。中使及門，清之方放浪湖山，寓僧刹，竟夕不歸。詰旦始還，入對力辭，不允。以趙葵爲樞密使，督視江淮、京湖軍馬，陳韡知樞密院事、湖南安撫大使。葵兼知建康府，韡兼知潭州。秋七月，吴潛罷。以别之傑參知政事，鄭寀同簽書樞密院事。八月，寀罷。○蒙古侵高麗。高麗歲貢不入，蒙古伐之。自後終憲宗八年，凡四易將，拔其城十有四。

**戊申**　八年，春三月，蒙古主貴由卒，后斡兀立海迷失稱制。貴由年四十三，卒於横相乙兒之地，廟號定宗。時國内大旱，河水盡涸，野草自焚，牛馬死者十八九，人不聊生。諸王及各部又遣使於諸郡，徵求貨財，或於西域、回鶻索取珠璣，或於海東取鷹鶻，馹騎絡繹，晝夜不絶，民力益困。皇后斡兀立海迷失抱曲出

❶「寨」，原作「塞」，據《元史》卷二《定宗本紀》改。

子失烈門聽政，諸王大臣多不服。秋七月，以王伯大參知政事，應繇同知樞密院事，謝方叔簽書院事，史宅之同簽書院事。伯大尋罷。○冬十月，別之傑罷。

**己酉**　九年，春閏二月，以鄭清之爲太師、左丞相，趙葵爲右丞相，並兼樞密使，應繇、謝方叔參知政事，史宅之同知樞密院事。清之辭免太師，許之。○夏四月朔，日食。○五月，陳韡罷。○秋九月，嚴中外上書之禁。諫臣言譁徒吻士，結黨扣閽，簧鼓是非，爲攫利之計，詔：「中外士庶上書，其言有益於國者，必加精採。倘涉私邪，朋奸罔上，妄肆雌黃，當嚴加究問。」是時臺綱不振，嬖寵干政，彈文及其私黨，則內降聖旨宣諭刪去，謂之「節帖」，臺諫不敢與爭。冬十一月，應繇罷。○十二月，以吳潛同知樞密院事，徐清叟簽書院事。○史宅之卒。

**庚戌**　十年春三月，以賈似道爲兩淮制置大使，李曾伯爲京湖制置使。似道兼知揚州，曾伯知江陵府。趙葵罷。言者論葵非由科目進，且曰宰相須用讀書人。葵因力辭，其表有云：「霍光不學無術，每思張詠之語以自慚；后稷所讀何書，敢以趙抃之言而自解。」帝不得已，授醴泉觀使兼侍讀，復固辭，乃以觀文殿大學士判潭州。冬，余玠出兵至興元而還。玠帥蜀，慷慨自許，有挈故地還天子之語，上嘉之。數年之間，建城壁，築關隘，增屯堡，邊警稍息，寖以驕恣。而鄭清之再相，因從臾其進兵，於是一意出師。雖有小捷，至興元遇蒙古將汪德臣、鄭鼎，無功而還。

**辛亥**　十一年，蒙古憲宗蒙哥元年。春三月，以謝方叔知樞密院事，徐清叟同知院事，吳潛參知政事。○夏六月，蒙古主蒙哥立。初，定宗卒，久未立君，中外洶洶。至是諸王木哥及大將兀良合台等咸會議所立。時定宗后所遣使者在坐，曰：「昔太宗命以皇孫失烈門爲嗣，❶諸王百官皆與聞之。今失烈門故在，而議欲他屬，將寘之何地邪？」兀良合台等不聽，共推蒙哥即位于闊帖兀阿蘭之地，追尊其考拖雷爲帝，廟號睿宗。失烈門及諸弟心不能平，蒙哥因察諸王有異同者並羈縻之，取主謀者誅之。遂頒便宜事于國中，罷不急之役，凡諸王大臣濫發牌印、詔旨、宣命盡收之，政始歸一。兀良合台，速不臺之子也。**秋七月，蒙古主命其弟忽必烈總治漠南，開府金蓮川。**詔凡軍民在漠南者，聽忽必烈總之，遂開府于金蓮川。時姚樞隱居蘇門，忽必烈遣趙璧召之。❷樞至，大喜，待以客禮。樞乃爲書數千言上之，首陳帝王之道與治國平天下之大經，彙爲八目，曰脩身、力學、尊賢、親親、畏天、愛民、好善、遠佞；次及救時之弊，爲條三十。忽必烈奇其才，動必召問。樞因言于忽必烈曰：「今土地、人民、財賦，皆在漢地，王若盡有之，則天子何爲？後必有間之者矣。不若惟持兵權，凡事付之有司，則勢順理安。」忽必烈從之。**蒙古遣察罕等將兵分道寇淮、蜀。○冬十一月，鄭清之卒。**清之以老病固求解政，遂以太傅充醴泉觀使奉朝請，越六日而卒。清之不好立異，自與史彌遠議廢立得至宰輔。然端平之初，召用正人，清之之力也。其再相，則年齒衰暮，政歸妻子，閒廢之人或因緣以賄進，爲世所少。**以謝方叔爲左丞相，吳潛爲右丞相，並兼樞密使。**時二揆虛席，嵩之貨遊士上書薦己。喧傳麻制已下，衆心洶洶，及聽宣制，則方叔、潛也。始，帝欲相嵩之，中夜忽悟，召學士改相二人。**以徐清叟參知政事，董槐簽書樞密院事。○蒙古忽必烈置經畧司于汴，分兵屯田。**自闊端取漢上諸郡，因留軍戍境上，繼而襄、樊、壽、泗復降，而壽、泗之民盡爲軍官分有。由是降附路絶，雖歲侵淮、蜀，軍將唯利剽殺，城無居民，野皆榛莽。至是忽必烈從姚樞之請，置經畧司於汴，以忙哥、史天澤、楊惟中、趙璧爲使，俾屯田唐、鄧等州，授之兵牛，敵至則戰，退則耕。西起

❶「失烈門」，原作「失列門」，據萬曆本、《元史》卷三《憲宗本紀》改，下同。

❷「趙璧」，原作「趙壁」，據《元朝名臣事略》卷八之二、《元史》卷一五八《姚樞傳》、卷一五九《趙璧傳》改，下同徑改。

襄、鄧，❶東連清口、桃源，列障守之。初，河南總管劉福貪酷，虐害遺民將二十年，惟中召福聽約束。福以數千人擁衛而至，惟中握大梃擊殺之，百姓莫不稱快。**蒙古號西域僧那摩爲國師。**那摩，西域築乾國人，與兄斡脱赤俱學浮屠。定宗嘗命斡脱赤佩金符，奉使省民瘼。憲宗復尊禮那摩，令總天下釋教。斡脱赤亦貴用事。

**壬子　十二年，春二月朔，日食。○蒙古城沔州。○蒙古主蒙哥徙諸王于邊，殺定宗后斡兀，立海迷失，竄失烈門于没脱赤。**蒙哥以諸王嘗欲立失烈門，乃徙太宗后乞里吉忽帖尼于擴端所居地之西，分遷諸王于各邊，以太宗后妃家貲分賜諸王，定宗后及失烈門母以厭禳並賜死，禁錮失烈門于没脱赤之地。**夏六月，閩浙大水。**嚴、衛、婺、信、台、處、建、劍、邵同日大水，冒城郭，漂室廬，人民死者以萬數。詔遣使分行賑恤之。徐清叟言：「漢關中大水，翼奉以爲后親舅之故。今宜少抑宦官、戚畹，以回天意。」**蒙古分漢地，封宗屬。**蒙古主以中州封同姓，命弟忽必烈於汴京、關中自擇其一。姚樞曰：「南京河徙無常，土薄水淺，瀉鹵生之，不若關中。」忽必烈遂請於蒙古主，蒙古主曰：「關中户寡，河南、懷、孟，地狹民夥，可取自益。」由是，盡有關中、河南之地。忽必烈遂分遣使戍興元諸州，又奏割河東解州鹽池以供軍，立從宜府於京兆，屯田鳳翔，募民受鹽入粟，轉漕嘉陵。**秋八月，蒙古使忽必烈將兵擊大理。○冬十月，蒙古兵入嘉定府。**蒙古汪德臣將兵掠成都，薄嘉定，四川大震。帥守俞興、元用等夜開關力戰，始解去。議者謂余玠出師之誤，有以召之。**以徐清叟參知政事，董槐同知樞密院事。○十一月，吴潛罷。○詔求直言。**時臨安火三日乃熄，詔求直言。帝又諭輔臣曰：「近來早朝多奏臣下辭免等細事，而事體大者，乃從繳進，甚非臨朝聽政之意。自今宜就早朝面奏。」

❶「襄」，原作「穰」，據萬曆本、四庫本、《資治通鑑後編》卷一四三改。

**癸丑　寶祐元年，春正月，詔以與芮子禥爲皇子，封永嘉郡王。**帝在位歲久無子，羣臣屢以爲言。至是，乃下詔以母弟嗣榮王與芮子孜爲皇子，賜名禥，封永嘉郡王。明年，進封忠王。**蒙古兵渡漢江，寇萬州，京湖都統高達拒却之。○二月朔，日食。○蒙古城利州。**蒙古汪德臣既城沔、利，且耕且守，蜀土不可復矣。**夏五月，召余玠還。六月，以余晦爲四川宣諭使。**初，利州都統王夔素殘悍，號「王夜叉」，恃功驕恣，桀驁不受節度，所至刼掠，蜀人苦之。玠至嘉定，夔帥所部兵迎謁，班聲如雷，江水爲沸，旗幟精明，舟中皆戰掉失色，而玠自若也，徐命吏班賞。夔退謂人曰：「儒者乃有此人。」玠久欲誅夔，獨患其握重兵居外，謀於親將楊成，成曰：「今縱弗誅，養成其勢，後一舉足，西蜀危矣。」玠意遂決，夜召夔計事，潛以成代領其衆。夔纔離營，而新將已單騎入矣。夔至，玠斬之。會戎州帥欲舉統制姚世安爲代，玠素欲革軍中舉代之弊，以三千騎至雲頂山下，遣都統金某往代世安，世安閉關不納。而世安素結丞相謝方叔子姪，至是求援於方叔，方叔遂倡言玠失利戎心。❶帝惑之，世安乃與玠抗，玠鬱鬱不樂。玠專制四蜀，凡有奏疏，詞氣不謹，帝不能平。會徐清叟入對，語及玠，因言：「玠不知事君之禮，陛下何不出其不意而召之？」帝不答，清叟曰：「陛下豈以玠握大權召之或不至邪？臣度玠素失士心，必不敢。」帝然之。乃以資政殿學士召，而以知鄂州余晦爲宣諭使。**蒙古伐西域。○秋七月，資政殿學士余玠暴卒。**玠之治蜀也，任都統張實治軍旅，安撫王惟忠治財賦，監簿朱文炳接賓客，皆有常度。自寶慶以來，蜀閫未有及之者。然久假便宜之權，不顧嫌疑，昧於勇退，遂來讒賊之口。又置機捕官，雖足以廉得事情，然寄耳目於羣小，故人多懷疑懼。至是聞召不自安，一夕暴下卒。或謂仰藥死，蜀人莫不悲之。**八月，以余晦爲四川制置使。○冬十二月，蒙古忽必烈滅大理，遂入吐蕃，降之。**忽必烈以兀良合台總諸軍事，分三道以進，自臨洮經行山谷二千餘里，自金沙江乘革囊及栰以

❶「利戎」，原作「戎利」，據《宋史》卷四一六《余玠傳》乙正，萬曆本作「戎伍」。

濟。摩莎蠻主迎降。❶進薄大理城，大破其兵，虜其王段興智，❷分兵取附都、鄯善、烏爨等部。進入吐蕃，其酋唆火脱懼而出降，兵威所加，鮮不欵附。忽必烈遂班師，留兀良合台攻諸夷之未附者。

**甲寅** **二年，春正月，蒙古忽必烈以姚樞爲京兆勸農使。**樞從忽必烈征大理，嘗遇夜宴，陳宋太祖遣曹彬取南唐不殺一人、市不易肆事。明日，忽必烈據鞍呼曰：「汝昨夕言曹彬不殺事，吾能爲之，吾能爲之。」及師至大理，忽必烈命樞裂帛爲旗，書止殺之令，分號街陌，由是民得相完。忽必烈既還京兆，以樞爲勸農使，教民耕植。**二月，余晦遣兵城紫金山，蒙古襲取之。**紫金山，蜀之要地，余晦遣都統甘閏以兵數萬城之。蒙古汪德臣選精卒銜枚夜進，大破之。閏僅以身免，城遂爲蒙古所據。**蒙古寇合州，守將王堅敗之。○夏四月，以徐清叟知樞密院事，董槐參知政事。○六月，詔籍余玠家財。**侍御史吴燧等論故蜀帥余玠聚斂罔利七罪，玠死，其子如孫盡竊帑庾之積以歸。詔簿録玠家財，以犒師振邊。如孫遂認錢三千萬，徵之累年始足。**加賈似道同知樞密院事。○召余晦還。閏月，以李曾伯爲四川宣撫使，置司夔州。**初，晦制下，徐清叟奏曰：「朝廷命令不甚行於西蜀者十有二年，今者天斃余玠，乃陛下大有爲之機也。今以素無行檢、輕儇浮薄、不堪任重余晦者當之，臣恐五十四州軍民不特望而輕鄙之，夷狄聞之，亦且竊笑中國之無人矣。乞收回所除内批。」帝不聽。及晦在蜀屢敗，邊事日急，帝乃召晦還。董槐上疏請行，且請頓重兵置司夔門，以固荆、蜀輔車之勢。帝以槐言事無隱，方嚮用之。不許，而以李曾伯代晦。**釋蒙古使者遣歸。**時月里麻思已死。**秋九月，殺利州西路安撫使王惟忠。**惟忠以余晦鎮蜀，心輕之，呼其小字曰：「余再五來也。」晦怒，誣奏惟忠潛通北國，詔下大理獄。勘官陳大方煆成其事，遂斬于市。血上流而色不變，

❶「摩莎」，《元史》卷四《世祖本紀》作「摩娑」。

❷「段興智」，原作「段智興」，據《元史》卷一六六《信苴日傳》、《元文類》卷二三《程鉅夫平雲南碑》改。

且謂大方曰：「吾死訴于天。」未幾，大方亦死。**冬十一月，蒙古忽必烈以廉希憲爲京兆宣撫使。**希憲，畏兀人，少入侍忽必烈，篤好經書。一日，方讀《孟子》，聞召，因懷以進。忽必烈問其説，希憲以性善、義利、仁暴之旨爲對。忽必烈善之，目爲「廉孟子」。又一日，與諸貴臣校射，連發三中。衆驚服，曰：「真文武材也。」忽必烈自大理還，以京兆分地置宣撫司，命希憲爲使。京兆控制隴，蜀，諸王貴藩分布左右，民雜戎、羌，尤號難治。希憲講求民病，抑彊扶弱，境内大安。**蒙古張柔城亳州。**柔以連歲勤兵，兩淮艱于糧運，奏請據亳之利。蒙古主乃召柔率山前八軍城而戍之。柔又以渦水北溢淺不可舟，❶軍既病涉，曹、濮、魏、博粟皆不至。又以百丈口爲宋往來之道，俱築甬路。一自亳而汴，一自亳而南。置堡立柵，密爲偵邏，由是糧無不達。

**乙卯　三年，春正月，迅雷，罷元夕張燈。**起居郎牟子才上疏言：「元夕張燈侈靡，倡優下賤，奇技獻笑，媟汙清禁，上累聖德。今震霆示威，願聖明覺悟，天意可回。」帝納其言。**二月，治全子才等喪師罪，罷其祠禄。**蒙古侵漢、蜀、荆、淮，帝深憂之。給事中王埜言：「國家與蒙古本無深讎，而兵連禍結，皆原於入洛之師輕而無謀，遂致隻輪不返。乞罷全子才、劉子澄祠禄，以爲喪師誤國之戒。」從之。**蒙古忽必烈徵許衡爲京兆提學。**衡，懷慶河内人。幼有異質，七歲入學，授章句，問其師曰：「讀書何爲？」師曰：「取科第耳！」曰：「如此而已乎？」師大奇之，謂衡父母曰：「兒穎悟非常，他日必有過人者，吾非其師也。」遂辭去。稍長，嗜學如饑渴，然遭世亂，且貧無書。嘗從日者家得《書疏義》，避難徂徠山，得《易》王弼説，夜思晝誦，言動必揆諸義。既而，亂少定，往來河、洛間，從柳城姚樞得程朱氏書，益大有得。尋居蘇門，與樞及竇默相講習，慨然以道自任。嘗語人曰：「綱常不可一日亡於天下，苟在上者無以任之，則在下之任也。」凡喪祭娶嫁，必徵於禮，以倡其鄉人。學者寖盛，衡嘗語之曰：「進學之序，必當棄前日章句之習，從事于小學。」因悉取向來簡帙焚之，使無大小皆

❶「溢」，四庫本、《元史》卷三《憲宗本紀》作「隘」。

自小學入。是時，秦人新脱於兵，欲學無師，聞衡來，人人莫不喜幸。於是郡縣皆建學，民大化之。

三月，以王埜簽書樞密院事。○雨土。

詔不許傳播邊事。

夏五月，四川地震，閩、浙大水。○以宦者董宋臣幹辦佑聖觀。

宋臣迎逢上意，起梅堂、芙蓉閣、香蘭亭，豪奪民田，引倡優入宮，招權納賄，無所不至，人以「董閻羅」目之。監察御史洪天錫上疏言：「天下之患三：曰宦官、外戚、小人。」蓋指宋臣及謝堂、厲文翁。帝俾天錫易疏，欲自戒飭之。天錫又言：「自古姦人雖憑怙，其心未嘗不畏人主之知。苟知之而止於戒飭，則憑怙愈張，不若未知之爲愈也。」不報。

六月，以丁大全爲右司諫。

大全，鎮江人，面藍色，爲戚里婢壻。寅緣閻妃及内侍盧允升、董宋臣，遂得寵于帝，自蕭山尉累拜右司諫。時正言陳大方、侍御史胡大昌與大全同除，人目爲「三不吠犬」。

罷監察御史洪天錫。秋七月，謝方叔、徐清叟免。

時雨土，天錫以其異爲蒙，力言陰陽、君子、小人之辨，又言：「蜀中地震，閩、浙大水，上下窮空，遠近嗟怨，獨貴戚、巨閹享富貴耳。舉天下窮且怨，陛下能獨與數十人者共天下乎？」會吴民列愬宦官董宋臣奪其田，天錫下其事有司。而御前提舉所謂田屬御莊，不當白臺，儀鸞司亦牒常平。天錫謂：「御史所以雪冤，常平所以均役，若中貴人得以控之，則内外臺可廢，猶爲國有紀綱乎？」乃申劾宋臣併盧允升，及言：「脩内司止于供繕脩，比年動曰『御前』，姦贼之老吏，逃逋之兇渠，一竄名其間，則有司不得舉手。狡者獻謀，暴者助虐，其展轉受害者，皆良民也。願毋使史臣書之，曰：『内司之横自今始。』」疏六七上，悉留中，天錫遂去。宗正寺丞趙崇嶓移書責丞相謝方叔不能正救，而讒者又曰：「天錫之論，方叔意也。」於是監察御史朱應元論罷方叔及參知政事徐清叟，宋臣、允升猶以爲未快，厚賂人上書力詆天錫、方叔，且乞誅之，使天下明知宰相、臺諫之去，出自獨斷，於内侍初無預焉。於是方叔出提舉洞霄宫。

西南夷盡降蒙古。

兀良合台自吐蕃進攻白蠻、烏蠻及鬼蠻，諸部所向風靡。羅羅斯及阿伯兩國大懼，舉國以降。又乘勝攻下阿魯諸酋，西南夷悉平。得五城、八府、四郡，蠻部三十七。

八月，王埜罷。○以董槐爲右丞相兼樞密使，程元鳳簽書樞密院事，蔡抗同簽書院事。抗，處士元定之孫也。

**丙辰　四年，春三月，以蒲擇之爲四川制置使，置司重慶。○夏四月，以程元鳳參知政事，蔡抗同知樞密院事。○加賈似道參知政事。**職任依舊。似道威權日盛，臺諫嘗論其二部將，即毅然求去。孫子秀新除淮東總領，外人忽傳似道已密奏不可矣，執政遂不敢遣子秀，以似道所善陸壑代之，其見憚如此。**五月，賜禮部進士文天祥及第。**天祥以「法天不息」爲對，其言萬餘，帝親拔爲第一。考官王應麟奏曰：「是卷古誼若龜鑑，忠肝如鐵石，臣敢爲得人賀。」**六月，丁大全逐右丞相董槐，詔罷槐提舉洞霄宮。竄太學生陳宜中等于遠州。**槐自以爲人主所振拔，苟可以利安國家者無不爲。嘗言于帝，有害政者三：「一戚里不奉法，二執法大吏久於其官而擅威福，三皇城司不檢士。將率不檢下故士卒橫，士卒橫則變生於無時。執法威福擅故賢不肖混淆，賢不肖混淆則姦宄肆，賢人伏而不出。親戚不奉法故法令輕，法令輕故朝廷卑。三者不去，政且廢，願自上除之。」於是，嫉之者滋甚。時帝年寖高，操柄獨斷，羣臣無當意者，漸喜狎佞人。丁大全方諂事内嬖得侍御史，竊弄威權，帝弗覺悟。大全嘗遣客私於槐，槐曰：「吾聞人臣無私交，吾惟事上，不敢私結約，幸爲謝丁君。」大全度槐終不容己，乃日夜刻求槐短。槐入對極言大全衺佞不可近，帝曰：「大全未嘗短卿，卿勿疑。」槐曰：「臣與大全何怨，顧陛下拔臣至此，臣知大全姦衺而噤不言，是負陛下也。且陛下謂大全忠而臣以爲姦，不可與俱事陛下矣。」上書乞骸骨，不報。大全益怨之，乃上章劾槐。章未下，大全夜半以臺檄調隅兵百餘人露刃圍槐第，驅迫之出，紿令輿槐至大理寺，欲以此脅之。須臾，出北關棄槐，譟呼而散。槐徐步入接待寺，罷相之制始下，物論殊駭。三學生屢上書言之，乃詔槐以觀文殿大學士提舉洞霄宮。大全既逐槐，益恣横用事，道路以目。太學生陳宜中、黄鏞、林則祖、曾唯、劉黻、陳宗六人，上書攻之。大全怒，使御史吴衍劾之，削其籍，編管遠州，立碑三學，戒諸生勿得妄議國政。士論翕然，稱宜中等號爲六君子。**秋七月，以程元鳳爲右丞相兼樞密使，蔡抗參知政事，張磻簽書樞密**

院事。○九月，監察御史朱熠乞汰冗吏，不報。熠言：「境土蹙而賦斂日繁，官吏增而調度日廣。景德、慶曆時，以三百二十餘郡之財賦，供一萬餘員之奉禄。今日以一百餘郡之事力，贍二萬四千餘員之冗官。邊郡則有科降支移，内地則欠經常納解。欲寬民力，必汰冗員。」帝嘉之而不能用。蒙古城開平府。初，邢臺人劉秉忠，英爽不羈，以家貧爲府令史。一日，因案牘事不愜意，嘆曰：「吾家奕世衣冠，今乃汩没爲刀筆吏乎？」即棄去，隱居武安山。尋爲僧於天寧寺，往來雲中。值忽必烈遣人召僧海雲，海雲邀秉忠與俱。既入見，應對稱旨。秉忠於書無所不讀，尤邃於《易》及邵氏《經世書》，至於天文、地理、律曆、三式、六壬、遁甲之屬，無不精通，論天下事如指諸掌。忽必烈大愛之，凡征伐謀議皆與。至是，蒙古主欲建城市，脩宫室，爲都會之所，忽必烈以秉忠薦，因命相宅。秉忠以桓州東、灤水北之龍岡爲吉。詔秉忠營之，命曰開平府。冬十一月，以張磻同知樞密院事，丁大全簽書院事，馬天驥同簽書院事。時閻妃怙寵，大全、天驥用事。有無名子書八字於朝門曰：「閻馬丁當，國勢將亡。」蔡抗罷。○十二月，罷知嚴州吴槃。帝以御寶黄册催内藏坊場錢，槃奏言：「内庫理財太急，督促太峻。龍章鳳篆，施於帑藏之催科，寶册泥封，下同官吏之文檄。居萬乘之崇高，而商財賄之有無。事雖至微，關係甚大。」董宋臣諷臺諫邵澤劾罷之。

丁巳　五年，春正月，加賈似道知樞密院事，召吴淵參知政事。淵未至，卒。淵有才畧，所至有能名，然政尚嚴酷，好興羅織之獄，籍入豪横，故時有「蜈蚣」之謡。至是自京湖制置使召還，未至，卒。蒙古罷忽必烈開府，命阿蘭答兒行省事于京兆。或譖忽必烈得中土心，蒙古主遣阿蘭答兒行省事于京兆，劉太平佐之，鈎考諸路財賦，置局關中，推集經畧、宣撫官吏，下及征商，鍛鍊羅織無所不至。曰：「俟終局日，入此罪者，惟劉黑馬、史天澤以聞，餘悉誅之。」忽必烈聞之不樂。姚樞曰：「帝，君也。大王爲皇弟，臣也。事難與較，遠將受禍，莫若盡王邸妃主自歸朝廷爲久居謀，疑將自釋。」及忽必烈見蒙古主，皆泣下，竟不令有所白而止。因罷鈎考局，而忽必烈所署置諸司皆廢。蒙古寇襄陽，入其郛。蒙古董文蔚既城光化、棗陽，儲餱糧。會攻襄陽，樊城南據漢江，北阻湖水，卒不得渡。文蔚夜領兵于湖水狹隘處，伐木拔根立于水，實以薪草爲橋，頃之即成。至曉，兵悉渡，圍已合，城中大驚。文蔚復統軍前行，奪外城，襄陽守將高達力戰于白河，乃還。夏五月，城荆山爲懷遠軍，以夏貴知軍事。○六月，馬天驥罷。○蒙古將兀良合台入交趾，屠其城。兀良合台兵入交趾，遣使諭降，皆見囚。及兵至洮江，交人戰敗，其王陳日煚走海島。蒙古得前所遣使於獄中，以破竹束體入膚，比釋縛，一使死，因屠其城。留九日，以熱不能堪，班師。秋八月，以張磻參知政事，丁大全同知樞密院事。○蒙古主蒙哥分道入寇，以其少弟阿里不哥守和林。諸王亦孫哥、駙馬也速兒等請伐宋，蒙古主亦怒宋囚使臣，命諸王阿里不哥居守和林，阿藍答兒輔之，自將南侵，由西蜀以入。先命張柔從忽必烈攻鄂，趨杭州，塔察兒攻荆山。又詔兀良合台自交、廣引兵會鄂，李全子璮進攻海州、漣水等處。蒙古主進次六盤，軍四萬，號十萬，分三道而入。蒙古主由隴州趨散關，諸王莫哥由洋州趨米倉，萬户孛里叉由潼關趨沔州。阿里不哥，忽必烈之弟也。回鶻貢于蒙古。回鶻獻水精盆、珍珠傘等物，可直銀三萬餘錠。蒙古主曰：「方今百姓疲弊，所急者錢爾，朕獨有此何爲？」却之。賽典赤以爲言，蒙古主稍償其直，且禁其勿復有所獻。冬十月，張磻卒，以林存簽書樞密院事。

**戊午**　六年，春正月，以丁大全參知政事。○二月，以馬光祖爲京湖制置使。光祖爲沿江制置，辟召僚屬，皆極一時之選。至是，移鎮江陵，以汪立信、吕文德、王登、王鑑爲參議官。蒲擇之率兵復成都，及蒙古戰，敗績乃還。蒙古紐璘將前軍，欲會都元帥阿答胡於成都，擇之遣安撫劉整等據遂寧江箭灘渡，以斷東路。紐璘軍至不能渡，自旦至暮大戰，整等軍敗，紐璘遂長驅至成都。擇之命楊大淵等守劍門及靈泉山，自將兵取成都。會阿答胡死，紐璘率諸將大破大淵等于靈泉山，進圍雲頂山城，扼其歸路。擇之兵潰，城中食盡，亦殺主將以降。成都、彭、漢、懷、綿等州，威、茂諸蕃，悉降蒙古。蒙古入西域，平乞石迷諸國。初，蒙古遣宗王旭烈伐西域。至是，旭烈以抄馬那顔郭侃總統諸軍，前後平西域乞石迷十餘國，轉鬭萬里。又西渡海收富浪國，遣使獻捷，旭烈遂留鎮西域。夏四月，程元鳳罷，以丁大全爲右丞相兼樞密使。時大全謀奪相位，元鳳謹飭有餘而乏風節，遂力請罷。以林存同知樞密院事，朱熠簽書院事。○秋九月，蒙古主蒙哥入劍門。冬十一月，陷鵞頂堡諸城。紐璘聞蒙古主次漢中，遂留密里霍者、劉黑馬等守成都，自帥衆渡馬湖，獲守將張實，遣招苦竹隘。實入隘，遂與守將楊立堅守。蒙古主渡嘉陵江，❶至白水，命總帥汪德臣造浮橋以濟，進次劍門。至苦竹隘，使其將史樞急攻取之。楊立迎戰于巷，敗死，蒙古獲張實，殺之，因殲其餘衆。十一月，進圍長寧山，守將王佐、徐昕戰敗。蒙古進攻鵞頂堡，知縣王仲降，城遂破，佐死焉。蒙古主入城，殺佐之子及徐昕等四十餘人。由是青居、大良、運山、石泉、龍州守將劉淵、蒲元圭、張大悦、趙順等俱以城降，惟運山轉運使施擇善不屈死。蒙古諸王莫哥、塔察兒並畧地還，引兵來會。林存罷。○以賈似道爲樞密使、兩淮宣撫使。○以朱熠同知樞密院事，饒虎臣簽書院事。○蒙古將李璮陷海州、漣水軍，賈似道上書請罪，詔不問。璮取漣、海，拔四城，殺官軍幾盡，維揚大震。似道抗章引咎，詔特與放罪。十二月，詔馬光祖等進軍歸、峽州，以援蜀。詔光祖移司峽州，六郡鎮撫向士璧移司紹慶，士璧遂進師歸州，與光祖迎戰房州，蒙古少却。蒙古主蒙哥入閬州，守將楊大淵以城降。蒙古主取隆、雅州，至閬之大獲山，遣王仲入招大淵，大淵殺之。蒙古主督諸軍力攻，大淵懼，遂以城降，推官趙廣死之。已而大淵逃歸，蒙古主怒，欲屠其城。將官李忽蘭吉曰：「大淵去，事未可測，亟追之！」迺單騎

❶「嘉陵江」，原作「江陵江」，據《元史》卷三《憲宗本紀》、《資治通鑑後編》卷一三五改。

至城下，門未閉，大呼入城，曰：「皇帝使我撫汝軍民。」即下馬，執大淵手，曰：「上方宣諭賜賞，不待而來何也？」大淵曰：「恐城寨有他變，是以亟歸耳。」因與偕來，蒙古主大悅，以大淵爲都元帥。

續資治通鑑綱目第二十

# 續資治通鑑綱目第二十一

起己未宋理宗開慶元年，盡甲戌宋度宗咸淳十年。

凡十六年。

**己未**　開慶元年，春正月，以賈似道爲京湖南北、四川宣撫大使。移馬光祖爲沿江制置使，史巖之副之。似道尋兼督江西、二廣人馬。蒙古兀良合台掠静江，遂圍潭州。兀良合台率四王兵三千、蠻、僰萬人破横山，徇内地。守將陳兵六萬以俟。兀良合台潛自間道，衝其中堅，大敗之，乘勝蹴貴州，❶蹂象州，入静江府，連破辰、沅，直抵潭州。官軍斷其歸路，兀良合台掠官軍後，命其子阿朮横擊于前，官軍敗走，遂壁城下。二月，蒙古主蒙哥圍合州，王堅力戰禦之。蒙古主遣降人晉國寶招諭合州，王堅執之，殺于閲武場。蒙古主遂命大將渾都海以兵二萬守六盤，❷乞台不花守青居山，自引兵由忠、涪趨夔州，又命紐璘造浮梁于涪州之藺市，以杜援兵。蒙古主自雞爪灘渡，直抵合州城下，俘男女萬餘。堅力戰以守，蒙古會師圍之。三月，以吕文德爲四川制置副使。夏六月，文德及蒙古史天澤戰于嘉陵江，敗績。蒲擇之在蜀無功，詔以文德代之。時蒙古軍中大疫，將議班師，文德乘風順攻涪浮橋，力戰，得入重慶，即帥艨艟千餘，泝嘉陵江而上。天澤分軍爲兩翼，順流縱擊，奪戰艦百餘艘，追至重慶而還。以朱熠參知政事，饒虎臣同知樞密院事。○秋七月，蒙古主蒙哥卒於合州城下，餘衆解圍北還。王堅固守，蒙古主督諸軍攻之，屢戰不克。前鋒將汪德臣選兵夜登外城，堅率兵逆戰。遲明，德臣單騎大呼曰：「王堅，我來活汝一城軍

❶「貴州」，原作「賓州」，據《元朝名臣事略》卷二之二、《元史》卷一二一《兀良合台傳》改。

❷「兵二萬」，《元朝名臣事略》卷七之三作「騎兵四萬」，《元史》卷一五五《汪惟正傳》作「騎兵二萬」。

民，宜早降！」語未既，幾爲飛石所中，因得疾死。會天大雨，攻城梯折，後軍不克進，俱退。蒙古主亦卒於合州城下，年五十二。諸王大臣用二驢，蒙以繪樻，❶負之北行，合州圍解。蒙哥沉斷寡言，不樂燕飲，自謂遵祖宗之法，然性喜畋獵，酷信巫覡、卜筮之術，凡行事必謹叩之，殆無虚日。其死也，或傳其中飛矢。捷聞，詔加堅寧遠軍節度使。

**八月，蒙古忽必烈將兵渡淮，九月，渡江，遂圍鄂州。**

忽必烈遣楊惟中、郝經宣撫荊湖、江、淮，將歸德軍先至江上。經言于忽必烈曰：「古之一天下者，以德不以力。國家奮起朔漠，垂五十年，而一之以兵，遺黎殘姓，游氣驚魂，虔劉劘盪，殆欲殲盡。自古用兵，未有若是之久且多也。且括兵率賦，朝下令，夕出師，闔國大舉，以之伐宋而圖混一，以志則鋭，以力則强，而術則未盡也。苟於諸國既平之後，創法立制，敷布條綱，任將相，選賢能，平賦足用，屯農足食，内治既舉，外禦亦備。今西師之出，久未即功，兵連禍結，底安於危。王宜遣人稟命行在，宜喻宋令降名進幣，割地納質，偃兵息民，以全吾力，而圖後舉。稟命不從，然後傳檄，示以大信，使知王仁而不殺之意。一軍出襄、鄧，一軍出壽春，一軍出維揚，三道並進，東西連衡，王處一軍，爲之節制。若併力一向，鋭而圖功，則事勢有不可懸料而幸取者。兵力耗弊，役成遷延，進退不可，反爲敵人所乘，悔可及乎！」忽必烈不能用，悉兵渡淮。忽必烈由大勝關，張柔由虎頭關，分道並進，官軍皆遁。時忽必烈得沿江制置司榜，有云：「今夏諜者聞北兵會議，取黄陂民船繫栰，由陽邏堡以渡，會于鄂州。」忽必烈曰：「此事前所未有，願如其言。」及至黄陂，漁人獻舟，且爲鄉導。九月，宗王莫哥自合州遣人以蒙古主凶訃告忽必烈，請北還以繫人望。忽必烈曰：「吾奉命南來，豈可無功遽還？」自登香爐山，俯瞰大江。大江之北曰武湖，武湖之東曰陽邏堡，其南岸即滸黄洲。官軍以大舟扼江渡，軍容甚盛。董文炳言于忽必烈曰：「長江天險，宋所恃以爲國，勢必死守，不奪其氣不可，臣請嘗之！」乃帥死士數十人當其前，令其弟文用等載艨艟鼓櫂疾趨，士叫呼畢奮。鋒既交，文炳麾衆走岸搏戰，官軍大敗。明日，遂帥諸軍渡江，進圍鄂州，中外大震。

**以戴慶炣簽**

❶「繪」，原作「繒」，據萬曆本、四庫本、《御批歷代通鑑輯覽》卷九三改。

書樞密院事。○蒙古陷臨江，知軍事陳元桂死之，蒙古遂入瑞州。蒙古兵至臨江，時制置使徐敏子在隆興，頓兵不進。元桂力疾登城坐督戰，力不能敵。有欲抱而走者，元桂曰：「死不可去。」左右俱遁。兵至，元桂瞠目叱罵，遂死之，懸其首於敵樓。蒙古兵入瑞州，知州陳昌世治郡有善政，百姓擁之以逃。詔諸路出師以禦蒙古，大出内府銀幣犒師。前後出緡錢七千七百萬，銀、帛各一百六萬兩、匹。冬十月，丁大全有罪免。時蒙古侵軼日甚，大全當國，匿不以聞，遂罷相，以觀文殿大學士判鎮江府。中書舍人洪芹繳言：「大全鬼蜮之資，穿窬之行，引用凶惡，陷害忠良，遏塞言路，濁亂朝綱。乞追官遠竄，以伸國法。」御史朱貔孫等相繼論：「大全姦回險狡，狠害貪殘。假陛下之刑威，以箝天下之口；挾陛下之爵禄，以籠天下之財。」饒虎臣又論其「絶言路、壞人才、竭民力、誤邊防」四罪。詔守中奉大夫致仕。以吳潛爲左丞相兼樞密使。潛入相，首言：「鄂、渚被兵，湖南擾動，推原禍根，由近年姦臣憸士設爲虚議，迷國誤君，仁賢空虚，名節喪敗。天怒而陛下不知，人怨而陛下不察，稔成兵戈之禍。章鑑、高鑄嘗與丁大全同官，傾心附麗，躐躋要途。蕭泰來等羣小蹲沓，國事日非，浸淫至于今日。沈炎，實其爪牙，而任臺臣，甘爲搏擊。姦黨盤據，血脉貫穿，以欺陛下，致危亂。望令炎等與祠，鑄等羈管州軍。」帝不聽。即拜賈似道右丞相兼樞密使，軍漢陽以援鄂。○内侍董宋臣請遷都，不果行。時邊報日急，臨安團結義勇，招募新兵，增築平江、紹興、慶元城壁，朝野震恐。宋臣請帝遷都四明，以避敵鋒。軍器大監何子舉言于吳潛曰：「若上行幸，則京師百萬生靈何所依賴？」御史朱貔孫亦言：「鑾輿一動，則三邊之將士瓦解，而四方之盜賊蠭起，必不可。」會皇后亦請留蹕以安人心，帝遂止。寧海節度判官文天祥乞斬宋臣，不報。以趙葵爲江東、西宣撫使。○蒙古忽必烈遣使招諭鄂州，守將張勝殺其使，出戰，敗死。蒙古圍鄂州，都統張勝權州事，以城危在旦夕，登城諭之曰：「城已爲汝家有，但子女、玉帛皆在將臺，可從彼取。」蒙古信之，遂焚城外民居，將退，會高達等引兵至，賈似道亦駐漢陽爲援，蒙古乃復進攻。遣苦徹拔都兒領兵同降人諭鄂州使降，抵城下，勝殺使者，以軍出襲苫徹拔都兒，戰敗，死焉。達恃其武勇，殊易似道，每見其督戰，即戲之曰：「巍巾者何能爲哉？」將戰，必須似道親勞始出，否即使兵士譁於其門。呂文德諂事似道，使人訶曰：「宣撫在此，何敢爾邪？」曹世雄、向士璧皆從在軍，事未嘗關白，似道由是銜三人而親文德。

**十一月，詔賈似道移軍黄州，遇蒙古俘卒于蘋草坪，獲之。**諸路重兵咸聚于鄂，蒙古兵由永、全至潭，江西大震。吳潛用御史饒應子言，移似道于黄州，黄雖下流，實當兵衝。孫虎臣以精騎七百送之，至蘋草坪，候騎言前有北兵，似道大懼，謂左右曰：「奈何？」虎臣匿似道，出戰。似道嘆曰：「死矣，惜不光明俊偉爾！」及北兵至，乃老弱部所掠金帛、子女而還者，江西降將儲再興騎牛先之。虎臣擒再興，似道遂入黄州。**以朱熠知樞密院事。〇閏月，以呂文德知鄂州，向士璧知潭州。〇賈似道乞和于蒙古，忽必烈引還，鄂州圍解。**蒙古攻城益急，城中死傷者至萬三千人，似道大懼，乃密遣宋京詣蒙古營請稱臣納幣，忽必烈不許。會合州守臣王堅使阮思聰踔急流走鄂，以蒙古主訃聞，似道再遣京往。忽必烈亦聞阿藍答兒等謀立阿里不哥，遣脱忽思括民兵，因召羣臣議事。郝經曰：「今國内空虚，塔察、旭烈諸王觀望所立，莫不覬覦神器，一有狡焉，或啓戎心，先人舉事，腹背受敵，大事去矣。且阿里不哥已令脱里察行尚書省，據燕都，按圖籍，號令諸道。雖大王素有人望，且握重兵，獨不見世宗、海陵事乎？若彼果稱遺詔，便正位號，下詔中原，行赦海上，欲歸得乎？願大王以社稷爲念，與宋議和，令割淮南、漢上、梓、夔兩路，定疆界、歲幣，置輜重，率輕騎而歸，直造燕都，則彼之姦謀，冰釋瓦解。遣一軍逆大行靈舁，收皇帝璽；遣使召旭烈、阿里不哥、莫哥諸王，會喪和林；差官于諸路，撫慰安輯；命王子真金鎮守燕都，示以形勢，則大寶有歸而社稷安矣。」忽必烈以爲然。會宋京至，請稱臣割江南爲界，歲奉銀、絹匹、兩各二十萬，忽必烈許之，遂拔砦而去，留張傑、閻旺以偏師候湖南兀良合台之兵。

**十二月，蒙古兀良合台引兵趨湖北，潭州圍解。**兀良合台攻潭州甚急，向士璧帥潭，極力守禦，既置飛江軍，又募斗弩社，朝夕親自登城撫勞。聞蒙古後軍且至，遣王輔佑帥五百衆覘之，遇于南嶽市，大戰，蒙古少却。會忽必烈遣邁鐵赤將兵來迎，兀良合台遂解圍，引兵趨湖北。

**庚申**　景定元年，蒙古世祖皇帝忽必烈中統元年。春二月，蒙古兀良合台至鄂州引還，賈似道使夏貴等殺其殿卒于新生磯。蒙古張傑、閻旺作浮橋于新生磯，兀良合台兵至，傑等濟師北還。賈似道用劉整計，命夏貴以舟師攻斷浮橋，殺殿卒百七十人。三月朔，日食。○賈似道奏諸路大捷，召似道還朝。似道匿議和、稱臣、納幣之事，以所殺獲俘卒、殿兵上表，言：「諸路大捷，鄂圍始解，江、漢肅清。宗社危而復安，實萬世無疆之休！」帝以似道有再造功，召入朝。高麗王曔死，蒙古忽必烈封其子倎爲王。曔嘗遣倎入覲于蒙古，會蒙古主南侵，留三年不遣。至是，曔卒，陝西宣撫使廉希憲請立倎，遣還國，則彼必懷德於我，是不煩兵而得一國也。忽必烈然之，改館倎，賜以封册，遣兵衛送。高麗由是一意脩貢矣，後更名禃云。❶白氣如匹練亘天。○夏四月，蒙古主忽必烈立。初，忽必烈北還，廉希憲聞阿里不哥命劉太平及大將霍魯懷行尚書省事于關右，恐結諸將，以動秦、蜀，請遣趙良弼往覘之。良弼具得實，還報。時諸王合丹、莫哥、塔察兒俱會于開平，旭烈亦自西域遣使勸進，惟阿里不哥不至。希憲、良弼及商挺等力言：「先發制人，後發人制。逆順安危，間不容髮，宜早定大計。」忽必烈然之，遂即位，建元中統。出内侍董宋臣于安吉州。○蒙古召竇默、許衡至開平。默，肥鄉人，金末避亂轉徙，隱于大名，與姚樞、許衡朝暮講習，至忘寢食。蒙古主在潛邸，嘗召之，默變姓名以自晦。使者俾其友人往見之，微服踵其後，默不得已，乃拜命。既至，問以治道，默首以綱常爲對，且曰：「失此，則無以自立于世矣。」又言：「帝王之道，在誠意正心。心既正，則朝廷遠近，莫敢不一于正。」蒙古主敬待加禮。久之，南還。至是，復與衡同召。吳潛罷。初，賈似道在漢陽，以潛移之黃州爲欲殺己，銜之。至是，帝欲立忠王禥爲太子，潛密奏云：「臣無彌遠之才，忠王無陛下之福。」帝遂積怒潛。似道因

❶「禃」，原作「植」，據《元史》卷二〇八《高麗傳》改，下同。

陳建儲之策，令侍御史沈炎劾潛，且云：「忠王之立，人心所屬，潛獨不然。章汝鈞乞爲濟王立後，潛樂聞其論，授汝鈞正字，姦謀叵測。請速召賈似道正位鼎軸。」帝從之，遂罷潛，奉祠。史臣曰：「吴潛忠亮剛直，論事雖近於訐，度宗之立，謀議及之，潛以正對，人臣懷顧望爲子孫地者能爲斯言哉？」

**加賈似道少師，封衛國公，將士進官有差。**

似道既至，詔百官郊勞，如文彦博故事，奬眷甚至。諸將士悉進官：吕文德檢校少傅，高達寧江軍承宣使，劉整知瀘州兼潼川安撫副使，夏貴知淮安州兼京東招撫使，孫虎臣和州防禦使，范文虎黄州武定諸軍都統制，向士璧、曹世雄各加轉有差。初，似道惡達在軍中嘗侮己，言於帝，欲殺之。帝知其有功，不從。故論功以文德爲第一，而達居其次。似道既相，權傾中外，進用羣小，變更法制矣。

**蒙古初定官制。**

蒙古自鐵木真已來，諸事草創，設官甚簡，以斷事官爲至重之任，位三公上。丞相謂之大必闍赤，掌兵柄則左、右萬户而已。後稍倣金制，置行省及元帥、宣撫等官。忽必烈既立，大新制作，遂命劉秉忠、許衡酌古今之宜，定内外官制。其總政務者曰中書省，秉兵柄者曰樞密院，司黜陟者曰御史臺。其次，内則有寺、監、院、司、衛、府，外則有行省、行臺、宣慰、廉訪，其牧民則有路、府、州、縣。官有常職，位有常員，食有常禄。其長則蒙古人爲之，而漢人、南人貳焉。於是，一代之制始備。

**以饒虎臣參知政事，戴慶炣同知樞密院事，皮龍榮簽書院事。**

**○蒙古以廉希憲爲陝西、四川宣撫使。**

商挺副之。

**蒙古阿里不哥稱帝于和林。**

阿里不哥聞忽必烈已立，命阿藍答兒發兵于漠北諸部，分遣心腹，易置將佐，散金帛賚士卒，又命劉太平、霍魯懷拘收關中錢穀。時渾都海自先朝將兵屯六盤，太平等陰相結納，渾都海復分遣人約成都密里霍者、青居乞台不花同舉事。阿里不哥遂自立于和林。

**蒙古以王文統爲中書平章政事，張文謙爲左丞。五月，文謙罷。**

文統，本李璮幕屬。至是有薦其才智者，遂得親幸，更張庶務，悉委裁處。文統素忌刻，而文謙以安國便民爲務，屢相可否，積不能平，思有以陷之。文謙遂求出宣撫大名，臨發，語文統曰：「民困日久，况當大旱，不量減税賦，何以慰來蘇之望？」文統曰：「上新即位，國家經費止仰税賦，苟復減損，何以供給？」文謙曰：「百姓足，君孰與不足？」至任，蠲常賦什之四，商酒稅什之二。**蒙古阿藍答兒及六盤守將渾都海舉兵應和林，廉希憲等擊敗，斬之。**劉太平、霍魯懷聞希憲將至，以五月一日乘急傳入京兆，謀爲變。秦人前被阿藍答兒、太平等威虐，聞其來，皆破膽。越二日，希憲亦至，宣示詔旨，遣人馳往六盤宣諭安撫。未幾，城門候引一急使至，云來自六盤。希憲訊之，盡得太平、魯懷與渾都海、密里霍者、乞台不花要結狀。希憲集僚佐謂曰：「主上命我輩，正爲今日！」遂分遣人掩捕太平、魯懷等，仍遣劉黑馬誅密里霍者於成都，❶汪惟正誅乞台不花于青居，又命總帥汪良臣帥秦、鞏諸軍進討渾都海。良臣以未得旨爲辭，希憲即解所佩虎符、銀印授之，曰：「此皆身承密旨，君但辦吾事，制符已飛奏矣。」良臣遂行。又摘蜀卒四千，命蒙古將八春帥之，爲良臣聲援。會有詔赦至，希憲命殺太平等於獄，尸於通衢，方出迎詔。渾都海知京兆有備，西渡河趨甘州，阿藍答兒自和林帥兵適至，遂與渾都海合軍而南。時諸王合丹亦率騎兵與八春、汪良臣兵合，分三道以拒之。既陣，大風吹沙，良臣令軍士下馬，以短兵突其左，繞出陣後，潰其右而出。八春直擣其前，合丹勒精騎邀其歸路，大戰于甘州東，殺渾都海、阿藍答兒，關、隴悉平。希憲乃遣使自劾停赦行刑、徵調諸軍、擅以良臣爲帥諸罪。蒙古主曰：「委卿方面之寄，正欲從宜，若拘常制，豈不坐失事機！」詔賜希憲金虎符，進平章政事，行省秦、蜀，商挺參知省事。**饒虎臣罷。**

**○戴慶炣卒，以沈炎同簽書樞密院事。○**

**蒙古以王鶚爲翰林學士承旨。**鶚，金正大元年進士第一人，歷官尚書左、右司郎中。金亡，將被殺，張柔聞其名，救之，館于保州。蒙古主在藩邸，召對，甚禮重之。嘗因見，請曰：「天兵克蔡，金主自縊，其奉御絳山，焚葬汝水之傍，禮爲舊君有服，願往葬祭。」蒙古主義而許之。至則爲河水所沒，具牲醴爲位而哭。至是，爲翰林學士承旨，制誥、典章皆所裁定。又薦李冶、李昶、王磐、徐世隆、高鳴爲學士，復奏立十道提舉學校官，蒙古主皆從之。**熒惑入南斗。**留五十餘日。**六月，立忠王禥爲皇太子。**帝家教甚嚴，太子雞初鳴問安，再鳴回

❶「劉黑馬」，原作「劉里馬」，據萬曆本、《元朝名臣事略》卷七《平章廉文正王》、《元史》卷一二六《廉希憲傳》改。

宫，三鳴往會議所參決庶事，退入講堂講經史。將晡，復至榻前起居，問今日講何經，答之是，則賜坐賜茶，否則爲之反覆剖析，又不通，則繼以怒，明日須更覆講，率爲常。

**蒙古撤江上軍，以史天澤爲江淮經略使。○蒙古李璮寇淮安，主管制置司事李庭芝擊敗之。○秋七月，蒙古使翰林侍讀學士郝經來脩好，賈似道幽之真州。**似道還朝，使其客廖瑩中輩撰《福華編》，稱頌鄂功，通國皆不知所謂和也。蒙古主既立，欲來脩好，王文統素忌郝經有重名，請遣經，遂以翰林侍讀學士充國信使，來告即位，且徵前日請和之議。文統復陰屬李璮潛師侵宋，欲假手害經。經至宿州，遣其副請入國日期，不報，遺書宰相及淮師李庭芝，而似道恐經至謀泄，竟拘留于真州之忠勇軍營。經上表曰：「願附魯連之義，排難解紛，豈知唐儉之徒，欵兵誤國。」又數上書于帝及執政，極陳和戰利害，且請入見及歸國，皆不報。驛吏棘垣鑰户，晝夜守邏，欲以動經。經不屈，但語其下曰：「死生進退，聽其在彼，屈身辱命，我終不能。汝等不幸，宜忍死以待。揆之天時、人事，宋祚殆不遠矣。」帝聞有北使，謂宰執曰：「北朝使來，事體當議。」似道奏：「和出彼謀，豈容一切輕徇？倘以交隣國之道來，當令入見。」蒙古遣詳問官崔明道、李全義詣淮東制司，訪問經等所在，仍以稽留信使、侵擾疆場來詰。❶淮東制置李庭芝奏蒙古使者久留真州，不報。

**以賈似道兼太子太師。○蒙古行交鈔法。**王文統立十路宣撫司，示以條格，欲差發辦而民不擾，鹽課不失常額，交鈔無致阻滯，遂行中書省造中統元寶交鈔，立互市于潁州、漣水、光化軍。交鈔法，自十文至二貫文凡十等，不限年月，諸路通行，賦税並聽收受。仍申嚴私鹽、酒、醋、麴貨等禁。

**冬十二月，蒙古號西僧八思巴爲國師。**八思巴，吐蕃薩斯迦人，族欵氏也。相傳自其祖朵栗赤，以其法佐國主霸西海十餘世。八思巴年十五，謁蒙古主于潛邸，與語大悦，日見親禮。至是，尊爲國師，統釋教。

**辛酉　二年，**蒙古中統二年。**春正月，詔**

❶「場」，原作「埸」，據《元史》卷四《世祖本紀》改。

皇太子釋奠孔子，加張栻、吕祖謙伯爵，並從祀。帝手詔曰：「虎闈齒胄，太子事也，此禮廢久矣。如釋奠、釋菜之事，我朝俱未嘗廢。然享師、敬道，又不可拘舊制，可令太子竭拜。」太子既還，上奏曰：「先聖之道，至我朝而後有以續孟氏之傳，然諸説並駕，未知統一。迨朱熹、張栻、吕祖謙志同道合，切思講磨，擇精語詳，開牖後學，人心一正，聖道大明。今熹已秩從祀，而栻、祖謙尚未奉明詔，臣竊望焉。」帝從之，遂封栻華陽伯，祖謙開封伯，並列從祀。三月朔，日食。○朱熠罷。○夏四月，以皮龍榮參知政事，沈炎同知樞密院事，何夢然簽書院事。○以俞興爲四川制置使。○蒙古聽儒士被俘者贖爲民。時淮、蜀士遭俘虜者，皆没爲奴。翰林學士高智耀奏言：「以儒爲驅，古無有也。陛下方以古道爲治，宜除之以風天下。」蒙古主從之，命循行郡縣區別之，得數千人。貴臣或言其詭濫，蒙古主詰之，對曰：「譬則金也，金色有淺深，謂之非金，不可；才藝有淺深，謂之非士，不可。」蒙古主悦。五月，蒙古以史天澤爲中書右丞相。蒙古主問竇默曰：「朕欲求如唐魏徵者，有其人乎？」默對曰：「犯顔諫諍，剛毅不屈，則許衡其人也。深識遠慮，有宰相才，則史天澤其人也。」蒙古主納之，遂相天澤，以默爲翰林侍講學士。蒙古以姚樞爲太子太師，竇默爲太子太傅，許衡爲太子太保，皆辭不拜。時樞自東平宣撫召還，與衡等入侍，言治亂休戚，必以義爲主。王文統患之。默復於蒙古主前力言其學術不正，必禍天下。蒙古主曰：「然則誰可相者？」默曰：「以臣觀之，無如許衡。」蒙古主不悦而罷。文統益憾之，乃授樞等東宫三師，外佯尊之，内實不欲其備顧問也。默欲依東宫以避禍，衡力以爲不可，曰：「此不安於義也，且禮，師傅與太子位東、西鄉，師傅坐，太子乃坐，公等度能復此乎？不能，則師道自我廢也。」因相與懷制，言太子未立，豈宜虚設官稱。乃改授樞大司農，默仍侍講學士，衡國子祭酒。未幾，衡稱疾還懷孟。六月，潼川安撫副使劉整以瀘州叛降蒙古，制置司參謀官許彪孫死之。初，賈似道之出督也，嘗憾高達、曹世雄之輕己，令吕文德摭其罪，逼世雄死，達亦廢棄，整聞之懼。會俞興帥蜀，整素與興有隙，而似道方會計邊費，興遣吏下整。整訴于朝，不得達，心益不安，遂籍瀘州十五郡户三十萬降于蒙古。蒙古以整爲夔路行省兼安撫使。整，驍將也，蒙古既得之，由是盡得國事虚實，而似道不以爲虞。整之將叛也，命制置司參謀官許彪孫草表，彪孫不屈，合門仰藥死。

**秋七月，竄吴潛于循州。**先是，詔：「黨丁大全、吴潛者，臺諫嚴察舉劾以聞，當寘于罪，以爲同惡相濟之戒。」時賈似道專政，何夢然、孫附鳳、桂錫孫、劉應龍承順風旨，凡爲似道所惡者，無賢否皆斥。帝弗悟其姦，爲下是詔，且安置潛于潮州。至是，復責授化州團練使，徙循州。

**八月，俞興討劉整敗績，詔罷興，以吕文德兼四川宣撫使。**興以劉整叛，移檄討之。會蒙古成都經略使劉元振將兵來逆整，至瀘，興進軍圍之，晝夜急攻，城幾陷。左右勸元振曰：「事勢如此，宜思變通。整本非吾人，與俱死，無益也。」元振曰：「人以誠歸我，既受其降，豈可以急而棄之？❶且瀘之得失，關國家利害，吾有死而已。」未幾，援兵至，元振與整出城合擊，大敗之，興退走。詔以興妬功啓戎，罷任鐫職，以文德爲四川宣撫使。

**以江萬里同簽書樞密院事。**

**○賈似道殺湖南制置副使向士璧。**先是，賈似道忌功，欲污衊一時閫臣，且怨士璧嘗侮己，諷侍御史孫附鳳等劾罷之，送漳州安置。又遣官會計邊費，於是趙葵、史巖之等皆坐侵盗掩匿，罷官徵償。而士璧所費尤多，至是，逮至行部責償。幕屬方元善者，極意逢迎似道意，士璧坐是死，復拘其妻妾徵之。潭人聞之，有垂涕者。信州謝枋得以趙葵檄給錢粟募民兵守禦，及會計者至信，枋得曰：「不可以累宣撫。」自償萬緡，餘不能辨，乃上書似道有云：「千金而募徒木，將取信於市人；二卵而棄干城，豈可聞於鄰國？」遂得免徵餘者。似道又忌王堅，出知和州，堅鬱鬱而卒。

**冬十月，以何夢然同知樞密院事。○沈炎罷。○蒙古主忽必烈擊阿里不哥于昔木土，敗走之。**忽必烈以阿里不哥違命，自將討之，與戰于昔木土之地。諸王合丹等殺其兵三千人，塔察兒分道奮擊，大破之，追北五十里。忽必烈率諸軍躡其後，合三路蹙之，其部將多降。阿里不哥北遁，忽必烈引還。

**十二月，以何夢然參知政事，馬光祖知樞密院事兼知臨安府。○江萬里**

❶「棄」，原作「乘」，據《元史》卷一四九《劉元振傳》改。

罷。萬里在賈似道幕下最久，雖俛仰容默爲之用，然性峭直，臨事不能無言。似道常惡其輕發，故每入不能久在位。

**壬戌**　三年，蒙古中統三年。春正月，賜賈似道第宅、家廟。給緡錢百萬，建第於集芳園，就置家廟。呂文德復瀘州。劉整率所部入朝于蒙古，文德遂入瀘州，詔改爲江安軍。蒙古修孔子廟。○二月，皮龍榮罷。龍榮伉直，不肯降志於賈似道，故罷。臨安饑。詔振卹貧民，時馬光祖知榮王與芮府有積粟，三往見之，王以他辭。光祖乃卧于客次，王不得已見焉。光祖厲聲曰：「天下誰不知儲君爲大王子，今民饑欲死，不以此時收人心乎？」王以廪虚辭，光祖探懷中出片紙曰：「某莊、某倉若干。」王語塞，遂許以三十萬。光祖遺吏分給，活饑民甚衆。蒙古江淮大都督李璮以京東來歸，詔封璮爲齊郡王，復其父全官爵。三月，蒙古殺王文統。璮自忽必烈即位，便有南歸之志。前後所奏凡數十事，皆恫疑虚喝，以動蒙古，而自爲完繕益兵計。至是，召其子彦簡于開平，脩築濟南、益都等城壁，遂殲蒙古戍兵，以漣、海三城來歸，獻京東郡縣，請贖父過，仍遣總管李毅等傳檄列郡。詔授璮保信、寧武軍節度使，督視京東、河北路軍馬，封齊郡王，改漣水爲安東州。蒙古王文統使其子蕘通好于璮，事覺，被殺。以孫附鳳簽書樞密院事。○夏四月，李璮復淄州。璮引麾下具舟艦，還攻益都，入之，發府庫以犒師，遂復淄州。五月，馬光祖罷。○蒙古史天澤圍李璮于濟南。六月，遣提刑青陽夢炎將兵救之，不至而還。蒙古主命諸王哈必赤總諸道兵擊璮，兵勢甚張。復命丞相史天澤往，仍詔天澤專征，諸將皆受節度。天澤至濟南，謂哈必赤曰：「璮多譎而兵精，不宜力角，當以歲月斃之。」乃深溝高壘，遏其侵軼。初，行軍總管張弘範臨發，父柔謂之曰：「汝圍城，勿避險地。險則己無懈心，兵必致死。主者慮其險，苟有來犯必赴救，可因以立功。」至是，弘範營城西，璮出兵突諸將，獨不向弘範。弘範曰：「我營險地，璮乃示弱于我，必以奇兵來襲，謂我弗悟也。」遂築長壘，内伏甲而外爲壕，開東門以待，夜浚壕加深廣，璮不知也。明日，璮果擁飛橋來攻，未及岸，軍陷壕中，得升壕者突入壘門，遇伏皆死。朝廷聞璮受圍，給銀五萬兩，下益都府犒軍，遣青陽夢炎帥師援之。夢炎至山東，不敢進而還。**封陳光昺爲安南王。**陳日煚以蒙古兀良合台既還，乃反國，傳位于其子光昺，遣使來告，且貢象二。詔封光昺爲安南王，加日煚爲安南大王。然光昺實遣人請降于蒙古，乞三年一貢。蒙古命禮部郎中孟甲諭其國中，亦加封册。**故相吴潛暴卒于循州。**似道以黄州之事，必欲殺潛，乃使武人劉宗申守循以毒潛。潛鑿井卧榻下，自作井銘，毒無從入。一日，宗申開宴，以私忌辭。再開宴，又辭。不數日，移庖，不得辭，遂得疾，曰：「吾其死矣，夜必風雷大作。」已而果然，循人悲之。潛既没，似道歸罪宗申，貶之以塞外議，仍許潛歸葬。**以楊棟同簽書樞密院事。○秋八月，蒙古陷濟南，李璮死之。蒙古以董文炳爲山東經略使。**蒙古主命史樞、阿术各將兵赴濟南。璮帥衆出掠輜重，將及城，北兵邀擊，大敗之，璮退保城。史天澤命築環圍，璮自是不復得出。董文炳知其勢蹙，抵城下，呼璮愛將田都帥者曰：「反者璮耳，餘來即吾人，毋自取死也！」田縋城降。璮猶日夜拒守，分軍就食民家，發其蓋藏以繼。不足，則家賦之鹽，令以人爲食。璮知城且破，乃手刃妻妾，乘舟入大明湖，自投水中，水淺不得死，爲蒙古所獲。史天澤殺之，解其體以徇。明日，引軍東行，未至益都，城中人已開門迎降，三齊復爲蒙古所有。事聞，贈璮檢校太師，賜廟額曰顯忠。初，璮兵有沂、漣兩軍二萬餘人，勇而善戰，哈必赤配蒙古諸軍，使陰殺之。文炳當殺二千人，言于哈必赤曰：「彼爲璮所脅耳，向天子南伐，或妄殺人，雖大將亦罪之，是不宜殺也。」哈必赤從之，然他殺之者已衆，皆大悔。時山東尚未靖，蒙古主以文炳爲經略使。文炳至益都，從數騎，便服而入。至府，不設警衛，召璮故將吏，撫諭于庭下。所部大悦，山東以安。初，天澤征璮，蒙古主臨軒授詔，責以專征。天澤至軍，未嘗以詔示人。既還，蒙古主慰勞之。時言者謂璮之變，由大藩子弟盡專兵民之權。天澤奏行之，請自臣家始。於是史氏及張柔、嚴忠濟子弟皆罷還私第。**九月，蒙古以阿术爲征南都元帥。**蒙古主詔曰：「前遣使于宋，以通和好，宋人不務遠圖，反啓邊釁。諸大臣皆以南征爲請，重以兩國生靈之故，猶待信使還歸，庶成和議。留而不至者，今又半載矣。彼嘗以衣冠、禮樂之國自居，理當如是乎？」尋置兩統軍司，東自亳州，西至均州，諸萬户隸河南；西自宿州，東至寧海州，❶諸萬户隸山東。冬十月，以楊棟簽書樞密院事，葉夢鼎同簽書院事。○蒙古命阿合馬領中書左右部，專理財賦。蒙古始立左右部，分總庶務，命回回人阿合馬領之，❷仍兼諸路都轉運使，專理財賦。阿合馬欲每事得專奏聞，不關白中書。時張文謙居政府，力言：「分制財用，古有是理，中書不預，則天子將親蒞之乎？」蒙古主然之。十一月，竄丁大全于新州，道死。大全既安置貴州，與州將游翁明失色盃酒間。游愬大全陰招游手，私立將校，造弓矢舟楫，將通蠻爲變。廣西經畧朱禩孫聞于朝，詔改竄新州，土牢拘管，日具存亡。賈似道諷禩孫殺之，禩孫遣將官畢遷護送，舟過藤州，遷擠大全于水而死。

**癸亥**　四年，蒙古中統四年。春正月，蒙古以姚樞爲中書左丞。樞上言：「自中統至今五六年間，外侮内叛，繼繼不絶，然能官離債負，民安賦役，國用粗足，政事更新，皆陛下信用先王之法所致。今創始治道，正宜上答天心，下結民心，睦親族以固本，定大臣以當國，開經筵以格心，立學校以育才。則可以光先烈，遺子孫。邇者伏聞聰聽日煩，朝廷政令日改月異，遠近臣民不勝戰懼，惟恐大本一廢，遠業難成，爲陛下之後憂耳。」蒙古主納之。二月，詔買公田，置官領之。罷翰林學士徐經孫。賈似道以國計困於造楮，富民困於和糴，思有以變法而未得其説。知臨安府劉良貴、浙西轉運使吴勢卿獻買公田之策。似道乃命殿中侍御史陳堯道、右正言曹孝慶、監察御史虞宓、張晞顔上疏言：「三邊屯列，非食不飽；諸路和糴，非楮不行。既未免於廪兵，則和糴所宜廣圖；既不免於和糴，則楮幣未容縮造。爲今日計，欲便國、便民而辦軍食、重楮價者，莫若行祖宗限田之制。以官品計頃，以品格計數，下兩浙、江東、西和糴去處，先行歸併詭析，後將官户田産逾限之數，抽三分之一回買以充公田。但得一千萬畝之田，則每歲可收六七百

❶「寧海州」，原作「海州」，據《元史》卷五《世祖本紀》、《資治通鑑後編》卷一四六改。

❷「回回」，原作「回紇」，據《元史》卷一〇《世祖本紀》、卷二〇五《阿合馬傳》改。

萬石之米，其於軍餉沛然有餘。❶可免和糴，可以餉軍，可以住造楮幣，可平物價，可安富室，一事行而五利興矣。」帝從之。詔買公田，置官田所，以劉良貴提領，通判陳訔爲檢閱副之。良貴請下都省，嚴立賞罰，究歸併之弊。獨徐經孫條具其害，似道諷御史舒有開劾之，罷歸。經孫嘗舉陳茂濂，至是爲公田官，分司嘉興，聞經孫去國，曰：「我不可以負徐公。」亦謝事，終身不起。未幾，帝手詔曰：「永免和糴，無如買逾限之田爲良法。然東作方興，權俟秋成，續議施行。」似道憤然上疏求去，復諷何夢然、陳堯道、曹孝慶抗章留之，且勸帝下詔慰勉。帝乃趣似道出視事，且曰：「當始於浙西，諸路視之爲則。」似道復具陳其制，帝悉從之，三省奉行惟謹。似道首以己田在浙西者萬畝爲公田倡，榮王與芮繼之，趙立奎自陳投賣，由是朝野無敢言者。**三月，以何夢然知樞密院事，楊棟同知院事，葉夢鼎簽書院事。○蒙古始建太廟。**蒙古國俗，祭享之禮，割牲，奠馬湩，以巫祝致辭。蒙古主初立，始設位于中書省，用登歌樂，尋命製祭器、法服。至是，建太廟于燕京，定烈祖、太祖、太宗、朮赤、察合帶、睿宗、定宗、憲宗爲八室，又命僧薦佛事七晝夜，歲以爲常。**夏六月，論買公田功，進知臨安府劉良貴等官。**初買官田，猶有抑强嫉富之意，繼而敷派，除二百畝以下者免，餘各買三分之一；其後雖百畝之家亦不免。立價，以租一石償十八界會子四十，而浙西之田，石租至有直千緡者，亦就此價。價錢稍多，則給銀、絹各半；又多，則給以度牒、告身准直，登仕郎告准三千楮，❷將仕郎告准千楮，許赴漕試；校尉告准萬楮，承信郎告准萬五千楮，承節郎告准二萬楮，安人告准四千楮，孺人告准二千楮。民失實産而得虛告，吏又恣爲操切，浙中大擾，民之破家失業者甚衆。官吏有奉行不至者，劉良貴輒劾之，追毁出身，永不收敘，由是有司爭以買多爲功。似道又以陳訔往秀、湖，廖邦傑往常、潤催督。其六郡買田有專官，平江則包恢、成公策，嘉興則潘墀、李補、焦焕炎，安吉則謝奕、趙與訔、王唐珪、馬元演，常州則洪穮、劉子庚，鎮江則章坰、郭夢熊，江陰則楊班、黄伸。恢在平江，

❶「於」，原作「餘」，據《齊東野語》卷一七「景定行公田」條、《宋季三朝政要》卷三、《通鑑續編》卷二三改。

❷「千」，原作「十」，據《宋季三朝政要》卷三、《咸淳遺事》卷上改。

至以肉刑從事。邦傑在常州，害民特甚，至有本無田而以歸併抑買自經者。由是浙西六郡買田三百五十餘萬畝。詔進良貴官兩轉，餘人進秩有差。

秋七月，置榷場于樊城。劉整言于蒙古曰：「南人惟恃吕文德耳，然可以利誘也。請遣以玉帶餽之，求置榷場於襄陽城外。」蒙古從之。至鄂，請于文德，文德許之。蒙古使曰：「南人無信，安豐等處榷場每爲盜所掠，願築土牆以護貨物。」文德不許。或謂文德曰：「榷場成，我之利，且可因以通好。」文德爲請於朝，開榷場於樊城外，築土牆於鹿門山，外通互市，内築堡壁。蒙古又築堡于白鶴，由是敵有所守，以遏南北之援，時出兵哨掠襄、樊城外，兵威益熾。文德弟文焕知爲蒙古所賣，以書諫止，文德始悟，然事已無及，惟自咎爾。

蒙古以廉希憲爲中書平章政事，商挺參知政事。希憲在秦、蜀，凡宋將家屬之在北者，歲給其糧；北人仕於南者，子弟得越界省其親，人皆感之。李璮反，降人費寅譖希憲制關中得民心，又得商挺爲之輔，脩城治兵，潛畜異志。蒙古主疑之，命中書右丞南合代希憲，且覆視所告事，卒無實狀，詔希憲、挺還，皆進秩。希憲首言：「國初以來，凡納土及始受命之臣，咸令世守，至今將六十年。子孫皆奴視部下，郡邑長吏皆其皂隸、僮使，前古所無，宜更張之。」乃議行考課、黜陟、遷轉法，蒙古主從之。

**甲子**　五年，蒙古至元元年。

春三月，增公田官于平江諸路。似道言：「公田已成，若復以州縣總之，恐害不除而利不可久。請以江陰、平江公田隸浙西憲司，安吉、嘉興公田隸兩浙運司，常州、鎮江公田隸總所。每歲秋租輸之官倉，特與饒減二分，或水旱則別議放數。仍立四分司，以主管公田繫銜，平江、嘉興、安吉各一員，鎮、常、江陰共一員。每鄉置官莊一所，民爲官耕者曰官佃，爲官督者曰莊官。莊官以富饒者充，應兩歲一更。每租一石，明減二斗，不許多收。」其間毘陵、澄江一時迎合，止欲買數之多，凡六七斗皆作一石，及收租之際，元額有虧，則取足于田主，遂爲無窮之害。或内有磽瘠及租佃頑惡之處，又從而責換于田主，其禍尤慘。

何夢然罷。〇夏五月，以楊棟參知政事，葉夢鼎同知樞密院事，姚希得同簽書院事。〇秋七月，彗星出。中外上書乞罷公田，賈似道力求去位，詔勉留之。彗星出柳，光燭天，長數十丈，自四更見東方，日高始滅。詔避殿減膳，許中外直言。臺諫、士庶皆上書，以爲公田不便，民間愁怨所致。於是似道上書力辨，乞避位。帝曰：「言事易，任事難，自古然也。使公田之説不可行，則卿建議之始，朕已沮之矣。惟其公私兼濟，所以舉意行之。今業已成矣，一歲之軍餉仰給於此，若遽因人言罷之，雖可快一時之異議，如國計何？卿既任事，亦當任怨，禮義不愆，何恤人言？卿宜安心，毋孤朕倚毗之意。」知臨安府劉良貴亦以人言藉藉，自陳括田之勞，乞從罷免，不允。由是公論頓沮。黥配臨安府學生葉李等于遠州。葉李、蕭規應詔上書，詆賈似道專權，害民誤國。似道命劉良貴捃摭以罪，黥配李于漳州，規于汀州。蒙古阿里不哥自歸于上都，蒙古主釋不治，其黨不魯花等伏誅。阿里不哥自昔木土之敗，不能復軍。至是，與諸王玉龍答失三人，❶及其謀臣不魯花、脱里察、脱忽思等來歸。蒙古主以諸王皆太祖之裔，並釋不問，惟誅不魯花等。楊棟免。棟以彗星爲蚩尤旗，非變異也。言者論其欺天罔君，坐免。或謂棟姑爲是言，陰告于帝，謀逐似道。似道覺之，遂蒙疑而去。彗星凡歷五十餘日，始滅。八月，蒙古以劉秉忠爲太保，參領中書省事。翰林承旨王鶚言：「秉忠久侍藩邸，參密謀、定大計，積有忠勤，然猶仍其野服散號，宜正其衣冠，崇以顯秩。」蒙古主即日拜太保，參領中書省事。秉忠既受命，以天下爲己任，知無不言。凡燕閒顧問，輒推薦人物可器使者。其所甄拔，後皆爲名臣。蒙古入都于燕。劉秉忠請定都于燕，蒙古主從之。詔營城池及宫室，仍號爲中都。九月，竄建寧府教授謝枋得于興國軍。枋得考試宣城及建康，摘賈似道政事爲問目，言：「權姦擅國，敵兵必至，趙氏必亡。」漕使陸景思上其藁於似道，於是左司諫舒有開劾枋得怨望騰謗，大不敬。詔竄之。行經界推排法。賈似道請行推排法于諸路，由是江南之地，尺寸皆有税，而民力竭矣。作銀關。賈似道以物貴由于楮賤，楮賤由



❶「玉龍答失」，原作「王龍答失」，據《元史》卷五《世祖本紀》改。

于楮多，乃更造銀關，每一准十八界會之三，自製其印如「賈」字狀行之。出奉宸庫珍貨，牧弊會于官，廢十七界會不用。銀關行，物益貴，楮益賤。**冬十月，帝崩，太子禥即位，尊皇后曰皇太后，大赦。**帝有疾，詔：「草野有能治療者，白身除節度使，有官及願就文資者，並與比附推恩，仍賜錢十萬、田五百頃。」卒無應者，遂崩，年六十一。太子禥即位，尊皇后曰皇太后，上帝廟號曰理宗。史臣曰：「理宗享國與仁宗同，然仁宗之世，賢相相繼，理宗四十年間，若崔與之、吴潛皆弗究于用，而史彌遠、丁大全、賈似道竊弄威福，相爲終始，治效之不逮仁宗宜也。蔡州之役，可以雪先世之恥，顧乃貪地棄盟，事釁隨起，兵連禍結，境土日蹙。良由中年，嗜慾既多，怠於政事，權移姦臣，以致於此。然嘉定以來，正邪貿亂，國是靡定。自帝繼統，首黜王安石而尊濂、洛，表章朱氏，丕變士習。後世有以理學復古帝王之治者，考論其功，自帝始焉。廟號曰理，其殆庶乎？」**十一月，蒙古以阿合馬爲中書平章政事。**阿合馬以河南鈞、徐諸州有鐵冶，請興鼓鑄之利。乃括户三千興煽之，歲輸鐵一百三萬七千斤。又以太原民煮小鹽，越境販賣，民貪其價廉，競買食之，解鹽以故不售，歲入課銀止七千五百兩，請歲增五千兩，無問諸色兵民，❶鈞出其賦。至是，罷左右部，歸中書。蒙古主嘉阿合馬之能，超拜平章政事。

**乙丑　度宗皇帝咸淳元年，**蒙古至元二年。**春正月朔，日食。○二月，以姚希得參知政事，江萬里同知樞密院事，王爚簽書院事。○三月，葬永穆陵。夏四月，加賈似道太師，封魏國公。**帝以似道有定策功，每朝必答拜，稱之曰師臣而不名，朝臣皆稱爲周公。理宗山陵事竣，徑棄官還越，而密令吕文德詐報蒙古兵攻下沱急。朝中大駭，帝與太后手詔起之。似道乃至，欲以經筵拜太師，而典故須建節，乃授鎮東軍節度使。似道怒曰：「節度使，麤人之極致耳。」遂命出節，都人聚觀。節已出，復曰：「時日不利。」亟命返之。舊制，節出，撤關壞屋，無倒節理，以示不屈，至是人皆駭異。**閏五月，以江萬里參知政**

❶「問」，原作「間」，據《元史》卷二〇五《阿合馬傳》改。

事，王爚同知樞密院事，馬廷鸞簽書院事。○秋八月，蒙古以安童爲中書右丞相。冬，十月，命許衡議省事，衡辭，不許。安童，木華黎四世孫，年二十一矣。蒙古主以其幼未更事，召許衡于懷孟，俾議中書省事。衡至，以疾辭，蒙古主不許。安童親候其館，與語良久，既還，念之不釋者累日。十一月，以留夢炎簽書樞密院事。

丙寅　二年，蒙古至元三年。春正月，以季可爲監察御史。初，理宗詔置籍中書，記諫官、御史言事，歲終以考成績。而賈似道當國，忌臺諫言事，悉用庸懦易制者爲之，彈劾不敢自由，惟取遠州太守及州縣小官毛舉細過，應故事而已。江萬里罷。賈似道以去要君，帝至拜留之。萬里以身掖帝云：「自古無此君臣禮，陛下不可拜，似道不可復言去。」似道不知所爲，下殿，因舉笏謝萬里曰：「微公，似道幾爲千古罪人。」然以此益忌之。帝在經筵，每問經史疑義及古人姓名，似道不能對，萬里常從旁代對。王夫人頗知書，帝語夫人以爲笑。似道聞之，積慚怒，謀逐萬里。萬里亦四上疏求退，乃以資政殿大學士奉祠。二月，蒙古以宋子貞爲中書平章政事。子貞初事東平嚴實，建學育才，齊魯爲之一變。蒙古主南侵，子貞上言：「本朝威武有餘，仁德未洽。若投降者不殺，脅從者勿治，則宋之郡邑，可傳檄而定也。」蒙古主善之，累遷右三部尚書。數上言時政便宜，凡立法裁制，多自子貞發之。蒙古主頗悔用子貞之晚。入中書，未幾致仕，卒。夏四月，姚希得、王爚罷。○五月，以王爚參知政事，留夢炎同知樞密院事，包恢簽書院事。恢所至，以嚴爲治，破豪猾、去姦吏、治蠱獄，政聲赫然。理宗朝，嘗因輪對曰：「陛下之心如天地日月，其閉而食者，外戚、近習耳。」秋七月，蒙古以張德輝參議中書省事。初，德輝在史天澤幕下，蒙古主在藩邸聞之，召見，問曰：「或云遼以釋廢，金以儒亡，有諸？」對曰：「遼事臣未周知，金季乃所親睹。宰執皆武弁世爵，雖用一二儒臣，及論軍國大事，又不使預聞。然則金之存亡，自有任其責者。」蒙古主然之，呼其字而不名。德輝又嘗與元裕上謁，請蒙古主爲儒教大宗師，蒙古主悦而受之。既即位，以爲河東南北路宣撫使，遂入議政。

**丁卯**　**三年，**蒙古至元四年。**春正月，立皇后全氏。**后，會稽人，理宗母慈憲夫人姪孫也。寶祐中，父昭孫没于王事，理宗以母故，常召后入宫，問曰：「爾父没于王事，每念之令人可哀。」后對曰：「妾父可念，淮、湖之民尤可念也。」帝異之，語大臣曰：「全氏女言辭甚令，宜配冢嗣，以承宗祀。」遂納爲太子妃。**帝釋菜于孔子，以顔回、曾參、孔伋、孟軻配，列邵雍、司馬光于從祀。**又升顓孫師于十哲，追封雍新安伯，講官、監官、三學長貳及諸生推恩有差。**蒙古許衡謝病還懷孟。**衡陳時務四事：一曰立國規模。古今立國雖各不同，然其大要在得天下心。得天下心無他，愛與公而已。愛則民心順，公則民心服，既順且服，則紀綱法度施行有地，天下雖大，可不勞而理也。然其先後之序、緩急之宜，密有定則，可以意會而不可以言傳，是之謂規模。考之前代，北方有中夏者，必行漢法乃可長久。如今日形勢，非用漢法不宜也。然萬世國俗，累朝勳舊，一旦驅之下從臣僕之謀，其勢有甚難者。陛下苟能漸之摩之，待以歲月，篤信堅守，不雜小人，不營小利，不責近效，不恤浮言，則致治之功可成也。

二曰中書大要。中書管天下之務，不勝其煩，大要在用人、立法二者而已。夫治人者，法也；守法者，人也。人法相維，上安下順，而宰執優游廟廊之上，不煩不勞，此所謂省也。里巷之談，動以古爲詬戲，不知今日口之所食，身之所衣，皆古人遺法而不敢違者。豈天下之大，國家之重，而古人成法反可違邪？其亦弗思甚矣！用人、立法，今雖未能遽如古昔，然俸給之等、敘用之格、監司之條，當先擬定。至於貴家世襲、品官任子、驅良抄數之便宜，續當議之，亦不可緩也。

其三曰爲君難。上天眷命，作之君師，蓋以至難任之也。堯舜以來，聖帝明王，莫不兢兢業業，小心畏慎，誠知天之所畀至難之任，初不可以易心處也。然則爲君之難，尤陛下所當專意者，臣請舉其切而要者于后。人君不患出言之難而患踐言之難，知踐言之難，則其出言不容不慎矣。苟從古者《大學》之道，以脩身爲本，凡一事之來，一言之發，必求其所以然，與其所當然，熟思而審處之，雖有不中者，蓋鮮矣。奈何爲人上者多樂舒肆，爲人臣者多事容悦。容悦本爲私也，私心盛，則不畏人矣；舒肆本爲欲也，欲心盛，則不畏天矣。以不畏天之心與不畏人之心感合無間，則其所務皆快心事耳。快心則口欲言而言，身欲動而動，又豈肯兢兢以脩身爲本？一言一事，熟思而審處之乎？此踐言之難也。人之情僞，有險有易，有衆有寡，未易使之不見欺也。人君惟無喜怒也，有則贊其喜以市恩，鼓其怒以張勢。人君惟無愛憎也，有則假其愛以濟私，藉其憎以復怨。甚至本無喜也，誑之使喜；本無怒也，激之使怒；本無足愛也，强譽之使愛；本無可憎也，强短之使憎。若是，則進者未必爲君子，退者未必爲小人，予之者或無功，而奪之者或有功也。以至賞罰生殺，鮮有得其正者。欺而至此，尚可防邪？大抵人君以知人爲貴，用人爲急。用得其人，則無事於防矣。既不出此而欲防其欺，雖堯、舜不能也。夫賢者遭時不偶，務自韜晦，有舉一世而人不知者。人君雖或知之，而召之、命之，汎如斯養；或接之以貌，待之以禮，而言不見用；或用其言而復使小人參之，賢者俱不屑也。此特難進者耳，又有難合者焉。大抵人君樂聞人過而不樂聞己過，務快己心而不務快民心。賢者必欲匡扶使如堯、舜，故其勢難合。况奸邪佞倖，醜正惡直，多方以陷之，將見罪戾之不免，又可望天下被其澤邪！益戒禹曰：「任賢勿貳。」貳之一言，在大禹猶當警省，况後世人主哉？此任賢之難也。奸邪之人，其爲心險，其用術巧，其諂似恭，其奸似直，其欺似可信，其佞似可近，務以窺人君之喜怒而迎合之，竊其勢以立己之威，濟其欲以結主之愛。愛隆於上，威擅於下，毒被生民而上莫之知，至是而求去之，難矣。雖然，此特人主之不悟者也。如宇文士及之佞，太宗灼見其情而不能斥；李林甫妬賢嫉能，明皇洞見其奸而不能退。邪之惑人有如此者，可不畏哉？民之戴君本於天命，特由使之失望，使之不平，然後怨怒生焉。必如古者《大學》之道，以脩身爲本，凡一言一動也，舉可以爲天下法；一賞一罰也，舉可以合天下公，則億兆之心將不求而自得，又豈有失望不平之累哉！奈何此道不明，爲人君者，不喜聞過；爲人臣者，不敢盡言。合二者之心，以求天下之心，則其難得也固宜。三代而下，稱盛治者無如漢文、景，然當時天象數變，而文、景專以養民爲務。今年下詔勸農桑，明年下詔減租税，懇愛如此，宜其民心得而和氣應也。臣竊見近年彗孛迭見，議者謂當除舊布新以應天變。臣以爲曷若直法文、景之恭儉愛民，爲理明義正而可信邪！右六者，難之目也。

其四曰農桑、學校。今國家徒知斂財之巧而不知生財之由，徒知防人之欺而不欲養人之善，徒患法令之難行而不患法令無可行之地。誠能優重農民，勿擾勿害，毆游惰之人而歸之南畝，十年以後，倉盈庫積，當非今日之比矣。自都邑至州縣，皆設學校，使皇子以下至於庶人之子弟皆從事於學，十年之後，上知所以御下，下知所以事上，上下和睦，又非今日之比矣。能是二者則萬目皆舉，否則他皆不可期也。」書至萬餘言，且謂：「孔子曰：『以道事君，不可則止。』孟子以責難陳善乃爲恭敬，臣之所守如此，而大約以《大學》修身爲之本。」蒙古主嘉納之。衡多病，蒙古主命五日一至中書。至是，始聽歸懷孟。

二月，以賈似道平章軍國重事，三日一朝，治事都堂。似道上疏乞歸養，帝命大臣、侍從傳旨固留，日四五至，中使加賜，日十數至。夜即交卧第外以守之。特授平章軍國重事，一月三赴經筵，三日一朝，治事都堂，賜第西湖之葛嶺，使迎養其中。似道於是五日一乘湖船入朝，不赴都堂治事，吏抱文書就第呈署，大小朝政，一切決于館客廖瑩中、堂吏翁應龍，宰執充位而已。似道雖深居簡出，凡臺諫彈劾、諸司薦辟及京尹、畿漕一切事，不關白不敢行。正人端士，斥罷殆盡。吏争納賂求美職，圖爲帥閫、監司、郡守者，貢獻不可勝計，一時貪風大肆。兵喪於外，匿不以聞，民怨于下，誅責無藝，莫敢言者。太府寺主簿陳蒙嘗入對，極言似道爲相，國政闕失。後爲淮東總領，似道誣以貪汙，安置于建昌軍，籍録其家。

三月，以程元鳳爲右丞相兼樞密使，葉夢鼎參知政事，王爚知樞密院事，常挺簽書院事。元鳳、爚尋罷。賈似道恐元鳳侵權，諷陳宜中劾罷之。

夏五月朔，日食。○六月，以馬光祖參知政事。○秋八月，進封嗣榮王與芮爲福王。○以葉夢鼎爲右丞相兼樞密使，固辭，不許。利州路轉運使王价子愬求遺澤，夢鼎以爲合與，似道以恩不出己，罷省部吏數人。夢鼎怒曰：「我斷不爲陳自强。」即求去。似道母責似道曰：「葉丞相安於家食，未嘗求進，汝强與以相印。今乃牽制至此，若不從吾言，吾不食矣。」似道曰：「爲官不得不如此。」會太學諸生亦上書言似道專權固位，似道乃悔悟求解。夢鼎請去愈力，帝不許。以留夢炎爲樞密使，常挺同知樞密院事。冬十一月，以挺參知政事，馬廷鸞同知院事。○十二月，以呂文煥知襄陽府。○蒙古阿术、劉整謀入寇，遂城白河口。劉整言于蒙古主曰：「襄陽吾故物，由棄弗戍，使宋得竊築爲强藩。若復襄陽，浮漢入江，則宋可平也。」蒙古主從之。詔徵諸路兵，命阿术與整經畧襄陽。阿术駐馬虎頭山，顧漢東白河口曰：「若築壘于此，以斷宋餉道，襄陽可圖也。」遂城其地。呂文煥大懼，遣人以蠟書告文德，文德怒且罵曰：「汝曹妄言邀功賞，設有之，亦假城耳。襄、樊城池堅深，兵儲支十年。令呂六堅守，果整妄作，春水至，吾往取之。比至，恐遁去耳。」議者竊笑之。

**戊辰**　四年，蒙古至元五年。春正月，留夢炎罷。○夏四月，奪觀文殿大學士、惠國公謝方叔官爵。方叔以嘗爲東宮官，自豫章以一琴、一鶴、金丹一鑪獻帝。似道疑其觀望再相，諷諫官趙順孫等論其不當誘人主爲聲色之好，欲謫之遠郡。呂文德請以己官贖方叔罪，乃止奪官爵。秋九月，蒙古阿术、劉整圍襄陽。劉整與阿术計曰：「我精兵突騎，所當者破，惟水戰不如宋耳。奪彼所長，造戰艦、習水軍，則事濟矣。」乃造船五千艘，日練水軍，雖雨不能出，亦畫地爲船而習之。得練卒七萬，遂築圜城，以逼襄陽。冬十月朔，日食。○十一月，常挺卒。○行義役法。○蒙古以和禮霍孫爲起居注。省臣言：「前代必有起居注，故善政嘉謨不致遺失。」蒙古主即以和禮霍孫爲之。十二月，包恢罷。

**己巳**　五年，蒙古至元六年。春正月，以李庭芝爲兩淮制置大使。兼知揚州。時揚州新遭火，公私蕭然。庭芝放民負鹽二百餘萬，又鑿河四十里入金沙餘慶場，以省車運。始，平山堂瞰揚城，敵至，則構望樓其上，張車弩以射城中。庭芝大築城包之，募汴南流民二萬餘人以實之，號武鋭軍。脩學振饑，民德之如父母。葉夢鼎上疏乞致事，不待報而去。夢鼎扼於賈似道，不得行，乃引杜衍故事致仕，單車宵遁。詔判福州，夢鼎不拜。**以馬廷鸞、江萬里參知政事。**

○**蒙古遣史天澤益兵圍襄陽。**蒙古括諸路兵以益襄陽之師，遣史天澤與宗王大臣往經畫之。天澤至，呂文煥遣使餉以鹽、茗。天澤築長圍，起萬山，包百丈山，令南北不相通。又築峴山、虎頭山爲一字城，聯亘諸堡，以立久駐必取之基。**蒙古阿合馬請罷御史臺及諸道提刑司，蒙古主不許。**阿合馬專總財賦，以新立憲臺，言于蒙古主曰：「庶務責成各路，錢穀付之轉運，必繩治之，事何由辦？」廉希憲曰：「立臺察，內則彈劾姦邪，外則察視非常，訪求民瘼，裨益國政，無大於此者。如阿合馬所言，必使上下專恣，貪暴公行，然後事可集邪？」阿合馬語塞，乃止。**二月，蒙古行新字，加號西僧八思巴爲大寶法王。**詔曰：「國家肇基朔方，制用文字，皆取漢楷及畏吾字，以達本朝之言。考諸遼、金及遐方諸國，例各有字。今文治寖興，字書方缺，特命國師八思巴創蒙古新字，頒行諸路，譯寫一切文字，期於順言達事而已。」更號八思巴爲大寶法王。其字凡千餘，大要以諧聲爲宗。**三月，蒙古軍圍樊，遂城鹿門。京湖都統張世傑將兵拒之，戰于赤灘圃，敗績。**世傑，柔之從子，從柔戍杞，有罪來奔。阮思聰見而奇之，言于呂文德，文德召置麾下，累功至都統制。**以江萬里、馬廷鸞爲左、右丞相兼樞密使，馬光祖知樞密院事。夏五月，光祖罷。**廷鸞每見文法密，功賞稽遲，將校不出死力，於邊閫升辟，稍越拘攣。似道頗疑異己，黥堂吏以泄其憤。**秋七月，夏貴襲蒙古阿朮于新郢，敗績。**詔以貴爲沿江制置副使援襄、樊，貴乘春水漲，輕兵部糧至襄陽城下。懼蒙古軍掩襲，僅能與文煥交語而還。及秋，大霖雨，漢水溢，貴分遣舟師出沒東岸林谷間。阿朮謂諸將曰：「此虛形，不可與戰，宜整舟師以備新城。」明日，貴舟果趣新城，至虎尾洲，爲阿朮所敗，士卒溺漢水死者甚衆。范文虎復以舟師援貴，至灌子灘，亦爲阿朮所敗，文虎以輕舟遁。**八月，高麗林衍廢其主禃，而立安慶公淐。冬十月，蒙古遣兵討之。**淐，禃弟也，爲權臣林衍所廢立。蒙古主命趙壁行省東京，聚兵平壤，往問其罪。且詔誅止衍，餘無所問。**十二月，呂文德卒，以范文虎爲殿前副都指揮使。**文德以許蒙古置榷場爲恨，每曰：「誤國家者，我也。」因疽發背，乞致仕，詔授少師，封衛國公，卒。賈似道以其婿范文虎總禁兵。

**庚午** **六年，**蒙古至元七年。**春正月，以李庭芝爲京湖制置大使，督師援襄、樊。**時夏貴、范文虎相繼大敗，及聞庭芝至，文虎貽書賈似道曰：「吾將兵數萬入襄陽，一戰可平。但願無使聽命于京閫，事成則功歸恩相矣。」似道即命文虎之兵從中制之。庭芝屢約進兵，文虎但與妓妾、嬖倖擊鞠飲宴爲樂，以取旨未至爲辭。**起復孫虎臣爲淮東安撫副使。○江萬里罷。**萬里以襄、樊爲憂，屢請益師往救，賈似道不答。萬里遂力求去，出知福州。**蒙古廉希憲罷。**希憲立朝讜正，有內侍入朝堂傳旨，言某事當爾。希憲曰：「此閹宦預政之漸，不可啓也。」入奏，杖之。蒙古主嘗令希憲受帝師戒，希憲對曰：「臣已受孔子戒矣。」蒙古主曰：「汝孔子亦有戒邪？」對曰：「爲臣當忠，爲子當孝。孔子之戒，如是而已。」時有詔釋大都囚，西域人匿贊馬丁爲怨家所訴繫獄，亦被原免。蒙古主自開平還，怨家復訴之。時希憲在告，實不預其事，乃取堂判補署之曰：「天威不測，豈可幸其獨不署以苟免邪？」遂與左丞相耶律鑄俱罷。蒙古主嘗問侍臣：「希憲居家何爲？」阿合馬曰：「日與妻孥宴樂耳！」帝曰：「希憲清貧，何從宴設？」阿合馬愧而退。**以陳宗禮簽書樞密院事，趙順孫同簽書院事。**宮中飲宴，名曰「排當」，理宗朝排當之禮多內侍自爲之。一有排當，則必有私事密啓。帝即位益盛，至出內帑爲之。宗禮爲給事中，嘗上疏言：「內侍用心，非借排當以侵羨餘，則假秩筵以奉殷勤。不知費幾州汗血之勞，而供一夕笙歌之樂。請禁絶之。」不報。**蒙古立尚書省，以阿合馬平章政事。**阿合馬爲人多智巧言，以功利自效，蒙古主急於富國，試以行事，頗有成績。又見與史天澤爭辨，屢有以詘之。由是奇其材，授以政柄，言無不從，而不知其專愎益甚矣。既立尚書省，以爲平章政事，詔：「凡銓選，吏部定擬資品呈尚書，尚書咨中書，然後聞。」阿合馬擢用私人，不由部擬，不咨中書。安童以爲言，蒙古主令問阿合馬。阿合馬言：「事無大小，皆委之臣。所用之人，臣宜自擇。」安童因請：「自今惟重刑及遷上路總管始屬之臣，餘並付阿合馬。」蒙古主從之。阿合馬遂請重定條畫，下諸路括户口，增太原鹽課，以千錠爲常額。三月朔，日食。○蒙古以許衡爲中書左丞，衡固辭，不許。衡被徵入朝，與姚樞等詳定禮儀。時阿合馬勢傾中外，一時大臣多阿附之。衡每與之議，必正言不少讓。已而其子忽辛有同簽樞密院之命，衡獨執奏曰：「國家事權，兵、民、財三者而已。父典民與財，子又典兵，不可。」蒙古主曰：「卿慮其反邪？」衡對曰：「彼雖不反，此反道也。」帝以語阿合馬，由是怨衡。亟薦衡爲左丞，欲因以事中之。衡屢入辭免，蒙古主不許。夏四月，罷直學士院文天祥。賈似道以去要君，帝勉留益堅，命學士降詔。天祥當制，時内制相承，必先呈稿於相，天祥不從。似道意不滿，諷別院改作。天祥援楊大年故事，亟求解職，遷祕書監，似道使臺官張志立劾罷之。秋八月，詔賈似道十日一朝，入朝不拜。似道屢稱疾求去，帝至涕泣留之，不從，詔六日一朝，一月兩赴經筵。尋又詔入朝不拜。朝退，帝必起避席，目送之出殿廷，始坐。繼復詔十日一朝。時襄、樊圍急，似道日坐葛嶺，起樓閣亭榭，作半閒堂，延羽流，塑己像其中。取宮人葉氏及娼尼有美色者爲妾，日肆淫樂，與故博徒縱博，人無敢窺其第者。有妾兄來，立府門，若將入狀。似道見之，縛投火中。嘗與群妾踞地鬭蟋蟀，所狎客戲之曰：「此軍國重事邪？」酷嗜寶玩，建多寶閣，一日一登玩。聞余玠有玉帶，求之，已徇葬矣，發其冢取之。人有物求不與，輒得罪。自是或累月不朝，雖朝享景靈宮，亦不從駕。有言邊事者，輒加貶斥。一日，帝問曰：「襄陽之圍已三年矣，奈何？」似道對曰：「北兵已退。陛下何從得此言？」帝曰：「適有女嬪言之。」似道詰其人，誣以他事賜死。由是邊事雖日急，無敢言者。冬十月，詔范文虎總中外諸軍救襄、樊。○十一月，蒙古城萬山。張弘範軍于鹿門，以斷官軍糧道及郢、復之援，言于史天澤曰：「今規取襄陽，周于圍而緩于攻者，計待其自斃也。然夏貴乘江漲送衣糧入城，我無禦之者。而江陵、歸、峽行旅休卒，道出襄陽南者相繼也。寧有自斃之時乎？若築萬山以斷其西，立柵灌子灘以絶其東，則庶幾斃之之道也。」天澤從之，遂築萬山，徙弘範軍焉。自是，襄、樊道絶。十二月，陳宗禮卒。

辛未　七年，蒙古至元八年，十一月改國號曰元。春二月，大饑。是歲，淮、浙、江西皆饑，命官賑貸。知撫州黄震大書「閉糶者籍，彊糴者斬」，不抑米價，勸分有方，全活甚衆。蒙古復立王禃爲高麗王。趙璧至東京，時林衍已死，乃言于蒙古主，以兵衛禃復國，誅衍之子惟茂及其親屬。未幾，衍黨裴仲孫等復集餘衆，立禃庶族承化侯爲王，竄入珍島。踰年，蒙古遣忻都討平之。夏五月，蒙古兵分道寇嘉定諸路。蒙古詔東道兵圍襄陽，各道宜進兵以牽制之。於是秦蜀行省平章政事賽典赤瞻思丁率諸將水陸並進，鄭鼎出嘉定，汪良臣出重慶，扎刺不花出瀘州。所至順流縱筏，斷浮橋，獲將卒、戰艦甚衆。六月，范文虎帥師至鹿門而遁，李庭芝自劾請代，不許。時漢水溢，文虎不得已，將衛卒及兩淮舟師十萬進至鹿門。阿朮夾江東西爲陣，别令一軍趨會丹灘，犯其前鋒，諸將順流鼓譟。文虎軍逆戰不利，棄旗鼓、鎧仗，乘夜遁去。蒙古俘其軍，獲戰船、甲仗不可勝計。蒙古以許衡爲集賢大學士兼國子祭酒。衡上疏，論阿合馬專權罔上、蠹政害民諸事，不報，因謝病請解機務。蒙古主不許，且命舉自代者。衡奏曰：「用人，天子之大柄。臣下汎論其賢否則可，若授之以位，則斷自宸衷，不可使臣下有市恩之漸。」乃拜衡集賢大學士兼國子祭酒，即燕京南城舊樞密院設學。衡聞命喜曰：「此吾事也！」因請徵其弟子王梓、耶律有尚、姚燧等十二人爲齋長。時所選弟子皆幼穉，衡待之如成人，愛之如子，出入進退，其嚴如君臣。其爲教，因覺以明善，因明以開蔽，❶相其動息以爲張弛。課誦少暇即習禮，或習書算。少者，則令習拜跪、揖讓、進退、應對，或射、或投壺，負者罰讀書若干遍。久之，諸生人人自得，尊師敬業，下至童子，亦知三綱五常爲生人之道。秋八月朔，日食。○九月，蒙古弛四川茶、鹽之禁。蒙古主以四川民力困弊，詔免茶、鹽等課，以軍民田租給軍食。仍敕有司有言茶鹽之利者，以違制論。冬十一月，蒙古改國號曰「元」。取《易》「乾元」之義，從太保劉秉忠請也。十二月，初置士籍。賈似道欲制東南士心，乃令御史陳伯大請置士籍，開具鄉里、姓名、年

❶「因明」，原作「因善」，據《魯齋遺書》卷一三、《元史》卷一五八《許衡傳》改。

甲、三代、妻室，令鄉鄰結勘，於科舉條制無礙，方許納卷。又嚴後省覆試法，比校中省元卷字蹤稍異者黜之。覆試之日，露索懷挾。有李鈁孫者，少時戲雕股間，索者視之，駭曰：「此文身者。」事聞，被黜。時邊事危急，束手無策，而以科舉累士人，議者謬之。

**壬申** 八年，元至元九年。**春正月，元罷尚書省。**阿合馬仍平章中書省事。**夏五月，李庭芝使統制張順、張貴將兵救襄陽，與元軍戰，敗績，皆死之。**襄陽被圍五年，援兵不至。呂文煥竭力拒之，幸城中稍有積粟，所乏者，鹽、薪、布帛爾。張漢英守樊城，募善泅者寘蠟書於髻中，藏積草下，浮水而出，謂鹿門既築，勢須自荆、郢救援。至隘口，元守卒見積草多，鈎致欲爲焚爨之用，泅者遂被獲，於是郢、鄧之路亦絶。至是，詔李庭芝移屯郢州，將帥悉駐新郢及均州河口，以守要津。庭芝闖知襄陽西北一水曰清泥河，源於均、房，即其地造輕舟百艘，以三舟聯爲一舫，中一舟裝載，左右舟則虚其底而掩覆之。出重賞募死士，得襄、郢山西民兵之驍悍善戰者三千人。求將，得民兵部轄張順、張貴，俱智勇，素爲諸將所服，俾爲都統，號貴曰「矮張」，順曰「竹園張」。出令曰：「此行有死而已，汝輩或非本心，宜亟去，毋敗吾事！」人人感奮。漢水方生，乘順流發舟百艘，稍進團山下。又進高頭港口，結方陣，各船置火鎗、火砲、熾炭、巨斧、勁弩。夜漏下三刻，起矴出江，以紅燈爲號。貴先登，順殿之，乘風破浪，徑犯重圍。至磨洪灘以上，元兵布舟蔽江，無隙可入。順等乘鋭斷鐵絙，攢杙數百，轉戰百二十里，元兵皆披靡以避其鋒。黎明，抵襄陽城下。城中久絶援，聞順等至，踴躍過望，勇氣百倍。及收軍，獨失順。越數日，有浮屍遡流而上，被甲胄，執弓矢，直抵浮梁，視之則順也。身中四創六箭，怒氣勃勃如生。諸軍驚以爲神，結塚斂葬之。貴入襄陽，文煥固留共守。貴恃其驍勇，欲還郢，乃募二士能伏水中數日不食，持蠟書赴范文虎于郢求援。元兵增守益密，水路連鎖數十里，列撒星樁，雖魚蝦不得度。二人遇樁即鋸斷之，竟達郢。還報，許發兵五千駐龍尾洲，以助夾擊。刻日既定，乃別文煥東下。點視所部軍，洎登舟，帳前一人亡去，乃有過被撻者。貴驚曰：「吾事泄矣！亟行，彼或未及知。」復不能銜枚隱迹，乃舉砲鼓譟發舟，乘夜順流斷絙破圍冒進，元兵皆辟易。既出險地，夜半天黑，至小新城，阿术、劉整分艤戰艦邀擊，以死拒戰。沿岸束荻列炬，火光燭天如白晝。至勾林灘，漸近龍尾洲，遥望軍船，旗幟紛披。貴兵以爲郢兵來會，喜躍而進，舉流星火示之，軍船見火即前迎，及勢近欲合，則來舟皆元軍也。蓋郢兵前二日以風水驚疑，退屯三十里，而元兵得逃卒之報，先據龍尾洲以逸待勞。貴與戰而困，且出於不意，所部殺傷殆盡。貴身被數十創，力不能支，遂被執，見阿术于櫃門關。阿术欲降之，貴誓不屈，乃見殺。元令降卒四人舁貴屍至襄陽城下，曰：「識矮張都統乎？此是也。」守陴者皆哭，城中喪氣。文煥斬四卒，以貴祔葬順塚，立雙廟祀之。

**六月，竄資政殿大學士皮龍榮于衡州，道卒。**龍榮，舊宮僚也，知賈似道忌之，家居杜門不預人事。一日，帝偶問龍榮安在，似道恐其召用，陰諷湖南提刑李雷應誣劾以事，徙衡州居住。龍榮恐不爲雷應所容，未至，飲藥卒。**以章鑑同簽書樞密院事。○秋八月朔，日食。○九月，有事于明堂，大雨，帝還宮，賈似道去位。詔出貴嬪胡氏爲尼，似道乃還。**祀明堂，似道爲大禮使。禮成，幸景靈宮。將還，遇大雨，似道期帝雨止升輅，胡貴嬪之兄顯祖爲帶御器械，請如開禧故事，却輅，乘逍遥輦還宮。帝曰：「平章得無不可？」顯祖紿曰：「平章已允。」帝遂歸。似道大怒，曰：「臣爲大禮使，陛下舉動不得預聞，乞罷政。」即日出嘉會門。帝固留之不得，乃罷顯祖，涕泣出貴嬪爲尼，似道始還。似道專恣日甚，畏人議己，務以權術駕馭，不愛官爵，牢籠一時名士。以故言路斷絶，威福肆行，相視以目。

**冬十一月，馬廷鸞罷。**廷鸞扼於賈似道，力辭相位，乃授觀文殿大學士、知饒州。入辭，帝惻怛久之，曰：「丞相勉爲朕留。」廷鸞對曰：「臣死亡無日，恐不得再見君父。然國事方殷，疆圉孔棘，天下安危，人主不知；國家利害，羣臣不知；軍前勝負，列閫不知。陛下與元老大臣，惟懷永圖，臣死且瞑目。」泣拜而出。**遣使入元，封劉整爲燕王。元執使者，殺之。**朝廷患劉整爲元用，詔以整爲盧龍軍節度使，封燕郡王，遣永寧人賫告身及金印、牙符，期致之整。既入元，事覺，整自軍中入見元主，曰：「此宋患臣用兵襄陽，欲以此殺臣耳。」元主詔磔其人于市，且移書來責執政。**十二月，召葉夢鼎入相，固辭不至。**詔加夢鼎少傅入相，夢鼎引疾力辭。使者相繼促行，扶病至嵊縣，疏奏：「願上厲精寡欲，規當國者收人心，固邦本。」扁舟徑還。使者以禍福告，夢鼎曰：「廉耻事大，死生事小，萬無可回之理。」賈似道大怒，乃令致仕。

**癸酉　九年，**元至元十年。**春正月，樊城陷，守將范天順、牛富死之。**樊被圍四年，范天順、牛富力戰，不爲衄。富又數射書襄陽城中，期吕文焕相與固守爲脣齒。未幾，阿里海涯得西域人所獻新礮法，乃進攻樊，破外郛。張弘範爲流矢中其肘，束創見阿术曰：「襄在江南，樊在江北，我陸攻樊，則襄出舟師來救，終不可取。若截江道，斷救兵，水陸夾攻，則樊破而襄亦下矣。」阿术從之。初，襄、樊兩城，漢水出其間。文焕植木江中，鏁以鐵絙，上造浮橋以通援兵，樊亦恃此爲固。至是，阿术以機鋸斷木，以斧斷絙，燔其橋，襄兵不能援。乃以兵截江，而出鋭師薄樊城，城遂破。天順仰天歎曰：「生爲宋臣，死爲宋鬼！」即所守處縊死。富率死士百人巷戰，元兵死傷者不可計，渴飲血水，轉戰而進。遇民居燒絶街道，富身被重傷，以頭觸柱赴火死。裨將王福見富死，歎曰：「將軍死國事，吾豈宜獨生！」亦赴火死。**二月，吕文焕以襄陽叛降元。**襄陽久困援絶，撤屋爲薪，緝關會爲衣。文焕每一巡城，南望慟哭而後下。告急于朝，賈似道累上書請行邊，而陰使臺諫上章留己。樊城既陷，復申請之，事下公卿雜議。監察御史陳堅等以爲師臣出，顧襄未必能及淮，顧淮未必能及襄，不若居中以運天下。帝從之。時羣臣多言高達可援襄陽者，御史李旺入言於似道。似道曰：「吾用達，如吕氏何？」旺出歎曰：「吕氏安，則趙氏危矣！」文焕聞達且至，亦不樂，以語其客。客曰：「易耳！今朝廷以襄急，故遣達；吾以捷聞，則達必不成遣矣。」文焕大以爲然。會獲元哨騎數人，文焕即繆以大捷奏，然不知朝中實無援襄事也。未幾，阿里海涯帥總管唆都等移破樊攻具以向襄陽，一礮中其譙樓，聲如震雷，城中洶洶，諸將多踰城降者。初，劉整嘗躍馬獨前與文焕語，爲文焕伏弩所中，幸甲堅不入。至是，欲立碎其城，執文焕以快意。阿里海涯不可，乃身至城下，宣元主所降招諭文焕詔曰：「爾等拒守孤城，于今五年，宣力爾主，固其宜也。然勢窮援絶，如數萬生靈何！若能納欵，悉赦勿治，且加遷擢。」文焕狐疑未決，因折矢與之誓。文焕乃出降，先納筦鑰，次獻城邑，且陳攻郢之策，請己爲前鋒。阿术入襄陽，阿里海涯遂偕文焕朝燕。

元主以文煥爲襄、漢大都督。事聞，似道言于帝曰：「臣始屢請行邊，陛下不之許，向使早聽臣出，當不至此。」文煥兄知廬州文福，文德子知静江府師夔，俱上表待罪。似道庇之，詔皆不問。**三月，詔城清口。**劉整故吏羅鑑自北復還，上整書藁一帙于四川制司，有取江南二策：其一言先取全蜀，蜀平，江南可定；其二言清口、桃源，河、淮要衝，宜先城其地，屯山東軍以圖進取。帝亟詔淮東制司往清口，擇利地，築城備之。**置機速房于中書。**襄、樊既失，賈似道復上書言：「事勢如此，非臣上下驅馳，聯絡氣勢，將有大可慮者。」帝曰：「師相豈可一日離左右！」似道乃建機速房，以革樞密院漏泄兵事、稽遲邊報之弊。尋詔：「中外大小臣僚，有材識超卓、明控御之宜、懷攻守之略者，密具以聞，朕當虚己以聽。」仍詔凡諸上書人請以丞相似道督視者不允，餘付機速房。四川宣撫司參議官張夢發陳危急三策：曰鏁漢江口岸，曰城荆門軍當陽界之玉泉山，曰峽州宜都而下聯置堡砦，❶以保聚流民，且守且耕，並圖上城築形勢。似道不以上聞，下京湖制司審度可否，事竟不行。**元主立其子真金爲太子。**真金，蒙古主之長子，初封燕王，守中書令兼判樞密院事。劉秉忠薦中山王恂以輔之，蒙古主以爲太子贊善，敕兩府大臣凡有啓禀，必令恂與聞。恂言：「太子付托至重，當延名德與之居處，况兼領中書、樞密之政，詔條所當徧覽，庶務亦當屢省。」又以遼、金之事近接耳目者，區別善惡上之。真金問恂以心之所守，恂曰：「嘗聞許衡言：『人心猶印板然，板本不差，雖摹千萬本皆不差。本既差矣，摹之于紙，無不差者。』」真金曰：「善。」至是，立爲皇太子。**李庭芝免。夏四月，以汪立信爲京湖制置使，趙溍爲沿江制置使。**立信兼知江陵，溍兼建康留守。溍多獻寶玉于似道，故有是命。**六月，降范文虎一官，職任如故。竄俞興子大忠于循州。**給事中陳宜中言：「襄、樊之失，皆由范文虎怯懦逃遁，乞斬之。」賈似道不許，止降一官。監察御史陳文龍言：「文虎失襄陽，猶使知安慶府，是當罰而賞也。趙溍乳臭小子，何足以當大閫之寄！請皆罷之。」似道大怒，黜文龍知撫

❶「置」，原作「署」，據《宋史》卷四六《度宗本紀》改。

州，旋又使臺官李可劾退之。❶汪立信言：「臣奉命分閫，延見吏民，皆痛哭流涕，言襄、樊之禍，皆由范文虎及俞興父子。文虎以三衙長聞難怯戰，僅從薄罰，猶子天順守節不屈，猶可少贖其愆。興奴隸庸材，務復私怨，激叛劉整，流毒至今，其子大忠挾多資爲父行賄，且自希進，今雖寸斬，未足以快天下之忿！乞寘重典，則人心興起，事功可圖。」詔除大忠名，循州拘管。

**秋七月，元許衡乞罷，許之。**阿合馬等屢毁漢法，諸生廩食或不繼，衡請還懷孟。元主以問翰林學士王磐，磐對曰：「衡教人有法，諸生行可從政，此國之大體，宜勿聽其去。」元主又命諸老臣議其去留，竇默爲衡懇請，乃聽衡還。劉秉忠、姚樞及磐、默等復請以贊善王恂攝學事，衡弟子耶律有尚、蘇郁、白棟爲助教，庶幾衡之規矩不致廢墜，從之。

**元人城馬駿山，知合州張珏擊走之。**先是，蒙古入蜀，珏副王堅協力戰守。堅還，以珏代之。自開慶受兵，民凋弊甚。珏外以兵護耕，内教民墾田積粟，未再期，公私兼足。劉整既叛，獻計欲自青居進築馬駿、虎頂二山，扼三江口以圖合州，遣統軍合剌帥兵築之。珏聞合剌至，乃張疑兵于嘉渠口，潛師渡平陽灘，火其資糧器械，越砦七十里焚船塲。由是，馬駿城築卒不就。

**九月，以章鑑簽書樞密院事，陳宜中同簽書院事。○冬十一月，以李庭芝、夏貴爲淮東、西制置使，陳奕爲沿江制置使。**庭芝兼知揚州，貴兼知廬州，奕兼知黄州。庭芝請分所部兩淮爲二司，故以淮西付貴。奕以兄事賈似道玉工陳振民以求進，自小官歷顯要，遂掌禁兵。

**是歲，元諸路大水，蝗。**

**甲戌　十年，**元至元十一年。

**春正月，賈似道母死，詔以鹵簿葬之，遂起復似道入朝。**似道母胡氏卒，似道歸越治喪。詔以天子鹵簿葬之，起墳擬山陵。百官奉襄事，立大雨中，終日無敢易位者。既葬，詔起復之，似道遂還朝。

**元以伯顔爲中書左丞相。**伯顔事宗王旭烈于西域，嘗入奏事，蒙古主見其貌偉言厲，曰：「此非諸侯王臣。」遂留與議國政，自

❶「李」，原作「季」，據萬曆本、《宋史》卷四五一《陳文龍傳》、《資治通鑑後編》卷一四九改。

右丞進左相。二月，趙順孫罷。○秋七月，帝崩，子嘉國公㬎即位，太后臨朝稱詔。帝爲太子時以好内聞，既立，耽于酒色。故事，嬪妾進御，晨詣閤門謝恩，主者書其月日。及帝之初，一日謝恩者三十餘人。崩，年五十三。賈似道入宫議所立，衆以建國公昰長當立，似道主嫡，乃立嘉國公㬎，時年四歲矣。謝太后臨朝稱詔，號帝廟曰度宗。史臣曰：「宋至理宗，疆宇日蹙，非有雄材睿略之主，豈能振起其墜緒哉！度宗繼統，雖無大失德，而拱手權姦，衰敝寖甚，亡國不于其身，幸矣！」封兄昰爲吉王，弟昺爲信王。昰母楊淑妃，昺母俞脩容。詔賈似道獨班起居。○尊皇太后曰太皇太后，皇后曰皇太后。○罷京湖制置使汪立信。立信移書賈似道，謂：「今天下之勢，十去八九，誠上下交脩以迓續天命之幾，重惜分陰以趨事赴功之日也。而酒酣歌深宫，嘯傲湖山，玩歲愒月，緩急倒施，以求當天心，俯遂民物，拱揖指揮而折衝萬里者，不亦難乎！爲今日之計者，其策有三。夫内郡何事乎多兵？宜盡出之江干，以實外禦。算兵帳見兵可七十餘萬人，老弱柔脆，十分汰二，爲選兵五十餘萬人。而沿江之守，則不過七千里，若距百里而屯，屯有守將，十屯爲府，府有總督。其尤要害處，輒參倍其兵。無事則泛舟長淮，往來游徼；有事則東西齊奮，戰守並用。刁斗相聞，餽餉不絶，互相應援，以爲聯絡之固。選宗室、大臣忠良有幹用者，立爲統制，分東西二府，以涖任得其人，率然之勢，此上策也。久拘聘使，無益於我，徒使敵得以爲辭，請禮而歸之，許輸歲幣以緩師期。不二三年，邊遽稍休，藩垣稍固，生兵日增，可戰可守，此中策也。二策果不得行，則天敗我也，銜璧輿櫬之禮，請備以俟。」似道得書大怒，抵之地，詬曰：「瞎賊，狂言敢爾！」蓋立信一目微眇云。尋中以危法廢斥之。以朱禩孫爲京湖、四川宣撫使。兼知江陵府。八月，大霖雨，天目山崩。水涌，安吉、臨安、餘杭民溺死者無算。元以博羅懽爲中書右丞。○元太保劉秉忠卒。秉忠自幼好學，至老不衰，雖位極人臣，終日澹然，不異乎昔。至是卒，元主驚悼，謂左右曰：「秉忠事朕三十年，小心慎密，不避艱險，言無隱情。其陰陽術數之精，占事知來，若合符契，惟朕知之，他人不得與聞也。」贈太傅、趙國公，謚文貞。元史天澤、伯顏大舉入寇，天澤有疾而還。阿朮自襄、樊既下，奉命略淮東而還，與阿里海涯同請南侵，且曰：「臣久在行間，備見宋兵之弱，失今不取，時不再來。」劉整亦言：「襄陽破，則臨安搖矣。若以水軍乘勝長驅，則大江必非宋有。」元主可其奏。史天澤、姚樞復上言：「如求大將，非安童不可。」元主遂下詔，數宋賈似道背盟拘執信使之罪，命天澤、伯顏總諸道兵與阿朮、阿里海涯、呂文煥行中書省于荆湖，博羅懽、阿塔海、劉整、塔出、董文炳行樞密院于淮西，兵凡二十萬。天澤至郢，病篤召還。諸軍並聽伯顏節制。

**九月，元呂文煥以伯顏趨郢州，劉整以博羅懽趨淮西。**

伯顏分大軍爲兩道，自與阿朮由襄陽入漢濟江，以呂文煥將舟師爲前鋒；博羅懽由東道取揚州，監淮東兵，以劉整將騎兵先行。伯顏一軍自分三道：唆都將一軍，由棗陽哨司空山；翟招討將一軍，由老鴉山徇荆南；❶而自與阿朮帥阿剌罕、張弘範諸軍，水陸趨郢。旌旗延袤，前後數百里。

**冬十月，元伯顏攻郢州，張世傑力戰禦之。伯顏遂潛兵入漢，屠沙洋，陷新郢，守將邊居誼死之。**

伯顏至溧水，前部將武顯言：「水溢，未可渡。」伯顏曰：「此小水不敢渡，敢渡大江邪！」使一騎前導，麾諸軍畢濟，遂薄郢州，軍于城西。時張世傑將兵屯郢，郢在漢北，以石爲城，新郢在漢南，橫鐵絙，鎖戰艦，密植椿木水中，夾以砲弩，其要津皆施杙，設攻具。元軍襲城，世傑力戰，元軍不能前，遣人招世傑，不聽。阿朮獲俘民言：「沿江九郡精鋭皆萃于二郢，若舟師出其間，騎兵不得護岸，此危道也。不若取黃家灣堡，東有河口，可由中拖船入藤湖，轉而下江，僅三里。」呂文煥亦以爲便。諸將曰：「郢城，我之喉襟，❷不取，恐爲歸路患。」伯顏不從，遣總管李庭、劉國傑攻黃家灣堡，拔之。諸軍破竹席地，盪舟由藤湖入漢，伯顏、阿朮殿後，不滿百騎。郢州副都統趙文義帥精騎二千追之，至泉子湖，❸力戰而敗，伯顏手殺之，郢卒皆潰。元兵進至沙洋，遣俘持黃榜檄文入城，守將王虎臣、王大用斬俘焚榜。文煥復至城下招之，亦不

❶「鴉」，原作「雅」，據萬曆本、《元史》卷一五一《泜澤傳》改。

❷「喉襟」，原作「喉噤」，據《宋季三朝政要》卷四、《元史》卷一二七《伯顏傳》改。

❸「泉」，《宋史》卷四七《瀛國公本紀》作「全」。

應。日暮，風大起，伯顔命順風掣金汁礮，焚其廬舍，烟焰漲天，城遂破，生禽虎臣、大用，餘悉屠之。進薄新城，文焕列沙洋所馘于城下，復縛大用等至壁，使招降都統邊居誼，不答。明日又至，曰：「吾欲與吕參政語耳。」文焕以爲降己，馳馬至。伏弩亂發，中文焕右臂并馬，馬仆，幾鉤得之，衆挾文焕以他馬奔走。會其總制黄順、副將任寧俱出降，其部曲多欲縋城出者，居誼悉驅入，當門斬之。文焕乃麾兵攻城，居誼以火具却之。旋蟻附而上，居誼度力不支，拔劍自殺不殊，赴火死。所部三千人，猶力戰，悉死焉。伯顔壯其勇，購其屍觀之，遂進兵攻渠復州。

**以章鑑同知樞密院事，陳宜中簽書院事。○十一月，以陸秀夫參議淮東制置司事。**

李庭芝在淮南，聞秀夫名，辟置幕下。時天下稱得士多者，以淮東爲第一，號「小朝廷」。秀夫性沉静，不苟求人知，每僚吏至閤，賓主交驩，秀夫獨斂焉無一語。或時宴集府中，矜莊終日，未嘗少有希合。至察其事，皆治。庭芝益器之，雖改官不使去已。

**以王爚、章鑑爲左、右丞相兼樞密使，爚固辭，不許。○十二月，元伯顔攻陽邏堡，夏貴帥師拒之。伯顔使阿朮襲青山磯，遂渡江。**

伯顔至蔡店，大會諸將，刻期渡江，遣人觀漢口形勢。時夏貴以漢、鄂舟師分據要害，彌亘三十餘里，王達守陽邏堡，朱禩孫以游擊軍扼中流，兵不得進。軍將馬福言：「淪河口穿湖中，可從陽邏堡西沙蕪口入江。」伯顔使覘沙蕪口，夏貴亦以精兵守之。伯顔乃進圍漢陽，聲言取漢口渡江，貴果移兵援漢陽。伯顔乘間遣阿剌罕將奇兵倍道襲沙蕪口，奪之，因自漢口開埧引船入淪河，轉沙蕪口以達江。戰艦萬計，相踵而至，以數千艘泊淪河灣口，屯布蒙古、漢軍數十萬騎于江北。遣人招諭陽邏堡，不應，因以白鷂子千艘攻之，三日不克。伯顔因密謀於阿朮曰：「彼謂我必拔此堡方能渡江，此堡甚堅，攻之徒勞。汝今夜以鐵騎三千，汎舟直趨上流，爲擣虚之計，詰旦渡江襲南岸，已過則急遣人報我。」阿朮亦曰：「攻城，下策也。若分軍船之半，循岸西上，泊青山磯下，伺隙而動，可以如志。」伯顔遂遣阿里海涯進薄陽邏堡，貴率衆來援。阿朮即以昏時率四翼軍遡流二十里至青山磯。是夜，雪大作。黎明，阿朮遥見南岸多露沙洲，即登舟指示諸將令徑渡，載馬後隨。萬户史格一軍先渡，爲荆鄂都統程鵬飛所敗。阿朮引兵繼之，大戰中流，鵬飛軍却，阿朮遂登沙洲，攀岸步鬭，散而復合者數四，出馬急擊，追至鄂東門。鵬飛被重創走，阿朮獲其船千餘艘。**元伯顏拔陽邏堡，夏貴棄師走還，伯顏遂會阿朮趨鄂州。**阿朮遣人還報，伯顏大喜，揮諸將急攻陽邏堡。夏貴聞阿朮飛渡，大驚，引麾下三百艘先遁，沿流東下，縱火焚西南岸，大掠還廬州。都統制王達領所部八千人，及定海水軍統制劉成俱戰死。元諸將請追貴，伯顏曰：「陽邏之捷，吾將遣使前告宋人。今貴走，是代吾使也。」遂渡江與阿朮會，議師所向。或欲先取蘄、黄，阿朮曰：「若赴下流，退無所據。上取鄂、漢，雖遲旬日，可以萬全。」伯顏遂趨鄂州，知漢陽軍王儀以城叛降元。**朱禩孫將兵救鄂，不至而還。**禩孫聞元兵趨鄂，帥師援之，道聞陽邏堡之敗，乃夜奔還江陵府。**鄂州降元，伯顏使行省右丞阿里海涯戍鄂，遂引兵東下。**鄂恃漢陽爲蔽及京湖之援，朱禩孫既遁，漢陽復失，鄂勢遂孤。吕文煥列兵城下，曰：「汝國恃者，江、淮而已。今大軍渡江、淮如蹈平地，汝輩不降何待？」會元軍焚艨艟三千艘，火照城中，權守張晏然與都統程鵬飛度不能守，遂以州軍降。幕僚張山翁獨不屈，元諸將請殺之，伯顏曰：「義士也！」釋之。因檄下信陽諸郡，以鵬飛爲荆湖宣撫使，撤宋兵分隸諸將，取壽昌糧四十萬斛以充軍餉。命阿里海涯及賈居貞以四萬人守鄂，規取荆湖，而自率大衆與阿朮東下，趨臨安。**詔賈似道都督諸路軍馬，開府臨安。似道以孫虎臣總統諸軍。**鄂既破，朝廷大懼，三學生及羣臣上疏以爲非師相親出不可。似道不得已，始開都督府于臨安，以黄萬石等參贊軍事，所辟官屬皆先命後奏。仍於封椿庫撥金十萬兩、銀五十萬兩、關子一千萬貫充都督府公用。王侯邸第皆輸助軍錢穀，且蠲釋、道租税，收之以備用。**詔天下勤王。**

**○以高達爲湖北制置使。**知江陵府。**陳奕以黄州叛降元。**元伯顏遣程鵬飛至黄州招諭陳奕，奕使人過江請降且求名。伯顏曰：「汝既率衆來歸，何必慮及名爵？」以沿江大都督許之，奕大喜，遂以城降，仍以書招知蘄州管景模，景模亦降。時沿江諸郡皆吕氏舊部曲，望風欸附。奕又以書誘其子巖以安東州降元。**李庭芝遣兵入援。**

# 續資治通鑑綱目第二十一

# 續資治通鑑綱目第二十二

起乙亥宋帝㬎德祐元年，盡己卯宋帝昺祥興二年。

凡五年。

**乙亥**　帝㬎德祐元年，元至元十二年。春正月，葬永紹陵。○以陳宜中同知樞密院事。○以呂師夔參贊都督府軍事。師夔不受命，以江州叛降元。初，師夔提舉江州興國宮，請募兵以禦元，詔與知州錢真孫同募。至是，賈似道承制召爲刑部尚書、都督府參贊軍事，任中流調遣。師夔不受命，與真孫降元，伯顏以師夔知江州。時知壽昌軍胡夢麟寓治江州，自殺。知南康軍葉閶、知德安府來興國、知六安軍曹明，俱迎降于江州。師夔設宴庾公樓，選宗室女二人，盛飾以獻伯顏。伯顏怒曰：「吾奉天子命，興仁義師，問罪于宋，豈以女色移吾志乎？」斥遣之。元中書左丞劉整死于無爲軍。初，元人南侵，用呂文煥與整爲導，尋命整別將兵出淮南。整銳欲渡江，曰：「大軍自襄、樊東下，宋悉力西拒，東方虛弱，徑造臨安，可一鼓而捷也。」伯顏不可，曰：「吾受詔特綴東兵使無西爾，濟江非所聞。」至是，整帥騎兵攻無爲軍，久而不克，聞呂文煥入鄂捷至，失聲曰：「首帥束我，使我成功後于人，善作者不必善成，果然。」遂發憤，死於無爲城下。知安慶府范文虎叛降元。文虎遣人以酒饌如江州迎元軍，且請伯顏速來欲降。未幾，復遣人言：「行樞密院臨城招諭，衆心不從，願俟丞相。」伯顏乃使阿朮以舟師先造，文虎以城降，通判夏椅仰藥死。伯顏繼至，承制授文虎兩浙大都督。賈似道出師，次于蕪湖。二月，夏貴引兵會之。似道畏劉整，不敢發，及聞其死，喜曰：「吾得天助也。」乃上表出師，抽諸路精兵十三萬人以行，金帛輜重之舟，舳艫相銜百有餘里。命宰執小事專決，大事則關白于督府，不得擅行。又以所親信韓震爲殿帥，總禁兵。至安吉州，似道所乘舟膠于堰中，劉師勇以千人入水拽之，不能動，乃易他舟而去。遂由新安池口以進，次于蕪湖，遣人通呂師夔以議和。未幾，夏貴引兵來會，袖中出一編書示似道，曰：「宋歷三百二十年。」似道俛首而已。

以汪立信爲江淮招討使募兵禦元。賈似道至江上，以立信爲端明殿學士、江淮招討使，俾就建康府庫募兵以援江上諸郡。立信受詔，即日上道，以妻子託其愛將金明，執其手曰：「我不負國家，爾亦必不負我。」遂行。與似道遇于蕪湖，似道拊立信背曰：「不用公言，以至于此！」因問立信何向，立信曰：「今江南無一寸乾浄地，某去尋一片趙家地上死，要死得分明耳。」既至建康，守兵悉潰，而四面皆北軍。立信知事不可成，歎曰：「吾生爲宋臣，死爲宋鬼，終爲國一死，但徒死無益耳！」率所部數千人至高郵，欲控引淮、漢以爲後圖。

賈似道復請和于元，伯顏不許。似道自蕪湖遣還元俘曾安撫，且以荔子、黄柑遺伯顏，復使宋京如元軍，請稱臣、奉歲幣如開慶約。阿朮謂伯顏曰：「宋人無信，惟當進兵。若避似道不擊，恐已降州郡今夏難守。」伯顏乃令囊加歹來答書曰：「未渡江時，議和入貢則可。今沿江州郡皆已内屬，欲和則當來面議也。」似道不答。囊加歹歸報，京亦還。

以黄萬石爲江西制置使。○元陷池州，權守趙卯發死之。池守王起宗聞元軍渡江，棄官去，通判趙卯發攝州事。卯發繕壁聚糧，爲固守計。元遊騎至李王河，都統張林屢諷之降，卯發忿氣填膺，瞠目視林，林不敢復言。已而林帥兵巡江陰，遣人納欵，而陽助卯發爲守，守兵皆歸于林。卯發知事不濟，乃置酒會親友與訣，謂妻雍氏曰：「城將破，吾守臣不當去，汝先出走。」雍曰：「君爲忠臣，我獨不能爲忠臣婦乎？」卯發笑曰：「此豈婦人女子所能也。」雍曰：「吾請先君死。」卯發笑止之。明日，乃散其家貲與弟姪，僕婢悉遣之。元兵薄城，卯發晨起，書几上曰：「國不可背，城不可降。夫婦同死，節義成雙。」遂與雍氏同縊死於從容堂。林開門降，伯顏入城，問太守何在，左右以死對，深歎息之，命具棺衾合葬，祭其墓而去。事聞，贈華文閣待制，謚文節，雍氏贈順義夫人。

元主封其子那木罕爲北平王，以安童行省院事于北鄙。元太宗長孫曰海都，居北方，自定宗以來，日尋干戈。至是，詔封那木罕爲北平王，率諸王兵鎮守，而安童總省院之政。

元平章軍國重事史天澤卒。天澤至真定，病篤，附奏曰：「臣死不足惜，但願天兵渡江，愼勿殺掠。」語不及他。元主聞訃震悼，贈太尉，謚忠武，追封鎮陽王。天澤平居未嘗自矜其能，及臨大節、論大事，毅然以天下自任。年四十，始折節讀書，論多出人意表。拜相之日，門庭悄然，或勸以權自張，天澤舉唐韋澳告周墀之語曰：「願相公無權，爵禄刑賞，天子之柄，何以權爲？」言者慚服。出入將相五十年，上不疑，下無怨，人以比郭子儀、曹彬云。

**孫虎臣、夏貴之師潰于江上，賈似道奔揚州，元盡陷江、淮州軍。**賈似道以精鋭七萬餘人盡屬孫虎臣，軍于池州下流之丁家洲。夏貴以戰艦二千五百艘横亘江中，似道自將後軍，軍魯港。貴嘗失利於鄂，恐督府成功，無所逃罪，又忌虎臣新進出己上，殊無鬬志。會伯顔令軍中作大栰數十，採薪芻置其上，陽言欲焚舟，諸軍但晝夜嚴備，而戰心少懈。伯顔分步、騎夾岸而進，麾戰艦合勢衝虎臣軍。時阿术與虎臣對陣，伯顔命舉巨礮擊虎臣中堅，虎臣軍動，阿术以划船數千艘乘風直進，呼聲動天地。虎臣前鋒將姜才方接戰，虎臣遽過其妾所乘舟，衆見之，讙曰：「步帥遁矣！」軍遂亂。夏貴不戰而走，以扁舟掠似道船，呼曰：「彼衆我寡，勢不支矣！」似道聞之，錯愕失措，遽鳴鉦收軍，舳艫簸蕩，乍分乍合。阿术以小旗麾將校，帥輕鋭横擊深入，諸軍回棹前走。伯顔以步騎左右掎之，殺溺死者不可勝計，水爲之赤，軍資器械盡爲元所獲。似道夜駐珠金沙，召貴計事。頃之，虎臣至，撫膺哭曰：「吾兵無一人用命者！」貴微笑曰：「吾嘗血戰當之矣。」似道曰：「計將安出？」貴曰：「諸軍已膽落，吾何以戰？師相惟有入揚州，招潰兵，迎駕海上，吾當以死守淮西耳！」遂解舟去。似道乃與虎臣單舸奔還揚州。明日，潰兵蔽江而下，似道使人登岸揚旗招之，皆莫應，有爲惡語嫚駡之者。於是鎮江、寧國、隆興、江陰守臣，皆棄城遁，太平、和州、無爲軍俱相繼降元。

**元陷饒州，知州事唐震、故相江萬里死之。**元軍略饒州，知州唐震發州民城守。時元遣使來取降欵，通判萬道同陰使所部斂白金、牛酒備降禮，微諷震降。震叱之曰：「我忍偷生負國邪？」城中少年感震言，殺元使者。已而元軍登陴，衆皆散。震入坐府中，元軍執牘使署降，震擲筆於地，不屈，遂死之，兄椿與家人俱死。初，江萬里聞襄、樊破，鑿池芝山後圃，扁其亭曰「止水」，人莫喻其意。至是，執門人陳偉器手曰：「大勢不可爲，余雖不在位，當與國爲存亡！」既而元軍執其弟知南劒州萬頃，索金銀不得，支解之。萬里赴止水死，左右及子鎬相繼投沼中，積屍如疊。翌日，萬里屍獨浮出水上，從者斂葬之。事聞，贈震華文閣待制，謚忠介。萬里，太傅、益國公，謚文忠。行宫留守趙溍棄建康而逃。溍盡取行宫金帛，棄城而遁。賈似道上書請遷都，王爚去位。似道至揚州，檄列郡如海上迎駕，上書請遷都，太皇太后不許。殿帥韓震復以爲請，詔下公卿雜議。王爚請堅蹕，未決，以己不能與大計，乞罷政，不待報徑去。已而宗學生上言：「陛下移蹕，不于慶元，則于平江。事勢危急，則航海幸閩，不思我能往，彼亦能往，徒驚擾無益。」乃止。張世傑將兵入衛，遂復饒州。時方危急，徵諸將勤王，多不至，惟世傑來，上下歎異。陳宜中疑世傑歸自元，易其所部軍。江西提刑文天祥起兵勤王。勤王詔至贛，天祥奉之涕泣，發郡中豪傑，并結溪峒山蠻，有衆萬人，遂入衛。天祥性豪華，平生自奉甚厚，聲伎滿前。至是，痛自抑損，盡以家貲爲軍費，每與賓客、僚佐語及時事，輒撫几曰：「樂人之樂者，憂人之憂；食人之食者，死人之事！」聞者爲之感動。湖南提刑李芾遣兵入援。芾性剛直，忤賈似道，貶官家居者久之。至是，提刑湖南，發壯士三千人，使將將之勤王。

以陳宜中知樞密院事，曾淵子同知院事，文及翁簽書院事，倪普同簽書院事。○遣元行人郝經還，經至燕卒。元主復使經弟行樞密院都事庸等來問經所在，詔遣總管段佑以禮送經歸。經道病，元主勑尚醫近侍迎勞。至燕卒，謚文忠。經爲人尚氣節，爲學務有用。及被留，撰《續後漢書》及《易春秋外傳》諸書，從者皆通于學。書佐苟宗道，後亦至國子祭酒。賈似道有罪免。陳宜中初附似道，得驟登政府。及堂吏翁應龍自軍中以都督府印還，宜中問似道所在，應龍以不知對。宜中意其已死，即上疏乞誅似道以正誤國之罪。太皇太后曰：「似道勤勞三朝，安忍以一朝之罪，失待大臣之禮？」詔授似道醴泉觀使，罷平章、都督。凡似道諸不卹民之政，次第除之，以公田給還田主，令率其租户爲兵，放還諸竄謫人。右丞相章鑑遁。鑑聞元兵日迫，託故徑去。端明殿學士、江淮招討使汪立信卒于軍。立信聞賈似道師潰，江、漢守臣望風降遁，嘆曰：「吾今日猶得死于宋土也。」乃置酒召賓僚與訣。手自爲表，起居三宫，與從子書，屬以家事。夜分起步庭中，慷慨悲歌，握拳撫案者三，以是失聲，三日扼吭而卒。後元軍至建康，金明以其家人免。或以立信二策及死告伯顔，請戮其孥。伯顔歎息久之，曰：「宋有是人，有是言哉！使果用之，我安得至此！」命求其家，厚卹之，曰：「忠臣之家也。」金明以立信之喪，歸葬丹陽。

元博羅懽入漣、海州。博羅懽軍下邳，取清河，漣、海，守臣俱以城降。

三月，陳宜中殺殿前都指揮使韓震。或言震謀刼帝遷都，陳宜中欲示非賈似道黨，乃召震計事，伏壯士袖鐵椎擊殺之。震部曲百餘人大閧而出，射火箭入宫，斫嘉會門。宜中遣兵逐之，遂奔建康。

元伯顔入建康。建康都統徐旺榮迎伯顔入城居之。時江東大疫，居民乏食，伯顔開倉賑之，且遣醫治疾，民大悦。會元主有詔，以時方暑，不利行師，俟秋再舉。伯顔上言曰：「百年遺敵，已扼其吭，少爾遲回，奔播海島，遺後悔矣。」元主從之，詔伯顔以行中書省駐建康，阿术分兵駐揚州，與博羅懽、塔出絶宋淮南之援。伯顔分兵四出，知廣德軍令狐概以城降元。

詔諭元呂文焕、陳奕、范文虎，使通好息兵。

〇以王爚、陳宜中爲左、右丞相，並兼樞密使、都督諸路軍馬。爚與宜中論事多不合。宜中請建督于京，檄召諸路軍馬勤王，并令潰軍各歸所部，團結内外兵十七萬五千人，分廂差官爲督，給一兵付教場教閲。

削章鑑官，放歸田里。鑑既去，太皇太后遣使召還，罷相予祠。韓震之死，鑑明其無他，爲御史王應麟所劾，❶削一官放歸田里。鑑居位，號寬厚，與人多許可，時目爲「滿朝歡」。

復吴潛、向士璧官，貶竄賈似道黨人有差。御史陳過、潘文卿請竄賈似道并治其黨與。詔刺配翁應龍於吉陽軍，罷廖瑩中、王庭、劉良貴、陳伯大、董樸等官。

元軍入常州。知常州趙與鑑遁，州人王良臣等以城降元。

知平江府潛説友叛降元。

〇詔張世傑總都督府諸軍，世傑分道出兵以拒元。世傑遣其將閻順、李存進軍廣德，謝洪永進軍平江，李山進軍常州，順遂復廣德軍。

有二星鬭于中天，一星隕。

〇趣

❶「王應麟」，原作「王應龍」，據《宋史》卷四一八《章鑑傳》改。

**五郡鎮撫使吕文福將兵入衛，文福殺使者，叛入江州。**

**○臨安戒嚴，曾淵子、文及翁、倪普等棄位而遁。詔戒禁之。**元兵既近，臨安戒嚴。於是同知樞密院事曾淵子、左司諫潘文卿、右正言季可、兩浙轉運副使許自、浙東安撫王霖龍、侍從陳堅、何夢桂、曾晞顔等數十人皆遁，朝中爲之蕭然。簽書樞密院事文及翁、同簽書院事倪普諷臺劾己，章未上，亟出關遁。太皇太后聞之，詔榜朝堂云：「我朝三百餘年，待士大夫以禮，吾與嗣君遭家多難，爾小大臣未嘗有出一言以救國者。內而庶僚畔官離次，外而守令委印棄城。耳目之司，既不能爲吾糾擊；二三執政，又不能倡率羣工。方且表裏合謀，接踵宵遁。平日讀聖賢書，自謗謂何？乃於此時，作此舉措。生何面目對人，死亦何以見先帝？天命未改，國法尚在。其在朝文武官並轉二資，其負國棄予者，令御史臺覺察以聞。」然不能禁也。

**元使禮部尚書廉希賢等來，至獨松關，守將張濡殺之。**元主遣禮部尚書廉希賢、工部侍郎嚴忠範奉國書來，至建康，希賢請兵自衛，伯顔曰：「行人以言不以兵，兵多反致疑耳。」希賢固請，遂以兵五百送之。伯顔仍下令諸將各守營壘，勿得妄有侵掠。希賢等至獨松關，張濡部曲殺忠範，執希賢送臨安，希賢病創死。濡，俊之曾孫也。朝廷使人移書元軍，言：「殺使之事乃邊將，太后及嗣君實不知，當按誅之，願輸幣請罷兵通好。」伯顔曰：「彼爲詐計，視我虚實耳。當擇人同往，觀其事體，令彼速降。」乃遣議事官張羽同使人還臨安，羽至平江被殺。

**元阿里海涯入岳州。**岳州安撫使高世傑復會郢、復、岳三州及上流諸軍，戰船數千艘，扼荆江口。阿里海涯督諸翼水軍屯東岸，世傑乘夜陣于洞庭湖中，阿里海涯分道擊之，世傑敗走，力屈乃降，阿里海涯斬世傑以徇。岳州總制孟之紹舉城降元，沙市城監鎮司馬夢求死之。夢求，光五世孫也。

**以陳合同簽書樞密院事。**

**○夏四月，元阿里海涯寇江陵，朱禩孫、高達以城降，荆南州軍皆陷。**初，高達解鄂州之圍，賈似道許以建節，後忌而不與，達遂怨望。至是，阿里海涯自岳州攻江陵，達戰累敗。及元屠沙市，達與禩孫及提刑青陽夢炎等遂出降。阿里海涯入城，命禩孫移檄所部歸附，於是歸、峽、郢、復、鼎、澧、辰、沅、靖、隨、常德、均、房、施、荆門諸郡相繼皆降，阿里海涯承制並復官守。江陵捷聞，元主喜謂近臣曰：「伯顔東下，阿里海涯孤軍守鄂，朕常憂之。今荆南定，吾東兵可無後患矣。」乃親作手詔褒之。授高達參知政事。禩孫至上都，死。以高斯得簽書樞密院事。○以福王與芮爲浙東安撫大使，開府紹興。有司議建藩屏以彊王室，詔以與芮爲浙東安撫大使，判紹興，開府置長史、司馬。元阿术寇真、揚州，李庭芝遣守將苗再成、姜才帥兵禦之，敗績。元兵東下，所過迎降，李庭芝率勵所部固守揚州。阿术遣李虎持招降榜入城，庭芝殺虎，焚其榜。總制張俊出戰，持降臣孟之縉書來招降，庭芝復焚其書，梟俊首于市。時出金帛、牛酒燕犒將士，人人感激自奮。及阿术攻真州，苗再成與趙孟錦帥兵大戰于老鸛觜，敗績。阿术乘勝進趨揚州，姜才爲三疊陣，逆之于三里溝，敗之。阿术陽退，才逐之，阿术反戰，至揚子橋，揚州撥發官雷大震死之。兩軍夾水而陣，元張弘範以十二騎絶渡衝才軍，才軍堅不可動。弘範引卻以誘之，才將回回躍馬出，衆奮大刀直前向弘範，弘範反轡迎刺之，回回應手而仆。元立陣者嚾聲震地，才軍遂潰。阿术與弘範追之，自相蹂踐與陷壕水死者甚衆。流矢中才肩，才拔矢揮刀而前，元軍辟易不敢逼，遂以身免。元軍進薄揚州南門。加李庭芝參知政事。○五月，劉師勇復常州。○賜婺州處士何基、王柏贈謚。基，少師事黄幹，幹告以必有真實心地，刻苦工夫而後可。基悚惕受命，遂得聞淵源之懿。趙汝騰、蔡抗、楊棟相繼薦于朝，詔與州學教授，基固辭。柏年三十，始知爲學之源，捐去俗學，勇於求道。從基游，基授以立志居敬之旨，以質實堅苦自勵，凡「六經」、「四書」及濂、洛、關、閩之書，皆有著述。至是，詔謚基曰「文定」，贈柏承事郎。以張珏爲四川制置副使。○籍吕文煥、陳奕、范文虎家。○詔張世傑等四道出兵，以禦元。時知慶遠府仇子真、淮東兵馬鈐轄阮克己各將兵入衛，詔與世傑、張彥分道出擊元軍。臺諫請命大臣監護，事下公卿雜議，久而不決。陳文龍上言：「《書》云：『三后協心，同底于道。』北兵今日取某城，明日築某堡，而我以文相遜，以迹相疑，譬猶拯溺救焚而爲安行徐步之儀也。請詔大臣無滋虚議。」不報。六月朔，日食，既，晝晦如夜。○成都安撫使昝萬壽以嘉定諸城叛降元。元召汪良臣入朝，命行西川樞密院事，曰：「成都被兵久，須卿安集之。」良臣進攻嘉定，萬壽堅守不出。良臣度有伏兵，搜山谷，果得而殺之，進壘薄城。萬壽悉軍出戰，大敗，遂籍境內三龜、九頂、紫雲諸城降元，元以萬壽僉西川行樞密院事。

**以王爚平章軍國重事，陳宜中、留夢炎爲左、右丞相，並兼樞密使，都督諸路軍馬。**王爚與陳宜中不協，會夢炎自湖南入朝，爚、宜中皆請相夢炎而求去。太皇太后曰：「二相毋藉此求閑也。」乃以爚平章軍國重事，一月兩赴經筵，五日一朝。宜中、夢炎並相。爚即日僦民居，❶以丞相府讓宜中。宜中言：「一辭一受，何以解天下之譏。」因辭去。遣使遮留，乃還。

**加李庭芝知樞密院事。○秋七月，張世傑與元阿术戰焦山下，世傑敗績，奔圌山。**世傑與劉師勇、孫虎臣等大出舟師萬餘艘，次于焦山，令以十舟爲方碇江中流，非有號令，毋得發碇，示以必死。元阿术登石公山望之，曰：「可燒而走也。」遂選健卒善彀者千人，載以巨艦，分兩翼夾射，阿术居中，合勢進戰，繼以火矢，蓬檣俱焚，煙燄蔽江。諸軍死戰，欲走不能前，多赴江死。張弘範、董文炳復以銳卒橫衝，世傑不復能軍，奔圌山。阿术、弘範追之，獲白鷂子七百餘艘。師勇還常州，虎臣還真州，世傑請濟師，不報。

**放賈似道于循州，籍其家。**似道既免，三學生及臺諫、侍從皆上疏乞誅似道，太皇太后不許。及似道上表自劾，且言爲夏貴、孫虎臣所誤，乞保餘生，有旨令李庭芝津遣歸越，以終喪制。似道留揚不還，王爚復論似道既不死忠，又不成孝，乞下詔切責。似道得詔乃還紹興府，紹興守臣閉城不納。王爚復言于太后曰：「本朝權臣稔禍，未有如似道之烈者。搢紳草茅不知幾疏，陛下皆抑而不行，付人言于不恤，何以謝天下？」太后乃降似道三官，婺州居住。婺人聞似道至，率衆爲露布逐之。復詔徙于建寧府。斬翁應龍，籍其家。廖瑩中、王庭除名，流之嶺南，皆自殺。於是，御史孫嶸叟等又以似道罪重罰輕，乞斬之以正法。方回復上疏論似道僥、詐、貪、淫、褊、驕、吝、專、忍、謬十罪，太皇太后猶不聽。翁合上言：「似道以妬賢無比之林甫，輒自託於伊、周；以不學無術之霍光，敢效尤於莽、操。其總權罔上，賣國召兵，專利虐民，滔天之罪，人人能言，迫於衆怒，僅謫

❶「僦」，原作「就」，據《宋史》卷四一八《陳宜中傳》改。

建寧。夫建寧實朱熹講道之闕里，雖三尺童子亦知向方，聞似道名，咸欲嘔唾，况見其面乎？乞遠投荒昧，以禦魑魅。」遂詔責授高州團練副使，循州安置，籍其家，遣使監押之貶所。會稽縣尉鄭虎臣以其父嘗爲似道所配，欲報之，欣然請行。似道時寓建寧之開元寺，侍妾尚數十人。虎臣至，悉屏去，撤轎蓋，暴行秋日中，令舁轎夫唱杭州歌謔之。每名斥似道，窘辱備至。一日，入古寺，壁上有吳潛南行所題字，虎臣呼似道曰：「賈團練，吳丞相何以至此？」似道慚不能對。至泉州洛陽橋，遇葉李自漳州放還，見于客邸，李賦詞贈之，似道俯首謝焉。**復皮龍榮官。○陳宜中去位，詔罷王爚爲醴泉觀使，召宜中于温州。**初，張世傑之將出師也，王爚謂：「二相宜一人督師吳門，否則臣雖老無能爲，若效死封疆亦不敢辭。」會世傑敗于焦山，爚復言曰：「事無重於兵，今二相並建都督，廟算指授，臣不得而知。比者六月出師，諸將無統，臣豈不知吳門去京不遠而必爲此請者？蓋大敵在境，非陛下自將則大臣開督，今世傑以諸將心力不一而敗，不知國家尚堪幾敗邪？臣既不得其職，又不得其言，乞罷平章。」太后不許。既而京學生劉九皋等伏闕上書言宜中擅權，其略以爲：「趙溍、趙與鑒皆棄城遁，宜中乃借使過之説以報私恩。令狐概、潛説友皆以城降，乃受其包苴而爲之羽翼。文天祥率兵勤王，信讒而沮撓之。賈似道喪師辱國，陽請致罰而陰佑之。元兵薄國門，勤王之師乃留之京城而不遣。宰相當出督，而畏縮猶豫，第令集議而不行。吕師夔狼子野心，而使之通好乞盟。張世傑步兵而用之於水，劉師勇水兵而用之於步，指授失宜，因以敗事。臣恐誤國將不止于一似道也。」初，宜中事多專決，不關白爚，或謂京學之論實爚嗾之。書上，宜中徑去。遣使四輩召之，不至。太后乃下九皋等臨安獄，而手詔曰：「給舍之奏，謂爚與宜中必難久處，兼爚近奏乞免平章，辭氣不平，誠有如人言者。可罷爚平章軍國重事，以少保、觀文殿大學士充醴泉觀使。」是歲，卒。爚清脩剛勁，不阿權勢，及爲相，屬國勢危亡，乃不能協謀以濟大事，士論惜之。**元軍圍重慶府。**昝萬壽既降，兩川郡縣多送欵，獨張珏固守重慶不下，元主建東西行樞密院會兵圍之。**元以伯顔爲右丞相，阿朮爲左丞相。**元主召伯顔還，至上都，面陳形勢，乞即進兵，遂拜右丞相。伯顔辭曰：「阿朮功多，臣宜居後。」乃進阿朮左丞相，仍詔伯顔直趨臨安，阿术仍攻淮南，阿里海涯取湖南，萬户宋都觪及吕師夔、李恒等取江西。**加夏貴樞密副使、兩淮宣撫大使，貴不奉詔。**詔貴與淮東制置副使、知揚州朱焕互調，召李庭芝還朝。貴不奉詔，焕還揚州，庭芝亦不行。**以陳文龍同簽書樞密院事。**

**○八月，以李芾知潭州，文天祥知平江府。**天祥至臨安，上疏言：「本朝懲五季之亂，削藩鎮，建都邑，一時雖足以矯尾大之弊，然國以寖弱。故敵至一州則一州破，至一縣則一縣破，中原陸沈，痛悔何及！今宜分境内爲四鎮，建都督統御於其中，❶以廣西益湖南，而建閫於長沙；以廣東益江西，而建閫於隆興；以福建益江東，而建閫於番陽；以淮西益淮東，而建閫于揚州。責長沙取鄂，隆興取蘄、黄，番陽取江東，揚州取兩淮。地大力衆，乃足以抗敵，約日齊奮，有進無退，日夜以圖之。彼備多力分，疲于奔命，而吾民之豪傑者又伺間出於其中，如此則敵不難却也。」時議以爲迂闊，不報。命知平江府。**元以廉希憲行省事于江陵。**阿里海涯以江陵地圖上進，請重臣開大府鎮之。元主命希憲行省事。希憲至江陵，阿里海涯率其屬郊迎，望拜塵中，荆人大駭。希憲録舊官，禁剽奪，興學墾田，民情大安。由是思、播田、楊二氏及西南溪峒，皆越境請降。**九月，元兵陷泰州，孫虎臣自殺。○冬十月，詔張世傑、劉師勇總統出戍兵。**❷**○以留夢炎、陳宜中爲左、右丞相兼樞密使，都督諸路軍馬。**宜中在温州被召，以親老力辭，太后自爲書遺其母楊氏，使諭之，宜中乃赴召。**元阿里海涯圍潭州，李芾力戰禦之。**李芾至潭，元游騎已入湘陰、益陽諸縣。城中守卒不滿三千，芾結峒蠻爲援，繕器械，峙芻糧，柵江修壁。及元兵至，芾慷慨登陴，與諸將分地而守。民老弱皆出結保伍助之，不令而集。芾日以忠義勉將士，死傷相藉，人猶飲血乘城殊死戰。有來招降者，輒殺之以徇。**監押官鄭虎臣殺賈似道于漳州。**似道舟次南劒州黯淡灘，虎臣曰：「水清甚，何不死于此？」似道曰：「太皇許我不死，候有詔即死。」十月，至漳州木綿菴，虎臣曰：「吾爲天下殺似

❶「督」，原脱，據《宋史》卷四一八《文天祥傳》補。
❷「統」，原脱，據《宋史》卷四七《瀛國公本紀》補。

道，雖死何憾！」遂拘其子與妾于別館，即厠上拉其胸殺之。陳宜中至福州，捕虎臣，斃于獄。元阿术圍揚州，李庭芝力戰禦之。阿术攻揚久而無功，乃築長圍困之。城中食盡，死者枕藉滿道，而庭芝之志益堅。會伯顏至灣頭，遂議深入。陳合免。坐匿廖瑩中家貲故也。元伯顏渡江，分兵東下。伯顏分軍爲三道，阿剌罕、奥魯赤帥右軍自建康出廣德四安鎮，趨獨松關；董文炳、相威帥左軍出江並海，取道江陰，趨澉浦、華亭，以范文虎爲前鋒；伯顏及阿塔海將中軍，趨常州，以吕文焕爲前鋒。水陸並進，期會臨安。文天祥遣兵救常州，不克。常州告急，天祥使尹玉、麻士龍、張全、朱華將兵赴援。士龍戰虞橋，先死。玉戰五牧，前後殺傷數千人，復收殘卒五百，與北兵相持。一夕手殺數十人，遂死，麾下無一人降者。全、華不戰而遁。十一月，以陳文龍同知樞密院事，黄鏞同簽書院事。○元將阿剌罕陷廣德軍四安鎮，召文天祥入衛。阿剌罕破銀樹東壩，戍將趙淮死之，遂陷廣德軍四安鎮。陳宜中倉皇發臨安民年十五以上者皆籍爲兵，號武定軍，召文天祥于平江。淮，葵之子也。元將宋都𧣴、李恒等陷江西州軍，都統密佑逆戰于撫州，死之。宋都𧣴與李恒等長驅，所至莫當其鋒，隆興轉運判官劉槃以城降。不數月，取江西十一城，進逼撫州。時黄萬石開閫州治，聞兵至，奔建昌。都統密佑率衆逆戰進賢坪。元兵呼曰：「降者乎，鬬者乎？」佑曰：「鬬者也。」麾其兵突進。元軍圍之數重，佑身被四矢三槍，猶揮雙刀率死士數十人斫圍南走，前渡橋，板斷被執。宋都𧣴曰：「壯士也。」欲降之，不屈。又命劉槃、吕師夔以金符遺之，佑不受。復令佑子説之，曰：「父死子安之？」佑斥曰：「汝行乞于市，第云密都統子，誰不憐汝？」怡然自解其衣請刑，遂死。元進取建昌，萬石走入閩。元伯顏陷常州，屠其民。知州事姚訔、通判陳炤、都統王安節死之。伯顏至常州，會兵圍城。姚訔、陳炤、劉師勇、王安節力戰固守。伯顏遣人招之，譬喻百端，終不聽。伯顏怒，命降人王良臣役城外居民運土爲壘，土至，併人以築之。且殺民煎膏取油以作砲，焚其牌杈，日夜攻不息。城中甚急，而訔等守志益堅。伯顏乃叱帳前諸軍，奮勇争先，四面並進，城遂破。訔死之，炤與安節猶巷戰。

或謂炤曰：「城東北門未合，可走。」炤曰：「去此一步，非死所矣！」日中兵至，死焉。伯顔命屠其民，執安節至軍前，不屈，亦死。師勇以八騎突圍走平江。旹，希得之子。安節，堅之子也。以謝枋得爲江西招諭使，知信州。初，枋得聞淮西、江東西州郡守將皆吕氏部曲，故争降附，自以與吕師夔善，乃應詔上書，以一族保師夔可信，乞分沿江諸屯兵，以師夔爲鎮撫使，使之行成。且乞身至江州，見文焕與議。朝廷乃以枋得爲沿江察訪使以往。會文焕北還，不及而反，遂改知信州。追封故濟王竑爲鎮王。中書舍人王應麟請爲濟王立後，乃詔贈太師、尚書令，進封鎮王，謚昭肅，擇後奉祀，賜田萬畝。元軍破獨松關，守將張濡遁。獨松既破，鄰邑望風皆遁，朝廷大懼。時勤王師尚三四萬人，文天祥與世傑議，以爲淮東堅壁，閩、廣全城，若與敵血戰，萬一得捷，則令淮師以截其後，國事猶可爲也。世傑大喜，陳宜中白太后，降詔以王師務宜持重，議遂止。濡既遁，後爲廉希賢之子所殺。元董文炳入江陰軍。○左丞相留夢炎遁。○十二月，詔許賈似道歸葬，返其田廬。○以吴堅簽書樞密院事。○遣工部侍郎柳岳如元軍請平，伯顔不許。陳宜中當國，遭時多難，不能措一策，惟事蒙蔽，將士離心，郡邑降破。方且理會科舉、明堂等事，及士大夫陳乞差遣、士人覬覦恩例。至是，遣柳岳奉書如元軍前，稱廉尚書之死乃盜殺之，非朝廷意，乞班師脩好。岳見伯顔于無錫，泣請曰：「嗣君幼冲，在衰絰中。自古禮不伐喪，凡今日事至此者，皆奸臣賈似道失信誤國爾。」伯顔曰：「汝國執戮我行人，故我興師。錢氏納土，李氏出降，皆汝國之法也。汝國得天下於小兒，亦失於小兒，其道如此，尚何多言！」遂令囊加歹偕岳還，而别遣人奏上都。以陳文龍參知政事，謝堂同知樞密院事。○追封吕文德爲和義郡王。朝議以吕文焕爲元鄉導，乃追封文德，而以文德子師孟爲兵部侍郎，覬成和議。元伯顔入平江。平江府通判王矩之、都統制王邦傑以城迎降于常州。伯顔使吕文焕先往受之，然後入城。張世傑未至，平江已陷，乃以兵入衛。復遣柳岳如元求封，行至高郵，民殺之。陳宜中因柳岳還，復奏遣宗正少卿陸秀夫及呂師孟等同囊加歹使元軍，求稱姪、納幣，不從，則稱姪孫，且勑呂文煥，令通好罷兵。秀夫等見伯顏于平江，伯顏不許。宜中乃白太后，奉表求封爲小國，太后從之。直學士院高應松不肯草表，改命京局官劉褎然爲之。岳等至高郵嵇家莊，爲嵇聳所殺。**以文天祥簽書樞密院事。○黄萬石叛降元，都統米立死之。**元立，初從陳奕守黄州，奕降，立潰圍出，萬石署之帳前。元軍略江西，立迎戰于江坊，兵敗被執，不降，繫獄。至是，萬石舉軍降元，元行省遣萬石諭立，曰：「吾官銜一牙牌書不盡，❶今亦降矣。」立曰：「侍郎，國家大臣，立一小卒爾。但三世食趙氏禄，趙亡，何以生爲！」立乃陳上生擒合死之人與投拜者不同，萬石再三諭之，不屈，遂遇害。

**丙子**　**二年，**五月以後，端宗皇帝景炎元年，元至元十三年。**春正月，元阿里海涯破潭州，湖南鎮撫大使、知州事李芾死之，湖南州軍皆陷。**阿里海涯督戰益急，與諸將晝地分圍，決隍水，❷以樹梯衝。城中大窘，力不能支，諸將泣請曰：「事急矣，吾屬爲國死可也，如民何？」芾罵曰：「國家平時所以厚養汝者，爲今日也。汝第死守，有復言者，吾先戮汝。」除夕，元兵登城，蟻附而上。知衡州尹穀時寓城中，知事不可爲，乃爲二子行冠禮。或曰：❸「此何時，行此迂闊事？」穀曰：「正欲令兒曹冠帶見先人于地下爾！」既畢禮，與其家人自焚。芾命酒酹之，因留賓佐會飲，夜傳令，猶手書「盡忠」字爲號。飲達旦，諸賓佐出，參議楊震赴園池死，芾坐熊湘閣，召帳下沈忠遺之金，曰：「吾力竭，分當死。吾家人亦不可辱於俘，汝盡殺之，而後殺我。」忠伏地叩頭，辭以不能。芾固命之，忠泣而諾。取酒，飲其家人盡醉，乃偏刃之，芾亦引頸受刃。忠縱火焚其居，還家，殺其妻子，復至火所，大慟，舉身投地，乃自刎。幕僚陳億孫、顔應焱皆死。潭民聞之，多舉家自盡，城無虚井，縊林木者相望。



❶「牙牌」，原作「先牌」，據《御批歷代通鑑輯覽》卷九四、《資治通鑑後編》卷一五〇改。

❷「隍水」，原作「湟水」，據《元朝名臣事略》卷二《丞相楚國武定公》、《資治通鑑後編》卷一五〇改。

❸「或曰」，原作「人曰」，據萬曆本、四庫本、《資治通鑑後編》卷一五一改。

元旦，守將吴繼明、劉孝忠以城降，阿里海涯傳檄諸郡。由是袁、連、衡、永、郴、全、道、桂陽、武岡，皆降于元。寶慶通判曾如驥亦不屈而死。事聞，贈芾端明殿學士，謚忠節。陳文龍、黄鏞遁。○以吴堅爲左丞相兼樞密使，常楙參知政事。日午，宣麻慈元殿，文班止六人。諸關兵皆潰。知嘉興府劉漢傑以城降元。元兵圍安吉州，知州趙良淳與提刑徐道隆同守。時元兵迫行都，召道隆入衛，道絶不通，乃由太湖經武康、臨安縣境勤王。范文虎致書誘良淳降，良淳焚書斬其使。元兵至，良淳率衆城守，夜就茇舍陴上不歸。既而戍將吴國定開門納元兵，良淳命車歸府，兵士止之曰：「侍郎何自苦？」良淳叱去之，閉閣自經。元兵追道隆及之，一軍盡没，道隆見執，守者少怠，赴水死。遣監察御史劉岊奉表稱臣于元。陸秀夫還，言伯顔不肯從伯姪之稱。太后命用臣禮，陳宜中難之。太后涕泣曰：「苟存社稷，稱臣非所較也。」遂遣岊奉表稱臣，上尊號，歲貢銀、絹二十五萬兩、匹，乞存境土以奉蒸嘗，且約伯顔會長安鎮以輸平。常楙遁，以夏士林簽書樞密院事，士林亦遁。○進封吉王昰爲益王，判福州，信王昺爲廣王，判泉州。初，召文天祥知臨安府，天祥辭不拜，請以福王、秀王判臨安，係民望，身爲少尹，以死衛宗廟。又乞命吉王、信王鎮閩、廣，以圖興復，俱不許。至是，宗親復請，太后從之。以駙馬都尉楊鎮及楊淑妃弟亮節、俞充容弟如珪，提舉二王府事。召留夢炎，不至，以爲江東西、湖南北宣撫大使。○陳宜中請遷都，不果行。宜中以元不許和，計無所出，乃率羣臣入宫，請遷都，太后不許，宜中慟哭以請，太后命具裝以俟。及暮，宜中不入，太后怒曰：「吾初不欲遷，而大臣數以爲請，顧欺我邪！」脱簪珥投之地，遂閉閣，羣臣請見，皆不納。蓋宜中實以翌日行，倉卒失於奏爾。元伯顔軍皐亭山，太皇太后遣使奉璽以降，右丞相陳宜中夜遁。伯顔至長安鎮，陳宜中違約，不往議事。伯顔乃進次皐亭山，阿剌罕、董文炳之師皆會。遊騎至臨安府北關，文天祥、張世傑請移三宫入海，而已帥衆背城一戰。宜中不許，白太后，遣監察御史楊應奎上傳國璽以降。伯顔受之，遣使召宜中出議降事，而使囊加歹奉璽表赴上都。應奎既行，是夜，宜中遁歸于温州之清澳。

張世傑、劉師勇各以所部兵入于海。世傑、師勇及蘇劉義以不戰而降，遂去。世傑次于定海。元石國英使都統卞彪説世傑降，世傑以彪來從己俱南也，椎牛享之。酒半，彪從容爲言，世傑大怒，斷彪舌，磔之于巾子山。師勇至海上，見時事不可爲，憂憤縱酒卒。

吴堅、文天祥如元軍，伯顔執天祥，遣堅還。楊應奎還，言伯顔欲執政面議，太后乃以天祥爲右丞相兼樞密使，與吴堅偕往。天祥辭不拜，遂行。因説伯顔曰：「北朝若以宋爲與國，請退兵平江或嘉興，然後議歲幣與金帛犒師，北朝全兵以還，策之上也。若欲毁其宗社，則淮、浙、閩、廣，尚多未下，利鈍未可知，兵連禍結，必自此始。」伯顔以北詔爲解，顧天祥舉動不常，疑有異志，留之軍中，遣堅還。天祥怒，數請歸，曰：「我之此來爲兩國大事，何故留我？」伯顔曰：「勿怒，君爲宋大臣，責任非輕。今日之事，正當與我共之。」令忙古台、唆都館伴羈縻之。

駙馬都尉楊鎮等奉益王、廣王走婺州。楊淑妃、秀王與檡從行。

以家鉉翁簽書樞密院事，賈餘慶同簽書院事。

○元吕師夔寇江東，謝枋得迎戰，敗績。枋得與元戰于安仁，矢盡而敗，遂奔建寧山中，妻子皆被執。

二月，日中有黑子。

元伯顔遣人入臨安，封府庫，收圖籍、符印。伯顔承制以臨安爲兩浙大都督府，命忙兀台、范文虎入城治都督府事，又令程鵬飛取太皇太后手詔及三省、樞密院檄諭州郡降附。執政皆署，家鉉翁獨不肯，鵬飛命縛之，鉉翁曰：「中書無縛執政之理，歸私第以待命可也。」乃止。伯顔進屯湖州市，復令吕文焕及范文虎等慰諭太皇太后，文焕因入内上表謝而出，❶有曰：「茲銜北命，來抗南師，視以犬馬，報以仇讎。非曰子弟攻其父母，不得已也，尚何言哉？」伯顔令張惠、阿剌罕、董文炳、張弘範、唆都等封府庫，收史館、禮寺圖書及百司符印、告勅，罷官府及侍衛軍。

以賈餘慶爲右丞相兼樞密使，劉岊同簽書樞密院事，與吴堅、謝堂、家鉉翁並充祈請使如元，謝堂逃歸。餘慶兇狡殘忍，岊狎邪小

❶「入内」，萬曆本、《資治通鑑後編》卷一五一作「使人」。

人，皆乘時竊美官，謂使畢即歸。由是，罷遣文天祥所部勤王兵，堂納賂于北而遁。**元人以文天祥北去。**伯顏嘗引天祥與吴堅等同坐，天祥面斥賈餘慶賣國，且責伯顏失信。吕文焕從旁諭解之，天祥并斥文焕及其姪師孟：「父子兄弟受國厚恩，不能以死報國，乃合族爲逆，尚何言？」文焕等慚恚。伯顏遂拘天祥，隨祈請使北行。**浙江潮三日不至。**時元軍分駐江沙上，杭人方幸之，潮汐三日不至。**元伯顏使范文虎追益王、廣王，不及，執楊鎮還臨安。二王遂走温州。**伯顏聞二王自嘉會門出渡浙江而南，遣范文虎將兵追之。楊鎮得報，即還，曰：「我將就死于彼，以緩追兵。」楊亮節等遂負二王及楊淑妃徒步匿山中七日。統制張全以兵數十人追及，遂同走温州。**夏貴以淮西叛降元，知鎮巢軍洪福死之。**阿术屯淮南東道，其西道屬之萬户昂吉兒，俾駐和州，進攻廬州。夏貴以書抵伯顏曰：「願毋廢國力，攻奪邊城，若行都歸附，邊城焉往？」至是，舉所部納欵于元。元以貴爲淮西安撫使。有洪福者，貴家僮也，從貴積勞知鎮巢軍，貴既北降，招福不聽，使其從子往，福斬之。元兵攻城，久不拔，貴至城下，好語語福，請單騎入城。福信之，門發而伏兵起，執福父子，屠城中。貴涖殺，福子大源、大淵譁曰：「法止誅首謀，何乃舉家爲戮？」福叱曰：「以一命報宋朝，何至告人求活邪？」次及福，福大駡數貴不忠，請身南向死，以明不背國。聞者流涕。**元人索宫女、内侍及諸樂官。**宫女赴水死者以百數。**三月，元伯顏入臨安，以帝及皇太后全氏、福王與芮等北去。**伯顏自湖州市入城，建大將旗鼓，率左右翼萬户巡臨安城，觀潮于浙江，又登獅子峯，觀臨安形勝，部分諸將。時福王亦自紹興至，伯顏深慰之。太皇太后及帝欲與相見，伯顏固辭曰：「未入朝，無相見之禮。」明日，發臨安，阿塔海等入宫宣詔，免牽羊繫頸之禮，趣帝及太后入覲。太后泣謂帝曰：「荷天子聖慈活汝，宜拜謝。」禮畢，帝與太后肩輿出宫，太皇太后以疾留内，與芮及沂王乃猷、度宗母隆國夫人黄氏，并楊鎮、謝堂、高應松、庶僚劉褒然、三學生等皆行。太學生徐應鑣與其二男一女同赴井死。❶ **文天祥自鎮江亡**

❶「徐應鑣」，原作「徐應彪」，據《潛齋集》卷二、《武林舊事》卷六、《宋史》卷四五一《徐應鑣傳》改。

**入真州，遂浮海如温州。**天祥至鎮江，與其客杜滸等十二人夜亡入真州。苗再成出迎，喜且泣曰：「兩淮兵足以興復，特二閫少隙，不能合從耳。」天祥問：「計將安出？」再成曰：「今先約淮西兵趨建康，彼必悉力以扞吾西兵。指揮淮東諸將，❶以通、泰兵攻灣頭，以高郵、寶應、淮安兵攻揚子橋，以揚兵攻瓜步，吾以舟師直擣鎮江，同日大舉。灣頭、揚子橋皆沿江脆兵，且日夜望我師之至，攻之即下。合攻瓜步之三面，吾自江中一面薄之，雖有智者，不能爲之謀矣。瓜步既舉，以淮東兵入京口，淮西兵入金陵，要其歸路，其大帥可坐致也。」天祥大稱善，即以書遺李庭芝，遣使四出結約。初，天祥未至真時，揚有脱歸兵言：「元密遣一丞相入真州説降矣。」庭芝信之，以天祥來説降也，使再成亟殺之。再成不忍，紿天祥出相城壘，以制司文示之，閉之門外。久之，復遣二路分覘天祥，果説降者即殺之。二路分與天祥語，見其忠義，亦不忍殺，以兵二十人道之如揚。四鼓抵城下，聞候門者談，制置司下令捕文丞相甚急，❷衆相顧吐舌。天祥乃變姓名爲清江劉洙，東入海，道遇元兵，伏環堵中得免。然飢莫能起，從樵者乞得餘糁羹。行入板橋，元兵又至，衆走伏叢篠中。兵入索之，執杜滸、金應以去。滸、應以所懷金與卒，得逸。二樵者以蕢荷天祥至高郵嵇家莊。嵇聳迎天祥至其家，遣子德潤衛送至泰州，遂由通州泛海如温州，以求二王。

**元以阿剌罕、董文炳行省事于臨安。**伯顔北還，承制留阿剌罕、董文炳經略閩、浙，❸以忙兀台鎮浙西，唆都鎮浙東。會江西都元帥宋都䚟言：「宋二王在閩，廣聚兵，將攻江西。」乃遣塔出移軍與李恒、吕師夔會阿剌罕、文炳，同取未下州縣，以追二王。

**閏月，陳宜中等奉益王爲天下兵馬都元帥，廣王副之，開府福州，起兵興復。**陸秀夫、蘇劉義等聞二王走温州，繼追及於道。遣人召陳宜中於清澳，宜中來謁，復召張世傑於定海，世傑亦以所部兵來。温之江心寺，舊有高宗南奔時御座，衆相率哭座下，奉益王爲都元帥，廣王副之。發兵除吏，以秀王與檡爲福建察訪

❶「淮」，原脱，據萬曆本、四庫本、《資治通鑑後編》卷一五一補。

❷「捕」，原作「備」，據萬曆本、《資治通鑑後編》卷一五一改。

❸「浙」，《元朝名臣事略》卷二之一作「越」，《元史》卷一二七《伯顔傳》作「粵」。

使，先入閩中撫吏民，諭同姓，檄召諸路忠義，同獎王室。會太皇太后遣二宦者以兵百人召二王還臨安，宜中等沈其兵江中，遂入閩。時黃萬石降元，以嘗爲福建漕使，欲取全閩爲己功。汀、建諸州方謀從萬石送欵，聞二王至，復閉門以拒萬石。南建守臣林起鰲遣軍逐之，萬石敗走，其將士多來歸，兵勢稍振。宜中等遂傳檄嶺海，言夏貴已復瀕江州郡。元諸戍將以江路既絶，不可北歸，皆欲託計事還静江，獨廣西宣慰使史格曰：「君等勿爲虚聲所懼，待貴踰嶺，審不可北歸，取途雲南，未爲不可，豈敢輒棄戍哉！」元行省又欲棄廣之肇慶、德慶、封州，併兵戍梧州，亦爲格所沮。格，天澤之子也。

**帝至瓜洲，李庭芝使姜才將兵夜擣元軍，不克。**帝北行至瓜洲，庭芝與才涕泣誓將士出奪之，將士皆感泣。乃盡散金帛犒兵，以四萬人夜擣瓜洲，戰三時，衆擁帝避去。才追戰至浦子市，夜猶不退。阿术使人招之，才曰：「吾寧死，豈作降將軍邪？」真州苗再成亦謀奪駕，不克。

**夏五月朔，益王即位于福州，遥上帝尊號，尊度宗淑妃楊氏爲皇太妃，同聽政。**改元景炎，遥上帝尊號爲「孝恭懿聖皇帝」，又上太皇太后、皇太后尊號，升福州爲福安府，以大都督府爲垂拱殿，便廳爲延和殿，王剛中知福安府。是日，有大聲出府中，衆皆驚仆。

**進封廣王爲衛王。**

**○以陳宜中爲左丞相兼樞密使，都督諸路軍馬；陳文龍、劉黼參知政事，張世傑爲樞密副使，陸秀夫直學士院，蘇劉義主管殿前司。**

**○召李庭芝爲右丞相，姜才爲保康軍承宣使。**

**○詔江西制置使趙溍、招諭使吴浚等分道出師，興復帝室。**詔以趙溍爲江西制置使，進兵邵武；謝枋得爲江東制置使，進兵饒州；李世達、方興等進兵浙東；吴浚爲江西招諭使，鄒㵯副之；毛統由海道至淮，約兵會合。仍詔傅卓、翟國秀等分道出兵。時枋得敗走，已不能軍。

**文天祥至自温州，以爲樞密使同都督諸路軍馬。**天祥至行都，拜右丞相兼樞密使，都督諸路軍馬。天祥以國事皆決于陳宜中，固辭不拜，乃以爲樞密使同都督。天祥使吕武招豪傑于江、淮，杜滸募兵于温州。

**劉黼卒。**

**○元主忽必烈廢德祐帝爲瀛國公。**初，吴堅等至燕，不得命，留館中。賈餘慶病卒，惟家鉉翁聞國亡，旦夕哭泣，不食飲者數日。帝及太后至燕，高應松亦不食卒。堅及鉉翁迎謁，伏地流涕，稱謝奉使無狀，不能保存宗社。遂赴上都，見元主于大安殿，降封帝瀛國公。凡家貲在杭、越者，有司輦至京師付之。元主嘗召宋降將問曰：「汝等降何容易？」對曰：「賈似道專國，每優禮文士而輕武臣。臣等久積不平，故望風送欵。」元主使董文忠語之曰：「似道實輕汝曹，特似道一人之過，汝主何負焉！正如汝言，則似道輕汝也固宜！」

元以伯顏同知樞密院事。伯顏入朝，元主命百官郊迎以勞之。既至，拜同知樞密院事，以陵州、藤州户六千爲食邑。

罷直學士院陸秀夫。陳宜中以秀夫久在兵間，知軍務，每事咨訪始行，秀夫亦悉心贊之。旋與宜中議不合，宜中使言者劾罷之，謫居潮州。

元將唆都陷衢州，江東西、湖南北宣撫大使留夢炎降。時衢、婺諸州皆復起兵，董文炳謂唆都曰：「嚴州不守，臨安必危，公往鎮之。」未十日，諸州連兵來攻。唆都連戰三月，復陷婺州。衢守備甚嚴，唆都率總管高興等鼓譟先登，拔其城。故相留夢炎降。

六月，元軍入廣州。廣東經略使徐直諒遣其將梁雄飛請降于隆興，阿里海涯假雄飛招討使，使徇廣東。既而直諒聞益王即位，乃命權通判李性道、摧鋒軍將黄俊等，拒雄飛于石門。性道不戰，俊戰敗，直諒棄城遁，雄飛入廣州。諸降將皆授以官，俊獨不受被殺。

吴浚等將兵復南豐諸縣，遇元軍，俱敗走。浚聚兵于廣昌，遂復南豐、宜黄、寧都三縣。❶翟國秀取秀山，傅卓至衢、信諸縣，民多應之者。會浚兵敗，國秀引還，卓兵亦敗，詣元軍降。

秋七月，文天祥開府南劍州，經略江西。天祥欲還温州進取，陳宜中不從。蓋宜中棄温州入閩，欲倚張世傑復浙東、西以自洗濯。乃命天祥開府南劍州，取江西。

李庭芝、姜才赴召至泰州，揚州守將朱焕、泰州裨將孫貴等皆降于元，庭芝、才死之，淮東盡陷。臨安既陷，阿术以太皇太后手詔諭庭芝使降，庭芝登城謂使者曰：「奉詔守城，未聞以詔諭降也。」及帝次瓜洲，太皇太后復賜庭芝詔曰：

❶「三」，原作「二」，據四庫本、《宋史》卷四七《瀛國公二王附本紀》改。

「比詔卿納欵，日久未報，豈未悉吾意，尚欲固圉邪？今吾與嗣君既已臣伏，卿尚爲誰守之！」庭芝不答，命發弩射之，一使斃，餘皆奔去。阿术乃遣兵守高郵、寶應，以絶其餉道。博羅懽又攻拔泰州之新城，驅夏貴淮西降卒至城下，以示庭芝。庭芝幕客或勸爲計，庭芝曰：「吾惟一死而已！」阿术復遣使者持元主詔招庭芝，庭芝開壁納使者，斬之，焚其詔于陴上。既而淮安、盱眙、泗州以糧盡降元，庭芝猶括民間粟以給兵；粟盡，又令官人出粟；粟又盡，令將校出粟，雜牛皮、麴蘖以給之。兵有自食其子者，然猶力戰不屈。姜才聞高郵米運將至，出步騎五千，戰于丁村，自夜達旦，元兵多敗，董士元戰死。阿术使伯顔察救之，所將皆阿术麾下，才軍識其旗幟，皆潰，才脱身走。阿术請元主降詔，赦庭芝焚詔、殺使之罪，令早歸欵，庭芝不納。會福州使至，庭芝命制置副使朱焕守揚，而自與姜才將兵七千趨泰州，將東入海。庭芝既行，焕即以城降。阿术分道追及庭芝，殺步卒千餘人。庭芝走入泰州，阿术圍之，且驅其妻子至陴下招降。會姜才疽發背，不能戰，泰州裨將孫貴、胡惟孝開北門納元軍。庭芝赴蓮池中，水淺不死，遂與姜才俱被執。至揚州，阿术責其不降，才曰：「不降者，我也。」憤罵不已。然猶愛其才勇，未忍殺之。朱焕請曰：「揚自用兵以來，積骸滿野，皆庭芝與才所爲，不殺之何俟？」阿术乃皆殺之。揚民聞者，莫不泣下。

**八月，元軍入真州，苗再成死之。** 揚州既破，元兵攻真益急，趙孟錦乘霧襲其營。少頃，霧開，元兵見孟錦衆少，逐之。孟錦登舟失足，墮水中死焉。城遂陷，再成不屈死。元主召阿术入朝，賜泰興户二千爲食邑。

**秀王與檡圍婺州，元董文炳拒之，與檡乃還。** 時楊亮節居中秉權，與檡自以國家親賢，多所諫止，遂犯忌嫉，諸將俱憚之。至是，詔出兵浙東。朝臣言與檡有劉更生之忠，曹王皐之孝，宜留輔以隆國本。譖者益急，卒遣之。

**以王積翁爲福建招捕使。** 積翁兼知南劍州，備禦上三州；副使黄恮兼知漳州，備禦下三州。

**張世傑遣兵會吴浚，擊元李恒于兜零，敗績。** 張世傑遣都統張文虎與浚合兵十萬，期必復建昌。與李恒戰，兵敗，浚奔寧都。

**元人以太皇太后謝氏北去。** 太皇以病久留臨安，至是，元人自宫中舁其牀以出，侍衛七十人，遂赴燕，降封壽春郡夫人。

**九月，元軍分道寇閩、廣。** 阿剌罕、董文炳及忙兀台、唆都以舟師出明州，塔出及吕師夔、李恒等以騎兵出江西。東莞民熊飛起兵會趙溍，復韶、廣州。熊飛爲元人守潮、惠，聞趙溍至，即以兵應之。攻梁雄飛于廣州，雄飛遁，飛遂復韶州。新會令曾逢龍亦帥兵至廣州，李性道出迎謁，飛與逢龍執性道，殺之，溍遂入廣州。元阿里海涯圍静江，都統馬塈力戰禦之。知邕州馬塈將入衛，而臨安已陷，因留静江，總屯戍諸軍。會元使阿里海涯取廣西，塈發所部及諸峒兵守静江，而自將三千人守嚴關。元軍攻關不克，乃以偏師入平樂，過臨桂，夾攻塈。塈退保静江。阿里海涯使人招降，塈發弩射之。攻三月，塈不解甲，前後百餘戰，城中死傷相藉，訖無降意。冬十月，文天祥帥師次于汀州。天祥遣趙時賞等將一軍趨贛以取寧都，吴浚將一軍取雩都，劉洙等皆自江西起兵來會。元吕師夔等將兵度梅嶺，遂入韶州，熊飛死之。趙溍使飛及曾逢龍禦元軍于南雄，逢龍敗死，飛走韶州。元軍圍之，守將劉自立以城降，飛率兵巷戰，兵敗赴水死。十一月，元阿剌罕、董文炳入處州，秀王與檡等逆戰于瑞安，敗績，死之。與檡與弟與櫶、❶子孟備，及觀察使李世達、監軍趙由𤩽、察訪使林温被執，皆不屈而死。知處州李珏、知瑞安府方洪俱以城降。元軍入建寧府、邵武軍。○陳宜中、張世傑奉帝航海。北兵既逼，陳宜中、張世傑備海舟，奉帝及衛王、楊太妃等登舟。時軍十七萬人，民兵三十萬人，淮兵萬人，與北舟相遇，值天霧，晦冥不辨，舟得以進。王積翁叛降元。先是，積翁棄南劍州，走行都，遣人納款于元。至是，元軍侵福安，積翁爲内應，遂與王剛中同降。帝至泉州，招撫使蒲壽庚作亂，帝走潮州。十二月，壽庚以泉州叛降元。帝舟泊泉州港，招撫使蒲壽庚來謁，請駐蹕，張世傑不可。初，壽庚提舉市舶，擅舶利者三十年。或勸世傑留壽庚不遣，則凡海舶不令自隨。世傑不從，縱之歸，繼而舟不足，乃掠其舟，并没其貲。壽庚怒，殺諸宗室及士大夫與淮兵之在泉者，宜中等乃奉帝趨潮州。壽庚遂與知泉州田真子以城降元。趙溍棄廣州遁。制置副使方

❶「櫶」，原作「㦤」，據四庫本、《宋史》卷二二二《宗室世系》改。

興亦遁。元入興化軍，知軍事陳文龍死之。王剛中既降，遣使至興化軍，文龍斬之而發民固守。阿剌罕復遣使招之，文龍復斬之。使部將林華伺元兵于境上，華反導元兵至城下。通判曹澄孫開門降，執文龍，欲降之，文龍指其腹曰：「此皆節義文章也，可相逼邪！」卒不屈，乃械送杭州，文龍不食死。張珏復瀘、涪州，遂敗元軍于重慶。元東、西川守將合兵萬人圍重慶，肆于摽掠，軍政不一，故久無功，而城中益得自守。張珏雖領重慶之命，不能赴官，留合州以抗元軍，且遣師復瀘、涪二州。元軍，❶以不和而潰。珏乃得入城，遣將四出，元軍屢敗。元阿里海涯破静江，坑其民，馬塈死之。廣西州郡皆陷。阿里海涯爲書，許塈爲廣西大都督，塈不聽。又請元主親降手詔諭之，塈焚詔，斬其使。静江以水爲固，阿里海涯乃築堰斷大陽、小溶二江，以遏上流，決東南埭以涸其隍，城遂破。塈閉内城城守，又破之。塈率死士巷戰，刀傷臂被執，斷其首，猶握拳奮起，立踰時始仆。阿里海涯悉坑其民，分兵取鬱林、潯、容、藤、梧等州。廣西提刑鄧得遇聞静江破，朝服南望拜辭，投南流江而死。帝次惠州，遣使奉表請降于元。帝駐于惠之甲子門，遣倪宙奉表，詣元軍請降，唆都命其子元帥百家奴偕宙赴燕。元軍分道入兩川。元主以合丹、闊里吉思領東川行樞密院，攻合州；不花、李德輝領西川行樞密院，攻重慶，仍令德輝留成都給軍食。

## 丁丑　端宗皇帝景炎二年，元至元十四年。

春正月，文天祥移屯漳州，汀守黄去疾及吴浚降元。元軍破汀關，天祥欲據城拒敵，汀守黄去疾聞車駕航海，擁兵有異志，天祥乃移軍漳州。時趙孟濚等軍還，惟吴浚不至。未幾，浚與去疾降元。元命道士張宗演領江南道教。元主封宗演爲嗣漢天師、演道靈應冲和真人，命百官郊勞，待以客禮。二月，元軍入廣州，遂陷廣東諸郡。○文天祥誅吴浚。浚既降元，因至漳州，說天祥降。天祥責以大義，斬之。元軍引還，留潛說友爲福州宣慰使，王

❶「元軍」，原作「及圍兵」，據《資治通鑑後編》卷一五一改。

積翁副之。時北方有警，元主召諸將班師，凡諸將及淮兵在福安者，命李雄統之。元以西僧楊璉真加總攝江南釋教。除僧租稅，禁擾寺宇者。三月，文天祥復梅州。○元將李雄殺潛説友。○陳瓚起兵復興化軍。瓚，文龍從子也，舉兵誅林華，復其城。夏四月，廣東制置使張鎮孫復廣州。○五月，張世傑復潮州。○文天祥引兵自梅州出江西。吉、贛兵皆會之，遂復會昌縣。淮人張德興、傅高起兵，復黄州、壽昌軍，殺元將鄭鼎。德興與淮西野人原寨劉源等起兵興復，司空山民傅高舉兵應之。遂復黄州壽昌軍，用景炎正朔。元賈居貞使湖北宣慰使鄭鼎將兵拒之，鼎言：「鄂之大姓皆與高通。請先除之，以絶禍本。」居貞不可。鼎將行，留其所善部將曰：「聞吾還軍，汝就舉烽城樓，内外合發，當盡殺城中大姓。」鼎與德興遇于樊口，戰敗，溺死。六月，文天祥敗元軍于雩都，秋七月，使趙時賞等分道復吉、贛諸縣，遂圍贛州。○元諸王昔里吉刼北平王那木罕及安童以叛，元主使伯顔討平之。元諸王昔里吉刼北平王于阿力麻里之地，械繫右丞相安童，脅諸王以叛，使通好於海都。海都弗納，遂率兵至和林城北。元主命伯顔率軍往禦之，伯顔與其衆遇于斡魯懽河，夾水而陣，相持彌日，俟其懈，掩擊破之，昔里吉走死。張世傑會師討蒲壽庚于泉州，傳檄諸路，遂復邵武軍。世傑以元軍既退，自將淮兵討蒲壽庚。時汀、漳諸路劇盜陳弔眼及許夫人所統諸峒畬軍皆會，兵勢稍振。壽庚閉城自守，世傑遂傳檄諸路。陳瓚起家丁、義民五百人應世傑，❶世傑遣將復邵武軍。元王積翁殺淮兵于福安府。淮兵在福州者，謀殺積翁，以應張世傑。事覺，皆爲積翁所殺。八月，元李恒襲文天祥于興國縣，天祥兵潰走循州，諸將鞏信、趙時賞等皆死之。李恒遣兵援贛，而自將攻天祥于興國。天祥不意恒猝至，遣兵戰鍾

❶「義民」，原作「民義」，據《宋季三朝政要》卷六、《資治通鑑後編》卷一五二乙正。

步，不利。時鄒渢聚兵數萬于永豐，天祥引兵就之。會渢兵先潰，恒追天祥至方石嶺，及之。鞏信以短兵接戰，恒駭其以寡敵衆，疑有伏，斂兵不進。信坐巨石，餘卒侍左右，箭雨集，屹不動。恒從間道就視之，創被體而死不仆。天祥至空阬，兵盡潰。時趙時賞坐肩輿後，元軍問爲誰，時賞曰：「我姓文。」衆以爲天祥，禽之。恒遍求俘虜人識認，有曰：「此趙督參時賞也。」天祥由是得與杜滸、鄒渢乘騎逸去。至循州，散兵頗集。天祥妻子及幕僚、客將皆被執。時賞至隆興，奮罵不屈，有係累至者，輒麾去，云：「小小僉廳官耳，執之何爲！」得脱者甚衆。臨刑，劉洙頗自辨，時賞叱曰：「死耳，何必然！」於是被執者皆死。恒送天祥妻子、家屬于燕，二子死于道。

**九月，帝遷潮州之淺灣。○元將塔出等引兵入大庾嶺。**

元主詔塔出與李恒、吕師夔等以步卒入嶺，忙兀台、唆都、蒲壽庚及元帥劉深等以舟師下海，合追二王。

**張世傑攻泉州不克，元復陷邵武軍，遂入福州。**

世傑使謝洪永進攻泉州南門，不利。蒲壽庚復陰賂畬軍，攻城不力，得間道求救于唆都。至是，唆都來援，世傑遂解圍還淺灣。元劉深言王積翁嘗通書于張世傑，積翁亦上言兵力單弱，若不暫從，恐爲闔郡生靈之患。元主原其罪。

**元復陷黄州、壽昌軍，張德興、傅高死之。**

元遣昂吉兒等將兵襲司空山寨，破之，殺德興，執其三子以去。高變姓名出走，尋被獲，殺之。

**冬十月朔，日食。○以陸秀夫同簽書樞密院事。**

秀夫之謫，張世傑讓陳宜中曰：「此何如時，動以臺諫論人！」宜中惶恐，亟召秀夫還行朝。時播越海濱，庶事踈略，楊太妃垂簾，與羣臣語，猶自稱奴。每時節朝會，獨秀夫儼然正笏，立如治朝，或時在行中，淒然泣下，以朝衣拭淚，衣盡濕，左右無不悲慟者。❶

**元唆都破興化軍，屠其民，陳瓚死之。**

唆都至興化，瓚閉城拒守。唆都臨城諭之，矢石雨下，乃造雲梯、砲石，攻破其城。巷戰終日，獲瓚，車裂之。屠其民，血流有聲。

**十一月，元塔出會兵陷廣州。**

初，塔出令唆都取道泉州，泛海會于廣之富場。唆都既取興化軍及漳州，進攻潮州，守臣馬發竭

---

❶「慟」，原作「動」，據萬曆本、四庫本、《御批歷代通鑑輯覽》卷九五、《資治通鑑後編》卷一五二改。

力拒守。唆都恐失期，乃舍之而去。至惠州，與呂師夔合軍趨廣州。制置使張鎮孫以城降，塔出遂夷廣州城。元將劉深襲淺灣，帝奔井澳。深攻淺灣，張世傑戰不利，奉帝走秀山，遂至井澳。十二月，帝有疾。帝至井澳，颶風壞舟，帝溺，幾不救，遂得驚疾。旬餘，諸兵士稍集，死者過半。元劉深襲井澳，帝奔謝女峽，陳宜中逃之占城。帝復入海，至七里洋，欲往占城，陳宜中請先往諭意，度事不可爲，遂不返。元伐緬。初，元遣使徵緬朝貢不從，而率衆侵擾永昌。雲南行省遣兵伐之，降其砦三百餘而還。

戊寅　三年，五月，帝昺祥興元年，元至元十五年。春正月，元降封福王與芮爲平原郡公。

○元軍入重慶，張珏死之，西川州縣皆陷。元不花督汪良臣等兵入重慶，李德輝爲書與張珏曰：「君之爲臣，不親於宋之子孫；合之爲州，不大於宋之天下。」珏不答。不花至城下，營浮屠，造梯衝，將攻之。珏悉衆與良臣鏖戰，良臣身中四矢。明日，督戰益急。珏與也速觧兒戰扶桑垻，元軍從後合擊之，珏軍大潰。其夜，都統趙安以城降。珏率兵巷戰，不支，歸索鴆飲，不得，乃順流走涪。不花遣舟師邀之，遂被執，至安西，解弓絃自經死。先是，瀘州食盡，安撫王世昌亦自經死，涪州守將王明城陷不屈，被殺。紹慶、南平、夔、施、思、播諸州，相繼皆降于元。元定武官承襲之制。凡有功陞秩者，元職令他有功者居之，不得令子姪復代；陣亡者，始得襲；病死者，降一等；總把、百户老死者，不襲。著爲令。二月，元唆都陷潮州，屠其民。塔出令唆都還攻潮州，馬發城守益備。唆都塞塹填濠，造雲梯、鵞車，日夜急攻，發潛遣人焚之，凡相距二十餘日而敗。發死之，唆都屠其民。元以許衡領太史院事。元承用金《大明曆》，歲久寖疏，元主欲釐正之。乃命王恂及楊恭懿、郭守敬測驗改正，而以張文謙、張易董之。恂言：「曆家知曆數而不知曆理，宜得許衡總之。」遂命衡領太史院事。三月，元以唆都等行省事于福州。倪宙至燕，元主召塔出等北還，議二王事宜。乃留唆都、蒲壽庚行省事，鎮撫瀕海諸郡。文天祥收兵，復出麗江浦。天祥以弟璧及母在惠州，乃趨之，行收兵出海豐縣，遂次于麗江浦。**都統淩震復廣州。○帝遷硇洲。**❶**○曾淵子至自雷州，以爲參知政事、廣西宣諭使。**淵子起兵，據雷州，元軍諭降，不聽。進兵攻之，淵子奔硇洲，遂有是命。**夏四月，帝崩，衛王即位。**帝崩，年十一。羣臣多欲散去，陸秀夫曰：「度宗皇帝一子尚在，將焉置之？古人有以一旅一成中興者，今百官有司皆具，士卒數萬，天若未欲絶宋，此豈不可爲國邪！」乃與衆共立衛王，年八歲矣。方登壇禮畢，御輦所向，有龍拏空而上。既入宫，雲陰不見。改元祥興，升硇洲爲翔龍縣，上帝廟號曰「端宗」，太妃仍同聽政。陳宜中入占城，行都日候其還朝，宜中竟不至。時世傑秉政，而秀夫裨助之，外籌軍旅，内調工役，凡有述作，盡出其手。雖匆遽流離中，猶日書《大學章句》以勸講。**五月，張世傑攻雷州，不克。**世傑使張應科、王用將兵取雷州，應科三戰不利，用因降元。應科收兵復戰，敗死。世傑悉衆圍城，城中絶糧，士以草爲食。元史格漕欽、廉、高、化諸州糧以給之，世傑引還。**六月，帝遷新會之厓山。**時六軍所泊居雷、化犬牙處，而厓山在新會縣南八十里鉅海中，與奇石山相對立如兩扉，潮汐之所出入也，故有鎮戍。張世傑以爲天險，可扼以自固，乃奉帝移駐。遣人入山伐木，造行宫及軍屋千餘間，行宫正殿曰慈元，楊太妃居之。升廣州爲祥興府。時官、民、兵尚二十餘萬，多居于舟，資糧取辦于廣右諸郡、海外四州。復刷人匠、造舟楫，製器仗，至十月始罷。**元以張弘範爲都元帥，李恒副之，將兵入閩、廣。**弘範言：「張世傑復立廣王，閩、廣響應，宜進取之。」元主以弘範爲蒙古、漢軍都元帥，賜寶劍，專決軍事。弘範薦李恒自副，從之。弘範至揚州，選將校，發水陸之師二萬，分道而南。元主復命塔出留後，供軍費。**秋七月，湖南制置使張烈良等起兵應厓山，與元阿里海涯戰，敗，死之，海南州縣皆陷。**烈良及提刑劉應龍起兵以應厓山，雷、瓊、全、永與潭屬縣之民周隆、賀十二等咸應之。大者衆數萬，小者不下數千。元主命阿里海涯往討，獲隆、十

---

❶「硇洲」，原作「碙洲」，據《宋史》卷四七《瀛國公二王附本紀》卷四五一《張世傑傳》改。

二，斬之。烈良等舉宗及餘兵奔思州烏羅洞，爲元軍所襲，皆戰死。阿里海涯略地海外，遣人招瓊州安撫趙與珞降。與珞不聽，率兵拒于白沙口。未幾，州人執與珞以降，阿里海涯裂殺之。由是，瓊、南寧、萬安、吉陽諸州縣，及八蕃羅甸諸蠻，皆附于元。**元汰江南冗官。**阿合馬奏立江西榷茶運司及諸路轉運鹽使司，宣課提舉司。宣課司官吏，多至五百餘人。至是，崔斌言：「江南官冗，杭州地大民衆，阿合馬溺于私愛，以任其不肖子抹速忽。且阿合馬先自陳免其子弟之任，今乃身爲平章，而子若姪或爲參政，或爲尚書，或領將作監、會同館，一門悉處要津，有虧公道。」元主命罷黜之，然終不以爲阿合馬罪。既而，淮西宣慰使昂吉兒入朝，亦以官冗爲言。於是詔：「江西省併入福建，罷榷茶、營田司歸本道宣慰司，罷漕運司歸行省。」**八月，有星隕于廣南。**有星墮廣州南。初隕色紅，大如箕，中爆烈爲五，既墜地，殷如鳴鼓，一時頃止。**加文天祥少保、信國公，張世傑越國公。**天祥聞帝即位，上表自劾兵敗江西之罪，乞入朝。優詔不許，而加官爵。天祥移書陸秀夫云：「天子幼冲，宰相遁荒，詔令皆出諸公之口，豈得以游詞相拒！」會軍中大疫，士卒多死，天祥母亦病没，詔起復之。天祥長子復亡，家屬皆盡。**九月，葬端宗皇帝于厓山。**陵號永福。**冬閏十一月，凌震棄廣州遁。○元張弘範襲執文天祥于五坡嶺。**天祥屯潮陽，鄒渢、劉子俊皆集師會之，遂討劇盗陳懿、劉興于潮。興死，懿遁，以海舟導張弘範兵濟潮陽。天祥帥麾下走海豐，先鋒將張弘正追之。天祥方飯五坡嶺，弘正兵突至，衆不及戰，天祥遂被執，吞腦子，不死。鄒渢自剄，劉子俊自詭爲天祥，冀可免天祥，及天祥至，各争真僞，元遂烹子俊。天祥至潮陽，見弘範，左右命之拜，天祥不屈，弘範釋其縛，以客禮之。天祥固請死，弘範不許，處之舟中。求族屬被俘者，悉還之。**十二月，元西僧楊璉真加發紹興諸陵。**楊璉真加利宋殯宫金玉，發諸陵在紹興者及大臣塚墓，凡一百一所，又欲哀諸陵骨雜牛馬枯骼爲鎮南浮屠。會稽人唐珏獨痛憤，乃貨家具行貸得白金爲酒食，陰召諸惡少，泣曰：「爾輩皆宋人，吾不忍陵骨之暴露，欲以他骨易之。已造石函六，刻紀年，一字爲號，自思陵以下，隨號收殯。」衆如珏言，夜往取遺骸，葬蘭亭山後，又移宋故宫冬青樹植其上以識，聞者悲之。

**己卯　帝昺祥興二年，**元至元十六年，是歲宋亡。**春正月，元張弘範襲厓山，張世傑力戰禦之。**弘範由潮陽港乘舟入海，至甲子門，獲斥候將，知帝所在，乃至厓山。或謂世傑曰：「北兵以舟師塞海口，則我不能進退，盍先據之。幸而勝，國之福也；不勝，猶可西走。」世傑恐久在海中，士卒離心，動則必散，乃曰：「頻年航海，何時已乎？今須與決勝負。」遂焚行朝草市，結大舶千餘作一字陣，碇海中。中艫外舳貫以大索，四周起樓棚如城堞，奉帝居其間爲死計，人皆危之。厓山北淺，舟膠不可進，弘範由山東轉而南，入大洋，與世傑之師相遇，薄之，且出騎兵斷官軍汲路。世傑舟堅不能動，弘範乃舟載茅茨，沃以膏脂，乘風縱火焚之。世傑戰艦皆塗泥縛長木以拒火，舟不爇，弘範無如之何。時世傑有甥韓在元軍中，弘範三使韓招世傑，世傑不從，曰：「吾知降生且富貴，但義不可移爾！」因歷數古忠臣以答之。弘範乃命文天祥爲書招世傑，天祥曰：「吾不能扞父母，乃教人叛父母，可乎！」固命之，天祥遂書所過零丁洋詩與之，其末有云：「人生自古誰無死，留取丹心照汗青。」弘範笑而置之。弘範復遣人語厓山士民曰：「汝陳丞相已去，文丞相已執，汝復欲何爲？」士民亦無叛者。弘範又以舟師據海口，世傑兵士茹乾糧十餘日，下掬海水飲之，水鹹，飲即嘔泄，兵士大困。世傑帥蘇劉義、方興等旦夕大戰。既而李恒自廣州以師來會，弘範命恒守厓山北。**合州守將王立以城降元，東川州縣皆沒。**元東川行院恥功不立，乃辭西川而自以兵圍合州。守將王立計夙與東川有深怨，懼誅，乃使間行至成都，請降於李德輝。德輝單舸濟江，至合城下，呼立出降。安集其民而罷置其吏，合人德之。於是，東川州縣皆没于元。**二月，張世傑與元張弘範戰于厓山，世傑兵潰，陸秀夫負帝赴海死之。世傑復收兵至海陵山，舟覆而死，宋亡。**都統張達夜襲元軍，敗還。弘範乃四分其軍，自將一軍，相去里許，令諸將曰：「宋舟西艤厓山，潮至必東遁，急攻之，聞吾樂作乃戰，違令者斬！」時黑氣出山西，李恒乘早潮退攻其北，世傑以淮兵殊死戰。至午，潮上，元軍樂作，世傑以爲且懈，不設備。弘範以舟攻其南，世傑南北受敵，兵士皆疲，不能復戰。俄有一舟檣旗仆，諸舟之檣旗皆仆。世傑知事去，乃抽精兵入中軍。諸軍大潰，翟國秀、凌震等皆解甲降元。元軍薄中軍，會日暮風雨，昏霧四塞，咫尺不相辨。世傑乃與蘇劉義斷維，以十六舟奪港而去。陸秀夫走帝舟，帝舟大且諸舟環結，度不得出走，乃先驅其妻子入海，謂帝曰：「國事至此，陛下當爲國死。德祐皇帝辱已甚，陛下不可再辱！」即負帝同溺，後宮諸臣從死者甚衆。餘舟尚八百，盡爲弘範所得。越七日，屍浮海上者十餘萬人，因得帝屍及詔書之寶。世傑行收兵，遇楊太妃，欲奉以求趙氏後。楊太妃始聞帝崩，撫膺大慟曰：「我忍死艱關至此者，正爲趙氏一凷肉耳。今無望矣！」遂赴海死，世傑葬之海濱。世傑將趨占城，土豪彊之還廣東，乃回舟艤南恩之海陵山。散潰稍集，謀入廣，颶風大作，將士勸世傑登岸，世傑曰：「無以爲也。」登柂樓，露香祝曰：「我爲趙氏，亦已至矣。一君亡，復立一君，今又亡，我未死者，庶幾敵兵退，別立趙氏以存祀耳。今若此，豈天意邪！」風濤愈甚，世傑墮水溺死。諸將函其骨，葬潮居里。蘇劉義出海洋，爲其下所殺。

史臣曰：「宋雖起於用武，功成治定之後，以仁傳家，然仁之弊失於弱。中世有欲自彊以革其弊，用乖其方，馴致棼擾。建炎而後，土宇分裂，猶能六主百五十年而後亡，豈非禮義足以維持君子之志，恩惠足以固結黎庶之心歟！既而宋之遺臣，區區奉二王爲海上之謀，雖無救於亡，然人臣忠於所事而至於斯，其亦可悲也夫！」

**夏四月，元西僧八思巴死。**賜號皇天之下一人之上開教宣文輔治大聖至德普覺真智祐國如意大寶法王、西天佛子、大元帝師。❶

**秋九月，元詔太子參決朝政。**詔省院臺司之事，皆先啓後奏。

**冬十月，文天祥至燕不屈，元人囚之。**厓山之破，張弘範等置酒大會，謂天祥曰：「國亡，丞相忠孝盡矣。能改心以事宋者事今，將不失爲宰相也。」天祥泫然出涕曰：「國亡不能救，爲人臣者死有餘罪，況敢逃其死而貳其心乎？」弘範義之，遣使護送天祥赴燕。道經吉州，痛恨不食，八日猶生，乃復食。十月，至燕。館人供張甚盛，天祥不寢處，坐達旦，遂移兵馬司，設卒守之。既而丞相博羅等召見於樞密院，欲使拜，天祥長揖不屈。博羅曰：「自古有以宗廟土地與人而復逃者乎？」天祥曰：「奉國與人，是賣國之臣也。

❶「開教」，原脱，據《佛祖統紀》卷四八《法運通塞志》補。「覺」，原作「慧」，據《佛祖統紀》卷四八《法運通塞志》、《元史》卷二〇二《八思巴傳》改。

賣國者有所利而爲之，必不去，去者必非賣國者也。予前除宰相不拜，奉使軍前，尋被拘執。已而有賊臣獻國，國亡當死，所以不死者，以度宗二子在浙東，老母在廣故耳。」博羅曰：「棄德祐嗣君而立二王，忠乎？」天祥曰：「當此之時，社稷爲重，君爲輕。吾別立君，爲宗廟社稷計也。從懷、愍而北者非忠，從元帝爲忠；從徽、欽而北者非忠，從高宗爲忠。」博羅語塞，忽曰：「晉元帝、宋高宗皆有所受命，二王不以正，是篡也！」天祥曰：「景炎乃度宗長子，德祐親兄，不可謂不正。登極於德祐去位之後，不可謂篡。陳丞相以太皇命奉二王出宫，不可謂無所受命。」博羅等皆無辭，但以無受命爲解。天祥曰：「天與之，人歸之，雖無傳受之命，推戴擁立，亦何不可！」博羅怒曰：「爾立二王，竟成何功！」天祥曰：「立君以存宗社，存一日則盡臣子一日之責，何功之有！」曰：「既知其不可，何必爲？」天祥曰：「父母有疾，雖不可爲，無不下藥之理，盡吾心焉，不可救則天命也。今日天祥至此，有死而已，何必多言！」博羅欲殺之，而元主及大臣不可。弘範病中，亦表奏天祥忠於所事，願釋勿殺。乃囚之。

**十二月，元增置宿衛。**元宿衛皆領於四怯薛，以太祖功臣博爾忽、博爾朮、木華黎、赤老温四族世領怯薛之長。怯薛者，猶言分番宿衛也。年勞既久，即擢爲一品，或以才能任使，貴盛雖極，一日歸至内庭，則執事如故。其後怯薛增至四千八百，而累朝斡耳朵怯薛尤多，國之大費，每糜於此。

## 續資治通鑑綱目第二十二

（以上十卷，李淑慧校點，張希清覆校）

# 續資治通鑑綱目第二十三

起庚辰元世祖至元十七年，盡甲午元世祖至元三十一年。凡十五年。

**庚辰**　**元世祖文武皇帝至元十七年，**

**春正月，詔覈阿里海涯所俘户口，放爲民。**時阿里海涯下荆南、江西、廣西、海南之地，得州凡五十八，峒夷山獠，不可勝計。行臺御史言其俘獲三萬餘人，悉役爲奴，自置吏治之，責其租賦。詔行臺御史大夫相威檢覈之，悉放爲民。既而御史中丞崔彧亦言其總制兵民，子弟親黨，分列要路，威權太盛，宜罷其職，并轉徙其黨，勿令久據荆湖。不聽。**都元帥張弘範卒。**謚獻武。

**三月，帝如上都。○遣使窮河源。**招討使都實受命行，四閱月始抵其地。既還，圖其形勢來上，言河出吐蕃朵甘思西鄙，有泉百餘泓，方可七八十里，沮洳散涣，不可逼視，登高望之，如列星然，名火敦腦兒。火敦腦兒，華言星宿海也。羣流奔輳，近五七里，匯爲二巨澤，名阿剌腦兒。自西而東，連屬成川，號赤賓河。又合亦里赤、忽闌、也里术三河，其流寖大，始名黄河。又岐爲八九股，行二十日，至大雪山，名騰乞里塔，即崑崙也。由崑崙南至闊即及闊提二地，始相屬。又經哈剌別里赤兒之地，合細黄河及乞兒馬赤二水北行，復折而西流，過崑崙北，又轉而東北行，約二十餘日至積石，始入中國云。約自河發源至中國，計及萬里，然其間溪澗流絡，莫知紀極。崑崙之西，人跡簡少，而山皆草石，至積石方林木暢茂。世言河九折，蓋彼地有二折焉。**陝西運使郭琮等殺安西王相趙炳，詔逮琮等誅之。**初，安西王既薨，召炳入見，因言運使郭琮、郎中郭叔雲不法。帝怒，遣使偕炳往案其罪，至則琮等矯世子阿難答旨，收炳及妻子，囚之崆峒山。炳子仁榮訴之，詔即遣使馳往脱炳，且械琮黨偕來。琮留使者，先遣人毒炳於獄中。帝聞之，大怒，琮至，親鞫之，伏辜，命仁榮手刃琮及叔雲于市，籍其家畀之。仁榮曰：「不共戴天之人所有，何忍受之？」帝稱善，別賜鈔二萬緡，爲治喪具。**秋七月，以郝禎、耿仁**

爲左丞。阿合馬貪横益肆，援引二人驟升同列，交爲蒙蔽，掊斂日急，内通貨賄，外示威刑，廷中相視無敢言者。

八月，集賢大學士兼國子祭酒許衡致仕。衡以疾乞致仕，皇太子請以其子師可爲懷孟路總管，以便侍養，且遣使諭之曰：「公毋以道不行爲憂也，公安則道行有時矣。」

翰林學士承旨姚樞卒。謚文獻。

九月，帝還大都。

○冬十月，以阿剌罕爲右丞相，復大發兵擊日本。初，帝屢遣使往通日本，不納，乃命鳳州經略使忻都伐之，無功而還。復遣禮部侍郎杜世忠等使其國，亦不報，且執世忠等殺之。至是，命阿剌罕爲右丞相，范文虎、洪茶丘等爲右丞，李庭、張拔都參知政事，並行中書省事，率師十萬以往。時高麗王睶來朝，願益兵併擊之，加睶行省右丞相。

十一月，行《授時曆》。郭守敬等以爲金雖改曆，止因宋《紀元曆》微加增益，❶未嘗測驗於天，況冬至者曆之本，而求曆本者在驗氣。汴宋舊儀，今多不協，乃與南北日官陳鼎臣等創造儀象圭表，爲器凡十有三，復遣監候官十四人分道測驗，凡二十七所，徧參曆法，酌取中數，成新曆上之。言自漢以後，曆法經七十改，創法者十三家，今所考正者凡七事，所創法者五事，其法視古皆密，而又悉去諸曆積年月日法之傅會者，一本天道自然之數，可以施之永久而無弊。曆上，賜名曰「授時」，頒之天下。

平章政事廉希憲卒。希憲自江陵以疾召還，太子遣使問之，希憲曰：「臣病無足憂，所憂者，大姦誤國，羣小附之，病之大者也。」大德間贈太師、恒陽王，謚文正。伯顔曰：「廉公，宰相中真宰相，男子中真男子。」世以爲名言。

十二月，殺江淮行省平章政事阿里伯、右丞燕帖木兒、左丞崔斌。斌既發阿合馬姦蠹，海内稱快。未幾，斌遷江淮行省左丞，阿合馬慮其害己，乃奏理算江淮行省錢穀，誣搆斌與阿里伯等盜官糧四十萬，及擅易命官八百餘員，命都事劉正等往按，獄弗具，復遣參政張澍等雜治之，竟寘斌等于死。斌有文學，達政術，副阿里海涯取荆湖、廣海，屢建大功，多所全活。太子聞殺斌，方食，投箸惻然，遣使

❶「宋紀元曆」，原作「劉宋之曆」，據《元史》卷五二《曆志》、《御批歷代通鑑輯覽》卷九五、《古今律曆考》卷一一九改。

止之，不及，天下冤之。**昭文館大學士竇默卒。**默爲人樂易，平居未嘗出一言方人物，至論國家大計，面折廷諍，人謂可比汲黯。帝嘗曰：「朕求賢三十年，得一竇漢卿及李俊民。」又曰：「如竇漢卿之心，姚公茂之才，合而爲一，可謂全人矣。」累贈太師，封魏國公，謚文正。**漳州民陳桂龍兵起，命福建都元帥完者都等擊走之。**桂龍及其兄子陳弔眼有衆數萬，屯高安砦據之，命完者都及副帥高興討之。時建寧賊黃華勢尤猖獗，完者都先引兵壓其境，軍威大振。華驚懼乞降，完者都奏以華爲副元帥，凡軍行悉以咨之。桂龍等乘高爲險，人莫敢進，興命人挾束薪，進至半山，棄薪退，如是六日，誘其矢石皆盡，乃爇薪焚柵，斬首二萬級，桂龍遁走。

**辛巳　十八年，春二月，皇后弘吉剌氏崩。**后性明敏，達於事機，國家初政，左右匡正，與有力焉。四怯薛奏割京城外近地牧馬，帝許之，后將諫，陽責劉秉忠曰：「汝何不諫？若初定都時，以地牧馬則可，今軍民分業已定，奪之可乎？」事遂止。宋亡，幼主入朝，后不樂，帝曰：「江南平，自此不用兵甲，人皆喜之，爾何獨不樂？」后曰：「自古無千歲之國，毋使吾母子及見此，則幸矣。」帝以宋府庫物置殿廷，召后視之，后一視而反。帝問后何欲，后曰：「宋人貯蓄以貽子孫，子孫不能守而歸於我，我又何忍取之邪？」宋太后全氏至京，不習風土，后屢奏乞令回江南，帝不允。后退，益厚待之。**遣皇太子行邊。**復以伯顏佐之。帝諭太子曰：「伯顏有文武才，汝毋以常人遇之也。」**三月，許衡卒。**衡病革，家人祠先，衡曰：「吾一日未死，寧不有事于祖考。」起，奠獻如儀，既撤而卒，年七十三。衡嘗語其子曰：「我平生虚名所累，竟不能辭官，死後慎勿請謚，勿立碑，但書『許某之墓』四字，使子孫識其處，足矣。」後贈司徒，封魏國公，謚文正。虞集曰：「南北未一，許文正公先得朱子之書，❶伏讀而深信之，持其説以事世祖，儒者之道不廢，衡實啓之。」**帝如上都。○秋七月，阿剌罕卒于軍。八月，諸**

❶「許文正公」，原作「許衡」，據《道園學古録》卷四四《吴公（澄）行狀》、《魯齋遺書》卷一四《附録・虞氏邵庵語》改。

將棄師於海島而還。阿剌罕既卒，詔以左丞相阿塔海代之。未至，文虎等已航海至平壺島，遇颶風敗舟，諸將各擇堅艦乘之遁去，棄士卒十餘萬于島。衆推張百户者爲帥，方伐木作舟爲歸計，日本覘知之，率衆襲殺殆盡，惟餘南人萬餘，不殺而奴之，未幾得還者財三人。括江南户口税。時京兆等路歲課自一萬九千已增至五萬四千錠，阿合馬猶以爲未實，欲覈之，上察其非而止。閏月，帝還大都。○冬十月，焚毁道書。帝方信桑門之惑，詔樞密副使張易參校道書，言惟《道德經》爲老子所著，餘皆後人僞撰，詔悉焚之。十二月，以甕吉剌帶爲右丞相，阿合馬爲左丞相。

壬午　十九年，春二月，遣諸王相答吾兒擊緬。初，納剌速丁自緬還，言熟其國形勢，可擊。遂以太卜爲右丞，也罕的斤爲參政，命諸王相答吾兒督諸軍復往擊之。帝如上都。○三月，益都千户王著殺阿合馬於闕下。著因人心憤怨阿合馬，密鑄大銅鎚，與妖人高和尚謀擊殺之。時皇太子從帝如上都，而阿合馬留守京師，著以太子素惡其姦，乃遣二西僧至中書，詐稱皇太子還都作佛事，省中疑之。時高觽、張九思皆宿衛宫中，詰之，倉皇失對，遂執之訊問，不伏。及午，著復矯太子令，俾樞密副使張易發兵，夜會東宫。易不察，遽以兵往。觽問：「果何爲？」易附耳語曰：「太子來誅左相也。」既而省中遣使出迎，悉爲僞太子所殺，奪其馬入健德門。夜二鼓，至東宫前，立馬呼省官至前，責阿合馬數語，著即牽去，以所袖銅鎚碎其腦，立斃。繼呼郝禎至，殺之，囚右丞張惠。於是觽、九思開門大呼曰：「此賊也！」叱衛士急捕之。留守博敦持挺擊立馬者墜地，衆奔潰，多就擒。高和尚逃去，惟著挺身請囚。時帝在察罕腦兒，聞之，即遣和禮霍孫等歸討爲亂者。獲高和尚于高梁河，與王著、張易皆棄市。著臨刑大呼曰：「王著爲天下除害，今死矣，異日必有爲我書其事者！」復以張易從著爲亂，將傳首四方，張九思曰：「易應變不審則有之，坐以與謀則過矣，乞免傳首。」從之。王惲曰：「著激於義，捐一身爲天下除害，事既露不去，自縛詣司，敗以至臨命，氣不少挫，而視死如歸，誠殺身成名死而不悔者也。律以《春秋》誅亂臣賊子之法，不以『義』與之，可乎？」夏四月，甕

**吉剌帶罷，以和禮霍孫爲右丞相。**和禮霍孫入相，皇太子謂之曰：「阿合馬已死，汝任中書，事有便國利民者，毋憚更張。或有沮撓，吾當力持之。」故自時庶務更新，省部用人，多所推薦。**陳桂龍來降。**初，桂龍既遁，陳弔眼猶擁衆連五十餘砦未下，高興等擊斬之。桂龍遂率其黨來降，詔流桂龍於邊地。**詔戮阿合馬屍，遂窮治其黨。**阿合馬死，帝猶不深知其姦，及詢樞密副使孛羅，乃盡得其罪惡，始大怒曰：「王著殺之，誠是也！」命發塚剖其棺，戮屍於通玄門外，縱犬食之，四民聚觀稱快。籍其家，得櫝藏二人皮，問之，其妾云：「每呪詛時，置神坐于上。」又以帛二幅，畫甲騎圍守幄殿，兵皆張弦挺刃内向，狀涉不軌，遂并誅其子忽辛等四人。尋令中書悉罷黜其黨與，凡汰其官省部者七百十四人，罷其濫設官府二百餘所。又以郝禎、耿仁黨惡尤甚，命剖禎棺，戮其屍，下耿仁于獄，誅之。**以張雄飛爲參知政事。**初，阿合馬欲誣殺秦長卿、劉仲澤、亦麻都丁三人，兵部尚書張雄飛力持不可。阿合馬使人啗之曰：「誠能殺此三人，當處以參政。」雄飛曰：「殺人以求大官，不能爲也。」阿合馬怒，出爲澧州安撫使，累遷御史中丞，行御史臺事。阿合馬恐其子忽辛爲江淮右丞，不爲所容，改陝西按察使。未行，阿合馬死，召拜參知政事。忽辛被逮，敕廷臣雜問，忽辛歷指宰執曰：「汝曾受我家錢，何得問我？」雄飛曰：「我曾受否？」曰：「公獨無。」雄飛曰：「如是，則我當問汝矣。」遂伏辜。**六月朔，日食。○命唆都將兵擊占城，不克引還。**初，朝廷以占城既附，遣唆都就其國立省撫治之。王子補的負固弗率，凡使臣經其國者皆執之。帝怒，命唆都討之。明年正月，破其城，王子遁入山谷，後遣其臣寳脱禿花陽求歸附以欵師，復潛殺所執使臣皇甫傑等百餘人。唆都等久之方覺其詐，乃遣兵攻之，轉戰至木城下，阻隘不可進，賊兵旁截歸路，軍殊死戰得出，唆都等遂引還。**秋七月朔，日食。○八月，帝還大都。○九月，俱藍國入貢。**海外諸蕃，惟俱藍尤遠，自泉州至其境約十萬里。招討使楊庭璧三往招之，遂遣使貢寳及黑猿一。**遣使括雲南金。**定其賦税，用金爲則。**詔諸路歲舉儒、吏各一人。**中書省掾史有闕，選樞密院、御史臺、六部令史轉用之，令史則取諸路歲貢之數。仍詔諸路歲貢儒、吏，儒必通吏事，吏必知經史者。**冬十月，復以耶律鑄爲左丞相。○以宋衍聖公孔洙爲國子祭酒，提舉浙東學校。**孔子後自宋南渡初，其四十八代孫端友子玠寓衢州。帝既平宋，疑所立，或言孔氏子孫寓衢者乃其宗子，召洙赴闕。洙遜於居曲阜者，帝曰：「寧違榮而不違親，真聖人後也。」遂命爲國子祭酒，兼提舉浙東學校。**十二月，殺宋少保、樞密使、信國公文天祥。**時有閩僧言：「土星犯帝座，疑有變。」未幾，中山有狂人自稱宋主，有衆千人，欲取丞相。京城亦有匿名書，言某日燒簑城葦，率兩翼兵爲亂，丞相可無憂者。朝廷疑之，遂撤簑城葦，遷瀛國公及宋宗室於上都。疑丞相爲天祥，乃召天祥入，諭之曰：「汝移所以事宋者事我，當以汝爲相矣。」天祥曰：「天祥爲宋宰相，安事二姓？願賜之一死，足矣！」帝猶未忍，遽麾之退，左右力贊從其請，遂詔殺之於都城之柴市。天祥臨刑殊從容，謂吏卒曰：「吾事畢矣！」南向再拜，死，年四十七。其衣帶中有贊曰：「孔曰成仁，孟曰取義。惟其義盡，所以仁至。讀聖賢書，所學何事？而今而後，庶幾無愧！」其妻歐陽氏收其屍，面如生。天祥爲人豐下，兩目炯然。博學善論事，作文未嘗起草，尤長於詩，居獄四年，忠義之氣，一著於詩歌，累數十百篇。至是，兵馬司籍所存上之，觀者無不流涕悲慟。有得其一履者，亦寶藏之。尋有義士張毅甫者，負其骨歸葬吉州，適家人自廣東奉其母曾夫人之柩，同日至城下，人以爲忠孝所感云。○初，天祥開督府，置僚屬，一時知名者四十餘人，而遥請號令稱幕府文武士者不可悉數，然皆一念向正，至死靡悔。廬陵鄧光薦曰：「天祥奉詔勤王，獨行其志，屢躓而愈奮。故其軍日敗，勢日蹙，而歸附日衆，從之者亡家沈族而不悔。雖人心嚮中國，思趙氏，亦由天祥之神氣意度足以感悟之也。」○史臣曰：「自古志士欲信大義於天下者，不以成敗利鈍動其心。君子命之曰『仁』，以其合天理之正，即人心之安爾。宋至德祐亡矣，❶文天祥奉兩孱王，崎嶇嶺海，以圖興復，兵敗身執，終不可屈，而從容伏質，就死如歸。是其所欲有甚於生者，可不謂之『仁』哉！」許有壬曰：「宋養士三百年，得人之盛，軼漢、唐而過之。及天命已去，文天祥萬變不渝，一旦就義，光明俊偉，俯視一世，顧膚敏祼將之士，不知爲何物也！宋之亡，守節不屈者有之，未有有爲若天祥者，事

❶「至」，原脱，據《宋史》卷四一八《文天祥傳》補。

固不可以成敗論也。」**以扎散爲平章政事。○徵處士劉因爲右贊善大夫，尋辭歸。**因，容城人，天資絶人，日記千百言，過目成誦。初爲經學，究訓詁、注釋之説，嘆曰：「聖人精義，殆不止此。」及得周、邵、程、朱之書，一見即曰：「我固謂當有是也。」及論其學之所長，曰：「邵，至大也；周，至精也；程，至正也；朱子，極其大，盡其精，而貫之以正也。」愛諸葛孔明「静以脩身」之語，表所居曰「静脩」。不忽木薦之，詔徵之至，擢右贊善大夫。尋以繼母老辭歸，俸給一無所受。**詔御史臺得自選其屬。**初，御史唯用漢人，至是崔彧請參取蒙古人用之，又言：「臺察之選，止由中書，寧無偏黨之弊？今宜令本臺得自選任。」既而江淮省臣有欲專恣而忌臺察之言者，上議欲以行臺隸行省，詔廷臣雜議。兵部尚書董文用曰：「御史臺譬之卧虎，雖未噬人，人猶畏其爲虎也。❶今虚名僅存，而紀綱猶不振，更加抑之，則風采薾然，無復可望矣。此不可行也。」從之。**始海運。**元糧運仰給江南者，或自浙西涉江入淮，由黄河逆流至中灤，陸運至淇門，入御河，以至京師。又或自利津河，或開膠、萊河入海，勞費無成。初，宋季有海盗朱清者，嘗爲富家傭，殺其主，亡入海島，與其徒張瑄乘舟抄掠海上，備知海道曲折。尋就招懷，爲防海義民。❷伯顔平宋時，遣清等載宋庫藏諸物，從海道入京師，授金符千户，二人遂言海運可通。乃命總管羅璧暨瑄等，造船六十艘，運糧四萬六千餘石，由海道入京。然創行海洋，亦逾年始至，朝廷未知其利，仍通舊運。尋復因忙兀鯓言海運爲便，遂立萬户府四總其事，又併四府爲都漕運萬户府二，❸止令清、瑄二人掌之。

**癸未　二十年，春正月，立弘吉剌氏爲皇后。**時帝春秋高，后頗預朝政，相臣常不得見帝，輒因后以奏事焉。○初，弘吉剌之族從太祖起兵有功，尋立其女爲后，遂與約曰：「弘吉剌氏生女，世以爲后；生男，世尚公主。」故元世諸后，多其族焉。**詔停燕南、河北、**

❶「爲」，原脱，據《元史》卷一四八《董文用傳》補。
❷「義民」，原作「民義」，據萬曆本、四庫本、《資治通鑑後編》卷一五四乙正。
❸「二」，原脱，據《元史》卷九三《食貨志》、《資治通鑑後編》卷一五八補。

**山東租賦。**御史臺臣言：「燕南、河北、山東去歲旱災，按察司已嘗閲視，而中書不爲奏免税糧之在民者，今何以堪！」詔令有司權停勿徵。時刑部尚書崔彧亦言：「自阿合馬進用貪吏，河南北諸郡人不聊生。江南既定，中原之民相率南遷以避徭役者十八九，數年之間，亡失十五六萬餘户。去家就旅，豈人之情，賦重政繁，驅之至此。乞特降詔旨，招集復業，量免科役，蠲除積欠，給還事産。郡縣長吏滿替，以户口增耗爲黜陟。其徙江南不還者，與土著之人一例差徭。庶幾流亡自歸，田野日闢。」詔下廷臣議，行之。河北流民渡河南就食者，朝廷遣使止之。按察副使程思廉曰：「河南、河北，皆吾民也。」縱其渡河，全活甚衆。**三月，帝如上都。○廣州兵起，討平之。**廣州民林桂方等擁衆萬餘，稱羅平國，改元延康，官軍擒斬之，餘黨悉平。**復命高麗王賰及阿塔海發兵擊日本。**帝憤日本襲殺島中軍，命高麗王賰及阿塔海領征東行省左丞相，率師往擊之。詔各路拘集水手，及造船五百餘艘，民不勝厭苦。中丞崔彧言：「江南相繼盜起，皆緣募水手，造海船，民不聊生。日本之役，宜姑止之。」昂吉兒亦以爲言，皆不從。**夏四月，罷採民間女子。**初，有詔採民女入内，有司夤緣爲害，耶律鑄請令大郡歲取三人，小郡二人，庶不大擾。至是復因崔彧言罷之。**六月，增給官吏俸。**初，詔定官吏贓罪法，自五十貫以上，皆決杖除名不叙，百貫以上者死。崔彧言：「今百官月俸，不能副贍養之資，難責以廉勤之操，宜更議增庶官月俸。所增俸鈔，惟賦之於民，官吏不貪，民必受惠。其有以貪抵罪，又復何辭！」遂詔内外官吏俸以十分爲差，增給五分。**詔四川行省擊溪洞蠻，平之。**思、播以南，施、黔、鼎、澧、辰、沅之界，九溪、十八洞蠻獠叛服不常，詔四川行省討之。參政曲里吉思、宣慰使李忽蘭吉等鑿山開道，分兵並進。諸蠻伏險以拒，然衆寡不敵，多就擒戮，其酋長率衆來降，詔分其地郡縣之。**冬十月，帝還大都。○耶律鑄有罪，免。○建寧路總管黄華叛，討殺之。**華聚衆十萬，稱宋祥興年號，破崇安、浦城諸縣，復攻建寧。史弼等引兵急擊之，華敗走自焚，餘黨悉潰。○時象山縣民尤宗祖等亦聚衆萬餘，❶抄

❶「尤宗祖」，原作「尤宗」，據《元史》卷一二《世祖本紀》、《資治通鑑後編》卷一五四改。

掠海上，尋就哈剌帶招降之，海道以寧。十一月，相答吾兒等擊緬，破之，西南夷十二部俱降。諸王相答吾兒及右丞太卜等分道攻緬江頭城，破之，遂遣使招諭其王，不應。以建都太公城乃其巢穴，復進軍拔之。初，金齒諸夷欲降，制於緬，不能達。既克二城，遂俱來降。

甲申　二十一年，春正月，羣臣上尊號。時議欲肆赦，張雄飛諫曰：「古人言：無赦之國，其刑必平。故赦者，不平之政也。聖明之世，豈宜數赦！」上納之，遂止下輕刑之詔。二月，遷宋宗室及大臣之仕者於內地。時荆湖、閩廣之間，兵興無寧歲。有言宋宗室居江南欲反者，遣使捕之。宿衛士阿魯渾薩里曰：「江南初下，民疑未附。宋宗室反，不聞郡縣言，而信一人浮言捕繫之，恐人人自危矣。」帝悟，召使者還。尋詔遷宋宗室及大臣之仕者於內地。遣王積翁使日本，未至，舟人殺之。帝以其俗尚佛，遣積翁與補陀僧如智往使。舟人有不願行者，共謀殺積翁。三月，帝如上都。○秋七月，詔鎮南王脱歡假道安南擊占城。帝怒占城叛服不常，詔封子脱歡爲鎮南王，與左丞李恒往會唆都兵進擊之。復以安南通謀占城，令軍行假道於其國，且徵其糧餉以給軍。八月，帝還大都。○九月，京師地震。○冬十一月，和禮霍孫、張雄飛等罷，復以安童爲右丞相，盧世榮爲右丞，史樞爲左丞，撒的迷失、廉希恕並參知政事。初，阿合馬專政，世榮以賄進，爲江西榷茶運使，以罪廢。阿合馬死，朝臣諱言利，無以副上意者。總制院使桑哥薦世榮才能富國，召問稱旨，令與中書廷辨所欲行。右丞相和禮霍孫等皆以議不合罷去，復以安童爲右丞相，以世榮爲右丞，史樞等皆世榮所薦也。初，安童與北安王被海都拘之，十年始得還，有譖其嘗受海都官爵者，帝怒。斷事官石天麟亦自海都部中還，奏曰：「海都實宗親，偶有違言，非仇敵比。安童不拒絕之，所以釋其疑心，導其臣順也。」帝怒方解。雄飛剛直廉慎，始終一節，嘗召見便殿，語之曰：「聞卿貧甚，賜白金二千五百兩，鈔二千五百貫。」既出，又加賜黄金五十兩。雄飛拜受，封識藏於家。及其罷政，阿合馬之黨遂矯詔追奪之。或有勸雄飛自辨者，雄飛曰：「上以老臣廉，故賜臣。然臣未嘗敢輕用，而封識以俟者，正慮今日耳，又可自辯乎？」尋起爲燕南河北道宣慰使，卒。**詔盧世榮行鈔法，下御史中丞崔彧吏，罷之。**世榮既入中書，即日奉詔理鈔法之弊，自謂其生財有法，用其法當賦倍增而民不擾。翰林學士董文用謂曰：「此錢取於右丞家邪？將取之民邪？取於右丞家，則吾不知；若取於民，則有説矣。牧羊者歲嘗兩剪其毛，今牧人日剪以獻，主者固悦其得毛之多，然羊無以避寒熱，既死且盡，毛又可得乎？民財有限，右丞將盡取之，得無有日剪其毛之患乎？」世榮不能對。御史中丞崔彧亦極言世榮不可相，帝大怒，下彧吏，欲致之法，尋罷之。**詔議立科舉法，不果行。**至元初，丞相史天澤、學士承旨王鶚等屢請帝以科舉取士，詔令中書議定程式，未及施行。至是，和禮霍孫與留夢炎等復言天下習儒者少，而由刀筆吏得官者多。帝曰：「將若之何？」對曰：「惟貢舉取士爲便。凡蒙古之士及儒吏、陰陽、醫術，皆令試舉，則用心爲學矣。」帝可其奏。會和禮霍孫罷，事遂止。**十二月，脱歡軍次安南，陳日烜分兵拒之。**脱歡軍次安南，安南王陳日烜言其國至占城水陸非便，遣兵分道拒守境上。**宋太皇太后謝氏卒於燕。**

**乙酉　二十二年，春正月，罷江南行御史臺，尋復之。**盧世榮奏罷江南行御史臺，及改諸路按察司爲提刑轉運司，兼理錢穀。未幾，御史臺臣言：「行臺不可輒罷，且按察司兼轉運，則糾彈之職廢。」帝以爲疑，安童曰：「江南盜賊屢起，行臺鎮遏之功居多，不可罷。但與行省並治杭州，差覺僻遠，宜徙江州，據三省之間。」從之。**以阿必失合爲平章政事。〇二月，立規措所。**初，盧世榮言：「天下歲課鈔九十萬餘，以臣經畫之，不取於民，可增三百萬。事未行而中外已非議，臣請與臺院面議上前行之。」帝曰：「不必如此，卿但言之。」世榮又言：「自王文統誅後，❶鈔法虚弊已久，宜括銅

❶「王文統」下，原脱「誅」字，據《元史》卷二〇五《盧世榮傳》補。

鑄錢，并製綾券，與鈔參行。泉、杭二州，宜立市舶轉運司，給民錢，令商販諸番，官取其息七，民取其三。各路雖設常平倉，名存實廢，宜取權豪所擅鐵冶鑄器鬻之，以其息儲粟平糴，則可均物價而獲厚利。民間酒課太輕，宜官給鈔，行古榷酤法，仍禁民私酤，米一石取鈔十貫，可得二十倍。國家以兵得天下，不籍糧餽，惟資羊馬，宜於上都、隆興諸路，買幣帛，易羊馬，選蒙古人牧之，歲收其皮毛、筋角，酥酪之用，以十之二與牧者，而馬以備軍興，羊以充賜予。」帝皆善而行之。至是請立規措所，所用官吏以善賈爲之。❶帝曰：「此何職？」世榮曰：「規畫錢穀耳。」從之。又言：「天下能規運錢穀者，爲阿合馬所用，今悉以爲污濫黜之。臣欲擇而用之，懼有言臣私用罪者。」❷帝曰：「何必計此，第用其可用者。」於是擢用甚衆。

帝如上都。○立真定等路宣慰司兼都轉運司，領課程事。

世榮請於真定、濟南、太原、甘肅、江西、江淮、湖廣等處立宣慰司兼都轉運司，以治課程，仍嚴立條例，禁諸司不得沮撓檢察。以宣德、王好禮並爲浙西宣慰使。帝曰：「宣德，人多言其惡。」世榮言：「彼自陳能歲辦鈔七十餘萬錠，是以用之。」

復以甕吉剌帶爲左丞相。

○夏五月，脱歡兵擊陳日烜，敗走之，遂入其城而還。日烜遣兵來追，唆都、李恒戰死。

脱歡屢移書日烜欲假道，竟不納，益脩兵船爲迎敵計。脱歡乘間縛栰爲橋，渡富良江北，與日烜大戰，破之。日烜遁走，不知所之，其弟益稷率其屬來降。然交兵雖敗而勢益盛，適盛夏霖潦，軍中疾作，死傷者衆，而占城竟不可達，乃謀引兵還。交兵追襲之，李恒中毒矢，至思明卒。唆都軍與脱歡相去二百餘里，脱歡軍還，唆都猶未知之，亟趨其營，交人邀於乾滿江，力戰而死。

秋八月，帝還大都。○冬十一月，盧世榮伏誅。

世榮居中書數月，恃委任之專，肆無忌憚，視丞相猶虛位也。左司郎中周戭因議事微有可否，誣以沮格詔旨，入奏，令杖一百，斬之。於是朝中震懾，無敢言者。監察御史陳天祥上疏言：「世榮始爲江西榷茶轉運使，屢犯贓罪，動數萬

❶「用」，原作「司」，據《元史》卷一三《世祖本紀》、《資治通鑑後編》卷一五五改。

❷「私用」，原作「私有」，據《元史》卷二〇五《盧世榮傳》改。

計。今竟不悛，狂悖尤甚，雖居丞轄，實專大政，恣行苛刻，大肆誅求，欲以一歲之期，致十年之積。考其行事，不副所言：始言能令鈔法如舊，鈔今愈虛；始言能令百物自賤，物今愈貴；始言不取於民，能令課程增三百萬錠，今乃迫脅諸路官司，虛增其數。凡若所爲，動爲民擾。脱不早有更張，須其自敗，正猶蠹雖就除，木病深矣。」疏聞，詔丞相以下雜問其罪。復召天祥與世榮俱至上都，親鞫之，一一款服，遂命誅之，刲其肉以食鷹獺。世榮初以言利進，太子意深非之，曰：「財非天降，安能歲取贏乎？」桑哥，素主世榮者，聞太子言，不敢捄之。

**十二月，太子真金卒。**

太子初從姚樞、竇默學，仁孝恭儉，尤優禮大臣，一時在師友之列者，非朝廷名德，則布衣節行之士。在中書日久，明於聽斷，聞四方科徵、輓漕、造作、和市，有係民之休戚者，多奏罷之，中外歸心焉。江西行省以歲課羨鈔四十七萬貫來獻，太子怒曰：「朝廷但令汝等安百姓，百姓安，錢糧何患不足？百姓不安，錢糧雖多，能自奉乎！」盡卻之。中庶子伯必以其子阿八赤入見，諭之以「毋讀蒙古書，須習漢人文字」。行臺治書侍御史王惲進《承華事略》二十篇，太子覽之，至漢成帝不絕馳道，唐肅宗改服絳紗爲朱明服，心甚喜，曰：「我若遇是禮，亦當如是。」又至邢峙止齊太子食邪蒿，顧侍臣曰：「一菜之名，遽能邪人耶？」詹事丞張九思曰：❶「正臣防微，理固當然。」太子善其說，令諸子傳觀其書。時帝春秋高，南臺御史上書請內禪，太子聞之懼。臺臣寢其章，不敢聞，而阿合馬之黨塔即古阿散等請收百司吏案，鉤考天下錢穀，欲因以發之。都事尚文曰：「是欲上危太子，下陷大臣，其謀奸矣。」遂語御史大夫及丞相，先入言之，以奪其謀。帝震怒，曰：「汝等無罪邪？」丞相進曰：「臣等無所逃罪，但此輩名載刑書，而爲此舉，實動搖人心耳。」太子益憂懼不自安，尋卒，年四十三。

**以哈剌哈孫爲大宗正。**

哈剌哈孫由掌宿衛拜大宗正，用法平允。時欲以江南獄隸宗正，哈剌哈孫曰：「江南新附，教令未孚，且相去數千里，欲遙制其刑獄，得無冤乎？」事遂止。

**集僧四萬作資戒會。**

❶「丞」，原脱；「張」，原作「孔」，據《元史》卷一七《世祖本紀》、卷一六七《王惲傳》、卷一六九《張九思傳》補改。

**丙戌　二十三年，春正月，詔罷征日本，大舉兵伐安南，不果行。**先是，立征東行省，命阿塔海、洪茶丘等再擊日本。敕各處造海舶，集漕船，募水手，貯糧餉，期以是年三月以次而發，八月會於合浦。有司徵斂，大爲奸利。吏部尚書劉宣上書言：「近議再興日本之兵，此役不息，安危所係。近用唆都議伐占城，海牙言征交趾，三數年間，吏民大擾，盜賊蝟興。且交趾小邦，親王提兵深入無功，反殪大將，況日本海洋萬里，非二國比，萬一不利，援兵安能飛渡邪！」帝納其言，遂下詔罷征日本，專事安南。命阿里海涯等大徵各省兵，仍遣鎮南王脱歡將之以行。以安南王弟陳益稷效順來歸，封爲安南王，約平定其國，以兵納之。宣復言曰：「安南臣事已久，歲貢未嘗愆期。往者用兵無功，瘡痍未復，今乃復議大舉，聞者恐懼。且交、廣炎蒸之區，令約七月集諸路兵於静江，病死者必衆矣。況湖廣密邇，溪峒寇盜常多，大兵一出，萬一奸頑乘間生變，何以應之？」時湖廣宣慰司亦上言乞罷交趾兵，以甦民窮。詔從之，令還軍各省，居益稷於鄂州。**二月，禁漢人持兵器。○罷鬻江南學田。**時江浙行省理算錢穀甚急，鬻所在學田，輸其直於官。利用監臣徹里使江南見之，謂曰：「學有田，以供祭祀，育賢才，安可鬻邪？」遂奏罷之。**三月，遣侍御史程文海訪求江南人才。**先是，文海爲集賢直學士，言：「省院諸司皆用南人，惟御史臺、按察司無之。江南風俗，南人所諳，亦宜參用之。」至是，遂詔文海仍集賢直學士，拜侍御史、行御史臺事，往江南博采知名之士。帝素聞趙孟適、葉李名，密諭文海必致此二人。文海復薦宋宗室趙孟頫及張伯淳等二十餘人，帝皆擢用之。**帝如上都。○夏四月，遣湖廣右丞要束木鉤考荆湖錢穀。六月，下治書侍御史陳天祥獄。**時遣要束木鉤考荆湖錢穀，中書擬以爲平章政事，及脱脱忽參知政事，帝曰：「要束木小人，事朕方五年，授一理算之官足矣。脱脱忽，人奴之奴，令史、宣使才也。讀卿所進擬，令人恥之。」而湖廣行省左丞相阿里海牙入朝，言：「要束木在鄂豈無贓賄之迹，臣亦請鉤考之。」遂遣天祥偕往。天祥既至鄂州，即劾要束木貪暴不法諸事。時桑哥與要束木連姻，相倚爲奸，摘天祥疏中語，誣以不道，遣使究問，欲殺之。行臺御史申屠致遠累章辨其無罪，猶繫於獄，歲餘方釋之。阿里海牙亦尋卒，省臣言：「向阿里海牙與要束木互請鉤考，今雖已死，而事之是非宜暴白。」帝曰：「此事自要束木所發，宜從其言行之。」既而要束木遂籍阿里海牙家貲，歸之京師。**秋七月，免左丞相甕吉剌帶、平章政事阿必失合。**總制院使桑哥，膽巴國師弟子也。爲人狡黠豪橫，好言財利，帝深喜之，遂有大任之意。嘗令具省臣姓名以進，帝曰：「安童、郭佑、楊居寬等，並仍前職。甕吉剌帶等其別議，仍選可代者以聞。」遂罷之。自是廷中有所建置，人才進退，桑哥咸與聞焉。**銓定省、院、臺、部官屬。**詔中書省銓定省、院、臺、部官屬，自中書令、左、右丞相而下，各有定員。仍諭安童曰：「中書省朕當親擇，其餘諸司，並從中書裁減。」安童曰：「比聞聖意欲倚近侍爲耳目，如臣所行非法，從其舉奏。今近臣乃伺隙援引非類，曰某居某官、某居某職，以所署奏目付中書施行。銓選之法，自有定制，其尤無事例者，臣嘗廢格不行，慮其黨有短臣者。」帝曰：「卿言良是，後若此者其勿行。」**置洪澤、芍陂屯田。**兩淮兵革之餘，荆榛蔽野。宣慰使昂吉兒言：「可立屯田，以給軍餉。」時以用兵日本，未即行。未幾，令千人往其地試之，果大穫，遂以兵二萬屯之，歲得米數十萬斛。**九月，海外諸番入貢。**海外諸番，曰馬八兒，曰須門那，曰僧急里，曰南無力，曰馬蘭丹，曰那旺，曰丁呵兒，曰來來，曰急蘭亦鷌，曰蘇木都剌等，凡十國，因楊庭璧屢奉詔招之，遂俱入貢。**冬十月，帝還大都。〇河決。**衝突河南郡縣凡十五處，役民二十餘萬塞之。

**丁亥　二十四年，春正月，復詔脱歡督諸軍擊安南，屢戰敗之，陳日烜棄城走。**時復詔脱歡督右丞程鵬飛、參知政事樊楫等進擊安南，與楫等分兵三道，水陸並進，凡十七戰皆捷，遂深入其境，安南王日烜棄城走于海。**二月，以麥朮督丁爲平章政事。**初，麥朮督丁爲右丞，以與盧世榮議不合而罷，尋以其行己廉潔，起佐安童治省事。至是，遂拜平章政事。**閏月，復置尚書省，以桑哥、鐵木兒並爲平章政事，阿魯渾薩里爲右丞，葉李左丞，馬紹參知政事。**麥朮督丁言：「自制國用使司改尚書省，頗有成效，今仍分兩省爲宜。」詔從之。安童諫曰：「臣力不能回天，但乞不用桑哥，別選賢者，猶或不至虐民誤國。」不聽。**初置國子監，以耶律有尚爲祭酒。**初，太宗設總教國子之官，逮至元初，乃以許衡爲祭酒，而侍臣子弟就學者纔十餘人。衡既去，教益廢，而學舍未建，師生寓居民舍。國子司業耶律有尚屢以爲言，始立國子監，設監官，增廣弟子員，遂以有尚爲祭酒。**設江南各路儒學提舉司。**時江南諸縣各置教諭二人，又用廷臣議，諸道各置提舉司，設提舉儒學二人，統諸路府州縣學祭祀、錢糧之事。未幾，復從桑哥等言，鉤考江南學田所入羨餘，貯之集賢院，以給有才藝之士。**帝如上都。**

**〇三月，行至元鈔。**桑哥以交鈔及中統元寶行之既久，物重鈔輕，遂建議更造至元鈔行之，自二貫至五文，❶凡十有一等，每一貫文視中統鈔五貫文。時宋宗室趙孟頫初膺薦入見，詔令與議，適刑曹欲擬贓罪滿至元鈔二百貫者死，孟頫曰：「始造中統鈔時，以銀爲本，虛實相權。及今二十年，輕重相去至數十倍，故改中統爲至元。後二十年，至元鈔必復如中統矣。若計鈔抵法，疑於太重。」或以孟頫年少，來自南方，意頗不平其言，詰之曰：「今朝廷用鈔，故犯法者以鈔計贓，汝以爲非，欲沮格至元鈔邪？」孟頫曰：「孟頫奉詔與議，❷不敢不言。今中統鈔虛，故改至元，謂至元鈔終無虛時，寧有是理！公不揆於理，欲以勢相陵，可乎！」其人慚而止。**夏四月，諸王乃顏反。五月，帝自將討平之。秋八月，還上都。**先是，有告乃顏反者，帝遣伯顏往覘虛實，乃顏謀執之，伯顏覺，得脱歸。時西北諸王聞乃顏反，多從之者，帝以爲憂，宿衛士阿沙不花曰：「此莫若先撫安諸王，乃行天討，則叛者勢自孤矣。」帝曰：「善！爾試爲朕行之。」乃北説諸王納牙曰：「大王聞乃顏反邪？」曰：「聞之。」曰：「大王知乃顏已遣使自歸邪？」曰：「不知也。」曰：「聞大王等皆欲爲乃顏外應，今乃顏既自歸矣，是獨大王與主上抗耳。大王何不往見上自陳，爲萬全計。」納牙許之。於是諸王之謀皆解。帝遂議親討之，以左丞李庭等將漢軍，用漢法以戰。既而乃顏之黨金家奴、塔不歹擁衆號十萬，進逼乘輿，帝親麾諸軍圍之，乃顏堅壁不出。司農卿鐵哥曰：「彼衆我寡，當以疑退之。」於是帝張蓋據胡床坐，鐵哥

❶「二貫至五文」，原作「一貫至五十文」，據《元典章》卷二〇〇、《元史》卷九三《食貨志》改。

❷「孟」，原脱，據《元史》卷一七二《趙孟頫傳》補。

進酒，塔不歹按兵覘之，不敢進。李庭曰：「彼夜當遁耳。」乃引壯士十餘人，抱火炮夜入其陣，砲發，果自潰散。帝曰：「何以知之？」庭曰：「兵雖多而無紀律，見車駕駐此而不戰，必疑有大軍繼之，是以知其必遁。」遂命庭將漢軍，玉昔帖木兒將蒙古軍並進，乃顏敗走，追執之。秋八月，帝還上都。冬十月朔，日食。○檢覈中書錢穀，殺參知政事郭佑、楊居寬。十一月，以桑哥爲尚書右丞相，阿魯渾薩里平章政事，葉李爲右丞，馬紹爲左丞。初，桑哥奉詔檢覈中書省虧欠鈔六千餘錠，參知政事楊居寬微自辯，以爲實掌銓選，錢穀非所專。桑哥怒，令左右拳其頰，遂與佑皆引服。事聞，帝令丞相安童共議之，曰：「此曹狡獪，毋令他日得以脅問誣伏爲詞。」由是佑、居寬皆坐棄市，籍其家，人咸冤之。時有江寧縣達魯花赤吳德者，憤言：「尚書今日鉤考中書不遺餘力，他日復爲中書鉤考，汝獨不死邪？」或以告桑哥，亟捕德殺之。未幾，帝問翰林諸臣，言：「以丞相領尚書省事，漢、唐有此制否？」咸曰：「有之。」而左丞葉李遽言：「前省臣所不能者，桑哥舉能行之，宜以爲丞相。」遂授桑哥尚書右丞相，進李右丞。左丞相阿术卒。時受命西征，至哈剌霍州卒，追封河南王。

戊子　二十五年，春正月，帝畋于近郊。○二月，毀宋故宮爲佛寺。從桑哥及楊璉真加言，凡宋宮殿、郊廟悉毀爲寺。復欲取宋高宗所書九經石刻爲浮屠基，杭州府推官申屠致遠力拒止之。天大雨雪，有司督民入山伐木，死者數百人，行省參政董文用曰：「非時役民，民不堪矣，宜少徐之。」不從。三月，帝還宮，遂如上都。故事，車駕如上都，樞密院臣俱從行，歲留一人領院事，漢人不得與焉。至是以屬判官鄭制宜，制宜遜辭，帝曰：「汝豈漢人比邪！」制宜，鄭鼎子也。脱歡引軍還，陳日烜邀擊敗之，尋遣使來謝罪。脱歡復遣兵追日烜於海，不知所之。右丞阿八赤曰：❶「賊棄巢穴遠遁，意待吾之敝而乘之。將士皆北人，春夏之交，瘴癘將作，賊弗就擒，饋餉且盡，吾不能持久

❶「右丞」，原作「右丞相」，據《元史》卷一二九《來阿八赤傳》改。

矣。」時日烜復遣使請降以欵師，諸將信其説，久之不降，擁衆據海口。阿八赤率衆攻之，將士多被疫，不能進。諸蠻復叛，所得險阨皆失守，遂謀引還。日烜復集散兵三十萬守女兒關，遏脱歡歸路，諸軍且戰且行，日數十合。賊據險竊發毒矢，將士裹瘡以戰，樊楫、阿八赤皆死。前軍昔都兒奮勇乘之，交人小却，脱歡由間道趨還。日烜尋遣使入朝，貢金人以代己罪。帝以脱歡無功而還，令出鎮揚州，終身不容入覲焉。夏四月，徵宋江西招諭使、知信州謝枋得，辭不至。初，枋得遁入建陽，時程文海至江南訪求人才，薦宋遺士三十人，枋得亦在列。枋得方居母喪，遺書文海曰：「某所以不死者，以九十三歲之母在耳。先妣以今年二月考終，某自今無意人間事矣。『亡國之大夫，不可與圖存』，李左車猶能言之，况稍知《詩》《書》、頗識義理者乎！某之至愚極闇，決不可以辱召命亦明矣。」既而留夢炎亦力薦之於上，枋得復遺書夢炎言：「江南無人才，未有如今日之可恥。《春秋》以下之人物本不足道，今欲求一人如瑕吕飴甥、程嬰、杵臼厮養卒，亦不可得。」辯論凡數千百言，卒不行。江南兵起。廣東民董賢舉，浙江民楊鎮龍、柳世英，循州民鍾明亮，各擁衆萬餘，相繼而起，明亮勢尤猖獗。詔遣江浙行省丞相忙兀帶、行樞密院副使月的迷失發四省兵討之，明亮屢降復叛。既而福建按察使王惲上疏言：「福建郡縣五十餘處，連山距海，實邊徼要區。由平宋以來，官吏殘虐，故愚民往往嘯聚，朝廷遣兵討之，復致蹂踐，甚非一視同仁之意。况福建歸附之民户幾百萬，黄華之變，十去四五。今明亮之勢又烈於華，其可以尋常草竊視之？宜選精兵，明號令，以計取之可也。」御史大夫月吕魯亦言：「江南盜起凡四百餘處，宜選將討之。」帝曰：「月的迷失屢以捷聞，忙兀帶已往，卿毋以爲慮也。」詔皇孫鐵木耳行邊。乃顔餘黨火魯火孫及哈丹等尚攻掠邊郡未下，詔皇孫鐵木耳北撫諸軍進討之。都指揮土土哈戰敗火魯火孫札兀魯灰，❶還至哈剌温山，夜渡貴烈河，復擊敗哈丹軍，盡得遼左諸部，置東路萬户府。五月，河決汴梁。太康、通許、杞三縣，陳、潁二州，皆被其害。秋九月，帝還大都。○南臺御史中丞劉宣自殺。時江浙行

❶「兀魯灰」爲地名，「札」字疑訛，《元史》卷一二八《土土哈傳》作「敗諸」。

省丞相忙兀帶悍戾縱恣，常慮臺臣糾劾其罪，而尤畏宣，日遣人入建康偵伺臺中違失。臺臣皆陰求自解，❶惟宣屹不爲動。忙兀帶益忌之，因羅織宣罪，逮繫其子于獄，又令人妄言宣沮壞錢穀。事聞，遂遣使置獄行省，鞫治之，宣及御史六人俱就逮。宣不勝憤，遂自剄于舟中。始宣將行，以一緘付從子自誠，令勿啓視。宣死，視其書，云：「觸怒大臣，誣搆成罪，豈能與經斷小人交口辨訟、屈膝爲容於怨家之前！身爲臺臣，義不受辱，當自引決，但不獲以身殉國爲恨耳。嗚呼！天乎！實鑒此心。」宣忠義節操，爲世所重，聞者莫不悼惜之。延祐中，賜謚忠憲。

**置徵理司。冬十月，遣使鉤考諸路錢穀。**初，桑哥摘委六部，鉤考百司倉庫財穀，復以爲不專其任，遂置徵理司以主之。時理算之計行，入倉庫司錢穀者無不破產，及當更代，人皆棄家避之。十月，桑哥又言：「湖廣錢穀已責償于平章要束木，他省欺盜者必多，請以參知政事忻都等十二人理算江淮、江西、福建、四川、甘肅、安西六省耗失之數，給兵以衛其行。」詔皆從之。既而行臺侍御史程文海入朝，言：「天子之職，莫大於擇相。宰相之職，莫大於進賢。宰相不以進賢爲急，而惟以貨殖爲心，非爲上爲德，爲下爲民之意。今權姦用事，立尚書省鉤考錢穀，以割剥生民爲務，所委任者率皆貪饕邀利之人，江南盜賊竊發，良以此也。臣竊以爲宜清尚書之政，損行省之權，罷言利之官，行恤民之事。」桑哥大怒，留京師不遣，奏請殺之者六，帝皆不允。

**遣瀛國公趙㬎學佛于吐番。○十一月，立桑哥輔政碑。**時天下騷然，而江淮尤甚，讒佞之徒方且諷請立石爲桑哥頌德，帝曰：「民欲立，則立之。」仍告桑哥，使之喜也。碑成，樹之省前，題曰「王公輔政之碑」。

**十二月，以董文用爲御史中丞。**文用入爲中丞，首舉胡祗遹、王惲、雷膺等十餘人爲按察使，徐琰、魏初爲行臺中丞，當時以爲極選。時桑哥當國，貴戚見之皆屏息遜避，文用獨不附之。桑哥使人諷文用頌己功，不答。又自謂文用曰：「百司皆具食丞相府矣。」亦不答。會朔方軍興，而徵求愈急，文用曰：「民急矣。外難未除而内傷其根本，丞相宜思之。」因持郡國所上盜賊之目，謂之曰：「百姓非不欲安樂，急法暴斂至此。御史臺所以救時政之不及，丞相當有以助之，不當抑

❶「陰」，萬曆本、四庫本作「憚」，《資治通鑑後編》卷一五六作「憚之懇」。

之也。」桑哥愈恨之，日摭拾臺事譖於帝，言文用戇傲沮法，欲罪之。帝曰：「彼御史職也，何罪之有？」尋遷爲大司農。

己丑　二十六年，春正月，地震。○開會通河。從壽張縣尹韓仲暉等言也。起須城縣安山西南，由壽張西北至東昌，又西北至臨清，引汶水以達御河，長二百五十餘里，中建牐三十有一，以時蓄洩。河成，名曰會通。二月，帝如上都。○以中書右丞相伯顔知樞密院事，將兵鎮和林。和林統有漠北諸路，置知院自伯顔始。以伯答兒爲中書平章政事。○三月朔，日食。○夏四月，福建參知政事魏天祐執宋謝枋得至燕，不屈，死之。初，天祐見時方求才，欲薦枋得爲功，遣使誘枋得入城。與之言，坐而不對，或嫚言無禮，天祐不能堪，乃讓曰：「封疆之臣當死封疆，安仁之敗何不死？」枋得曰：「程嬰、公孫杵臼二人皆忠于趙，一存孤，一死節。王莽篡漢，龔勝餓死。司馬子長云：『死有重於泰山，輕於鴻毛。』參政豈足知此！」天祐怒，逼之北行。枋得以死自誓，自離嘉興即不食，二十餘日不死，乃復食。既渡采石，惟茹少蔬果，積數月，困殆。四月朔，至燕，問太后攢所及瀛國所在，再拜慟哭。疾甚，留夢炎使醫持藥雜米飲進之，枋得怒，擲之於地，不食五日死。子定之護骸骨歸葬信州。枋得天資嚴厲，雅負奇氣，風岸孤峭，不能與世軒輊。而以天時人事，推宋必亡於二十年後，每論樂毅、申包胥、張良、諸葛亮事，常若有千古之憤者。而以植世教、立民彝爲任，貴富賤貧，一不動其中。初，枋得之北行也，貧苦已甚，衣結屨穿，人有嘗德之者，賙以金帛，辭不受。又爲詩別其門人故友，時以爲讀其辭，見其心，慷慨激烈，真可以使頑夫廉、懦夫立云。禁江南民挾弓矢。犯者籍以爲兵。五月，以忻都爲尚書左丞，何榮祖參知政事，張天祐爲中書參知政事。○六月，海都寇邊，秋七月，帝自將討之。海都兵至，和林宣慰使怯伯反應之，劉哈剌八都魯乘間脱歸。初，海都至杭海，晉王甘麻剌率衆與戰，失利被圍，土土哈引勁卒陷陣，翼王出。及帝親征至北邊，謂土土哈曰：「昔太祖與臣下同患難者，飲班朮河之水以紀功。今日之事，何愧昔人！」冬十月，禁百官受饋酒食者，籍其家貲之半。○閏月，帝還大都。○十二月，詔括馬。先是，令百官市馬助邊，猶不足用，復括天下馬充之。其品官所乘者，限數外悉令入官。以白絜矩爲尚書省舍人。紹興路總管府判官白絜矩言：「宋宗室居江南者，百姓敬之不衰，久之非便，宜悉遷於京師。」桑哥以聞，擢爲尚書省舍人，遣詣江南發兼并户，偕宋宗室至京師。既而江淮行省言：「江南之民方患增課、料民、括馬之苦，今此舉必致人心摇動，宜且止。」從之。帝幸大聖壽萬安寺。詔天下梵寺所貯藏經，集僧誦之，仍給所費，歲爲例。

**庚寅**　二十七年，夏四月，帝如上都。○河北十七郡蝗。○秋八月朔，日食。○地大震。九月，赦天下。武平尤甚，地陷，黑沙水涌出，壞官署四百八十間，民居不可勝計，壓溺死傷者數十萬人，帝深憂之。時駐驆龍虎臺，遣阿魯渾薩里召集賢、翰林兩院官，詢致災之由。議者畏桑哥，莫敢指切時政。時桑哥遣忻都、王巨濟等理算天下錢穀，已徵者數百萬，未徵者尚數千萬，民不聊生，自殺者相屬，逃山林者，則發兵捕之。於是集賢直學士趙孟頫因阿魯渾薩里入奏于帝，謂須下詔蠲除，庶幾天變可弭。帝從之。詔草已具，桑哥怒曰：「此必非帝意。」孟頫曰：「凡錢穀未徵者，其人死亡已盡，非及是時除免之，他日言事者，儻以失陷歸咎尚書，豈不爲丞相深累邪！」桑哥悟，遂赦天下，民賴稍蘇。帝還大都。○冬十一月，增置萬户府，分戍江南。江淮行省言：「淛東地極險惡，賊所巢穴。初，伯顔等於各路置軍鎮戍，蓋視地之輕重而爲多寡，後爲忙古觧更易其法，今宜復還三萬户分戍之。揚州、建康、鎮江三城，跨據大江，宜置萬户府七，杭州置萬户府四，瀕海沿江要害二十二所，復宜增置戰艦，分兵閲習水戰之法。」詔從之。安童罷。安童見天下大權盡歸尚書省，屢求退，不許。至是罷相，仍領宿衞。是歲天下户口之數。户一千三百一十九萬六千二百有六，口五千八百八十三萬四千七百一十有一，而山澤溪洞之民不與焉。大水。江南民流者四十五萬餘人，凡發粟五十八萬賑之。

**辛卯　二十八年，春正月，桑哥及阿魯渾薩里、葉李以罪免。**天下以桑哥鉤考錢穀之故，中外騷動，廷臣莫敢言者。集賢直學士趙孟頫謂奉御徹里曰：「桑哥罪惡甚矣，我等不言，他日何以辭其責？公爲上所親信，捐一旦之命，爲萬姓除殘賊，仁者事也。」時帝畋漷北，徹里乘間入言之，詞語激烈。帝怒，謂其毀詆大臣，命衛士批其頰，血湧口鼻，委頓地上。少間，復呼而問之，辯愈力，曰：「臣與桑哥無讎，所以力數其罪而不顧身者，正爲國家計耳！苟畏聖怒而不言，則姦臣何時除，民害何時息？」帝大悟，召不忽木問之，對曰：「桑哥壅蔽聰明，紊亂朝政，有言者即誣殺之。今百姓失業，盜賊蜂起，召亂在旦夕，非亟誅之，恐爲陛下憂。」時廷臣言者益衆，遂詔臺省相與辨駁之，桑哥辭屈。帝曰：「桑哥爲惡，始終四年，臺臣豈不知之！知而不言，當得何罪？」御史杜思敬曰：「奪官追俸，惟上所裁。」遂斥罷臺臣之久任者，免桑哥等官。命徹里帥衛士三百人籍桑哥家，得珍寶如內藏之半。阿魯渾薩里以連坐，亦籍其貲。帝問：「桑哥爲政如此，何故無一言？」對曰：「臣未嘗不言，顧言不用耳。」葉李與桑哥同事，一無所匡正，亦坐免，久之，得以疾請南還。揚州學正李淦上言：「葉李本一黥徒，方受上簡知，即以舉桑哥爲第一事，致以非罪誅貶大臣，遣使四出，鉤考錢穀，民怨而盜發，天怒而地震，水災洊至。人皆知桑哥用羣小之罪，而不知葉李舉桑哥之罪，宜斬李以謝天下。」書聞，帝矍然曰：「朕素以葉李剛介，寧有是邪？」令召淦詣京師置對，淦至而李已卒，遂擢淦江陰路教授，以旌其直。**二月，罷徵理司。**詔下之日，百姓相慶，而各路鉤考猶未盡罷。既而御史言：「鉤考錢穀，自中統至今餘三十年，更阿合馬、桑哥當國，設法已極，而其黨公取賄賂，民不能堪，不如罷之便。」詔從之。仍命取昔逋負錢穀文牘，聚置一室，非上命而竊視者，罪之。**以完澤爲尚書右丞相，不忽木平章政事。**初，桑哥欲殺楊居寬、郭佑，刑部尚書不忽木爭之不得，桑哥深忌之，謂其妻曰：「他日籍我家者，必此人也。」因其退食，責以不入曹治事，欲加之罪，遂以疾免。久之，復起爲翰林學士承旨。至是，帝欲用爲相，謂之曰：「朕過聽桑哥，致天下不安，今雖悔之，已無及。朕識卿幼時，使從學，政欲備今日之用。」不忽木曰：「朝廷勳舊，齒爵居臣右者尚多，今不次用臣，無以服衆。」帝曰：「然則孰可？」曰：「太子詹事完澤可。嚮者籍阿合馬家，其賂遺近臣，皆有簿籍，唯無完澤名。又嘗言桑哥爲相，必敗國事，今果如其言，是以知其可也。」乃拜完澤尚書右丞相，不忽木平章政事。帝如上都。○三月，踣桑哥輔政碑。初，帝命翰林學士閻復撰文，復至是已改廉訪使，亦坐免。夏五月，逮西僧楊璉真加下獄，尋釋之。楊璉真加發宋諸陵及其大臣塚墓，攘取金寶珠玉無算，私庇平民之不輸賦者二萬三千户，土田稱是，及受美女、寶物之獻，藏匿未露者尤多。至是坐侵盜官物，遣使逮問，追治之，籍其妻孥田畝。臺省諸臣皆言宜誅之以謝天下，帝不聽，命釋之，給還其所籍。復徵劉因爲集賢學士，辭不至。因以疾固辭，帝聞之曰：「古有所謂不召之臣，其斯人之徒歟！」遂不彊致之。下桑哥獄，逮其黨要束木誅之。崔彧言：「桑哥當國四年，中外百官，鮮有不以賄而得者。昆弟、故舊、妻族，皆授要官美地，惟以欺蔽九重、朘削百姓爲事。宜令兩省嚴加考覈，凡入其黨者，並除名爲民。」從之。湖廣平章政事要束木者，桑哥妻黨也，尤爲不法。逮至京師，籍其家貲，黄金至四千兩，遂詔下桑哥獄，復繫要束木還湖廣誅之。初，要束木因人言湖廣初附時，郡縣長吏及吏胥富人比屋斂銀，將輸之官，銀已具而事中止。即下令責民自實，使者旁午，隨地置獄，株連蔓引，備極慘酷，民以拷掠瘐死者載道，所獲不貲，要束木悉掩有之。使至永州，判官烏古孫澤宛曲以利害曉之，卒無所擾。既見鉤考日急，天下騷動，嘆曰：「民不堪命矣。」即自上計行省，要束木怒曰：「郡國錢糧無不增羨，永州何獨不然？此直孫府判倚其才辨慢我，亟拘繫之。」欲置于死。至是，因桑哥敗，始得釋。罷尚書省，命右丞相完澤等並入中書。○頒行《至元新格》。元初未有法守，百司斷理獄訟，循用金律，頗傷嚴刻。右丞何榮祖世業吏，而榮祖尤所通習，初以公規、治民、禦盜、理財等十事輯爲一書，名曰《至元新格》，至是奏頒行之。秋七月，桑哥伏誅。○八月，平陽地震。壞民居萬八百餘區，壓死百五十人。九月，以咱喜魯丁爲平章政事。○遣使招諭瑠求。瑠求在閩海之東，地小而險，漢唐以來，不通中國。海船副萬户楊祥請以兵往伐之。既而閩人吴志斗自言熟知海道，宜先招諭之，不從，然後用兵未晚。乃以祥充宣撫使，阮鑑兵部員外郎，志斗禮部員外郎，往招諭之。明年，祥等不至而還，志斗卒于行。初，志斗嘗斥祥誕妄要功，人疑爲祥所殺，詔福建行省按問，會赦，不竟其事。冬十月，以雪雪的斤爲平章政事。○遣禮部尚書張立道使安南，徵其王入朝。脱歡等既還，帝怒安南不已，欲再伐之。適日烜死，子日燇襲位，不忽木曰：「彼山海小夷，以天威臨之，寧不震懼！獸窮則噬，勢使之然。今若遣使諭之，彼宜無不奉命。」遂以禮部尚書張立道嘗使安南有功，復使往徵其王入朝。十二月，蠲瀛國公田租。宣政院臣言：「宋全太后、瀛國公母子已爲僧尼，有地三百六十頃，乞如例免徵其租。」從之。詔議科取之法。中書省臣言：「江南在宋時，徭役爲名七十有餘，歸附後一切未徵。❶今諸王歲賜、官吏俸禄多不給，宜令江南如宋時諸名征賦盡輸之。」至是，因何榮祖言，召各省任錢穀之臣至京師，雜議科取之法。

壬辰　二十九年，春正月朔，日食。免朝賀。開通惠河，以郭守敬領都水監事。初，守敬言水利十有一事，其一欲導昌平縣白浮村神山泉，過雙塔、榆河，引一畝、玉泉諸水入城，匯於積水潭，復東折而南入舊河，每十里置一牐，以時蓄洩。帝稱善，復置都水監，命守敬領之，丞相以下皆親操畚鍤爲之倡。置牐之處，往往於地中得舊時甎木，人服其識。逾年畢工，自是免都民陸輓之勞，公私便之。帝自上都還，過積水潭，見舳艫蔽水，大悦，賜名曰「通惠」。詔江南避亂者令復業。江南、福建諸路連歲盜起，❷居民多入山谷自保。時羣盜皆以次就平，江西左丞高興言：「乞詔諭復業。」詔從之。二月，以亦黑迷失、史弼、高興並爲福建行省平章政事，將兵擊爪哇。初，右丞孟琪使爪哇，❸爪哇黥其面使還，帝怒，命亦黑迷失及史弼等將兵三萬伐之。❹時爪哇國王爲鄰境葛郎國所殺，其婿土罕必闍耶迎弼求救，弼等遂并取葛郎國王以歸。既而土

❶「歸附後」，原脱，據《元史》卷一六《世祖本紀》補。
❷「江南」，《元史》卷一七《世祖本紀》作「江西」。
❸「琪」，原作「淇」，據《元史》卷一六二《高興傳》改。
❹「兵三萬」，《元史》卷一七《世祖本紀》作「軍士二萬人」。

罕必闍耶復叛，弼等力戰却之得還，死者三千餘人。有司計其俘獲貨貝，直五十餘萬。帝以其亡失太多，及治其縱土罕必闍耶之罪，弼與亦黑迷失沒家貲三之一，唯興以不與議得免。

**三月，誅桑哥黨納速剌丁等。**初，桑哥既敗，納速剌丁滅里、忻都、王巨濟等俱逮下獄。至是，御史臺言其「黨比桑哥，恣爲不法，理算江南錢穀，極其酷虐，民至嫁妻賣女，❶殃及親鄰。維揚、錢塘受禍最慘，無辜死者五百餘人。天下之人，莫不思食其肉。今三人既已伏辜，乞誅之以謝天下」。帝以忻都長於理財，欲釋之，不忽木力争不可，日中凡七奏，卒併誅之。

**麥术督丁罷，以鐵哥、剌真並爲平章政事。**麥术督丁嘗請復立尚書省，專領右三部，不忽木曰：「阿合馬、桑哥相繼誤國，身誅家滅，前鑒未遠，奈何又欲效之乎！」事遂寢。至是以久居其任免，猶與議省事。鐵哥初爲司農寺達魯花赤，從獵百杳兒之地，獵者射兔，誤中名駝，帝怒，命誅之。鐵哥曰：「殺人償畜，刑太重。」帝曰：「誤耶，史官必書。」亟釋之。庾人有盜秔，罪應死，鐵哥曰：「臣鞠之，其人母病，盜以養母耳，請貸其死。」至是進平章政事，以病足，聽肩輿上殿。

**帝如上都。○徵集賢學士楊恭懿參議中書省事，辭不至。**恭懿，奉元人。至元初，與許衡俱被召，屢辭不起。太子真金令有司以漢聘四皓故事聘之至京師，與定科舉之議，及考正曆法。曆成，授集賢學士兼太史院事，即辭歸。自是復屢召之，皆不起。至是，監察御史商琥上書薦天下名士，若胡祗遹、王惲、陳天祥等十餘人，而恭懿與焉。詔起恭懿參議中書省事，亦辭不至。尋亦卒。

**夏六月，兩浙水。**詔免田租一百二十五萬七千餘石。

**閏月，廣西上思州亂，遣右丞程鵬飛將兵擊之。**上思州土官黄聖許擁衆二萬，結交趾爲援，寇陷忠州、江州及華陽諸縣，詔遣程鵬飛討之。聖許尋敗，走入交趾。

**安南遣使入貢。**張立道至安南，謂日燇曰：「昔鎮南王不用嚮道，率衆深入，不戰自潰，天子亦既知之。汝所恃者，山海之險，瘴癘之惡。而雲南、嶺南之人，與汝習俗同而技力等，今發而用之，繼以北方之勁卒，汝復能抗哉？且前年之師，殊非上意，邊將譏汝耳。汝曾不悟，稱兵抗拒，逐我使人，

❶「至」，原脱，據《元史》卷一七《世祖本紀》補。

今禍且至矣。」日燇泣謝，出奇寶爲賄，立道却之，因要其入朝。日燇曰：「貪生畏死，人之常情，誠有詔貸以不死，臣將何辭？」乃先遣其臣何惟巖、阮代之隨立道上表謝罪，修歲貢之禮如初，且言所以願朝之意。時有忌立道之功者，言必先朝而後可赦。日燇懼，卒不至。**秋八月，帝還大都。○罷福建銀冶。**初，福建參知政事魏天祐獻計，發民一萬鑿山煉銀，歲可得萬五千兩。天祐乃賦民鈔市銀輸官，而私其百七十錠。至是臺臣以聞，請追其贓而罷銀冶，從之。時寧國路銀冶課額二千四百兩，民皆市易以輸，未嘗採之於山。省臣以爲言，亦詔罷之。

**九月，復遣吏部尚書梁曾等使安南，徵其王入朝。**時以立道既還，日燇不至，復遣曾及禮部郎中陳孚持詔往徵之。**冬十二月，改封梁王甘麻剌爲晉王，鎮北邊。**甘麻剌，太子真金長子也。至元初，已嘗出鎮北邊，復封梁王，移鎮雲南。至是，復改封晉王，鎮漠北，統領太祖四大斡耳朵之地。斡耳朵，猶華言宮室也。王天性仁厚，御下有恩，民賴以安。**諸王明里鐵木兒附海都以叛，詔伯顏討之。**伯顏兵至阿撒忽禿嶺，明里鐵木兒已據之，矢下如雨。伯顏先登陷陣，諸軍爭奮，大破之，明里鐵木兒僅以身走。伯顏軍還，遇伏兵，復擊敗之，斬首二千級，俘其餘衆以歸。**以張珪爲江淮行樞密副使。**珪，弘範子也。時爲管軍萬户，入朝，帝欲用爲樞密副使，玉昔帖木兒曰：「珪尚少，果欲大用，可俟他日。」帝曰：「不然，其家爲國滅金、滅宋，盡死力者三世矣，而可吝此？」遂拜江淮行樞密副使。

**癸巳**　**三十年，春正月，右丞相安童卒。○始置社稷。**至元初已詔歲祀，然未立壇壝。至是，始用崔彧言，置之。**汰冗官。**凡省内外官府二百五十五所，官六百六十九員。**二月，以楊璉真加子暗普爲江浙行省左丞。**尋以江南民怨楊璉真加不已，罷之。**帝如上都。○三月，括諸路馬。**時以海都入寇，詔羣臣議所以爲備，從樞密李庭言，復括天下馬，凡得十一萬匹。**夏四月，劉因卒。**延祐中，謚文靖。**六月，詔皇孫鐵木耳撫軍北邊，召伯顏還，以玉昔帖木兒代之。**時有譖伯顏久居北邊，與海都通好，因仍保守，無尺寸之獲者，詔授皇孫鐵木耳以皇太子寶撫其軍，以太傅玉昔帖木兒輔行，召伯顏居大同，以俟後命。玉昔帖木兒未至三驛，海都兵復至，伯顏遣人語玉昔帖木兒曰：「公姑止，待我翦此寇而來，未晚也。」遂與海都兵交，且戰且却，凡七日，諸將以爲怯，憤曰：「果懼戰，何不授軍於太傅？」伯顏曰：「海都懸軍涉吾地，邀之則遁，誘其深入，一戰可擒也。諸君必欲速戰，若失海都，誰任其咎？」❶諸將曰：「請任之。」即還軍擊敗之，海都果脱去。乃召玉昔帖木兒至軍中，授以印而行。皇孫舉酒餞之曰：「公去，何以教我？」伯顏舉所酌酒曰：「可慎者，惟此與女色耳。」

**秋七月，以月赤察兒知樞密院事。**月赤察兒，博爾忽孫也，❷由長怯薛授宣徽使，從帝北征，奏曰：「安童、伯顏、月呂魯，皆嘗受命征伐。三人者，臣不可以後之，臣願躬出一戰。」帝曰：「爾以安童輩與爾家同功一體，各立戰功，恥不逮耶？然躬親侍衛，厥功非小，何必踐行伍，乃快心耶！」桑哥之敗，實月赤察兒潛奏劾之。至是以爲知樞密院事。

**八月，安南遣使入貢，詔安置於江陵，復議舉兵伐之。**初，梁曾等至安南，其國有三門，日燇欲迎詔自旁門入，曾貽書責之，往復者三，卒從中行。且風之入朝，日燇不從，遣其臣陶子奇偕曾來貢。曾進所與日燇辨論書，帝大悦，解衣賜之，令坐地上，右丞阿里意不然，帝怒曰：「梁曾兩使外國，以口舌息干戈，爾何敢爾？」時有親王至自和林，帝命酌酒，先賜曾，謂親王曰：「汝所辨者汝事，梁曾所辨者，吾與汝之事，汝勿以爲後也。」或讒曾受安南賂遺，帝以問曾，曾曰：「安南以黃金器幣奇物遺臣，臣不受，以屬陶子奇。」帝曰：「受之亦何不可。」廷臣以日燇終不入朝，遂拘留子奇于江陵，命劉國傑與諸王亦吉里䚟等整兵聚糧，❸復議伐之。

**九月，帝還大都。○冬十月，彗出紫微垣。**帝憂之，夜召不忽木入禁中，問所以銷天變之道，不忽木曰：「風雨自天而至，人則棟宇以待

---

❶「任」，原作「執」，據《元史》卷一二七《伯顏傳》、《資治通鑑後編》卷一五八、《元朝名臣事略》卷二《丞相淮安忠武王》改。

❷「博爾忽孫」，據《元史》卷一一九《博爾忽傳》及《月赤察兒傳》，月赤察兒爲博爾忽曾孫。

❸「亦吉里䚟」，原作「亦里吉䚟」，據《元史》卷一七《世祖本紀》、卷二〇九《安南傳》改。

之；江河爲地之限，人則舟楫以通之。天地有所不能者，人則爲之，此人所以與天地參也。且父母怒，人子不敢疾怨，起敬起孝。故《易》曰『君子以恐懼脩省』，《詩》曰『敬天之怒』。三代聖王，克謹天戒，鮮不有終。漢文之世，同日山崩者二十有九，日食、地震頻歲有之，善用此道，天亦悔禍，海內乂安。此前代之龜鑑也，願陛下法之。」因誦文帝《日食求言詔》。帝悚然曰：「此言深合朕意，可復誦之。」遂論説至四鼓乃罷。 赦。○十一月，以伯顏爲平章政事。伯顏，河南行省平章政事也。

甲午　三十一年，春正月，帝崩。廟號世祖，國語稱曰薛禪皇帝。梁寅曰：「元之有天下，殊方絶域，靡不臣服，輿圖之廣，亘古所無。然世祖之約，不以漢人爲相，故爲相皆國族。而又不置諫官，使忠直路塞。文學之士，雖世世不乏，而沈於下僚，莫究其用，所賴以爲用者，唯吏師而已。其爲法如是，是以朝皆苟且之政，而士無謇諤之風，官有貪婪之實，而吏多欺誑之文。將永保萬邦，比隆三代，無乃未之思乎！」葬起輦谷。谷在漠北，不加築爲陵，諸帝皆從葬於是云。 御史中丞崔彧得傳國璽，獻之。時木華黎曾孫碩德已死而貧，其妻出玉璽一鬻之，或以告彧，召祕書監丞楊桓辨其文，曰：『受命於天，既壽永昌』，此歷代傳國璽也。」遂獻之故太子妃弘吉剌氏。妃以徧示羣臣，丞相以下次第上壽慶曰：「神寶之出，實當宮車晏駕之後，此乃天意屬於皇太孫也。」乃遣右丞張九思賫授之。 夏四月，皇孫鐵木耳即位于上都，大赦。鐵木耳南還，及宗室諸王會于上都，定策之際，親王有違言者，玉昔帖木兒曰：「宮車晏駕，神器不可久虛。且昔太子寶既有所歸，晉王宗盟之長，何俟而不言！」伯顏亦握劍立殿陛，宣揚顧命，述所以立皇孫之意，辭色俱厲，諸王皆股栗，趨殿下拜。皇孫遂即位，大赦。 追尊皇考曰裕宗皇帝，尊母弘吉剌氏曰皇太后。改太后所居舊太子府爲隆福宮。 五月，以玉昔帖木兒爲太師，伯顏爲太傅，月赤察兒爲太保。○罷伐安南兵，釋其使歸國。○六月朔，日食。○復以帖木兒爲平章政事。○賜宋使臣家鉉翁號「處士」，

**遣還鄉。**初，世祖欲官鉉翁，不受，遂安置河間，以《春秋》教授弟子，數爲諸生談及宋興亡之故，輒流涕太息。至是年逾八十，詔賜號「處士」，放還鄉里，錫予金幣，皆不受，尋卒。**秋七月，詔中外崇奉孔子。○不忽木罷爲陝西平章政事，尋復留之。**初，世祖崩時，不忽木得預顧命，丞相完澤以其年位在下，深忌之。帝知其故，慰勞之曰：「卿先朝腹心，惟朝夕啓沃，匡朕不逮，庶無負先皇帝付托之重。」廷議大事多采其言。河東守臣獻嘉禾，不忽木曰：「汝部内所産盡如是邪？」曰：「惟此數莖耳。」不忽木曰：「如此，則既無益於民，何足爲瑞！」遂罷遣之。西僧作佛事，請釋罪囚祈福，謂之禿魯麻。豪民犯法者，皆賂之以求免。有殺主、殺夫，西僧請被以帝后服，乘黄犢出宫門釋之，云可得福。不忽木曰：「人倫者，王政之本，風化之基，豈可容其亂法如是！」帝責丞相曰：「朕戒汝無令不忽木知，今聞其言，朕甚媿之。」使人語不忽木曰：「卿且休，朕今從卿言。」有奴告主者，主被誅，即以其主所居官與之。不忽木言：「若此，必大壞天下風俗，無復上下之分矣。」帝悟，爲追廢前命。丞相以下多與謀議不合，奏以爲陝西行省平章政事，太后謂帝曰：「不忽木朝廷正人，先皇帝所付托，豈可出之於外邪！」乃復留之。**冬十月，帝至自上都。**帝巡狩三不剌之地，董文用言：「先帝新棄天下，陛下巡狩不以時還，❶無以慰安元元。且人君猶北辰，居其所而衆星拱之，不在勤遠略也，宜趣還京師。」帝悟，遂還。**弛江西銀冶課額。**江西省臣言：「銀冶歲輸萬一千兩，而未嘗及數，民不能堪。」命自今從實辦之，不爲額。**十一月，罷江南行樞密院。**初，江淮、湖廣、江西各立行樞密院，江南省臣累請罷之。帝以問伯顏，時伯顏已屬疾，張目對曰：「内而省、院各置爲宜，外而軍、民分隸不便。」帝從之。遂罷三院，以其事歸行省。**以何瑋爲參知政事，伯顏察兒參議省事。**初，帝諭右丞阿里、參政梁德珪曰：「中書政務，卿等皆懷怠心，又不約束吏曹，使選人留滯。桑哥雖姦邪，然僚屬憚其威，政事無不立辦。卿等其

❶「狩」，原作「遊」。「還」，原脱，據《元史》卷一四八《董文用傳》、《歷代名臣奏議》卷二八七董文用上奏改補。

約束所屬，❶有不事事者懲之。」❷時省臣凡十一人，至是以瑋參知政事，瑋曰：「古者一相，專任賢也。今宰執員冗，政出多門，轉相猜忌，請損之。」不從。伯顔察兒，平章政事伯顔弟也。伯顔曰：「臣叨平章政事，兄弟宜相嫌避。」帝曰：「兄平章於上，弟參議於下，何所嫌也。」十二月，太傅、知樞密院事伯顔卒。伯顔深沈有謀略，善斷，將二十萬衆伐宋，如將一人，諸將仰之若神明，還朝未嘗言功。卒贈太師，追封淮安王，謚忠武。禁侵擾農桑者。

續資治通鑑綱目第二十三

❶「束」，原脱，據《元史》卷一八《成宗本紀》、《資治通鑑後編》卷一五九補。

❷「有」，原脱，據《元史》卷一八《成宗本紀》、《資治通鑑後編》卷一五九補。

# 續資治通鑑綱目第二十四

起乙未元成宗元貞元年，盡辛亥元武宗至大四年。

凡十七年。

乙未　成宗皇帝元貞元年，春正月，以劉國傑爲湖廣平章政事。辰、澧地接溪洞，宋嘗選民立屯，免其繇役，使禦諸蠻，在澧曰隘丁，在辰曰寨兵，宋亡皆廢，國傑悉復其制。又視盜出没之地，置戍三十八所，分屯將士以守之，由是東盡交廣，西亘黔中，地周湖廣四境，❶皆有屯戍，制度周密，諸蠻不能復寇。入朝，賜玉帶、錦衣旌其功。臺臣言國傑在軍中，每傾家貲賞賚將士，帝命倍償之。❷　二月，帝如上都。○翰林學士承旨留夢炎致仕。上以其在先朝言無所隱，厚賜遣之。初，世祖嘗問夢炎、葉李優劣於趙孟頫，對曰：「夢炎，臣之父執，其人重厚，篤於自信，好謀能斷，有大臣器。葉李所讀之書，臣皆讀之，所知所能，臣皆知之能之。」世祖曰：「汝以夢炎優於李邪？夢炎爲宋狀元，位至宰相，❸當賈似道誤國，依阿取容。李以布衣乃伏闕上書，是賢於夢炎也。」三月，安南入貢。○地震。○夏四月，廣京師賑糶米肆。帝以京師米貴，益廣世祖之制，設三十肆，發米七萬餘石糶之，其後每年增糶，多至四十萬石。行之既久，多爲彊豪巧取，乃令有司籍貧民户數驗口給之，減賑糶之直三分之一，每歲亦不下二十餘萬石。閏月，蘭州河清。上下三百餘里，凡三日。釐正選法。省臣言：「阿合馬、桑哥怙勢賣官，不别賢否，選法大壞。」乃詔麥术督丁與何榮祖等釐正之。五月，陞江南諸縣爲州。以户爲差，户四萬五萬者爲下州，五萬至十萬爲中州，凡爲中州二十八，下州十五。

❶「地」，原脱，據《元史》卷一六二《劉國傑傳》、《資治通鑑後編》卷一五九補。

❷「倍」，原作「估」，據《元史》卷一六二《劉國傑傳》、《資治通鑑後編》卷一五九改。

❸「位」，原脱，據《元史》卷一七二《趙孟頫傳》、《資治通鑑後編》卷一五七補。

又以户不及額，降連州路爲州。**六月，陝西旱饑。**行省右丞許扆議發廩賑之，同列以未經奏請不可，扆曰：「民爲邦本，今饑餒若此，若俟命下，無及矣。擅發之罪，吾當任之。」遂發粟賑貸，命亦尋下。**秋九月，帝還大都。○冬十一月，玉昔帖木兒卒。○十二月，立皇后伯岳吾氏。**

**丙申　二年，春正月，詔諸王、公主、駙馬毋輒罪官吏。**時諸王小薛等部曲率恣横擾民，駙馬蠻子台私殺有罪，有司官吏輒被號召，至是詔令非奉旨毋輒加罪。**二月，以不忽木爲昭文館大學士、平章軍國事，段貞爲平章政事。**不忽木以與同列多異議，久稱疾不出，帝曰：「朕知卿疾之故，以卿不能從人，人亦不能從卿也。欲以段貞代卿，如何？」不忽木曰：「貞實勝臣。」乃拜不忽木爲昭文館大學士、平章軍國重事，辭曰：「是職也，國朝惟史天澤嘗爲之，臣不敢當。」制去「重」字，而以貞代爲平章政事。**三月，帝如上都。○夏六月，頒官吏受賕條格。**凡十三等。南臺御史大夫阿老瓦丁言：❶「立法貴於輕重得宜，使民不至易犯。今所降條格，除枉法外，其不枉法者，自二十兩以下，罪與受一分者同科，似輕重少偏。」**秋八月，立捕盗賞格。**御史臺臣言：「内地盗賊衆多，乞立條格，督責所屬，期至盡滅。」乃詔諸人能告捕者，强盗一名賞鈔五十貫，竊盗半之，應捕者又半之，皆徵諸犯人，無可徵者官給之。時山東東西道廉訪使陳天祥上疏曰：「盗賊之起，各有所因。除歲凶饑饉，❷誘之天時，宜且勿論。如軍旅不息，工役荐興，厚斂煩刑，皆足致盗。中間保護滋長之者，赦令是也。赦者，小人之幸，君子之不幸。彼强梁之徒，執兵殺人，有司盡力以擒之，朝廷加恩以釋之，旦脱係累，暮即行刼，既不感恩，又不畏法。夫凶殘悖逆，性已頑定，誠非善化所能移，惟嚴刑以制之可也。」天祥既上疏，乃嚴督有司追捕，自其所部南至漢江，二千餘里，多就擒者。**括江南隱蔽田。**凡伯顏、阿朮、阿里海涯等下

---

❶「阿老瓦丁」，原作「阿瓦老丁」，據《元史》卷一二八《相威傳》改。

❷「饑饉」，原脱，據《元史》卷一六八《陳天祥傳》、《歷代名臣奏議》卷三一九陳天祥上奏補。

江南所據田，及權豪隱蔽者，悉括之，令輸租。**冬十月，贛州兵起，江西行省左丞董士選擊平之。**贛州民劉六十聚衆至萬餘，建立名號，朝廷遣將討之，觀望退縮，賊勢益盛。士選請自往，進至興國，距其營不百里，命將校分兵守地，悉置激亂之人於法，復誅奸民之爲囊槖者。於是民爭出自效，數日六十就擒，餘衆悉散。事平，士選遣使奏聞，但請黜贓吏數人而已，畧不及破賊事，時稱其不伐。

**丁酉　大德元年，春三月，以也先帖木兒爲平章政事。○帝如上都。○太后幸五臺山。**初，爲太后建寺於五臺山，至是成，太后將臨幸之。監察御史李元禮上疏言：「五臺創建寺宇，工役具興，供億煩重，民不聊生。伏聞太后臨幸五臺，尤不可者有五：盛夏禾稼方茂，民食所仰，騎從經過，不無蹂躪，一也。親勞聖體，經冒風日，往復數千里，山川之險，萬一調養失宜，悔將何及，二也。天子舉動，必書簡册，以貽萬世，書而不法，將焉用之，三也。財不天降，皆出於民，今日支持調度，百倍曩時，而又勞民傷財，以奉土木，四也。佛以慈悲爲教，雖窮天下珍玩供養不爲喜，雖無一物爲獻亦不怒，今太后欲爲兆民祈福而先勞聖體，使天子曠定省之禮，五也。伏望回轅中道，端處深宮，上以循先皇后之懿範，次以盡聖天子之孝誠，下以慰元元之望。如此，則不祈福而福自至矣。」臺臣不敢以聞。其後侍御史萬僧與中丞崔彧有隙，取元禮章封入奏之，曰：「崔中丞私比漢人李御史，爲大言謗佛，請不宜建寺。」帝大怒，勅完澤、不忽木鞫之。完澤曰：「往吾亦嘗以此諫，太后曰：『我非喜建此寺，蓋先帝嘗許爲之，非汝所知也。』」不忽木曰：「他御史懼不敢言，言者惟一元禮，可賞也。」完澤等入言之，帝沈思良久曰：「御史言是也。」乃罷萬僧，復元禮職。○初，司程陸信等董建寺之役，驅迫民夫數千，冒險入山谷伐木運石，死者百餘人。河東廉訪使王忱乘太后幸五臺，因言：「建寺本以福民，今福未及而害已甚，恐非朝廷意也。」太后聞之，爲減其役，仍賜恤死者之家。**夏四月朔，日食。○秋七月，河決杞縣蒲口。**先是，河決汴梁，發丁夫三萬塞之。至是蒲口復決，乃命廉訪使尚文相度形勢，爲久利之策。文言：「河自陳留抵睢，東西百有餘里，南岸視水高六七尺，或四五尺，北岸故隄，水視田高三四尺，或高下等，大較南高於北約八九尺，隄安得不壞，水安得不北也。蒲口今決千有餘步，東走歸舊瀆，行二百里，至歸德橫隄之下，復合正流。或彊遏之，上決下潰，功不可成。揆今之計，河北郡縣，宜順水性，築長隄以禦汎溢。歸德、徐、邳之民，任擇所便，避其衝突，被害民户，量給河南退灘地以爲業。異時決他所，亦如之，亦一時救患之良策也。蒲口不塞便。」帝從之。會河朔郡縣及山東憲部争言：「不塞，則河北桑田盡化魚鱉之區，塞之便。」帝復從之。是後蒲口復決，障塞之役，無歲無之，而水北入復河故道，❶竟如文言。

祆星出奎。○九月，帝還大都。○冬十月，欽察都指揮使牀兀兒攻破八鄰之地，還擊海都軍，敗走之。

八鄰之地，時爲海都所據，牀兀兒帥師踰金山進攻之。其將帖良臺阻答魯忽河而軍，伐木柵岸以自庇，士皆下馬跪坐，持弓矢以待。牀兀兒奮師馳擊，大破之，盡得其人馬廬帳。還次阿雷河，與海都援將孛伯遇，牀兀兒麾軍渡河蹙之，孛伯敗走，僅以身免。

以吴元珪爲吏部尚書。

時選曹銓注，多有私其鄉人者，元珪曰：「此風不可長。」自視事，請謁悉皆謝絶。

禁諸王、駙馬奪民田。

仍禁民間以公私土田呈獻及受其獻者。

戊戌　二年，春正月，增太廟牲用馬。

從月赤察兒請也。凡舉大祭，其馬牲既與三牲同登于俎，而割奠之饌復與籩豆俱設。將奠牲盤酹馬湩，則蒙古太祝升詣第一座，呼帝后神諱，以致祭年月日數、牲齊品物，致其祝語。列室皆如之。禮畢，則以割奠之餘，撒于櫺星門外，名曰拋撒茶飯。蓋以國俗行事，尤所重也。

二月，以張九思、梁德珪並爲平章政事。

初，太子真金卒，朝議欲罷詹事院，九思時爲詹事丞，抗言曰：「皇孫，宗社人心所屬。詹事，正所以輔成道德者，奈何罷之？」尋進拜中書左丞。德珪，一名梁諳都剌，世祖時參知政事，治事有敏才。京師地震，世祖怪州郡報囚之數過多，德珪曰：「當國者急於徵索，蔓延收繫，以致此爾。」帝悟，爲赦中外逋負。尋拜右丞。

罷中外土木之役。

先是，中書省臣屢言諸王藩戚賜與繁重，向之所儲，散之

❶「復河」，原作「河復」，據《元史》卷一七〇《尚文傳》、《資治通鑑後編》卷一六〇改。

殆盡。至是，遂諭省臣會計天下財帛歲入，及賜與營建歲費之數。丞相完澤言：「歲入之數，不償所費，又豫於至元鈔本借二十萬錠，因以節用爲請。」帝爲罷中外土木之役。

帝如上都。○開鐵幡竿渠。時欲開鐵幡竿渠，召郭守敬至上都議之。守敬曰：「頻年山水暴下，非大爲渠堰，廣五七十步不可。」執政吝於工費，以其言爲過，縮其廣三之一。明年大雨，山水注下，渠不能容，漂没人畜廬帳，幾犯行殿。帝謂省臣曰：「郭太史神人也，惜其言不用爾。」三月，以兩淮閒田給蒙古軍。○夏五月，以何榮祖爲平章政事。○六月，徵湖廣夏税。初，阿里海涯下湖廣，罷宋夏税，用内郡例，改科門攤，每户一貫二錢，蓋視夏税增鈔五萬餘錠。至是宣慰張國紀復請科夏税，與門攤併徵，湖、湘重罹其害。御史臺以爲言，詔趣罷之。尋復改門攤爲夏税而併徵之，每户計三貫四錢之上，❶視江浙、江西爲差重云。秋七月，大雨，河決。漂歸德屬縣田廬、禾稼，詔免田租一年。遣尚書那懷、御史劉賡等塞之，自蒲口首事，凡築九十六所。召高麗王謜入朝。高麗王昛既傳國於其子謜，有言謜僭設司空、司徒等官，而又擅殺其臣金吕，中書請詔謜入朝，因留不遣，復以昛爲高麗王。江西、江浙水。○九月，帝還大都。○冬十二月，定歲課三十取一。○命廉訪司歲舉廉幹者各二人。○彗星見。出子孫星下。駙馬高唐王闊里吉思勒兵備邊，遇寇敗没。是歲秋，諸王將帥共議備邊事，咸曰：「敵往歲不冬出，且可休兵于境。」闊里吉思獨嚴兵待之。冬，敵果大至，闊里吉思三戰三克，乘勝逐北，馬躓爲敵所執，誘使降，不屈，又欲妻以女，闊里吉思毅然曰：「我天子壻也，非天子命而可再娶乎？」竟不屈死焉。

## 己亥　三年，春正月，遣使問民疾苦。

省臣以天變屢見，請依故事引咎避位。上曰：「此漢人所説，豈可一一盡從邪！卿但當擇賢者任之爾。」時翰林學

❶「户」，《元史》卷九三《食貨志》、《欽定續文獻通考》卷一作「石」。

士閻復亦因星變上書陳數事，且言：「古者刑不上大夫，今郡守之貴，以徵租受杖，非所以勵廉隅。江南公田租太重，宜減以貸貧民。」多采用之。以哈剌哈孫爲左丞相。帝問閻復曰：「中書左相難其人，卿試舉所知，誰可任者？」復以哈剌哈孫對，遂由江浙左丞相召入用之。二月，帝如上都。○遣僧一山使日本。江浙平章政事也速答兒復勸帝用兵日本，帝曰：「今非其時。」因其俗奉佛，遂遣一山往使，而日本竟不至。命何榮祖等更定律令。帝諭榮祖曰：「律令，良法也，宜早定之。」既而書成上之，且言：「臣所擇者三百八十條，一條有該三四事者。」帝曰：「古今異宜，不必相沿。」詔元老大臣聚聽之。未及頒行而榮祖卒。夏五月，復立征東行省。高麗王昛既復爵，既而使臣自其國還者，言昛不能服其衆，乃復立征東行省，以福建都元帥闊里吉思爲平章政事，共理之。秋七月，放江南僧寺佃户五十萬爲編民。江南編民五十餘萬，悉爲楊璉真加冒入寺籍爲佃户，至是因省臣言，檢放之。八月朔，太史奏日食，不應。太史言是日巳時，當日食二分有奇，❶至期不食，衆懼。保章正齊履謙曰：「當食不食，在古有之，矧巳時近午，陽盛陰微，故當食不食。」遂考唐開元以來當食不食者凡十事以聞。九月，帝還大都。○冬十二月，以阿魯渾薩里爲平章政事。帝初撫軍北邊，數召阿魯渾薩里不往，世祖遣奉皇太子寳，僅一至。及即位，語之曰：「朕在潛邸，誰不願侍朕者，惟卿數召不往，真得大臣體。」自是召對不名，賜坐視諸侯王。嘗語左右曰：「若全平章，真全材也。」命復入中書。阿魯渾薩里父別名萬全，❷故以全爲氏云。命兄子海山鎮漠北。海山，帝兄答剌麻八剌之長子。帝以寧遠王闊闊出總兵北邊，怠于備禦，命海山即軍中代之。省民出公田租。時公田爲民害，而荆湖尤甚。部内實無田，隨民所輸租取之，户無大小，皆出公田租，雖水旱不免。荆湖宣慰使立智理威上民所不便十餘事於朝，而言公田尤切。

❶「當日食」，原作「日當食」，據萬曆本、四庫本、《元朝典故編年考》卷五改。

❷「魯」，原作「里」，據上文及《元史》卷一三〇《阿魯渾薩里傳》、《資治通鑑後編》卷一五九改。

廷議遣使理之。會有詔，凡官無公田者，始給以俸，民力少蘇焉。

**庚子**　四年，春二月朔，日食。○皇太后弘吉刺氏崩。后有賢德，事昭睿順聖皇后，執婦道甚謹。及尊爲太后，置徽政院，長其財賦，院官有受獻浙西田七百頃者，籍於位下，后曰：「我寡居婦人，衣食自有餘，况江南率土，皆國家所有，曷敢私之！」即命盡易院官之受獻者。后之弟欲因后求官，后拒之曰：「勿以累我也。」崩，謚徽仁裕聖皇后。　三月，帝如上都。○夏四月，以不蘭奚爲平章政事。○五月，緬阿散哥也弑其王的立普哇拿阿迪提牙，遣雲南平章政事薛超兀兒等發兵討之。初，緬人僧哥倫作亂，緬王執其兄阿散哥也，尋釋之，阿散哥也乃率其黨囚王於豕牢，因弑之。王次子奔愬京師，詔遣薛超兀兒等率行省兵萬二千人討之。　昭文館大學士、平章軍國事不忽木卒。初，世祖每聞不忽木之言，必嘆曰：「恨卿生晚，不得早聞此言，然亦吾子孫之福。」臨終，以白璧遺之，曰：「他日持此以見朕也。」不忽木雖歷顯要，而家素貧，卒無以葬，賜鈔賻之，贈魯國公，謚文貞。　秋八月，更定蔭叙格。正一品子叙正五，從五品子叙從九，餘以是爲差，蒙古、色目人特優一級。　閏月，帝還大都。○冬十二月，遣雲南行省左丞劉深將兵擊八百媳婦。完澤因劉深之言勸帝曰：「世祖以神武一海内，功蓋萬世。今陛下嗣大歷服，未有武功以彰休烈，西南夷有八百媳婦，未奉正朔，請往征之。」哈剌哈孫曰：「山嶠小夷，遼絶萬里，可諭之使來，不必遠廑兵力。」不聽，竟發兵二萬，命深及哈剌带等將之以往。御史中丞董士選亦言不當輕信一人妄言，而寘百萬生靈於死地，帝變色曰：「事已成，卿勿復言。」麾之出。

**辛丑**　五年，春正月，罷征東行省。先是，征東行省平章闊里吉思言：「高麗王擅署官府，及僭用天子禮儀、器物，况官冗民稀，刑罰不一，若止依本俗行事，實難撫治。」帝遣刑部尚書王泰亨等往釐正之。既而王昛言設行省監制其國不便，帝亦以闊里吉思不能和輯高麗，遂罷行省，徵之還。**夏五月，劉深兵次順元，蠻酋宋隆濟等連兵反。**劉深等取道順元，遠冒烟瘴，未戰，士卒死者已什七八。驅民轉餉，谿谷之間，不容舟車，❶一夫負粟八斗，率數人佐之，數十日乃達，死者亦數十萬人，中外騷然。而深復令雲南調民供餽，及脅求水西土官之妻蛇節金三千兩、馬三千匹。隆濟因紿其衆曰：「官軍徵發汝等，將悉剪髮黥面爲兵。」衆惑之，隆濟遂連蛇節，率苗、獠諸蠻攻破楊黄諸寨，進攻貴州，知州張懷德力戰敗死，遂圍深窮谷中，梁王闊闊兵救之，賊衆稍却。**秋七月，詔薛超兀兒移兵伐金齒諸蠻。**時征緬師還，爲金齒所遮，士多戰死。金齒地連八百媳婦，諸蠻相效，不輸稅賦，賊殺官吏，詔遣薛超兀兒等移征緬兵討之。**八月，彗出井，入紫微垣。○海都復大舉入寇，海山大破之，海都走死。**海都與篤哇諸部大舉入寇，海山躬督牀兀兒等五軍合擊，大破之。阿失射篤哇中膝，號哭遁去。海都不得志引還，旋亦死。**九月，誅高慶、察罕不花，免薛超兀兒爲庶人。**薛超兀兒等兵攻阿散哥也，不克，引還，言賊降在旦夕，慶等受其賂，首倡爲還計，是以無功。詔遣官鞫之，得薛超兀兒以下將校受賂狀，詔誅慶及察罕不花，薛超兀兒等遇赦，削奪官爵爲庶人。**禁酒。**時以歲凶禁酒，仍弛山澤之禁，聽民漁獵。**冬十月，益海運糧。**以畿内歲飢，增明年海運糧爲百二十萬石。**帝還大都。○十一月，遣劉國傑率師討宋隆濟及蛇節。**劉深兵敗，帝始悔不用哈剌哈孫及董士選之言，乃遣劉國傑及楊賽因不花等，率四川、雲南、湖廣各省兵分道進討諸蠻，別敕梁王提兵應之，軍中機務，一聽國傑處分。

**壬寅　六年，春正月，免朱清、張瑄官，尋誅之。**二人父子致位顯要，宗戚皆累大官，田園館舍徧天下，巨艘大舶，交諸番中，廪藏倉庾相望，車馬填塞門巷，僕從佩金虎符爲萬户、千户者累數十人。江南僧石祖進摭其不法事上聞，時中書亦言二人屢致人言，宜罷其官，詔御史臺鞫之。既而伏誅，尋籍其家，禁錮其親屬，流

❶「不容舟車」，原脱，據《元史》卷一五六《董士選傳》補。

其妻子遠方。其妻子被逮時，以金、珠賂江浙平章脱脱，祈蔽其罪，脱脱以聞，帝喜曰：「脱脱我家老臣子孫，其志固宜與衆人殊也。」賜内帑黄金五十兩以旌之。

劉深引兵還，南臺御史中丞陳天祥上書諫伐西南夷，不報。宋隆濟累攻圍貴州不解，深等糧盡，道梗不通，遂引兵還。隆濟復率衆邀之，輜重委棄，士卒殺傷殆盡。南臺御史中丞陳天祥上書諫曰：「八百媳婦乃荒裔小夷，取之不足以爲利，不取不足以爲害。而劉深欺上罔下，帥兵伐之，經過八番，縱横自恣，中途變生，所在皆叛，既不能制亂，反爲亂衆所制，食盡計窮，倉皇退走，喪師十八九，棄地千餘里。朝廷再發四省之兵，使劉二拔都總督，以圖收復。湖南、湖北大發運糧丁夫，衆至二十餘萬，況當農時，驅此愁苦之人，往迴數千里中，何事不有！比聞從征敗卒言，西南諸夷皆重山複嶺，陡澗深林，其窄隘處僅容一人一騎，上如登高，下如入井，賊若乘險邀擊，我軍雖衆，亦難施爲。或諸蠻遠遁，阻隘以老我師，進不得前，旁無所掠，將不戰自困矣。且自征伐倭國、占城、交、緬諸夷以來，近三十年，未嘗有尺土一民之益，計其所費，可勝言哉！去歲西征，及今此舉，何以異之？乞早正深罪，仍下明詔招諭，彼必自相歸順，不須遠勞王師，與小醜争一旦之勝負也。爲今之計，宜駐兵近境，多市軍糧，内安外固，漸次服之。此王者之師，萬全之利也。苟謂業已如此，欲罷不能，亦當詳審成敗，算定而行。彼諸蠻皆烏合之衆，必無久能同心捍我之理，但急之則相救，緩之則相疑，以計使之互相讎怨，待彼有可乘之隙，我有可動之時，徐命諸軍數道俱進，服從者懷之以仁，抗敵者威之以武，恩威兼濟，功乃易成。若復舍恩任威，深蹈覆轍，恐他日之患，有甚於今日者也。」不報，遂謝病去。

詔收富民護持璽書。帝語臺臣曰：「聞江南富民侵占民田，致貧者流徙，卿等亦聞之否？」對曰：「富民多乞護持璽書，依倚以欺貧民，官府不能詰治，宜悉追收爲便。」命即行之，毋越三日。

二月，帝有疾。

○三月，赦。

○西南夷俱叛，遣陝西行省平章政事也速䚟兒等討平之。

免劉深等官。烏撒、烏蒙、東川、芒部，及武定、威楚、普安諸蠻，因蛇節之亂，皆以供輸煩勞爲辭，乘釁起兵，攻掠州縣，焚燒堡砦，遣也速䚟兒等將兵會劉國傑討之。時國傑方討順元蠻，不及來會，也速䚟兒等率師分道並進，次第平之。

夏四月，帝如上

都。○五月，太廟寢殿災。○六月朔，日食。太史院失於推筴，詔議其罪。秋九月，龍興民訛言括童男女。至有殺其子者，命捕爲首者三人誅之，始息。冬十月，帝還大都。

癸卯　七年，春二月，以阿老瓦丁、木八剌沙並爲平章政事。○汰諸司冗員。定中書省自左右丞相而下，平章政事二員，左右丞各一員，參知政事二員，定爲八府。三月，遣使巡行天下。罷贓污官吏萬八千四百七十三人，審冤獄五千一百七十六事。劉國傑敗宋隆濟及蛇節於墨特川，擒斬之。初，國傑師出播州境，與賊遇，戰失利，乃令軍士人持一盾，布釘其上，俟陣合，即棄盾佯走，賊果逐之，馬遇盾皆仆，國傑鼓譟趣之，賊大敗。既而餘寇復合要戰，國傑不應，數日，命楊賽因不花分兵先進，大軍繼之，賊兵潰，乘勝逐北千里，殺獲無算。遂破之於墨特川，擒斬蛇節，隆濟遁去，尋爲兄子宋阿重執之來獻，詔斬之，餘黨相繼平。復以鐵哥爲平章政事。初，鐵哥乞解機務，詔仍以平章議中書省事。時諸王朝見，未有知典故者，帝曰：「惟鐵哥諳之，凡賜予諸王禮節，悉命掌行。」至是，復以爲平章政事。完澤及伯顏等俱坐贓，伯顏等免官，完澤釋不問。初，朱清、張瑄偏以金帛結貴近，無不受其賂者。事敗，監察御史杜肯搆等言完澤等與二人交通，宜罪之，詔伯顏、迷兒火者、梁德珪、八都馬辛等謫戍遠邊，段貞、❶阿魯渾薩里等罷職不叙，俱籍其家，惟完澤不報。既而御史及樞密院臣復言中丞董士選亦嘗貸二家鈔，爲非義，帝曰：「既云稱貸，不必問也。」誅劉深，罷雲南分省。時有司會赦，議釋深罪，哈剌哈孫曰：「徼名首釁，喪師辱國，非常罪比，不誅無以謝天下。」遂誅之。帝如上都。○蘭谿處士金履祥卒。履祥少從學同郡王柏及何基之門，二人蓋得朱熹之傳者。宋將亡，遂絶意進取，屏居金華山中。嘗以劉恕《外紀》記司馬氏《通鑑》以前事，不本於經，舛繆不可信，乃斷自《尚書》，旁采子史損益之，作《通鑑前編》。他於《論》、《孟》、

❶「段貞」，原作「段真」，據《元文類》卷一二《留守段貞贈謚制》改，下同。

《大學》諸經傳及《禮》、《樂》、《書》，各有注疏，授其門人許謙以傳。當時以爲基之清介純實似尹和靖，栢之高明剛正似謝上蔡，履祥則親得之二氏，而並充於己者也。居仁山之下，學者因稱仁山先生。至正中，賜謚文安。

**夏閏五月朔，日食。○右丞相完澤卒。○六月，遣蒙古軍戍瓜、沙二州。**御史言：「瓜、沙二州爲邊鎮重地，今大軍内屯甘州，使官民及居邊外，非宜。乞以蒙古軍萬人分鎮二州險隘，兼立屯田以供軍。」從之。

**秋七月，篤哇遣使乞降。**篤哇既敗，聚其屬及海都之子，謀遣使請命。使至，月赤察兒會諸王將帥議曰：「篤哇乞降，事當待命於上，然往返再閱月，恐失事機。」乃使馬兀合剌往報之。既遣，始以聞，帝嘉之，詔慎飭軍士，安置驛傳以俟。自是諸王叛者相率來歸。

**兩浙大饑。**平江等十五路霪雨害稼，詔發粟賑民一月，仍減直糶米三十萬石協濟之。時台州諸路旱饑尤甚，行省檄浙東元帥脱歡察兒賑之，脱歡察兒殘虐不恤，治中陳孚訴于巡撫使，亟發廩，民之殍者已十六七。

**以哈剌哈孫爲右丞相，阿忽台爲左丞相。○八月，地震。**平陽、太原尤甚。村堡移徙，地裂成渠，壞廬舍萬八百區，人民壓死不可勝計。詔問致災之由，齊履謙言：「地爲陰而主静，妻道、臣道、子道也。三者失其道，則地爲之不寧。弭之之道，大臣當反躬責己，去專制之威，以答天變，不可徒爲祈禳也。」時帝寢疾，宰臣及中宫專政，故履謙言及之。而集賢大學士陳天祥亦上書，極陳陰陽不和，天地不位，爲時政之弊。言尤切直，執政者惡之，抑不以聞。天祥自被召起且一歲，每以不得一見帝言，鬱鬱不自釋，尋復謝病歸。

**九月，帝還大都。○復以木八剌沙爲平章政事。○遣翰林直學士王約使高麗，徵其臣吴祁入朝，❶尋流之安西。**晅既復位，厚斂淫刑，國人羣愬于朝，因得其國相吴祁專權離間王父子狀，詔遣約諭之曰：「天地間至親者父子，至重者君臣。彼小人知自利，寧肯爲汝家國地邪！」晅泣謝罪，且請子謜還國，奸人黨與悉從約治。遂徵祁赴闕鞫之，流安西。

**冬十月，詔互遷行省官之久任者。**

❶「吴祁」，原作「吴祈」，據《高麗史》卷一二五《吴潛傳》、《欽定續通志》卷六二《成宗本紀》改，下同。

時諸道奉使言：「行省官久任，多與所隸編民聯姻，殊爲害政。」詔互遷之。十二月，彗出紫微垣。○詔蒙古軍居山東、河南者免戍甘肅。簽樞密院千奴言：「蒙古軍在山東、河南者，往戍甘肅，❶動涉萬里，每行必鬻田產，甚或賣妻子，戍者未歸，代者當發，困苦日甚。今邊陲無事，而虛殫兵力，誠爲非計，乞以近甘肅之兵戍之。而山東、河南前戍者，令有司爲贖其田產、妻子。」從之。詔翰林、太史院官勿致仕。時詔內外官七十者，並聽致仕，獨郭守敬以先朝舊德，朝政多諮之，累請謝事不許。自是凡翰林、太史官，不許致仕，著爲令。

**甲辰** 八年，春正月，地震。平陽尤甚，民居摧毀。皇后召平章政事愛薛，問曰：「災異如此，殆下民所致邪？」愛薛曰：「天地示警，民何與焉。」二月，帝如上都。○增置國子生。初增蒙古生百員，至是增置二百員，選宿衛大臣子孫充之，尋復分教於上都。夏五月朔，日食。○秋九月，帝還大都。○復伯顏等官，以阿里爲平章政事。御史杜肯搆等言：「伯顏等樹黨受賕，謫戍遠方，道路相慶。方經數月，遽聞召復相位，又與原鞫之人列坐朝堂。天下之人，目伯顏、梁德珪、八都馬辛爲三凶，三凶不誅，無以謝天下。又況迷兒火者、阿里等，與之同惡相濟，濁亂朝綱，是以比年災異屢見。雖朝廷存恤之詔累頒，而禍亂之源未塞，上失其政，民受其殃。乞將羣凶或斥或誅，明正其罪。」御史中丞何瑋亦以爲言，❷前後章數十上，皆不報。冬十月，立海山爲懷寧王。

**乙巳** 九年，春二月，建天壽萬寧寺。寺中塑祕密佛，形像醜怪，皇后幸寺見之惡焉，以帕障其面而過，尋勅毀之。三月，帝如上都。○隕霜殺桑。般陽、益都、河間諸路，凡殺桑二百四十一萬七千餘本。夏四月，大同地震。有聲如雷，壞官民廬舍五

❶「往」，原脱，據《元史》卷一三四《千奴傳》、《資治通鑑後編》卷一六一補。

❷「瑋」，原作「通」，據《元史》卷一五〇《何瑋傳》改。

千餘間，壓死二千餘人。**始定郊祀禮。**元初，代有拜天之禮，然皆循用國俗。郊祀之事，自平金、宋後，猶未舉行。至是，哈剌哈孫等言：「祈天保民之事，有天子親祀者三：曰天，曰祖宗，曰社稷。而祭天，尤國之大事也。陛下雖未及親祀，宜如宗廟、社稷，歲時遣官攝行之。」制下，翰林、集賢、太常及中書議之，以爲《周禮》冬至圜丘禮天，夏至方丘禮地，西漢元始間，始合祭天、地，歷東漢至宋千有餘年，分祭合祭，訖無定議。然時既不同，禮樂亦異。王莽之制，何可法也。今當循三代之典，祀天南郊，而方丘之禮，續議以聞。又按周作，壇壝三成，近代增四成，以廣天文從祀之位。今宜去其一成，以合陽奇之數。每成高八尺一寸，以合乾之九九。壇設丙巳之地，以就陽位。又古者器用陶匏，席用藁秸，以祀天。漢、唐而後，禮樂玉帛日益繁縟，宋、金多循唐禮，今欲脩嚴，非草創所能備舉，宜取唐制損益而行之。既而太常復議尊祖配天之儀，省臣曰：「自古漢人有天下，率尊祖以配天。宗廟已有時享，郊止祭天爲宜。」中丞何瑋曰：「嚴父配天，不易之制也。」不從。**六月，立子德壽爲皇太子。○秋七月，命兄子愛育黎拔力八達居懷州。**答剌麻八剌次子，海山母弟也。**以段貞、八都馬辛並爲平章政事。○八月，給曲阜林廟灑掃户。**以尚珍署田五十頃供歲祀。**賈胡獻寶珠。**西域賈人有獻珍寶求售者，議以六十萬錠酧其直，省臣有謂左丞尚文者曰：「此所謂押忽大珠也，六十萬酧之，不爲過矣。」文問何所用之，答曰：「含之可不渴，熨面可使目有光。」文曰：「一人含之，千萬人不渴，則誠寶也。若一寶止濟一人，則用已微矣。吾之所謂寶者，米粟是也，有之則百姓安，無則天下亂。以功用較之，豈不愈於彼乎！」**九月，帝還大都。○冬十二月，太子德壽卒。**

**丙午　十年，春正月，罷江南白雲宗都僧録司。**汰其民歸州縣，各寺田悉令輸租。初，南臺御史言：「江南寺觀田畝，歷年詔免租賦，上虧公額，下侵民利，其所隸民户，或罹饑窘，爲其徒者，坐視不卹。乞於秋成之時，驗其頃畝，減半徵之，以備凶歲，推賑其民，庶幾利害稍均，不加費於官府也。」從之。**閏月，以徹里、阿散並爲平章政事。○二月，帝如上都。**

○夏五月，遣高麗王謜還國，復置征東行省。高麗王昛既卒，遂遣謜還，仍置行省鎮撫之。謜尋更名璋。❶秋八月，開成地震。❷先是，晉寧、冀寧及諸郡地數震，至是開成又大震，壞王宮及官民廬舍，壓死五千餘人。冬十一月，帝還大都。十二月，有疾。

丁未　十一年，春正月，安西王阿難答及諸王明里帖木兒入朝。○帝崩。廟號成宗，國語稱曰完澤篤皇帝。史臣曰：「帝承天下混一之後，善於守成。惟其末年，連歲寢疾，國家政事，內則決於宮闈，外則委於大臣。其所以不至廢墜者，則以去世祖未遠，成憲具在故也。」左丞相阿忽台等謀奉皇后臨朝，以安西王攝政。右丞相哈剌哈孫遣使迎懷寧王海山於漠北，及其弟愛育黎拔力八達於懷州。后以己嘗謀出愛育黎拔力八達及其母居懷州，至是恐其兄懷寧王立，必報前怨，乃命召安西王入京師，欲立之。而左丞相阿忽台，平章賽典赤、八都馬辛、伯顏及諸王明里帖木兒，陰左右之，謀斷海山歸路，奉皇后垂簾聽政，立安西王輔之。於是阿忽台以祔廟及攝位事，集廷臣議之。太常卿田忠良、博士張昇曰：「制祔廟，必書嗣皇帝名，今將何書？」而御史中丞何瑋亦執不可，阿忽台變色曰：「制自天降邪！公等不畏死，敢沮大事！」瑋曰：「死畏不義爾，苟死於義，何畏？」議遂寢。時右丞相哈剌哈孫收百司符印，封府庫，稱疾，守宿掖門，內旨日數至，皆不聽。衆欲害之，未敢發。懷寧王適遣康里脱脱計事京師，哈剌哈孫令急還報，復遣使南迎愛育黎拔力八達于懷州。二月，愛育黎拔力八達至自懷州，誅阿忽台等，執阿難答，歸於上都。哈剌哈孫使至懷州，愛育黎拔力八達疑未行，其傅李孟曰：「支子不嗣，世祖之典訓也。今宮車晏駕，大太子遠在萬里，殿下當急還宮廷，以安人心。」愛育黎拔力八達乃奉其母還大

❶「璋」，原作「章」，據《元史》卷一〇八《諸王表》、卷一〇九《諸公主表》改，下同。

❷「開成」，原作「開城」，據《元史》卷二一《成宗本紀》、卷六〇《地理志》改，下同。

都。先遣孟趨哈剌哈孫覘之，適后使問疾哈剌哈孫所，孟入，長揖，引其手診之，衆謂孟醫也，竟不疑。既而知安西之變有日，還報曰：「事急矣，不可不早圖之。」愛育黎拔力八達曰：「當以卜決之。」孟召卜者，謂曰：「大事待汝而決，第云其吉。」及入筮，果吉。孟曰：「筮不違人，是爲大同。」愛育黎拔力八達喜，振袖而起，衆翼之上馬，諸臣皆步從，入哭盡哀，復出居舊邸。安西之黨見愛育黎拔力八達既至，遂謀以三月三日僞賀其生辰，因以舉事者，哈剌哈孫許之，夜遣人啓愛育黎拔力八達曰：「懷寧王遠，不能猝至，恐變生不測，當先事而發。」愛育黎拔力八達復遣都萬户囊加歹詣諸王禿剌定計，囊加歹力贊之，乃先二日率衛士入內，稱懷寧王遣使召安西計事，至即并諸王明里帖木兒執之，械送上都，收阿忽台、八都馬辛、賽典赤、伯顔等，誅之。諸王闊闊出、❶牙忽都進曰：「今罪人斯得，太子實世祖之孫，❷宜早正大位。」愛育黎拔力八達曰：「惡人潛結宮壼，亂我家法，故誅之，豈欲作威福以覬神器邪？懷寧王吾兄也，宜正大位，已遣使奉璽北迎之矣。」遂自監國，與哈剌哈孫日夜居禁中以備變，俾李孟參知政事。孟損益庶務，裁抑僥倖，羣小多不樂，既而曰：「執政大臣，當自天子親用，今鑾輿在道，孟未見顔色，誠不敢冒大任。」固辭弗許，遂逃去，不知所之。

**夏五月，懷寧王海山至上都，廢皇后伯岳吾氏，居東安，殺之。誅安西王阿難答及諸王明里帖木兒，遂即位，大赦。**

初，海山聞帝崩，自按台山至和林，諸王勳戚合辭勸進，王曰：「吾母及弟在大都，俟宗親畢會，議之。」愛育黎拔力八達既平內難，其母弘吉剌妃惑於日者言，欲海山讓位於愛育黎拔力八達。海山聞之，語康里脱脱曰：「我捍邊陲十年，又胤次居長，星命之言，茫昧難信。設我即位後，所行上合天心，下副民望，則雖一日之短，亦足垂名萬年，何可以陰陽家言，而乖祖宗之託哉？此殆用事之臣，擅權專殺，恐他日或治其罪，故爲是奸謀爾。汝爲我往察事機，疾歸報我。」乃親率大軍由西道，諸王按灰由中道，牀兀兒由東道，各以勁卒一萬從，而遲迴不進。脱脱馳至大都，入道海山言，妃愕然曰：「脩短

❶「出」，原脱，據《元史》卷二四《仁宗本紀》、《資治通鑑後編》卷一六二補。

❷「太子實世祖之孫」，太子即元仁宗，據《元史》卷一〇七《宗室世系表》，元仁宗爲元世祖曾孫。

之説，雖出術家，爲太子周思遠慮，乃我深愛。今貪憝已除，宗王大臣議已定，太子不速來何爲？汝所致言，殆有讒間，汝歸爲我彌縫之，而趣其來。」先是，妃以海山不至，復遣阿沙不花迎之，備道安西謀變始末，及大弟監國，與諸王羣臣推戴之意。至是脱脱繼往，行至中道，海山輿中望見之，趣使同載。脱脱備述妃言，海山大感悟，即以阿沙不花爲平章政事，遣還報兩宮。愛育黎拔力八達即侍其母來會于上都，海山遂即位。

**追尊考曰順宗皇帝，尊母弘吉剌氏爲皇太后。○加哈剌哈孫、朵兒朵海並太傅，阿沙不花太尉。○以塔剌海爲左丞相，牀兀兒、乞台普濟、明里不花並平章政事。○六月，立弟愛育黎拔力八達爲皇太子。○詔定祔廟之次。**

哈剌哈孫等言：「與翰林、太常議：皇考，大行皇帝母兄也，二帝神主依兄弟之次祔廟爲宜。擬謚皇考曰昭聖衍孝皇帝，廟號順宗；大行皇帝曰欽明廣孝皇帝，廟號成宗。升祔太廟，太祖居中，睿宗西第一，世祖第二，裕宗第三，順宗東第一，成宗第二。先元妃弘吉剌氏，宜謚貞慈静懿皇后，祔成宗廟。」制可。○胡粹中曰：「睿宗、裕宗、順宗皆未嘗居天子之位，但當祔食於其所出之帝，而各爲立廟，已非禮矣。况成宗爲君時，順宗爲之臣，豈有依次升祔，而躋順宗於成宗之上者乎？失禮之中，又失禮焉。哈剌哈孫、何瑋諸臣，何能逃其責乎？」

**以牀兀兒、不蘭奚並爲平章政事。○秋，七月，封禿剌爲越王，左遷右丞相哈剌哈孫爲和林左丞相，以月赤察兒爲和林右丞相，進爵淇陽王。**

初，皇太子入定内難，阿忽台有勇力，人莫能近，禿剌實手縛之，以功封越王。哈剌哈孫力争，以爲：「舊制，非親王不得加一字之封。禿剌疏屬，豈可以一日之功，廢萬世之制。」帝不聽。禿剌因譖于帝曰：「安西謀干大統時，丞相亦嘗署其牘。」由是罷爲和林行省左丞相，仍太傅，復録軍國重事。哈剌哈孫至鎮，斬爲盗者一人，分遣使者賑貸降民，奏出鈔帛易牛羊以給之，近水者教取魚鱉爲食。命諸部置傳車，相去各三百里，凡十傳，轉米數萬石以餉饑民。又度地置倉廩，積粟以待來者。求古渠浚之，溉田數千頃。治稱海屯田，令部民雜耕其間，歲得米二十餘萬。北邊大治。

**以塔剌海爲右丞相，塔思不花爲左丞相，塔失海牙、教化、法忽魯丁、別不花並**

平章政事。○制加孔子號曰大成。制曰：「先孔子而聖者，非孔子無以明；後孔子而聖者，非孔子無以法。所謂祖述堯舜，憲章文武，儀範百王，師表萬世者也。可加大成至聖文宣王，遣使闕里，祀以太牢。於戲！父子之親，君臣之義，永惟聖教之遵；天地之大，日月之明，奚罄名言之妙。尚資神化，祚我皇元。」以都指揮使馬謀沙及伶官沙的等並爲平章政事。謀沙以角觝屢勝，遥授平章政事。沙的等授平章，仍領玉宸樂院使。未幾，樂工有犯法者，刑部逮之，沙的等以玉宸與刑部秩皆三品，官皆榮禄大夫，留不遣。中書以聞，帝曰：「凡諸司，視其資級，授之散官，不可超越。其閑冗職名官高者，宜遵舊制降之。」八月，停内降旨選官。省臣言：「内降旨與官者，八百八十餘人，已除三百，未除者猶五百餘。請自今越奏者，乞勿與。又外任官多帶相銜，非制。」御史臺臣亦言：「御史、廉訪司官，宜從本臺公選，不當從諸臣所請降内旨用之。」帝曰：「若此者，卿等皆當執勿與。」未幾，省臣復言：「比有應入常調者，或未入仕，及已嘗廢黜者，亦復請自内降，已嘗奉詔禁革之，後所降内旨復有百餘。臣等竊謂，中書政務，他人輒得干請，如此，責效實難。自今銓選、錢穀之事，不由中書議者，不得奏聞。」從之。賜諸王《孝經》。中書左丞孛羅帖木兒以國字譯《孝經》進，❶詔曰：「此孔子微言，王公、庶民，皆當由是而行。命刻板模印，諸王以下咸賜之。」以塔海爲平章政事。○九月，帝至自上都。○冬十月，命皇太子領中書令。省臣言：「初置中書省時，裕宗爲皇太子，嘗至省署敕，行中書令事。後桑哥還立尚書省，不四載而罷。今復建中書於舊省，乞徙中書令位，請皇太子入省一涖之。」制可。十二月，山東饑。遣禮部尚書吴鼎往賑之，時議發米四萬石，不給，則以鈔折之。鼎曰：「民得鈔，將何從易米？」請於朝，易米以行。徵處士蕭𣂏爲太子右諭德。𣂏，陝西奉元人。初出爲府史，語當道不合，即引退，力學三十年，不求進。鄉人有暮行遇盜，詭曰：「我蕭先生也。」盜驚愕釋去。世祖時辟爲陝西儒學提舉，不赴。後累授集賢直學士、國子司業，改集賢侍讀學士，皆不赴。至是徵拜太子右諭德，扶

❶「左」，原作「右」，據《元史》卷二二《武宗本紀》改。

病至京師，入覲東宮，書《酒誥》爲獻，以朝廷時尚酒也。尋以病請解職，或問之，則曰：「在禮，❶東宮東面，師傅西面，此禮今可行乎？」俄擢集賢學士、國子祭酒，依前右諭德。疾作，固辭而歸。卒，謚貞敏。

**戊申❷　武宗皇帝至大元年，春正月，以阿沙不花爲右丞相，行御史大夫事。**初，阿沙不花見帝容色日悴，乘間進曰：「陛下八珍之味不知御，萬金之身不知愛，而惟麴蘗是耽，妃嬪是好，是猶兩斧伐孤樹，未有不顛仆者。陛下縱不自愛，獨不思祖宗付託之重，天下仰望之切乎！」帝大悦曰：「非卿孰爲朕言。」因命進酒，阿沙不花頓首謝曰：「臣方欲陛下節飲，而反勸之，是臣之言不信於陛下也。臣不敢奉詔。」左右皆賀帝得直臣。遂授右丞相，行御史大夫事。尋以太子請復入中書，既又賜爵康國公。**兩浙饑。**民饑者四十六萬户，死者甚衆，詔户月給米六斗，以没入朱清、張瑄財産賑之。時浙東宣慰同知脱歡察議行勸貸之令，斂富民錢百五十餘萬，以二十五萬屬寧海縣簿胡長孺藏之。長孺察其有乾没意，悉散於民。既而果索其錢，長孺抱成案進曰：「錢在是。」脱歡察雖怒，不敢問。**西僧毆上都留守李璧，釋不問。**西番僧之在上都者，彊市民薪，民訴於于璧，璧方詢其由，僧已率其黨持白梃突入公府，❸隔案引璧髮捽諸地，捶朴交下，拽歸，閉諸空室，久乃得脱，奔訴于朝。僧竟遇赦免。未幾，其徒龔柯等，與諸王合兒八剌妃争道，拉妃墮車毆之，語侵上。事聞，亦釋不問。時宣政院方奉旨言毆西僧者斷其手，詈者截其舌，皇太子聞之，亟上言此法昔所未有，遂寢其令。**三月，建興聖宫。**爲皇太后所居。**帝如上都。○以脱脱木兒爲平章政事。○夏四月，罷征東行省。**高麗王王璋言：「陛下令臣還國，復設行省，國中比歲饑饉，又以數百人仰食其土，則民益不勝其困。」帝從其請，罷之。**六月，隴西、雲南地大震。○加宦者李邦寧**

❶「在」，原脱，據《元史》卷一八九《蕭𣂏傳》、《元儒考略》卷二補。
❷「戊申」，原脱，據《元史》卷七、四庫本補。
❸「梃」，原作「挺」，據四庫本、《元史》卷二〇二《八思巴傳》、《資治通鑑後編》卷一六三改。

大司徒兼左丞相。邦寧在宋爲小黄門，初從瀛國公入見世祖，留給事内庭，至是帝欲以爲江浙平章，辭曰：「臣以閹腐餘命，前朝赦而用之，使承乏中涓。今陛下復欲置臣宰輔，臣聞宰輔者，佐天子共治天下者也，奈何辱以寺人？陛下縱不臣惜，如天下後世何！誠不敢奉詔。」帝大悦，加大司徒，遥授左丞相，仍領太醫院事。

秋七月，皇子和世㻋請括河南田，詔止之。和世㻋請立總管府，括河南歸德、汝寧瀕河荒地，歲收其租。中書言：「瀕河之地，出没無常。近有亦馬罕者，妄稱省中委之括地，以有主之田，指爲荒地，所至騷動，被害之民，相率來愬，方議其罪，遇赦獲免。今乃妄以其地獻於皇子，且河南連歲凶荒，脱從所請，爲害非細。」帝曰：「安用多言！其止勿行。」

築呼鷹臺於漷州。初，改鷹坊爲仁虞院，秩正二品，命右丞相脱脱等爲院使，領其事。至是，築呼鷹臺於漷州澤中。

以塔思不花爲右丞相，乞台普濟爲左丞相。詔内外機務並從中書區處，諸王、公主、駙馬毋沮撓之。近侍官屬及内外諸司，事非由中書議者，毋隔越奏聞。

八月，諸路水旱蝗。江淮民采草根、樹皮爲食，而河南、山東有父食其子者。詔凡遣使振貸之處，差税並蠲除之。既而省臣言：「夏秋之間，鞏昌地震，歸德暴風，濟寧、泰安、真定大水，民居蕩析。江浙饑荒之餘，疫癘大作，死者相枕籍。父鬻其子，夫離其妻，哭聲震野，所不忍聞。是皆臣等不才，猥當大任，以致政事乖違，陰陽失序，願退位以避賢路。」帝曰：「災害事有由來，非爾等所致也，但當慎所行爾。」

九月，帝還大都。○冬十月，以西僧教瓦班爲翰林學士承旨。○十一月，省臣請汰冗官，節財用。省臣言：「世祖時，自中書以下諸司官有定員。邇者諸司遞陞一級，一司多至二三十員，事不改舊而官日增。乞如大德十年員數，冗濫悉汰之。又，今中都築城，大都建寺，及爲諸貴近營造私第，軍民困斃，廪藏空虛，而用度日廣，每賜一人，動至鉅萬，恐至不繼，宜暫節縮。況百司之事，每於中書有干預者，乞申禁之。」帝曰：「嘗令諸人毋干中書之政，他日或有乘朕忽忘，持内降文記至中書者，其執之以來。」

禁賈人乘驛。時有進沉檀異木可構宮室者，勑江浙行省驛致之。中書省臣言：「西域賈人，佩虎符，馳驛馬，名奉勑求珍異，乃或以一豹上獻，亦要回賜。虎符，國之信器，驛馬，使臣所需，畀之商賈，誠非所宜。」既又言：「江浙諸驛，半歲之間，使人過者千二百有餘，桑兀、寶合丁等進獅、豹、鴉、鶻，數日食肉千餘斤。自今有來獻者，乞令自備資力。」從之。以乞台普濟爲右丞相，脱脱左丞相。○罷天下屯田。中書言：「天下屯田一百二十餘處，由所用非人，多致廢弛，除四川、甘州、應昌、雲南爲地遼遠，餘當選習農務者往覈，其地可興者興，❶可廢者廢。」詔從之。閏月，太傅哈剌哈孫卒。謚忠獻。詔有司贖饑民所鬻子女。○以赤因帖木兒爲平章政事。○月赤察兒進攻察八兒諸部，漠北悉平。月赤察兒言：「察八兒諸王之在邊境者素無悛心，儻諸部合謀，必爲國患。請撫安篤哇之子欵徹，及處諸部來歸者於金山之陽，遣軍屯田山北，脱彼有謀，吾已擣其腹心矣。」帝稱善，趣進軍攻之。察八兒等果欲奔欵徹，不納，遂相率來降，漠北悉平。左遷敬儼爲兩淮轉運使。時儼爲江南治書侍御史，以議立尚書省不便，忤宰臣意，適兩淮鹽法久滯，乃左遷儼爲轉運使，欲陷之。儼至，黜貪理敝，課復增羨至二十五萬引。河南省臣來會鹽筴，欲以所增羨爲歲入常額。儼以民罷已甚，以羨爲額，病民以爲己，不可，遂止。

己酉　二年，春正月，越王禿剌有罪賜死。禿剌居常怏怏，有怨望意。去年秋，帝幸涼亭，將御舟，禿剌前止之，言涉不遜，帝由是銜之。及宴萬歲山，禿剌醉起，解腰帶擲地，瞋目謂帝曰：「爾與我者，止此耳。」帝疑其有異志，命省臣鞫之，辭服，遂誅之。始親享太廟。以受尊號，告謝太廟，爲親享之始。追還內降璽書。丞相塔思不花等言：「朝廷璽書不由中書，徑令翰林頒給者，自大德六年至今凡六千三百餘道，皆干土田、户口、錢穀、銓選、獄訟害民妨政之事，請悉追奪。後凡不由中書者，乞勿與之。」制可。帝如上都。御史言：「京師之內工役繁興，加之歲旱民饑，狂愚易惑。今乘輿行幸，乞命丞相一人留守京師，著爲令。」從之。夏六月，

❶「地」，原脱，據《元史》卷二二《武宗本紀》補。

**復徵僧道賦稅。**從省臣言也。

**秋七月，河決歸德，又決封丘。**

○**八月，復置尚書省，以乞台普濟爲右丞相，脱虎脱爲左丞相，三寶奴、樂實爲平章政事，保八爲右丞，忙哥鐵木兒爲左丞，王羆參知政事。**初，帝從脱虎脱、教化、法忽魯丁言，欲復置尚書省，分理財用。御史臺臣言：「至元中，阿合馬、桑哥相繼立尚書省，綜理財用，事敗併入中書。今四方地震水災，歲仍不登，百姓重困，又復立之，則必增置有司，濫設官吏，殆非益民之事。且綜理財用，在人爲之，若止命中書整飭，❶未見不可。」帝曰：「卿言良是。此三人者，願任其事，姑聽其行焉。」至是樂實又與保八言其事，帝命與塔思不花集議。保八言：「政事得失，皆前日中書所爲，今欲舉正，彼懼有累，孰願行者。臣請乞舊事從中書，新政從尚書。其尚書省官，請以乞台普濟、脱虎脱爲丞相，三寶奴、樂實爲平章，保八爲右丞，王羆爲參知政事。」帝並從之。塔思不花言：「此大事，遽爾更張，乞與老臣更議之。」帝不從。三寶奴言：「尚書省既立，更新庶政，變易鈔法，用官六十四員，其中宿衛之士有之，品秩未至者有之，未歷仕者有之。此皆素習於事，既已任之，乞勿拘例，授以宣勑。」仍改各行中書省爲行尚書省，以尚書省條畫頒示天下，敢有沮撓者，罪之。

**置太子右衛率府。**命右丞相脱虎脱、御史大夫不里牙敦領府事，取河南蒙古軍萬人隸之。王約曰：「左衛率府，舊制有之，今置右府何爲？諸公深思之，不可以累儲宮也。」太子又命取安西兵器給宿衛士，約謂詹事完澤曰：「詹事移文千里取兵器，人必驚疑。主上聞之，奈何？」完澤愧曰：「實慮不及此。」家令薛居敬言陝西分地五事，❷命往理之，約不爲署行，語之曰：「太子，潛龍也。當勿用之時，爲飛龍之事，可乎？」遂止。太子喜，諭羣下曰：「事未經王彦博議者，勿啓。」一日，約方啓事，二宦官侍側，太子問曰：「自古宦官壞人家國，有諸？」對曰：「宦官善惡皆有之，但恐處置失宜耳。」太子深然其言。

**九月，頒行至大銀鈔。**帝從樂實言鈔法大壞，乃改造至大銀鈔，凡十三等，每一兩准至元鈔五貫，白銀一兩、

---

❶「整飭」，原脱，據《元史》卷二二《武宗本紀》、《資治通鑑後編》卷一六二補。

❷「敬」，原脱，據《元史》卷一七八《王約傳》、《欽定續通志》卷四九〇《王約傳》補。

赤金一錢。❶隨路立平準行用庫及常平倉，以權物價，毋令沸騰。元之鈔法，至是凡三變云。**帝還大都。**○**始鑄錢。**元行鈔法，雖皆以錢爲文，而廢錢弗鑄。至是始詔大都立資國院，山東、河東、遼陽、江淮、湖廣、四川立泉貨監六，產銅之地設提舉司十九，鑄錢曰至大通寶者，每一文准銀鈔一釐；曰大元通寶者，准至大錢十文，與歷代錢通用，其當五、當三、折二，並以舊數用之。既而御史言：「至大銀鈔始行，品目繁多，民猶未悟，而又兼行銅錢，慮有相妨。今民間拘收銅器甚急，民殊不便，乞與省臣詳議。」不報。**復行內降旨。**尚書省言：「三宮內降之旨，曩中書奏請勿行，臣等謂宜仍舊行之。儻於大事有害，則復奏請。中書之務，乞以盡歸臣等。」從之。**冬十月，以皇太子兼尚書令。**初，帝從乞台普濟等言，由尚書省任人，而以宣敕散官委之中書。至是太子言：「舊制，百官宣敕皆歸中書，以臣爲中書令故也。自今敕牒宜令尚書省給降，宣命仍委中書。」從之。**質江南富民子爲軍。**樂實言：「江南平垂四十年，其民止輸地稅，餘皆無與。富室有占編民奴役之者，動輒百千家，有多至萬家者，其力可知。乞令有司收糧五萬石以上者，❷石輸二升於官，仍質一子而軍之。所輸之糧，半入京師以養御士，半留於彼以備凶年。富國安民，無善於此。」詔如其言行之。**十一月，八百媳婦諸蠻亂。**八百媳婦及大小徹里諸蠻作亂，詔遣雲南右丞算只兒威往招諭之。比至，爲賊所賂，復肆攻掠，遂以敗還。**以阿散爲尚書左丞相、行中書平章政事。**尋出商議遼陽行省事。**十二月，帝親饗太廟。**

**庚戌**　**三年，春正月，徵李孟入見，以爲平章政事、同知徽政院事。**❸初，孟既逃去，有譖于帝者曰：「內難初定時，孟嘗勸皇太子自取。」帝弗

❶「赤金」，原作「黃金」，據《元史》卷二三《武宗本紀》、卷九三《食貨志》改。

❷「乞令有司收糧五萬石以上者」，《元史》卷二三《武宗本紀》作「乞自今有歲收糧滿五萬石以上者」。

❸「徽政」，原作「樞密」，據《黃金華集》卷二三《李孟行狀》、《元史》卷二三《武宗本紀》改，下同。

之信。一日，太子侍内宴，忽戚然改容，帝曰：「吾弟何不樂？」太子從容起謝曰：「賴天地祖宗神靈，神器有歸。然成今日母子兄弟之懽者，李道復之功居多。適思之，不自知其變於色也。」帝即命搜訪之，得於許昌陘山，召見，謂宰臣曰：「此皇祖妣命爲朕賓師者，宜速任之。」至是乃授中書平章政事、集賢大學士、同知徽政院事。❶

立皇后弘吉剌氏。

○二月，寧王闊闊出謀反，流於高麗。

闊闊出與禿剌子阿剌納失里謀爲不軌，事覺，下闊闊出獄，竄阿剌納失里于漠北，礫西僧鐵里等二十四人于市。遂欲誅闊闊出，平章政事鐵哥獨辨其誣，詔釋之，流于高麗。

以樂實爲尚書左丞相。

○三月，賜諸王察八兒幣帛。

初，世祖以海都叛，詔積其分地五户絲爲幣帛，俟其來降賜之。至是，其子察八兒來歸，尚書省臣請以賜之，帝命省臣備述其故以與之，使彼知所愧。

帝如上都。

○夏五月，詔尚書省右丞相脱虎脱、左丞相三寶奴總百司庶務。

尋加脱虎脱太師，爵義國公，三寶奴爵楚國公。

荆、襄大水，山崩。

襄陽、峽州路、荆門州壞官民廨舍二萬一千八百餘間，死者三千四百餘人。

秋九月，帝還大都。

○冬十月，詔減宫人膳。

尚書省言：「宣徽院廩給日增，儲偫雖廣，亦不能給。」帝曰：「比見後宫飲膳，與朕無異，其覈實減之。」

詔大司農修明勸農之令。

○十一月，始以太祖配享南郊。

先是，三寶奴等言：「奉詔舉行郊祀典禮，臣等議，欲祀北郊，必先南郊。今歲冬至祀圓丘，❷尊太祖皇帝配享；來歲夏至祀方丘，尊世祖皇帝配享。」至是有事南郊，以太祖配享。

殺大都留守鄭阿兒思蘭。

阿兒思蘭襲父職，爲武衛親軍都指揮使。❸ 尚書省搆其與兄榮祖等十七人圖爲不軌，置獄鞫之，並棄市，籍其家，中外冤之。

城中都。

辛亥　四年，春正月，帝崩。

廟號武宗，國

❶ 上「政」，原脱，據《黄金華集》卷二三《李孟行狀》、《元史》卷二三《武宗本紀》補。

❷「祀」下，原衍「天」字，據《元史》卷二三《武宗本紀》删。

❸「親軍」，原脱，據《元史》卷二三《武宗本紀》、《資治通鑑後編》卷一六三補。

語稱曰曲律皇帝。史臣曰：「帝慨然欲創治改法而有爲，故其封爵太濫，錫賚太泛，至元、大德之政，於是稍有更變云。」

皇太子罷尚書省，誅脱虎脱、三寶奴、樂實、保八、王罷，流忙哥鐵木兒于海南。

皇太子以脱虎脱等變亂舊章，流毒百姓，凡誤國者，欲悉按誅之。延慶使楊朵兒只諫曰：「爲政而首尚殺，非帝王治也。」太子感其言，特誅其尤者。既而御史言：「脱虎脱等既正典刑，而黨附之徒布在百司，若孛羅鐵木兒、闊里吉思、烏馬兒等，奸貪害政，今中書方欲用爲各省平章、參政等官，宜加罷黜。」從之。尋復以行尚書省爲行中書省，百司庶務，復歸中書。

罷城中都。

皇太子以司徒蕭珍城中都徼功毒民，遂追奪其符印，令百司禁錮之。凡中都所占民田，悉還之民。

以鐵木迭兒爲右丞相，完澤、李孟並平章政事。○召先朝舊臣程鵬飛等十五人。

召先朝諳知政務老臣程鵬飛、董士選、李謙、張驢、陳天祥、尚文、劉正、郝天挺、董士珍、蕭𣂏、劉敏中、王思廉、韓從益、趙君信、程文海十五人詣闕，同議庶政。天祥等五人不至。謙至，首陳九事，正陳八事，皆欲朝廷守成憲，開言路，重名爵，節財用，興學校，定律令，舉切時弊。

二月，罷康里脱脱爲江浙行省左丞相。

脱脱下車，進父老問民間利病，咸謂杭城舊有便河通江滸，堙廢已久，若疏鑿以通舟楫，物價必平。僚佐或難之，脱脱曰：「吾陛辭之日，密旨許以便宜行事。民以爲便，行之可也。」俄有詔禁作土功，脱脱曰：「敬天莫先勤民，民蒙其利，則災沴自弭，土功何尤焉？」不一月，河成。

三月，皇太子即位，大赦。

皇太后欲用陰陽家言，令太子即位隆福宮，御史中丞張珪言：「當御大明殿。」帝悟，移仗大明殿。既即位，親解所御衣及只孫衣二十襲、金帶一，賜之。

詔百司遞陞品秩者復舊制。

詔武宗時百司遞陞品秩者，悉從至元舊制。既又諭省臣曰：「卿等裒集中統、至元以來條章，擇老臣明法律者，斟酌重輕，折中歸一，頒行天下，俾有司遵行之，則抵罪者庶無冤抑。」

寧夏地裂。○遣宦者李邦寧釋奠於孔子。

邦寧既受命行禮，方就位，忽大風起，殿上及兩廡燭盡滅，燭臺底鐵鐏入地尺許，無不拔者。邦寧悚息伏地，諸執事者皆伏，良久風息，乃成禮，邦寧因慚悔累日。○初，帝在東宮，邦寧知三寶奴等畏帝英明，乘間言於武宗曰：「陛下富於春秋，皇子漸長，父作子述，古之道也。未聞有子而立弟者。」武宗不悅曰：「朕志已定，汝自往東宮言之。」邦寧慚懼而退。及帝即位，左右咸請誅之，帝曰：「帝王曆數，自有天命，其言何足介懷。」加邦寧開府儀同三司，爲集賢院大學士。尋卒。

**夏四月，罷行至大銀鈔、銅錢。**帝以至大銀鈔輕重失宜，至大、大元銅錢新舊恣用，行之未久，爲弊滋甚，詔並罷之。楊朵兒只曰：「法有便否，不當視立法之人爲廢置。銅錢與楮幣相權而用，古之道也，何可遽廢邪！」言雖不用，時論是之。

**五月，遣兵擊八百媳婦。**陝西侍御史趙世延諫曰：「蠻夷事在羈縻，先朝用兵不已，致亡失軍旅，誅戮省臣。今第當選重臣知治體者，付以邊寄，兵宜勿用也。」不聽。

**秋閏七月，賜李孟爵秦國公。**孟感帝知遇，頗以國事爲己任。見當時賜予太廣，名爵太濫，風俗太侈，❶僭擬無章，每勸帝言：「人君之柄，在刑與賞。刑不足懲，賞不足勸，何以爲治！」帝在懷州，深見吏弊，既即位，欲痛剗除之。孟曰：「吏亦當有賢者，在激厲之而已。」帝曰：「卿儒者，宜與此曹氣類不合，而曲爲保護如此，真長者之言也。」嘗謂之曰：「朕在位，必卿在中書。」賜爵秦國公，圖其像，命詞臣贊之。每入見，稱曰「道復」而不名。

**增國子生爲三百人。**初，帝命李孟領國子學，諭之曰：「國學，人材所自出。卿宜數課諸生，勉其德業。」至是，又諭省臣曰：「昔世祖注意國學，如不忽木等皆蒙古人，而教以成材。朕今親定國子生爲三百人，仍增陪堂生二十人，通一經者以次補伴讀，著爲式。」既而孟等言：「方今進用儒者，而老成日以凋謝。四方儒士有成材者，請擢任國學、翰林、祕書、太常或儒學提舉等職，俾學者有所激勸。」帝從之，詔：「自今勿限資級，❷果材而賢，雖白身亦任用之。」

**九月，還陳益稷舊賜田。**益稷言：「自世祖朝來歸，妻子皆爲其國人所害，朝廷因遥授王爵，賜漢陽田五百頃，俾自贍。今臣年幾七十，而有司拘所受田，就食無所。」帝謂省臣曰：「益稷來歸，宜厚賜以懷遠人，其進勛爵，授田如故。」

**冬十一月，罷營繕。**初，帝諭太府監臣曰：「財用足，則可以養萬民，給軍旅，雖一繒之微，非朕命毋輒與人。」至是李孟言：「每歲支鈔六百餘萬錠，又土木營繕百餘處，計用數百萬錠，内降旨賞賜復用三百

❶「侈」，原脱，據《資治通鑑後編》卷一六四補。
❷「級」，原作「給」，據《元史》卷二四《仁宗本紀》改。

餘萬錠，北邊軍需又六七百萬錠。帑藏見貯止十一萬餘，安能周給！自今不急浮費，❶宜悉停罷。」帝納其言，罷諸營繕。時都水監傳旨給驛往取杭州所造龍舟，省臣諫曰：「陛下踐祚，詔天下凡非宣索，毋得擅進。誠取此舟，有乖前詔。」遂命止之。復以阿散爲平章政事。

○十二月，詔停内降旨。帝初諭省臣曰：「朕前戒近侍，毋以文記傳旨中書，敢有犯者，徑逮其人治之。」至是省臣復言：「祖宗立選法，憑黜陟以示激勸。今官未及考，或無故更代，或躐等進階，僭受國公、丞相等職，諸司已裁而復置者有之。今春以來，内降旨除官千餘人，其中欺僞，豈能盡知！壞亂選法，莫此爲甚。」帝曰：「自今凡内降旨，一切勿行。」

續資治通鑑綱目第二十四

❶「自今不急」，原脱，據《元史》卷二四《仁宗本紀》、《資治通鑑後編》卷一六四補。

# 續資治通鑑綱目第二十五

起壬子元仁宗皇慶元年，盡己巳元文宗天曆二年。

凡十八年。

**壬子**　仁宗皇帝皇慶元年，春正月，制進翰林國史院秩。帝諭省臣曰：「翰林、集賢儒臣，須朕自選用，毋輒擬奏。人言御史臺任重，朕謂國史院尤重。蓋御史臺是一時公論，國史院是萬世公論。」於是陞翰林國史院秩從一品。尋敕博選中外才學之士居之。

夏四月，帝如上都。○五月，以阿散爲左丞相，張驢爲平章政事。○六月朔，日食。○勑左右勿僥倖乞加官。時朝廷封拜繁多，羣臣無功而受王公之爵者，前後相繼。於是誡左右勤職業，勿妄僥倖加官。御史中丞郝天挺言：「自先帝即位之時，大事初定，故於左右三五有功之人，爵之太高，遂使近幸之臣，因而相襲，王公師保，接迹於朝。比者雖令追印裁罷，曾未經歲，又復紛然。《春秋》云：『服之不衷，身之災也。』是以朝廷名器重，則斗升之禄，足以鼓舞豪傑；名器濫，則雖日拜卿相，而人不勸矣。」又言：「國初設官，在内須三十月，在外須三周歲，考其殿最，以爲黜陟。比者省院臺部之臣，久者一二歲，少者三五月，甚有旬日之間，而屢遷數易者。奔走往來之不暇，何暇宣風布化，參理機務哉！乞自今惟大臣可急闕選授，其餘内外大小官屬，必俟任滿，方許超遷。庶免朝除夕改，啓倖長奸之弊。」秋七月，帝還大都。○冬十月，赦。○十二月，李孟罷，以張珪爲平章政事。帝欲以伶人曹咬住爲禮部尚書，珪曰：「伶人爲宗伯，何以示後世？」力諫止之。

**癸丑**　二年，春二月，鐵木迭兒罷，以禿忽魯爲右丞相。○立皇后弘吉剌氏。○彗出東井。丞相禿忽魯言：「頻年亢旱，民黎艱食，而又隕霜雨沙，天象示警，皆由臣等燮理不職所致。乞罷黜以答天譴。」帝曰：「事豈關汝？其勿復言。」御史臺亦言：「富人夤緣特旨，濫授官爵。徽政、宣徽用人，多廢罪之流。內侍託爲貧乏，互奏恩賞。而西僧以作佛事之故，累釋重囚。諸王、駙馬、寺觀土田，徵租民間，擾害尤甚。皆今之弊政，所宜悉革也。」制曰：「可。」夏四月，帝如上都。○五月，以烏伯都剌爲平章政事。○六月，京師地再震。○詔以周敦頤、程顥、程頤、張載、邵雍、司馬光、朱熹、張栻、呂祖謙、許衡並從祀孔子廟庭。○河決。陳、亳、睢三州，開封、陳留等縣，漂民田廬。

秋八月，帝還大都。○冬十一月，初詔行科舉。初，世祖時議定科舉新制，未及行。至是中書省臣復以爲言，乃命定其條制，詔天下三歲一開科，蒙古、色目人與漢人、南人各命題，蒙古、色目人願試漢人、南人科目，中選者加一等注授。

京師大旱，疫。帝問弭災之道，翰林學士程鉅夫舉湯禱桑林事以對，帝嘆曰：「此實朕之責也，赤子何罪！」陝西行臺治書侍御史尉遲德誠亦上言：「西僧以作佛事，輙放罪囚，以爲祈福。奴婢殺主，妻妾殺夫，皆獲夤緣以免，實紊典常。必欲脩政以答天譴，夫豈有先於此者哉！」

**甲寅**　延祐元年，春正月，詔求遺逸。○二月，禿忽魯罷，以阿散爲右丞相，趙世延參知政事。省臣言：「比奉詔漢人參政宜用儒者，侍御史趙世延其人也。」帝曰：「世延誠可用，然雍古氏非漢人，其署宜居右。」遂拜參知政事。

三月，帝如上都。○夏六月，勅自今宦者勿得授文階。○秋八月，帝還大都。○地震。冀寧、汴梁及武安、涉縣，壞官民廬舍，壓死者三百四十人。

九月，復以鐵木迭兒爲右丞相，阿散爲左丞相。先是，阿散自言其非世勳族姓，不可以居右相，因舉鐵木迭兒自代。遂拜鐵木迭兒開府儀同三司、録軍國重事。居數月，復進右丞相，以阿散爲左丞相。

冬十一月，詔吏坐贓罪者黥其面。○十二月，復以李孟爲平章政事。○詔定官民車服之制。帝以士民靡麗相尚，僭禮費財，命中書省定官民車服等第。❶惟蒙古及怯薛諸色人不禁，然亦不許服龍鳳文。**復以齊履謙爲國子司業。**初，履謙與吴澄俱在國學。既罷去，學制稍廢。至是復以履謙爲司業，乃酌舊制，議立升齋、積分之法：每季考其學行以次第升，既升上齋，踰再歲始與私試，辭理俱優者一分，辭平理優者爲半分，歲終積至八分者爲高等，禮部、集賢歲選六人以貢。帝從其議。**詔經理江浙、江西、河南民田。**張驢言：「經理之法，世祖已行，但其間尚多欺蔽。」遂遣驢等往三省行之，限民四十日以所有田自實於官。期限猝迫，貪刻用事，富民黠吏，並緣爲姦，於是民不聊生，盜賊蜂起，田野荒蕪，其弊反有甚於前者。樞密副使吴元珪入見，言：「世祖限田四百畝，以給軍需，餘田悉令貢賦税。况江南之平，幾四十年，户有定籍，田有定畝。今經理之法，務以增多爲能，加之有司頭會箕斂，元元困苦日甚。臣恐變生不測，非國之福。」帝命並遵舊制。

**乙卯　二年，春正月，遣使巡行天下。**分十二道，問民疾苦，黜陟官吏。**三月，初賜進士護都沓兒、張起巖等五十六人及第、出身有差。**分進士爲兩榜，蒙古、色目人爲右，漢人、南人爲左。第一名，從六品；第二名以下及第二甲，皆正七品；第三甲，正八品。兩榜並同。**張驢罷。**驢謁告歸江南，奪民田，中丞楊朵兒只劾之，罷爲江浙平章政事。**夏四月朔，日食。○帝如上都。○五月，成紀縣山移。**是夜，疾風電雹，北山南移至夕河川，次日再移，平地突出土阜，高者二三丈，陷没民居。監察御史馬祖常言：「山，不動之物，今而動焉，由在野有當用不用之賢，在官有當言不言之佞，故致然爾。」**加宦者續元暉昭文館大學士。○江西、湖廣饑。○秋七月，畿内大雨水。○贛州民蔡五九兵起，擒斬之。**初，經理之法既行，鐵木迭兒猶以爲未實，復下令括田增

❶「官」，原脱，據上文及《元史》卷七八《輿服志》、《資治通鑑後編》卷一六四補。

稅。而昵匝馬丁在江西，酷虐尤甚，信豐一縣，❶撤民廬千九百區，夷墓揚骨，以爲所增頃畝，居民怨毒入骨。贛州民蔡五九等遂率衆寇抄汀、漳諸路，陷寧化縣，據之，稱王建號。詔遣張驢討之，擒斬五九，餘黨悉平。**八月，帝還大都。○以趙世延爲御史中丞。**世延自參知政事遷中丞，詔省臣自平章以下送之入臺，其禮前所無有。由是爲鐵木迭兒所忌，用太后旨，出爲雲南右丞。陛辭，帝令仍爲中丞。**冬十月，以郭貫爲參知政事。**貫，初爲河東廉訪副使。帝在東宮時，幸五臺，因問：「河東廉訪使滅里吉歹何以有善政？」左右曰：「副使郭貫之教也。」厚賜之。及帝即位，累遷至淮西廉訪使。❷至是以爲參知政事。**十一月，彗見紫微垣，赦。**丞相阿散等以星變乞避位，帝曰：「此朕之愆，豈卿等所致？其復乃職。苟政有過差，勿憚於改。而凡可以安百姓者，當悉言之。」因赦免各路差稅有差。**立武宗子和世㻋爲周王，出鎮雲南。**初，武宗既立帝爲太子，後丞相三寶奴復勸立和世㻋，召康里脱脱言之，脱脱曰：「太弟曩定宗社，居東宮已久，兄弟叔姪世世相承，孰敢紊其序乎？」三寶奴曰：「今日兄已授弟，異日能保叔授其姪乎？」脱脱曰：「在我不可渝，彼失其信，天實鑒之。」至是議立太子，丞相鐵木迭兒欲徼寵，請立皇子碩德八剌，又與太后幸臣失列門譖王於兩宮，遂封爲周王，遣出鎮雲南。**詔免江浙等三省自實田租二年。**時方警贛州之亂，而張驢在江浙復以括田迫民，有至死者。御史臺上書累言經理及括田之害，詔罷之。復命河南自實田，自延祐五年始，止科其半，而汴梁一路，凡減虛增之數二十二萬石。

**丙辰　三年，春三月，帝如上都。平章政事張珪謝病歸。**初，皇太后以張珪嘗劾鐵木迭兒不可使爲太師，至是與帝如上都，方度居庸關，潛召珪切責杖之。珪創甚，輿歸京師，明日遂出國門。時珪子景元

❶「信豐」，原作「新豐」，元無新豐縣，據《元史》卷六二《地理志》改。

❷「淮西」，原作「浙西」，據《元史》卷二五《仁宗本紀》、卷一七四《郭貫傳》改。

宿衛左右，以父病篤辭還。帝驚問故，殊不懌，遣使賜之酒，進拜大司徒。遂謝病歸。禁方春畋獵。初有議禁民畋獵，犯者抵死。左司郎中韓若愚曰：「齊宣王之囿方四十里，殺其麋鹿者，如殺人之罪，孟子非之。」衆以爲然，遂減其刑。太史令郭守敬卒。守敬之學，長於天文、水利。太史令王恂以學自負，每見守敬制度精巧，深嘆服之。王禕曰：「自宋以來，學者於天文、水利之故，不講久矣。守敬獨能任其絶學，度越往古，以成一代之制也。」夏五月，以伯鐵木兒、蕭拜住並爲平章政事。○秋八月，帝還大都。○冬十月，以趙孟頫爲翰林學士承旨。帝在東宮，素知其名，及即位，召除集賢侍講學士，至是拜翰林學士承旨。有間之者，言國史不宜令孟頫與聞，❶帝曰：「子昂，世祖所簡拔，朕置之館閣，使典述作，傳之後世，此屬呶呶何也！」復厚賜之。十一月，周王和世㻋逃居漠北。和世㻋次延安，其臣禿忽魯及武宗舊臣釐日、教化等謀曰：「天下者，我武宗之天下也。王之出鎮，本非上意，由讒搆致然。請聞之朝廷，庶可杜塞離間。」遂與陝西丞相阿思罕、平章塔察兒、西臺大夫脱里伯、中丞脱歡發關中兵，分道自潼關、河中府入。已而塔察兒背約，襲殺阿思罕、教化，和世㻋乃走至金山西北，集諸王察阿台等部居之。十二月，立子碩德八剌爲皇太子。仍兼中書令、樞密使。

**丁巳**　四年，春二月，詔郡縣復置義倉。○三月，帝如上都。○夏四月，不雨。帝嘗夜坐，謂侍臣曰：「雨暘不時，奈何？」蕭拜住曰：「宰相之過也。」帝曰：「卿不在中書邪？」拜住惶愧。頃之，帝露香禱于天，既而大雨，左右以雨衣進，帝曰：「朕爲民祈雨，何避焉！」五月，以赤因鐵木兒、阿卜海牙並爲平章政事。○六月，鐵木迭兒罷，以阿散爲右丞相。鐵木迭兒之再入相，恃勢貪虐，兇穢滋甚，中外切齒，羣臣不知所爲。平章政事蕭拜住稍牽制之，中丞楊朵兒只慨然以糾正其罪爲己任。上都富民張

❶「聞」，原脱，據《元史》卷一七二《趙孟頫傳》、《資治通鑑後編》卷一六五補。

弼殺人繫獄，鐵木迭兒使家奴脅留守賀勝使出之，勝不可。朵兒只廉得鐵木迭兒受弼賂鉅萬萬，乃與拜住及勝奏之。而內外御史凡四十餘人，共劾其桀黠姦貪，欺上罔下，占據晉王田及衛兵牧地，竊食郊廟供祀馬，受諸王人等珍玉之賄動以萬計，誤國之罪，又在桑哥、阿合馬之上。四海嫉憤，咸願車裂斬首，以快人心。奏上，帝震怒。鐵木迭兒懼，逃匿太后宮。朵兒只持之益急，太后召朵兒只責之。帝不忍傷太后意，但罷其相位，而遷朵兒只爲集賢學士。**以烏伯都剌復爲平章政事。○秋七月，李孟罷，以王毅爲平章政事。○賜衛士錢帛。**帝出，見衛士有弊衣者，駐馬問之，對曰：「戍守邊鎮餘十五年，以故貧耳。」帝曰：「此輩久勞于外，留守臣未嘗以聞，非朕親見，何由知之！自今有類此者，必言於朕。」因命賜之錢帛。**八月，帝還大都。**帝在御已久，猶居東宮，而飲酒無度。監察御史馬祖常上書言：「天子承天繼統，當極保愛。玉食之御，猶審五味之宜，酒醴之供，可不思百拜之義！大內正衙，朝賀之地，雖陛下不忘東宮之舊，竊慮起民間觀聽之疑。且國家百年，朝儀尚闕，誠使羣臣奏對之際，御史執簡，史官執筆，則雖有懷奸利、乞官賞者，不敢出諸其口。乞令中書集議，或三日、二日，常出視朝，則治道昭明，生民之福也。」**九月，以伯答沙爲右丞相，阿散復爲左丞相。**初，阿散奏事畢，帝問曰：「卿等日所行者何事？」對曰：「奉行詔旨而已。」帝曰：「卿等何嘗奉行朕旨？雖祖宗遺訓，朝廷法令，皆不遵守。夫法者，所以辨上下，定民志，自古未有法不立而天下治者。使人君制法，宰相能守法，則民知畏避，免於刑戮。若法弛民慢，怨言並興，求治難矣。」阿散因言：「故事，丞相必用蒙古勳臣。阿散西域人，不厭人望。」因懇辭。遂以宣徽使伯答沙爲右丞相，阿散仍左丞相。**嶺北地震三日。**

**戊午　五年，春正月，賜買住爵魯國公。**買住由湖廣平章政事進爵魯國公、大司農。未幾，御史言：「比年以名爵太濫，方詔裁罷。近聞禮部鑄太尉、司徒等印二十有六，此輩無功於國，載諸史册，貽笑將來，宜令革去。」從之。**二月朔，日食。○寫金字佛經。**共縻金三千九百兩。初，宣徽院使歲會內廷佛事之費，以斤數者，麵四十三萬九千五百，油七萬九千，酥、蜜共五萬餘。蓋自至元三十年間，醮祠佛事之目，僅百有二。大德七年，再立功德使司，增至五百餘。至是僧徒冒利無厭，歲費滋甚，較之大德，又不知幾倍矣。夏四月，以千奴、史弼並爲平章政事。○帝如上都。○六月，術者趙子玉謀作亂，伏誅。時魏王阿术哥貶高麗，❶子玉言於王府司馬曹脱不台曰：「阿术哥名應圖讖。」於是潛謀備兵器，航海往高麗取阿术哥至大都，竢時而發。行次利津縣，事覺，詔誅子玉等七人。秋八月，帝還大都。○九月，以亦列赤爲平章政事。○冬十一月，增江南茶税。初，世祖時置榷茶都轉運司於江州，總江南及兩淮茶税。尋改江西，其税自二萬四千錠，以漸增至一十九萬二千八百錠。至是又因江西茶副法忽魯丁言，立減引增課之法，勑以二十五萬錠爲額，復增至二十八萬九千餘錠。郡縣所輸，竭山谷之產，不能充其半，餘皆鑿空取之民間，歲以爲常。時轉運司得以專制有司，凡五品以下官皆杖決，州縣莫敢誰何。江南僉事鄧文原請罷其專司，❷俾郡縣領之，不報。

**己未** 六年，春二月朔，日食。○夏四月，帝如上都。○以鐵木迭兒爲太子太師。鐵木迭兒家居未逾年，復夤緣起爲太子太師，中外聞之，莫不驚駭。時御史中丞趙世延論其不法數十事，❸并內外臺劾其不可輔導東宮者，又四十餘人。然以太后之故，皆不聽。揚州火。燬官民廬舍二萬三千三百餘區。❹六月，山東、淮南諸路大水。○秋八月，帝還大都。○冬十二月，詔太子參決朝政。帝嘗顧侍臣曰：「卿等以朕居帝位爲安邪？朕惟祖宗創業艱難，恒懼不能守成，使百姓樂得其所。朕念慮在兹，卿等固不知也。」至是復語左右曰：「前代皆有太上皇之號，今太子且長，可居大位，朕欲爲太上皇，與若等游觀西山，以終天年。」羣臣皆稱善，右司郎中月魯帖木兒曰：「臣聞

❶「魏王」，原作「衛王」，據《元史》卷一〇七《宗室世系表》、卷一〇八《諸王表》改。

❷「專」，原脱，據《元史》卷一七二《鄧文原傳》補。

❸「數十事」，據《元史》卷一八〇《趙世延傳》疑爲「十數事」之誤。

❹「二萬」，《元史》卷五〇《五行志》作「一萬」。

昔所謂太上皇，若唐玄宗、宋徽宗，皆當禍亂，不得已而爲之。願陛下正大位，保無疆之業，前代虚名何足慕哉！」帝乃止。

**庚申　七年，春正月朔，日食。帝崩。**廟號仁宗，國語稱曰普顔篤皇帝。帝天性恭儉，通達儒術，兼曉釋典，不事遊田，不喜征伐，不崇貨利。事皇太后，終身不違顔色。待宗戚勳舊，始終以禮。大臣親老，時加恩賚。大官進膳，必分賜貴近。有司奏大辟，每慘惻移時。其孜孜爲治，一遵世祖成憲云。**伯答沙罷。**

**○太后以鐵木迭兒爲右丞相。**帝崩方四日，鐵木迭兒遂以太后命復入中書。後數日，參議省事乞失監有罪應杖，太后又欲笞之，太子曰：「不可。法者，天下之公，徇私而輕重之，非所以正天下也。」徽政院使失烈門，復以太后命請遷轉朝官，太子曰：「此豈除官時邪？且先帝舊臣，豈宜輕動。俟予即位之後，議于宗親元老，賢者任之，邪者黜之，可也。」**二月，太子以黑驢、趙世榮並爲平章政事。○籍江南冒爲白雲僧者爲民。**先是，省臣言：「江南白雲宗總攝沈明仁，强奪民田二萬頃，誑誘愚俗十萬人，私賂近侍，妄受司空名爵。已奉旨追奪，請汰其徒，并還所奪民田。」江浙省臣亦言明仁擅度僧四千八百人，贓賄鉅萬。至是始正其罪，籍其冒度爲僧者，復爲民。**鐵木迭兒殺前中書平章政事蕭拜住、御史中丞楊朶兒只。**初，鐵木迭兒以蕭拜住及朶兒只攻其姦惡，必欲報之。至是以太后旨，召二人至徽政院，與徽政使失烈門、御史大夫秃秃哈雜問之，罪以違太后旨。朶兒只曰：「中丞之職，恨不即斬汝，以謝天下。果違太后旨，汝豈有今日邪！」鐵木迭兒又引同時御史二人證其罪，朶兒只唾之曰：「汝等備員風憲，爲是狗彘事邪！」坐者皆慙俯首。鐵木迭兒即起入奏，未幾，稱旨，執二人載諸國門之外，殺之。是日，風沙晦冥，都人恟恟，道路相視以目。復欲奪朶兒只妻劉氏與人，劉氏翦髮毁容以自誓，❶乃免。時鐵木迭兒日思報復仇怨，誅戮不已，左丞張思明謂曰：「山陵甫畢，新君未立，丞相

❶「氏」、「以」，原脱，據《元史》卷一七九《楊朶兒只傳》補。

恣行殺戮，人皆謂陰有不臣之心。萬一諸王、駙馬疑而不至，奈何？不可不熟慮也。」衆皆危之，鐵木迭兒大悟曰：「非左丞言，幾誤吾事。」三月，太子即位，大赦。

○尊皇太后爲太皇太后，皇后爲皇太后。

○加鐵木迭兒太師。尋詔中外毋沮議之。鐵木迭兒既復相，即奏委平章王毅、右丞高昉等徵理在京錢穀，虧耗者七十八萬石，及諸路歲貢幣帛稍紕繆者，俱責償所司，程督嚴刻，怨讟復興矣。奪李孟封爵，左遷爲集賢侍講學士。鐵木迭兒以孟初不附己，譖搆于上，盡奪其前後封拜制命，仆其先墓碑，左遷爲集賢侍講學士，欲因其不就中害之。孟拜命欣然。帝謂鐵木迭兒子八爾吉思曰：「爾輩謂孟不肯爲是官，今何如？」由是無敢言者。以拜住爲平章政事。拜住，安童孫也。初襲爲宿衛長，帝在東宮聞其賢，召之，辭曰：「嫌疑之際，君子所慎，我掌天子宿衛，而私往來東宮，我固得罪，亦豈皇太子之福邪？」卒不往。至是由太常禮儀院使，擢拜平章政事。夏四月，帝如上都。○近臣獻七寶帶，却之。有獻七寶帶者，因近臣以進，帝曰：「朕登大位，不聞卿等進賢，而爲人獻帶，是以利誘朕也。」其還之。」殺上都留守賀勝。鐵木迭兒怨勝嘗發張弼之獄，乃奏其便服迎詔爲不敬，殺之，籍其家。阿散罷。出爲嶺北行省平章政事。以拜住爲左丞相，乃刺忽、塔失海牙並平章政事。○平章政事黑驢、御史大夫禿禿哈等謀逆，伏誅。有告黑驢、禿禿哈及阿散、失烈門等，與故要束木妻亦列失八共謀廢立事，拜住曰：「此輩擅權亂政久矣，今猶不懲，謀危社稷，請鞫狀。」帝曰：「彼若以太皇太后爲詞，奈何？」命悉誅之，籍其家。以鐵木兒脱爲平章政事。○六月，以康里脱脱爲御史大夫。○詔免沙門繇役。○秋七月，乃刺忽罷，以廉恂爲平章政事。○八月，下四川平章政事趙世延獄。初，世延既解中丞，出爲四川平章，鐵木迭兒猶怨之不已。仁宗崩，即屬其黨，誘世延從弟胥益兒哈呼誣告之，逮世延置對。既遇赦，猶鍛鍊成獄，請置極典。詔以經赦，置不問。鐵木迭兒更以他事罔上，繫之于獄，逼令自裁，世延終無所屈。冬十月，帝還大都。○十一月，始服衮冕享太廟。帝將以四時躬享太廟，命禮官與中書、翰林集議其禮制，曰：「此追遠報本之道也，毋以朕勞於對越，而有所損焉。」至是以恭謝太廟，乃備法駕，服衮冕以行禮。至仁宗室，輒歔欷流涕，左右莫不感動。自是始以明年正月四時親享，歲以爲常。禮畢，還宫，鼓吹交作，萬姓聳觀，百年廢典一旦復見，至有感泣者。河南饑。帝問其故，羣臣皆莫對，帝曰：「良由朕治道未洽，卿等又不盡職，致陰陽不和，災害荐至。自今宜各務勤恪，以應天心，毋使吾民重困。」詔上書言事者得專達。鐵木迭兒奏：「比詔内外直言得失，今上封事者，或徑至御前。乞令臣等開視，乃入奏聞。」帝曰：「言事者當直至御前，如細民訴訟者則禁之。」

**辛酉**　英宗皇帝至治元年，春正月，罷元夕張燈于禁中。帝欲以元夕張燈禁中爲鼇山，時張養浩以禮部尚書參議中書省事，遂具疏，因拜住以諫曰：「世祖臨御三十餘年，每值元夕，閭閻之間，燈火亦禁，况闕庭宫掖之嚴邃，尤當戒慎。今燈山之搆，所翫者小，所繫者大，所樂者淺，所患者深。」帝大怒，既而喜曰：「非張希孟不敢言。」即罷之，賜養浩尚服金織幣，以旌其直。二月，殺監察御史觀音保等。時勑建西山佛寺甚亟，御史觀音保、鎖咬兒哈的迷失、成珪、李謙亨，以歲饑且東作方興，上章極諫。帝怒，殺觀音保、鎖咬兒哈的迷失，杖珪、謙亨，流奴兒干地。三月，帝如上都。帝以察罕腦兒行宫制度卑隘，欲更廣之，拜住曰：「此地苦寒，入夏始種粟黍。陛下初登大寶，不求民瘼，而遽興大役，以妨農務，恐失民望。」從之。以鐵失爲御史大夫，領忠翊侍衛親軍都指揮使。❶○夏五月，遷武宗子圖帖睦爾于瓊州。時鐵木迭兒懷私固寵，搆釁骨肉，諸王大臣莫不自危。中政使咬住告脱歡察兒等交通親王，於是徙圖帖睦爾居海南。因禁日者毋交通諸王、駙馬，掌陰陽五科者毋泄占候。六月朔，日食。○禁妄言時政。趙弘祚等以言事勒歸田

❶「忠翊」，原脱，據《元史》卷二七《英宗本紀》、卷二〇七《鐵失傳》補。

里，因禁妄言時政。以只兒哈郎爲平章政事。○渾河溢。被災者二萬三千二百户。❶時大雨水，滹沱河及巨馬河俱溢。秋九月，帝還大都。先是駐驊興和，左右以寒請還，上曰：「兵以牛馬爲重，民以稼穡爲本。朕遲留，蓋欲馬得芻牧，民得刈穫，何計乎寒！」至是始還。冬十一月，命鐵失領左右阿速衛。○十二月，立皇后亦啓烈氏。○作壽安山寺佛像。置中瑞司領之，冶銅五十萬斤。時復遣帝師往西番受戒，賜金千兩，銀四千餘兩，鈔幣各鉅萬。

**壬戌**　二年，春正月，敕有司卹孔氏子孫貧乏者。○二月，以欽察、賈閭並爲平章政事。○禁捕鴐鵞，違者籍其家。○免河間、河南、陝西十二郡民租之半。以旱澇民饑故也。夏四月，帝如上都。○秋八月，鐵木迭兒卒。鐵木迭兒自復相以來，恃其權寵，乘間肆毒，睚眦之私，無有不報。帝覺其所譖毀者，皆先帝舊人，滋不悦其所爲，乃任拜住，委以心腹。由是鐵木迭兒漸見疎外，因稱疾不出。及聞拜住奉旨往立其祖安童碑于范陽，將復莅省事。入朝，至内門，帝聞其來，遣人止之，遂怏怏而還，尋卒于家。太皇太后弘吉剌氏崩。時有司將以十月有事于太廟，太常奏：「國哀以日易月，旬有二日外，乃舉祀事。」帝曰：「太廟禮不可廢，迎香去樂可也。」九月，京師地震。○冬十月，以拜住爲右丞相。鐵木迭兒死，進拜住右丞相，遂不置左相，獨任以政。十一月朔，日食。○十二月，復以張珪爲平章政事。

**癸亥**　三年，春正月，起王約、吴元珪、韓從益商議中書省事。吴澄爲翰林學士。❷時約等以年老致事，丞相拜住一新政務，尊禮老臣，傳詔

---

❶「二百」，《元史》卷二七《英宗本紀》作「三百」。「二萬三千二百户」，《元史》卷五〇《五行志》作「三萬餘户」。

❷「學士」上，原衍「直」字，據《元史》卷二八《英宗本紀》、卷一七一《吴澄傳》删，下同。

復起約等，俾以其禄家居，每日一至中書省議事，至治之政，多所參酌。澄，延祐初詔起爲集賢直學士，以疾不果行。至是以拜住薦，起爲翰林學士。**罷上都諸路金銀冶。**上都、雲州、興和、宣德、蔚州、奉聖州及雞鳴山、房山、黄蘆、三叉諸金銀冶，聽民採煉，以十分之三輸官。**出趙世延于獄。**世延拘囚再歲，其弟自以所言涉誣，亡去。丞相拜住爲言其無辜，乃得釋。因著令：原告逃亡百日不出，則釋待對者。**二月，頒行《大元通制》。**時法制不一，有司無所遵守，命完顔納丹、曹伯啓等纂集累朝格例而損益之，凡爲條二千五百三十有九，名曰《大元通制》，頒行天下。伯啓言：「五刑者，刑異五等。今黥杖徒役於千里之外，百無一生還者，是一人身被五刑，非五刑各底於一人也。法當改。」丞相雖是之，而卒不果行。**命鐵失振舉臺綱。**帝嘗謂臺臣曰：「朕深居九重，臣下奸貪，民生疾苦，豈能周知，故用卿等爲耳目。曩者鐵木迭兒貪蠹無厭，汝等拱默不言，其人雖死，宜籍其家，以懲後。」**勅寫金字《藏經》。**時方書金字《藏經》，帝在上都，使左丞速速詔學士吴澄爲序，澄曰：「主上寫經，爲民祈福，甚盛舉也。若用以追薦，臣所未諭。蓋福田利益，雖人所樂聞，而輪迴之説，不過謂爲善者，死則上通高明，其極品與日月齊光；爲惡者，死則下淪污穢，其極下與沙蟲同類。其徒遂創爲薦拔之論，以惑世人。今列聖之神，上同日月，何庸薦拔！且自國初以來，凡寫經追薦，不知其幾。若未効，是無佛法矣；若已効，是誣其祖矣。撰爲文辭，不可以示後世。」**三月，帝如上都。○夏四月，詔行助役法。**遣使考視税籍高下，出田若干畝，使應役之人更掌之，收其歲入，以助役費，官不得預。**六月，追奪鐵木迭兒官爵。**鐵木迭兒既死，罪惡日彰，監察御史蓋繼元、宋翼言其奸貪負國，生逃顯戮，死有餘辜。乃命毁所立碑，并追奪官爵及封贈制書，籍没其家貲。**大風拔木。**大風，雨雹，拔柳林行宫木二千餘株。❶**奉元行宫正殿災。**帝語羣臣曰：「世皇建此宫室，至朕而毁，則朕不能圖治之故也。」嘗御大安閣，見太祖、世祖遺衣皆縑素木綿，重加補綴，嗟嘆良久，謂侍臣曰：「祖宗創業艱難，服用節儉乃如此，朕焉敢頃刻忘之。」

❶「二千餘株」，《元史》卷二八《英宗本紀》作「二千七百」，卷五〇《五行志》作「三千七百株」。

**秋七月，詔減海運糧。**拜住以海運糧視世祖時頓增數倍，今江南民力困極，而京倉充滿，奏乞歲減二十萬石。帝遂併鐵木迭兒所增江淮糧免之。**八月癸亥，御史大夫鐵失弒帝于南坡，及右丞相拜住。**初，鐵木迭兒既奪爵籍產，鐵失等以奸黨不自安。帝在上都，以夜寐不寧，命作佛事，拜住以國用不足諫止之。既而懼誅者復陰誘羣僧言：「國當有厄，非作佛事、大赦，無以禳之。」拜住叱曰：「爾輩不過圖得金帛而已，又欲庇有罪邪？」奸黨聞之益懼，乃生異謀。至是，帝自上都南還，駐驛南坡。是夕，鐵失與知樞密院事也先鐵木兒、諸王按梯不花等謀逆，以鐵失所領阿速衛兵爲外應，鐵失先與前平章政事赤斤鐵木兒殺右丞相拜住，而鐵失直犯禁幄，手弒帝于卧所。時年二十一，廟號英宗，國語稱曰格堅皇帝。帝性剛明，嘗以地震避殿、徹樂、減膳，近臣有稱觴賀者，叱曰：「朕方修德不暇，汝爲大臣，不能匡輔，反爲諂邪？」拜住進曰：「咎在臣等，宜求賢自代。」帝曰：「毋多遜，朕之過也。」嘗謂宰執曰：「中書選人署事未旬日，❶御史臺即改除之。臺除者，中書亦然。今山林遺逸良多，卿等不能盡心求訪，惟以親戚故舊更相引用邪？」其明斷多類此。然以果於刑戮，奸黨畏誅，遂搆大變。**諸王按梯不花等奉璽綬迎晉王也孫鐵木兒于北邊。九月，晉王即位于龍居河，赦。**也孫鐵木兒，裕宗之孫，晉王甘麻剌長子，襲封晉王，仍鎮北邊。初，王府内史倒剌沙得幸於王，嘗偵伺朝廷事機，以其子哈散事丞相拜住，得入宿衛。久之，哈散知鐵失欲傾害拜住，遂脱歸。是年三月，宣徽使探忒來王邸，爲倒剌沙言：「主上將不利於晉王。」由此二人深相要結。八月二日，鐵失密遣斡羅思來告曰：「我與哈散、也先鐵木兒、先秃兒謀已定，事成，推立王爲皇帝。」又以告倒剌沙曰：「汝與馬速忽知之，勿令旭邁傑得聞也。」於是王命囚斡羅思，遣别列迷失等赴上都，以密謀告變。未至，帝遇弒。諸王按梯不花及也先鐵木兒奉皇帝璽綬來迎晉王，遂立于龍居河，大赦天下。**以也先鐵木兒爲右丞相，倒剌沙爲平章政事，鐵失知樞密院事。○冬十月，鐵失、也先鐵木兒等伏誅。**諸王買奴言於帝曰：「不

❶「未」，原脱，據《元史》卷二八《英宗本紀》補。

誅元凶，則陛下善名不著，天下後世，何從而知。」帝深然之，於是誅也先鐵木兒、完者、鎖南、禿滿等於行在所。命旭邁傑、紐澤入京師，收鐵失及其黨赤斤鐵木兒等，悉誅之，戮其子孫，籍没家産。惟鐵木迭兒子治書侍御史鎖南議遠流，張珪曰：「鎖南從逆賊，親斫丞相拜住臂，乃欲活之邪？」尋亦伏誅。餘黨俱免官。**以烏伯都剌爲平章政事。○十一月，帝至大都。○詔雪楊朵兒只、蕭拜住、賀勝等冤。**御史言：「鐵木迭兒專政，誣殺楊朵兒只、蕭拜住、賀勝伯顏、❶觀音保、鎖咬兒哈的迷失，黜竄李謙亨、成珪，罷免王毅、高昉、張志弼，請昭雪之。」詔存者召還録用，死者贈官有差。**追尊考晉王爲皇帝，母弘吉剌氏爲皇后。**廟號顯宗。**盗竊太廟神主。**太廟神主，制皆用黄金爲之。至是，仁宗及莊懿慈聖皇后金主爲盗所竊。太常博士李好文言：「在禮，神主當以木爲之，金玉祭器，宜貯之别室。」不從。時參知政事馬剌兼領太常禮儀使，當還左丞，集賢大學士張珪曰：「太常奉宗祏不謹，當待罪，而反遷官，何以謝在天之靈？」命遂格。**流諸王月魯鐵木兒等于邊地。**月魯鐵木兒，雲南；按梯不花，海南；曲吕不花，奴兒干；孛羅、兀魯思不花，海島；並坐與鐵失逆謀。**封買奴爲泰寧王。**旭邁傑等言：「南坡之變，諸王買奴逃赴潛邸，願効死力，且請誅戮元凶，上契宸衷，當蒙獎諭。今臣等議，宗戚中能自拔黨逆者，惟有買奴，請加封賞，以示激勸。」遂以泰寧縣五千户封買奴爲泰寧王。**以倒剌沙爲左丞相。**馬某沙、細澤、鎖禿並加光禄大夫，賜旭邁傑等金有差，以討逆功也。

**甲子　泰定皇帝泰定元年，春正月，以乃蠻台爲平章政事。○召圖帖睦爾于瓊州。○二月，開經筵。**江浙行省左丞趙簡請開經筵及擇師傅，令太子及諸王大臣子孫受學。章上，遂命平章政事張珪、翰林學士承旨忽都魯都兒迷失、學士吴澄、

❶「賀勝伯顏」，《元史》卷二九《泰定帝本紀》作「賀伯顏」，卷一七九《賀勝傳》云：「賀勝……小字伯顏，以小字行。」故亦多稱其爲「賀伯顏」。

集賢直學士鄧文原、王結等，以《帝範》、《資治通鑑》、《大學衍義》、《貞觀政要》等書進講。

立皇后八不罕氏。❶ ○立子阿刺吉八爲皇太子。❷ ○夏四月，帝如上都。 ○大風，地震。

帝以烈風地震，戒飭百官，并詔大都守臣集議以聞。張珪自大都至，以其與樞密院、御史臺、翰林、集賢院等官集議來上，言「鐵木迭兒與鐵失之徒，結爲父子，終以遺患，搆成弑逆。其子鎖南，親與逆謀，今復給還所籍家産，其諸子尚在京師，夤緣再入宿衛。宜仍籍其家産，竄其子孫，以明不共戴天之義。諸王按梯不花、孛羅、月魯鐵木兒、曲吕不花等，與鐵失逆謀，其罪止於流竄，宜誅之，以謝天下。遼王脱脱，居鎮遼東，因國家有變，報復讐忿，殺親王妃主百餘人，分其羊馬畜産，殘忍骨肉，今不之罪，乃復厚賜放還，臣恐國之紀綱，從此不振。況令死者含冤，感傷和氣。宜奪削其爵土，置之他所，以彰天威。武備卿即烈，前太尉不花，矯制令鷹師强收鄭國寳妻古哈，刑曹逮鞫服實，竟原其罪。夫匹婦銜冤，三年不雨。宜仍付刑曹，鞫正其罪。賈胡中賣寳石，分珠寸石，價直數萬。夫以經國有用之寳，而易此不濟饑寒之物，是皆時貴與中寳之人，妄稱呈獻，冒給回賜，高其價直且至十倍，彼此通同，暗行分用，宜行禁止。自古聖君，惟誠於治政，可以動天地，感鬼神，初未嘗徼福於僧道也。至元三十年，醮祠佛事之目，止百有二。大德七年，再立功德使司，積五百有餘。今年一增其目，明年即指爲例，已倍四之上矣。❸ 比年佛事愈繁，享國不永，致災愈速，事無應驗，斷可知矣。宜罷功德使司及累朝忌日醮祠佛事名目，止令宣政院主領脩舉，餘悉減罷。游惰之徒，妄投宿衛部屬及宦者、女紅、太醫、陰陽之屬，不可勝數，一人收籍，一門蠲復，一歲所請衣馬芻糧，數十户所徵入不足以給之，耗國損民爲甚。宜如世祖時支請之數給之，餘悉減汰。自鐵木迭兒專恣，鐵失搆逆，良善死於非命，皆未申理，宜加褒贈，優叙其子孫。天下繫囚冤滯，宜命省臺選官審録結正。邊鎮利病，宜命行

---

❶「八不罕氏」，錢大昕《廿二史考異》云：「八不罕者，其名也，當書弘吉剌氏。」

❷「阿刺吉八」，原作「阿速吉八」，據《元史》卷二九《泰定帝本紀》改。

❸「上」，原作「三」，據《元史》卷一七五《張珪傳》、《歷代名臣奏議》卷三一四張珪奏議改。

省、行臺體究興除。廣海鎮戍卒更病者，宜給粥食藥，力死者給鈔，責所司及同鄉者歸骨於其家。廣東採珠勞擾，宜悉停罷。至元三十年以後冗員，宜悉減併。不該常調之人，不得濫入常選。凡官養馬駝，宜如大德團槽之制。所賜勛戚及宦者之田，悉拘還官。其僧道典買民田，及民間所施産業，宜悉役之。左右之臣，非有功勳勞效著明實跡，不加以賞賜。請皆著爲令。」凡數千言，詞甚切至。帝皆不從。

秋八月，帝還大都。○封圖帖睦爾爲懷王，徙雲南王王禪爲梁王。○冬十月，命左、右丞相日直禁中。○是歲水旱蝗。

**乙丑**　二年，春正月，命懷王圖帖睦爾出居建康。○三月，帝如上都。○夏四月，革大臣兼領軍務。參知政事左塔不台言：❶「大臣兼領軍務，前古所無。鐵失以御史大夫，也先帖木兒以知樞密院事，皆領衛兵，如虎而翼，故成逆謀。乞軍衛之職，勿以大臣領之，庶勳舊之家得以保全。」從之，仍賜幣帛以旌其直。

五月，河溢汴梁。○秋九月，帝還大都。○冬十月，倒剌沙罷爲御史大夫。十一月，復以爲左丞相。○十二月，以塔失鐵木兒爲右丞相。

**丙寅**　三年，春二月，以察乃爲平章政事。○帝如上都。○夏四月，畿內、河北、山東饑。初，張珪歸省保定，帝思見之，召還，問曰：「卿來時，民間如何？」珪曰：「臣老，少賓客，不能遠知。保定、真定、河間，臣鄉里也，民饑甚。朝廷雖賑以金帛，惠未及者十五六。」帝惻然，命賑糧四月。至是復令免三路及濟南等郡縣民半租。

禁西僧馳驛擾民。先是，西臺御史李昌言：「嘗經平涼府、静寧、會、定西等州，❷見西番僧佩金字圓符，絡繹道途，馳騎累百，傳舍至不能容，則假館民舍，因迫逐男子，奸污婦女。奉元一路，自正月

---

❶「左塔不台」，原作「左塔不花」，元朝無左塔不花，據《元史》卷二九《泰定帝本紀》改。

❷「寧」，原脱，據《元史》卷六〇《地理志》補。

至七月，往返者百八十五次，用馬至八百四十餘匹，較之諸王、行省之使，十多六七。驛户無所控訴，臺察莫得誰何。且國家之製圓符，本爲邊防警報之虞，僧人何事而輒佩之？乞更正僧人給驛法，且令臺憲得以糾察。」❶不報。至是聞其擾民，禁之。秋七月，帝還大都。○河決陽武。漂民居萬六千五百餘家。尋復壞汴梁樂利隄，發丁夫六萬四千人築之。冬十月，賜大天源延聖寺田。中書省臣言：「養給軍民，必資地利。況土地祖宗所有，子孫當共惜之。臣恐兹後藉爲口實，❷妄興工役，徼福利以逞私欲也。」帝嘉納之，然不能用。十二月，赦。時倒剌沙當國，與平章烏伯都剌，以私意欲因赦酬累朝賈胡所獻諸物之直，及擢用英廟至今爲憲臺奪官者。左司都事宋本言：「今天儆災異，而畏獻物未酬直者憤怨，形諸王言，必貽笑天下。憲司褫有罪者官，世祖成法也。今上即位，累詔法世祖，若擢用之，是廢成憲而反汗前詔也。復有邪佞贓穢者，將治之邪？置不問邪？」衆聞本言，相視嘆息。明日宣詔，本遂稱疾不出。

丁卯　四年，春正月，御史臺臣請親祀郊廟，不允。先是，監察御史趙師魯以大禮未舉，❸言：「天子親祀郊廟，所以通精誠，逆福釐，生烝民，阜萬物，百王不易之禮也。宜講求故事，對越以格純嘏。」至是，御史臺臣復以爲言，帝曰：「朕遵世祖舊制，其命大臣攝之。」帝如上都。○夏四月，盜竊武宗神主。○旱蝗，民饑。○秋八月，山崩，地震。通渭縣山崩。❹碉門地震，有聲如雷，晝晦。天全道山崩，飛石斃人。鳳翔、興元、成都、峽州、江陵地同日皆震。九月朔，日食。○閏月，帝還大都。○冬十二

❶「臺憲」，原脱，據《元史》卷二〇二《必蘭納識里傳》、《資治通鑑後編》卷一六八補。

❷「後」，原作「復」，據《元史》卷三〇《泰定帝本紀》、《資治通鑑後編》卷一六八改。

❸「趙師魯」，原作「趙思魯」，據《元史》卷三〇《泰定帝本紀》、卷一七六《趙師魯傳》改。

❹「通渭縣」，原作「通漕縣」，據《元史》卷五〇《五行志》、卷六〇《地理志》、《資治通鑑後編》卷一六八改。

月，蔡國公張珪卒。❶

**戊辰**　致和元年，文宗皇帝圖帖睦爾天曆元年。春二月，帝如上都。命簽樞密院事燕帖木兒等居守。○徙懷王圖帖睦爾于江陵。○夏四月，禁蒙古、色目人居親喪。塔失鐵木兒、倒剌沙請凡蒙古、色目人效漢法丁憂者，除其名，從之。五月，以塔失鐵木兒爲平章政事。○秋七月，寧夏地震。○帝崩于上都。帝崩，文宗不爲立廟謚，世止稱爲泰定帝。○王褘曰：「武宗以兄弟相及，約繼世子孫，迭居大位。而仁宗惑於憸言，不守宿諾，傳位英宗，乃使武宗二子明宗、文宗出居於外。及英宗遇弒，而明宗在北，文宗在南，晉邸乘間入繼大統。或謂晉邸非所宜立，雖然，晉王於世祖孫也，於次爲長，雖守藩服，嘗有盟書，今而國統之弗繼，則求所當立者，舍晉王之系，將誰屬邪？然則謂晉邸非所宜立者，亦過也。舊傳英宗之弒，晉邸與聞乎，故其歿不舉請謚升祔之典，明其爲賊也。然考之《實録》，皆不得其實，傳聞之謬，烏可信哉！」八月，僉樞密院事燕帖木兒謀逆，執中書省、御史臺臣烏伯都剌等下之獄，遂遣使迎懷王圖帖睦爾于江陵。初，燕帖木兒以帝由晉邸入繼，與諸王滿禿等乘帝有疾，恒懷異圖，以身受武宗寵拔之恩，欲迎其二子周王和世㻋及懷王圖帖睦爾立之。至是，帝崩于上都，皇后、皇太子遣使詣大都，命平章政事烏伯都剌收掌百司印章，及諭安百姓。於是燕帖木兒與西安王陰結勇士，❷八月甲午黎明，百官集興聖宮，燕帖木兒率其黨十七人，兵皆露刃，號於衆曰：「武宗皇帝有子二人，天下正統當歸之，敢有不順者斬！」乃執平章政事烏伯都剌、御史臺臣鐵木哥，并左丞朵朵、參政王士熙、參議脱脱、吴秉道等，皆下獄。乃與西安王入守内庭，分處腹心於樞密，推前湖廣左丞相别不花爲左丞相，詹事塔失海涯爲平章，速速爲左丞，王不憐吉台爲樞密副使，與右丞趙世延等分典庶務。時有諸衛軍無統屬者，及謁

❶「國」，原脱，據《元史》卷三〇《泰定帝本紀》、卷一七五《張珪傳》補。

❷「西安王」，原作「安西王」，據《元史》卷三二《文宗本紀》、卷一三八《燕鐵木兒傳》乙正，下同。

選并罷退軍官，皆給之符牌，以待調遣。衆既受命，皆注目而立，未知所謝，乃指使南向拜，衆驚竦，毛髮凜然，始知其意在懷王也。燕帖木兒直宿禁中，達旦不寐，一夕再徙，人莫知其處者，將一月。又恐人心疑懼，謀令塔失帖木兒矯爲南使，云懷王旦夕且至。復令乃馬台爲北使，稱周王亦從諸王南來矣。

**河南行省平章政事伯顏殺參知政事脱孛臺。**❶

初，明里董阿至河南，以密謀告伯顏，伯顏從之，遂殺其僚屬曲烈等，而勒兵以俟。參知政事脱孛臺獨曰：「今蒙古軍與宿衛之士在上都，而令探馬赤軍守諸隘，吾恐此事之不可成也。」伯顏不從。是夜，脱孛臺手刃欲殺之，伯顏覺，遂拔劍殺脱孛臺，而奪其所部軍器馬匹。圖帖睦爾發江陵，遣使以伯顏爲河南左丞相。

**燕帖木兒遣撒敦守居庸關，唐其勢屯古北口。○諸王滿禿等謀叛附于燕帖木兒，伏誅。**

諸王滿禿、阿馬剌台、闊闊出、平章買閭、集賢學士兀魯思不花、太常禮儀院使哈海赤等十八人，同謀附燕帖木兒，事覺，悉誅之。

**皇太子阿剌吉八即位於上都，**❷**遣梁王王禪、右丞相塔失帖木兒，將兵分道討燕帖木兒。**

時年九歲，改元天順。

**懷王圖帖睦爾入京師。**

以明里董阿、闊闊台、速速並爲平章政事，曹立爲右丞，伯顏爲御史大夫，趙世延爲御史中丞，高昌王鐵木兒補化知樞密院事。

**九月，圖帖睦爾殺平章政事烏伯都剌，流左丞朵朵等于遠州。○諸王也先帖木兒等兵由遼東入遷民鎮。○圖帖睦爾襲帝位。**

圖帖睦爾既至，燕帖木兒以爲擾攘之際，不正大位，不足以係天下之志。圖帖睦爾以其兄周王和世㻋在漠北，欲虛位俟之。燕帖木兒曰：「人心向背之機，間不容髮，一或失之，噬臍無及。」圖帖睦爾曰：「必不得已，當明吾志，播告中外。」遂即帝位，改元天曆，詔天下曰：「謹俟大兄之至，以遂固讓之心。」大赦。封燕帖木兒爲太平王，右丞相、知樞密院，加伯顏太尉。

**梁王王禪等兵入居庸關，與燕帖**

❶「孛」，原作「不」，據下文及萬曆本、《元史》卷三二《文宗本紀》改。

❷「阿剌吉八」，原作「阿速吉八」，據《元史》卷二九《泰定帝本紀》改。

**木兒戰，不利。**初，王禪等兵次榆林，燕帖木兒將兵拒之。遣撒敦先馳至榆林西，乘其未陣薄之，王禪兵稍却。時圖帖睦爾復令燕帖木兒禦遼東兵，次薊州，王禪等兵遂破居庸關。燕帖木兒聞之，倍道還軍，逆戰於榆河之北。王禪兵復不利，還至紅橋，阻水而陣，相持者累日。王禪再戰，再北，遂率餘衆遁還。**靖安王闊不花等兵破潼關，河南大震。**闊不花等將陝西省兵東擊潼關，破之，遂克閿鄉、陝州。御史大夫也先帖木兒分兵北渡河中，趨懷、孟，河東官吏皆棄城走。帖木哥南過武關，破鄧州，直趨襄陽，下郡縣三十餘，横絶數千里。河南大震。**諸王也先帖木兒等兵破通州，遂趣京師，燕帖木兒拒之，引還。**秃滿迭兒及諸王也先帖木兒軍破通州，將襲京師，燕帖木兒急引軍還擊之。陽翟王太平敗没，死者蔽野，餘兵皆潰而還。**諸王忽剌台等兵入紫荆關。**守關軍士皆潰散，遂乘勝進逼京城，遇敵兵於良鄉南，轉戰至盧溝橋，聞燕帖木兒援兵益至，乃引去。**冬十月，圖帖睦爾遣使至陝西，省臣執之送上都。**初，燕帖木兒遣人召陝西行省平章探馬赤、行臺御史馬札兒台，皆不至。至是，使者頒懷王即位詔至陝西及甘肅，省臣、臺臣焚毁其詔，執其使，械送於上都。既而使者持詔自浙江歸，❶言省臣亦皆不服。懷王欲悉誅之，中書左司郎中自當言於燕帖木兒曰：「雲南、四川且猶未定，乃欲以使臣一言殺行省大臣，恐非盛德事。」燕帖木兒入言之，事乃止。**圖帖睦爾兵陷上都，梁王王禪遁走，遼王脱脱死之。**先是，齊王月魯帖木兒及東路蒙古元帥不花帖木兒等，聞懷王即位，乃舉兵趨上都圍之。時諸王大臣出戰屢敗，勢蹙，倒剌沙等奉皇帝寶出降，梁王王禪遁走，遼王脱脱遇害，帝不知所終。月魯帖木兒獲皇帝寶，及收諸王百司符印，遣兵送倒剌沙等於京師。**圖帖睦爾告祭南郊。○靖安王闊不花等大敗河南兵，進拔虎牢，尋引還。**闊不花等兵至鞏縣黑石渡，與河南兵戰，大敗之，獲其輜重巨萬，遂克虎牢，旋引軍至汴。會有使者來言上都已破，河南省臣遣使來招諭，闊不花等殺其使臣十餘輩。既而圖帖睦爾遣使親諭之，乃逡巡引去。**十一月，圖**

❶「自」，原作「至」，據《元史》卷一四三《自當傳》改。

帖睦爾遷泰定皇后弘吉剌氏于東安州。○遣使迎周王和世㻋于漠北。○圖帖睦爾殺梁王王禪及左丞相倒剌沙等。梁王王禪既遁，圖帖睦爾募有能捕之者，官五品以上，尋被執，賜死。倒剌沙、馬某沙、紐澤、撒的迷失及也先帖木兒皆棄市。時復欲盡戮朝臣之在上都者，平章政事敬儼抗論，謂是皆常歲從行之人，殺之非罪。衆賴以免。四川平章政事囊加台稱兵燒絶棧道。囊加台自稱鎮西王，以其省左丞脱脱爲平章，前雲南廉訪使楊静爲左丞，殺平章寬徹等，稱兵燒絶棧道。弛蒙古、色目人居親喪之禁。自願者聽。

## 己巳

天曆二年春，正月，周王和世㻋稱帝于和寧之北。圖帖睦爾屢遣使奉迎勸進，王南還，至和寧之北，遂即位。遣使還報，諸王舊臣及兩都之民聞王使者至，❶皆歡呼鼓舞，争先迎謁，所至成聚。陝西大旱饑。陝西自泰定二年至是不雨，歲大饑，人相食。詔起張養浩爲西臺御史中丞，往賑之。先是，養浩棄官家居，七詔不起，至是聞命，登車即行。道經華山，禱于岳祠，一雨二日。❷到官復大雨，禾黍自生，秦人大喜。時斗米十三緡，鈔稍昏即不用，詣庫倒换，累日不能得，民大窘。養浩檢庫中未毁昏鈔，得一千八十五萬，悉以印識其背，又刻十貫、五貫爲券給貧民，命米商視印記出糶，❸詣庫驗數，易與新鈔。又率富商出粟，及奏行納粟補官之令。聞民有殺子以啖母者，爲之大慟，出私錢濟之，且命出其肉徧示閫府官屬，責其不能振貸。二月，圖帖睦爾立其妃弘吉剌氏爲皇后。○追尊周王母亦乞烈氏、母唐兀氏並爲皇后。亦乞烈氏，周王母。唐兀氏，圖帖睦爾母也。三月，圖帖睦爾遣燕帖木兒奉皇帝寶赴漠北。夏四月，周王以燕帖木兒爲太師。圖帖睦爾遣燕帖木兒奉皇帝璽

❶「至」，原脱，據《元史》卷三一《明宗本紀》、《資治通鑑後編》卷一六九補。
❷「二」，原作「三」，據《元史》卷一七五《張養浩傳》改。
❸「出糶」，原脱，據《元史》卷一七五《張養浩傳》補。

上周王，於是諭廷臣曰：「寶璽既北上，繼今國事，其遣人聞於行在所。」燕帖木兒見周王，嘉其功，以爲太師。復諭之曰：「凡京師百官，朕弟所用者，並仍舊，其諭以朕意。」燕帖木兒因奏：「陛下君臨萬方，國家大事所任者，省、院、臺而已，宜擇人居之。」乃用哈八兒禿等爲平章政事等官，皆武宗舊人也。是日宴諸王、大臣於行殿，因諭臺臣曰：「太祖有訓：美色、名馬，人皆玩之，然方寸一有係累，即能敗名喪德。卿等亦嘗念及此乎？世祖初立御史臺，首命塔察兒、奔帖傑兒二人協司其政。天下國家，譬如一人之身，中書其右手也，樞密其左手也。左、右手有疾，治之以良醫，省、院闕失，不以御史臺治之，可乎？凡諸王、百司違法越禮，一聽舉劾。風紀重，則貪墨懼，猶斧斤重，則入木深也。朕有缺失，卿等亦當以聞，不汝責也。」周王遣使立圖帖睦爾爲太子。○以徹里帖木兒爲平章政事。○旱蝗，民饑。河南北、山東、兩浙饑民，毋慮百餘萬户。囊加台降，尋殺之。圖帖睦爾遣使至四川，赦囊加台罪，囊加台聽詔歸順，蜀地悉定。尋殺之於市，籍其家。秋七月朔，日食。○西臺御史中丞張養浩卒。養浩自到官，未嘗家居，止宿公署，夜禱于天，晝出賑饑，每一念至，即拊膺慟哭，竟得疾而卒。關中之民，如失父母。至順間追贈平章政事、濱國公，謚文忠。太白經天。○八月丙戌，周王次旺忽察都，圖帖睦爾入見。庚寅，王暴卒。廟號明宗。○胡粹中曰：「聞之故老言，燕帖木兒奉上璽綬，明宗徙官有不爲之禮者，燕帖木兒且怒且懼。既而帝暴崩，燕帖木兒聞哭聲，即奔入帳中，取寶璽，扶文宗上馬南馳。本史乃言：皇太子入哭盡哀，燕帖木兒以皇后命，奉皇帝寶授太子。其説不合，豈當時忌諱，有不敢明言之者歟！」圖帖睦爾以伯顔爲左丞相，欽察台、阿兒思蘭海牙、趙世延並爲平章政事。朵兒只爲右丞，阿榮、趙世安並參知政事，塔失鐵木兒、知樞密院鐵木兒補化、鐵木兒脱並御史大夫。圖帖睦爾復襲位于上都，大赦。○建龍翔集慶寺于建康。命阿榮、趙世安督工，臺臣監造。於是南臺御史言：「陛下龍潛建業，居民困於供給，幸而獲覩今日，莫不跂望非常之恩。今奪民時，毁民居，以創佛寺，臺臣表正百官，委以監造，豈其禮哉？昔漢高祖復豐、沛兩縣，光武免南陽稅三年，今不務此，而隆重佛教，何以慰斯民之望？且佛教慈悲方便，今尊佛氏而害生民，無乃違其教乎！」書奏，爲免臺臣監役。詔修《經世大典》。敕翰林國史院同奎章閣學士采輯本朝故事，準唐、宋《會要》，爲《經世大典》。冬十月，徵故中書省臣朵朵、王士熙等十二人于貶所，放歸田里。〇十一月，湖廣猺賊寇邊。凡二百八十餘處。十二月，以西僧輦真吃剌思爲帝師。帝師至，上命朝臣一品以下咸郊迎。大臣俯伏進觴，帝師不爲動，惟國子祭酒孛术魯翀舉觴立進曰：「帝師，釋迦之徒，天下僧人師也。予，孔子之徒，天下儒人師也。請各不爲禮。」帝師笑而起，舉觴卒飲，衆爲之慄然。

續資治通鑑綱目第二十五

# 續資治通鑑綱目第二十六

起庚午元文宗至順元年，盡壬辰元順帝至正十二年。凡二十三年。

**庚午** 文宗皇帝至順元年，春二月，立明宗子懿璘質班爲鄜王。○以阿卜海牙爲平章政事。○平章政事朵兒只以罪免，臺臣言其紊亂銓選，貪污著聞也。以伯顏知樞密院事，罷置左丞相。帝以燕帖木兒有大功，欲獨相以尊異之，乃詔諭中書省曰：「昔世祖嘗以宰相一人總領庶務，故政治出於一。今燕帖木兒爲右丞相，伯顏知樞密院事，左丞相其勿復置。」三月，雲南諸王禿堅反，遣豫王阿剌忒納失里督諸將討之。禿堅及萬户伯忽、阿禾等叛，攻陷中慶路，殺廉訪司官，尋自稱雲南王，以伯忽爲丞相，阿禾等爲平章等官，立城栅，焚倉庫，以拒命。詔以乞住爲雲南平章政事，帖木兒不花爲雲南左丞，及中尚卿小云失，從阿剌忒納失里，由八番進討之。夏四月，饑。○皇后弘吉剌氏殺明宗皇后八不沙。皇后與宦者拜住謀殺之。五月，帝如上都。○以亦列赤爲平章政事。○殺知樞密院闊徹伯、脱脱木兒等十二人，❶籍其家。闊徹伯、脱脱木兒及通政使只兒哈郎等，以燕帖木兒權勢崇重，欲謀誅之。也的迷失、脱迷以變告，按問，並棄市，籍其家。雲南宣慰使禄余等叛附于禿堅，詔遣諸王雲都思帖木兒會諸路兵進討之。初，雲南宣慰使土官禄余，以討禿堅之功，授行省參知政事。至是叛附于禿堅，羅羅諸蠻因相繼作亂，平章帖木兒不花被害。詔諸王雲都思帖木兒將江浙、河南、江西三省兵二萬，與湖廣省臣脱歡並討之。將作院使鎖住等有罪誅。

❶「十二人」，《元史》卷三四《文宗本紀》爲十一人、卷一三八《燕鐵木兒傳》爲「十人」。

鐵木迭兒子鎖住、觀音奴，壻野里海牙，坐怨望、造符籙咒詛，事連刑部尚書烏馬兒、前御史大夫孛羅、上都留守馬兒等，俱伏誅。

秋閏七月，趙世延罷。御史葛明誠言：「世延年踰七十，固位苟容，請斥歸田里。」詔中書議，燕帖木兒言：「世延向自陳致仕，不允所請。御史之言，蓋不知有旨也。」帝曰：「如御史言，世延固難任中書矣，其仍任以翰林、奎章之職。」

詔加孔子父母及顏回、曾參、孔伋、孟軻、程顥、程頤封爵。孔子父叔梁紇爲啓聖王，母顏氏啓聖王夫人，顏子兖國復聖公，曾子郕國宗聖公，子思沂國述聖公，孟子鄒國亞聖公，程顥豫國公，頤洛國公。

江南大水。江浙、湖廣尤甚，没民田五萬一百八十頃，民饑者四十餘萬户。

八月，帝還大都。○大寧地震。○始親祀南郊。帝始服大裘、衮冕，親祀昊天上帝於南郊，以太祖配享。蓋自世祖至是凡七世，而南郊親祀之禮，始克舉焉。

冬十二月，詔以漢董仲舒從祀孔子廟。位列七十二子下。

立燕王阿剌忒納答剌爲太子。

辛未　二年，春正月，太子阿剌忒納答剌卒。○二月，立廣教總管府。凡十六所，以掌天下僧尼之政。秩正三品，府設達魯花赤、總管、同知府事、判官各一員。

以伯撒里爲平章政事。○三月，司徒香山陳符讖。香山言：「陶弘景《胡笳曲》有『負扆飛天曆，終是甲辰君』之語，暗合陛下生年、紀號，實受命之符，乞録付史館，頒示中外。」詔翰林、集賢諸儒臣議，咸以謂：「唐開元間，薛讓進武后鼎銘云『上天降監，方建隆基』，爲玄宗受命之符。姚崇表賀，宋司馬光言其采偶就之文以爲符瑞，此小臣之諂，而宰相實之，是侮其君也。今弘景之曲，雖於生年、紀號若偶合者，然陛下應天順人，紹隆正統，無待於旁引曲説以爲符命。從其所言，恐啓讖緯之端，非所以定民志也。」事遂寢。

浙西水旱。諸路飢民八十萬餘户。

夏四月，涉縣地震。❶逾月不止。

阿剌忒納失里等略定雲南，引兵

❶「涉縣」，原作「武陟」，據《元史》卷三五《文宗本紀》、卷五八《地理志》改。

還。阿剌忒納失里及各省兵十餘萬，進擒伯忽、阿禾斬之，烏蒙、東川諸夷皆款服，遂復中慶路，遣使獻捷，言：「叛者或誅或降，雖已略定，餘黨逃竄山谷，不能必其不反側，乞分兵鎮遏之，餘皆遣還。」詔從之。五月，帝如上都。○六月，翰林學士吴澄卒。澄，泰定間謝病歸臨川，四方從學者恒數百人。著書至將終不輟，有《易》、《春秋》、《禮記》纂言，及校定《皇極經世書》、《大戴禮》等書。卒贈臨川郡公，謚文正。秋七月，封伯顔爲浚寧王。○八月朔，日食。○帝還大都。○江浙水。壞田十八萬八千七百三十八頃。詔皇子古納答剌出居燕帖木兒家。❶更名燕帖古思。九月，禄余復寇雲南，冬十月，都元帥怯烈擊走之。禄余既竄伏，尋出收召餘黨，列行營六十所，復作亂寇順元等路。雲南省臣遣都事那海往招之，遇害。既而蒙古都元帥怯烈潛師擊破賊砦，殺五百餘人。禿堅之弟必剌都古彖失舉家赴海死。獲禿堅弟二人，子三人，誅之。禄余遁去，餘黨悉平。十一月朔，日食。○詔養燕帖木兒之子塔剌海爲子。賜居第、貲産。

**壬申** 三年，夏四月，諸王月魯帖木兒謀反，伏誅。安西王阿難答之子月魯帖木兒，與畏兀僧玉你達八的剌板的、國師必剌忒納失律沙津愛護持謀不軌，事覺，皆伏誅。五月，帝如上都。○禁加封淫祠。太常博士王瓚言：「諸路請加封神廟，濫及淫祠。按《禮經》，以勞定國，以死勤事，能禦大災，能捍大患，則祀之。其非祀典之神，自後不許。」從之。雲南饑。詔蠲本省田租三年。六月，嚴起復之禁。監察御史陳思謙言：「内外官非文武全才，出處繫天下安危、能拯金革之難者，不許奪情起復。」從之。時思謙又言：「銓衡之弊，入仕之門太多，黜陟之法太簡，州郡之任太淹，朝省之除太速。欲設三策，以救四弊。一曰，至元三十年以後增設衙門，冗濫不急者，從實減并；其外有選法

❶「古納答剌」，原作「古剌答納」，據《元史》卷三五《文宗本紀》、卷三六《文宗本紀》改。

者，并入中書。二曰，宜參酌古制，設辟舉之科，令三品以下各舉所知，得才則受賞，失實則受罰。三曰，古者刺史入爲三公，郎官出宰百里，蓋使外職識朝廷治體，内官知民間利病。今後歷縣尹有能聲善政者，受郎官御史；歷郡守有奇才異績者，任憲使尚書。其餘各驗資品通遷，在内者不得三考連任京官，在外者須歷兩任乃遷内職。績非出類，守不敗官者，則循以年勞，處以常調。凡朝缺官員，須二十月之上，❶方許遷除。」帝可其奏，命中書議行之。○河南河北道廉訪副使僧家奴言：❷「自古求忠臣於孝子之門。今官於朝，十年不省覲者有之，非無思親之心也，由朝廷無給假省親之制，而有擅離官次之禁。古律，諸職官父母在三百里外，三年聽一給定省假二十日；親不存者，五年聽一給拜墓假十日。❸以此推之，父母在三百里以至萬里，宜計道里遠近，定立假期。其應省覲匿不行者，坐以罪。若詐冒有所規避者，與詐奔喪者同科。」詔廷臣議行之。

録用朵朵、王士熙、脱歡等。○秋八月，京師、隴西地震。○帝崩于上都。廟號文宗，國語稱曰札牙篤皇帝。

九月，地震。○冬十月，鄜王懿璘質班即位。王，明宗第二子，留居京師。帝崩，燕帖木兒請皇后立皇子燕帖古思，后不從，命立王，時年甫七歲，百司庶務，咸啓皇后取進止。

以撤迪爲平章政事。○十一月，尊皇后爲皇太后。○鄜王薨。廟號寧宗。○王褘曰：「寧宗之立，雖母后、權臣利於立幼，抑文宗顧命，舍其子而立兄子，是不可謂非公天下之心也。然終不足以掩其弑兄之惡。人心天理，吁，可畏哉！」

太后遣右丞闊里吉思迎妥懽帖睦爾于静江。初，太祖取西北諸國，阿兒斯蘭率衆來降，乃封爲郡王。明宗居沙漠，納其裔孫納罕禄魯氏女曰邁來的，生妥懽帖睦爾。至順初，明宗后遇害，遂徙之高麗，使居大青島中。尋詔天下，言明宗在時素

❶「二十」，原作「十二」，據《元史》卷一八四《陳思謙傳》、《歷代名臣奏議》卷一六二陳思謙奏、《資治通鑑後編》卷一七〇乙正。

❷「河南河北道廉訪副使」，原作「河北道廉訪使」，據《元史》卷三五《文宗本紀》、《歷代名臣奏議》卷二八六僧家奴奏改。

❸「五年」，原脱，據《元史》卷三五《文宗本紀》、《歷代名臣奏議》卷二八六僧家奴奏補。

謂非其子，移于廣西之静江。鄜王薨，燕帖木兒復請立燕帖古思，皇太后曰：「吾子尚幼，妥懽帖睦爾在廣西，今年十三矣，且明宗長子，於理當立。」乃遣闊里吉思往迎之。

**癸酉**　四年，順帝元統元年。春三月，燕帖木兒死。燕帖木兒自秉權以來，肆行無忌。一宴或宰十三馬，取泰定后爲夫人，前後尚宗室女四十人，有交禮三日遽遣歸者，後房充斥不能盡識。一日宴趙世延宅，男女列坐，見坐隅一婦甚麗，意欲與俱歸，顧左右曰：「此爲誰？」對曰：「太師家人也。」自後荒淫日甚，體羸溺血而死。夏五月，京師地震。○六月，妥懽帖睦爾即位于上都。初，妥懽帖睦爾至自静江，百官具鹵簿迎于良鄉。燕帖木兒既見，並馬徐行，具陳迎立之意。妥懽帖睦爾幼且畏之，一無所答。燕帖木兒疑其意不可測，故至京久不得立。適太史亦言其立則天下亂，用是議未能決，遷延者數月。至是燕帖木兒死，皇太后乃與大臣定議立之，且約後當傳于燕帖古思，若武宗、仁宗故事。以伯顏爲太師、右丞相，撒敦爲太傅、左丞相。時有阿魯輝帖木兒者，明宗親臣也，言於帝曰：「天下事重，宜委宰相決之，庶可責其成功。若躬自聽斷，必負惡名。」帝然之，由是深居宮中，每事決於宰相而已，無所專焉。大霖雨。京畿水平地丈餘，饑民四十餘萬。江淮旱饑。○秋八月，立皇后伯牙吾氏。后，燕帖木兒之女。奎章閣侍書學士虞集謝病歸。初，御史中丞馬祖常求集薦引其鄉人龔伯璲，集固不從，祖常不悦。帝之將立也，召諸老臣赴上都，集亦與焉。祖常使人告集曰：「御史有言矣。」蓋以文宗嘗命集書詔，言帝非明宗子，故祖常以是風集使去。集乃謝病歸臨川。集既去，侍臣有以舊詔言者，帝不懌曰：「此我家事，豈由彼書生邪！」尋遣使賜酒幣，召還禁林。會疾作，竟不至。冬十月，封撒敦榮王，唐其勢襲封太平王。○十一月，封伯顏爲秦王。是日，秦州山崩地裂。

**甲戌**　順帝元統二年，春正月，汴梁雨血。著衣皆赤。阿卜海牙罷，以脱別台爲平章政事。○三月，天雨毛。彰德路天雨毛，如線而緑。民謡云：「天雨線，民起怨。中原地，事必變。」水旱疫，民饑。時山東大水，浙西水旱疾疫，饑民至五十七萬户。夏四月朔，日食。○録許衡後。○帝如上都。○五月，撒敦罷，六月，復以爲左丞相。命撒敦仍商量中書省事，唐其勢爲左丞相。既而唐其勢辭不拜，遂復命撒敦爲之。尋卒。秋八月，赦。是日，京師地震，雞鳴山崩。以湖廣、河南自三月不雨至于是月，及諸路旱蝗民饑，太白屢晝見經天，大赦天下。是日，京師地震，雞鳴山崩，陷爲池，方百里，人死者衆。帝還大都。○冬十月，始以真哥皇后配饗武宗。時議三朝皇后升祔未決，伯顔以問太常博士逯魯曾曰：「先朝既以真哥皇后無子，不爲立主，今所當立者，明宗母邪？文宗母邪？」對曰：「真哥皇后在武宗朝已膺寶册，則文、明二母皆妾。今以無子之故，不得立主，而以妾母爲正，是爲臣而廢其先君之后，❶爲子而私尊其先父之妾，豈可復蹈慕容垂之失乎？」集賢學士陳顥素疾魯曾，乃曰：「唐太宗册曹王明母爲后，亦二后也，奚爲不可？」魯曾曰：「堯母帝嚳庶妃，堯未嘗以配嚳。不法堯、舜，而法唐太宗邪？」衆服其議，而伯顔亦是之，遂以真哥皇后配武宗，擢魯曾爲御史。詔舉才堪守令者。命臺憲部官各舉才堪任守令者一人，以名聞。

乙亥　至元元年，春二月，帝畋柳林，不果行。帝將田于柳林，御史臺臣諫曰：「陛下春秋鼎盛，宜思文皇付託之重，致天下於隆平。今赤縣之民，供給繁勞，農務方興，而馳騁冰雪之地，儻有銜橛之變，奈宗廟社稷何！」遂止。三月，罷采高麗媵女。臺臣言：「高麗首效臣節，而近年屢遣人往取媵女，至使生女不舉，女長不嫁，乞禁止。」從之。夏五月，帝如上都。○六月，唐其勢反，伏誅。秋七月，伯顔弒皇后伯牙吾氏。時撒敦已死，伯顔獨秉政，唐其勢忿曰：「天下本我家天下，伯顔何人，而位吾上！」遂與其叔父句容郡王荅隣荅里潛蓄異心，謀立諸王晃火帖木兒。

❶「后」，原作「母」，據《元史》卷一八七《逯魯曾傳》改。

帝數召答隣答里不至。郯王徹徹禿發其謀。❶六月晦，唐其勢伏兵東郊，率勇士突入宮。伯顏及完者帖木兒等掩捕獲唐其勢及其弟塔剌海，誅之。餘黨奔答里，答里即應之，殺使者以褐旗。帝遣阿弼往諭，又殺之，而率其黨和尚等逆戰，敗走晃火帖木兒所。阿魯渾察執送上都，戮之。晃火帖木兒自殺。初，唐其勢事敗被擒，攀折殿檻不肯出。塔剌海走匿皇后座下，后蔽之以衣，左右曳出斬之，血濺后衣。伯顏奏并執后，后呼帝曰：「陛下救我！」帝曰：「汝兄弟爲逆，豈能相救。」乃遷出宮，伯顏尋殺之于開平民舍。**九月，減宦者。**御史臺臣言：「國初宦官不過數十人，❷今内府執事不下千餘。乞依舊制，裁減冗濫，以廣仁愛之心，省靡費之患。」從之。**帝還大都。**

**○冬十一月，以阿吉剌爲平章政事。○詔罷科舉。**初，徹里帖木兒爲江浙平章，會科舉，驛請試官，供張甚盛，心頗不平。及復入中書，首議罷科舉，及論學校莊田租可給宿衛士衣糧，動當國者，以發其機，又欲損太廟四祭爲一。於是御史呂思誠等列其罪狀劾之，不報，皆辭職去，而思誠出爲廣西僉事。時罷科舉詔已書而未用璽，參政許有壬力争之，伯顏怒曰：「汝風臺臣言徹里帖木兒邪？」有壬曰：「太師擢徹里帖木兒在中書，御史三十人不畏太師而聽有壬，豈有壬權重於太師邪？」伯顏意稍解。有壬乃曰：「科舉若罷，天下人才觖望。」伯顏曰：「舉子多以贓敗。」有壬曰：「科舉未行時，臺中贓罰無算，豈盡出於舉子？」伯顏曰：「舉子中可任用者，惟參政爾。」有壬曰：「若張夢臣、馬伯庸輩，皆可任大事。如歐陽玄之文章，亦豈易及？」伯顏曰：「科舉雖罷，士之欲求美衣食者，自能向學。」有壬曰：「爲士者，初不事衣食。」伯顏曰：「科舉取人，實妨選法。」有壬曰：「今通事、知印等，天下凡三千三百餘名。今歲自四月至九月，白身補官受宣者亦且七十三人，❸而科舉一歲僅三十餘人，科舉於選法果相妨乎不也？」伯顏心然其言，而議已定，不可中輟，乃温言慰解之。翊日宣詔，特令有壬爲班首以折辱之。有壬懼

❶「徹徹禿」，原作「撒撒禿」，據《元史》卷一三八《燕鐵木兒傳》、卷一〇七《宗室世系表》改。

❷「數十人」，《元史》卷三八《順帝本紀》作「數人」。

❸「七十三」，《元史》卷一四二《徹里帖木兒傳》作「七十二」。

禍，不敢辭。治書侍御史溥化誚有壬曰：❶「參政可謂過河拆橋者矣。」❷有壬以爲大耻，移疾不出。**詔改元。**時星文屢示儆，帝以世祖皇帝在位長久，欲祖述之，詔改元統三年仍爲至元元年。監察御史李好文言：「年號襲舊，於古未聞。襲其名而不蹈其實，未見有益。」因言時弊不如至元者十餘事，不報。**十二月，尊皇太后爲太皇太后。**初，唐其勢既誅，帝詔天下有曰：「皇太后後其所生，一以至公爲心，親挈大寶，畀予兄弟，功德隆盛，近古罕比。」命大臣議加禮典。至是尊以爲太皇太后。許有壬言：「皇上於太后，母子也，若加太皇太后，則爲孫矣。且今制，封贈祖父母，降父母一等，蓋推恩之法，近重而遠輕。今尊皇太后爲太皇太后，是推而遠之，乃反輕矣。」不從。監察御史泰不華率同列上章言：「嬸母不宜加徽稱。」太后聞之怒，欲殺言者。衆懼，泰不華曰：「此事自我發之，甘受誅戮，決不敢累諸公。」已而太后怒解，曰：「風憲有臣如此，豈不能守祖宗之法乎？」命賜金幣，以旌其直。**徹里帖木兒有罪免，徙南安。**徹里帖木兒嘗指斥武宗，又以妻弟女爲己女，冒請珠袍等物。於是臺臣復劾其罪，而伯顔亦惡其忤己，遂流於南安，人皆快之。尋卒。**河決封丘。**

**丙子　二年，春二月，追尊生母邁來的爲皇后。○夏四月，以帖木兒不花爲平章政事。○帝如上都。○秋八月朔，日食。○九月，帝還大都。○是歲水、旱、蝗、饑。**鄧州大霖雨三十日，湍河、白河水大溢爲災。黄州蝗。江浙自春至八月不雨，民大饑。時江州諸縣民饑甚，總管王大中貸富室粟賑之，而免其雜役以爲息，期歲豐還其本，民無病焉。

**丁丑　三年，春正月，帝畋于柳林。**凡三十五日。御史丑的、宋紹明進諫，帝賜以金幣。丑的等固辭，帝曰：「昔魏徵進諫，唐太宗未嘗不賞，汝其受之。」

❶「溥」，萬曆本作「薄」，《元史》卷一四二《徹里帖木兒傳》作「普」，《資治通鑑後編》卷一七一作「溥」。

❷「過河」，原作「過橋」，據《元史》卷一四二《徹里帖木兒傳》、《資治通鑑後編》卷一七一改。

廣東朱光卿、河南棒胡等兵起。光卿，增城縣人，與其黨石昆山、鍾大明聚衆反，稱大金國，改元赤符。時惠州民聶秀卿等亦舉兵，與光卿相結爲亂。棒胡，陳州人，以燒香惑衆反於信陽州，破歸德鹿邑，焚陳州，屯營于杏岡。命河南左丞慶童帥兵討之，獲其旗幟、宣敕、金印獻之。時大臣有忌漢官者，取賊旗幟、宣敕班地上，問曰：「此欲何爲？」意漢官諱言反，將中以罪。許有壬曰：「此曹反狀甚明，尚何言？」大臣語塞。既而帝以光卿、秀卿、棒胡皆漢人，詔漢人官省、臺、院及翰林、集賢者，講求誅捕之法以聞。未幾，四川合州人韓法師亦擁衆自稱南朝趙王，尋皆討平之。二月朔，日食。〇定服色、器皿、輿馬之制。時服飾上下無別，帝初禁民間服麒麟、鸞鳳、白兔、靈芝、雙角五爪龍、八龍、九龍、萬壽字、赭黄等服。至是，復詔定其制。尋禁倡優盛服，及戴笠、乘馬。弛江浙諸處山濼之禁。時江浙等處饑民至四十萬户，詔發鈔四十萬錠賑之，開所在山場、河泊之禁，聽民樵采。三月，立皇后弘吉剌氏。〇禁漢人、南人不得執軍器。凡有馬者拘入官。既又禁漢人、南人不許習蒙古字。夏四月，帝如上都。〇五月，民訛言采童男女。民間訛言朝廷刷取童男女，一時嫁娶殆盡。西番亂。殺鎮西王子党瓦班，❶尋蔓延至二百餘處。詔立行宣政院，以也先帖木兒爲院使，督兵往討之。彗星見。凡六十有三日，自昴至房，歷一十五宿而滅。秋七月，武陟蝗。河南武陟縣禾垂熟，有蝗自東來，縣尹張寬仰天祝曰：「寧殺縣尹，毋傷百姓。」俄有魚鷹群飛啄食之。❷八月，京師地屢震。先是，京師大霖雨，凡十三日，御河、沁河、渾河皆溢，没人畜，田廬不可勝計。至是地大震，太廟梁柱裂，各室牆壁壞，壓損儀物及文宗神主、御床。凡六日方止，所損人民甚衆。冬十月，金華處士許謙卒。謙受業金履祥之門，履祥曰：「士之爲學，若五味之在和，醯鹽既加，則酸鹹頓變。子來見我三日矣，而猶夫人也，豈吾之學無以感

❶「子」，原脱，據《元史》卷三九《順帝本紀》、《資治通鑑後編》卷一七一補。

❷「魚」，原作「黑」，據《元史》卷三九《順帝本紀》、《資治通鑑後編》卷一七一改。

發於子邪？」謙聞之愓然。居數年，盡得其所傳之妙。履祥既歿，謙益肆充闡，多所自得。自謂：「吾非有大過人者，惟爲學之功無間斷爾。」平生制行甚嚴，而所以應世者，不膠於古，不流於俗。屏跡八華山，四方之士不遠百舍而來受業。其教人至誠諄悉，内外殫盡，獨不教人以科舉之文，曰：「此義、利之所由分也。」不出里閭垂四十年，中外名臣列其行義，章凡數十上，郡以遺逸應詔，有司請主文衡，皆莫能致。世稱爲白雲先生，卒謚文懿。先是，何基、王柏、金履祥歿，其學猶未大顯，至謙而其道益著。同時休寧陳櫟、婺源胡一桂，皆以講明道學，見重於時云。

**十二月，以馬扎兒台爲太保，分樞密院鎮北邊。**馬扎兒台，伯顔弟也。時議進爵爲王，辭曰：「兄封秦王，弟不宜並受王爵。」故有是命。**伯顔請殺五姓漢人，不許。**伯顔請殺張、王、劉、李、趙五姓漢人，不從。

**戊寅　四年，夏四月，以探馬赤、只兒瓦歹爲平章政事。○帝如上都。**次八里塘，雨雹，大如拳，其狀有小兒、環玦、獅、豹等物之形。**五月，詔考覈郡縣官功過。**命佛家閭爲考功郎中，喬林爲員外郎，魏宗道爲主事，❶考較天下郡縣官功過。**漳州、袁州兵起。**漳州南勝縣民李志甫，聚衆圍州城，守將搠思監與戰，失利。詔江浙平章別不花發四省兵討之，不克。既而州人陳君用者襲殺之。龍巖尉黄佐才與賊戰，妻子四十餘口皆被害，事聞，授佐才龍巖縣尹。袁州人周子旺亦舉兵稱周王，改年建號，尋敗死。**秋八月朔，日食。○京師地震。**日二三次，凡十日乃止。**帝還大都。**

**己卯　五年，夏四月，帝如上都。○六月，汀州大水。**平地水深三丈，没民居八百餘區，人溺死者八千餘。**秋八月，帝還大都。○冬十一月，盜殺河南平章政事月魯帖木兒等，尋捕**

❶ 「道」，原脱，據《元史》卷三九《順帝本紀》補。

誅之。杞縣人范孟謀不軌，詐爲詔使，至河南行省，殺平章政事月魯帖木兒、廉訪使完者不花等，召官屬及去位者，署而用之，執大都路儒學提舉歸暘，俾北守黄河口，暘力拒不從，賊怒，繫之獄。既而官軍捕孟誅之，凡汚賊者皆得罪，暘獨免。暘同里有吴炳者，嘗以翰林待制徵，不起。賊召司卯酉曆，炳懼不敢辭。時人爲之語曰：「歸暘出角，吴炳無光。」暘之名，用是大著。尋由國子博士拜監察御史。入謝，臺臣奏曰：「此河南抗賊不屈者。」帝曰：「好事卿宜數爲之。」賜以上尊。

詔以伯顏爲大丞相。加元德上輔功臣之號，賜七寶玉書金符。

伯顏矯詔殺郯王徹徹秃。❶伯顏搆陷郯王，奏賜死，帝未允，輒傳旨殺之。又奏貶宣讓王帖木兒不花、威順王寬徹普化，不俟命即遣之。帝爲之不平。

**庚辰** 六年，春二月，伯顏有罪，黜爲河南行省左丞相。尋竄南恩州，道死。伯顏既誅唐其勢，獨秉國鈞，遂專權自恣，變亂成憲，虐害天下，漸有異謀。帝患之。伯顏欲以所養弟之子脱脱宿衛，偵帝起居，懼涉物議，乃以知樞密院汪家奴、翰林學士承旨沙剌班同侍禁近，實屬意脱脱。故脱脱政令日脩，衛士拱聽約束。伯顏自領諸衛精兵，以燕者不花爲屏蔽，導從之盛，填溢街衢，而帝儀衛反落落如晨星，勢焰熏灼，天下之人知有伯顏而已。脱脱深憂之，私請於父馬扎兒台曰：「伯父驕縱已甚，萬一天子震怒，則吾族赤矣。曷若於未敗圖之！」其父亦以爲然。脱脱復質於師吴直方，直方曰：「《傳》有之，『大義滅親』。大夫但知忠於國爾，餘復何顧焉！」一日見帝，乘間自陳忘家徇國之意，帝猶未之信。時帝前後左右皆伯顏之黨，獨世傑班、阿魯爲帝腹心，乃遣二人與脱脱遊，日以忠義之言相與往復論辨，益悉其心靡他，遂聞于帝，帝始信之無疑。及伯顏擅貶宣讓、威順二王，帝不勝其忿，決意逐之。一日，泣語脱脱，脱脱亦泣下，歸，復與直方謀。直方曰：「此大事，議論之際，左右爲誰？」曰：「阿魯及脱脱木兒。」直方曰：「子之伯父，挾震主之威，此輩苟利富貴，其語一泄，則主危身戮矣。」脱脱乃延二人于家，置酒張樂，晝夜不令出。遂與世傑班等

❶「徹徹秃」，原作「徹徹篤」，據上文及《元史》卷一三八《燕鐵木兒傳》、卷一〇七《宗室世系表》改。

謀，欲候伯顏入朝擒之。戒衛士嚴宮門出入，螭坳皆爲置兵。伯顏見之大驚，召脱脱責之。對曰：「天子所居，防禦不得不爾。」然遂疑脱脱，亦增兵自衛。至是，伯顏以所領兵衛，請帝出田，脱脱勸帝稱疾不往，伯顏固請，乃命太子燕帖古思出次柳林。脱脱遂與阿魯等合謀。悉拘京城門鑰，命所親信列布城門下。是夜，奉帝居玉德殿，召省院大臣先後入見，出五門聽命。夜二鼓，遣怯薛月可察兒率三十騎抵營中，取太子入城。又召楊瑀、范匯入草詔，數伯顏罪狀，出爲河南行省左丞相。命平章政事只兒瓦歹賫赴柳林。黎明，遣騎士至城下問故，脱脱倨城上宣言：「有旨黜丞相一人，諸從官皆無罪，可各還本衛。」伯顏奏乞陛辭，不許。道出真定，父老奉觴酒以進。伯顏曰：「爾曹見子殺父事乎？」對曰：「不曾見子殺父，惟聞有臣弑君。」伯顏俛首有慚色。既而帝以伯顏罪重罰輕，復降詔安置南恩州陽春縣，行次江西隆興驛，病死。

以馬扎兒台爲太師、右丞相，塔失海牙爲太傅，知樞密院事探馬赤爲太保，御史大夫汪家奴爲平章政事，脱脱知樞密院事。詔脱脱之外，諸王侯不得懸帶弓箭及環刀輒入内府。

彗星見。凡三十二日。

京畿大水。

○賜馬扎兒台爵忠王，固辭，許之。詔封馬扎兒台爲忠王，賜號答剌罕，固辭不受。御史請示天下以勸廉讓，從之。

夏五月，帝如上都。

○六月，詔廢文宗廟主。遷太皇太后弘吉剌氏于東安州，尋崩。放燕帖古思于高麗，殺諸途。詔曰：「昔武宗升遐，太后惑於憸慝，俾皇考出封雲南。英宗遇害，我皇考以武宗之嫡，逃居沙漠，宗王大臣，同心翊戴，于時以地近，先迎文宗，暫總機務。繼知天理人倫所在，假讓位之名，以寶璽來上，皇考推誠不疑，即立爲皇太子。而乃當躬迓之際，與其臣月魯不花、也里牙、明里董阿等謀爲不軌，使我皇考飲恨上賓。歸而再御宸極，又私圖傳子，嫁禍于八不沙皇后，謂朕非明宗之子，出居遐陬。上天不佑，隨降殞罰。叔嬸不答失里，怙其勢焰，舍長嫡而立次幼，奄復不年，諸王大臣以賢以長，扶朕踐祚，賴天之靈，權奸屏黜，永惟鞠育罔極之思，忍忘不共戴天之義。其命太常撤去圖帖睦爾在廟之主，不答失里削太皇太后之號，徙東安州安置，燕帖古思放諸高麗。當時賊臣月魯不花等已死，其以明里董阿明正典刑。」時監察御史崔敬言：「文宗既撤廟主，嬸母亦削鴻名，盡孝正名，斯亦足矣。惟念皇弟燕帖古思，年幼播遷，天理人情，有所不忍。方先皇上賓，皇弟尚在襁褓，未有知識，義當矜閔。常人有百金之産，尚置義田，以收養宗族。陛下富有四海，乃以同氣之人，置之度外，貽笑他邦，取辱外國。❶儻生他變，關係非輕。臣願殺身以贖皇弟之罪，伏望陛下迎歸太后母子，以盡骨肉之義。」書奏，不報。未幾，太后崩于東安州，燕帖古思遇害于中道。

**秋八月，帝還大都。○冬十月，馬扎兒台罷，以脱脱爲右丞相，鐵木兒不花爲左丞相。○十二月，詔復行科舉。**時科舉既輟，翰林學士承旨巙巙從容言曰：「古昔取人材以濟世用，必由科舉，何可廢也！」帝采其論，詔復行之。**罷文宗增置官屬。**初，文宗設太禧宗禋等院及奎章閣、藝文監，增置官屬有差。至是，大臣議悉革罷，巙巙曰：「民有千金之産，尚設家塾，以延館客。堂堂天朝，一學房乃不能容邪！」帝然之，改奎章閣爲宣文閣，藝文監爲崇文監，餘悉罷之。

**辛巳　至正元年，夏四月，帝如上都。**時御史崔敬上疏，言天子巡幸上都，宜御内殿，其略曰：「世祖以上都爲清暑之地，車駕行幸，歲以爲常。閣有大安，殿有鴻禧睿思，所以保養聖躬，適起居之宜，存敬畏之心也。失剌斡耳朵思，乃先皇所以備宴遊，非常時臨御之所。今國家多故，天道變更，願大駕還大内，居深宫，嚴宿衛，與宰臣謀治道。萬幾之暇，則命經筵進講，究古今盛衰之由，緝熙聖學，乃宗社之福也。」時帝數以歷代珍寶分賜近侍，敬又上疏曰：「臣聞世皇時，大臣有功，所賜不過鞶革，重惜天物，爲後世慮至遠也。今山東大饑，燕南亢旱，海潮爲災，天文示儆，地道失寧，京畿南北，蝗飛蔽天，正當聖主恤民之日。近侍之臣，不知慮此，奏禀承請，殆無虚日，甚至以府庫百年所積之寶物，遍賜僕御閽寺之流，乳稚童孩之子。帑藏或空，萬一國有大事，人有大功，又將何以爲賜乎！乞追回所賜，以示恩不可濫，庶允公論。」**以鐵木兒塔識爲平章政事。○秋八月，**

❶「外」，原作「中」，據《元史》卷一八四《崔敬傳》、《歷代名臣奏議》卷七七崔敬上疏、《元朝典故編年考》卷八改。

帝還大都。○冬，湖廣、燕南、山東兵起。時湖廣道州民蔣丙、何仁甫等相繼舉兵，攻破江華等州縣，丙尋稱順天王。峩峒猺民二百餘寨，亦相率入邊抄掠，湖廣行省平章鞏卜班擊平之。山東、燕南寇盜，亦縱橫至三百餘處。大饑。

**壬午**　二年，春正月，開金口河。脱脱用言者，於都城外開河置牐，引金口、渾河之水，東流達通州，以通舟楫。廷臣多言不可，而脱脱排羣議不納。左丞許有壬言：「渾河之水，湍悍易決，而足以爲害，淤淺易塞，而不可行舟。況西山水勢高峻，金時在城北流入郊野，縱有衝決，爲害亦輕。今則在都城西南，若霖潦漲溢，加以水性湍急，宗社所在，豈容僥倖！設使成功一時，亦不能保其永無衝決之患。」帝不聽。河成，果水急泥壅不可行，費用不貲，而卒以無功。三月，大同饑，人相食。○夏四月，帝如上都。○秋八月朔，日食。○九月，帝還大都。○冬十月朔，日食。○十二月，京師地震。

**癸未**　三年，春正月，遼陽吾者野人作亂。遼陽爲捕海東青煩擾，吾者野人及水達達皆叛。二月，鞏昌山崩。秦州成紀、寧遠、伏羌等縣山崩水涌，人多溺死。三月，詔修遼、金、宋三史。初，世祖立國史院，首命王鶚修遼、金二史。宋亡，又命史臣通修三史。延祐、天曆之間，屢詔修之，以義例未定，竟不能成。至是命脱脱爲都總裁，鐵木兒塔識、張起巖、歐陽玄、吕思誠、揭傒斯爲總裁官修之。❶或欲如《晉書》例，以宋爲《世紀》，而遼、金爲《載紀》。或又謂遼立國先於宋五十年，宋南渡後，嘗稱臣於金，以爲不可。待制王理者，祖修端之説，著《三史正統論》，欲以遼、金爲《北史》，太祖至靖康爲《宋史》，建炎以後爲《南宋史》。一時士論非不知宋爲正統，然終以元承金，金承遼之故疑之，各持論不決。詔遼、金、宋各爲史。凡再閱歲，書成上之，發凡舉例，論贊表奏，多玄屬筆焉。夏四月朔，日食。○帝如

❶「揭傒斯」，原作「揭徯斯」，據《元史》卷一八一《揭傒斯傳》、《資治通鑑後編》卷一七二改。

上都。○秋七月，汴梁大水。自四月至是月霖雨不止，中牟、扶溝、尉氏、洧川、滎陽、汜水、河陰，凡七縣，皆大水。八月，帝還大都。○冬十月，親祀太廟。帝行禮至寧宗室，問曰：「朕，寧宗兄也，理當拜否？」太常博士劉聞對曰：「寧宗雖弟，其爲帝時，陛下爲臣。春秋時魯僖公，閔公兄也，閔公先爲君，宗廟之祭，未聞僖公不拜。陛下當拜。」乃下拜。十二月，以别兒怯不花爲左丞相，鐵木兒不花罷。○徵清江處士杜本，不至。本在武宗時，嘗被召至京師，即歸隱武夷山中。文宗聞其名，徵之，不起。至是脱脱薦之，召爲翰林待制，兼國史院編修官。使者趣至杭州，稱疾固辭。既又徵處士完者圖、執禮哈郎、董立、李孝光、張樞，樞辭不至。詔以完者圖、執禮哈郎爲翰林待制，立脩譔，孝光著作郎。或疑其太優，右丞相鐵木兒塔識曰：「隱士無求於朝廷，朝廷有求於隱士，區區名爵，何足吝惜！」識者誦之。

**甲申** 四年，春正月，詔定守令黜陟之法。六事備者升一等，四事備者減一資，三事備者平遷，六事俱不備者降一等。是月又決汴梁。河決曹州。發丁夫萬五千八百塞之。二月，以賀惟一爲平章政事。既而以爲御史大夫。故事，臺、省正官，非國姓不可。惟一固辭，詔賜姓名曰太平。閏月，命脱脱兼領宣政院事。時諸山主僧請復僧司，且曰：「爲郡縣所苦，如坐地獄。」脱脱曰：「若復僧司，何異地獄中復置地獄邪？」三月，以納麟爲平章政事。○夏四月，帝如上都。○五月，脱脱罷，以阿魯圖爲右丞相。脱脱固辭相位，帝問誰可代者，以阿魯圖對，遂召用之，封脱脱爲鄭王。阿魯圖既爲相，議除一人爲刑部尚書，或難之曰：「此人柔軟，非刑部所可用。」阿魯圖曰：「選儈子邪？若選儈子，須用强壯人。尚書詳讞刑獄，不枉人壞法，即是好官，何用强壯者爲？」其爲治知體如此。秋七月，温州地震，海溢。○八月，帝還大都。○九月朔，日食。○冬十月，令民入粟補官。備賑濟也。有匿奸罪而輸粟得七品雜流者，爲怨家所告，有司議輸粟例，無有過不與之文，中書右司郎中成遵以爲：「賣官粥爵，已非令典，况又賣與奸淫之人，其何以爲治！必奪其敕，還其粟，著爲令乃可。」從之。時有議贓吏遭喪，不許歸葬，須竟其獄者，遵曰：「惡人固可怒，然與人倫孰重？國家以孝理天下，寧失罪人，不可使天下有無親之吏。」議遂寢。

**乙酉**　五年，春正月，薊州地震。○夏四月，帝如上都。○五月，翰林學士承旨巙巙卒。初，巙巙知經筵，日勸帝就學，帝欲寵以師禮，固辭不可。帝嘗欲觀畫，巙巙取《比干圖》以進。一日，帝覽宋徽宗畫稱善，巙巙進曰：「徽宗多能，惟一事不能。」帝問一事謂何，對曰：「獨不能爲君爾。身辱國破，皆由不能爲君所致。凡爲人主，貴能爲君，他非所尚也。」其隨事規諫皆類此。嘗謂人曰：「天下事，宰相當言。宰相不得言，則臺諫言之。臺諫不敢言，則經筵言之。備位經筵，得言人所不敢言於天子之前，志願足矣。」故於時政得失有當匡救者，未嘗緘默。至是卒。　秋七月，以鞏卜班爲平章政事。○河决濟陰。漂官民廬舍殆盡。八月，帝還大都。○九月朔，日食。○遣使巡行天下。時諸道奉使者，皆與臺諫交相揜蔽，惟巡京畿道西臺中丞定定、集賢侍講學士蘇天爵糾舉無所避，凡興革者七百八十三事，糾劾九百四十九人，都人稱天爵爲包拯。天爵亦竟以忤時相罷去。

**丙戌**　六年，春二月朔，日食。○山東地震。○夏四月，帝如上都。○五月，陝西饑。行酒禁。　盜竊太廟神主。○六月，羅天麟等兵起，破汀州。天麟及陳積萬陷長汀，命江浙行省右丞忽都不花等合兵進討。未幾，其徒羅德用殺天麟、積萬來降。　雲南夷死可伐作亂。○秋七月，以朵爾直班爲右丞。時有善音樂得幸者，帝命爲崇文監丞。參政朵爾直班他擬一人以進，帝怒曰：「選法盡由中書邪？」朵爾直班頓首曰：「用幸臣居清選，恐後世以此議陛下。今選他人，臣實有罪，他省臣無與焉。」帝悦，陞右丞。　八月，帝還大都。○冬十二月，靖州猺吴天保作亂。時湖廣猺俱亂，而天保勢尤熾，寇陷黔陽、武岡、溆浦諸郡縣。湖廣右丞沙班率師討之，尋敗没。天保遂有衆六萬餘。未幾，廣西峒猺亦乘隙入寇。**是歲河决。**尚書李絅請躬祀郊廟，近正人，遠邪佞，以崇陽抑陰，不聽。**阿魯圖罷。**先是，别兒怯不花嘗與阿魯圖謀擠脱脱，阿魯圖曰：「我輩亦當有退休之日，人將謂我何？」别兒怯不花屢以爲言，終不從。乃風御史劾奏阿魯圖不宜居相位，阿魯圖聞之，即辭避出城。所親爲之不平，請見上自陳，阿魯圖曰：「我博爾术世裔，豈以丞相爲難得邪！但上命我不敢辭。今御史劾我，我即宜去。御史臺乃世祖所建，我與御史抗，即與世祖抗矣。汝等勿復言。」阿魯圖，博爾术四世孫也。

**丁亥　七年，春正月朔，日食。**是日大寒而風，朝官仆者數人。**以别兒怯不花爲右丞相，尋罷。○以蓋苗爲參知政事。**時大臣以兩京馳道狹隘，奏毁民田廬廣之，已遣使督治，蓋苗言：「馳道創自至元初，何今日獨以爲狹？」力辨其不可，乃止。又欲出宿衛士爲郡長官，俾以養貧，苗曰：「郡長所以牧民，豈養貧之地？果不能自存，賜之錢可也。若任郡守，必擇賢而後可。」議遂寢。又欲與角觝者錢萬貫，苗曰：「諸處告饑，不蒙賑卹，力戲何功，獲此重賞乎？」於是丞相謂僚佐曰：「所以引蓋君至此，欲其相助也。乃每事沮抗如此，後有公務，毋白參政。」苗聞即欲引去，適有旨拜江南行臺御史中丞，丞相怒不解，比至，復除甘肅行省左丞。**以宦者伯帖木兒爲司徒。○二月，山東地震。**壞城郭，有聲如雷。三月，東平又震，河水動摇。**夏四月，復以别兒怯不花爲右丞相，以鐵木兒塔識爲左丞相。别兒怯不花尋罷。**帝嘗問鐵木兒塔識爲治何先，對曰：「法祖宗。」又問：「王文統奇才也，恨不得如斯人者用之。」對曰：「世祖有堯、舜之資，文統不告以王道，而乃尚伯術，要近利，世祖之罪人也。使今有文統，正當遠之，又何足取乎！」**河東大旱。**民多饑死。**帝如上都。○六月，放太師馬扎兒台于西寧。**别兒怯不花以宿憾譖馬扎兒台，詔徙西寧州，其子脱脱力請與俱行。時相欲傾之，因有告變者，復移于西域撒思之地。御史大夫亦憐真班曰：「脱脱父子無大過，奈何迫之于險！」遂召還甘肅，尋卒。**復以太平爲平**

章政事。○秋九月，帝還大都。○鐵木兒塔識卒。以朵兒只爲左丞相。○冬十月，沿江兵起。兩淮運使宋文瓚言：「江陰、通、泰，江海之門户，而鎮江、真州次之，國初設萬户以鎮其地。今戍將非人，致賊艦往來無常。集慶花山賊才三十六人，官軍萬數，不能進討，反爲所敗，後竟假手鹽徒，雖能成功，豈不貽笑遠近。宜亟選智勇，以圖後功。不然，則東南五省財賦，恐非國家有矣。」不聽。賜大承天護聖寺田。以山東地十六萬二千餘頃賜之爲永業。十一月，以朵兒只爲右丞相，太平爲左丞相。先是，朵兒只爲左丞相，請于帝曰：「臣藉先臣之蔭，蚤襲國王，昧於國家之理。今備位宰相，非得太平，不足與共事。」至是遂拜太平左丞相，朵兒只右丞相。時順江酋長樂孫求内附，請立宣撫司及置郡縣，省臣將許之，右司都事歸暘曰：「既設郡縣，有事不救，則孤來附之意；救之，則疲中國而事外夷，所謂獲虚名而受實禍也。」與左丞呂思誠抗辨甚力。太平問其策安出，暘曰：「可授其酋長宣撫，勿責其貢稅，使者賜金帛，遣歸足矣。」卒從暘言。詔選臺閣名臣出爲守令。以連年水旱，民多失業，選臺閣名臣二十六人出爲守令，許民間利害實封呈省。時魏中立薦韓鏞爲饒州路總管。饒俗尚鬼，鏞至，凡境内淫祠悉毁之。人初大駭，已而歎服。選民俊秀入學，求尊宿有學行者爲五經師，朔望幅巾深衣以謁先聖，每月考課，以示勸勉，由是人人自力於學。以韓嘉訥爲平章政事。

戊子　八年，春二月，納麟免。○立行都水監于鄆城。以賈魯爲行都水監。❶魯循河道，察地形，備得要害，爲圖上二策：其一，議修築北隄，以制横潰，則用工省。其二，議疏塞並舉，挽河東行，使復故道，其工數倍。會魯遷中書右司郎中，議未及竟。明年，又立山東、河南等處行都水監。三月，帝臨國子學。賜衍聖公銀印，升秩從二品。定弟子員出身及省親、奔喪等制。帝如上都。○夏五月，霖雨，山崩，江

❶「行都水監」，原爲「太監」，據《元史》卷一八七《賈魯傳》及卷四一《順帝本紀》改。

溢。○秋七月朔，日食。○八月，帝還大都。○奎章閣侍書學士致仕虞集卒。謚文靖。集性孝友，學博洽而究極本源，研精探微，心解神契，其經綸之妙，一寓諸文，頗有宋慶曆、乾、淳風烈。冬十月，吳天保寇全、道州。○十一月，台州方國珍兵起。台州黄巖民方國珍，與蔡亂頭等相讐敵，遂入海爲亂，劫掠漕運。詔江浙參政朵兒只班討捕之。追至福州，國珍知事危，焚舟將遁，元兵自相驚潰，朵兒只班遂被執。國珍迫其上招降之狀，朝廷從之，授國珍兄弟以官。國珍不肯赴，勢益猖獗。時監察御史張禎言：「明里董阿、也里牙、月魯不花，皆陛下深仇，伯顔賊殺親王一十二口，法當族誅，而其子孫兄弟尚皆仕于朝。今災異迭見，盜賊蜂起，海寇敢於要君，閫帥敢於玩寇，若不振舉，恐有唐末藩鎮噬臍之禍。」不報。御史李泌亦言：「世祖誓不與高麗共事，而陛下乃以高麗奇氏位皇后。今河決地震，盜賊滋蔓，皆陰盛陽微之象，乞降爲妃。」亦不聽。以太不花、忽都不花並爲平章政事。丞相太平薦太不花可用，故有是命。明年，太平罷相，太不花黨於脱脱，謀害太平，人以是薄之。

己丑　九年，夏四月，以欽察台爲平章政事。○帝如上都。○棗陽童子暴長。棗陽民張氏婦生男，甫及周歲，暴長四尺許，容貌異常，皤腹擁腫，見人嬉笑，如世俗所畫布袋和尚云。秋七月，朵兒只、太平俱罷，以脱脱爲右丞相。初，馬扎兒台卒，太平請令脱脱歸葬，左右以爲難，太平爲之固請。脱脱得還，拜太傅，然不知太平之有德于己也，因汝中柏譏間，欲中傷之。是時，參政孔思立等皆太平所拔用，悉誣以罪。太平既罷，又誣劾之。脱脱之母聞之，謂曰：「太平好人，何害於汝而欲去之！若違吾言，非孝子也。」遂止。太平故吏田復勸之自裁，太平曰：「吾無罪，當聽于天，若自殺，則誠有歉焉。」遂還奉元。八月，以栢顔爲平章政事。○冬十月，命皇子愛猷識理達臘習漢人文字。皇子愛猷識理達臘入端本堂肄業，以李好文爲諭德，歸暘爲贊善，張冲爲文學，命脱脱領其事。堂虚中座，以俟臨幸，皇子與師傅分東西向坐授書，其下僚屬以次列坐。好文取經、史、集有關治體者爲書，曰《端本堂經訓要義》，❶又取古史，自三皇迄金、宋，國祚久速，治亂興廢爲書，曰《大寶録》，前代帝王善惡當法戒者爲書，曰《大寶龜鑑》以進。復上書曰：「殿下以臣所進諸書，參之《貞觀政要》、《大學衍義》等篇，推而行之，則太平之治，不難致矣。」他日，皇子坐清寧殿，分布長席，列坐高麗、西番僧，曰：「李好文先生教我儒書，多年尚不曉其意。今聽佛法，一夜即曉。」由是愈崇尚佛學。十一月朔，日食。○詔削斡勒海壽官，流韓嘉訥于奴兒干。初，海壽爲監察御史，劾哈麻及其弟雪雪出入脱忽思皇后宫闈，御史大夫韓嘉訥以聞，帝不省，章三上，僅奪哈麻、雪雪官，居之草地，乃出海壽爲陝西副使，嘉訥罷爲宣政院使，尋出爲浙省平章政事。至是，脱忽思皇后以其言侵己，泣訴于帝，帝怒，乃奪海壽官，屏歸田里，禁錮之。并誣嘉訥贓罪，杖流于奴兒干以死。

**庚寅**　十年，春正月，以搠思監爲平章政事。○夏四月，赦。○帝如上都。○六月，有星入于北斗。大如月，震聲如雷。秋八月，帝還大都。○冬十一月朔，日食。○更鈔法。丞相脱脱欲更鈔法，乃集省、臺、兩院共議之。先是，左司都事武祺以鈔法不行，❷請如舊，凡合支名目於總庫轉支，從之。至是，與吏部尚書偰哲篤迎合丞相意，請以鈔一貫文省權銅錢一千文，鈔爲母，而錢爲子。衆皆唯唯，惟國子祭酒吕思誠曰：「中統、至元自有母子，豈有以故紙爲母，而立銅爲子者乎？」又曰：「錢鈔用法，見爲一致，以虚換實也。今歷代錢與至正錢，中統、至元鈔、交鈔，分爲五項，慮下民藏其實而棄其虚，恐不爲國家利。」偰哲篤曰：「至元鈔多僞，故更之。」思誠曰：「至元鈔非僞，人爲僞爾。且至元鈔人猶識之，交鈔人未之識，僞將滋多。」偰哲篤曰：「錢鈔兼行，何如？」思誠曰：「錢鈔兼行，輕重不倫，何者爲母，何者爲子？汝不通古今，徒以口舌取媚大臣，可乎？」偰哲篤忿曰：「公有何策？」思誠

❶「訓」，原作「史」，據《元史》卷一八三《李好文傳》改。
❷「都事」，原作「郎中」，據《元史》卷四二《順帝本紀》、卷九七《食貨志》改。

曰：「我有三字策：行不得，行不得。」丞相脱脱見思誠之言直，頗疑未决。御史大夫也先帖木兒曰：「吕祭酒之言亦有是者，但不當於廊廟中大聲厲色爾。」於是諷御史劾思誠狂妄，左遷湖廣行省左丞。遂定更鈔之議，以中統交鈔一貫省權銅錢一千文，准至元鈔二貫，仍鑄至正通寶錢，❶與歷代銅錢並用，以實鈔法。至元鈔通行如故，令民間通用。行之未久，物價騰湧，至逾十倍。及兵興，所在郡縣皆以物貨相貿易，公私所積者皆不行，國用由是大乏。**十二月，方國珍攻温州。**

**辛卯　十一年，**天完主徐壽輝治平元年。**夏四月，詔修河防。左遷工部尚書成遵爲河間鹽運使，以賈魯爲總治河防使。**初，黄河决，脱脱集羣臣廷議，言人人殊，惟漕運使賈魯以爲必塞北河，疏南河，使復故道，役不大興，害不能已。於是遣工部尚書成遵與大司農秃魯行視河，議其疏塞之方以聞。遵等自濟寧、濮、汴梁、大名，❷行數千里，掘井以量地之高下，測岸以究水之淺深，博采輿論，以謂河之故道斷不可復，且曰：「山東連歉，民不聊生，若聚二十萬衆於此地，恐他日之憂，又有重於河患者。」時脱脱先入魯言，及聞遵等議，怒曰：「汝謂民將反邪！」自辰至酉，論辨終莫能入。明日，執政謂遵曰：「修河之役，丞相意已定，且有人任其責，公勿多言，幸爲兩可之議。」遵曰：「腕可斷，議不可易！」遂出遵河間鹽運使。詔開黄河故道，命魯以工部尚書充河防使，發河南、北兵民十七萬，自黄陵岡南達白茅，放於黄固、哈只等口，又自黄陵西至陽青村，凡二百八十里有奇。興功凡五閲月，❸諸埽堤成，河復故道，超授魯集賢大學士，賜脱脱世襲答剌罕之號，其餘遷賚有差。先是，河南、北童謡云：「石人一隻眼，挑動黄河天下反。」及魯治河，果於黄陵岡得石人一眼，而汝、潁之兵起。宋濂曰：「議者往往謂天下之亂，皆由賈魯治河之役，勞民動衆之所致。殊不知元之所以亡者，紀綱廢弛，風俗偷薄，其致亂之階，非一朝一夕之故也。使魯不興是役，天下之亂，詎無從而起乎？」**冀、晉地震。**半月乃止。懷、孟

❶「至正」，原作「至元」，據《元史》卷四二《順帝本紀》、卷九七《食貨志》改。

❷「寧」，原脱，據《元史》卷一八六《成遵傳》補。

❸「凡五閲月」，《元史》卷一三八《脱脱傳》作「凡八月」。

等州俱震，有聲如雷，圮民居屋，壓死者甚衆。**帝如上都。○五月朔，日食。○潁州劉福通、蕭縣李二、羅田徐壽輝等兵起。**先是，四方盜賊蜂起，有司不能制，及發丁夫開河，民心益愁怨思亂。有韓山童者，欒城人，自其祖父以白蓮會燒香惑衆，謫徙永年，❶至山童，倡言天下大亂，彌勒佛下生，河南及江淮愚民翕然信之。福通與杜遵道、羅文素、盛文郁、王顯忠、韓咬兒復詭言山童實宋徽宗八世孫，當爲中國主，乃刑白馬、黑牛，誓告天地，遂同起兵，以紅巾爲號。縣官捕之急，山童就擒，其妻楊氏及其子韓林兒逃之武安。惟福通黨盛不可制，朝廷乃命同知樞密院禿赤以兵擊之。福通既破潁州，遂據朱皋，攻羅山、上蔡、真陽、確山諸縣，尋犯舞陽、葉縣，❷陷汝寧府及光、息二州，衆至十萬。李二，號芝蔴李，亦以燒香聚衆，與其黨趙均用、彭早住攻陷徐州，據之。羅田徐壽輝，與倪文俊、鄒普勝等聚衆舉兵，亦以紅巾爲號，攻陷蘄水縣及黄州路。**六月，江浙行省左丞孛羅帖木兒擊方國珍，兵敗被執。秋七月，遣大司農達識帖木邇招降之。**國珍入海，燒掠沿海州郡，朝廷遣孛羅帖木兒往擊之。兵至大閭洋，國珍夜率勁卒縱火鼓譟，官軍不戰皆潰，赴水死者過半。孛羅帖木兒被執，反爲國珍飾辭上聞。朝廷弗之知，復遣大司農達識帖木邇等至黄岩招之。國珍兄弟皆登岸羅拜，退止民間。紹興總管泰不華欲命壯士襲殺之，達識帖木邇適夜過泰不華，密以事白之，達識帖木邇曰：「我受詔招降，公欲擅命邪？」事乃止。檄泰不華至海濱，散其徒衆，拘其海舟兵器，授國珍兄弟官有差。**八月，帝還大都。○詔知樞密院事也先帖木兒督兵擊劉福通。**時福通兵勢日盛，脱脱乃奏以其弟御史大夫也先帖木兒知樞密院事，及衛王寬徹哥，率諸衛軍十餘萬討之。復上蔡，擒其黨韓咬兒，誅之。**冬十月，饒、信等路雨黍。**信州及邵武雨黍，饒州、建寧雨黑子，大如黍菽。衢州雨黍，民多取而食之。**徐壽輝稱帝於蘄水。**壽輝據蘄水爲都，國號天完，自稱皇帝，改元治平，

❶「永年」，原作「永平」，據《元史》卷五八《地理志》、《明史》卷一二二《韓林兒傳》改。

❷「舞陽」，原作「武陽」，據《元史》卷四二《順帝本紀》、卷五九《地理志》改。

以鄒普勝爲太師。攻陷饒州，執魏中立，陷信州，執于大本，皆脅使從己，命以官。二人不屈，壽輝並殺之。

十一月，有星孛于西方。

以朵爾直班爲平章政事。朵爾直班首言：「治國之道，綱常爲重。前西臺御史張桓伏節死義，宜旌之，以勸來者。」又言：「祖宗用兵，不專於殺人。今倡亂者數人，乃盡坐中華之民爲叛逆，豈足以服人心！」其言頗忤脱脱意。時脱脱倚任汝中栢、伯帖木兒，兩人擅權用事，而朵爾直班正色立朝，無所附麗。未幾，出爲西臺御史大夫。

壬辰　十二年，春正月，徐壽輝兵破漢陽諸郡，威順王寬徹普化等棄城走。

二月，破江州。總管李黼死之。壽輝遣其將丁普郎等陷漢陽、興國、武昌，威順王及平章政事和尚等並遁去。又攻沔陽，推官俞述祖戰敗，被執不屈，壽輝怒，支解之。壽輝既破武昌，遂南攻九江。右丞孛羅帖木兒方駐兵于江，聞風宵遁。黼檄鄉落聚木石於險處，遏其歸路。黄梅主簿也孫帖木兒願出擊賊，黼與之出戰，大敗賊兵，殺獲二萬餘人。黼曰：「賊不利於陸，必以舟薄我。」乃令以長木數千，冒鐵錐于杪，暗植沿岸水中。賊舟數千艘，順流鼓譟而至，遇木樁不得動。黼發火箭射之，焚溺無算。時東際淮甸，西自荆湖，守臣往往棄城遁，獨黼守孤城，中外援絶。而賊勢益熾，進兵薄城，分省平章禿堅不花自北門出走，黼引兵登陴，賊已焚西門，張弩射之，轉攻東門，黼急往救，賊兵已入矣。猶與之巷戰，力不能敵，乃揮劒叱之曰：「殺我，毋殺百姓。」賊刺之墮馬，與兄冕之子秉昭俱死。州民聞之，哭聲震天，具棺葬之，時冕居潁，亦死于賊。事聞，贈黼淮南左丞、隴西公，謚忠文。❶

以月魯不花爲平章政事。

○定遠郭子興等兵起，破濠州。子興見汝、潁兵起，列郡騷動，遂與其黨孫德崖等舉兵，自稱元帥，攻拔濠州，據之。徹里不花率兵欲復濠城，憚不敢進，惟日掠良民爲盜以徼賞。由是民益恂恂不安，其豪傑咸投入城以自保。

三月，徐壽輝兵破袁、瑞、饒、信、徽等州。

○詔省、臺官兼用南人。自世祖以後，臺、省之職，南人斥不用。至是

❶「忠文」，原作「文忠」，據《元史》卷一九四《李黼傳》改。

始復舊制，詔南人有才學者，並許用之。台州路達魯花赤泰不華與方國珍戰于澄江，死之。時朝廷方征徐州，命江浙募舟師北守大江。國珍懷疑，復劫其黨入海。泰不華遣義士王大用往諭國珍，拘留不遣。其戚黨陳仲達往來議降，泰不華具舟張受降旗，乘潮下澄江，觸沙不行，垂與國珍遇，呼仲達申前議，仲達目動氣索，泰不華覺其心異，手斬之。即前搏賊船，奮擊之，賊羣至，欲抱持入其船，泰不華瞋目叱之，奪刀殺賊。賊攢槊刺之，中頸死，猶植立不仆，投其屍海中。事聞，追贈江浙平章，封魏國公，謚忠介。隴西地震。凡百餘日，城郭頹圮，陵谷遷變，定西、會州、静寧、莊浪尤甚。會州公宇牆崩，獲弩五百餘，長者丈餘，短者九尺，人莫能挽。因改定西爲安定州，會州爲會寧州。徐壽輝破吉安路。鄉民羅明遠起兵復之。命各行省分兵擊諸路起兵者。○夏四月朔，日食。○也先帖木兒軍潰，召還，復爲御史大夫。左遷西臺御史大夫朵爾直班爲湖廣平章政事。也先帖木兒駐軍沙河，軍中夜驚，盡棄軍械，北奔汴梁，收散卒，退屯朱仙鎮。朝廷以也先帖木兒不知兵，遣平章蠻子代還，仍爲御史大夫。西臺御史范文、劉希曾等劾其喪師辱國，脱脱庇之。中臺御史周伯琦阿附脱脱，劾文等越分干譽，乃左遷朵爾直班爲湖廣平章，出文等爲各郡判官，由是人莫敢言事。朵爾直班既受命，關中人涕泣遮留，慰遣之，從間道得出，至湖廣。汝中柏等言于脱脱曰：「不殺朵爾直班，丞相終不安。」乃命給軍餉，總兵者希指數侵辱之，不爲動。脱脱又遣國子助教完者至軍中，諷使害之。完者至，益加敬禮，謂人曰：「平章國之勛舊，吾苟傷之，人將不食吾餘矣。」朵爾直班素感風疾，竟卒于黄州。以搠思監爲平章政事。○帝如上都。○詔天下完城郭，築隄防。○五月，徙瀛國公子趙完普等于沙州。御史徹徹帖木兒等言：「諸處羣盗，輒引亡宋故號以爲口實，宜徙和尚完普及親屬于沙州安置，禁人交通。」從之。六月，大名路旱蝗。飢民七十餘萬口。秋七月，徐壽輝兵襲杭州，江浙參知政事樊執敬戰死，董摶霄率兵復之，遂復徽州。先是，壽輝遣項普畧引兵掠徽、饒諸州，遂犯昱嶺關，來攻杭州。城中猝無備，執敬遽上馬，率衆出，中途與賊遇，乃奮力斫賊，中鎗而死。時董摶霄從江浙平章教化征安豐，乘勝攻濠州。會朝廷命移軍援江南，遂渡江至德清，而杭州已陷。教化問計，摶霄曰：「賊見杭城子女、玉帛，必縱欲，不暇爲備，宜急攻之。若退保湖州，賊乘鋭趨京口，則江南不可爲矣。」教化不能決，諸將亦難其行，摶霄曰：「公江浙相君，方面失陷，而及今不取，誰任其咎？」復拔劒顧諸將曰：「相君在是，敢有慢令者斬。」遂進兵薄杭州。賊迎敵，摶霄麾壯士突前，諸軍相繼夾擊，凡七戰。賊奔接待寺，塞其門而焚之，皆死，遂復杭城。已而餘杭、武康、德清、於潛、安吉、千秋關皆次第以平，賊將潘大滷、梅元等，俱以其徒來降。尋進克廣德。蘄、饒諸賊復犯徽州，賊中有道士，能作十二里霧，摶霄引兵擊之，賊大潰，斬首數萬級，擒道士，焚其妖書而斬之，徽州遂平。**八月，方國珍攻台州，浙東元帥也忒迷失擊走之。○右丞相脱脱將諸軍擊李二於徐州，大破之，屠其城。**脱脱自乞率師伐李二，詔許之。兵部尚書密邇麻和謨等言：「大臣，天子股肱，中書，庶政根本，不可一日離，乞留脱脱以弼亮天工，庶内外有兼治之宜。」不報。遂詔脱脱以答剌罕、太傅、右丞相分省於外，總制諸路軍馬，凡爵賞誅殺，悉聽便宜從事。九月，至徐州，攻其西門。賊出戰，以鐵翎箭射馬首，脱脱不爲動，麾軍奮擊，破之。芝蔴李遁去，趙均用、❶彭早住走濠州，追擒其將數十人，遂屠其城。帝遣平章普化即軍中加脱脱爵太師，趣還朝。**帝還大都。○九月，以余闕爲淮西宣慰副使，守安慶。**時闕以浙東廉訪僉事居母憂于家，值兵擾河南，陷郡縣，乃起闕副使、僉都元帥府事，分兵守安慶。抵官十日而寇至，拒却之。乃集有司諸將，議屯田守戰策。環境築堡砦，選精甲外捍，而耕稼于中。浚隍增陴，隍外環以大防，深塹三重，南引江水注之，環植木爲栅，城上四面起飛樓，表裏完固。俄陞都元帥。廣西苗軍五萬，從元帥阿思蘭沿江下抵廬州，闕移文謂苗蠻不當使之窺中國，詔阿思蘭還。苗軍有暴於境者，即收戮之，凜凜莫敢犯。時羣盜環布四外，闕居其中，左提右挈，屹爲江淮一保障。**冬十月，霍山崩。**前三日，山

❶「趙均用」，《元史》卷四二《順帝本紀》作「趙君用」，下同。

如雷鳴，禽獸驚散，隕石數里。**十一月，江西行省平章政事星吉擊趙普勝，戰于湖口，兵敗，死之。**星吉初爲南臺御史大夫，執政惡之，出爲湖廣平章。至是移江西，星吉馳赴任，比至江東，復有詔令守江州。時江州已陷，趙普勝、周驢等據池陽、太平諸郡，號百萬。星吉募兵得三千人，趨銅陵，克之，擒驢，奪其船六百艘，軍聲大振，遂復池州。分兵攻石埭諸縣，進據清水灣，又大破之。賊久圍安慶，聞風燒營遁去，遂進復湖口縣，克江州，留兵守之。命王惟恭栅小孤山，星吉自據番陽口，綴江湖要衝，❶以圖恢復。日久援不至，賊乘大艦來攻，編葦筏塞上下流火之。星吉率兵力戰，衆死且盡，星吉猶堅坐不動，中流矢而仆。賊素聞其名，不忍害，舁至密室乃蘇，羅拜饋食，星吉斥之，凡七日，乃自力而起，北向再拜曰：「臣力竭矣。」遂絶。星吉，河西人，搠思吉之子也。**以察罕帖木兒爲汝寧府達魯花赤，李思齊知府事。**時汝、潁兵勢大振，不數月，江淮諸郡皆殘破。朝廷徵兵致討，卒無成功。沈丘人察罕帖木兒，與羅山李思齊同奮義起兵，邑中子弟從者數百人。破賊事聞，遂並用之。於是所在義士，俱將兵來會，得萬人，屯沈丘，自成一軍。**趙均用入濠州，據之。**時徐州既下，彭早住、趙均用率餘黨奔濠州，脱脱遂命賈魯追擊之。均用與郭子興、孫德崖極力拒守。會魯死，兵乃解去，早住、均用遂據濠城稱王。初，二人本以窮蹙來奔，子興與德崖反屈己下之，事皆稟命，遂爲所制。既而早住死，均用益自專。

## 續資治通鑑綱目第二十六

❶「江湖」，原作「江西」，據《元史》卷一四四《星吉傳》、《文憲集》卷一八《星吉公神道碑銘》改。

# 續資治通鑑綱目第二十七

起癸巳元順帝至正十三年，盡丁未元順帝至正二十七年。凡十五年。

**癸巳**　**十三年春正月，以哈麻爲右丞。**先是，脱脱西行也，別兒怯不花爲相，以宿怨每欲中傷之，賴哈麻帝前營護得免。而別兒怯不花又與太平、韓嘉訥、禿滿迭兒等十人結爲兄弟，及脱脱復相，謫太平陜西，出別兒怯不花般陽，禿滿迭兒爲四川右丞，誣以罪，追至中途殺之。而深德哈麻，因復召用，至是遂拜右丞。**立分司農司。**先是，脱脱言京畿近地水利，❶召募江南人耕種，歲可收粟麥百萬餘石，不煩海運，京師足食。帝曰：「此事利國家，其議行之。」於是立分司農司，以右丞悟良哈台、左丞烏古孫良禎兼大司農卿，給分司農司印。西自西山，南至保定、河間，北抵檀、順，東及遷民鎮，凡官地及元管各屯田，悉從分司農司立法佃種，給鈔五百萬錠，以供工價、牛具、農器、穀種之用。又略倣前集賢學士虞集議，於江淮召募能種水田及脩築圍堰之人各千人爲農師，降名敕牒十二道，募農民百人者授正九品，二百人者正八品，三百人者從七品，就以領其所募之人。所募農夫，人給鈔十錠，期年散歸。**夏四月，帝如上都。○五月，泰州張士誠兵起，據高郵，自稱誠王，知府李齊死之。**士誠，白駒場亭民，及其弟士德、士信，舉兵陷泰州，淮南行省遣齊招降，被留，久之，賊酋自相戕，始縱齊來歸。士誠尋殺參政趙璉，陷興化縣。行省以左丞偰哲篤鎮高郵，出齊守甓社湖。會數賊呼譟入城，省憲官皆遁。齊還，城門已閉。士誠遂據高郵，稱誠王，國號大周，建元天祐。已而有詔赦之，使至，不得入。賊紿言：「請李知府來，乃受命。」行省强齊往，至則下齊于獄。齊雖辨説百端，而士誠本無降意。士誠呼齊使跪，齊叱曰：「吾膝如鐵，豈爲賊屈！」士誠怒，使曳倒，搥碎其膝而

❶「近地水利」，原作「近水地利」，據《元史》卷四二《順帝本紀》、《資治通鑑後編》卷一七五改。

咼之。時論大科三魁，若李黼、泰不花及齊，皆不負所學云。六月，立子愛猷識理達臘爲皇太子。赦。○命淮南行省平章政事福壽擊張士誠。○自六月不雨，至于秋八月。○九月朔，日食。○帝還大都。○冬十月，以方國珍爲徽州路治中，不受命。先是，遣江浙左丞帖里帖木兒、南臺侍御史左答納失里復招諭國珍。既而二人報國珍已降，乞授以五品流官，令納其船，散遣徒衆，遂以國珍爲徽州路治中，國璋廣德路治中，❶國瑛信州路治中。❷國珍等疑懼，不受命，仍擁船千艘，據海道阻絶糧運。復遣江浙右丞阿兒温沙等率兵伐之。十二月，江浙平章政事卜顔帖木兒等會兵擊徐壽輝于蘄水，破之。卜顔帖木兒及西寧王牙罕沙等，合軍討徐壽輝于蘄水，壽輝敗走，獲其官屬四百餘人。初，壽輝將王善既陷羅源，遂攻福州。連江縣巡檢劉濬募壯士，與其子健數與力戰，濬中箭墮馬，健下馬掖之，俱被執。濬罵賊而死，健亦以死拒賊，善義而釋之，使瘞父屍。健歸，請帥府兵以復仇，弗聽，因盡散家貲，結死士百人，詐爲工商流丐，入賊中，半夜發火大譟，賊驚擾，自相殺，健手斬殺其父者，并擒善，獻於帥府，磔之。事聞，贈濬行省檢校，授健古田縣尹。哈麻進西番僧于帝。僧教帝行房中運氣之術，號演揲兒法。又進僧伽璘真，善祕密法，帝皆習之。詔以西番僧爲司徒，伽璘真爲大元國師，各取良家女三四人奉之，謂之供養。嘗謂帝曰：「陛下尊居萬乘，富有四海，不過保有見世而已。人生能幾何，當受此祕密大喜樂禪定。」於是帝日從事於其法，廣取女子，惟淫戲是樂。帝諸弟八郎者，與哈麻妹壻禿魯帖木兒，及老的沙等十人，號倚納，皆有寵，在帝前相與褻狎，甚至男女裸處，號所處室曰𣅜即兀該，❸猶華言事事無碍也。君臣宣淫，而羣僧出入禁中，無所禁止，醜穢外聞。皇太子既長，深疾二僧等所爲，欲去之未能也。大同疫。人死

❶「璋」，原作「章」，據《元史》卷四三《順帝本紀》、《明史》卷一二三《方國珍傳》改。「治中」，原脱，據萬曆本、《元史》卷四三《順帝本紀》補。

❷「瑛」，原作「英」，據《元史》卷四三《順帝本紀》、《明史》卷一二三《方國珍傳》改。

❸「𣅜」，《元史》卷二〇五《哈麻傳》作「皆」。

者太半。大都無雲而雷。○郭子興引兵入滁州。時子興患趙均用之專，乃領所部萬人入據滁州城，稱王。

甲午　十四年，春正月，汴河冰五色。冰皆成五色花草如繪畫，三日方解。二月，遣吏部侍郎貢師泰和糴于浙西。時江浙兵起，京師食不足，命師泰詣浙西和糴，得糧百萬石。三月朔，日食。○夏四月，江西、湖廣大饑。民以疫癘死者無算。帝如上都。○六月，張士誠攻揚州，達識帖睦邇兵敗。諸軍皆潰，士誠尋陷盱眙及泗州。秋八月，帝還大都。○九月，命右丞相脱脱督諸軍擊張士誠。總制諸王各愛馬、諸省各翼軍馬討張士誠。兵至高郵，戰于城外，大敗士誠之衆，遂遣兵西平六合，賊勢大蹙。冬十二月，以定住爲左丞相，瑣南班、哈麻並爲平章政事。○詔削脱脱官爵，安置淮安，以太不花等代總其軍。初，脱脱之再相，信用汝中柏，由左司郎中參議中書省事，平章以下見其議事莫敢異同，惟哈麻以有德於脱脱，不爲之下。汝中柏因譖之脱脱，改爲宣政院使，哈麻深銜之。至是嗾御史袁賽因不花等劾脱脱：「出師三月，略無寸功，傾國家之財爲己用，半朝廷之官以自隨。其弟御史大夫也先帖木兒，庸鄙貪淫，玷污清臺。」章三上，詔削脱脱官爵，淮安安置，也先帖木兒安置寧夏。陞泰不花爲河南行省左丞相，月闊察兒加太尉，雪雪知樞密院事，代將其兵。詔至軍中，龔伯璲曰：❶「將在軍，君命有所不受。且丞相出師時嘗被密旨，一意進討可也。詔書且勿開，開則大事去矣。」脱脱曰：「天子詔我，而我不從，是我與天子抗也，君臣之義何在？」既聽詔，頓首曰：「臣至愚，荷天子委以軍國重事，蚤夜懼弗克勝，一旦釋此重負，上恩所及深矣。」即出名甲名馬，分賜諸將，俾各帥所部，以聽月闊察兒等節制。客省副使哈剌答曰：「丞相此行，我輩必死他人之手。今日寧死丞相前。」遂拔刀自刎而死。詔威順王寬徹普化還鎮湖廣。王初以武昌被陷，奪其印，

❶「璲」，《元史》卷一三八《脱脱傳》作「遂」。

至是以討賊立功，還其印，遣歸舊鎮。大都大饑，疫。民有父子相食者。帝製龍舟於内苑。帝自製船式，長一百二十尺，廣二十尺，用水手二十四人，皆衣金紫，自後宫至前宫山下海子内，往來遊戲，行時，龍首眼口爪尾皆動。又自製宫漏，高六七尺，廣半之，造木爲匱，藏壺其中，運水上下。匱上設三聖殿，匱腰立玉女捧時刻籌，時至輒浮水而上。左右二金甲神，一縣鐘，一縣鉦，夜則神人自能按更而擊，無分毫差。鳴鐘鉦時，獅鳳在側者皆自翔舞。匱之東西有日月宫，飛仙六人立宫前，遇子午時自能耦進，度仙橋，達三聖殿，復退立如前。其精巧絶出人意，皆前所未有。帝既怠於政治，惟事遊宴，以宫女十六人按舞，名十六天魔，又十一人奏龍笛、頭管、小鼓、箏、纂、琵琶、笙、胡琴、響板、拍板，每宫中讚佛，則按舞奏樂。宫官非受祕密戒者不得與。

乙未　十五年，宋主韓林兒龍鳳元年。春正月，以黑厮爲平章政事。○徐壽輝遣其將倪文俊復破沔陽。威順王令其子報恩奴等，同元帥阿思藍，水陸並進討文俊。至漢川，水淺，文俊用火筏燒船，報恩奴死。教授鄭咺請正國俗，不報。咺以大斡耳朵儒學教官言：「蒙古乃國家本族，宜教之以禮。而猶循本俗，不行三年之喪，又妻其繼庶母、叔母、兄妻，恐貽笑後世，宜令改革，繩以禮法。」不報。遣兵分戍河南諸路。時河南賊數渡河焚掠州縣，中書參議成遵言于丞相曰：「今天下州縣，喪亂過半，而河北稍安者，以河爲之障，賊兵卒不能渡，所以剥膚椎髓以供軍儲，而民無深怨者，視河南之民，猶得保其室家故也。今賊北渡，而官軍不禦，是大河之險已不能守，河北之民復何所恃？河北一摇，國勢將若之何？」語未畢，哽咽不能言，宰執而下皆揮涕。乃入奏，帝即遣使罪守河將帥，而防禦稍嚴，仍遣兵分守陝西、山東諸路。二月，劉福通以韓林兒稱宋帝。福通等自碭山夾河迎林兒至，立爲皇帝，又號小明王，建都亳州，國號宋，改元龍鳳。以其母楊氏爲皇太后，杜遵道、盛文郁爲丞相，福通、羅文素爲平章，劉六知樞密院。拆鹿邑縣太清宫材建宫闕，遵道等各遣子入侍。福通疾遵道專權，命甲士撾殺之，遂自爲丞相。以達識帖睦邇爲平章政事。○三月，徐壽輝兵破襄陽。○竄脱脱于雲南。初，安置脱脱于淮安，既又移置亦集乃路，至是臺臣猶論其謫輕，故再徙雲南之鎮西。其弟也先帖木兒徙四川碉門，長子哈剌章肅州，次子三寶奴蘭州，仍籍其貲産。薊州雨血。○帝如上都。○夏四月，以定住爲右丞相，哈麻爲左丞相，桑哥失里爲平章政事，雪雪爲御史大夫。哈麻爲相，雪雪爲御史大夫，於是國家大柄，盡歸其兄弟矣。五月，詔削太不花官爵，命答失八都魯總其兵。太不花以軍士乏糧之故，頗驕傲，不遵朝廷命令，軍士又往往剽掠爲民患。監察御史劾其慢功虐民，詔削其官，仍俾率領火赤温從征。命答失八都魯總領其軍，尋以爲河南行省平章。倪文俊復破中興路，元帥朵兒只班死之。○六月，我太祖皇帝起兵，自和陽渡江，取太平路。元自朔漠入主中國，傳世既久，宴安失德，四方割據稱雄者衆，戰争無虚日，兵亂歲饑，民不聊生。壬辰春，太祖皇帝避兵濠城，有安天下、救生民之志，乃收納英賢，置之左右，遂起兵攻滁州，下之。明年又下和陽，恩威日著，豪傑歸心。至是，謀渡江取金陵，患無舟楫，而巢湖水寨軍帥俞通海等率衆萬餘、船千艘來降。太祖顧謂諸將曰：「方謀渡江，而巢湖水軍來附，吾事濟矣。」遂率徐達、馮國用、邵榮、湯和、李善長、常遇春、鄧愈、耿君用、毛廣、廖永安引舟東下，首克牛渚磯，遂進攻太平，拔之。耆儒陶安、李習率父老出迎，安因獻言曰：「方今四海鼎沸，豪傑並争，攻城屠邑，互相長雄，然其志皆在子女玉帛，取快一時，非有撥亂救民安天下之心。明公率衆渡江，神武不殺，人心悦服，以此順天應人，而行弔伐，天下不足平也。」秋七月，元遣使招諭諸起兵者。遣諸王失里門、四川左丞沙剌班等，各率兵守禦山東、湖廣、四川諸路，及招諭濠、泗諸起兵者。中書左丞許有壬言：「朝廷務行姑息之政，賞重罰輕，故將士貪掠子女玉帛，而無鬬志，遂倡爲招降之策耳。」不聽。元以達識帖睦邇爲江浙行省左丞相。時江淮繹騷，南北阻隔，詔許達識帖睦邇便宜行事。乃任用非人，肆通賄賂，賣官粥爵，惟視貨之重輕爲高下，由是謗議紛然。而所部郡邑往往淪陷，亦恬不爲意。九月，元以紐的該爲平章政事。○冬十一月，答失八都魯擊宋劉福通軍，破之，十二月，遂圍亳，福通以其主韓林兒走安豐。答失八都魯進次許州，與福建軍遇，戰于長葛，爲其所敗，將士皆奔潰。至中牟，收散卒屯聚，會劉哈剌不花引兵來援，大破福通兵，復駐汴梁。十二月，又敗之于太康，遂圍亳州，小明王遁走安豐。元哈麻矯詔殺右丞相脱脱。初，脱脱貶雲南，行次大理騰衝，知府高惠欲以女事之，脱脱曰：「吾罪人也，安敢念及此。」巽辭拒絶，惠銜之，至是再徙阿輕乞之地，惠發軍圍之，哈麻又矯詔遣使賜之鴆，遂卒，年四十二。史臣曰：「脱脱事君，始終不失臣節，惟惑於羣小，急復私仇，君子病焉。」元置大兵農司。詔有水田處，置大兵農司，招誘夫丁，有事則乘機招討，無事則栽植播種。凡置保定、河間、武清、景薊共四處，其屬又有兵農千户所二十四，百户所四十八，鎮撫司四。荆州大水。

**丙申**　十六年，春正月，元哈麻、雪雪有罪，伏誅。哈麻既相，以前進西僧爲恥，告其父禿魯曰：「我兄弟位宰輔，宜導人主以正。今禿魯帖木兒專以淫褻媚上，天下士大夫必議笑我，有何面目見人，我將除之。且上日昏暗，何以治天下！皇太子年長聰明，不若立爲帝，而奉上爲太上皇。」其妹聞之，歸告其夫。禿魯帖木兒恐太子爲帝，則己必先誅，即以聞于帝，然不敢斥言淫褻事，第曰「哈麻謂陛下年老故耳」。帝大驚曰：「朕頭未白，齒未落，遽謂我爲老邪！」因與謀去哈麻及雪雪。計已定，有旨哈麻與雪雪毋入朝，御史大夫搠思監因劾奏二人罪惡，帝曰：「哈麻兄弟雖有罪，然侍朕日久，且與朕弟同乳，姑緩其罰，令出征自效。」既而省臣復糾其罪不已，遂詔安置哈麻惠州，雪雪肇州。比行，皆杖死。初，也先帖木兒就貶，籍其家貲以賜哈麻。及是籍哈麻家，而所得之庫藏封識固未嘗啓也。時中外皆謂帝怒其譖脱脱兄弟之故，而不知罪由於不軌，以是人皆快之。薊州地震。凡十日。天完主徐壽輝據漢陽。〇二月，張士誠入平江，據之。遂陷湖州、松江、常州諸路。初，或謂士誠有降意，元遣集賢待制烏馬兒、孫撝持詔往諭之。士誠拘之一室，迫使降，撝詬斥不絶。及士誠徙平江，撝與士誠部將張茂先者謀，遣人約鎮南王，刻日進兵復高郵，語泄，遂遇害。**三月，我太祖帥師克金陵，改集慶路爲應天府。**諸軍水陸並進，至江寧鎮，攻陳兆先營，破之。進圍集慶，南臺御史大夫福壽督兵出戰，力不能支，死于兵。太祖入城，召官吏耆老諭曰：「吾率衆至此，爲民除亂耳，爾宜各安職業，毋恐。」於是民大悦，更相慶慰。遂改集慶路爲應天府，分遣諸將取鎮江、廣德，皆下之。**方國珍降于元。**命爲海道漕運萬户，國璋衢州路總管。**是月，有兩日相盪。○夏四月，元以搠思監爲左丞相。○六月，彰德李實如黄瓜。**先是，童謡云：「李生黄瓜，民皆無家。」**秋七月，張士誠遣兵破杭州，元江浙丞相達識帖睦邇遁，平章政事左答納失里戰死。**初，江南始亂，達識帖睦邇等屢敗，議者以爲苗軍可用，遂自寶慶招土官楊完者，至淮南殺賊，以功累官江浙行省參政。至是，士誠兵破杭州，達識帖睦邇遁入富陽，完者乃自嘉興引苗軍及萬户普賢奴，擊敗士誠兵，復其城，達識帖睦邇乃還。**八月，彗星見。**彗出張宿，色青白，指西南，長尺餘，至十月朔始滅。❶**冬十月，星隕大名，化爲石。**從東南流，芒尾如曳彗，墮地有聲，火焰蓬勃，久之乃息，化爲石，青黑色，形如狗頭，其斷處若新割者。**淮安城破，元江東廉訪使褚不華死之。**初，不華與副使劉甲扞禦淮安，甲守韓信城，勢相犄角。不華復上章，劾總兵逗撓罪狀，總兵者恚之，檄甲别將兵擊賊，以困不華。賊因掘塹圍淮安，芻餉路絶。元帥吴德秀運米萬斛入河，爲賊所抄，攻圍日急。總兵者屯下邳，按甲不出，遣使十九輩告急，皆不應。城中餓者仆道上。人即取啖之，草木、螺蛤、魚蛙、烏燕，及靴皮、鞍韉、革廂、敗弓之筋皆盡，而後父子、夫婦、老稚更相食，撤屋爲薪，人多露處，坊陌生荆棘。力既盡，城陷，不華猶據西門力鬭，中傷見執，爲賊所臠，子伴哥亦死。不華守淮安五年，大小數十百戰，精忠大節，人比之張巡云。○初，同僉淮南行樞密院事董摶霄建議：「以淮安爲南北襟喉，江淮要衝，其地一失，兩淮皆未易保。援救淮安，誠爲急務。今日計，莫若於黄河上下，瀕淮南之地，及自沭陽，抵

❶「十月」，原作「十二月」，據《元史》卷四四《順帝本紀》改。

沂、莒諸州縣，布連珠營，每三十里設一總砦，又於介中設一小砦，使烽堠相望，而巡邏往來，遇賊則併力野戰，無事屯種而食，然後進有援，退有守，常爲不可勝，以待敵之可勝也。」又言：「淮南北之民，壯者已盡爲兵，老幼無所依者，宜置軍民防禦司，籍其民以屯故地，練兵積穀，且耕且戰，内全山東完固之邦，外捍淮海出没之寇，而後恢復可圖也。」時不能用。

**丁酉　十七年，春正月朔，日食。○二月，宋將李武、崔德破商州，元察罕帖木兒與李思齊連兵擊之。**李武、崔德等兵破商州，攻武關，遂直趨長安，分掠同、華諸州，三輔震恐。時豫王阿剌忒納失里及省院官皆洶懼，計無所出，行臺治書侍御史王思誠曰：「察罕帖木兒之名，賊素畏之，宜遣使求援，此上策也。」守將恐其軋己，論久不決，思誠曰：「吾兵弱，旦夕失守，咎將安歸？」乃移書察罕帖木兒曰：「河南、陝西兩省，互爲唇齒，陝西危，則河南豈能獨安！」察罕帖木兒新復陝州，得書大喜，遂提輕兵五千，與李思齊倍道來援，遇賊轉戰，殺獲無算，餘黨皆潰散。朝廷論其功，以察罕帖木兒爲陝西行省左丞，李思齊四川左丞。**三月，我太祖兵克常州。**先是，徐達攻常州，進薄城下。張士誠遣其弟士德以數萬衆來援，達伏兵禽之，由是士誠氣沮，乃奉書請和，願歲輸糧二十萬石，黄金五百兩，白金三百斤，以爲犒軍之資。太祖復書數其開釁召兵之罪，且許其歸我使臣將校，即當班師。士誠得書不報，復誘我新附義兵。達請益兵圍之，遂下其城。**宋將毛貴攻破膠、萊諸州，元遣知樞密院事不蘭奚等將兵擊之。**劉福通將毛貴連破膠州、萊州、益都、般陽諸郡縣，元遂以董摶霄爲山東宣慰使，從不蘭奚擊之。既而中書省臣言：「山東般陽、益都相次而没，濟南日危，宜選將練卒，信賞必罰，爲保燕趙計，以衛京師。」不報。御史張楨上疏陳十禍，❶以輕大臣、解權綱、事安逸、杜言路、離人心、濫刑獄六者爲根本之禍，以不慎調度、不資羣策、不明賞罰、不擇將帥四者爲征討之禍。其所言多剴切，其事安逸、不明賞罰二條，尤中時弊，大略以謂：「陛下因循治安，不預防慮。今海内不寧，天道變常，民情難保，正當修實

❶「楨」，原作「禎」，據《元史》卷一八六《張楨傳》改。

德以答天意，推至誠以回人心。凡土木之勞，聲色之樂，宴安鴆毒之惑，皆宜痛撤勇改。而陛下乃泰然處之，若承平無事時，此事安逸，所以爲根本之禍者也。又自四方有儆，調兵六年，初無紀律，又失激勸，將帥因敗爲功，指虛爲實，大小相瞞，内外相依，其性情不一，而邀功求賞則同。是以有覆兵之將，殘民之將，貪婪之將，怯懦之將，曾無懲戒，所經之處，鷄犬一空，貨財罄盡。而面諛游説者，反以克復受賞。且河南一省，今所存者，不過三四縣，而江淮千里，所在蕭條。如此而望軍旅不乏，餽餉不竭，使天雨粟，地湧金，朝夕存亡且不能保，況以地力有限之費，而供將帥無窮之欲哉！陛下事佛求福，飯僧消禍，以天壽節而禁屠宰，皆虛名也。今天下兵起，殺人不知其數，陛下泰然不理，而曰吾將以是求福，福何自而至哉？潁上之兵，視其所向，駸駸可畏，不至於亡吾社稷不止也。此則不明賞罰，所以爲征伐之禍者也。」疏奏，不省。既而執政惡其訐直，除山南道廉訪僉事。

**夏五月，元以搠思監爲右丞相，太平爲左丞相。**

**○我太祖取寧國等路。**徐達、常遇春率兵取寧國，攻之久不下，太祖乃親往督師。既至，守臣楊仲英開門請降，百户張文貴殺其妻妾，自刎而死。尋遣諸將取江陰、徽州、池州，皆下之。

**六月，有龍鬭于樂清江。**颶風大作，所至有火光如毬，死者萬餘人。

**秋七月，元大都晝霧。**自旦至午，昏暝不辨人物，如是者旬有五日。

**八月，宋劉福通攻汴梁，遂分兵略地于山東、西。**關先生、破頭潘、馮長舅、沙劉二、王士誠寇晉、冀，白不信、大刀敖、李喜喜趨關中，毛貴據山東，其勢大振。

**元鎮守黄河義兵萬户田豐降于宋。**

**○元以楊完者爲江浙行省左丞。**苗軍素無紀律，肆爲鈔掠，所過蕩然無遺。時達識帖睦邇方倚完者爲重，莫敢禁遏，故完者雖陽尊事之，而生殺予奪皆決於己，矜驕日肆，不可復制，達識帖睦邇僅署成案而已。

**張士誠降于元，元以爲太尉。**士誠寇嘉興，屢爲楊完者所敗，乃以書請降，詞多不遜。完者欲納之，達識帖睦邇以其反覆不可信，不許。完者固勸，乃承制假江浙廉訪使周伯琦行省參知政事，至平江招諭之。士誠始要王爵，達識帖睦邇不許。又請爵爲三公，達識帖睦邇曰：「三公非有司所定，今我雖便宜行事，然不敢專也。」完者又力爲之請，達識帖睦邇外雖拒之，實幸其降，又恐忤完者意，遂授士誠太尉，其弟士德淮南平章，士信同知行樞密院事，其黨皆授官有差。於是朝廷以招安士誠爲達識帖睦邇之功，加太尉。伯琦始以文藝居館閣，有聲，及附脱脱，謬劾陝西行臺御史劉希曾等，遂不爲公論所與。後爲江東廉訪使，遇長槍賊寇陷寧國，倉皇出見之，尋遁走。至是往招士誠，被留平江，十年不遣。論者謂其遭時多艱，善於自保，而致身之義爲有闕云。

**元命太尉紐的該總諸軍，守禦東昌。**初，田豐叛，陷濟寧，義兵萬户孟本周攻之，豐敗走。至是，復率衆寇東昌，紐的該擊却之。

**我太祖取揚州。**

**○九月，天完將陳友諒襲殺倪文俊。**友諒，沔陽漁人子，嘗爲縣吏，不樂。會壽輝、文俊兵起，慨然往從之，遂爲文俊簿書掾，尋亦領兵爲元帥。及文俊專恣，心不能平。至是，文俊謀殺壽輝不果，奔黄州，友諒因乘釁襲殺之，遂并其軍，自稱平章。

**冬十月，宋將白不信等破興元，遂圍鳳翔，元察罕帖木兒等合兵擊走之。**不信等既陷秦隴，據鞏昌，遂窺鳳翔。察罕帖木兒即先分兵入守鳳翔城，而遣諜者誘不信圍鳳翔，凡數十重。察罕帖木兒自將鐵騎，晝夜馳二百里往赴。比至去城五里所，分軍張左右翼掩擊之，城中軍亦鼓譟而出，内外合擊，呼聲動天地，不信等大潰，及李喜喜皆遁入蜀。

**十一月，汾州桃、杏有花。**

**○十二月，天完將明玉珍據成都。**玉珍，隨州人。初聞徐壽輝兵起，乃集鄉兵，屯于青山，結柵自固。未幾，降于壽輝。及倪文俊陷川蜀，令玉珍守之。至是文俊死，玉珍遂自據成都，蜀中郡縣皆附之。

**河南大饑。**

**○元太尉答失八都魯卒，以其子孛羅帖木兒爲河南平章政事，領其軍。**劉福通攻陷曹、濮、大名、衛輝諸路，答失八都魯引兵擊之，詔遣知樞密院達理麻失理來援，分兵于雷澤、濮州，以禦福通。答理麻失理戰没，諸軍大潰，答失八都魯退駐石村。朝廷頗疑其玩寇失機，使者趣戰相踵。敵覘知之，詐爲答失八都魯通好書，遺諸路，使者果得之以進。答失八都魯覺知，一夕憂憤死。尋命其子四川左丞孛羅帖木兒爲河南平章政事，代領其軍。

**元詔天下團結義兵。**路、府、州、縣正官，俱兼防禦事。

**元翰林學士承旨歐陽玄卒。**初，玄以湖廣行省右丞致仕，將歸，帝諭留之，仍爲承旨。及天下盜起，玄獻招捕之策千餘言，皆切實可行，時不能用。後以中原道梗，欲乞致仕，由蜀還鄉，復不允。至是卒。

**戊戌　十八年，春正月，天完將陳友諒破安慶，元淮南行省左丞余闕死之。**先是，闕固守安慶，倚小孤山爲藩蔽，命義兵元帥胡伯顔統水軍戍守。友諒自上流引軍直擣山下，伯顔與戰四日夜不勝，奔還。敵追薄城下，闕遣兵扼之。俄而饒寇攻西門，友諒兵乘東門，既登城，闕簡死士奮擊敗之。敵兵恚甚，乃并軍樹柵起飛樓來攻，闕分兵捍敵，晝夜不得息。至是，池州趙普勝軍東門，友諒軍西門，饒兵軍南門，四面蟻集。闕徒步捍戈爲士卒先，分遣部將督三門之兵，自以孤軍血戰，斬首無算，而闕亦被十餘創。日中城陷，火起，闕知不可爲，乃引刀自剄，墮清水塘中死。妻蔣氏及妾耶卜、耶律氏，子德臣，女安安，甥福童，亦皆赴井死。同時死者，守臣韓建，一家被害。居民誓不從賊，焚死者以千計。其知名者，萬户李宗可、紀守仁、陳彬、金承宗，經歷段桂芳，都事帖木補花，千户盧廷玉、葛延齡、丘晉、許元琰，奏差兀都蠻，百户黄寅孫，安慶推官黄禿倫歹，經歷楊恒，知事余中，懷寧縣尹陳巨濟。事聞，贈闕平章政事，追封豳國公，謚忠宣。宋濂曰：「闕獨守孤城逾六年，小大二百餘戰，戰必勝，其所用者，不過民間兵數千，初非有熊虎之師，直激之以忠義，故甘心效死而不可奪也。雖不幸城陷以死，而其忠精之氣，固自若也。然闕死於君，而能使妻死於夫，子死於父，忠孝貞節，萃於一門，較之晉卞壼，又似過之矣。於戲！闕其人豪也哉！」

**三月，宋毛貴破濟南路，元河南行省右丞董摶霄與戰，死之。**初，摶霄從不蘭奚援益都，而濟南方告急，乃提兵赴濟南，大敗賊兵於城下。詔陞淮南行樞密院副使，兼山東宣慰使都元帥。有嫉其功者，譖於紐的該，令依前往援益都。摶霄屬老且病，請以弟昂霄代領其衆，詔授昂霄淮南行院判官。未幾，復命摶霄守河間之長蘆。摶霄以兵北行，且曰：「我去，濟南必不可保。」至是，濟南果陷，貴遂入據之，立賓興院，選用故官，分守諸路，又於萊州立屯田三百六十處。時摶霄方駐于南皮縣之魏家莊，詔遣使拜爲河南右丞，甫拜命，值貴兵卒至，而營壘猶未完。諸將曰：「賊至當如何？」摶霄曰：「當以死報國。」因拔劍督戰。賊突前，捽搏霄刺殺之，無血，惟見白氣衝天。是日，昂霄亦死。史臣曰：「搏霄以儒生起家，爲能吏，會天下大亂，乃復以武功自奮。其才略有大過人者，而當時用之不能盡其才，君子惜之。」**宋田豐破濟寧，元紐的該棄東昌走。**紐的該聞田豐兵逼境，即棄城走還京師，拜中書左丞相。豐遂入據其城，引兵大掠諸郡，已而復退保東昌。**宋毛貴破薊州，元徵四方兵入衛。**毛貴率衆由河間趨直沽，遂破薊州，略柳林，逼畿甸，樞密副使達國珍戰死，京師大恐。廷臣或勸帝北巡以避之，或勸遷都關陝，衆議紛然，獨丞相太平力以爲不可遷，遂徵四方兵入衛。同知樞密院事劉哈剌不花以兵拒戰於柳林，貴衆潰，退走濟南。**大同路夜聞空中有聲。**初，黑氣蔽西方，有聲如雷。頃之東北方有雲如火，交射中天，遍地俱見火光，空中如有兵戈之聲。**我太祖兵取建德路。○夏四月，天完將陳友諒破龍興。**時火你赤以左丞來守洪都，舊帥道童任其將章伯顏、普顏不花捍城頗有功。火你赤疾而撓之，城陷，火你赤出走，道童奔撫州，謀舉兵，爲追者所殺。**五月，宋劉福通破汴梁，奉其主韓林兒居之。**福通攻汴梁，守將竹昌出走，❶遂入據其城。乃自安豐迎其主居之，以爲都。**元削右丞相太不花官爵，尋殺之，以知行樞密院悟良哈台代總其軍。**太不花舊與太平有隙，聞其復相，意不能平，嘆曰：「太平漢人，乃復居中用事，我反在外勞苦邪！」時亦起太不花爲湖廣左丞相，招討寇賊，諸將皆欲進兵，而太不花乃以養鋭爲名，反勒兵而退。及賊攻汴梁，守臣請援師，至十往反，猶按甲不動。或諫之，太不花大言曰：「我在，何物小寇敢來！」既而出軍縱掠，百里内蕩然，自是寇日蔓延不可制。朝廷憂之，兩遣重臣諭旨，授以成算，皆不聽。其子壽童將兵分討山東，入奏事，語言驕慢，帝由是惡之。會毛貴、田豐等勢愈充斥，乃拜太不花右丞相，總兵進討。太不花即上言：「軍行以糧餉爲先，請令太平至軍中供給，乃可濟事，不然兵不能進。」太平知其害己也，遂諷御史劾其緩師拒命之罪。

❶「竹昌」，原作「竹貞」，據下文至正二十三年二月條「元將竹昌、忻都，遂乘間入安豐」及《弇州四部稿》卷八〇《中山王世家》改。

詔削奪官爵，蓋州安置，以知行樞密院事悟良哈台代之。太不花聞有詔，夜馳詣故部將劉哈剌不花求救。哈剌不花時駐兵保定，即走至京，首見太平。太平問其來故，具以告，太平責之，俾其致太不花以來。哈剌不花還，縛太不花父子送京師，未至，皆殺之于路。山東地裂。○六月朔，日食。○宋將關先生兵破遼州，遂大掠塞外諸郡。關先生、破頭潘等分兵二道，一出絳州，一出沁州，踰太行，焚上黨，攻破遼州、晉、冀、雲中、鴈門、代郡，烽火數千里，遂大掠塞外諸郡而還。察罕帖木兒遣其部將關保等分兵阻隘，而自勒重兵屯聞喜、絳陽，及塞井陘，杜太行，屢擊却之。詔拜察罕帖木兒爲右丞，❶尋進平章政事。秋八月，蒙陰縣饑。斗米金一斤。冬十一月，元右丞相搠思監有罪免，❷以紐的該爲左丞相。時天下多故，外則疆宇日蹙，內則帑藏空虛，而帝方溺于娛樂，不恤政務。搠思監居相位，無所匡救，而公受賄賂，貪聲著聞。於是御史燕赤不花劾奏其任用私人朵列及妾弟崔完者帖木兒印造僞鈔，事將敗，殺朵列以滅口。搠思監乃自請罷政，詔止收其印綬。御史王彝等復劾之不已，帝終不聽。十二月朔，日食。○我太祖取婺州。胡大海兵攻婺州，久不克，太祖乃自將精兵十萬往征。由寧國歷徽，道蘭溪至婺，進圍其城，拔之。改婺州路爲寧越府，命知府王宗顯開郡學，延儒士葉儀、宋濂爲五經師，戴良爲學正，吳沉、徐源等爲訓導。❸時喪亂之餘，學校久廢，至是始聞絃誦之聲，無不忻悦。太祖既撫定寧越，欲遂取浙東未下諸郡，集諸將諭之曰：「克城雖以武，而安民必以仁。吾師比入建康，秋毫無犯，故一舉而遂定。今新克婺城，民始獲甦，政當撫卹，使民樂於歸附，則彼未下郡縣，亦必聞風而歸。吾每聞諸將下一城，得一郡，不妄殺人，輒喜不自勝。蓋師旅之行，勢如烈火，火烈則人必避之。爲將者能以不殺爲心，非惟國家所利，在己亦蒙其福。爾等從吾言，則

❶「右」，原作「左」，據《弇州四部稿》卷八五《察罕帖木兒傳》、《元史》卷一四一《察罕帖木兒傳》改。

❷「右」，原作「左」，據《元史》卷二〇五《搠思監傳》、卷一一三《宰相年表》改。

❸「徐源」，原作「徐原」，據《名山藏》卷一《典謨記》、《明史》卷一四〇《王宗顯傳》改。

事不難就，大功可成矣。」**宋關先生兵破上都，焚宫闕。**尋轉掠遼陽，至高麗。自是上都宫闕盡燬，元主不復時巡矣。既而欲復脩之，工役大興，參議中書省事陳祖仁上疏諫曰：「自古人君，不幸遇艱虞多難之時，孰不欲奮發有爲，成不世之功，以光復祖宗之業！苟或上不奉於天道，下不順於民心，緩急失宜，舉措未當，雖以此道持盈守成，猶或致亂，而况欲撥亂世反之正乎！夫上都宫闕，創自先帝，脩於累朝，自經兵火，焚燬殆盡，所不忍言，此陛下所爲日夜痛心，宜亟圖興復者也。然今四海未靖，瘡痍未瘳，倉庫告虚，財用將竭，乃欲驅疲民以供大役，廢其耕耨，而荒其田畝，何異扼其吭而奪之食，以速其斃乎！陛下追惟祖宗宫闕，念兹在兹，然不思今日所當興復，乃有大於此者。假令上都宫闕未復，固無妨於陛下之寢處，使因是而違天道，失人心，或致大業之隳廢，則夫天下者，亦祖宗之天下；生民者，亦祖宗之生民，陛下亦安忍而輕棄之乎！❶願陛下以生養民力爲本，以恢復天下爲務，信賞必罰，以驅策英雄，親正人，遠邪佞，以圖謀治道。夫如是，則承平之觀，不日咸復，詎止上都宫闕而已乎！」疏奏，帝嘉納之。**大饑，疫。**時兩河、山東被兵之民，携老幼流入京師，重以饑疫，死者枕藉。宦者朴不花請市地收瘞之，前後凡二十餘萬人。**太白經天。**

**己亥　十九年，春二月，元詔孛羅帖木兒移鎮大同。**欲倚以捍蔽京師故也。復置大都督兵農司，并分司十道，專督屯種，以孛羅領之。所在侵奪民田，不勝煩擾。**三月，元方國珍遣使以温、台、慶元三郡附於我太祖。**先是，太祖遣使往慶元招諭方國珍，國珍與其下謀曰：「方今元運將終，豪傑並起，惟江左號令嚴明，所向莫敵，今又東下婺州，恐不能與抗。况與我爲敵者，西有張士誠，南有陳友定，莫若姑示順從，藉爲聲援，以觀其變。」遂遣使奉書、幣，以温、台、慶元三郡來獻，且以其次子關爲質。太祖曰：「古者慮人不從，則爲盟誓，盟誓變而爲交質，皆由未能相信故也。今既誠信來歸，便當推誠相與，如青天白日，何自懷疑，而以質子爲哉！」乃厚賜關而遣之。國珍既又以金玉飾馬鞍轡來獻，

❶「棄」，原脱，據《歷代名臣奏議》卷三一六陳祖仁上疏、《元史》卷一八六《陳祖仁傳》補。

太祖曰：「吾方有事四方，所需者文武材能，所用者穀粟、布帛，其他寶玩，非所好也。」悉却之。夏四月，趙均用殺宋毛貴，其黨續繼祖執均用，殺之。均用既殺毛貴，其黨續繼祖自遼陽入益都，殺均用，遂與其所部自相讎敵。五月，大蝗。山東西、河南北及關中，飛蝗蔽天，人馬不能行，所落溝塹盡平，民大饑。京師銀一錠，易米八斗。通州民有殺子而食者。六月，天完將陳友諒攻信州，元江東廉訪使伯顏不花的斤往救，死之。友諒遣其黨王奉國寇信州，伯顏不花的斤自衢往援，破走其兵。時鎮南王子大聖奴屯兵城中，開門出迎，伯顏不花的斤登城四顧，誓以破賊自許。復數日，賊又來攻，遂分兵爲三，出城奮擊，斬首數千級，復大破之。友諒弟友德植木栅攻城益急，又遣使來説降，伯顏不花的斤曰：「汝來誘我邪？我頭可斷，足不可移。」乃數其罪而斬之。由是日夜鏖戰，糧竭矢盡，而氣不衰。城中食草苗茶紙，括靴底，掘鼠羅雀，殺老弱以食。伯顏不花的斤屢出兵破賊，王奉國遂穴地梯城，晝夜攻之不息。踰旬，城遂陷，伯顏不花的斤與大聖奴及部將海魯丁、蔡誠、蔣廣皆戰死。初，伯顏不花的斤之赴援也，入白其母鮮于氏曰：「兒今不得事母矣。」母曰：「爾爲忠臣，吾即死，復何憾！」❶因命子也先不花奉其母間道入閩，以江東廉訪司印送行臺，乃提兵向信。鮮于氏，太常典簿樞之女也。秋八月，元察罕帖木兒克汴梁，宋劉福通以其主韓林兒復走安豐。初，察罕帖木兒圖復汴梁，乃大發秦、晉軍，諸路並進，期會汴城下，首奪其外城，遂環城而壘，累誘賊出戰，輒以計敗之，賊懼不復敢出。至是，諜知城中計窮食盡，乃督諸將分門而攻。至夜，將士鼓勇登城，斬關而入，遂拔其城，俘獲數萬。劉福通復以其主小明王走據安豐。捷聞，詔以察罕帖木兒爲河南平章，兼同知行樞密院、西臺中丞。九月，我太祖兵取衢、處州。初，太祖克婺州，置分中書省，召儒士許元、葉瓚玉、胡翰、汪仲山、李公常、金信、徐孳、童冀、吴履、張啓敬、孫履，❷皆會食省中，日令二人進講經史，敷陳治道。至是克處州，又有薦青田劉基、龍泉章溢、麗

❶「死，復」，原脱，據《元史》卷一九五《伯顏不花的斤傳》補。

❷「啓」，《明史》卷一三七《吴沉傳》作「起」。

水葉琛及宋濂者，即遣使以書幣徵之至建康。比入見，甚喜，賜坐，從容與論經史，及咨以時事，深見尊寵。既而命有司即所居之西，創禮賢館處之。時朱文忠守金華，復薦王褘、王天錫，至，皆用之。**元徵海運糧于張士誠。**中原既亂，江南海漕久不通，京師屢苦饑。至是，因河南始平，乃遣兵部尚書伯顔帖木兒等，以御酒、龍衣賜士誠，徵海運糧。伯顔帖木兒等至杭州，傳詔命士誠輸粟，方國珍具舟，丞相達識帖睦邇總督之。既而士誠慮國珍載粟不入于京，國珍又恐士誠掣其舟，乘虛襲己，互相猜疑，伯顔帖木兒往來開諭，乃運粟十一萬石至京師。**冬十一月，元授方國珍江浙行省平章政事。○元大都有杜鵑。○十二月，元太子殺左丞成遵、參知政事趙中。**先是，奇皇后與太子謀内禪，諭意太平，太平不答。后又召太平至宮中，舉酒申前意，太平依違而已。是時太子欲盡逐帝左右，令御史劾帝親暱御史中丞禿魯帖木兒。未及奏，而所令御史被遷爲他官。太子疑太平子也先忽都泄其事，益決意去太平政柄。知樞密院事紐的該聞之，數於帝前左右之。以故，太子之志未得逞。至是，太子以遵、中皆太平所任用，令御史誣其贓罪，下獄，杖殺之。**天完將陳友諒徙其主徐壽輝都江州，自稱漢王。**初，壽輝聞友諒破龍興，欲徙都之。友諒忌其來不利於己，不從。至是，壽輝固引兵發漢陽，南下江州。友諒陽出迎，而伏兵於城西，俟壽輝既入，門閉伏發，盡殺其部屬，惟存壽輝，以江州爲都居之。遂自稱漢王，立王府，置官屬，事權一歸友諒，壽輝惟擁虛位而已。

## 庚子

**二十年，**漢主陳友諒大義元年，○是歲天完亡，凡二國。**春正月，元紐的該卒。**紐的該爲相，有大臣體。既卧病，謂人曰：「我疾固不起，而太平亦不能久於位，可嘆也。」遂卒。**二月，元太平罷。**成遵等既死，會紐的該又卒，太平知勢不可留，乃數以病辭位。拜太保，養疾于家。臺臣奏留之，不允。**三月，彗見東方。○元復以搠思監爲右丞相。**時帝益厭政，宦者朴不花用事爲奸利，搠思監因與結搆相表裏，四方警報，將臣功狀，皆壅不上聞，卒召禍亂。論者謂元之亡，二人之罪居多。**夏五月朔，日食，雨雹。○**

**漢王陳友諒弒其主徐壽輝，遂自稱帝。**先是，友諒率舟師犯太平，挾壽輝以行。及太平既陷，急謀僭竊，乃於采石舟中，佯使人詣壽輝前白事，令壯士持鐵撾自後擊之，碎其首，壽輝死。友諒遂以采石五通廟爲行殿，稱皇帝，國號漢，改元大義，仍以鄒普勝爲太師，張必先爲丞相。羣下立江岸草次行禮，值大雨至，略無儀節，既而復還江州。

**秋九月，元孛羅帖木兒引兵攻冀寧，察罕帖木兒調兵拒戰，詔遣使和解之。**初，山西晉、冀之地，皆察罕帖木兒所平定，而孛羅帖木兒兵駐大同，因欲并據晉、冀，遂相讎隙。詔命孛羅帖木兒守石嶺關以北，察罕帖木兒守關以南。至是，孛羅帖木兒復調兵，自石嶺關直抵冀寧，❶圍其城三日，退屯交城。察罕帖木兒調兵拒戰。會朝廷遣使諭令講和，遂各退守關南、北。尋有旨以冀寧畀孛羅帖木兒，而察罕帖木兒以爲用兵數年，藉晉、冀以致盛强，乃不奉詔，託言用師汴梁，尋渡河屯澤、潞拒之，調延安軍交戰于東勝州，再遣部將八不沙援之。八不沙曰：「彼軍奉詔而來，我何敢抗！」察罕怒，殺之。已而駐兵霍州，攻孛羅帖木兒。朝廷復遣使諭二人，令罷兵還鎮。孛羅帖木兒遂罷兵還，察罕帖木兒尋亦遣其子副詹事擴廓帖木兒貢糧至京師，皇太子親與之定約，遂不復疑。○初，詔遣參知政事也先不花、脱脱木兒、奴奴等三人，往解二家之兵，既受命，不前進。山南道廉訪僉事張楨上疏劾之，❷言其「苟懷自安之計，無憂國之忠。朝廷將使二家釋憾，協心討賊，此國家大計，宜風馳電走，乃迂回退懾，枉道延安以西，繞曲數千里，使兩家日夜仇殺，黎庶肝腦塗地，實此三人所致，宜急誅之」。不報。楨嘆曰：「天下事不可爲矣。」即辭去，居河中安邑山谷間，有訪之者，不復言時事，但對之流涕而已。

**冬十二月，元陽翟王阿魯輝帖木兒舉兵于北邊，遣知樞密院事禿堅帖木兒將兵討之。**阿魯輝帖木兒，太宗子滅里大王七世孫也。時兵起四方，朝廷屢詔宗王以北兵南討，阿魯輝帖木兒知國事不可爲，乘間擁兵數十萬，屯于木兒古徹兀之地，將犯京畿，使來言曰：「祖宗以天下付汝，汝已失其太半。若以國璽付我，

❶「冀寧」，原作「晉冀」，據《元史》卷四五《順帝本紀》、卷二〇七《孛羅帖木兒傳》改。

❷「張楨」，原作「張禎」，據《元史》卷一八六《張楨傳》改，下同。

我當自爲之。」元主遣報之曰：「天命有在，汝欲爲則爲之。」遂命禿堅帖木兒將兵擊之，軍潰，禿堅帖木兒走上都。

**辛丑　二十一年，夏四月朔，日食。○元以張良弼爲陝西行省參知政事。**時孛羅兵既罷還，遂遣良弼引兵出南山義谷，駐藍田，受節制于察罕帖木兒。良弼又陰結平章定住，聽丞相帖里帖木兒調遣，營于鹿臺，察罕銜之。**秋八月，我太祖帥師伐漢，拔江州，漢主友諒走武昌。**先是，友諒引兵犯金陵，敗潰奔還，尋遣其將張定邊陷安慶府。太祖乃下令諸將曰：「陳友諒賊殺其主，僭稱大號，侵我太平，犯我建康，今又以兵陷我安慶，觀其所爲，不滅不已。爾等其厲士卒以從。」徐達進曰：「師直爲壯。今我直而彼曲，焉有不克！」劉基曰：「取威制敵，以成王業，在此時也。」遂督諸帥，率舟師乘風遡流而上，遂克安慶，長驅向江州，分舟師爲兩翼，夾擊友諒，大破之。友諒挈妻子夜奔武昌。既而友諒僞相胡廷瑞見江州已破，遣使詣軍中請降。太祖遂至龍興，建昌王溥、饒州吴宏、袁州歐普祥各率衆來見。寧州陳龍及吉安孫本立、曾萬中皆來降。乃改龍興路爲洪都府。**元察罕帖木兒克山東，田豐等降。**察罕帖木兒既定河南，乃以兵分鎮關陝、荆襄、河洛，而重兵屯太行，營壘旌旗相望數千里，日訓練士卒，務農積穀，謀大舉以復山東。至是諜知山東羣盜自相攻殺，而田豐亦降于賊，乃大會諸將，期分兵五道，水陸並進。而自率鐵騎渡孟津，踰覃懷而東，復冠州、東昌。遣其子擴廓帖木兒直擣東平。以田豐據山東久，軍民服之，乃爲書招之。豐及王士誠皆降，遂復東平、濟寧。時敵兵皆聚于濟南，察罕帖木兒乃分奇兵，間道出敵後，南略泰安，逼益都，北徇濟陽、章丘，中循瀕海郡邑，自將大軍進逼濟南，攻圍三月乃下之。**九月，元阿魯輝帖木兒兵敗，伏誅。**初，阿魯輝兵逼上都，太子言於帝，命以太平爲留守，實欲置之死地。至是，阿魯輝部將脱驩者，太平子也先忽都故將也，引兵縛阿魯輝至軍前，太平不受，送闕下誅之。太平終不以爲己功。**明玉珍破東川郡縣。○冬十月，元以察罕帖木兒爲平章政事。**仍兼知河南山東行樞密院事、陝西行臺中丞。**十**

**一月，黃河清。**自平陸三門磧下至孟津，五百里皆清，凡七日。**大饑。**

**壬寅　二十二年，春正月，元李思齊等攻張良弼，良弼敗之。**先是，察罕帖木兒、李思齊遣兵攻張良弼，詔既和解之，恐其終不和，乃命思齊擊四川，良弼擊襄漢，以分其勢。尋申諭二將各以兵自效。未幾，思齊復遣兵攻良弼，至於武功，良弼伏兵大破之。**二月，彗星見。**未幾，長星復見于虛、危之間，其形如練，長數十丈。**三月，明玉珍破雲南，夏五月，自稱隴蜀王。**初，玉珍聞陳友諒弑徐壽輝，謀欲討之，乃整兵守夔關，不與相通，復立廟以祀壽輝。至是遂自稱隴蜀王，分兵克龍州，犯興元、鞏昌諸路。陝西參政車里帖木兒擊敗之，擒其弟明二。**六月，彗出紫微垣。○田豐殺元平章政事察罕帖木兒，詔以其子擴廓帖木兒代總其兵。**初，山東俱平，獨益都孤城不下。察罕移兵圍之，大治攻具，諸道並進，賊悉力拒守。田豐復與王士誠陰謀刺殺察罕，叛入城。初豐來降，察罕推誠待之不疑，數入其帳中。及是，豐乃紿請行營，衆以爲不可往，察罕曰：「吾推心待人，安得人人而防之？」左右請以力士從，又不許，乃從十一騎行。至豐營，遂爲士誠所刺。先是，有白氣如索，起危宿，貫太微垣。太史奏山東當大水，帝曰：「不然，山東必失一良將。」即馳詔戒察罕勿輕舉，未至而已及難。詔贈河南行省左丞相，封潁川王，謚忠襄。命其子擴廓帖木兒爲平章政事，兼知山東、河南行樞密院事，代總其兵。擴廓帖木兒，本察罕之甥，幼養以爲子也。晏璧曰：「當元氏之季，位顯官、享厚禄者何限，而攄忠效義，乃出於草澤之人如察罕者，誠偉然特立丈夫也。李思齊雖共起義兵，而末變臣節，有愧察罕多矣。」**冬十一月，元擴廓帖木兒拔益都，執田豐等斬之。**擴廓既領兵討賊，誓必復讎，而賊城守益固，乃穴地通道以入，拔其城。執賊首陳猱頭等二百餘人獻闕下，而取田豐、王士誠之心以祭其父，餘黨皆就誅。遂遣兵取莒州，山東悉平。**十二月，元立塔思帖木兒爲高麗王，遣兵送之國，高麗以兵拒之，大敗而還。**初，皇后奇氏宗族在高麗者，恃寵驕横，爲國王伯顏帖木兒所殺。元主入后之譖，遂廢伯顏帖木兒，而議立其昆弟在京師者塔思帖木兒爲王，以奇族子三寶奴爲元子。國人上書言：「舊王不當廢，新王不當立。」元主不聽。乃以將作同知崔帖木兒爲丞相，率兵萬人送之國。至鴨緑江，高麗伏兵四起，乃大敗，僅餘十七騎走歸京師。

**癸卯**　二十三年，夏主明玉珍天統元年，❶吴王張士誠元年。○是歲并宋、漢凡四國。

春正月，明玉珍稱帝于成都。建國號曰夏，改元天統。

二月，擴廓帖木兒引兵還河南。○張士誠將吕珍入安豐，殺宋劉福通等，據其城。我太祖率兵擊走之。珍引兵攻殺福通等，遂據其城。太祖聞之，率徐達、常遇春往擊之，珍大敗。時廬州左君弼出兵助珍，又擊敗之，珍與君弼皆敗走。太祖乃還，命達等移師圍廬州。元將竹昌、忻都，遂乘間入安豐。

三月，彗見東方。○宋關先生餘黨復攻上都，元孛羅帖木兒擊降之。○夏六月，元孛羅帖木兒遣竹貞襲據陝西，擴廓帖木兒與李思齊合兵攻貞，降之。時陝西行省右丞答失鐵木兒與行臺有隙，恐陝西爲擴廓所有，陰結孛羅，請竹貞入城，刼御史大夫完者帖木兒印，復拘留之。擴廓遣部將貊高，合李思齊兵攻之，貞遂降。

秋七月，漢主友諒圍洪都，我太祖帥諸將討之，大戰于鄱陽湖，友諒敗死，子理立。初，友諒忿其疆埸日蹙，乃作大艦，來攻洪都。自爲必勝之計，載其家屬百官，空國而來，以兵圍城，其氣甚盛。兵戴竹盾禦矢石攻城，城且壞，守將朱文正、趙德勝、鄧愈督諸將死戰，且戰且築，城壞復完。友諒盡攻擊之術，而城中備禦隨方應之。已而德勝中流矢死，内外阻絶，音問不通，文正乃遣使赴建康告急。太祖親帥諸將，發舟師二十萬，進次湖口。自友諒圍洪都，至是凡八旬有五日。聞援兵至，即解圍東出，與我師遇鄱陽湖之康郎山。戊子，我師分爲十二屯，徐達、常遇春等諸將擊敗其前軍，軍威大振。明日，諸軍接戰，至晡東北風起，燔其水寨舟數百艘。友諒弟友仁、友貴及其平章陳普略皆焚死。辛卯，復聯舟大戰，自辰至午，敵

❶「年」，原脱，據上下文意補。

兵大敗。友諒奪氣，其將張定邊欲挾之退保鞋山，爲我師所扼，不得出，斂舟自守不敢戰。是夕，我舟渡淺泊于左蠡，與友諒相持者三日。八月壬戌，友諒計窮，冒死突出將奔還武昌。太祖麾諸將邀擊之，舟聯比隨流而下，自辰至酉，力戰不已。友諒是日中流矢，貫睛及顱而死。擒其太子善兒。友諒自稱帝至死僅四年，年四十四。其平章陳榮以下，悉以樓船、軍馬來降。定邊乘夜以小舟載其屍及其子理，徑趨武昌，復立理爲帝，改元德壽。既而我太祖復進兵圍之。**張士誠自稱吴王，元遣使徵糧，不與。**先是，士誠雖請降授官，而城池、甲兵、錢穀皆自據如故。又素忌楊完者，欲圖之，而達識帖睦邇亦厭完者驕肆不可制，乃陰與定計，舉兵圍之。完者及其弟伯顔皆自殺，士誠遂遣兵據杭城。朝廷因以其弟士信爲江浙行省平章政事，而方面大權悉歸張氏，達識帖睦邇徒擁虚名而已。至是，士誠乃令其部屬自頌功德求王爵，達識帖睦邇恐逆其意爲所害，乃爲請于朝，至再三不報。士誠遂自立爲吴王，即平江治宫室，立官屬。元遣户部侍郎博羅帖木兒徵糧于士誠，士誠不予。東南海運，遂止於是歲。**冬十月，山東赤氣千里。〇元孛羅帖木兒遣兵攻冀寧，擴廓帖木兒擊走之。**孛羅帖木兒自察罕既死之後，復數以兵争晉、冀。朝廷雖屢詔解之，而讎隙日深。至是，復遣兵攻冀寧，至石嶺關，擴廓大破之，擒其將烏馬兒、殷興祖，軍遂不振。**十一月，元殺太傅太平。**初，帝欲以伯撒里爲相，辭曰：「臣老不足以任宰相，若必以命臣，非得太平同事不可。」時太平辭歸奉元，於是密旨令伯撒里留之。太平至沙井，聞命宿留。皇太子惡之，令御史大夫普化劾其違命，詔拘收所授宣命。搠思監因誣奏之，安置土番，尋遣使至東勝，逼令自裁。**十二月，元黜治書侍御史陳祖仁爲甘肅參知政事，御史大夫老的沙、知樞密院事秃堅帖木兒皆逃。**時宦者朴不花、橐驩内侍太子，外結搠思監，驕恣不法。御史傅公讓劾之，忤太子意，坐左遷。祖仁乃上疏太子，言：「天下者，祖宗之天下。臺諫者，祖宗之所建立。顧以二豎之微，而於天下之重、臺諫之言，一切不恤，獨不念祖宗乎！且殿下職在監國撫軍、問安視膳而已，予奪賞罰之權，自在君父。今方毓德春宫，反使諫臣結舌，凶人肆志，豈惟君父徒擁虚器，天下蒼生，亦將奚望！」疏入，太子怒，令御史大夫老的沙諭祖仁以「槖驢等初無是事，御史糾言不實，已與美除。昔裕宗爲太子，凡事合奏者皆許啓聞，非獨我今日也。」祖仁乃復上疏言：「殿下所以全此二人者，正緣不知其奸故也。然舉朝知之，在野知之，天下知之，獨殿下未知耳。」於是太子以其事聞，二人皆辭退。元主又令老的沙諭旨，祖仁復上書言：「祖宗以天下傳之陛下，今乃壞亂不可救藥，雖曰天運使然，亦刑賞不明之所致也。區區二豎，猶不能除，況於大者！願陛下顯斥二人，勿令以辭退爲名，成其奸計，使海内皆知陛下信賞必罰自二人始，則將士亦必効力，天下可全。」書奏，帝大怒，時侍御史李國鳳亦言二人當斥，於是臺臣自老的沙以下皆左遷，而出祖仁于甘肅。老的沙遂與禿堅帖木兒逃于孛羅帖木兒軍中。

**甲辰　二十四年，**漢主陳理德壽元年。○是歲漢亡。**春正月，我太祖建國號曰吳。二月，自將伐漢，漢主陳理降，湖廣、江西悉平。**時李善長、徐達等以太祖功德日隆，屢表勸進，不允。乃於是月朔，即吳王位，建百司官屬，以李善長爲右相國，徐達爲左相國，常遇春、俞通海爲平章政事，汪廣洋爲右司郎中，張昶爲左司都事。諭達等曰：「卿等爲生民計，推戴予，然建國之初，當先正紀綱。元氏昏亂，紀綱不立，主荒臣專，威福下移，由是法度不行，人心渙散，遂致天下騷亂。今將相大臣，當鑒其失，宜協心爲治，以成功業，毋苟且因循，取充位而已。」又曰：「禮法國之紀綱，禮法立，則人志定，上下安。建國之初，此爲先務。爾等爲吾輔相，當守此道，毋謹於始，而忽於終也。」二月，以武昌圍久不下，乃親往視師，督諸將擊之，擒其元帥張必先，既而遣其降將羅復仁入城諭陳理使降。理遂率其太尉張定邊等詣軍門請降。凡府庫儲蓄，悉令理自取。城中民多饑困，命給粟賑之。於是湖廣、江西諸郡縣，相繼皆降。江西行省以陳友諒鏤金牀進，太祖觀之，謂侍臣曰：「此與孟昶七寶溺器何異！以一牀工巧若此，其餘可知，陳氏父子窮奢極靡，焉得不亡！」侍臣曰：「未富而驕，未貴而侈，此所以取敗。」太祖曰：「既富豈可驕，既貴豈可侈！有驕侈之心，雖富貴豈能保乎！」即命毁之。太祖既平陳理，句容儒士戎簡入見，語及陳氏之事，簡曰：「主上向者敗陳氏于九江，其衆既潰，何不乘勝直抵武昌，而乃引還。今雖克之，費力亦多矣。」太祖曰：「汝儒者，豈不聞『覆巢之下，寧有完卵』乎！況事有緩急，兵貴權宜，當陳氏兵敗，我豈不知乘勝以蹴之。兵法曰：『窮寇勿迫。』若乘勝急追，彼必死鬭，殺傷必多，吾故縱之，遣偏師綴其後，恐其奔逸。料彼創殘之餘，人各偷生，喘息不暇，豈復敢戰。我以大軍臨之，故全城降服。一者我師不傷，二者生靈獲全，三者保全智勇，所得不亦多乎！」簡大悦服。他日與諸將論用兵方略，因諭之曰：「汝等非不善戰，然臨事決機，智或不足，宜親近儒者，取古人之書，聽其議論，以資智識。前日戎簡所言，吾雖非之，然當時將校，亦有勸我邀之下流，而以全師蹙之，武昌賊衆，可以全獲。軍中皆以爲奇謀，不知簡亦能言之，然皆非吾意也。汝等當思之，勿以吾不用簡言，而遂輕儒者。」**三月，我太祖定官制。**◯

**元削孛羅帖木兒官爵，不受命，詔擴廓帖木兒討之。夏四月，孛羅帖木兒舉兵犯闕，殺右丞相搠思監，太子出奔。**初，搠思監徇太子旨，誣老的沙及太子宣政院使也先忽都等不軌，收其黨，鍛煉其獄，連逮不已。元主知其無辜，又以老的沙其母舅，數諭太子寢其事，太子不從。搠思監、朴不花皆附太子，必窮究其事，也先忽都等皆貶死。又禿堅帖木兒先與中書右丞也先不花有隙，也先不花因譖其詆毁朝政，而孛羅素與禿堅友善，且知其誣，遣人白其非罪。太子怒孛羅跋扈，交通禿堅帖木兒，❶匿老的沙等同謀，下詔削孛羅官爵，而奪其兵。孛羅拒命，遂詔擴廓帖木兒討之。孛羅知詔命調遣皆搠思監所爲，非出帝意，遂令禿堅帖木兒舉兵向闕，入居庸關。知院也速、詹事不蘭奚迎戰不利，皇太子率侍衛兵出古北口，東走興、松。禿堅兵至清河列營，時京師無備，城中大震，令百官吏卒分守，使達達國師即其軍問故，以必得搠思監、朴不花爲對。詔慰解之，不聽，乃執二人畀之，遂復孛羅官爵，加太保，仍守禦大同。禿堅兵自健德門入，覲元主于延春閣，慟哭請罪。元主宴賚之，授平章政事，乃引軍還大同。**五月，元太子還宮，遣兵攻大同，孛羅帖木兒復舉兵犯闕。太子率師拒之，不利，復出奔。詔以孛羅帖木兒爲右丞相。**先是，太子奔至路兒嶺，詔追及之，還宮，恚怒不已，遂命擴廓帖木兒調兵，分道以討孛羅。其東道以白鎖住領兵三萬，守禦京師，中道以貊高、竹貞

❶「禿堅帖木兒」，原作「禿堅不花」，據上下文及《元史》卷二〇七《孛羅帖木兒傳》改。

領兵四萬，西道以關保領兵五萬，合擊之。關保等進逼大同，孛羅留兵守大同，而自率兵與禿堅、老的沙復大舉向闕。前鋒入居庸關，太子親禦于清河，軍潰，馳還，白鎖住遂引兵扈從太子出順承門，由雄、霸、河間，取道達冀寧。孛羅兵駐健德門外，與老的沙等入見元主于宣文閣，訴其非罪，泣，元主亦泣。孛羅欲追襲太子，老的沙止之。孛羅又使翰林承旨張翥草詔，削奪擴廓官爵，發兵討之。翥不從，或勸之，翥曰：「吾臂可斷，筆不能操。」元主知其不可奪，命他學士爲之。遂以孛羅爲左丞相，尋進右丞相，節制天下軍馬。老的沙爲平章政事，禿堅帖木兒爲御史大夫，其部屬皆布列省臺百司。孛羅既專國，遂誅狎臣禿魯帖木兒等，罷三宮不急造作，沙汰宦寺，禁西僧作佛事。數遣使請太子還，使至太原，拘留不報。

秋八月朔，日食。○吳王士誠逐達識帖睦邇，以其弟士信爲江浙左丞相。南臺御史大夫普化帖木兒不屈死。時右丞答蘭帖木兒、郎中真保二人諂事士誠，受其金帛，數媒孽達識帖睦邇之短於士誠，遂有不相容之勢。至是，士信使面數達識帖睦邇過失，勒其自陳老病去職。又言：「丞相非士信不可。」即逼取符印，遷于嘉興幽之，而士信自爲丞相。士誠又諷行臺爲之請實授王爵，普化帖木兒不從，即使人至紹興索其臺印。普化帖木兒封其印置諸庫，曰：「我頭可斷，印不可與。」又迫之登舟，曰：「我可死，不可辱也。」從容沐浴更衣，與妻子訣，賦詩二章，乃仰藥死。臨死，擲杯地上，曰：「我死矣，逆賊當踵我亡也！」後數日，達識帖睦邇聞之，嘆曰：「大夫且死，吾不死何爲！」遂命左右以藥酒進，飲之而死。初，普化爲福建平章，境內皆爲諸豪所據，不能有所施設。及遷南臺，又逼於士誠而死。然論者以其死較達識爲差勝云。

**乙巳**　二十五年，春二月，日旁有一月一星。○三月，元太子大發兵討孛羅帖木兒。孛羅帖木兒幽二皇后奇氏，調兵拒戰，大敗。時太子在外，日夜謀除內難，至是乃大發諸路兵，分三道而進，自率擴廓帖木兒兵由中道。孛羅帖木兒怒，遂出二皇后奇氏，幽于諸色總管府。既又逼后還宮取印章，僞爲后書召太子，復出而幽之。乃遣禿堅帖木兒率衆攻上都之附太子者，調也速南禦擴廓帖木兒兵。也速次良鄉不進，而謀之於衆，皆以爲孛羅悖逆，中外同憤，遂勒兵歸永平，遣人西連擴廓，東連遼陽諸王，軍聲大振。孛羅患之，遣驍將姚伯顏不花統兵出拒，至通州，河溢，營虹橋以待。也速出其不意，襲而破之，擒斬姚伯顏。孛羅大怒，自將出通州，三日大雨而還。時后亦數納美女於孛羅，至百日始還宮。○初，擴廓帖木兒將輔皇太子，入討孛羅帖木兒，遣使傳皇太子旨，賜前僉山南道肅政廉訪事張楨以上尊，且訪以時事。楨復書曰：「今燕趙、齊魯之境，大河内外，長淮南北，悉爲丘墟，關陝之區，所存無幾，江左日思荐食上國，湘漢、荆楚，川蜀，淫名僭號，幸我有變，利我多虞。閤下國之右族，三世二王，得不思廉、藺之於趙，寇、賈之於漢乎！京師一殘，假有不逞之徒，崛起草澤，借名義，尊君父，倡其說於天下，閤下將何以處之？守京師者，能聚不能散；禦外侮者，能進不能退，紛紛籍籍，神分志奪，國家之事，能不爲閤下憂乎！《志》曰：『不備不虞，不可以爲師。』僕之惓惓爲言者，獻忠之道也。然爲言大要有三：保君父，一也；扶社稷，二也；衛生靈，三也。請以近似者陳其一二：衛出公據國，至於不父其父；趙有沙丘之變，其臣成、兑平之，不可謂無功，而後至於不君其君；唐肅宗流播之中，怵於邪謀，遂成靈武之篡。千載之下，雖有智辨百出，不能爲雪。嗚呼！是豈可以不鑒之乎！然吾聞之，天之所廢不驟也，驟其得志，肆其寵樂，使忘其覺悟之心，非安之也，厚其毒而降之罰也。天遂其欲，民厭其汰，而鬼神弗福也。其能久乎？閤下覽觀焉，謀出於萬全，則善矣。詢之輿議，急則其變不測，徐則其釁必起，通其往來之使，達其上下之情，得其情，則得其策矣。孔子曰：『君君臣臣、父父子子。』今九重在上者如寄，青宮在下者如寄，生民之憂，國家之憂也，可不深思而熟計之哉！」擴廓帖木兒深納其說。

**夏五月，大都雨氂。**長尺許，或曰龍鬚也，命拾而祀之。

**六月，元太子加李思齊平章政事、邠國公。**

**○秋七月，元孛羅帖木兒、老的沙、禿堅帖木兒等皆伏誅。**孛羅先嘗以疑殺其將保安，既又失姚伯顏，鬱鬱不樂，乃日與老的沙等飲宴，荒淫無度，又酗酒殺人，喜怒不測。威順王之子和尚忿其無君，數言于帝，受密旨，與徐士本謀，結勇士上都馬、金那海、伯顏達兒等，❶陰圖刺之。至是，禿堅帖木兒遣使來告攻上都之捷，孛羅入

❶「伯顏達兒」，原作「伯達兒」，據《元史》卷一一七《寬徹普化傳》、卷二〇七《孛羅帖木兒傳》改，下同。

奏，行至延春閣下，伯顏達兒自衆中奮出斫之，中其腦，死。老的沙趨出，擁孛羅家屬北遁。詔民間盡殺其部黨。既而老的沙被執，伏誅。禿堅帖木兒引輕兵走八兒思之地，尋亦討斬之。時遇變，城門不開者三日。竹貞、貊高軍至城外，緣城而上，碎平則門鍵以入，大掠於都市。元皇后弘吉剌氏崩。○九月，元太子還大都。元主遣使函孛羅首往冀寧，召太子還。擴廓帖木兒遂扈從至京師。詔以伯撒里爲太師、右丞相，擴廓帖木兒爲太傅、左丞相，知樞密院事。❶元以方國珍爲淮南左丞相。分省慶元。冬閏十月，元封擴廓帖木兒爲河南王，總制諸道軍馬。時伯撒里以累朝舊臣，擴廓帖木兒後生晚進，與之並相。居兩月，即請南還視師。是時中原無事，而江淮、川蜀皆已陷沒。皇太子累請躬出督師征討，元主難之。乃詔封擴廓河南王，代之親征，總制關陝、晉冀、山東諸道，并迤南一應軍馬，凡黜陟予奪，悉聽便宜而行。擴廓帖木兒於是分省自隨，官屬之盛，幾與朝廷等。尋還河南，欲廬墓以終喪，左右咸以爲受命出師不可中止，乃復北渡，居懷慶，又移居彰德。十二月，元立奇氏爲皇后。改奇氏爲肅良哈氏。

**丙午**　二十六年，是歲宋亡。春二月，黄河北徙。先是，河決小流口，達于清河，壞民居，傷禾稼。至是復北徙，自東明、曹、濮，下及濟寧，民皆被害。元擴廓帖木兒調張良弼等兵，不應，遂遣兵西擊良弼，李思齊等與良弼連兵拒之。初，李思齊與察罕帖木兒同起義兵，齒位相等。及是擴廓總其兵，思齊不能平。而張良弼遂首拒命，孔興、脱烈伯等亦皆恃功懷異，請別爲一軍，莫肯統屬，釁隙遂成。擴廓遣關保、虎林赤以兵西攻良弼于鹿臺，思齊與脱烈伯、孔興等皆與良弼合。❷擴廓遣關保等合兵渡河，且約思齊以攻良弼。良弼遣子弟質于思齊，連兵拒守。關保等戰不利。思齊請詔和解之。○時禮部侍郎滿尚賓、吏部侍郎掩篤剌哈持詔諭思齊，開通川蜀道路。思齊方事兵争，不

❶「太傅」，原作「太尉」，據《元史》卷四六《順帝本紀》、卷一一一《三公表》、卷一四一《察罕帖木兒傳》改。

❷「烈」，原作「列」，據上文及萬曆本改。

奉詔，尚賓等留鳳翔一年，始還京師。**三月，夏主明玉珍卒，子昇立。**玉珍自建號至是凡五年。子昇嗣，始十歲，改元開熙，母彭氏同聽政。**夏四月，我太祖兵取淮安諸路。**高郵府及濠、泗、徐、潁諸州，皆下之。**五月，我太祖求遺書。**太祖嘗命有司訪求古今書籍，藏之祕府，以資覽閱。因謂侍臣詹同等曰：「三皇五帝之書，不盡傳於世，故後世鮮知其行事。漢武帝購求遺書，而六經始出，唐、虞、三代之治，始可得而見。武帝雄才大畧，後世罕及，至表章六經，開闡聖賢之學，又有功於後世。吾每於宮中無事，輒取孔子之言觀之，如『節用而愛人，使民以時』，真治國之良規。孔子之言，誠萬世之師也。」**秋七月朔，日食。○八月，元以陳有定爲福建行省平章政事。○九月，元以方國珍爲江浙行省左丞相。**其弟國瑛、國珉，姪明善，並爲平章政事。**有星孛于東北。○我太祖取湖州諸路。**遣徐達、常遇春率兵二十萬以擊張士誠。先薄湖州，敗其將尹義、石清，擒之，遂圍其城，塞溝港以絶糧道。士誠知勢急，乃親引兵來援。達等與之戰于皁林，虜其元帥及甲士三千餘人，以降將呂珍等徇于城下，城中大震，其左丞張天騏遂舉城降。時朱文忠以兵攻杭州及紹興，華雲龍攻嘉興，皆下之。**冬十二月，我太祖立宗廟社稷。**時羣臣皆言新城既建，宮闕制度亦宜早定。太祖以國之所重，莫先宗廟社稷，遂定議以明年爲吳元年，命有司立廟社，建宮室。典營繕者以宮室圖進，見其有雕琢奇麗者即去之，謂中書省臣曰：「昔堯之時，茅茨土階，采椽不斲，可謂極陋，然千古之上稱盛德者，必以堯爲首。後世競爲奢侈，極宮室苑囿之娛，窮輿馬珠玉之玩，欲心一縱，亂由是起。吾嘗謂珠玉非寶，節儉是寶。宮室但取完固而已，何必極雕巧以殫天下之力也！」既而新殿成，制皆朴素。又命侍臣書《大學衍義》於兩廡壁間，曰：「前代宮室多施繪畫，予書此以備朝夕觀覽，豈不愈於丹青乎！」時有言瑞州出文石，可以甃地者，太祖曰：「爾不能以節儉之道事予，乃導予以侈麗，但搆爲宮室，已覺作者之勞，况遠取文石，能不厲民乎！」言者大慙而退。尋命協律郎冷謙考正宗廟雅樂音律及鍾磬等器，既又定樂舞之制，文武生各六十四人。

宋主韓林兒卒。

丁未　二十七年，夏主明昇開熙元年。○是歲張士誠亡。春正月，絳州天鼓鳴。其聲如空中戰鬬者。三月，我太祖定文、武科取士之法。先是，令有司每歲舉賢才，及武勇謀略、通曉天文之士。其有兼通書律廉吏，亦得薦舉。得賢者賞，濫舉及蔽賢者罰。至是，復下令曰：「上世帝王創業之際，用武以安天下；守成之時，講武以威天下。至於經綸撫治，則在文臣，二者不可偏用也。古者人生八歲，學禮、樂、射、御、書、數之文，十五學脩身、齊家、治國、平天下之道，是以《周官》選舉之制曰六德、六行、六藝，文武兼用，賢能並舉，此三代治化所以盛隆也。茲欲上稽古制，設文、武二科，以廣求天下之賢。其應文舉者，察之言行，以觀其德；考之經術，以觀其業；試之書算，以觀其能；策以經史、時務，以觀其政事。應武舉者，先之以謀略，次之以武藝，俱求實效，不尚虛文。然此二者，必三年有成，有司預爲勸諭民間秀士及智勇之人，以時勉學，俟開舉之歲，充貢京師。其科目、等第，各出身有差。夏六月朔，日食。○秋八月，元詔太子總制天下軍馬，置大撫軍院。初，太子之奔太原也，欲援唐肅宗靈武故事自立，擴廓不從。及還京，奇后遣人諭擴廓以重兵擁太子入城，脅帝禪位。擴廓逆知其意，未至京城三十里，即散遣其軍，故太子深銜之。及累促出師江淮，但遣其弟脱因帖木兒及貊高等往山東，而與張良弼搆兵不已。詔下和解之，擴廓戕殺使臣，而跋扈之迹漸張。朝廷因疑之，乃命皇太子以中書令、樞密使總制天下兵馬，其擴廓帖木兒領本軍，自潼關以東，肅清江淮。李思齊自鳳翔以西，進取川蜀。以少保禿魯爲陝西行省左丞相，總本部及張良弼、孔興、脱列伯等進取襄樊。王信固守山東。九月，我太祖兵克平江，執吳王張士誠以歸。徐達、常遇春兵圍平江，克之，遂執士誠，及其官屬平章李行素、徐義等，所部將校及外郡流寓之人，凡二十餘萬，并元宗室神保大王、黑漢等九人，皆送建康。士誠在舟中，閉目不食。比至，太祖欲全之，而士誠自縊死。乃以書遣使送神保大王等還元。冬十月，元罷擴廓帖木兒官，奪其軍，命諸將分統之。初，太子既受詔，竟止不行，而分兵之命，擴廓拒不受。於是其部將關保、貊高等皆叛之。貊高殺衛輝、彰德守將，欲進襲懷慶，聞擴廓有備而還，乃上疏列其罪狀於朝。詔以擴廓拒命，宜黜其兵柄，遂罷太傅、左丞相及兼領諸職，仍前河南王，以汝州爲其食邑。弟脱因帖木兒爲集賢學士，同居河南。其帳前諸軍，鎖住、虎林赤統之；河南諸軍，李克彝統之；關保本部軍，仍保統之；山東諸軍，也速統之；山西諸軍，沙藍答里統之；河北諸軍，貊高統之。詔下，擴廓遂退軍澤州。

**我太祖命大將軍徐達等帥師北定中原。**

太祖既掃除羣雄，撫有江南，乃遣大將軍徐達、副將軍常遇春，率甲士二十五萬北伐，以定中原。馳檄諭齊魯、河洛、燕薊、秦晉之人曰：「自古帝王臨御天下，中國居內，以制夷狄，夷狄居外，以奉中國。未聞以夷狄居中國，治天下者也。自宋祚傾移，元以北狄入主中國，四海內外，罔不臣服，此豈人力，實乃天授，然達人志士，尚有冠履倒置之嘆。自是以後，元之臣子，不遵祖訓，廢壞綱常，有如大德廢長立幼，泰定以臣弑君，天曆以弟酖兄，至於弟收兄妻，子烝父妾，上下相習，恬不爲怪。其於父子、君臣、夫婦、長幼之倫，瀆亂甚矣。夫人君者，斯民之宗主；朝廷者，天下之根本；禮義者，御世之大防，其所爲如彼，豈可爲訓於天下後世哉！及其後嗣沈荒，失君臣之道，又加以宰相專權，憲臺報怨，有司毒虐，於是人心離叛，天下兵起，使我中國之民，死者肝腦塗地，生者骨肉不相保，雖因人事所致，實天厭其德而棄之之時也。古云『胡虜無百年之運』，驗之今日，信乎不繆。當此之時，天運循環，中原氣盛，億兆之中，當降生聖人，驅逐胡虜，恢復中華，立綱陳紀，救濟斯民。今一紀於兹，未聞有濟世安民者，徒使爾等戰戰兢兢，處於朝秦暮楚之地，誠可矜閔。方今河洛、關陝，雖有數雄，忘中國祖宗之姓，反就胡虜禽獸之名，以爲美稱。假元號以濟私，恃有衆以要君，阻兵據險，互相吞噬，反爲生民之巨害，皆非華夏之主也。予本淮右布衣，因天下亂，爲衆所推，率師渡江，居金陵形勢之地，今十有三年。西抵巴蜀，東連滄海，南控閩越，湖湘漢沔，兩淮徐邳，皆入版圖，奄及南方，盡爲我有。民稍安，食稍足，兵稍精，控弦執矢，目視我中原之民，久無所主，深用疚心。予恭天成命，罔敢自安，方欲遣兵，北逐羣虜，拯生民於塗炭，復漢官之威儀。慮民人未知，反爲我讎，挈家北走，陷溺尤深，故先諭告。兵至，民人勿避，予號令嚴肅，無秋毫之犯。歸我者，永安於中華；背我者，自竄於塞外。蓋我中國之民，天必命中國之人以安之，夷狄何得而治哉！爾民其體之。如蒙古、色目，雖非華夏族類，然同生天地之間，有能知禮義，願爲臣民者，與中夏之人，撫養無異。」○復命胡廷瑞率安吉、寧國等軍南取八閩。俟八閩既定，遂以其師航海趨廣東。楊璟率荊湘之衆，以取廣西。**我太祖定律令。十一月，頒《戊申曆》。**初，太祖以唐、宋皆有成律斷獄，惟元不倣古制，取一時所行之事爲《條格》，胥吏易爲奸弊，自平武昌以來，即議定律。至是臺諫已立，各道按察司將巡歷郡縣，欲頒成法，俾內外遵守。命左丞相李善長，參知政事楊憲、傅瓛，御史中丞劉基，翰林學士陶安等，詳定律令。諭之曰：「立法貴在簡當，使人易曉，若條緒繁多，或一事而兩端，可輕可重，奸貪之吏，得以夤緣爲奸，則所以禁殘暴者，反以賊良善，非良法也。卿等宜盡心參究，凡刑名條目，逐日來上，吾與卿等面議斟酌之，庶可以爲久遠之法。」又謂臺憲官劉基、章溢、周禎等曰：「紀綱法度，爲治之本。所以振紀綱、明法度者，則在臺憲。爾等執法，上應天象，少有偏曲，則紀綱法度廢弛，而民不得其安。況或深文以爲能，苛察以爲智，若甯成、郅都、周興、來俊臣之徒，巧詆深文，恣爲酷虐，終亦不免。若于公陰德，子孫乃致貴顯，天道昭然，深可畏也。」既而太史院使劉基及其屬高翼，以所定《戊申曆》來上，遂命頒行之。**我太祖兵討方國珍，降之。**方國珍之初降也，約云：「杭城下，即納地來朝。」及太祖克杭州，國珍據境自若，乃累假貢獻，覘我虛實，爲叛服計。又北通擴廓帖木兒，南交陳友定，圖爲掎角。太祖累書，責其懷姦挾詐，陽降陰叛，且徵其貢糧二十三萬石，國珍不報。遂遣湯和等進攻温、台、慶元，諭之曰：「爾等奉辭討罪，毋縱殺戮，當如徐達下姑蘇，平定安輯，乃副吾所願也。」比至，國珍懼，遂遁入海島。復命廖永忠引兵自海道會和討之。其部將多來降，諸郡縣相繼皆下。國珍惶惑失措，乃遣子明完奉表乞降。既而及其弟國珉親率所部謁和于軍門，和送國珍等于建康。時延平、建寧、福州、興化、漳、泉皆爲陳有定所據，湯和兵既克國珍，遂由海道，徑取福州。**我太祖兵徇山東郡縣，皆下之。**時徐達、常遇春引兵由淮入河，鼓行而東，首克沂州，進取嶧州及益都。於是萊州諸郡悉奉圖籍來降。○山東既定，明年，達與遇春會諸將於臨清，率馬步舟師進克元都。元主集三宮后妃、皇太子同議避兵北行，詔淮王帖木兒不花監國，慶童爲左丞相，同守京城。夜半，開建德門北奔。遇春等追至北河，擒皇孫買的里八剌而還。元亡。○元主駐應昌，二年，殂，壽五十一，在位三十六年。太尉完者等奉梓宮北葬。謚曰惠宗。太祖以帝知順天命，退避而去，特加號曰順帝，而封其孫買的里八剌爲崇禮侯。王禕曰：「自古國家，其滅亡之道不一也，曰女寵，曰宦官，曰權臣，曰强藩，此四者皆足以亡國。而順帝蓋兼有之，加以權綱之既弛，智慮之益荒，其亡也宜哉！」劉基曰：「冬寒之極，必有陽春；激湍之下，必有深潭；大亂之後，必有大治，理則然也。元德既衰，九土糜沸，鴟張狼顧之豪，彌滿山澤，萬姓魚喁，無所籲告。天乃命我太祖皇帝，肅將威武，代伐不道，於是拾宋掇秦，掣趙拔燕，不數載而天下遂歸一統者，天命有在也。」

續資治通鑑綱目第二十七

（以上五卷，張素霞校點，張希清覆校）

# 鳴謝

《儒藏》精華編惠蒙善助，共襄斯文；謹列如左，用伸謝忱。

本焕法師　壹佰萬元

智海企業集團董事長　馮建新先生　壹佰萬元

NE・TIGER時裝有限公司董事長　張志峰先生　壹佰萬元

張貞書女士　壹佰萬元

方正控股有限公司、金山軟件有限公司創始人　張旋龍先生　壹佰萬元

北京大學《儒藏》編纂與研究中心

本册审稿人　李君龍
本册責任編委　馬月華

圖書在版編目(CIP)數據

儒藏.精華編.一三六/北京大學《儒藏》編纂與研究中心編.—北京：北京大學出版社，2022.3

ISBN 978-7-301-11854-2

Ⅰ.①儒… Ⅱ.①北… Ⅲ.①儒家 Ⅳ.①B222

中國版本圖書館CIP數據核字（2021）第206748號

| | |
|---|---|
| 書　　名 | 儒藏（精華編一三六）<br>RUZANG（JINGHUABIAN YISANLIU） |
| 著作責任者 | 北京大學《儒藏》編纂與研究中心　編 |
| 責任編輯 | 王　琳 |
| 標準書號 | ISBN 978-7-301-11854-2 |
| 出版發行 | 北京大學出版社 |
| 地　　址 | 北京市海淀區成府路205號　100871 |
| 網　　址 | http://www.pup.cn　　新浪微博：@北京大學出版社 |
| 電子信箱 | dianjiwenhua@126.com |
| 電　　話 | 郵購部 010-62752015　發行部 010-62750672　編輯部 010-62756449 |
| 印 刷 者 | 北京中科印刷有限公司 |
| 經 銷 者 | 新華書店 |
| | 787毫米×1092毫米　16開本　54.75印張　870千字 |
| | 2022年3月第1版　2022年3月第1次印刷 |
| 定　　價 | 1200.00元 |


未經許可，不得以任何方式複製或抄襲本書之部分或全部內容。

**版權所有，侵權必究**

舉報電話：010-62752024　電子信箱：fd@pup.pku.edu.cn

圖書如有印裝質量問題，請與出版部聯繫，電話：010-62756370

ISBN 978-7-301-11854-2
9 787301 118542 >
定價：1200.00元